唱歌大事典

江﨑公子・澤崎眞彦［編］

東京堂出版

はじめに　「うた」と「ことば」

「うた」は音と文字とによって成り立つ。「うた」は「ことば」と「音」の幸せな結婚だともいわれる。この素朴で自明な行為が、唱歌そして近代日本語の大きな課題であった。音声を発するあるいは話すことと文字を書くことは、明らかに異質の行為である。この葛藤が日本語、国語、文学、詩、うた、唱歌、そして音楽は表現形式の模索だけでなく、学校教育をも巻き込み戦後まで試行錯誤してきたといってよい。「唱歌」はまさにそのカオスの中で形を、内容を、理念を模索してきた。本書はその模索の様相を、唱歌集の初版を使い、でき得る限り忠実に再現することを目指した。

従来、唱歌研究は受容史研究が色濃く、中でも唱歌の旋律のルーツ探しが盛んである。しかし近代を通して求め続けてきた「うた」の「ことば」は、社会に多くの唱歌集を生みだした。それは絶えることのなかった人為の足跡であり、近代日本の所産である。近代日本の「うた」の「ことば」、つまり、唱歌を孤立させず、言葉の表現としての「うた」ととらえると、明治以降、近代日本が直面したさまざまな課題がみえてくるのではないだろうか。本書の各章それぞれに概説が置かれ、その具体相を記している。ここでは「うた」・「唱歌」の変遷を「ことば」と「音」という二つのポイントから概観してみたい。

口語と「うた」

日本文学史上では荷田在満著『国歌八論』が、音声によって唱われた歌と文字で書かれた歌の差異を問題にしてきた。そして、本居宣長は『古事記』の歌謡は唱われたもので、歌謡の祖形とした。現代の若者にとって、和歌は書かれた歌と理解されているが、歌において乖離してしまった文字と音声の関係はすでに問われ始めていた。そして近代となる。西欧文明の優位性は音声的文字にあると考えた前島密が『漢字御廃止之儀』を建白し、「成る可く簡易なる文字文章」によって国民教育を確立することが近代国家にとって重要な課題であると提言した。耳にしただけでその意味が理解できることばを、目で見る形の文字より優先させることばの改革である。

『明六雑誌』第一号（明治七年）には西周が、第七号には清水卯三郎がローマ字書きあるいは仮名書きの談話体を提唱している。いわゆる言文一致で、文語体から口語体への提唱である。これらはその後一筋縄では進まず、紆余曲折をへる。

翻訳の立場では、江戸期に大槻玄沢の『蘭学階梯』（一七八三）や大庭雪斎『訳和蘭文語』（一八五五）の序にすでに言文一致の利点が述べられている。事理を日常語でわかりやすく丁寧精密に説くことがオランダの文明を進めた。さらにヨーロッパ諸国では口語と文章語が一致していて少しも差異がない。また言文一致の平易な文体が人智と学術を著しく進歩発達させたと記されている。つまり西洋先進国の文明と富強の一因に簡便なアルファベットの存在があったと指摘している。

少しあとになるが、田山花袋は『近代の小説』で文体の変化をまとめている。維新前後には雑多な和漢混合体の文語文体が次々と現れていた。そして明治になり、口語を取り入れた新しい文体の試みとして、漢文直訳体、江戸後期の戯作や浮世草子の流れをくむ雅俗折衷体、言文一致体、和漢洋調和体、普通文運動、新聞や雑誌や政治小説に用いられた漢文崩しの訓読体、翻訳や評論や小説等の欧文直訳体などがあった。そして各文体は各々の支持者たちによって熱心に主張され実践された。その一部が第四章に置かれている。現代においては難解な「ことば」

ではあるが、格調の高さゆえに、現在まで歌い継がれている唱歌集の数々である。

　また明治初期には、振りがな（ルビ）を補助表記として用いた。公布文の周知徹底には文の両側が振りがなで、右側は漢字のよみ、左側は意味を示した。また外国語由来の漢語に例えば汽船（シップ）のように、近代日本が必要とした新漢語にことに威力を発揮し、欧米の文物や考え方の摂取に大きな力を発揮した。補助表記の振りがなは本書のいたるところで、確認することができる。

『保育唱歌』そして『新体詩』

　ここでは本書の第一章冒頭に置かれた『保育唱歌』をあげ、そして本書にはあげていないが新しい旗頭であった『新体詩』の二例をあげる。

　『保育唱歌』はこれまで述べてきている「うた」の混在むしろ階層状態が「うた」の並び順に見て取れる。昭憲皇太后の和歌「學道」や勅撰和歌集に収められた和歌「春日山」にまず曲がつき、位の高い始めにおかれる。次に歌謡の祖形である万葉集、そして幼児のための翻訳を経由した遊戯と唱歌が混じる。直訳ではなく、意訳というよりは意味を「古今集」以来の基本的表現範疇のなかに置き換えているように見える。そして国学者である本居宣長やその流れをくむ歌人の「うた」と、幕末まで江戸で影響力のあった歌人の「うた」が収められる。これらの「ことば」はけっして談話体でも口語でもない。果たして幼児のためのものであったのだろうかという思いがよぎる。そもそも近代教育の対象として幼児の存在とその幼児のことばへの視点がやっと意識された時期である。むしろこれまでの大人の「うた」がセレクトされた東京女子師範学校生徒の教育書であったのではないだろうか。この点は後年の研究を待つべきであろう。

　日本の文壇最初の新体詩は『ハムレット』の訳詞で、有名な独白を「ながろうべきか但し又。ここが思案のしどころぞ」と矢田部良吉（尚今居士）が言文一致体で訳した。一八八二（明治一五）年三月の『東洋学術雑誌』六号である。八号には外山正一（ゝ山（ちゅざん）仙一）が、フランス革命時に慷慨激烈に士気を鼓舞した「ラ・マルセイエーズ」に倣った「抜刀隊」を創作する。次号で外山は詩語について論ずる。要約すると、

　「西洋各国では、詩はその時代の平常語でつくるが、日本では平常の言葉は鄙で俗といって避け、日常用いない漢語や古語や雅語を用いる。日本人は漢語を学んだといっているが、大方は読みくだしであって本当に漢の発音で詩を作れているのだろうか。また古言や雅言で長歌や短歌を作っているが、常に用いていることばではないので外国語に接しているようである。詩歌といわず、すべての創作は、その時代の人が、その時代の事件、事象、風物によって感動したり試作したりするのであるから、その時代の用語で表現するしかない。」と手厳しく述べる。

　さらに『新体詩抄』の巻頭には井上哲次郎（巽軒居士）は上記二人（矢田部、外山）の詩をふまえて巻頭で「西洋の詩はその時代の用語で表現しているので、読む人はすぐ理解でき、おもしろく玩読できる。だから、昔の和歌を捨て、新体詩を作るべきだ。ゝ山や尚今の作る詩はところどころ俗語が混じっているが理解しやすい。そのため教養の低い少年たちでも親しむことができる」と述べている。

　つまり新体詩は、日常生活で使う常用語で簡素でわかりやすい言葉をめざした。例えば「カンプベル氏英国海軍のうた」では〈その甲板はてがらの場〉、〈大海原はその戦場〉、「テニソン氏軽騎兵進撃ノ詩」では〈たじたじ〉、〈むらむらぱっと〉、〈孫ひこやしゃご〉などである。しかしこの『新体詩抄』は二版で出版がとまった。その後、復古調の「楠正成桜井駅に於いて正行へ遺訓の歌」（太平記）や「直実敦盛を追ふの歌」（平家物語）と新体詩を組み込んだ『新体詩歌』のほうがはるかに出版を重ねた。口語文の粗雑さを嫌った歌人は多かった。ところが、『新体詩抄』の「うた」の数々は明治一九年以降『軍歌』となって爆発的に採録される。

　東京で軍隊用品を取り扱った有則軒から河井源蔵版『軍歌』が出版された。一一センチ×九センチのポケットサイズで四四頁程のものである。楽譜はなく「ことば」だけが記載されている。喇叭信号をもとに軍隊は行動するが、軍隊同士が出会ったときや、葬礼の時などに奏される曲にそれぞれに詞がつけられている。実際に歌うわけではない。儀礼としての曲の次に『新体詩抄』の「カンプベル氏英国海軍のうた」や「テニソン氏軽騎兵進撃ノ詩」が付録として掲載された。ポケットサイズ『軍歌』は提携必須とまで言われ、日本各地でコピー『軍歌』が出版された。国立音楽大学音楽研究所の『唱歌索引』によると、明治一九年で三六の出版社が河井源蔵元版に多少手を加えて出しており、明治末までに百回を超えて採録されている。新兵たちにとって、ところどころ俗語が混じっていると理解しやすい。そのため

井上哲次郎が先に述べたように「教養の低い少年たちでも親しむことができた」のではないだろうか。新体詩は『軍歌』として多くの青年のことばの下地となった。

「普通語」そして「国語」

新体詩が主張していた日常用いる「ことば」とはどのような言葉であろうか。数多くの方言、文末の語尾、アクセント、敬語など問題は多く、普通の言葉や文とは一体何かが問われてくる。近代語において「普通」という語には二通りの意味があると進藤咲子は『普通』と『通俗』で指摘している。現在日常で使う「標準」としての意味と漢語読み下しとして「普(あまね)く通じる」すなわち「共通」という意味があり、前者の「標準」は古くからあるが、後者の「共通」という意味は明治以降に用いられるようになったという。すなわち近代国家が制度化を推し進めてゆくうえで、「普通」は重要な役割を担ったといえる。では普通の語あるいは文とは一体何か?

標準「口語」が確立してゆくうえで影響力が大きくバロメータとなったのは『国語読本』である。「口語」の概念はなかなか定まらず大きく揺れ動いたのが一九〇四(明治三七)年〜一九一七(大正六)年である。この時期の国定教科書第一期(明治三七年〜四二年)では三つのポイントが指摘できる。

(一)「本書ハ発音ノ教授ヲ出発点トシテ児童ノ学習シ易キ片仮名ヨリ入リタル」と述べるが、この発音の教授とは訛音矯正を意味する。東北地方では「イ」と「エ」が、関東地方では「シ」と「ヒ」が混同され、九州地方では「ダ」行と「ラ」行が混同される。そのため「イエスシ読本」と呼ぶ文字と音を含んだ挿絵によって矯正しようとした。

(二)「漢字ハ数字ヲ除ク外ハ第三冊ノ後半ヨリ提示シ始メ大ニ字数ヲ節減シテ第八後半期ノ終マデ約五百字ヲ提示セリ」とこれまでの千五百から二千に比べ漢字数を五百へと破格に減らした。

(三)「文章ハ口語ヲ多クシ用語ハ主トシテ東京ノ中流社会ニ行ハルルモノヲ取リカクテ国語ノ標準ヲ知ラシメ其ノ統一ヲ図ルヲ務ムルト共ニ出来得ルダケ児童ノニチジョウ使用スル言語ノ中ヨリ用語ヲ取テ談話及綴方ノ応用ニ適セシメタリ」と口語採用が明確にされ、「東京の中流社会の言語」が標準となり、こどもの言葉の規範を示した。

音声の統一と「東京の中流社会の言語」を標準とした口語の採用そして漢字の削減、字音表示の棒引き仮名遣いという言語学的観点が第一期の特質としてあげられる。

第二期(明治四三年〜大正六年)の『尋常小學讀本』時代はある意味で第一期の揺り戻しである。第一期への批判は、発音教育の重視は変わらないが、訛音矯正とは一線を画す。教材が文法学者の工夫であり、そのため配列が不自然であったり、文学的趣味を犠牲にしたり、児童自然の言語と隔たりがあると指摘した。また明治四〇年代は台湾や朝鮮が植民地となってゆく時代である。単なる読み本ではなく、文学ことに国民文学をめざした表現と、日本童話、伝説、神話、史的人物、忠臣の話が数多く登場してくる。明治四〇年代という時代状況からことばを媒介とした「国民づくり」へと向かっていったと思われる。

この第二期の様相が本書第二章「文部省唱歌の登場と変遷」にあたる。文部省編『尋常小學唱歌』に先立ち、すでに明治三〇年代にタイトルに読本唱歌と言文一致唱歌とを冠した唱歌集が数多く出版された。しかし、北原白秋に代表される童謡や新民謡を掲げる詩人たちに反駁される。第二章の解説に詳細はゆずるが、北原たちの主張は、詩は詩文あるいは韻律をもつべきで、また「私」の視点を芸術として重視する提案がなされる。更に、「東京の中流社会の言語」を標準としたことで、はじかれてしまった方言の「音」のおもしろさやアイデンティティを目指す新民謡が登場する。

第三期一九一八(大正七)以降、明治二〇年代にはなかった国語という名称が登場する。「読本」から「国語」へ「ヨミカタ」から「こくご」へ変わった。これまで述べたように、「口語」は話し言葉に規範を与え、「音声」を媒介とする音声言語である。しかし、「口語体」は文字にのみささえられ「文字」を媒介とする文字言語である。国定教科書第一期『尋常小學讀本』は口語に標準をあたえる努力をした。第二期は口語文で何を教えるのかが模索されていた。「ことば」を知る教育と言葉を通じて知識を得る教育ということもできる。この二重性を同時に扱うことができる器として、「国語科」設置が目論まれていた。「国語科」設置の直接的な名目は「読書・作文・習字」に分かれていた教科の統合である。

一九〇〇年に文部省の議定決議案が内閣に提出

されたときは、さらに日本地理や日本歴史も減らし国語科に入れるとなっている。教科統合という目的を国語科が果たすという枠の作り方に、枢密院顧問からは疑問もあがった。しかし、当時の文部省普通学務局長である沢柳政太郎は、従来から読本の内容は児童の興味や関心を重視して、歴史や地理に関することを採録することになっていたし、国語科で日本地理や日本歴史のような知識材料を加えることで、効果があると答弁している。

一九四一（昭和一六）年の国民学校の教科統合の発想にも似ているようだが、統合の原理は見えず、「国語科」という大きな器に、読書・作文・習字や日本地理・日本歴史や情育・美育そして修身までもほうりこまれた感がある。沢柳の国語科の理解には、ことばより国民としての基礎科の要素が色濃かったのではないだろうか。

国語科という名称が成立し、国語で何を教えるかについて、言語教育よりは国民づくりを意識した路線といえる。

「他教科の片棒かついだ歌曲」

雑誌『教育音楽　小学版』（一九六〇年、音楽之友社）に小出浩平が「歌曲の履歴書」というコーナーを連載している。その第一八・一九回目が「他教科の片棒かついだ歌曲」である。このタイトルフレーズ自体は小山作之助の言葉からである。大正一四年九月某日作曲者の小山は「どうも日本の学校音楽は進歩してくれないが、私たち先輩が、ヤレ修身唱歌だ、ソレ地理唱歌だと、他教科のお先棒をかついだ唱歌を作りすぎた罰かな。あの文典唱歌などもその一つさ」とこぼしていたと小出は記している。

ここで言われているのは文典すなわち文法を唱歌として覚えこませるために作られた『日本文典唱歌』（大和田建樹作詞、小山作之助作曲）である。東京神田の啓発社の依頼を受けて、明治三四年十一月三日に出版した。国語科の文法はもともとおもしろくない。六〇節ある長大なものであるが、例として四節をあげてみる。

四、物と事との名を示す
名詞の次にその代理
つとむるものは代名詞
指示・人・疑問の三種あり

初版は三日で売り切れ、十一月一〇日には三刷がでるというヒット唱歌となっていた。「歌曲の履歴書」にはさらに『日本歴史唱歌』や『歴史教育　日本英雄唱歌』、『博物教育　動物唱歌』などがあげられている。その状況を小山作之助は唱歌科の独自性はみえず、いつまでも自立できないと痛感していたのであろう。

時局と「うた」

本書のみどころの一つが第三章である。標準語としての「ことば」が国語として内地（日本）に住んでいる人の基礎とみなされるようになる。しかし、国家が国としてボーダーラインを超えたとき、外地でも教えられ、国語は日本語となった。日本語の唱歌が海を越え海外植民地で教えられた。そして敗戦。内地では教科書に掲載された帝国主義的「ことば」は墨で塗られた。墨塗りとなった「ことば」をそのまま網をかけて掲載した。

「うた」と「ことば」

西洋先進国の文明と富強の一因が口語であると気づいた人々は、音で聞いてわかる口語を提唱した。話し言葉は時代に対応し、どんどん新しくなる。話し言葉はだれでも感情や気持ちを表現しやすい。書き言葉は洗練され残されそして伝播する。しかし、表現技法上のテクニックを必要とし、この教育は階層性をもっていた。鎌倉時代以降、近世を通じ話し言葉と書き言葉は乖離を始めていた。言文一致の主張はこの乖離を乗り越えようとするものだった。しかし詩作や創作の段階では形をみても、教育で口語教育を実施するには普通語あるいは標準語の設定が必要となった。さらに教育の場では、国語科の設置を通じ近代の国民教育をになう器が構想された。国語には修身も美育も歴史も地理もなんでも入っていた。ことばは媒介者であった。ことばと似た要素から成る唱歌は、この媒介者を音でさらに媒介する役を担った。目を通すより、耳できいたほうがわかりやすいのである。

「うた」は音と文字とによって成り立つ。「ことば」も音と文字によって成り立つ。

癒しのうたとして唱歌が求められている昨今であるが、「うた」と「ことば」のせめぎあいをあらためて見定めてみたいと思う。

【江﨑公子】

「唱歌大事典」目次

第二章 「文部省唱歌」の登場と変遷

第三章 「藝能科音樂」の五年間と戦後

【凡例】

一、収録唱歌集・教科書の範囲

(一)本書は明治以降、一九四七年までの唱歌集・教科書を収めた。

(二)複数回の掲載を含め延べ二五三四曲を収めた。

二、各章の構成

1. 一章から三章では、以下の事項を時系列に配列した。

(一)明治以降、一九四七年までに刊行されたすべての小学校、幼稚園を対象にした文部省著作の唱歌集と音楽教科書の楽曲。

(二)文部省訓令「小學校唱歌用歌詞及楽譜採用方」を基礎資料とし、一八九四年から始まり、一九四〇年まで続いた文部省検定制度で認可された唱歌集と歌曲の年度別動向。

(三)主だった民間発行の唱歌集と楽曲。

2. 四章では、幼稚園・女学校用の唱歌集、家庭向け唱歌を含んだ代表的な唱歌集等を掲載した。

3. 巻末に、全掲載曲の五十音別索引(歌い出し付)、国内作詞家・作曲家五十音別索引、国外作詞家・作曲家五十音別索引を付けた。索引の凡例は各項毎にそれぞれ凡例を付けた。

三、体裁

1. 唱歌集の体裁・内容を記録するため、可能な限り初版情報を再録した。

2. 一つの旋律に、異なる二つの歌詞が重ねられている楽曲、異名同曲など、特定が必要なケース、鉄道唱歌など競作が特徴である楽曲は、原本より縮尺し再録した。

3. 各唱歌集の書肆情報は、初版刊行の年月日・発行元・頁数の順に記した。初版以外を底本(合本を含む)に使用した場合は、その版数および発行年月日を併せて記した。

4. 各唱歌集の表紙を掲載したが、破損が激しい場合は扉頁を紹介した。

5. 原本の入手が叶わなかった唱歌集については、国立国会図書館をはじめ、ウェブ上でデジタル公開されている原本画像を使用した。

6. 各唱歌集の楽曲名に続く作詞(作歌)者名・作曲者名は、原本の表記を記録した。なお、

(一)作詞・作曲者が縦書歌詞、譜面、目次のいずれにも記録されていない場合は、先行研究によって明らかにされている作者名等についてのみ、それぞれの歌詞の後に続く注(*)において紹介した。

(二)楽曲再掲載の場合は、初出の唱歌集名と該当頁を記した。

(三)国内の作詞・作曲者の生没年、および国外作詞・作曲家名の欧文・国・生没年は判明した情報に限り初出時に記した。

(四)『尋常小學讀本唱歌』から『初等科音樂』四(戦後『暫定教科書』を含む)までの楽曲は、編纂者の合議によって編まれたため、それらの作詞・作曲者名は明らかにされていない。よって本書においては、後年作詞・作曲者名が確定された楽曲は参考として歌詞に続く注(*)に記録した。

四、字体

1. 唱歌集名および掲載楽曲名、作詞・作曲家名に使われた漢字、仮名遣い、ふり仮名(ルビ)は、それぞれの原本(ないしは底本)に従った。

2. 一般に検索不能の旧字体あるいは新字体(漢字)については、それに近い旧字体あるいは新字体を当てた。

3. 活字文化の進化の過程において旧字と新字が入り混じっているケースがあるが、それぞれの使用原本の実態を尊重した。

4. 変体仮名については、平仮名に置き換えた。

5. 『戰爭唱歌』のふり仮名(ルビ)に伴う特殊な補助記号は省略した。(同書の「緒言」および二六一頁参照。)

6. 曲名・歌詞に差別用語とされる言葉を含む場合があるが、芸術作品であることに配慮し、原文のままとした。

五、用字・記号

1. 『』:書名、曲集名、雑誌名、新聞名、オペラ演目・映画題名。小説題名
2. 「」:曲名(オペラのアリアを含む)、引用文、論文タイトル名
3. 《》:欧文タイトル
4. 〈〉:強調
5. *:注釈
6. ↓:関連情報掲載頁
7. □:原本の文字が印刷不鮮明で判読が不明の場合

六、解説

各章、各節における解説の文責は、それぞれ解説の末尾に【】で執筆者を記した。

唱歌大事典

序章

唱歌集と教室の子どもたち

『小學読本』第１巻（1874年）に描かれている唱歌室の様子

◆唱歌教育と「唱歌集」の変遷

音楽(唱歌)が、日本で学校の教科として登場したのは、一八七二(明治五)年八月のことであった。「学制」の発布によって音楽は、小学校では「唱歌」、中学校では「奏楽」と示された。しかし、「学制」では、「唱歌」も「奏楽」も、「唱歌當分之ヲ欠ク」「奏楽當分欠ク」と記され、実施までは至らなかった。

初期の音楽取調掛建物（東京藝術大学附属図書館蔵）

小学校の「唱歌」が、必修教科となったのは、一九二六(大正一五)年四月の小学校令の改正によってであった。その後も、一九四一(昭和一六)年の国民学校令公布までの教科名は、「唱歌」であり、尋常小学校の唱歌科の教材は、歌唱のみの教材が続いた。鑑賞や器楽、創作は、国民学校以前の検定教科書には登場してこない。鑑賞が初めて表れたのは、国民学校であり、創作は、第二次世界大戦後であった。

唱歌科・音楽科の教材は、音楽で何を学ばせるのか、音楽の何を学ぶのかで教材も異なってくる。日本では、音楽教育の導入期において、唱歌・音楽が高く評価されていなかったこともあり、必要性を強調するために歌詞に重点が置かれ、歌詞が「徳性ノ涵養」に貢献できることで、唱歌科の存在を訴え、それを目的とした教材が多く作成されてきた。

＊「小學校教則大綱」(明治二四年十一月一七日公布)
第一條　小學校ニ於テハ小學校令第一條ノ旨趣ヲ遵守シテ兒童ヲ教育スヘシ　徳性ノ涵養ハ教育上最モ意ヲ用フヘキナリ　故何レノ教科目ニ於テモ道徳教育國民教育ニ關連スル事項ハ殊ニ留意シテ教授センコトヲ要ス(傍線筆者)

第二次世界大戦までの唱歌科の目標は、基本的にこの「徳性ノ涵養」であり、子どもたちの心をうたった歌詞が中心になったのは、第二次世界大戦後からである。

一方、歴史的には徳性の涵養を目指す中で、読譜やリ

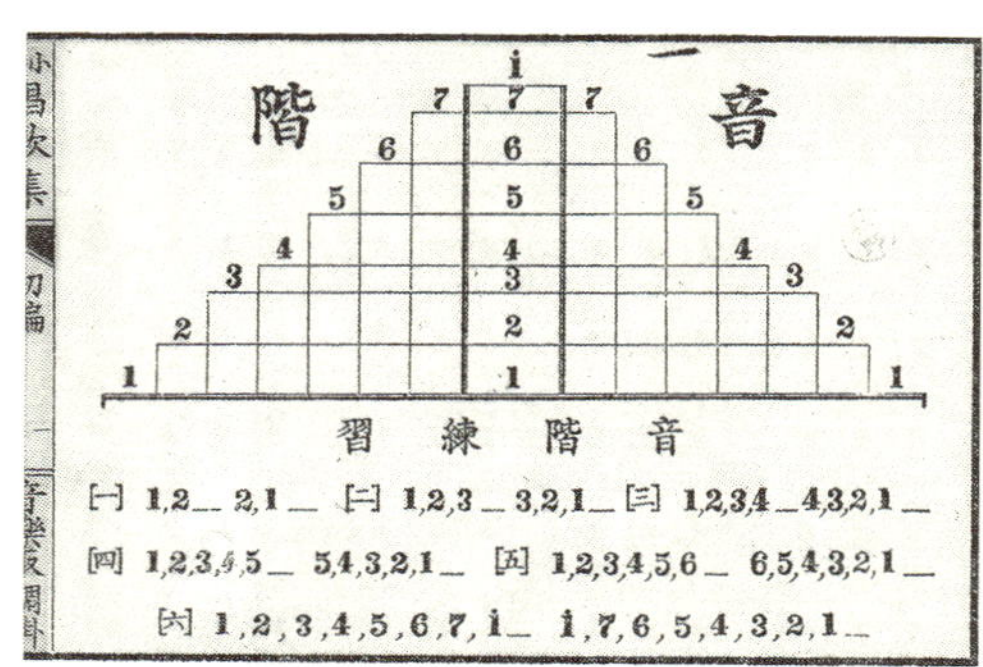

図1　音階練習（初編）

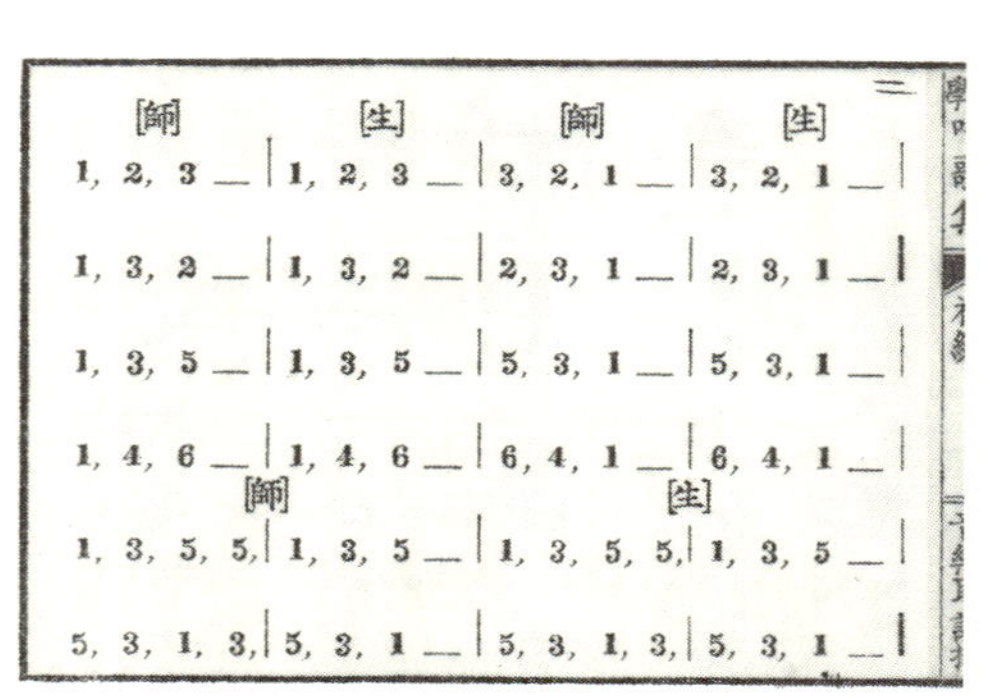

図2　数字譜（初編）

ズム唱などの歌唱技能を学ぶ教材も作成された。唱歌教育当初では、一八八一（明治一四）年十一月に、音楽取調掛（現東京藝術大学音楽学部）が編纂した『小學唱歌集』初編に、歌唱の基礎練習教材（下図1、2、3）が、第二編（一八八三年）では、拍名表（図4）が載っている。特に、歌唱の基礎練習では、ペスタロッチの実物教授の考えによる教材作成が行われている。その後、伊澤修二編纂の『小學唱歌』（全六巻一八九二～一八九三）にも、音階練習、発音練習、リズム練習等々が載っている。その後、明治三〇年代の検定教科書になってくると、修身や読本など、他教科の教育内容に関連させた唱歌教科書が多くなり、音楽技能の系統的指導の教材が少なくなってくる。

なお、「唱歌」科の教育内容が示されたのは、一八九一（明治二四）年の「小學校教則大綱」であった。その第一〇条において、次のように示された。

「唱歌ハ耳及發聲器ヲ練習シテ容易キ歌曲ヲ唱フコトヲ得シメ兼ネテ音樂ノ美ヲ弁知セシメ徳性ヲ涵養スルヲ以テ要旨トス　尋常小學校ノ教科ニ唱歌ヲ加フルトキハ通常譜表ヲ用ヒスシテ容易キ単音唱歌ヲ授クヘシ　高等小學校ニ於テハ初メハ前項ニ準シ漸ク譜表ヲ用ヒテ単音唱歌ヲ授クヘシ歌詞及樂譜ハ成ルヘク本邦古今ノ名家ノ作ニ係ルモノヨリ之ヲ撰ヒ雅正ニシテ児童ノ心情ヲ快活純美ナラシムルモノタルヘシ」

その後、一九四一（昭和一六）年の「国民学校」になると、輪唱や合唱が加わり、楽典も教えられ、鑑賞や器楽も教育内容に掲げられた。特に鑑賞は、鋭敏な聴覚の育成の名の下で重視された（→五三〇頁）。

第二次世界大戦後は、「学習指導要領」に基づいた教科書作りとなり、教材もそれに則ったものとなってくる。小学校の「学習指導要領」が、リズム、メロディー、ハーモニーの音楽三要素を基軸として構成され、低学年は、リズム、中学年はメロディー、高学年はハーモニーを指導の柱に据えた指導と、それを重視した教育内容となっている。それと同時に、能動的活動の歌唱、器楽、創作（音楽づくり）や身体表現、受動的活動の鑑賞等々の領域を学年毎の配置の基本にしている。

「唱歌」教育初期の日本の音楽で試みた教材

一八七四（明治七）年、愛知県のわらべうた「胡蝶（花折りのうた）」を使って、愛知師範学校で「ちょうちょちょうちょ　菜の葉にとまれ……」の歌が、遊戯の歌として教えられた。わが国で音楽（唱歌）教育が始まったのはこのころである。

しかし、そのころはまだ、五線譜による唱歌教科書は作られていなかった。五線譜による唱歌教科書が発刊されたのは、一八八一（明治一四）年十一月の『小學唱歌集』（初編、音楽取調掛編）であった。

一八七二年から一八七九（明治一二）年の音楽取調掛創設までの間は、国としての特別な動きは見られない。この七年の間に、日本の各地では、日本の音楽によるいくつかの唱歌教育の試みがなされている。

一八七四（明治七）年には、いま述べた愛知師範学校での遊戯の歌として、わらべうたによる「胡蝶」、「椿」、「鼠」等々の教育、さらに、一八七六（明治九）年から始まったと言われる、東京女子師範学校附属幼稚園（現、お茶の水女子大学附属幼稚園）での雅楽の音律による「風車」、「冬燕居」、「冨士山」等々（「保育並ニ遊戯唱歌」）の教育、続いて、一八七七（明治一〇）年には東京府による、日本の〈新しい雅俗折衷音楽〉による唱歌教育計画（未実施）、京都女学校（現、京都府立鴨沂高等学校）による教科書『唱歌』（全二編、明治一一年十一月・一三年九月発行→六四六頁）によってなされた地歌や、箏歌による「出雲曲（原曲「黒髪」）」、「玉くしげ（原曲「儘の川」）」等々に

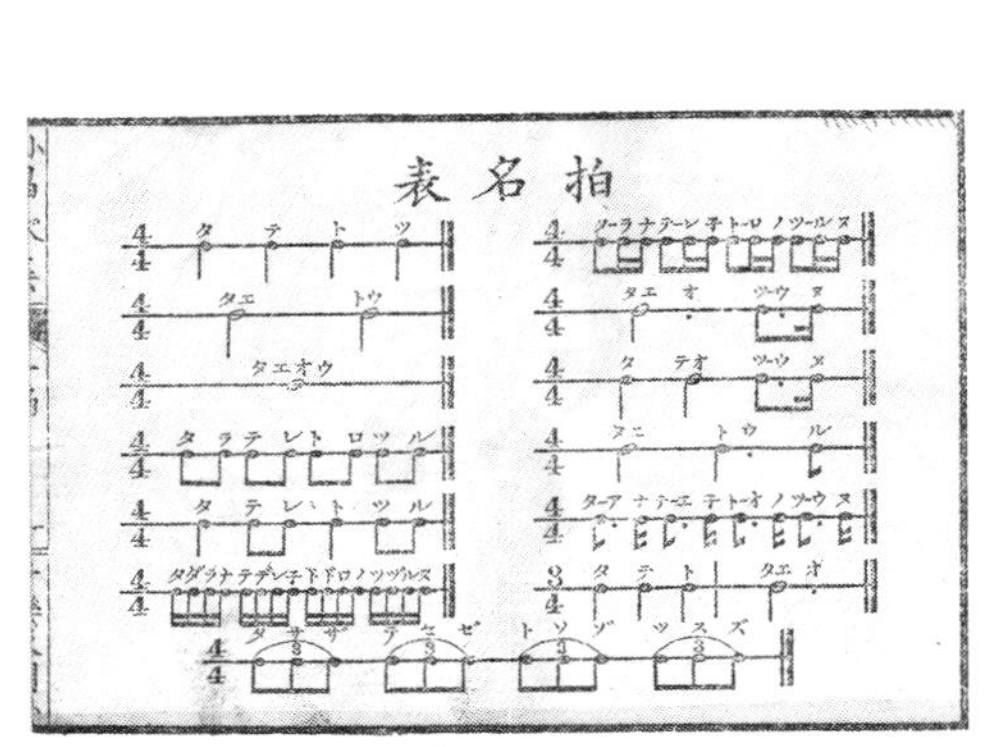

図4　拍名表（第二編）

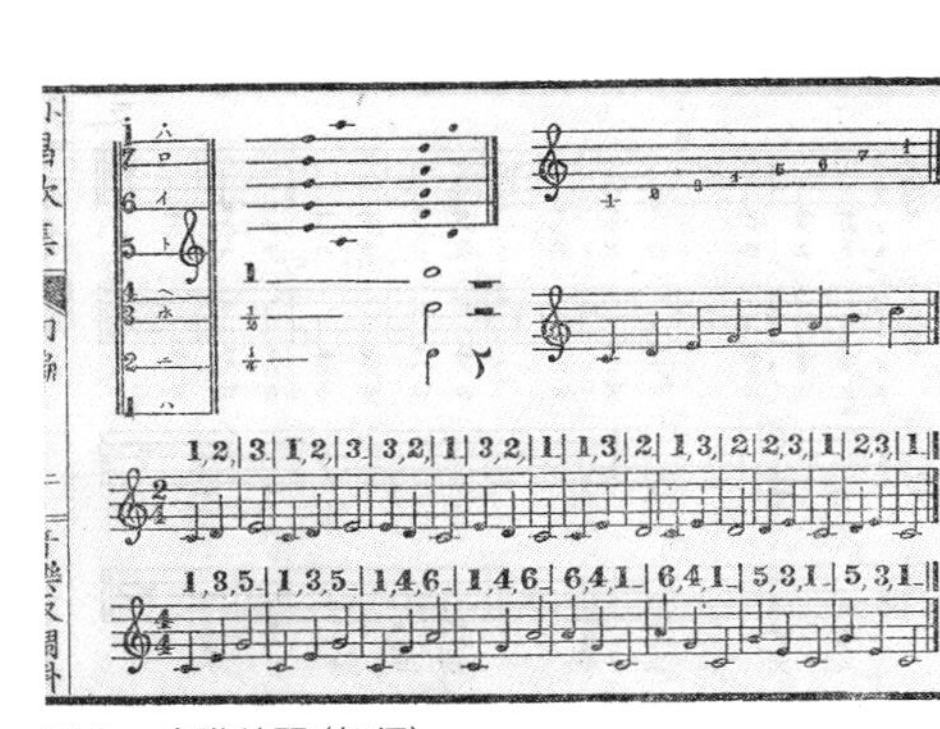
図3　音階練習（初編）

よる教育がある。

　これらの教材で用いられた音楽は、わらべ歌、雅楽、地歌、箏歌等々の日本の音楽であった。一方歌詞は、教育を重視し、道徳的なものや花鳥を詠んだものであった。例えば、京都女学校で使った『唱歌』の筆頭に取り上げられた「出雲曲」は、元の曲の「黒髪」の歌詞が、男女の一夜の思いを謳ったものだが、ここでは素戔嗚尊（スサノウノミコト）が詠まれた和歌を用い、女子が唱歌を学ぶことの大切さが謳われている。これらは、唱歌教育実施へ向けてのひた向きな取り組みであった。（それらの一部は、音楽取調掛編纂の唱歌集にも取り入れられている。）

西洋音楽を重視した『唱歌』教材

　国が音楽教育に国策として動き出したのが、一八七九（明治一二）年の音楽取調掛の創設であった。そこでは、国として新時代の音楽〈国楽〉は、邦楽か洋楽か、あるいは和洋折衷かの選択、さらに「唱歌」（音楽）を教えることのできる教師と楽器、教科書が必要であり、指導法も開発しなければならなかった。これらを同時進行的に進め、音楽教授に必要な『音樂問答』・『樂典』（一八八三）、『音樂指南』（一八八四）などの教科書の発行や楽器の試作を行い、教材が作られていった。これらの多くの事業の中の一つに、唱歌教科書の編纂発行があった。

　音楽取調掛は、文明開化の新時代のわが国の音楽〈国楽〉として、和洋折衷の音楽を打ち出し、その方針に沿った教材作りを行った。しかしその実態は、歌詞こそ訳詞ではなく日本人の手によるものではあったが、旋律は西洋のものが大勢を占めていた。それらが、唱歌教科書としてまとめられたのが、一八八一（明治一四）年十一月から一八八四（同一七）年三月にかけて刊行された『小學唱歌集』三冊と、一八八七（同二〇）年十二月に刊行された『幼稚園唱歌集』全である。

　そこで編まれた内容は、

（一）徳育思想に基づいた歌詞、
（二）音楽の基礎（音階、音符、リズム）、数字譜による音階練習、
（三）歌唱の基礎練習、数字譜と五線譜による簡単な聴唱法の指導、
（四）単旋律からカノン、二部合唱、三部合唱、
（五）外国の芸術歌曲と民謡、
（六）日本の音楽（わらべうた、箏歌）

等々であった。

　例えば、歌としては、『小學唱歌集』では、スコットランド民謡のAuld Lang Syneが「蛍の光」、モーツァルトのオペラ『魔笛』「恋人か女房か」が「誠は人の道」（下欄参照）、T・H・ブロズナン作詞、H・N・D作曲の「SONG FOR THE CLOSE OF SCHOOL」（「卒業の歌」）が「あおげば尊し」として登場している。さらに『幼稚園唱歌集』では、フランス民謡「きらきらぼし」が「うづまく水」、ボヘミヤ民謡「ぶんぶんぶん」が「蜜蜂」として紹介された。

　一方、明治二〇年代になると、民間から唱歌集が数多く出版された。その中でも大和田建樹と奥好義が選曲編纂した『明治唱歌』（全六集　一八八八〜一八九二）が知識人に好まれたようである。そこには、ジルヒャーの「ローレライ」が「二月の海路」、R・ワーグナーのオペラ『ローエングリン』の「婚礼の合唱」が「春の夜」として紹介された。その後、一八八九（明治二二）年、音楽取調掛を改称した東京音楽学校からは、H・ビショップの「埴生の宿」（旋律の初出は『明治唱歌』第三集「千代の聲」）が載った『中等唱歌集』（→六八三頁）が発行されている。

　また、唱歌教科書の模範を目指したと言われる伊澤修二編纂の『小學唱歌』（全六巻　一八九二〜一八九三）が

「誠は人の道」「千里のみち」（60頁参照）

発行され、「からす」、「手鞠歌」、「うさぎ」などのわらべ歌が取り上げられている。しかしこの教科書も徳育思想に基づいた多くの教材で編纂されている。（→七〇頁）

軍歌調の唱歌教材

一八九四（明治二七）年に始まった日清戦争へ向けて、軍歌が数多く作られるようになっていく。小山作之助編『國民唱歌集』には「敵は幾万」が発表され、同じく小山作之助編『日本軍歌』には、フォスターの「John Browns body」が「すすめ、すすめ」として載り、山田源一郎編の『大捷軍歌』には「勇敢なる水兵」（→一〇九頁）など、いくつもの軍歌が登場してくる。その現象は、次に起こる日露戦争（一九〇四～一九〇五）に向けての軍歌ブームの先駆けとなった。

軍歌は、《軍歌調》という特色を持ち、リズムは、《ピョンコぶし》と呼ばれたスキップのリズム、音階は、通称《ヨナ抜き音階》が多用された。この《ピョンコぶし》や《ヨナ抜き音階》の台頭は、唱歌にもあらわれ、いくつもの軍歌調の唱歌が誕生し、歌われるようになった。

大和田建樹編の『地理教育鉄道唱歌』をはじめ、「キンタロー」（下欄譜例）、「うさぎとかめ」（『教科適用幼年唱歌　諸教科統合』田村虎蔵他共編）、「一寸法師」、「大こくさま」（『尋常小學唱歌』田村虎蔵他共編）などの歌がそれである。これらの歌は、言文一致唱歌と言われ、児童に歌詞内容が理解しやすいこともあって、その後の唱歌の主流となっていった。（→一四五頁）

その一方、明治三〇年代は、軍歌・軍歌調に左右されない歌の誕生もあった。『新撰国民唱歌』の「湊」や「夏は來ぬ」、「花」の載った組歌『四季』（瀧廉太郎編）、東京音楽学校が公募して編纂した『中學唱歌』（一九〇一年三月）での「荒城の月」「箱根八里」などがそれである。

またこの年、滝廉太郎編の『幼稚園唱歌』が刊行され、「水遊び」、「鳩ぽっぽ」、「お正月」などの幼児向け唱歌が発表された。さらに一九一二（明治四五）年七月には、大正時代の童謡の先駆けともなったと言われる吉丸一昌編の『幼年唱歌』（～一九一四年、全一〇集、三集からは『新作唱歌』に改題）も発行され、「早春賦」（第三集一九一三年）がヒットした。

文部省唱歌の誕生

時の政府は、日清・日露戦争を通して、国家主義の教育観を高めていき、教科書の国定化を進め、一九〇三（明治三六）年にそれを実現した。

文部省は、唱歌教科書に対しても国としての標準的な教科書を考えたのか、国定化七年後の一九一〇（明治四三）年七月に、唱歌教科書の模範を作る目的もあって、『尋常小學讀本』全十二巻に載った詩に旋律をつけた『尋常小學讀本唱歌』（→三四三頁）を編纂発行した。そこには、「ツキ」、「ふじの山」（後の「富士山」）、「春が來た」、「われは海の子」等、二七曲が収められている。続いて小学校各学年一冊の『尋常小學唱歌』を、翌一九一一（明治四四）年五月から一九一四（大正三）年六月にかけて全六冊発行した。文部省は、芳賀矢一、高野辰之、岡野貞一等の一六名からなる『尋常小學唱歌』編纂委員会を設け、その中に、作詞委員会と作曲委員会の二つの専門委員会を置いて編纂にあたった。（→三四五頁）

『尋常小學唱歌』の歌詞は、他教科との関連を濃くしたもので、『尋常小學讀本』をはじめ、「修身」、「国史」、「地理」などを基にして歌が作られた。「修身」での「日の丸の旗」や「二宮金次郎」などの同名の歌、『讀本』の「雪のあさ」を題材とした「雪」、同様に「汽車ノタビ」が「汽車」、「マツリ」が「村祭」等々である。この他、「鳩」、「紅葉」、

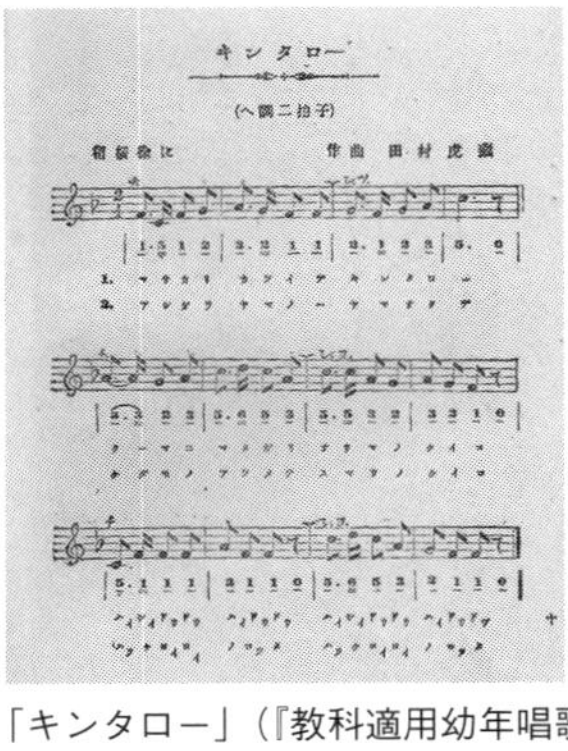

「キンタロー」（『教科適用幼年唱歌』初編上巻）

「春の小川」、「鯉のぼり」、「冬景色」、「朧月夜」、「故郷」等々の歌が作られた。ここに、日本人の作詞・作曲による、いわゆる「文部省唱歌」の原型ができ上がった。

「童謡」の登場

子どもの歌の世界においては、大正時代は、文部省編纂の『尋常小學唱歌』に抗して誕生した「童謡」が大きな柱となった時代でもあった。社会的には、日清・日露戦争での勝利、さらに第一次大戦での戦勝国の仲間入りを果たしたことによる経済的豊かさのなかで、いわゆる大正デモクラシーが広まっていった。このことは、芸術思潮にも拍車をかけ、芸術教育思想や児童中心の教育思想を生み出した。それが、童心を大切にする歌の登場となって現れてくる。

子どもの歌では、吉丸一昌編の『幼年唱歌』に続いて、小松耕輔、簗田貞、葛原しげる共編の『大正幼年唱歌』（全十二集　一九一五〜一九一八）、同編による『大正少年唱歌』（全十二集　一九一八〜一九二九　第一集に「とんび」）等々が出版され、子どもの歌心に火をつけていった。

一方、そのころ、鈴木三重吉、北原白秋等を中心とした童謡・童話運動が起こる。それは、童謡・雑誌『赤い鳥』として一九一八（大正七）年に登場し（↓四〇七頁）、翌年五月号には「かなりや」が楽譜付きで発表される。これが夢を抱いていた子どもの心を捉え、子どもばかりか、ロマンを求めていた親たちの心をも虜にし広まっていった。この『赤い鳥』の反響が、『金の船』、『コドモノクニ』、『少女号』、『童話』、『樫の実』等々いくつもの童謡・童話雑誌を誕生させ、つぎつぎに子どもの歌を生み出していった。

『赤い鳥』には、「かなりや」の他に、「りすりす子栗鼠」、「赤い鳥小鳥」などが発表され、また『金の船』には、「十五夜お月さん」、「七つの子」、「青い目の人形」。『童話』には、北原白秋作詞、山田耕作（注一）作曲の「かやの木山の」、同「かへろかへろと」（後に日本歌曲と言われるようになる）などの童謡が続々と発表された。さらに、宮城道雄作曲・葛原しげる作詞による等による童曲集なども発表された。

大正時代は、国が民間出版の検定唱歌教科書の使用も認めており、文部省の『尋常小學唱歌』と検定唱歌教科書が同時に使用された時代でもあった。それは一九四一（昭和一六）年の国民学校の発足まで続いた。

『赤い鳥』（1918 年 7 月創刊）
『金の船』（1919 年 11 月創刊）
『コドモノクニ』（1922 年 1 月創刊）
『金の星』（1922 年 6 月『金の船』から改題）

『金の星』・『金の船』：株式会社金の星社提供
『コドモノクニ』（大阪府立中央図書館国際児童文学館提供）
※「コドモノクニ」表紙絵（イルフ童画館蔵）

昭和前期の音楽教科書

昭和期の第二次世界大戦終了までの二〇年間は、日本は急速に軍国主義、国家主義へと歩んだ時代であった。教育においても同様で、《教学刷新》の名の下に、国体観念を児童・生徒に植えつけることに邁進し、音楽教育・

（注1）山田耕筰は一九三〇年に戸籍上それまでの「耕作」から「耕筰」に改名すると宣言。一九五六年に再婚をきっかけに「耕筰」に改めている。（「竹かんむりの由来」『山田耕筰著作全集 3』岩波書店）

音楽教科書も同様であった。

一九四一年の「国民学校」以前の唱歌教科書としては、文部省編纂の『高等小學音樂』（一九三〇）、『新訂尋常小學唱歌』（一九三二）、『新訂高等小學唱歌』（一九三五）等々がある。一方、検定教科書としては、『新尋常小學唱歌』（一九三一、日本教育音樂協會編）、『新日本唱歌』（一九三五、初等音樂教育會編）、『兒童唱歌』（同年、日本教育音樂協會編）などがある。また、各地においては、それまでに出版された検定済の唱歌集からその地域の教育会が楽曲を選択し、独自の音楽教科書の編纂も行っている。民間の唱歌集としては、「コヒノボリ」や「チューリップ」が載った『エホンシヤウカ』（全四冊　一九三一～一九三三、日本教育音樂協會編）などがある。

これらのなかで多く歌われたのがやはり文部省編纂教科書の歌であった。『尋常小學唱歌』を増補改訂した『新訂尋常小學唱歌』では、「ポプラ」、「牧場の朝」、「瀧」、「スキーの歌」、『新訂高等小學唱歌』では、「太平洋」、「月見草」「渡り鳥」などの歌が愛唱された。

一九四一（昭和一六）年の「国民学校令」（→五三〇頁）の公布により、これまで「唱歌」と呼ばれていた小学校の教科名が「藝能科音樂」となり、「音楽」の名称が教科名として使われることとなった。「国民学校令」により、教科書が全面的に国定化され、それまで認められていた唱歌科の検定教科書は、姿を消していく。

「藝能科音樂」の教科書は、『ウタノホン上』～『初等科音樂四』（全六冊　一九四一）、『高等科音樂』（一九四四）であり、そこには、「ウミ」、「たなばたさま」、「スキー」などの歌が登場した。また、国民学校では、軍部からの要請があり、絶対音感教育の名の下で、低学年から聴覚訓練、和音感教育が行われた。特に、鑑賞教育の一環としてレコード（音盤）による飛行機の爆音の聞き分けなどの音感教育が行われた。（→五六八頁、七二八頁）

検定教科書にもどった音楽教科書

第二次世界大戦終了後、軍国主義や国家主義を鼓舞する教材を排斥した〝墨塗教科書〟（→五六八頁）〝暫定教科書〟（→六〇二頁）を経て、文部省は最後の文部省編纂の教科書として一九四七（昭和二二）年に『一ねんせいのおんがく』～『六年生の音樂』、『中學音樂』を発行した。これらの教科書では邦人による歌だけではなく、多数の外国曲の採用や、大正時代に生まれた童謡の「かなりや」や「赤とんぼ」などが載るようになった。

さらに、楽器や器楽合奏の写真などを載せるなど、歌唱中心の教育から音楽活動全般にわたる教育への取り組みをうかがわせているが、この教科書での器楽教育への取り組みが、後の器楽教育発展の素地を作ったとも言われ、実施当初は物資の窮乏もあり、あまり進まなかった。しかしその後、簡易合奏教材や器楽教材の開発、リコーダー教材の開発への取り組み、鼓笛隊、吹奏楽など器楽教育の充実へと展開していった。

文部省は、検定制の復活により検定教科書が増えるにつれ、文部省著作教科書の採択が一万部を切った時点でそれを廃刊にした。検定制となってからは、民間の教科書会社、音楽大学などから音楽教科書が発行され、数多くの教科書が登場した。

その後小学校では、一九六一（昭和三六）年度実施の「学習指導要領」から、歌唱と鑑賞の共通教材が設けられた（中学校は翌年より実施）。歌唱共通教材は現在も続いているが、鑑賞の共通教材は、二〇〇二（平成一四）年に廃止された。一方、文部省は、各学校で備えなければならない「教材基準」を一九六七（昭和四二）年に制定し、楽器の整備と充実を進めてきている。

【澤崎眞彦】

『二年生のおんがく』（1947 年）

地方の小学校で唱歌科の授業が実際に始まったのは、一八八七（明治二〇）年以降である。しかし明治三二年頃になると唱歌への熱い思いは徐々にさめる。教育界で樋口勘次郎は、唱歌科を「然るに現今の状態にては、学科のうちにてもっとも冷遇せらるゝもの、如し」と評した。手探りの現実が顕わになる。授業を担当する多くの当事者が唱歌科の意義をどのように理解し、授業を運営するか。理念ではなく、直面した課題である。

明治二四年の小学校令以降、尋常科で唱歌は「之ヲ欠クコトヲ得」という随意科目であり、唱歌科を新たに実施しようとするには加設申請し許可を必要とする。その一方で儀式唱歌は行わなくてはならない。

また明治四一年からの改正教育令では、尋常小学校の年限はこれまでの四年から六年になり、唱歌科は必須科目となる。ところが、ほとんどの子どもが学校に通い始めると、学校が収容しきれず、学区や校区が再三変更される。唱歌科の実施は先送りされるケースが多くなり、唱歌科への熱が再度トーンダウンする。唱歌科加設の書類に見る問題点と、各地方での唱歌教育の実態を以下紹介する。

唱歌科加設の許可制

一八九一（明治二四）年に制定された小学校教則大綱の第一八条に、地方の事情によって教科内容を斟酌増減してもよいとされ、唱歌科の実施は地域によって格差を生じる。

明治二五年の盛岡市の例では、「図画は男生にのみ課する加設科目で、裁縫は女生にのみ課する」とされ、唱歌科は科目として独立せず「但シ祝日大祭日儀式用ノ唱歌ハ、修身科ニ於イテ之ヲ授ケ、其他ノ唱歌ハ遊戯時間等ニ於イテ適宜之ヲ授クル旨、課程表ニ特記ス」となっている。つまり唱歌科は他の教科との抱き合わせができ、かつ唱歌科を設置するより修身科や遊戯との抱き合わせにした方が経済的な負担は少ないのである。

秋田県の明治二一年の例である。「図画唱歌増設願」を南秋田郡五十目村、外三村の代表である戸長が郡役所第二学務部あてに出した。図画教師と女教師がいるのでこの二つの科の増設を許可してほしいと要望したところ、五十目村はよいが、外三村には楽器が揃っていないので、「図画だけ許可する」と指令が出た。五十目村尋常小学校の訓導は「土地の状況により図画や唱歌を設置してもよいなら、商工業従事者の多いこの地では俚謡悪風を除くため唱歌を設置したい」と再度願いでるが、唱歌科を立ち上げるには、楽器の準備が整わないところでは認められないという姿勢は変わらなかった。

高等科の場合は英語や商業を設置したいので、唱歌科を削りたいという要望や、英語と唱歌を一緒にした英語唱歌の例がある。長野県では長野、上田、開智の三校でこの英語唱歌を実施したという記録がある。

では実際の手続きを『岩手県教育史資料』から見てみる。

一．村長が「教科目増加稟申書」に教科を増設する事由と該当小学校の教科課程表をつけて、岩手県知事あてに出す。

二．郡長が、該当校がこれまで唱歌を教授していたこと、楽器を具備していること、祝日大祭日儀式にむけて唱歌科が必要であるという添書きを付す。

三．村役場が毎週の授業時間をチェックし指令番号をつける。

四．許可が下りる。八月三〇日に申請し、九月一日付で許可される。

一連の書類から認可に必要なキーワードは、「徳性ノ涵養」「祝日大祭日儀式ヲ行フニ當タリ切要ノ學科」「樂器ノ具備」であることが推測できる。村長の申請書には、子どもが喜んで唱歌をしていたのに、これを欠くと児童の心情が一変したと述べられていたが、役所の書類の評価はこの三つの言葉であった。このような申請は岩手県の場合、二五年から三二年にかけ年一から二校位のペースで許可されているが、やはり全体からみると唱歌科を置いた小学校は少なかった。もう一つ奈良県を例に挙げよう。

奈良県は明治二八（一八九五）年に県訓令を出し、唱歌科加設を促した。子どもの生活習慣に深くかかわる俚謡俗歌の撲滅と「児童ノ心情ヲ快活優美ニスル」という具体的目標を掲げ、「可成的必要ノ器具ヲ備ヘ」速やかに実施せよというものであった。「必要ノ器具」とは楽器すなわちオルガンである。明治二四年の「小学校設備規則」では高等小学校に楽器を備えるとなっているが、尋常科は対象となっていない。楽器つまりオルガンがないところでは、唱歌科を設置できないと理解していたようである。

オルガン購入には、地域の経済事情が大きく立ちはだかる。実際には明治三二年に郡レベルの教育諮問委員会で唱歌科の加設が推奨され、翌三三年に校長会で時間配当が決まり、三九年になって事務レベルで「加設スヘキ手工唱歌科設置奨励」が出る。加設はなかなか困難なことであった。それらの結果『吉野郡教育史』には「四十年末に至り加設せる学校百二十六に達す」と記されている。

フィールド調査を基にした唱歌授業の実態

フィールド調査のデータとは、筆者が勤務していた音楽大学の三〇年来の講義科目「音楽教育史 日本」の夏の課題で、聴講している学生がフィールドワークとして聞き取り調査をしたものである。年度によりテーマの重点は多少ずれるが、主に年配者から当時の唱歌授業の在り方のお話を伺い、実際に記憶しているうたを演唱していただく。音源に録音された会話を文字に起こし、演唱された楽曲を規定の用紙に五線譜として採譜し提出してもらうものである。現在千件ほどのデータがあるが、学生の採録も厳密な方法ではなく、演唱者当人の記憶に頼っているので学術的な根拠は持ちえない。しかし各地のさまざまな実情を、データを概観して描いてみる。本書の内容をふまえ、昭和一〇年までに生まれた人までを対象とし、地域的には台湾、朝鮮、満州をふくむ日本で学校教育を受けた七一〇人とする。最高齢は明治二一年生まれの男性で「ひらいたひらいた」の遊戯を演唱してくださった。

一九〇〇（明治三三）年以降の農山村部の尋常小学校

山梨でも郡部にある鰍沢小学校は分校であった。当時本校でも唱歌を専門に教える教師がいなかったくらいなので、分教場では読み書きそろばんが主で、唱歌はなかった。F・Kさん（明治三二年生まれ）が学校で歌をうたったのは「君が代」を唱えたくらいで、オルガンのふたは滅多にあけたことはなかった。二〇歳くらいの時に友人の間で流行していたのが「鐵道唱歌」である。同じような状況は他の農村部にも見られる。K・Rさん（明治三五年生まれ）は小学校へは裸足で着物を着て通った。「学校で取り立てて教わったものはなく、佐土原というまちの古月の和尚さん（注1）が作った『イロハ歌』を記憶していた。「学校というより、寺子屋のようで読み書きそろばんが主で唱歌などなかった」という千葉のY・Hさん（明治二八年生まれ）のような表現は結構多い。

小学校へ通う子ども労働力であった時代である。特に女子の場合、子守と学校の両立は難しかった。「授業中にも赤ん坊を背負いながら」、あるいは「子どもを机のうえにおいて勉強した」とY・Iさん（明治三七年生まれ）は述べ、Y・Nさん（明治三七年生まれ）は「子守をしながらの唱歌の授業は、形式的で、オルガンの横で一人ずつ口移しで歌わされた」と「京の五条の橋の上」（「牛若丸」）を演唱してくださった。

時代は少し後になるが、大正一三年生まれのM・Hさんは一三人姉妹の長女だったため、小学校の途中から奉公に出された。仲間内で伝承されていたからかいや揶揄や卑猥な歌詞を「小学校の中村先生が子どもたちに地名をおぼえさせるために替え歌を作ってくれて」「数え唄」の旋律で覚えていた。子守学校（注2）では数え唄やイロハ唄の類は根強かった。大正期には都市近郊の教育的貧困が目立つようになる。

しかし、郡部といっても大変豊かな例もある。青森県下北郡佐井村尋常小学校は全校生徒三〇人程度の小規模校であるが、I・Rさん（明治三三年生まれ）によると「教室にオルガンがあって先生だけが使えた。新しい曲を学ぶ時は、先生が『ひと節ずつ』弾き、生徒がそのあとを追って学んだ」と述べている。一曲を完成させるのに何週間もかかったが、完成すると、クラスの数名に指名し、起立してうたわせたそうである。ここから類推できる授業スタイルは，子どもは教科書類をもたず、先生がオルガンを弾いてうたい、生徒があとからついてうたう。完成するまで根気よく繰り返された。この根気よく教えた例は郡部ほどよく見られる。

秋田県由利郡のS・Yさん（明治三七年生まれ）は「一時限には一曲しかうたわず、一曲うたえるようになるには沢山の時間がかかった」と述べている。自らも後に小学校で教鞭をとった千葉県香取郡のH・Aさん（明治四五年生まれ）は「譜面がないので、頼りになるのは自分の耳のみで、何度も何度もうたった」という耳コピーつまり聴取法で教わったと述べている。

「先生がオルガンを弾いて」という表現がよく出てくるが、神奈川県橘郡のS・Gさん（明治三六年生まれ）は、「唱歌の時間もあるにはあったが、オルガンを弾ける先生は、一人いるかいないかで、ひけないのが当たり前だった。その特定の先生（女の先生）がオルガンを弾いて、それを子どもがあとからついてうたうという方法だった」。男の教師は弾けないのは当たり前という認識が子どもにもあった。オルガンを使えなくても設置し、あっても滅多に開かない、けれども学校にオルガンは必須のものという発想は根強かった。

明治三三年以降の都市部の尋常小学校

東京本所中和尋常小学校に通ったT・Iさん（明治三六年生まれ）は「当時、修身、算術、国語は毎日あったが、図画、唱歌、書き方は週に一度だった。唱歌はオルガンを使って口移しで教えられ、譜面などは使わなかった。そして試験はオルガンの前に呼び出されて、一人一人うたった」。それはそれで歌をうたって楽しかったそうであるが、学校で習うより家に帰って遊びながら覚えたうたの方が多く「唱歌よりもわらべ唄のほうが好きだった」と振り返り、「木口小平」と「水師營の會見」の歌詞をカタカナでそれぞれ三番まで自筆してくださったものが添

（注1）宮崎県佐土原出身の古月禅師は稀代の名僧として知られている。古月和尚の人生訓「イロハ説き」は佐土原の盆踊り唄として今でも生きている。

（注2）「子守教育令」（一八八三）によって設けられた「子守学校」は、一九二〇年まで存続。

『教科適用幼年唱歌』二編下巻・表紙に描かれた唱歌の授業光景

郵 便 は が き

料金受取人払郵便

神田局
承認

3107

差出有効期間
平成30年5月
20日まで

101-8791

511

東京都千代田区
神田神保町1丁目17番地
東京堂出版 行

※本書以外の小社の出版物を購入申込みする場合にご使用下さい。

購入申込書

〔書 名〕	部数	部
〔書 名〕	部数	部

送本は、○印を付けた方法にして下さい。

イ.下記書店へ送本して下さい。
(直接書店にお渡し下さい)

(書店・取次帖合印)

書店様へ=貴店帖合印を捺印の上ご投函下さい。

ロ.直接送本して下さい。

代金(書籍代+手数料、冊数に関係なく200円)は、お届けの際に現品と引換えにお支払い下さい。

＊お急ぎのご注文には電話、FAXもご利用下さい。
電話 03-3233-3741(代)
FAX 03-3233-3746

愛読者カード

〈本書の書名〉

フリガナ お名前	年齢 歳	男 女

ご住所　（郵便番号　）

電話番号　（　）

メールアドレス　@

ご職業	本書をどこでご購入されましたか。
	都・道 府・県　市・区　ネット書店　書店

■お買い求めの動機をお聞かせ下さい。（複数回答可）

A 新聞・雑誌の広告で（紙・誌名　）

B 新聞・雑誌の書評で（紙・誌名　）

C 人にすすめられて　D 小社のホームページで　E インターネットで

F 書店で実物を見て　（1.テーマに関心がある　2.著者に関心がある　3.装丁にひかれた　4.タイトルにひかれた）

■本書のご感想、お読みになりたいテーマなどご自由にお書き下さい。

■ご関心のある読書分野（複数回答可）

A 日本語・ことば　B 外国語・英語　C 人名・地名　D 歴史・文学

E 民俗・宗教　F 自然・気象　趣味（G マジック　H ハーブ・アロマ

I 鉄道　J その他　）　K その他（　）

★ご協力ありがとうございました。ご記入いただきました個人情報は、小社の愛読者名簿への登録、出版案内等の送付・配信以外の目的には使用しません。愛読者名簿に登録のうえ、出版物のご案内をしてよろしいでしょうか。

（□ はい　□ いいえ）

なお、上記に記入がない場合は、「いいえ」として扱わせていただきます。

付されていた。

ほぼ同様な授業形態の例は、東京神田、名古屋市守山、山口県宇部、福岡県福岡、長崎県歌ヶ浦などがあげられる。前述のT・Iさんのお話になかったのが、「先生が黒板に歌詞をかいて」という部分である。初等段階ではカタカナであったという事例が多く、「モシモシカメヨ」(「兎と亀」)など長い詞を正確に覚え、筆記してくださった方が多かった。

また数は少ないが、「オルガンでなくアコーディオン」だった。あるいは「ヴァイオリンだった。体育館にピアノはあったが、集まりのときしか使わなかった」という事例もある。

演唱してくださった楽曲を列記してみると、「木口小平」「水師營の會見」「モシモシカメヨ」「日本海海戰の歌」「からす」「すずめ」「たこの歌」「大黒様」「浦島太郎」「桃太郎」「一寸法師」「牛若丸」などいわゆる言文一致唱歌や軍歌といわれるジャンルが中心で、教訓的な楽曲が出てこなかったことが特徴である。

さらに質問の観点をかえ、「軍歌はどのようなものを覚えていますか」という問いに新潟県のY・Hさん(明治三六年生まれ)は「日露戰争の歌」「乃木大將の歌」「赤十字の歌(婦人従軍歌→三二〇頁)」「楠正成のうた」と答え「学校で習ったかどうかは覚えていないが、学校の行き返りに覚えてしまったけれど『赤十字の歌』は小学校五～六年で教わった気がする」と述べていた。やはり当時社会で流行ったものが好まれ記憶されていたようである。

明治三三年以降の高等小学校

高等小学校、小学校高学年では、師範学校を卒業した若い先生がドレミを一生懸命教えていた様子を紹介する。熊本県湯前小学校に通ったA・Kさん(明治二六年生まれ)は自慢げに鮮明な口調で語ってくれた。

「明治三七年頃、私が一一か一二のころ、師範学校を卒業したばかりのT先生(男)に教わりました。先生は黒板に楽譜を書いて、音符の下に一、二、三、四、五、六、七の番号で音名をかき、その下にドレミと書いた。先生がオルガンを弾きながら、ドレミで口ずさみながら、教えてもらいました。当時はドレミがめずらしくて、得意になって、友達どうしでうたったものです。」

単にうたを教えるのではなく、音のしくみを説明したようである。これほどレベルは高くなくてもドレミを教わったと述べているのは、高等科や小学校五～六年の段階である。オルガンの音だけが頼りであったときから師範学校や女学校で教育を受けた若い教師が、教室にドレミを持ち込んできた。数字譜については、前述の千葉県香取郡のH・Aさん(明治四五年生まれ)は「譜面上で音符があがりさがりしているならまだメロディーの感じがつかめるが、数字だと感覚としてつかみづらかった」とも述べている。

少々時代は後になるが、「湖上の花」(→三一四頁)の歌詞を忘れても(ソーソラソミド)と階名を記憶していたのは神奈川県橘郡のA・Mさん(大正二年生まれ)である。

先の加設申請の項で紹介した英語唱歌の例もある。愛媛県越智郡のM・Mさん(明治三六年生まれ)は「さくら」を"Sweet Cherry"という英語で教わり、採譜した学生は、演奏者が八〇歳を超えているのに発音もリズムもキチンとしていたと驚きを隠せなかった。また宮城県塩釜のS・Kさん(明治三三年生まれ)は日本語と英語の混った「グットボーイにおなりなさい」をヴァイオリン伴奏で習った。師範学校を出た若い教師が最新のものを教える一生懸命な姿が各地でみられ、子供たちも新しい息吹

「水師營の會見」(『尋常小學讀本唱歌』)

をはつらつと受け止めていた様子が伝わってくる。

　これらの明治期のデータを概略するならば、尋常小学校・高等小学校はそれぞれに、パターンのようなものがあった。しかし、明治と大正期の各地の都市部と農山間部の格差は非常に大きく、時代や年代の推移というより、地域格差が相当激しかった。歌詞と旋律を記憶することが中心の尋常小学校の授業内容に対して、ドレミを教わり、数字譜を習うのは高等科であった。また明治期の時代的な特色として、教授方法は共通したものがあるが、教えられた曲は千差万別であった。

大正期に定着した唱歌授業

　フィールド調査の例がもっとも多いのが大正期である。読本の内容と唱歌が重なっており、唱歌授業のやり方がほぼ典型化してくる。ハレの舞台として唱歌会や学芸会があり、これまでの「聴く」は「鑑賞」という言葉に替わってくる。

　明治末からの児童生徒の増加は大正期にも続き、音楽室を備えるところも増えてきた。オルガンはたいていの所で備え付けられ、一台の足踏み式オルガンが、必要に応じて教室から教室への移動を繰り返した。またもう一台のオルガンが講堂にあり、儀式用に使っていた例も多くなった。

　N・Sさん（明治三九年生まれ）は大正二年に徳島県の今津尋常高等小学校に入学した。県内有数の大規模校で当時校内には唱歌担当の教師が二人おり、唱歌の授業は週二回あった。唱歌の教科書はやはり教師のみが持っていて、教師は徳島師範学校付属小学校から教科書を買っていた。実際の授業は、

(1)教師がオルガンのド（ハ）を弾く
(2)この音に合わせて上は一オクターブの音域で全員一緒に「ドレミ」で二〜三回発声練習をする
(3)教師が黒板に漢数字で旋律を書く
(4)次にその音に歌詞を書く
(5)オルガンと一緒にドレミでうたう
(6)歌詞でうたう

　N・Sさんが実際に演唱した「広瀬中佐」（下欄）で再現してみると以下のようになる。

(3)　五五一　五一二三　三一三五　三三一二

(4)　五五一　五一二三　三一三五　三三一二
　　トドロ　クツツオ　トトビク　ルダンガン

(5)　五五一　五一二三　三一三五　三三一二
　　トドロ　クツツオ　トトビク　ルダンガン
　　そそど　そどれみ　みどみそ　みみどれ

(6)　とどろーくつつおーととびくーるだんがん

　発声練習から始まり、数字譜と階名が必須項目として教えられている。ほぼ同じ事例を川越のF・Tさん（明治四二年生まれ）も述べている。

「まず先生が、黒板に数字で音符を書き、その下に詞を書く。それを先生がムチで示しながらドレミで譜を読む。オルガンで弾きながら歌うのを生徒は聴いて、だんだん覚えてゆき、小声でうたいながらうたえるようにする。または一小節ずつ、一段ずつというふうに先生がうたいあとについて歌って覚える。斉唱だけだった」と教師の教え方はほぼ同じだったことを示している。この黒板に書かれた数字譜を生徒は写し、この手書きの数字譜帳を大事に保管していた人もいた。福島県白河町のO・Mさん（明治三八年生まれ）である。O・Mさんはこの

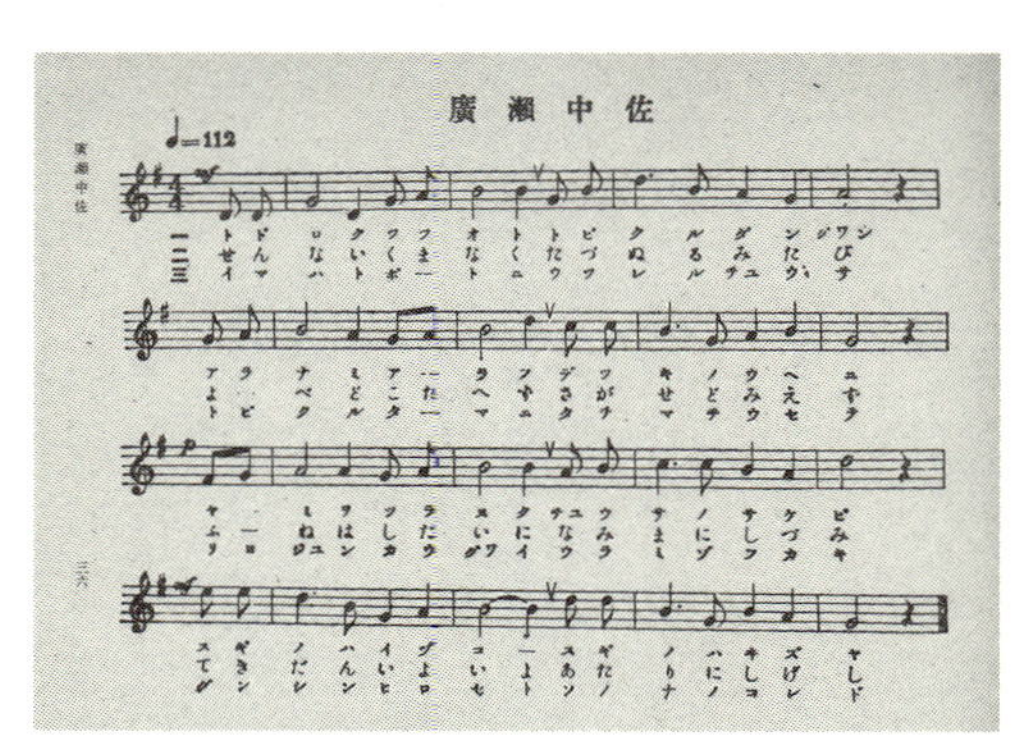

『尋常小學唱歌』第四學年用

数字譜帳から「あはれの少女」と「乳母が家」を演唱してくださった。

一方同じ時期でも郡部では「唱歌の本ではなくて、からかみくらいの日めくりみたいな紙に書いてあるのを教師が一メートルくらいのムチで指していくのに、ついてうたった」(奈良県吉野町十津川)と述べ、ドレミはなかった例もある。この「からかみくらいの日めくりみたいな紙」とはおそらく掛図であろうと推測されるが、まだまだ地域格差はあったと思われる。転校の多かった小学生は次のように話している。郡部と都市部で転校したT・Mさん(明治三九年生まれ)は「教え方は全く違った」と表現するが、一〜二年は真似て歌い、高学年はドレミを習ったのは変わらなかったようである。「教え方はまったく違った」とは教師の力量を示しているのではと推測する。都市部(静岡、大阪、京都)で転校を繰り返したM・Fさん(明治三七年生まれ)は、授業でどのように教えてもらったかについては全く記憶がない。ただ「教科書は全国共通だったので、途中で学校がかわっても困らなかった」と述べていて、「人形のうた」「村の鍛冶屋」を演唱してくださった。

以上の事例から、都市部での唱歌授業は大正期にだいたいパターン化しつつあったと言えよう。

曲目に関して言うなら、『尋常小學讀本』に出ていた詞が唱歌で教えられたと述べる人が多い。前述のN・Sさん(明治三九年生まれ)は「港」「月」「我は海の子」は『読本』で習い、そして唱歌で習った」と述べ、千葉県長生郡のA・Kさん(明治三七年生まれ)も「うめ」「こうま」「茶摘」など「メロディーのついてない詞が教科書に載っていた」と表現している。楽曲面からも教える手順が一定となってきていることが確認できる。

年代的特徴として、特に大正四年生まれ以降の人に顕著であったのが、学芸会で演目として唱歌を歌ったあるいは唱歌劇をしたという経験である。東京、秋田、宮崎の事例では時流に敏感な先生が、作品が発表されると割りと早く学校に取り入れている。演目を列記してみると「流れ星」「おうちわすれて」「天然の美」「ほうせんか」「あの町この町」などであった。

昭和期にみる唱歌授業の停滞

昭和期に入ると、いわゆる文部省唱歌が定着しており、実際に授業で習う以前に兄や姉、あるいは音楽室から聞こえてくる歌声などで、すでに聴き知っている歌が授業で教えられたと述べる例が多い。静岡県入江国民学校のK・Sさん(昭和六年生まれ)は「歌は教室で習うというより、それ以前から地域や近所で聞いたりうたったりしていたのですぐ覚えた」ので、学校の唱歌授業の様子はあまり覚えていない。断片的に「教室で先生がピアノを弾いてくれた」「音楽教室があった」「先生は年の多い女先生だった」としか話題にのぼらない。しかし録音された歌は「案山子」「村祭」「海」「紀元節」「天長節」「一月一日」など、いわゆる文部省唱歌と儀式唱歌でめじろおしであった。授業の記憶がはっきりしない例はかなりある。

東京滝野川でも同じである。のちに自身が小学校教諭になったI・Rさん(昭和二年生まれ)は、「毎週決まった時間に唱歌を教わるというわけでもなく授業としてあまりきちっとしていなかった」「歌詞の意味を教えてくれたり、音符の長さがどうのこうのという細かい話はなく、ただ最初先生がオルガンを弾きながらうたってくれて、みんながそれにあわせてうたい、なんとなくみんながうたえるようになるまで、何度もくりかえし歌っていた」「家に帰っても誰もがうたえるので、教わる必要もなかった」と述べ、なんとなく聴き知っているうたを繰

『尋常小學唱歌』第二學年用

り返しながら覚えている様子がわかる。

　明治期に見られた教師の熱意のようなものは伝わってこない。教師の熱意の低下をうかがわせる例は多い。東京都三鷹市の国民学校に通っていたM・Sさん（昭和七年生まれ）は耳のよい児童であったようで「国民学校では担任の先生がオルガンを弾きながら一緒にうたってくれたけど、でも伴奏はいつでもドミソ式」と回想し、川崎市麻生のS・Tさん（昭和七年生まれ）も「先生は指一本でオルガンを弾いていた。両手を使って弾ける先生は殆どいなかった」とのべ、子ども心にオルガンの弾き方が不十分であるが、教師に期待もしていない様子がうかがえる。原因の一つに代用教員の存在がある。

　一九三九（昭和一四）年に師範学校出身者の短期現役制度が廃止になり、若い教員は一般の若者と同じく銃をとって戦場に赴くようになったため、教師に不足が生じ、大量の代用教員が採用された。教員不足の頃は履歴書一本、校長の一存で翌日から出勤という例もあり、正式手続きは後からでもよかったそうである。無資格であることに変わりはなく、子どもたちには「本物でない代用品の先生」というイメージしかなかったのであろう。昭和一五年に小学校三年生であった長野県岡谷市のK・Sさん（昭和七年生まれ）は集録当時五四歳であったにもかかわらず、教わった時の感動のようなものはなく、どのように教わったかの記憶もない。代用教員が教えたということしか覚えていない。

　明治、大正期と違い、文部省唱歌という世間的にも定番の楽曲があるため、音を教える苦労がなく、熱意もなく、何を授業の中で教えるのかの焦点がぼやけている状況が見える。一方時節がら、増えてきたのはやはり兵隊さんの歌であった。戦時色が色濃くなってきた時期の唱歌教育については、第二章第三節「軍靴の響きと唱歌教育」（→四一九頁）で扱うことにする。

大正期、昭和期の外地にみる唱歌教育

外地の日本人学校で学校教育を受けた事例は全体で一三例ほどしかなく、一般化するのは難しいことであるが、内地との比較のため紹介する。

(1)台湾

比較的早いのがM夫妻の事例である。ご夫妻共に台北や台南で中等教育を続け、青春を過ごした。ご主人であるM・Yさん（明治三八年生まれ）がまとめてくださった大正七年頃の台湾は、映画館にオーケストラボックスがあり、一〇銭くらいで洋画映画がみられ、市中では大正琴やマンドリン、ハーモニカ、笛、ヴァイオリンなど音楽があふれていた。一方奥様のM・Sさんは「国語で習った話が唱歌にも載っていて『桃太郎』『金太郎』など教科書に関連性があった」と述べていた。M・Sさんは教科書で唱歌を習ったと述べている。さらに、「修身的な歌詞もたくさん教えられたが、旋律の出だしを忘れてしまって歌うことができない」と言いつつ、結局演唱してくだったのは「金剛石」であった。教え方は「先生がオルガンを弾きながら一節ずつ教わった」「一、二、三の数字がついていた」と当時の内地と共通するものであった。

　大正四年生まれのS・Sさんは高雄市立の学校に通っていた。オルガンを習い、歌は好きなのだが、学校で習ったうたはあまり鮮明には覚えていない。「川中島」（サイジョウサン ハ キリフカシ）が学校の教材だったのか、お手玉遊び唄だったのか定かではない。教科書の存在も不明だが、「オルガンを使って、先生がうたって、生徒がまねた」という方法は共通していた。

(2)朝鮮

『尋常小學唱歌』第五學年「金剛石」「水は器」

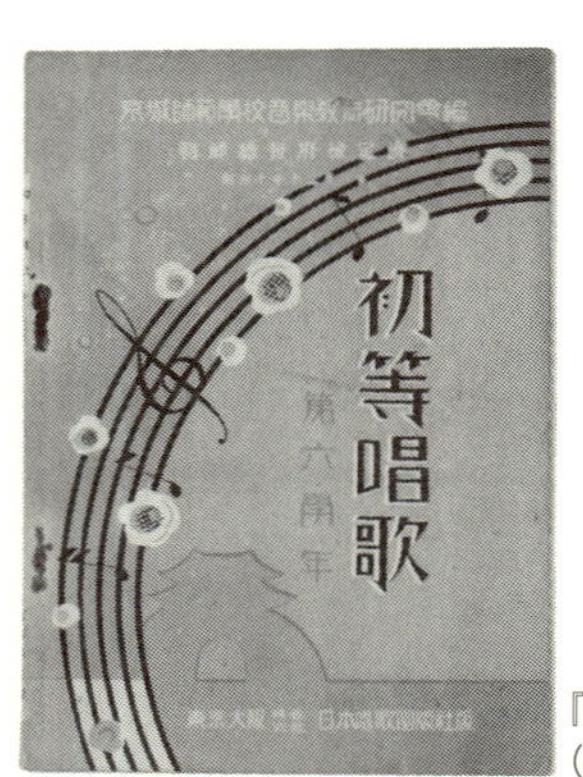

『初等唱歌』第六學年表紙
（京城師範学校音楽教育研究会編）

朝鮮での学校経験は三例あるが、どれも共通しているのが、詳細をほとんど覚えていないということである。B・Hさん（明治四三年生まれ）は金泉尋常小学校でオルガンを使って「兒島高德」を習った。K・Kさん（明治四五年生まれ）は釜山小学校で「先生が歌うのを真似てうたった」とのみ話し、「美しき天然」「七里ヶ浜の哀歌」は正確に記憶していた。K・Mさん（大正二年生まれ）は日本の公務員として派遣された両親のもと、生まれも育ちも京城であるが、「日本の歌も、朝鮮の歌も全く覚えていない」と述べ、やっと思い出したのが「案山子」であった。「多分学校で習ったのではないかと思う」という程度の記憶である。

⑶上海

大正期に中国の上海日本人学校に通ったK・Tさん（明治四四年生まれ　男）の経験は内地の唱歌授業とほぼ同じものであったと述べている。K・Tさんの母親は小学校教師であったため、小学校に関する記憶が割と正確である。

当時、一〜五年まで唱歌の授業はあった。六年生はなかった。唱歌というのだから、器楽など全く教わらず、ハーモニカさえやらなかった。唱歌の本というのはあったようだが、楽譜などはなく、教師だけが数字譜を持っていて、生徒にガリ版で刷ってくれた。でもその数字譜も、五年生の時だけで、一〜四年生までは、教師がオルガンを弾きながら歌うのを耳で聞いて覚えるという形だった。何小節かごとに区切って、最初はドレミ、次に歌詞でうたった。そして期末テストは一人ずつうたわされた。

歌詞の意味は、国語の教科書でそれにまつわる話を授業でやっていて、知っていたものが教えられた。数字譜で提示し、オルガンを弾きながら階名で歌うのを生徒は聴いて、だんだん覚えてゆく、歌詞の意味は国語で教えられていた、という大正期の典型例であった。

⑷満州新京

一九三七（昭和一二）年に小学校に入学したS・Fさんは、小学校と女学校を新京（現中国吉林省長春市）で過ごした。要約して以下掲載する。

「当時の音楽の授業は、四小節単位くらいに区切って最初は先生が見本にうたい、『さんハイ』で生徒は真似して歌う。みな楽譜が読めないので、楽譜を持っていても聞き覚えたほうが早かった。教える先生によって差が激しく、軍国主義にそって進めてゆく先生もいたし、音楽に熱心な先生は本当にいろいろな音楽を聞かせてくれた。唱歌はフォスターの歌やロシア民謡を訳して歌ったりした。その後戦争が激しくなるにつれ、国の音楽事情も変わった。小学校四年生の頃（昭和一六年）に音楽専科の先生がきたのに、『音楽をやるものなど非国民だ』と言われ、音楽の授業そのものが廃止され、教えてもらえなかった。」

時代の移り変わりを、身をもって体験なさった例である。豊かで雑多な音楽文化に取り囲まれた外地にあっても、唱歌授業のやり方は変わらなかったということである。しかし、唱歌の教科書で教わったという事例が三件あったのは特筆すべきであろう。

明治期に激しかった格差の是正のための文部省唱歌が出現した。大正期に内容と教え方の典型をつくり出し、昭和になると停滞の様相をみせはじめる。唱歌教育の行き詰まりを誰しもが感じていた。そして敗戦。新しい教科「音楽」に、新しい音楽文化創造に、反省を込めた大きな期待と理想を抱いた。

【江﨑公子】

日の出の歌

「日の出の歌」（島崎赤太郎作曲、『満洲唱歌集』尋常小學第五・六學年用）　＊『在満日本人用教科書集成』所収

第一章　近代教育形成期の「唱歌」

きみがよは　ちよに
やちよに　さゞれいしの
いはほとなりて　こけの
むすまで

『教科適用幼年唱歌』初編上巻（1900年）　表紙絵

◆一節『保育唱歌』が試みたこと

保育唱歌の発端を一等伶人芝 葛鎮（ふじつね）筆の假綴本の序から引用する。

明治十年十一月ヲ起源トシテ漸次撰成スル此歌曲ハ、東京女子師範学校幼稚園保育歌謳ノ譜ヲ同校摂理中村正直ヨリ式部寮ニ請ヒ、寮ヨリ雅楽課ニ下附セラレ、伶人ヲシテ墨譜ヲ撰定シ、寮頭ノ調査ヲ経由シテ、之ヲ該校娒姆ニ教授シ、生徒ヲシテ謳ハシムル所ナリ。

謳ハ該校ニ於テ西洋原謳ノ意味ヲ譯シ、或ハ日本ノ古歌ヲ撰抜シテ之ヲ用ユ。唱歌ノ歌ハ笏拍子ヲ節ヲ拍チ琴ニ声ヲ応和シテ遊戯ノ歌ハ笏拍子ヲ拍チ節ヲ左右ノ歩ニ踏ミテ謳フ。

と記され、一八七七（明治十）年十一月に保育唱歌の墨譜作成が開始され、その手順が述べられている。序文からは東京女子師範学校が翻訳書と古歌から歌詞を選び、雅楽課の伶人が楽曲を付け、「寮頭ノ調査ヲ経由」して、幼稚園保母に教え、そして子どもたちがうたったと推測される。

芝 祐泰によると保育唱歌とは「墨譜撰成伺」によって上申された官撰の唱歌であり、明治一二年十月に音楽取調掛が創置され引き継がれてゆく明治一六年頃まで、撰譜の総計は一〇一曲としている。この撰譜に携わった伶人は二四人で、さらに幼稚園保母近藤濱が四曲作成したとも記されている。その撰譜に携わった伶人たちが写本を作成している。

保育唱歌についての研究論文でこれまでに明らかにされてきた写本を以下まとめる。

明治一一年十一月寫書　三等伶人　山井基萬　五五曲
明治一四年三月　写　四等伶人　豊（ブンノ） 喜秋（ヨシアキ）
明治一六年三月　写　五等伶人　芝 祐夏　一〇一曲
明治一六年　写　幼稚園保母　清水たづ　一〇二曲
明治一八年八月　写　二等伶人　林 廣継

等が挙げられている。調によって分類されているものや、五声、七声など使われた音数によって整理されているもの、上申年月日順など編纂方針は其々に違う。書写にあたったのは当時二〇歳から三一歳の若手伶人たちであった。今回、この『唱歌大事典』に掲載するのは、奥 好義筆『保育並ニ遊戯唱歌譜』の前・後六五曲を基本とする。芝家が所蔵し、芝 祐泰が一九七一（昭和四六）年五月に書写したものである。奥 好義筆には奥書が記されていないので、上記リストにないが、所収曲目から明治一三年半ばと推測される。さらに保育唱歌の全容を示すため、やはり芝家所蔵の芝葛鎮「墨譜撰成伺上申」（『保育並ニ遊戯唱歌譜』掲載以外のもの　四一頁の表B）と芝 祐夏筆『保育唱歌　箏　和琴ノ譜』明治一六年三月写の曲（三七頁の表C）を補足する体裁を採る。

なおここで曲数とは、「春日山と同譜」と記されたときは同じ曲とみなし、一タイトルでも二段、三段、四段と曲が違う場合には曲数を四とする。カウントの仕方が伶人其々違うこともあるが、そのまま記載する。また、奥 好義筆『保育並ニ遊戯唱歌譜』の原本はカタカナ歌詞の各々左に墨譜が記される（②墨譜）。明治期にあって公の文章はカタカナ表記が正式で、さらに濁点や句読点も記されないが、本書では読みやすさから現代表記とすることにした。また古歌の表記は『新編国歌大観』に準じながら、研究書等を参考に漢字をあてた。

なお二点ほど付記する。

「兄弟ノ友愛」の変遷

①現在「むすんでひらいて」の歌詞でうたわれているこの旋律は、J・ルソー作曲オペラ『村の占師』の幕間劇で演奏された。覚えやすい旋律は「ロマンス」等のさまざまな歌詞によってヨーロッパ各地で歌われた。讃美歌にも採用され、The Pleasant Sight として流布した。アメリカの教育者エリザベス・パルマー・ピーボディ（一八〇四－一八九四）は《Brotherly Love》と題し、教訓的な歌詞とした。これが次頁②「兄弟ノ友愛」の原曲である。

①《Moral Culture of Infancy and Kindergarten Guide》

SONGS.

III. Brotherly Love.

1. How de-lightful 'tis to see Lit-tle children who a-gree;
Who from every thing ab-stain, That will give each oth-er pain;
O, how lovely 'tis to see Lit-tle children who a-gree.

2.
Angry words they never speak,
Promises they never break;
Unkind looks they never show;
Love sits smiling on each brow.
O, how lovely, &c.

3.
They are one in heart and mind;
Courteous, pitiful, and kind;
Willing others to forgive,
And make happy all who live.

4.
When at home, at school, at play,
They are cheerful, blithe, and gay;
Always trying to increase
Human pleasure, social peace.

5.
If we for each other care,
All each other's burdens bear,
Soon the human race will be
Like one happy family.
O, how lovely, &c.

「保育唱歌」所載の和歌が多い『明倫和歌集』は徳川斉昭によって編纂され、別名を『五倫和歌集』とも言われ、水戸弘道館から嘉永四年に出版されている。明倫とは水戸学で人倫を明らかにし、名分を正すという意味で、もとは義公（光圀）が人道を明らかにし、社会風教の粛清に努力する大義名分であった。東京女子師範学校での採用の経緯は不明であるが、のちに教材として使っていたようで、明治二九年五月の皇后宮の参観の折に授業の題材にもなり、非売品ではあるが女子師範学校出版のものもある。

次にぜひ指摘しておきたいのが、「子日遊」「隅田川」「王昭君」など長歌の収録の多さである。古く萬葉集の時代には長歌は短歌と並列する和歌形態であったが、勅撰和歌集が短歌を収録する方針を採ったため、長歌は廃れた。しかし近世になり、賀茂真淵の長歌復興理論や国学の息吹とともに、短歌では表現しえない多くの内容を含み込むことが始まった。西洋のポエジーと近い形態の模索が村田春海を筆頭に始まっていた。

以上、これら一群の保育唱歌は、幼稚園の発展には影響したが、明治期のその後の唱歌にあまり影響しなかったという見方が一般的である。しかし、近世まで「歌」と言えば当たり前のように「和歌」をさしていた大和の文化からみると、言の葉として、そして音の動きとして変容がどこまで可能だったかを示す最初の重要なステップであった。遊戯の翻訳から見えてくる律、すなわちリズムのとり方の違い、言葉のシラブルと音の対応の仕方、合わせるという質の違い、楽曲としての形式の作り方の違い等々である。

さらに、国歌「君が代」は保育唱歌から生まれ、明治期最強の軍歌「煙もみえず雲もなく」は奥好義の作曲である。唱歌も軍歌も無から生まれたのではない。

奥好義筆『保育並ニ遊戯唱歌譜』を本書冒頭にあげる所以である。【江﨑公子】

②墨譜「兄弟ノ友愛」

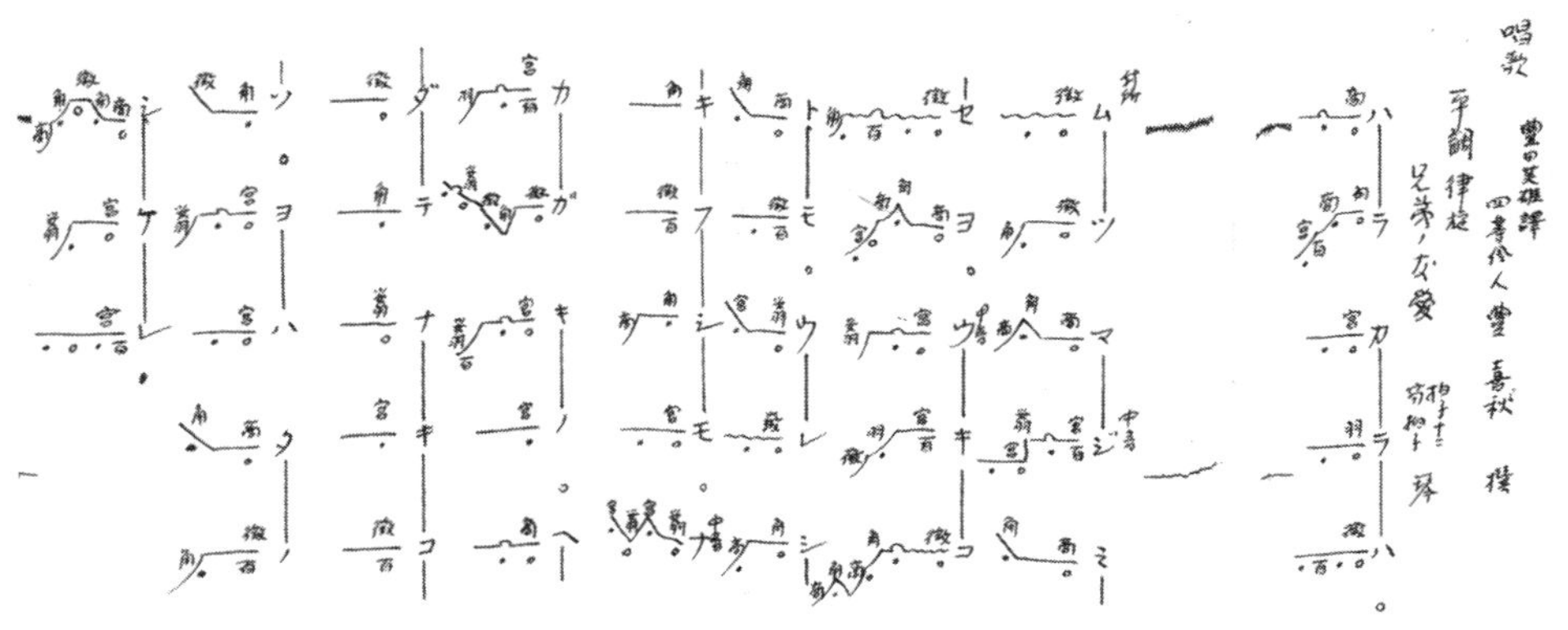

③芝祐泰編「兄弟ノ友愛」

②豊田芙雄は《Brotherly Love》の詩を五七五七七七の語数で訳し「兄弟ノ友愛」とした。伶人豊喜秋は、これを十二拍、閑四の拍とした。「ウキコトモ」は甲音（高い音）で原曲の旋律を意識しているが、ユリと称する雅楽独特の節回しが多く見られる。
③は、②の墨譜を芝祐泰が五線譜に直した楽譜である。「むすんでひらいて」から想像できない旋律である。

一八七七（明治一〇）年

『保育並ニ遊戯唱歌譜』

奥好義筆　芝祐泰写

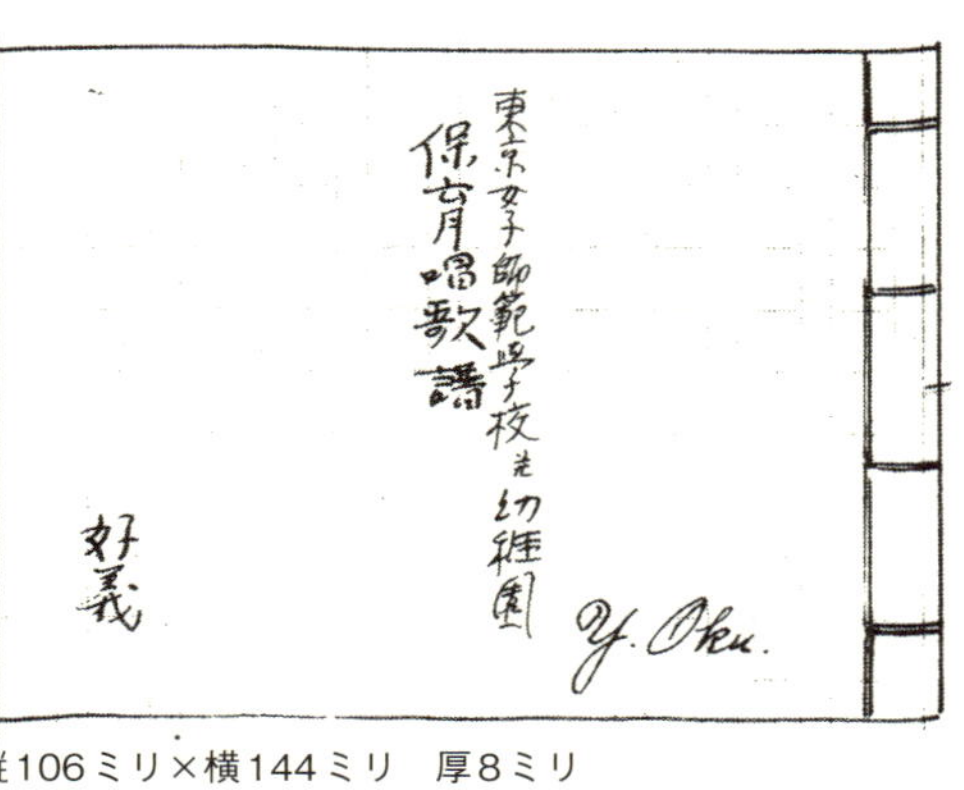

縦106ミリ×横144ミリ　厚8ミリ

第一　学道

みがかずば
玉も鏡も　何かせむ
学の道もかくこそありけれ

第二　春日山

春日山　常磐の松の　影に居て
尚　天皇(すべらぎ)の　千年祈らむ

第三　天鶴群(たづむら)

旅人の　宿(やど)せむ野に
霜降らば　我が子羽ぐくめ　天の鶴群

第四　民草

一
民草の栄ゆるときと苗代に
水塞(せ)き入れて　御注連豊(みしめなわゆた)に引き生へ　八束穂の
垂穂(たりほ)の稲の　年あらむ　心頼みを　今下(おろ)すなり

二
里の子が　裳の裾濡らし　玉苗を
植え渡す見ゆ　君の爲とや　国の爲とや

三
里毎に　垂穂の稲を　刈り積みて
年ある秋は　豊けかりけり　閑けかりけり

四
小車に　積みたる稲は　霊幸(たまぢはふ)
神の賜へる　八束穂の稲　赤ら穂の稲

五
手も清(す)まに　垂穂の稲を扱ぎ取りて
賑はふ見れば　頼もしの世や　面白の世や

六
稲穂打つ　棹の響の　度々に
立栄ゆべき国の御宝御代の御宝

七
大蔵の　早生も晩生も　積み満てて
安易き此身は　熟寝(うまね)をや爲む　安寝(やすね)をや爲む

八
新住(にひす)の煤(すす)を　焚き竈らす　竈の煙　遠近(をちこち)に
賑はひ満ちて　御民等が里も轟に　歌ひつつ
笑楽(えらぐ)を見れば　安らけき
御代の恵は　目出度きろかも

第五　ちちこそ

父こそは　帰りましたれ
営の暇無き身を　朝毎(あさなげ)に
我も愛でます
畏く愛しみます　その朝毎に

第六　風車

風車　風のまにまに　輪旋(めぐる)なり
止まず旋(めぐ)るも　止まず旋るも

第七　神之道［神之光］

治まれる　御代にぞいとど　知られける
正しき神の　道の光は

第八　園の遊

思ふ友達(どち)今日は学(まなび)の　暇あれば
手鞠も羽古(はご)も　各自(おのも)各自
突きてを遊べ　打ち群て
彼処(かしこ)の園に　いざ遊びてな

第九　菊のかざし

君が代の　長月に咲く　菊の花
神の御前(みまへ)に　挿頭(かざし)つるかも　神遊(かみあそび)して

第十　ははそば

母祖母の 母の御言よ 我はしも
群居楽しむ 御園より
帰り来たれり 今こそは
御手に纏かれめ 両親の
御手に纏かれむ その大御手に

第十一　秋ノ日影［露霜］

露霜に 梢は色に 出でにけり
衣の袖を 吹く風も 身に染む虫の声すなり
驚かれけり 年月は
中端を速くと過ぎの村発ち

第十二　元は早苗

何事も 養育ひて見よ
秋の田の稲葉も
元は植ゑし早苗を

第十三　墨縄

一すぢに 人をも身をも 思ふかな
打つ墨縄の 直かれとのみ 赤き心に

第十四　神恵

天地の
神のめぐみし なかりせは
一日一夜も ありえてましや

第十五　兎

一

兎はも 浦安からず 安からず
穴に居る間も 躍り走るも

二

やよ兎 心せよかし 狩人の
狙ふも近し 犬もまた
息巻猛し 前後へ
心して居れ　心して居れ

三

やよ兎 今は安きぞ 危きを
今は脱れぬ 浦安く
躍り走れや 心足らひて

第十六　やすきためし

霊ちはう神代の事は 浦安し
慣ひて在れな 安きためしに末の世迄も

第十七　遊行［手車］

友達よ いざ遊びてむ 手車も
装ひつべし 早朝より
遠近かけて 百鳥も
梢に鳴きぬ 程近き
友率て行かむ 暇の駒
影惜しまれぬ 翔なす
空飛ぶばかり 急ぎて行かむ

第十八　兄弟友愛

兄弟は 睦ましみ爲よ
憂き事も嬉しきふしも 中垣の
隔無きこそ 世は楽しけれ

第十九　子の日遊

一

初春の 子の日の野辺に みな人の
いざとし言へば もろともに
われもゆき間の 小松原
二葉に千世を 引添へて まとゐをしつゝ

二

盃に 酌むや霞の　そなたなる
岡辺の梅も 新らしき
年の栄えを 見せ顔に
花の紐解き 遠方の 一群竹に

三

鶯も 百喜びを 今日よりと
声たてそめつ のどかなる
御代の春とて 老ぬるも
若きも共に かくしつゝ
心ゆく野を 訪ふがうれしさ

第二十　家鳩

家鳩の 巣の戸開きて 放ちやる
行方や何処 山に野に
芝生の原に 遊ぶらむ
遊びて在らば 帰りなむ
速く帰らなむ 帰らずば
巣の戸閉ぢてむ 巣の戸閉ぢてむ

第二十一　百鳥

百鳥の 立ち帰り来て 諸共に
己がさまざま鳴き交す
声面白し 大空の

色も麗に 曇なき
光遍し 波風の
治まれる世の 光遍し

第二十二　我行末

父母の 我が行末を 朝宵に
思ひ計ると 嬉しくも
諭し給ひぬ 幼なかる 我には在れど

第二十三　隅田川

水脈のぼる 隅田河原の 河舟も
行く方遠き 上つ瀬の
堤を見れば 白雪に
猶埋もれて 下草の
緑も分ず 立ち並ぶ
木々の梢は 春の日を
早く待ちえてうら〳〵と
煙りそめたり 下つ瀬を
かへりみすれば 氷ゐし
蘆辺の州鳥 波の上に
友呼び交し 遠方の
霞の間より 夕暮の
虹かとばかり 懸る高橋

第二十四　花橘

五月立つ
気合も著く 我が宿の
花橘は 綻びにけり 庭も香りて

第二十五　白金

白金も 黄金も玉も 何為んに
勝れる宝 児に為かめやも 愛しき児に

第二十六　鹿島神

霰降る 鹿島の神を　祈りつつ
皇御軍士に 吾は来にしを

第二十七　よろづの事

書よめば
倭もろこしむかし今
万の事を しるぞうれしき

第二十八　苗代水

祈りつつ 神の恵に　委せたる
苗代水は 末も豊けし

第二十九　よよの親

代々の親 御蔭忘るな 代々の親は
己が氏神 己が家の神　斎き祭りて

第三十　梓弓

とるままに たけき心も 自から
ふりおこさるる 梓弓かな

第三十一　冬燕居

一
幾ばかり 雪や霰の 烈しきも
よしや我には
二
親しかる 友も円居の 楽しさに
心足らはぬ 事しもぞ無き

第三十二　教の道

一筋に 父と母とを 尊みて
仕へまつるぞ 天地の
直なる道の 教なりける

第三十三　みちのく山

天皇の 御代栄えんと 東国なる
陸奥山に黄金華咲く

第三十四　かひある千代

伊勢之海 清き渚に 拾ふてふ
甲斐ある千代は 君ぞ数へむ

第三十五　河水

一
河水の 澱しもせで 音絶へず
流るるが如 年月は過行くものか
童部の楽しき今日は
昨日にて起長夢と
時の間に 移り変りて
二
玉櫛笥再とだに 還り来ぬ

ものにし在れば いでやなれ
学の道に 怠らず
膽向ふ 心の駒に
鞭打ちて 手綱緩めず 進み入らなむ

第三十六　寒夜

白雪の 山も野原も 埋む時
室の戸閉じて 寂にも
冴ゆる夜寒を 我は防がん

第三十七　思ふどち

世の中に 嬉しきものは 思ふどち
花見てすぐす 心なりけり

第三十八　そむかぬ道

皆人の 祈る心も 理に
背かぬ道を 神や受くらむ

第三十九　浜の真砂

わたつみの 浜の真砂を 数へつつ
君が千年の 在り数にせむ

第四十　野山の遊

いざ子供 早や打ち出む 萩が花
衣に摺りて 丈夫の
小鷹狩する 此頃に
無爲に在らぬや 駒並べて
いざ打ち出む 野路に山路に

第四十一　遊魚

水に住む 鱗までも
世の幸は倶にぞ受くる
水の面に鰭振る状も多様に
浮かぶも在れば 潜むあり
上り下りの 己が自し
豊にありけり 豊けかりけり

第四十二　筍

生ひ始めて 親に背かぬ 筍は
自からにや 千代も垂るらむ

第四十三　琵琶譜

第四十四　不尽山

一
天地の分れし時ゆ 神さびて
高く貴き 駿河なる布士(ママ)の高嶺を
天の原振り放け見れば
渡る日の 影も隠ろひ
照る月の 光も見へず
白雲も い行きはばかり
時じくぞ 雪は降りける
語り継ぎ 言ひ継ぎ行かむ
不尽の高嶺は

二
田子の浦ゆ 打ち出て見れば 真白にぞ
不尽の高嶺に 雪は降りける

＊『万葉集』には、不尽、布士、不自、不時山が登場する。これは眞仮名で、表音文字で漢字を使い、本来の漢字の意味とは異なる日本語の音を書き記したもの。眞仮名（万葉仮名）は平安時代ころから平仮名に変わる。一説にフはヒ（火）の転呼、ジはチ（靈）の音便という。

第四十五　春の山辺

思ふ友春の山辺に 打ち群れて
其処とも云はぬ 旅寝してしが

第四十六　めしひのあそび

歌舞に立ち集ひたる戯の
盲目の君よ 友達の
唱ふ随に 其の中の
一人が声を 耳聡も
其れと聞き知り 心当ての
其の名違へず 指さなば指さなむ

第四十七　こねづみ

窓の上に 騒ぎもあへず 小鼠の
潜める見れば 唐猫は
軒に狙へりやよ鼠
速く心して 板敷の
下なる土の 穴し有らば

第四十八　さざれいし

君が代は 千代に八千代に
小砂石の巌と成りて

苔の生すまで

第四十九　露の光

仮初の 草葉に宿る 露だにも
玉なすものを いでやこら
学の道も 心して
磨かばなどか 光無からむ

第五十　うなゐのみちびき

童部(わらはべ)の 悟易すかる 好き道を
いざ教へてん その道は
人を愛(め)づるに及(し)くものぞ無き

第五十一　箏譜

第五十二　夏山

山影や 岩漏る清水 音冴えて
夏の外(ほか)なる 日暮(ひぐらし)の声

第五十三　山時鳥

橘を 歌ふ童子(わらは)の 声の文(あや)に
山時鳥(やまほととぎす)鳴き合せつつ

第五十四　滝の糸

岩間より 落ち来る滝の 白糸は
掬(むす)ばでみるも 涼しかりけり

第五十五　こがひ

年もよし 養蚕(こがひ)も得たり 大国(おほくに)の
里頼もしく おもほゆるかな

第五十六　盲想遊戯

打ち連れて 今は学の 暇とて
園に下り立ち 多様(さまざま)に
唱い囃すぞ 面白き その面白き 言の葉に
誰なるかもや 悟り得て
いざ迅(と)く捕へ 迅く捕へよな

第五十七　人の道

人皆は 人の誠を 盡しつつ
神に仕ふる 道学びてな

第五十八　学校往来

もの学ぶ 幼童達(うなゐはなり)が 往来(ゆきかよ)ふ
文(ふみ)の御館(みたち)の 其道は
冬の日影の 甚(いと)しく 短き時の 風交じり
雪降る時は 行難(ゆきかね)て 遥けく思ほゆ

第五十九　明石の浦

ほのぼのと 明石の浦の 朝霧に
島隠れ行く 舟をしぞ思ふ

第六十　梢の藤

異花(ことはな)の 春を過ごして 争そはぬ
梢の藤の 心高さよ

第六十一　木毎之花

雪降れば 木毎(きごと)に花ぞ 咲きにける
いづれを梅と 別(わき)てをらまし

第六十二　堤の雲

咲き続く 堤の雲の 果も無し
吉野ばかりや 桜なるべき

第六十三　二見の浦

夕づく夜 おぼつかなきを 玉櫛笥
二見の浦は 明けてこそ見め

第六十四　唐琴(からこと)の浦

都まで 響き通へる 唐琴は
波(なみ)の緒すげて 風ぞ撫(ひ)きける

第六十五　王昭君

一

雪まじり 霰乱れて 夜もすがら
北吹(ふく)風の 荒(あら)ましき
夜床の上に つく〴〵と
枕そばだて 来し方を
思ひ出づれば 人の世は
夢なりけりな しづたまき
いやしき我も 宮姫(みやひめ)と
数(かず)まへられて を簾(す)のうちに

斎かれし夜は 綾錦
袖に重ねて 白玉を 蔓にしつゝ

二

ます鏡 見る面影の かぐはしき
花のゐまひを 我ながら
我と頼むて 大王の
恵の露に(し)(ママ) あまねくは
漏れじとこそは 思ひつゝ
有りけるものを さが無きや ふでに任する

＊写書者は「に」ではなく(し)が正しいと記している。

三

うつし絵の あらぬすさみの偽を
正しもあへぬ 憂きふしは
爲ん法をなみ 言ひ知らぬ
国の界にはる〴〵と
出で立つ道に 置き添はる
袂の露の 消へかへり
引きとゞめたる 駒の上に
しばし掻きなす 四の緒の
絶えぬ恨みを はるけなん
世こそ知られね 惜しからぬ
命と思へど 塵の身の 散りも失せなで

四

春立てど 花もにほはず
秋来ても 紅葉も見えぬ
荒山の
石かきこもる 伏庵に
我にもあらで いたづらに
年は重ねつ 思ひきや
言も通はぬ国人を
夫と睦びて たをやめの
まとひもなれぬ皮衣
袖さし交へて 諸寝せんとは

五

春の陽の 光も憂き 古塚に
草の緑やいかに残せる

去冬の雪

春なれど なほ風さゆる　やまかげに
こほりて残る 去年の白雪

こほろぎ

庭草に むらさめふりて こほろぎの
鳴く声きけば あきつきにけり

水底の月

ふたつなき ものと思ひし水底に
山の端ならで いづる 月影

山下水

人知れず 越ゆしとおもひし あしびきの
山下水に 影はみへつつ

山家

挽く臼の 音さへ冴る高き山の
庵強雪の降り 花と散りつつ

竹ノ根

竹の根の したまひわたる ふしの間も
今日のひかげを あだに暮らすな

白雲

こころあてに 見し白雲は(以下欠落)

【参考文献】

「保育並遊戯唱歌譜の撰譜」芝佑泰編　昭和三〇年十二月
「保育並遊戯唱歌譜　資料」芝佑泰聚録
『新編国歌大観』「新編国歌大観」編集委員会(角川書店)
平出久雄「『保育唱歌』覚書—附・国歌「君が代」小論考—(『田邊先生還暦記念 東亜音樂論叢』昭和一八年八月
藤田芙美子「保育唱歌研究—フレーベル式幼稚園唱歌遊戯移入の経過を中心として—」『創立五十周年記念論文集 国立音楽大学』
江崎公子編『復刻「保育並遊戯唱歌」』(大空社)
外山友子「保育唱歌について」(『東洋音楽研究』第四三号、一九七九年八月)

『保育並ニ遊戯唱歌譜』の構成

A　奥好義筆「保育並ニ遊戯唱歌譜」芝裕泰筆

番号	唱歌・遊戯	曲名	初句	保育唱歌譜に記された出典	作者	撰譜者		調声	拍子	楽器	上申年月日	歌詞出典	備考
1	唱歌	學道	ミカカスハ		皇后宮御詠	一等伶人	東儀季凞	壱越調律旋	拍子六 笏拍子	琴譜菅搔	明治11年3月	昭憲皇太后御歌集	明治9年2月、東京女子師範学校へ賜う。
2	唱歌	春日山	カスガヤマ	明倫集	入道前太政大臣 女	一等伶人	上　眞節	壱越調律旋	拍子十四 笏拍子	琴譜菅搔	明治11年8月	＊内裏九十番歌合　明倫集(君臣)	＊応永14年(1407)11月内裏御会。
3	唱歌	天鶴群	タビビトノ			三等伶人	山井基萬	壱越調律旋	拍子十四 笏拍子	琴譜菅搔	明治11年7月17日	万葉集九巻(相聞)詠人不知	＊天正5年遣唐使の船が難波を発つときに、母が子に贈った歌で、独り子を鶴に優しく羽くめといっている。
4	唱歌	民草	タミクサノ			二等伶人	東儀季芳	壱越調律旋	二段拍子七 笏拍子 八段与二段同音	琴譜菅搔 一段・学道ニ同シ 二段・但自三段七段ニ至	明治11年6月17日	Ronge"The Peasant" Peabody"The Peasant" Douai"The Farmer"＊	＊出典の三つの旋律は同一。歌詞の一部PeasantがFarmerに置き換わっている。どれも六番までの歌詞。Rongeではこの曲の目的は労働をまねるに分類される。
5	唱歌	チチコソ	チチコソハ			二等伶人	東儀頼玄	壱越調律旋	拍子十 笏拍子	琴譜菅搔	明治11年2月22日	Douai"Father's Return"＊	＊ドゥアイの解説には、子供をいつくしむ暖かい家庭と良い日常習慣を育むメンタル・エクササイズの項目。
6	遊戯	風車	カザクルマ					壱越調律旋			明治10年11月13日	Ronge"The windmill" Peabody"Windmill"＊	＊十字の形になり、歌と共に速くゆっくりと、さらに強く、やわらかく廻る。
7	唱歌	神之道	オサマレル			三等伶人	上　眞行	壱越調律旋	拍子九 笏拍子	琴譜菅搔	明治11年11月16日	明倫歌集(神祇)為盛朝臣	内裏九十番歌合せ、応年14年11月。明倫歌集には「神は正しき道守るそと」となっている。
8	遊戯	園ノ遊	オモフドチ			五等伶人	奥　行業	壱越調律旋			明治11年8月	Ronge"We like to go a roving" Peabody"The Rovers"	＊プロムナードを歌いながら自由に歩く。ともどちとは、気の合った友達同士の意味。
9	唱歌	菊ノカザシ	キミガヨノ			一等伶人	林　廣守	平調律旋	拍子十四 笏拍子	琴譜菅搔ハハソバノ曲ニ同ジ	明治11年4月9日	Douai"Fall and Flowers"＊	＊ドゥアイのメンタル・エクササイズの項目。季節の移り変わりで花も突然変わる。神の意志のもと人も同じ。
10	唱歌	ハハソバ	ハハソバノ			一等伶人	上　眞節	平調律旋	拍子十四 笏拍子	琴譜菅搔	明治11年2月22日	Douai"Return from the Kindergarten"＊	＊お母さんただいまの歌。旋律はドイツ民謡。日本では「夜汽車」。
11	唱歌	秋ノ日影	ツユジモニ			二等伶人	芝　葛鎮	平調律旋	拍子十二 笏拍子	琴譜菅搔	明治10年12月	Douai"Autumn"＊	＊紅葉や落葉、風の冷たさに季節を感じさせる直観教育。メンタル・エクササイズの項目。

12	唱歌	元ハ早苗	ナニゴトモ	三草集	少将源定従＊	三等伶人	林　廣季	平調律旋	拍子八 笏拍子	琴譜管搔秋ノ日影ノ曲ニ同ジ	明治11年8月	三草集「よもぎ」	田の面を見て詠める。享和元年（1801）より詠歌一七三首を文化4年冬にまとめた。＊松平定信
13	唱歌	墨縄	ヒトスヂニ		＊	四等伶人	多　久随	平調律旋	拍子十 笏拍子	琴譜管搔	明治11年4月9日	續後拾遺和歌集十六	續御拾遺和歌集では「直かれ」は「正直（すぐ）なれ」になっている。また「あかきこころに」の句はない。「一すぢ」「すぐ」は墨縄の縁語で、ただ一筋に正直にという意。＊前大納言定房
14	唱歌	神恵	アメツチノ	玉鉾百首	本居宣長	二等伶人	林　廣継	平調律旋	拍子八 笏拍子	琴譜管搔	明治11年8月	玉鉾百首　下巻	人の世で何事も神の恩恵に与からぬものは一つもない。伊勢の両宮の大神だけでなく、神々達が多くいまします。天明七年丁未春。
15	遊戯	兎	ウサギハモ			四等伶人	多　忠廣	平調律旋	四十八歩 笏拍子		明治10年12月	Ronge"The Hare in the Hollow!" Peabody"Hares"＊	＊同曲であるが、言葉遣いがやや違う。輪の中の子どもはじっとしているが歌と共に鬼ごっことなる。二番三番の歌詞によって動作が違う。
16	唱歌	ヤスキタメシ	タマチハウ			四等伶人	山井景順	平調律旋	拍子十二 笏拍子	琴譜管搔	明治11年4月9日		「魂ちはう」は霊力で加護をする意。
17	遊戯	遊行	トモドチヲ			四等伶人	辻　高節	平調律旋	六十四歩		明治11年2月22日	Ronge"The Wheelbarrow" Peabody"Wheel-barrow"＊	＊手押し車をおす真似っこ遊び。歌の中で止まったり走ったりする。
18	唱歌	兄弟ノ友愛	ハラカラハ		豊田芙雄譯	四等伶人	豊　喜秋	平調律旋	拍子十二 笏拍子	琴譜管搔	明治11年10月7日	Ronge"The Pleasant Sight!" Peabody"Brotherly Love!"＊	＊楽曲は全く同じ。タイトルは違う。はじまりのうた。現在の「結んで開いて」の旋律。
19	唱歌	子日遊＊	ハツハルノ		村田春海	一等伶人	芝　葛鎮	平調律旋	拍子十四 笏拍子	琴譜管搔	明治11年10月7日	琴後集　巻九長歌	保育唱歌では一番から四番の歌詞にわけられているが、もとは一つの長歌である。新春はじめての子の日の野辺にさあ出かけよう。まことにのどかだ。
20	遊戯	家鳩	イヘバトノ			二等伶人	東儀季芳	平調律旋	五十六歩		明治10年12月	Ronge・Peabody"The Pigeon-House" Douai"The Dove-cote"＊	＊楽曲は三曲とも同じ。すぼんだ輪の中に子どもたちがいて、鳩小屋の戸を開けると外に飛び出す。合図でまた鳩小屋に戻る。
21	唱歌	百鳥	モモドリノ			一等伶人	林　廣守	雙調呂旋	拍子十六 笏拍子	琴譜管搔	明治10年12月	Douai"Summer"＊	＊子どもが好きな「霞か雲か」の旋律で、メンタル・エクササイズの冒頭の曲。夏になり、様々な鳥が鳴き交わし羽ばたきコンサートのようだ。
22	唱歌	我行末	チチハハノ			二等伶人	林　廣継	雙調呂旋	拍子十八 笏拍子	琴譜管搔	明治11年2月22日	Peabody"Lord's Prayer"	天にまします神への尊敬と感謝。
23	唱歌	隅田川	ミヲノボル	琴後集	村田春海	四等伶人	豊　喜秋	雙調律旋	拍子十六 笏拍子	琴譜管搔	明治11年8月	琴後集　巻四長歌	初春の隅田川を船の上から見た光景。上流と下流を描き分け、霞の向こうに架かる永代橋を描写する。
24	唱歌	花橘	サツキタツ			三等伶人	山井基萬	黄鐘調律旋	拍子八 笏拍子	琴譜管搔	明治11年2月22日	Douai"May"＊	＊5月に一斉に花が咲く喜び。

番号	種別	曲名	歌い出し	出典	作者	等級	撰譜者	調	拍子	譜	撰定日	原典	備考
25	唱歌	白カネ	シロカネモ			二等伶人	芝 葛鎮	黄鐘調律旋	拍子十二 笏拍子	琴譜菅掻花橘ノ曲ニ同ジ	明治11年4月9日	萬葉集 巻五 雑歌	＊山上憶良詠。「子供たちを思う歌一首序を併せる」の反歌。序に釈迦如来の言葉を引用している。憶良が八〇六年に管内巡航の途中に自作を選定したとされる。憶良自身および子と親の普遍的関係についての感慨。
26	唱歌	鹿嶋神	アラレフル	萬葉集	大舎人千文	三等伶人	東儀膨質	黄鐘調律旋	拍子十二 笏拍子	琴譜菅掻花橘ノ曲ニ同ジ	明治11年8月	萬葉集 巻二〇	剣の神格化した戦の神である建御雷之男神を祀る鹿島神宮は東国の大社である。皇御軍士は天皇の統率する兵士のことで、イクサは兵士の意。霰が降ればかしましい、そのカシマシではないが、鹿島の神に武運を祈りつつ私は大君の兵士としてやってきたのだが。＊大舎人部千文は那珂郡の人といわれるが伝不詳。
27	唱歌	ヨロヅノコト	フミヨメバ			四等伶人	多 忠廉	黄鐘調律旋	拍子十八 笏拍子	琴譜菅掻	明治11年7月17日	鈴屋集 九（補遺）古風	本居宣長の作。本居大平が宣長没後に刊行。
28	唱歌	苗代水	イノリツツ	明倫集	橘為仲	四等伶人	多 久随	黄鐘調律旋	拍子八 笏拍子	琴譜菅掻	明治11年10月7日	橘為仲朝臣集 明倫歌集（神祇）	淡路島で詠んだ歌。「うしをつづりたてまつるにかきしろの道」とある。してくださるはずですね。お願いの歌。
29	唱歌	ヨヨノオヤ	ヨヨノオヤ			三等伶人	林 廣季	黄鐘調呂旋	拍子十二 笏拍子	琴譜菅掻	明治11年4月9日	Ronge"The Happy Home"	父の賢く偉大な愛、母の優しく穏やかな愛、わが父母と家を愛す。
30	唱歌	梓弓	トルママニ	明倫集	平 春庭	四等伶人	山井景順	雙調呂旋	拍子七 笏拍子	琴譜菅掻	明治11年11月27日	後鈴屋集前編下、明倫歌集（君臣）	梓弓とは「いる」「はる」「ひく」等の枕詞、ここではふりおろす。＊本居春庭
31	唱歌	冬燕居＊	イカバカリ					盤渉調律旋		琴譜菅掻	明治10年11月13日	Douai"Winter" ＊	＊冬ノ円居という表記もあり ＊＊外は雪に覆われているが、家の中は暖かく幸せ、メンタル・エクササイズの項目。
32	唱歌	オシヘノ道	ヒトスヂニ		豊田芙雄譯	五等伶人	豊 時郡	平調律旋	拍子十四 笏拍子	琴譜菅掻	明治12年1月16日		「幼稚園唱歌」では修身に分類される。
33	唱歌	ミチノク山	スメラギノ＊	萬葉集	大伴家持	一等伶人	林 廣守	平調 呂旋 太食調	拍子十二 笏拍子	琴譜菅掻	明治11年11月27日	萬葉集 巻一八 天平感宝元年5月12日越中国の館にて大伴宿祢家持作る	＊「海ゆかば」の詩句を含む長歌の反歌。天皇の御代が栄えるであろうという印に、陸奥の山に黄金の花がさいたよ。
34	唱歌	カヒアルチ代	イセノウミ	明倫集	橘 枝直	五等伶人	辻 則承	平調律旋	拍子六 笏拍子	琴譜菅掻	明治11年11月27日	東歌、明倫歌集第四兄弟歌	言祝のうた。貝と甲斐をかける。
35	唱歌	河水	カハミヅノ			二等伶人	東儀季芳	盤渉調律旋	拍子三十 笏拍子	琴譜菅掻	明治11年2月22日		『幼稚園唱歌』（お茶の水女子大図書館蔵）の欄外には「譬論」「勧学」と付記。
36	唱歌	寒夜	シラユキノ			三等伶人	上 眞行	盤渉調律旋	拍子十 笏拍子	琴譜菅掻	明治10年12月	Douai"Winter"＊＊	冬がきて、外は一面雪に覆われた。
37	唱歌	オモフトチ	ヨノナカニ	拾遺集	平 兼盛	三等伶人	林 廣継	盤渉調律旋	拍子十 笏拍子	琴譜菅掻	明治11年8月	拾遺和歌集巻第一六 雑春 ＊かねもり	＊題字に「円融御時三尺屏風に花の木のもとに人あつまりゐたる所」とあり。
38	唱歌	ソムカヌミチ	ミナヒトノ			四等伶人	多 忠簾	盤渉調律旋	拍子九 笏拍子	琴譜菅掻	明治11年7月17日	Peabody"Lord'sPrayer"	天にまします神への祈り。

39	唱歌	浜ノ真砂	ワダヅミノ	＊		四等伶人	奥好義	盤渉調律旋	拍子八 笏拍子	琴譜管搔	明治11年7月17日	古今集	＊古今集 詠人知不。君が代の句の次におかれる。大海の浜の砂を一つ二つと数えその一つ一つがあなた様に千年の齢をもたらすものでありますように。
40	遊戯	野山ノ遊	イザコドモ			五等伶人	奥好壽	盤渉調律旋	四十八歩		明治11年10月7日	Douai"Marching"＊ 豊田芙雄訳	二人一組のパートナーを変えながら指示どうりに歩く。
41	遊戯	遊魚＊	ミズニスム			四等伶人	山井景順	黄鐘調呂旋	拍子十四 笏拍子	琴譜管搔	明治11年12月	Ronge"Fishes",Peabody"The Fishshes"＊	＊ウロクズ。手をつないで内側をむいた輪を魚のポットにみたて、数人の子供が魚になって自由に泳いだり、合図で飛び込んだりする。
42	唱歌	筍	オヒソメテ		村田春門		近藤濱撰	壱越調律旋	拍子　八	琴譜管搔	明治11年11月27日		＊国学者。伊勢の人。本居宣長に入門。大阪・江戸（永田馬場）で和歌を教え古典を講義。住友、鴻池等の大商人をはじめ門弟が多い。
43	譜	琵琶譜											學道、菊ノカザシ、百鳥、花橘、冬燕居
44	唱歌	不尽山	アメツチノ			二等伶人	東儀季芳	盤渉調律旋	拍子　十	琴譜管搔	明治12年1月16日		山部赤人が東国へ旅して初めて富士山を見ての作。天と地が分れた時から、神々しく高く貴い駿河の国の富士の高嶺を大空遥か振り仰いでみると、空を渡る太陽の光もしばしば隠れ、照月の光も見えない。白雲もその霊威に遮られ行くことをためらい、季節に関係なくいつも雪が降り積もっていることだ。語り伝え、言い伝えてゆこう。この富士の高嶺を。
45	唱歌	春ノ山辺	オモフドチ	古今集	素性法師	三等伶人	東儀俊慰	雙調律旋	拍子十六	琴譜管搔	明治12年1月16日	古今集二巻	春に友達三～四人と思う存分遊んだらどれだけ愉快だろう。
46	遊戯	盲想	ウタマヒニ		豊田芙雄譯	五等伶人	奥行業	平調律旋	五十六歩		明治12年2月5日	Douai"Guessing the Singer"＊	輪の中で、棒を持った目かくしの子が最初に歌う。棒で指名された子は、次のフレーズを歌う。その声で誰だかあてる。
47	遊戯	窮鼠	マドノウエ		豊田芙雄譯	五等伶人	東儀季長	黄鐘調律旋	五十六歩		明治12年2月5日	Douai"Cat and Mouse"＊	＊輪の中の鼠を外の猫が捕まえる。
48	唱歌	サヾレイシ	キミガヨハ			二等伶人	東儀頼玄	雙調呂旋	拍子十六 笏拍子	琴譜管搔	明治12年1月16日	古今集　雅歌　題しらず　読人しらず	＊古今集古寫本は「我が君はちよにましませ」、古今集流布本は「我が君はちよにやちよに」の出だしである。「君がよはちよにやちよに」の出だしとなったのは、和漢朗詠集流布本からと言われる。本居宣長は著作『古今和歌集遠鏡』巻七で意を「コマカイ石が大きな岩ほとなって苔のはえるまで千年も万年も御繁昌でおいでなされ、こちの君は」としている。旋律は現在国歌とされているものではない。

49	唱歌	露ノ光	カリソメノ			五等伶人	奥好壽	平調律旋	拍子十六 笏拍子	琴譜菅掻	明治12年1月16日		仮初とは本来一時的別れを嘆く歌ことば。ここでは、はかなく取るにたらないの意味。
50	唱歌	ウナヒノ道ビキ	ワラハベノ			五等伶人	芝祐夏	壱越調律旋	拍子十 笏拍子	琴譜菅掻	明治12年1月16日	Ronge"TheChild's Greeting"* 豊田芙雄訳	輪から離れた子が、歌の間に何人かの子どもに挨拶をして元に戻る。
51	譜	箏譜										學道、菊ノカザシ、百鳥、花橘、冬燕居	
52	唱歌	夏山	ヤマカゲヤ	金葉集*	慈円**	一等伶人	林　廣守	壱越調呂旋	拍子十六 笏拍子	琴譜菅掻	明治12年9月13日	千載集巻三　夏歌	*金葉和歌集に所収はない。**忠道公子天台座主**明治12年9月22日幼稚園へ送付と欄外に但し書き。蜩の声と岩もる清水の音で夏だとわかる。
53	唱歌	山時鳥	タチバナヲ		近藤濱詠	二等伶人	東儀季芳	黄鐘調律旋	拍子四 笏拍子	琴譜菅掻	明治12年9月13日	Ronge"Cuckoo",Peabody"The Cuckoo"	明治12年9月22日幼稚園へ送付と欄外に但し書きあり。カッコーが鳴いている。みんなで呼び交わそう。
54	唱歌	瀧ノ糸	イハマヨリ	千載集	盛方	三等伶人	林　廣継	壱越調律旋	拍子八 笏拍子	琴譜菅掻	明治12年9月13日	千載集巻三　夏歌	*藤原盛方朝臣、中納言顕時子民部大輔
55	唱歌	養蠶	トシモヨシ	拾遺集	平　兼盛	三等伶人	林　廣季	盤渉調律旋	拍子八 笏拍子	琴譜菅掻	明治12年9月13日	拾遺和歌集巻第十　神楽歌*	*題字「おほくにのさと」とあり。大国とは祝意で、豊かさを期待するの意。
56	唱歌	盲想遊戯	ウチツレテ		豊田芙雄譯		近藤濱撰	黄鐘調律旋	拍子十二 笏拍子	琴譜菅掻	明治12年5月10日	Douai" Guessing" *	*目をつぶってのあてっこゲーム。
57	唱歌	人ノ道	ヒトミナハ			三等伶人	東儀膨質	壱越調律旋		琴譜菅掻	明治12年5月10日	Ronge"The Happy Home" Peabody"Lord'sPrayer" *豊田芙雄訳	*始まりのうた。父母への敬愛のうた。
58	唱歌	学校往来	モノマナブ			四等伶人	辻　高節	壱越調律旋	拍子二十 笏拍子	琴譜菅掻	明治12年5月10日	Ronge"The Happy Home" *豊田芙雄訳	春日山同音
59	唱歌	明石ノ浦	ホノボノト		柿本人麻呂			壱越調律旋	春日山同音		明治12年11月	柿本人麻呂集　下　浦*	*後世人麻呂の神詠の如く尊重されたうた。
60	唱歌	梢ノ藤	コトハナリ		橘千蔭			壱越調律旋	天鶴群同音		明治12年11月	朮(うけら)が花	天鶴群同音
61	唱歌	木毎ノ花	ユキフレバ	古今集	紀友則			平調律旋	元ハ早苗同音		明治12年11月	古今和歌集　巻第六　冬歌	春に先立って咲く梅だとおもっていたら、雪が降るとどの木にも咲いたように見える。どの木をきったらよいか。
62	唱歌	堤ノ雲	サキツヅク		春野詠*			盤渉調律旋	思フトチ同音		明治12年11月		*村田春野は村田春門の次男（養子）。一時河内牧岡の神職となる。江戸で春門の後を引き継ぎ、和学の教授。明治4年71歳で没。
63	唱歌	二見ノ浦	ユフヅクヨ					盤渉調律旋	ソムカヌ道同音		明治12年11月		この二見の浦は、但馬国の湯今の城崎あたり。
64	唱歌	唐琴浦*	ミヤコマデ	古今集	素性法師			雙調呂旋	梓弓同音		明治12年11月	古今集巻一七　雑歌上	*からことというところにてよめる。
65	唱歌	王昭君	ユキマジリ		村田春海	四等伶人	奥好義	盤渉調律旋	拍子二十四	琴譜菅掻	明治12年5月10日	琴後集九巻長歌	王昭君は前漢元帝の代の官女。匈奴との和睦のために呼韓邪単于に嫁し、その地で没した。人生は夢であった。「せんすべをなみ」どうしようもないのでの意。「憂きふし」つらく悲しい。

唱歌	去冬ノ雪	ハルナレド	續後撰集	前関白左大臣			壱越調呂旋	夏山同音		明治12年11月	第1集春上	＊目次にはあげられていない。
唱歌	コホロギ	ニハグサニ	萬葉集	讀人不知			壱越調律旋	瀧ノ糸同音		明治12年11月	萬葉集巻10	＊目次にはあげられていない。
唱歌	水底ノ月	フタツナキ	古今集	紀貫之			雙調律旋	春ノ山辺同音		明治12年11月	古今集巻一七雑歌上	月は二つないもので、山の端からでると思っていたら、水底にもあった。
唱歌	山下水	ヒトシレヌ	拾遺集	紀貫之			黄鐘調律旋	山時鳥同音		明治12年11月	延喜6年　八帖ケ料の歌45首	人知れず山を越えたと思っていても、水に映る影でわかっています。
遊戯	山家	ヒクウスノ					盤渉調律旋	野山ノ遊同音		明治12年11月		＊目次にはあげられていない。
唱歌	竹ノ根	タケノネノ		橘千蔭	三等伶人	山井基萬	平調律旋	拍子八		明治13年5月20日	明倫集10雑部。朮（うけら）が花	＊＊加藤千蔭、父は枝直。父の跡をつぎ与力吟味役でもあった。賀茂真淵に学び、書は千蔭流として明治期にも人気があった。
唱歌	白雲	ココロアテ		村田春海	三等伶人	東儀俊慰	盤渉調律旋			明治13年5月20日		富士の雄大さを詠んだうた。後に正岡子規に批判される。

B　芝葛鎮「墨譜撰成伺上申」

唱歌	桜ヲヨメル	アラタマノ		橘千蔭	四等伶人	多久随	雙調呂旋	一段・二弾は拍子十三、三段拍子十四	琴譜菅搔	明治12年5月10日		
遊戯	造化ノ妙	アメニザス		近藤濱詠		近藤濱						
遊戯	四季	イザサラバ		近藤濱詠	一等伶人	林廣守	雙・黄・平・盤調律旋	拍子十		明治12年12月9日		＊目次にはあげられていない。
唱歌	イロハ	イロハニホ				近藤濱撰譜、二等伶人東儀季芳訂正	雙調律旋	拍子七	琴譜菅搔	明治13年5月20日		
唱歌	鏡山	オホミノヤ			一等伶人	林　廣守	壱越調律旋	拍子六		明治13年6月＊		＊東京府学務課ヨリ依頼
唱歌	フリヌル文	ミワタセバ			一等伶人	芝　葛鎮	平調律旋	拍子八		明治13年6月＊		＊東京府学務課ヨリ依頼
唱歌	欽冬				三等伶人	東儀俊慰	盤渉調律旋	拍子七		明治13年6月＊		＊東京府学務課ヨリ依頼

C　芝祐夏筆「保育唱歌墨譜本」芝家蔵

唱歌	大和撫子	ハナサカバ					壱越調律旋			上申の年月日の記載なし。		

唱歌	若紫	タミクサノ		権命婦 平尾歌子詠	四等伶人	多 忠簾	壱越調律旋	拍子十二		同右		
唱歌	君ヶ代	キミガヨハ			一等伶人	林 廣守	壱越調律旋	拍子十一		同右		現在の国歌
唱歌	ウミユカバ	ウミユカバ			二等伶人	東儀季芳	壱越調律旋	拍子十		同右		
唱歌	六ノ球	ムツノタマ…			四等伶人	辻 高節	平調律旋	拍子十		同右		
唱歌	赤色	アマツヒノ			四等伶人	奥 好義	平調律旋	拍子十		同右		明治14年5月12日歌詞改正
唱歌	黄色	ヤマブキノ			四等伶人	豊 喜秋	平調律旋	拍子十		同右		明治14年5月12日歌詞改正
唱歌	青色	アイヲモテ			四等伶人	多 久随	平調律旋	拍子十		同右		明治14年5月12日歌詞改正
唱歌	柑色	アカトキト			五等伶人	奥 好壽	平調律旋	拍子十		同右		
唱歌	緑色	キトアオト			四等伶人	多 忠簾	平調律旋	拍子十		同右		
唱歌	紫色	アカトアオト			五等伶人	豊 時ちか	平調律旋	拍子十		同右		
唱歌	元色	サマザマノ			四等伶人	辻 則承	平調律旋	拍子十		同右		
唱歌	間色	カズカズニ			四等伶人	東儀季長	平調律旋	拍子十		同右		
唱歌	フリヌルフミ	ミワタセバ			一等伶人	芝 葛鎮	平調律旋	拍子八		同右		
唱歌	倭心	ヤシミシシ					平調律旋	拍子五		同右		
唱歌	君カ恵	ナンアリキ			一等伶人	芝 葛鎮	黄鐘調律旋	拍子八		同右		
唱歌	科戸ノ風						盤渉調律旋	拍子六		同右		
唱歌	ウミユカバ	ウミユカバ					壱越調律旋			同右		

【作成：江崎公子】

参考：片仮名ルビについて

明治期の公文書は漢字とカタカナで表記される。この書式が正式だからである。公布文書は句読点がなく、濁音もない漢字とカタカナの羅列である。

「アマノタズムラ」は漢文読み下し方式でルビが振られる。

「アシナミウタ」の原文は全文カタカナ表記であり、カタカナの横に小さく漢字のルビが振られ、カタカナから漢字をあてがっている。

御歌所の主事であった坂正臣は、唱歌の歌詞に濁点を用いるのをきらっていた。認可の許可を得るときに、このルールを適用して、不許可にした例もある。国定国語読本で改訂されるまで通用していた。

資料：明治初期の教育統計

【幼稚園の規模】（その一）

	明治一〇年	明治一一年	明治一二年	明治一三年	明治一四年
園数	一	一	四	五	七
保母数	五	二	七	一六	二〇
幼児数	一五八	一二二	二五三	四二六	四二六

【幼稚園の規模】（その二）

	明治二〇年	明治二四年	明治二五年	明治三五年
園数	六七	一四七	一七七	二六三
保母数	一三七	三二七	三五七	七二六
幼児数	四一四七	八六六二	一二〇一一	二四一八五

右の統計は、『学制百年史　資料編』（文部省編、昭和四七年刊）の教育統計による明治初期の教育実態の一部である。幼児教育が統計的に確立の兆しが認められるのは、その数が飛躍的に増える明治二〇年以降のことである。こうした実態を背景に『保育唱歌』撰譜の動きは生まれている。一方、学制の頒布（明治五年）以降、小学校の校数は、明治一〇年ごろまでには、ほぼ今日のそれに近い規模にまで達している。初等教育を外形的にも整えることが、近代日本にとって欠くことのできない要件であったことを物語っている。就学率は明治一〇年で四〇パーセントをやや下回っていた。

【小学校の規模】

	明治六年	明治一〇年	明治二五年
校数	一二五五八	二五四五九	二三六二七
教員数	二五五三一	五九八二五	五九七九六
児童数	一一八二九六八	二〇九四二九八	四〇五六二六二

参考：福地桜痴の保育唱歌の理解

唱歌に注目しながら新しいうたの形式を求めていた人物に福地源一郎（桜痴　一八四一－一九〇六）がいる。長崎通詞であり、三回の渡航経験をもつジャーナリストの福地の言説から、当時の保育唱歌がどのように理解されていたかを見てみよう。『東京日々新聞』や『なまい氣新聞』を改題した一八七八（明治一一）年『芸術叢誌』第一九号で福地は次のように記している。

前号に掲載せし　青山御所奏楽の時聞こしめされたる歌曲の學びの道といふは　先つ頃皇后宮様始めて東京女子師範学校へ行啓在らせたれたる時　該校へ賜りたる御歌にて　今現に額面に掲げありとぞ　去年来該校中の幼稚園にて　西洋各国の教へに倣ひ　幼年より音律を學ばしむる為に　幼童に唱歌の教授ありて　其歌曲はみな式部寮雅楽課にて伶人の選定する所による　さて其頃　皇后御歌も伺いを経て　二等伶人東儀季熙君撰譜せられ　壱越調律旋の曲なり　御製「みがかずば玉も鏡も何かせん學の道もかくこそ有たれ」又もも鳥は幼稚園の保姆　豊田芙雄といふ婦人　西洋の歌を譯せしにて曲は雙調呂旋にして　一等伶人林廣守君の作なりと云へり　其歌〇百鳥のたちかえりきて　諸共に　おのがさまざま鳴きかわす　聲面白し大空の　色もうららに曇りなき光あまねしさて　この幼童唱歌の教授が　女子師範学校にても　生徒へ傳習し　續いて全國中へも追々及ばさる見込みなりと　云は遠からずして　オマチャカチャンリンやカッポレを謡ふ子供も音律をしるに至りませう何より先結構な事

ここで福地は唱歌とは音律を学ぶために幼童に教授したものとリポートしている。また、それは東京女子師範学校が介在して西洋各国の教えに倣ったもので、幼児から教育されていることが指摘されている。しかし、繰り返し福地が感心し、強調していることは音律を幼児が学ぶことであり、その音律を土台にした楽曲が雅楽伶人の手で創作され、幼児がうたっていることである。つまり音律を幼いうちから身につけることが新しい〈唱歌〉の在り方ととらえたところである。

この点は同誌二三号でも「女子の学科中に音律學も加え、また雅楽所にては箇様に縦覧を許されますならば人の耳目にも自然となれ追々一般大いに流行することとなりましょう」と音律と雅楽を基準として感覚を培ってゆくこと、そしてそれはこれまでのようにエリート男子のためだけのものでなく女子もふくめ幼児から陶冶することに大きな価値を見ていたのである。

これ以前の福地の唱歌理解は、その数年前の一八七五（明治八）年四月二六日付の『東京日々新聞』紙上で見ると、「～前略～豊後、長唄、端唄の如きも亦しかり昔時の作は今日の作の如き猥雑なる唱歌のみには非ざりき　是また文学の衰たるより生ずるに非ずして何ぞや」というように唱歌を歌と理解し、唄は文学の領域内であるととらえているからである。つまり福地だけでなく、当時一般的には唱歌を〈歌文〉と理解しているほうが多くの人の共通理解であった。しかし福地は東京女子師範学校の〈唱歌〉を見てから、〈教科目・唱歌〉とは音律を幼児から身につけるための教授と理解が変わったことを示している。

【江﨑公子】

二節　音楽取調掛の設置と唱歌集の編纂

一、唱歌教育のあけぼの

一八七二（明治五）年八月に「学制」が頒布され唱歌も教科として設置されたが、実態は「当分之ヲ欠クヲ得」の但書がついた状態であった。そうしたなかで、一八七八年四月付で、在米留学生監督官・目賀田種太郎と留学生伊澤修二から、歴史的な提言が、文部大輔田中不二麿宛になされた。それが次の「學校唱歌ニ用フベキ音樂取調ノ事業ニ着手スベキ見込書」であった。

「現時歐米ノ教育者皆音樂ヲ以テ教育ノ一課トス、夫レ音樂ハ學童ノ神氣ヲ爽快ニシテ其ノ勤學ノ勞ヲ消シ肺臓ヲ強クシテ其ノ健全ヲ助ケ、音聲ヲ清クシ、發音ヲ正シ、聴力ヲ疾クシ、孝思ヲ密ニシ又能ク心情ヲ樂マシメ其ノ善性ヲ感發セシム是レ其ノ學室ニ於ケル直接ノ効力ナリ、然シテ社會ニ善良ナル娯樂ヲ與ヘ、自然ニ善ニ遷シ罪ニ遠カラシメ、社會ヲシテ禮文ノ域ニ進マシメ、國民揚々トシテ王徳ヲ頌シ太平ヲ樂ムモノハ其ノ社會ニ對スル間接ノ功ナリ、右ハ其ノ効力ノ大要ニシテ然カク功力アル事照々歐米禮文ノ各國ニ見ルベキナリ、我省夙ニ此々ニ見ルアリテ唱歌ヲ公學ノ一課ニ定メラレシト雖モ、之レヲ實施スル亦易キニアラズ、例ヘバ我國ノ音樂ニ雅俗ノ別アリ、其ノ雅ト稱スルモノハ調曲甚高クシテ大方ノ耳ニ遠ク、又其ノ俗ト稱スルモノハ謳甚卑クシテ其害却テ多シ、畢竟此ノ如クニテハ之レヲ學課トシテ施スベカラズ、然ラバ西洋ノ樂ヲ採リテ直ニ之レヲ用キバ事易キニ似タレドモ其ノ我ニ和スルヤ否ヤ未ダ知ルベカラズ、就テハ右音樂ヲ興ス方法如何ニ附當國ニテ諸向ニ相質シ、此頃特ニ其筋ニ就キ少シク之レヲ探グルニ音樂詩誦ハ固人情ノ自然ニ出ズル事故、其大體ヨリ之レヲ論ズレバ人界中同一タルベキ儀ニテ彼レノ音樂ノ如キモ我ニ適應スベキモノ有之、到底彼我和合シ一種ノ樂ヲ興サバ我公學ニ唱歌ノ課モ追々相立候様相可成ト存候、依テボストン公學音樂監督メイソン氏ト相議シ其ノ編著ノ音樂掛圖ニ拠リ、其樂譜ニ我歌詞ヲ挿ミ相試ミ候處先々相應ニ相聞候、即チ掛圖別ニ進呈候、其委細ノ事ハ別紙ニ記載候可然御經欄ヲ願フ」

このように欧米の音楽とその教育の効用を提言する一方で「唱歌ヲ公學ノ一課ニ定メラレシト雖モ、之レヲ實施スル亦易キニアラズ」との懸念も示した。

伊澤は同年五月には帰国し、東京師範学校に勤務し、翌一八七九年十月には同校に籍を置く傍ら、「學校唱歌ニ用フベキ音樂取調ノ事業」に着手する。十月二三日に文部省内に音楽取調掛が設置されると、その一週間後には、文部卿寺島宗則宛に「音楽取調ニ付見込書」を提出している。この「見込書」では、日本における音楽教育事業を進めるにあたり、次の三つの方針を掲げている。

一、東西二洋ノ音樂ヲ折衷シテ新曲ヲ作ル事、
二、将来國樂ヲ興スベキ人物ヲ養成スル事、
三、諸学校ニ音楽ヲ実施スル事

「見込書」では、さらに次の分析が示されていた。

(1)「甲説ニ曰ク、音樂ハ人情ヲ感發スルノ要具ニシテ、喜怒哀樂ノ情自ラ其音調ニ顕ルル者ナレハ洋ノ東西ヲ問ハス、人種ノ黄白ヲ論セス、苟モ人情ノ同キ所ハ音樂亦同シテ可ナリ」

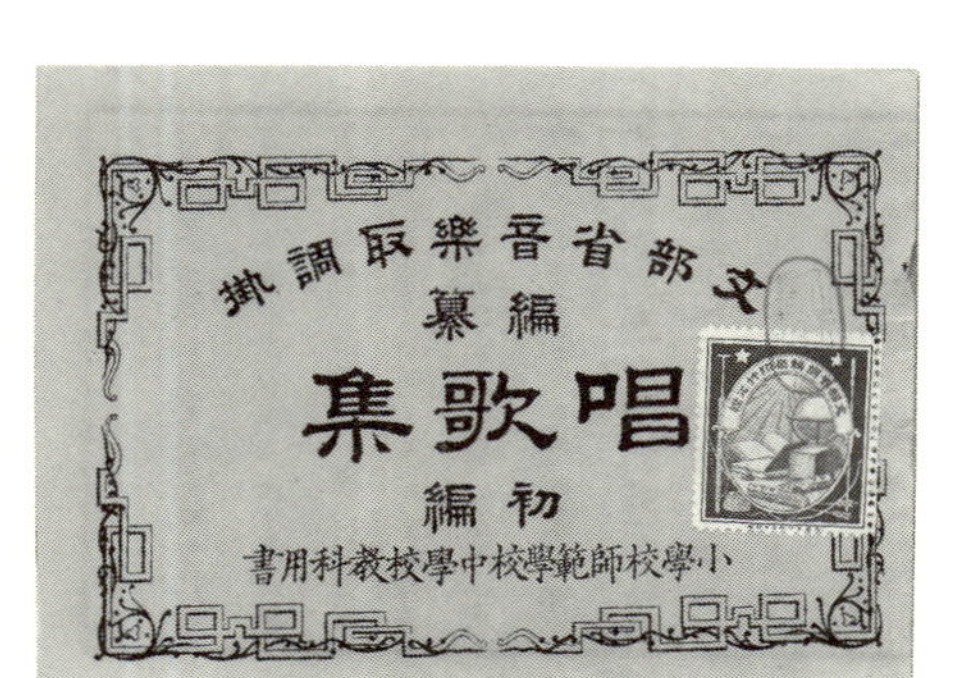

『小學唱歌集』初編再版扉。下部「初編」下の利用者対象を示す文言は版権届版（初版）には記されていない

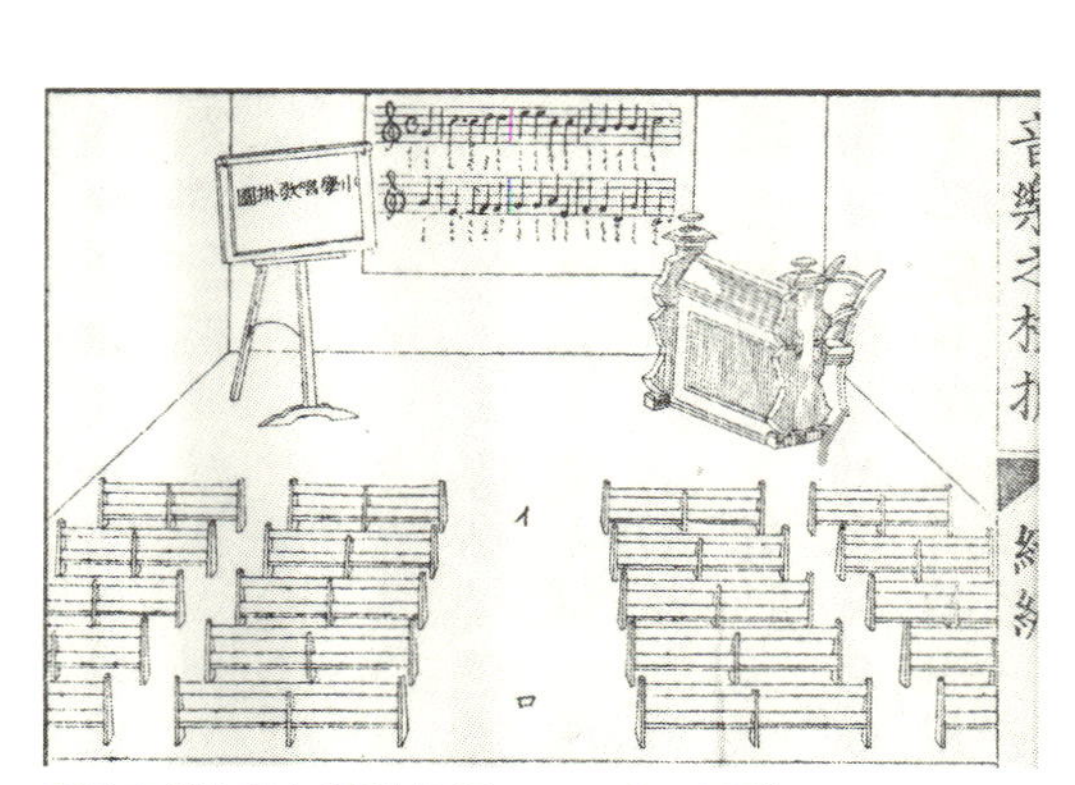
唱歌室（『音樂之枝折』続編　1889年8月刊）

(2)「乙説ニ曰ク、各國皆ナ各國ノ言辞アリ、風俗アリ、文物アリ、是其住民ノ性質ト風土ノ情勢トニ因テ自然ニ産出セシモノナレハ、人力ノ能ク之ヲ変易スヘキニ非ス、且音樂ノ如キハ素ト人情ノ發スル所人心ノ向フ所ニ従テ興リタルモノナレハ各國皆固有ノ國樂ヲ有ス」

(3)「内説ニ曰ク、甲乙ノ二説其理ナキニ非スト雖モ皆傷倚ノ極ニ陥ルノ弊ヲ免レス、故ニ其中ヲ執リ東西二洋ノ音樂ヲ折衷シ今日我國ニ適スベキモノヲ制定スルヲ務ムベシ」

これは、先の「學校唱歌ニ用フベキ音樂取調ノ事業ニ着手スベキ見込書」で懸念していた課題に対する伊澤自身の一つの結論であった。この「東西二洋ノ音樂ヲ折衷」して「新曲」を創るという考えが、やがて編まれた『唱歌掛圖』や『小學唱歌集』の編纂目標となる。

一八八〇年三月に、米国よりルーサー・ホワイティング・メーソンを御雇教師として招聘し、伊澤修二らを中心に『小學唱歌集』と『唱歌掛圖』の編纂が始まる。編纂作業には、山勢松韻・柴田清熙・稲垣千頴・内田彌一、芝葛鎮、上眞行・東儀彰質・奥好義・辻則承、里見義、加部巌夫ら、メーソンが持ち込んだ多くの西洋曲に歌詞を付けた国文学者や、新しい唱歌の作曲を試みた雅楽部伶人、式部寮楽人らが加わった。『小學唱歌集』初編および『唱歌掛圖』の出板届が文部省に提出されたのは、メーソンが日本にやってきてから、わずか一年八カ月という早業であった。

二、宣伝文からみた唱歌教材の使われ方

伊澤らは「小學ニ在リテハ最モ宜ク徳性ノ涵養スルヲ以テ要トスヘシ」(『小學唱歌集』緒言)という編纂主旨を打ち出したのだが、その後、実際に利用者(教師)にはどのような紹介がなされていたのであろうか。以下、『小學唱歌集』第三編(一八八五年、再版)の巻末に付いている宣伝頁の記事(下欄)から、その実態を描いてみる。

一八八一年に刊行された『唱歌掛圖』初編に対しては「音樂教育ノ學理ニ基キ適法ヲ研究シテ編纂シタ」として、唱歌教育の便利な教具であることを紹介している。児童は掛図に描かれた情報を頼りに唱歌を学んだのだ。(左頁)下欄右図の挿絵がそれを示している。

一方、『小學唱歌集』は、①「唱歌掛図中ノモノヲ取テ之ヲ冊子ニ印行シ各自生徒ノ便ニ供スル」ことを目的にこの唱歌集が編まれたこと(『音楽取調成績申報書』)、②東京師範学校および東京女子師範学校の付属小学校で適否を試したこと(「緒言」)を拠り所に、しばしば、「日本ではじめての音楽教科書」と紹介される。しかし、宣伝文には、生徒用の「教科書」とは、明確には書かれていない。このことからも初版当時に限定すると、『小學唱歌集』の使われ方は、「唱歌」を教えるための教授用資料としての性格が強かったのではないか。唱歌掛図の情報を頼りに、教師が唱歌集片手に唱歌の授業を展開したことは、『教科適用幼年唱歌』の表紙(一章扉)を見ても容易に想像できる。『小學唱歌集』の版権届が出された初版の部数は初編と二編が三〇〇〇部、三編は二〇〇〇部であり、『唱歌掛圖』に至っては一五〇〇部であった。音楽取調掛は、初編ならびに掛図を三府四一県宛に各十部、各府県師範学校に各三部、大阪中学校宛に各三部、高知書籍館各一部、宮城県書籍館に各一部を寄贈している(注1)。ちなみに就学児童数は二七八万余りであった(注2)。児童にはほとんど行き渡らなかったのである。

また宣伝文では、『唱歌掛圖』との連動性を語っているが、『小學唱歌集』にも、明治政府が取り組んでいた「徳性ノ涵養」をめざした教材が多数採用されていたにも関わらず、そのことについては、まったく触れられてはいない。

【水島昭男】

(注1)「音楽会計係本省各局往復書類」より(『音楽教育成立への軌跡』所載)

(注2)文部省『学制百年史』資料篇(一九七二)

『唱歌掛圖』初編の宣伝文

「右ハ初メテ音樂ヲ我教育上ニ施行センガ為メ音樂教育ノ學理ニ基キ適法ヲ研究シテ編纂シタルモノナリ抑音樂ヲ學校教科ノ一トシテ教授センニハ音樂上要スル所ノ記號譜歌曲等ヲ其時々黒板ニ記書スルヲ要スヘシ而シテ之ヲ黒板上ニ記スル井或ハ解明ナラサルモノアリ或ハ□卒誤謬ヲ免レサルモノアリ又限リアル時間ニシテ成シ得ヘカラサルモノアリ此レ之ノ掛圖ノ編纂アル所以ナリ書中記載ノ緐項ハ音樂教育初等ノ練用ニ供スル音階ノ圖長短音符ノ區別等ヨリ起リ逐次單複唱歌ニ至ルモノナリ」(大日本圖書株式会社發賣音樂圖書目録)

『小學唱歌集』全三冊の宣伝文

「本書ハ唱歌掛圖中ノモノヲ取テ之ヲ冊子ニ印行シ各自生徒ノ便ニ供スルモノナリ即チ其初編ハ唱歌掛圖初編及續編中ノモノナリ其第三編ニ至リテハ唱歌掛圖ノ出版ナシ是第三編ニ稍々其程度ノ進ムモノニシテ音樂初等訓練ノ法即チ唱歌掛圖ノ方法ニ據ラスシテ可ナルヲ以テ之カ出版ヲ要セサル所以ナリ」(大日本圖書株式会社發賣音樂圖書目録)

一八八一（明治一四）年

『小學唱歌集』の刊行

一八八一年十一月に音楽取調掛から文部省に出版版権届が出された『小學唱歌集』初編には、以下の緒言が載せられている。そこでは、日本の音楽教育の目標が「小學ニ在リテハ最モ宜ク徳性ヲ涵養スルヲ以テ要トスヘシ今夫レ音樂ノ物タル性情ニ本ツキ人心ヲ正シ風化ヲ助クルノ妙用アリ」と説明されている。この「徳性ヲ涵養スル」は、以降の近代日本の唱歌教育の基本方針となる。

緒　言

凡ソ教育ノ要ハ徳育智育體育ノ三者ニ在リ而シテ小學ニ在リテハ最モ宜ク徳性ヲ涵養スルヲ以テ要トスヘシ今夫レ音樂ノ物タル性情ニ本ツキ人心ヲ正シ風化ヲ助クルノ妙用アリ故ニ古ヨリ明君賢相特ニ之ヲ振興シ之ヲ家國ニ播サント欲セシ者和漢歐米ノ史冊歴々徴スヘシ曩ニ我政府ノ始テ學制ヲ頒ツニ方リテヤ已ニ唱歌ヲ普通學科中ニ掲ケテ一般必須ノ科タルヲ示シ其教則綱領ヲ定ムルニ至テハ亦之ヲ小學各等科ニ加ヘテ其必ス學ハサル可ラサルヲ示セリ然シテ之ヲ學校ニ實施スルニ及ンテハ必ス歌曲其當ヲ得聲音其正ヲ得テ能ク教育ノ眞理ニ悖ラサルヲ要スレハ此レ其事タル固ヨリ容易ニ擧行スヘキニ非ス我省此ニ見ル所アリ客年特ニ音樂取調掛ヲ設ケ充ルニ本邦ノ學士音樂家等ヲ以テシ且ツ遠ク米國有名ノ音樂教師ヲ聘シ百方討究論悉シ本邦固有ノ音律ニ基ツキ彼長ヲ取リ我短ヲ補ヒ以テ我學校ニ適用スヘキ者ヲ撰定セシム爾後諸員ノ協力ニ頼リ稍ヤク數曲ヲ得之ヲ東京師範學校及東京女子師範學校生徒幷兩校附屬小學生徒ニ施シテ其適否ヲ試ミ更ニ取捨選擇シ得ル所ニ随テ之ヲ録シ遂ニ歌曲數十ノ多キニ至レリ爰ニ之ヲ剞劂ニ付シ名ケテ小學唱歌集ト云是レ固ヨリ草創ニ属スルヲ以テ或ハ未タ完全ナラサル者アラント雖モ庶幾クハ亦我教育進歩ノ一助ニ資スルニ足ラント云爾

明治十四年十一月

音樂取調掛長　伊澤修二謹識

音楽取調掛の教師たち　東京藝術大学附属図書館蔵
前列左から、芝葛鎭、メーソン、中村専、辻則承
後列左から、東儀彭質、上真行、奥好義

『小學唱歌集』初編

文部省音樂取調掛編纂

出版版権届：1881年11月24日
文部省蔵版
縦125ミリ×横185ミリ　表紙＋扉＋64頁　和装本

第一　かをれ

一
かをれ。にほへ。そのふのさくら。

二
とまれ。やどれ。ちぐさのほたる。

三
まねけ。なびけ。野はらのすゝき。

四
なけよ。たてよ。かは瀬のちどり。

＊稲垣千頴（一八四五―一九一三）作歌。『小學唱歌集』の歌詞に読点は使われていない。また、変体仮名がつかわれているが、解読の便をはかるため、本事典ではすべて現代仮名に書き換えた。

第二　春山（はるやま）

はるやまに。たつかすみ。
あきやまに。わたるきり。
さくらにも。もみぢにも。
きぬきする。こゝちして。

＊稲垣千頴作歌。

第三　あがれ

一
あがれ。〱。廣野のひばり。

二
のぼれ。〱。川瀬の若鮎（わかゆ）。

＊稲垣千頴作歌。

第四　いはへ

一
いはへ。〱。きみが代いはへ。

二
しげれ。〱。ふたばの小松。

＊稲垣千頴作歌。

第五　千代に

一
ちよに。〱。千代ませきみは。

二
いませ〱。わが君ちよに。

＊稲垣千頴作歌。

第六　和歌（わか）の浦（うら）

わかの浦わに。夕しほみちくれば。
きしのむら鶴（づる）。あし邊（べ）に鳴（なき）わたる。

＊稲垣千頴作歌。

第七　春は花見

一
はるは。はな見。
みよし野。おむろ。

二
あきは。つきみ。
さらしな。をぐら。

＊稲垣千頴作歌。

第八　鶯（うぐひす）

一
うぐひす。きなけ。
うめさく。そのに。

二
かりがね。わたれ。
霧（きり）たつ。そらに。

＊アメリカの讃美歌。

第九　野邊（のべ）に

一
野邊に。なびく。ちぐさは。
四方（よも）の。民（たみ）の。まごゝろ。

二
はまに。あまる。まさごは。
君が。みよの。かずなり。

＊『明治音楽史考』（遠藤宏）では原曲は、『ジョイブリン子供唱歌集』所収「美しき世」。櫻井雅人によれば、C・H・ホーマン Christian Heinrich Hohmann（ドイツ、1811-1861）作曲《Gottvertrauen》。作曲

第十　春風（はるかぜ）

一
春風。そよふく。やよひのあした。
あき風。みにしむ。はつきのゆふべ。

二
弥生（やよひ）は。野山の。はなさくさかり。
はつきは。みそらの。月すむ夜（よ）ごろ。

第十一　桜紅葉（さくらもみぢ）

一
春見に。ゆきませ。芳野（よしの）の櫻。
あきみて。つげませ。龍田（たつた）のもみぢ。

二
よし野は。さくらの。花さくみやま。
たつたは。紅葉（もみぢ）の。ちりしくながれ。

第十二　花さく春

一
花さく。はるの。あしたのけしき。
かをる。雲の。たつこゝちして。

二
あき萩（はぎ）。をばな。はなさきみだれ。
もとも。末も。露（つゆ）みちにけり。

第十三　見わたせば

一
見わたせば。あをやなぎ。花桜（はなざくら）。
こきまぜて。みやこには。
みちもせに。春の錦（にしき）をぞ。
さほひめの。おりなして。
ふるあめに。そめにける。

二
みわたせば。やまべには。
をのへにも。ふもとにも。
うすきこき。もみぢ葉(ば)の。
あきの錦(にしき)をぞ。たつたびめ。
おりかけて。つゆ霜(しも)に。さらしける。

「見わたせば」

＊ジャン＝ジャック・ルソー Jean-Jacques Rousseau（スイス→フランス、1712-1778）の一幕オペラ『村の占い師』の挿入歌「パントミム」をもとにしたヨハン・バプティスト・クラマー Johann Baptist Cramer（ドイツ→イギリス、1771-1858）のピアノ変奏曲「ルソーの夢」。さらに讃美歌に改作され「見わたせば」に至る。第一節は、柴田清熙が古今集春の部にある素性法師の「見渡せば柳桜をこきまぜて」を土台に作詞。

第十四　松の木蔭(こかげ)

一
松のこかげに。たちよれば。
ちとせのみどりぞ。身にはしむ。
梅がえかざしに。さしつれば。
はるの雪(ゆき)こそ。ふりかゝれ。
二
うめのはながさ。さしつれば。
かしらに春の。ゆき積もり。
鶴(つる)のけごろも。かさぬれば。
あきの霜こそ。身にはおけ。

＊原曲はC・H・ホーマン。

第十五　春のやよひ

一
春のやよひの。あけぼのに。
四方のやまべを。見わたせば。
はなざかりかも。しらくもの。
かゝらぬみねこそ。なかりけれ。
二
はなたちばなも。にほふなり。
軒のあやめも。かをるなり。
ゆふぐれさまの。さみだれに。
やまほとゝぎす。なのるなり。
三
秋のはじめに。なりぬれば。
ことしもなかばは。すぎにけり。
わがよふけゆく。月かげの。
かたぶく見るこそ。あはれなれ。
四
冬の夜さむの。あさぼらけ。
ちぎりし山路(やまぢ)は。ゆきふかし。
こゝろのあとは。つかねども。
おもひやるこそ。あはれなれ。

＊原曲は賛美歌《Happy Land》。賛美歌「たのしき国は天にあり」（『讃美歌并楽譜』）。

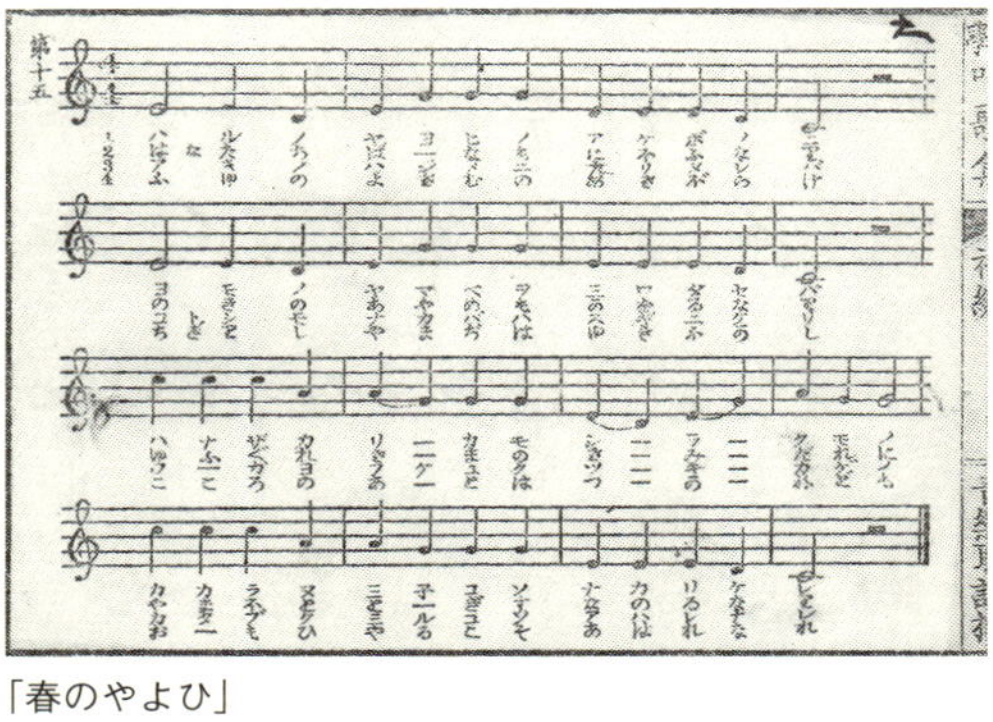
「春のやよひ」

第十六　わが日の本

一
わがひのもとの。あさぼらけ。
かすめる日かげ。あふぎみて。
もろこし人も。高麗(こま)びとも。
春たつけふをば。しりぬべし。
二
雲間にさけぶ。ほとゝぎす。
かきねににほふ。うつぎばな。
夏來にけりと。あめつちに。
あらそひつぐる。花ととり。
三
きぬたのひゞき。身にしみて。
とこよのかりも。わたるなり。

やまともろこし。おしなべて。
おなじあはれの。あきの風。

四

まどうつあられ。にはのしも。
ふもとのおちば。みねのゆき。
みやこのうちも。やまざとも。
ひとつにさゆる。ふゆのそら。

＊第十五「春のやよひ」と同曲。

第十七　蝶々

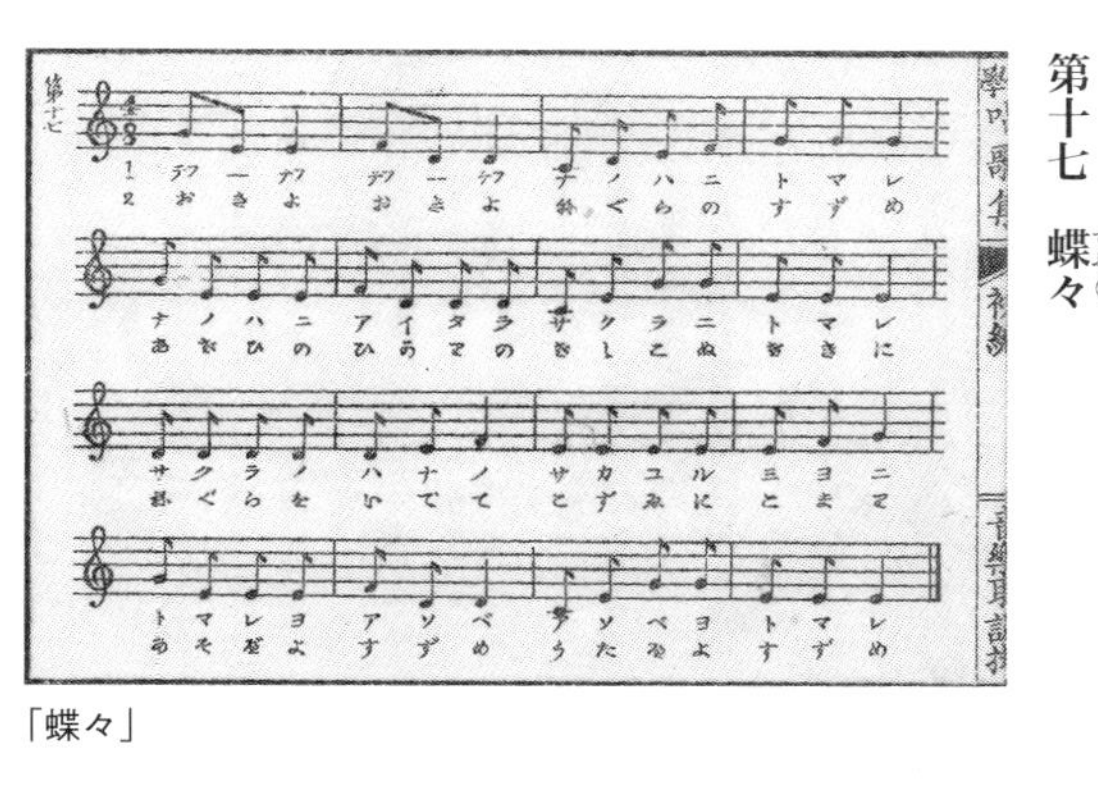
「蝶々」

一

てふ〳〵てふ〳〵。菜の葉にとまれ。
なのはにあいたら。桜にとまれ。
さくらの花の。さかゆる御代に。
とまれよあそべ。あそべよとまれ。

二

おきよ〳〵。ねぐらのすゞめ。
朝日のひかりの。さしこぬさきに。
ねぐらをいでゝ。こずゑにとまり。
あそべよすゞめ。うたへよすゞめ。

＊ドイツ伝承曲。元歌は《The Boat Song》。野村秋足（一八一九－一九〇二）、稲垣千頴作歌。

第十八　うつくしき

一

うつくしき。わが子やいづこ。
うつくしき。わがかみの子は。
ゆみとりて。君のみさきに。
いさみたちて。わかれゆきにけり。

二

うつくしき。わがこやいづこ。
うつくしき。わがなかのこは。
太刀帯て。君のみもとに。
いさみたちて。わかれゆきにけり。

「うつくしき」

三

うつくしき。わがこやいづこ。
うつくしき。わがすゑのこは。
ほことりて。きみのみあとに。
いさみたちて。わかれゆきにけり。

＊作曲者不明。稲垣千頴作歌。原曲は《The Blue Bell of Scotland》。

第十九　閨の板戸

ねやのいたどの。あけゆく空に。
あさ日のかげの。さしそめぬれば。
ねぐらをいづる。百八十鳥は。
霞のうちに。友よびかはし。
夢みるてふも。とくおきいでゝ。
むれつゝ花に。まひあそぶなり。
あさいねする身の。そのおこたりを。
いさむるさまなる。春のあけぼの。

＊作曲者不明。稲垣千頴作歌。元歌は《Morning Song》。

第二十　螢

一

ほたるのひかり。まどのゆき。
書よむつき日。かさねつゝ。
いつしか年も。すぎのとを。
あけてぞけさは。わかれゆく。

二

とまるもゆくも。かぎりとて。
かたみにおもふ。ちよろづの。
こゝろのはしを。ひとことに。
さきくとばかり。うたふなり。

三

つくしのきはみ。みちのおく。
うみやまとほく。へだつとも。
そのまごゝろは。へだてなく。
ひとつにつくせ。くにのため。

四

千島のおくも。おきなはも。
やしまのうちの。まもりなり。
いたらんくにに。いさをしく。
つとめよわがせ。つゝがなく。

＊スコットランド伝承曲。ロバート・バーンズ Robert Burns（スコットランド、1759-1796）の作詞。原曲《Auld Lang Syne「蛍の光」》。

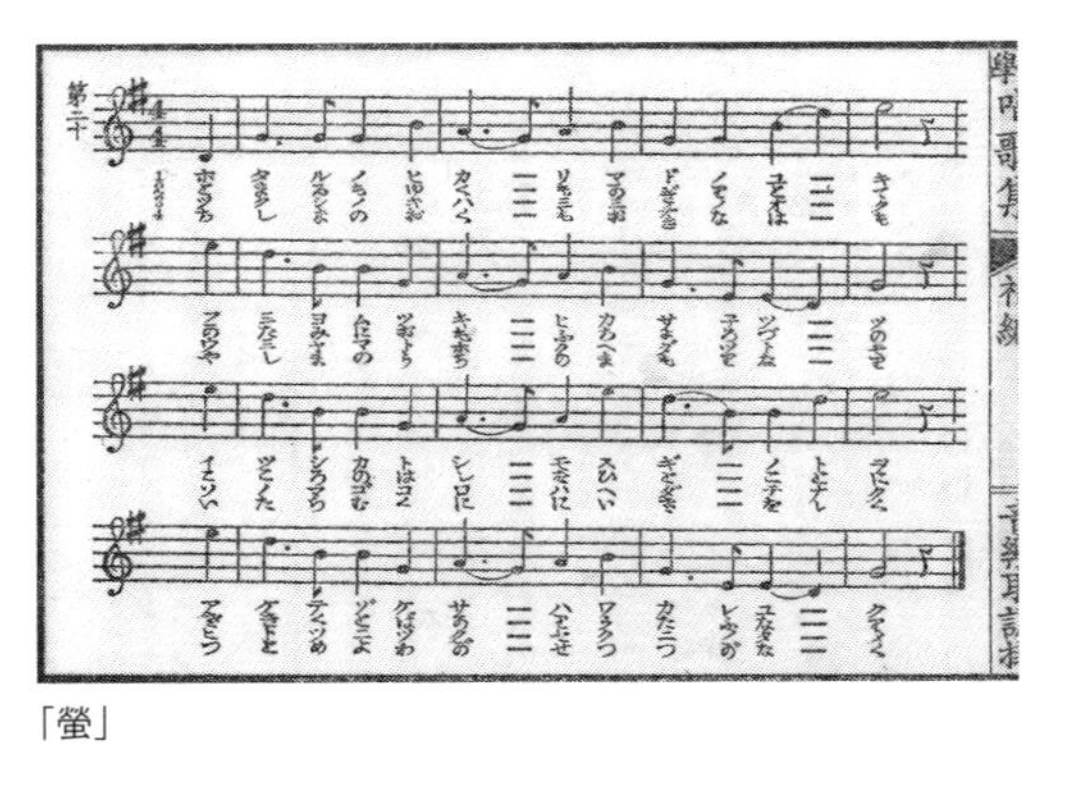
「螢」

第二十一　若紫

一

わかむらさきの。めもはるかなる。武蔵野の。
かすみのおく。わけつゝつむ。初若菜。

二

若菜はなにぞ。すゞしろすゞな。ほとけの座。
はこべらせり。なづなに五行。なゝつなり。

三

なゝつの寶。それよりことに。得がたきは。
雪消のひま。尋ねてつむ。わかななり。

＊ハンス・ゲオルク・ネーゲリ Hans Georg Nägeli（スイス、1773-1836）作曲。稲垣千頴作歌。

第二十二　ねむれよ子

一

ねむれよ子。よくねるちごは。ちゝのみの
父のおほせや。まもるらん。
ねむれよ子。

二

ねむれよ子。よくねるちごは。はゝそばの。
母のなさけや。したふらん。
ねむれよこ。

三

ねむれよこ。よくねておきて。ちゝはゝの。
かはらぬみ顔。をがみませ。
ねむれよこ。

＊旋律はヨハン・フリードリヒ・ライヒャルト Johann Friedrich Reichardt（ドイツ、1752-1814）。原曲は《Schlaf, Kindlein, schlaf》。

第二十三　君が代

一

君が代は。ちよにやちよに。さゞれいしの。巌となりて。こけのむすまで。
うごきなく。常磐かきはに。かぎりもあらじ。

二

きみがよは。千尋の底の。さゞれいしの。鵜のゐる磯と。あらはるゝまで。
かぎりなき。みよの榮を。ほぎたてまつる。

＊原曲は《Glorious Apollo「グローリアス・アポロ」》。サムエル・ウエッブ Samuel Webbe（イギリス、1740-1816）作曲。一番、二番の三行目はいずれも稲垣千頴が加筆。

「君が代」

第二十四　思ひいづれば

一

おもひいづれば。三年のむかし。
わかれしその日。わがちゝはゝの。
かしらなでつゝ。まさきくあれと。
いひしおもわの。したはしきかな。

二

あしたになれば。かどおしひらき。
日数よみつゝ。ちゝまちまさむ。

わがおもひごは。ことなしはてゝ。
はやいつしかも。かへり來なんと。

三

ゆふべになれば。床うちはらひ。
およびをりつゝ。母まちまさん。
わがおもひごは。事なしはてゝ。
はやいつしかも。かへりこなんと。

四

あしたになれば。かどおしひらき。
ゆふべになれば。とこうちはらひ。
父まちまさん。母まちまさむ。
はやく歸らん。もとの國べに。

＊スコットランド曲。稲垣千穎作歌。原詞はロバート・バーンズ。曲はアイルランド伝承曲を改作したもの。

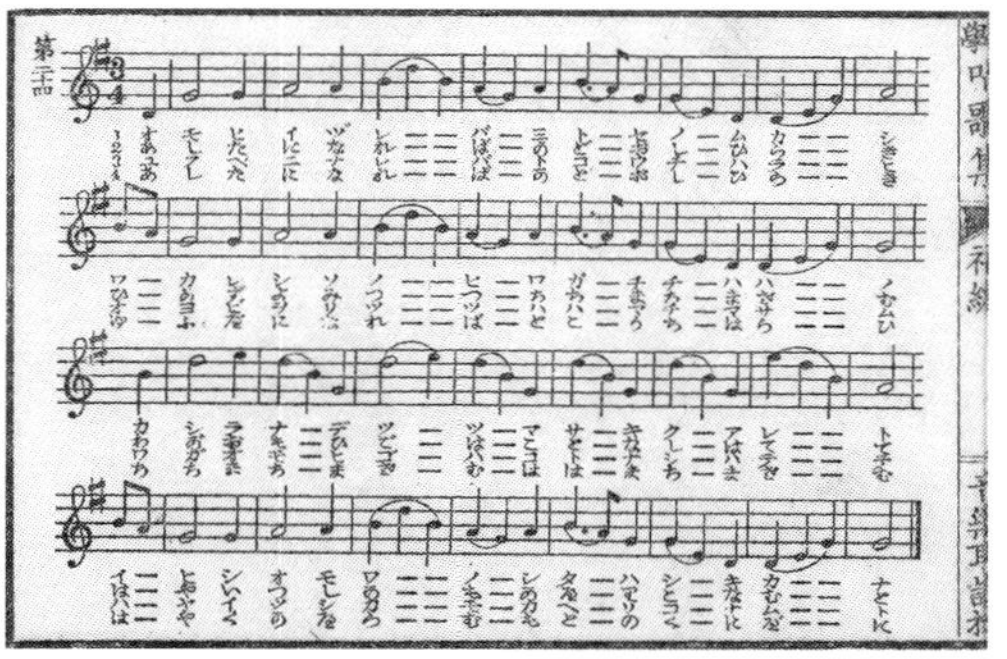

「思ひいづれば」

第二十五　薫りにしらるゝ

一

かをりにしらるゝ。花さく御園。
霞にかくるゝ。鳥なくはやし。
君が代いはひて。幾春までも。
かをれや〳〵。うたへやうたへ。

二

つきかげてりそふ。野中の清水。
もみぢばにほへる。外山のふもと。
きみが代たえせず。いく秋までも。
てらせや〳〵。にほへやにほへ。

＊原曲は賛美歌曲。里見義（一八二四－一八八六）作歌。

第二十六　隅田川

一

すみだがはらの。あさぼらけ。
雲もかすみも。かをるなり。
水のまに〳〵。ふねうけて。
花にあそばむ。ちらぬまに。

二

隅田川原の。あきの夜は。
水もみそらも。すみわたる。
かぜのまに〳〵。ふねうけて。
月にあそばん。夜もすがら。

三

すみだがはらの。ふゆのそら。
よは白妙に。うづもれて。
木々のこと〴〵。はなさきぬ。
ゆきにあそばん。消ぬまに。

＊作曲者不詳。里見義作歌。

第二十七　富士山

「富士山」

一

ふもとに雲ぞ。かゝりける。
高嶺にゆきぞ。つもりたる。
はだへは雪。ころもはくも。
そのゆきくもを。よそひたる。
ふじてふやまの。見わたしに。
しくものもなし。にるもなし。

二

外國人も。あふぐなり。
わがくに人も。ほこるなり。
照る日のかげ。そらゆくつき。
つきひとともに。かゞやきて。
冨士てふ山の。みわたしに。
しくものもなし。にるもなし。

＊フランツ・ヨーゼフ・ハイドン Franz Joseph Haydn（オーストリア、1732-1809）作曲の交響曲第五三番「帝

国」を賛美歌作曲家ジョン・バッカス・ダイクス John Bacchus Dykes（イギリス、1823-1876）が編曲。加部巌夫（一八四九―一九二二）作歌。

第二十八　おぼろ

一
おぼろににほふ。夕づき夜。
さかりににほふ。もゝさくら。
のどかにて。のどけき御代の。楽しみは。
花さくかげの。このまとゐ。
このうたげ。

二
千草にすだく。むしの聲。
をぎの葉そよぐ。風のおと。
身にしみて。眼にみる物も。きく物も。
あはれをそふる。あきの夜や。
つきのよや。

＊フリードリヒ・ジルヒャー Friedrich Silcher（ドイツ、1789-1860）作曲。元歌は《Murmur, Gentle Lyre》。

第二十九　雨露

一
雨露に。おほみやは。あれはてにけり。
みめぐみに。民草は。うるほひにけり。
かくてこそ。今の世も。かまどのけぶり。
み空にも。あまるまで。たちみちぬらめ。

二
飢ゑこゞえ。なきまどふ。民もやあると。
身にかへて。かしこくもおもほすあまり。
あられうつ。冬の夜に。ぬぎたまはせる。
大御衣の。あつきその。御こゝろあはれ。

＊作曲者不明。元歌は賛美歌「いざ歌え、いざ祝え」。

「雨露」

第三十　玉の宮居

「玉の宮居」

一
玉のみやゐは。あれはてゝ。
雨さへ露さへ。いとしげゝれど。
民のかまどの。にぎはひは。
たつ烟にぞ。あらはれにける。

二
冬の夜さむの。月さえて。
隙もるかぜさへ。身をきるばかり。
民をおもほす。みこゝろに。
大御衣や。ぬがせたまひし。

＊スコットランド伝承曲。

第三十一　大和撫子

一
やまとなでしこ。さま〴〵に。
おのがむき〳〵。さきぬとも。
おほしたてゝし。ちゝはゝの。
庭のをしへに。たがふなよ。

二
野邊の千草の。いろ〳〵に。
おのがさま〴〵。さきぬとも。
生したてゝし。あめつちの。
つゆのめぐみを。わするなよ。

＊稲垣千穎、里見義作歌・芝葛鎮（一八四九―一九一八）作曲。

第三十二　五常の歌

一
野邊のくさ木も。雨露の。
めぐみにそだつ。さまみれば。
仁てふものは。よのなかの。
ひとのこゝろの。命なり。

二

飛驒の工が。うつ墨に。
曲もなほる。さまみれば。
義といふものは。世の中の。
人のこゝろの。條理なり。

三
威像ほかに。あらはれて。
謹慎みてる。さまみれば。
禮てふものは。世の中の。
ひとのこゝろの。掟なり。

四
神の藏せる。秘事も。
さとり淂らるゝ。さまみれば。
智といふものは。世の中の。
人のこゝろの。寶なり。

五
月日と共に。あめつちの。
循環たがはぬ。さまみれば。
信てふものは。世の中の。
人のこゝろの。守りなり。

＊稲垣千頴作歌・芝葛鎮作曲。

第三十三　五倫の歌

父子親あり。君臣義あり。
夫婦別あり。長幼序あり。
朋友信あり。

＊ルーサー・ホワイティング・メイソン Luther Whiting Mason（アメリカ、1818-1896）作曲。

（注）
本書では、「原曲」は編曲される前のもとの曲、「元歌」は該当曲からみて直接の出典にあたる曲とする。

一八八三（明治一六）年

『小學唱歌集』第二編

文部省音樂取調掛編纂

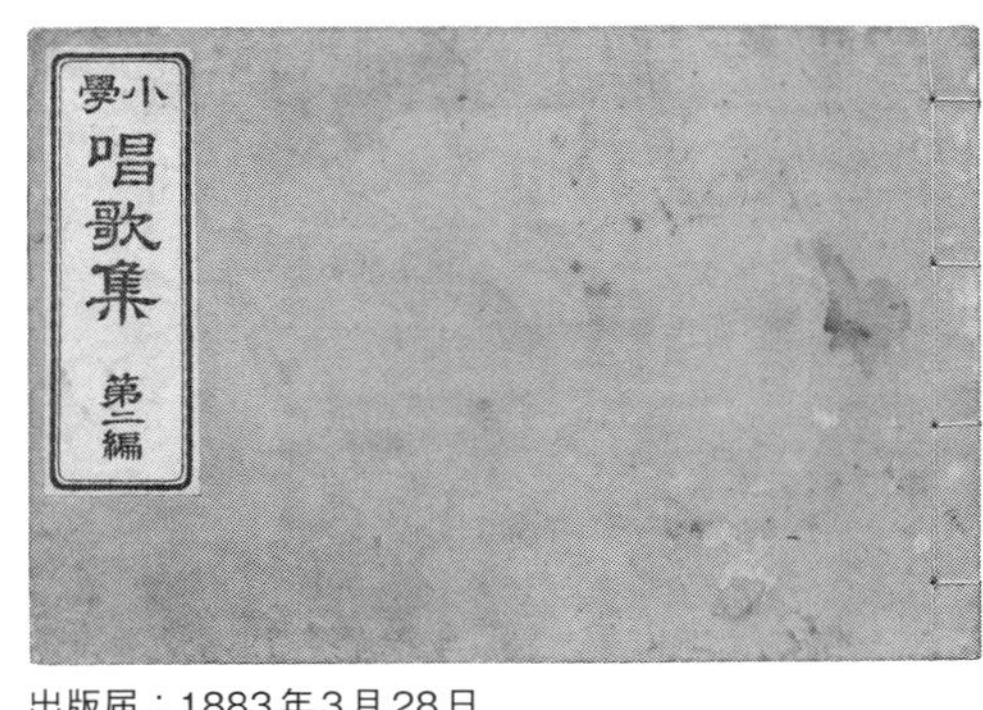

出版届：1883年3月28日
文部省蔵版
縦125ミリ×横186ミリ 表紙＋扉＋36頁 和装本

第三十四　鳥の聲

一
鳥の聲。木ゞの花。野邊にみちて。
かすみけりな。のどかなる春の日や。

二
むしの聲。露のたま。野邊にみちて。
ゆくもゆかれず。きよらなる月の夜や。

＊ドイツ伝承曲。元歌《Winter Adieu!》。

第三十五　霞か雲か

一
かすみか雲かはたゆきか。
とばかりにほふ。その花ざかり。
もゝとりさへも。うたふなり。

二
かすみははなを。へだつれど。
隔てぬ友と。きてみるばかり。
うれしき事は。世にもなし。

三
かすみてそれと。みえねども。
なく鶯に。さそはれつゝも。
いつしか來ぬる。はなのかげ。

＊一七世紀のドイツ伝承曲。

「鳥の聲」「霞か雲か」

第三十六　年たつけさ

一
としたつけさの。そのにぎはひは。
みやこもひなも。へだてなく。
毬歌うたひつ。羽子つきかはしつ。

こゝろ〱に。うちつれだちて。
かしこもこゝも。あそびゆくなり。
都も鄙も。あそぶなり。

二

のどけき春に。はやなりぬれば。
わかきもおいも。わかちなく。
さく花かざしつ。なく鳥きゝつゝ。
こゝろ〱に。うちつれだちて。
やまべに野邊に。あそびゆくなり。
山邊に野邊に。あそぶなり。

三

ことしもいつか。なかばは過ぎて。
秋風さむく。身にぞしむ。
すゞむし松蟲。はたおる蟲さへ。
ながき夜すがら。なくねをきけば。
われらもおいの。いたらぬさきに。
學の道に。いそしまむ。

四

千代ながづきの。月たちぬれば。
まがきのうちと。へだてなく。
しら菊はなさき。紅葉かゞやく。
菊ともみぢを。かざしにさして。
君が代いはへ。八千代もちよも。
わが君いはへ。よろづ世も。

＊初編「若紫」（→五〇頁）を作曲したハンス・ゲオルク・ネーゲリの作曲。元歌《Sunrise》。原曲名は《Freut euch des Lebens》。日本では「白ばらのにおう夕べは」（高橋信夫詞）で知られる。

第三十七　かすめる空

一

かすめるそらに。雨ふれば。
草木もともに。うるほひぬ。
わらへるはな。にほへるやま。
類なの。ながめかな。

二

山の端はれて。つき清く。
ちさとのくまも。かくれなし。
きらめく露。なくなるむし。
たぐひなの。秋の夜や。

＊ヨハン・ゴットフリート・シャーデ Johann Gottfried Schade（ドイツ、1756-1828）作曲。

第三十八　燕

一

こよや〱。こよつばくらめ。
おやもひなも。ひねもすかたり。
たのしみし。その巣をいでゝ。
とほき國邊に。たちわかるとも。
歸り來よや。わがやどに。
かへりこよや。つばくらめ。

二

來なけ〱。やまほとゝぎす。
われもひとも。夜はよもすがら。
いねもせず。深山をいでゝ。
都のそらに。なけほとゝぎす。
なのれ〱。わがやどに。
きなけ〱。ほとゝぎす。

＊ジョン・ヒル・ヒューウィット John Hill Hewitt（アメリカ、1801-1890）。原曲・元歌とも曲名は《Come, Pretty Bird》。

第三十九　鏡なす

一

かゞみなす。水もみどりの。かげうつる。
柳の絲の。枝をたれ。
氣霽ては。風新柳の髪を梳り。
氷消ては。浪舊苔の。髭を洗ふとかや。
げにおもしろの。景色やな。
げにおもしろの。けしきやな。

二

降る雪に。樵夫のみちも。うもれけり。
みやまのおくの。夕まぐれ。
かざせる笠には。影もなき。月をやどし。
擔へる柴には。かをらざる。花をたをるとかや。
げにおもしろの。けしきやな。
げにおもしろの。景色やな。

＊里見義作歌・芝葛鎮作曲。

第四十　岩もる水

いはもる水も。松ふく風も。
しらべをそふる。つま琴の音や。
あれおもしろの。こよひの月や。
こゝろにかゝる。雲霧もなし。

＊ジュリアス・メーリング Julius Merling（ドイツ）作曲。元歌は《The Moon》。

第四十一　岸の桜

一

岸の桜の。はなさくさかりは。
水のそこにも。白雲かゝれり。
すみだの川の。かはのせくだし。
漕やをぶね。花にうかれて。
雲にさをさし。霞にながして。
こぐや雲ゐに。かすみの海に。

二
秋のもなかの。さやけき月夜は。
水のそこにも。白玉しづめり。
隅田の川の。かはの瀬のぼし。
こぐや小舟。つきにうかれて。
棹のしづくの。光もさながら。
眞玉しら玉。しら玉またま。

＊フレデリック・ベラ Frédéric Bérat（フランス、1801-1855）作曲。原曲は《Ma Normandie》。

第四十二　遊獵

一
さながら山も。くづるばかりに。
をのへにとよむ。矢玉のひゞき。
神てふ虎も。てどりにしつゝ。
いさみにいさむ。益荒雄の徒。

二
葦毛の馬に。しづ鞍おきて。
あづさの真弓。手にとりしばり。
みかりたゝすは。ますらをなれや。
み獵たゝせる。そのいさましさ。

＊イングランド伝承曲。原曲《The Lincolnshire Poacher》。

第四十三　みたにの奥

一
みたにのおくの。花鳥あはれ。
うづまく雲の。かぐはしのよや。
たのしき春に。あふさか山の。
岩根によせて。君が代うたへ。

二
たり穂の稲の。ゆふ風あはれ。
よせくる浪の。にぎはしのよや。
ゆたけき秋に。あふさか山の。
巌によせて。君が代いはへ。

＊スコットランド伝承曲。原曲《The Miller》。

第四十四　皇御國

一
すめらみくにの。ものゝふは。
いかなる事をか。つとむべき。
たゞ身にもてる。まごゝろを。
君と親とに。つくすまで。

二
皇御國の。をのこらは。
たわまずをれぬ。こゝろもて。
世のなりはひを。つとめなし。
くにと民とを。とますべし。

＊里見義作歌・伊澤修二（一八五一－一九一七）作曲。一番の歌詞は幕末の福岡藩藩士・加藤司書（徳成、一八三〇－一八六五）の詠った筑前今様。

第四十五　榮行く御代

一
さかゆく御代に。うまれしも。
おもへば神の。めぐみなり。いざや児等。神の惠を。
ゆめなわすれそ。ゆめなわすれそ。
ゆめなわすれそ。時の間も。いざやこら。
神の惠を。ゆめなわすれそ。ゆめなわすれそ。
ゆめなわすれそ。ときのまも。

二
惠も深き。かみがきの。
みまへのさかき。とりもちて。
ちはやぶる。神の御前に。うたひまはまし。
うたひまはまし。うたひまはまし。夜もすがら。
ちはやぶる。
神の御前に。うたひまはまし。うたひまはまし。
うたひまはまし。よもすがら。

＊原曲は賛美歌「神の御子は今宵しも」。

「榮行く御代」

第四十六　五日の風

一
いつかの風も。とをかの雨も。
時に順ふ。わがきみが世や。
にしの國より。高麗百済より。
よりくる人も。御代いはふなり。

二
豊葦原の。みづ穂のくには。
ちよよろづ世も。うごきなき國。
わが君が代は。千よよろづ代も。
動きなき御代。いはへもろ人。

＊スコットランド伝承曲。加部厳夫作歌。

「五日の風」（→724頁）

第四十七　天津日嗣

一

あまつ日つぎのみさかえは。
あめつちの共。きはみなし。
わがひのもとの。みひかりは。
月日とゝもに。かゞやかん。

二

葦原の。ちいほあき。
瑞穂のくには。日の御子の。
きみとますべき。ところぞと。
神のみよゝり。さだまれり。

第四十八　太平の曲

一

ゆはづのさわぎ。飛火のけぶり。
いつしかたえて。をさまる御世は。
あめつちさへも。とゞろくばかり。
萬代までと。君が代いはへ。

二

たひらのみやこ。百敷の宮。
みあとになして。むさしの國に。
しづまりましぬ。年は三千とせ。
代は百二十。御功績あふげ。

＊原曲はマティアス・ケラー Matthias Keller（アメリカ、1813-1875）の作曲。

第四十九　みてらの鐘の音

一

みてらの鐘のね。月よりおつる。
ふみよむ燈火。かすかになりて。
一二三　四　五　六　七　八。

二

月影かたぶき。霜さえわたり。
ねよとの鐘のね。枕にひゞく。
一二三　四　五　六　七　八。

三

漁火しめりて。霜天にみち。
姑蘇城外なる。鐘かもきこゆ。
一二三　四　五　六　七　八。

＊元歌・原曲は《Hark! The Distantt Clock》。

【参考文献】

櫻井雅人「《小学唱歌集》全曲の原曲リスト」（櫻井雅人、ヘルマン・ゴチェフスキ、安田寛著『仰げば尊し』東京堂出版 所収）

伊澤修二『唱歌略説』

一八八四（明治一七）年

『小學唱歌集』第三編

文部省音樂取調掛編纂

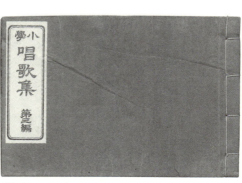

出版届：1884年3月29日
文部省蔵版
縦125ミリ×横186ミリ 表紙＋扉＋94頁 和装本

第五十　やよ御民

一

やよみたみ。稲をうゑ。井の水たゝへ。君が代は。
腹つゞみうち。身をいはへ。

二

やよ御民。萱をかり。わが家をふきて。君が代は。
雨露しのぎ。世をわたれ。

＊ドイツ伝承曲。原曲《Der Winter》。

第五十一　春の夜

かすみにきゆる。かりがねも。
かすかにひゞく。笛の音も。
をさまる御代の。
しらべにて。たのしき
はるの。ゆふぐれや。
ともし火とりて。むかし
のひとの。あそびし
夜半も。かゝりけん。
世はさまぐ〵と。おもひしを。
むかしもいまも。
かくさきにほふ。
はなにはそむく。
人ぞなき。

＊アニー・フォーテスキュー・ハリソン Annie Fortescue Harrison（イギリス、1850-1944）作曲。（一八七七年）。元歌《In the Gloaming》。

第五十二　なみ風

一
浪かぜさかまく。あをうなばらに。
暗路をたどれる。ふな人あはれ。
やみ路をたどれる。
船人あはれ。命とたのむは。
棹かぢなれや。〱

二
虎さへうそぶく。荒山中に。
やみぢにまよへる。たび人あはれ。
やみぢにまよへる。
旅人あはれ。いのちとたのむは。
ともし火なれや。〱

＊原曲：一八四七年に初演されたフリードリヒ・フォン・フロトー Friedrich von Flotow（ドイツ、1812-1883）のオペラ『マルタ』第一幕で歌われたアリア。

第五十三　あふげば尊し

一
あふげばたふとし。わが師の恩。
教の庭にも。はやいくとせ。
おもへばいと疾し。このとし月。
今こそわかれめ。いざゝらば。

二
互にむつみし。日ごろの恩。
わかるゝ後にも。やよわするな。
身をたて名をあげ。やよはげめよ。
いまこそわかれめ。いざゝらば。

三
朝ゆふなれにし。まなびの窓。
ほたるのともし火。つむ白雪。
わするゝまぞなき。ゆくとし月。
今こそわかれめ。いざゝらば。

＊H・N・D作曲、T・H・ブロズナン T. H. Brosnan（アメリカ、1838-1886）作詞《Song for the Close of School》。

第五十四　雲

一
瞬間には。やまをおほひ。
うちみるひまにも。海をわたる。
雲てふものこそ。くすしくありけれ。
くもよ〱。雨とも霧とも。
みるまに變りて。
あやしく奇きは。雲よ〱。

二
ゆふ日にいろどる。橋をわたし。
みそらに聲せぬ。浪をおこす。
雲てふものこそ。奇しくありけれ。
雲よ〱。なきかとおもへば。
おほ空おほひて。
あやしく奇きは。雲よ〱。

＊『楽典』（文部省）の著者ジョン・ウォール・カルコット John Wall Callcott（イギリス、1776-1821）の作曲。原曲《To All You Ladies Now at Hand》。

第五十五　寧樂の都

一
奈良のみやこの。そのむかし。
みやびつくして。宮びとの。
遊びましけん。龍田川原の。紅葉。
たつたがはらのもみぢば。今もにほふ。
ちしほの色に。のこるかたみは。
千代もくちせず。今かいまかと。
君をまつらん。その紅葉。

二
ふるきみやこの。そのむかし。
桜かざして。おほきみの。
あそびましけん。滋賀の花園。
はなさき。しがの花ぞの。花さき。今もにほふ。
色香をそへて。ゑめる姿は。
ちよもかはらす。今やいまやと。
行幸まつらん。その花は。

＊ロバート・ロウリー Robert Lowry（アメリカ、1826-1899）作曲《Beautiful Land of Rest》。

第五十六　才女

一
かきながせる。筆のあやに。
そめしむらさき。世々あせず。

ゆかりのいろ。ことばのはな。
たぐひもあらじ。そのいさを。

二

まきあげたる。小簾のひまに。
君のこゝろも。しら雪や。
廬山の峯。遺愛のかね。
めにみるごとき。その風情。

＊レディ・ジョン・スコット Lady John Scott（スコットランド、1810-1900）による《Annie Laurie アニー・ローリー》。里見義作歌。

「才女」

第五十七　母のおもひ

一

はゝのおもひは。空にみち。
ゆくへもしらず。はてもなし。
つきの桂を。たをりてぞ。
家の風をば。ふかせつる。
あふげ〳〵。母のみいさを。

二

母のなさけの。撫子よ。
露なわすれそ。めぐみをば。
家をうつすも。そだて草。
機をきるさへ。敎へぐさ。
したへ〳〵。母のなさけを。

＊原曲：サムエル・ローバー Samuel Lover（アイルランド、1797-1868）作曲《My Mother Dear》。

第五十八　めぐれる車

一

めぐれる車。ながるゝ水。
われらはいこへど。やむ間なし。

二

岩根をつたふ。しづくの水。
積ればつひに。海となる。

＊ゲオルク・ヴィルヘルム・フィッシャー Georg Wilhelm Fischer（1770-1827）作曲。

第五十九　墳墓

一

松ふく風は。こゝろにしみて。
おもへばあはれ。わがなき父の。
奥津城どころ。

二

淺茅が露に。むしのねかれて。
おもへばあはれ。わがなき母の。
おくつきどころ。

三

苔むす墳は。文字さへ消えて。
おもへばあはれ。いづれのひとの。
なきあとなれや。

＊ドイツ伝承曲（アルザス地方の伝承曲）。

第六十　秋の夕暮

一

花や紅葉も。およぶものかは。
浦のとまやの。秋のゆふぐれ。

二

こゝろなき身も。あはれしれとや。
鴫たつ澤の。あきの夕暮。

三

あはれさびしや。色はなけれど。
槇たつ山の。あきの夕ぐれ。

＊スイス歌謡。ルートヴィヒ・ヴァン・ベートーヴェン Ludwig van Beethoven（ドイツ、1770-1827）が「ピアノのためのスイス歌謡の主題による六つの変奏曲」第三変奏に編曲。

「秋の夕暮」

第六十一　古戰場

一
屍は朽て。骨となり。刃はをれて。
しもむすぶ。今はた靡く。旗薄。
皷のおとか。まつ風か。

二
人影みえず。風さむし。蓬はかれて。
霜しろし。命を捨し。眞荒雄が。
その名は千代も。朽せじな。

＊C・H・ホーマン作曲。

第六十二　秋艸

一
さきのこりたる。あさがほや。
命とたのむ。つゆも淺ぢの。
あさがほや。

二
あや錦おる。はぎがはな。
たまもいろなる。霜ぞこぼるゝ。
萩がはな。

三
たれまねくらん。はなすゝき。
風もふかぬに。露ぞみだるゝ。
はなすゝき。

＊C・H・ホーマン作曲。原曲・元歌《Der Blümlein Antwort》。

第六十三　富士筑波

一
駿河なる。ふじの高嶺を。
あふぎても。動かぬ御代は。
しられけり。

二
つくばねの。このもかの面も。
てらすなる。みよのひかりぞ。
ありがたき。

第六十四　園生の梅

一
そのふの梅の。追風に。
わがすむ山も。春めきぬ。
門田の雪も。むら消て。
若菜つむべく。野はなりぬ。

二
弥生のそらに。野邊みれば。
菫の花さく。山みれば。
雪かあらぬか。そこかしこ。
桜の花も。さきそめぬ。

第六十五　橘

一
ちゝの實の。父やもうゑし。
なつかしき。香にこそにほへ。
よにふるさとの。花の橘。

二
はゝそばの。母やもうゑし。
したはしき。かをりぞすなる。
しのぶの里の。花の橘。

＊『保育唱歌』「花橘」と同曲（→三二頁）。

第六十六　四季の月

一
さきにほふ。やまのさくらの。
花のうへに。霞みていでし。
はるのよの月。

二
雨すぎし。庭の草葉の。
つゆのうへに。しばしはやどる。
夏の夜の月。

三
みるひとの。こゝろ〴〵に。
まかせおきて。高嶺にすめる。
あきのよの月。

四
水鳥の。聲も身にしむ。
いけの面に。さながらこほる。
冬のよの月。

＊『保育唱歌』「山時鳥」（→三四頁）は異名同曲。

第六十七　白蓮白菊

一
泥のうちより。ぬけいでゝ。
濁りにしまぬ。はな蓮。
月のひかりか。ひるすごく。
霜とさゆれば。夏さむし。
亂るゝ露は。たまとみえ。
かをれる風は。身にぞしむ。
氷のすがた。雪のいろ。
つゆなけがしそ。世のちりに。

二
草木もかれし園の中。
雪にも色は。まさりぐさ。
いたゞく霜は。身をよそひ。
さえゆく月は。香ににほふ。
霜はくすりと。きくの水。
梅はみさをの。おのがとも。

暗の夜はさへ。てらすなり。
東籬のもとに。書やみん。〳〵。

第六十八　學び

一
まなびはわが身の。光りとなり。
富貴も。榮花も。こゝろのまゝ。

二
驕りはわが身の。仇とぞなる。
努々ゆるすな。こゝろの駒。

三
學びはわが身の。ひかりとなり。
驕りはわが身の。仇とぞなる。

第六十九　小枝

一
さえだにやどれる。小鳥さへ。
禮はしる。道をもならひし。
その人を。わするなよ。

二
吾家にかひぬる。犬さへも。
恩はしる。君にもつかふる。
大丈夫よ。身をつくせ。

＊ジョン・フラー John Hullah（イギリス、1812-1884）作曲。

第七十　船子

一
やよふな子。こげ船を。
こげよ〳〵。〳〵。
やよふな子。

二
しほみちて。風なぎぬ。
こげよ〳〵。〳〵。
やよふな子。

＊アメリカの教育者E・O・ライト Eliphalet Oram Ryte（1842-1913）作曲。原曲・元歌は《Row Your Boat》。里見義作歌。

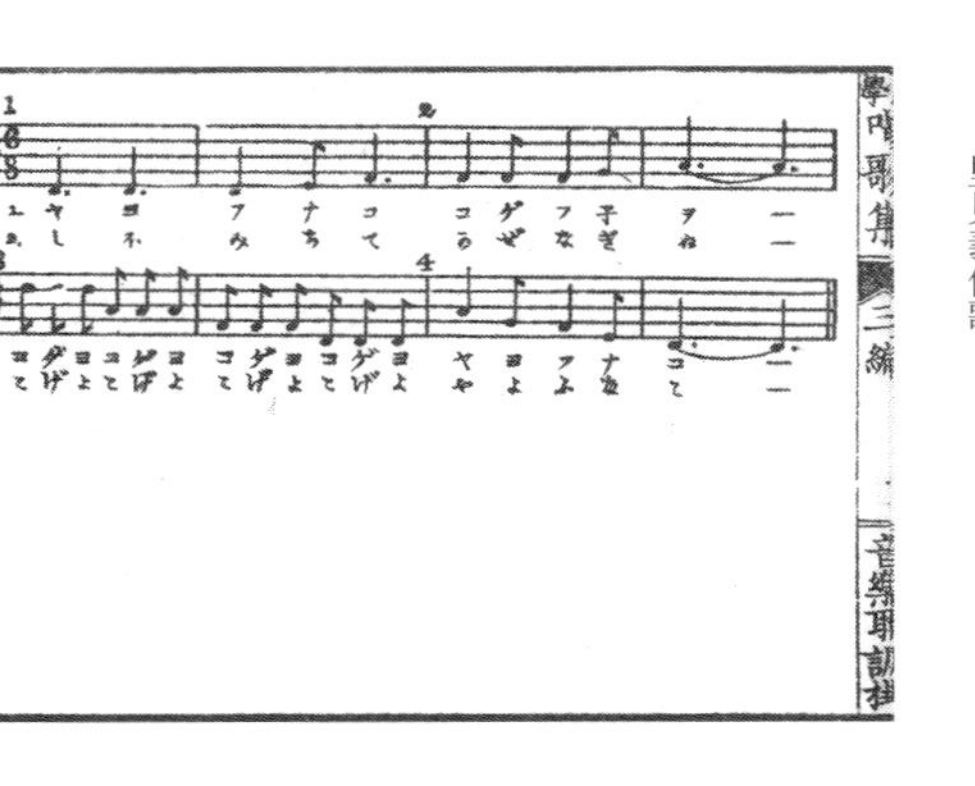
「船子」

第七十一　鷹狩

一
しらふの鷹を。手にするゑもち。
馬にまたがり。いさめる君。
すはや狩場に。ゆけ〳〵〳〵。

二
雪は狩場に。ふれ〳〵〳〵。
犬はかり場を。かれ〳〵〳〵。
鳥ぞむれたつ。それ〳〵〳〵。

＊原曲・元歌は《The Hunters》。

第七十二　小船

一
流るゝ水の。うへにもさく花。
こゝろせよや。をぶね。
底にもはなのかげ。

二
渕瀬もみえず。そらより散花。
こゝろせよや。をぶね。
袖にも花の浪。

＊元歌は《The Bonnie Boat》。

第七十三　誠は人の道

一
まことは人の。道ぞかし。
つゆなそむきそ。其みちに。

二
こゝろは神の。たまものぞ。
露なけがしそ。そのたまを。

＊原曲《Ein Mädchen oder Weibchen》。ウォルフガング・アマデウス・モーツァルト Wolfgang Amadeus Mozart（オーストリア、1756-1791）のオペラ『魔笛』第二幕でパパゲーノの歌うアリア「恋人か女房が」。

第七十四　千里のみち

一
千里の道も。足もとよりぞ。
始まれる。葉末の露も。
積れば渕と。なるぞかし。

二
雲ゐる山も。塵ひぢよりぞ。

なれりける。書よむ道も。
ことわりのみは。ひとつなり。

＊ヨハネス・シーベルト Johannes Siebert 作曲。元歌《Sowing Flowers》。里見義作歌。

第七十五　春の野

一
いつしか雪も。きえにけり。
梅さく野邊に。いざゆかん。

二
みどりに草も。もえぬれば。
わかなつむ子も。うちむれて。

三
柳のいとも。なびくなり。
こゝろをのべに。あそばまし。

＊元歌は《Arrival of Spring》。

第七十六　瑞穂

一
蒼生の。いのちの種と。
かしこき神の。たまへるたねぞ。

二
採る手もたゆき。山田の早苗。
ゆたけき秋の。たのみもしるし。

三
わづかにのこる。門田のいねを。
苅るまで殘れ。夕日のかげも。

四
ことしの稲の。初穂をとりて。
新嘗つかへ。神をぞまつる。

＊ドイツ伝承曲。元歌《The Evening Twilight》。

第七十七　樂しわれ

一
たのしわれ。まなびもをへ。
日もくれぬ。あすもまた。
朝とくより。學ばまし。
かくて年月。たえせざらば。
月の桂をも。われぞをるべき。

二
うれしわれ。ふみよみはて。
ひもくれぬ。あすもまた。
朝とくより。勉めまし。
かくてとし月。撓まざらば。
龍の腮なる。玉もとるべし。

＊作曲者不明。元歌《Evening Song》。里見義作歌。

第七十八　菊

一
庭の千草も。むしのねも。
かれてさびしく。なりにけり。
あゝしらぎく。嗚呼白菊。
ひとりおくれて。さきにけり。

二
露にたわむや。菊の花。
しもにおごるや。きくの花。
あゝあはれ〳〵。あゝ白菊。
人のみさをも。かくてこそ。

＊アイルランド伝承曲の改作。「共に學びし」「花がたみ」の曲名で、『明治唱歌』第一、第五集に所載（→六四八、六七六頁）。元歌はアイルランドの詩人トーマス・ムーア Thomas Moore（1779-1825）の《The Last Rose of Summer「夏の最後の薔薇の花」》。「庭の千草」（里見義作歌）として知られる。

「菊」

第七十九　忠臣

一
嗚呼香ぐはし。楠の二本。
あゝ絶せじ。みなと川。
浪の音も。身にぞしむなる。
其あはれ。その功績。
忠臣嗚呼忠臣。兄弟の人。
忠臣あゝ忠臣。たぐひなや。

二
嗚呼かぐはし。花の二もと。
あゝうるはし芳野やま。
ちりはてゝ世にこそ殘れ。
そのうたと。そのまこと。
忠臣あゝ忠臣。兄弟のひと。
忠臣嗚呼　忠臣。たぐひなや。

＊C・E・S・ノートン Caroline Elizabeth Sarah Norton（イギリス、1808-1877）作曲。

第八十　千草の花

一
千草の花は。露をそめ。野中の水は。
月やどる。そまらぬいろと。空のかげ。
はかなきものか。よの中は。

二
錦(にしき)をよそふ。萩の花。もみぢをさそふ。
夜はの霜(しも)。夢野(ゆめの)のあとゝ。消(きえ)ゆかば。
木枯(こがらし)ばかり。あれぬべし。

三
はかなきものを。誰(たれ)めでん。きえゆくものを。
たれとはん。跡(あと)あるものは。
筆の花。かをりをのこせ。後のよに。

＊ドイツ曲。元歌《Autumn Song》。

第八十一　きのふけふ

一
きのふけふと。思(おも)ひしを。
春は過(すぎ)て。夏來(なつ)ぬ。
雁(かり)はかへり。燕(つばめ)きぬ。
君はゆきて。かへらず。かへれ〱。〱とく。
あはれ〱。わが友(とも)。花は散(ち)りて。
あともなく。空(むな)しき枝(えだ)に。風ふく。

二
松(まつ)は常磐(ときは)。竹(たけ)は千代。
人の世のみ。つねなし。
雪にほゆる。薬(くすり)さへ。
人の世には。かひなし。かへれ〱。〱とく。
あはれ〱。わが友。君をおきて。
友もなし。たちつゝゐつゝ。わがまつ。

＊スコットランド伝承曲。原曲《Here Awa', Willie》。

「きのふけふ」

第八十二　頭(かしら)の雪

一
草木(くさき)にのみと。おもひしを。
春秋(はるあき)とほく。へだゝれば。
隔(へだ)てぬ君が。頭(かしら)にも。
ふりけるものか。雪と霜と。

二
面(おもわ)のなみを。みあげても。
久しきとしは。しられけり。
頭(かしら)の雪の。光(ひか)りにも。
みえけるものを。高き齢(よはひ)。

＊スコットランド伝承曲。原詩はロバート・バーンズの一七九〇年の作品。原曲・元歌《John Anderson My Jo》。

第八十三　さけ花よ

一
さけ花よ。さくらの花よ。
のどけき春の。さかりの時に。
さけ花よ。桜のはなよ。

二
ふけかぜよ。春風ふけよ。
さきたる花を。ちらさぬほどに。
ふけ風よ。はるかぜふけよ。

三
なけ蛙(かはづ)。やよなけかはづ。
すみゆく水の。にごらぬ御代に。
なけかはづ。やよ鳴(な)け蛙(かはづ)。

四
なけ鳥(とり)よ。うぐひすなけよ。
さきたる花の。さかりの春に。
なけとりよ。鶯(うぐひす)なけよ。

五
やよ人よ。ひと〱うたへ。
鶯かはづ。うたをばうたふ。
やよ人よ。ひと〱うたへ。

＊フリードリヒ・ジルヒャー作曲。

第八十四　高嶺(たかね)

一
たかねをこえて。
日はいでにけり。
わがなすわざを。
たすけむために。
日はいでにけり。

二
つき日のかげは。
わが身のまもり。
空(むな)しくなすな。
しばしのひまも。

つとめよはげめ。

＊アンリ・アブラハム・セザール・マラン Henri Abraham César Malan（スイス、1787-1864）作曲の賛美歌。

第八十五　四の時

一

よつのとき。ながめぞつきぬ。
春ははな。おりなす錦。
あきは月。ますみのかゞみ。
なつごろも。かとりもすゞし。
冬のあさけ。
雪もよし。ひとの世は。
たのしきものか。
神の恩。國のおん。
君の恩。わするな人。

＊トーマス・ヴァン・ヴィーゼンタール Thomas Van Wiesenthal（アメリカ、1790-1833）作曲。元歌は《Fading, Still Fading》。

第八十六　花月

一

花を見る時は。こゝろいとたのし。
心たのしきは。花のめぐみなり。

二

月をみる時は。心しづかなり。
こゝろ靜けきは。月の恵なり。

三

よきをみて移り。悪をみてさける。
朱に交はれば。あかくなるといふ。

＊アメリカの賛美歌作家ウィリアム・ブラッドベリー William Bradbury（アメリカ、1816-1843）作曲、マーガレット・マッケイ Margaret Mackay（スコットランド、1802-1887）作詞の賛美歌。ブラッドベリーは「主われを愛す」の作曲で知られる。

第八十七　治る御代

一

治る御代の。春の空。
たゞよふ雲も。はれにけり。
晴るゝみそらの。その雲は。
めぐみの風に。はるゝなり。

二

治るみよの。春の風。
千里の外に。みてるなり。
みてるめぐみの。風にこそ。
青人草は。さかゆらめ。

＊元歌はルイ・ランビヨット Louis Lambillotte（ベルギー、1796-1855）作曲のマリア讃歌。

第八十八　祝へ吾君を

一

祝へ吾君を。恵の重波。やしまにあふれ。
普ねき春風。草木もなびく。
いはへ〳〵。國の爲。わが君を。

二

祝へ吾國を。瑞穂のおしねは野もせにみちて。
しろがね黄金。花咲栄ゆ。
いはへ〳〵。君の爲。わが國を。

＊作曲者不明。元歌《Song of the Fatherland》。

第八十九　花鳥

一

山ぎはしらみて。雀はなきぬ。
はや疾くおきいで。書よめ吾子。
書よめ吾子。ふみよむひまには。
花鳥めでよ。

二

書よむひまには。花鳥めでよ。
鳥なき花咲。たのしみつきず。
樂みつきず。天地ひらけし。
始もかくぞ。

「花鳥」

＊ハインリヒ・ヴェルナー Heinrich Werner（ドイツ、1800-1833）作曲《Heidenröslein》。里見義作歌。近藤朔風詞による「野中の薔薇」で知られる（『女聲唱歌』→七一〇頁）。

第九十　心は玉

一

こゝろは玉なり。曇りもあらじ。
よる書勉めて。みがきに磨け。

二

螢をあつめて。まなびし人も。
ひかりは其まゝ。身にこそはれ。

三

月影したひて。學びし人は。
ひかりをうけえて。世をこそ照らせ。

＊フリードリヒ・ジルヒャー作曲。元歌《Ever-Flowing, Mighty Ocean》。

第九十一　招魂祭

一

こゝに奠る。君が霊。
蘭はくだけて。
香に匂ひ。
骨は朽ちて。名をぞ殘す。
机代物。うけよ君。

二

此所にまつる。戰死の人。
骨を砕くも。君が爲。
國のまもり。世々の鑑。
光りたえせじ。そのひかり。

＊作曲者不明。原曲・元歌は《Soldiers' Decoration Hymn》。

【参考文献】
櫻井雅人「《小学唱歌集》全曲の原曲リスト」（櫻井雅人、ヘルマン・ゴチェフスキ、安田寛著『仰げば尊し』東京堂出版 所収）
遠藤 宏『明治音楽史考』（一九四八年 有朋堂）

一八八五（明治一八）年

『歩操歌』

一八八五（明治一八）年

縦二四九ミリ×横一七四ミリ　手書き。刊行されたかどうか不明。著者不明。このあと、國船歌（海軍用）が続く。國學院悟蔭文庫所蔵。

花守　花守　京童謡
山守　山守　都女囃
守許多　多雖　天日嗣知看
大御璽　御寶　我天皇守
我等御世　公民　皇御國守
我等學　此書　智研器械
智物　照　八咫鏡比
我等持　此銃　勇添付具
有物　断　八握劍比
我等受　精神　神　仁愛幸
仁本　愛　八坂瓊稱
然三種　御寶　我天皇守
其御璽　預亦　我等身守
我身為　守以　我等國守
御國守　公民　國守謂

一八八七（明治二〇）年

『幼稚園唱歌集』全

文部省音樂取調掛 編纂

出版版権届：1887（明治20）年7月5日
出版：1887年12月　東京音樂學校蔵版
縦126ミリ×185ミリ 表紙＋扉＋60頁 和装本
＊写真は扉

緒言

一　本編ハ、兒童ノ、始メテ幼稺園ニ入リ、他人ト交遊スルコトヲ習フニ當リテ、嬉戲唱和ノ際、自ラ幼德ヲ涵養シ、幼智ヲ開發センガ爲ニ、用フベキ歌曲ヲ纂輯シタルモノナリ。

一　唱歌ハ、自然、幼稺ノ性情ヲ養ヒ、其發聲ノ節度ニ慣レシムルヲ要スルモノナレバ、殊ニ幼稺園ニ欠ク可ラズ。諸種ノ園戲ノ如キモ、亦音樂ノ力ヲ假ルニ非レバ、十分ノ効ヲ奏スルコト能ハザルモノナリ。

一　幼稺園ノ唱歌ハ、殊ニ拍子ト調子トニ注意セザル可ラズ。拍子ノ、緩徐ニ失スルトキハ、活潑爽快ノ精神ヲ損シ、調子ノ高低、其度ヲ失スルトキハ、啻ニ音聲ノ發達ヲ害スルノミナラズ、幼稚ノ性情ニ厭悪ヲ醸シ、其開暢ヲ妨グル恐レアリ。故ニ本編ノ歌曲ハ、其撰定ニアタリ、特ニ此等ノ要旨ニ注意セリ。

一　幼稚園ニハ、箏、胡弓、若クハ洋琴、風琴、ノ如キ樂器ヲ備ヘテ、幼稚ノ唱歌ニ協奏スルヲ要ス。是レ樂器ニヨリテ、唱和ノ勢力ヲ増シ、深ク幼心ヲ感動セシムルノ力アルヲ以テナリ。

明治十六年七月

第一　心は猛く

一

こゝろはたけく。きはつよく。
うたがひなくて。よくまなべ。
であへることに。うごかぬ人を。
ますらをとしも。いふぞかし。

二

ちからもつよく。いさましく。
おくれずすゝめ。こどもらよ。
であへる敵に。おそれぬひとを。
ものゝふとしも。いふぞかし。

第二　蝶々

一

てふ〳〵てふ〳〵。菜のはにとまれ。
なのはにあいたら。櫻にとまれ。
櫻のはなの。さかゆるみよに。
とまれよあそべ。あそべよとまれ。

二

おきよ〳〵。ねぐらのすゞめ。
朝日のひかりの。さしこぬさきに。
ねぐらをいでゝ。こずゑにとまり。
あそべよすゞめ。うたへよすゞめ。

＊初出『小學唱歌集』初編（→四九頁）。

第三　進め〳〵

一

すゝめ〳〵。あしとくすゝめ。
とまれとまれ。いちどにとまれ。
とまるもゆくも。教のまゝに。
たつもゐるも。をしへのまゝに。
咲花も。鳴鳥も。面白き花園や。
すゝめ〳〵。あしとくすゝめ。

二

まなべ〳〵。つとめてまなべ。
ならへ〳〵。たゆまずならへ。
まなびのみちを。たえせずならへ。
よむもかくも。をしへのまゝに。
讀むふみも。書もじも。面白き初學び。
まなべ〳〵。つとめてまなべ。

＊フランスの子どもの歌。アメリカでは《Children go to and fro》。「すずめのおやど」（→六二〇頁）。

第四　霞か雲か

一

かすみか雲か。はた雪か。
とばかりにほふ。その花ざかり。
もゝとりさへも。うたふなり。

二

かすみは花を。へだつれど。
へだてぬ友と。来てみるばかり。
うれしきことは。よにもなし。

三

霞みてそれと。みえねども。
なく鶯に。さそはれつゝも。
いつしか来ぬる。花のかげ。

＊初出『小學唱歌集』第二編（→五三頁）。

第五　學べよ

一

學べよ〳〵。たゆまずうまず。
おくれずいそげよ。まなびの道を。

二

まなびの道には。やまさかおほし。
山さかこゆれば。さく花にほふ。

三

さく花かざして。たかねの月を。
とく見よとく見よ。高根の月を。

第六　にはつ鳥

一

トテッココ。トテッココ。トテッコココ。
おきよとつげて。とりがなく。

二

トテッココ。トテッココ。トテッコココ。
おこたりいさむる。にはつとり。

第七　友どち

一

友どちきたれ。われらのとも。
とく〳〵きたれ。いざやこら。
やまに野邊に。あそびてまし。
うたをうたひて。ゆきてまし。
をとこをみなも。とも〴〵に。

二

ひと〱きたれ。いざとく来よ。
いざ〱きたれ。いざやこら。
人のみちを。まなびてまし。
道をたがへず。ゆきてまし。
ひともわれらも。とも〱に。

第八　子供〱

一

こども〱。つとめよこども。
エンヤラホホホ。エンヤラホホホ。
車は坂をも。のぼるなり。

二

くるま〱。めぐれよくるま。
エンヤラホホホ。エンヤラホホホ。
ひまなくめぐれよ。やよ車。

＊伊澤修二作歌・作曲。

第九　若駒

一

ゆけや若駒よ。トトトトトトトトト。
かはゆやかはゆや。わがのれる。
わかこまよ。

二

いそげ我馬よ。トトトトトトトトト。
やまさかいはかど。よくあゆめ。
わがうまよ。

三

なんぢ我為の。するすみいけづき。
くさかひそだてん。とりのごと。
とびかけれ。

第十　大原女

一

くもか雪かの。
花のよそめも。
かをりにしらるゝ。
やせのさとびと。

二

咲とさきぬる。
はなのさかりは。
雲をぞはこべる。
やせのさと人。

第十一　川瀬の千鳥

一

川瀬にさわぐ。むらちどり。
なくねにかぜぞ。ふきすさぶ。
チチチチチチチチチチヨ。
チチチチチチチチチチヨ。

二

草葉にすだく。すずむしの。
なくねにつゆや。こぼれぬる。
リリリン リリリン リンリンリンリンリン。
リンリンリン リンリンリンリンリン。

第十二　竹むら

一

たかむらいでゝ。あしたより。
雀も千代と。うたふなり。
そらとぶ鳥も。おのづから。
たのしき聲に。うたふなり。

二

うたへばとりも。うたふなり。
あそべば鳥も。あそぶなり。
たのしきうたを。うたふまに。
こどももいつか。人となる。

第十三　雨露

一

雨つゆうるほひて。
みやまはほゝゑみ。
桜はわらへり。いざゆかん。
うちむれて。

二

あかつき雪ふりぬ。
そのふに。花さき。
庭には玉しく。みよ〱。
とくおきて。

第十四　冬の空

一

みよ〱〱。ふゆのそらを。
みよ〱〱。ふゆのそらを。
あられふりしき。嵐すさぶ。
みよみよみよや。冬のそらを。

二

よめ〱〱。文字もふみも。
よめ〱〱。もじもふみも。
たえずわすれず。まなべならへ。
よめよめよめや。文字もふみも。

第十五　花さく春

花さくはるの。あけぼのを。
はやとくおきて。見よかしと。

なくうぐひすも。こゝろして。
人のゆめをぞ。さましける。
ホーホケキヨ ホーホケキヨ。
ケキヨ、ケキヨ ケキヨ ケキヨ
ホーホケキヨ。
ホーホケキヨ ホーホケキヨ。
ケキヨ ケキヨ ケキヨ ケキヨ、
ホーホケキヨ。

第十六　やよ花桜

一
やよ花ざくらよ。
そだつるわれをば
ちゝともおもへ。
はゝともおもへ。

二
玉ともめでぬる。
われをなきらひそ。
よるひるわかず。
たれかはまもる。

三
あめさへつちさへ。
なれをぞめぐめる。
あめをもふらせ。
つゆをもおかせ。

第十七　燕

一
かへりゆくとも。霞たち。
花さくはるは。わがやどの。
ふるすにかへれ。つばくらめ。

二
われをわすれぬ。ものならば。
又こんはるも。あをやぎの。
いとときたれ。つばくらめ。

第十八　真直にたてよ

一
ますぐにたてよ。ただしくむけよ。
ひだりをみるなよ。右をもみるなよ。
かしらをまげず。むねをばいだし。
ちかよりすぎず。ほどよくならべ。
ゆだんをするな。がうれいまもれ。
あしなみそろへ。しづかにあゆめ。

二
柳はめぐみ。さくらはさけり。
鶯きなきて。はるこそたけたれ。
はげめやわらべ。つとめよ子ども。
月日ははやく。めぐれるものぞ。
月日とともに。まなびの道に。
すゝめやわらべ。おこたるなかれ。

第十九　我大君

一
わが大君の。おほみかげ。
世々にさかえて。かぎりもなし。
いざ幼児よ。君がみかげは。天津空。
月のかつらの。くまもなし。
あふぎてもみよや。おほみかげ。

二
わが大君の。みめぐみは。
そこひもしらず。はてもなし。
いざ幼児よ。君が恵は。みかのはら。
きよきながれの。いづみがは。
いつかはつきん。みめぐみは。

第廿　こゝなる門

一
こゝなる門は。たれがもん。
とほらばとほれ。こゝの門。

二
とほれやとほれ。こゝのもん。
われらがたてし。こゝのもん。

三
とほれとならば。とほらまし。
かへるもゆくも。うちつれて。

四
たのしきうたを。うたひつゝ。
おくれずすゝめ。友どちよ。

第廿一　うづまく水

一
みよ〳〵子供。うづまく水を。
うづまく水に。ならひてめぐれ。
みよ〳〵子供。うづまく水を。

二
みよ〳〵こども。うづまく水を。
うずまく水も。まきてぞとくる。
みよ〳〵子供。うづまくみづを。

三
みよ〳〵こども。うづまくみづを。
うづまく水の。よるひるわかず。
つとめよ子供。みよ〳〵子ども。

＊『新編教育唱歌集』第一集（↓一一四頁）、開成館版『新編教育唱歌集』「かたつぶり」（↓二八六頁）。

「うづまく水」

第廿二　環（たまき）

一

めぐれどはしなし。環（たまき）のごとくに。
まどかにめぐれよ。やよこども。
よきうたうたひ。めぐれよたれも。
めぐれどはしなし。環（たまき）のごとくに。
まどかにめぐれよ。やよこども。

二

あしなみ正（ただ）しく。うたさへたへなり。
われらがたまきは。よくめぐる。
うたへどつきず。われらがうたは。
足（あし）なみ正（ただ）しく。うたさへたへなり。
われらがたまきは。よくめぐる。

第廿三　毬（まり）

一

われらのまりも。あそぶが如（ごと）く。
ゆきかひたえせず。たのしみ盡（つき）せず。
あそべよ〱。うたへようたへ。
まりなげあそべ。みなつれだちて。
まりなげあそべ。

二

われらのうたは。うたへどつきず。
つきせずうたへば。われらのまりさへ。
ゆきかひたえせず。いとおもしろし。
まりなげあそべ。みなつれだちて。
まりなげあそべ。

第廿四　兄弟妹（あにおといもと）

あにおといもと。
たがひにすゝみ。
けふはてんきよし。
ごきげんいかゞ。
いざわが友（とも）びと。
いざやうちつれ。
いざ〱のべに。
あそびやゆかん。
てにてをとり。

第廿五　操練（さうれん）

一

いまより我等（われら）は。操練（さうれん）はじめん。
よくできたるは。かしらとなりて。
さしづせよ。

二

操練（さうれん）するのは。兵士（へいし）におなじく。
足（あし）なみそろへ。うたをもうたひ。
すゝめよや。

三

おほきな子供（こども）も。ちいさき子供（こども）も。
二ぎやうにわかれ。わがやにかへり。
あすもこよや。

第廿六　風車（かざぐるま）

一

かざぐるま。
風（かぜ）のまに〱。めぐるなり。
やまずめぐるも。
やまずめぐるも。

二

みづぐるま。
水のまに〱。めぐるなり。
やまずめぐるも。
やまずめぐるも。

＊『保育並ニ遊戯唱歌』（→三〇頁）。

「風車」

第廿七　蜜蜂

一

はちよ みつばちよ。
花には戯れず。そが露もちきて。
かもせ。ながみつを。

二

こよや みつばちよ。
春秋たえせず。蜜をばつくりて。
もてこ。わがもとに。

三

あはれたのもしく。
力を合せて。蜜をばつくれり。
みよや。みつばちを。

第廿八　一羽の鳥

一

一羽の鳥は。友待つけて。
あそびにゆきぬ。
ともよく〱。ともよいづこ。
われをもさそへ。

二

林の鳥も。こずゑの花に。
むれてぞあそぶ。
ともよく〱。ともよいづこ。
われをもさそへ。

第廿九　數へうた

一

一つとや。人々一日も。忘るなよ。〱。
はぐくみそだてし。おやのおん。おやのおん。

二

二つとや。二つとなきみぞ。山桜〱。
ちりてもかをれや。きみがため。きみがため。

三

三つとや。みどりは一つの。幼稚園。〱。
ちぐさにはなさけ。あきの野邊。秋の野邊。

四

四つとや。世に頼もしきは。兄弟ぞ。〱。
たがひにむつびて。世をわたれ。よをわたれ。

五

五つとや。空言いわぬが。幼子の。〱。
まなびのはじめぞ。よくまもれ。〱。

六

六つとや。昔をたづねて。今をしり。〱。
ひらけやとませや。わが國を。わがくにを。

七

七つとや。なゝつの寶も。何かせん。〱。
よきともよき師は。身のたすけ。みのたすけ。

八

八つとや。養ひそだてよ。姫小松。〱。
ゆきにもいろます。そのみさを。そのみさを。

九

九つとや。心は玉なり。琢きみよ。〱。
ひかりはさやけし。秋の月。あきの月。

十

十とや。とよはたみはたの。朝日かげ。〱
いよ〱くまなし。きみがみよ。きみがみよ。

◆資料　一八八七（明治二〇）年に刊行された唱歌集から
『幼稚唱歌集』真鍋定造編（発行：普通社）

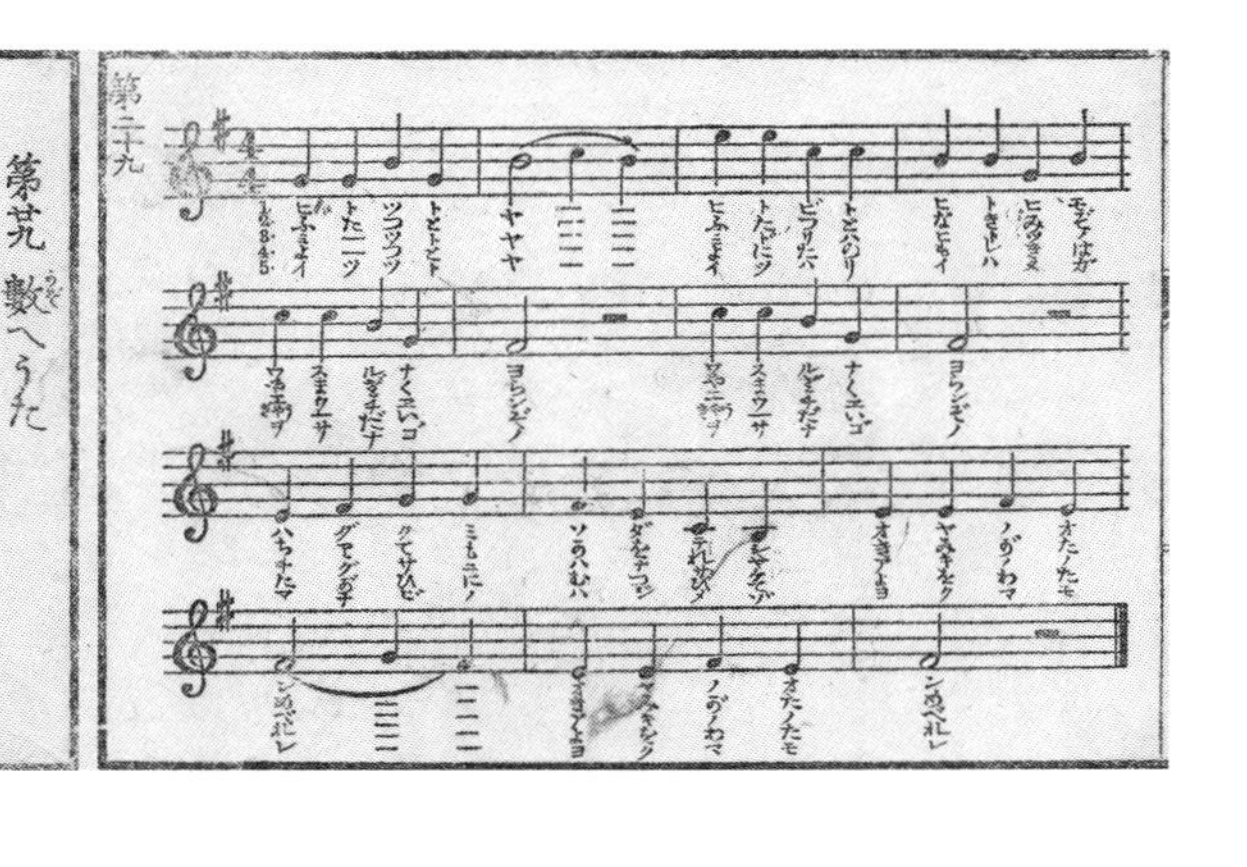

「數へうた」

◆資料 一八八八(明治二一)年に刊行された唱歌集から

『明治唱歌 幼稚の曲』第一集、第二集 大和田建樹、奥好義共編(刊行:一月 発行:中央堂)

『新撰小學唱歌集』原田砂平編(刊行:七月 発行:文林堂)

『尋常唱歌集』吉田鈺橘編、小山作之助閲(刊行:十月 発行:大成堂)

◆資料 一八八九(明治二二)年に刊行された唱歌集から

『新撰樂譜 軍歌集』倉知甲子太郎(刊行:九月 発売:中央堂・敬文堂)

『憲法發布の頌』東京音樂學校(刊行:十二月)

『唱歌萃錦』第一・第二 奥好義 撰(刊行:十二月 発行:中央堂ほか)

◆資料 一八九〇(明治二三)年に刊行された唱歌集から

『學校歌曲集』二冊 恒川鐐之助 編(刊行:一月 発行:平井文助)

『音楽初歩譜附唱歌集』北條芳三郎 編(刊行:一月 発行:前川善兵衛、野村長兵衛)

『小學 開發唱歌集』中村安太郎 編(刊行:六月 発行:温故堂)

『明治唱歌 幼稚の曲』第二集 大和田建樹、奥好義共編(刊行:十月 発行:中央堂)

『帝國唱歌』全五冊 恒川鐐之助 編(刊行:十二月〜一八九一年 発行:五柗堂)

◆資料 一八九一(明治二四)年に刊行された唱歌集から

『新定唱歌集』岩城寛編(刊行:四月 発行:片野東四郎)

『國民唱歌集』第一 小山作之助 編輯(刊行:七月 発行:共益商社)

『愛國唱歌集』第一 恒川鐐之助編(刊行:十一月 発行:前川善兵衛)

＊一八八七年からの年度別唱歌集情報は、国立音楽大学音楽研究所編「唱歌教育材目録(明治編)」による。

一八九二(明治二五)年

『小學唱歌』の刊行

一八八一年、文部省内の音楽取調掛に就いた伊澤修二は、『小學唱歌集』の編纂活動の中心にいた。その後、文部省編集局長として教科書検定制度に取り組むなど、教育制度の改革にも深くかかわる。一八八八年には、音楽取調掛から改称された東京音楽学校の初代校長に就くが、一八九一年に、議会で勃発した東京音楽学校存続問題に端を発し、非職となるや、一転自身による唱歌集の編纂に着手する。それが翌一八九二年に刊行された唱歌集『小學唱歌』である。

この唱歌集の大きな特色は、日本のわらべ歌を巻頭から採用しているところにある。これは『小學唱歌集』と基本的に異なる点であり、あわせて、「智徳」の養成と「身體」の発育、「勅語」の遵守を強く掲げた伊澤の教育理念の集大成でもあった。歌詞の狙い、楽典的な解説(左図)や教授上の注意が事細かく付されていた。

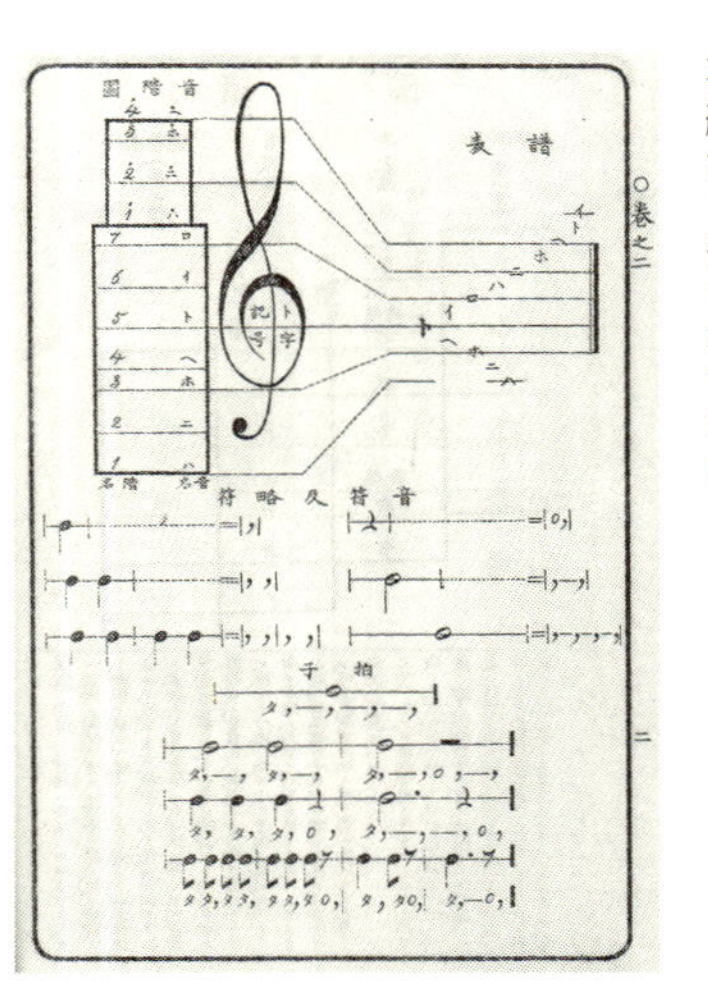

緒言

一、本書の主旨は、小學生徒に、唱歌を授け、以て智徳の養成と、身體の發育とに資せんとするにあり。

一、本書は、全部六巻より成り、第一巻は、主として初學生徒の口授唱歌に便し、第二巻以下は、數字及譜表によりて、唱歌を教授するの用に供す。而して第一巻・第二巻は、尋常小學に第三巻・第四巻は、高等小學に適用すべき目的なるを以て、第三巻には、特に女生徒に適すべき歌曲を採り、第四巻には多く男生徒に適すべきものを採れり。

一、本書第二巻以下には、音程練習、及發音練習の科を設けたり。是れ生徒の聴覺と、發聲器とを練習し、以て美音を好み、正聲を發するに馴致せしめんが爲なり。

一、本書の歌詞は、本邦固有の童謡を始めとして、新古に拘らず、智徳の養成に益し、且ッ歌調の興味あるものを撰び、又祝日大祭日に用ふへき歌をも編入し、特に教育に關する勅語の旨意を貫徹せしめんことに、一層の用意を加へたり。

一、本書の樂曲は、廣く東西古今の音樂家の作曲を採り、其旋法は、自然長音階・律旋法、及俗樂調第一種に依るもの多し。而して第一巻は、全く本邦人の作曲のみに限り、漸次泰西諸家の作曲を交ふるものとす。

一、本書中、間々別欄を設け、教授上注意すべき事項を附記せり。是れ教員参考の一助に供せんがためなり。

一、本書歌詞の撰定に就ては、福羽・髙崎二大人を始め、諸大家の賛同を得、又樂曲の撰定に就ては、東京音樂學校教員、及卒業生諸氏、雅樂部、其他内外音樂家の助成を得たるは、著者の、深く感謝を表する所なり。　明治二十五年三月　著者識

『小學唱歌』壹

伊澤修二編

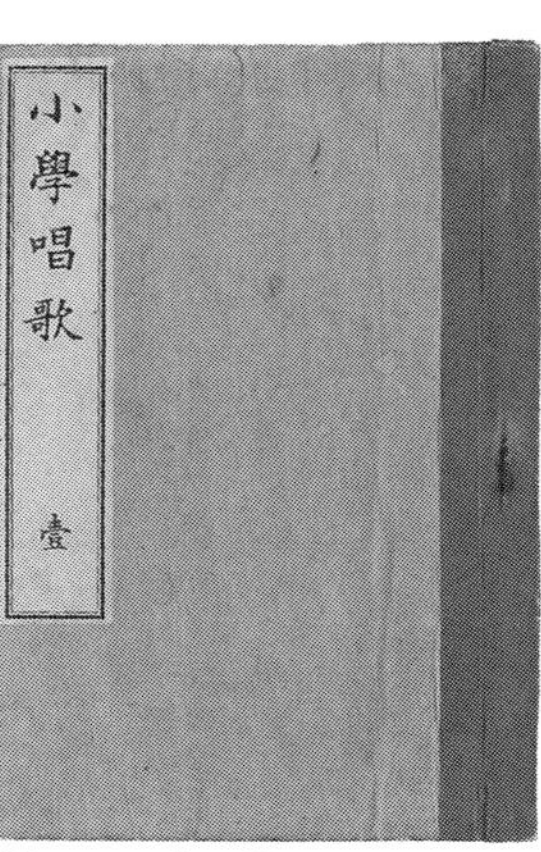

出板：1892年3月14日
発行：大日本圖書株式會社　東京
縦226ミリ×横125ミリ 表紙＋扉＋40頁

おほわた

童謡 伊澤修二　改作
伊澤修二 作曲

おほわた
こいこい
ままくは
せう

からす

童謡 伊澤修二　改作
伊澤修二 作曲

からすからす
かんざぶらう
おやのおんをば
わするなよ

かり

童謡 伊澤修二　改作
伊澤修二 作曲

かりかりわたれ
おほきなかりは
さきに ちひさな
かりは あとに
なかよくわたれ

あり

伊澤修二 作歌・作曲

ありをみよ やよこども
とものためには
いのちをも
をしまで はたらく
けなげなさ
ありをみよ やよこども

まなべ

伊澤修二 作歌・作曲

まなべやまなべ
みことのまゝに
ならへやならへ
たゆまずうまず
まなびのわざを
はやとくをへて
あそべやあそべ
はなさくそのに

あふぎみよ

伊澤修二 作歌・作曲

一
あふぎみよ
ふじのたかねのいやたかく
ひいづるくにのそのすがた
二
みよやひと
あさひに にほふさくらにぞ
やまとごゝろはあらはるゝ

小隊

伊澤修二 作歌・作曲

一
小隊右むけ 一二三
せうたい進めや 一二三
小隊とまれや 一二三
がうれい守れや よき兵士
二
小隊なほれや 一二三
きやうだう左へ 一二三
せうたい休めや 一二三
ゆだんをするなよ よき兵士

君が代

作歌未詳
林 廣守 作曲

きみがよは
ちよにやちよに
さゞれいしの
いはほとなりて
こけのむす
まで

＊林廣守（一八三一－一八九六）。現在の「君が代」と同旋律。

一月一日

稲垣千頴 作歌
小山作之助 作曲

一
年たつけふの大空に
ひかりかゞやく日のみかげ
あふがぬ民はなかりけり
わが君ちよに萬世に

二
とし立つ今日のいへごとに
いはひたてたる日のみはた
なびかぬ國はなかりけり
我國千世によろづよに

三
年たつけふのよろこびに
つどふまなびのいへのうち
われらはともに祝ふなり
わが師は千世に萬世に

四
とし立つ今日のよろこびに
集ふ學びのいへのうち
我等はともにいはふなり
わが友ちよによろづよに

＊小山作之助（一八六三－一九二七）。「祝日大祭日唱歌」（一八九三年告示）の「一月一日」（→一〇〇頁）とは同名異曲。

子供々々

伊澤修二 作歌・作曲

一
こども〳〵つとめよこども
エン、ヤラホ、ホ、ホ、
エンヤラホ、ホ、ホ、
くるまはさかをものぼるなり

二
こひよ〳〵はやせのこひよ
ジヨ、ボラ、ジヨン、〳〵、〳〵
ジヨ、ボラ、ジヨン、〳〵、〳〵
たきをもつひにはのぼれよや

＊初出『幼稚園唱歌集』全（→六六頁）。

紀元節

髙﨑正風 作歌
伊澤修二 作曲

一
雲にそびゆる高ちほの
高ねおろしに 艸も木も
なびきふしけん 大御世を
仰ぐけふこそ 樂しけれ

二
うなばらなせる はにやすの
池のおもより なほひろき
めぐみの波に あみし世を
仰ぐけふこそ たのしけれ

三
天つひつぎの高みくら
千世よろづ世に 動きなき
もとゐ定めし そのかみを
仰ぐ今日こそ たのしけれ

四
空にかゞやく 日の本の
萬の國に たぐひなき
國のみはしら たてし世を
仰ぐけふこそ 樂しけれ

＊髙﨑正風（一八三六－一九一二）。「祝日大祭日唱歌」（一八九三年八月告示）に指定。

「紀元節」

花さく春

伊澤修二 作歌・作曲

花咲く春の あけぼのを
はやとくおきて 見よかしと
なく鶯も こゝろして
人の夢をぞ さましける

ホーホケキヤウ〱
ケキヨ〻〻〻
ホーホケキヤウ
ホーホケキヤウ〱
ケキヨ〻〻〻
ホーホケキヤウ

天長節

伊澤修二 作歌・作曲

一
けふは十一月三日の朝よ
朝日にかゞやく 日のまるの
こくきはかどなみ ヒーラヒラ
國旗は門なみ ヒーラヒラ

二
今は十一月三日のひるよ
をかでも海でも いさましく
うち出す祝砲 ドンドンドン
打出すしゆく砲ドンドンドン

三
我等子供は 一所につどひ
小學校[幼稚園]にて うたひませう
うたへやはやせや ヨイ〻〻〻
歌へやはやせや ヨイ〻〻〻

四
今日の祝はどういふいはひ
帝のお生れ あそばした
その日のいはひぞ ヤヨ〻ヤ
天長節ぞ ヤヨ〻ヤ
(第三ノ第二句ハ小學ニテハ小學校、幼稚園ニテハ
幼稚園ト唱フベシ)

がくもん

山田美妙齋 作歌
小山作之助 作曲

一
がくもんしなけりや 人にはなれず
おもへばしあわせ かうしてひゞに
しよもつをかゝへて がくかうがよひ
このきみがみよ

二
すぐれた人にも なれやとばかり
おもへばうれしや かうしてひゞに
やさしく手をとり をしへてたまふ
このけうしさま

三
あそびのみちづれ べんきよのあひて
おもへばたのもし かうしてひゞに
たがひにたすけて なかよくすゝむ
このおともだち

＊美妙齋は、山田美妙(一八六八－一九一〇)の号。

宮さん

尊攘堂主人 作歌
作曲者未詳

一
みやさん〱 御馬の前で
チラ〻するのは なんヂヤイナ
トコトン、ヤレ、トンヤレナ

二
あれは朝てきせいばつせよとの
にしきの御旗ヂヤ しらないか
トコトン、ヤレ、トンヤレナ

＊原曲は一八六八年初頭、戊申戦争で錦の御旗をかかげ進軍した「官軍」に使われた。伊澤修二は、曲の解説に「王政御一新ノ頃、品川彌二郎君ガ感スル所アリテ作ラレタルモノナリ」と書き残している。

「宮さん」

手鞠歌

鶯花園主人 作歌
作曲者未詳

一つ 人々禮義が大事
二つ 深いは 親子の道理
三つ みなさん 辛抱が大事
四つ よの中ひらけて繁昌
五つ いつでも養生が大事
六つ むら里 次第に繁昌
七つ なにより かせぐが道理
八つ 山にも 艸木が繁昌
九つ 子ども衆は 學校が大事
十ヲデ とよ年 五穀が繁昌
さて〱 おめでたや

＊「鶯花園主人」は、国学者の福羽美静(一八三一－一九

〇七）の号。

數へうた

伊澤修二 作歌
作曲者未詳

一つとや、ひとと生れて忠孝を
かきては 皇國の人でなし
二つとや、ふた親兄弟うちそろひ
たのしく暮すも君の恩
三つとや、みな〳〵日々〳〵つれだちて
うれしく學ぶも親のおん
四つとや、よみかき算盤よく覺え
体操唱歌も習ふべし
五つとや、いつもたふとき先生の
教のことばをよく守れ
六つとや、無病で勉強卒業し
あつぱれよき子といはるべし
七つとや、なにを成すにも學問の
たすけによらでは叶ふまじ
八つとや、やまと心をやしなひて
君と國とに つくすべし
九つとや、この身のもとたる父母の
名をもあらはせ名をあげて
十をとや、とつくに人もあふぐまで
皇國のほまれをあげよかし

『小學唱歌』貳

伊澤修二 編

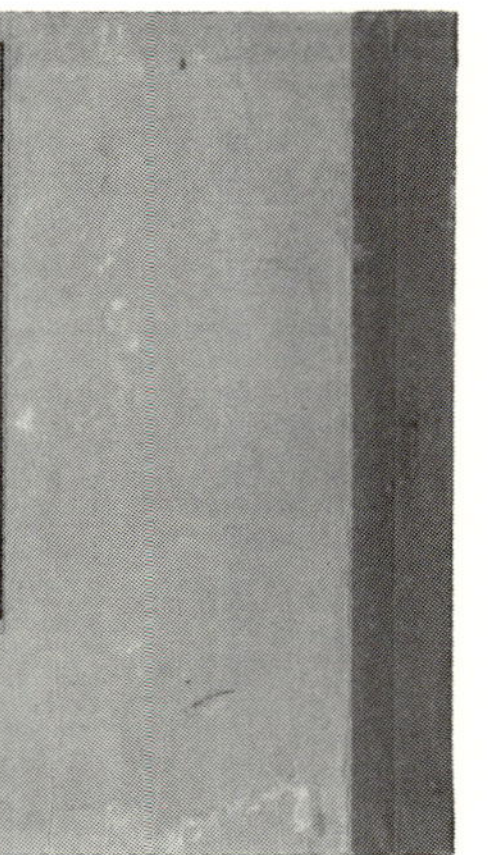

出板：1892年5月31日
発行：大日本圖書株式會社　東京
縦228ミリ×横155ミリ 表紙＋扉＋64頁

皇御國

加藤司書 作歌
加部嚴夫 作歌
伊澤修二 作曲

一
すめらみくにのものゝふは
いかなる事をかつとむべき
たゞ身にもてるまごゝろを
君とおやとにつくすまで
二
皇御國のくにたみは
いかなる事をかつとむべき
みのなりはひにいそしみて
くにと家とをとますべし

＊初出『小學唱歌集』第二編（↓五五頁）。

紀元節

一
雲にそびゆる高千穂の
高根おろしに 艸も木も
靡きふしけん大御代を
仰ぐけふこそ 樂しけれ
二
うなばらなせる埴安の
池の面より なほひろき
恩の波にあみし世を
仰ぐ今日こそ たのしけれ
三
天津ひつぎの高御座
千代萬世に うごきなき
基さだめしそのかみを
仰ぐけふこそ 樂しけれ
四
天にかゞやく日の本の
よろづの國に たぐひなき
國のみはしらたてし世を
あふぐけふこそ たのしけれ

＊高崎正風作歌・伊澤修二作曲。

春秋季 皇靈祭

阪正臣 作歌
作曲者未詳

春、山のさくらも ゑみそめぬ
門の柳も もえいでぬ
代々の皇祖の 御祭を
皇みことの つかへます
春のそらこそ のどかなれ
秋、そのゝ白菊 さきいでぬ
山のこずゑも 色づきぬ

代々のみおやの みまつりを
すめらみことの つかへます
秋のそらこそ のどかなれ

春［秋］、御代の光りと もろともに
めぐる月日の かげもいま
春［秋］のなかばとなりにけり
きみにならひて 國民も
祖のまつりや つかふらん

＊阪正臣（一八五五－一九三一）。

武夫

阪 正臣 作歌
作曲者未詳

一
馬さへいさむましてや人
これこそ國を
しづめの人
二
はたさへ靡くましてや敵
これこそ君を
まもりの人

雀鴉

小田深臧 作歌
作曲者未詳

一
雪ふる庭の寒けきあした
おや鳥子とりむらがり集ひ
ちう〲ちうとさへづりあひて
餌ひらふすゞめかはゆしやさし
二
秋風そよぐ淋しきゆふべ
向ひの森にねぐらをたづね
かう〲かうと親鳥したひ
とびゆくからすかはゆしやさし

都の花

作歌者未詳
納所辨次郎 作曲

一
上野の花に日ぐらしや
あすは淺草あすか山
こゝろ〲にむかふ島
春の遊ぞのどかなる
二
日もうらゝかに ひがし山
ぎをん清水ちやうらく寺
花のさかりは都人
いへぢ忘れて遊ぶらん

＊納所辨次郎（一八六五－一九三六）。

鶏

服部元彦 作歌
作曲者未詳

一
あしたにゆふべに怠ず
時をばつぐる
にはとりの
なくこゑきけば
おやどりは
カケロ〲カケロ〲
二
あさりてえたるくひ物を
ともにもわかつ
にはとりの
なくこゑきけば
ひなどりは
ヒヨ〻〻ヒヨ〻〻

＊服部元彦（一八六三－一九三三）

狛の渡

作歌者未詳
小山作之助 作曲

こまのわたりの
うりつくり
瓜を人にとられじと
守る夜あまたに
なりぬれば
うりをまくらに
つひ寝たり

春の野遊

阿保暫菴 作歌
作曲者未詳

一
すゝめや進め いざ諸共に
足なみそろへ よき歌うたひ
花さきにほふ 春野をさして
進めやすゝめ いざ諸共に
二
あそべや遊べ いざ諸共に
たんぽゝ菫 花咲みちて
いづこの野邊も 錦をしけり
遊べやあそべ いざもろともに

君．國

服部元彦 作歌
作曲者未詳

一
よそには比もあらざる君に
つくすぞ樂しき我等の心
二
ほかには例もきかざる國に
盡すぞたのしき我等の力

＊一番二行目「樂しき我等の」は、譜面では「うれしきわれらが」。

玉

東久世伯 作歌
小山作之助 作曲

一
寶てふたからはあれど
まごゝろの
くもらぬたまに
しかじとぞ
おもふ
二
人みなの心のたまを
みがきあげて
皇國のひかり
まさんとぞ
おもふ

＊東久世通祝（一八三四－一九一二）。

まなべ
まなべやまなべ
みことのまゝに
ならへや習へ
たゆまず倦まず
學びのわざを
はやとくをへて
遊べやあそべ
花さくそのに

＊伊澤修二作歌・作曲

忍耐

阪正臣 作歌
作曲者未詳

一
柳にすがるあの蛙
いくたび水におちつらん
落ちたるまゝに
やみぬるならば
高きにのぼる 時あらじ
二
牧場におふるあの草葉
いくたび駒に踏まれけん
ふまれしまゝに
枯ぬるならば
みどりの野べと ならまじや

＊一番「高きにのぼる」は譜面では「高きにいたる」。

友愛

谷勤 作歌
作曲者未詳

一
學のともの朝夕ごとに
ふみこそならせ敎の庭を
二
かたみにこゝろつゝみもおかず
うらうへなくぞ交りすべき
三
あやまちあらば互にいさめ
ほまれはともに喜びあへや

＊谷勤（一八三五－一八九五）。

春景

作歌・作曲者未詳

五百重にかさなる山々も
霞のかゝらぬ
峯はなし
千本のさくらもおしなべて
咲出ぬ枝こそ
なかりけれ

孝子

作歌者未詳
ブリス氏 作曲

つくしのやすの
彌次郎は
親に孝行
つくしけり
牛馬さへも
むちうたず
三反三畝を
つくりどり

＊フィリップ・ポール・ブリス Philip Paul Bliss（アメ

リカ、1838-1876) 作曲の賛美歌《Daniel's Band》。

大和の御民

阿保暫菴 作歌
作曲者未詳

一
あはれ〱大和の御民
ことなき時には家業を勵み
こゝろひとつにくにを富ませ

二
あはれ〱やまとのみたみ
事あるときには我身を忘れ
こゝろひとつに國を守れ

君が代

五線譜と数字譜のみで紹介

母

阪正臣 作歌
シルヘル氏 作曲

一
夜ひる立そひわれを守り
あしきを戒めよきを勸め
みちびくものは母てふひとよ

二
出れば門邊に我を送り
歸れば這入りに われを待てり
はゝてふ人はいと良きともよ

＊シルヘルはフリードリヒ・ジルヒャー。

神武天皇祭

阪正臣 作歌
芝葛鎮 作曲

一
雄々しく健きみこゝろに
勇めるいくさ引きつれて
あらぶるものを伐ち鎮め
皇國のもとゐ建てませり

二
仰げばたかし高御座
やまとに定め民くさを
恩の露にやしなひし
いさをは千代に輝けり

三
在すが如く今もなほ
うなねつきぬき畝傍なる
御稜の方をふりさけて
昔のみかげあふぐなり

新嘗祭

加部嚴夫 作歌
林廣繼 作曲

一
葛飾早稲のやつか穂を
しるにも穎にもつくらせ
めさせ給へるにひなへは
神代のまゝのみわざなり

二
かつしかわせの新しぼり
しろきくろきをくみわけて
そなへまつらす数々を
神もうれしときこすらん

＊林廣繼（一八四五－一九一七）。

恭儉博愛

伊澤修二 作歌
作曲者未詳

一
我身は財とおこなひと
二つをもれるうつはなり
器にみてる水のごと
心してこそもつべけれ

二
世の民草のうきめをば
おのが心につみそへて
かくるなさけのその露ぞ
めぐみの海となりぬべき

修學習業

伊澤修二 作歌
作曲者未詳

一
學のちまた数多く西に東にわかるれど
いたる極みは一ト筋の皇國の道の外ぞなき

二
わざてふ業は科多く農工商とわかるれど
わかれぬものは我國を富さんとての心なり

啓智成徳

伊澤修二 作歌
作曲者未詳

一
神の秘めてし千萬のたからみてたる智恵の庫
開かん鍵の文字数字学べやならへ怠らで
二
萬の物もあめつちもくまなく照らす眞心の
徳の光のます鏡みがけやちりもくもりなく

元始祭

芙蓉 作歌
山井基萬 作曲

一
天地の共かぎりなく
傳へましまま御しるしを
拜みいはひ幾萬世に
祭らすけふこそ
尊けれ
二
吾皇國の明けき
光あふぎて天津日の
照さんかぎりいや遠長に
ことほぐ今日こそ
めでたけれ

＊芙蓉（生没年不詳）。山井基萬（一八五三―一九〇八）。

孝明天皇祭

加部巖夫 作歌
多忠廉 作曲

一
時雨のそらの晴れ間なく
うき雲にこそ隠れけれ
その月の輪のうしとらに
仰ぐも高きみいさをや
二
今は明治の大昭代の
めでたき御代とぞ成にける
けふみまつりに天のした
御霊威を仰がぬ人ぞなき

＊多忠廉（一八四三―一九一六）。

神嘗祭

加部巖夫 作歌
東儀季芳 作曲

一
神のさづけしたなつもの
千秋長あきたのみあり
大御使のみてぐらは
よこ山のごといやたかし
二
瑞穂ゆたけき秋ごとに
おひくる國の名もしるし
けふ神嘗のみまつりに
初穂は神にたてまつる

＊東儀季芳（一八三八―一九〇四）。

うさぎ

作歌・作曲者未詳

うさぎ〳〵
なにを見てはねる
十五夜お月さま 見てはねる

小鼠

作歌・作曲者未詳

猫の居ることも しらずに
棚のうへに 眠れるねずみ
小鼠の 命のほどぞ あはれなる

養老の瀧

足代弘訓 作歌
作曲者未詳

ながれての世にも
名高く 聞えけり
老をやしなふ
たきの ひゞきは

＊足代弘訓（一七八五―一八五六）。

高い山

作歌・作曲者未詳

たかい山から
谷そこ見れば
うりや茄子の
花盛り〳〵

＊『松平大和守日記』寛文十二（一六七二）年に流行歌謡として登場。

水鳥

作歌・作曲者未詳

水鳥はなにゆゑ
水のうへにすむ

しものふる夜に
こほるよに

教育數へ歌

一ツトヤ
人と生まれて忠孝を かきては皇國の人でなし
二ツトヤ
ふた親兄弟うちそろひ樂しく暮らすも君の恩
三ツトヤ
皆ゝ日に〱つれだちて うれしく学ぶも親の恩
四ツトヤ
よみかき算盤よく覚へ体操 唱歌も習ふべし
五ツトヤ
いつも尊き先生の 教のことばをよくまもれ
六ツトヤ
無病で勉強卒業し あつはれよき子と いはるべし
七ツトヤ
なにを成すにも学問の たすけによらでは 叶ふまじ
八ツトヤ
大和心をやしなひて 君と國とに つくすべし
九ツトヤ
この身のもとたる父母の 名をも顕はせ名をあげて
十ヲトヤ
とつ國人も仰ぐまで皇國の 誉をあげよかし

＊伊澤修二作歌。初出『小學唱歌』壹（↓七四頁）。

一月一日

稲垣千頴 作歌
小山作之助 作曲

一
年たつけふの大ぞらに
ひかり輝く日のみかげ
あふがぬ民はなかりけり
わが君ちよに萬世に
二
とし立つ今日の家ごとに
いはひたてたる日のみはた
なびかぬ國はなかりけり
我國千世によろづよに
三
年たつけふのよろこびに
つどふ学のいへのうち
われらは共に祝ふなり
わが師は千世に萬世に
四
とし立つ今日のよろこびに
集ふ學の家のうち
我等はともにいはふなり
わが友ちよによろづ世に

學の園

戸野周次郎 作歌
酒井良忠 作曲

めぐみの露は
ほせども ひまじ
をしへの草は
つめどもつきじ
あゝうつくしき
まなびの そのや
嗚呼愛しき
まなびの園や

＊戸野周次郎（一八六七－一九五五）。

勸學

谷　勤 作歌
内田粂太郎 作曲

一
過ぎゆく月日は 矢より早し
たゞ一ト筋に まなべこども
二
ひまゆくこまの あしははやし
身にむちうちて はげめ子供

＊内田粂太郎（一八六一－一九四一）。

治まる御代

東宮鐵麿 作歌
作曲者未詳

一
四方の海邊に波たゝず
木々の梢も風なぎて
安くのどけくをさまれる
君がみよこそ樂しけれ
二
かくもたのしき大みよに
生まれあひたる我等こそ
むかしも今もためしなき
さいはひ人といふべけれ
三
このみめぐみを思ひなば
君のみためといたつきて
こゝろのかぎり盡すべし
ちからのきはみ勤むべし

＊東宮鐵麿（一八六三－一九一七）。

卒業式歌

山田美妙齊 作歌
山田源一郎 作曲

一
業をしはたしゝ嬉しさは
そも〳〵何にかくらぶべき
やまなす人中わけゆきて
をはりのしるしを得る心

二
我等はこれよりいや遠き
学のみちすぢふみわけて
いさをの山にたちいりて
皇國をかざる玉もえん

三
われらは是より世の中の
たづきの道にわけ入らん
のぞむは譽のはなの枝
みくにのかざりをいでやがて

四
山にはくまなきおもい見よ
月には清けき影をしれ
別れて年月へぬるとも
たがひにこゝろはかはらじな

＊山田源一郎（一八六九－一九二七）。

一八九三（明治二六）年

『小學唱歌』三

伊澤修二編

出版：1893年8月18日 発行：大日本圖書株式會社 東京 縦226ミリ×横155ミリ 表紙＋扉＋70頁

三 上

＊三巻は一冊のなかで上下構成。

地久節

税所敦子 作歌
林 廣守 作曲

一
あきのみやゐのおく深く
照る月かげは明けき
わが君が代にひときはの
ひかりをそふる鏡なり

二
その月かげのさしそめし
その日をいはふ地久節
千世よぶこゑは九重の
うちにも外にも響くなり

三
たかきいやしき少女子が
まことの道にすゝむべき
學のわざのあきらかに
なれるも君がみかげなり

＊税所敦子（一八二五－一九〇〇）。

宮城

谷 勤 作歌
作曲者未詳

一
いしずゑかたくすゑつべし
御柱ふとくたてつべし
萬代までもうごかじと
たゝへてほめて造るみや

二
明治のとしもはたちまり
ふたとせといふ年の春
うつりてませる髙みくら
いや遠ながく栄ゆらん

三
動かぬみよの宮ばしら
たれかは仰ぎまつらざる
御稜威もたかき寶田の
千代田の宮は千世のみや

春雨

會田安昌 作歌
作曲者未詳

一
のどかにそゝぐ春雨は

草木の花の父母ぞ
ちゝ母ともに雨露の
恵を深くかけぬらん

二

吾等もおなじ父母の
めぐみの露に潤ひて
學のまどにまなび得て
はなさき實る
身とならん

＊會田安昌（一八三二―一八九二）。

鏡

福羽美静 作歌
作曲者未詳

影見つゝ
こゝろ
つくろふ
人あらば
いかに
かゞみも
うれしから
まし

＊福羽美静（一八三一―一九〇七）。

秋景

阿保暫庵 作歌
内田粂太郎 作曲

一

見渡す野邊の秋げしき
なゝ草千ぐさ花咲乱れ
吹く風薫りておく霜匂ふ
見渡すのべの秋景色

二

みわたす山の秋げしき
高嶺は風に紅葉を散し
麓は照る日に木實を晒す
見渡すやまのあきげしき

四季の景色

佐々木信綱 作歌
作曲者未詳

一

山邊にのべに霞み渡り鶯かはづ
ひばり胡蝶さくらに梅に春はたのし

二

若葉のこずゑ茂りあひて山時鳥
初音もらし橘かをり夏もをかし

三

百草千艸匂ひ乱れさやけき月に
むしも鳴きて紅葉に菊に秋もたのし

四

霜おく夕べ千鳥鳴きてこぼるゝ霰
つもる深雪寒くはあれど冬もをかし

五

あゝはれ樂し春も秋もあゝはれをかし
夏も冬もあゝはれあはれ四季のけしき

＊ドイツの学生歌《Wir hatten gebauet》。佐々木信綱（一八七二―一九六三）。

天長節歌

髙﨑正風 作歌
伊澤修二作曲

一

天津日影はかはらねど
世のうき雲のゆきかひに
晴れみ曇りみ定まらで
七もゝとせになりぬるを
今はとおこる時津風
よものむら雲吹き拂ひ
豊栄のぼる御光を
仰ぐ御代こそ樂しけれ
君は千代ませ八千代ませ

二

大和錦のうるはしき
色もいよ〳〵にほふべく
やまとだましひたぐひなき
光ます〳〵そひぬべく
開きたまへるもろ〳〵の
學びの道もなす業も
並び進みて月に日に
栄行く御代こそ樂しけれ
君はちよませ八千代ませ

三

萬の國もへだてじと
港のとざし開きたる
八洲の海のかぎりなく
廣き御心したひつゝ
大船をふね國つもの
積みて運べばとし〴〵に
民の煙もたちそひて
賑ふみよこそ樂しけれ
君はちよませ八千代ませ

四

惠の露のかゝらずば
民艸いかで栄ゆべき

この大昭代に生まれすば
このさちいかで得らるべき
玉の臺も柴の戸も
吾大君の萬代を
祝ふさかづきとりぐ〱に
歌ふ今日こそ樂しけれ
きみは千代ませやちよませ

國旗

阪 正臣 作歌
酒井良忠 作曲

一
天津日影のくれなゐを
そめいだしたる此旗は
吾大君のくもりなき
御代の光をうつすなり
二
よその國まで輝ける
この日の丸の旗見ても
吾日の本の國民は
やまと魂みがくべし

和歌の浦

佐々木信綱 作歌
目賀田万世吉 作曲

一
和歌の浦わを來てみれば
昔の御幸おもほへて
なぎさの松の風清く
玉津島山なみしろし
二
わかの浦わを見渡せば
潮干の潟に打むれて
あしべの田鶴の友よばふ
ちよの聲々面白し

＊目賀田万世吉（一八六七－一九三〇）。

豊年

服部元彦 作歌
作曲者未詳

一
吹かれて靡くよ見渡す限り
サヤ〱ソヨ〱 秋田の風に
刈りたる稲をば車の上に
うれしや樂しや今年のみのり
二
こぼれていづるよ磑ひけば
カラ〱コロ〱 筵のうへに
しあげし米をば 俵の内に
うれしや樂しやことしの實り
三
うたふよ踊るよ 何處の民も
ハヽ〱ホヽ〱 嬉しき庭に
翁もわらはも 樂しきにはに
うれしやたのしやことしのみのり

＊『明治唱歌』第五集「瀧」（→六七五頁）は異名同曲。

螢も雪も（二部輪唱）

谷 勤 作歌
作曲者未詳

一
螢も雪も光はあれど
ふみ見ぬまどは
影なほくらし
二
軒もるつきの影薄けれど
机のちりは
さやかに
見ゆる

朝

加部巌夫 作歌
ダイクス氏 作曲

一
空ゆく雲も水の音も
すみ渡りたる朝ぼらけ
かみ代のむかし天地の
開けし時もかゝりけん
二
艸木の色も鳥の音も
おのづからなるさまなれや
有明月のかげきえて
消ぬ間の露ぞうるはしき

＊賛美歌作曲家ジョン・バッカス・ダイクス。

三 下

松下禪尼

鈴木弘恭 作歌
山田源一郎 作曲

さうじの紙は
うすけれど
心のそこのあつぶすま
さとりて見よと
教へてし

この尼ごぜぞ
かしこきや

＊鈴木弘恭（一八四四－一八九七）。松下禅尼は鎌倉幕府第五代執権北条時頼の毌。

夏

西 升子 作歌
目賀田万世吉 作曲

一
うの花くだし五月雨の
ふるもいとはで賎の女は
秋をたのもにおり立ちて
けふも早苗をとりぬなり

二
立寄り見れば涼しさに
夏も忘れて秋風を
松の木影に岩清水
むすびてけふも暮にけり

＊歌人・西升子（一八四一－一九二二）は、哲学者の西周の妻。

文讀む人（二部輪唱）

阪 正臣 作歌
作曲者未詳

一
ふみよむ人の 二ツなき
たからといふは
月日なり

二
つき日を惜めをしまずば
矢を射るごとく
とく過ぎん

三
矢をいる如くとくすぎて
悔ゆともかひは
なからまし

琵琶湖

作歌者未詳
モリス氏 作曲

一
逢坂山を こえ來れば
木の間に見ゆる 鳰の湖
見渡す限は しらねども
先こそうかべ わがこゝろ

二
さゞ波ひろき みぎ左り
から崎粟津 瀬田片田
はなれてたてる 竹生嶋
いづこか名のなき所なる

三
昔は志賀の おほわだに
懐古の袂や しぼりけん
開くる今の 大御代は
進みてはやし 馬くるま

＊作曲者を「モリス氏」と記載しているが、作曲はチャールズ・エドワード・ホーン Charles Edward Horn（イギリス、1786-1849）。ジョージ・ポープ・モリス George Pope Morris（アメリカ、1802-1864）は詩人で原曲の作詞者。『明治唱歌』三巻「初花」（→六六〇頁）は異名同曲。

三都

近藤芳樹 作歌
山田源一郎 作曲

一
むかし男のそのかみに
かゝる名は誰が よび初し
ふち瀬久しく 流れ來て
今ぞまことの 都鳥

二
柳のたもと 花のそで
夕色そふ かみぞのゝ
森をねぐらに 帰り來る
春のからすの うかれ聲

三
出づる百船 いる千ふね
高津の宮の むかしより
かまど賑ふ みなととて
かぢの音せぬ ひまもなし

＊近藤芳樹（一八〇一－一八八〇）。

秋

佐々木弘綱 作歌
加部巌夫 作歌
依田辨之助 作曲

一
暑しあつしと わぶるまに
年の半も 過ぎにけり
ひまゆく駒の 轡虫
はやきのふけふ 音にたてゝ

二
霞みていにし 雁がねは
秋もなかばを 過ぬれば
霧たつ空に 鳴きつれて
はやきのふ今日 わたり來ぬ

＊佐々木弘綱（一八二八－一八九一）。

我日本

林 甕臣 作歌
メスフェセル氏 作曲

一
天地ひらけし
始のときゆ
變らぬ皇國
日の本こそは
二
皇代日嗣の
いにしへ今に
かはらぬ國がら
日本こそは

*林 甕臣（一八四五－一九二二）。アルベルト・ゴットリープ・メスフェッセル Albert Gottlieb Methfessel（ドイツ、1785-1869）。

教育勅語拜讀之歌

阪 正臣 作歌
作曲者未詳

一
千代田の宮にちよかけて 世をしろしめす大君の
くだしたまへる御ことばに よろづの民の萬世も
よるべき道はそなはれり 行くべき道は具はれり
二
ひとりの君をいたゞきて 二人の親をかしづきて
いもせ同胞友がきも 睦みあひつゝ御教に
そむかぬまこと顯さん 違はぬ誠あらはさん
三
瑞穂の國に生れ来て 大御宝の名を得つゝ
御代を守らむ吾ともの みちのしるべのみことのり
仰ぎてよまん春の日も 俯しておもはん秋の夜も

*楽譜の曲名は「勅語」

須磨明石

作歌者未詳
芝 葛鎮 作曲

一
松風きよき 夕波に
月もよせ來る須磨の浦
関屋はあとも殘らねど
人の心や とまるらん
二
波間にしづく 秋の夜の
月のひかりの 明石がた
昔はそこの白珠を
あまの男狭礒や
かづきけん

慎言謙讓

鳥山 讓 作歌
樂石居士 作歌
作曲者未詳

一
淺き背にこそ 波は立て
深き淵こそ 靜なれ
人も言葉の 多ければ
心のそこぞ 現はるゝ
二
高き木にこそ風は吹け
岸のを草は露深し
人も譽れの髙ければ
うき世のあらしぞ 吹すさむ

*樂石居士（一八五一－一九一七）は伊澤修二の号。

君が門

作歌・作曲者未詳

きみが門
やなぎ
みどりに
櫻は白し
おぼろ月夜の
しづけさよ

美術國

阪 正臣 作歌
マクノートン氏 作曲

一
皇國のほまれ 数多ある
中にも画かき ものきざむ
すぐれしたくみ 妙なるちから
よそには類ひ なかるべし
勤めはげめ いまより
のちも いやましに
二
すまへる國のうるはしき
すがたにあえて おのづから
やさしきこゝろ 優なる想ひ
つくれる物に 見ゆるなり
つとめ勵め いまより
後も 彌ましに

*ジョン・H・マクノートン John H. McNaughton（アメリカ、1829-1901）作曲の新聖歌 四三三番「天つ眞清水」。

『小學唱歌』四　女生徒之部

伊澤修二編

出版：1893年8月18日 発行：大日本圖書株式會社　東京　縦226ミリ×横155ミリ 表紙＋扉＋76頁

四　上

＊四巻は一冊のなかで上下構成。

上野公園

加部嚴夫 作歌
バンディー氏 作曲

一
山杜鵑血に啼きし
その五月雨の暗きよも
今はむかしの物語り
忍ぶが岡こそをかしけれ

二
紅葉に花にみや人の
くるまもたえず集ひ来て
雲の上野に袖かへす
君が御代こそ樂しけれ

＊上野公園は戊辰戦争の一つ、上野戦争（一八六八年）の舞台であった。

雪

林甕臣 作歌
作曲者未詳

一
ゆきほど白き物はなし
雪ほど清きものはなし
こゝろを雪に倣へかし
心を雪にすゝげかし

二
ゆきをば積みて學びてし
昔の人のためしあり
雪ふる夜半も怠るな
むかしの人にならへかし

山家

小出粲 作歌
作曲者未詳

一
垣根の川に魚躍り
軒端の山に鳥遊ぶ
浮べる雲はかへり見ず
求めぬ冨も餘りあり

二
峯には開く花の眉
岸には撫づる苔の鬚
盡せぬながめ山深く
浮世のおもひ水淡し

＊小出粲（つばら）（一八三三―一九〇八）。歌人。宮内省文学御用掛主事を務めた。

學の力

作歌者未詳
ホルデン氏 作曲

一
學びてはかれよ 御國の冨
まなびて磨けよ 其身の業
我皇御國の民たるもの

二
貴きしるしや 學の道
みくにの幸 その身の福
みな斯道にぞ 基くなる

＊オリバー・ホールデン Oliver Holden（イギリス、1765-1844）作曲。賛美歌一六二番「あまつみつかいよ」。

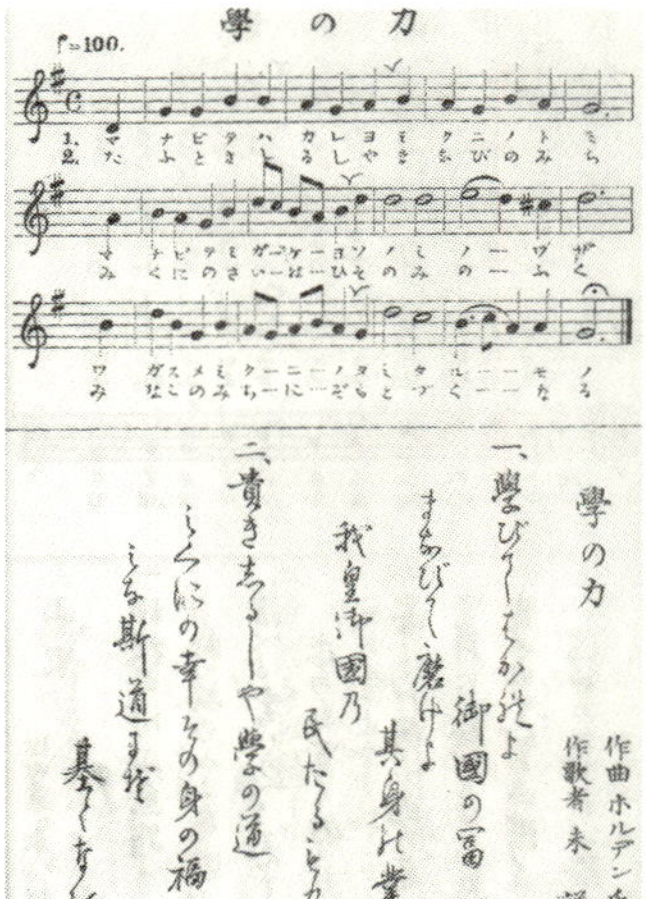

「學の力」

日本三景

鈴木重嶺 作歌
作曲者未詳

一
島てふしまは多かれど
松島こそは愛たけれ
小船をさして眺むれば

何れの島もちよやちよ
松の茂らぬかたぞなき
松島こそはめでたけれ

二

巖島こそをかしけれ
右も左もならびたつ
燈籠てふもの数しれず
み社近く音もなき
波打ちよせてこゝかしこ
いはん方なきけしきやな

三

與謝の浦わに来て見れば
船のほのかに霞立ち
御代のどかなる様見えて
寄せ来る波も音ぞせぬ
松たち並び景色よき
天の橋立たぐひなや

＊鈴木重嶺（一八一二－一八六三）。

夕景

阪 正臣 作歌
作曲者未詳

一

夕日の影を羽にうけて
ねぐらをさして 鳥はかへる
吾等も行きて樂しき家に
手足を休め あすをまたん

二

作すべき業を 勤め終り
家路をさして 歸るそらは
心にかゝる 雲こそなけれ
夕月影も 笑むに似たり

母の恵

岡部虎子 作歌
納所辨次郎 作曲

一

なにはも知らぬ春べより
心盡しておほしてし
母の恵をあさ夕に
月日と共に仰ぐべし

二

難波の浦もなにならず
あさかの山も淺からず
はゝのめぐみを朝夕に
月日と共に仰ぐべし

歳暮歌

小出 粲 作歌
スミス氏 作曲

一

この歳この日惜むべし
落葉は枝にかへり来ず
流れはふちに止まらず
此つきこの日惜むべし

二

この月此日をしむべし
昨日の吾はわれながら
明くる日けふの日にあらず
このとしこの日をしむべし

我宿

山田美妙 作歌
ライトン氏 作曲

一

ゆかしく樂しき 我宿
かはらぬすがたの 花園
み親の涙の なさけは遍し
ぬれては色ますもろ袖
ゆかしく樂しき わが宿
變らぬ姿の はなぞの

二

勇ましたのもし 我宿
嬉しさ言葉に 盡せず
かよわき板戸の ひとへの隔は
浮世の波風 よそにて
いさまし頼もし 吾やど
うれしさことばに 盡せず

三

なつかし愛らし 我やど
優しき情の みちみつ
手植えのめぐみに こたふる心根
笑顔を示せる 艸花
なつかし愛らし 吾宿
やさしき情の みちみつ

＊W・T・ライトン W. T. Wrighton（イギリス、1816-1880）。

松の操

税所敦子 作歌
東儀季熙 作曲

月の桂も 手折るべし
ことばの花も かざすべし
つきのかつらはたをるとも
言葉の花はかざすとも
時雨にそまず降りつもる
雪にたわまぬ常磐木の

松のみさをを守らずば
世に立つかひやなからまし

＊東儀季熙（一八三二－一九一四）。

靖國神社

谷 勤 作歌
目賀田万世吉 作曲

一
明治の御代の治まりて
都も鄙もしづけきを
思ふにつけてかりこもの
乱れし世こそゆゝしけれ

二
御國の爲に消し身の
よみぢも安き靖國の
いがきの内に鎮まりて
後の世永く照すなり

三
事あるをりは誰も皆
命を捨てよ君のため
同じく神と祀られて
御代をぞ安く守るべき

歌（三部輪唱）

小出 粲 作歌
サバチニー氏 作曲

歌には春風
長閑にかよひ
こゑには鶯
しらべをあはす
うたへもろびと
いざうたへや

身はたをやめ

税所敦子 作歌
作曲者未詳

身はたをやめに ありとても
みくにをおもふ 真心は
ますらたけをに
おとらじと 思ひはげみて
一すちに まなひのみちを
きはむべし

四　下

小督

稲垣千穎 作歌
作曲者未詳

こゝもうき世の
嵯峨のおく
峯のあらしも
音さえて
軒もる月に
いとゞしく
雲の上こそ
しのばるれ

＊『平家物語』「小督」に登場する女官が素材。

春の惠

阿保暫庵 作歌
シェルウヰン氏 作曲

一
花に鳴くとり水に住む虫
をりを忘れず歌ふとぞ聞く
ましてあはれを知れる世の人
春を空しく過しやはする

二
山になく鳥こゑものどかに
そのに咲く花色もかぐはし
こゝろ隔てぬ 庭の友がき
とけて語らふ春ぞ樂しき

三
岸の柳は雨にいろまし
にはの櫻は風に散りかふ
ふるも晴るゝもながめ盡せぬ
春の惠みの深き君が代

哀悼

山田美妙 作歌
作曲者未詳

一
かたみの詩なみだの種と
知りつゝも なほよぶ
學びの道の親とたのむ
君にいま わかれて

二
忘れぬ情とられしこの手
見るにつけ また泣く
手を取り持ちて教をたれし
君にいま別れて

三
なまじひ殘るかたみの文を
見るにつけ又なく
打連れだちて讀みぬる友の

きみに今わかれて

＊一番三行目「親とたのむ」は、譜面では「親ともたのむ」。

三秀

山田美妙 作歌
山田源一郎 作曲

一
霜にも傲れる園の黄菊みさをの薫に
そめる露の恵にぬれてん袖にとめて
菊こそ皇國の君のしるし
きくこそみくにのきみのしるし

二
その名もゆかしき大和櫻あさ日に匂へる
清き色を鏡となしてん 肝にそめて
櫻ぞみくにの民のこゝろ
さくらぞ皇國のたみのこゝろ

三
仰げば尊し冨士の高根千秋不滅のゆきのみさを
いしずゑ揺がぬ 國のすがた
冨士こそ大和の山のつかさ
ふじこそやまとの山のつかさ

卒業式の歌

加部巌夫 作歌
納所辨次郎 作曲

一
日數をかさね年を積み學びの庭に
ふみならし物のことわり人のみち
導きたまひし師の恩を
いかでわすれんわが忘れめや

二
學のにはに年をつみ朝ゆふともに
まなび得しものゝ理人のみち
ひとつに盡して 國恩に
いかで報いんいでむくいまし

「卒業式の歌」

四季の月

鈴木弘恭 作歌
ウェーベル氏 作曲

一
櫻の枝にふけゆく月 霞のおくに傾くかげ
春の夜毎に見れど〴〵
あはれはつきぬものなりけり

二
深池の面にふけゆく月 蚊遣りのよそに傾く影
夏の夜毎に見れど〴〵
すゞしさそふるものなりけり

三
そよ吹く風にふけゆく月 雁なく空に傾く影
秋の夜ごとに見れど〴〵
哀しささそふものなりけり

四
氷の上にふけゆくつき 時雨の後に傾く影
冬の夜ごとに見れど〴〵
さびしさまさるものなりけり

＊『小學唱歌集』第三編「四季の月」（→五九頁）は同名異曲。ウェーベルはカール・マリーア・フォン・ウェーバー Carl Maria von Weber（ドイツ、1786-1826）。

「四季の月」

朋友

谷勤 作歌
ヒムメル氏 作曲

一
學の窗にはこゝろを研き
教の庭には力をあはせ
しめ結ふ友垣撓まずくちず花さく春をや
今より待たんはな咲くはるをやいまよりまたむ

二
月にも花にも袂をつらね
野遊び山狩りくつふみならし
たがひにしたしみ隔てもおかず 穂に出る秋をや
またるゝ尾ばなほに出るあきをやまたるゝ尾ばな

三

姿は變れどこゝろはおなじ
学びはたがへど目的は一ツ
朝夕友どちいそしみ勤めかつらのえだをも
たをれやたをれ桂の枝をも手折れやたをれ

＊『國教唱歌集』上「朋友」（↓一三〇頁）は同名異曲。

高き譽

佐々木光子 作歌
作曲者未詳

一

染めし紫なつかしく
松の操のいろ深く
高きほまれは今も世に
語りつたへてかぐはしや

二

簾かゝげし朝の雪
草の庵の夜の雨
たかき譽れは今もよに
かたり傳へてしのばしや

＊佐々木光子（一八五〇－一八九四）。

絲竹月花（三部輪唱）

小出 粲 作歌
ヒルトン氏 作曲

うたへ歌へやひとしくうたへ
いとあり竹ありたがはぬしらべ
月あり花あり樂めともに

＊ジョン・ヒルトン John Hilton（イギリス、1599-1657）

皇國の四季

足代弘訓 作歌
稲垣千頴 作歌
作曲者未詳

一

花杜鵑過ぎ行けば
月より雪にうつりつゝ
春夏秋も冬もみな
一年ながらあはれなり
ひと年ながらあはれなり

二

花には吉野あらし山
月には明石須磨の浦
越路のみゆき夏の冨士
みくにゝ多き其ところ
皇國に多き其ところ

皇統

谷 勤 作歌
メンデルソーン（ママ）氏 作曲

一

神代の昔も明治のいまも
變らぬ皇統の我大みかど
動かぬしるしの 三種の御宝
仰げや諸人 萬世までも

二

桜の花さく界をはじめ
潤はぬ人なしめぐみの露に
皇が御代〳〵しきます日本
光は及ばん異國までも

＊作曲者「メンデルソーン」はフェーリクス・メンデルスゾーン Jakob Ludwig Felix Mendelssohn (-Bartholdy)（ドイツ、1809-1847）。元歌はメンデルスゾーン作曲の祝祭歌「グーテンベルグ・カンタータ」（一八四〇）を編曲したクリスマス・キャロル。賛美歌九八番「あめにはさかえ」として知られる。

「皇統」

京の四季

稲垣千頴 作歌
高野 茂 作曲

花咲く春はひがし山
月すむ秋はかつら川
鳥羽田の早苗小野の雪
みやこにつきぬ
そのながめ

＊高野茂（一八四七－一九二九）は明治初期に活躍した箏曲家。華族女学校で箏曲を教授。

『小學唱歌』五　男生徒之部

伊澤修二 編

刊行：1893年9月17日 発行：大日本圖書株式會社　東京　縦225ミリ×横152ミリ 表紙＋扉＋76頁

五 上

＊五巻は一冊の中で上下構成。

地久節

税所敦子 作歌
林 廣守 作曲

一
あきのみやゐのおく深く
照る月かげは明けき
わが君が代にひときはの
ひかりをそふる鏡なり

二
その月かげのさしそめし
その日をいはふ地久節
千世よぶこゑは九重の
うちにも外にも響くなり

三
たかきいやしき少女子が
まことの道にすゝむべき
學のわざのあきらかに
なれるも君がみかげなり

＊地久節は皇后の誕生日。

宮城

谷 勤 作歌
作曲者未詳

一
いしずゑかたくすゑつべし
御柱ふとくたてつべし
萬代までもうごかじと
たゝへてほめて造るみや

二
明治のとしもはたちまり
ふたとせといふ年の春
うつりてませる髙みくら
いや遠ながく栄ゆらん

三
動かぬみよの宮ばしら
たれかは仰ぎまつらざる
御稜威もたかき寶田の
千代田の宮は千世のみや

行軍歌

小出 粲（ママ） 作曲
松本 長 作曲

一
進めやすゝめ 一トすぢに
猪逐ふ獵夫山を見ず
魚釣る海士は海を見ず
すゝめやともに号令と

二
進めや共にがうれいと
鳴神そばに落ぬとも
大山前にくづるとも
進めやすゝめ見ず聞かず

三
すゝめやすゝめ見ず聞かず
軍の神はたゞひとり
號令ありて敵を見ず
進めやすゝめ 一トすぢに

＊小出粲（つばら）は、石見浜田藩（現島根県）出身の歌人。松本長（一八七七－一九三五）。

春雨

會田安昌 作歌
作曲者未詳

一
のどかにそゝぐ春雨は
草木の花の父母ぞ
ちゝ母ともに雨露の
恵を深くかけぬらん

二
吾等もおなじ父母の
めぐみの露に潤ひて
學のまどにまなび得て
はなさき實る
身とならん

秋景

阿保暫庵 作歌
内田粂太郎 作曲

一
見渡す野邊の秋げしき
なゝ草千ぐさ花咲乱れ
吹く風薫りておく霜匂ふ
見渡すのべの秋景色

二
みわたす山の秋げしき
高嶺は風に紅葉を散し
麓は照る日に木實を晒す
見渡すやまのあきげしき

＊初出『小學唱歌』三（→八一頁）。

臣の鑑

加部巖夫 作歌
稲垣千頴 作歌
山田源一郎 作曲

一
楠公
七たび八回生きかへり
死にかへりても大君の
御楯となりし楠木ぞ
世々のかゞみとなりにける

二
名和長年
よるべもなみの荒礒に
みこゝろ砕きます君を
御船の上にとゞめしは
世にたゞよはぬ蹟なり

臣の鑑

加部巖夫 作歌
山田源一郎 作曲

三
兒島高德
謀りし事はかひなくて
舟坂山も杉坂も
空しくすぎて行宮に
ことばの花を咲せけり

四
小楠公
別れし父のをしへなり
いさめし母のみこゝろを
ただ一トすぢの暇みち
おもひいる矢ぞあはれなる

天長節歌

髙﨑正風 作歌
伊澤修二 作曲

一
天津日影はかはらねど 世のうき雲のゆきかひに
晴れみ曇りみ定まらで 七もゝとせになりぬるを
今はとおこる時津風 よものむら雲吹き拂ひ
豊栄のぼる御光を 仰ぐ御代こそ樂しけれ
君は千代ませ八千代ませ

二
大和錦のうるはしき 色もい〳〵よにほふべく
やまとだましひたぐひなき 光ます〳〵そひぬべく
開きたまへるもろ〳〵の 學びの道もなす業も
並び進みて月に日に 榮行く御代こそ樂しけれ
君はちよませ八千代ませ

三
萬の國もへだてじと 港のとざし開きたる
八洲の海のかぎりなく 廣き御心したひつゝ
大船をふね 國つもの積みて運へばとし〳〵に
民の煙もたちそひて 賑ふみよこそ樂しけれ
君はちよませ八千代ませ

四
惠の露のかゝらずば 民艸いかで榮ゆべき
この大昭代に生れすば このさちいかで得らるべき
玉の臺も柴の戸も 吾大君の萬代を
祝ふさかづきとり〴〵に 歌ふ今日こそ樂しけれ
きみは千代ませやちよませ

＊譜面の曲名は「天長節」。

國旗

阪正臣 作歌
酒井良忠 作曲

一
天津日影のくれなゐを
そめいだしたる此旗は
吾大君のくもりなき
御代の光をうつすなり

二
よその國まで輝ける
この日の丸の旗見ても
吾日の本の國民は
やまと魂みがくべし

和歌の浦

佐々木信綱 作歌
目賀田万世吉 作曲

一
和歌の浦わを来てみれば
昔の御幸おもほえて
なぎさの松の風清く
玉津島山なみしろし

二
わかの浦わを見渡せば
潮干の潟に打ちむれて
あしべの田鶴の友よばふ
ちよの聲〱面白し

豊年

服部元彦 作歌
作曲者未詳

一
吹かれて靡くよ 見渡す限り
サヤ〱ソヨ〱 秋田の風に
刈りたる稲をば車の上に
うれしや樂しや今年のみのり
二
こぼれていづるよ 碓ひけば
カラ〱コロ〱 簁のうへに
しあげし米をば俵の内に
うれしや樂しやことしの實り
三
うたふよ踊るよ何處の民も
ハヽ〱ホヽ〱 嬉しき庭に
翁もわらはも 樂しきにはに
うれしやたのしや ことしのみのり

＊F・H・バーセレモン François H. Barthélémon（フランス、1741-1808）作曲。『小學唱歌』三（→八二頁）。『朙治唱歌』第五集「瀧」（→六七五頁）は異名同曲。

朝

加部巌夫 作歌
ダイクス氏 作曲

一

空ゆく雲も水の音も
すみ渡りたる朝ぼらけ
かみ代のむかし天地の
開けし時もかゝりけん
二
艸木の色も鳥の音も
おのづからなる さまなれや
有明月のかげきえて
消ぬ間の露ぞうるはしき

＊『小學唱歌』三（→八二頁）。

来れや来れ

外山正一 作歌
伊澤修二 作歌

一
来れや来れやいざ来れ皇國を守れや
もろともに寄来る敵はおほくとも
懼るゝなかれおそるゝな
死すとも退くことなかれ
皇國のためなり君のため
二
勇めや勇めや皆いさめつるぎも大刀も
なんのその皇國を守るつはものゝ
身は鐵よりもなほ堅し
死すともしりぞくこと莫れ
みくにの爲なりきみのため

＊外山正一（一八四八－一九〇〇）。初出『朙治唱歌』第一集「皇國の守」（→六五〇頁）。二番一行目「大刀」は譜面では「たま」。

五 下

山家

小出粲 作歌
作曲者未詳

一
垣根の川に魚躍り
軒端の山に鳥遊ぶ
浮かべる雲はかえり見ず
求めぬ冨も餘りあり
二
峯には開く花の眉
岸には撫づる苔の鬚
盡せぬながめ山深く
浮世のおもひ水淡し

夏

西升子 作歌
目賀田万世吉 作曲

一
うの花くだし五月雨の
ふるもいとはで賤の女は
秋をたのもにおり立ちて
けふも早苗をとりぬなり
二
立寄り見れば涼しさに
夏も忘れて秋風を
松の木影に岩清水
むすびてけふも暮にけり

＊初出『小學唱歌』三下（→八三頁）。

琵琶湖

作歌者未詳
モリス氏 作曲

一
逢坂山を こえ来れば
木の間に見ゆる 鳰の湖
見渡す限は しらねども
先こそうかべ わがこゝろ
二
さゞ波ひろきみぎ左り
から崎粟津 瀬田片田
はなれてたてる 竹生嶋
いづこか名の なき所なる
三
昔は志賀の おほわだに
懐古の袂やしぼりけん
開くる今の 大御代は
進みてはやし 馬くるま

＊初出『小學唱歌』三（→八三頁）。『明治唱歌』第三集「初花」（→六六〇頁）は異名同曲。

三都

近藤芳樹 作歌
山田源一郎 作曲

一
むかし男のそのかみに
かゝる名は誰がよび初し
ふち瀬久しく 流れ来て
今ぞまことの 都鳥
二
柳のたもと 花のそで
夕色そふ かみぞのゝ
森をねぐらに 帰り来る
春のからすの うかれ聲
三
出づる百船いる千ふね
高津の宮の むかしより
かまど賑ふ みなとゝて
かぢの音せぬ ひまもなし

日本男子

佐々木信綱 作歌
納所辨次郎 作曲

一
千尋の海もうづむべし
千引の岩も 砕くべし
日本男子の 奮ひ起ち
爲すことなにか ならざらん
二
あらぶる獅子は倒すべし
怒れる鷲は挫ぐべし
日本男子の 奮ひ起ち
爲すこと何か 成らざらん

＊「日本男子」の読みは、「やまとをのこ」。

秋

佐々木弘綱 作歌
加部厳夫 作歌
依田辨之助 作曲

一
暑しあつしと わぶるまに
年の半も 過ぎにけり
ひまゆく駒の 轡虫
はやきのふけふ音にたてゝ
二
霞みていにし 雁がねは
秋もなかばを 過ぬれば
霧たつ空に 鳴きつれて
はやきのふ今日 わたり来ぬ

矢玉は霰

作歌者未詳
伊澤修二 作曲

一
矢玉は霰とふる中を進めや益荒男
後るなよ たとひ命はすつとても
皇國の民の雄々しさを
見せよ示せや其のをゝしさを
二
數萬のつはもの抜きつれてきらめく
稲妻ときの聲 人の驚くいくさして
皇國の民のをゝしさを
見せよしめせや其雄々しさを

＊初出『中等唱歌集』（→六八五頁）。（里見義作歌。）

我日本

林 甕臣 作歌
メスフェセル氏 作曲

一
天地ひらけし
始のときゆ
變らぬ皇國
日の本こそは
二
皇代日嗣の
いにしへ今に

かはらぬ國がら
日本こそは

＊アルベルト・ゴットリーブ・メスフェッセル。初出『小學唱歌』三下（→八四頁）。

教育勅語拝讀之歌

阪 正臣 作歌
作曲者未詳

一
千代田の宮にちよかけて
世をしろしめす大君の
くだしたまへる御ことばに
よろづの民の萬世も
よるべき道はそなはれり
行くべき道は具はれり

二
ひとりの君をいたゞきて
二人の親をかしづきて
いもせ同胞友がきも
睦みあひつゝ 御教に
そむかぬまこと 顯さん
違はぬ誠顯さん

三
瑞穂の國に生まれ来て
大御宝の名を得つゝ
御代を守らむ 吾ともの
みちのしるべの みことのり
仰ぎてよまん 春の日も
俯しておもはん 秋の夜も

＊譜面の曲名は「勅語」。初出『小學唱歌』三下（→八四頁）。

須磨明石

作歌者未詳
芝 葛鎮 作曲

一
松風きよき 夕波に
月もよせ来る須磨の浦
関屋はあとも殘らねど
人の心や とまるらん

二
波間にしづく 秋の夜の
月のひかりの明石がた
昔はそこの白珠を
あまの男狹礒やかづきけん

＊初出『小學唱歌』三下（→八四頁）。

靖國神社

谷 勤 作歌
目賀田万世吉 作曲

一
明治の御代のをさまりて
みやこもひなも しづけきを
おもふにつけて苅菰の
乱れし世こそ ゆゝしけれ

二
みくにのために消し身の
よみぢもやすきやすくにの
いがきのうちにしづまりて
のちのよ永くてらすなり

三
ことあるをりは誰もみな
いのちをすてよ君のため
おなじく神と祭られて
御代をぞやすくまもるべき

＊初出『小學唱歌』四（→八七頁）。

美術國

阪 正臣 作歌
マクノートン氏 作曲

一
皇國のほまれ 数多ある
中にも画かき ものきざむ
すぐれしたくみ 妙なるちから
よそには類ひ なかるべし
勤めはげめ いまより
のちも いやましに

二
すまへる國のうるはしき
すがたにあえて おのづから
やさしきこゝろ 優なる想ひ
つくれる物に 見ゆるなり
つとめ勵め いまより
後も彌ましに

＊ジョン・H・マクノートン作曲、新聖歌四三三番「天つ眞清水」。一九五四年版『讃美歌』では、二一七番「あまつましみず」。初出『小學唱歌』三下（→八四頁）。

『小學唱歌』六　男生徒之部

伊澤修二 編

刊行：1893年9月17日 発行：大日本圖書株式會社　東京
縦228ミリ×横154ミリ 表紙+扉＋70頁

六 上

＊六巻は一冊の中で上下構成。

上野公園

加部厳夫 作歌
バンディー氏 作曲

一
山杜鵑血に啼きし
その五月雨の暗きよも
今はむかしの物語り
忍ぶが岡こそをかしけれ。

二
紅葉に花にみや人の
くるまもたえず集ひ来て
雲の上野に袖かへす
君が御代こそ樂しけれ

＊『小學唱歌』四上（→八五頁）。

雪

林　甕臣 作歌
作曲者未詳

一
ゆきほど白き物はなし
雪ほど清きものはなし
こゝろを雪に倣へかし
心を雪にすゝげかし

二
ゆきをば積みて學びてし
昔の人のためしあり
雪ふる夜半も怠るな
むかしの人にならへかし

屯田兵

小田深臧 作歌
作曲者未詳

一
はても限りもえぞ知らぬ
蝦夷の荒野に身をよせて
國の冨をばますらをが
開く田面ぞたのもしき

二
事し起らばつるぎ大刀
起ちて揮ひて夷らに
みいつ見せんときたひたる
北のおさへぞいさましき

日本三景

鈴木重嶺 作歌
作曲者未詳

一
島てふしまは多かれど 松島こそは愛たけれ
小舩をさして眺むれば 何れの島もちよやちよ
松の茂らぬかたぞなき 松島こそはめでたけれ

二
嚴島こそをかしけれ 右も左もならびたつ
燈籠てふもの数しれず み社近く音もなき
波打ちよせてこゝかしこ いはん方なきけしきやな

三
與謝の浦わに来て見れば 舩のほのかに霞立ち
御代のどかなる様見えて 寄せ来る波も音ぞせぬ
松たち並び景色よき 天の橋立たぐひなや

＊初出『小學唱歌』四上「日本三景」（→八五頁）。

習へや

鳥山 啓 作歌
モッス氏 作曲

一
習へやならせや銃丸うつ技
ならせや習へや大刀とる道
文讀みふみかく其間にも
たま撃ち大刀執り身を練るべし

二
磨けやみがけや劒の大刀
心なゆるしそ 猛夫の徒
あだ波さわがぬ御代なりとも
おもはぬ暴風のたちもやせん

＊鳥山啓（一八三七－一九一四）。

夕景

阪 正臣 作歌
作曲者未詳

一

夕日の影をはねにうけて
ねぐらをさして歸る空は
われらも行きて樂しき家に
手あしを休めあすをまたん

二

なすべき業をつとめ終り
いへ路をさして歸る空は
こゝろにかゝる雲こそなけれ
夕づきかげも笑むににたり

＊一番二行目「歸る空は」は、譜面では「とりはかへる」。

磯山もと

竹屋雅子 作歌
作曲者未詳

一

磯山もとのあさぼらけ 朝日のかげは
見え初めて唐櫓漕ぎつれ船人の
沖邊をさしていそぐなり
おきべをさして急ぐなり

二

いそ山もとの夕まぐれ ゆふ日の影を
のどかにも片帆にうけてふな人の
岸邊をさして歸るなり
きしべをさして歸るなり

＊竹屋雅子（一八六六－一九一七）。

母の思ひ

山田美妙 作歌
作曲者未詳

一

出づれば送りてかげをながめ 歸れば門邊に立ちて
迎ふ 盡せぬ情を そゝぐ笑顔 あだには得ならじ
母の思ひ あだにはえならじはゝのおもひ

二

頬すふ口にもこもる情うつ手の下にも餘るなさけ
肌にて温むる 夜半の臥戸 あだにはえならじ
母のおもひ あだには得ならじはゝのおもひ

三

優しき涙の露に濡れて 幼きはつ花園に香ふ
我身を忘れて子をし思ふ あだには得ならじ
母のおもひ あだにはえならじ母の思ひ

＊二番最終行の「はゝのおもひ」は、譜面では「ははのめぐみ」。

歳暮歌

小出 粲 作歌
スミス氏 作曲

一

この年この日惜むべし
おち葉は枝にかへりこず
流れは淵にとゞまらず
この月この日惜むべし

二

此月このひをしむべし
きのふの吾はわれながら
あくる日けふの日にあらず
このとしこの日惜むべし

＊譜面の曲名は「歳暮」。

海山

谷 勤 作歌
メンデルソーン（ママ）氏 作曲

一

島山遠くにはよく晴れて
限りもなみの千尋の海や

二

白雲かゝるさかしき山を
仰げば高し松原ごしに

＊「メンデルソーン」はメンデルスゾーン。

岩清水

晃山樵夫 作歌
メーン氏 作曲

馬より下りて兜をとり
遥にをがむ都のかた
弓もて岩を衝き破るや
忽清水はしりわきぬ
たけし〳〵 武將のまごゝろ
天より賜びし清きしみづ

四の時

鳥山 啓 作歌
作曲者未詳

一

山風はやみ雪かとばかり
桜の花のちりしく坂を
越えてし来れば履こそ薫れ

二

いろくず遊ぶ木影の池に
白珠ちらし噴きづる水を
見つゝし居れば心も涼し

三

錦やさらす綾をやしける
真萩の花のさきちる野路を
分けてし行けば袖こそにほへ

四
散りかふ花か降り来る雪か
はなゝす雪の木の下道を
さしてし来れば傘こそ重れ

六　下

今の世

服部元彦 作歌
作曲者未詳

一
今の世は如何なる
時ぞ徒に爲す事
なくてあるべきか
起てよ我とも
振へよひと〴〵

二
諸共に日の本のため
君が爲め力を竭し
勵みつゝ高き功を
殘せやひと〴〵

春の惠

阿保暫庵 作歌
シェルウォン氏 作曲

一
花に鳴くとり水に住む虫
をりを忘れず歌ふとぞ聞く
ましてあはれを知れる世の人
春を空しく過しやはする

二
山になく鳥こゑものどかに
そのに咲く花色もかぐはし
こゝろ隔てぬ庭の友がき
とけて語らふ春ぞ樂しき

三
岸の柳は雨にいろまし
にはの櫻は風に散りかふ
ふるも晴るゝもながめ盡せぬ
春の惠みの深き君が代

尚武

谷 勤 作歌
作曲者未詳

一
雄々しや丈夫吾大君の
勅のまに〳〵山越え野行き
わが門過れど内にも入らず
顧みせざらん妻も子をも

二
敵に向ひて後は見せず
進みて入るべし水にも火にも
皇國の爲には身をさへわすれ
劍の光を世にこそてらせ

卒業式の歌

加部厳夫 作歌
納所辨次郎 作曲

一
日數をかさね年を積み學びの庭に
ふみならし物のことわり人のみち
導きたまひし師の恩を
いかでわすれんわが忘れめや

二
學のにはに年をつみ朝ゆふともに
まなび得しものゝ理人のみち
ひとつに盡して國恩に
いかで報いんいでむくいまし

商船

芙蓉 作歌
作曲者未詳

一
吾日の本のくにつ物めでたきかぎり
積み載せて愛たき限りつみ載せて
いそぐやこゝろ千里の外
残るや煙波路のうへ

二
見込に違はず外國人こゝろに深く
叶ひやせし心にあつくふさひやせし
價も問はず我先にと
争ひあひて買ひ去れり

三
思ふにまされる利益を得て帰るや東
日の出の旗かへるや東日の出のはた
あなのどけしの千里の海
あな心地よの波路の風

軍艦

鳥山 啓 作歌
山田源一郎 作曲

一
守るも攻むるもくろがねの
浮べる城ぞたのみなる
うかべる此城日の本の
皇國の四方を守るべし

真金のその船日の本に
仇なすくにを攻めよかし

二
石炭のけむりはわたつみの
龍かとばかり靡くなり
彈丸うつ響はいかづちの
聲かとばかりとよむなり
萬里の波濤を乘り越えて
みくにの光りかがやかせ

「軍艦」

朋友

谷　勤 作歌
ヒムメル氏 作歌

一
學の窓にはこゝろを研き 教の庭には力をあはせ
しめ結ふ友垣撓まずくちず 花さく春をや
今より待たんはな咲くはるをやいまよりまたむ

二
月にも花にも袂をつらね 野遊び山狩りくつふみならし
たがひにしたしみ隔てもおかず 穂に出る秋をや
またるゝ尾ばな ほに出るあきをやまたるゝ尾ばな

三
姿は變れどこゝろはおなじ 學びはたがへど目的は
一ツ
朝夕友どちいそしみ勤め かつらのえだをも
たをれやたをれ 桂の枝をも手折れやたをれ

＊初出『小學唱歌』四（↓八八頁）

四季の月

鈴木弘恭 作歌
ウェーベル氏 作曲

一
櫻の枝にふけゆく月
霞のおくに傾くかげ
春の夜毎に見れど〳〵
あはれはつきぬものなりけり

二
深池の面にふけゆく月
蚊遣りのよそに傾く影
夏の夜毎に見れど〳〵
すゞしさそふるものなりけり

三
そよ吹く風にふけゆく月
雁なく空に傾く影
秋の夜ごとに見れど〳〵
哀しさ添ふるものなりけり

四
氷の上にふけゆくつき 時雨の後に傾く影
冬の夜ごとに見れど〳〵
さびしさまさるものなりけり

＊「ウェーベル」はウェーバー。初出『小學唱歌』四（↓八八頁）。

古戰場

作歌未詳
ベルチニー氏 作曲

一
引かへさじと争ひし
荒野の末をとめ来れば
ゆみはり月に雁啼きて
靡くもあはれはた薄

二
淺茅蓬にところ得て
すだく鈴虫轡むし
それとまがひて聞ゆれど
駒の嘶るこゑはなし

皇統

谷　勤 作歌
メンデルソーン氏（ママ） 作曲

一
神代の昔しも明治の今も
變らぬ皇統の我おほみかど
うごかぬしるしの三種のみたから
仰げやもろ人よろづ世までも

二
さくらの花さくさかひをはじめ
うるはぬ人なしめぐみの露に
すめらがみよ〳〵しきます日のもと
光りは及ばむこと國までも

＊初出『小學唱歌』四下（↓八九頁）。

哀悼

山田美妙 作歌
作曲者未詳

一
かたみの諱なみだの種と
知りつつもなほよぶ
學の道の親とたのむ
君にいまわかれて

二
忘れぬ情とられしこの手
見るにつけまた泣く
手を取り持ちて教をたれし
君にいま別れて

三
なまじひ殘るかたみの文を
見るにつけ又なく
打連れだちて讀ぬる友の
きみに今わかれて

＊歌詞一番三行目「親とたのむ」は譜面では「親ともたのむ」。

愛たの花

晃山樵夫 作歌
作曲者未詳

一
あはれや盛りのさくら散るか〳〵惜しや
ちるよ嵐に散る花〳〵めでた〳〵の
はなちるは惜しや

二
あはれやさかりの桜散るか〳〵今は
ちるかさながら降る雪〳〵さそふ嵐の
庭散るはめでた

『祝祭日唱歌集』

上眞行・小山作之助・奥好義校閲

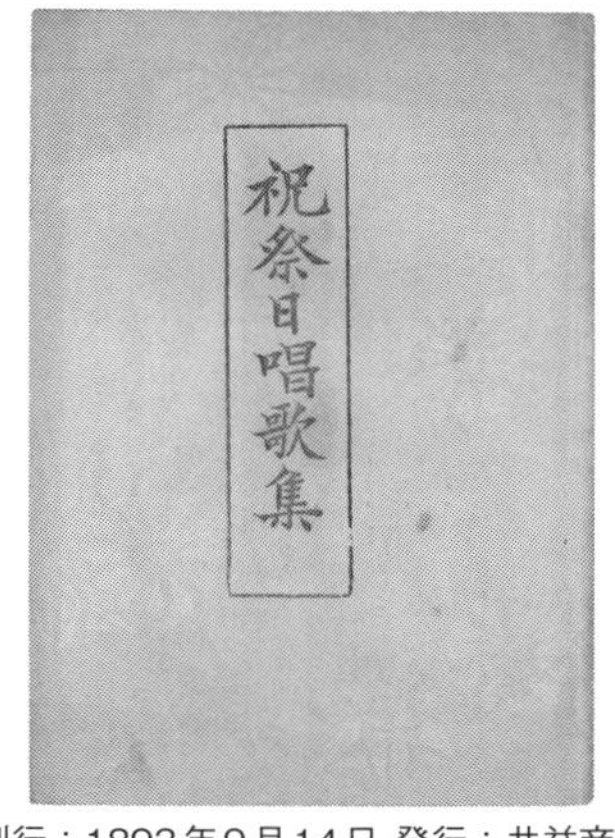

刊行：1893年9月14日 発行：共益商社書店　東京
縦220ミリ×横151ミリ 12頁（表紙共紙）
底本：1897年10月13日発行 6刷

君が代

古歌
林 廣守 作曲

君が代は。
ちよにやちよに。
さゞれいしの。
巖となりて。
苔のむすまで。

勅語奉答

勝 安芳 作歌
小山作之助 作曲

あやに畏き 天皇の。
あやに尊き 天皇の。
あやに尊く 畏くも。
下し賜へり 大勅語。
是ぞめでたき 日の本の。
國の教の 基なる。
是ぞめでたき 日の本の。
人の教の 鑑なる。
あやに畏き 天皇の。
勅語のまゝに 勤みて。
あやに尊き 天皇の。
大御心に 答へまつらむ。

＊勝安芳（勝海舟 一八二三－一八九九）。

勅　語

朕惟フニ我カ皇祖皇宗國ヲ肇ムルコト宏遠ニ徳ヲ樹ツルコト深厚ナリ我カ臣民克ク忠ニ克ク孝ニ億兆心ヲ一ニシテ世々厥ノ美ヲ濟セルハ此レ我カ國體ノ精華ニシテ教育ノ淵源亦實ニ此ニ存ス爾臣民父母ニ孝ニ兄弟ニ友ニ夫婦相和シ朋友相信シ恭儉己レヲ持シ博愛衆ニ及ホシ學ヲ修メ業ヲ習ヒ以テ智能ヲ啓發シ徳器ヲ成就シ進テ公益ヲ廣メ世務ヲ開キ常ニ國憲ヲ重シ國法ニ遵ヒ一旦緩急アレハ義勇公ニ奉シ以テ天壤無窮ノ皇運ヲ扶翼スヘシ是ノ如キハ獨リ朕カ忠良ノ臣民タルノミナラス又以テ爾祖先ノ遺風ヲ顯彰スルニ足ラン
斯ノ道ハ實ニ我カ皇祖皇宗ノ遺訓ニシテ子孫臣民ノ倶ニ遵守スヘキ所之ヲ古今ニ通シテ謬ラス之ヲ中外ニ施シテ悖ラス朕爾臣民ト倶ニ拳々服膺シテ咸其徳ヲ一ニセンコトヲ庶幾フ

明治二十三年十月三十日

御名御璽

一月一日

千家尊福 作歌
上 眞行 作曲

第一章
年のはじめの 例とて。
終りなき世の めでたさを。
松竹たてゝ 門ごとに。
いはふ今日こそ たのしけれ。

第二章
初日のひかり あきらけく。
治まる御代の 今朝のそら。
君がみかげに 比へつゝ。
仰ぎ見るこそ たふとけれ。

＊千家尊福（一八四五―一九一八）、上眞行（一八五一―一九三七）

「一月一日」

元始祭

鈴木重嶺 作歌
芝 葛鎮 作曲

天津日嗣の 際限なく。
天津璽の 動きなく。
年のはじめに 皇神を。
祭りますこそ かしこけれ。
四方の民くさ うち靡き。
長閑けき空を うち仰ぎ。
豊榮のぼる 日の御旗。
たてゝ祝はゝぬ 家ぞなき。

＊元始祭は一月三日宮中三殿で行われる儀式。

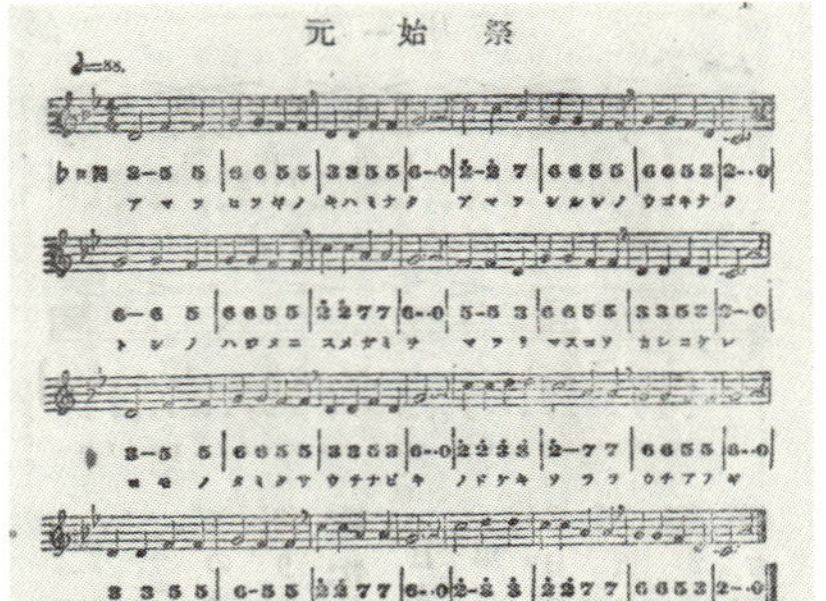

「元始祭」

紀元節

高崎正風 作歌
伊澤修二 作曲

第一章
雲に聳ゆる高千穂の。
高根おろしに草も木も。
なびきふしけん大御世を。
仰ぐ今日こそたのしけれ。

第二章
海原なせる埴安の。
池のおもより猶ひろき。
めぐみの波に浴みし世を。
あふぐけふこそたのしけれ。

第三章
天津ひつぎの高みくら。
千代よろづよに動きなき。
もとゐ定めしそのかみを。
仰ぐけふこそたのしけれ。

第四章
空にかゞやく日のもとの。
萬の國にたぐひなき。
國のみはしらたてし世を。
あふぐけふこそたのしけれ。

注意 第一章（武徳ノ頌）ヲ強壮ニ、
第二章（仁徳ノ頌）ヲ温和ニ。
第三章（皇基ノ頌）ヲ強壮ニ。
第四章（國体ノ頌）ヲ最モ強壮ニ唱フヲ可トス。

＊初出『中等唱歌集』（→六八三頁）。

「紀元節」

神嘗祭

木村正辭 作歌
辻 高節 作曲

五十鈴の宮の 大前に。
今年の秋の 懸税。
御酒御帛を たてまつり。
祝ふあしたの 朝日かげ。
靡く御旗も かゞやきて。
賑ふ御代こそ めでたけれ。

＊木村正辭（一八二七－一九一三）。

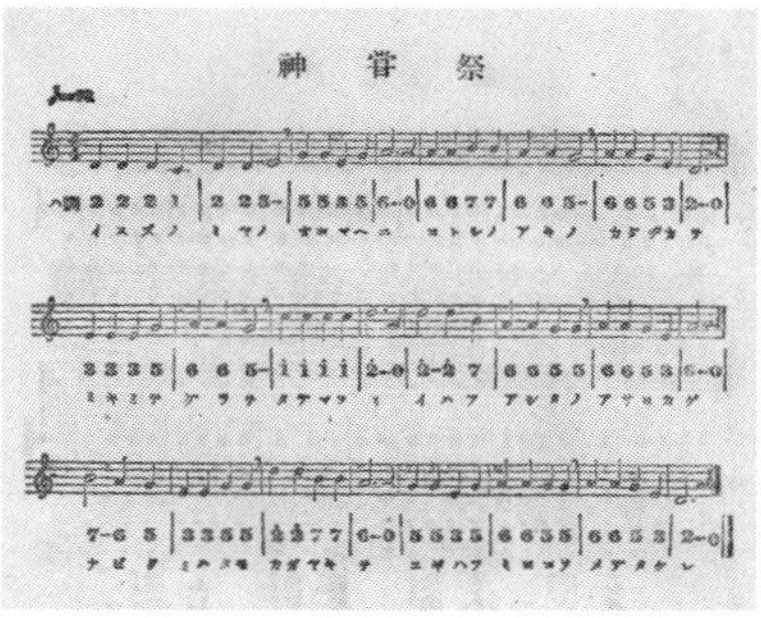

「神嘗祭」

天長節

黒川眞頼 作歌
奥 好義 作曲

今日の吉き日は 大君の。
うまれたまひし 吉き日なり。
今日の吉き日は 御ひかりの。
さし出たまひし 吉き日なり。
ひかり遍き 君が代を。
いはへ諸人 もろともに。
めぐみ遍き 君が代を。
いはへ諸人 もろともに。

＊黒川眞頼（一八二九－一九〇六）、奥好義（一八五七－一九三三）。

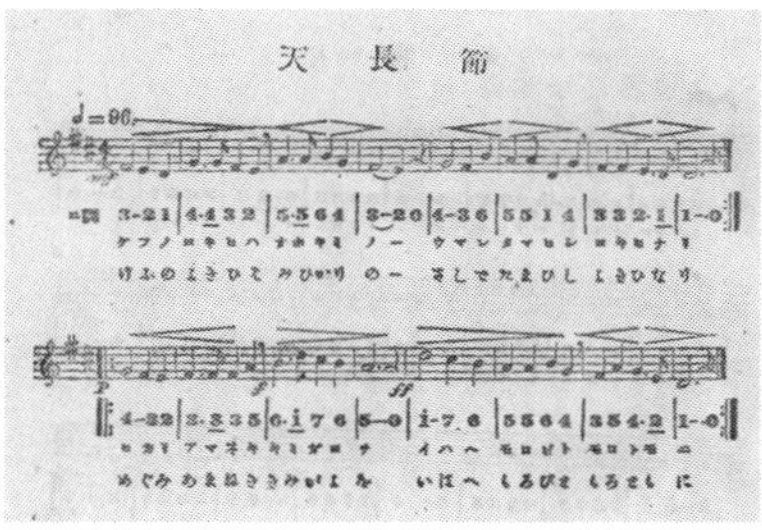

「天長節」

新嘗祭

小中村清矩 作歌
辻 高節 作曲

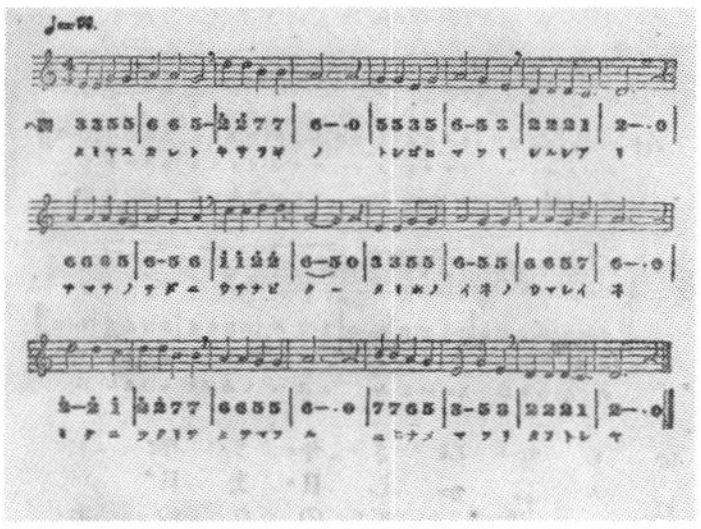

民やすかれと 二月の。
祈年祭 験あり。
千町の小田に うち靡く。
垂穂の稲の 美稲。
御饌につくりて たてまつる。
新嘗祭 尊しや。

＊小中村清矩（一八二一－一八九五）。

「新嘗祭」

参考：「祝日大祭日唱歌」の審査

一八九一（明治二四）年、文部省は東京音楽学校の村岡範爲校長宛に「祝日大祭日唱歌」の審査を求めた。審査には、黒川眞頼、野尻淸一、瓜生繁、上原六四郎、鳥居忱、上眞行、渡邊薫之助、篠田利英、佐藤誠實、ルドルフ・ディットリヒ、神津專三郎、林廣守、小山作之助、山井基萬、林廣繼、納所辨次郎らがあたった。その結果、『音樂雜誌』一八九三（明治二六）年五月号によれば、先に決定していた「紀元節」と「君が代」を除いた次の九曲が新たに選ばれたと報道されている。

「一月一日」千家尊福作詞 上眞行作曲
「元始祭」鈴木重嶺作詞 芝葛鎭作曲
「孝明天皇祭」本居豐穎作詞 山井基萬作曲
「春季秋季皇靈祭」谷勤・阪正臣作詞 小山作之助作曲
「神武天皇祭」丸山作楽作詞 林廣守作曲
「天長節」黒川眞頼作詞 奥好義作曲
「神嘗祭」木村正辭作詞 辻高節作曲
「新嘗祭」小中村清矩作詞 辻高節作曲
「勅語奉答歌」勝海舟作詞 小山作之助作曲

しかし、同年八月十二日付文部省告示では、「孝明天皇祭」「春季秋季皇靈祭」「神武天皇祭」の三曲は省かれていた。

◆資料 一八九三（明治二六）年に刊行された唱歌集から

『新編軍歌 附祝大祭日唱歌』奥好義編（刊行：十月 発行：天章閣）

『小學唱歌集』巻之壱、巻之弐 白井規矩郎撰（発行：普及舎）

◆三節　富国強兵と「唱歌」

改正徴兵令

明治維新ことに戊辰戦争の激震から、ようやく新しい気風が満ちてきた一八八二（明治一五）年末、十二月二五日付で、太政大臣三条実美によって兵備拡張の御沙汰書が下された。「世界の大勢から、国を保護するため、陸海軍の一層の拡張と、軍備を充実させる」、その為増税もやむを得ないという趣旨である。日本の近代国家をめざした「富国強兵」のスローガンが掲げられた。

明治二〇年にむけて具体構想が展開される。大きくは陸軍の連隊の増加と徴兵令の改正である。家を継ぐ長男は徴兵の対象外で、次男や三男がその対象となった。これに対し当時の新聞は、徴兵忌避のためさまざまな手段で抗う次男坊や三男坊の姿を伝える。一方で、教育と軍隊の類似をも指摘している。「さりながら學校教育は農工商に服する基礎を作るの傍ら、時を守り約を履むの習慣が知らず織らずの間に養成せらるるものなれば、軍人のごときも艱難に耐ゆることを得るの他に、時を守り約を履くむの習慣が養成せられて、農工商業のために、役に立つ」と説明し、近代が求める時間と契約の習慣化を身につける場として、学校教育と軍隊をあげている。すなわち当時、学校教育と軍隊を近代の特性を身につける場と理解していたと推測される。

明治二二年一月二二日改正徴兵令が官報により公布され、これまで対象から外れていた長男もふくめ「一七歳から二六歳までの男子は、すべて兵役に服するの義務あるとするもの」（総則第一条）つまり皆兵となった。しかし、学生ことに師範学校生徒を巡っては徴兵免除があったり、六か月にわたる服役期間の費用免除があったり、教員養成に苦慮していた政府によって抜け道も同時に存在した。

男子中等教育にみる行軍と軍歌

男子皆兵を先取りし、あるいは抜け道を先取りしたのが、男子中等教育の教育現場である。すでに明治一六年十二月の改正徴兵令で、官公立学校（小学校を除く）の歩兵操練科の卒業証書を持つ者に免除をほのめかす条項（第二章一二条）があり、歩兵操練を体操の教科に取り入れる試みが始まっていた。（注1）また文部省は明治一七年二月体操伝習所に、小学校で歩兵操練を課することの適否の調査を命じ、明治一八年には『文部省年報』で歩兵操練は兵式体操と名称変更をした。

男子中等教育で本格的に始動するのは明治一八年十二月に森有礼が文部大臣に就任し、兵式体操が学校教育に導入されてからである。

師範学校の対応は早かった。当時の教育雑誌『教育時論』や『教育報知』に連載で、東京師範学校の生徒行軍の様子がつぶさに載せられている。明治一九年二月一一日から一一日にかけて、下総國銚子港まで、生徒九九人が一中隊となって行軍した。途中で貝塚や歴史、周りの地勢や小作の現状、近傍の小学校の観察等の実地研修と実地訓練が行なわれた。当時の陸軍中将も参加して重隊中隊の発火演習や行軍隊形から戦闘隊形へと転換する訓練である。新調の軍服と軍靴で背にランドセル、肩に小銃を担い、喇叭の合図で行動し、これらは兵隊の行軍さな

（注1）本書に収められた歩操歌（アシナミウタ）（→六四頁）は、この時期のものと推測される。近代国家としての天皇と軍隊・公民の在り方を「国守」と表現している。

がらであった。疲労のため病人となったものもいたと記されている。この東京師範学校の生徒行軍を一つのモデルとし、師範学校の行軍はこの後各地に伝播する。埼玉県、和歌山県、高知県、広島県、愛知県の各県尋常師範学校で生徒行軍が実施された。

一方、『教育時論』第六一号には、第一高等中学校の行軍（総軍二三七名）が明治一九年十二月四日に行なわれ、歩兵操練で調子よく歩くには軍歌が大変都合がよかったことが記されている。担当教師であった鳥居忱は、「全隊『見渡し』の階名を唱ひ、次ぎに第一第二小隊は、其歌詞の小節、第三第四小隊は受けて次ぎのを唱ふ。舊歌（普通唱歌）新歌（鳥居氏作同校軍歌）各々交互に四曲宛を唱ひて止む。次ぎに同法に依り、『霞か雲か』の曲を唱ふて淀橋を渡り、中野に至る。此間凡そ八町、軍歌の聲洋洋として空中に響き、足並の音トウトウとして地上に轟く。是に於いてか全軍疲労を忘れ、軍氣勃然として震ふ。軍歌の軍隊に必要なる實に驚くに堪たり」と軍歌を伴った行軍の様子を記している。

この行軍軍歌は、唱歌科と兵式操練がまさに融合したスタイルであった。しかし楽曲は、音楽取調掛編の唱歌集の楽曲は「足踏距離縮り、自然と軍氣の萎微する」ため、むしろ口承の俗謡が手直しされた軍歌のほうが行軍に適当であった。後年、鳥居忱は『教育時論』誌上で、「軍歌は聲曲を軍事上に利用せるものなり」と定義づけている。

行軍と唱歌が結びつく二つ目の事例は、明治二〇年五月に行われた埼玉縣尋常師範学校の不時行軍である。軍歌に相当する記述は「適宜運動一齊唱歌を為す其挙皆勇壮活発ならざるはなし尋で」と『教育時論』七七号に記載されている。「運動一斉唱歌」が軍歌であったろうと推測はつく。

集団が行進するときに歌をうたう習慣は近世、江戸時代にはなかった。集団で行進すること、集団でうたうこと、行進しながらうたうこと、この三つの要素が組み合わさることはなかったのである。「運動一齊唱歌」とはまさに言い得て妙である。集団で行進することは兵式操練がもたらした。ここに唱歌が加わり、軍歌が生まれた。

小学校の隊列運動

小学校では一八八六（明治一九）年四月の学校令で、体育科は遊戯、徒手体操、軽体操（手具体操）、隊列運動と規定され、教育現場での要求であった軍歌は運動歌という名称で小学校にも伝播する。その晴れ舞台が、運動会や体操会であった。

明治一九年七月一日に、茨城県豊田郡水海道小学校の生徒大運動会が駅南報国寺において行なわれた。『教育報知』第三五号によると、水海道小学校校長渡邉武助は常々生徒の衣服改良を提唱していた。そこで一般洋服に改めた全校生徒四百余名を、兵式に五隊に編制（男三隊、女二隊）しなおして、隊長及び喇叭手、旗手等の兵式にならって紀律整然を行ったという。女子の体操などは喝采を博した。その時運動の際、全体にうたわせたのが「来たれや来たれ」で歌詞は小学校校長渡邉の作であるという。どうやら小学校段階の団体行進では「運動歌」「体操歌」と名付けられたものが、唱歌と軍歌の移行的存在としてあったと推測される。

明治一九年から同二三年までに『運動歌』『体操歌』と名づけられた唱歌集が出版されている。それらの緒言から目的を要約してみると、行進にあたり志気昂揚のため「運動の時唱してその勢力を助くべき爲に作れるものなり」とか、軍歌に代わる児童の歌として「今の童の軍人の唱へる軍歌と云ふものを眞似て唱へるなも幼稚き兒童の唱ふによろしからず」と記されている。

これらは小学校児童の行軍を明らかに意識したもので

『小學唱歌』一「習へや」挿絵

ある。しかし、行軍ではなく運動という言葉が使われた理由として、対象者の違いがある。中等学校は男子のみが教育対象であったが、小学校の場合は女子も含む。男女別の指示が必要となる。男児は隊列行進の際歌いながら常歩または駆け足を行ない、女児は歌い毬をつく。軍歌と毬つき歌の総称が運動歌となる。その旋律は簡単な兵隊節か「ヒトツトヤ」が多かったと言われている。

体育令と軍歌

日清戦争が現実のものとなった明治二七（一八九四）年九月一日に文部大臣井上毅の名で文部省訓令第六号、通称体育令が出される。その第二項に軍歌についての記述がある。

小學校ニ於ケル體育及衛生
文部省訓令第六号　北海道庁府県
二　高等小學校男生徒ニハ兵式體操ヲ課スルノ際軍歌ヲ用ヒ躰操ノ気勢ヲ壮ニスルコトアルベシ又随意科トシテ簡單ナル器械體操ヲ授クベシ

この体育令が出るに及んで軍歌は学校教育と深く絡んでくる。軍歌はあっという間に小学校に入り込んだ。時流を反映し男子生徒が学校で軍歌ばかり歌うという記事が『音樂雑誌』に七月頃から載せられている。また身近に戦争がせまってくると、出征兵士を送るために学校の校庭が使われたりもした。

そのような状況下で、男子生徒の体力増強と洋服着用をめざしたこの体育令は好意的に受け取られていった。この時期の雑誌『教育時論』及び『教育報知』を重ねてみると、前述した体育令の第二項の意図は「意義明瞭」と簡単にまとめられ、むしろ「実施に當たってもっと適當な軍歌を作成してほしい」とか、ここ（体育令）では高等小学校男子と限定されているが、低学年にも現実には波及しているので「これを遊戯の形で行いたい」とする希望や、さらには「女子にもふさわしい軍歌がつくられるべきだ」とする意見も出てきていた。

『大捷軍歌』と認可制度

学校教育で使われ大好評であったのが、明治二七年十一月に出された山田源一郎編『教科摘要　討清軍隊大捷軍歌』（→一〇六頁）（注2）である。『大捷軍歌』について、当時、東京師範学校の唱歌科教師であった田村虎蔵はその様子を次のように講述している。

「仝廿七年十一月、大捷軍歌と題したる小冊子初編である。（中略）所謂際物的ではあったが、この軍歌の我國小學校兒童に歓迎せられたことは、是亦空前の盛況であった。この影響は實に廿九年、三〇年にまで亘って、一時小學校の唱歌教材は、この軍歌を以て充たされ、他の唱歌教材は殆ど顧ざる迄に陥って仕舞った。」

このように唱歌教育の指導的な立場から田村は杞憂を述べているが、現実には『大捷軍歌』は圧倒的に流行した。

しかし、『大捷軍歌』はこの時点では、教科書として検定を通過しているわけではない。体育令では軍歌を認める一方、教科書としては検定教科書ではない。学校教育で使われる楽曲は検定済みの教科書か認可を受けたものでなくてはならない。そこで認可制が適用されることになり、明治二七年十二月一四日付けで静岡県から出された二四曲の軍歌採用許可が認可される（→一〇八頁）。その直後と言える明治二七年十二月二八日文部省訓令第七号が出る。祝日大祭日唱歌だけでなく、さまざまな楽曲が教材として可能となった認可制度の実質的なスター

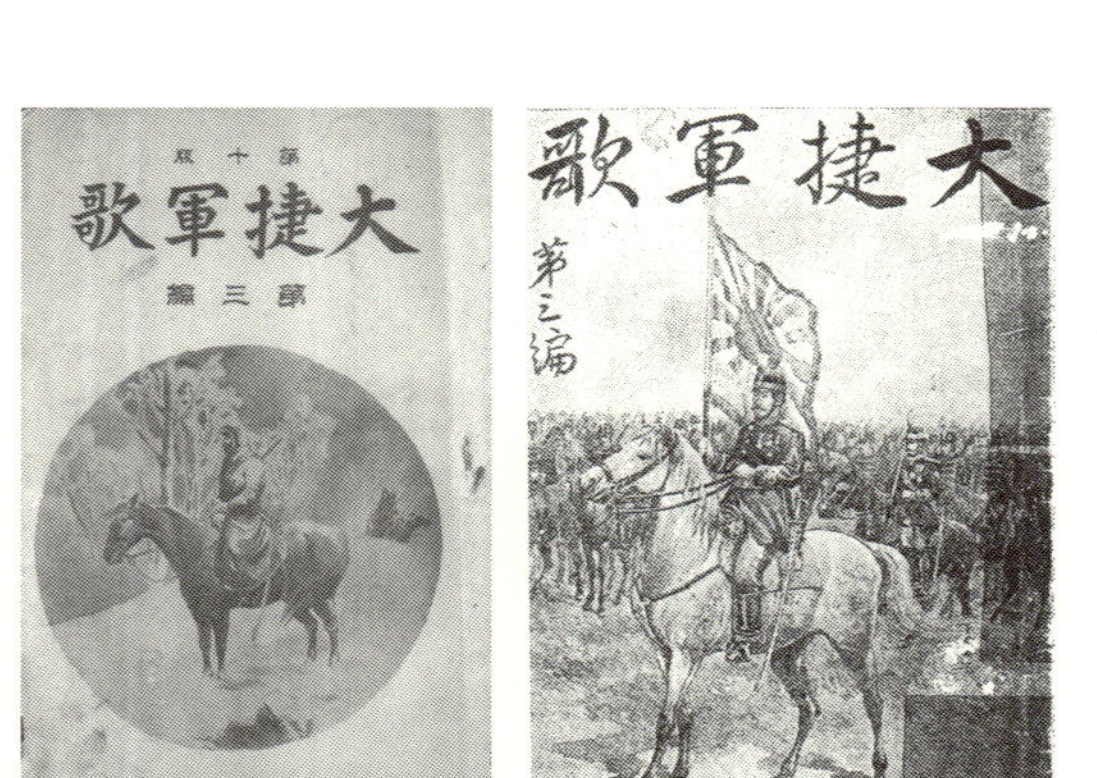

「大捷軍歌」第３編第10版（左）と初版（右）の表紙

（注2）本シリーズの通称「大捷軍歌」には版により「教科適要（適用）」「討清軍隊」という角書等が付くケースがある。また表紙に描かれた絵も多様であった。

トである。

小學校唱歌用歌詞樂譜採用ノ制限

明治二七年十二月二八日

文部省訓令第七号

北海道廳府縣

小學校ニ於テ唱歌用ニ供スル歌詞樂譜ハ本大臣ノ検定ヲ経タル小學校教科用図書中ニアルモノ又ハ文部省ノ撰定ニ係ルモノ及ビ地方長官ニ於テ本大臣ノ認可ヲ受ケタルモノゝ外ハ採用セシムヘラス

但他ノ地方長官ニ於テ一旦本大臣ノ認可を経タルモノハ此限リニ在ス

本事典においては、資料として年度毎につけられた「検定・認可済歌曲（集）」（一〇八頁〜）にまとめてあるが、日清戦争を反映して軍歌採用許可願いが続いた。なかでもピークは明治二七年十二月一四日から二九年四月までであった。前述の田村虎蔵の指摘「この影響は實に廿九年、三〇年にまで亘って、一時小学校の唱歌教材は、この軍歌を以て充たされ、他の唱歌教材は殆ど顧ざる迄に陥って仕舞った」という記述はまさにこのことを指し示している。

ところが、日露戦争時になると、認可済み歌曲となった六〇曲のうち軍歌は二〜三曲である。この点から軍歌が採用許可願いを通じ教材として熱狂的支持を得たのは明治二七年十二月から二九年四月までの一年半ということになる。明治二七年九月一日の体育令が出た以降の現象であることは明白である。

まとめ

ここでは男子中等教育の教育現場で行なったことが、唱歌科教育全体の質的変容を引き起こしたことを、徴兵制度あるいは日清戦争そして軍歌採用許可願い制度に沿って述べた。はじめ操練や行軍は喇叭手とともに軍隊の方式で行われたが、経験から軍歌を伴ったほうがやりやすいことがわかった。名称も初期段階では歩操歌（アシナミウタ）・行軍軍歌や運動一斉唱歌などと呼ばれ、唱歌科と体操科の融合の様相を呈していた。しかし、音楽取調掛が編纂した唱歌集よりむしろ口承の俗謡が手直しされた軍歌のほうが行軍には適当であった。男子中等教育でのこの新しいスタイルは小学校にも伝播した。運動歌と言われる中間形態のものがこれである。

明治二七年九月一日に通称「体育令」が出され、軍歌は学校教育で認められるようになる。しかし一方で学校教育に使われる楽曲は検定済みの教科書か認可を受けたものでなくてはならない。すでに祝日大祭日儀式唱歌をめぐって明治二四年十月八日の文部省訓令第二号が「唱歌用ニ供スル歌詞及樂譜ハ―中略―北海道廳長官府縣知事於テ預メ本大臣ノ認可ヲ経ベシ」と規定していた。この規定がそのまま軍歌に適用されてゆく。おりしも日清戦争と重なり、軍歌採用願いは明治二七年十二月一四日から同年二九年四月にピークをむかえる。

日清戦争終了後、認可制度を通過してゆく楽曲は、軍歌でも祝日大祭日唱歌でもなく、時々に流行る新しい傾向の楽曲である。認可制度が示していたのは、法規や制度が制定されたそれぞれの時期が孕んでいた思惑は、ある時点を通過すると、制度のみが残り機能し続けるということであろう。

「富国強兵」のスローガンは男子中等教育を直撃した。そして、日清、日露戦争を駆け抜けたその勢いは、軍歌、唱歌という新たな民衆エネルギーを創り出していったのである。

【江﨑公子】

一八九四（明治二七）年

『教科摘要大捷軍歌』初篇

山田源一郎編

刊行：1894年11月1日　発行：十字屋書店、増子屋書店、開新堂書店　東京　縦188ミリ×横129ミリ　19頁　底本：1896年4月6日訂正6版　＊十字屋書店は訂正4版より参加。（表紙は訂正5版）

緒　言

日清事起ルヤ宣戰ノ詔勅發セラレ次デ車駕西幸トナリ大元帥陛下親シク軍旅ノ統率ヲ行ハセ給フ今ヤ我遠征軍隊ハ久シク異郷ニ在ツテ種々ノ辛酸ヲ嘗メ陸ニハ成歡平壤ニ海ニハ豐島黄海ニ能ク險峻怒濤ノ危機ヲ冒シ砲煙彈雨ノ死地ニ立チテ偉大ノ勳功ヲ顯ハセシハ内外諸國ノ等シク稱揚慶賀スルトコロニシテ我帝國ノ臣民タルモノ誰レカ　陛下ノ威德ヲ仰ギ軍隊ノ功勞ヲ感謝セザラン宜シク義勇奉公以テ臣民タルノ本分ヲ盡スベキナリ殊ニ我輩教育者ニ在ツテハ勇武ナル國民ノ相續者タル第二國民ヲ教養スル責任アルカ故ニ小國民ヲシテ奮テ義勇奉公ノ壯志ヲ誘興シ敵愾ノ心ヲ喚起セシムル方法ヲ講セザル可ラズ因テ同志ノ士ト諮リ勇壯ナル軍歌ヲ公ニシ以テ聊カ軍國ニ於ケル教育者タル本文ノ一端ヲ盡サント欲ス即チ茲ニ本編ヲ草スル所以ナリ

本編ハ無定時刊行ノモノナレトモ今後我遠征軍隊ノ捷報臻ルコト必然ナルヲ信ジ即チ期ニ臨ミ直チニ必要ナル軍歌ヲ新作シテ之ヲ世ニ公ニスベシ又從ツテ起ル我忠勇ナル軍士ノ偉大ナル勳功其他名譽ノ行爲等ハ總テ之ヲ本編中ニ併セ収メ以テ我國民ノ忠君愛國ノ士氣ヲ發揚センコトヲ期ス

明治二十七年十月　　編者識

豐島の戰

小中村義象　歌詞
納所辨次郎　樂曲

第一節

鷄のはやしに風立ちて
ゆきゝの雲の脚はやし
吉野浪速秋津洲
探る牙山の道すがら
七月二十有五日
あかつきふかく立つ霧の
ほのかに見ゆる敵艦は
名に負ふ濟遠廣乙號

第二節

彼より打ちだす彈丸に
怒るは人と神のみか
浪さへあらぶる豐島海
我が軍いかでかためらはむ
互にたゝかふ程もなく
逃ぐるやいずこ彼の二艦
追へどもおへども　散々に
行方もしらずなりにけり

第三節

忽ち見ゆる二艘のふね
牙山をさしていそぐなり
勝ちに乗りたる我がふねの
進みすゝみてとりまけば
白旗高くさし立てゝ
先ずこそ降れ操江號
打ち出す我が砲一發に
高陞號は沈めたり

第四節

折しも波風をさまりて
淸き喇叭の聲おこり

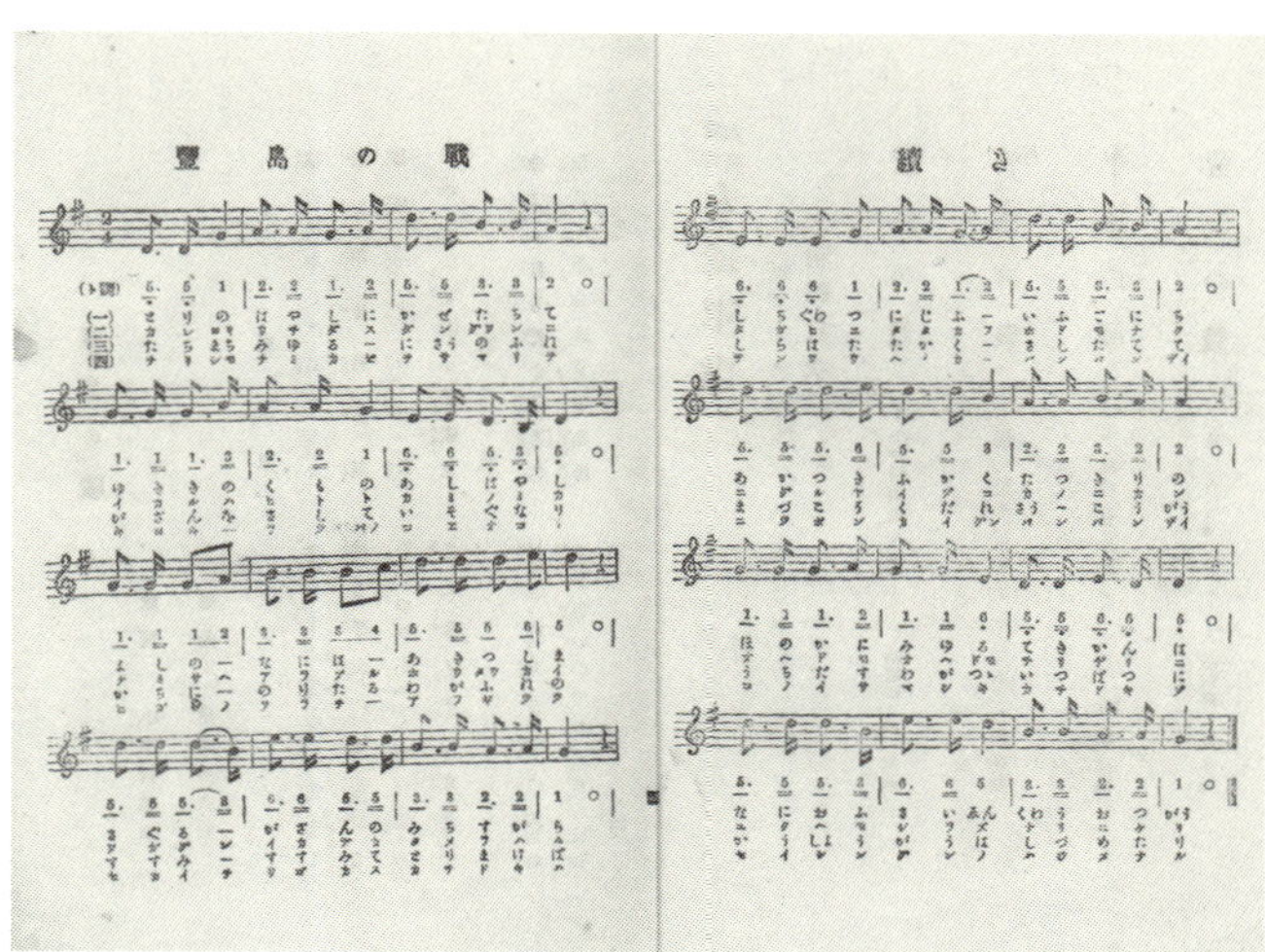

「豐島の戰」

ひがしの空をあふぎつゝ
世界を動かすかちどきは
天皇陛下萬々歳
日本海軍萬々歳
このいさましき勝鬨ぞ
征清軍のはじめなる

＊小中村義象（一八六一－一九二三）。

成歡の戰

坂〔ママ〕正臣　歌詞
鈴木米次郎　樂曲

第一節
知らずや日に々々文は進み
武も亦かゞやく日本海
隔つる隣の國を救ふ
仁義の戰の勇ましさを

第二節
韓廷ちからを我れに仰ぐ
いざ先ず牙山の敵を逐へと
七月二十七まだ夜深く
三軍粛々枚をふくむ

第三節
彼等が爲には安城渡も
味方の渡れば憂き瀬となり
伏勢起りて飛び來る丸
松崎大尉は嗚呼惜むべし

第四節
勇士の最後に士氣は奮い
奮撃血戰明行くそら
再びきこゆる砲のひゞき
煙に天地もかきくもりぬ

第五節
雄詰ぶ聲には山も崩れ
榴彈はてなば敵は微塵
固より命を皇と國に
捧げしつはもの進み進む

第六節
一壘破れつ二壘もまた
落散る木の葉の秋の林
暴風なぎたる如くになり
跡には血の河骸の山

第七節
弱きを扶けて暴きを膺ち
幼きからくに導き行く
仁義にいでたる我がいくさの
捷ちしはまことに天の心

第八節
凱旋門下に迎ふる人
大島少將の手をとり〳〵
祝ふや日本の萬々歳
天皇陛下の萬々歳

＊鈴木米次郎（一八六八－一九四〇）。

平壌の戰

中村秋香　歌詞
奥　好義　樂曲

第一節
大砲小銃関の聲
天や崩るゝ地が碎くる
あな目覺しやおもしろや
大浪飜して衝入る皇軍
雪頽を打て亂るゝ淸兵

第二章
萬歳唱ふる勝鬨は
山を動かし谷を揺る
あな心地よや勇ましや
平壌城頭硝烟の隙に
仄々見ゆる朝日の御旗

＊中村秋香（一八四一－一九一〇）。

黄海の戰

鳥山　啓　歌詞
山田源一郎　樂曲

第一節
大孤の沖にはいかづちとよむ
海洋島にぞ村雲おこる
村雲おこるは火藥の煙
いかづちとよむは玉うつ響

第二節
玉うつひゞきも今うちたえぬ
火藥のけぶりのはれゆくあとに
黄龍の旗影みな消えはてゝ
朝日の徽章は海上てらす

第三節
そも〳〵この日の大戰争は
トラバルガルなる昔のいくさ
クリミヤ當時のたゝかひとても
三舎をさくべき愉快の勝利

第四章
あゝ我が海軍榮譽はたかし
嗚呼我が皇國威光はてれり
黄海あすとも其名はあせじ
黄海かるとも其名はかれじ

資料：文部省検定済曲集・認可済歌曲総覧

この記録は、『小學校教材研究』（社団法人・小學校教材研究會編、一九四〇年四月號）が取り組んだ特集「文部省検定・認可濟歌曲総覧」（文部省圖書局・中澤賢郎編）を基礎資料とし、文部省に報告された情報を整理し、各年度の末尾に【認可済歌曲】及び【検定済曲集】として再録する。

明治に教科書制度が発足し、一八八一（明治一四）年には府県が事前に文部省に届ける開申制度が、明治一六年には府県が文部省に認可を得る認可制度がとられた。明治一九年の小学校令で、教科書は文部大臣が検定したものに限るとされた。検定では法令による学科程度遵守が重要だった。しかし、「うた」としての唱歌には別ルールが発生した。「教科書」ではなく一曲の「うた」の認可である。明治二七年文部省訓令『小學校唱歌用歌詞及樂譜採用方』をよりどころに実施され、ひとたび申請が認可された唱歌・軍歌は全国どこの学校の教室でも歌うことができた。それは芸能科音楽と科目名が変更になるまで機能した。資料中の（尋）、（高）、（中）、（師）、（女）、（小）、（教）記号は、尋常小学校用、高等小学校用、中学校用、師範学校用、高等女学校用、小学校用、教師用のみ（児童用はない）を示す。【江﨑公子】

◆資料【一八九四（明治二七）年認可済歌曲】

＊**太字**は認可を求めた団体等、（認可月日）（校）（種）「曲名」

北海道廳（十一月二四日）（師）（高）：第三「ますらを」（第三に限る）

静岡県（十二月一四日）（小）：「海ゆかば」「凱旋」「進撃歌」「朝日に匂ふ」「進め矢玉」「水城」「日本男児」「別れの血しほ」「抜刀隊」「行軍」「水兵」「日本刀」「凱陣」「進撃」「護國の歌」「海軍歌」「行けども」「勝利」「観兵式の歌」「やまとしまね」「きるべし」「いざ進め」「學びの道」「功戰」

◆資料【一八九四（明治二七）年検定済曲集】

＊曲集名の後の（ ）内の年月日は、検定の対象となった版の奥付発行日。

『**小學唱歌集**』二冊 （尋）（教） 白井規矩郎撰 十一月五日検定（明治二六年十月一四日）

◆資料 一八九四（明治二七）年に刊行された唱歌集から

『**明治軍歌**』全 納所辨次郎、鈴木米次郎編（刊行：十一月 発行：博文館）掲載曲は次の通り。

「君が代」「皇統」「日本男児」「行軍」「旭旗」「歩兵」「大和心」「水兵」「喇叭の響」「清正」「大和魂」「日本刀」「東洋の光り」「凱陣」「此の戦ひ」「膺てや懲せや」「抜刀隊」「連戦連勝」「哨兵」「君の御稜威」「御国の民」「進撃」「軍旗」「往け往け日本男児」「国旗」「軍艦」「竜の旗」「火砲の雷」「招魂社」「大皇国」

『**歴史唱歌**』奥好義編（刊行：七月 発行：遏雲館）東京

『**新撰樂譜 戦闘軍歌**』白井規矩郎編（刊行：九月 発行：青野友三郎）東京

『**小學修身唱歌**』**上・下** 菟道春千代（柳原文盛堂）

『**婦人従軍歌**』菊間義清・奥好義（発行：井上藤吉）

一八九五（明治二八）年

『教科摘要大捷軍歌』第三編

山田源一郎編

刊行：1895年2月23日 発行：十字屋
増子屋書店、開新堂書店 東京
縦190ミリ×横128ミリ 14頁

雪夜の斥候

佐々木信綱 歌詞
納所辨次郎 樂曲

第一
天の川浪荒れたちて 音なき瀧や落くらむ
林も森も野も山も 皆白妙に成りはて丶
降りしく深雪をやみなく 更行く夜半の風つよし

第二
身を切るごとき眞夜風と はげしき吹雪をかしつ丶
敵の在所をさぐるべく 命ぜられたる斥候の
尊とき職分つくさむと 進む一人の兵士あり

第三
折々出だす我息は 氷りてひげの色白く
衣はうすし風荒らし 耳も鼻も手も足も
きれんばかりに寒けれど 勇める胸はもゆるなり

第四
もえたつ彼の心には 寒さもあらずわびしさも
御國と君を思ひつゝ つとめつくすと急ぐなり
急ぐ前途の森陰に はげしき響起りたり
第五
手にもつ銃を取りあげて 木立の奥をうかゞひぬ
森には敵のあらずして すさまじかりしかの音は
繁れる村竹下折れて しずるゝ雪の音なりき
第六
打笑みつゝも勇士は 彼處に此處に見めぐらし
又もゆくてをさぐらむと 道なき道をふみわけぬ
吹雪の風は吹そひて 東の空は猶くらし

大鳥公使

鳥居 忱 歌詞
山田源一郎 樂曲

第一
今こそ此身は、齢は老たれ。
何とて衰ふ、むかしの精神」
草むす屍と、捨てし此身よ。
不思議の命は、是れ唯君恩。」
此身は此度は、御国に捧げむ。」
此身は此度は、異域に捨なむ。』
第二
此度の大任、老後の思出。
大事に斃る、男兒の本懐。」
提行なむ、むかしの腹巻。
大事に當る、覚悟は決死ぞ。」
此身は此度は、御国に捧げむ。」
此身は此度は、異域に捨なむ。』

＊鳥居 忱（一八五三―一九一七）。

野營の月

鳥山 啓 歌詞
山田源一郎 樂曲

「野營の月」

第一
天幕ゆすりて吹雪はふきしく
旗風なびきて狭霧ぞはれゆく
吹きしく吹雪に篝火またゝき
はれゆく狭霧に軍馬ぞ嘶く
士卒は驕らず號令嚴なり
更たけ夜ふけて陣營しづけし
第二
寒月一輪雲間にかゝりて
千里の廣原氷雪きらめく
誰しかおき居て此月ながむるこゝろは
北京の空にやゆくらん
誰しか眠りて此夜をすごす
夢路は白河の波をや渡らん

＊鳥山啓は、「軍艦（軍艦行進曲）」の作詞者として知られる。
この曲は初版の「大鳥公使」に代り、修正一〇版から登場。

勇敢なる水兵

佐々木信綱 歌詞
奥 好義 樂曲

第一
煙も見えず雲もなく
風も起らず浪立たず
鏡のごとき黄海は
曇りそめたり時の間に
第二
空に知られぬいかづちか
浪にきらめく稲づまか
煙は空を立ちこめて
天つ日かげも色くらし
第三
戰今かたけなはに
つとめつくせる勇者の
尊とき血もて甲板は
から紅にかざられつ
第四
彈丸のくだけのとびちりて
あまたの傷を身におへど
其たまの緒を勇氣もて
つなぎとめたる水夫あり
第五
副艦長のすぎゆくを
痛むまなこに見とめけん
苦しき聲をはりあげて
彼は叫びぬ副長よ
第六
呼びとめられし副長は
彼のかたへにたゝずめり
聲をしぼりて彼は問ふ

まだ沈まずや定遠は
第七
副長の眼はうるほへり
されども聲は勇ましく
心やすかれ定遠は
戰ひがたくなしはてき
第八
きゝえし彼は嬉しげに
最後の微笑をもらしつゝ
いかでかたきを討てよと
いふ程もなく息たえぬ
第九
皇國につくす皇軍の
向ふ所に敵もなく
日の大御旗うら〳〵と
東の洋をてらすなり
第十
まだ沈まずや定遠は
此言の葉は短かきも
皇國をおもふ國民の
心に長くしるされむ

＊楽譜は一四二頁参照。

兵士のかゞみ

落合直文 歌詞
鈴木米次郎 樂曲

第一
のぼる朝日に、夜はあけて、
けぶりよこたふ、荒野原、
敵もみかたも、いりみだれ、
うち出す筒の、音たかし。
第二
遠くあなたを、見わたせば、
あはれ味かたの、歩兵隊、
僅かにまもる、その森を、
かこめる敵は、三千騎。
第三
いでかけいりて、すくはむと、
淺川大尉の、號令に、
おくれはせまじ、おくれじと、
ともに乗り出す、二十餘騎。
第四
千軍萬馬の、その中を、
縦横無盡に、きりはらひ、
きりはらひても、はらひても、
猶數まさる、敵のむれ。
第五
大尉はあまた、創をおひ、
馬もろともに、たふれしが、
うてや〳〵と、筒とりて、
よせくる敵は、右左。
第六
いまはこの身も、かぎりぞと、
おもひさだめし、そのうちに
太刀ふりかざし、かけきたる、
人はたれにか、たゞ一騎。
第七
ちかづく敵を、うしろより、
きりはらひつゝ、あやうしと、
見えつる人は、たすけしが、
身にはうけたり、彈丸七つ。
第八
血しほしたゝる、くるしさも、
わすれて大尉の、もとにより、
おちのび給へ、おち給え、
この我馬に、うち乗りて。
第九
われはこゝにて、終りなむ、
なれはかえりて、このことを、
わが身の創は、いとふかし、
君こそ歸りて、このことを。
第十
いざたち給へ、とく〳〵と、
大尉をしひて、馬にのせ、
目手にくつわを、とりにけり、
弓手にいたでを、おさへつゝ。
第十一
見かへり〳〵、いでゆきし、
大尉のこゝろや、いかならむ、
見おくり〳〵、たち居たる、
兵士のこゝろや、いかならむ。
第十二
いなゝく馬の、こゑ遠く、
かげさへ見えず、なりたれば、

「兵士のかゞみ」

こゝろやすしと、うちゑみて、
はてしもあはれ、道（みち）のべに。

＊落合直文（一八六一－一九〇三）。
この『教科摘要大捷軍歌』は、一八九四年から一八九七年にかけ、全七編が出版された。

◆資料【一八九五（明治二八）年認可済歌曲】

廣島県（一月一六日）(師)(高)：「朝日に匂ふ」「兵士來る」「いでや兵士」「いでや皇國」「富士の裾野」「鬼将軍」「勇ましく」「進め矢玉」「御劔」「加藤清正」「筋骨」「水城」「軍艦」「古戰場」「喇叭のひびき」「ますらを」「平壌大捷」

山梨県（二月二〇日）(小)：「日本男兒」「別れの血しほ」「拔刀隊」「行軍」「水兵」「日本刀」「凱陣」「進擊」「護国の歌」「海軍歌」「行けども」「勝利」「觀兵式の歌」「やまとしまだ」「きるべし」「いざ進め」「學びの道」「功戰」

大阪府（三月一三日）(小)：「元寇」、「御國の民」「凱旋」、「國旗」、「火砲の雷」

高等師範學校附屬學校（三月二三日）師小：「皇統」「日本男兒」「大和心」「此戰ひ」「招魂社」「町田大尉」「坂元少佐」

三重県（三月二三日）(小)：「平讓大捷」（六月一日取り消し）

高知県（四月一〇日）(小)：「學の力」「勸學の力」「皇國の守り」「旅泊」

東京府（五月二八日）(小)：「清正」「君の御稜威」「雪夜の斥候」「勇敢なる水兵」「兵士のかがみ」「見渡せば」「錦の御旗」「凱旋」「水漬くかばね」「海戰」「愉快」

三重県（六月一〇日）(小)：「婦人従軍歌」

岡山県（六月一〇日）(小)：「大鼓」「父母の恩」「めぐみ」

鳥取県（六月一二日）(小)：「みわたせば」「進軍の歌」「逆巻く大浪」「哨兵」「出陣曲」「進軍曲」「凱陣曲」

奈良県（八月一七日）(小)：「四季の遊」「日のみはた」「軍歌」「我天皇」「瑞穂の國」「年の始」「日本」「日本刀」「富士山」「紀元節」「理學の力」「三種の神寶」「國民の義務」

鹿兒島県（十一月一日）(小)(師)：「進めや子供」「海軍」「皇國の光」「歌の德」「惠の露」「護國の歌」「國のすがた」「ひまゆく駒」「水漬く屍」「惠の露」「大和錦」「天を貫く」「漲きる流」「車の轍」「山なす荒浪」

熊本県（十一月二日）(小)：「國の鎮」「水漬く屍」「惠の露」「大和錦」「天を貫く」「漲ぎる流」「車の轍」「山なす荒浪」

静岡県（十一月五日）(小)：「御垣の内」「卒業式」「勸學の歌」「螢狩」「暮の星」「とびくるとんぼ」「遠音の喇叭」「波のひゞき」「海軍」「五月二八日」

高等師範學校（十一月二六日）(師)：「凱旋歌」（奥好義）、「凱旋歌」（鈴木米次郎）、「招魂祭の歌」（納所辨次郎）、「招魂祭の歌」（山田源一郎）

高等師範學附属音楽學校（十二月二〇日）(師)：「凱旋の歌」（納所辨次郎）「凱旋の歌」（山田源一郎）「戰死者を弔ふ歌」（納所瓣次郎）「戰死者を弔ふ歌」（小山作之助）

◆資料【一八九五（明治二八）年検定済曲集】

『元寇擊殲（運動用）』(尋)(高)(教)一月一九日検定（一月九日訂正八版）

『新撰小學唱歌集』(尋)(教)二月七日検定（明治二七年十二月八日再版）

『愉快』四月二五日検定（四月一六日再版）

『かちどき』(尋)(高)(教)四月二五日検定（四月一六日再版）

『忠勇軍歌集』(尋)(高)(教)六月十日検定（五月二八日再版）

『招魂祭の歌』(尋)(高)(教)六月二三日検定（六月一四日）

『明治唱歌拔粋　小學唱歌』(尋)(高)(教)九月一四日検定（八月一二日再版）

『歴史唱歌』(尋)(高)(教)十月二日検定（八月二四日訂正三版）

『國民軍歌』(尋)(高)(教)十月五日検定（九月一日訂正再版）

『平安奠都紀念唱歌』(尋)(高)(教)十月検定（三月十二日）

『凱旋軍歌集』(尋)(高)(教)十一月一八日検定（十月二八日再版）

『かちどき』(尋)(高)(教)十二月一九日検定（九月二〇日）

◆資料　一八九五（明治二八）年に刊行された唱歌集から

『新編帝國軍歌』元橋義敦・多梅稚編（刊行：三月　発行：三木佐助）

『忠勇軍歌集』第壹　小山作之助編（刊行：三月　発行：共益商社）

『忠勇軍歌集』第弐　小山作之助編（刊行：三月　発行：共益商社）

『明治唱歌　拔萃小學唱歌』大和田建樹・奥好義編（刊行：三月　発行：中央堂）

『帝國軍歌』奥好義編（刊行：四月　発行：三省堂　中央堂　文錦書店）

『大東軍歌』雪の巻、月の巻　鳥居忱編（刊行：十月　発行：大日本図書）

唱歌「見わたせば」（「むすんでひらいて」）が、『大東軍歌』《雪の巻》のなかに「戦闘歌」（鳥居忱詞）として登場している。歌詞は次のようなものであった。

一、見渡せば　寄せて来る、　敵の大軍　面白や。
スハヤ戦闘始まるぞ。　イデヤ人々攻め崩せ。
弾丸込めて撃ち倒せ。　敵の大軍撃ち崩せ。
二、見渡せば　崩れ懸る、　敵の大軍心地よや。
モハヤ戦闘勝なるぞ。　イデヤ人々追い崩せ。
銃剣附けて突き倒せ。　敵の大軍突き崩せ。

『凱旋軍歌集』日本軍歌會編（刊行：十月）

『忠君愛國　小學唱歌集』渡邊四郎編（刊行：十一月　発行：隆盛堂）

『かちどき』一、二　小山作之助（発行：白井練一）

『國民軍歌』一、二　菟道春千代（発行：文盛堂）

一八九六（明治二九）年

『新編教育唱歌集』第一集

教育音樂講習會編纂

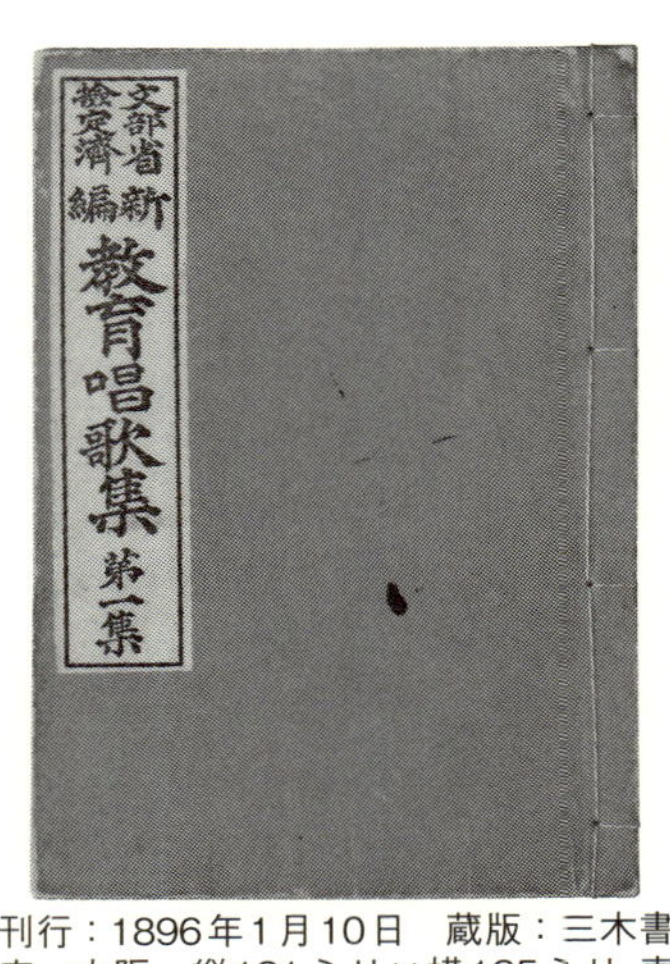

刊行：1896年1月10日　蔵版：三木書店　大阪　縦181ミリ×横125ミリ　表紙＋扉＋92頁 和装本（写真は訂正4版）

緒言

近来音樂唱歌ノ教科書頗ル多シト雖モ教科ノ順序ニ充テゝ完備セシメタルモノ少ク偶之アリトスルモ樂曲ノ難キニ過ギテ實際教授ニ用井ザルモノ又歌曲ノ難易ニ關セズ全ク兒童ノ嗜好ニ適セザルモノ等アリ或ハ樂調ノ高キニ失シ或ハ低キニ過ギテ教授ニ不便ヲ感ゼシムルモノ亦少シトセズ予職ヲ教育ニ奉ジ殊ニ該科教授ノ任ニアレバ之ヲ完備セシメントスル志ニ切ナリ這度幼稚園、小學及ビ中等唱歌ノ三集中ヨリ撰擇シ之ニ他ノ數曲ヲ加ヘテ玆ニ本書ヲ編スル榮ヲ得タリ予元ト淺學無能加フルニ經驗未ダ熟セザレバ此編教科ノ順序及ビ移調ノ調度等其宜シキヲ得ザル處多カルベシト雖モ世ノ教授者及ビ學修者ヲシテ多少裨益スル處アラシメバ編者ガ幸之ニ過ギザルナリ

尚新作ノ歌詞ハ音樂學校作歌囑托講師中村秋香君ノ助勢ヲ得タレバ爰ニ同君ノ好意ヲ謝ス

明治廿八年十一月　編者識

一、本書ハ専ラ音樂唱歌ノ普及ヲ圖ラン爲メ特ニ數字符号ヲ以テ著シタレドモ又別ニ本譜略譜併記ノモノヲモ著スベシ

一、本書末ノ第一ヨリ第十一ニ至ル歌曲ハ教科順序以外ナレバ適宜ニ教授スルヲ可トス

一、樂譜ノ上部右側ニ（壱越調律旋）（ハ調長旋法相當）等二種ノ調名ヲ附セルハ前者ハ樂曲ノ原調（雅樂調）ニシテ後者ハ其曲ヲ奏スルニ當リ用フベキ調ヲ示シタルモノナリ

一、樂譜ノ上部左側ニアル中庸、緩徐等凡テ其所ニアル文字ハ其曲ヲ奏スルニ當リテノ速度ヲ示セルモノナリ

一、樂譜中處々ニ強、中強等ノ譜アルハ凡テ音ノ勢力ニ關スル記号ナリ

一、樂譜中（＜）ハ増勢ノ記号ニテ弱聲ヨリ漸次強聲ニ進ム可ヲ示シ（＞）ハ減勢ノ記号ニテ強聲ヨリ漸次弱聲ニ進ムベキヲ示ス又•ノ記号ハ呼息ノ處ヲ示シタルモノナリ

一、樂譜中或ル音符ノ上ニアル短少ナル>ノ記号ハ其一音ヲ特ニ強クシ樂曲ノ始終ニアル𝄋ノ記号ハ終ヨリ再ビ始メニ反覆スベキヲ示シ𝄐‖ノアル處ヲ以テ其一曲ヲ終ルモノトス又曲中𝄆ハ𝄇ニ對シテ其處ヲ反覆スベキ記号ナリ

一、樂曲中二音又ハ數音ニ連結セル（ノ記号ハ其等ノ音ノ経過ヲ圓滑ニスベキヲ示ス

＊この『新編教育唱歌集』（三木書店発行）は第二集とともに版を重ねていくが、やがて東京・開成館より同じ編纂者により同名の別シリーズが刊行される（→二八四頁）。本唱歌集一、二集は全曲数字譜を採用している。

君が代

君が代は
千代に八千代に
さゞれいしの
巌となりて
こけのむすまで」

＊作歌者未詳・林廣守作曲。

勅語奉答

あやに畏き天皇の。
あやに尊き天皇の。
あやに尊く畏くも。
下し賜へり大勅語。
是ぞめでたき日の本の。
國の教の基なる。
是ぞめでたき日の本の。
人の教のかゞみなる。
あやに畏き天皇の。
勅語のまゝに勤みて。
あやに尊き天皇の。
大御心に答へまつらむ」

＊『祝祭日唱歌集』（→九九頁）。

一月一日

第一章

年のはじめの例とて。
終りなき世のめでたさを。
松竹たてゝ門ごとに。
いはふ今日こそたのしけれ」

第二章
初日のひかりあきらけく。
治まる御代の今朝の空。
君がみかげに比へつゝ。
仰ぎ見るこそたふとけれ」

＊『祝祭日唱歌集』（↓一〇〇頁）。

紀元節

髙崎正風 作歌
伊澤修二 作曲

（一）武徳ノ頌 強壯ニ
（二）仁徳ノ頌 温和ニ
（三）皇基ノ頌 強壯ニ
（四）國体ノ頌 最強ニ

一
雲に聳ゆる髙千穂の。
髙根おろしに草も木も。
なびきふしけん大御代を。
仰ぐ今日こそたのしけれ」

二
海原なせる埴安の。
池のおもよりなをひろき。
めぐみの波にあみし世を。
あふぐけふこそたのしけれ」

三
天津日嗣のたかみくら。
千代よろづよに動きなき。
基定めしそのかみを。
仰ぐ今日こそたのしけれ」

四
空にかゞやく日の本の。
萬の國にたぐひなき。
國のみはしらたてし世を。
あふぐけふこそたのしけれ」

＊初出『小學唱歌』貳（↓七四頁）。

天長節

今日の吉き日は大君の。
うまれ給ひし吉き日なり。
今日の吉き日は御光りの。
さしで給ひし吉き日なり。
ひかりあまねき君が代を。
いはへ諸人もろともに。
めぐみあまねき君が代を。
いはへ諸人もろともに。」

＊初出『祝祭日唱歌集』（↓一〇一頁）。

學校紀念日

一
まなびのにはをたてそめし。
月日はこゝにめぐりきぬ。
いざもろともにうたひつゝ。
千代の榮をいはゝまし」

二
大和撫子おひいでん。
をしへのにはぞたのもしき。
ひらきし時はかへりきつ。
いざやいはゝんみなひとも」

＊橋本光秋（生年不詳－一九〇九）作歌・多梅稚（一八六九－一九二〇）作曲。

始業式

一
今日より開く。此場の。
學の窓の。明暮に。
勤め勵みて。諸共に。
いざ踏分ん。人の道」

二
今朝讀まつる。天皇の。
勅語のむねを。畏みて。
人たる道を。修めつゝ。
いざ盡してむ。國の爲」

＊中村秋香作歌・多梅稚作曲。

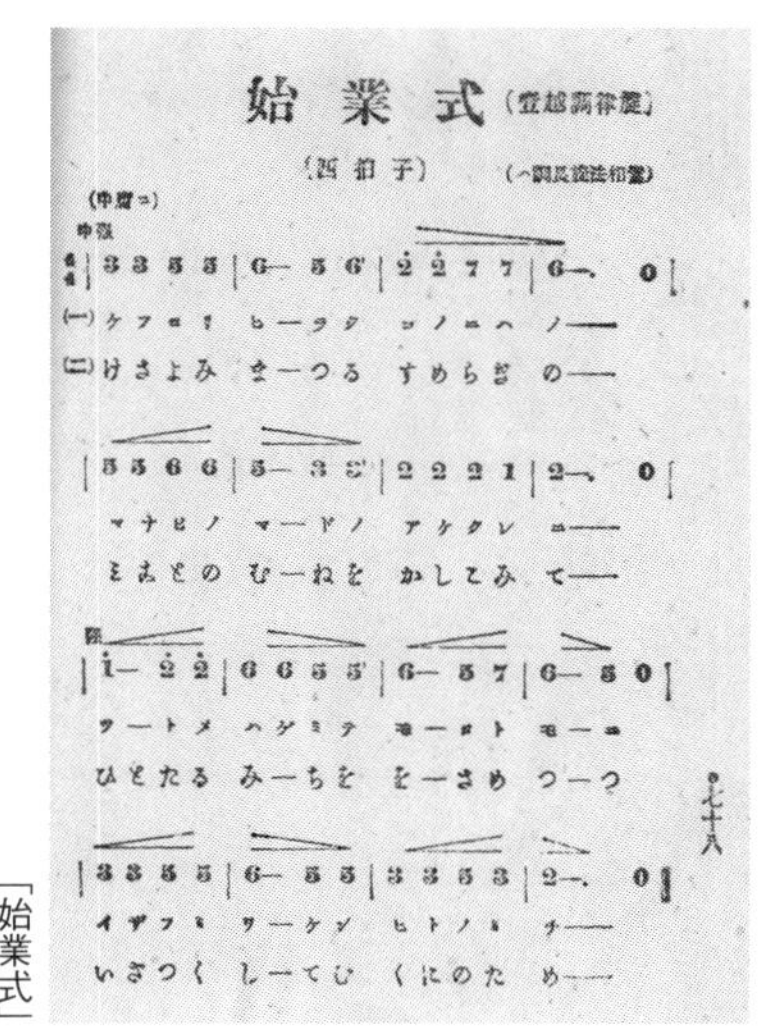

「始業式」

終業式

一
昨日と暮し。今日と過ぎ。
今年もいつか。ふゆ休。
實にも言けり。年月は。

人待ずてふ。言の葉は」

二

あな心地よき。今日の日や。
今日しも。鎖す。窓の内。
明けなむ年の。有増を。
打合せつゝ。契りつゝ」

＊中村秋香作歌・多梅稚作曲。

卒業式

一

朝な夕なに。怠らず。
分けし山路の。かひ有りて。
今日ぞ折りつる。嬉しくも。
外山のかつら。一枝を」

二

此一枝を。栞にて。
猶山深く。たどりつゝ。
折らでは止まじ。白雲の。
棚引嶺の。其はづゑ」

＊中村秋香作歌・多梅稚作曲。

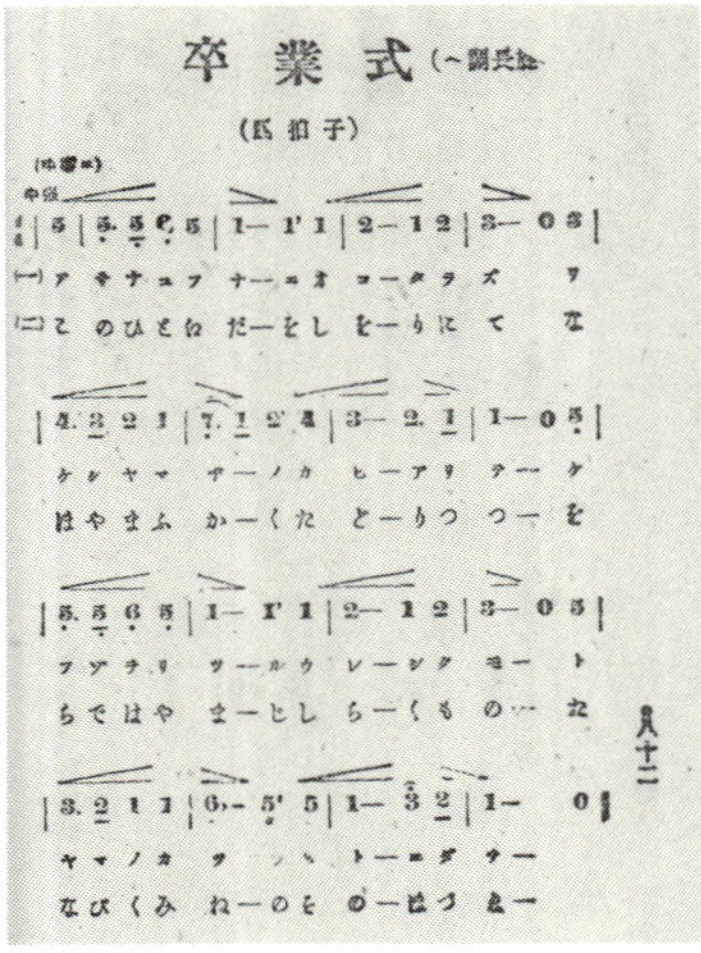

「卒業式」

新築落成

一

今日しも開く。新室の。
窓に射し入る。朝日影。
輝く光に。此宿の。
千代の榮も。煌けり」

二

今日しも開く。新室の。
窓に射し入る。月の影。
限なき光も。此宿に。
萬代かけて。すみ渡る」

三

今日しも開く。新室の。
窓に射し入る。日に月に。
彌照り添ひて。輝かん。
宿の光ぞ。限なき」

四

みつばよつばに。幸草の。
榮も著き。殿作。
平屋高樓。八十續。
その生の子も。彌廣く」

＊中村秋香作歌・多梅稚作曲。

運動會

一

うら〳〵霞む。春の野の。此方彼方に。思ふどち。
立ち別れつゝ。己が自恣。柳かづらき。花かざし。
鳥と驅りて。飛び狂ひ。蝶と睦れて。舞ひ遊ぶ。
あな面白の。今日のひや。暮れなばくれね。朧月」

二

木の葉色付く。秋の山。思ふ友どち。方分きて。
嶺とふもとに。立ち別れ。仮によそほふ。敵味方。
西は高嶺の。松林。東は谷の。柞原。
紅葉を分けて。戦へば。ちしほ漲る。夕嵐」

＊中村秋香作歌・多梅稚（一八六九－一九二〇）作曲。開成館版『新編教育唱歌集』第三集（→三〇三頁）では歌詞は大幅に改作。

渦く水

一

みよ〳〵子供。うづまく水を。うづまく水に。
ならひてめぐれ。みよ〳〵子供。うづまく水を」

二

みよ〳〵こども。うづまく水を。うづまく水も。
まきてぞとくる。みよ〳〵子供。うづまく水を」

三

みよ〳〵子供。うづまく水を。うずまく水の。
よるひるわかず。つとめよ子供。みよ〳〵子供」

＊（音樂學校許可）。譜面のタイトルは「うづまく水」、目次では「渦巻く水」と表記。初出『幼稚園唱歌集』全（→六七頁）。

橘

一

ちゝの實の。父やもうゑし。なつかしき。
香にこそにほへ。よにふるさとの。花のたちばな

二

はゝそばの。母やもうゑし。したはしき。
かをりぞすなる。しのぶの里の。花のたちばな」

＊（音樂學校許可）。初出『小學唱歌集』第三編（→五九頁）。

蝶々

一

てふ〳〵てふ〳〵菜の葉にとまれ。

なのはにあいたら。櫻にとまれ。さくらの花の
さかゆる御代に。とまれよあそべ。
あそべよとまれ」
二
おきよ〳〵ねぐらのすゞめ。朝日の光の。
さしこぬさきに。ねぐらをいでゝ。
こずゑにとまり。あそべよすゞめ。
うたへよすゞめ」

＊（音樂學校許可）。初出『小學唱歌集』初編（↓四九頁）。

風車

一
かざぐるま。風のまに〳〵。めぐるなり。
やまずめぐるも。やまずめぐるも」
二
みづぐるま。水のまに〳〵。めぐるなり。
やまずめぐるも。やまずめぐるも」

＊（音樂學校許可）。『幼稚園唱歌集』全（↓六八頁）。

春の彌生

一
春のやよひの。あけぼのに。
四方のやまべを。見わたせば。
花ざかりかも。白雲の。
かゝらぬみねこそ。なかりけれ」
二
はなたちばなも。にほふなり。
軒のあやめも。かをるなり。
ゆふぐれさまの。さみだれに。
山ほとゝぎす。なのるなり」
三
秋のはじめに。なりぬれば。
ことしもなかばは。すぎにけり。
わがよふけゆく。月かげの。
かたぶく見るこそ。あはれなれ」
四
冬のよさむの。あさぼらけ。
ちぎりし山路は。ゆきふかし。
こゝろのあとは。つかねども。
おもひやるこそ。あはれなれ」

＊（音樂學校許可）。初出『小學唱歌集』初編「春のやよい」（↓四八頁）。

我日の本

一
わがひのもとの。あさぼらけ。
かすめる日かげ。あふぎみて。
もろこしびとも。こまびとも。
春たつけふをば。しりぬべし」
二
雲間にさけぶ。ほとゝぎす。
かきねにほふ。うつぎばな。
なつきにけりと。あめつちに。
あらそひつぐる。はなととり」
三
きぬたのひゞき。身にしみて。
とこよのかりも。わたるなり。
やまともろこし。おしなべて。
おなじあはれの。秋のかぜ」
四
まどうつあられ。にはのしも。
ふもとのおちば。みねのゆき。
みやこのうちも。やまざとも。
ひとつにさゆる。ふゆのそら」

＊（音樂學校許可）。初出『小學唱歌集』初編（↓四八頁）。

皇御國

一
すめらみくにの。ものゝふは。いかなる事をか。
つとむべき。たゞみにもてる。まごゝろを。
君とおやとに。つくすまで」
二
すめらみくにの。をのこらは。たわまずをれぬ。
こゝろもて。世のなりはひを。つとめなし。
くにとたみとを。とますべし」

＊（音樂學校許可）。初出『小學唱歌集』二編（↓五五頁）。

花さく春

花さく春の。あけぼのに。はやとくおきて。
みよかしと。なくうぐひすも。こゝろして。
人のゆめをぞ。さましける。
ホーホケキヨ。ホーホケキヨ。ケキヨ ケキヨ。
ケキヨ ケキヨ。ホーホホケキヨ。
ホーホケキヨ。ホーホケキヨ。ケキヨ ケキヨ。
ケキヨ ケキヨ。ホーホケキヨ。

＊（音樂學校許可）。初出『小學唱歌集』初編（↓四七頁）。

金剛石

皇后陛下御詠

一
こんがうせきも。みがゝずば。
たまの光りは。そはざらん。
ひとも學びて。後にこそ。
まことの徳は。あらはるれ。
時計のはりの。たえまなく。

めぐるがごとく。ときのまも。
光陰惜みて。はげみなば。
いかなる業か。ならざらん。」
二
水はうつはに。したがひて。
そのさま〴〵に。なりぬなり。
人は交る。友により。
よきにあしきに。なりぬなり。
おのれに優る。よきともと。
えらびもとめて。もろともに。
こゝろのこまに。むちうちて。
學の道に。すゝむべし。」

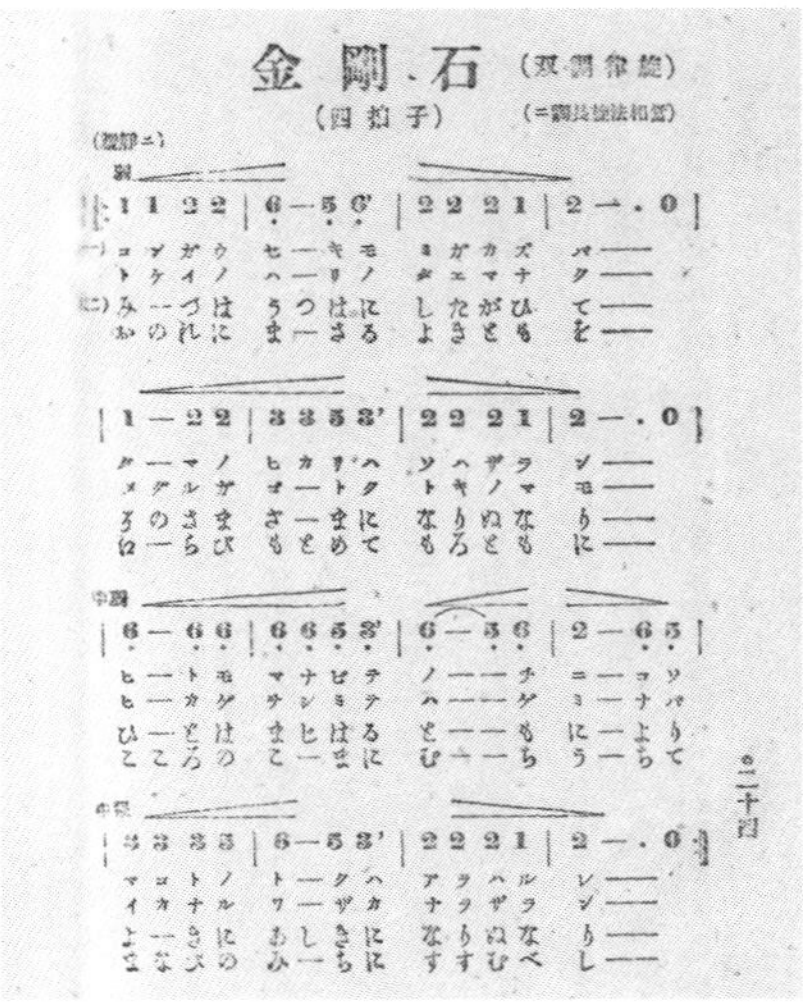

「金剛石」

五常の歌
一
野邊の草木も。あめつゆの。
めぐみにそだつ。さまみれば。
仁てふものは。世の中の。
ひとのこゝろの。命なり。」
二
飛驒の工が。うつすみに。
曲もなほる。さまみれば。
義といふものは。よのなかの。
人のこゝろの。條理なり。」
三
威儀ほかに。あらはれて。
つゝしみゝてる。さまみれば。
禮てふものは。よのなかの。
ひとの心の。掟なり。」
四
神のかくせる。ひめごとも。
さとりえらるゝ。さまみれば。
智といふものは。よのなかの。
人のこゝろの。寶なり。」
五
月日とともに。あめつちの。
めぐりたがいぬ。さまみれば。
信てふものは。よのなかの。
ひとのこゝろの。守りなり。」

＊（音樂學校許可）。初出『小學唱歌集』初編（→五二頁）。

天津日嗣
一
あまつひつぎの。みさかえは。あめつちのむた。
きはみなし。わがひのもとの。みひかりは。
月日とともに。かがやかん。」
二
葦原の。ちいほあき。みづほのくには。
日のみこの。きみとますべき。ところぞと。
神のみよゝり。さだまれり。」

＊（音樂學校許可）。初出『小學唱歌集』二編（→五六頁）。

見渡せば
一
みわたせば。あをやなぎ。花ざくら。こきまぜて。
みやこには。みちもせに。春のにしきをぞ。
さほひめの。おりなして。ふるあめに。そめにける。」
二
みわたせば。やまべには。をのへにも。ふもとにも。
うすきこき。もみぢばの。あきのにしきをぞ。
たつたびめ。おりかけて。つゆしもに。さらしける。」

＊（音樂學校許可）。初出『小學唱歌集』初編（→四七頁）。「むすんでひらいて」「戰鬪歌」（→一一一頁）。

四千餘萬
一
四千餘萬。あにおとどもよ。
まもりにまもれ。きみが代を。」
二
つるぎにかはる。ほづつのひゞき。
むかへるてきを。うちはらへ。」
三
鏡とするは。おほくのしよもつ。
古今にわたり。てらしみよ。」
四
玉にもまさる。心のひかり。
みがきにみがけ。たゆみなく。」
五
しせんよまん。ちからをあはせ。
まもりにまもれ。君がよを。」

＊（音樂學校許可）。初出『幼稚唱歌集』全「三千餘萬」（眞鍋定造編、明治二〇年三月　普通社）。

薫(かを)りにしらるゝ

一

かをりにしらるゝ。花(はな)さく御園(みその)。
霞(かすみ)にかくるゝ。鳥(とり)なくはやし。
君(きみ)がよいはひて。いくはるまでも。
かをれやかをれや。うたへやうたへ。」

二

月(つき)かげてりそふ。野中(のなか)のしみづ。
もみぢばにほへる。とやまのふもと。
きみがよたえせず。いくあきまでも。
てらせやてらせや。にほへやにほへ。」

＊（音樂學校許可）。初出『小學唱歌集』初編（→五一頁）。

進(すゝ)め〳〵

一

すゝめ〳〵。あしとくすゝめ。とまれ〳〵。
いちどにとまれ。とまるもゆくも。をしへのまゝに。
たつもゐるも。をしへのまゝに。さくはなも。
なくとりも。面白(おもしろ)き。はなぞのや。
すゝめ〳〵。あしとくすゝめ。」

二

まなべ〳〵。つとめてまなべ。ならへ〳〵。
たゆまずならへ。まなびのみちを。たえせずならへ。
よむもかくも。をしへのまゝに。よむふみも。
かくもじも。おもしろき。うひまなび。
まなべ〳〵。つとめてまなべ。」

＊（音樂學校許可）。フランスの子どもの歌。初出『幼稚園唱歌集』全（→六五頁）。譜面の曲名は「進め」。

隅田川(すみだがは)

一

すみだがはらの。あさぼらけ。雲(くも)もかすみも。
かをるなり。
水(みづ)のまに〳〵。ふねうけて。はなにあそばむ。
ちらぬまに。」

二

隅田川原(すみだがはら)の。あきのよは。みづもみそらも。
すみわたる。
かぜのまに〳〵。ふねうけて。月(つき)にあそばむ。
よもすがら。」

三

すみだがはらの。ふゆのそら。よはしろたへに。
うづもれて。
木々(きゞ)のこと〴〵。花(はな)さきぬ。ゆきにあそばむ。
きえぬまに。」

＊（音樂學校許可）。初出『小學唱歌集』初編（→五一頁）。

若紫(わかむらさき)

一

わかむらさきの。めもはるかなる。むさしのの。
かすみのおく。わけつゝつむ。初(はつ)わかな。」

二

わかなはなにぞ。すゞしろすゞな。ほとけのざ。
はこべらせり。なづなにごぎやう。なゝつなり。」

三

なゝつのたから。それよりことに。えがたきは。
雪(ゆき)げのひま。たづねてつむ。わかなゝり。」

＊（音樂學校許可）。初出『小學唱歌集』初編（→五〇頁）。

環(たまき)

一

めぐれどはしなし。たまきのごとくに。
まどかにめぐれよ。やよこども。
よきうたうたひ。めぐれよたれも。
めぐれどはしなし。環(たまき)のごとくに。
まどかにめぐれよ。やよこども。」

二

あしなみたゞしく。うたさへたへなり。
われらがたまきは。よくめぐる。
うたへどつきず。われらがうたは。
足(あし)なみたゞしく。うたさへたへなり。
われらがたまきは。よくめぐる。」

＊（音樂學校許可）。初出『幼稚園唱歌集』全（→六八頁）。

大和撫子(やまとなでしこ)

一

やまとなでしこ。さま〴〵に。
おのがむき〳〵。さきぬとも。
おほしたてゝし。ちゝはゝの。
にはのをしへに。たがふなよ」

二

野(の)べのちぐさの。いろ〳〵に。
おのがさま〴〵。さきぬとも。
おほしたてゝし。あめつちの。
つゆのめぐみを。わするなよ。」

＊（音樂學校許可）。初出『小學唱歌集』初編（→五二頁）。

矢玉(やだま)は霰(あられ)

一

やだまはあられと。ふるなかを。
すゝめよますらを。おくるなよ。
たとひいのちは。すつとても。
みくにのたみの。をゝしさを。
みせよしめせや。そのをゝしさを。」

二

あらちはさわぎて。うみくらし。

おそへるてきは。おになりと。
ほふりつくして。とつくにに。
みくにのたみの。をゝしさを。
みせよしめせや。そのをゝしさを。」

三

すまんのつはもの。ぬきつれて。
きらめくいなづま。ときのこゑ。
ひとのおどろく。いくさして。
みくにのたみの。をゝしさを
みせよしめせや。そのをゝしさを。」

＊（音樂學校許可）。初出『中等唱歌集』。（↓六八五頁）。

螢

一

ほたるのひかり。まどのゆき。
ふみよむつきひ。かさねつゝ。
いつしか年も。すぎのとを。
あけてぞけさは。わかれゆく。」

二

とまるもゆくも。かぎりとて。
かたみにおもふ。千萬の。
心のはしを。ひとことに。
さきくとばかり。うたふなり。」

三

つくしのきはみ。陸の奥。
うみやまとほく。へだつとも。
そのまごゝろは。へだてなく。
ひとつにつくせ。くにのため。」

四

千島のおくも。沖繩も。
やしまのうちの。まもりなり。
いたらんくにに。いさをしく。
つとめよわがせ。つゝがなく。」

＊（音樂學校許可）。初出『小學唱歌集』初編（↓四九頁）。

霞か雲か

一

かすみかくもか。はたゆきか。
とばかりにほふ。その花盛り。
もゝとりさへも、うたふなり。」

二

かすみははなを。へだつれど。
へだてぬともと。来てみるばかり。
うれしきことは。よにもなし。」

三

かすみてそれと。みえねども。
なくうぐひすに。さそはれつゝも。
いつしかきぬる。はなのかげ。」

＊（音樂學校許可）。初出『小學唱歌集』二編（↓五三頁）。

鏡なす

一

かゞみなす。水もみどりの。かげうつる。
柳の絲の枝をたれ。
氣はれては。風新柳の。髪を梳り。
氷消ては。浪舊苔の
髭をあらふとかや。
げにおもしろの。景色やな。
げにおもしろの。けしきやな。」

二

降る雪に。きこりの道も。うもれけり。
みやまのおくの。夕まぐれ。
かざせる笠には。影もなき。月をやどし。
擔へる柴には。かをらざる。
花をたをるとかや。
げにおもしろの。けしきやな。
げにおもしろの。けしきやな。」

＊（音樂學校許可）。初出『小學唱歌集』第二編（↓五四頁）。

君が代の初春

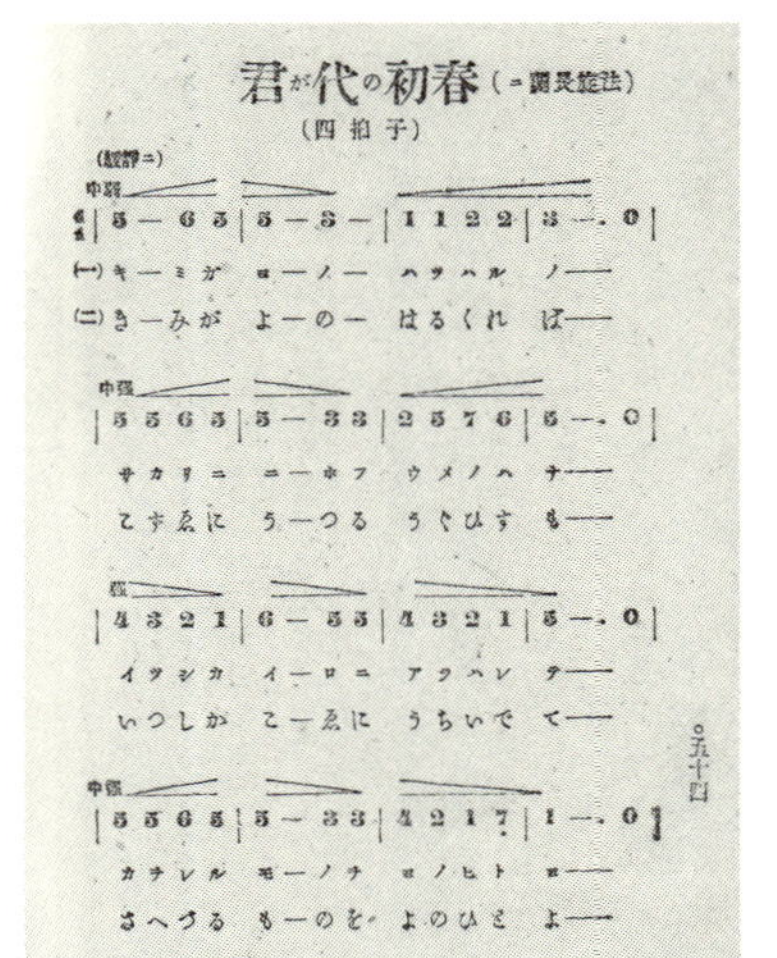

「君が代の初春」

一

君が代の初春の。
さかりに匂ふ梅の花。
いつしか色にあらはれて。
かをれるものを。世の人よ。」

二

きみが代の春くれば。
梢にうつる鶯も。
いつしか聲にうちいでゝ。
さへづるものを。よのひとよ。」

＊（音樂學校許可）。アメリカ曲・里見義作詞。

四季の月

一

さきにほふ。山のさくらの。花のうへに。
霞みていでし。春の夜の月。」

二

雨すぎし。庭のくさばの。つゆのうへに。
しばしはやどる。夏のよの月。」

三

みるひとの。こゝろ〴〵に。まかせおきて。
高嶺にすめる。秋のよの月。」

四

水鳥の。こゑも身にしむ。池のおもに。
さながらこほる。冬の夜の月。」

＊（音樂學校許可）。初出『小學唱歌集』第三編（↓五九頁）。

五倫の歌

父子親あり。
君臣義あり。
夫婦別あり。
長幼序あり。
朋友信あり。」

＊（音樂學校許可）。初出『小學唱歌集』初編（↓五三頁）。

白蓮白菊

一

泥のうちより。ぬけいでて。
にごりにしまぬ。はな蓮。
月のひかりか。ひるすごく。
霜とさゆれば。夏さむし。
亂るゝ露は。たまとみえ。
かをれるかぜは。身にぞしむ。
氷のすがた。雪のいろ。
つゆなけがしそ。世のちりに。」

二

草木もかれし。園の中。
雪にも色は。まさりぐさ。
いたゞく霜は。身をよそひ。
さえゆく月は。香ににほふ。
露はくすりと。きくのみづ。
梅はみさをの。おのがとも。
暗のよはさへ。てらすなり。
東籬のもとに。書や見ん。書や見ん。」

＊（音樂學校許可）。初出『小學唱歌集』第三編（↓五九頁）。

織なす錦

一

おりなす錦。櫻にすみれ。いばらに。牡丹。
春こそよけれ。鶯雲雀。こよ〳〵こよと。
ともよびかはし。さそへるものを。われらがともも。
柳のかげに。あそびてうたへ。うたひてあそべ。」

二

春風ふけば。みやまはわらひ。みぞれや雪は。
ゆめのゝかすみ。百鳥千鳥。来よ来よ来よと。
昏るるもしらで。囀るものを。我等が友も。
やなぎのかげに。あそびてうたへ。うたひてあそべ。」

＊（音樂學校許可）。初出『中等唱歌集』（↓六八五頁）

思ひ出れば

一

おもひいづれば。三年の昔。
わかれしその日。わが父母の。
かしらなでつゝ。真幸あれと。
いひしおもわの。慕はしきかな。」

二

朝になれば。門おし開き。
日數よみつゝ。父まちまさむ。
わがおもひ子は。ことなし果てゝ。
はやいつしかも。かへりこなむと。」

三

夕になれば。床うちはらひ。
およびをりつゝ。母まちまさむ。
わがおもひごは。ことなしはてゝ。
はやいつしかも。かへりこなむと。」

四

あしたになれば。かどおしひらき。
ゆふべになれば。とこうちはらひ。
父まちまさむ。母まちまさむ。
はやく歸らむ。もとの國べに。」

＊（音樂學校許可）。初出『小學唱歌集』初編（↓五〇頁）。

＊本書の第四刷には、文部大臣尾崎行雄名による次の「検定指令書」が付されている。
「明治三十一年二月二十二日附出願及明治卅一年七月六日附追願新編教育唱歌集検定ノ件ハ聞届ケ第一集ハ尋常小學校唱歌科教師用教科書第二集ハ高等小學校唱歌科教師用教科書トシテ検定ス
明治三十一年七月十一日」

『新編教育唱歌集』第二集

教育音樂講習會編纂

刊行：1896年5月26日　蔵版：三木書店
大阪　縦181ミリ×横125ミリ 和装本
表紙＋扉＋74頁　底本：1898年7月5日訂正４版　写真は扉

例言

一、本會、曩に教育唱歌集第一集をものにせり、そは重に尋常小學の程度に適せしめたり、本書は稍高等の學校に適せしめんとし、小學唱歌集及中等唱歌集の二書より撰擢し、其筋より之を引用する許可を得たれば、他の數曲を加えて教育唱歌集第二編と名づけたり、

一、曲譜は専ら學習者の便を計り、略譜を以て記し、曲毎に調名、速度記號及び發想記號等を加へたり、これに就ての説明は、第一集に詳しければ玆には略しつ、

一、歌曲の順序は、重に曲譜の難易によりて區別せりと雖、そは大よそのことにして、中には前後するもの多からん。讀者幸に諒せよ、

明治三十年十月十三日　編者しるす

日本三景

中村秋香 作歌
多梅稚 作曲

嚴島（第一）

昔戀しき嚴島。
燈籠の火影またゝきて。
海原照らす月すごし。
誰に問はましいにしへを。
月や其世の月ならぬ。
秋や其世の秋ならぬ。
玉垣浸しさゞ波の。
しく／＼よする音はして」

松島（其二）

小島が崎にうすづく日。
波の夕映影消えて。
沖より至る墨染の。
夕の色を待もあへず。
松にのぼれり松島の。
千本八千本限りなき。
松を照らしてほの／＼と。
松にのぼれり松の月」

天の橋立（其三）

生野の道は遠けれど。
ふみゝる事も難からず。
都ならねど思ふこと。
無くてぞ常に遊ふべき。
天の橋立みづからも。
ありし昔に較べつゝ。
開けし今日の大御代を。
いかにうれしく思ふらん」

＊鈴木重嶺（『小學唱歌』）、石原和三郎（『教科適用幼年唱歌』）らによる同名異曲がある。

忠臣

中村秋香 作歌
多梅稚 作曲

楠正成（其一）

東魚は躍りて波起し。
西鳥翔りて空掩ふ。
常闇のよの雲分けて。
沈める日影回しつる。
君が勲功に天津日の。
照らさん限湊川。
臣の鑑と輝きて。
鎮まりませり御靈代」

名和長年（其二）

先づ六波羅にとゞろきて。
鎌倉山を吹きまくり。
關八州を靡かしゝ。
舩上山の山おろし。
烈しかりつるその功。
誰か仰がぬ人かある。
類なかりしその操。
誰か慕はぬものかある」

兒島高徳（其三）

高嶺の紅葉散果てゝ。
笠置の山の秋寒く。
檜原のみゆき且消えて。
杉坂峠風すごし。
嗚呼その櫻に咲出でし。
日本心の花の色は。
雨に嵐にうつろはで。
とはに匂へりかぐはしく」

楠正行（其四）

北山颪寒けれど。

隅田池尻八尾譽田
結びし氷も解けぬべく。
南の風ぞかつきほふ。
忠孝ともに全くせし。
君が勲のあとゝへば。
如意輪堂の月暗く。
四条畷に雨咽ぶ」

瀛車の旅

橋本光秋 作歌
多 梅稚 作曲

一
御稜威を仰ぐみやじまや。
朝な夕なに往来して。
便もいとゞうらやすの。
おさまる御世ぞありがたき。」

二
烟はあとになびくまに。
めぐる車の勇ましく。
山路を走り河を越え。
千里も隣る世はたのし。」

玉の宮居

一
玉のみやゐは。あれはてゝ。
雨さへ露さへ。いとしげゝれど。
民のかまどの。にぎはひは。
たつ烟にぞ。あらはれにける。」

二
冬のよさむの。月さえて。
ひまもるかぜさへ。身をきるばかり。
民をおもほす。みこゝろよ。
大御衣や。ぬがせたまひし。」

＊（高等師範學校附属音樂學校許可）。スコットランド伝承曲。初出『小學唱歌集』初編（↓五二頁）。

朧ろ

一
おぼろにほふ。夕づき夜。さかりにほふ。
桃櫻。のどかにて。のどけき御代の。樂しみは。
花さくかげの。このまとゐ。このうたげ」

二
千草にすだく。虫のこゑ。をぎの葉そよぐ。
風の音。身にしみて。眼にみる物も。きくものも。
あはれをそふる。あきの夜や。月の夜や」

＊（高等師範學校附属音樂學校許可）。初出『小學唱歌集』初編「おぼろ」（↓五二頁）。

雨露

一
雨露に。おほみやは。あれはてにけり。
みめぐみに。民草は。うるほひにけり。
かくてこそ。今の世も。かまどのけぶり。
み空にも。あまるまで。たちみちぬらめ」

二
飢ゑこゞえ。なきまどふ。民もやあると。
身にかへて。かしこくも。おもほすあまり。
あられうつ。冬の夜に。ぬぎたまはせる。
大御衣の。あつきその。御心あはれ」

＊（高等師範學校附属音樂學校許可）。初出『小學唱歌集』初編（↓五二頁）。

千里の道

一
千里の道も。足もとよりぞ。始まれる。
葉末のつゆも。積れば淵と。なるぞかし」

二
雲ゐる山も。塵泥よりぞ。なれりける。
書よむみちも。ことわりのみは。ひとつなり」

＊（高等師範學校附属音樂學校許可）。初出『小學唱歌集』第三編（↓六〇頁）。

太平の曲

一
ゆはずのさわぎ。飛火の烟り。
いつしか絶て。治る御世は。
天地さへも。轟くばかり。
萬代までも。君が代いはへ」

二
たひらの都。百敷の宮。
みあとになして。武藏の國に。
しづまりましぬ。年は三千歳。
代は百二十。御功績あふげ」

＊（高等師範學校附属音樂學校許可）。初出『小學唱歌集』二編（↓五六頁）。

送別の歌

橋本光秋 作歌
多 梅稚 作曲

一
螢をあつめ雪を積む。
そのいそしみにこと卒へて。
出行く君が身の光り。
隈なく世には輝かん」

二
學びの窓に起ふして。

幾年月を睦みきぬる。
心はいつか忘るべき。
雲ゐの外に別るとも」

富士山

一

麓に雲ぞ。かゝりける。
高嶺に雪ぞ。
積りたる。肌は雪。
衣は雲。
その雪雲を。
よろひたる。富士てふ山の。
見渡に。しくものもなし。
似るもなし」

二

外國人も。仰ぐなり。
我國人も。誇るなり。
照る日のかげ。空行月。
月日と共に。
輝きて。富士てふ山の。
みわたしに。若くものもなし。
にるもなし」

＊（高等師範學校附属音樂學校許可）。初出『小學唱歌集』初編（↓五一頁）。初出曲名の読みは「ふじのやま」。

誠は人の道

一

まことは人の。道ぞかし。
つゆなそむきそ。其道に」

二

心は神の。たまものぞ。
露なけがしそ。そのたまを」

＊（高等師範學校附属音樂學校許可）。初出『小學唱歌集』第三編《↓六〇頁》。

めぐれる車

一

めぐれる車。流るゝ水。
われらはいこへど。止む間なし」

二

岩根をつたふ。滴の水。
積ればつひに。海となる」

＊（高等師範學校附属音樂學校許可）。初出『小學唱歌集』第三編（↓五八頁）。

春の夜

かすみにきゆる。かりがねも。かすかにひゞく。
笛の音も。治る御代の。しらべにて。
樂しき春の。夕暮や。ともしびとりて。
昔の人の。あそびし夜半も。かゝりけん。
世はさま〴〵と。おもひしを。昔も今も。
かくさき匂ふ。花にはそむく。人ぞなき」

＊（高等師範學校附属音樂學校許可）。初出『小學唱歌集』第三編（↓五六頁）。

岩もる水

いはもる水も。松ふく風も。
しらべをそふる。つま琴の音や。
あな面白の。今宵の月や。
心にかゝる。雲霧もなし」

＊（高等師範學校附属音樂學校許可）。初出『小學唱歌集』第三編（↓五四頁）。

雲

一

瞬間には。山をおほひ。
うちみるひまには。
海をわたる 雲てふものこそ。
くすしきありけれ。
雲よくもよ。雨とも霧とも
みるまに變りて。
あやしく奇きは。雲よ〳〵」

二

ゆふひにいろどる。橋をわたし。
み空に聲せぬ。浪をおこす。
雲てふものこころ。奇くありけれ。
雲よ雲よ。なきかと思へば。
大空おほひて。
あやしくくしきは。雲よ〳〵」

＊（高等師範學校附属音樂學校許可）。初出『小學唱歌集』第三編（↓五七頁）。

遊猟

一

さながら山も。くづるばかりに。
をのへにとよむ。矢玉のひゞき。
神てふ虎も。てどりにしつゝ。
いさみにいさむ。ますらをの徒」

二

葦毛の馬に。しづ鞍おきて。
あづさの真弓。手にとりしばり。
みかりたゝすは。益荒雄なれや。
み猟たゝせる。その勇ましさ」

＊（高等師範學校附属音樂學校許可）。初出『小學唱歌集』第二編（↓五五頁）。

忠孝

橋本光秋 作歌
多 梅稚 作曲

一
すめら御國は神代より。
祖の祖より子孫に。
露もたかはず傳へ来し。
明き清けき心あり」

二
君につかへて忠となり。
親につかへて孝となる。
神の教へし道ぞこれ。
よゝに傳へし道ぞこれ」

才女

一
かきながせる。筆のあやに。
そめしむらさき。世々あせず。
ゆかりの色。ことばの花。
たぐひもあらじ。その功」

二
まきあげたる。小簾の隙に
君のこゝろも。しら雪や。
廬山の峰。遺愛の鐘。
めにみるごとき。その風情」

＊（高等師範學校附属音樂學校許可）。レディ・ジョン・スコット作曲。「アニー・ローリー」で知られる。初出『小學唱歌集』第三編（↓五七頁）。

秋草

一
さき残りたる。あさがほや。
命とたのむ。露も淺ぢの。朝顔や」

二
綾錦織る。萩が花。
玉藻色なる。露ぞこがるゝ。はぎがはな」

三
誰招くらん。はなすゝき。
風も吹ぬに。露ぞ亂るゝ。花薄」

＊（高等師範學校附属音樂學校許可）。初出『小學唱歌集』第三編（↓五九頁）。

「秋草」

五日の風

一
いつかの風も。十日の雨も。
時に順ふ。わが君が世や。
西の國より高麗百濟より。
よりくる人も。御代祝ふなり」

二
豊葦原の。瑞穂の國は。
千世萬世も。動きなき國。
わが君が代は。ちよよろづ世も
動きなき御代。いはへ諸人」

＊（高等師範學校附属音樂學校許可）。初出『小學唱歌集』第二編（↓五五頁）。

明治の御代

橋本光秋 作歌
多 梅稚 作曲

一
君の恵のうるほひて。國内こと〴〵開けゆく。
嗚呼日の本あゝ日の本。四方に光は輝けり」

二
臣の忠實もあらはれて。國の境もひろまりぬ。
あゝわが國あゝわが國。四方にその名は轟けり」

「明治の御代」

古戰場

一
屍は朽て骨となり。
刃は折れて。霜結ぶ。
今はた靡く。旗薄。

皷の音か。松風か」

二

人影みえず。風寒し。

蓬は枯て。霜白し。

命を捨し。益荒雄が。

其名は千代も朽せじな」

＊（高等師範學校附属音樂學校許可）。初出『小學唱歌集』第三編（→五九頁）。

戰死者を弔ふ歌

大和田建樹 作歌
納所辨次郎 作曲

一

生きては君の御楯となり。

死しては御代の守りとなる。

あゝいさましあゝいさまし。

威靈は曇らじ千代八千代」

二

功は國の光となり。

ほまれは民の鏡となる。

あゝかぐはしあゝかぐはし。

美名は朽ちせじ千代八千代」

＊大和田建樹（一八五七－一九一〇）。

埴生の宿

一

埴生の宿も。わが宿。

玉のよそひ。うらやまじ。

のどかなりや。春の空。

花はあるじ鳥は友。

オーわがやどよ。たのしともたのもしや」

二

書讀む窓も。わが窓。

瑠璃の床も。うらやまじ。

きよらなりや。秋の夜半。

月はあるじ。虫は友。

オーわが窓よ。たのしともたのもしや」

＊（高等師範學校附属音樂學校許可）。ヘンリー・ビショップ Henry Rowley Bishop（イギリス、1786-1855）作曲・里見義訳詞。初出『中等唱歌集』（→六八七頁）。

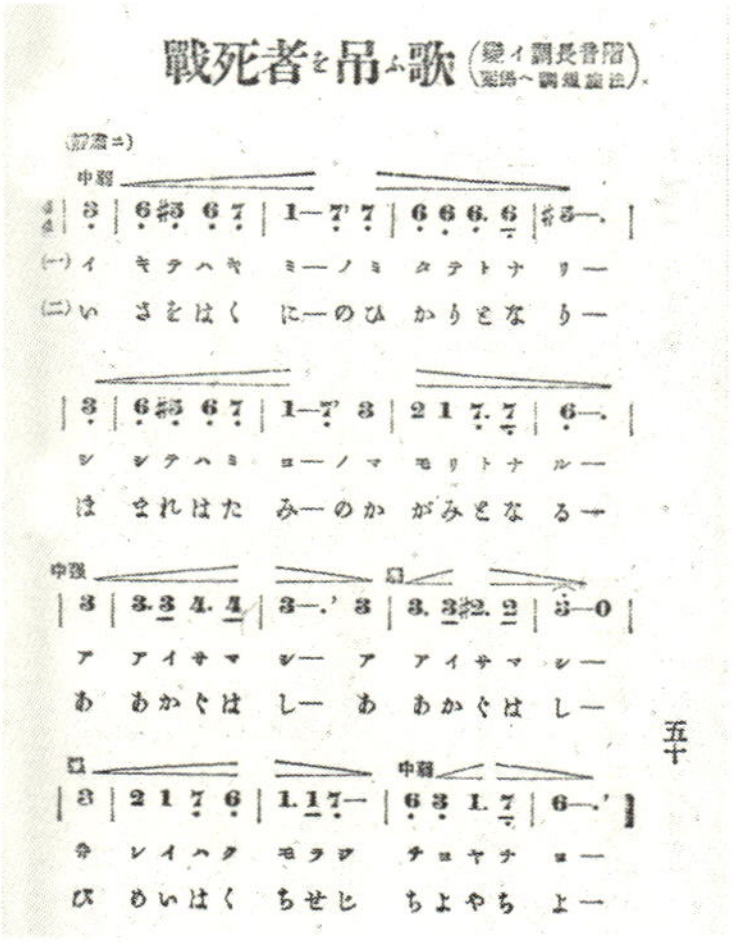

「戰死者を弔ふ歌」

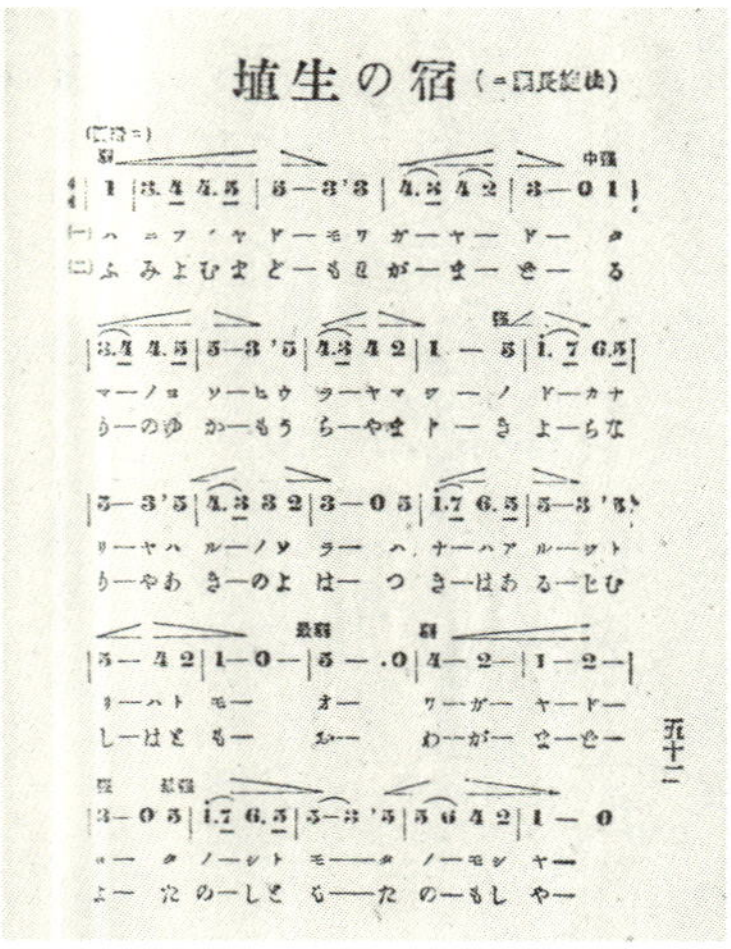

「埴生の宿」

祝へ吾君を

一

祝へ吾君を。

恵の重波。やしまにあふれ。

普ねき春風。

草木も靡く。

いはへ〳〵國の爲。吾君を」

二

祝へ吾國を。

瑞穂のおしねは。野もせにみちて。

しろ金黄金。

花咲榮ゆ。

いわへ〳〵君の爲。わが國を

＊（高等師範學校附属音樂學校許可）。初出『小學唱歌集』第三編（→六三頁）。

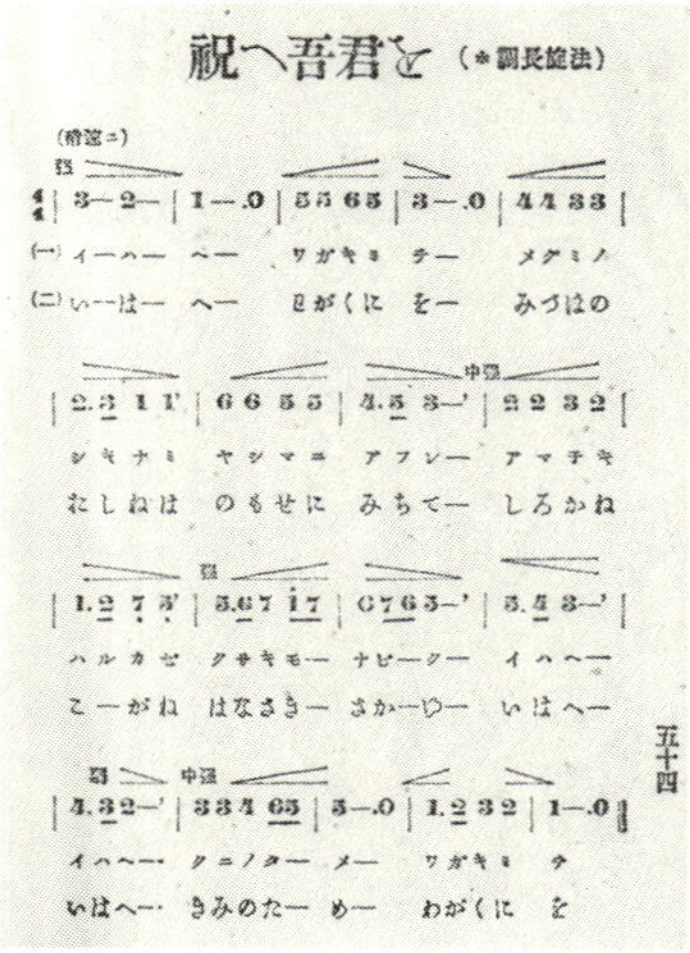

「祝へ吾君を」

ならの都

一

ならの都の。そのむかし。

みやびつくして。宮人の。あそびましけん。

龍田川原の。紅葉。龍田川原の。紅葉。

今もにほふ。ちしほの色に。のこるかたみは。

千代もくちせず。今かいまかと。
君をまつらん。そのもみぢ。」
二
ふるきみやこの。そのむかし。
櫻かざして。おほきみの。
あそびましけん。滋賀の花園。滋賀の花園。花咲。
滋賀の花園。花咲。今もにほふ。色香をそへて。
ゑめる姿は。千代もかはらず。今やいまやと。
行幸まつらん。その花は」
＊（高等師範學校附属音樂學校許可）。譜面の曲名は「寧良の都」。初出『小學唱歌集』第三編（↓五七頁）。

「ならの都」

御國の民
一
御國の民よ。わが同胞よ。國の爲つくせ。
君の爲つくせ。家のため身のため。盡せよ盡せ。
矢玉ふるなかも。怖ず進め。太刀うつしたも。
ひるまずすゝめ。旭の旗の飜る處は。これ我國ぞ。
みな我國ぞ」
二
御國の民よ。わが同胞よ。つゝのおとひゞき。
鬨の聲きこゆ。君の爲心を。つくせよつくせ。
屍積山も。踏越進め。ちしほの川も。躍りて進め。
旭の旗の。飜へる處は。これ我國ぞ。
みなわが國ぞ」
三
御國の民よ。わが同胞よ。暴風ふきまきて。
敵の旗靡く。國の爲我身を。盡せよ盡せ。
氷りたる海も。いきまき渡り。沙漠のなかも。
いとはず進め。旭の旗の飜る處は。これ我國ぞ。
みなわが國ぞ」
＊（高等師範學校附属音樂學校許可）。フィリップ・ファイル Philip Phile（ドイツ→アメリカ、c1734-1793）作曲。初出『中等唱歌集』（↓六八五頁）。

母の思ひ
一
はゝの思ひは。空にみち。
行方もしらず。はてもなし。
月の桂を。手折りてぞ。
家の風をば。吹かせつる。
仰げ〳〵。母のみいさを」
二
はゝのなさけの。撫子よ。
つゆなわすれそ。恵をば。
家を遷すも。育草。
機を切るさへ。教草。
慕へ〳〵。母の情を」
＊（高等師範學校附属音樂學校許可）。初出『小學唱歌集』第三編（↓五八頁）。

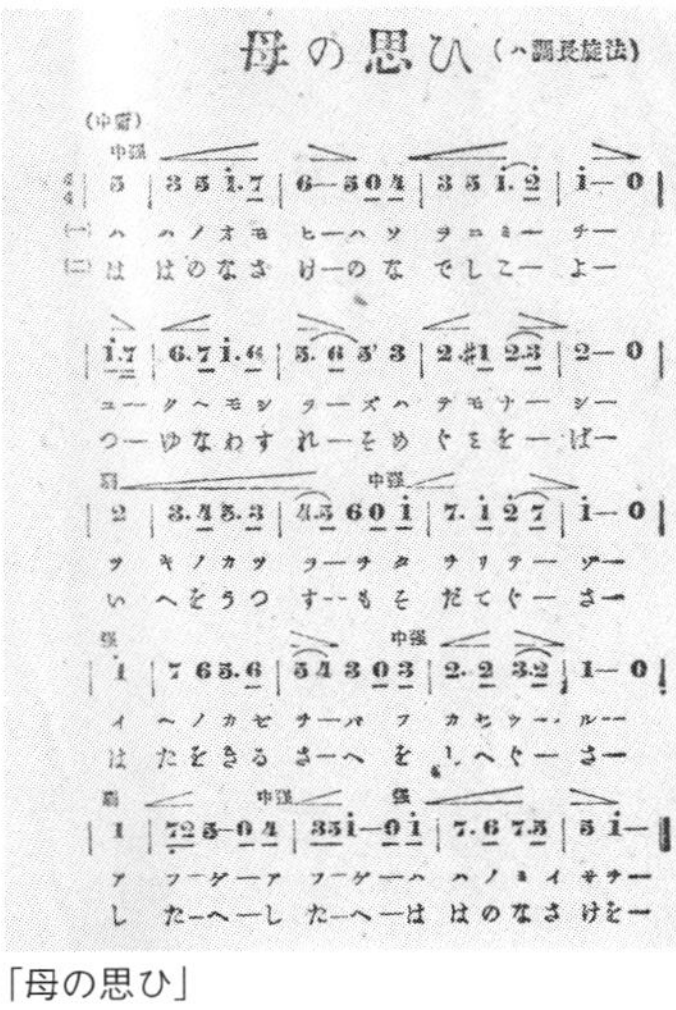

「母の思ひ」

國旗
一
御國のはたこそ。旭のかげ。
輝わたらぬ。
國やはある。軍の場にも。
大照代にも。
いやまし光れり。旭の旗。
あはれ。はれ。
日の旗。わが日のはた。
六大洲中。てらせ。日の旗」
二
御國をまもれる。つはものども。
朝日にまばゆき。

櫻の花。散りてもかをりは。
いやますらを。
ゆめ〱けがすな。旭の旗。
あはれ。はれ。
日の旗。わがひのはた。
六大洲中。てらせ。ひのはた」

三
日出る國なる。わがひのもと。
稜威は。
あめつち。榮行國。
あふげや。のぞめや。
あさひのはた。誓ひてまもれや。
あさひのはた。あはれ。はれ。
ひのはた。わがひのはた。
六大洲中。てらせひのはた」

*（高等師範學校附属音樂學校許可）。

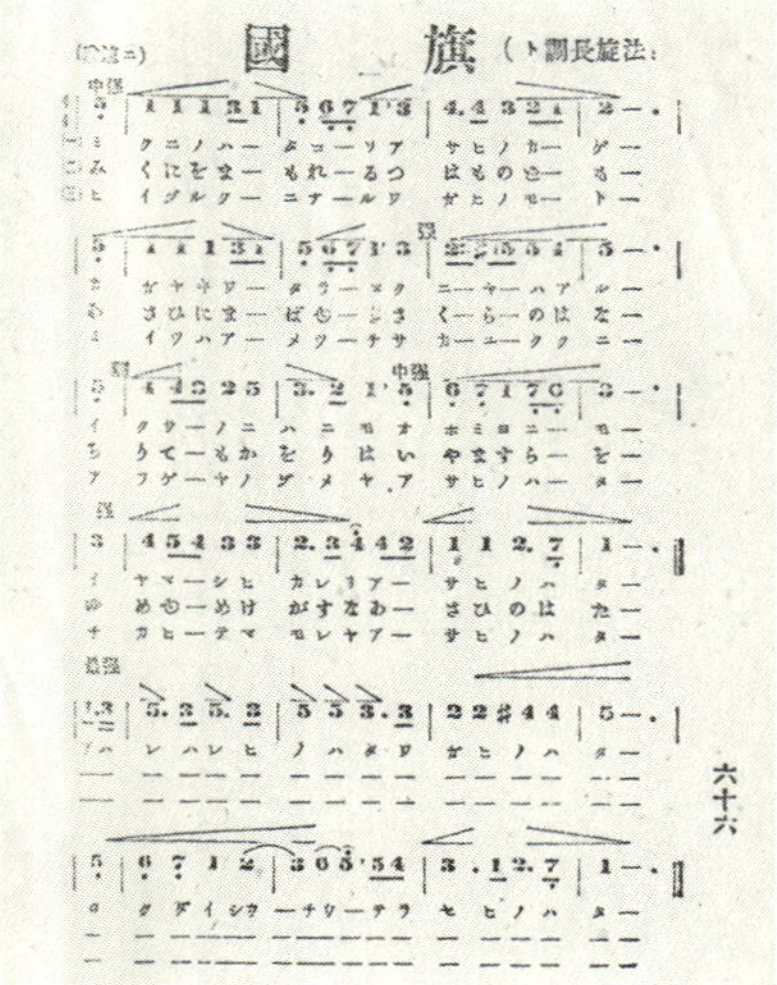

「國旗」

*奥付左に「本書目的〜高等小學校　尋常中學校　尋常師範學校　高等女學校　音樂講習會　唱歌教科用」の記述。

◆資料【一八九六（明治二九）年認可済歌曲】

島根県（二月二一日）(小)：「皇御國」「命を捨て」「西征歌」「壮夫」「海戰」「修羅の野末」「彼處の川邊」「沖つ白波」「昔弘安」「織りなす錦」「身も世も忘れ」「君が代の」「國の基」「國の姿」「教への庭」「觀學の歌」「軍艦」「日本魂」「朝の歌」「曇らぬ日影」「來なけや鶯」「鴫ぞ鳴く」「日は山に」「日本の名」「命の雨」「自然の友」「舟遊び」「あすも來て」「若葉の蔭」「門の響き」「むれゆく雁」「寐にゆく鳥」「四季」

山口県（二月二六日）(小)：「軍旗」

岡山県（四月二日）(小)：「鴨緑江」「命を捨て」「戰闘歌及海戰」「皇御國」「一碧萬里」「黄海の大捷」「心地好や」「虎穴に入らば」「天地に響く」「敵の味方の」「敵の艦隊」

兵庫県（四月一八日）(小)：「須磨の浦」「湊川」「帝たこ國軍歌」「君が代」「皇國を守れ」、「軍艦」、「日章旗」

熊本県（九月一八日）(師)(小)：「勅語拜讀ノ歌」「開校式ノ歌」「入學式ノ歌」「開校紀念式ノ歌」「始業式ノ歌」「終業式ノ歌」「しばしの別れ」「あふせ」「留別ノ歌」「別れの歌」「送別ノ歌」

◆資料【一八九六（明治二九）年検定済曲集】

『教科適用大捷軍歌』(尋)(高)　九月五日検定（明治二八年六月三〇日再版）

『大捷軍歌』(尋)(高)(教)九月五日検定（八月十日訂正三版）

『新編教育唱歌集』(尋)(教)第一　九月一四日検定（八月一日訂正再版）

『學校必要　唱歌集』(尋)(高)(教)十二月二六日検定（十二月一八日訂正再版）

『新編教育唱歌集』(高)(教)第二集　十二月二八日検定（十二月二五日再版）

◆資料一八九六（明治二九）年に刊行された唱歌集から

『學校必用　唱歌集』加藤里路・楠美恩三郎編（刊行：六月　発行：村上書店

『學校式日唱歌集』元橋義敦編（刊行：五月　発行：熊谷久榮堂）

一八九七（明治三〇）年

『國教唱歌集』上・下

小山作之助編

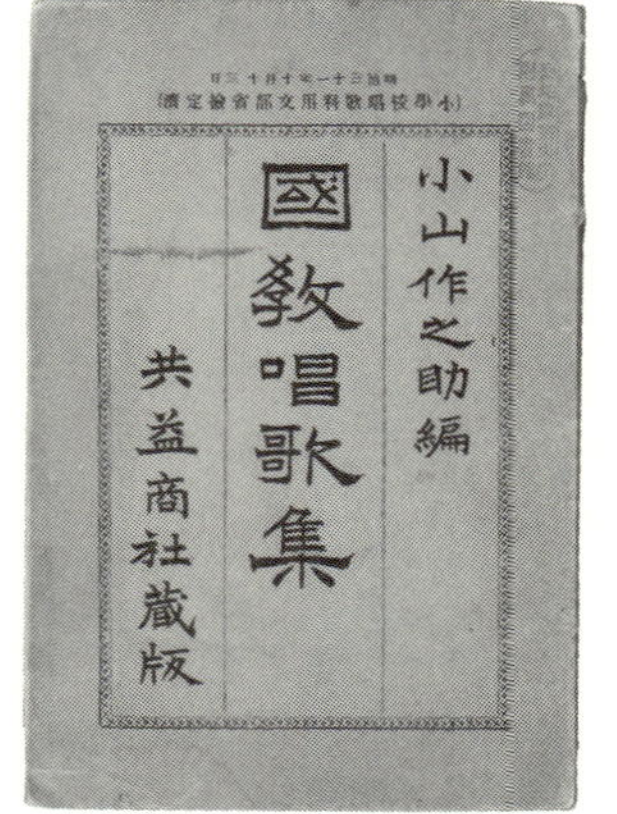

刊行：1897年8月13日　発行：共益商社書店
縦220ミリ×横146ミリ　表紙＋扉＋92頁
底本：1900年7月12日発行　第4版

勅語

朕惟フニ我カ皇祖皇宗國ヲ肇ムルコト宏遠ニ徳ヲ樹ツルコト深厚ナリ我カ臣民克ク忠ニ克ク孝ニ億兆心ヲ一ニシテ世々厥ノ美ヲ濟セルハ此レ我カ國體ノ精華ニシテ教育ノ淵源亦實ニ此ニ存ス爾臣民父母ニ孝ニ兄弟ニ友ニ夫婦相和シ朋友相信シ恭儉己ヲ持シ博愛衆ニ及ホシ學ヲ修メ業ヲ習ヒ以テ智能ヲ啓發シ德器ヲ成就シ進テ公益ヲ廣メ世務ヲ開キ常ニ國憲ヲ重シ國法ニ遵ヒ一旦緩急アレハ義勇公ニ奉シ以テ天壤無窮ノ皇運ヲ扶翼スヘシ是ノ如キハ獨リ朕カ忠良ノ臣民タルノミナラス又以テ爾祖先ノ遺風ヲ顯彰スルニ足ラン

斯ノ道ハ實ニ我カ皇祖皇宗ノ遺訓ニシテ子孫臣民ノ倶ニ遵守スヘキ所之ヲ古今ニ通シテ謬ラス之ヲ中外ニ施シテ悖ラス朕爾臣民ト倶ニ拳々服膺シテ咸其徳

ヲ一ニセンコトヲ庶幾フ
明治二十三年十月三十日
御名御璽

國教唱歌集 緒言

夫ﾚ普通教育に於ける唱歌のものたる、以て體育を補ふべく、以て知育を資くべく、以て美育を進むべし、特に徳育を成すに於いては効用の顯著なる他に比敵すべきものあるを見ず、然り而して之を成すの材料には間接的と直接的との二種あり、此書は則ﾁ其後者に屬し、専ﾗ修身科と聯絡せしむるの目的を以て、教育勅語の各綱に率合せんことを勤めたり、然れ共些々たる一小冊子いかで完璧を望むべけんや、若ｼ夫ﾚ國家教育の一資料たるを得ば幸甚し

抑々教育勅語は明治廿三年十月三十日を以て我ｶﾞ皇の煥發し給ひたる所、伏て惟るに吾人臣民のために、修身處世、齋家報國の要道を垂示し給ひたるもの、洵に是ﾚ人の鑑なり、洵に是ﾚ國の教なり、此書題するに國教唱歌集の稱を以てするは、僭冒の罪元ﾄ免るべからずと雖、謹で則る所と窃に期する所とを表明せむとするの篤誠のみ

此書所載の歌曲其數四十有餘、悉ﾅ邦人の手に成り概して平易暢達なり、其排列は教育勅語各綱の次序に準じて類集し必しも樂趣歌想の難易繁簡に拘らず蓋ｼ所要歌曲の捜索に便せんがためなり

此書の樂譜は視唱と彈奏との便を慮り、可成的簡易の調を以て記載せり、實用上多少の移調は、此書を採用する人の意見に任す

明治三十年七月　編者識

上の巻

さくら

本元子 作歌・作曲

一
櫻は皇國（みくに）の花てふ花よ、
そのまゝうつせり日本國振（やまとくにぶり）。

二
富士はみくにの山てふやまよ、
そのまゝうつせり御代の姿（すがた）を。

＊本元子（一八六三－一九二七）は小山作之助の筆名。

あめつち

小出雷吉 作曲

一　平春海
天地（あめつち）の神やかためし萬代に
立てゝ動かぬ國の御柱（みはしら）。

二　左中將 基綱
天地の神のかためし皇國（みくに）とて
侵（をか）し果てたる夷（えみし）をもみず。

三　前關白左大臣 家平
天地のひらけそめぬる神代より
絶えぬ日嗣（ひつぎ）の末ぞ久しき。

＊小出雷吉（一八六七－一九四七）。平春海（一七四六－一八一一）。基綱（一〇四九－一一一七）。家平（一二八二－一三二四）。

大皇國

湯本武比古 作歌
上眞行 作曲

一
大皇國（おほみくに）の、國ぶりぞ、けだかき
外國（とつくに）には、たぐひもなし、
たぐひなきぞ、たふとき。

二
大皇國の、國がらぞ、よろしき、
よそ國には、まれなりけり、
まれにだにぞ、えがたき。

三
かくたふとく、かくめでたき、皇國（みくに）に、
生（うま）れあふぞ、いとうれしき、
いつけまもれ、やよ人。

＊湯本武比古（一八五七－一九二五）。

その水上
（肇國宏遠 樹德深厚）

旗野十一郎 作歌
小山作之助 作曲

その水上（みなかみ）は高千穂（たかちほ）の、
峯（みね）より出る眞清水（ましみづ）の、
千萬川（ちよろづがは）に流（なが）るとも、
青海原（あおうなばら）に瀉（そゝ）ぐとも、
清きぞ國の體（すがた）なる、
きよきぞ國のすがたなる。

＊旗野十一郎（一八五一－一九〇八）。

八尺の瓊
（國体之精華 教育之淵源）

旗野十一郎 作歌
小山作之助 作曲

八尺の瓊のつなぎ緒の、
二ツの端も一筋に、
忠なる臣は親に孝、
孝なる子こそ君に忠、
つらねてまもれわがみ民、
連ねてまもれわがみ民。

＊「その水上」と「八尺の瓊」は同旋律。同一譜面に歌詞を併記（譜面参照）。

「八尺の瓊」「その水上」

忠孝文武

某氏 作歌
深澤登代吉 作曲

一
君には忠を、親には孝を、
人たるものは、併せてつくせ」
空ゆく鳥の、千里にとぶも、
二ッの翼、もてるがゆゑぞ』
二
文よむすべと、太刀とるわざを、
人たるものは、併せてたもて」
重きをのせて、遠きを行くも、
二ッの車輪、つけるがゆえぞ』
三
忠と孝とは、あはせて一ッ、
文事と武事も、あはせて一ッ」
もしこのふたつ、具備へぬ人は、
片羽の鳥か、片輪の車輪』

＊深澤登代吉（生年不詳－一九〇一）。

兒訓

東宮鐵眞呂 作歌
小山作之助 作曲

一
あれ〱稚兒よ、あれを見よ、
軒端に群る、雀すら、
夜明けぬさきより、忠々と、
さへづりあひつゝ、遊ぶなり。
二
あれ〱わく子よ、あれを見よ、
木ずゑに亂るゝ、鴉さへ、
日暮れぬほどより、孝々と、
なきつゝ塒に、歸るなり。
三
雀がちう〱、さへづれば、
鴉はかう〱、さわぐなり、
皇國の民たる、賢し子よ、
雀と鴉に、劣るなよ。
四
三歳兒のたましひ、百までと、
昔の世よりぞ、傳へたる、
幼き心に、きりつけて、
忠と孝とを、忘るなよ。

孝の道

中村秋香 作歌
小山作之助 作曲

一
反哺、三枝、鳥だにも、
子たる道は知るものを、
わかでいかで、人として、
踐まずあらむ孝の道。
二
道をふみて、身を立てゝ、
國のために、盡しつゝ、
父母の名まで、顯せよ、
これぞ人の、孝の道。

親の恩

平野秀吉 作歌
石原重雄 作曲

一
われらも昔は父君の、
膝にいだかれ母刀自の、
背におはれて兩親を、
泣きくるしめし乳子なりき。
二
朝まだきより夜半までも、
身にしたゝたれる汗水に、
わが身を育てたまはりき、
おもへばたかし父の恩。
三
添乳したまふところを、
けがしゝ折もさりげなく、
なでいつくしみたまはりき、
おもへばふかし母の恩。

四
着るものもなくくふものも、
なきさまよえる子もあるに、
われらはいかなる幸か、
おもへばはてなき親の恩。
五
山なす惠父の恩、
海なすめぐみはゝの恩、
かゝるめぐみにむくいずば、
人にはあらじ人ならじ。
＊平野秀吉（一八七三―一九四七）。

親の心
（獅子子を試むるかたに）
宮崎八百吉 作歌
内田粂太郎 作曲

一
猛きにほこる、虎さへも、
子ゆゑに弱く、なるものを、
さすがけものゝ、長といふ、
獅子のこゝろぞたのもしき。
二
されば身にしも、代へがたき、
子をば千尋の壑そこに、
すてゝ力を、試むる、
親のこゝろは、いかならむ。
三
けものゝ長と、せむ爲に、
身にかへがたき、子をすつる、
親の心に、比ぶれば、
千尋のたにも、なほ淺し。
＊宮崎八百吉（一八六四―一九二二）。

兄弟
平野秀吉 作歌
石原重雄 作曲

一
父なき後に何事も、
わが身にうけてむつましく、
かたりあはむは誰なるぞ、
兄上おとうとなかりせば、
たが世の中にまめだちて、
わが身のためをはかるべき。
二
母なきのちに何ごとも、
わが身に受けてむつましく、
語り合はむは、誰なるぞ、
姉上いもうとなかりせば、
たが世の中にまめだちて、
わが身のためをはかるべき。

親の子
中村秋香 作歌
納所辨次郎 作曲

一
親の子を、思ふ心は、兄おとゝ、
姉に妹の、區別なく、
何れ慈し、からざらん。
二
兄弟の、身と我身とは、諸共に、
親の遺躰ぞ、されば又、
親の心は、我が心。
三
兄おとゝ、姉に妹の、區別なく、
かたみに睦び、親しむは、
やがても親の、心なり。

家の風
佐々木信綱 作歌
奥好義 作曲

一
妹脊の山のむつましく、
たちならびたるその中を、
吉野の川は流るなり、
茂れる小松かげ見えて
二
したしきなかに別あり、
まことの中に情あり、
心の花の匂にぞ、
ゆたかに吹かむ家の風。

家の基
某氏 作歌
山田源一郎 作曲

一
天地の、和ぐまゝに、草木はしげり、
糸竹の、調ふ並に、ひゞきぞ澄める、
妹脊の中垣、へだてなく、
睦ぶ家こそ、榮ゆけ。
二
天地の、心をとりて、互にめぐみ、
いと竹の調のごとく、たすけよともに、
睦ぶ妹脊は家の基、
さかゆく家こそ、國の基。

朋友

小山作之助 作曲

一

贈權大納言 光圀

立つ波も、心へだてぬ、友千鳥、
まなくしばなく、聲かはすなり。

二

無名氏

隔てなき、友の眞實に、くれ竹の、
よにも迷はず、道すゝみゆく。

三

無名氏

何くれと、心へだてぬ、友垣も、
禮義正しく、立つべかりけり。

＊權大納言 光圀（一六二八－一七〇〇）。

我が友

平野秀吉 作歌
石原重雄 作曲

一
澤邊の螢、まどの雪、とりてあつめて、朝夕に、
おなじ道ゆく、わが友や、ともにつとめむ、わが友や。

二
月雪花の、折々は、共にあそばむ、わが友や、
國に事ある、その時は、共に盡さん、わが友や。

三
四千餘萬の、同朋も、この交りぞ、始めなる、
ともに中よく、むつましく、かたるはやがて、國のため。

敬愛信義

千家尊福 作歌
小山作之助 作曲

一
君と親との二見潟、なみならぬこそめぐみなれ、
ひくしめ繩の一筋に、心つくして事ふべし。

二
信義にまさる味方なし、まことに勝つべき敵はなし、
神の心も人の身も、信義にこそは動くなれ。

女訓

東宮鐵眞呂 作歌
目賀田万世吉 作曲

一
生れし日より這へば立て、立てば歩めと夜晝に
おほしたまひし父母の、恵は常に忘るまじ。

二
朝はとくより夕まで、同じ學の庭に居て、
睦みなれにし友人の、眞實は永く忘るまじ。

三
人の妻たる身とならば、その行をつゝしみて、
上を敬ひ下を撫で、家の榮を祈るべし。

四
人の母たる身とならば、庭の教をつゝしみて、
愛に溺れず思ふ子の、後の榮を祈るべし。

千篇萬巻

中島長吉 作歌
小山作之助 作曲

千篇萬巻讀む書も、
風雨に寒暑に身を錬るも、
用ふるところは唯一ッ、
忠君愛國是れのみぞ、
國に無益の民たるな、
君に忠義の臣たれや。

＊中島長吉（一八七一－一八九五）。

下の巻

恭儉博愛

伊澤修二 作歌
作曲者未詳

一
我身は財と行と、二ッをもれる器なり、
うつはにみてる水のごと、
心してこそもつべけれ。

二
世の民草のうきめをば、おのが心につみそへて、
かくるなさけの其露ぞ、
めぐみの海となりぬべき。

節儉慈善

千家尊福 作歌
小山作之助 作曲

一
花はちりても實を結ぶ、
月はかけても又みてり、
消えてかへらぬ金銀の、
光を空しく失ふな。

二
餘るは足らぬを補ひて、
すくふぞ人の務なる、
あはれむべきをあはれみて、
世を益するは人の道。

針の道

旗野十一郎 作歌
鈴木米次郎 作曲

一
實に世の中は針の道、
心こまかに落目なく、
直く正しく一筋の、
糸もてつゞれ上と下。
二
げに世の中ははりの道、
我身に向けて爪下り、
縫ふ手受手のあしらひも、
表裏なくとぢむべし。
三
實によの中は針の道、
曲げては衣も通されず、
袖つまあはぬわざなさば、
おのが肩身や狭からむ。

「針の道」

愼言謙譲

小出雷吉 作曲
素性法師 作歌

そこひなき
そこひなき淵やはさわぐ、
山川の淺き瀬にこそ、
あだなみはたて。

あさみどり

作歌者未詳

あさみどり野邊のかすみは、
つゝめどもこぼれてにほふ、
花ざくらかな。

假粧の水

菊間義晴 作歌
小山作之助 作曲

すがたやさしき、ひめゆりの、
花にやどれる、しらつゆを、
うつせをとめ子、けはひの水に。
しぐれに霜に、色かへぬ
まつの葉末の、しらつゆを、
うつせをとめ子、けはひの水に。
＊菊間義晴（一八六四－一九四二）。

竹

小田深藏 作歌
元橋義敦 作曲

綠かはらず、蔭しげく
よきほど〳〵に、節ありて、
つもる雪にも、嵐にも、
撓めど折れぬ、呉竹の、
直きすがたに、ならふべし。

風烈しくとも

下田歌子 作歌
小山作之助 作曲

風烈しくとも忍びなむ、
雪深くとも堪へぬべし、
二重の衣を一重ぬぎ、
あの幼子にまゐらせむ、
母上ほめてたまへかし。
＊下田歌子（一八五四－一九三六）

勤倹

中村秋香 作歌
吉田信太 作曲

進めや勤軍、撓まず進め、
険しき山道、危き潮路
千辛凌ぎて、萬苦を犯して、
撓まずすゝめ、一筋に。
守れや倹城、弛まず守れ、
遊惰の間諜、驕奢の寄手、
烈しく防ぎて、嚴しく拒みて、
弛まずまもれ、ひたすらに。
守るは即ち、進むのはじめ、
進むはやがても、守るの基、
上下千年、縦横万里、
事業の旗を、世に立てゝ、
後の世までも、仰がるゝ者、
誰かは勤と、倹とに依らぬ、
進めや勤軍、守れや倹城、
進めや勤軍、守れや倹城。
＊吉田信太（一八七〇－一九五四）。

まなべ

伊澤修二 作歌
同人 作曲

學べやまなべ、勅語のまゝに、
ならへやならへ、たゆまずうまず、
まなびの業を、はやとくをへて、
あそべやあそべ、花さく園に。

富士の高嶺

林 甕臣 作歌
本 元子 作曲

一
富士のたかねを、みよこども、
人のあふぐは、なにがため、
ほかの山より、ぬきいでゝ、
たかくひいでゝ、あればなり。

二
山はふもとの、塵ひぢが、
つみて空にも、そびゆなり、
人も日々〳〵、學びなば、
高き功も、立てつべし。

修學習業

伊澤修二 作歌
作曲未詳

一
學のちまた數多く、西に東に別るれど、
いたる極は一ト筋の皇國の道の外ぞなき。

二
わざてふ業は科多く、農工商と別るれど、
わかれぬものは我國を、富さんとての心なり。

啓智成徳

伊澤修二 作歌
作曲未詳

一
神の秘めてし千萬の、
たからみてたる智慧の庫、
開かん鍵の文字數字、
學べやならへ怠らで。

二
萬のものも天地も、
くまなく照らす眞心の、
徳の光のます鏡、
みがけや塵もくもりなく。

「修學習業」「啓智成徳」

汽車汽船

楠見恩三郎 作歌
同人 作曲

一
汽車の馳しるは馬より速し、
瞬く間に五里十里、
ゴロゴロゴロゴロ、ゴロゴロ……
便利の機械も學問の、力を籍らでは成就がたし。

二
馳しる汽船は鳥より速し、
萬理の波濤も忽に、
ドンドンドンドンドン…………
便利の機械も學問の、力をからではなりがたし。

＊楠見恩三郎（一八六八－一九二七）。

學びの力

中村秋香 作歌
小山作之助 作曲

一
天を動かし、地を碎き、
既往を考へ、未來をしる、
學の力ぞ、あやしきや。

二
國を平らげ、世を鎮め、
心を研かせ、身を立てしむ、
學の力ぞ、奇しきや。

訓の歌

千家尊福 作歌
小山作之助 作曲

○確志
一
波風あらき海の原、走る汽船を見ても知れ、
常に針路を定めなば、世にたゞよはむ時はなし。

○忍耐
二
霜に葉かへぬ松が枝は、千年の色にぞ榮えける、
辛苦に堪ふる人こそは、終に功績を立つべけれ。

○勉強

三
月日に負債をなす人は、終につくのふ道ぞなき、
月日を資本になす人は、榮えん時ぞあきらけき。
○進取
四
開け行く世の人の道、進むを遮ぎる關はなし、
心の駒に鞭うちて、千里の外の富も得よ。

亂を忘れず

本居春庭 作歌
小山作之助 作曲

○鞆の音
一
鞆の音きこえぬ國と梓弓
心ゆるぶなますらをのとも。

松平定信 作歌

○青柳
二
青柳の糸のみだれを春風の
ゆたかなる世に忘れずもがな。

＊本居春庭（一七六三－一八二八）。松平定信（一七五九－一八二九）。

戒の歌

千家尊福 作歌
小山作之助 作曲

○貪るべからず
一
苗代小田に引く水の、潤ほふ程こそよろしけれ、
溢るゝばかりせき入れば、畔さへ終に崩るべし。
○欺くべからず
二
欺かるとも欺くな、欺く人は末わろし、
あざむかるゝは正直の、頭にまもれる神ぞしる。
○争ふべからず
三
互いに持ち合ふ世の中は、ことわり離れて争ふな、
勝も負くるも打つ石の、白き黒きは人ぞしる。
○恨むべからず
四
人の心は背くとも、向ふ鏡のうら見るな、
うらみるときは善悪の、影さへわかずなりぬべし。
○盗むべからず
五
八重山吹の一重だに、人の許さね枝をるな、
花物いはぬよの中も、神はさやかに見そなはす。

世のために

作歌未詳
本元子 作曲

一
鳥も獸も草も木も、みな世のためになるものを、
ましてたふとき人として、いかでむなしくすごすべき。
二
すゝみゆくなる世につれて、なすこと多き今日なるぞ、
おのがむき〳〵身を立てゝ、盡せもろ人よのために。

七倒八起

阪正臣 作歌
多梅稚 作曲

七たびころび、八たびおき、
くじけぬ心、持ちてこそ、
つひには事も、なしとぐべけれ、
つひには名をも、あぐべけれ。

「七倒八起」

八洲の民

稲垣千頴 作歌
小山作之助 作曲

一
我が君守れ、八洲の人、
我が國まもれ、八洲の民、
家業はげみ、身を立てゝ、
人をも富まし、世をとまし、
わが君守れ、やしまの人、
わが國まもれ、やしまの民。
二
取るべき業の、無き國なく、
なすべきことの、なき時なし、
身の等閑に、怠りて、
月日をあだに、すごすなよ、

とるべきわざの、なき國なく、
なすべきことの、なき時なし。

國のみのり

平野秀吉 作歌
石原重雄 作曲

一
國の憲法（みのり）はかしこくも、
我が大君が國民を、
保護（まも）りたまはむ御心に、
さだめたまいし法則（おきて）なり。

二
夫（それ）を守るは大君の、
御言（みこと）を守るのみならず、
わが身を守るためとしも、
知らぬ人こそおろかなれ。

昇る日（國憲）

旗野十一郎 作歌
小山作之助 作曲

昇る日の、あきらかなるは、
山川（やまかは）のへだてなし、
さす月の、くまなくてるは、
たがやども同じいろ、
日の光、月の影、
國の憲法（みのり）は、やがてそれぞ、
アヽあふぎつゝ、たふとめよ。

七重八重（國法）

旗野十一郎 作歌
小山作之助 作曲

なゝへやへ、さくらの花も、
春にこそさきまされ、
錦なす、もみぢの枝も、
秋にこそてりにほへ、
春咲くと、秋照ると、
國の國法（おきて）はやがてそれぞ、
ア、たがふなよ、たがはれじ。

＊「昇る日」と「七重八重」は同一譜面に歌詞を併記。

義勇奉公

旗野十一郎 作歌
小山作之助 作曲

一
ますらをは、事しありなば、
ひきしぼる、梓（あづさ）の弓の、
つよゆみの、弦（つる）をはなれし、やたけごゝろ。
（男生用）

一
をとめらは、ことしありなば、
ぬひあわす、新織衣（にひはたごろも）、
うらおもて、直（なほ）くつらぬく、針（はり）のこゝろ。
（女生用）

二
ひとむきに、たけくたわまず、
君のため、また國のため、
いそしみて、つくしつくさむ、生（いき）のかぎり。
（男女兩用）

千引の岩（義勇奉公 男生徒用）

大和田建樹 作歌
小山作之助 作曲

一
千引（ちびき）の岩は重からず、
國家（こくか）に盡す義はおもし、
事あるその日敵（てき）あるその日、
降りくる矢玉（やだま）のたゞ中を、
侵（をか）して進みて國のため、
つくせや男児の本分（ほんぶん）を、赤心（せきしん）を。

二
髪（かみ）一筋も輕（かろ）からず、
國家に捨つる身は輕し、
あらしの枕（まくら）氷のしとね、
千辛萬苦（せんしんばんく）のその中（なか）を、
凌（しの）ぎてつとめて君のため、
捧（さゝ）げよ男児の一身（いつしん）を、身命（しんみやう）を。

＊大和田建樹（一八五七－一九一〇）。

千引の岩
我身も家も

「千引の岩」「我が身も家も」

我が身も家も（義勇奉公 女生徒用）

大和田建樹 作歌
小山作之助 作曲

一
我が身も家も重からず、

國家をまもる義は重し、
事あるその日敵あるその日、
千里に戰ふ兵を、
内より助けて國のため、
盡せや婦人の本分を、節操を。

二

空ゆく雲も輕からず、
國家につくす身はかろし、
看護の業に吊慰の道に、
彈丸硝雨のその中を、
恐れず進みて國のため、
つくせや婦人の本分を赤心を。

＊「千引の岩」と「我が身も家も」は同一譜面に歌詞を併記（譜面参照）。

◆資料【一八九七（明治三〇）年認可済歌曲】

福島県（十二月二日）小：「立志」

◆資料【一八九七（明治三〇）年検定済曲集】

『新編 帝國軍歌』 尋教 十二月一七日検定（明治二九年十月七日）

◆一八九七（明治三〇）年に刊行された唱歌集から

『教科適用 新唱歌』（壱）山田源一郎編（刊行：二月 発行：十字屋）

『小學修身唱歌～第二』 恒川鐐之助編 刊行：五月 発行：共益商社）

『新式唱歌 一名トニックソルファー唱歌集』 鈴木米次郎編（刊行：十一月 発行：十字屋）

一八九八（明治三一）年

◆資料【一八九八（明治三一）年認可済歌曲】

福井県（一月一一日）小：「橋本左内」「柴田勝家」「藤島の社」「九十九橋」「常宮浦」

◆資料【一八九八（明治三一）年検定済曲集】

『新式唱歌』 尋高教 六月二二日検定（六月一六日訂正三版）

『新編教育唱歌集』 第一 尋教 七月一四日検定（七月五日訂正四版）

『新編教育唱歌集』 第二 高教 七月一四日検定（七月五日訂正四版）

『國教唱歌集』 尋高教 十月一三日検定（八月二三日訂正再版）

◆一八九八（明治に三一）年に刊行された唱歌集から

『學校唱歌』 上 明治音樂會編（刊行：八月 発行：十字屋）東京

『皇國唱歌』 第一～第七 恒川鐐之助編（刊行：十二月 発行：十字屋）東京

『教科適用 新唱歌』 第二 山田源一郎編（刊行：五月 発行：十字屋）

『新編 日本唱歌』 大和田建樹 多梅稚編（刊行：三月 発行：三木樂器店）

一八九九（明治三二）年

◆資料【一八九九（明治三二）年認可済歌曲】

福井県（一月一九日）小：「新田義貞朝臣唱歌」

富山県（五月一六日）小：「そのみなかみ」「兒訓」「十篇萬巻」「針の道」「竹」「富士の高嶺」「汽車汽船」「泰平の曲」「雪礫」「勇士の譽」「観兵式」

三重県（七月一九日）小：「勇士の譽」「橿原の宮」「大和男兒」「歩兵」「尊王愛國」「公益」「力は山」「學の海」「夏休み」「競漕の歌」「凱旋の歌」「平壌の歌」「體育の歌」「舟遊」「櫻狩」「學びの道」「紙鳶」「時計の針」「春の野」「三府五港」「光陰」「初み雪」「軍艦」「御代の秋」「降りつむ雪」「於のが雪」「摘草」「遊歩の庭」「田植歌」「花火」「新高山」「吾家」「才女」「秋近し」「秋草」「四季の朝」「黄金の花」「歳暮」

宮崎県（十二月二日）小：「朝日たださす」

福井県師範學校附属小學校（十二月六日）小：「校舍」「校訓」「校旗」

＊福井県、富山県、石川県、大阪市から「〇〇尋常・高等小学校々歌」の申請が認可される。これ以降、その学校に限り認可される校歌の数がぞくぞく増えてゆくが、本稿では掲載しない。祝日大祭日に儀式として校歌もうたわれるようになる。

◆資料【一八九九（明治三二）年検定済曲集】

『新編 日本唱歌』 尋教 一月一七日検定（一月一二日訂正）

◆一八九九（明治三二）年に刊行された唱歌集から

『學校唱歌』 下 明治音樂會編（刊行：八月 発行：十字屋）

『新撰小學唱歌』 萩原太郎ほか編（刊行：十一月 発行：中村鐘美堂）

一九〇〇（明治三三）年

共益商社・三木樂器店版『新選國民唱歌』の刊行

小山作之助編

小山作之助によって編まれた『新選國民唱歌』は、共益商社から世に出た音楽普及用の唱歌集で、学校教育への新たな教材の供給を狙った企画であった。第壱集が一九〇〇年二月に共益商社から発売され、六月には『新撰國民唱歌』と曲集名が改称され、三木楽器店から第弐集・第参集が出版された。第壱集は「湊」（旗野十一郎作歌・吉田信太作曲）、第弐集は「夏は來ぬ」（佐佐木信綱作歌・小山作之助作曲）の初出本として知られる。

この三冊を本書では、共益商社・三木樂器店版『新選國民唱歌』と呼ぶことにする。というのは、この刊行の直後に同じ唱歌集名で、東京・大阪開成館の名義により全五冊として改めて出版されたからである。開成館版の五冊本（↓一七五頁からの五冊の内容）は、全三〇曲中、なんと共益商社・三木楽器店版の十二曲を開成館版として再登場させている。しかも発行人がいずれも三木佐助であることから、何のための改訂であったのだろうか？　という疑問が残る。

しかも、「普通教育ニ於ケル唱歌科ニ恰好ノ新材料ヲ供給センガタメ」に編んだというこの「共益商社・三木楽器店版」で述べられていた編纂意図（「緒言」）は、開成館版にもそのまま受け継がれていくのである。

共益商社樂器店版『新選國民唱歌』壹

小山作之助編

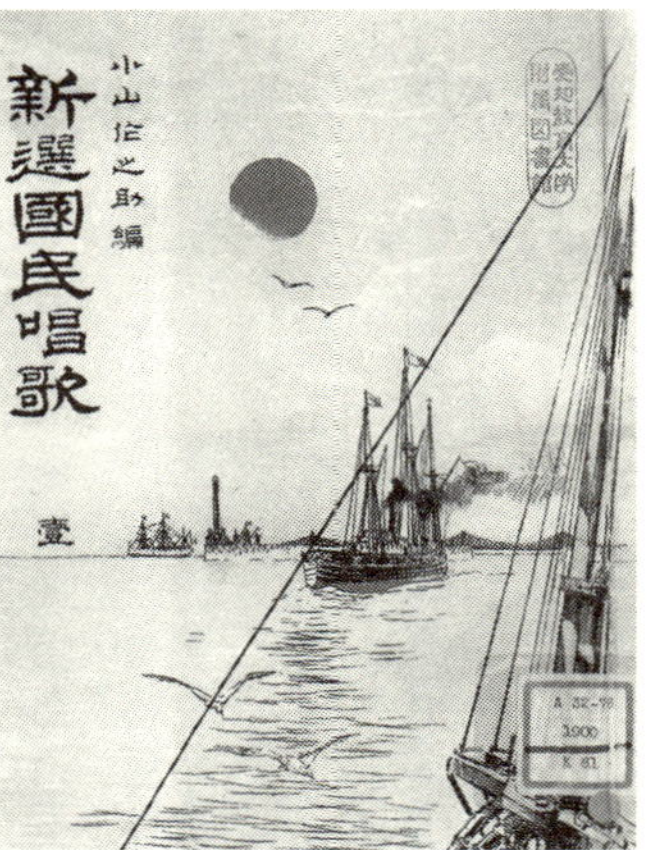

刊行：1900年2月22日　発行：共益商社樂器店
東京　縦225ミリ×横150ミリ　表紙＋14頁
＊表紙写真（齋藤基彦 HP「明治の唱歌」より）

第壹集　緒言

本書ハ普通教育ニ於ケル唱歌科ニ恰好ノ新材料ヲ供給センガタメニ發行スルモノナリ

本書ハ世ノ需要ノ盡キザル限リ編ヲ重ネテ續出スベシ然レドモ一ケ年間ノ發行ハ四編ヲ超エザルモノトス

毎編収ムル所ノ新作唱歌総テ五曲乃至八曲ハ其作者ノ著名ナルト否トニ拘ラズ全ク本書發行ノ趣旨ニ依リテ精選シ各曲ノ趣味及ビ程度ニ多少ノ相違ヲ存シテ本書ヲ購フ人ノ臨機適用ニ便センストス

以上ハ豫テ音樂ノ普及上進ニ熱心ナル三木氏ガ本書ヲ發行スルニ就キテノ期望ノ一班ニシテ又實ニ予ガ意ヲ得タルモノナリ即チ同氏ノ懇請ヲ容レテ編者ノ任ニ當ル其及バザル所至ラザル所ハ大方諸彦ノ忌憚ナキ高評ヲ聴キテ漸時改善センコトヲ庶幾フ

編者　識

明治三十三年二月

第一　雪中の梅

下田歌子 作歌
今井慶松 作曲

降り積もる
雪を凌ぎて
咲く梅は（小合）
松の操に
おとらざりけり

（本由ハ都合上小合ノ部ヲ略シ歌ノ部前後ヲ連続シテ唱歌スルヲ得）

＊今井慶松（一八七一－一九四七）。

第二　小さき砂

大和田建樹 作歌
小山作之助 作曲

一
小さき砂の一粒も
つもれば富士の山となる
われらもたゆまずつとめなば
つひには登らんあの山に
あの峰に

二
小さき水のしたゞりも
つもれば末は川となる
われらも日毎に進みつゝ
大きく育たん富士川の
その如く

第三　湊

旗野十一郎 作歌
吉田信太 作曲

一
空も湊も 夜ははれて
月に數ます 船のかげ
短艇のかよひ にぎやかに
よせくる波も 黄金なり

二
林如たる 帆檣に
花と見まごふ 船旗章
積荷の歌の にぎはひて
湊はいつも 春なれや

「湊」

第四　日本海

西山實和 作歌
近森出來治 作曲

一
日本海に 浪風を
たゝせはせじな うらうらと
霞むそなたに あゝ嬉し
男々しく見ゆる八島艦

二
四方の國邊に 名も高く
聞えわたりし 富士艦は
大和島根の 固めなり
仰げ民草 萬代に

「日本海」

第五　春

渡邊文雄 作歌
高木千歌 作曲

一
池に氷のあと消えて
魚のひれふり裕なり
なぎさの蘆も角ぐみて
なづさふ鴛鴦の夢ごゝろ
今は長閑になりぬらし

二
匂ふ朝日のかげ受けて
庭にはのこる雪もなく
羽根打伸ばし飛ぶ鳶の
聲もかすめる大ぞらは
春のみどりを包むかな

＊高木千歌（一八七六－一九五〇）。

第六　卒業式歌

失名氏 作歌
瀧廉太郎 作曲

一
をさめしわざの數々は
我身の爲と國のため
學びしことを本として
田つくりたくみあきなふも
いそしみはげみ身を立てゝ
人をも富まし世をとまし
やしまの民のさとき名を
外國までもかゞやかせ

二
をさめしわざの數々は
我身の爲と國のため
學びしことを本として
干ともなりつ城となり
力をつくし身をつくし
君をも守り世を守り
やしまの民のたけき名を
外國までもかゞやかせ

＊瀧廉太郎（一八七九－一九〇三）。

『地理教育 鐵道唱歌』第一集

東海道

大和田建樹作歌

東京音樂學校講師　上眞行作曲
大阪師範學校教諭　多梅稚作曲
地理教育 鐵道唱歌 第一集
大和田建樹作歌

刊行：1900年5月10日　発行者：三木佐助
縦142ミリ×横109ミリ　表紙＋40頁　国立音楽大学附属図書館蔵

大和田建樹 作歌
多 梅稚・上 眞行 作曲

一
滊笛一聲新橋を
はや我滊車は離れたり
愛宕の山に入りのこる
月を旅路の友として

二
右は高輪泉岳寺
四十七士の墓どころ
雪は消えても消えのこる
名は千載の後までも

三
窓より近く品川の
臺場も見えて波白く
海のあなたにうすがすむ
山は上總か房州か

四
梅に名をえし大森を
すぐれば早も川崎の
大師河原は程ちかし
急げや電氣の道すぐに

五
鶴見神奈川あとにして
ゆけば横濱ステーション
湊を見れば百舟の
煙は空をこがすまで

六
横須賀ゆきは乗替と
呼ばれておる大船の
つぎは鎌倉鶴が岡
源氏の古跡や尋ね見ん

七
八幡宮の石段に
立てる一木の大鴨脚樹
別當公曉のかくれしと
歴史にあるは此蔭よ

八
こゝに開きし頼朝が
幕府のあとは何かたぞ
松風さむく日は暮れて
こたへぬ石碑は苔あをし

九
北は圓覺建長寺
南は大佛星月夜
片瀬腰越江の島も
たゞ半日の道ぞかし

一〇
滊車より逗子をながめつゝ
はや横須賀に着きにけり
見よやドックに集まりし
わが軍艦の壯大を

一一
支線をあとに立ちかへり
わたる相模の馬入川
海水浴に名を得たる
大磯みえて波すゞし

一二
國府津おるれば馬車ありて
酒匂小田原とほからず
箱根八里の山道も
あれ見よ雲の間より

一三

新橋　品川　大森　川崎　鶴見　神奈川　横濱　程谷　戸塚　大船・鎌倉

・逗子・横須賀　藤澤　茅ケ崎　平塚　大磯　國府津　松田

「鐵道唱歌」多梅稚 作曲

「鐵道唱歌」上眞行作曲

いでゝはくゞるトンネルの
前後は山北小山驛
今もわすれぬ鐵橋の
下ゆく水のおもしろさ

一四
はるかにみえし富士の嶺は
はや我そばに來りたり
雪の冠雲の帶
いつもけだかき姿にて

一五
こゝぞ御殿場夏ならば
われも登山をこゝろみん
高さは一萬數千尺
十三州もたゞ一目

一六
三嶋は近年ひらけたる
豆相線路のわかれみち
驛には此地の名をえたる
官幣大社の宮居あり

一七
沼津の海に聞えたる
里は牛伏我入道
春は花さく桃のころ
夏はすゞしき海のそば

一八
鳥の羽音におどろきし
平家の話は昔に
今は滊車ゆく富士川を
下るは身延の歸り舟

一九
世に名も高き興津鯛
鐘の音ひゞく清見寺

山北　小山　御殿場　佐野　三嶋　沼津　鈴川　岩淵　蒲原　興津

清水につゞく江尻より
ゆけば程なき久能山

二〇
三保の松原田子の浦
さかさにうつる富士の嶺を
波にながむる舟人は
夏も冬とや思ふらん

二一
駿州一の大都會
静岡いでゝ安部川を
わたればこゝぞ宇津の谷の
山きりぬきし洞の道

二二
鞘より抜けておのづから
草なぎはらひし御劍の
御威は千代に燃ゆる火の
燒津の原はこゝなれや

二三
春さく花の藤枝も
すぎて島田の大井川
むかしは人を肩にのせ
わたりし話も夢のあと

二四
いつしか又も暗となる
世界は夜かトン子ルか
小夜の中山夜泣石
問へども知らぬよその空

二五
掛川袋井中泉
いつしかあとに早なりて
さかまき來る天龍の
川瀬の波に雪ぞちる

江尻　静岡　燒津　藤枝　島田　金谷　堀之内　掛川　袋井　中泉　天龍川

二六
この水上にありと聞く
諏訪の湖水の冬げしき
雪と氷の懸橋を
わたるは神か里人か

二七
琴ひく風の濱松も
菜種に蝶の舞坂も
うしろに走る愉快さを
うたふか磯の波のこゑ

二八
煙を水に横たへて
わたる濱名の橋の上
たもと涼しく吹く風に
夏ものこらずなりにけり

二九
左は入海しづかにて
空には富士の雪しろし
右は遠州洋ちかく
山なす波ぞ碎けちる

三〇
豐橋おりて乘る滊車は
これぞ豐川稲荷道
東海道にてすぐれたる
海のながめは蒲郡

三一
見よや徳川家康の
おこりし土地の岡崎を
矢矧の橋に殘れるは
藤吉郎のものがたり

三二
鳴海しぼりの産地なる

濱松　舞坂　鷲津　二川　豐橋　御油　蒲郡　岡崎　安城　刈谷　大府　大高

鳴海に近き大高を
下りておよそ一里半
ゆけば昔の桶狭間

三三
めぐみ熱田の御やしろは
三種の神器の一つなる
その草薙の神つるぎ
あふげや同胞四千萬

三四
名たかき金の鯱は
名古屋の城の光なり
地震のはなしまだ消えぬ
岐阜の鵜飼も見てゆかん

三五
父やしなひし養老の
瀧は今なほ大垣を
三里へだてゝ流れたり
孝子の名譽ともろともに

三六
天下の旗は徳川に
歸せしいくさの關が原
草むす屍いまもなほ
吹くか膽吹の山おろし

三七
山はうしろに立ち去りて
前に來るは琵琶の海
ほとりに沿ひし米原は
北陸道の分岐線

三八
彦根に立てる井伊の城
草津にひさぐ姥が餅
かはる名所も名物も

熱田
名古屋
清洲
一ノ宮
木曾川
岐阜
大垣
垂井
關原
長岡
米原
彦根
河瀬
能登川

旅の徒然のうさはらし

三九
いよ〳〵近く馴れくるは
近江の海の波のいろ
その八景も居ながらに
見てゆく旅の樂しさよ

四〇
瀬田の長橋右に見て
ゆけば石山觀世音
紫式部が筆のあと
のこすはこゝよ月の夜に

四一
粟津の松にことゝへば
答へがほなる風の聲
朝日將軍義仲の
ほろびし深田は何かたぞ

四二
比良の高嶺は雪ならで
花なす雲にかくれたり
矢走にいそぐ舟の帆も
みえてにぎはふ波の上

四三
堅田におつる雁がねの
たえまに響く三井の鐘
夕ぐれさむき唐崎の
松には雨のかゝるらん

四四
むかしながらの山ざくら
にほふところや志賀の里
都のあとは知らねども
逢坂山はそのまゝに

四五

八幡
野洲
草津
馬場
大谷

大石良雄が山科の
その隱家はあともなし
赤き鳥居の神さびて
立つは伏見の稻荷山

四六
東寺の塔を左にて
とまれば七條ステーション
京都〳〵と呼びたつる
驛夫のこゑも勇ましや

四七
こゝは桓武のみかどより
千有餘年の都の地
今も雲井の空たかく
あふぐ清涼紫宸殿

四八
東に立てる東山
西に聳ゆる嵐山
かれとこれとの麓ゆく
水は加茂川桂川

四九
祇園清水智恩院
吉田黒谷眞如堂
ながれも清き水上に
君がよまもる加茂の宮

五〇
夏は納涼の四條橋
冬は雪見の銀閣寺
櫻は春の嵯峨御室
紅葉は秋の高雄山

五一
琵琶湖を引いて通したる
疏水の工事は南禪寺

山科
稻荷
京都

岩切り抜きて舟をやる
智識の進歩も見られたり

五二
神社佛閣山水の
外に京都の物産は
西陣織の綾錦
友禪染の花もみぢ

五三
扇おしろい京都紅
また加茂川の鷺しらず
みやげを提げていざ立たん
あとに名殘は殘れども

五四
山崎おりて淀川を
わたる向ふは男山
行幸ありし先帝の
かしこきあとぞ忍ばるゝ

五五
淀の川舟さをさして
くだりし旅はむかしにて
またゝくひまに今はゆく
煙たえせぬ陸の道

五六
おくり迎ふる程もなく
茨木吹田うちすぎて
はや大阪につきにけり
梅田は我をむかへたり

五七
三府の一に位して
商業繁華の大阪市
豐太閤のきづきたる
城に師團はおかれたり

向日町　山崎　高槻　茨木　吹田　大阪

五八
こゝぞ昔の難波の津
こゝぞ高津の宮のあと
安治川口に入る舟の
煙は日夜たえまなし

五九
鳥も翔らぬ大空に
かすむ五重の塔の影
佛法最初の寺と聞く
四天王寺はあれかとよ

六〇
大阪いでゝ右左
菜種ならざる畑もなし
神崎川のながれのみ
淺黄にゆくぞ美しき

六一
神崎よりはのりかへて
ゆあみにのぼる有馬山
池田伊丹と名にきゝし
酒の産地もとほるなり

六二
神戸は五港の一つにて
あつまる滊船のかず〳〵は
亞米利加露西亞支那印度
瀬戸内がよひも交じりたり

六三
磯にはながめ晴れわたる
和田のみさきを控へつゝ
山には絶えず布引の
瀧見に人ものぼりゆく

六四
七度うまれて君が代を

神崎　西宮　住吉　三宮　神戸

まもるといひし楠公の
いしぶみ高き湊川
ながれて世々の人ぞ知る

六五
おもへば夢か時のまに
五十三次はしりきて
神戸のやどに身をおくも
人に翼の滊車の恩

六六
明けなば更に乘りかへて
山陽道を進まゝし
天氣は明日も望あり
柳にかすむ月の影

参考：「鐵道唱歌第一集」に二種類の初版本

『鉄道唱歌第一集』の初版には、一三八頁で紹介した表紙だけでなく、左のような版もある。奥付の情報は、印刷日、発行日が同じ、もちろん内容も全く同じである。

『鐵道唱歌第一集』の表紙

資料：「鐵道唱歌」とピョンコ節
～軍歌とは違った高揚感と臨場感～

一八九四（明治二七）年の日清戦争は、日本中に軍歌を広めた。高揚感と臨場感と共同体意識を、高らかに声をあげて共有できたのである。このとき最も高唱されたのが、佐々木信綱作詞・奥好義作曲の「勇敢なる水兵」（煙も見えず、雲もなく…楽譜1）であろう。奥の作風は日本風であると言われるが、そのゆったりした七五調のピョンコ節（左の譜例）に支えられたこの歌はさまざまな替え歌となって愛唱された。

軍歌の波が引き始めると、教育界は唱歌の建て直しにかかった。明治二九年教育音楽講習会が大阪で開催され、そこでの成果を『新編教育唱歌集』として出版し、その後このシリーズは第八集まで続くベストセラーとなった。「鐵道唱歌」の作曲者である多梅稚は、『新編教育唱歌集』に数多くの作曲を寄せている。「始業式」「終業式」「卒業式」「日本三景」「忠臣」「汽車の旅」とまさに多作量産である。しかし、これらの歌の数々を今知る人はいない。ことに男児が高唱する歌ではない。軍歌の余韻のなかで、高唱できる歌が待たれていたと言っても過言ではない。ヒントは楽譜1の「勇敢なる水兵」にあったピョンコ節と、替え歌が可能な旋律である。機は熟していた。

この時機に三つの流れがほぼ同時に起こった。『鐵道唱歌』（明治三三年五月十日発行）と言文一致『幼年唱歌』（明治三三年六月一八日発行）そして『中學唱歌』（明治三四年三月発行）である。「汽笛一声新橋を…楽譜2」、「もしもし亀よ亀さんよ…楽譜3」、「マサカリかついで…楽譜4」、「箱根の山は天下の険…楽譜5」と並べると見事にピョンコ節に彩られた唱歌の一群である。声高らかに男児・男子生徒がうたえる歌である。漢文調の「箱根八里」の詞は当時でも難しいので、替歌のスカラソング（なんだかんだの神田橋…）の方が大はやりとなった。

記録的に売れたのはもちろん「鐵道唱歌」であった。田村虎藏はその状況を「極めて迅速に世に拡がり、全国的に大流行を来たし、津々浦々に迄愛唱され、眞に洛陽の紙価を高騰せしめ」と記している。そして『鐵道唱歌』は定価六銭という安価さも魅力となり、その後十年以上の長きにわたり売れたので、「出版元は遂に其發行部数を清算し能はなかった」と『音樂教育の思潮と研究』で後年述べている。言文一致『幼年唱歌』を同じ時期に出した田村としては、「何でこれほど」という思いはあったに違いない。「鐵道唱歌」は明らかに一時代を画するエポックメーキングとなった。この現象を「唱歌が俗謡になった」、「藝術的価値は幼稚」、「六銭唱歌」（安っぽいものの意味）、「言葉と音に対する配慮に欠ける」と非難するものもいた。

しかし、軍歌で目覚めたうたを高唱する楽しさは、「鐵道唱歌」がかなえたのである。

奈良県宇陀郡の下曾爾小学校の授業記録が、奈良女子大学に保存されている。それまで唱歌は雨の日に「一月一日」「紀元節」「天長節」を教えるくらいであったのが、明治三三年十一月十二日以降、毎日毎日、来る日も来る日も「鐵道唱歌」が教えられていたことが記録されている。歌詞を毎日数番ずつ板書し、書き写し、暗記してゆくのである。十一月から翌年の三月までほぼ「鐵道唱歌」一色であったことがうかがえる日誌であった。新しい曲ではなくむしろ聞き覚えている第一集の旋律がいいのである。子どもたちは第一集の旋律で、新橋から始まり自分たちの場所にいたるまでをわくわくしながら歌っている様子がみてとれる。やはり自分たちの歌という

想いがあったのではなかろうか。軍歌とは違った高揚感と臨場感と共同体意識が感じられたのではなかろうか。

国民全員が高唱できる「うた」、それが「鐵道唱歌」であった。その後の同種のピョンコ節の曲をおいかけてみると、「日本陸軍」（天に代わりて不義をうつ…）、「戰友」（ここは御国を何百里…楽譜６）（歌詞は二八三頁参照）があげられる。この一連の流れの中で「鐵道唱歌」はまさに「赤子から年寄りまで」高唱できる歌だったと言える。

さて『地理教育 鐵道唱歌』のシリーズ全巻を一覧にしてみよう。出版はすべて明治三三年で三木佐助が発行している。

『鐵道唱歌 第一集 東海道』大和田建樹作詞 上眞行・多梅稚作曲 五月十日
『鐵道唱歌 第二集 山陽 九州』大和田建樹作詞 上眞行・多梅稚作曲 九月三日
『鐵道唱歌 第三集 東北地方』大和田建樹作詞 奥好義・田村虎蔵作曲 十月十三日
『鐵道唱歌 第四集 北陸地方』大和田建樹作詞 納所辨次郎・吉田信太作曲十月二五日
『鐵道唱歌 第五集 畿内及隣邦』大和田建樹作詞 多梅稚・目賀田万世吉作曲 十月三日
『世界唱歌 上巻』大和田建樹作詞 多梅稚・納所辨次郎作曲 十月十日
『世界唱歌 下巻』大和田建樹作詞 山田源一郎・田村虎蔵作曲 十月十日
『航海唱歌 上巻』大和田建樹作詞 多梅稚・田村虎蔵作曲 十二月二七日

日本国内はもとより世界と海までもおおう壮大なシリーズとなった。そして、まず驚かされるのが大和田建樹の作詞の量の多さである。小出浩平（昭和期の音楽教育家・日本教育音楽協会会長）などは、「この人は、修身でも、歴史でも地理でも動物でもなんでもかんでも七五調の歌にしてしまった。作詞狂といったほどたくさんつくっている。」と評している。一説には「鉄道唱歌」の発端は、当時無名の学生が版元に持ちこんだものに、大和田建樹が補作して、さらに続編を加えたと言われるが検証されていない。

一覧に見る通り、鉄道唱歌の各集には、各々二人の作曲が付されている。今「鉄道唱歌」として知られる旋律は、「第一集 東海道」と「第二集 山陽九州」そして「第三集 北陸地方」と「第五集 畿内及び隣邦」の冒頭にも掲載されている。予告では第三集は奥好義が作曲することになっていた。しかし奥は途中の「松島あそび」部分の作曲となった。五集も同様で冒頭は一集の旋律、二曲めは多の新しい旋律で、目賀田は途中の「奈良めぐり」の作曲となった。

違う旋律も載せられている。しかし、結局多梅稚のメロディですべて歌われてしまった。

ピョンコ節で、一つの旋律を繰り返しいろいろな詞でうたえること、そして替え歌にもなることが可能な旋律、高らかに声をあげられる旋律、オルガン伴奏もラジオもカラオケもなかった時代に、これらの条件を満たした旋律、それが「鐵道唱歌」であった。

【江﨑公子】

三木樂器店版『新撰國民唱歌』二集

小山作之助編

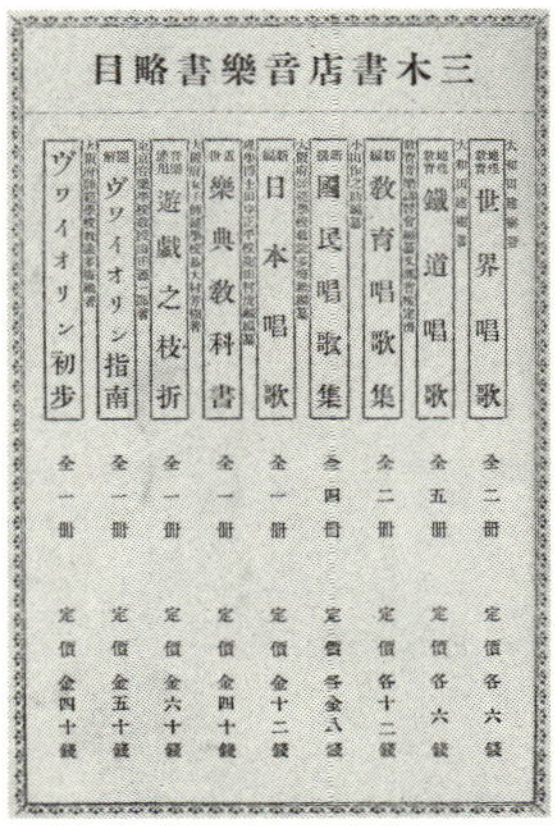

三木書店音樂書略目

世界唱歌	全二冊	定價各六錢
鐵道唱歌	全五冊	定價各六錢
教育唱歌集	全二冊	定價各十二錢
國民唱歌集	全四冊	定價各金八錢
日本唱歌	全一冊	定價金十二錢
樂典教科書	全一冊	定價金四十錢
遊戲之枝折	全一冊	定價金六十錢
ヴァイオリン指南	全一冊	定價金五十錢
ヴァイオリン初歩	全一冊	定價金四十錢

刊行：1900年6月14日 発行：三木樂器店　大阪　縦225ミリ×横150ミリ　表紙+16頁＊写真は第三集の巻末の「三木書店音楽書略目」）

第一　吉野山懷古

一、落合直文 作歌
二、白石千別 作歌
山田源一郎 作曲

一
吉野の山の 呼子鳥
汝も昔を、しのぶらん、
御陵墓の邊 來てみれば、
夕の風に、花ぞ散る。

二
御座を守りし、宮人の、
魂かあらぬか、吉野山、
みはかのあたり、うち廻り、
花に交りて、とぶ胡蝶。

＊白石千別（一八一七－一八八七）。
＊第三集の緒言および巻末広告によれば、『新撰国民唱歌集（ママ）』は、この第二集を含め全四冊を予定していた。

第二　夏は來ぬ

佐佐木信綱 作歌
本 元子 作曲

一
うの花の、にほふ垣根に、
時鳥、早もきなきて、
忍音もらす、夏はきぬ。

二
さみだれの、そゝぐ山田に、
賎の女が、裳裾ぬらして、
玉苗うゝる、夏はきぬ。

三
立ばなの、かほる軒ばの、
窓近く、螢とびかひ、
怠いさむる、夏はきぬ。

四
棟ちる、川べの宿の、
門遠く、水鷄聲して、
夕月すゞしき、夏はきぬ。

五
夏はきぬ、螢とびかひ、
水鷄なき、卯木花さき、
早苗うゑわたす、夏はきぬ。

＊本集が「夏は來ぬ」の初出。開成館版では曲名が「夏」に改題、歌詞も全面的に改作（→一七八頁）。

「夏は來ぬ」

第三　螢

高橋 穣 作歌
目賀田万世吉 作曲

一
螢よほたる、ぬばたまの、
やみを照らして、飛べほたる、
木の間を縫いて、上に下に、
緒をぬき亂しし、玉の光あはれ。

二
螢よほたる、唐人の、
學びの窓を、照らしける、
そのいさをしは、いまもなほ、
しるけくありけり、汝が光あはれ。

第四　汽船

大和田建樹 作歌
田村虎藏 作曲

一
汽笛一聲、こゝちよく、
船は港を、離れたり、
とゞろく車、たなびく煙、
望を胸にあつめつゝ、
はや横濱をはなれたり。

二
觀音崎の、燈臺は、
見る〳〵あれに近づきぬ、

飛びたつ鷗、出入る帆かげ、
絵によく似たる、
海原を、はしる船路の、愉快さよ。

三
東京湾も、はやすぎて、
針路は右に転じたり、
はてなき波路、つらなる雲路、
此海こそは、忘るなよ、
日本男児の、故郷ぞ。

＊田村虎蔵（一八七三―一九四三）。

第五　鏡が浦の驟雨

渡邊文雄 作歌
小山作之助 作曲

一
雲よせきたる、雲よせきたる、
伊豫がたけより、雲よせきたる、
窓にむき立つ、「アノ」しろ山も、
沖合ちかき、二つの島も、
「アレアレアレアレ」
たちまちに奈落の底にしづめるごとに、
かげかきけされて、鳴神はげしく、
ゆふだちきたれり。

二
雲はれゆきぬ、雲はれゆきぬ、
天城のみねに、雲はれゆきぬ、
大空出でたる、「アノ」月かげは、
山また岡の、木立の繁みを、
「アレアレアレアレ」
あらはして、水天わかちて、波間に玉ちる、
けしきを見せつゝ、かゞみが浦にも、
うつりてすゞし。

＊渡邊文雄（生没年不詳）

第六　暑さは日々に

楠美恩三郎 作歌・作曲

一
暑さは日に日に、ますなれば、
先生御身を、大切に、
我等も飲食、氣をつけて、
教へのとほりに、暮しませう。

二
一所にこゝで、あそぶのも、
當分今日で、おしまひよ、
ことなく休みが、すぎたらば、
またまた中よく、唱ひませう。

第七　夏の休み

楠美恩三郎 作歌・作曲

一
夏の休みも、はやすぎて、
皆々達者で、けふここに、
御機嫌よろしき、先生の、
御目にかかれる、嬉しさよ。

二
雨にも風にも、弱らずに、
あすより朝とく、あつまりて、
學ぶも遊ぶも、先生の、
仰せの通りに、いたしませう。

『教科適用幼年唱歌』の刊行

田村虎藏・納所辨次郎共編

一九〇〇年、納所辨次郎と田村虎藏は、学校教育で使われている唱歌教材について、「其多くは、所謂名家大家のものせる歌曲なるが故に、概ね典麗高尚にして、美は美、善は善なりと雖、而も教育的教授上、小學兒童に適當なる唱歌教材の撰擇に困難を感ずる」（『教科適用幼年唱歌』緒言）と疑問を投げかける。二人はこの唱歌教育の在り方に対する危機感を背景に、子供の日常語で唱歌（言文一致唱歌）を作るという考えを実現すべく、『教科適用幼年唱歌』と、その兄弟版とも言える『教科適用少年唱歌』を編纂した。音楽取調掛が編纂した『小學唱歌集』刊行以降の教育現場に新たな風を送り込もうとしたのである。

各編には、緒言に続き指導のためのポイント（「凡例」と「教授上一般の注意」）が提示されている。そこで注目されるのは、他教科との連携に務めることを強く求めていることであろう。しかし本書の序章で明らかにしたフィールド調査の結果からうかがえる全国の教育現場の実態と、田村らが考えた他教科との統合的な学習を柱にした唱歌授業の実践との間には、大きなギャップが窺えるのである。とは言え、この唱歌集によって、田村や納所らの唱歌教育の理念が、音楽教師に向けて広く発信されたことに違いはない。三年間に五回も版を重ねたことが、それを物語っている。

初編、二編の表紙には、緻密に描かれた教室での唱歌の授業風景が紹介されている（→一七頁）。

『教科適用幼年唱歌』初編 上巻

田村虎藏・納所辨次郎共編

刊行：1900年6月18日　発行：十字屋
東京　縦223ミリ×横142ミリ 表紙＋扉＋口絵＋26頁
底本：1903年7月18日 訂正5版

緒　言

明治照代の奎運愈開くるにつれて、音樂の道も次第に進歩發達を來たし、學校唱歌に關する著書編纂は、今や實に汗牛充棟も啻ならず、盛んなりと謂ふ可し。然り而して其多くは、所謂名家大家のものせる歌曲なるが故に、概ね典麗高尚にして、美は美、善は善なりと雖、而も教育的教授上、小學兒童に適當なる唱歌教材の撰擇に困難を感ずるは、普く吾人の實地經驗するところなり。故に其題目、事實は、他教科との關係を保ち難く、唱歌者たる兒童は、遂に其歌詞の意味を會得する能はざるもの、比々皆然りとす。これ畢竟斯道の一大缺點にして、夙に教育者識者の遺憾とするところなり。編者多年玆に顧る所あり、常に小學時兒童を教授し、孜々として研究の勞を重ねし結果、今や以上の缺點を補ひ、以て教育的教授上最も適切なる唱歌教材を供給せんが爲め、淺學菲才をも顧みず、敢えてこれが編纂に従事せんとす。幸に同好諸士の賛助を得て、斯道教育上の一助ともならば、編者の光栄これに過ぎざるなり。

本書を編纂するに當りて、編者の特に意を用いたる一般の條項は凡そ左の如し。

一、本書は、尋常小學科第一學年より、高等小學科第四學年に至る迄、各學年各學期に配當し、以て教科用書に充てんとす。

一、歌曲は、専ら兒童の心情に訴へ、程度に鑑み、歌詞は平易にして理解し易く、曲節は快活にして流暢、以て美德感情の養成に資するものを選擇せり。殊に尋常科の材料は、主として活潑又は愉悦なる歌曲を選びて、教師の直ちに取りて遊戯と連絡を保たしむるに便せり。

一、題目は、尋常科にありては、専ら修身、讀書科に關係を有する事實、又は四季の風物に因みて之を取り、高等科にありては、更に地理、歴史、理科等、其他の教科に關係を有する事實を選び、以て各教科の統一を完からしめんことに勗たり。

一、歌詞は、多年小學教育に従事し、實地の經驗を有せる識者の手に成るもの多く、漸く進みては、所謂古今の名家の作を交えたり。且つ本邦古來の童謡にして、教育的價値のあるものは、程度に應じてこれを挿入し、以て國民感情の養成に資せんとせり。

一、曲節は、概ね編者多年の研究の結果に出で、或は多年小學教育に經驗ある音樂家諸氏の作に係り、能く其音程、音域の如何を審査し、兒童發達の程度を探竅し、以て順次易より難に進めて配當せり。尚ほ泰西諸家の作曲にして、本邦兒童に適應したるものをも交へて、汎く音樂上の趣味を添えん事を勗めたり。

此他詳細なる編者の用意及び、音樂上倂に教授上の注意に至りては、各編毎にこれを記述せん。東宮殿下の御慶事を言壽ぎ奉りつゝ

明治三十三年五月十日　　編者識す

教科適用 幼年唱歌 初編上巻

凡例

一、本編は、尋常小學第一學年第一學期間に、教授すべき材料を配當せるものなり。而して歌由の數八個は、毎週二時間宛教授するものとしての最多限なり。故に教授時間の事情により、これが取捨撰擇は教師の任意たるべし。

一、本編の歌詞は、初學の兒童にも了解せしめんが爲め、凡てこれを片假名とし、出來得べき丈け大字を用ひたり。曲節は、凡て兒童の唱歌し得べき音域内に記譜したるが故に、記譜の各調子にて直ちに教授するを得べし。

一、本編歌曲の強弱は、片假名の略號にてこれを表はせり。即ちヨ|は弱く、ツ|は強く、チ|は中等に、シヨ|は次第に弱く、シツ|は次第に強く、其數部分を謡ふべきことなり。強弱は、唱歌上最も大切なれば、注意せん事を要す。

教授上一般の注意

一、唱歌教授に於ては、先づ發音の練習を要す。其方法第一學年第一學期にありては、専ら五母音を1 3 5（ヒーミーイー）又は1 3 5 i（ヒーミーイーヒー）等の階段によりて練習するなり。而してこれによりて本編の曲節も、亦自ら謡はれ得るの便あり。

二、次に歌詞を片假名にて塗板に大きく書し、兒童をして二三回讀ましめ、難なく讀下し得るに至りて口授方法によりて曲節を教ふ。其方法は始め一

節宛教師模範を輿へて合唱せしめ、漸く全体に及んでは、樂器に和し又は組を分ちて謡はしむるも可なり。更に日をかへて歌詞の意味を詳密に談話し、以て屢々反復練習を重ね、偏りに歌曲の習熟を圖るべし。

三、兒童唱歌教授上、繪畫を使用せんは、意外の興味を添ふるものなり。故に其圖案の一端を掲げたり。教師はこれにより豫め一定の畫板を用意し、以て教授せんことを望む。

四、兒童の心情は、絶えず活動し且つ性急なり、故に歌曲の速度は、概して急速なるを可とす。而して本編収むる所の八曲は、何れもこれを遊戯と連絡せしめ得るべく、尚ほ金太郎、桃太郎及び友達等は、第一學年に適したる修身童話及び題目なれば、是等は修身科にて其講話をなしたる後、教授せん事を要す。

＊全編「教」「敎」の活字が混在使用されている。

ヒバリ

石原和三郎 作歌
納所辨次郎 作曲

ヒバリハ、アガル、
テンマデモ、
サクラハ、
チルヨ、
ハルカゼニ、
チョーチョハ、マフヨ、
ナノハナニ、
ワレラハ、
アソブ、
ハルノノニ。

＊石原和三郎（一八六五－一九二二）。

キンタロー

石原和三郎 作歌
田村虎藏 作曲

一
マサカリカツイデ、キンタロー、
クマニマタガリ、オウマノケイコ、
ハイシィドゥドゥ、ハイドゥドゥ、
ハイシィドゥドゥ、ハイドゥ〱。

二
アシガラヤマノ、ヤマオクデ、
ケダモノアツメテ、スマウノケイコ、
ハッケ、ヨィヨィ、ノコッタ、
ハッケ、ヨィヨィ、ノコッタ。

サクラ

石原和三郎 作歌
作曲未詳（西洋曲）

一
ノベニ、ヤマニ、サクラノハナガ、
サイタ、サイタ、キレイニサイタ、
ハナノ、シタデ、オホゼイアソブ、
ウタヲ、ウタヒ、オニゴトシタリ。

二
ヒラリ、ヒラリ、キレイナハナガ、
チルヨ、チルヨ、サクラノハナガ、
カタノ、ウヘニ、アタマノウヘニ、
トマル、ハナハ、カヘリノミヤゲ。

メグレ

田邊友三郎 作歌
田村虎藏 作曲

一
メグレヨメグレ、クルクルト、
クルマニナラヒ、イザメグレ、
クルリヤクルリ、クルクルト、
アシナミソロヘ、イザメグレ。

二
マハレヤマハレ、クルクルト、
コマノゴトクニ、イザマハレ、
クルリヤクルリ、クルクルト、
テヲヒキアヒテ、イザマハレ。

＊田邊友三郎（一八六四－一九三三）。

ヒライタ〱

作曲未詳（我國童謡）

一
ヒライタ、ヒライタ、
ナゝノハナガ、ヒライタ、
レンゲノハナガ、ヒライタ、
ヒライタト、オモタラ、
ミルマニ、ツボンダ。

二
ツボンダ、ツボンダ、
ナゝノハナガ、ツボンダ、

レンゲノハナガ、ツボンダ、
ツボンダト、オモタラ、
ミルマニ、ヒライタ。

「ヒライタ ヒライタ」

モモタロー

田邊友三郎 作歌
納所辨次郎 作曲

一
モモカラウマレタ、モモタロー、
キハヤサシクテ、チカラモチ、
オニガシマヲバ、ウタントテ、
イサンデイヘヲ、デカケタリ。

二
ニッポンイチノ、キビダンゴ、
ナサケニツキクル、イヌトサル、
キジモモラウテ、オトモスル、
イソゲモノドモ、オクルナヨ。

三
ハゲシイイクサニ、ダイショーリ、
オニガシマヲバ、セメフセテ、
トツタタカラハ、ナニナニゾ、
キンギンサンゴ、アヤニシキ。

四
クルマニツンダ、タカラモノ、
イヌガヒキダス、エンヤラヤ、
サルガアトオス、エンヤラヤ、
キジガツナヒク、エンヤラヤ。

トモダチ

田邊友三郎 作歌
田村虎藏 作曲

一
キミモキタマヘ、ワレモユク、
ユクモカヘルモ、ツレダチテ、
ヨミカキソロバン、アソビヲモ、
トモニスルコソ、タノシケレ。

二
イツモナカヨク、ツキアヒテ、
ウソヲツカヌガ、トモノミチ、
ウレシイトキモ、キミヲヨビ、
カナシイトキモ、キミヲヨブ。

ホタル

田邊友三郎 作歌
納所辨次郎 作曲

一
ホタルコイ、ホタルコイ、
ヒルハクサバニ、カクレテモ、
ヨルハデテコイ、ヒトモシテ。

二
ホタルコイ、ホタルコイ、
コチラノミヅハ、アマイゾヤ、
タヲモカハヲモ、トビコエテ。

『教科適用幼年唱歌』初編 中巻

納所辨次郎・田村虎藏共編

刊行：1900年9月2日　発行：十字屋
東京　縦223ミリ×横142ミリ 表紙＋扉＋口絵＋24頁
底本：1901年6月1日 再版

緒言摘要

本書は、現今小學唱歌教授上に於ける一般の通弊を救濟し、教育的教授上、最も適切なる教材を供給せんが爲に、尋常第一學年より高等第四學年に至る迄、各學年各學期に配當し、順次編を追ひ巻を重ねて編纂し、以て教科書用に充てんとす。

一、題目、尋常科には、專ら修身、讀書科に關係を有する事項、及び四季の風物に因みて之を取り、高等科には、更に地理、歴史、理科等の教科に關係を有する事項を加へ、以て各教科の統一を完からしめんことに勗たり。

一、歌詞、多年小學教育の經驗を有せる識者の手に成りて、兒童の心情に訴へ、程度を察し、平易にして理解し易く、而も誌的興味を失はざるものより、漸く進みては、所謂古今の名家の作に及ぼし、以て國民感情の養成に補せんとせり。

一、曲節、多年編者研究の結果に出で、能く其音程、音域の如何を審査し、兒童發達の程度を探竅し、初は快活にして流暢なるものより、漸く優雅にして諄美なるものに進め、以て審美的感情の育成に資せんとせり。

以上掲ぐる外、詳細なる編者の用意、及び音樂上併に教授上の注意に至りては毎巻これを記述せん。

明治三十三年八月廿日　　編者識す

教科適用　幼年唱歌　初編中巻

凡例

一、本編は、尋常小學第一學年第二學期間に、教授すべき材料を配當せるものなり。而して歌曲の數八個は、毎週二時間宛教授するものとしての最多限なり。故に教授時間の事情により、これが取捨撰擇は教師の任意たるべし。

一、本編の歌詞は、一般兒童にもよく了解せしめんが爲め、數字の他は凡てこれを平假名とし、出來得べき丈け大字を用ひたり。曲節は、凡て兒童の唱歌し得べき音域内に記譜したるが故に、記譜の各調子にて直ちに教授するを得べし。

一、本編歌曲の強弱は、片假名の略號にてこれを表はせり。即ちヨ|は弱く、ツ|は強く、チ|は中等に、ジヨ|は次第に弱く、ジツ|は次第に強く、其數部分を謡ふべきことなり。強弱は、唱歌上最も大切なれば、注意せん事を要す。

教授上一般の注意

一、唱歌教授に於ては、先づ發音の練習を要す。其方法、第一學期に準じて、専ら五母音を135（ヒーミーイー）又は135i（ヒーミーイーヒー）等の階段によりて練習するなり。此際高音は細く、中音は中等に、低音は太く發聲せしめ、且つ美麗ならしめんことに注意すべし。

二、次に題目指示をなし、歌詞を平假名にて塗板に大きく書す。既に他の教科にて教授したる事項なるときは、兒童をして其大要を談話せしむるを可とす。口授法によりて教授する順序方法は、初編上巻に同じ。此際全曲を數部に分ちて、其一部分宛を確實に教授し、以て全曲に及ぼすを便なりとす。

三、兒童唱歌教授上、繪畫を使用せんは、意外の興味を添ふるものなり。故に其圖案の一端を掲げたれば、教師はこれにより豫め一定の畫板を用意し、教授の際常にこれを使用せんことを望む。

四、兒童の心情は、絶えず活動し且つ快活なり、故に歌曲の速度は、概して急速なるを可とす。而して本編収むる所の八曲は、何れもこれを遊戯と連絡せしめ得るべく、尚ほ猿蟹、浦島太郎は此學年に適したる修身童話、「お月様」には理科思想を讀み、雁、兵隊には列を正し、規律を守り、勇氣を鼓舞せんことを勗め、「おゝさむ、こさむ」には算術の活用を謡ひたるものなれば、是等は他の諸教科に於て、相當の講和をなしたる後、教授せん事を要す。

さるかに

石原和三郎 作歌
納所辨次郎 作曲

一
はやくめをだせ、かきのたね、
ださぬとはさみで、ちょんぎるぞ、
はやくならぬか、かきのみよ、
ならぬとはさみで、ちょんぎるぞ。

二
はちやたまごや、たちうすが、
かにをたすけて、かたきうち、
たまごのぢらいくゎ、はちのやり、
とう〳〵さるめは、つぶされた。

うんどーくゎい

田邊友三郎 作歌
田村虎藏 作曲

一
ちひさしとても、にっぽんだんじ、
まけてはならじ、かけくらべ、
あひづとともに、かけだして、
われ一ばんの、てがらせん。

二
ならしておいた、このあしだめし、
てなみをみよや、はれのばの、
むかうにならぶ、はたじるし、
われ一ばんに、とってこん。

おつきさま

石原和三郎 作歌
納所辨次郎 作曲

一
おつきさま、えらいな、
おひさまの、きゃうだいで、
みかづきに、なったり、
まんまるに、なったり、
はる、なつ、あき、ふゆ、
にっぽんぢゅうを、てらす。

二
おつきさま、わかいな、
いつもとしを、とらないで、

くしのやぅに、なったり、
かゞみのやぅに、なったり、
はる、なつ、あき、ふゆ、
にっぽんぢゅうを、てらす。

がん

田邊友三郎 作歌
作曲未詳

一
さきのがんも、まけずにすゝめ、
あとのがんも、おくるなよ、
はねをばならべ、れつをばたゞし、
なかよくわたれ、おほぞらを。

二
くものうへも、おそれずとべよ、
きりのなかも、わけてゆけ、
やまよりたかく、うみをもこえて、
いさみてわたれ、おほぞらを。

うらしまたろー

石原和三郎 作歌
田村虎藏 作曲

一
むかし〳〵、うらしまは、
こどものなぶる、かめをみて、
あはれとおもひ、かひとりて、
ふかきふちへぞ、はなちける。

二
あるひおほきな、かめがでて、
「まうし〳〵、うらしまさん、
りぅぐぅといふ、よいところ、
そこへあんない、いたしませう。」

三
うらしまたろーは、かめにのり、
なみのうへやら、うみのそこ、
たひ、しび、ひらめ、かつを、さば、
むらがるなかを、わけてゆく。

四
みればおどろく、からもんや、
さんごのはしら、しゃこのやね、
しんじゆやるりで、かざりたて、
よるもかがやく、おくごてん。

五
をとひめさまの、おきにいり、
うらしまたろーは、三ねんを、
りぅぐぅじゃうで、くらすうち、
わがやこひしく、なりにけり。

六
かへりてみれば、いへもなし、
これはふしぎと、たまてばこ、
ひらけばしろき、けむがたち、
しらがのぢゞと、なりにけり。

「うらしまたろー」

へいたい

石原和三郎 作歌
作曲 無名氏

一
ほまれのたかい、にほんのへいし、
よくきをつけて、ごーれいまもり、
すゝむをしりて、にげるをしらぬ。

二
われらもいまに、へいしとなるよ、
よくきをつけて、ごーれいまもり、
いくさにでれば、しんでもにげぬ。

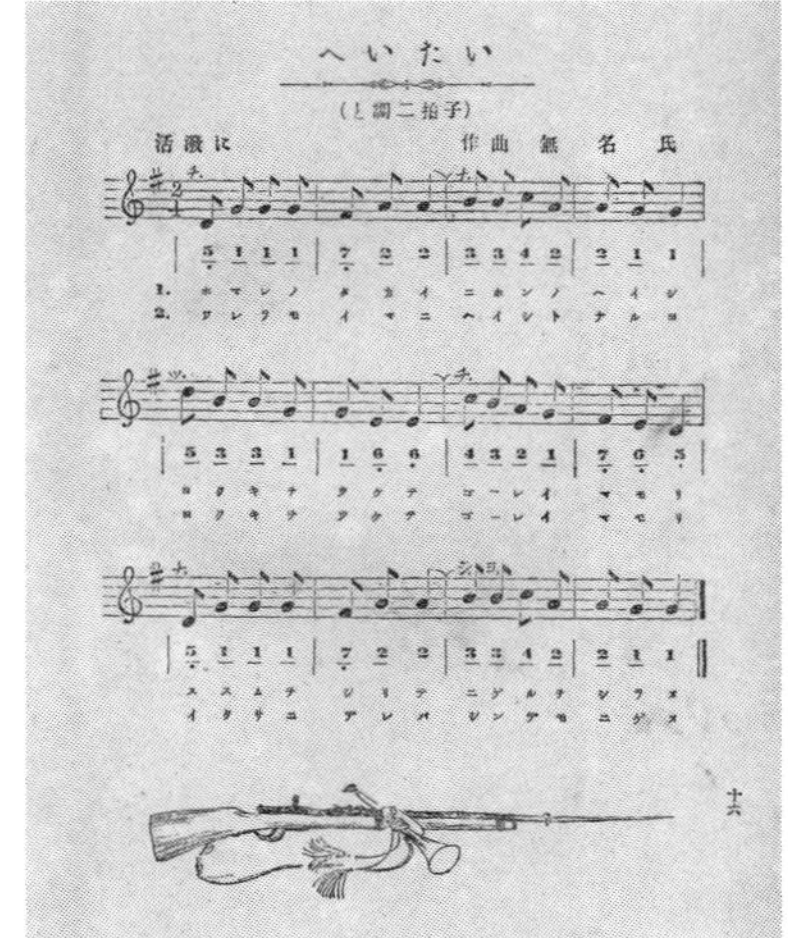

「へいたい」

おほさむ、こさむ

石原和三郎 作歌
田村虎藏 作曲

一
おほさむ、こさむ、ふゆのかぜ、
あれ〳〵からすが、四つ五つ、
カーカーカーと、ないてゆく、
あれはねぐらに、かへるのか。

二

おほさむ、こさむ、ふゆのかぜ、
あれ〳〵きのはが、六つ七つ、
ヒラヒラヒラと、まうてゆく、
あれはどこまで、とんでゆく。

ゆきだるま

田邊友三郎 作歌
納所辨次郎 作曲

一
ゆきはちら〳〵、ふってきた、
ふったらたまれ、にはさきに、
たまったゆきを、つみあげて、
いざやつくらん、ゆきだるま。

二
おほきいまなこ、くろぐろと、
むすんだくちは、一もんじ、
ものはよくみよ、ものいふな、
われらのにはの、ゆきだるま。

『地理教育 鐵道唱歌』第貳集

大和田建樹 作歌
多梅稚・上眞行 作曲

山陽、九州

刊行：1900年9月3日　発行者：三木佐助
縦142ミリ×横110ミリ 40頁

一
夏なお寒き布引の
瀧のひゞきをあとにして
神戸の里を立ちいづる
山陽線路の汽車の道

二
兵庫鷹取須磨の浦
名所舊蹟かずおほし
平家の若武者敦盛が
討たれし跡もこゝと聞く

三
その最後まで携えし
青葉の笛は須磨寺に
今ものこりて寶物の
中にあるこそあわれなれ

四
九郎判官義經が
敵陣めがけておとしたる
鵯越やいちのたに
皆この名所の内ぞかし

五
舞子の松の木の間より
まぢかく見ゆる淡路島

神戸　兵庫　須磨　鹽屋　垂水　舞子

多梅稚作曲

上眞行作曲

夜は岩屋の燈臺も
手に取る如く影あかし

六
明石の浦の風景を
歌によみたる人麿の
社はこれか島がくれ
こぎゆく船もおもしろや

七
加古川おりて旅人の
立ちよる陰は高砂の
松のあらしに傳へくる
鐘も名だかき尾上寺

八
阿彌陀は寺の音に聞き
姫路は城の名にひゞく
こゝより支線に乘りかへて
ゆけば生野は二時間余

九
那波の驛から西南
一里はなれて赤穂あり
四十七士が仕へたる
淺野内匠の城のあと

十
播磨過ぐれば燒物の
名に聞く備前の岡山に
これも名物吉備團子
津山へ行くは乘かへよ

十一
水戸と金澤岡山と
天下に三つの公園地
後樂園も見てゆかん
國へ話の土産には

明石
大久保
土山
加古川
阿彌陀
姫路
・生野
網干
龍野
那波
有年
上郡
三石
吉永
和氣
万富
瀬戸
長岡
岡山
・津山
庭瀬

十二
靈驗今にいちじるく
讃岐の國に鎭座ある
金刀比羅宮に參るには
玉島港より汽船あり

十三
疊おもての備後には
福山町ぞ賑はしき
城の石垣むしのこす
苔にむかしの忍ばれて

十四
武士が手に卷く鞆の浦
ここよりゆけば道三里
仙酔島を前にして
煙にぎわう海士の里

十五
淨土西國千光寺
寺の名たかき尾道の
港を窓の下に見て
汽車の眠も覺めにけり

十六
絲崎三原海田市
すぎて今つく廣島は
城のかたちもそのまゝに
今は師團をおかれたり

十七
日清戰爭はじまりて
かたじけなくも大君の
御旗を進めたまひたる
大本營のありし土地

十八
北には饒津の公園地

倉敷
玉島
鴨方
笠岡
大内
福山
松永
尾道
絲崎
三原
海田市
廣島

西には宇品の新港
内海波も靜なり
呉軍港は近くして

十九
己斐の松原五日市
いつしか過ぎて嚴島
鳥居を前にながめやる
宮島驛につきにけり

二十
汽笛ならして客を待つ
汽船に乘れば十五分
早くもここぞ市杵島
姫のまします宮どころ

二十一
海にいでたる廻廊の
板を浮べてさす汐に
うつる燈籠の火の影は
星か螢か漁火か

二十二
毛利元就この島に
城をかまへて君の敵
陶晴賢を誅せしは
のこす武臣の鑑なり

二十三
岩國川の水上に
かゝれる橋は算盤の
玉をならべし如くにて
錦帯橋と名づけたり

二十四
風に絲よる柳井津の
港にひゞく産物は
甘露醤油に柳井縞

・宇品
横川
己斐
五日市
廿日市
宮島
玖波
大竹
岩國
藤生
由宇
大畠
柳井津
田布施
岩田
島田
下松

からき浮世の鹽の味

二十五
出船入船たえまなき
商業繁華の三田尻は
山陽線路のをはりにて
馬關に延ばす汽車の道

二十六
少しくあとに立ちかえり
德山港を船出して
二十里ゆけば豊前なる
門司の港につきにけり

二十七
向の岸は馬關にて
海上わずか二十町
瀬戸内海の咽首を
しめてあつむる船の數

二十八
朝の帆影夕烟
西北さしてゆく船は
鳥も飛ばぬと音にきく
玄海洋やわたるらん

二十九
滿ち引く汐も早鞆の
瀬戸と呼ばるゝ此海は
源平兩氏の古戰場
壇の浦とはこれぞかし

三十
世界にその名いと高き
馬關条約結びたる
春帆楼の跡といて
昔しのぶもおもしろや

三十一

徳山
福川
富海
三田尻
・馬關

門司よりおこる九州の
鐵道線路をはる〲と
ゆけば大里の里をすぎ
こゝぞ小倉と人はよぶ

三十二
これより汽車を乗りかへて
東の濱に沿ひゆかば
城野行橋宇島を
すぎて中津に至るべし

三十三
中津は豊後の繁華の地
頼山陽の筆により
名だかくなりし耶馬溪を
見るには道も遠からず

三十四
白雲かゝる彦山を
右にながめて猶ゆけば
汽車は宇佐にて止まりたり
八幡の宮に詣でこん

三十五
歴史を讀みて誰も知る
和氣清麿が神勅を
請ひまつりたる宇佐の宮
あふがぬ人は世にあらじ

三十六
小倉又も立ちもどり
ゆけば折尾の右左
若松線と直方の
道はこゝにて出あいたり

三十七
走る窓より打ち望む
海のけしきのおもしろさ

門司
大里
小倉
城野
行橋
宇島
中津
今津
四日市
宇佐
大蔵
黒崎
折尾
・若松
・直方

磯に貝ほる少女あり
沖に帆かくる小舟あり

三十八
おとにきゝたる箱崎の
松かあらぬか一むらの
みどり霞みて見えたるは
八幡の神の宮ならん

三十九
天の橋立三保の浦
この箱崎を取りそえて
三松原とよばれたる
その名も千代の春の色

四十
織物産地と知られたる
博多は黒田の城のあと
川をへだてて福岡の
町もまぢかくつゞきたり

四十一
まだ一日とおもいたる
旅路は早も二日市
下りて見てこん名にきゝし
宰府の宮の飛梅を

四十二
千年のむかし太宰府を
おかれしあとは此處
宮に祭れる菅公の
事蹟かたらんいざ來れ

四十三
醍醐の御代の其はじめ
惜しくも人にそねまれて
身になき罪をおはせられ
ついに左遷と定まりぬ

遠賀川
赤間
福間
古賀
香椎
箱崎
博多
雑餉隈
二日市

四十四
天に泣けども天言はず
地に叫べども地も聞かず
涙を呑みて邊土なる
こゝに月日をおくりけり

四十五
身は沈めども忘れぬは
海より深き君の恩
かたみの御衣を朝毎に
さゝげてしぼる袂かな

四十六
あはれ當時の御心を
おもひまつればいかならん
御前の池に鯉を呼ぶ
おとめよ子等よ旅人よ

四十七
一時榮えし都府樓の
あとをたづねて分け入れば
草葉をわたる春風に
なびく菫の三つ五つ

四十八
鐘の音きくと菅公の
詩に作られて觀音寺
佛も知るや千代までも
つきぬ恨の世がたりは

四十九
宰府わかれて鳥栖の驛
長崎ゆきのわかれ道
久留米は有馬の舊城下
水天宮もほどちかし

五十
かの西南の戰爭に

原田
田代
鳥栖
久留米
羽犬塚
矢部川
渡瀬

その名ひびきし田原坂
見にゆく人は木葉より
おりて道きけ里人に

五十一
眠る間もなく熊本の
町に着きたり我汽車は
九州一の大都會
人口五萬四千あり

五十二
熊本城は西南の
役に名を得し無類の地
細川氏のかたみとて
今はおかるゝ六師團

五十三
町の名所は水前寺
公園きよく池ひろし
宮は紅葉の錦山
寺は法華の本妙寺

五十四
ほまれの花もさきにほう
花岡山の招魂社
雲か霞か夕ぞらに
みゆるは阿蘇の遠煙

五十五
わたる白川綠川
川尻ゆけば宇土の里
國の名に負う不知火の
見ゆるはこゝの海と聞く

五十六
線路分るゝ三角港
出で入る船は絶えまなし
松橋すぎて八代と

大牟田
長州
高瀬
木葉
池田
熊本
川尻
宇土
・三角
松橋
小川
有佐
八代

聞くも心のたのしさよ

五十七
南は球磨の川の水
矢よりも早くながれたり
西には天草洋の海
雲かとみゆる山もなし

五十八
ふたたびかえる鳥栖の驛
線路を西に乘りかへて
ゆけば間もなく佐賀の町
城にはのこる玉のあと

五十九
つかれてあびる武雄の湯
みやげにするは有田焼
めぐる車輪の早岐より
右にわかるゝ佐世保道

六十
鎭西一の軍港と
その名しられて大村の
灣をしめたる佐世保には
わが鎭守府をおかれたり

六十一
南の風をハエと讀む
南風崎すぎて川棚の
つぎは彼杵か松原の
松ふく風ものどかにて

六十二
右にながむる鯛の浦
鯛つる舟もうかびたり
名も諫早の里ならぬ
旅の心やいさむらん

六十三

中原
神崎
佐賀
久保田
牛津
山口
北方
武雄
三間坂
有田
三河内
早岐
・佐世保
南風崎
川棚
彼杵
松原
大村
諫早

故郷のたより喜々津とて
おちつく人の大草や
春日長與のたのしみも
道尾にこそつきにけれ

六十四
千代に八千代の末かけて
榮行く御代は長崎の
港にぎはふ百千船
夜は舷燈のうつくしさ

六十五
汽車よりおりて旅人の
まづ見にゆくは諏訪の山
寺町すぎて居留地に
入ればむかしぞ忍ばるゝ

六十六
わが開港を導きし
阿蘭陀船のつどいたる
みなとはこゝぞ長崎ぞ
長くわするな國民よ

六十七
前は海原はてもなく
外つ國までもつゞくらん
あとは鐵道一すぢに
またゝくひまよ青森も

六十八
あしたは花の嵐山
ゆふべは月の筑紫潟
かしこも樂しこゝもよし
いざ見てめぐれ汽車の友

喜々津
大草
長與
道尾
長崎

『地理教育 鐵道唱歌』第参集

奥州 ― 磐城線

大和田建樹 作歌
多 梅稚・田村虎藏 作曲

刊行:1900年10月13日 発行:三木佐助
縦142ミリ×横110ミリ 40頁

一
汽車は烟を噴き立てゝ
今ぞ上野を出でゝゆく
ゆくへは何く陸奥の
青森までも一飛に

二
王子に着きて仰ぎみる
森は花見し飛鳥山
土器なげて遊びたる
江戸の名所の其一つ

三
赤羽すぎて打ちわたる
名も荒川の鐵の橋
その水上は秩父より
いでて墨田の川となる

四
浦和に浦は無けれども
大宮驛に宮ありて
公園ひろく池ふかく
夏のさかりも暑からず

五
中山道と打わかれ
ゆくや蓮田の花ざかり
久喜栗橋の橋かけて

上野
田端
王子
赤羽
蕨
浦和
大宮
蓮田
久喜

多梅稚作曲

田村虎藏作曲

わたるはこれぞ利根の川

六

末は銚子の海に入る
板東太郎の名も高し
みよや白帆の絶間なく
のぼればくだる賑を

七

次に來るは古河間々田
兩手ひろげて我汽車を
萬歳と呼ぶ子供あり
おもえば今日は日曜か

八

小山をおりて右にゆく
水戸と友部の線路には
紬産地の結城あり
櫻名所の岩瀬あり

九

左にゆかば前橋を
經て高崎に至るべし
足利桐生伊勢崎は
音に聞えし養蠶地

十

金と石との小金井や
石橋すぎて秋の田を
立つや雀の宮鼓
宇都宮にもつきにけり

十一

いざ乗り替えん日光の
線路これより分れたり
二十五マイル走りなば
一時半にて着くという

十二

栗橋
古河
間々田
小山
・結城
・岩瀬
・足利
・桐生
伊勢崎
小金井
石橋
雀宮
宇都宮
・日光

日光見ずは結構と
いうなといひし諺も
おもひしらるゝ宮の様
花か紅葉か金襴か

十三

東照宮の壮麗も
三代廟の高大も
みるまに一日日ぐらしの
陽明門は是かとよ

十四

瀧は華嚴の音たかく
百雷谷に吼え叫ぶ
裏見霧降とり〴〵に
雲よりおつる物すごさ

十五

又立ちかえる宇都宮
急げば早も西那須野
ここよりゆけば鹽原の
慍泉わづか五里あまり

十六

霰たばしる篠原と
うたひし跡の狩場の野
ただ見る薄女郎花
殺生石はいづかたぞ

十七

東那須野の青嵐
ふくや黒磯黒田原
こゝは何くと白河の
城の夕日は影赤し

十八

秋風吹くと詠じたる
關所の跡は此ところ

岡本
寶積寺
氏家
片岡
矢板
野崎
西那須野
東那須野
黒磯
黒田原
豊原
白河

會津の兵を官軍の
討ち維新の古戰場

十九

岩もる水の泉崎
矢吹須賀川冬の來て
むすぶ氷の郡山
近き湖水は猪苗代

二十

ここに起りて越後まで
つづく岩越線路あり
工事はいまだ半にて
今は若松會津まで

二十一

日和田本宮二本松
安達が原の黒塚を
見にゆく人は下車せよと
案内記にもしるしたり

二十二

松川すぎてトン子ルを
いづれば來る福島の
町は県廰所在の地
板倉氏の舊城下

二十三

しのぶもじずり摺り出だす
石の名所も程近く
米澤ゆきの鐵道は
此町よりぞ分れたる

二十四

長岡おりて飯坂の
湯治にまわる人もあり
越河こして白石は
はや陸前の國と聞く

泉崎
矢吹
須賀川
郡山
・若松
日和田
本宮
二本松
松川
福島
・米澤
長岡
桑河
藤田
越河
白石

二十五
末は東の海に入る
阿武隈川も窓ちかく
盡きぬ唱歌の聲あげて
躍り來れるうれしさよ

二十六
岩沼驛のにぎはひは
春と秋との馬の市
千里の道に鞭うちて
すゝむは誰ぞ國のため

二十七
東北一の都會とて
其名しられし仙臺市
伊達政宗の築きたる
城に師團は置かれたり

二十八
阿武隈川の埋木も
仙臺平の袴地も
皆この土地の産物ぞ
みてゆけこゝも一日は

二十九
愛宕の山の木々青く
廣瀬の川の水白し
櫻が岡の公園は
花も若葉も月雪も

三十
多賀の碑ほどちかき
岩切おりて乘りかふる
汽車は鹽竈千賀の浦
いざ船よせよ松島に

＊一五九頁の「松島船あそび」（奥好義作曲）が入っている。

大河原　棚木　岩沼　増田　長町　仙臺　岩切・鹽竈

三十一
汽車に乘りても松島の
話かしまし鹿島臺
小牛田は神の宮ちかく
新田は沼のけしきよし

三十二
水は川瀬の石こして
さきちる波の花泉
一の關より陸中と
きけば南部の舊領地

三十三
阿部の貞任義家の
戰ありし衣川
金色堂を見る人は
こゝにておりよ平泉

三十四
すぎゆく驛は七つ八つ
山おもしろく野は廣し
北上川を右にして
つくは何くぞ盛岡市

三十五
羽二重おりと鐵瓶は
市の産物と知られたり
岩手の山の峰よりも
南部の馬の名ぞ高き

三十六
好摩川口沼宮内
中山小鳥谷一の戸と
すぎゆくままに變りゆく
土地の言葉もおもしろや

三十七
尻内こせば打ちむれて

利府　松島　鹿島臺　小牛田　瀬峰　新田　石越　花泉　一ノ關　平泉　前澤　水澤　金崎　黒澤尻　石鳥谷　日詰　矢幅　盛岡　好摩　川口　沼宮内　中山　小鳥谷　一ノ戸　福岡　三ノ戸　剣吉　尻内　下田

遊ぶ野馬の古間木や
今日ぞ始めて陸奥の
海とは是かあの船は

三十八
野邊地の灣の左手に
立てる岬は夏泊
とまらぬ汽車のすゝみよく
八甲田山も迎へたり

三十九
渚に近き湯野島を
見つゝくゞれるトン子ルの
先は野内か浦町か
浦のけしきの晴れやかさ

四十
勇む笛の音いそぐ人
汽車は著きけり青森に
むかしは陸路廿日道
今は鐵道一晝夜

四十一
津輕の瀬戸を中にして
函館までは二十四里
ゆきかう船の煙にも
國のさかえは知られけり

四十二
汽車のりかえて弘前に
あそぶも旅の樂しみよ
店にならぶは津輕塗
空に立てるは津輕富士

四十三
歸りは線路の道かへて
海際づたひ進まんと
仙臺すぎて馬市の

古間木　沼崎　乙供　野邊地　狩場澤　小湊　淺虫　野内　浦町　青森　・弘前　（歸路）　仙臺

岩沼よりぞ分れゆく

四十四

道は磐城をつらぬきて
常陸にかゝる磐城線
ながめはてなき海原は
亞米利加までやつゞくらん

四十五

海にしばらく別れゆく
小田の綠の中村は
陶器産地と兼ねて聞く
相馬の町をひかへたり

四十六

中村いでゝ打ちわたる
川は眞野川新田川
原の町より歩行して
妙見まうでや試みん

四十七

浪江なみうつ稲の穂の
長塚すぎて豊なる
里の富岡木戸廣野
廣き海原みつゝゆく

四十八

しば〳〵くゞるトンネルを
出てはながむる浦の波
岩には休む鷗あり
沖には渡る白帆あり

四十九

君が八千代の久の濱
木奴美が浦の波ちかく
おさまる國の平町
並が岡のけしきよし

五十

岩沼 亘理 吉田 坂元 新地 中村 鹿島 原ノ町 磐城太田 小高 浪江 長塚 富岡 木戸 廣野 久ノ濱 四ツ倉 草野 平 綴

綴湯本をあとにして
ゆくや泉の驛の傍
しるべの札の文字みれば
小名濱までは道一里

五十一

道もせに散る花よりも
世に芳ばしき名を留めし
八幡太郎が歌のあと
勿來の關も見てゆかん

五十二

關本おりて平潟の
港にやどる人もあり
岩の中道ふみわけて
磯うつ波も聞きがてら

五十三

あひて別れて別れては
またあふ海と磯の松
磯原すぎて高萩に
假るや旅寝の高枕

五十四

助川さして潮あびに
ゆけや下孫孫も子も
驛夫の聲におどろけば
いつしか水戸は來りたり

五十五

三家の中に勤王の
その名知られし水戸の藩
わするな義公が撰びたる
大日本史のその功

五十六

文武の道を弘めたる
弘道館の跡とへば

湯本 泉 植田 勿來 關本 磯原 高萩 川尻 助川 下孫 大甕 石神 佐和 水戸

殘る千本の梅が香は
雪の下よりにほふなり

五十七

つれだつ旅の友部より
わかるゝ道は小山線
石岡よりは歌によむ
志筑の田井も程ちかし

五十八

間もなく來る土浦の
岸を浸せる水海は
霞が浦の名も廣く
汽船の笛の音たえず

五十九

雲井の空に耳二つ
立てたる駒の如くにて
みゆる高嶺は男體と
女體そびゆる筑波山

六十

峰にのぼれば地圖一つ
ひろげし如く見えわたる
常陸の國のこゝかしこ
利根のながれの末までも

六十一

松戸をおりて國府の臺
ゆけば一里に足らぬ道
眞間の手兒名が跡といふ
寺も入江ものこるなり

六十二

車輪のめぐり速に
千住大橋右に見て
環の端の限なく
ふたたびもどる田端驛

赤塚 内原 友部 岩間 羽鳥 石岡 高 神立 土浦 荒川沖 牛久 佐貫 藤代 取手 我孫子 柏 馬橋 松戸 金町 亀有 北千住 南千住 田端

六十三
むかしは鬼の住家とて
人のおそれし陸奥の
はてまでゆきて時の間に
かえる事こそめでたけれ

六十四
いはへ人々鐵道の
ひらけし時に逢へる身を
上野の山もひゞくまで
鐵道唱歌の聲立てゝ」

上野

松島船あそび

奥好義 作曲

一
こげや〳〵いざ船子
鏡なせる海の上
波に浮ぶ八百の
島の影もおもしろや

二
見るがまゝに変わりゆく
松のすがた岩のさま
前に立てる島ははや
あとに遠く霞みたり

三
雪のあした月の夜半
遊ぶ人はいかならん
みれど〳〵果てもなき
二子島の夕げしき

四
五大堂を右にして
瑞巌寺の森ちかき
磯に船は着きにけり
しばしという程もなく

『地理教育 鐵道唱歌』第四集

大和田建樹 作歌
納所辨次郎・吉田信太 作曲

北陸地方

刊行:1900年10月15日 発行者:三木佐助　三木書店
縦148ミリ×横108ミリ 40頁

一
車輪のひびき笛の聲
みかへる跡に消えて行く
上野の森の朝月夜
田端は露もまださむし

二
見あぐる岸は諏訪の臺
それにつづきて秋の夜は
道灌山の虫のねを
こゝまで風や送るらん

三
見よや王子の製紙場
はや窓ちかく來りたり
すきだす紙の年にます
國家の富もいくばくぞ

四
春はさくらの飛鳥山
秋は紅葉の瀧の川
運動會の旗たてゝ
かける生徒のいさましさ

五
まもなくきたる赤羽は
品川ゆきの乗替場

上野
田端
王子
赤羽・品川

納所辨次郎作曲

吉田信太作曲

目白目黒の不動へも
よれや序の道なれば

六
蕨すぐれば浦和にて
その公園は調の宮
埼玉懸の懸廳も
この地にこそは置かれたれ

七
大宮おりて八九町
ゆけば氷川の公園地
園は螢に名も高く
宮は武藏の一の宮

八
上尾桶川鴻の巣に
近き吉見の百穴は
古代穴居の人のあと
見るも學びの一つなり

九
吹上すぎてながめやる
熊谷土手の花ざかり
次郎直實生れたる
村の名今につたえたり

十
深谷本庄神保原
左に雲のあひだより
みゆる秩父のふもとなる
大宮までは馬車もあり

十一
はや新町も倉賀野も
またゝくひまに行きすぎて
今ぞ上州高崎の
繁華の町につきにける

蕨 浦和　大宮　上尾 桶川 鴻巣　吹上 熊谷　深谷 本庄 神保原　新町 倉賀野　高崎

十二
町の東北前橋へ
汽車にてゆけば十五分
群馬懸廳所在の地
上野一の大都會

十三
若葉紅葉によしときく
伊香保の溫泉榛名山
高崎よりは程近し
避暑にも人のゆくところ

十四
みわたすかぎり青々と
若葉波うつ桑畑
山のおくまで養蠶の
ひらけしさまの忙がしさ

十五
線路わかれて前橋の
かたにすゝめば織物と
製糸のわざに名も高き
桐生足利とほからず

十六
高崎いでゝ安中の
つぎは磯部の溫泉場
うしろをゆくは碓氷川
まへに立てるは妙義山

十七
鉾か劍か鋸か
獅子か猛虎か荒鷲か
虛空に立てる岩のさま
石門たかく雲をつく

十八
あとに見かえる松井田の

・前橋　・桐生 ・足利　飯塚 安中 磯部　松井田

松のみどりもかげきえて
はや横川につきにけり
おりよ人々水のみに

十九
これより音にきゝゐたる
碓氷峠のアプト式
齒車つけておりのぼる
仕掛は外にたぐひなし

二十
くゞるトン子ル二十六
ともし火うすく晝くらし
いづれば天地うちはれて
顏ふく風の心地よさ

二十一
夏のあつさもわすれゆく
旅のたもとの輕井澤
はや信濃路のしるしとて
見ゆる淺間の夕煙

二十二
くだる道には追分の
原とよばるゝ廣野あり
桔梗かるかや女郎花
秋の旅路はおもしろや

二十三
御代田小諸とすぎゆけば
左に來る千曲川
立科山をながれ出て
末は越後の海に入る

二十四
諏訪の湖水をみる人は
大屋をおりて和田峠
こゆれば五里の道ぞかし

横川　輕井澤　御代田 小諸　田中 大屋

山には馬も駕籠もあり

二十五
上田をあとに走りゆく
汽車は坂城に早つきぬ
川のあなたにながめやる
山は姨捨月見堂

二十六
田毎の月の風景も
見てゆかましを秋ならば
雲をいたゞく冠着の
山はひだりにそびえたり

二十七
屋代篠井うちすぎて
わたる千曲と犀川の
間の土地をむかしより
川中島と人はよぶ

二十八
ここに龍虎のたゝかひを
いどみし二人の英雄も
おもへば今は夢のあと
むせぶは水の聲ばかり

二十九
長野に見ゆる大寺は
是ぞしなのゝ善光寺
むかし本田の義光が
ひろひし佛なりとかや

三十
ここにとゞまるひまあらば
戸隠山にのぼり見ん
飯綱の原のほとゝぎす
なのる初音もきゝがてら

三十一

上田
坂城
屋代
篠井
長野

豊野と牟禮と柏原
ゆけば田口は早越後
軒まで雪の降りつむと
きゝし高田はこゝなれや

三十二
雪にしるしの竿たてゝ
道をしえしも此あたり
ふぶきの中にうめらるゝ
なやみはいかに冬の旅

三十三
港にぎはふ直江津に
つきて見そむる海のかほ
山のみなれし目には又
沖の白帆ぞ珍しき

三十四
春日新田犀潟を
すぐれば來る柿崎の
しぶ〳〵茶屋は親鸞の
一夜宿りし跡と聞く

三十五
鉢崎すぎて米山の
くゞるトン子ル七つ八つ
いづれば廣きわたの原
佐渡の國までくまもなし

三十六
みわたす空の青海川
おりては汐もあみつべし
石油のいづる柏崎
これより海とわかれゆく

三十七
安田北條來迎寺
宮内すぎて長岡の

吉田
豊野
牟禮
柏原
田口
關山
新井
高田
直江津
春日
新田
犀潟
潟町
柏崎
鉢崎
青海川
柏崎
安田
北條
塚山
來迎寺
宮内

町は名たゝる繁花の地
製油の烟そらにみつ

三十八
汽車の窓より西北に
ゆく〳〵望む彌彦山
宮は國幣中社にて
参詣男女四時たえず

三十九
彌彦にゆくは三條に
おりよと人はをしへたり
吾身は何も祈らねど
いのるは君が御代のため

四十
加茂には加茂の宮ありて
木の間の鳥居いと清く
矢代田驛の近くには
金津の瀧の音たかし

四十一
十一年の御幸の日
かたじけなくも御車を
とゞめ給ひし松かげは
今この里にさかえたり

四十二
もみじは新津秋葉山
櫻は龜田通心寺
わするな手荷物傘鞄
はやここなるぞ沼垂は

四十三
おるればわたる信濃川
かゝれる橋は萬代の
名も君が代とときはにて
長さは四百數十間

長岡
見附
帯織
三條
一ノ木戸
加茂
矢代田
新津
龜田
沼垂

四十四
川のかなたは新潟市
舟ゆく水の便よく
わたせる橋をかぞふれば
およそ二百もありとかや

四十五
春は白山公園地
一つににおう梅櫻
夏は涼しき日和山
鯛つる舟も目の前に

四十六
汽船の煙海をそめ
商家の軒は日をおほう
げにも五港の一つとて
戸數萬餘の大都會

四十七
新潟港を舟出して
海上わずか十八里
佐渡に名高き鑛山を
見てかへらんも益あらん

四十八
佐渡には眞野の山ふかく
順德院の御陵あり
松ふく風は身にしみて
袂しぼらぬ人もなし

四十九
波路やすけく直江津に
かへりてきけば越中の
伏木にかよふ汽船あり
いざ乗りかへて渡海せん

五十
富山は越中繁華の地

新潟

佐渡へ汽船にてわたる

佐渡より直江津まで直江津より越中まで汽船にてわたる

富山

こゝよりおこる鐵道は
加賀越前をつらぬきて
東海道にであうなり

五十一
藥に名ある富山市は
神通川の東岸
はるかに望む立山は
直立九千九百尺

五十二
商業繁華の高岡を
すぎて福岡石動の
つぎに來るは津幡驛
七尾にゆかば乗りかえよ

五十三
加賀越中の境なる
倶利伽藍山は義仲が
五百の牛に火をつけて
平家攻めたる古戰場

五十四
津幡七尾の其間
すぎゆく驛は八九箇所
邑智の潟の青波に
さおさす舟も羨まし

五十五
七尾は能登の一都會
入海ひろく舟おおし
ちかき輪倉の溫泉は
町きよらかに客たえず

五十六
津幡にかへり乗りかへて
ゆけば金澤ステーション
百萬石の城下とて

小杉
高岡
福岡
石動
津幡

・七尾

津幡
金澤

さすが賑ふ町のさま

五十七
名も兼六の公園は
水戸岡山と諸共に
かぞへられたる吾國の
三公園の其一つ

五十八
柳みどりに花赤く
おちくる瀧の水白し
雲にそびゆる銅像は
西南役の記念碑よ

五十九
第九師團も懸廳も
皆此町にあつまりて
海の外までひゞきたる
その產物は九谷焼

六十
松任美川うちすぎて
わたる手取の川上に
雪を常磐の白山は
雲まにたかく聳えたり

六十一
小松の北におとたかく
ながるゝ水は安宅川
安宅の關は何くぞと
問わば嵐やこたふらん

六十二
折りたく柴の動橋
武士が帶びたる大聖寺
こゝろ細呂木すぎゆけば
いろはの金津むかへたり

六十三

松任
美川

小松

動橋
大聖寺
細呂木
金津
新庄
森田

三國港の海に入る
日野川こえて福井驛
こゝに織り出す羽二重は
輸出の高も數千萬

六十四
大土呂鯖江あとにして
武生鯖波はしりゆく
汽車は今こそ今庄に
つきて燧の城も見つ

六十五
海のながめのたぐひなき
杉津をいでてトン子ルに
入ればあやしやいつのまに
日はくれはてゝ暗なるぞ

六十六
敦賀はげにもよき港
おりて見てこん名どころを
氣比の松原氣比の海
官幣大社氣比の宮

六十七
身を勤王にたふしたる
耕雲斎の碑をとへば
松の木かげを指さして
あれと子供はをしへたり

六十八
疋田柳瀬中の郷
すぎゆく窓に仰ぎ見る
山は近江の賤が嶽
七本鎗の名も高し

六十九
豊太閤の名をとめし
轡の森は木の本の

福井　大土呂　鯖江　武生　鯖波　今庄　杉津　敦賀　疋田　柳瀬　中郷　木本

地藏と共に人ぞ知る
汽車の進みよ待てしばし

七十
縮緬産地の長濱に
いでゝ見わたす琵琶の海
大津にかよう小蒸汽は
煙ふきたて人をまつ

七十一
驛夫の聲におどろけば
眠はさめて米原に
つきたる汽車の速かさ
みかえる伊吹雲ふかし

七十二
おもへば汽車のできてより
狹くなりたる國の内
いでし上野の道かえて
いざやかへらん新橋に

高月　長濱　米原

三木樂器店版『新撰國民唱歌』第三集

小山作之助編

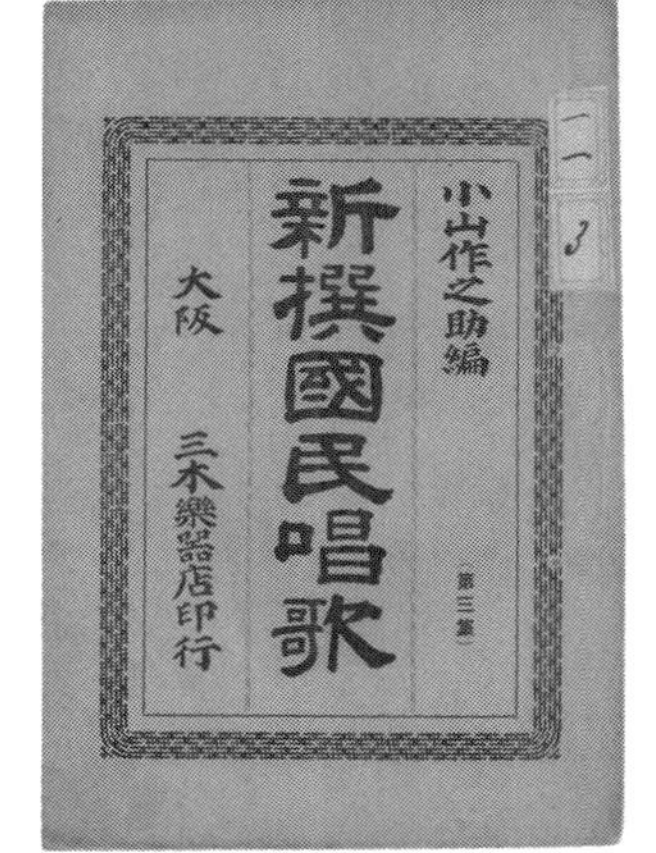

刊行：1900年10月16日　発行：三木樂器店　大阪
縦227ミリ×横150ミリ 表紙＋16頁

緒言

本書ハ普通教育ニ於ケル唱歌科ニ恰好ノ新材料ヲ供給センガタメニ發行スルモノナリ
本書ハ世ノ需用ノ盡キザル限リ編ヲ重子テ續出スベシ然レドモ一ケ年間ノ發行ハ四編ヲ超エザルモノトス
毎編収ムル所ノ新作唱歌總テ五曲乃至八曲ハ其作者ノ著名ナルト否トニ拘ラズ全ク本書發行ノ主旨ニ據リテ精選シ各曲ノ趣味及ビ程度ニ多少ノ相違ヲ存シテ本書ヲ購フ人ノ臨機適用ニ便セントス
以上ハ豫テ音樂ノ普及上進ニ熱心ナル三木氏ガ本書ヲ發行スルニ就キテノ期望ノ一班ニシテ又實ニ予ガ意ヲ得タルモノナリ即チ同氏ノ懇請ヲ容レテ編者ノ任ニ當ル其及バザル所至ラザル所ハ大方諸彦ノ忌憚ナキ高評ヲ聴キテ漸時改善セン事ヲ庶幾フ

明治三十三年十月　編者識

第一　秋げしき

某氏 作歌
小山作之助 作曲

一
あやをみだす池水に、おのが影逐ふ、
秋津むし、風もかろし、身もかろし、
うかれうかれて、そゝりゆく、
あゝこの秋げしき、あゝこの秋げしき。」

二
落葉をどる風の手に、くるふ小猫も、
またをどる、よろづよろしみのりよし、
里の祭は、人をどる、
あゝこの秋げしき、あゝこの秋げしき。」

三
吹けよ野わき吹けばとて、伊達はくづさぬ、
鶏頭花、つゆは珠のかんむりと、
だてをくらべよ、をみなへし、
あゝこの秋げしき、あゝこの秋げしき。」

＊一番二行目の「秋津むし」は「トンボ」。

第二　菊

旗野十一郎 作歌
小山作之助 作曲

其一
七草 千草の、おほかる 秋に、
一きは 目だちて、匂ふは 菊よ。」

其二
紅葉は 散り過ぎ、霜さへおくに、
園生の 垣根を、守るは 菊よ」。

其三
きくより増す花、なしとや いはむ、
畏こき 天皇の、御旗の徽號。

第三　川中島

旗野十一郎 作歌
小山作之助 作曲

第一章
西條山は、霧ふかし、
筑摩の河は、浪あらし、
遥にきこゆる、物音は
逆捲水か、つはものか、
昇る朝日に、旗の手の、
きらめくひまに、
くるくるくる。」

第二章
車がかりの、陣ぞなへ、
めぐるあひづの、鬨聲
あはせるかひも、あらし吹く、
敵を木の葉と、かきみだす、
川中島の、戰は、
かたるも聞も、
勇ましや。」

第四　工業の歌

大和田建樹 作歌
小山作之助 作曲

其一
機械手作り 様々に、世の工業は 多けれど、
先づさし物を 始とし、鑄物塗物 細工物、
是につゞきて 焼物は、人間必須の 道具なり。

其二
鍋と釜とは 鑄物にて、箪笥火鉢は さし物ぞ、
茶碗皿鉢 瓶土瓶、伊萬里七寶 九谷焼、
皆焼物の 内なれど、茶碗の類を 瀬戸といふ。

其三
さて塗物は 萬國に、たぐひなし地や 高蒔繪、
らでんの類は 美術品、その他膳椀箱 枕、
日用品を 數ふれば、秋の千草に ことならず。

其四
なほも編物 革細工、ろくろ細工に 竹細工、
絹麻木綿 毛織物、ガラス造るも 紙すくも、
ほり物するも 傘張るも、皆大切の 工業ぞ。

其五
かせぐは身の爲 國の爲、勉め勤めや 人々よ、
めぐる車に 苔つかず、走る水には 氷なし、
二度と又來ぬ 青年の、時をすごすな 徒に。

第五　漁業の歌

中村秋香 作歌
小山作之助 作曲

一
見渡す限り、遥々と、海原うづむ、漁業船、
獲物を祝ふ、聲々は、天を揺りて、空かきくもり、
海を動し、波ひるがへる、あなこゝちよや、
勇ましや。

二
見渡す限り、はてもなく、濱邊に築く、魚の山、
此山こそは、我國の、富國の礎、利民の基、
茂き立木の、何たぐひぞは、あなたふとしや、
愛たしや。

第六　海國男兒

大和田建樹 作歌
小山作之助 作曲

一
さかまく波を、蹴破りて、
怒れる波を、突切りて、

車輪を萬里に、進むべし、
新に世界も、開くべし、
我が海國の、大丈夫よ、
事業は多し、いざ行けや。」

二

波も颶風も、黒潮も、
慣るれば友よ、よき友ぞ、
男児生れて、海國の、
民となるこそ、愉快なれ、
行けや開けや、人のあと、
まだ見ぬ國の、はて迄も。」

三

星は照らして、空にあり、
羅針は示して、船にあり、
氷の海の、波とても、
破るに何か、難からん、
わが海國の、大丈夫よ、
名譽は遠し、いざ進め。」

『地理教育 鐵道唱歌』第五集

關西・參宮・南海各線

大和田建樹 作歌
多 梅稚・目賀田萬世吉 作曲

刊行：1900年10月3日　発行者：三木佐助　縦150ミリ×横107ミリ 表紙+42頁

関西線

一

汽車をたよりに思ひ立つ
伊勢や大和の國めぐり
網島いでゝ關西の
線路を旅の始にて

二

造幣局の朝ざくら
櫻の宮の夕すゞみ
なごりを跡に見かへれば
城の天守も霞みゆく

三

咲くや菜種の放出も
過ぎて徳庵往の道
窓より近き生駒山
手に取る如く聳えたり

四

四條畷に仰ぎみる
小楠公の宮どころ
ながれも清き菊水の
旗風いまも香らせて

五

心の花も櫻井の
父の遺訓を身にしめて

網島
放出
徳庵
往道
四條畷

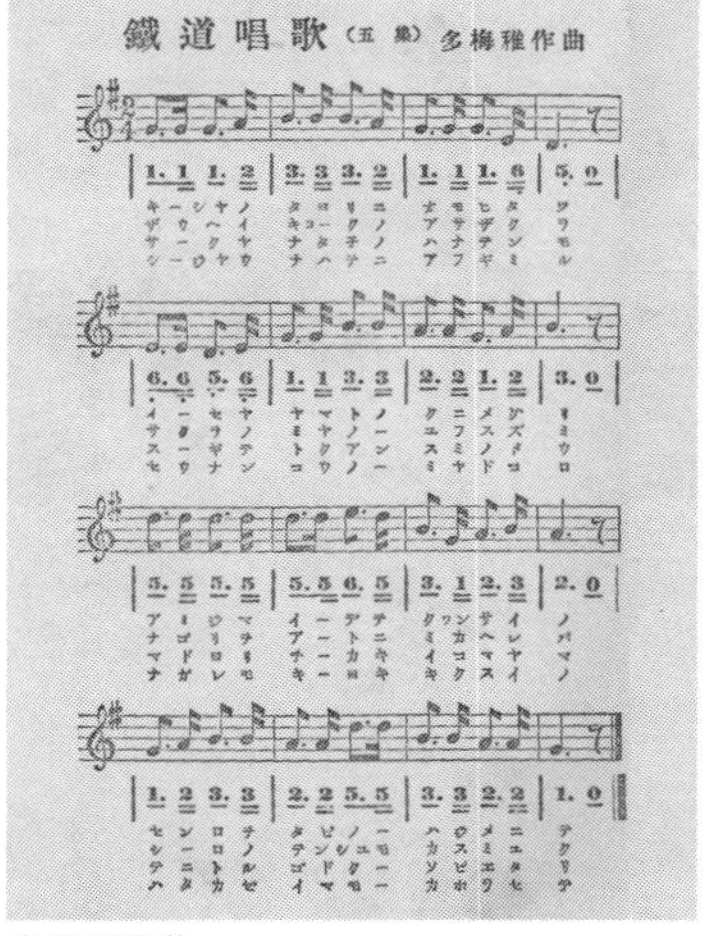

多梅稚作曲

多梅稚作曲

引きは返さぬ武士の
戰死のあとは此土地よ

六
飯盛山をあとにして
星田すぐれば津田の里
倉治の桃の色ふかく
源氏の瀧の音たかし

七
杵の森と歌によむ
祝園すぎて新木津の
左は京都右は奈良
奈良は歸りに殘さまし

八
京都の道に名を得たる
驛は玉水宇治木幡
佐々木四郎の先陣に
知られし川もわたるなり

九
共仁の都の跡と聞く
加茂を出づれば左には
木津川しろく流れたり
晒せる布の如くにて

十
川のあなたにながめゆく
笠置の山は元弘の
宮居の跡と聞くからに
ふるは涙か村雨か

十一
水をはなれて六丈の
高さをわたる鐵の橋
すぐればこゝぞ大河原
河原の岩のけしきよさ

星田
津田
長尾
田邊
・祝園
・新木津
奈良鐵道線
・奈良
・京都
・玉水
・宇治
・木幡
關西線
加茂
笠置
大河原
島原

十二
上野は伊賀の都會の地
春はこゝより滊車おりて
影もおぼろの月が瀬に
梅みる人の數おほし

十三
月は姨捨須磨明石
花はみよしの嵐山
天下一つの梅林と
きこえし名所は此山ぞ

十四
伊賀焼いづる佐那具の地
芭蕉うまれし柘植の驛
線路左にわかるれば
迷わぬ道は草津まで

十五
鈴鹿の山のトンネルを
くぐれば早も伊勢の國
筆捨山の風景を
見よや關より滊車おりて

十六
愛知逢坂鈴鹿とて
三つの關所と呼ばれたる
むかしの跡は知らねども
關の地藏は寺ふるし

十七
巖にあそぶ龜山の
左は尾張名古屋線
道にすぎゆく四日市
舟の煙や絶えざらん

十八
萬古の焼と蛤に

上野
佐那具
柘植
・草津
加太
關
龜山
・名古屋
・四日市

其名知られし桑名町
日も長島の西東
揖斐と木曾との川長し

十九
龜山城をあとにして
一身田も夢のまに
走ればきたる津の町は
參宮鐵道起點の地

二十
町の社に祭らるゝ
神は結城の宗廣と
きこえし南朝忠義の士
まもるか今も君が代を

二十一
阿漕が浦に引く網の
名も高茶屋の雲出川
わたりながらも眺めやる
桃のさかりやいかならん

二十二
木綿產地の松坂は
本居翁の墳墓の地
國學界の泰斗とて
あおがぬ人はよもあらじ

二十三
田丸の驛に程ちかき
齋宮村は齋王の
むかし下りて此國に
住ませ給ひし御所の跡

二十四
轟きわたる宮川の
土手の櫻の花ざかり
雲か霞か白雪か

關西支線
下庄
一身田
參宮線
津
阿漕
高茶屋
六軒
松坂
徳和
相可
田丸
宮川

にほはぬ色の波もなし
　二十五
伊勢の外宮のおはします
山田に滊車は着きにけり
參詣いそげ吾友よ
五十鈴の川に御祓して
　二十六
五十鈴の川の宇治橋を
わたればこゝぞ天照す
皇大神の宮どころ
千木たかしりて立ち給ふ
　二十七
神路の山の木々あをく
御裳濯川の水きよし
御威は盡きじ千代かけて
いづる朝日ともろともに
　二十八
伊勢と志摩とにまたがりて
雲井に立てる朝熊山
のぼれば富士の高嶺まで
語り答ふるばかりにて
　二十九
下りは道を踏みかへて
見るや二見の二つ岩
ゑに見しまゝの姿にて
立つもなつかし海原に
　三十
今ぞめでたく參宮を
すまして跡に立ちかへる
滊車は加茂より乗りかへて
奈良の都をめぐりみん
　三十一

筋向橋　山田

關西支線　加茂　大佛　奈良

はや遠ざかる奈良の町
帯解寺も打ちすぎて
渡るながれは布留の川
石の上とはこゝなれや
　三十二
都のあとを教へよと
いへど答えぬ賎の男が
歸るそなたの丹波市
布留の社に道ちかし
　三十三
三輪の杉むら過ぎがてに
なくか昔のほとゝぎす
今は青葉の櫻井に
着きたる滊車の速かさ
　三十四
こゝよりおりて程ちかき
長谷の觀音ふし拜み
雄略帝が朝倉の
宮の遺跡もたづねみん
　三十五
初瀬列樹の宮のあと
問わんとすれば日は落ちて
初瀬の川の夕波に
ふくや初瀬の山おろし
　三十六
さぐる名所の樂しさに
思わずのぼる多武の峰
峰にかがやく鎌足の
社のあたり花おほし
　三十七
櫻井いでてわが滊車は
畝傍耳無香山の

奈良鐵道線　帯解　櫟ノ本　丹波市　柳本　三輪　櫻井

鼎に似たる三山を
前後に見つゝ今ぞゆく
　三十八
畝傍の麓橿原に
始めて都したまいし
御威も高き大君が
御陵をがめ人々よ
　三十九
高田わかれて右ゆけば
河内に走る線路あり
路にすぎゆく柏原の
名高き寺は道明寺
　四十
右の窓よりながめやる
葛城山の南には
楠氏の城に名を擧げし
金剛山もつゞきたり
　四十一
新庄御所を打ちすぎて
掖上ゆけば神武帝
國を蜻蛉と宣ひし
嗛間の丘ぞ仰がるゝ
　四十二
終れば起る鉄道の
南和と紀和の繫口
五條すぐれば隅田より
紀伊の境に入りにけり
　四十三
瞬くひまに橋本と
叫ぶ驛夫に道とへば
紀の川わたり九度山を
すぎて三里ぞ高野まで

關西鉄道線　畝傍　高田　・王子　・柏原

南和線　新庄　御所　掖上　葛　北宇智

紀和線　五條　隅田　橋本

此ところ滊車未だ連絡せず

四十四
弘法大師この山を
ひらきしよりは千餘年
蜩ひゞく骨堂の
あたりは夏も風さむし

四十五
木隠をぐらき不動坂
夕露しげき女人堂
みれば心もおのづから
塵の浮世を離れけり

四十六
ふたゝび渡る紀の川の
水上とほく雲ならで
立てるは花の吉野山
見て來んものを春ならば

四十七
あわれ暫は南朝の
假の皇居となりたりし
吉水院の月のかげ
曇るか今も夜な〳〵は

四十八
夕べ悲しき梟の
聲より猶も身にしむは
如意輪堂の寶藏に
のこる鏃の文字の跡

四十九
親のめぐみの粉河より
又乗る滊車は紀和の線
船戸田井の瀬うちすぎて
和歌山みえし嬉しさよ

五十
紀の川口の和歌山は

紀和線
粉河
打田
船戸
布施屋
田井ノ瀬
和歌山

南海一の都會にて
宮は日前國懸
旅の心の名草山

五十一
紀三井寺より見わたせば
和歌の浦波しづかにて
こぎゆく海士の釣船は
うかぶ木の葉か笹の葉か

五十二
蘆邊のあしの夕風に
散り來る露の玉津島
苫が島には燈臺の
光ぞ夜は美しき

五十三
蜜柑のいづる有田村
鐘の名ひゞく道成寺
紀州名所は多けれど
道の遠きを如何にせん

五十四
みかへる跡に立ちのこる
城の天守の白壁は
茂れる松の木の間より
いつまで吾を送るらん

五十五
北口いでて走りゆく
南海線の道すがら
窓に親しむ朝風の
深日はこゝよ夢のまに

五十六
尾崎に立てる本願寺
樽井にちかき躑躅山
やまず來て見ん春ふけて

南海線
和歌山
北口
深日
箱作
尾崎
樽井

花うつくしく咲く頃は

五十七
佐野の松原貫之が
歌に知られし蟻通
蟻のおもひにあらねども
とゞく願は滊車の恩

五十八
貝塚いでしかひありて
はや岸和田の城の跡
こゝは大津かいざさらば
おりて信太の楠も見ん

五十九
かけじや袖とよみおきし
その名高師が濱の波
よする濱寺あとに見て
ゆけば湊は早前に

六十
堺の濱の風景に
旅の心もうばはれて
滊車のいづるも忘れたり
霞むはそれか淡路島

六十一
段通刃物の名產に
心のこして又も來ん
沖に鯛つる花の春
磯に舟こぐ月の秋

六十二
蘇鐵に名ある古寺の
話きゝつゝ大和川
渡ればあれに住吉の
松も燈籠も近づきぬ

六十三

佐野
貝塚
岸和田
大津
濱寺
湊
堺
大和川
住吉

遠里小野の夕あらし
ふくや安倍野の松かげに
顯家父子の社あり
忠死のあとは何方ぞ

六十四
治まる御代の天下茶屋
さわがぬ波の難波驛
いさみて出づる旅人の
心はあとに殘れども

奈良めぐり

目賀田萬世吉 作曲

一
奈良は千年の其むかし
七代さかえし帝都の地
七代伽藍の鐘の音に
殘る響ぞ身にはしむ

二
東を見れば三笠山
いづる朝日の曇りなく
春日の森の木の間には
おきふす鹿も面白や

三
麓に立てる興福寺
五重の塔のかげうつす
池は猿澤きぬかけの
柳は風になびくなり

四
世に名も高き大佛の
光を仰ぐ東大寺
傘さしてぬけらるゝ
佛の鼻の大きさよ

天下茶屋
難波

五
西は法華寺西大寺
都の夢はやぶれたる
旅のまくらに秋篠の
里の砧もひゞくなり

六
建築ふるき法隆寺
紅葉そめなす龍田山
散歩がてらに片道を
乗りたる滊車は半時間

七
北にめぐれば佐保山に
見ゆる御陵は聖武帝
をがむ袂の露けきは
草も昔やしのぶらん

八
なごり殘して別れゆく
奈良のみやげは何〱ぞ
奈良人形に春日塗
張子の鹿に奈良扇

＊『鉄道唱歌』第五集は中表紙の表示とは異なり、実際は多梅稚が二曲とも旋律を提供している（一四三頁参照）。目賀田の名前を掲げた手前、体裁を保つためか、目賀田作曲の「奈良めぐり」を、本編の三〇番と三一番の間に四頁を割いて掲載している。利用者にとっては不自然な扱いであった。本書では、六十四番の後に「奈良めぐり」を収めた。

◆資料【一九〇〇（明治三三）年認可済歌曲】

徳島県（一〇月九日）(小)：「開校式ノ歌」

◆資料【一九〇〇（明治三三）年検定済曲集】

『新編 帝國唱歌』(尋)(教)　二月二〇日検定（二月一三日修正）

◆資料 一九〇〇（明治三三）年に刊行された唱歌集から

『重音唱歌集』第一集　小山作之助編（刊行：八月　発行：共益商社）

『女學唱歌』第一集　山田源一郎編（刊行：八月一九日　発行：共益商社）

（緒言）〈抜粋〉

「一、本書ハ専ラ女子師範學校高等女學校其他之ト同程度ノ女學校教科用トシテ適當ナル材料ヲ供給スル目的ヲ以テ編纂シタルモノナリ、

二、本書中ノ歌詞ハ総テ本邦名家ノ手ニ成リ其楽譜ハ編者ノ作ヲ除クノ外悉ク泰西名家ノ作ニ係ルモノ若クハ國風曲等ニシテ歌想樂想共ニ主トシテ本邦女子ノ性情ニ恰好ナルモノヲ選擇セリ」

『地理教育　東京唱歌』第壹集　小山作之助作曲（刊行：九月　発行：大倉書店）

『地理教育　世界唱歌』上・下　大和田建樹他編（刊行：十月一〇日　発行：三木楽器店）

『小學校教科用１２３唱歌集』入江好治郎編（刊行：十月　発行：博文館）

『歴史教育愛國唱歌』全　中村秋香詞・小山作之助曲（刊行：十二月発行：大日本図書）

『初等教育英語唱歌』第一集　石原重雄編（発行：環翠堂）

『祝日大祭日唱歌重音譜』東京音樂學校（刊行：二月　発行：共益商社）

『教育勅語唱歌』武島又二郎氏・小山作之助曲（発行：大倉書店）

『新撰遊戯唱歌』恒川鐐之助篇（発行：十字屋）

一九〇一（明治三四）年

『教科適用幼年唱歌』初編 下巻

田村虎藏・納所辨次郎編

刊行：1901年6月23日 発行：十字屋 東京
縦223ミリ×横142ミリ 表紙＋扉＋口絵＋22頁

緒言摘要

本書は、現今小學唱歌教授上に於ける一般の弊習を救濟し、教育的教授上、最も適切なる教材を供給せんが爲に、尋常第一學年より高等第四學年に至る迄、各學年各學期に配當し、順次編を追ひ巻を重ねて編纂し、以て教科書用に充てんとす。

一、題目、尋常科には、專ら修身、讀書科に關係を有する事項、及び四季の風物に因みて之を取り、高等科には、更に地理、歴史、理科等の教科に關係を有する事項を加へ、以て各教科の統一を完からしめんことに力めたり。

一、歌詞、多年小學教育の經驗を有せる識者の手に成りて、兒童の心情に訴へ、程度を察し、平易にして理解し易く、而も誌的興味を失はざるものより、漸く進みては、所謂古今の名家の作に及ぼし以て國民感情の養成に資せんと期せり。

一、曲節、多年編者研究の結果に出で、能く其音程、音域の如何を審査し、兒童發達の程度を探竅し、初は快活にして流暢なるものより、漸く優雅にして諄美なるものに進め、以て審美的感情の育成に資せんことを期せり。

以上揭ぐる外、詳細なる編者の用意、及び音樂上併に教授上の注意に至りては毎巻これを記述せん。

明治三十三年八月廿日　編者識す。

教科適用 幼年唱歌初編下巻

凡例

一、本編は、尋常小學第一學年第三學期間に、教授すべき材料を配當せるものなり。而して歌曲の數八個は、毎週二時間宛教授するものとしての最多限なり。故に教授時間の事情により、これが取捨撰擇は教師の任意たるべし。

一、本編の歌詞は、一般兒童にもよく了解せしめんが爲め、凡てこれを平假名とし、出來得べき丈け大字を用ひたり。曲節は、凡て兒童の唱歌し得べき音域内に記譜したるが故に、記譜の各調子にて直ちに教授するを得べし。

一、本編歌曲の強弱は、片假名の略號にてこれを表はせり。即ちヨ|は弱く、ツ|は強く、チ|は中等に、シヨ|は次第に弱く、シツ|は次第に強く、ツヨ|は始め強く終り弱く、ヨツ|は始め弱く終り強く、其數部分を謡ふべきことなり強弱は、唱歌上最も大切なれば、注意せん事を要す。

教授上一般の注意

一、此學期よりは、先づ氣息呼吸法を行ふべし。其方法、第一動作は、教授者教鞭を下より上に静かに揚ぐると同時に、兒童をして静かに息を吸い込ましめ、後に之を下ぐると同時に吐き出さしむ。第二動作は、教鞭を急に揚ぐると同時に急に吸い込ましめ、静かに教鞭を下ぐると同時に静かに吐き出さしむ。第三動作は、第二動作と全く正反對に之を行ふ。此際には凡て兒童を起立せしめ、兩手（拇指を後に他の四指を前にす）を左右の腰に置かしめむ。且つ吸ふ息は凡て鼻より、吐く息は凡て口より行はしめるものとす。是れ唱歌するに先ちて肺臓の運動を自在ならしむるものなれば、室内の空氣清浄なる日には、必ず之を行はん事を要す。

二、次に發音の練習に移る。其方法第二學期に準じ專ら五個の母音を種々の階段に配合して練習するなり。音聲の使用方法及び、口授法によりて教授する順序方法は、初編中巻に同じ。且つ此際繪畫を使用せんは、意外の興味を添ふるものなれば、教授者は該編中に挿入したる圖案を參考して、豫め一定の畫面を用意し、教授の際常にこれを使用せんことを望む。

三、兒童の心情は、絶えず活動し且つ快活なり、故に歌曲の速度は、概して遲緩なるよりは、寧ろ急速なるを可とす。而して本編収むる所の八曲は、何れも他教科との連絡を保てり。即ち「花咲爺」「舌切雀」は此學年に適したる修身童話、「親と子」には母子間の愛情を謡ひ、「梅」には天神様を追懐せしめ、「進め」には列を正し、號令を守り、勇氣を鼓舞せしめん事を力めたれば、是等は他の諸教科に於て、又は教授者相當の講話をなしたる後、教授せん事を要す。

おしょーがつ

田邊友三郎 作歌
納所辨次郎 作曲

一
もんにたてたる、まつたけの、
うへにひら〱、ひのみはた、
たこをあげるに、ほどよくて、
はごにさはらぬ、かぜがふく。
二
とそやおざうに、おいはひの、
あとはともだち、うちよりて、
かるたすごろく、ふくびきや、
たれもうれしい、あそびごと。

はなさかぢぢい

石原和三郎 作歌
田村虎藏 作曲

一
うらのはたけで、ぽちがなく、
しょーじきぢいさん、ほったれば、
おほばん、こばんが、ザク〱ザク〱。
二
いぢわるぢいさん、ぽちかりて、
うらのはたけを、ほったれば、
かはらや、せとかけ、ガラ〱ガラ〱。
三
しょーじきぢいさん、うすほって、
それで、もちを、ついたれば、
またぞろこばんが、ザク〱ザク〱。
四
いぢわるぢいさん、うすかりて、
それでもちを、ついたれば、
またぞろせとかけガラ〱ガラ〱。
五、
しょーじきぢいさん、はひまけば、
はなはさいた、かれえだに、
ほーびはたくさん、おくらに一（いっ）ぱい。
六、
いぢわるぢいさん、はひまけば、
とのさまのめに、それがいり、
とう〱ろーやに、つながれました。

＊二番の「せとかけ」は、四版（一九〇五年）では「かひがら」。

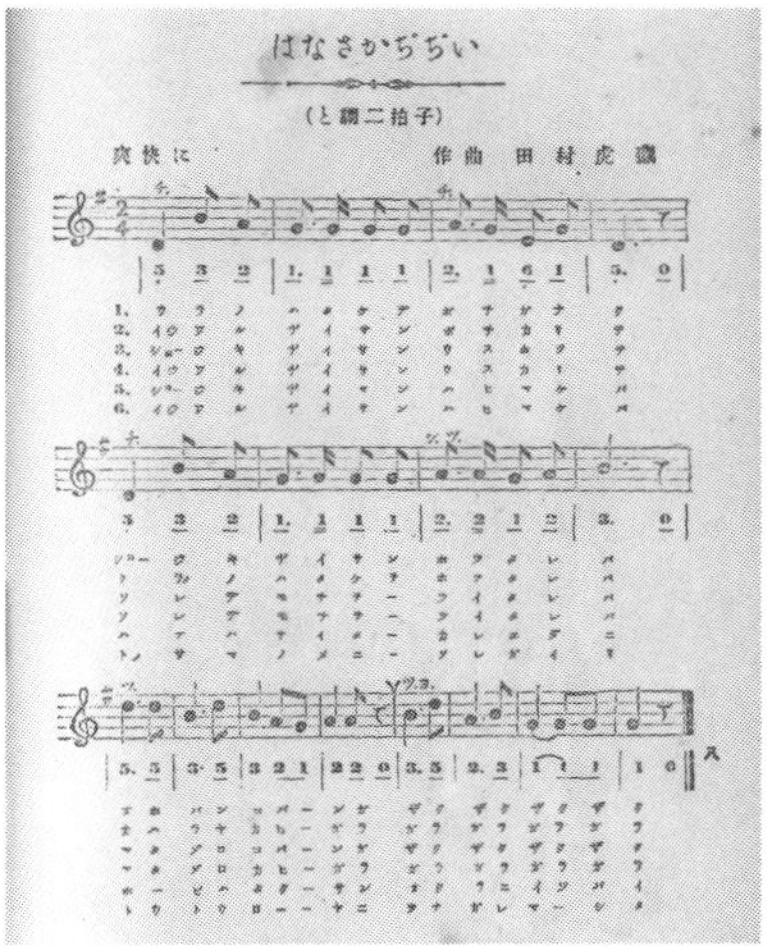

「はなさかぢぢい」

たこ

石原和三郎 作歌
納所辨次郎 作曲

一
かぜよふけ〱、たこ〱あがれ、
あがれたこ〱、てんまでとどけ、
いとがいるなら、いくらもやるぞ。
二
そらにみえるは、からすかとびか
あれにまけずに、わがたこあがれ、
ちからがなければ、かせいにいくぞ。

うめ

石原和三郎 作歌
作曲者未詳（西洋曲）

一
さいたよさいた、うめのはなさいた、
さむさにもまけず、ゆきにもおぢず、
きのふは一つ、けさまた二つ、
三つ四つ五つ、うめのはなさいた。
二
かをるよかをる、うめのはなかをる、
てんじんさまの、おすきなうめが、
あちらののべや、こちらのにはに、
うぐひすさそふ、うめのはなかをる。

おひなさま

田邊友三郎 作歌
田村虎藏 作曲

一
うへのだんには、だいりさま、
五にんばやしは、なかのだん、
わたしのすきな、にんぎょーも、
一しょにかざりて、ひなまつり。
二
ひなのおどーぐ、あいらしい、
おぜんおわんも、とりそろへ、
わたしのすきな、ともだちを、
一しょにあつめて、まゝあそび。

おやとこ

田邊友三郎 作歌
武田林風 作曲

一
むかうのやまに、ひかげうつり、
わがこのやがて、かへらんとき、
わがやをさして、くるはたれぞ、
うれしやあれは、わがおもひご。

二
まなびのわざの、ときはすぎて、
こひしきいへに、いまぞかへる、
わがやのもんに、たつはたれぞ、
うれしやあれは、わがはゝうへ。

したきりすずめ

田邊友三郎 作歌
納所辨次郎 作曲

一
のりをなめたる、むくいとて、
したをきられし、すずめをば、
いとしというて、じひふかき、
ぢゞがたづねて、でかけたり。

二
したきりすずめ、やどはどこ、
たづねあてたる、たけのもん、
むかへにでたる、すずめのこ、
おやもよろこび、ちそーする。

三
さゝのきげんも、おもしろく、
すずめをどりも、おもしろく、
みやげのつづら、かるけれど、
たからぞおほく、でたりける。

四
それをうらやみ、よくふかき、
ばゞがたづねて、ちそーうけ、
もらいしつづら、おもけれど、
むしこそおほく、でたりけれ。

すゝめ

石原和三郎 作歌
田村虎藏 作曲

一
あしなみそろへて、へいしにまけず、
すゝめやすゝめ、一二三四。

二
れつをそろへて、わきめもふらず、
すゝめやすゝめ、一二三四。

三
しせいをただして、ごーれいまもり、
すゝめやすゝめ、一二三四。

四
をとこも、をなごも、おとらずまけず、
すゝめやすゝめ、一二三四。

『教科適用幼年唱歌』二編 上巻

田村虎藏・納所辨次郎編

刊行：1901年6月27日 発行：十字屋 東京
縦223ミリ×横142ミリ 表紙＋扉＋口絵＋20頁

緒言

本書は、現今小學校の唱歌教授に於ける一般の弊習を救濟し、教育的教授に適切なる教材を、供給せんが爲に編纂せるものなり。而して其教材は、尋常第一學年より高等第四學年に至る迄、各學年各學期に配當したれば、順次編を遂ひて教科用に充て得べきものとす。編纂の要旨、下の如し。

一、題目、尋常科には、專ら修身、讀書科に關係を有する事項、及び四季の風物に因みて之を取り、高等科には、更に地理、歴史、理科等の教科に關係を有する事項を加へ、以て各教科の統一を完からしめんことに力めたり。

一、歌詞、多年小學教育に經驗を有する識者の手に成りて、兒童の心情に訴へ、程度を察し、平易にして理解し易く、而も詩的興味を失はざるものより、漸く進みては、古今名家の作に及ぼし、以て國民感情の養成に資せんとせり。

一、曲節、多年編者研究の結果に出で、能く其音程、音域の如何を審査し、兒童が心身發達の程度を精察し、初は快活にして流暢なるものより、漸く優雅にして諄美なるものに進め、以て審美的感情を育成せんことを期せり。

以上の外、詳細の用意、及び音樂上併に教授上の注意に至りては毎巻これを記述せり。

明治三十四年六月三日

編者識す

教科適用　幼年唱歌　貳編上巻

凡例

一、本編は、尋常小學第二學年第一學期間に、教授すべき材料を配當せるものなり。而して歌曲の數八個は、毎週二時間宛教授するものとしての最多限なり。故に教授時間の事情により、これが取捨撰擇は教師の任意たるべし。

一、本編の歌詞は、一般兒童にもよく了解せしめんが爲め、この學年讀書科の程度に鑑みて之を記載し、出來得べき丈け大字を用ひたり。曲節は、凡て兒童の唱歌し得べき音域内に記譜したるが故に、記譜の各調子にて直ちに教授するを得べし。

一、本編歌曲の強弱は、片假名の略號及び他の諸記號にて之を表はせり。即ちヨ又は「*p*」は弱く、ツ又は「*f*」は強く、チ又は「*mp*」は中等に、「*mf*」はこれより稍や強く、シツ又は「∨」は次第に強く、シヨ又は「∧」は次第に弱く、其數部分を謡ふべきことなり。強弱は、唱歌上最も大切なれば、注意せん事を要す。

教授上一般の注意

一、此學期にも、先づ氣息呼吸法を行ふべし。其方法は初編下巻に同じ。是れ唱歌するに先ちて肺臓の運動を自在ならしむるものなれば、室内の空氣清浄なる日には、必ず之を行はん事を要す。呼吸法は、外國に於て專ら之を行ふものなるが、予は多年實驗に徴して、其効果の尠少ならざるを認めたるものなり。

二、次に發音の練習に移る。其方法第一學年に準じ、專ら五個の母音を種々の階段に配合し、之を長音階の各段階に附して練習するなり。但し此際「7」及び「4」の二音は、之を省くも可とす。音聲の使用方法及び、口授法によりて教授する順序方法は、初編中巻に同じ。而して呼吸法及び發音練習の二個練習は、教授時間の四分の一を超過せざる樣注意すべし。

三、此他時々口形(クチガタ)練習をも交へて、五母音の発聲を正確ならしむべし。且つ兒童唱歌教授上、繪畫を使用せんは、意外の興味を添ふるものなれば、教授者は該編中に挿入したる圖案を參考して、豫め一定の畫面を用意し、教授の際常に之を使用せんことを望む。

四、兒童の心情は、絶えず活動し且つ快活なり。故に歌曲の速度は、概して急速なるを可とす。而して本編収むる所の八曲は、何れも之を遊戯の際に適用し得べく、尚ほ「大江山」「松山鏡」「兎と龜」はこの學年に適したる修身訓話。「池に金魚」「蜻蛉」「鷲」等には理科思想を謡ひ、其他皆讀書科の材料に關係あるものなれば、他の諸教科に於て、又は教授者相當の問答講話をなしたる後、教授せんことを要す。

春(はる)のの

田邊友三郎 作歌
田村虎藏 作曲

一

ましろに、みえし、ゆき、きえて、
のは、おもしろく、なりにけり。
草(くさ)も、はえ、木(き)も、めばり、
ひばりなき、ちょーも、とぶ。
ふくとも、みえぬ、春(はる)かぜを、
なびく、やなぎに、しるばかり。

二

いつかと、まちし、花(はな)さきて、
日(ひ)も、あたゝかに、なりにけり、
とも、さそひ、かご、さげて、
すみれ、つみ、れんげとり、
あそぶも、たのし、春(はる)の、のに、
ながき、ひかげの、うつるまで。

「春の野」

ちょーちょ

石原和三郎 作歌
納所辨次郎 作曲

一
うめがちるのか、さくらの花か。
白いちょーちょが、ひら〳〵まふよ。

二
山ぶき、ちるのか、なたねの花か、
きいろの、ちょーちょが、ひら〳〵まふよ。

三
かぜは、そよふく、そよふく、かぜに、
花と、ちょーちょが、おにごと、するよ。

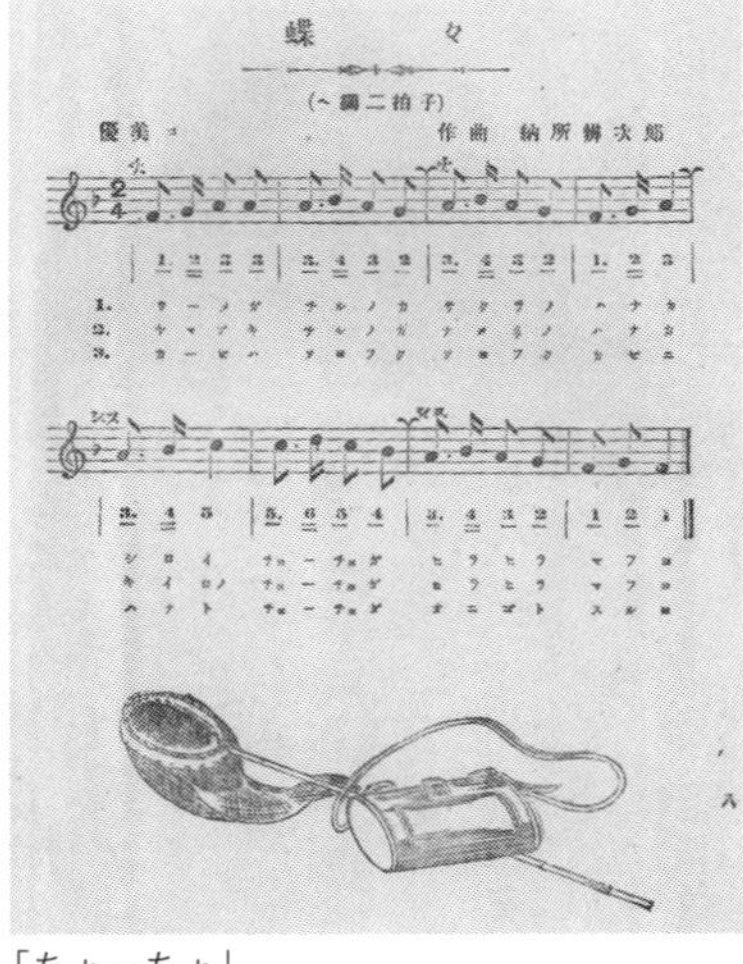

「ちょーちょ」

おほえやま

石原和三郎 作歌
田村虎蔵 作曲

一
むかし、たんばの、おほえやま、
おにどもおほく、こもりゐて、
みやこにでては、人をくひ、
わかきひめをば、ぬすみゆく。

二
げんじのたいしょー、らいこーは、
ときのみかどの、みことのり、
おうけまうして、おにたいじ、
いきほいよくも、でかけたり。

三
けらいは、なだかき、四天王、
山ぶしすがたに、みをやつし、
けはしき山や、ふかき谷、
みちなきみちを、きりひらき。

四
おほえの山に、きてみれば、
しゅてんどーじが、かしらにて、
こはがるひめを、ひっとらえ、
まへようたえの、大さわぎ。

五
かねてよーいの、どくのさけ、
すゝめておにを、よひつぶし、
おひのなかより、とりいだす、
よろひかぶとに、みをかため。

六
おどろきまどふ、やつばらを、
ひとり、のこさず、きりころし、
しゅてんどーじの、くびをとり、
めでたくみやこに、かへりけり。

いけにきんぎょ

田邊友三郎 作歌
作曲未詳

一
にはの、中に、おいけをほりて、
五つ、七つ、はなしたきんぎょ、
いったり、きたり、小じまのかげを、
みえて、かくれ、かくれてみえて、
おそく、はやく、およいでまはる。

二
いけの、みづは、きれいにすみて、
およぎ、あそぶ、われらのきんぎょ、
はなれつ、あひつ、ひれふり、をふり、」
ひれと、をとは、てあしのかはり、
みづを、かきて、ういてはしづむ。

うさぎとかめ

石原和三郎 作歌
納所辨次郎 作曲

一
「もしもし、かめよ、かめさんよ
せかいのうちに、おまへほど、
あゆみの、のろい、ものはない、
どうして、そんなに、のろいのか。」

二
「なんと、おっしゃる、うさぎさん、
そんなら、おまへと、かけくらべ、
むかうの小山の、ふもとまで、
どちらが、さきに、かけつくか。」

三
「どんなに、かめが、いそいでも、
どうせ、ばんまで、かゝるだろ、
こゝらで、ちょっと一ねむり、」
グー〳〵〳〵、グ〳〵〳〵。

四
「これはねすぎた、しくじった、」
ピョン〳〵〳〵、ピョン〳〵〳〵、
「あんまりおそい、うさぎさん、

さっきのじまんは、どうしたの。」

わし

石原和三郎 作歌
田村虎藏 作曲

一
すごいまなこは、千りをにらみ、
つよいつばさは、万りをかける、
とりの王。とりの王。
あの、あらわし、
あの、あらわし。

二
とがるくちばし、とらをもころし、
まがるつめでは、くぢらもつかむ、
とりの王。とりの王。
あの、あらわし、
あの、あらわし。

「わし」

とんぼ

田邊友三郎 作歌
多梅稚 曲

一
とんぼ、とんぼ、とべやとんぼ。
とんぼのすむのを、みわたせば、
そらひろ〴〵と、はてもなし、
きれいなはねで、かぜをばきりて、
ゆくべく方を、たしかにきめて、
とべやとんぼ、どこまでも。

二
とんぼ、とんぼ、とまれよとんぼ。
とんぼのすむのを、みわたせば、
草あを〳〵と、花あかし、
四つのはねを、しづかにやすめ、
六つの足を、一つにそろへ、
とまれよとんぼ、花の上。

松山かゞみ

田邊友三郎 作歌
納所辨次郎 作曲

一
まへの母にも、今のにも、
われは一つに、つかふるを、
なにゆゑいまの、はゝうへに、
かあいがられぬ、われなるぞ。

二
かたみのかゞみ、とりいだし、
むかへばうつる、おもかげは、
こひしきまへの、はゝうへか、
ものいはれぬは、なにゆゑぞ。

三
かくれてみしより、うたがひの、
くもはひとたび、かゝりしも、
まことの心に、はれわたる、
まつ山かゞみ、子のかゞみ。

開成館版『新撰國民唱歌』の刊行

小山作之助編

各集、同じ緒言ではじまるこの開成館版『新撰國民唱歌』全五集は、一九〇一年七月に東京・大阪の開成館から全集同時刊行された。

この刊行に先立ち、同名の唱歌集『新選國民唱歌』第一集が一九〇〇年二月に共益商社から刊行、続いて「新撰」と改題され、三木樂器店から第二集・第三集が刊行されていた（→一三六頁）。このシリーズが、翌一九〇一年になると、さらに同じシリーズ名が付けられ東京と大阪の開成館版として出版されたのだ。

ここに掲載する開成館発行の五冊本は、既出の「共益商社・三木樂器店版」より、十一曲多く、いわば「改訂増補版」とでもいうべき内容になっている。共益商社・三木樂器店版の緒言の「普通教育ニ於ケル唱歌科ニ格好ノ新材料ヲ供給センガ爲ニ發行」という発行主旨は、この開成館版の緒言にも受け継がれている。

先の三木楽器店から出版された『新撰国民唱歌』では、「普通教育における唱歌科」に提供するものである、とやや利用者対象が漠然としていたのに対し本シリーズの「緒言」と目次には、「小學校唱歌科 兒童用」の文言が付されている。

しかし、三木樂器店版第二集の「夏は來ぬ」は、開成館版では同じ第二集で「夏」（→一七八頁）と改題され、旋律は同じだが、歌詞が全面的に書き換えられたり、第五集（初版）第一曲目「日本海軍」のように歌詞に登場する軍艦名がほとんど判じ物に近い、誤植かとさえ思いたくなるようなものもあるなど、謎の多い改訂であった。

開成館版『新撰國民唱歌』第一集

小山作之助編

刊行：1901年7月25日　発行：東京・大阪開成館
縦226ミリ×横152ミリ 表紙＋16頁

緒　言

本書ハ國民教育ニ於ケル唱歌科ニ新材料ヲ供給センガ爲メニ其必要アリト認メ發行セシモノナリ毎集収ムルトコロノ歌曲ハ其趣味ノ多少相異ナルモノ數曲ニ止メ敢テ多キヲ貪ラズ是レ一ニハ其精華ヲ萃メントスルノ主意ト一ニハ又書冊ノ價格ヲ低フシテ普及ニ便ナラシメンガ爲トナリ

明治三十四年七月　　編者　識

花の都

大和田建樹 作歌
本 元子 作曲

一
花の都のおもしろの春べや、
四方（よも）に心ぞうかるゝ、

二
春日のどかに打ち霞む遠近（をちこち）、
梅を見にゆくたのしさ、

三
隅田上野に船車つらねて、
花にくらすか人々、

四
あさり蛤おもふまゝ集めて、
かへる汐干の夕ぐれ、

五
町のともし火ほのぐらく見えつゝ、
おぼろ月夜もふけたり、

六
夏のけしきも面白の都や、
蟬の羽袖（はそで）もかろげに、

七
若葉をぐらく茂りたる中より、
藤のにほふもなつかし、

八
螢見がてら關口（せきぐち）にあそべば、
小田（をだ）の水鷄（くひな）もなきたり、

九
空に飛び散る星かげは花火よ、
あれといふまに消（き）えゆく、

十
蓮の花さく忍（しの）ばずの池には、
夕日すゞしくのこれり、

十一
秋はきたりぬ萩寺（はぎでら）の夕ばえ、
露も錦とひかりて、

十二
月はいづくぞ隅田川芝浦、
たれとながめん船にて、

十三
人ぞつどへる晴れわたる日毎に、
菊の花さく園には、

十四
もみぢ見にゆく秋の空のどかに、
汽車の烟もかすみぬ、

十五
かれてさびしき忍ばずの蓮葉（はちすば）、
夢かむかしのさかりは、

十六
冬のはじめの日のかげに見ゆるは、
かへりざきする櫻よ、

十七
花の上野も月かげの隅田も、
あはれ霜のみ白くて、

十八
雪はつもりぬしろがねの如くに、
つぶて打ちあふ子（こ）もあり、

十九
芝の愛宕（あたご）に登りつゝ見（み）やれば、
今朝は都もしづけし、

二十
四季（しき）のながめをもてあそぶひまにも、
御代のめぐみを忘るな、

小さき砂

大和田建樹 作歌
本 元子 作曲

一
小さき砂の、一粒も、
つもれば富士の、山となる、
われらもたゆまず、つとめなば、
つひには登らん、あの山に、あの峰に、

二

小さき水の、したゞりも、
つもれば末は、川となる、
われらも日毎に、進みつゝ、
大きく育たん富士川の、その如く、

三

細谷川を、ゆく水も
いでゝは廣き、海となる
われらが望も、學問も、
つひにはたゝへん、駿河なる、
あの海と、

＊共益商社樂器店版『新選國民唱歌』壹（↓一三六頁）。

湊

旗野十一郎 作歌
吉田信太 作曲

一

空も湊も 夜ははれて
月に數ます 船のかげ
短艇のかよひ にぎやかに
よせくる波も 黄金なり

二

林如たる 帆檣に
花と見まごふ 船旗章
積荷の歌の にぎはひて
湊はいつも 春なれや

＊共益商社樂器店版『新選國民唱歌』壹（↓一三七頁）。

養蠶

今泉定介 作歌
盆山鎌吾 作曲

一

蠶かひの道は千早振る 神の御代より傳へ來て
我國人の今もなほ いそしみつとむる道ぞかし

二

古りにし世には久方の 雲井の庭にも眞桑植ゑ
たかきいやしきおしなべて いそしみつとめし道ぞかし」

三

開けし御代は八洲國 海の外まで年々に
積行くみれば此絲の 國の益をもしらるべし」

四

されば事業しげき世は いづれはあれどあれどなほ
おみなわらはも國のため つくさむ道はこれのみぞ」

＊今泉定介（一八六三－一九四四）。

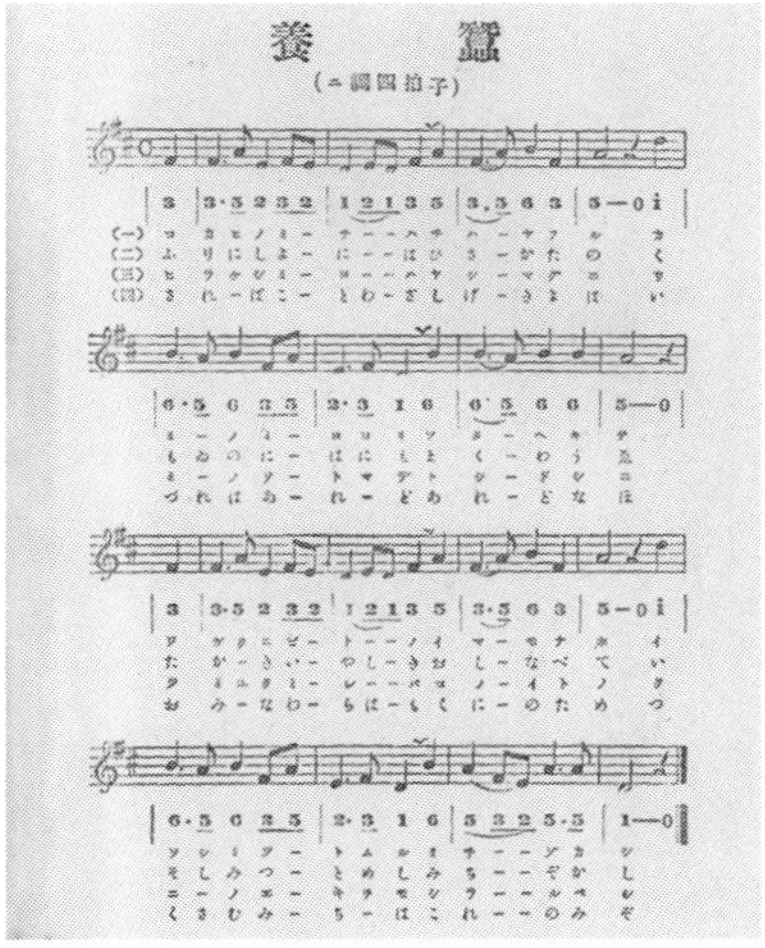

「養蠶」

日本海

西山實和 作歌
近森出來治 作曲

一

日本海に 浪風を
たゝせはせじなうら〳〵と
霞むそなたに あゝ嬉し
男々しく 見ゆる八島艦

二

四方の國邊に 名も高く
聞えわたりし 富士艦は
大和島根の 固めなり
仰げ民草 萬代に

三

さかゆく 御代の春風に
なびく御旗の 旭日艦
かゞやき渡る 大君の
みいづは海の はてまでも

＊一番・二番は共益商社樂器店版『新選國民唱歌』壹（↓一三七頁）と同じ。

春

渡邊文雄 作歌
高木千歌 作曲

一

池に氷のあと消えて
魚のひれふり裕なり
なぎさの蘆もつのぐみて
なづさふ鴛鴦の夢ごゝろ
今は長閑になりぬらし

二

匂ふ朝日のかげ受けて
庭にはのこる雪もなく
羽根打伸ばし飛ぶ鳶の
聲もかすめる大ぞらは
春のみどりを包むかな

＊高木千歌（杉浦チカ）。共益商社樂器店版『新選國民唱歌』壹（↓一三七頁）。

開成館版『新撰國民唱歌』第二集

小山作之助編

刊行：1901年7月25日　発行：東京・大阪 開成館
縦226ミリ×横152ミリ 表紙＋16頁

緒言

本書ハ國民教育ニ於ケル唱歌科ニ新材料ヲ供給センガ爲メニ其必要アリト認メタルトキ逐次發行セシモノナリ

毎集収ムルトコロノ歌曲ハ其趣味ノ多少相異ナルモノ數曲ニ止メ敢テ多キヲ貪ラズ是レ一ニハ其精華ヲ萃メントスルノ主意ト一ニハ又書冊ノ價格ヲ低フシテ普及ニ便ナラシメンガタメトナリ

明治三十四年七月　編者識

夏

無名氏 作歌
本元子 作曲

一
あたらしく、ほりたる池に、水ためて、
金魚はなさん、夏こそ今よ、いざ來れ、

二
手をうてば、群くる鯉を、數へつゝ、
橋を渡らん、夏こそ今よ、いざ來れ、

三
おとゞひが、作りあひたる、築山に、
苔をはやさん、夏こそ今よ、いざ來れ、

四
葉櫻の、若葉すゞしき、下蔭に、
釣床つらん、夏こそ今よ、いざ來れ、

五
そよ風の、ふきくる夕べ、ぶらんこに、
のりて遊ばん、夏こそ今よ、いざ來れ、

六
紫に、菖蒲花さく、公園を、
そゞろあるかん、夏こそ今よ、いざ來れ、

七
蓮の葉の、丸く浮べる、田の水に、
目高すくはん、夏こそ今よ、いざ來れ、

八
こゝかしこ、蜻蛉おひつゝ、疲るれば、
草にねころぶ、夏こそ今よ、いざ來れ、

九
夜に入れば、手に〱笹を、持ちいでゝ、
ほたる狩せん、夏こそ今よ、いざ來れ、

十
涼しくも、出でくる月を、松に見て、
唱歌うたはん、夏こそ今よ、いざ來れ、

十一
とく起きて、咲き初めたる、朝顔の、
花をかぞへん、夏こそ今よ、いざ來れ、

十二
玉よりも、清く光りの、朝露を、
ふみ心地よき、夏こそ今よ、いざ來れ、

十三
朝毎に、父を助けて、庭はきて、
草に水やる、夏こそ今よ、いざ來れ、

十四
學校の、休みにならば、父上と、
山のぼりせん、夏こそ今よ、いざ來れ、

十五
登山する、富士のふもとに、わらぢをも、
はき習ふべき、夏こそ今よ、いざ來れ、

十六
谷がけの、瀧に打たれて、心まで、
清く洗はん、夏こそ今よ、いざ來れ、

十七
あら波の、寄せ來る磯に、潮あびて、
からだ鍛はん、夏こそ今よ、いざ來れ、

十八
海原に、盥うかべて、海士の子と、
遊びくらさん、夏こそ今よ、いざ來れ、

十九
うちつれて、ボートすゝめて、海國の、
男兒ならはん、夏こそ今よ、いざ來れ、

二十
學校の、休みのひまに、國のため、
身を固むべき、夏こそ今よ、いざ來れ、

＊旋律の初出は、三木樂器店版『新撰國民唱歌』二集「夏は來ぬ」（→一四四頁）。

螢

一、二 大和田建樹・三、四 高橋 穣 作歌
目賀田萬世吉 作曲

一

いざこよ螢、こゝに來て、
照らせ文よむ、わが窓を、
三つ四つ二つ、露とちり、
玉とぞかゞやく、おもしろの蟲よ、

二
いざこよ螢、こゝに來て、
ともせ暗夜の、ともし火を、
集めし人の、昔まで、
おもひぞやらるゝ、なつかしの蟲よ、

三
螢よほたる、ぬばたまの、
暗を照して、飛べほたる、
木の間を縫いて、上に下に、
緒をぬき亂しゝ、玉の光あはれ、

四
螢よほたる、唐人の、
學びの窓を、照らしける、
そのいさをしは、いまも猶、
しるけくありけり、汝が光あはれ、

＊三木樂器店版『新撰國民唱歌』二集「螢」（↓一四四頁）の歌詞に大和田建樹の一、二が付く。

山景色

大和田建樹 作歌
橋本正作 作曲

一
梢に蟬の聲たえて
早さきいづる野邊の花
秋萩桔梗女郎花

二
初茸山に分け入れば
色づきそめし林には
目白の聲も聞えけり

三
稲かる人は田にいでゝ
はたらくさまのいそがしさ
夕日のかげの消ゆる迄

四
忽ち軒に音するは
嵐か雨かもみぢばか
拾へや庭の落栗を

汽船

大和田建樹 作歌
田村虎藏 作曲

一
汽笛一聲、こゝちよく、船は港を、離れたり、
とゞろく車、たなびく煙、望を胸にあつめつゝ、
はや横濱をはなれたり。

二
觀音崎の、燈臺は、見る〱あれに近づきぬ、
飛びたつ鷗、出入る帆かげ、繪によく似たる、
海原を、はしる船路の、愉快さよ。

三
東京湾も、はやすぎて、針路は右に轉じたり、
はてなき波路、つらなる雲路、此海こそは、
忘るなよ、日本男兒の、故郷ぞ。

＊三木樂器店版『新撰國民唱歌』二集（↓一四四頁）。

鏡が浦の驟雨

渡邊文雄 作歌
本元子 作曲

一
雲よせきたる、雲よせきたる、伊豫がたけより、
雲よせきたる、窓にむき立つ、「アノ」しろ山も、
沖合ちかき、二つの島も、「アレアレアレアレ」
たちまちに奈落の底に、しづめるごとに、
かげかきけされて、鳴神はげしく、ゆふだちきたれり。

二
雲はれゆきぬ、雲はれゆきぬ、天城のみねに、
雲はれゆきぬ、大空出でたる、「アノ」月かげは、
山また岡の、木立の繁みを、「アレアレアレアレ」
あらはして、水天わかちて、波間に玉ちる、
けしきを見せつゝ、かゞみが浦にも、うつりてすゞし。

＊三木樂器店版『新撰國民唱歌』二集（↓一四五頁）。

吉野山懐古

一、落合直文 作歌
二、白石千別 作歌
山田源一郎 作曲

一
吉野の山の　呼子鳥
汝も昔を、しのぶらん、
御陵墓の邊、來てみれば、
夕の風に、花ぞ散る。

二
御座を守りし、宮人の、
魂かあらぬか、吉野山、
みはかのあたり、うち廻り、
花に交りて、とぶ胡蝶。

＊三木樂器店版『新撰國民唱歌』二集（↓一四四頁）。

開成館版『新撰國民唱歌』第三集

小山作之助編

刊行：1901年7月25日　発行：東京・大阪開成館
縦226ミリ×横152ミリ 表紙＋16頁

緒　言

本書ハ國民教育ニ於ケル唱歌科ニ新材料ヲ供給センガ爲メニ其必要アリト認メ發行セシモノナリ毎集収ムルトコロノ歌曲ハ其趣味ノ多少相異ナルモノ數曲ニ止メ敢テ多キヲ貪ラズ是レ一ニハ其精華ヲ萃メントスルノ主意ト一ニハ又書冊ノ價格ヲ低フシテ普及ニ便ナラシメンガ爲トナリ

明治三十四年七月　編者 識

愛國、勸學

楓鹿山人 作歌
本元子 作曲

愛國の歌

一
御國を 愛せよ、生れし 國を
住家も 茲ぞや、ふせげや ふせげ、
墳墓を 汚さず、まもれや まもれ、

二
御國は 祖先の、治まる 土地ぞ、

三
恵める 主上に、誠を 盡せ、
主上は貴き、父母 なるぞ、

四
他國に 類なき、三種の神器、
仰げば 貴とし、日の出の 御稜威、

五
四方には 果なき、海原 めぐり、
内には 祭れる、神おびたゞし、

六
陸地を 守れる、我軍隊は、
銃劍 揃えて、馬まで ならす、

七
海邉を 守れる、わが 軍艦は、
烟を 浪間に、たゞへて 浮かぶ、

八
業をも 勵みて、よの富 ませよ、
學業 修めて、わが法 示せ、

九
雲間に 聳ゆる、駿河の 富士の、
變らぬ 形ちは、我等の 操、

十
波間も 靜けく、澄む 琵琶の海
盡せぬ 水こそ、御國の しるし、

勸學の歌

一
文かき 學びて、智識を 磨け、
智識は世界の、開くる 基、

二
わが家 思ふも、御國の 爲ぞ、
天皇の 教へを、忘るな 人よ、

三
螢の 光と、窓の 雪に、
勵みし 昔に、劣らず 學べ、

四
生れて 知りたる、例は なきぞ、
習ひて 覺へて、おこなひ 果げよ、

五
すぎにし 昔の、歴史を 知りて、
物事 するにも、鑑と せよや、

六
見知らぬ 土地にて、迷ひも せぬは、
地理書を しらべし、學びの 德よ、

七
話せる 電話も、走れる 汽車も、
物理を 習ひし、たまもの なるぞ、

八
英語を 學ぶも、佛語を 讀むも、
開けし 御代には、たよりも 多し、

九
波風 ふきよる、學びの 海に
針路を 定めて、迷はず 行けよ、

十
開くる 今世に、關こそ なけれ、
心の 駒にも、鞭うち 進め、

秋景色

某氏 作歌
本元子 作曲

一
あやをみだす池水に、おのが影逐ふ、
秋津むし、風もかろし、身もかろし、

うかれうかれて、そゝりゆく、
あゝこの秋げしき、あゝこの秋げしき。」

二

落葉をどる風の手に、くるふ小猫も、
またをどる、よろづよろしみのりよし、
里の祭は、人をどる、
あゝこの秋げしき、あゝこの秋げしき。」

三

吹けよ野わき吹けばとて、伊達はくづさぬ、
鶏頭花、つゆは珠のかんむりと
だてをくらべよ、をみなへし、
あゝこの秋げしき、あゝこの秋げしき。」

＊三木樂器店版『新撰國民唱歌』第三集（↓一六四頁）。

川中島

旗野十一郎 作歌
本 元子 作曲

一

西條山は、霧ふかし、
筑摩の河は、浪あらし、
遙にきこゆる、物音は
逆捲水か、つはものか、
昇る朝日に、旗の手の、
きらめくひまに、くるくるくる。」

二

車がかりの、陣ぞなへ、
めぐるあひづの、鬨聲
あはせるかひも、あらし吹く、
敵を木の葉と、かきみだす、
川中島の、戰は、
かたるも聞も、勇ましや。」

＊三木樂器店版『新撰國民唱歌』第三集（↓一六四頁）。

工業の歌

大和田建樹 作歌
本 元子 作曲

一

機械手作り様々に、
世の工業は多けれど、
先づさし物を始とし、
鋳物塗物細工物、
是につゞきて 焼物は、
人間必須の 道具なり。」

二

鍋と釜とは鋳物にて、
簞笥火鉢はさし物ぞ、
茶碗皿鉢 瓶土瓶
伊萬里七寶九谷焼、
皆焼物の内なれど、
茶碗の類を瀬戸といふ。」

三

さて塗物は萬國に、
たぐひなし地や 高蒔絵
らでんの類は美術品、
その他膳椀 箱枕、
日用品を數ふれば、
秋の千草にことならず。」

四

なほも編物革細工、
ろくろ細工に竹細工、
絹麻木綿毛織物、
ガラス造るも紙すくも、
ほり物するも傘張るも、
皆大切の工業ぞ。」

五

かせぐは身の爲 國の爲、
勉め勵めや 人々よ、
めぐる車に苔つかず、
流るゝ水に氷なし、
二度と又來ぬ青年の、
時をすごすな徒に。」

＊三木樂器店版『新撰國民唱歌』第三集（↓一六四頁）。

漁業の歌

中村秋香 作歌
本 元子 作曲

一

見渡す限り、遥々と、
海原うづむ、漁業船、
獲物を祝ふ、聲々は、
天を揺りて、空かきくもり、
海を動し、波ひるがへる、
あなこゝちよや、勇ましや。」

二

見渡す限り、はてもなく、
濱邊に築く魚の山、
此山こそは、我國の、
富國の礎、利民の基、
茂き立木の何たぐひぞは、
あなたふとしや、めでたしや。」

＊三木樂器店版『新撰國民唱歌』第三集（↓一六四頁）。

海國男兒

大和田建樹 作歌
本 元子 作曲

一

さかまく波を、蹴破りて、

怒れる波を、突切りて、
車輪を萬里に、進むべし、
新に世界も、開くべし、
我が海國の、大丈夫よ、
事業は多し、いざ行けや。」

二

波も颶風も、黒潮も、
慣るれば友よ、よき友ぞ、
男兒生れて、海國の、
民となるこそ、愉快なれ、
行けや開けや、人のあと、
まだ見ぬ國の、はて迄も。」

三

星は照らして、空にあり、
羅針は示して、船にあり、
氷の海の、波とても、
破るに何か、難からん、
わが海國の、大丈夫よ、
名譽は遠し、いざ進め。

四

底にはかゞやく、珊瑚あり、
波には浮べる、鯨あり、
一たび網を、おろしなば、
數萬の富も、得らるべし、
寶つきせぬ、海原に、
版圖をひろめ、いざ民よ。

*三木樂器店版『新撰國民唱歌』第三集（→一六四頁）。ただし本集では、三木樂器店版にはない四番が新たに加筆されている。

開成館版『新撰國民唱歌』第四集

小山作之助編

刊行：1901年7月25日 発行：東京・大阪開成館　縦226ミリ×横152ミリ 表紙＋16頁
底本：1902年4月3日訂正版

緒言

本書ハ國民教育ニ於ケル唱歌科ニ新材料ヲ供給センガ爲メニ其必要アリト認メ發行セシモノナリ毎集収ムルトコロノ歌曲ハ其趣味ノ多少相異ナルモノ數曲ニ止メ敢テ多キヲ貪ラズ是レ編者ガ其精華ヲ萃メントスルノ主意ト一ニハ又書冊ノ價格ヲ低ウシテ普及ニ便ナラシメンガ爲トナリ

明治三十四年七月　編者 識

年中の歌

大和田建樹 作歌
本 元子 作曲

一月　あけゆく空の初霞、
うす紫に棚びきて、
のぼる朝日ののどけさは、
春の光になりにけり、
二月　梅のつぼみもふくらみて、
まどの日かげの暖かさ、
名高き寺の紅梅も、
みがてらいざや散歩せん、
三月　垣根の桃の花見れば、
南は赤く北白し、
折りておくらん一枝を、
初雛まつりする家に、
四月　汐干にいでゝ貝ほれば、
あさり蛤かずおほく、
きのふも籠に満ちにけり、
けふ又ゆかん父上と、
五月　茶摘の歌の聞ゆるは、
はやくも夏になりぬらん、
いちごとりつゝ遊びたる、
故郷の山ぞおもはるゝ、
六月　門田のおもに賤の女が、
うゑし早苗の葉末より、
夜はみだれて飛ぶ螢、
あつめてゆかんわが袖に、
七月　蓮の浮葉に玉見えて、
すゞしく晴るゝ夕立の、
そらうつくしき虹の色、
神のかけたる反橋か、
八月　ことしも海に汐あびて、
夏の盛もわすれけり、
よせ來る波の攻鼓、
日ごとの友となるゝまで、
九月　雲はあらしに拂はれて、
くまなくすめる秋の月、
おもへば今日は十五夜の、
祭やすらん家ごとに、
十月　朝ゆく道の橋の上、
足跡つきて霜しろし

みよや子どもが欄干に、
指の先もて書く文字を、
十一月　花なき頃の花ぞのに、
にほふ山茶花水仙花、
いづれか妹いづれ姉、
まさりおとらぬ顔ばせは、
十二月　ちら〳〵きたる白雪に、
枯木も綿の帽子きて、
いつしか冬もくれにけり、
いざくりかへせ一年を、

殘雪

武島又次郎 作歌
本 元子 作曲

一
今は限りぞ山の端よ、今は限りぞ山の端よ、
こぞの師走の降りこほり、木枯さえし其日より、
汝があたゝけき胸のへに、われをかくしゝ山の端よ、
二
今は限りぞ山かはよ、今は限りぞ山かはよ、
ねられぬ冬の夜々は、わが枕邊をすぎがてに、
しらべをかしき音をたてゝ、われなぐさめし山かはよ、
三
立ち歸り來る初春に、こちふく風もぬるみつゝ、
かすみそめたる谷の戸を、かたりていづる鳥見れば、
われ世の中にあとたえて、消えなむ時は來りけり、
四
あはれ山の端汝が峯の、松のみどりのきはみなく、
あはれ山かは汝が底の、さゞれの石の限りなく、
心したしき友どちと、千代も經んとは思へども、
五
春を隔てし杣川の、岩間のたるみしたゝりて、
みすゞがもとのわらびさへ、はや萌えいづるさまみれば、
われ夜の中にあとたえて、消えなむ時は來りけり、
六
な嘲りそあざけりそ、あまぎる風にきほいつゝ
野山ともなくふりつみし、わがいにしへにひきかへて、
朝日照る間もまちがてに、もろくも消ゆる身のはてを、
七
げにやあしたに生れでて、夕べを待たぬかげろふの、
われ人みまのいのちしも、いづれか無盡永劫の、
大海原とつもるべき、しづくの數にあらざらん、
八
生ひさきこもる野や山の、千草をわれは實になして、
すめ大神のかねてしも、よさし給ひしつとめをば、
とげはてぬれば今はとて、心やすくも消ゆるなり、

＊武島又次郎（一八七二－一九六七）は「美しき天然」（田中穂積）・「花」（滝廉太郎）の作詞者、武島羽衣の本名。

冬

小田みよし 作歌
本 元子 作曲

一
枯野に立てる一つ松 垣根に殘る菊の花
みさほをくらぶ色と香と みさほをくらぶ色と香と」
二
こずゑを見れば色深し 下枝を見れば色淺し
時雨も紅葉染め分けぬ 時雨も紅葉染め分けぬ」
三
降りしき積る今朝の雪 咲き初めいづる冬の梅
香にこそ花としられけれ 香にこそ花としられけれ

枯野

無名氏 作歌
本 元子 作曲

一
ながめは枯れぬ、大野原、
冬のけしきも、おもしろや、
置く霜八重に、花さきて、
けさは寒さの、盛りかな、
二
百草千草、冬枯れて、
霜の花野と、なりにけり、
見わたし遠く、うち晴れて、
知らぬ小鳥の、群れて飛ぶ、

「枯野」

旅の歌

無名氏 作歌
奥 好義 作曲

一
窓打つ嵐に、夢はたえて、

千里をゆきかふ、旅のこゝろ、
あるじに別れし、窓の月は、
今宵もゐがくか、竹の影を、

二

秋風ふきしく、庭のすゝき、
面影まねくも、今は夢路、
枕に落ちくる、鐘のこゑも、
かぞへておもへば、はやも三年、

草木

大和田建樹 作歌
吉田恒三 作曲

一

植ゑたる庭の草も木も 心つくして守らずば
いかで花さき實るべき そだてよ人の手をかけて

二

守り育てし草にこそ 色よき花は匂ふなれ
こがね波うつ山吹も 雪をいたゞく白菊も

三

守りそだてし枝にこそ 秋の木の實は熟すなれ
庭の橘山の栗 柿も蜜柑もとり〴〵に

四

蝶にしたしむ花の香も 蜂にすはるゝ實の味も
守る心の末とげて もてはやさるゝ嬉しさよ

＊吉田恒三（一八七二―一九五七）。

開成館版『新撰國民唱歌』第五集

小山作之助編

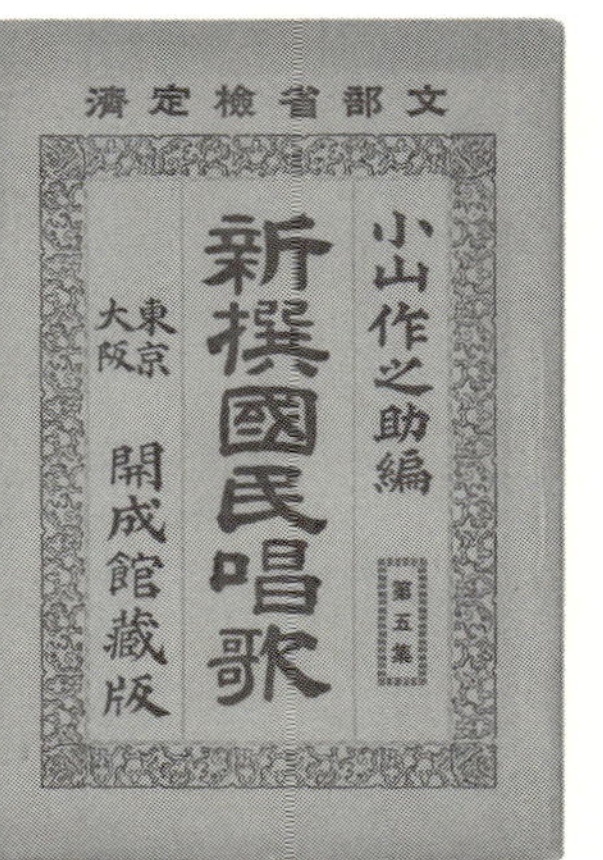

刊行：1901年7月25日　発行：東京・大阪開成館
縦226ミリ×横152ミリ 表紙＋16頁

緒言

本書ハ國民教育ニ於ケル唱歌科ニ新材料ヲ供給センガ爲メニ其必要アリト認メテ逐次發行セルモノナリ
毎集収ムルトコロノ歌曲ハ其趣味ノ多少相異レルモノ數曲ニ止メ敢テ多キヲ貪ラズ是レ一ニハ其精華ヲ萃メントスルノ主意ト一ニハ又書冊ノ價格ヲ低フシテ普通ニ便ナラシメンガタメトナリ
明治三十四年七月　編者 識

勅語奉答歌

中村秋香 作歌
小山作之助 作曲

あな、たふとしな、
大勅語。
みことの 趣旨を、心に刻りて
露も そむかじ、朝夕に、
あな、たふとしな、
大勅語。

日本海軍

大和田建樹 作歌
本元子 作曲

りに（ママ）の空に聳え立つ
吾士の高嶺のるかけ
かゞやく吉いの櫻花
かをる誉の高雄山
榮ゆる影も常盤なる
松の操の松ふと
世界にひゞく我國の
武威高砂の浦の波
寄せなば寄せよ鐵石の
砦はかたき天城山
楯を枕に敷ゝの
大和心の明石がた
上記　織鳥あとに見て
國に命をぼ分路や
雲に秀づる高千席の
嶺より高き大君の
御稜威溢るゝ秋津こ
引きはかへらぬ武士の
心の弓の八にがた
八雲　八重山千代かけて
まもる千代田の宮柱
立つし功は千早ぶる
神のめぐみのせら山
動かぬ御代世を世に示す
金剛　はて臣耶愛し
赤存　のし鳥海山

日向いてしを御軍(みいくさ)
向ふに服せぬ仇もなく
みやこ定めて橿原(かしはら)に
立てし千ほ(チトセ)の石(いしずゑ)は
萬国無比(むひ)の國の徳
三(ミカサ)の山にさし登る
月こそ照らせ武蔵(ムサシ)野の
吾反(アヅマ)の奥の果までも
その大斷の海までも
變らぬ御代の御光りを
な出(ハツセ) 龍田(タツタ)の紅葉ばに
見せて染めなす秋の色
城置(カサギ)の麓(ふもと)行く川の
泉と共にいさぎよき
日本男兒の赤心(まごころ)は
ス手(イワテ)の躑躅(つゝじ)ル立(ハシダテ)の
松かあらぬか古への
王城鎮護(ちんご)の比叓(ヒエイ)山
山風荒く吹き捲きて
荒れ立つ雲の出雲(イヅモ)艦
我帝國の海門(カイモン)に
ひそめる數萬の天目(テンリウ)の
み空に翔(かけ)らん雄々しさよ
千里に翔らんをゝしさよ
守れや鎮遠(チンエン) 濟遠(サイエン)艦
萬国唯一(ゆいつ)の帝國を
まもれや平遠(ヘイエン) に江(ソウコー)艦
皇統無窮の神國を

＊右の初版の歌詞（ふり仮名は原典のママ）が一九〇二年四月訂正版では次のように修正されている。艦名は太字で表現されている。

扶桑の空に聳え立つ **富士**の高嶺の**朝日**かげ
かゞやく**吉野**の櫻花 かをる誉の**高雄**山
榮ゆる影も**常磐**なる 松の操の**松島**と
世界にひゞく我國の 武威**高砂**の浦の波
寄せなば寄せよ鐵石の 砦はかたき**天城**山
楯を枕に**敷島**の **大和**心の**明石**がた
須磨 **嚴島**あとに見て 國に命を**筑紫**路や
雲に秀づる**高千穂**席の 嶺より高き大君の
御稜威溢るゝ**秋津島** 心の弓の**八島**がた
八雲 **八重山**千代かけて まもる**千代田**の宮柱
立つる功は**千早**ぶる 神のめぐみの**筑波**山
動かぬ御代を世に示す **金剛** **磐城** **磨耶** **愛宕**
赤城 **葛城** **鳥海**山 **浪速**あれども**信濃**なる
浅間の嶽にたつけぶり 遠近人も仰ぐらん
三笠の山にさし登る 月こそ照らせ**武蔵**野の
吾妻の奥の果までも その**大島**の海までも
變らぬ御代の御光りを **初瀬** **龍田**の紅葉に
見せて染めなす秋の色 **笠置**の麓行く川の
和泉と共にいさぎよき 日本男兒の赤心は
磐手の躑躅**橋立**の **千歳**の松かいにしへの
宮古鎮むる**比叡**山 山風荒く吹き捲きて
荒れ立つ雲の**出雲**艦 我帝國の**海門**に
ひそめる數萬の**天龍**の み空に翔らん雄々しさよ
千里に翔らんをゝしさよ 守れや**鎮遠** **濟遠**艦
萬世一系の帝國を まもれや**平遠** **操江**艦
皇統無窮の神國を

道眞卿

大和田建樹 作歌
本 元子 作曲

一
ふり埋(うづ)む雪を侵(をか)して
さく梅の春の初花(はつはな)
天地(あめつち)にみちわたる 色香(いろか)は千代に散らず朽(くち)せじ

二
藤原の家人(いへびと)ならぬ
儒者(じゆしや)の身の俄にのぼる
ためしなき雲の上 君のめぐみに答へざらめや

三
身も知らず家も忘れて
眞心(まごころ)に仕へしものを
おもひきや雲いでゝ 月の光を隠すべしとは

四
心にもあらぬ讒者(ざんしや)の
讒言になきぬれぎぬを
きせられて罪人(つみびと)と 定まる此身夢かうつゝか

五
わがためは神やいまさぬ
わがためは月日や照らぬ
すつる身は厭(いと)はねど 心にかゝる御世の行すゑ

六
かへりみる都の空は
雲ふかし朝廷(ちやうてい)は何處(どこ)
わが友と見なれつる 軒端(のきば)の梅よ春を忘るな

七
去年(こぞ)の秋たまひし御衣(ぎよい)は
身につけて今も離(はな)さず
そのめぐみそのなさけ おもへば涙そでもたもとも

八
都府楼(とふろう)の瓦(いらか)は見れど
觀音寺(くわんおんじ)かねはきけども
あけくれに夜晝に いつなぐさまん憂(うれひ)ある身は

九
家いでゝ三年(みとせ)になりぬ
都には何事かある

つくしがた月きよし 沈む光は曇らぬものを
十
大君の御言によりて
祭らるゝ御霊たふとめ
文の道文字の道 つきぬ都の榮あふぎて

戰鬪歌

大和田建樹 作歌
本元子 作曲

陸軍

一
寄せ來るは敵よ敵よ 進め筒を手にとりて
くだけちる玉のあはれ 野邊を走る稲光
見よや騎兵はつき入りぬ 敵のそなへはくづれたり」
二
崩るゝは敵よ〳〵 あれにひゞく鬨の聲
我ははや勝利なるぞ 追へや〳〵 追ひつめて
蹄にかけよ敵兵を とりこになせや敵兵を」

海軍

一
黒烟空に吐きて すゝみ來る敵の船
一うちに打ち沈めて 敵の肝をひやさせよ
わが東洋の海原に わが國守るつはものよ」
二
見渡せば沈みかゝる 船のマスト旗のかげ
矛とりし敵はいづこ 殘るものは波の聲
とむらへ彼の敗軍を 祝へや我の戰捷を」

祝勝歌

某氏 作歌
本元子 作曲

一
今日は如何なる吉日ぞ 今日は如何なる紀念日ぞ
陸には砲臺攻め落し 海には軍艦うちしづめ
戰ふごとに勝ちえたる 凱歌をあぐる今日なるぞ
太平洋も裂くるまで 世界を震はし連呼せよ
陸軍萬歳萬々歳 海軍萬歳萬々歳」
二
今日は如何なる吉日ぞ 今日は如何なる紀念日ぞ
東洋最大強國と 世界に歡迎せらるべき
武名を揚げたる我國の 勝利を祝ふ今日なるぞ
ヒマラヤ山もくづるまで 反響にかへして歡呼せよ
帝國萬歳萬々歳 皇國萬歳萬々歳」

天長節祝歌

物集高見 作歌
小山作之助 作曲

一
大風おこりて 雲きりの
かぎり消えたる 大君の
御代のみかげも 御光も
軒にかゞやく 日の丸の
國旗の上に 仰ぎつゝ
祝ふか今日を 千代までも。
二
天地にとゞろく 百雷の
一時に震ふ 砲聲も
のどかにて聞く 君が代の
秋のたのみの 數々も
平手八ひらで 打ちそへて
祝ふか今日を 千代までも

*物集高見(一八四七―一九二八)。

『春夏秋冬 散歩唱歌』

[生徒行軍唱歌]

大和田建樹 著・多梅稚 作曲

刊行:1901年7月20日 発行:東京・大阪開成館 中綴じ小冊子
縦201ミリ×横112ミリ 16頁
底本:1902年7月6日訂正再版

目的

散歩の國民に奨勵せざるべからざるや論なし我學生に於て殊に其然るを見る蓋し野外の大景と清新の空氣との身心に裨補あるのみならず其觀察に上る處亦皆研學の一助たらざるものなければばなり本書曲は歩調に合し歌は流麗を務め散歩者の伴侶たり亦唱歌教室の一好資料たらんことを期す

春

一
來れや友よ打つれて
愉快に今日は散歩せん
日は暖かに雲はれて
けしき勝れてよき野邊に
二
空氣の清き野にいでて
唱歌うたはんもろともに
急げ花ある處まで

急げ草つむ處まで
三
見返るあとに霞みつゝ
立てるは村の松の影
吾行く先に心地よく
躍るは川の水の聲
四
蹈めば音ある板橋を
渡る袂に吹き來るは
もつれし土手の糸柳
ときしあまりの春の風
五
黄なる菜のはな青き麥
錦と見ゆる野のおもの
こゝやかしこにおりのぼる
雲雀のうたのおもしろさ
六
長き日ぐらし舞い狂ふ
ちょう〳〵は羽も疲るらん
暫しは休めこゝに來て
吾等も休む芝原に
七
やさしき花の菫ぐさ
うしろに五つ前に三つ

「散歩唱歌」

先なる友はのこしたり
あとなる友よ踏み折るな
八
うす紅に立つ雲と
見えたる岡のさくら花
蕾もあらず散りもせぬ
盛にあへるうれしさよ
九
やよや 梢の鶯も
うたへやわれらに聲そへて
春の日影はなお高し
われらの歌はまだ盡きず
十
手帳鉛筆とりいだし
こゝの景色もうつしみん
向うの畑を打つ人の
笠は 手本の中にあり
十一
宮のうしろの山高く
登れば谷の岩蔭に
蕨取る子もみゆるなり
つゝじ折る子もみゆるなり
十二
あの藤ほしやいかにせん
あふげば岸はいと高し
招くに似たる紫の
房は 松よりさがりたり
十三
水を離れて 一二寸
いでたる小田の 苗代は
はや青々となりにけり
田植はいつぞ 六か月

十四
名殘はあとに殘れども
またこの次の 日曜を
約していざやわかれまし
さらば胡蝶よ 春風よ
十五
愉快に今日は遊びたり
明日は 學科を怠るな
身を健康に なす事も
國にむくいんためなるぞ

夏

一
すゞしき流れ清き風
夏こそ野べに來りたれ
散歩の時は今なるぞ
すごすなあだに休み日を
二
日はあつからず寒からず
雲なき空のこゝちよや
若葉の中に咲き殘る
躑躅たずねんもろともに
三
道のかたえに 池ありて
緋鯉のあそぶは誰が宿ぞ
むらさき匂う 杜若
花は 燕の飛ぶに似て
四
水のあなたに曝したる
布か岸打つ白波か
近より見れば卯の花の
さかりは今ぞ面白や
五

雲雀の歌の聞ゆるは
村のうしろの麥畑
茶摘にゆきて歸り來る
少女の聲は木蔭より

六
麥笛ふきて遊ぶ子よ
いちごのあるはどの山ぞ
茂る夏草ふみわけて
瀧ある谷のしるべせよ

七
撫子つくる 垣ねには
おるや赤地の唐錦
牡丹のあとに 咲きつゞく
芥子も美し百合もよし

八
田植近づく田の水に
よべば答へてなく蛙
思はぬ方に 聲するは
水鷄と友は敎へたり

九
むすびは腰にたづさへつ
草鞋は足にはきしめつ
千里の道も物ならず
暮れなば暮れよいざ歌へ

十
歌聲かれぬ谷の水
遊びつかれぬ森の鳥
皆わが友よ夕月の
かげみるまではいざ歌へ

秋

一
秋空はれて日は高し
今こそ吾等が散歩時
薄は 野邊に招くなり
小鳥は 森に呼ばふなり

二
呼ばふ小鳥は 何々ぞ
雀 山雀 もず うずら
わかれし春の雁がねは
竿になりてぞ飛び渡る

三
招く薄に咲きまじる
花は糸萩 女郎花
かしこもこゝも七草の
盛り美し見に行かん

四
飛び立いなごおひかけて
稲の中ゆく畔の道
ゆくさき問へど 答へぬは
笠きて立てる 案山子なり

五
鳴子の音に 驚きて
空にむれたつむら雀
見る〳〵 渡る石橋の
上はあぶなし心せよ

六
羽を廣ぐる螢かと
見ゆるは土手の螢草
休みてまたも飛んで行く
とんぼの羽に風すゞし

七
休みて行かんいざ友よ
腰懸岩もここにあり
帽子にかざす花の香を
おひくる蝶も二つ三つ

八
むこうの山に聞ゆるは
草刈る人の歌の聲
われも歌はん聲高く
日頃習ひし 唱歌をば

九
山にのぼれば海廣く
みえて白帆は並びたり
霞も霧もへだてなき
今日の日和の晴れやかさ

十
わが故郷の城山に
父と登りてながめたる
入江の波の夕げしき
忘れぬ影は今もなほ

十一
双眼鏡を手に取れば
蟻かと見ゆる人までも
物いひかはす心地して
わが目の前に立てるなり

十二
紅葉はいずこ夜ならば
鈴むしきゝに籠さげて
くる人おほき野邊なるを
晝は萱ふく風ばかり

十三
道の右より左より
しげる枝葉のトンネルを
くゞる向ふに青々と
みゆるも嬉し空の色

十四

獵銃さげて犬つれて
山に獵せん時は今
牧に馬あり乗るもよし
水に舟あり漕ぐもよし

十五
川邊に野邊に山道に
散歩の庭は果ぞなき
からだを強く養ひて
つとめよ學の教草

冬

一
小春の朝の空はれて
散歩にいづる樂しさよ
日はあたゝかに照しつゝ
のこれる菊の香も高し

二
草葉に白く置きそめし
霜は消えたる跡の道
秋のかたみの紅葉ばも
ぬれて三つ四つこぼれたり

三
折れんと思ふ山茶花の
盛りいつしか過ぎたれど
水には浮ぶ鴛鴦の
つばさ美し花よりも

四
鈴かと見えて 遠くまで
光る梢のくだものは
柿か 蜜柑か 橙か
霜にも枯れぬ 雄々しさよ

五
すみれをつみて休みたる
岡べはこゝか冬みれば
草の綠も紫も
あとなく枯れて風さむし

六
ひとりわれらを勵ますは
枯野の松の ふか綠
千辛万苦の後にこそ
ほまれも世には知られけれ

七
うれしやこゝの立石は
左へゆけと示したり
迷はぬ道の一筋に
急げや友のすみかまで

八
遠き山々雪みえて
冬のけしきを添えにけり
散歩の道を 白妙に
埋むはいつの朝なるぞ

九
雪ふりつまば源平に
分れて君と戰わん
我等が腕を 習志野の
原とはこゝか 面白や

十
六日の學科怠らず
勉めて遊ぶ樂しさを
知るか小川の水までも
われをむかえて歌うなり

＊『二年生のおんがく』（一九四七年刊）に「さんぽ」（勝承夫詞）として所載（→六二二頁）。

『春夏秋冬 花鳥唱歌』

大和田建樹 著・本元子 作曲

刊行：一九〇一年八月八日　発行：東京・大阪開成館
中綴じ小冊子　縦二〇四ミリ×横一一二ミリ　一六頁

目的
本書は爽快にして面白く謡はしめ児童をして自然の美を認識し優美高尚の性を得しめんことを要す。

花

一
形も 色香も。さま〴〵なれど。
喜び 憂を。分つは 花よ。

二
霜雪侵して。匂ひを放つ。
操の清きは。軒端の梅よ。

三
けがれぬ 心の。色香を 見せて。
雲とも 匂ふは。櫻の 花よ。

四
一枝 手折りて。雛にも そなへ。
色香を めづるは。園生の 桃よ。

鳥

一
遠音に ひゞくは。つゞみか 琴か。
人なき 森にも。歌ふは 鳥よ。

二
けだかき 姿を。羽色に 見せて。
君が代千代にと。祝ふは 鶴よ。

三
翼は そめても。心の 清さ。
親には 反甫の 孝ある烏

四

霞める朝日に。消ゆると見えて。
み空に昇るは。麥生の雲雀。

花

一
形も 色香も。さま〴〵 なれど。
喜び 憂を。分つは 花よ。
二
霜雪侵して。匂ひを放つ
操の 清きは。軒端の梅よ。
三
けがれぬ心の。色香を 見せて。
雲とも 匂ふは。櫻の 花よ。
四
一枝手折りて。雛にもそなへ。
色香をめづるは。園生の桃よ。
五
春さく 野山の。千草の中に。
紫 匂ふは。菫の 花よ。
六
露まで 薫りに。満ちては あれど。
とげをば 隠して。守るは 薔薇よ。
七
錦の むしろを。野山に しきて。
來る人まねぐは。蓮華の花よ。
八
紫いろよく。花房 たれて。
心も のどかに。かゝるは 藤よ。
九
殘れる 雪かと。立ちより見れば。
山路も眞白に。咲く卯の花よ。
一〇
静かに ふりたる。夜のまの 雨に。
ぬれては色ます。海棠の花よ。
一一
朝露 おびつゝ。咲けるも嬉し。
月より水より。清きは百合よ。
一二
筏もうかべる。野川の岸を。
黄金にうづむは。咲く山吹よ。
一三
昔は禁裏の。御階のもとに
けだかく 咲しは。花橘よ。
一四
赤くも 白くも。松かけ そめて。
夏まで匂ふは。躑躅の花よ。
一五
獅々とも并びて。花中の王と。
歌ひて めづるは。牡丹の 花よ。
一六
橋ゆく子供も。裾まで染めて。
むらさき 馨るは。菖蒲の 花よ。
一七
ちひさき 花ひら。ちひさき 姿。
やさしき氣だては。咲く 撫子よ。
一八
中よくむれつゝ。遊ぶが 如く。
見ゆるは 盛りに。さく紫陽花よ。
一九
ひら〳〵ちら〳〵。むれくる蝶の。
つばさに にほふは。菜種の花よ。
二〇
つぼむも 咲けるも。花びら堅く。
閉じたる 姿は。椿の 花よ。
二一
緑の 葉かげに。かはゆく 咲けど。
ありとも 見えぬは。紅葉の花よ。
二二
沼田のうちより。汚れぬ 色に。
すゞしく 立てるは。蓮の 花よ。
二三
垣ねを 埋めて。ゑがほも 清く。
眠をさますは。咲く朝顔よ。
二四
秋野をあらして。吹き來る風に。
散ゆく けしきの。惜しきは 萩よ。
二五
嵐に亂るゝ。薄の中に。
一きは目立つは。桔梗の花よ。

「花」

「鳥」

二六
七草 千草の。にほへる秋に。
久しき さかりを。保つは 菊よ。
二七
みかどの しるしと。譽を見せて。
菊とも并ぶは。花さく桐よ。
二八
人手も たくみに。癖をばためて。
床の間飾るは。あの生花よ。
二九
春たち秋くる。此世の中に。
咲く花 なくては。樂み あらじ。
三〇
つぼみも 美し。盛もうれし。
花こそ我等が。命の友よ。

鳥

一
遠音に ひゞくは。つゞみか 琴か。
人なき 森にも。歌ふは鳥よ。
二
けだかき 姿を。羽色に 見せて。
君が代千代にと。祝ふは 鶴よ。
三
翼は そめても。心の 清さ。
親には反哺の孝ある 烏
四
霞める朝日に。消ゆると見えて。
み空に 昇るは。麥生の雲雀。
五
軒端の 呉竹。ふみなびかせて。
むれつゝ 遊ぶは。わがやの雀。
六
かこみの 内より。味方の 陣に。
使を 果して。かへるは 鳩よ。
七
御船に とまりて。わが海軍の。
めでたき 祥瑞を。見せしは 鷹よ。
八
くる春 しらせて。谷まの 梅を。
日毎に 木づたふ。鶯やさし。
九
笑へば 笑ひて。こたへは すれど。
まねより 外には。藝なき 鸚鵡。
一〇
波風 しづけき。海原みれば。
木の葉と 亂れて。沖ゆく千鳥。
一一
あけがた 知すは。彼處に こゝに。
眠を さまして。なく庭鳥よ。
一二
木かげに 殘れる。雪かと見えて。
立ちゆく 姿の白鷺 やさし。
一三
焼野に 響くは。子を呼ぶ 聲か。
長閑けき 春日に。あはれや 雉よ。
一四
つむじか 嵐か。羽音を谷に。
のこして み空に。消ゆるは 鷲よ。
一五
さえゆく月影。身にしむ夜半を。
氷の 寝床に。あかすは 鴨よ。
一六
さしたる 門の戸。叩くは 誰ぞ。
あくれば 聲せぬ。澤べの 水雞。
一七
すぎたる 惠みに。夜さへ 見えて。
暗にも 歌ふは。あの梟鳥。
一八
田畑に すむ蟲。ついばみ 去りて。
實りを たくする。山雀 鶉
一九
もみぢの いろなる。翼を 池に。
浮べて 中よく。遊ぶは 鴛鴦よ。
二〇
怒も 笑も 面に。見せて
心に とめぬは。七面鳥よ。
二一
さく花見すてゝ。何ゆゑ急ぐ。
月には うかれて。渡るか 雁よ。
二二
着かざる錦を。庭一面に。
拡げて あるくは。おごれる孔雀。
二三
巣ぐひし形見を。我家にとめて。
故郷に ゆくとも。又こよ 燕。
二四
草木を たすけて。實を ふやす。
罪なき 小鳥を。故なく うつな。
二五
春夏 秋冬。いつなく こゑも。
たのしき 調べを。聞かすは 鳥よ。
二六
鳥こそ我等が。心の命
羽色もうつくし。綠に 赤に。』

『教科適用幼年唱歌』二編 中巻

田村虎藏・納所辨次郎編

刊行：1901年8月26日　発行：十字屋
東京
縦223ミリ×横142ミリ 表紙＋扉＋口絵＋22頁

緒　言

本書は、現今小學校の唱歌教授に於ける一般の弊習を救濟し、教育的教授に適切なる教材を、供給せんが爲に編纂せるものなり。而して其教材は、尋常第一學年より高等第四學年に至る迄、各學年各學期に配當したれば、順次編を遂ひて教科用に充て得べきものとす。編纂の要旨、下の如し。

一、題目、尋常科には、專ら修身、讀書科に關係を有する事項、及び四季の風物に因みて之を取り、高等科には、更に地理、歴史、理科等の教科に關係を有する事項を加へ、以て各教科の統一を完からしめんことに力めたり。

一、歌詞、多年小學教育に經驗を有する識者の手に成りて、兒童の心情に訴へ、程度を察し、平易にして理解し易く、而も詩的興味を失はざるものより、漸く進みては、古今名家の作に及ぼし、以て國民感情の養成に資せんとせり。

一、曲節、多年編者研究の結果に出で、能く其音程、音域の如何を審査し、兒童が心身發達の程度を精察し、初は快活にして流暢なるものより、漸く優雅にして諄美なるものに進め、以て審美的感情を育成せんことを期せり。

以上の外、詳細の用意、及び音樂上併に教授上の注意に至りては毎巻これを記述せり。

明治三十四年八月三日

編者識す

教科適用 幼年唱歌 二編中巻

凡例

一、本編は、尋常小學第二學年第二學期間に、教授すべき材料を配當せるものなり。而して歌曲の數八個は、毎週二時間宛教授するものとしての最多限なり。故に教授時間の事情により、これが取捨撰擇は教師の任意たるべし。

一、本編の歌詞は、一般兒童にもよく了解せしめんが爲め、此學年讀書科の程度に鑑みて之を記載し、出來得べき丈け大字を用ひたり。曲節は、凡て兒童の唱歌し得べき音域内に記譜したるが故に、記譜の各調子にて直ちに教授するを得べし。

一、本編歌曲の強弱は、片假名の略號及び他の諸記號にて之を表はせり。即ちヨ|又は「*p*」は弱く、ツ|又は「*f*」は強く、チ|又は「*mp*」は中等に、「*mf*」はこれより稍や強く、シツ|又は「<」は次第に強く、シヨ|又は「>」は次第に弱く、其數部分を謡ふべきことなり。強弱は、唱歌上最も大切なれば、注意せん事を要す。

教授上一般の注意

一、此學期にも、先づ氣息呼吸法を行ふべし。其方法は初編下巻に同じ。是れ唱歌するに先ちて肺臓の運動を自在ならしむるものなれば、室内の空氣清淨なる日には、必ず之を行はん事を要す。呼吸法は、外國に於て專ら之を行ふものなるが、予は多年實驗に徴して、其効果の尠少ならざるを認めたるものなり。

二、次に發音の練習に移る。其方法第一學年に準じ、專ら五個の母音を種々に配合し、之を長音階の各段階に附して練習するなり。但し此際「7」及び「4」の二音は、之を省くも可とす。音聲の使用方法及び、口授法によりて教授する順序方法は、初編中巻に同じ。而して呼吸法及び發音練習の二個練習は、教授時間の四分の一を超過せざる様注意すべし。

三、此他時々口形（クチガタ）練習をも交へて、五母音の発聲を正確ならしむべし。且つ兒童唱歌教授上、繪畫を使用せんは、意外の興味を添ふるものなれば、教授者は該編中に挿入したる圖案を參考して、豫め一定の書面を用意し、教授の際常に之を使用せんことを望む。

四、兒童の心情は、絶えず活動し且つ快活なり。故に歌曲の速度は、概して急速なるを可とす。而して本編収むる所の八曲は、何れも他教科との連絡を保てり。即ち「神武天皇」「大和武尊」はこの學年に適したる修身訓話。「蜜蜂」「牛と馬」「稲」等は理科に、其他は讀書科の教材に關係あるものなれば、教授者相當の問答講話をなしたる後、教授せんことを要す。

日の丸

石原和三郎 作歌
納所辨次郎 作曲

一

年のはじめを、家々で、
かゝげていはふは、なーにぞ。
おまつりのひや、いはひ日に、
いつでもたてるは、なーにぞ。
あさ日をうつした、日の丸よ、
あさ日をうつした、日の丸よ。

二
あさ日をうつした、日の丸は、
わが日本の、はたじるし。
あさ日をかざす、日本の、
ひかりをせかいに、かゞやかせ。
あさ日はせかいを、てらすなり、
あさ日はせかいを、てらすなり。

じんむてんのー

石原和三郎 作歌
田村虎蔵 作曲

一
せにおはれたる、あまつ日のかげ、
ゆはずにとまりし、こんじきのとび、
けだかいかな、おほみすがたの、
いさましいかな、おほみいくさの。

二
くにのもとゐを、さだめられたる、
やまとのうねびの、かしはらのみや、
みよはうごかじ、天地と共に、
いさをはかゞやく、月日と共に。

とら

石原和三郎 作歌
納所辨次郎 作曲

一
おほきいけものは、あのぞーよ、
はげしいけものは、あのしゝよ。
おほきいばかりが、えらかろか、
はげしいばかりが、えらかろか。

二
おほきいばかりが、えらからず、
はげしいばかりが、えらからず。
しんでもかはを、のちのよに、
のこすはとらよ、あのとらよ。

「とら」

みつばち

田邊友三郎 作歌
田村虎蔵 作曲

だい一
東の山ぎは、ほの〴〵しらみ、
よはいまあけたり、みなおきいでよ、
はねをばふるひて、ブン〳〵ブン〳〵。
すつくりゐはこび、しごとをわけて、
はねをもやすめず、こゝろをくだく、
あさよりくれまで、ブン〳〵ブン〳〵。
いく千万びき、ちからをあはせ、
ひとりの王をば、だいじにまもる、
はちよ、みつばち、ブン〳〵ブン〳〵。

だい二
すごもりくらさん、ときにはあらず、
花野にみちたり、みなとび出でよ、
東に西に、ブン〳〵ブン〳〵。
みそらにまひては、こずゑにとまり、
のはらにとびては、はずゑをわたる、
花より花に、ブン〳〵ブン〳〵。
わがみの上には、こゝろもとめず、
ひとりのきみをば、だいじにまもる、
はちよ、みつばち、ブン〳〵ブン〳〵。

うみ

石原和三郎 作歌
作曲者未詳

一
あれ〳〵をきべに、しらほが見える、
しらほを見てゐりゃ、足もとへ、
をなみに、めなみ、ぴちゃ〳〵よせる、
あれ〳〵しらほは、もう見えぬ。

二
あれ〳〵なみまに、かもめがうかぶ、
かもめを見てゐりゃ、みゝちかく、
いそべの松が、オルガンならす、
あれ〳〵かもめは、もう見えぬ。

いね

田邊友三郎 作歌
田村虎藏 作曲

一
人の花見に、いそぐころ、
なはしろ小田に、たねまきし、
いねは、のびぬ、
いざや、うゑん、
さみだれつよく、ふるとても、
わがみはいたく、ぬるとても。

二
花のさかりに、たねまきて、
さみだれふるに、うゑつけし、
いなぼ、たれぬ、
いざや、からん、
いねかりうたを、うたひつゝ、
たのしきけふを、いはひつゝ。

やまとたける の みこと

田邊友三郎 作歌
納所辨次郎 作曲

一
むかしをうすの、おーじとて、
かしこきみこぞ、おはしける、
おんちゑふかき、その上に、
おんちからさへ、なみならず。

二
おーじおん年、十六の、
をりにくまその、そむきしを、
みかどのおほせ、かうむりて、
たひらげんとて、出でたまふ。

三
ぬく手も見せぬ、くゎいけんに、
くまそたけるを、うちとりて、
やまとたけるの、みことゝいふ、
おん名をえさせ、たまひけり。

四
またも東夷を、うたんとて、
するがのくにゝ、ゆきたまひ、
ぞくのはかりし、やきうちに、
かへりてぞくを、やいづばら。

五
草なぎはらひし、草なぎの、
つるぎのひかり、かゞやきて、
とほき東の、えびすらも、
ほどなくおそれ、なびきたり。

六
みこのちからに、西東、
みなしづまりて、そのときの、
みかどのとくに、なつきたる、
みいさをあふげ、人々よ。

牛と馬

田邊友三郎 作歌
吉田信太 作曲

一
いたゞくつのゝ、すがたによらず、
こゝろはすなほ、きはおちつきて、
つよきちから、しごとをたすけ、
おもきくるま、かろげにひく、
おそきあゆみも、たゆまぬ牛は、
つひには行かん、千里の道も。

二
いなゝくこゑは、あたりをはらひ、
大地をけって、かけだすときは、
雲をおこす、ひづめのもと、
風にのるか、ちゅーをとぶ、
アレヨといふまに、すがたも見えず、
かけゆくうまは、いさまし、はやし。

『教科適用幼年唱歌』二編 下巻

田村虎藏・納所辨次郎編

刊行：1901年11月9日　発行：十字屋　東京　縦223ミリ×横142ミリ 表紙＋扉＋口絵＋22頁

緒　言

本書は、現今小學校の唱歌教授に於ける一般の弊習を救済し、教育的教授に適切なる教材を、供給せんが爲に編纂せるものなり。而して其教材は、尋常第一學年より高等第四學年に至る迄、各學年各學期に配當したれば、順次編を逐ひて教科用に充て得べきものとす。編纂の要旨、下の如し。

一、題目、尋常科には、專ら修身、讀書科に關係を有する事項、及び四季の風物に因みて之を取り、高等科には、更に地理、歴史、理科等の教科に關係を有する事項を加へ、以て各教科の統一を完からしめんことに力めたり。

一、歌詞、多年小學教育に經驗を有する識者の手に成りて、兒童の心情に訴へ、程度を察し、平易にして理解し易く、而も詩的興味を失はざるものより、漸く進みては、古今名家の作に及ぼし、以て國民感情の養成に資せんとせり。

一、曲節、多年編者研究の結果に出で、能く其音程、音域の如何を審査し、兒童が心身發達の程度を精し、初は快活にして流暢なるものより、漸く優雅にして諄美なるものに進め、以て審美的感情を育成せんことを期せり。

以上の外、詳細の用意、及び音樂上併に教授上の注意に至りては毎巻これを記述せり。

明治三十四年十一月三日　編者識す

教科適用幼年唱歌二編中巻
凡例

一、本編は、尋常小學第二學年第三學期間に、教授すべき材料を配當せるものなり。而して歌曲の數八個は、毎週二時間宛教授するものとしての最多限なり。故に教授時間の事情により、これが取捨撰擇は教師の任意たるべし。

一、本編の歌詞は、一般兒童にもよく了解せしめんが爲め、此學年讀書科の程度に鑑みて之を記載し、出來得べき丈け大字を用ひたり。曲節は、凡て兒童の唱歌し得べき音域内に記譜したるが故に、記譜の各調子にて直ちに教授するを得べし。

一、本編歌曲の強弱は、片假名の略號及び他の諸記號にて之を表はせり。即ちヨ又は「*p*」は弱く、ツ又は「*f*」は強く、チ又は「*mp*」は中等に、「*mf*」はこれより稍や強く、ジツ又は「<」は次第に強く、ジヨ又は「>」は次第に弱く、其數部分を謡ふべきことなり。強弱は、唱歌上最も大切なれば、注意せん事を要す。

教授上一般の注意

一、此學期にも、先づ氣息呼吸法を行ふべし。其方法は初編下巻に同じ。是れ唱歌するに先ちて肺臓の運動を自在ならしむるものなれば、室内の空氣清浄なる日には、必ず之を行はん事を要す。呼吸法は、外國に於て專ら之を行ふものなるが、予は多年實驗に徴して、其効果の尠少ならざるを認めたるものなり。

二、次に發音の練習に移る。其方法第一學年に準じ、專ら五個の母音を種々に配合し、之を長音階の各段階に附して練習するなり。但し此際「7」及び「4」の二音は、之を省くも可とす。音聲の使用方法及び、口授法によりて教授する順序方法は、初編中巻に同じ。而して呼吸法及び發音練習の二個練習は、教授時間の四分の一を超過せざる様注意すべし。

三、此他時々口形(クチガタ)練習をも交へて、五母音の發聲を正確ならしむべし。且つ兒童唱歌教授上、繪畫を使用せんは、意外の興味を添ふるものなれば、教授者は該編中に挿入したる圖案を参考して、豫め一定の畫面を用意し、教授の際常に之を使用せんことを望む。

四、兒童の心情は、絶えず活動し且つ快活なり。故に歌曲の速度は、概して急速なるを可とす。而して本編収むる所の八曲は、何れも他教科との連絡を保てり。即ち「加藤清正」「牛若丸」は、この學年に適したる修身訓話。「金鵄勲章」は觀察科に其他は悉く讀書科書材に關係あるものなれば、教授者相當の問答講話をなしたる後、教授せんことを要す。

はご

田邊友三郎 作歌
田村虎藏 作曲

一
年(とし)のはじめは、うれしいな、
はごをついて、あそぼうよ。

十二ふじの山。
ふじのお山を、こすまでも、
たかくはずめよ、はーごはご。

二

松のうちは、たのしいな、
はごをついて、あそばうよ。
九十つくば山。
つくばのみねも、ひくいまで、
たかくはずめよ、はーごはご。

きんしくんしょー

石原和三郎 作歌
納所辨次郎 作曲

一

むかし神武のおんみかど、
長すねびこを、うつときに、
ピカ、ピカ、ピカ、
あやしの光は、天皇の、
お弓のさきに、とまったり。

二

よく〳〵見れば金いろの、
とんびよ、とびよ、その光、
ピカ、ピカ、ピカ、
長すねびこも、その軍も、
おそれて足も、すくみたり。

三

今や、めいよの軍人の、
むねにかゞやく、くんしょーの、
ヒカ、ヒカ、ヒカ、
あれこそ、きんしの
くんしょーよ、あれこそ、
きんしのくんしょーよ。

「きんしくんしょー」

まり

田邊友三郎 作歌
作曲者未詳

一

やなぎのこかげの、まりあそび〳〵。
木のしたかげに、はずんだときは、
くるりとまはって、つばくらめ。

二

まりつきあそぶは、おもしろや〳〵。
しだれたえだに、はずんだときは、
これこそ木のまの、お月さま。

三

まりつく手ぶりも、しなかへて〳〵。
ヒフミヨ、イムナヤ、ココノツトーよ。
トーからつゞいて、百までも。

＊エルンスト・アンシュッツ Ernst Anschütz（ドイツ、1780-1861）作曲《Fuchs,du hast die Gans gestohlen》。『三年生の音樂』（一九四七年刊）に「小ぎつね」として所載（→六二八頁）。

「まり」

加藤清正

田邊友三郎 作歌
納所辨次郎 作曲

一

武勇はならぶものもなく、
忠義はあつきますらをと、
よばれし加藤清正は、
太閤秀吉、一の臣。

二

其名も高きしづがたけ、
七本やりを、はじめとし、
多くのいくさに、うって出で、
いつもてがらを、あらはせり。

三

ちょーせんぜめのをりからは、
十字のやりを、おっとって、
北のはてまで、つきすゝみ、
てきにも鬼と、よばれたり。

ゆきなげ

石原和三郎 作歌
田村虎蔵 作曲

一
きえずにあれと、たのしみし、
には白たへの、しらゆきは、
ひるのやすみも、けさのまゝ。
いざ、ゆきがっせん、
やれ〳〵。
二
東の大しょー、たれなるか、
西の大しょー、たれなるか、
しんぱんかんは、先生よ。
やくわりきまった、
よし〳〵。
三
てんでによーいの、ゆきつぶて、
かためてもつや、七つ八つ、
うちつ、うたれつ、おひまはる、
どっちもまけるな、
それ〳〵。
四
てあたりしだいに、かいつかみ、
めった、やたらに、なげあうて、
にはに花ちる、ゆきふゞき、
をりからすゞが、
りん〳〵。

からす

田邊友三郎 作歌
奥 好義 作曲

一
あさ日にいそぐ、あさがらす、
學校さして、いそぐのか。
さきにたつのが、先生で、
あとから行くのは、生徒らか。
二
ゆふ日にかへる、ゆふがらす、
しごとをすまして、かへるのか。
さきにたつのが、おや鳥で、
あとから行くのは、子がらすか。

ふえとたいこ

石原和三郎 作歌
納所辨次郎 作曲

一
けふは、うれしい、日よーび、
みんなで、なかよくあそぼうよ、
おたいこたゝいて、ふえふいて、
ピー〳〵ドン〳〵、ピードン〳〵。
二
けふは、めでたい、おいはひ日、
みんなで、なかよくあそぼうよ、
おたいこ、たゝいて、ふえふいて、
ピー〳〵ドン〳〵、ピードン〳〵。
三
けふは、めでたい、おまつり日、
みんなで、なかよく、あそぼうよ、
おたいこ、たゝいて、ふえふいて、
ピー〳〵ドン〳〵、ピードン〳〵。
四
けふは、わたしの、たんじょー日、
みんで、なかよく、あそぼうよ、
おたいこ、たゝいて、ふえふいて、
ピー〳〵ドン〳〵、ピードン〳〵。

「ふえとたいこ」

牛若丸

石原和三郎 作歌
田村虎蔵 作曲

一
父は、をはりの つゆときえ、
母は平家に とらへられ、
兄は、いづに ながされて、
おのれひとりは、くらま山。

二

かたきの平家を ほろぼして、
わが家、源氏を おこさんと、
ひるはがくもん、けんじゅつは、
人目をしのぶ よるのわざ。

三

七つどーぐを なげだして、
辨慶あやまる、五條橋、
金賣吉次が、おともして、
おちゆく道は、おーしゅー路。

四

鏡のしゅくの げんぶくに、
其名は義經 源九郎、
とちゅーのなんぎ、きりぬけて、
秀ひら、やかたに、つきにけり。

五

ほどなく、源氏の 花さくや、
兄よりとものめいをうけ、
あさひしょーぐん 義仲を、
たゞ一うちに、ほろぼして。

六

ひよどりごえの 坂おとし、
八島の海の 八そーとび、
だんの浦では、弓ながし、
ながく、ほまれを のこしけり。

◆資料【一九〇一（明治三四）年認可済歌曲】

三重県（十月十四日）(小)：「凱旋」「卒業の歌」「舟あそび」「錦をきそふ」「ますらたけを」「我海軍」「汽車の旅」「桃太郎」「をさなご」「小さき砂」

高知県（十一月二六日）(小)：「雲雀」「櫻」「開いた開いた」「友達」「螢」「猿蟹」「運動會」「浦島太郎」「大寒小寒」「お正月」「花咲爺」「たこ」「お雛様」「舌切雀」「進め」

◆資料【一九〇一（明治三四）年検定済曲集】

『小學校教科用 123唱歌集』(尋)(教) 六月七日検定（六月六日三版）

◆資料 一九〇一（明治三四）年に刊行された唱歌集から

『日本遊戯唱歌』初編、二編 鈴木米次郎編（刊行：三月一〇日 発行：十字屋）

『公徳唱歌』前・後編 稲岡美賀雄他（刊行：七月 発行：有斐堂）

『重音唱歌』二 小山作之助編（刊行：四月 発行：共益商社楽器店）

『日本遊戯唱歌』三～七編 鈴木米次郎編（発行：十字屋）

『女學唱歌』第二集 山田源一郎編（刊行：五月一五日 発行：共益商社）

『小學讀本唱歌』完 目賀田万世吉著（刊行：六月 発行：音樂書院）

『國民教育 忠勇唱歌1 楠公父子』大和田建樹著（刊行：六月一五 発行：開成館）

『國民教育忠勇唱歌2 四十七士』大和田建樹著（刊行：六月一五日 発行：開成館）

『國民教育忠勇唱歌3 豊太閤』大和田建樹著（刊行：七月 発行：開成館）

『國民教育 忠勇唱歌4 菅公』大和田建樹著（刊行：八月 発行：開成館）

『國民教育 忠勇唱歌5 牛若丸』大和田建樹著（刊行：八月 発行：開成館）

『世界一週唱歌』池邊義象 田村虎藏編（刊行：八月 発行：宮國出版社）

『尋常國語讀本唱歌』小山作之助編（刊行：八月 発行：金港堂書籍）

『高等國語讀本唱歌』大和田建樹・小山作之助著

『日本文典唱歌』小山作之助編（刊行：十一月 発行：啓發社）

＊写真は表紙（国文学研究資料館蔵）

『體育唱歌』丸山正彦・小山作之助編（刊行：十一月 発行：秀英舍）

『豊年唱歌』共益商社樂器店編（刊行：九月 発行：共益商社楽器店）

『讀本唱歌』尋常科一～五 冨山房編集所編（発行：冨山房）

『歴史修身唱歌 菅公』石原和三郎・田村虎藏編（発行：三育舎）

『小學生徒 唱歌の友』今井政兵衛（発行：今井書店）

一九〇二（明治三五）年

『教科適用幼年唱歌』三編 上巻

田村虎藏・納所辨次郎編

刊行：1902年3月4日　発行：十字屋
縦223ミリ×横142ミリ 表紙＋扉＋口絵＋26頁

緒言

本書は、現今小學校の唱歌教授に於ける一般の弊習を救済し、教育的教授に適切なる教材を、供給せんが爲に編纂せるものなり。而して其教材は、尋常第一學年より高等第四學年に至る迄、各學年各學期に配當したれば、順次編を遂ひて教科用書に充て得べきものとす。編纂の要旨、下の如し。

一、題目、尋常科には、専ら修身、讀書科に關係を有する事項、及び四季の風物に因みて之を取り、高等科には、更に地理、歴史、理科等の教科に關係を有する事項を加へ、以て各教科の統一を完からしめんことに力めたり。

一、歌詞、多年小學教育に經驗を有する識者の手に成りて、兒童の心情に訴へ、程度を察し、平易にして理解し易く、而も詩的興味を失はざるものより、漸く進みては、古今名家の作に及ぼし、以て國民感情の養成に資せんとせり。

一、曲節、多年編者研究の結果に出で、能く其音程、音域の如何を審査し、兒童が心身發達の程度を精察し、初は快活にして流暢なるものより漸く優雅にして諄美なるものに進め、以て審美的感情を育成せんことを期せり。

以上の外、詳細の用意、及び音樂上併に教授上の注意に至りては毎巻之を記述せり。

明治三十五年二月十一日　編者識す

教科適用 幼年唱歌　三編上巻

凡例

一、本編は、尋常小學第三學年第一學期間と第二學期間の前半とに、教授すべき材料を配當せるものなり。而して歌曲の數十個は、毎週二時間宛教授するものとしての最多限なり。故に教授時間の事情により、これが取捨撰擇は教師の任意たるべし。

一、本編の歌詞は、一般兒童にもよく了解せしめんが爲め、此學年讀書科の程度に鑑みて之を記載し、出來得べき丈け大字を用ひたり。曲節は、凡て兒童の唱歌し得べき音域内に記譜したるが故に、記譜の各調子にて直ちに教授するを得べし。

一、本編歌曲の強弱は、片假名の略號及び他の諸記號にて之を表はせり。即ちヨ|又は「*p*」は弱く、ツ|又は「*f*」は強く、チ|又は「*mp*」は中等に、「*mf*」はこれより稍や強く、シツ|又は「<」は次第に強く、ヨツ|又は「>」は次第に弱く、其數部分を謡ふべきことなり。強弱は、唱歌上最も大切なれば注意せん事を要す。

教授上一般の注意

一、此學年にも、先づ氣息呼吸法を行ふべし。其方法は初編下巻に説けるものと同じ。是れ唱歌するに先ちて肺臓の運動を自在ならしむるものなれば、室内の空氣清浄なる日に於ては、常に之を行はん事を望む。呼吸法は、外國に於て専ら之を行ふものなるが、予輩は多年實驗に徴して、其効果の多きを認むるものなり。

二、次に音階圖を示して、簡単なる音階練習をなし、直ちに發音練習に移るべし。發音練習は、第二學年に準じて五十音の發聲を正すにあり。此際其口(クチ)形(ガタ)に注意し、且つ姿勢を矯正せん事を要す。次に口授法によりて教授する順序方法は、初編中巻に同じ。而して呼吸法、音程練習、發音練習の三箇練習は、極めて之を機敏に取扱い、教授時間の四分の一を超過せざる様注意すべし。

三、歌詞の解釋は、始めは大体に止め、歌曲出来上りて後更に復び之をなすを可とす。而して兒童唱歌教授上、繪畫を使用せんは、意外の興味を添ふるものなれば、教授者は該編中に挿入したる圖案を参考して、豫め一定の畫面を用意し、教授の際常に之を使用せんことを望む。

四、兒童の心情は、絶えず活動し且つ快活なり。故に歌曲の速度は、概して急速なるを可とす。而して本編収むる所の十曲は、何れも他教科との連絡を保てり。即ち「和氣清麿」「北條時宗」「平重盛」「新田義貞」等はこの學年に適したる修身訓話。其他は悉く讀書科教材に關係あるものなれば、教授者相當の問答講話をなしたる後、教授せんことを要す。

春の山

佐々木信綱 作歌
納所辨次郎 作曲

一
櫻も今日が、さかりなり、
太郎の、はたは、赤の色、
次郎の、はたは、青の色、
風に、なびいて、ひーら、ひら。

二
ラッパの、ひゞき、とほく、さり、
子らの、かへりし、春の山、
たふとき人の、石ぶみに、
松のこゑのみ、しづかなり。

和氣清麿

田邊友三郎 作歌
田村虎藏 作曲

一
わがまゝつのる、僧道鏡、
御位のぞみし、そのをりに、
神のみつげを、受けこよと、
清麿あふせを、かうむりぬ。

二
清麿宇佐に、向ふ時、
おのが心に、したがはゞ、
大臣とせん、さもなくば、
きってすてんと、おどしけり。

三
清きこゝろの、清麿は、
おどしにおそるゝ、ものならず、
神のみつげを、其まゝに、
悪僧の、きも、とりひしぐ。

四
神のみつげの、御言葉、
わが大君の、御血すぢ、
定まりつるを、のぞみなば、
きれとありしぞ、かしこきや。

五
いかりにあふは、かくごなり、
つくしの、はてに、ながされて、
うき年月を、おくれるも、
みな大君の、御代のため。

六
やがてはれ、にし、みよのそら、
めでたく都に、立ちかへり、
後には神と、まつられて、
みいさを、あふぐ、高雄山。

つばめ

石原和三郎 作歌
作曲者不詳(西洋曲)

一、
つばめ、つばめ、つばめ、つばめ、
去年のやどを、
わすれず、きたか、
かはい、なつかしや。

二、
つばめ、つばめ、つばめ、つばめ、
南の國へ、
かへるか、しばし、
をしや、なごりをし。

しほひがり

佐々木信綱 作歌
小出雷吉 作曲

一、
のりそだ、をって、しかられし、
おとゝは、はるか、あなたより、
兄さん、たひが、見つかった、
あさりなんぞは、ぼくは、いや。

二、
くらげが足に、そら、そこに、
おもしろいなー、うれしいな、
こゝにも一つ、あそこにも、
きそうて、ひろふ、しほひがり。

「しほひがり」

北條時宗

石原和三郎 作歌
田村虎藏 作曲

一、
五尺のからだ、一ぱいに、
大和だましひ、こもりたる、

さがみの太郎、時宗が、
鎌倉しっけん、たりし時。

二、
元の大王、忽必烈が、
支那を、のこらず、手に入れて、
なほ、あきたらず、我國へ、
ぶれいの使を、よこしたり。

三、
時宗いかって、いくたびか、
來る使を、おひかへし、
さいごの使の、首をはね、
かくごの、ほどをぞ、示しける。

四、
忽必烈、今は、こらへかね、
我日の本を、一うちと、
時は弘安、四年夏、
大軍つかはし、せめ來る。

五、
かねて、かくごの、時宗は、
ふせぎの用意を、おこたらず、
朝廷にても、神々へ、
ちょくし、たてゝの、おんいのり。

六、
たま〱七月、三十日の夜、
にはかに、おこる、神風に、
三千よそーは、こなみぢん、
十萬よ人は、水のあわ。

(合唱)
「あな、こゝちよや、きみよしや、
國威かがやく、日の光。」

かうもり

田邊友三郎 作歌
納所辨次郎 作曲

一、
鳥と、けものと、なかたがへ、
いくさ、おこりし、その時に、
かうもり、ばかりは、どちらへも、
つかじと、いうて、居たりける。

二、
鳥に、にたれど、鳥ならず、
けものに、しては、羽がある、
どちらの、みかたも、せぬことは、
道理と、こそは、きこえたれ。

三、
さは、いひながら、かうもりは、
はた色、見ては、二ごころ、
鳥についたり、けものにも、
ついて、ひとりで、てがらがほ。

四、
そのうち両方、わぼくして、
何れも、かうもり、いやしめば、
ひるは、でられず、ゆふぐれに、
人目しのびて、とぶとかや。

平重盛

石原和三郎 作歌
納所辨次郎 作曲

一、
平治の、いくさに、兵士を、はげまし、
源氏の、あらむしゃ、あしらひ〱、
右近の、たちばな、左近の、さくら、
七たび、めぐりし、あゝその武勇。

二、
平家のさかりに、一門いましめ、
さすがの父をも、いさめつ、なだめつ、
君には忠節、親には孝行、
二みち、つくしゝ、あゝその誠。

汽車

石原和三郎 作歌
田村虎藏 作曲

一、
けむりを、はきたて、トンネルぬけて、
千里の野原も、一すぢに、
フワッ、フワッ、ガラ〱ガラ〱、
はしるは龍か、うはばみか、
汽車よ、汽車よ、
あれ、あのいせい。

二、
車をつらねて、山道うねり、
長い鐵橋、一すぢに、
フワッ、フワッ、ガラ〱ガラ〱、
はしるは大蛇か、大むかで、
汽車よ、汽車よ、
あれ、あのいせい。

新田義貞

富永岩太郎 作歌
鈴木米次郎 作曲

一、
ひが世にも、ひがまじと、
たてなほす、まごころの、
一すぢに、いのりつゝ、
なげしたち、神うけぬ。

二、
金の城、鐵のかべ、
さも、かたき、かまくらも、
ひとうちに、やぶりける、
そのいさを、千代くちじ。
三、
天のした、またみだれ、
身はつひに、みこしぢの、
あわ雪と、きえつるも、
そのひかり、世のかゞみ。

＊富永岩太郎（一八六七－一九〇六）。

海水浴

石原和三郎 作歌
納所辨次郎 作曲

一、
大うなばらに、目をはなち、
すなはま、はしり、なまうををを、
たべて、からだも、まる〳〵と、
ふとって、かへるが、何よりも、
海水浴の、よいみやげ。
二、
よせくる波に、身を、うたせ、
天ぴに、さらし、しほかぜに、
ふかれて色も、くろ〴〵と、
やけて、かへるが、何よりも、
海水浴の、よいみやげ。

『唱歌教科書』の刊行

共益商社編

『唱歌教科書』には、大きな特色が二つある。それは、第一に、これまでの民間編集の唱歌集の多くが、作曲家、国文学者、音楽教育家らの名前を前面に出した編集であったのに対し、版元が教育現場に意見を求め、それを反映させるという編集手法が取られたことである。これは、全国の実態を少しでも商品に反映させようとした版元主導の編集と言えるだろう。編者名には版元名を使っている。

第二に、生徒用教科書と教師用教科書を本格的に分けて発行したことがあげられる。『小學唱歌』『教科適用幼年唱歌』をはじめ、既存の唱歌集の緒言あるいは凡例、指導上の注意等は、すべて教師向けに書かれたものであり、教科書そのものを「教師用」「生徒用」とはっきりと分離発行するというアイディアは採用するに至っていなかった。この『唱歌教科書』教師用（→二〇六）には、「使用上の注意」からはじまり、「發聲法」、「演奏注意」などが事細かに示されている。さらにすべての学年において、教材ごとの指導のポイント、歌詞の解説などを示している点が、これまでの唱歌集との大きな違いであった。一方、生徒用には目次と歌詞・楽譜以外はいっさい情報が掲載されていない。

この編集方針は画期的なものであり、今日の教科書と指導書を分離した刊行スタイルの原型の一つであった。

本事典では『唱歌教科書』巻二で教師用を紹介する。なお、教材曲の作詞・作曲者名は、文部省唱歌集と同様、すべて記載されていない。

『唱歌教科書』巻一（生徒用）

共益商社編

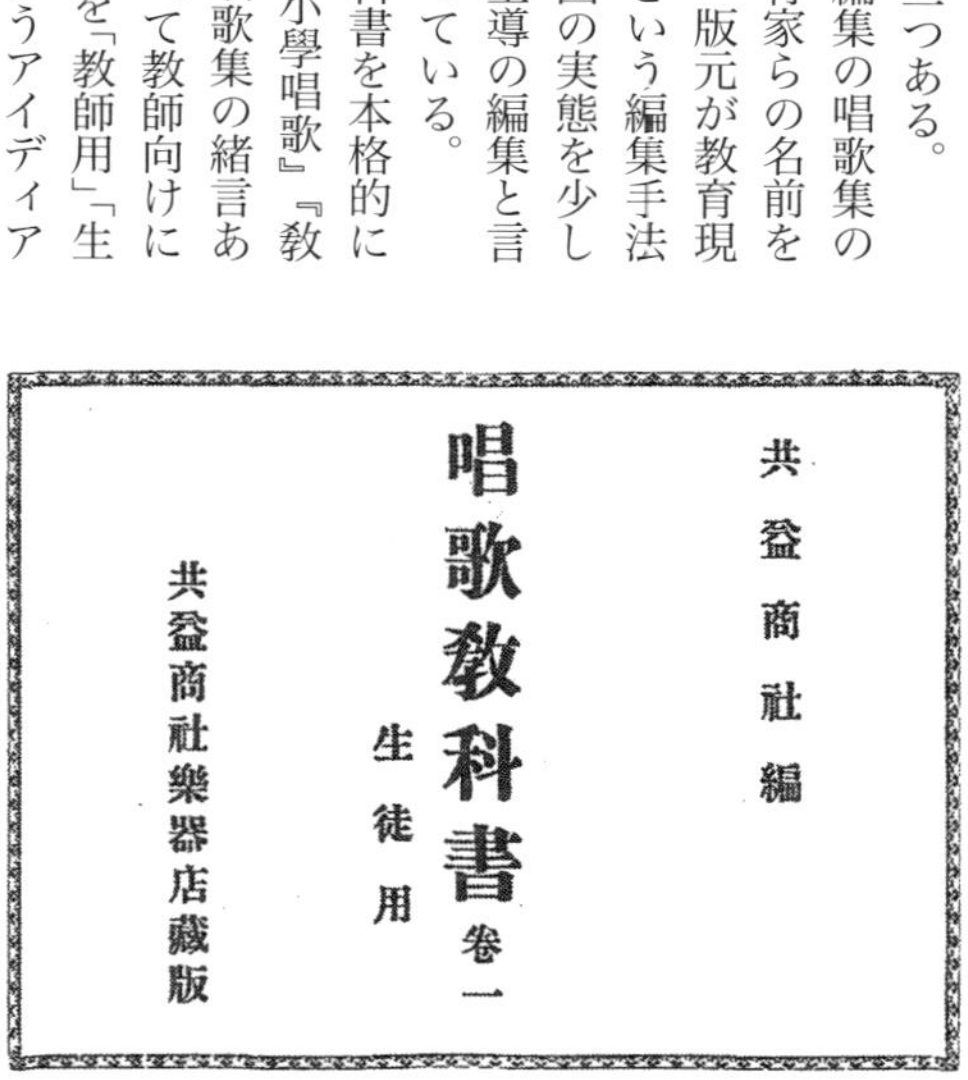

刊行：1902年4月20日　発行：共益商社楽器店　東京
縦148ミリ×横215ミリ 表紙＋42頁
底本：1902年11月5日発行・訂正再版
＊写真は中扉（国立国会図書館蔵）

さくら
(一)
かすみのころも、ぬぎかけて、
のぼるあさ日ににほふなる、
さくらのはなは、うるはしや、
ゑみのくちびる、ひらきつゝ。
(二)
かすみのきぬを、まとひかけ、
ゆう日なゝめに、かざすなる、
さくらの花は、うるはしや、
ゑみまゆずみ、こまやかに。

勸學

(一)
雪や霰を、しのぎ來て、
斯くも櫻は、花さくものを、
われらもいざや、
まなびのそのに、
つとめはげみて、
さかせん花を。

(二)
花をさかせん、いざやいざ、
きよき心の、しぼまぬ花を、
風ふくゆふべ、
雨ふるあさも、
をれずたわまぬ、
勇氣の枝に。

祝ひ日

(一)
すずめの鳴く聲、八千代ときこえ、
庭なる松風、萬歳とひゞく。
たのし、たのし、
けふの、祝ひ。

(二)
朝日の御旗は、門なみなびき、
唱歌の聲々、里ごとみてり。
たのし、たのし、
けふの、祝ひ。

(三)
いざ〳〵われらも、手に手をとりて、
いはひて遊ばん、うれしきけふを。
たのし、たのし、
けふの、祝ひ。

學びの園

(一)
友と中よく、打ちつれだちて、
通ふもうれし、學びの園に、
園につみたる、教への草葉、
いかで忘れん、花さく日まで。

(二)
友とたのしく、打ちつれだちて、
いづるもうれし、遊歩の庭に、
習ひし唱歌の、ふしおもしろく、
いざや歌はん、もろ聲あげて。

(三)
學ぶも友と、へだてぬ窓よ、
遊ぶも友と、へだてぬ園よ、
園なる芝の、綠は常磐、
われらが中も かはらじ常に。

朝起

(一)
おきよと人に、よばれぬさきに、
とくとく起きよ、はねおきよ、
朝風きよく、わたれる枝に、
なく鳥の音も、おもしろし。

(二)
旭のひかり、さしでぬさきに、
とくとく起きよ、はねおきよ、
日たくるまでも、おき出ぬものは、
鳥にも劣る、人ならむ。

雲雀

(一)
霞をしのぎて、雲井のそらに、
ここまで來よとか、よぶひばり、
ピヨ ピヨ ピヨ ピヨ、ヒラ ヒラ ヒラ ヒラ、
高しや高しや、あのひばり、
すがたはかくれて、
聲ばかり。

(二)
つばさをさめて、只ひとおちに、
落ちてはのぼるよ、あのひばり、
ヒラ ヒラ ヒラ ヒラ、ピヨ ピヨ ピヨ ピヨ、
おもしろ〳〵、やよひばり、
待て待てわれらも、
今のぼる。

虹

(一)
あふぎ見よ、やよともよ、
おほぞらの、虹のかげ、
昇天の、橋のごと、
かゝるさま、うつくしや。

(二)
あふぎ見よ、やよともよ、
おほぞらの、虹のかげ、
錦繡の、旗のごと、
なびくさま、うるはしや。

＊目次では巻頭の「さくら」から「虹」までを「第一學期」と設定。

やすみの鐘

(一)
今こそをへたれ、まなびのわざ、
やすみをしらせる、鐘のひゞき。
ちりん、ちりん、ちりん、ちりん。

(二)
鞠なげ縄飛び、いざいざなさん、
たのしくうれしき、やすみのかね。
ちりん、ちりん、ちりん、ちりん。
(三)
いさみてあそびて、げんきをだせと、
しばしのやすみを、與ふるかね。
ちりん、ちりん、ちりん、ちりん。

日本三景

○松島
富の山より、ながむれば、
松島こじま、おもしろや、
嶋と嶋とを、行く船は、
松風うけて、眞帆片帆。
○天の橋立
成合山より、みわたせば、
天の橋立、おもしろや、
松のみどりば、玉の砂、
龍の宮より、みそらまで。
○嚴島
小舟さをさし、ながむれば、
いつくしまやま、おもしろや、
琥珀のとりゐ、玉の宮、
波間にうかぶ、蜃氣楼。

虫

(一)
月冴えわたる、秋の野に、
よすがら誰を、まつむしや、
ふりだす鈴虫、聞きつけて、
乗りくる駒の、くつわむし。
チ、ロヤ、チ、ロ、リン〱〱。
(二)
秋風さむく、身にしめば、
はたおり虫も、いそがはし、
つづれをさせとか、きり〴〵す、
こほろぎさへも、なきしきる。
チ、ロヤ、チ、ロ、リン〱〱。

運動會

(一)
うれしき、たのしき、運動會の、
こゝろは、とびたつ、そらの球、
ポン ポン ポン ポン ポン
ポン ポン ポン ポン ポン
たがひに、なげあふ、かけごゑの、
はげしき、かたぞ、かちとしる。
(二)
うれしき、たのしき、運動會の、
こゝろは、うきたつ、空の旗、
ヒラ ヒラ ヒラ ヒラ
ヒラ ヒラ ヒラ ヒラ
たがひに、あらそふ、まけかちは、
はたいろ、よりぞ、あらはるゝ。

日本男兒

(一)
よしや百万の大軍も、
奪ふによしなき、やまとだま、
おの〱身にこそ、そなへたれ、
山なすあだなみ、よせくとも、
などかおそれん、日本男兒。
(二)
きたへにきたへし、日本刀。
氷のやいば、夏寒し、
このひとふりこそ、そなへたれ、
あだなすえみしら、おほくとも、
などかひるまん、日本男兒。

小犬

(一)
古鞋くはへて、えたりがほに、
めぐりつはしりつ、狂ふ小犬、
いかにもたのしき、さまのみゆる、
われらも愉快に、いざあそばん。
(二)
ひと聲ふた聲、いさみほえて、
進みつしりぞきつ、さわぐ小犬、
いかにもうながす、さまのみゆる、
われらもゆかいに、いざあそばん。

一月の遊び

(一)
あげよかみだこ、皆來てあげよ、
たこあげあそびは、
おもしろ〱〱、
かしこの原よ、ここの野べよ、
みなきてあげよや、
東風吹くそらに。
(二)
つけよやりはご、皆來てつけよ、
羽子つきあそびは、
おもしろ〱〱、
かしこのにはよ、ここの園よ、

みな來てつけよや、
はつ日のかげに。

＊二番一行目「やりはご」は「追い羽根」の意。目次では「やすみの鐘」から「一月の遊び」までを「第二學期」と設定。

母のおもひ

(一)
なでゝそだてゝ、教へたて、
人となりての、後もなほ、
こゝろのやみに、身をくだく、
母のめぐみは、たふとしや。

(二)
知恵も器量も、世にこえよ、
あしき道にな、まよひそと、
こゝろのやみに、夜もねぬ、
母のなさけは、たふとしや。

竹馬

(一)
乗れ乗れ乗れ、竹馬に、
今より後、人となり。
全世界の、騎馬旅行、
なさむ時の、下練習。

(二)
のれのれのれ、竹馬に、
今より後、人となり、
わが日本に、向ふ敵、
撃たむ時の、下練習。

(三)
のれのれのれ、竹馬に、
たれかはよき、のりてなる、
よく騎るものは、一軍の、
大将としも、あふがれん。

雪達磨

(一)
尾をふりうごかし、小犬まで、
よろこびいさめる、けさの雪、
來よ〳〵みなこよ、いざともに、
のき端につくらん、大達磨。

(二)
炭團のまなこは、まんまろく、
薪のくちびる、への字なり、
見よ〳〵あれ見よ、いざともよ、
おどろくばかりの、大達磨。

＊初出『教科適用幼年唱歌』一（一九〇一年）。『新訂尋常小學唱歌』一「雪達磨」は同名異曲。

航海

(一)
波をけやぶり、くる舟は、
大砲もたぬ、軍艦か、
いなとよあれは、万國に、
ゆきゝたえせぬ、商船ぞ。

(二)
國の産物、つみいだし、
よその産物、はこび來て、
交易ひらき、民すゝむ、
皆航海の、たまものぞ。

(三)
海を渡りて、見もしらぬ、
土地に旅する、愉快さを、
のせつゝ走る、商船は、
實にこそ國の、寶なれ。

時はこがね

(一)
一秒時をも、惜しまむ人の、
身にぞ黄金は、つもるべき、
やよや人々、用ゐてつきぬ、
時はこがねの、母なるぞ。

(二)
たゞ時の間も、あだにすごさぬ、
人にぞほまれは、やどるべき。
やよや人々、用ゐてつきぬ、
時はほまれの、父なるぞ。

進軍

一
勇む兵士、數を知らず、
ならびならぶ、あのつゝさき、
喇叭のひゞき、きくも愉快、
タタタタター、
タタタタター。

二
勇む兵士、千か万か、
そろひそろふ、あの靴おと、
蹶立つる塵、見るも活潑、
トトトトトー、
トトトトトー。

＊目次では「母のおもひ」から「進軍」までを「第三學期」と設定。

【参考資料】
『唱歌教科書』巻一（教師用）

『唱歌教科書』巻二（教師用）

共益商社編

共益商社編
唱歌教科書　巻二
教師用
共益商社樂器店藏版

刊行：1902年4月20日　発行：共益商社楽器店　東京　縦148ミリ×横215ミリ　表紙＋40頁　底本：1902年11月5日訂正再版
＊写真は中扉（国立音楽大学附属図書館蔵）

弊社晨に善良なる唱歌教科書の編纂を希圖するや、先づ在京知名の音樂及文學の數大家に乞ひて、該書編纂上の審査監督の事を依囑し、同時に廣く書を全國各地なる專門の諸先生に致して、諸地方に於ける該科普及上の状況を始め、一般生徒の嗜好、歌曲難易の程度、旋法の種類、音域、歌曲の品題、分量、及び其排列の順序、教授の方法、其他編纂上要用なる條目に付て、委細の經験注意等を寄せられん事を乞ひ、之を統計して、先づ編纂上大體の順序方法を定め、品題を選み、以て文學の大家に之が作歌を依頼し、再び之を各地の諸先生に配布して其作曲を仰ぎ、集まれるもの數百曲の中に就て、更らに前記編纂監督の任に當られたる諸大家の、最も懇切丁寧なる審議取捨を經、茲に着手以来幾多の歳月を閲して漸く此の編は成りたり、されば本書は、其編纂上最も精密の手續きを履みて生まれたるものなることを信ずるものにして、こゝに其歴史を序すると同時に、謹んで之に干られたる諸大家に向って、深く其好意を陳謝すと云爾

明治三五年四月

本書の特色及び使用上の注意

程度

本書は主として高等小學四學年間の課程に適應せしむる目的を以て編みたるものなり、

（されば、本書の第三巻第四巻及び其他の幾分は、また中學校及び高等女學校にも適用するを得るものとす、）

歌曲排列順

本書に於ける歌曲排列の順序は、斯道の諸大家の最も精密なる審査を經て成れるものにして、系統正しく漸次簡より繁、易より難に進めるは勿論、遅き曲と早き曲、並に勇ましきものと優しきものとの配合、音域の廣さ、題目並に歌想曲想の程度、季節の順序、及び各學期間に教授すべき歌曲の數等、凡て最も適切なるべき様編まれたるものなり、（なほ曲を追うて、樂譜上新記號の現はるゝ毎に、他の注意すべき諸項目と共に、必ず之を「演奏注意」欄内に記述したり）、されば、特別の事情ある場合に非れば、妄りに之を取捨變換する事なく、ただ全々所載の順序のまゝ教授を進行すれば足るものとす、

但し祝日大祭日等の唱歌は、本篇以外別に練習を要すべきものなれば之を行ふべき學期間の曲數は、豫め其割合を以て排列しあるものと知るべし、なほ毎曲必ず十分生徒の熟練するを待った後、次の歌曲に移るべく、又常時既習曲を復習すべき事は論を俟たず、

高尚なる歌曲

三四年生用の歌曲中には、在来の唱歌集の程度に比して頗る高尚なるもの無しとせず、されども、もと本篇の歌曲は悉皆これ本邦人の作にして、特に最も我が兒童に適切なるものをのみ、選み集めたるものなれば、彼の外人の作の我國情に叶はざるものゝ類を含まず、されば、一二年生より本教科書の順序により、正當の練習を積みたるものは、自然これら高尚なる歌曲をも見事に唱謡し得て、よく其趣味を會得し得るに至るべきを信ず、彼の常時徒らに兒童の容易く擬唱し得らるゝものをのみ多々注入するが如きは、斯の科の教授上、善良の結果を擧ぐべき所以に非ず、

但し樂曲教授には、必ず樂譜を用ゐ、視覺上の智識をも應せしめて、意識的練習を爲さしむべきこと勿論なり、

〔附記〕本書編纂に當り、一般地方の專門家より聽くを得たる意見の大多数は、一二年生には畧譜、三四年生には本譜を用ゐしむるを以て、適當となせり、

調子

本篇に於ける樂曲は、其自然の性質と、兒童の音域とを考へ、夫れ〵〵適當の調子を以て記載しあるものなれば、妄りに移調變換する無からん事を望む、

但し曲により、一音内外の區域に移し得うべきものは「演奏注意」欄内に之を附記したり、

曲の想

歌章に意義あるが如く、樂曲にも亦各其想（ココロ）あるものにして、勇ましきあり、優しきあり、廣大なるあり、

輕快なるあり、其様一ならず、蓋しこの想こそ、唱歌上最も緊要なる條件にして、これ無ければ、樂曲は全く死物と成り了るべし、本書は毎曲首に必ずこの曲想を附記し、なほ曲によりては、「演奏注意」欄内に於て更らに之を説明したれば、先づこれに依りて曲趣を悟り、其の心を以て唱歌せば、幾庶くは漸次美的興味を會得するに至らん、なほ特に強弱記號及び發想記號を附記したる曲にありては、充分之に留意して、善く其曲の眞趣味を發輝せん事を望む、

但し先づ調子及び拍子に熟達して後、強弱及び發想の練習に及ぶを、正當の順序とす、玆に本書に使用したる記號の一般を説明すべし、

pp　最も弱く
p　弱く
mp　稍弱く
mf　稍強く
f　強く
ff　最も強く
<　漸々強く
>　漸々弱く
rit　漸々遲く

速度

樂曲の速度は、また曲想と大關係あるものなれば、其緩或は急に失すること無からん爲め、毎曲必ず拍節機(メトロノーム)の度數(♩=何程)を附記して、其速度を明示し、なほ一曲中に特別の緩急あるものは、「演奏注意」欄内に於て、更らに之を述べたり、

拍節機(メトロノーム)

但し新に教授せんとする樂曲は、豫め拍節機に依りて、其拍子の速度を計り試み、よく其曲趣を會得し置くを善しとす、又若し教授に際して拍節機を使用することあるも、曲首三四小節間にのみ之を用ゐれば足れり、一歌曲を通じて拍節機と共に唱歌するが如きは、機械的に流れて却って曲想を失ふの憂あるべし、

〔附言〕従来唱歌教授の通弊として、樂曲の速度多くは緩に失するの傾あるに如たり、

發聲法

聲音は唱歌上唯一の材料にして、發聲法の善悪は直ちに歌曲の美醜に關す、されば教師は常時兒童の發聲に注意し、能ふべきだけ善美なる聲音を使用せしむることを怠るべからず、吸息法も亦唱歌上重要なる一條件にして、こはまた呼吸機の發育に關する事大なり、本篇樂譜の上部に記したる、∨記号は即ち吸息の箇所を示したるものなり、

〔附言〕従来該科の教授には、暴聲を用ゐて絶叫するをのみ活潑なる唱歌法と誤解するの弊あるが如し、くれぐ〵もこの項に注意あらん事を望む、

教授上説明の要

歌詞の意味に付ては、毎歌章の末に大要之を解釋したるが、教師は先ず歌曲の題目、歌意、曲想等により、善く他科との聯絡を考へ、又既習歌曲との類似点、及び差点等を視、適宜に生徒と問答し、或は善く其意を説明して、充分兒童の興味を喚起し、且つ教授の聯絡を計らん事を要す、

注意欄

以上記載以外の條項は、各曲に注意欄を附して、一々其内に之を記述したれば、毎曲先ず之を熟讀して後、教授に從はん事を望む、

女生徒專用曲

第三巻及び第四巻には、巻末に女生徒專用曲を添へたれば、適宜に之を學期間に配當して教授すべし、

來れ遊べ

(一)

來(きた)れ遊(あそ)べ、我等(われら)が友(とも)よ、
のどけき春(はる)の、この野邊(のべ)に、
しきつめたる、花(はな)の毛布(もーふ)、
おりいだせる、草(くさ)の模様(もよー)、
植物採集(しょくぶつさいしゅー)、こころのまま。

(二)

來れ遊べ、我等が友よ、
たのしき春の、この野邊に、
花にあそぶ、百千(もゝち)の蜂(はち)、
花にくるふ、つがひのこてふ、
動物採集(どーぶつさいしゅー)、おもひのまま。

此歌は、春の野外の遊びの愉快と利益とを知らせたものである。綠一面の草、すみれ、れんげそーなどの咲きみだれてをる野邊、蝶蜂などの愉快に飛ぶ空、自然を友とし、觀察の眼を開いて、かたぐ〵動植物を採集するなど、なんと樂しくはないか。

つがひのこてふ　二羽づれの蝶々。

【演奏注意】

○豫習曲として第一學年に出でたる「學びの園」を復習すべし
○附點八分音符と十六分音符との連續は特に其拍子を正確に且つ明瞭に歌はしむるよー注意すべし
○第一段と第二段とは音符の價値を異にせり混ずべからず

ボート

(一)

潮(しほ)みちぬ、こぎだせよ、
いざともに、こげやこげ、

風ふくも、浪たつも、
海國一の、男兒なり。

(二)

いさましや、こゝちよや、
こゑそろへ、こぐわれら、
さわぐ波、走る魚、
とびかける、舟は鳥。

(三)

かひの羽、かぢの爪、
こぎにこげ、かきにかけ、
萬里の海も、なんのその、
東洋一の、海國兒。

風たつも浪たつも　此句は後の句につゞくのではない。いざともにの前に入れて見ると意はよくわかる。
舟は鳥　とびはしる舟は鳥の如しとたとへたのである。
かひの羽、かぢの爪　舟の櫂や柁を、鳥の羽や爪にたとへたのである。

【演奏注意】
○第三段に於ける各小節の第一音符は特に稍強聲に歌ふを要す
○一個の四分音符の下に二語の歌詞あるものは平等に之を二個の八分音符に分かちて歌ふべし

雨

(一)

(小兒)いづこを出でゝ、いづこに至る、
あしぶみはやく、窓うつ雨よ。

(二)

(雨)雲よりいでゝ、草葉にやどる、
せはしやわれは、きのふも今日も。

(三)

(小兒)いざ〳〵共に、わが身も行かん、
野山の花に、やどるはうれし。

(四)

(雨)いな〳〵我ぞ、おん身とならん、
ピアノを彈きて、遊ぶは樂し。

(五)

(小兒)あめ〳〵さらば、どんどと降れや、
われらが歌と、あはせてやらん。

此歌は、雨を生命ある兒童の如くに見たて、兒童とのかけあひ問答になぞらへたのである。雨の降る音、兒童の歌ふ聲、まるで自然の合奏のよーであるとの意。
いづこを出でゝいづこに至る　どこからでゝどこへゆくのか

【演奏注意】
○此の曲第一段及第二段は八分の四拍子にして第三段及び第四段は四分の四拍子なり音符の價値に注意すべし
○第二段の末節より第三段へ移るとき及び第四段より第一段へ反る際、や、その速度緩むる意なるべし
○D.c.al 𝄋は此の所より𝄋標ある所へ反す可きを示し、Fine. 𝄐は最後に此の所にて終わるべきを示せり
○rit. は ritardando の略字にして速度を漸次緩むべきを示す
○此の歌曲は問答體のものなれば生徒を二組に分ち甲を小兒、乙を雨として交互に唱歌せしむれば大に興味あるべし(但し當初は組を分かつ事なく全生徒同時に之を授け其熟するを待て組を分かつことを可とす)
□歌詞「ピアノをひきて」は「オルガンひきて」とするも可也。

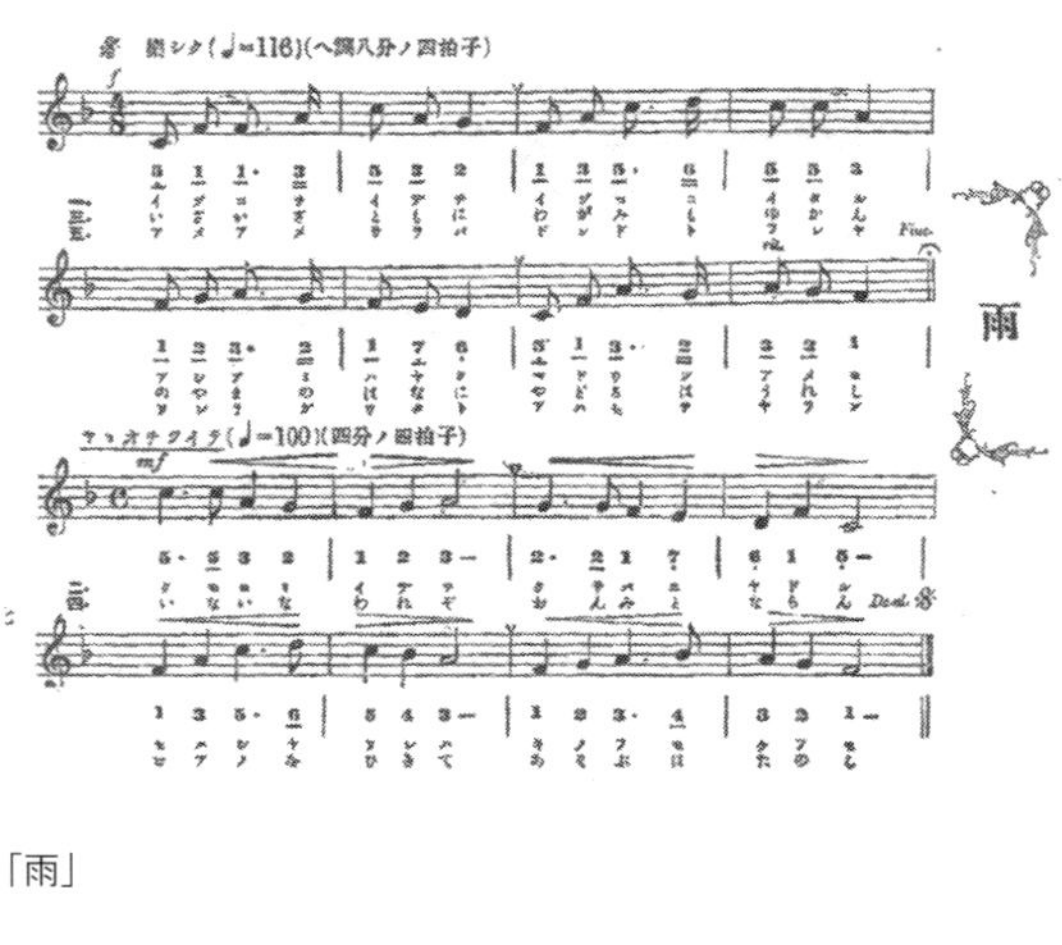

田植

(一)

もろ聲に、いざ賑しく、
歌ひて植ゑよや、門田の早苗、
此早苗こそ、千五百の秋と、
名におふ國の、瑞穗の稲。

(二)

もろ共に、いざいさましく、
きほひてうゑよや、山田の早苗、
此早苗こそ、四千餘万の、
わが同胞が、命の本。

(三)

賑はしく、又勇ましく、
歌ひてきほひて、植ゑよやうゑよ、
植うるは我等が、務のみか、
同胞のため、御國のため。

雨

「雨」

田植は一粒萬倍、四千餘萬の命の本であるから元氣よく植ゑよという意。
もろ聲に　こゑをそろへて
門田の早苗　門の外、卽ち屋敷ぢかくの田に生へてある苗
千五百の秋　日本の國は千五百秋千足の國とも稱して、千秋萬歳五穀ゆたかにみのるよき國であるといふこと。
瑞穂　みづ〳〵しくみのりてめでたい稲の穂

【演奏注意】
○各段の第二小節なる第三拍目の音符は押し付くるが如く歌ふの弊あり易し、軟かに歌ふ様注意すべし
○又各段末節の附點二分音符は必ずその價値だけの音長を保つ様注意を要するなるべし

朋友

㈠
たがひにはげまし、よきにすゝみ、
ともどもこらして、あしきをさくる、
これこそまことの、たゞしき友よ、
これこそまことの、たゞしき友よ。

㈡
うきことあるとき、ともにうれへ、
たのしきときには、互にたのしむ、
これこそまことの、へだてぬ友よ、
これこそまことの、へだてぬ友よ。

㈢
まことの友こそ、わが身の益よ、
骨肉にまされる、たすけとならん、
もとめてむつべよ、まことの友に、
もとめてむつべよ、まことの友に。

たがひにはげまし云々　孟子に「善を責むるは朋友の道なり」とあり。
うきこと　しんぱいなこと。
骨肉　同じ親の血しほをわけたものをいふ。
もとめてむつべよ　むつぶとは、むつまじくすること。故に、えらびもとめて中よく交れとのこと。

【演奏注意】
○當曲の如き曲風のものには往々記載音符以外のふしを添ふるの弊生じ易し注意すべし
○各段末節の附點二分音符は其音尾を殊更押し附くる事なき様注意を要す
○快活に歌はしむべし然かも叫ばしむべからず

皇統

㈠
みなもときよき、いすゞがは、
千秋万古、たえまなし、
たえせぬ代代の、みめぐみに、
四方のたみくさ、そだつなり。

㈡
みなもととほき、みもすそ川、
ながれは千古、たえまなし、
たえぬ御系統の、たふとさは、
とつくに人も、あふぐなり。

この歌は、天皇陛下の御系統が幾千萬年の後までもおかはりないことを、川の流れの濁らぬにたとへたのである。か、る貴い天皇を戴いてをる我々臣民の幸福はどれほどであらうか。外國人まで仰ぎ貴ぶのであるよという意である。
五十鈴川　伊勢國皇太神宮の域外を流れる川であるから、皇太神宮の御子孫なる皇統にたとへたのである。一名はみもすそ川ともいふ。又、みもすそ川は五十鈴川の上流だともいふ。
千秋萬古　千年萬年といふこと。（くはしくいへば、萬古は萬年の古よりの意なり）
四方の民草　民の生れ出るを草の生ずるにたとへて、あをびとぐさとも民草ともいふ。
とつくに人　外國人

【演奏注意】
○豫習曲として一學年に出たる「日本三景」を復習すべし
○各小節の第二拍及第四拍音符（弱聲部）を稍弱く歌ふ様、又凡ての附點二分音符を必ず其の價値だけ延長する様注意すべし

蒙古襲來

㈠
四百餘州の、武威をたのみ、
蒙古の大王、忽必烈、
御國をあなどる、無禮の言、
いで物見せんと、鎌倉男兒。

㈡
三度の使を、斬ってぞ棄る、
元主は怒りて、山なす兵艦、
邊海ほふりて、血なまぐさく、
潮蹶立てくる、玄海なだ。

㈢
執權時宗、只一令、
六十餘州の、健兒立てば、
雲飛び風あれ、浪逆まき、
數萬の敵兵、のこるは數人。

支那は四百餘州とて、たゞさへ威張ってをるものを蒙古忽必烈は諸方をせめ從はせた其の勢に、日本ぐらゐはおどしつけて攻めずに取らうといふ意氣込みで使を來たらしめたが卽ち後宇多天皇の御代。此時、北條時宗は、大膽にも其の使を三度まで切り捨て、遂に彼より來る十萬の大軍を筑紫の海でみなごろしにした顚末は歷史にかくれなき事實。此歌は卽ち之をよんだのである。

いで物見せん　どれひどいめにあはせてやらう。

鎌倉男兒　北條時宗は執權職となりて鎌倉に居た。古から關東八州の武士は極めて強く、中でも鎌倉武士は最も強かったのである。

六十餘州　日本全國といふこと。日本は今は八十餘州にわかれてあれど、昔は六十餘にわかってあったのである。

【演奏注意】

○「コッピレツ」のコッ及ビ「キッテゾスツル」のキッは促聲に歌ふを要す

*目次では「來れ遊べ」から「蒙古襲來」までを「第壹學期」と設定。

乳牛

(一)

朝露のこる小草、角にわけつつ、
彼方此方に、こゝちよげに、
なにをあさる。

(二)

あとより尾ふり尾ふり、母を追ひくる、
わがこ見かへり、うれしげにも、
あゆむさまよ。

(三)

けさわがのみし乳も、それと思へば、
わきてなつかし、こゝろなげに、
あそぶうしも。

あさる　食を求めること。

【演奏注意】

○豫習曲として一學年に出でたる「一月の遊び」を復習すべし

○此の曲の最初の半小節は三拍半より初まれり、歌ひ出しに注意すべし

○「あさつゆ」と「のこる」の間に自らなる切れ目あり

海

(一)

雲の波、はてもなく、
空低く、山見えず、
うしほわき、みさごまふ、
大なる、わが海よ。

(二)

波こそは、わが道よ、
舟こそは、わが馬よ、
いざゆかん、いざゆかん、
海のほか、波のをち。

みわたすかぎりはてもなく、天と水とが一つゞきになってをる大海。その大海に大船を浮べて、外國までも乘りまはるといふは實に勇壯愉快であるとの意。

みさご　鷲に似たる鳥で、海上に舞ひ、魚をとりて食ふ。

波のをち　波のあちらのこと。

【演奏注意】

○豫習曲としては一學年に出でたる「母の思ひ」を善しとす

○第三段は漸く早く、稍逼るが如き意にて歌ふべし

○凡て滑かに歌ふを要すスラーある音符特に然り

○特に發想に注意すべし

眞の勇士

(一)

虎をば斬るもの、眞の勇士か、
城をば拔くもの、眞の勇士か、
人をば刺すもの、眞の勇士か、
否、否、否。

(二)

傲慢いつはり、そねみやなまけ、
虎にもまされる、心の敵を、
おさへてひしぐが、眞の勇士ぞ、
げに、げに、げに。

傲慢いつはり、そねみ、なまけなどは我が心に起る敵で、此等の敵が心中に起ってくると、決して立派な人とはなれぬ。故に此等の敵は、どうしても亡ぼさなければならぬが、之を亡ぼすことはよほどむづかしい。之を亡ぼす人ならば眞の勇士であるといふことをよんだのである。

【演奏注意】

○豫習曲としては「田植」の曲可なり

○「田植」に於けると等しく此曲も亦各段の第二小節なる三拍目の音符は輕く歌ふを要す

○「イナイナイナ」及び「げにげにげに」は稍弱く且つ其拍子を稍緩めて歌ふべし

月

(一)

兎が餅を、搗くといふ、

古へ人の、語りつぎ、
月の世界の、あの隈は
今も聳ゆる、山の陰。
「十五夜お月様見てはねる。」

(二)

桂の花が、咲くといふ、
古歌人の、いひ傳へ、
月の世界の、あの隈は、
昔たゝへし、海の跡。
「紅葉すればや照りまさる。」

兎が餅をついて居るとか、桂の木がはへて居るとか、昔より言ひつたへてをるが、あれは山のかげ海のあとであるといふことを面白くよんだのである。

十五夜お月様見てはねる　ふるき童謡

桂の花　かつらといふは、我國で「もくせい」といふ木だそうな。

紅葉すればや照りまさる　壬生忠峯の歌に「ひさかたの月の桂も秋はなほもみぢすればやてりまさるらん」とあり、月に生えてある桂も秋は紅葉するから光がますのでもあらうかといふ意。

【演奏注意】

○此の曲は寧ろ弱聲を以て頗る遲く(八分音符は四分音符位の考へを以て)愛らしく且つ優美に歌ふを要す

○第三段末なる *poco rit.* は稍遲くの意

○第四段「十五夜」より漸次速度を早め「見てはねる」は再び漸々速度を緩めて微聲に終り、さて第二章の歌は再び始めの速度にかへりて歌い出すべし

行軍を觀る

(一)

あれ聞け聞ゆる、喇叭の音、
トテト テトテテテテ
テトテトテ、
兵隊きたる、軍隊きたる、
あかの帽子か、近衛兵、
胸に勲章、腰に劍、
武装の士官、いさましや、
赳々たる武夫は、國家の干城、
君を守の武士よ。

(二)

あれ聞け 聞ゆる、太鼓の音、
ドドンドドンドドン ドドドン
ドンドドンドドン、
軍隊きたる、軍隊きたる
黄なる帽子か、師團兵、
背には背嚢、肩に銃、
武装の兵士、いさましや、
赳々たる武夫は、國家の干城、
國を護の兵士よ、國を護の兵士よ。

勇ましい〱軍隊が來た。赤帽子は近衛兵、黄帽子は各師團兵か。この勇ましい兵士は、皆これ國家の干ともなり城ともなりて、國家を護るものであるといふ意。

赳々たる　詩經周南篇に「赳々武夫國家干城」とあり、赳々はたけく勇ましげなこと。

【演奏注意】

○豫習曲として「來たれ遊べ」を復習すべし

○「トテトテ云々」は樂器のみにて奏するも可なり

○「國家」のコクおよび「ラッパ」のラッは促聲に歌ふべし。

泉

(一)

ひとしづく、ふたしづく、
こゞしき岩根、もりくる水よ、
なつのひも、ふゆのひも、
かれずにながれ、まさらずにゆく、
われらのつとめも、かくぞあるべき、
おこたらず、たえまなく。

(二)

ひとながれ、ふたながれ、
さかしきたにま、わけゆく水よ、
あめの日も、はれの日も、
にごらずながれ、すみわたりゆく、
われらのこゝろも、かくぞあるべき、
いつまでも、にごりなく。

泉は細けれどもさら〱と流れて晝も夜も休まない。我等の事物につとめるのも此のごとくでなければならぬ。又、これらの泉は、いつも清く澄んで居る。我等の心もその通り潔白でなければならぬといふが此歌の主意である。

こゞしき　岩根　けはしい岩のもと。

かれずに　水がなくならずに。

さかしき谷間　けはしい谷のあひだ。

(此歌章のふしには、末の方に、くりかへして歌ふべき箇所がある)

【演奏注意】

○豫習曲としては「朝起」可なり

○拍子の緩慢に流れざる様に明瞭に歌ふべく又息の切れ目の目立たぬ様注意すべし

*目次では「乳牛」から「泉」までを「第二學期」と設定。

雪

㈠
白がねのうてな、白がねのくさき、
一夜に成れる、この銀世界、
おもしろや庭の、雪のけしき、
またもふりきぬ、
あれ、
チラ、チラ、チラ。

㈡
白がねのはやし、白がねのみやま、
仙界樂土、今日のまへに、
おもしろや野邊の、雪のけしき、
朝日てりそふ、
あれ、
キラ、キラ、キラ。

「雪」

夜の間に降った雪でどこもかも眞白になってうつくしい。
その上になほ降ったり照ったりして、景色の變化がおもしろいといふこと。

白がねのうてな　銀でこしらへた立派なたてもの。
銀世界　銀でつくったよーな世界
仙界　仙人の住む世界
樂土　極楽世界

【演奏注意】
○第一段より第三段までは稍急拍子に（緩慢ならぬ様）歌ひ、第三段の終りを稍緩め、第四段四ノ二拍子は前段より稍遅く歌ふべし（アレの二音は特に緩く）さて最後の二小節を遅く且つ極めて滑らかに歌ひ終り、第二章の歌は、再び始めの速度を以て歌ひ出づべき事前出「月」の曲の如くすべし。
○ *ritardando* は、*rit* と等しく漸次速度を緩むべきを示せる樂語なり（前出「雨」の曲參照）

懐友

㈠
草鞋を足に、辨當腰に、
ともに野山を、かけりし友、
あゝその友は、しらぬ他國に、
誰と野山を、今かかける。

㈡
書物を膝に、鉛筆耳に、
ともに月見て、かたりし友、
あゝその友は、他國のそらに、
誰と月見て、今か語る。

誰と野山を今かかける　　今は誰とともに野山をかけてあるくことやら。

須磨明石

㈠　須磨
浦波よする、松かげに、
鹽やく煙、たちなびき、
須磨山嵐、吹き絶えて、
夕をつぐる、鐘の音。

㈡　明石
さしくるしほに、月を載せ、
やすらふ帆影、波の底、
千鳥にあらぬ、われさへも、
ながめに一夜、明石潟。

須磨の浦の景色のよいことを言ふならば、波の打ちよせる松の木のかげに鹽焼小屋から出る烟がたなびいて、山から吹きおろす風もない夕暮れに鐘がこう〳〵と鳴るなど、言ふにいわれぬ。又明石潟はどうかといふに、さし滿ちてくる潮には月かげがきらめき、止まって居る帆のかげは波の底にうつり、その景色のよいのに浮かれて、千鳥でもない我さへも、ながめて夜あかしをしたといふこと。（俗解）
一夜明石潟　　明石といふに夜あかしを言ひかけてある。

【演奏注意】
○特に發想に注意すべし
○第二段及び第三段に於ける八分音符の連續は滑かに急がぬよー歌はしむべし

農夫

㈠
炎陽のぼる、畑に小田に、
おりたつたごの、歌聞けば、
一鍬振るも、君のみため、
二鍬振るも、國のため。

(二)
苗代水に、手くびふりて、
種子まく田子の、歌きけば、
一粒萬倍、これぞ命、
つづけや日和、降れや雨。

(三)
黄金となびく、うましいねを、
刈り取る田子の、歌きけば、
今年のみのり、いつにもなし、
よろこべ妻も、うたへ子も。

太平の御代の農夫が、耕しつ、思ふ心をよんだのである。
陽炎 春の日、きら〳〵と霞のよーに立ちのぼるもの。
おりたつ田子　田に下りて居る農夫。
一鍬ふるも　鍬をふりて田を打ちおこすのも。
苗代水に　稲の苗をつくってある田の水のうへに。
つゞけや日和云々　五日の風十日の雨というて、晴天と降雨とがほどよくあれといのること。
黄金となびく　稲がみのりて黄金色になりて風になびくこと。
うまし稲　みごとないね。うましとは美といふこと。

【演奏注意】
○悠々と樂しげに歌ふを要す
○第三段末節なる二個音符は極めて滑かに且つ其第二音符を稍短かく且つ弱く歌はしむべし

親のめぐみ

(一)
あつくふかきは、御親のめぐみ、
山も及ばず、海なにならず、
泣けばあやかす、寝る目もねずに、
病めばかなしむ、食をもくはで。

(二)
早く笑へよ、笑へば這へよ、
這へばあゆめと、あさゆふ祈る、
あゝありがたき、御親のこゝろ、
胸にきざんで、忘れずあらん。

海なにならず　親のめぐみの深いのにくらべては、深い海もなんでもない。
胸にきざんで　心にしかとおぼえておいて。

【演奏注意】
○豫習曲としては「須磨明石」可なり
○當曲に於て初めて臨時♯記號用ゐらる。該音符は初習者には稍困難なれば充分の注意を要するなるべし
○第三段に於る *A tempo* は前段 *rit* によりて緩めたる速度を、此の所より再び「元の速度にかへりて」唱ふべきを示せる樂語なり
○凡てよく〳〵發想記號に注意すべし
＊目次では「雪」から「親のめぐみ」を「第三學期」と設定。

「親のめぐみ」

『唱歌教科書』巻三（生徒用）

共益商社編

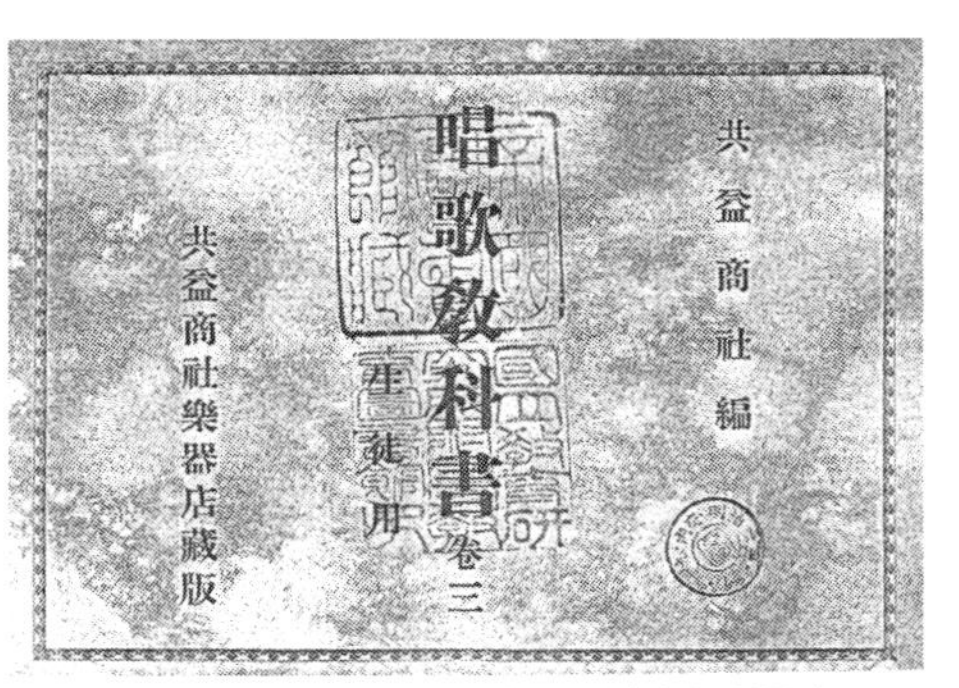

刊行：1902年4月20日　発行：共益商社樂器店
縦148ミリ×横215ミリ 表紙＋44頁
＊写真は中扉（国立音楽大学附属図書館蔵）

朝風

(一)
吹くよ朝風、冷しく吹くよ、
學び路いそぐ、我等が袖を、
露の白玉、かゝれる草葉、
なびきてこぼるゝ、眞玉の露。
あゝ惜しや。

(二)
吹くよ朝風、冷しく吹くよ、
學び路いそぐ、我等が裾を、
朝日をやどせる、黄金の玉の、
一つはこぼれて、一つはかゝる。
うつくしや。

(三)

空は清し、心地はよし、
朝風そよ吹く、學びの路、
いざや急ぎて、教をうけん、
來る日も來る日も、怠らず。
たのもしや。

振天府

(一)
彈丸 銃砲 鉾 劍、
日清戰利の 品々を、
つらね給ひし、振天府、
かしこしや、
大内山の、上に立てり。

(二)
將校士官、下士歩卒、
戰病死者の、面影を、
かゝげ給ひし、振天府、
かしこしや、
天皇陛下の大御しわざ。

*「大内山」は御所のこと。

美しき天然

(一)
げにうつくしき、あめつちの、
四時のながめは、おもしろや、
春は花さく、梅さくら、
秋は 綾織る、色紅葉、
夏は すゞしく、月てりて、
冬は 玉ちる、雪ぞふる。

(二)
げにうつくしき、あめつちの、
四方のけしきは、うるはしや、
山は みどりに、水澄みて、
すなご 清らに、松あをし、
あさは たなびく、薄霞、
ゆうべ さへづる、鳥の聲。

(三)
ながるゝ水は、とゞまらず、
すぎゆく年は、またと來じ、
あそべ人々うつくしき、この天然の四つの時、
行けや人々うつくしき、この天然の海や山。

水車

(一)
清き流れの、山河に、
かゝる山家の、この水車、
まはれるひゞき、たぎれる水に、
峯の松風、只こたふなり。

(二)
千年百年、すみなれて、
うきよはなれし、この仙人か、
しらがのまゆげ、しらがのひげに、
烟吹きつゝ、只まもるなり。

(三)
落つる夕日に、いそがれて、
鳥はねぐらに、おきなは家に、
仙郷のやみを、守らんとてか、
車ひとりが、只めぐるなり。

*三番三行目「とこよ」は「仙人の住むところ」の意。

日本軍艦

(一)
大なること、山の如き、鋼鐵の、
軍艦、あまつさへ、忠勇無二の、
つはもの載せたる、軍艦、
世界にまたと、あるべしや。

(二)
動かざること、城の如き、鋼鐵の、
軍艦、あまつさへ、天神地祇の、
艫舳を護れる、軍艦、
世界にまたと、あるべしや。

(三)
そもむかしより、譽高き、わが國の、
人々よ、いざやいざ、祖先に受けし、
たふとくけがれぬ、勇名を、
世界に擧げで、あるべしや。

*二番二行目「地祇」は「地を守る神」の意。

螢

(一)
露の白玉、かけしかと、
觸りて見れば、玉篠の、
葉末はなれて、高く飛ぶ、
螢は二つ、三つ五つ。

(二)
天つみそらの、流星、
みだれてとぶか、夏の夜は、
見えみ見えずみ、西東、
螢の火こそ、あやしけれ。

(三)
まねくうちはの、風かろく
思はぬかたに、なびきつゝ
しばしかくれて、いつしかも、
ほたるは星の、數に入る。

*「玉篠」は、ささを美しく形容した呼び名。

琵琶湖

(一)
歌へや歌へ、世に名も高き、
近江の海の、八つの景、
三井につきだす、鐘のねくれて、
瀬田の夕日は、影もなし。

(二)
比良の暮雪の、あはれはあれど、
なほ石山の、秋の月、
矢走の歸帆、ゆくへも消えて、
雁や堅田に おちぬらん。

(三)
粟津の嵐、ふきしづまりて、
辛崎さむき、雨の夜半、
聞くさへ心、浮かるゝものを、
見る人いかに、旅をして。

＊『小學唱歌』巻之三、開成館版『新編教育唱歌集』第六集の「琵琶湖」は同名異曲。

故郷の小川

(一)
笹舟をりて、流しゝも、
小魚すくひて、遊びしも、
あゝ彼の小川、彼の小川、
きよきその音、耳にあり。

(二)
雲のあなたに、故郷を、
おきて年ふる、旅のやど、
あゝあの小川、あの小川、
夜ごとの夢に、ながれゆく。

豊年

(一)
黄金の波を、打ちよせて、
ゆたかにみのる、小田の秋、
案山子の弓も、簑笠も、
もちひぬ年の、のどけさよ。

(二)
松の梢に、ほのみえて、
かげさす空の、夕月夜、
うれしや明日は、鎌いれて、
我田の稲も、刈り取らん。

(三)
里にはひゞく、歌の聲、
民には滿つる、富の色、
いはへや煙、にぎはひて、
さかゆる秋の、めでたさを。

(四)
鎮守の森の、あなたには、
祭のはやし、聞ゆなり、
をどれや舞へや、もろともに、
老も若きも、幼子も。

秋景

(一)
月さえわたり、花さく野邊、
虫のこゑごゑ、あはれふかし、
ふりいだすすず、かきならす琴、
げにたぐひなき、あきの風情。

(二)
おりなすにしき みねのもみぢ、
おく霜のごとに、色をそへぬ、
みそらは高く、氣は晴れたり、
げにならびなき、秋のけしき。

ころんぶす

(一)
大西洋の、かなたには、
陸ありとしも、知らぬ世に、
亞米利加州を、發見したる、
人の話は、かくれなし。

(二)
舟乗りいだす、波の上、
西へ〳〵と、進めども、
眼にさはる、山もなし
はや百日も、すぐしたり。

(三)
流るゝ草の、葉を見れば、
陸は近しと、いふほどに、
見とめし島は、サンサルバドル、
喜ぶ聲は、雲井まで。

＊目次では「蛍」から「ころんぶす」までを「第二學期」用と設定。

自然

(一)
こゝろとゞめて、世界を見れば、
天地自然は、我が師なり、
蟻の建てたる、高樓も、
住居のさまは、具備はれり。

(二)
小瓶造りし、泥蜂の、
巧はやがて、陶器ぞ、
口に綾操る、蠶のまゆは、
これ織物の、雛形よ。

(三)
檐に組たる、蜘蛛のいと、

これ編物に、ことならず、
杭に文字彫る、木蠹、
小壁に繪がく、蚰蜒。

㈣
花にとび舞ふ、蝶々や、
千種に歌ふ、秋のむし、
かゝる微賤き、動物にさへ、
美術のわざは、そなはれり。

＊『新選中學唱歌』二（一九二九年刊）に所載。

日本刀

㈠
われ魂あり、誰かは知る、
われに寶あり、世に輝く、
磨きにみがける、大和魂、
鍛ひにきたへる 日本刀。

㈡
神州男兒の、精氣結ぶ、
氷のきっさき 露したゝる、
光は稲妻、五州を照し、
揮へば玉散る、日本刀。

㈢
正義の光は 幾千年、
傲慢無禮、いつまであらん、
天下の賊ばら、只一うち、
切味示さむ、日本刀。

和氣清麿

㈠
おもきみことを、、
身に負持ちて、
うすきこほりを、
ふむおもひにも、
たわまぬこゝろ、
をゝしや清し

㈡
君のみむねに、
などそむくべき、
神のみつげを、
など矯むべきと、
まげざるこゝろ、
きよしやをゝし。

「和氣清麿」

かちどき

㈠
勇ましや、
鬨のこゑ、
わが兵は、
勝ちたるぞ、
突けやいざ、
敵營を、
立てよいざ、
我旗を。

㈡
海山も、
崩れよと、
ふきたつる、
喇叭の音、
あれ見よや、
逃げてゆく、
敵兵の、
かよわさよ。

＊目次では「自然」から「かちどき」を「第二學期」と設定。

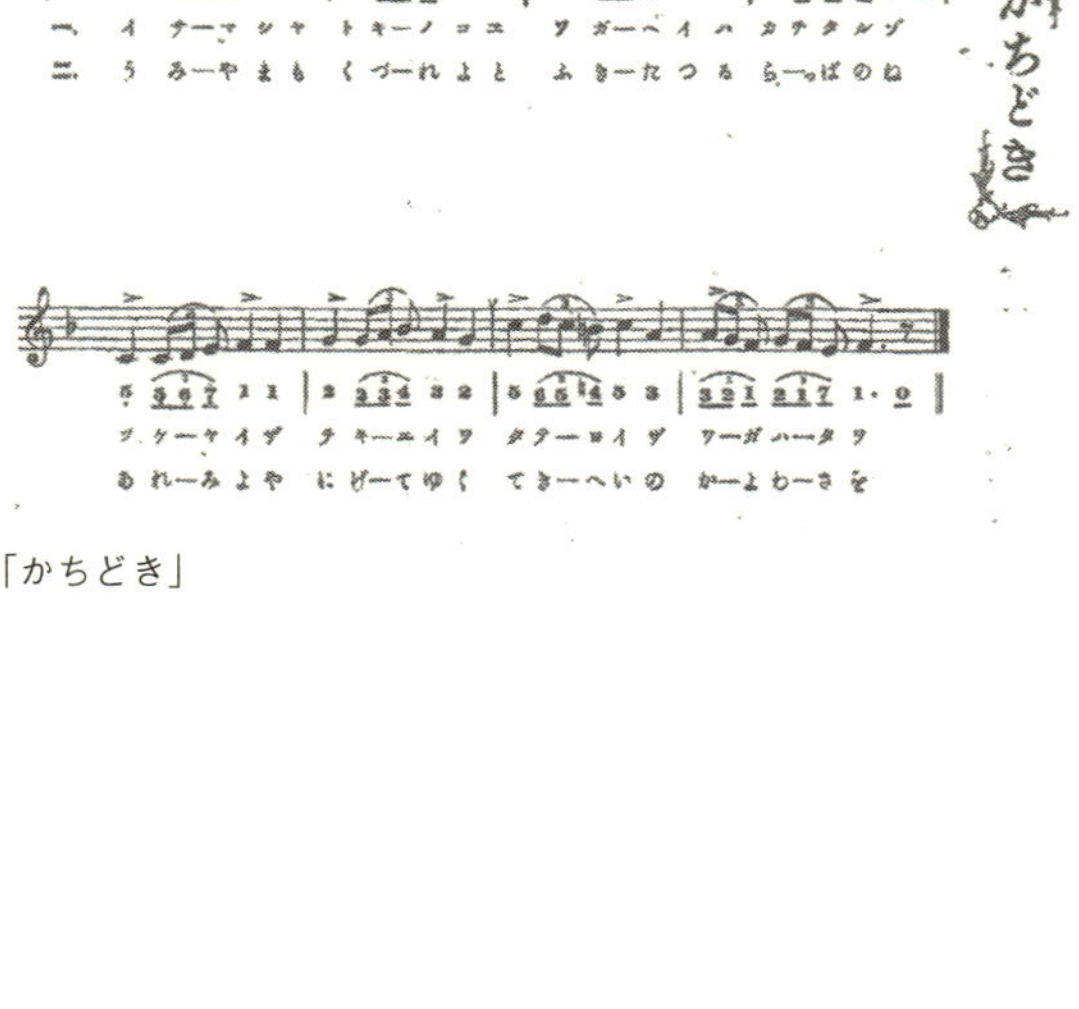

「かちどき」

【女生徒専用】

鏡

(一)
むすぶ氷か、
てる月影か、
玉の光も、
なに及ぶべき、
清くすゞしき、
かゞみの姿、

(二)
黒きしろきを
つゆ偽はらず
ありのまゝにぞ
かげうつしける
直くたゞしき、
かゞみのこゝろ。

「鏡」

松の操

(一)
岸の姫松、よわくとも、
かはらぬいろは、千代に見ん、
嵐はげしく、吹かばふけ、
あだなる花に、ならはんや。

(二)
みねの若松、ひくくとも、
しらべはたかし、塵の外、
み雪はげしく、ふらばふれ、
ちるもみぢばに、ならはんや。

人形

(一)
粗末にすなと、母上の、
おほせ給ひし、此人形、
着物をきせて、帯しめて、
箱の御殿に、すはらせん。

(二)
着物はみどり、帯は赤、
模様は松に、こぼれ梅、
泣くなよ泣くな、お休みの、
日には花見に、つれ行かん。

(三)
あばれるねずみ、じゃれる猫、
人形の家を、やぶるなよ、
學校すみて、歸るまで、
待てや我身を、おとなしく。

子守唄

(一)
ちごよ〳〵
ねむれちごよ、よくねるちごは、
蝶々のとぶのを、見てねむる、
ひら〳〵ひィら、ひら〳〵ひィら、
櫻のちるのを、見てねむる。

(二)
蝶々 蝶々、
よく飛ぶ 蝶々、いつまで遊ぶ、
畑の菜種に 來て休め、
やァすめ やすめ やァすめ やすめ
寝てゐる子供の そばに來て。

(三)
車 車、
何見て廻る、よくねるちごの、
かわいゝ寝顔を、見て廻る、
くる〳〵くゥるくるくゥる、
櫻や蝶々と、もろともに。

「子守唄」

『唱歌教科書』巻四（生徒用）

共益商社編

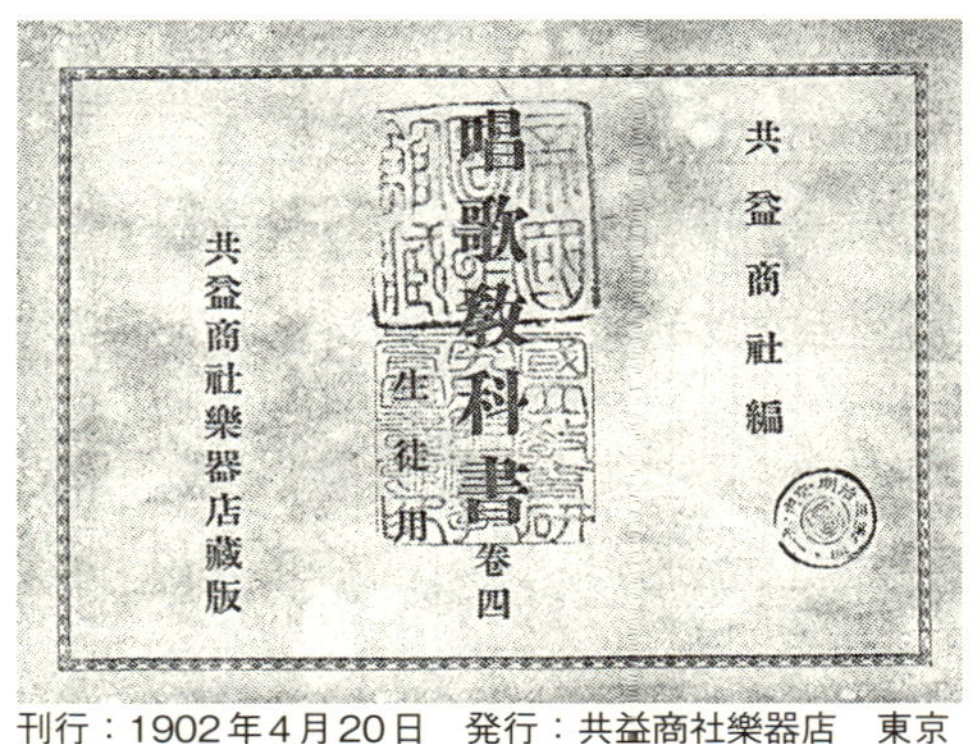

刊行：1902年4月20日　発行：共益商社樂器店　東京
縦148ミリ×横215ミリ 表紙＋42頁
＊写真は中扉（国立音楽大学附属図書館蔵）

花見

（一）
あさ日に にほへる、花のみ山、
つどへるますらを、うちにそとに、
にほはせゆくなり、やまとごゝろ、
うるはしや花、をゝしや人。

（二）
夕日ににほへる、花の林、
つどへるをとめご、うちにそとに、
かざり行くなり、きよきこゝろ、
うつくしや花、よしやをとめ。

仁徳天皇

（一）
玉の宮居は、名のみにて、
あれにぞあれし、大殿に、
三歳の月日、凌ぎつゝ、
民のかまどを、にぎはし給ふ、
その大御めぐみ。

（二）
雨ふりしきる、あしたにも、
風ふきすさぶ、夕にも、
大御身の上に、忘られて、
民のうへのみ、思ほし給ふ、
その大御心。

我陸軍

（一）
あやに畏き、わがすめらぎの、
御國をまもる、つはもの雄々し、
歩騎砲工の、分ちあれど、
心は一つ、君のため。

（二）
手むかふ敵を、騎兵の槍と、
歩兵の銃もて、打ち拂ふべし、
敵壘くづすは、工兵の鍬、
敵營くだくは、砲兵の彈丸。

（三）
敵を千里に、おひしりぞけて、
凱歌奏する、喇叭の響、
きくも勇まし、わが陸軍の、
萬歳となへて、うたへや友。

京都

（一）
櫻に名を得し 嵐山、
紅葉に知らるゝ、高尾山。
春秋盡きせぬ、風景に、
富みたる處ぞ 西京は。

（二）
千歳のいにしへ、桓武帝、
都を定め、ましゝより、
榮えし内裏の、面影を、
今なほ仰ぐも、かしこしや。

（三）
宮にも寺にも、歴史ある、
この地を忘るな、我が友よ、
東洋無双の、公園と、
いはるゝ名所ぞ、西京は。

ワシントン

天はゆるさじ、
良民の、
自由をなみする、
虐政を、
十三州の、
血はほとばしり、
こゝにたちたる、
ワシントン。
ロッキーおろし、
吹荒れて、
ハドソン灣に、
浪さわぎ、
劍戟ひゞき、
軍馬嘶く、
すは戰の
鬨の聲。

勝利を告ぐる、
喇叭の音、
「邦の父」ぞと、
仰がれて
ミシガン湖上、
秋月高く、
輝く君が、
そのいさを。

富士山

(一)
あふげよや、ふじのやま、
やま〳〵の、あるなかに、
おほ空の、雲を着て、
けだかきが、そのすがた。

(二)
のぞめよや、富士のみね、
みね〳〵は、おほかれど、
ちとせふる、しら雪の、
きよきこそ、そのこゝろ。

田舎の夕ぐれ

(一)
鎮守の森の、森かげに、
夕日のひかり消えはてゝ、
ほそくながるゝ、里川の、
おともねむたき、夕まぐれ。

(二)
樂しき家に、賤の男を、
枝のねぐらに、群鳥を、
しづけき小屋に、田の馬を、
送りてひゞく、鐘の聲。

(三)
はや世はすべて、くれはてぬ、
あすの朝日の、出づるまで、
闇の是世を、守るとや、
瞬きそめぬ、空の星。

朝日の旗

(一)
廣き世界の、津々浦々、
めぐる軍艦の、マストの上、
潮風に、ひらめきて、
國光あぐる、朝日のはた。

(二)
千軍萬馬の、戰の場、
たゝかふ兵士が、つるぎの前、
腥風に、ひらめきて、
國威かゝぐる、朝日のはた。

(三)
わが日本の、果てよりはて、
つらなる家居の、軒べ門べ
朝風に、ひらめきて、
泰平しめす朝日のはた。

靖國神社

(一)
矢玉の中にて、
身を斃しし、
義勇の魂、
國のしづめ、
たふとしいさまし、
このみやしろ。

(二)
園生の櫻は、
いま眞盛、
雲井をあふげば、
富士の高根、
うつくしいさまし、
この神垣。

日本武尊

(一)
をとめのすがたに、
みをやつし、
まぎれいる、
ぞくのにひむろ、
いはひのさかづき、
とり〴〵に、
ゑひふせる、
くまそたける、
ときこそよけれと、
ふところの、
つるぎもて、
あはやひとさし。

(二)
さがむの野なかに、
もゆる火を、
つるぎもて、
なびけかへしつ、
あらなみいかれる、
うみのうへを、
小舟もて、
おしわけわたる、
ひがしのえみしら、
こと〴〵く、

まつろひぬ、
たゞひとうちに、
うべなうべな、
日本武の御名や。

歳暮

(一)
矢よりも早く 過ぎ行きし、
今年は何を なしつるぞ、
花にもみじに 遊びしも、
昨日か今日の ようなるに。

(二)
一夜あけなば 新玉の、
年たちかへり、嬉しさよ、
のぼる山路の、かなたより、
のぞみは招きぬ、手をあげて。

(三)
今年は舟を やらざりし、
學の海も、明日は見ん、
吹かば吹け〳〵、さよ嵐、
進めや勇氣を、かぢとして。

樂しき我家

(一)
花こそ薫らね、
わがこの園、
月こそ匂はね、
わがこの軒、
かすみは常磐に、
まがきをこめ、
春風のどかに、
袖にふけり。

(二)
薫れる花には、
雨風あり、
匂へる月には、雲霧あり、
わが此園生と、
軒端とには、
あらしもふかず、
雲もまたなし。

(三)
父母はらから、
おのもおのも、
あくればそれ〴〵、
つとめにつき、
くるれば一つに、
うちつどひて、
たのしくのどけく、
語らひつゝ。

(四)
語らふ言に、
花はにほひ、
へだてぬ心に、
月こそすめ、
たのしき園生や、
わがこの園、
のどけき軒端や、
わがこの軒。

日本海軍

(一)
山なす巨艦は、
海の城か、
水雷大砲、
そなへきびし、
マストは高く、
雲をしのぎ、
ひらめく日の旗、
見るもをゝし、
怒濤萬里、
縦横自在。

(二)
縦横自在に、
はしる艦を、
縦横自在に、
つかふ伎倆、
變幻出没、
鬼神も泣き、
海龍おそれて、
あとをひそむ、
愉快々々、
海軍動作。

(三)
海軍動作は、
愉快々々、
海國男兒の、
これぞつとめ、
戰時は萬里に、
敵をやぶり、
平時は近く、
國をまもる、
重し〳〵、
海軍任務。

御眞影

(一)

あめのみかげ、ひのみかげと、
雲のあなたに、あふぐなる、
みかげをいまぞ、まのあたり、
をろがむことの、うれしさよ。

(二)
天皇陛下
み太刀そばめ、み手うごかし、
みことのらすと、おもふまで、
かしこき御影 仰ぎつゝ、
をろがむけふの、かしこさよ。

(三)
皇后陛下
み手の扇子、み裳すそさへ、
いまやゆらぐと、見ゆるまで、
かしこきみかげ、あふぎつゝ、
をろがむけふの、たふとさよ。

名は萬代

一
虎は死して皮を留む、
虎は百獸の王、
人を以て獸に若かざるべけむや、
怠るな惰るな、
朽ちたる木は彫るべからず、
はげめ はげめ、
志は 氣の帥なり、
人は一代、名は末代、
芳を千歳にながせよ。

二
人は死して名を殘す、
人は萬物の靈、
人となりて務に怠るべけんや、
怠るな 怠るな、
糞土の牆、朽るべからず、
はげめはげめ、
志は氣の帥なり、
人は一代、名は末代、
名をば萬世に傳へよ。

【女生徒専用】
花鳥

一
柴のあみ戸の、
明ぼのに、
なほ山陰は、
をぐらくて、
おぼろ月夜の、
影ながら、
霞にこもる、
花のいろ。

二
峯の横雲、
たちわかれ、
やゝ山ぎはも、
見えそめて、
匂へる花の、
いろながら、
霞をもるゝ、
鳥の聲。

三
やよひの野べの、
朝露に、
よそひこらして、
おのがじゝ、
いろかあらそふ、
桃 櫻、
花の姿ぞ、
うるはしき。

四
やよひの野邊の、
あさぼらけ、
ふしをきそひて、
とり〲に、
うたひかはせる、
百千鳥、
聲の匂ひぞ、
うつくしき。

赤十字

一
いでゝ戰ふ、ますらをの、
力となるは、何なるぞ、
きよき心を、其白旗に、
そめてかゞやく、赤十字。

二
刃の林、彈丸の雨、
くゞらずとても 國のため、
いくさのにはに、少女のいでゝ、
盡すは是よ、赤十字。

三
血しほの流れ、骨の山、
こえきてなやむ、大丈夫を
なぐさめみとる、やさしき其手、
盡せ誠の、赤十字。

亡き友

一

曉の露、ふみわけて、
さそひさそはれ、いくとせか、
手をくみかはし、學の路に、
ちぎりし友よ、今いづこ。

二

思へば哀れ、相ともに、
いさめいましめ、勵まして、
末たのもしく、學の庭に、
ちぎりし友よ、今いづこ。

三

ひとり寂しき、ふみの窓、
いぬる夕は、わがともの、
末のさかえを、夢みるものを、
あゝいまいづこ、草のかげ。

水鳥

一

こけのひげ、
あらふばかりに、
なみたてゝ、
およぎまはるか、
池の水鳥。

二

河骨の、
花と花とを、
眞帆かけし、
船とはしるか、
池の水鳥。

『教科適用幼年唱歌』三編 下巻

田村虎藏・納所辨次郎編

刊行：1902年7月1日 発行：十字屋 東京 縦223ミリ×横142ミリ 表紙＋扉＋口絵＋26頁

緒言

本書は、現今小學校の唱歌教授に於ける一般の弊習を救濟し、教育的教授に適切なる教材を、供給せんが爲に編纂せるものなり而してその教材は、尋常第一學年より高等第四學年に至る迄各學年各學期に配當したれば、順次編を遂ひて教科用書に充て得べきものとす。編纂の要旨、下の如し。

一、題目、尋常科には、專ら修身讀書科に關係を有する事項、及び四季の風物に因みて之を取り、高等科には、更に地理、歴史理科等の教科に關係を有する事項を加へ、以て各教科の統一を完からしめんことに力めたり。

一、歌詞、多年小學教育に經驗を有する識者の手に成りて、兒童の心情に訴へ程度を察し平易にして理解し易く而も詩的興味を失はざるものより、漸く進みては、古今名家の作に及ぼし、以て國民感情の養成に資せんとせり。

一、曲節、多年編者研究の結果に出で能く其音程、音域の如何を審査し、兒童が心身發達の程度を精査し、初は快活にして流暢なるものより、漸く優雅にして諄美なるものに進め以て審美的感情を育成せんことを期せり。

以上の外詳細の用意、及び音樂上併に教授上の注意に至りては、毎巻之を記述せり。

明治三十五年五月廿八日

編者識す

教科適用幼年唱歌 三編下巻

凡例

一、本編は、尋常小學第三學年第二學期の後半と第三學期間に、教授すべき材料を配當せるものなり。而して歌曲の數十個は、毎週二時間宛教授するものとしての最多限なり。故に教授時間の事情によりこれが取捨撰擇は教師の任意たるべし。

一、本編の歌詞は、一般兒童にもよく了解せしめんが爲め、此學年讀書科の程度に鑑みて之を記載し、出來得べき丈け大字を用ひたり。曲節は、凡て兒童の唱歌し得べき音域内に記譜したるが故に、記譜の各調子にて直ちに教授するを得べし。

一、本編歌曲の強弱は、片假名の略號及び他の諸記號にて之を表はせり。即ちヨ|又は「*p*」は弱く、ツ|又は「*f*」は強く、チ|又は「*mp*」は中等に、「*mf*」はこれより稍や強く、シツ|又は「<」は次第に強く、ヨワ|又は「>」は次第に弱く、其數部分を謡ふべきことなり。強弱は、唱歌上最も大切なれば注意せん事を要す。

教授上一般の注意

一、此學年にも、先づ氣息呼吸法を行ふべし。其方法は初編下巻に説けるものと同じ。是れ唱歌するに先ちて肺臓の運動を自在ならしむるものなれば、室内の空氣清浄なる日に於ては、常に之を行はん事を望む。呼吸法は、外國に於て専ら之を行ふものなるが、予輩は多年實驗に徴して、其効果の多きを認むるものなり。

二、次に音階圖を示して、簡單なる音階練習をなし、直ちに發音練習に移るべし。發音練習は、第二學年に準じて五十音の發聲を正すにあり。此際其口形に注意し、且つ姿勢を矯正せん事を要す。次に歌詞を假名にて横書し、之を各小節に區分して拍子の練習をなしつ、口授法によりて教授すべし。而して呼吸法、音程練習、發音練習の三箇練習は、極めて之を機敏に取扱い、教授時間の四分の一を超過せざる様注意すべし。

三、歌詞の解釋は、始めは大体に止め、歌曲出来上りて後更に復び之をなすを可とす。而して兒童唱歌教授上、繪畫を使用せんは、意外の興味を添ふるものなれば、教授者は該編中に挿入したる圖案を参考して、豫め一定の畫面を用意し、教授の際常に之を使用せんことを望む。

四、兒童の心情は、絶えず活動し且つ快活なり。故に歌曲の速度は、概して急速なるを可とす。而して本編収むる所の十曲は、何れも他教科との連絡を保てり。即ち「菅公」「森蘭丸」「護良親王」等はこの學年に適したる修身訓話。其他は悉く讀書地理、歴史科等の教材に關係あるものなれば、教授者相當の問答講話をなしたる後、教授せん事を要す。

日本三景

石原和三郎 作歌
田村虎藏 作曲

一
島のいろいろ、なみまにたち、
松のさま〴〵、水にうつる。
おもしろのけしきやな、おもしろの、ながめやな。
これぞ名におふ、奥の「松島」。

二
砂しろ〴〵と、みさきながく、
並たつ松の、色あを〳〵。
めづらしのけしきやな、めづらしの、ながめやな。
これぞ名におふ、「天の橋立」。

三
くゎいろー長く、きしにつゞき、
とりゐ高く、おきにたてり。
うつくしのけしきやな、うつくしのながめやな。
これぞ名におふ、あきの「宮島」。

皇恩

桑田春風 作歌
納所辨次郎 作曲

一
子を思ふごと、民おもふ、
おほみ心ぞ、ありがたき。
ふかきめぐみの、つゆうけて、
しげらぬ草も、民もなし。
あふげ、あふげ、
おほぎみの、めぐみ。

二
國、をさまりて、民やすく、
太平いはふ、たのしさよ。
さかゆくみ代は、あめつちと、
きはみなきこそ、めでたけれ。
いはへ、いはへ、
おほぎみの、み代を。

＊桑田春風（一八七七－一九三五）。

やまと男兒

東宮鐵眞呂 作歌
本元子 作曲

我君のために、
身をすてゝつとめ、
我國のためには、
家もすてゝはげみ、
あめ、あられふりくる、
彈丸のなかをおかし、
いなづまのきらめく、
太刀のもともおぢず。
『ますらたけを、これぞ、
これぞ、ますらたけを、
やまと男兒、これぞ、
これぞ、やまと男兒。』

森蘭丸

石原和三郎 作歌
田村虎藏 作曲

一、
三つ四つ五つ、十、二十、
かねて、かぞへし、そのきざみ、
とはれて數を、こたへぬは、
世にめづらしき、正直よ。

二、

六つ七つ八つ、九つと、
かぞへて見たる、つめのくづ、
たらぬ一つを、たづねしは、
子供にまれの、さかしさよ。

三、
五十、七十、百、五百、
てきよせきたる、本能寺、
主君と共に、ほろびしは、
あっぱれ武士の、かゞみかな。

菅公

桑田春風 作歌
目賀田萬世吉 作曲

一、
清きは梅の、
花よりも、
公がこゝろは、
清くとも、
さがなき人の、
ねたみうけ、
流され、たまひし、
うたてさよ。

二、
高きは梅の、
かをりより、
公が才徳、
高くとも、
世に、いれられず、
しばらくは、
うき年月を、
おくりしか。

三、
筑紫の、はての、
秋の夜に、
恩賜の御衣の、
からうたや、
古ながらの、
まごころは、
神も知りけん、
守りけん。

四、
やがて罪なき、
証明たち、
とがは許され、
後の世に、
北野の神と、
まつられて、
千年のけふも、
梅かをる。

年の暮

石原和三郎 作歌
作曲者不詳(西洋曲)

一、
年よや、年よや、
なれたる今年に、
今さら別るゝ、
なごりの、をしさよ、」
さりとて、とゞめん、
よーもなし。

二、
年よや、年よや、
今年は、ゆくとも、
とくこよ來年、
花、鳥、雪持て、」
たのしき春をば、
まつぞかし。

養生

石原和三郎 作歌
田村虎藏 作曲

一、
およそ、からだの、
よーじょーは、
まづ、第一が、
のみくひよ、
三度の食は、
ほどをきめ、
はら八分に、
たべておけ。

二、
つぎは運動、
運動は、
ものゝこなれや、
ちのめぐり、
すぢ、ほねを、
元氣もよくし、
たくましくさへ、
するものぞ。

三、
其ほか家の、
ふきそーじ、
湯に入ることも、
せんたくも、
きたない空氣を、
すはぬため、

からだに、あかを、
つけぬため。
四、
玉にも、まさる、
このからだ、
よーじょーのみち、
おこたらず、
進みゆく世に、
ながらへて、
ながく御國の、
ためとなれ。

護良親王

石原和三郎 作歌
納所辨次郎 作曲

一、
かれ高時は、何者ぞ、
身は倍臣で、ありながら、
帝のあふせ、かろんじて、
御國の民を、しへたぐる。
二、
かれ尊氏は、何者ぞ、
わずかの功に、増長し、
帝の寵を、かさにきて、
天下をあやふく、せんとする。
三、
護良の皇子、これを見て、
いかで御心、やすからん、
すみぞめ衣、ぬぎすてゝ、
弓矢の道に、たゝれたり。
四、
大和の、なんは、のがれしも、
尊氏どもの、ざんげんに、
父の帝の、もとにさへ、
まごゝろ通はぬ、かなしさよ。
五、
ところもあるに、天の下、
日かげもさゝぬ、鎌倉の、
土のむろやに、こめられて、
憤におくる、うき月日。
六、
かくて建武の、第二年、
倍々臣の、手にけがれ、
かくれたまひし、くやしさは、
後の世たれか、わするべき。

鶯

笠原白雲 作歌
作曲者不詳（西洋曲）

一、
谷間を出でゝ、たのしき春を、
つげくる庭の、うぐひすよ。
『あれ鳴く、ホーホヶキョ、
うたへや、ホーホヶキョ。』
二、
寒さにたへて、うれしき春を、
むかへて咲ける、梅が枝に。
『節よく、ホーホヶキョ、
うたへや、ホーホヶキョ。』

野遊び

富永岩太郎 作歌
田村虎藏 作曲

一、
なつかしき、したはしき、
あそびのともよ、
ひろやかに、ながめよき、
しばふのはらは、
はやくきませと、
さそはぬばかり。
二、
へだてなく、かたりあふ、
あそびのともよ、
野も山も、あをぞらも、
みわたすかぎり、
ゑがほをみせて、
われらをまねく。
三、
いざきたれ、いざゆかん、
ちぎりのともよ、
いさめよや、すゝめよや、
ちからのかぎり、
いさむものこそ、
われらのともなれ。
四、
いざとばん、かけりてん、
ちぎりのともよ、
のに、やまに、芝生の原に、
つかれもしらず、
したしきともと、
あそぶたのしさ。

『教科適用幼年唱歌』四編 上巻

田村虎藏・納所辨次郎 編

刊行：1902年9月15日　発行：十字屋
東京
縦223ミリ×横142ミリ 表紙＋扉＋口絵＋26頁

緒　言

本書は、現今小學校の唱歌教授に於ける一般の弊習を救濟し、教育的教授に適切なる教材を、供給せんが爲に編纂せるものなり。而してその教材は、尋常第一學年より高等第四學年に至る迄、各學年各學期に配當したれば、順次編を遂ひて教科用書に充て得べきものとす。編纂の要旨、下の如し。

一、題目、尋常科には、專ら修身、讀書科に關係を有する事項、及び四季の風物に因みて之を取り、高等科には、更に地理、歷史、理科等の教科に關係を有する事項を加へ、以て各教科の統一を完からしめんことに力めたり。

一、歌詞、多年小學教育に經驗を有する識者の手に成りて、兒童の心情に訴へ、程度を察し、平易にして理解し易く、而も詩的興味を失はざるものより、漸く進みては、古今名の作に及ぼし、以て國民感情の養成に資せんとせり。

一、曲節、多年編者研究の結果に出で、能く其音程、音域の如何を審査し、兒童が心身發達の程度を精察し、初は快活にして流暢なるものより、漸く優雅にして諄美なるものに進め、以て審美的感情を育成せんことを期せり。

以上の外、詳細の用意、及び音樂上併ひに教授上の注意に至りては、毎巻之を記述せり。

明治三十五年八月廿五日

編者識す

教科適用幼年唱歌　四編上巻

凡例

一、本編は、尋常小學第四學年第一學期間と第二學期の前半とに教授すべき材料を配當せるものなり。而して歌曲の數十個は。毎週二時間宛教授するものとしての最多限なり。故に教授時間の事情により、これが取捨撰擇は教師の任意たるべし。

一、本編の歌詞は、一般兒童にもよく了解せしめんが爲め、此學年讀書科の程度に鑑みて之を記載し、出來得べき丈け大字を用ひたり。曲節は凡て兒童の唱歌し得べき音域内に記譜したるが故に、記譜の各調子にて直ちに教授するを得べし。

一、本編歌曲の強弱は、片假名の略號及び他の諸記號にて之を表はせり。即ちヨ|又は「*p*」は弱く、ツ|又は「*f*」は強く、チ|又は「*mp*」は中等に、「*mf*」はこれより稍や強く、ジツ|又は「<」は次第に強く、ジヨ|又は「>」は次第に弱く、其數部分を謡ふべきことなり。強弱は、唱歌上最も大切なれば注意せん事を要す。

教授上一般の注意

一、此學年にも、先づ氣息呼吸法を行ふべし。其方法は初編下巻に説けるものと同じ。是れ唱歌するに先ちて肺臓の運動を自在ならしむるものなれば、室内の空氣清浄なる日に於ては、常に之を行はん事を望む。呼吸法は、外國に於て專ら之を行ふものなるが、予輩は多年實驗に徴して、其効果の多きを認むるものなり。

二、次に音階圖を示し又は簡易なる曲節（フシ）を略譜にて提示し、以て音程練習と共に發音練習をなすべし。發音練習は、第三學年に準じて五十音の發聲を正すにあり。此際其口形（クチガタ）に注意し、且つ姿勢を矯正せん事を要す。次に歌詞を假名にて横書し、之を各小節に區分して拍子の練習をなしつゝ、口授法によりて教授すべし。或は時に、極めて簡單なる曲節を略譜にて示し、以て視唱法を始むるも可なり。而して呼吸法、音程練習、發音練習の三箇練習は、極めて之を機敏に取扱い、教授時間の四分の一を超過せざる様注意すべし。

三、歌詞の解釋は、始めは大体に止め、歌曲出来上りて後更に復び之をなすを可とす。而して兒童唱歌教授上、繪畫を使用せんは、意外の興味を添ふるものなれば、教授者は該編中に挿入したる圖案を參考して、豫め一定の畫面を用意し、教授の際常に之を使用せんことを望む。

四、兒童の心情は、絶えず活動し且つ快活なり。故に歌曲の速度は、概して急速なるを可とす。而して本編収むる所の十曲は、何れも他教科との連絡を保てり。即ち「近江聖人」「德川光圀」「源平の戰い」等はこの學年に適したる修身訓話。其他は悉く讀書、地理、歷史科等の教材に關係あるものなれば、教授者相當の問答講話をなしたる後、教授せん事を要す。

海の世界

桑田春風 作歌
納所辨次郎 作曲

一、
千ひろの海の、その底に、
高き山あり、谷もあり、
いとめずらしき、草や木の、
花うるはしき、園もあり。

二、
水に生まれて、水に住む、
あまたの魚や、けものなど、
こゝにかしこに、遊ぶなる、
海の世界ぞ、おもしろき。

三、
たいまい、さんご、しゃこ、しんじゅ、
世の人々の、もてはやす、
たふとき玉の、かず〳〵も、
みな海よりぞ、得られける。

四、
海は、寶の、庫なれや、
深くも、ひろき、その庫の、
寶さぐりて、子どもらよ、
御國の富を、つくれかし。

近江聖人

石原和三郎 作歌
内田粂太郎 作曲

一、
身を修むるぞ、本なると、
説きおかれたる、聖人の、
教にふかく、感ぜしは、
年十一の、時とかや。

二、
山より高き、親の恩、
親のためには、金銀も、
祿も位も、なにかはと、
大洲を去りしは、二十七。

三、
さて、母親の、ひざもとに、
朝ゆふ近く、かしづきて、
心をなぐさめ、身をやすめ、
孝養いたらぬ、くまもなし。

四、
その、いとまには、里人に、
忠孝の道、説きをしへ、
なにし近江の、聖人と、
美名を今に、傳へけり。

山路の旅

旗野士良 作歌
納所辨次郎 作曲

一、
世は、おもしろき、けふの旅よ、
一足ごとに、登る山路、
木の根は踏みこえ、岩根は跳ねこえ、
はや〳〵進めよ、樂しき境に。

二、
身は、しら雲の、うちにありと、
ふもとを望む、目より氣附く、
あの森この里、かすかに見えても、
みな〳〵經て來し、ところぞ嬉しき。

三、
山また山の、奥はゆかし、
浮世のほかの、花もありて、
學びの道ぐさ、おぼえて歸らん、
それ〳〵そこにも、こゝにも初物。

＊旗野士良（一八五一－一九〇八）は、旗野十一郎の字。

夕立

石原和三郎 作歌
田村虎藏 作曲

一、
一むらがりの、夏の雲
かなたの峰に、かゝるよと、
見るまに、一天かきくもり、
耳をつんざく、雷のおと。

二、
電光、まなこを、くらまして、
しのつく雨は銀のはり、
道は、たきつせ庭は海、
世界は水に、ならんとす。

三、
やがて雷電、をさまりて、
雨やみ空も、はれ渡り、
野邊の草木は、生きかへり、
青葉をつたふ、露きよし。

蜂

高木和足 作歌
作曲者不明（西洋曲）

一、
ブン〳〵ブン〳〵、ブン〳〵〳〵、
蜂が、とぶよ。
あれ見よ、草葉に、
とまりつ、たちつ、
うれしげに、たのしげに、

あそぶ、蜂を、見よや。
二、
ブン〱、ブン〱、ブン〱〱、
蜂が、とぶよ。
あれ見よ、花の上に、
たわまず、うまず、
うれしげに、たのしげに、
はげむ、蜂を、見よや。

汽船

石原和三郎 作歌
納所辨次郎 作曲

一、
ゴト〱、ガバ〱、
汽船は港を、はなれたり。
櫓かいも、いらず、帆も竿も、
大浪、小浪を、かきわけて、
はてなき大洋、走りゆく。
二、
ゴト〱、ガバ〱、
汽船は、はとばを、はなれたり。
櫓かいもいらず、帆もさをも、
流るゝ水に、さからうて、
みなぎる大河、のぼりゆく。

菊

旗野士良 作歌
田村虎藏 作曲

一、
意思ありとも、白菊、黄菊、
菊は、うれしき、御宴の名譽、
えてこそ花と、世の秋の、
垣根の霜に、ほこらめ。
二、
露に匂へる、玉菊、小菊、
きくもかしこき、御冠の挿頭、
さすがに花と、世の人に、
羨まるゝも、ことわり。
三、
かゝるめぐみの、露さへおきて、
むかし賜ひし、御盃のかをり、
千歳の今も、みなと川、
浪殘を嗚呼、きくすゐ。

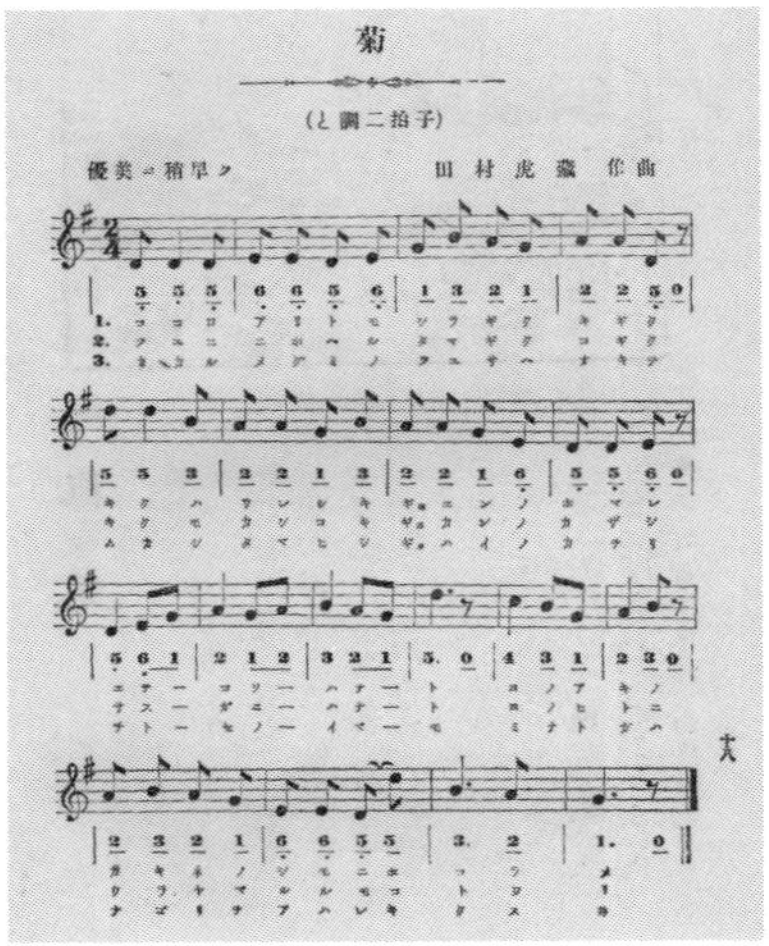

「菊」

行軍

杉谷代水 作歌
作曲者不明(西洋曲)

一、
見よ〱兵士の行軍、
足並そろへて、きたる。
あれ〱喇叭のおと、
ふし面白く吹くよ。
テチテタ、ドトトトト、トテトタ、ドトトトト、
隊伍正しく進む。
二、
こよ〱我等の行軍、
足並そろへて進め。
ふけ〱行進喇叭、
ふし勇ましく吹けや。
テチテタ、ドトトトト、トテトタ、ドトトトト、
隊伍正しく進め。

＊杉谷代水(一八七四―一九一五)。

德川光國

桑田春風 作歌
納所辨次郎 作曲

一、
慷慨志士をあつめては、
王に勤めて、義を唱へ、
歴史あみては、皇國の、
世々の跡をば、正しけり。
あゝ高し、義公のいさを、
西山の月影、きよく。
二、
忠臣楠氏を、しのびては、
時を憂へて、世を諷し、
湊川原に、碑を建てゝ、
うもれし名をば、あらはしぬ。
あゝゆかし、義公のこゝろ、
瑞龍のほまれは、つきず。

源平の戰

石原和三郎 作歌
田村虎藏 作曲

『源氏平家の、たゝかひは』

一、
まず、手はじめが、富士川よ。
平家の軍勢、五萬餘騎、
夜半の、ねざめに、水鳥の、
とびたつ音に、驚きて、
え物もすてゝ、にげ歸る。」

二、
つぎは越中となみ山。
義仲牛を、かりあつめ、
松明角に、むすびつけ、
平家の軍に、けしかけて、
くりから谷に、追ひ落す。」

三、
つぎは、攝津の一の谷。
ひよどり越の、阪おとし、
平家は西に、のがれ行く、
熊谷次郎直實が、
敦盛うちしは、この時ぞ。」

四、
つぎは讃岐の屋島浦。
陸と海との、たゝかひに、
景清、しころを、引ちぎり、
那須野の與一、宗高は、
扉のまとを、射たりけり。」

五、
をはりは、周防の壇の浦。
白旗赤旗、いりみだれ、
波をけたてゝ、戰ふに、
平家の運命、つきはてゝ、
底のもくづと、なりにけり。

＊四番最終行「扉」は「扇」の誤植。

『教科適用幼年唱歌』四編 下巻

田村虎藏・納所辨次郎編

刊行：1902年9月30日　発行：十字屋 東京
縦223ミリ×横150ミリ 表紙＋扉＋口絵＋26頁

緒　言

本書は、現今小學校の、唱歌教授に於ける一般の弊習を救濟し、教育的教授に適切なる教材を、供給せんが爲に編纂せるものなり。而してその教材は、尋常第一學年より高等第四學年に至る迄、各學年各學期に配當したれば、順次編を遂ひて教科用書に充て得べきものとす。編纂の要旨、下の如し。

一、題目、尋常科には、專ら修身、讀書科に關係を有する事項、及び四季の風物に因みて之を取り、高等科には、更に地理、歴史、理科等の教科に關係を有する事項を加へ、以て各教科の統一を完からしめんことに力めたり。

一、歌詞、多年小學教育に經驗を有する識者の手に成りて、兒童の心情に訴へ、程度を察し、平易にして理解し易く、而も詩的興味を失はざるものより、漸く進みては、古今名家の作に及ぼし、以て國民感情の養成に資せんとせり。

一、曲節、多年編者研究の結果に出で、能く其音程、音域の如何を審査し、兒童が心身發達の程度を精察し、初は快活にして流暢なるものより、漸く優雅にして諄美なるものに進め、以て審美的感情を育成せんことを期せり。

以上の外、詳細の用意、及び音樂上併ひに教授上の注意に至りては、毎巻之を記述せり。

明治三十五年九月廿二日

編者識す

教科適用幼年唱歌 四編下巻

凡例

一、本編は、尋常小學第四學年、第二學期の後半と、第三學期間とに教授すべき材料を配當せるものなり。而して歌曲の數十個は、毎週二時間宛教授するものとしての最多限なり。故に教授時間の事情により、これが取捨撰擇は教師の任意たるべし。

一、本編の歌詞は、一般兒童にもよく了解せしめんが爲め、此學年讀書科の程度に鑑みて之を記載し、出來得べき丈け大字を用ひたり。曲節は凡て兒童の唱歌し得べき音域内に記譜したるが故に、記譜の各調子にて直ちに教授するを得べし。

一、本編歌曲の強弱は、片假名の略號及び他の諸記號にて之を表はせり。即ちヨ又は「*p*」は弱く、ツ又は「*f*」は強く、チ又は「*mp*」は中等に、「*mf*」はこれより稍や強く、洲又は「<」は次第に強く、渕又は「>」は次第に弱く、其數部分を謡ふべきことなり。強弱は、唱歌上最も大切なれば注意せん事を要す。

教授上一般の注意

一、此學年にも、先づ氣息呼吸法を行ふべし。其方法は初編下巻に説けるものと同じ。是れ唱歌するに先ちて肺臓の運動を自在ならしむるものなれば、室内の空氣清浄なる日に於ては、常に之を行はん事を望む。呼吸法は、外國に於て専ら之を行ふものなるが、予輩は多年實験に徴して、其効果の多きを認むるものなり。

二、次に音階圖を示し、又は簡易なる曲節を略譜にて提示し、以て音程練習と共に發音練習をなすべし。發音練習は、第三學年に準じて五十音の發聲を正すにあり。此際其口形に注意し、且つ姿勢を矯正せん事を要す。次に歌詞を假名にて横書し、之を各小節に區分して拍子の練習をなしつゝ、口授法によりて教授すべし。或は時に、極めて簡単なる曲節を略譜にて示し、以て視唱法を始むるも可なり。而して呼吸法、音程練習、發音練習の三箇練習は、極めて之を機敏に取扱い、教授時間の四分の一を超過せざる様注意すべし。

三、歌詞の解釋は、始めは大体に止め、歌曲出来上りて後更に復び之をなすを可とす。而して兒童唱歌教授上、繪畫を使用せんは、意外の興味を添ふるものなれば、教授者は該編中に挿入したる圖案を参考して、豫め一定の畫面を用意し、教授の際常に之を使用せんことを望む。

四、兒童の心情は、絶えず活動し且つ快活なり。故に歌曲の速度は、概して急速なるを可とす。而して本編収むる所の十曲は、何れも他教科との連絡を保てり。即ち「二宮尊徳」「凱旋」等はこの學年に適したる修身訓話。其他は悉く讀書、地理、歴史科等の教材に關係あるものなれば、教授者相當の問答講話をなしたる後、教授せん事を要す。

二宮尊徳

桑田春風 作歌
田村虎藏 作曲

一、
あしたに起きて、山に柴刈り、
草鞋つくりて、夜は、ふくるまで、
路行く、ひまも、書をば、はなたず、
あはれ、いぢらし、この子、誰が子ぞ。

二、
勤儉、力行、農理を、さとり、
世に報徳の、教を、つたへ、
荒地、ひらきて、民を救ひし、
功績の、あとか、二宮神社。

「二宮尊徳」

鶏

大橋銅造 作歌
作曲者不明（西洋曲）

一、
コケ、ココ、ココ。
コッケッコ、コッケッコ、コッケッコ、東が、しらむ、
コッケッコ、コッケッコ、夜が、あけた、
ねぐらをいでゝ、朝餌のしたく、
コッケッコ、コッケッコ、コッケッコ、いそがしや。

二、
コケ、ココ、ココ。
コッケッコ、コッケッコ、朝日が、のぼる、
コッケッコ、コッケッコ、皆起きた、
太郎さん、次郎さん、學校のしたく、
コッケッコ、コッケッコ、おくれるな。

大砲

旗野士良 作歌
田村虎藏 作曲

一、
千軍萬馬の、ちからでさへ、
破るにかたき、磐石城も、
一度火蓋、切り放てば、
ドン〱、カラ、カラ、ガラ〱ガラ〱、
雷轟電激、微塵と摧け、
鍤もて小砂を掘るより易し。
世に恐懼の大砲や、
世に、おそろしの大砲や、
我が古に、名づけたる、
國崩とは實なり。』

二、
震天動地の、あら浪さへ、
平氣にわたる甲鐵艦も、
一度火蓋、切り放てば、
ドン〱、カラ、カラ、ガラ、ガラ〱ガラ〱、
悪龍毒蛇、のたうちまはり、
鎚もて陶器、打つより易し。
世に恐懼の大砲や、

世に、おそろしの大砲や、
我が古に、名づけたる
國崩とは、實なり。』

國旗
佐々木吉三郎 作歌
納所辨次郎 作曲

一、
昇る朝日の、色美しく、
かゞやき渡る、日の丸の旗、
是ぞ〱日本の、是ぞ我等の國旗なる。
かがやけ、かがやけ、世界の果の、はてまでも。

二、
海上萬里の、波をけたてゝ、
こぎゆく船の、日の丸の旗、
是ぞ〱日本の、是ぞ我等の國旗なる、
ひらめけ、ひらめけ、なびかぬ國の、なきまでに。

三、
御國の民の、住める門ごと、
祝ひかゝぐる、日の丸の旗、
是ぞ〱日本の、是ぞ我等の國旗なる。
うれしや、うれしや、共に祝はん、君が代を。

四、
數ある國旗の、中にすぐれて、
見るも目さむる、日の丸の旗、
是ぞ〱日本の、是ぞ我等の國旗なる。
いさめよ、いさめよ、御旗を守る、國民よ。

＊佐々木吉三郎（一八七二－一九二四）。

五港
石原和三郎 作歌
永井幸次 作曲

一、
四面海なる、日の本の、
港のかずは、多けれど、
始めに指を、折らるゝは、
横濱、神戸、長崎よ。

二、
まづ横濱に、かずしれず、
むらがる汽船、帆前船、
積みこむ寶、幾何ぞ、
取り出す寶、幾何ぞ。

三、
神戸も今や、横濱と、
負けず劣らぬ貿易場、
名も長崎は、早くより、
世に知られたる交易場。

四、
北海道の、函館は、
全道一の、よき港、
越後の國の、新潟も、
開港場の、一つなり。

五、
さて、この五つの、港にて、
西と東の産物の、
取引だかは、四億圓、
げに盛なる、ことなれや。

＊永井幸次（一八七四－一九六五）。

凱旋
石原和三郎 作歌
田村虎藏 作曲

一、
天のたすくる、正義のいくさ、
向ふところ、敵もなく、
北洋艦隊を、全滅し、
彼がまよひの、夢をさまし、」
東洋の、平和を、ちかはしめ、
御國の、光を、世界に示し、」
萬歳の聲、天地をゆすりて、
凱旋す、我が海軍。』

二、
無禮をこらす、義侠のいくさ、
たゝかふ勝つ、攻むる取る、
旅順も金州に、おとしいれ、
彼がまよひの、夢をさまし、」
東洋の、平和を、ちかはしめ、
御國の、光を、世界に示し、」
萬歳の聲、天地をゆすりて、
凱旋す、我が陸軍。』

水鳥
桑田春風 作歌
納所辨次郎 作曲

「凱旋」

一、
花散りこぼるゝ、園生の池に、
羽がひを、そろへて、をしどり遊ぶ、」
ついばむ、花びら、餌と思ひてか、
あやおる波間を、いと樂しげに。』
二、
青柳しだるゝ、背戸の小川に、
家鴨、鵞鳥の、むれてぞ遊ぶ、」
雨の日、風の日、聲さわがしう、
浮びつ、ながれつ、波のまに〳〵。』

雪景色

旗野士良 作歌
田村虎藏 作曲

一、
夢に打つおと、きゝし窓を、
あけて、おどろく、今朝の雪、」
塵のうき世を、一夜にうづめ、
おもしろし、とは、このことよ。』
二、
雪にねざめの、こゝろ洗ひ、
あゝ清やと、見る目さき、」
野山、家むら、ただ一色に、
おもしろし、とは、このことよ。』

卒業の歌

旗野士良 作歌
作曲者不明（西洋曲）

一、
日の御旗、晴の席上に、
頭戴く卒業の、證書も、」
師の恩惠、朋友の眞實に、
斯こそ我が得し、名譽と、」
『それこそ思へば、四年のさま〴〵、
いまや胸に、うかびて。』（復唱）
二、
園の花、枝の鳥さへ、
吾等を祝ふと、めでられ、」
今日のみは、何に譬喩ん、
嬉しき心の、おくこそ、」
「縱たゞ謠ひて、そのまゝ表はせ、
精神こめし、ひとふし。』（復唱）

「卒業の歌」

明治の御代

石原和三郎 作歌
納所辨次郎 作曲

一、
盛なるかな、明治の御代。
教育の道を、はげまされ、
深山の奥の、村々までも、
學校の設置、ゆきとどき、
日に〳〵進む、人の智惠。
祝へ〳〵、明治の御代。
二、
盛なるかな、明治の御代。
殖産興業を、進められ、
野山の産物、海のもの、
人の手業に、はた商業に、
日に〳〵進む、國の富。
祝へ〳〵、明治の御代。
三、
盛なるかな、明治の御代。
陸海軍を、ふるはせられ、
日清の役に、又北清に、
忠勇義侠の、名をあげて、
今こそ世界の、日本國。
祝へ〳〵、明治の御代。

「明治の御代」

◆資料【一九〇二（明治三五）年認可済歌曲】

兵庫県（五月六日）㊫：「平忠度」「運動會」「學校途上」「赤穂義士」「はちとねこ」「よるのつとめ」「雪遊び」「春を呼ぶ」「燈下讀書」「金太郎」「雁」「お月様」「親と子」「蝶々」「兎と亀」「蜻蛉」「日本武尊」「神武天皇」「稲」「學校さし

て」「寄梅詠菅公」「東京」「尊王」「守り歌」「艦隊」「汽車」「守り歌」「日本刀」「なつのやすみ」「暑さは日々に」「菊」「漁業の歌」「工業の歌」「海國男兒」「鳥と狐」「湊川」「鮭」「春野戯」「天津乙女」「花之種」「團子」「進めすゝめ」「大和島根」「忠臣」「虫」「鈴虫狩」「近江八景」「公徳唱歌」
新潟県（六月五日）（小）:「お正月」「駒の蹄」「明日は日曜」「雪」「荒城月」「去年今夜」「彌彦山」「春日山」「新潟県地理唱歌」「年中の歌」「冬」「四十七士」「大和男兒」「誓の歌」「風景唱歌」「天孫降臨」「若草」
高知県（十二月一七日）（小）:「日の丸」「蜜蜂」「海」「羽子」「金鵄勳章」「毬」「雪投」「鳥」「笛と太鼓」「春の山」「和氣清麿」「北條時宗」「蝙蝠」「汽車」「新田義貞」「海水浴」「日本三景」「皇恩」「大和男兒」「養生」「野遊び」「きみがよ」（坪内雄三作歌）「すゝめやすゝめ」「としのはじめ」「かぜよふけふけ」「あめあめこさめ」「ほたる」「虫のうた」「くだもののうた」「こしをれ雀の歌」「母ごころ」「郵便箱」「織物の歌」「國の獣」「鳥おどし」「征清軍」「女子の務」「三羽の蝶」「楠木正成」「工業の歌」「野中兼山」「世界萬國」「我が國は海の國」

◆資料【一九〇二（明治三五）年検定済曲集】

『**新撰國民唱歌**』（高）四月二四日検定（四月三日訂正）
『**富士唱歌**』（尋）（高）六月一〇日検定（六月二六日訂正再版）
『**菊池唱歌**』（高）六月一八日検定（六月一一日訂正再版）
『**春夏秋冬　花鳥唱歌**』（尋）七月一一日検定（七月六日修正再版）
『**春夏秋冬　散歩唱歌**』（尋）七月一五日検定（七月六日修正再版）
『**勤儉歌**』（尋）（高）九月二九日検定（九月二八日再版）
『**唱歌教科書**（**生徒用**）』（高）十二月一三日検定（十二月十二日訂正三版）
『**唱歌教科書**（**教師用**）』（教）十二月一三日検定（十二月十二日訂正三版）
『**金言唱歌**』（高）十二月二二日検定（十二月一四日訂正四版）

◆資料　一九〇二（明治三五）年に刊行された唱歌集から

『**外國地理唱歌**』田村虎藏、新保磐次編（刊行：一月　発行：金港堂）
『**菅公唱歌**』帝國教育會菅公會・東京音樂學校編（発行：三育舎）
編者の帝國教育會は、第二次世界大戦前の教育者、教育関係者を束ねた全国組織。一八九六（明治二九）年十二月に既存の大日本教育会と国家教育社を統合した形で成立している。
『**新撰唱歌　尋常科用**』近藤猪八郎編輯（刊行：三月　発行：大林甚三郎）
『**新撰唱歌　高等科用**』近藤猪八郎編輯（刊行：七月　発行：大林甚三郎）
『**東京府民　公徳唱歌**』小山作之助編（刊行：八月　発行：自省堂）
『**國民教育新撰唱歌**』全　田村虎藏編（刊行：十二月　発行：十字屋）
（主な収載曲）「日本武尊」「フランクリン」「二宮尊徳」「靖國神社」「日清戰争」「徳川家康」「元寇」「織田信長」「楠公」「豐太閤」「貝原益軒」「アコウロウシ」「伊能忠敬」「和氣清麿」「中江籐樹」「本居宣長」「德川光圀」「小楠公』「平重盛」「ワット」ほか。歴史上の「英雄」や「思想家」を謳った教材が多く収録されている。
『**國語唱歌**』前　目賀田万世吉編（発行：中井書店）
『**修身唱歌**』金港堂編集（発行：金港堂書籍）

参考：明治の教科書疑獄事件

一九〇二（明治三五）年、教科書採択にまつわる贈収賄の容疑で、教科書会社など二十余か所が一斉に家宅捜査を受け、検挙者は、金港堂社長・原亮一郎、三重県視学官、群馬県郡視学の三名をはじめ、召喚・検挙者は教科書会社関係者など二〇〇人に達した。予審に付された者一五二名のうち有罪は一一二名、第一審有罪判決は一〇〇名であった。世に「明治の教科書疑獄事件」とよばれた事件である。その結果、当時の主要な教科書が、採択取り消し処分を受けるという大事件に発展した。

今日の教科書採択制度（教科書は数年ごとに改訂され、そのたびに検定に合格した民間の教科書が都道府県内の採択地区毎に一定の規律のもとに検討・採択・採用される広域採決方式）と同様、民間で作られた教科書が国家の検定を受け、地域の採択を得るシステムであったため、教科書会社を中心に採択にかかわる「競争」は激化し、賄賂等不正な行為も頻繁になされていたのである。

一斉摘発が行なわれたことにより、大手出版社の多くがその対象になったこともあり、教科書供給体制に支障が出た。さらに、事件が当時の新聞に大々的に報道されたため、広く国民の間で教科書採用にかかわる者への不信感が渦巻く結果となった。

しかし、注目すべきは、実はこの時点ですでに政府は教科書国定化の準備を進めていたことであろう。日清戦争以降、国家主義思想が興隆し、一八九九（明治三二）年には衆議院で修身教科書、一九〇〇年にはすべての小学校教科書の国定化についての建議が公然となされていたのである。また同時に文部省においては、「修身教科書調査委員会」が設置され、粛々と国定修身教科書の実務的な編纂準備が進められていたのである。

この教科書疑獄事件により、教科書業界は壊滅的な打撃を受ける。主要な小学校教科書は供給されなくなり、文部省の表現をかりれば「検定制度を持続することが困難」（『学制百年史』文部省）になった。一方、教科書会社はそれまで、いわば「保証」されていた教科書検定制度の下での出版活動の道を断たれてしまう。

政府は「かねてから懸案となっていた小学校教科書の国定制度を実施」（同前書）推進することになる。一九〇三（明治三六）年四月小学校令の改正を行ない、「小學校ノ教科用圖書ハ文部省ニ於テ著作権ヲ有スルモノタルヘシ」と規定、まずは修身・国語読本・日本歴史・地理などの国定教科書の編纂が進められ、翌一九〇四年にはいわゆる「第一次国定教科書」がスタートすることになったのである。

ところで「教科書疑獄事件」を受け、文部省が止むを得ずその対応策として教科書の国定化をすすめたかのように見えるが、実はこの事件は「教科書の国定化を目指す」ために仕組まれた疑獄事件ではなかったかという説がある。それは、『学制百年史』の中で文部省が、「教育内容を細部にわたって国家で統括することがきわめて容易となった」（『学制百年史』文部省）と記録していることからも推し測ることができる。

さらに、『学制百年史』では、菊池大麓文部大臣が一九〇三年六月に幸倶楽部で行なった次のような演説を引いて、当時の教科書疑獄事件と教科書国定化制度の背景を説明している。


「御承知ノ如ク昨年ノ冬ニ至リテ審査会ニ関スル収賄ノ証拠ノ手掛リガツキ家宅捜索トナリ終ニハ十分ナル証拠ガ挙ツテ御承知ノ如ク多数ノ者ガ検挙ニナルトイフ次第ニナツタ。之ハ甚ダ不祥ナ事デアルケレドモ多年ノ積弊ヲ一掃スルニ於テハ誠ニ好時機デアルト認メ、又予テ私ノ是非実行シナケレバナラヌト思ツテ居タ国 定ノ儀ハ此際一日モ猶予スベカラザルモノダト考ヘ教科書国定ノ議ヲ直ニ閣議ニ提出シテ同意ヲ得タ。」


教科書の国定化推進の強力な理由付けに、教科書疑獄事件が利用されたのである。

先行して編まれた『修身書』や『尋常小學讀本』などの教材を取り込みながら、『尋常小學讀本唱歌』が編纂され、刊行されたのは、一九一〇年七月のことであった。『尋常小學唱歌』はさらにその十か月後に刊行された。　【水島昭男】

【参考文献・映像資料】

山住正巳『教科書』（岩波書店）
文部省『学制百年史』（帝国地方行政学会）
『明治教科書疑獄事件—国定化への道』（NHK特集 一九八二年五月）

一九〇三（明治三六）年
『教科統合少年唱歌』の刊行
田村虎蔵・納所辨次郎共編

田村虎蔵と納所辨次郎は、尋常小学校を対象にした『教科適用幼年唱歌』に引き続き、一九〇三年から一九〇五年にかけて『教科統合少年唱歌』を編纂した。本シリーズでは、高等小学校を対象にした唱歌集全八編であった。「教育上一般の注意」の中で「東京高等師範學校付属小學校に採用せられるもの」であること、そして教材の配列が同小学校における他教科との関連をふまえて編まれたものであることを断っている。あくまでも東京高等師範學校に附属した小学校の教育環境を背景にした唱歌集であった。そのためか、再版に至るまでの間隔が非常に長い。初編が五年、三編が六年もかかっている。ちなみに『教科適用幼年唱歌』の多くは一年以内に再版されていた。

各編には具体的な指導上のポイントが示されており、そこからは言文一致唱歌の提唱者であり、「唱歌科の流弊の一洗」と「教科統合」を唱えた編者二人が描いていた唱歌教育の姿がどのようなものであったか、また彼らによって指導された高等師範学校附属小學校での唱歌教育の実態がどのようなものであったかを掲載された教材から見ることができる。ただし『唱歌教科書』のような「生徒用」を別に刊行するという発想はなかった。国定教科書が登場する前夜に、小学校唱歌教育のあり方を提示した、民間による指導用唱歌集ではあった。

『教科統合少年唱歌』初編

田村虎藏・納所辨次郎編

刊行：1903年4月13日　発行：十字屋
縦227ミリ×横150ミリ 表紙＋扉＋26頁
底本：1908年11月13日再版

緒　言

本書は、現今の小學校における唱歌科の流弊を一洗せんと欲して、さきに編輯したりし「幼年唱歌」と、同主義を以て編纂したるものなり。要は教育的教授に適切なる教材の供給に外ならず。教材は、高等第一學年より同第四學年に至る、各學年各學期に配當したれば、編を逐ひて順次兒童教科用書に充て得べし。編纂の用意下の如し。

一、題目、事實は、専ら修身・國語・地理・歴史・理科等の諸教科にて教授すべき事項、及び季節に因みて之を取り、以て各教科の統一を完からしめんことに力めたり。

一、歌詞、多年小學教育に經驗を有する識者の作に成りて、兒童の心情に訴へ、其嗜好に鑑み、初は國語科の程度を追ひて、而も兒童の詩的興味を發揮せんことに注意し、漸く古今名家の作に及ぼして、以て國民感情の養成に資せんとしたり。

一、曲節、編者多年の研究の結果になるものと、和聲を附し得る歐洲曲の、我國兒童に適切なるものとにして、其音程、音域の如何を審査し、兒童が心身發達の程度を精察し、快活流暢なるものより、優雅諄美なるものに進め、以て審美的感情を育成せんことを期せり。

以上の外、用意の詳細、及び音樂上併に教授上の注意に至りては、毎巻の初に之を記述せり。

明治三十六年二月十一日

編者　識す

凡　例

一、本編は、高等小學第一學年第一學期間と、第二學期の前半とに教授すべき材料を配當せるものなり。而して歌曲の數十個は、毎週二時間宛教授するものとしての最多限なり。故に教授時間の事情により、これが取捨撰擇は教師の任意たるべし。

一、本編の歌詞は、一般兒童にもよく了解せしめんが爲め、此學年國語科の程度に鑑みて之を記載したり。曲節は凡て兒童の唱歌し得べき音域内に記譜したるが故に、記譜の各調子にて直ちに教授するを得べし。

一、本編歌曲の強弱は、左の諸記號にて之を表はせり。即ち「*p*」は弱く、「*f*」は強く、「*mp*」は中弱に、「*mf*」は中弱より稍や強く、「＜」又は「*Cresc.*」は次第に強く、「＞」又は「*Decresc.*」は次第に弱く、其數部分を謡ふべきことにして、一音符の上部に「＞」又は「∧」の記號あるは、特に其音だけを強く、更に「▼」の記號を有する音は、極めて短く謡ふべきことなり。強弱は、これによりて歌曲の趣味を發揮するものなれば、殊に注意せんことを要す。而して強弱記號を附せざる本編中の歌曲は、教授者任意の發想によりて教授せられんことを望む。

教授上一般の注意

一、本編歌曲の順序は、他教科との連絡上、我が東京高等師範學校附属小學校に採用せるものなれば、他の小學校に採用せらるゝときは、必ずしも此順序を墨守するに及ばず、任意にこれが取捨選擇をなして、以て各教科との統一を圖られんことを望む。

二、教授の順序は、此學年より略譜教授を本體とすべきものなれば、先ず音階圖を示して、音階練習、及び發音練習をなし、次に新たに教授すべき曲節中の幾部分を抽象して、其音程練習を行ひ、次に題目指示併に曲節を略譜にて塗板に示し、教師はこれを一、二回謡ひたる後、更に數部分宛の範唱を與へて全體に及ぼし、始めて樂器を使用し、能く唱え得るに至りて歌詞を附し、最後に強弱を附するものとす。音階・發音・音程練習は、極めて之を機敏に取扱ひ、教授時間の四分の一を超過せざる様注意すべきものとす。

三、此項は幼年唱歌四編上巻と同じ。同書を參照すべし。

四、本編の歌曲は、總て男女共通の材料なれども、航海・我國兵士の二個歌曲は男兒に適し、紫式部・紅葉の二個歌曲は女兒に適せり。而して本編収むる所の十曲は、何れも他教科との連絡を保てり。即ち「熊澤蕃山」「高田屋嘉兵衛」「紫式部」等は此學年に適したる修身訓話。其他は悉く國語、地理、歴史科等の教科に關係あるものなれば、教授者こゝに注意して教授せん事を要す。

春風

加藤義晴 作歌
Foster 作曲

一
吹けそよ〳〵ふけ、春風よ、
ふけ春風ふけ、柳の糸に、」
吹けそよ〳〵吹け、春風よ、
ふけ春風ふけ、我等の凧に、」
ふけよふけ、春風よ、
やよ、春風ふけ、そよ〳〵ふけよ。』

二
やよ、吹くなよ風、この庭に、
風ふくなよ、風、垣根の梅に、」
やよ、吹くなよ風、この庭に、
風、吹くなよ風、我等の羽根に、」
ふくな、風、この庭に、
やよ吹くなよ風、吹くなよ、風よ。』

＊加藤義晴（一八六四－一九四一）。スティーヴン・コリンズ・フォスターStephen Collins Foster（アメリカ、1826-1864）作曲の「主人は冷たい土の中に《Massas In Cold Ground》」。目次は「ほすたー氏」。

運動會

坪内雄藏 校閲
石原和三郎 作歌
田村虎藏 作曲

一
日ごろきたへに、きたへた力、
見せるは、この時、いざ腕だめし、
走りくらなら、アラビヤ馬よ、
高とび、はばとび、カンガル何の。」

二
脚は金鐵、みがきをかけて、
フートボールは、天へもとゞけ、
腕は、すぢ金、よりをばこめて、
綱は、ちぎれよ、ひくたび〳〵に。」

三
勝つも、まけるも、勝負は、ならひ、
おのが全力、つくした、うへで、
勝てば喝采、まけても拍手、
つゆも卑劣な、振舞するな。」

四
二十世紀の、多事なる世界、
日本男兒の、つとめは多い、
無病のからだに、無病のこゝろ、
きたへよ、體を、まづ第一に。』

＊坪内雄蔵は坪内逍遥（一八五九－一九三五）の本名。

熊澤蕃山

旗野士良 作歌
納所辨次郎 作曲

一
旅宿にあふみの、物語
聞きて、ゆかりの、藤の木を、
たづねて蔭に、やどらんものと、
ちぎりし、志望も、そらだのめ。」

二
たのむ誠實を、明しかね、
ふつか、ふたばん、檐にたつ、
身を、おいびとの、慈愛によりて、
學問の門口、入りそめぬ。」

三
そめて、色ます、綾錦、
かざる故鄕の、名のみかは、
その世に高き、蕃山先生、
文武をわかたぬ、道しるべ。』

＊熊沢蕃山（一六一九－一六九一）は江戸前期の陽明学者。岡山藩の藩政に深くかかわり、全国に先駆け「藩校」の開設などに力を発揮。

春の別れ

佐々木信綱 作歌
作由者未詳（西洋曲）

一
惜めど、かひなし、暮行く春は、
悔れど、すべなし、過ぎ行く時は、
ゆけ〳〵ゆけ〳〵、心のまゝに、
ゆけ〳〵ゆけ〳〵、思のまゝに。」

二
歎けど、かひなし、散しく花は、
いためど、すべなし、うつらふ色は、
ちれ〳〵ちれ〳〵、心のまゝに、
ちれ〳〵ちれ〳〵、思のまゝに。」

三
惜めど、悔れど、かひなき春は、
なげけど、いためど、すべなき花は、
ゆけ〳〵ゆけ〳〵、心のまゝに、
ちれ〳〵ちれ〳〵、思のまゝに。』

高田屋嘉兵衛

石原和三郎 作歌
田村虎藏 作曲

一
氷に、とざす、えぞのはて、
ふゞきに、くらき、エトロフの、
嶋に渡りて、土人らに、

すなどりの業、授けたり。
百折たゆまぬ、
丈夫の、こゝろざし
ほまれは廣し、
オコツクの海よりも。」

二
たま〳〵露艦に、とらへられ、
ゐて、ゆかれたる、カムサツカ、
ふゞきも雪も、忍べども、
忍びがたきは、はづかしめ。
大喝一聲、
丈夫の、いきどほり、
むけし、かれらが
銃口も、くるひけり。」

三
千辛萬苦の、かひありて、
シベリヤ、とざす、あつ氷、
彼と我との、胸もとけ、
なみ風しづまる、北の海。
暴威と、たたかふ、
丈夫の、やまとだま、
いさをは今も、
高田屋、世にたかし。』

＊高田屋嘉兵衛（一七六九－一八二七）は江戸後期の豪商（廻船問屋）。

航海

桑田春風 作歌
納所辨次郎 作曲

一
萬里の風、千里の波。
ゆくて、はるけし、我等が船路、
いざ〳〵進め、撓まず走れ、
海國男兒の、膽斗の如し、
龍の宮居も、探らば、さぐれ。」

二
太平の洋、北氷の海。
ゆかぬ、くまなし、我等が船路、
いざ〳〵走れ、勇みて進め、
海國男兒の、抱負は偉大、
寶の嶋を、拓きて、かへれ。』

我國兵士

旗野士良 作歌
Cücken 作曲

一
我國兵士の、
勇氣を見よや、勇氣を見よや、
君主に報ずる、忠義は高し。
ヒマラヤ山の、嶮岨も何ぞ、
國家に盡くす、公義は深し、
太平洋の、風波も何ぞ、
日の旗さゝげて、
勇ましく、
この世照す。』

二
大詔一度、
出でたる方は、出でたる方は、
眼中、敵なし、世界の限。
愉快に進む、虎狼の野山、
腰劍は吼えて、彈丸叫び、
懲罰て過ぐる、奸邪の、ちまた、
さてこそ卓絶し、
我國の、
兵士、なれや。』

＊フリードリヒ・ヴィルヘルム・キュッケン Friedrich Wilhelm Cücken（ドイツ、1810-1882）。目次は「くつけん氏」。

虫の樂隊

桑田春風 作歌
田村虎藏 作曲

一
千草八千草、亂れ咲きて、
花を、しとねの、夢おもしろと、
おのづからなる、虫のこゑ〴〵。
チンチロリン〳〵、
ス井ッチョ〳〵、
ガシャ〳〵ガシャ〳〵、
ガシャ〳〵ガシャ〳〵、
月ある夜半は、
秋の野もせの、樂隊をかし。」

二
鈴虫、松虫、くつわ虫や、
こほろぎ、馬追、鐘つき虫の、
ふしも、さま〴〵、歌に、はやしに。
チンチロリン〳〵、
ス井ッチョ〳〵、
ガシャ〳〵ガシャ〳〵、
ガシャ〳〵ガシャ〳〵、
風なき夜半は、
秋の野もせの、樂隊をかし。』

紫式部

大橋銅造 作歌
納所辨次郎 作曲

一
立おほふ、
都大路の、けがれし世のちり、
いとひて、すむや、石山の、
秋の夜の月、水にうつして、
あはれ〱、女のかゞみ」。
二
色ふかく、
文の林に、匂へる、むらさき、
あな、たぐひなや、九重の、
雲居のほまれ、よろづ世、かけて、
あはれ〱、女のかゞみ。』

紅葉

石原和三郎 作歌
田村虎藏 作曲

一
時雨に色ます、唐くれなゐ、
夕日に照りそふ、古金襴。」
誰が手に染めたる、
誰が手に織りたる、
つやゝかなりや、高嶺の紅葉。』
二
風に舞ひたつ、錦のきれ、
川瀬に浮べる、あや模樣。」
誰が手に染めたる、
誰が手に織りたる、
はなやかなりや、谷間の紅葉。』

『教科統合少年唱歌』貳編

田村虎藏・納所辨次郎編

刊行：1903年6月4日　発行：十字屋　東京　縦227ミリ×横150ミリ 表紙＋扉＋32頁

緒　言

本書は、現今の小學校における唱歌科の、流弊を一洗せんと欲して、さきに編輯したりし「幼年唱歌」と、同主義を以て編纂したるものなり。要は教育的教授に適切なる教材の供給に外ならず。教材は、高等第一學年より同第四學年に至る、各學年各學期に配當したれば、編を逐ひて順次兒童教科用書に充て得べし。編纂の用意下の如し。

一、題目、事實は、專ら修身・國語・地理・歷史・理科等の諸教科にて教授すべき事項、及び季節に因みて之を取り、以て各教科の統一を完からしめんことに力めたり。

一、歌詞、多年小學教育に經驗を有する識者の作に成りて、兒童の心情に訴へ、其嗜好に鑑み、初は國語科の程度を追ひて、而も兒童の詩的興味を發揮せんことに注意し、漸く古今名家の作に及ぼして、以て國民感情の養成に資せんとしたり。

一、曲節、編者多年の研究の結果になるものと、和聲(ハーモニー)を附し得る歐洲曲の、我國兒童に適切なるものとにして、其音程、音域の如何を審査し、兒童が心身發達の程度を精察し、快活流暢なるものより、優雅諄美なるものに進め、以て審美的感情を育成せんことを期せり。

以上の外、用意の詳細、及び音樂上併に教授上の注意に至りては、毎巻の初に之を記述せり。

明治三十六年二月十一日　編者　識す

凡　例

一、本編は、高等小學第一學年第二學期の後半と、第三學期間に教授すべき材料を配當せるものなり。而して歌曲の數十個は、毎週二時間宛教授するものとしての最多限なり。故に教授時間の事情により、これが取捨撰擇は教師の任意たるべし。

一、本編の歌詞は、一般兒童にもよく了解せしめんが爲め、此學年國語科の程度に鑑みて之を記載したり。曲節は凡て兒童の唱歌し得べき音域内に記譜したるが故に、記譜の各調子にて直ちに教授するを得べし。

一、本編歌曲の強弱は、左の諸記號にて之を表はせり。即ち「*p*」は弱く、「*f*」は強く、「*mp*」は中弱に、「*mf*」は中弱より稍や強く、「⋀」又は「*Cresc.*」は次第に強く、「⋁」又は「*Decresc.*」は次第に弱く、其數部分を謠ふべきことにして、一音符の上部に「∧」又は「＜」の記號あるは、特に其音だけを強く、而して、或る音符より他の音符に、かけたる弧線は、連結(スラー)と稱し、圓滑(ナメラカ)に謠ふべきものとす。強弱は、これによりて歌曲の趣味を發揮するものなれば、殊に注意せんことを要す。而して強弱記號を附せざる本編中の歌曲は、教授者任意の發想によりて教授せられんことを望む。

教授上一般の注意

一、本編歌曲の順序は、他教科との連絡上、我が東京高等師範學校附属小學校に採用せるものなれば、他の小學校に採用せらるるときは、必ずしも此順序を墨守するに及ばず、任意にこれが取捨選擇をなして、以て各教科との統一を圖られんことを望む。

二、教授の順序は、此學年より略譜教授を本體とすべきものなれば、先ず音階圖を示して、音階練習、及び發音練習をなし、次に新たに教授すべき曲節中の幾部分を抽象して、其音程練習を行ひ、次に題目指示併に曲節を略譜にて塗板に示し、教師はこれを一、二回謠ひたる後、更に數部分宛の範唱を與へて全體に及ぼし、始めて樂器を使用し、能く唱え得るに至りて歌詞を附し、最後に強弱を附するものとす。音階・發音・音程練習は、極めて之を機敏に取扱い、教授時間の四分の一を超過せざる樣注意すべきものとす。

三、此項は少年唱歌初編と同じ。同書を參照すべし。

四、本編の歌曲は、總て男女共通の材料なれども、「我國」「進軍」の二個歌曲は、男兒に適し、「冬の月」「ナイチンゲール」の二個歌曲は、女兒に適せり。而して本編收むる所の十曲は、何れも他教科との連絡を保てり。即ち「新井白石」「ナイチンゲール」「王政復古」等は此學年に適したる修身訓話。其他は悉く國語・地理・歴史科等の教科に關係あるものなれば、教授者ここに注意して教授せん事を要す。

新井白石

石原和三郎 作歌
田村虎藏 作曲

一
二葉にこもる、せんだんの、
かをりは今も、かたりぐさ。
三歳のころに、筆をとりて、
かいたる文字は、「天下一。」

二
晝間みじかき、冬の夜の、
ふけて、ねむけの、さすころは、
はだへを、つんざく、水をあびて、
かきこそ、をはれ、四千文字。

三
「生きて封侯、えられずば、
死して、えんまの、王たらん」
ちかひは果して、筑後ノ守、
ああ大丈夫、大丈夫。

軍艦

加藤義清作歌
Henry Carey 作曲

一
わだの、はらに、島の、ごとく、
見ゆるは、」
『よする仇を、ふせぐ、ふねよ、
あ、ををし、たけし、
軍艦よ。』（復唱）

二
わだの、はらに、山の、ごとく、
見ゆるは、」
『皇御國、まもる、ふねよ、
あ、ををし、たけし、
軍艦よ。』（復唱）

＊旋律は英国国歌。ヘンリー・カレー Henry Carey（イギリス、1687-1743）。目次は「へんりー、かれー氏」。

冬の月

桑田春風 作歌
納所辨次郎 作曲

一
空は氷と、凍てつきて、
風は、つるぎと、さえわたる、
母や待つらん、父やなき、
山に柴刈り、粗朶樵りて、
けふも日暮し、歸る子の、
家路を照らす、冬の月。

二
千家萬家も、戸をさして
往來もたえし、四辻に、
按摩の笛の、いとあはれ、
都も冬は、さびしきに、
柳は枯れて、霜白き、
大路を照らす、冬の月。

雪中の梅

桑田春風 作歌
田村虎藏 作曲

一
天のはて、地のきはみ、

一
見渡すかぎり、しろじろと、
降りうづめたる、けさの雪。
庭に木立に、野の面に、
白銀(しろがね)の花、咲きみちぬ。
やがて朝日の、照るまゝに、
雪は消ゆれど、消え残る、
賤(しづ)が籬根(まがきね)の、梅の花。』

　二
物みなは、枯れはてて、
春まつ頃を、ほこりがに、
まづ花ひらく、梅の花。
雪に氷に、木枯に、
おごれる姿、あなゆかし。」
思へ、寒苦に、耐へてこそ、
梅も百花に、魁(さきが)けて、
清くも、高く、かをるなれ。』

我國
　　　旗野士良 作歌
　　　作曲者不明（西洋曲）

　一
山河は秀優(ひいで)、土地は肥饒(ひえ)て、
物澤山(ものさわやま)に、足(たら)ひ、四(よ)の時、
ゆたかに、めぐりて、花鳥も樂(たのし)し。
美麗國(うましくに)ぞや、千五百(ちいほ)、秋の、
瑞穂の名こそ、まことなれ。」

　二
大君(おほぎみ)は仁惠(めぐみ)、人民(たみ)は勤勉(つとめ)、
事物(ものごと)に敏(と)く、世の爲(ため)に、
生命も、惜(を)しまぬ、益荒雄(ますらを)ぞ多き。
勇猛國(たけきくに)ぞや、微妙(くはし)、戈(ほこ)の、
千足(ちたる)の名こそ、まことなれ。』

ナイチンゲール
　　　石原和三郎 作歌
　　　納所辨次郎 作曲

　一
黑海海上(こつかいじよう)、雲あれて、
クリミヤ半島、血をふらす、
叫喚地獄(けうくわんぢごく)の、其(その)なかに、
にほふ、はちすの、花一輪(いちりん)。

　二
ておひの兵士、やめる兵、
永き、ねむりに、つく人の、
あはれ神とも、佛とも、
たのまぬ、ものぞ、なかりける。

　三
根ざしは、ふかき、慈悲博愛、
心は赤き、赤十字、
赤十字社の、つぼみよと、
かぐはしき名を、のこしけり。

新年
　　　石原和三郎 作歌
　　　田村虎藏 作曲

　一
君が代の、ときは、かきはの、みさかえは、
門(かど)ごとに、立てつらねたる、松竹の、
色にも見えて、めでたやな、
年のはじめよ、新年よ。

　二
皇國(すめくに)の、とよさかのぼる、いきほひは、
家ごとに、かかげつらねし、日の丸の、
旗にも見えて、たのしやな、
年のはじめよ、新年よ。

　三
國民(くにたみ)の聖代にあひぬる、よろこびは、
人ごとに、ゑみこぼれたる、かんばせの、
みめにも見えて、うれしやな、
年のはじめよ、新年よ。

富士山（四季の景）
　　　田邊友三郎 作歌
　　　野村成仁 作曲

　一
三保(みほ)の松原、田子の浦、
あしたか山の、峯かけて、
春は、ひとつに、打かすむ、
霞のうへに、あらはれて、
八島みおろす、富士の山。」

　二
金(かね)の、ふもとに、とくる日も、
その、いただきに、夏はなし、
雲を、わけつゝ、のぼりたち、
ふりさけ見れば、四方山(よもやま)は、
足の下なる、富士の山。」

　三
すみに、すみたる、秋の夜の、
心も、そらに、すむものは、
外山のうへに、遠(とほ)白く、
千秋きえぬ、雪の色、
月に照りそふ、富士の山。」

　四
雲の、をのへに、かかるより、
ふもとに、すさぶ、木枯(こがらし)の、
はては、いづこぞ、するが灣(わん)、
遠州なだに、たつ浪も、

神のみわざか、富士の山。』

＊野村成仁（一八七四－一九四七）。

進軍

旗野士良 作歌
A.Methfessel 作曲

一

進め、すすめ、進む方向の、
山も、河も、いまは、なにぞ、
『荊棘の、ふさぐ坂路、
荒浪よする、斷岸。』（復唱）

二

進め、すすめ、進む、かたは、
敵の彈丸、霰なすも、
『精神、込めて向ふ、
我等が身には、障らず。』（復唱）

三

進め、すすめ、進む、かたは、
銃のけぶり、霧は、たつも、
『勇氣、充滿て叫ぶ、
我等が息に、吹き散る。』（復唱）

＊アルベルト・ゴットリープ・メスフェッセル、目次は「あー、めとふえっせる氏」。

王政復古

大橋銅造 作歌
田村虎藏 作曲

一

寄せ來し黒船、
とどろく火砲、
千代田の城の、
のどかなる、
夢を破りて。」
渡るひびきに、
津津浦浦も、
尊王攘夷、尊王攘夷、
尊王攘夷。』

二

かがやく天つ日、
にしきの御旗、
七百年の、
雲霧も
あとなく消えて。」
仰ぐ民草、
津津浦浦も、
王政維新、王政維新、
王政維新。』

「王政復古」

『言文一致唱歌』

帝國教育會内言文一致會編纂

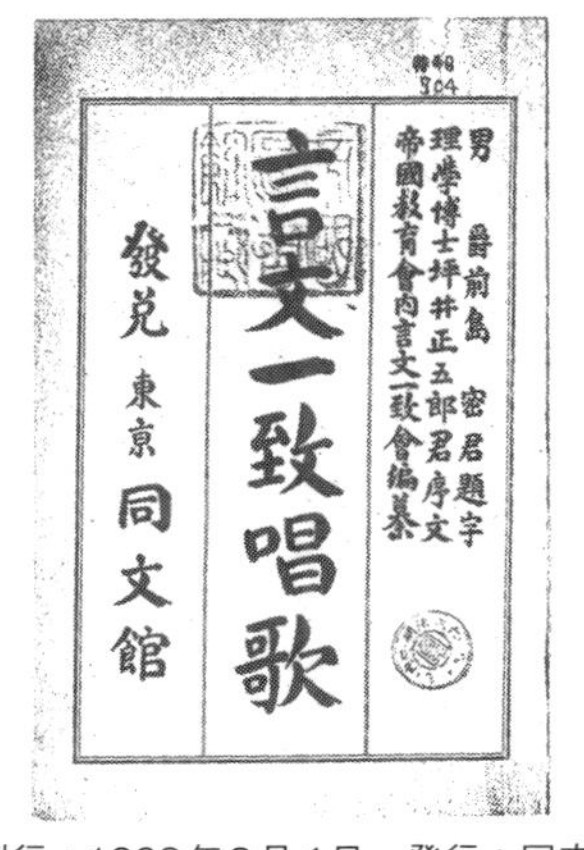

刊行：1903年8月4日　発行：同文館楽器校具店　東京
縦210ミリ×横140ミリ 64頁
＊表紙（国立国会図書館蔵）

序

言文一致とは云ふ通りに書く事。言文一致會は、此事の研究と實行と普及とを謀る志の有る人々の寄り合ひ。此會の募りに應じて集まつた多くの歌の中から萃を拔いて一冊に纏めたのが此唱歌集。解かり惡い文句を暗誦するよりも、言葉通りの歌を歌ふ方が、子供にとつて面白いのは勿論の話し。此書は此点に於いて大なる功を奏す可きもので有りますが、尚ほ言文一致研究の材料としても、實行の標本としても、又普及の媒介としても、極めて有益なものと認められるので有ります。私は言文一致會創立當時からの會員、深く此書の發行を喜ぶもの。所感を記して之を序と致します。

理學博士　坪井正五郎

はしがき

すべて 小學校 の 唱歌 は、小供 が 歌ひ ながら その 意味 の わかる やうな もの で なくては なるまい。どんなに よい 歌 でも、むつかしい 言葉 を つかって あれば、小供 の 興味 を 惹き起し、その心を樂ましめる功力の少ないことは明かである。小學校に用ふる唱歌は言文一致でなければならぬということは、論ずるまでもなきことである。

本會はこの主意でさきに尋常小學校用言文一致唱歌の編纂を思ひたち、昨年四月に、言文一致唱歌とその曲譜との懸賞募集をしたところ、期限までに、全國の有志者から寄せられた歌の數は、殆んど三百數十に達した。そこで、石原和三郎、吉田彌平、三矢重松、新村出、澁谷愛の五氏に審査委員を囑託し、幹事の後藤牧太、千田時次郎の二氏にも、その審査を囑託し、また、曲譜の審査は高等師範學校の鈴木米次郎氏に託し、そののち數月の間、叮嚀反覆十分の審査を盡し、二十首の唱歌を撰定し、中には少しの修正を加へたものもあったが、曲譜は撰に當るほどのものがなかったので、更に鈴木米次郎氏の外、東京府師範學校の野村成仁、山形縣師範學校の稲岡美賀雄の両氏にその作曲を請ひ、ここに始めて本書を完成するに至った。本書はたゞ言文一致唱歌の端緒を開いたのであるが、言文一致の普及を計る助けとなれば、本會の幸とするところである。

明治三十六年七月　帝國教育會内　言文一致會

大きな御馬

（一）

ひんひんどーどー、ひんどーどー、
肥えた太った大きな御馬。
ひきくるべっとーはいはいはい。
もし〱それはどなたの御馬、
陸軍大將のおうまでござる。

（二）

ひんひんどーどー、ひんどーどー、
のりくらおいて、かなぐつうって、
ひきくるべっとーはいはいはい。
ああよいおうま、私も今に、
大きくなったら陸軍大將。

みいちゃん

（一）

わたしのすきなみいちゃんが、
うちのこどもになったのは、
きょねんの三月三日の日、
それからわたしとあねいもと。

（二）

このみいちゃんは、ころんでも、
なきはしません、一どでも、
おこったこともありません、
まい日かうして、にこにこと。

練兵

昨日も今日も、あそこの原で、
兵隊さんが、いくさのけいこ、
喇叭のこゑ、ぷぷぷぷぷー、
鐵砲のおと、どんどんどん。

まりあそび

（一）

あちらやこちら、
こちらやあちら、
まりはてんてん、
おどってはねる。

（二）

ひだりにみぎに、
うしろにまへに、
まりはころころ、
ころげてはしる。

いぬころ

（一）

いぬころこいこい。
ぱんやろか、
くゎしやろか。

（二）

ぎょーぎがよければ、
くゎしもやる。
ぱんもやる。

むし

秋の野邊には、鈴虫松虫
聲をあはせて、りんりんちんちろりん、
ちろりん、ちろりん、りんりん。
なくもおもしろ、りんりんちんちろりん、
ちろりん、ちろりん、りんりん。
きくもおもしろ、りんりんちんちろりん、
ちろりん、ちろりん、りんりん。

金魚

（一）

ちひさないけに、きんぎょがいつつ、
あかいもしろも、ひれをばひろげ、
しりをふって、およいであそぶ。

きれいな きんぎょ、かはいや かはい。

（二）

ちひさな いけに、きんぎょ が いつつ、
ふを なげ やれば、みな あつまって、
なか よく たべる。めだか も ともに、
きれいな きんぎょ、かはいや かはい。

あめ

（一）

ふれや ふれや、おほあめ こあめ。
にはの なかに、こいけ が できる、
やまの したに、こがは が できた。
こがは、こいけ、みるまに ふとる。

（二）

たまれ たまれ、おほあめ こあめ。
にはの こいけ、おほきく なって、
やまと かはと、ひとつ に なった。
ひろい うみ が、みるまに できる。

（三）

やむな やむな、おほあめ こあめ。
にはの まつ も、こし まで かくれ、
いしの とーろー ぎょーずい つかふ。
はしの いた が、およいで まはる。

ちょーと とんぼ

（一）

ちょーちょ よ、ちょーちょ よ、ちょーちょ よ、ちょーちょー よ。
ちょーちょ は、どんな に、うれしかろ、
にしき の よーな 羽衣 を、
天とー さま から いただいて、
花 より 花へ ひらひら と、
あまい つゆ を すひあるく。

（二）

とんぼ よ、とんぼ よ、とんぼう よ。
とんぼ は どんな に、うれしかろ、
すきや の よーな 羽衣 を、
天とー さま から いただいて、
ひろい ひろい 大ぞら を、
西へ 東へ とびまはる。

雀

（一）

雀 小すずめ 學校 の 雀、
われら の くるまに、はや ちゅーちゅー と、
たのしう ないて、おもしろう。

（二）

親の 雀 に、また 子の 雀、
兄の すずめ や 弟 すずめ、
ともだち どーし つれだって。

（三）

ちゅーちゅー ちゅーと 軒から 棟へ、
棟から 軒へ、枝から 梢、
あちらや こちら、とびまはる。

海水浴

（一）

おいでよ、おいでよ、お花さん。
うみべ へ いって あそぼう よ。
それそれ、そこ に さくら がひ、
あれあれ、あそこ に こやすがひ、
あらあら ごらん よ、あしもと へ、
ちょろちょろ なみ が よって くる。

（二）

きたまへ、きたまへ、太郎さん。
うみ へ はいって、およがう よ。
もくもく 水 が わく よーで、
ふはふは からだ が うい て ゐる。
やあやあ、みたまへ、むかうから、
大きな なみ が、まいて くる。

鶯 鶏

（一）

春 くる たび に、鶯 ないて、
人の こころ を なぐさめる。
ほーほけきょー、ほーほけきょー。

（二）

夜 あけぬ まへ に、鶏 ないて、
人に、ときを ば つげわたる。
こけこっこー、こけこっこー。

夕立

（一）

ごろごろ ごろごろ、かみなり の 音、
にはかに、そら は まっくろ に なって、
ものすごい こと は、この うへ も ない。

（二）

ぴかぴか ぴかぴか、ひかる いなづま、
かなた の 山 には、もう 雨 が ふる。
やがて 木の 葉 に、ぱーらり ぱらり。

（三）

ざんざん ざんと、はや ひとしきり、
はしって とほる 夕だち の そら、
あとには、きれいな 虹 の かけ橋。

まはれ

（一）

まはれ まはれ、みづぐるま。
あさも、ゆふも、せ の なか に、
せいだして まはれ。

(二)

はこべ はこべ、あり の むれ。
ふゆ の かて を、なつ の ひ に、
せいだして はこべ。

(三)

おきよ おきよ、すずめ の こ。
あさひ の かげ に おくれず に、
せいだして おきよ。

滊車

(一)

とほい やまね の しらくもも、
はや わが まへ の さくらばな。
かすみ たなびく はる の の を、
よこぎる きしゃ の おもしろさ。

(二)

とんねる でれば、つき の うみ、
いはうつ なみ は、たま と ちり、
かぜも すずしい みぎは を ば、
つたはる きしゃ の おもしろさ。

(三)

をか は もみぢ の にしき はり、
もり は いてふ の こがね ちり、
ゆふひ まばゆい やまざと を、
はせゆく きしゃ の おもしろさ。

(四)

ゆきに ましろい みね の かげ、
まつ に みどり の をか の いろ、
うしろ に されば、また まへ に、
むかへる きしゃ の おもしろさ。

春の野あそび

(一)

ひろい のべ に きて みれば、
ふきくる かぜも ここち よく、
ひばり は そら に さへづって、
ちょーちょ は ひらひら とんでゐる。

(二)

きいろい はな は、なのはな で、
あかく みえる は れんげそー、
すみれ も たんぽ も さいてます。
よめな も つくし も はえてます。

(三)

きれい な はな が たくさん に、
さいてる なか で、なかよし の
おともだち と あそぶ ほど、
うれしい こと は ほか に ない。

水蒸氣

空 に のぼれば 雲 と なり、
ひえて おちれば 雨 と なる。
なほも ひえれば 雪 みぞれ。
姿 かはれど、もと は 水。
水 が 天日 に てらされて、
のぼる 湯氣 こそ 水蒸氣。
これ が 雲 とも 霞 とも、
人 に みさせる もと の 種。

四季

(獨唱)
春 は うれしい おもしろい。
風 は だんだん あたたかで、
野 にも 山 にも 花 が さき、
鳥 は さへずり、ちょー は まふ。
(合唱)
みなさん いっしょに うたひませう。
春 も うれしい、夏 も よい。
くだもの くれる 秋 も よい。
雪 を ふらせる 冬 も よい。

(獨唱)
夏 は うれしい おもしろい
草木 も しげり、稲 も のび、
朝 は すずしく 日 は ながく、
暑中休 も たんと ある。
(合唱)(くりかへし)

(獨唱)
秋 は うれしい、おもしろい。
月 は かがやく 虫 は なく、
くだもの できる、田 も みのる、
もみぢ も 色づく 菊 も さく。
(合唱)(くりかへし)

(獨唱)
冬 は うれしい、おもしろい、
風 に、木の葉 の 舞 を させ、
野山 に、雪 の 綿 きせて、
お正月 を も つれて くる。
(合唱)(くりかへし)

親の情

（一）
裏の林に子百舌鳥がないて、
雪のふりそなもよーとなった。
さむいさむいこの夕方に、
どこをあそんで太郎と梅子。
はやくかへれよ、どれ火をおこし、
炬燵の用意しておかう。

（二）
まへの水田の稲葉もよれて、
風もしんだか、いられるよーな
あついあついこの日のなかに、
どこをあそんで、次郎と百合子。
はやくかへれよ、どれ湯をわかし、
行水の支度しておかう。

大人になったら

（一）
私が大人になったらば、
農業しよう農業を。
田畑をすかう、種まかう。
山林したてて木をつくり、
牛馬畜つてかひこして、
國家の富をつくろうよ。

（二）
私が大人になったらば、
工業しよう工業を。
家をたてよう、橋かけう。
蒸氣や電氣をはたらかせ、
便利な道具をこしらへて、
國家の利益をはからうよ。

（三）
私が大人になつたらば、
商業しよう商業を。
小賣もしよう、仲買も、
會社もたてよう、銀行も、
貿易さかんにいとなんで、
國家の富をふやさうよ。

（四）
私が大人になったらば、
兵士にならう軍人に。
ふだんは腕をねっておき、
もしも戰のあるときは、
命をすててたたかって、
國家の威光をかがやかさう。

（合唱）
われらが大人になったらば、
よい國民となりませう。
忠孝の道よくまもり、
うはべかざらず、いつはらず、
自分の業に身をいれて、
國家のためにつくしませう。

大人になったら

「大人になったら」

『教科統合少年唱歌』参編

田村虎藏・納所辨次郎編

刊行：1903年9月23日　発行：十字屋
縦227ミリ×横150ミリ 表紙＋扉＋28頁
底本：1909年9月25日 再版

緒言

本書は、現今の小學校における唱歌科の、流弊を一洗せんと欲して、さきに編輯したりし「幼年唱歌」と、同主義を以て編纂したるものなり。要は教育的教授に適切なる教材の供給に外ならず。教材は、高等第一學年より同第四學年に至る、各學年各學期に配當したれば、編を逐ひて順次兒童教科用書に充て得べし。編纂の用意下の如し。

一、題目、事實は、專ら修身・國語・地理・歴史・理科等の諸教科にて教授すべき事項、及び季節に因みて之を取り、以て各教科の統一を完からしめんことに力めたり。

一、歌詞、多年小學教育に經驗を有する識者の作に成りて、兒童の心情に訴へ、其嗜好に鑑み、初は國語科の程度を追ひて、而も兒童の詩的興味を發揮せんことに注意し、漸く古今名家の作に及ぼして、以て國民感情の養成に資せんとしたり。

一、曲節、編者多年の研究の結果になるものと、和聲を附し得る歐洲曲の、我國兒童に適切なるものとにして、其音程、音域の如何を審査し、兒童が心身發達の程度を精察し、快活流暢なるものより、優雅諄美なるものに進め、以て審美的感情を育成せんことを期せり。

以上の外、用意の詳細、及び音樂上併に教授上の注意に至りては、毎巻の初に之を記述せり。

明治三十六年五月二八日

編者 識す

凡例

一、本編は、高等小學第二學年第一學期間と、第二學期の前半とに教授すべき材料を配當せるものなり。而して歌曲の數十個は、毎週二時間宛教授するものとしての最多限なり。故に教授時間の事情により、これが取捨撰擇は教師の任意たるべし。

一、本編の歌詞は、一般兒童にもよく了解せしめんが爲め、此學年國語科の程度に鑑みて之を記載したり。曲節は凡て兒童の唱歌し得べき音域内に記譜したるが故に、記譜の各調子にて直ちに教授するを得べし。

一、本編歌曲の強弱は、左の諸記號にて之を表はせり。即ち「*p*」は弱く、「*f*」は強く、「*mp*」は中弱に、「*mf*」は中弱より稍や強く、「＜」又は「*Cresc.*」は次第に強く、「＞」又は「*Decresc.*」は次第に弱く、其數部分を謡ふべきことにして、一音符の上部に「＞」又は「∧」の記號あるは、特に其音だけを強く、而して、或る音符より他の音符に、かけたる弧線は、連結と稱し、圓滑に謡ふべきものとす。強弱は、これによりて歌曲の趣味を發揮するものなれば、殊に注意せん事を要す。而して強弱記號を附せざる本編中の歌曲は、教授者任意の發想によりて教授せられんことを望む。

教授上一般の注意

一、本編歌曲の順序は、他教科との連絡上、我が東京高等師範學校附屬小學校に採用せるものなれば、他の小學校に採用せらるるときは、必ずしも此順序を墨守するに及ばず、任意にこれが取捨選擇をなして、以て各教科との統一を圖られんことを望む。

二、教授の順序は、此學年も略譜教授を本體とすべきものなれば、先ず音階圖を示して、音階練習、及び發音練習をなし、次に新たに教授すべき曲節中の幾部分を抽象して、其音程練習を行ひ、次に題目指示併に曲節を略譜にて塗板に示し、教師はこれを一、二回謠ひたる後、更に數部分宛の範唱を興へて全體に及ぼし、始めて樂器を使用し、能く唱え得るに至りて歌詞を附し、最後に強弱を附するものとす。音附・發音・音程練習は、極めて之を機敏に取扱い、教授時間の四分の一を超過せざる様注意すべきものとす。

三、此項は幼年唱歌の場合に同じ。同書を參照すべし。

四、本編の歌曲は、總て男女共通の材料なれども、「富國強兵」「リンコルン」の二個歌曲は、男兒に適し、「春の野遊」「秋の七草」の二個歌曲は、女兒に適せり。而して本編収むる所の十曲は、何れも他教科との連絡を保てり。即ち「松平定信」「上杉鷹山」「リンコルン」等は此學年に適したる修身訓話。其他は悉く國語・地理・歴史科等の諸教科に關係あるものなれば、教授者こゝに注意して教授せん事を要す。

日の出

石原和三郎 作歌
田村虎藏 作曲

一

朝靄、おしわけ、横雲ひらき、
あさひは、いでたり、東の海に、
ねむれる魚類も、ひれふり浮かび、
大舟、小舟も、帆を、はりあげて、
世界の物みな、はたらき、いだす、
たふとき光よ、あさひの光。』

二

松の木、ひの木の、木ずゑをわけて、
あさひは、のぼりぬ、東の山に、
草の葉、木の葉も、そよめき、はじめ、
ねぐらの小鳥も、さへずり、そめて、
世界の物みな、はたらき、いだす、
たふとき光よ、あさひの光。』

春の野遊

大橋銅造 作歌
Thüringer Volkslied

一

若菜まじる、野邊の芝生
錦綾の、むしろか、
今日の課業、早く終へて、
行きて遊ばん、いざ いざ。

二

たんぽぽ、すみれ、今や盛り、
黄金、珠玉も、何かは、
母に、ひとつ、坊にも一つ、
つみて行かん、いざ いざ。

三

いつか移る、春の日あし、
かすみかゝる、遠山、
謠ふ、ひばり、ねぐら、いづこ、
われも家に、いざ いざ。

＊目次は「独逸國聯邦中ツリンゲル国民歌」。

松平定信

石原和三郎 作歌
納所辨次郎 作曲

一
いらだつ氣質も、自ら、おさへ、
みがき、あげたり、心の、ま玉、
かよわき、からだも、自ら愛し、
保ち、たりけり、長き、よはひ、
あゝ淸し、白河の水、
克己の、かがみ、攝生の、かがみ。

二
古今の書物に、眼を、さらし、
かきのこしたり、あまたの書物、
文武の道を、心に入れて、
改められたり、天下の政事、
あゝ淸し、白河の水、
勉強のかがみ、誠實の、かがみ。

夕涼

桑田春風 作歌
田村虎藏 作曲

一
夕風涼し、出でても涼まん、
團扇片手に、いざいざ來ませ。
庭の築山、池の、みぎは、
千點萬點、風に、みだれて、
あれ〳〵螢が、火花の、よーに。」

二
夕風涼し、門邊に涼まん、
月も出でたり、いざいざ來ませ、
小川の、ほとり、橋の、たもと、
光に、かくれ、闇をば縫うて、
あれ〳〵螢が、水の上飛ぶよ。』

富國強兵〔米國、國歌〕

旗野士良 作歌
Hopkinson 作曲

第一
富ませよ國を、いざ身にかへて、
謀り成す事も、慮ひ起つ業も、
國をのみ目的に、とませよ、富ませ。」
暴風吹く海に、商船すゝめ、
氷の島に、鍤鍬とどめ。」
國、富み、たらば、兵も、また強けむ、
是れ我が民の、現世の義務。』

第二
強めよ兵を、いざ身はすてゝ、
君のため思ひ、國のため忍び、
兵士たる膽魂、つよめよ、強め」。
かたきある山に、屍を、さらし、
あだ守る河に、血潮を、そそぎ、」
兵強からば、國も、また富みなむ、
是れ我が民の、このよの、つとめ。

＊目次は「ホプキンソン氏」。ペリーが来航（一八五四年）した際に演奏された当時のアメリカの準国歌。フィリップ・ファイル Philip Phile 作曲《Hail Columbia》。ポプキンソン（アメリカ、1770-1842）は作詞家。

上杉鷹山

旗野士良 作歌
内田粂太郎 作曲

一
國の基本は、民にあり、
民は田耕す、業にあり、
業や、これから、鍬とりて、
その勞苦を、試みん、」
嗚呼、上の爲せるところ、
下これに、ならふとかや。』

二
人の行爲、道にあり、
道は學の、書にあり、
ふみや勸めよ、教官、
片山里の、笹屋まで、」
あゝ、上の好むところ、
下これに、きそふとかや。』

水車

桑田春風 作歌
納所辨次郎 作曲

一
みのり豊けき、八束穂の、
黄金の穂波、なびけつゝ、
秋の田面を、わけくれば、
野川の、ほとり、米つく家か、
けふも機械の、音高く、
水にくる〳〵、水車。

二
細き流の、水せきて、
つくり、なしたる、水車、
めぐる車の、力にて、

山なす米を、見るまに精げ、
風雨、昼夜の、わかちなく、
水に、くる〱、水車。

故鄕の空

旗野士良 作歌
Geo. F. Root 作曲

一
おぼろに霞む、櫻の、あした、
道の朋友と、杖を曳き、」
川風、青き、柳の岸に、
小船とどめ、書を讀む。
かゝる折も、はた、
他こそ 知らね。
樂しと思ふ、心に、そへて、
故鄕の空、眺めらる。』

二
さやかに晴れて、月すむ夜頃、
遊歩がてら、歌を詠み、」
白雪つみし、學の窓に、
考案こめて、筆を執る。」
かゝる時も、また、
吾のみ 殊に。
詑しき、ふしの、あるにもあらで、
故鄕の空、眺めらる。』

＊旋律はジョージ・フレデリック・ルート George Frederick Root（アメリカ、1820-1895）の《Tramp! Tramp! Tramp!》。目次は「エフ、ルート氏」。

リンコルン

石原和三郎 作歌
田村虎藏 作曲

一
北アメリカの、片田舍、
見るかげもなき、山かづの、
家に生まれし、リンコルン、
まだ、いとけなき、頃とかや、
ある日、こゝろに、思ふやう。

二
合衆國を、うちたてゝ、
國の父よと、末ながく、
世に仰がるゝ、ワシントン、
かれも人なり、我れも人、
勉めて及ばぬ、ことやある。

三
かくて智德を、ねりきたへ、
つとめ、はげみし、かひありて、
大統領に、推されたり、
をりから奴隸の、議論より、
南北戰爭、はじまりぬ。

四
自由のために、身をさゝげ、
人道のため、命をも、
すてゝ惜しまぬ、ますらをの、
正義の、やいば、慈悲の楯、
國のみだれを、しづめけり。

五
功成り、名遂げて、國民の、
萬歲、となふる、聲のうち、
兇人の手に、斃れしも、
やがて第二の、國の父、
美名は朽ちじ、千代までも。』

＊「リンコルン」は、アメリカ第十六代大統領リンカーン（Abraham Lincoln 1809-1865）。

秋の七草

旗野士良 作歌
納所辨次郎 作曲

一
秋の野の、露わけて、
むかし誰が、見初めけむ、
小萩、撫子、ふぢ袴、
尾花は招く、女郎花。」

二
朝顔の、はかなさを、
葛の葉や、うらみなむ、
菊は 桔梗に、とりかへて、
今、七草と、謠ふなり。』

◆資料【一九〇三（明治三六）年認可済歌曲】

大阪府（四月二九日）(小)：「大阪市の歌」（六月一一日）高：「地理唱歌」
群馬県（六月一二日）(小)：「上野唱歌」「箱根八里」「牛若丸」「地理教育 世界唱歌」「春の日」「月の光」「楠公の歌」「我國民」「野邊の錦」「琴の音」「つみくさ」「祝歌」「花紅葉」「天津乙女」「歴史教育 愛国唱歌」
新潟県（九月二日）(小)：「かちかち山」「海の上」「土曜日」「我等は中學一年生」「歲暮」「楠公父子」「辨慶」「豐太閤」
沖縄県（十月三一日）(小)：「勧學ノ歌」

◆資料【一九〇三（明治三六）年検定済曲集】

『唱歌 前田利家公』(高)五月一一日検定（四月三〇日訂正再版）
『金澤 兼六公園唱歌』(高)六月二日検定（五月一二日訂正三版）
『教科適用幼年唱歌』十 (尋) 七月一一日検定（七月一三日訂正五版）
『國民教育 新撰唱歌』(高)(中) 七月二三日検定（七月二〇日訂正版）

『**東京府民 公徳唱歌**』(尋)(高) 七月二三日検定（七月十一日訂正版）
『**公徳養成 國民唱歌**』(高) 九月一日検定（八月二六日訂正）
『**普通教育 歴史唱歌**』(中) 十月二一日検定（十月二一日）
『**動物虐待防止の歌 慈愛の海**』(高) 十月二六日検定（十月二三日訂正三版）
『**動植物保護勧告の歌 仁の心**』(高) 十月二六日検定（十月二三日訂正三版）
『**訂正 勧倹歌**』(尋)(高) 十一月四日検定（五月一日八版）

◆資料 一九〇三（明治三六）年に刊行された唱歌集から

『**輪唱復音唱歌集**』鈴木米次郎、野村威仁編（刊行：七月 発行：十字屋）
『**輪唱歌集**』小山作之助編（刊行：八月 発行：共益商社）
『**育兒唱歌**』**春** 渡辺森蔵編（刊行：一九〇三年八月 発行：同文館楽器校具店）

「文運駸々小學唱歌の集兒童遊戯の編競新爭奇日に月に現はる而して幼稚園のものに至りては猶一二を見るのみ其材料甚だ多からず依て是等の蕪什を設け聊か其書缺乏を補はむとす 此集題して育兒唱歌と云ふは未だ教期に至らざる幼稚者に對するの意にて喩へば教育は風雨の如く共に草木を養生すと雖其嫩芽に向ては風の敎より雨の育を主とすべきなり 本集は四季四編を以て完結す即ち其春部也而して之に伴ふべき遊戯挙動の説明をも附せむと思へど歌曲と並用過煩を避け更に別冊として之を添ふ又歌詞は總て音樂學校文學講師旗野氏の考案に成り曲譜は悉く不肖の制作に出づるものなれば敢て一々署名せず若し次集に於て他氏の歌曲に係るものあるときは之を特記す」
（『育兒唱歌』緒言より）

『**育兒唱歌**』**夏** 渡辺森蔵編（刊行：一九〇三年一一月 発行：同文館楽器校具店）
『**新教育唱歌**』小出雷吉編（発行：十字屋）

一九〇四（明治三七）年

『教科統合少年唱歌』四編

田村虎藏・納所辨次郎編

刊行：1904年2月13日　発行：十字屋　東京　縦227ミリ×横150ミリ　表紙＋扉＋26頁

緒言

本書は、現今の小學校における唱歌科の流弊を一洗せんと欲して、さきに編輯したりし「幼年唱歌」と、同主義を以て編纂したるものなり。要は教育的教授に適切なる教材の供給に外ならず。教材は、高等第一學年より同第四學年に至る、各學年各學期に配當したれば、編を逐ひて順次兒童教科用書に充て得べし。編纂の用意下の如し。

一、題目、事實は、専ら修身・國語・地理・歴史・理科等の諸教科にて教授すべき事項、及び季節に因みて之を取り、以て各教科の統一を完からしめんことに力めたり。

一、歌詞、多年小學教育に經驗を有する識者の作に成りて、兒童も心情に訴へ、其嗜好に鑑み、初は國語科の程度を追ひて、而も兒童の詩的興味を發揮せんことに注意し、漸く古今名家の作に及ぼして、以て國民感情の養成に資せんとしたり。

一、曲節、編者多年の研究の結果になるものと、和聲（ハーモニー）を附し得る歐洲曲の、我國兒童に適切なるものとにして、其音程、音域の如何を審査し、兒童が心身發達の程度を精察し、快活流暢なるものより、優雅諄美なるものに進め、以て審美的感情を育成せんことを期せり。

以上の外、用意の詳細、及び音樂上併に教授上の注意に至りては、毎巻の初に之を記述せり。

明治三十七年一月一日　　編者 識す

凡例

一 本編は、高等小學第二學年第二學期の後半と第三学期間とに教授すべき材料を配當せるものなり。而して歌曲の數十個は、毎週二時間宛教授するものとしての最多限なり。故に教授時間の事情により、これが取捨撰擇は教師の任意たるべし。

一 本編の歌詞は、一般兒童にもよく了解せしめんが爲め、此學年國語科の程度に鑑みて之を記載したり。曲節は凡て兒童の唱歌し得べき音域内に記譜したるが故に、記譜の各調子にて直ちに教授するを得べし。

一 本編歌曲の強弱は、左の諸記號にて之を表はせり。即ち「*p*」は弱く、「*f*」は強く、「*mp*」は中弱に、「*mf*」は中弱より稍や強く、「∧」又は「*Cresc.*」は次第に強く、「∨」又は「*Decresc.*」は次第に弱く、一音符の上部に其數部分を謠ふべきことにして、「∧」又は「∧」の記號あるは、特に其音だけを強く、而して、或る音符より他の音符に、かけたる弧線は、連結（スラー）と稱し、圓滑（ナメラカ）に謠ふべきものとす。強弱は、これによりて歌曲の趣味を發揮するものなれば、殊に注意せん事を要す。而して強弱記號を附せざる本編中の歌曲は、教授者任意の發想によりて教授せられんことを望む。

教授上一般の注意

一　本編歌曲の順序は、他教科との連絡上、我が東京高等師範學校附屬小學校に採用せるものなれば、他の小學校に採用せらるるときは、必ずしも此順序を墨守するに及ばず、任意にこれが取捨選擇をなして、以て各教科との統一を圖られんことを望む。

二　教授の順序は、此學年も略譜教授を本體とすべきものなれば、先ず音階圖を示して、音階練習、及び發音練習をなし、次に新たに教授すべき曲節中の幾部分を抽象して、其音程練習を行ひ、次に題目指示併に曲節を略譜にて塗板に示し、教師はこれを一、二回謠ひたる後、更に數部分宛の範唱を興へて全體に及ぼし、始めて樂器を使用し、能く唱え得るに至りて歌詞を附し、最後に強弱を附するものとす。音階・發音・音程練習は、極めて之を機敏に取扱い、教授時間の四分の一を超過せざる様注意すべきものとす。

三　此項は幼年唱歌の場合に同じ。同書を參照すべし。

四　本編の歌曲は、總て男女共通の材料なれども、「大和心」「軍隊歡迎」の二個歌曲は、男兒に適し、「谷間の泉」「憲法發布」の二個歌曲は、女兒に適せり。而して本編収むる所の十曲は、何れも他教科との連絡を保てり。即ち「良友」「グラッドストーン」「平田篤胤」等は此學年に適したる修身訓話。其他は悉く國語・地理・歷史科等の諸教科に關係あるものなれば、教授者こゝに注意して教授せん事を要す。

辨慶

旗野士良 作歌
納所辨次郎 作曲

一
天下の名品に、逢はばやと、
夜な〳〵五條の、橋に出で、
九百九十、九本めの、
太刀は源家の薄綠。」

二
黒革縅に、袈裟頭巾、
薙刀杖に、仁王立ち、
七個道具を、背負しに、
智謀の多きぞ、知られける。」

三
うち振る兵器は、八角棒、
三十二個の、鐵の疣、
阿修羅と見ゆる、勇僧は、
西塔 別當、武藏坊。」

四
君に忠義の、みこし路や、
安宅の關を、うち過ぎて、
末の世までも、清き名を、
洗ひ流しし、衣川。』

＊薄綠　源家ノ傳刀ニテ、源爲義、子孫長久ヲ八大寺ヘ祈願ノ時、鞍馬寺（異説ニ高野）ヘ納マシ物、牛若丸ノ指料トナリ、後、箱根權現に納メ、今猶存スト、刀釼承宗ニ見ユ。

＊七個道具　斧、槌、鋸、鑿、鎌、鉤、懸縄トス。（俗説）

良友

旗野士良 作歌
VOLKSWEISE

一
誠實しやかに、まじはりても、
好きには進み、悪きに避け、
わが世の道に、兩筋あるは、
友には似て、非なる友。」

二
相逢ふときに、さはなくとも、
別れし後は、こゝろをこめ、
艱難を助け、憂苦をば救ふ、
友こそ是れ、眞の友。』

＊目次には「作曲者不明（獨逸國國民歌）」

谷間の泉

桑田春風 作歌
田村虎藏 作曲

一
清き姿に、湧き出でて
球を碎きて、岩に鳴り、
白ゆふ曳きて、瀬に謠ひ
岸邊の花を、ひたしつつ、
流れて行くか、谷間の泉。」

二
峰に嵐の、吹き、すさび、
紅葉うかべて、流るれば、
波くれなゐの、くゝり染、
深山の秋を、つげ顔に、
里に、いづるか、谷間の泉。』

軍隊歡迎

旗野士良 作歌
GEO. F. ROOT 作曲

一
遠音に響く、伴の男達を、

迎へ祝ふけふぞ、」
鬼にもまさる、益荒男たちを、
迎へ歌ふいまぞ、」
國家の事には、身を捧ぐ、
壯快や、雄々しや、」
我等も他日は、然こそ成らめ、
いさましや、をゝしや。』

二
軍隊の裝束の、嚴然猛然、
宜も怖る敵は、」
思へば、もとは、兄弟同胞、
同じ國の、み民、」
國家のためには、身を殺す、
壯快や、雄々しや、」
人たるものは、斯ぞあらん、
いさましや、をゝしや。』

＊ジョージ・フレデリック・ルート作曲《Battle cry of freedom》。

グラッドストーン

石原和三郎 作歌
納所辨次郎 作曲

一
正しき道と、信じなば、
あくまで、とほせ、貫けの、
負けじ魂、そなはりて、
かよわき野菜、うゑつけの、
物あらそひにも、芽ざしけり、
これや二葉の、せんだんか。」

二
よく勵み、また、よく遊び、
心に、からだに、ねりみがく、
その習慣は、イートン校、
オクスフォルドの、大學に、
エトナの火山の、いただきに、
今も殘れる、かたりぐさ。」

三
さて國會に、出でてより、
政事の舞臺に、五十年、
しのぎ、けづるも、國のため、
正義に向ふ、刃なく、
やがてイギリス、大宰相、
美名は世々を、照すなり。』

＊ウィリアム・グラッドストン William Gladstone（1809-1898　イギリス）はヴィクトリア朝期の政治家。

大和心

大橋樂浪 作歌
A.NEITHARDT 作曲

一
大和男兒、何をかする、
皇國の文化、進めんと、
たゆまずに、書をば讀みて、
己が智を、みがくなり、」
あはれ、たのもし、
その雄心、
國のため君のため、
盡せ力をつくせ。』

二
大和男兒、何をかする、
皇國の富を、はからんと、
夙に起き、夜半に、いねて、
己が業を、はげむなり、」
あはれ、たのもし、
その雄心、
國のため君のため、
盡せ力をつくせ。』

三
大和男兒、何をかする、
皇國の名譽、けがさじと、
太刀とりて、小銃とりて、
己が身を、きたふなり、」
あはれ、たのもし、
その雄心、
國のため君のため、
盡せ力をつくせ。』

＊A・ナイトハルト August Neithardt（1793-1861）プロイセン王国の国歌。目次は「ナイハルト氏」。

霜

石原和三郎 作歌
田村虎藏 作曲

一
朝風、をかして、田舍の、こみち、
落葉の上を、ふみゆけば、
立てるは立てるは、霜ばしら、
足おと、おもしろ、みしみしと、
我よりさきに、たが、ふみわけし、
二の字、二の字の、下駄のあと。」

二
朝寒、をかして、都の、はづれ、
川の、ほとりに、來かゝれば、
おけるは、おけるは、橋の霜、
足おと、おもしろ、とん、とんと、
我よりさきに、たが渡りけん、
千鳥につけたる、靴のあと。』

憲法發布

旗野士良 作歌
JOSEF HAYDN 作曲

一
日月の影かも、
隅なく照るは、」
めぐみの露かも、漏さず、おくは」
さてしも比喩へん、ものなき御代ぞ。」
「今日（明治廿二年二月十一日）より發布ます、
此大憲法。」（復唱）

二
ますます榮えん、
わが日の本の、」
威光や世界に、耀くはじめ。」
やがても光の、功績ぞ映ふ。」
「たふとき憲法や、かしこき憲法。」（復唱）

三
いよいよ繁らん、
青人草の、」
花さくときこそ、是より來たれ。」
やがても、その實の、結ぶは著明し。」
「樂しき、みのりや、嬉しき、みのり。』（復唱）

＊フランツ・ヨーゼフ・ハイドン作曲。ドイツ国歌の旋律に旗野士良が作詞。目次は「ハイドン氏」。

平田篤胤

旗野士良 作歌
田村虎藏 作曲

一
潮泡の、漢唐天竺、
國の教に、迷へる人を。」
梓弓、引きかへす、
やたけ心の、篤胤大人よ。」
うしなればこそ、石の上、
古の神ごと、唱へたれ、
終に罪なく、配流へて、
あはれ秋田に、
月を見るまで。」

二
山菅の、亂れにし、
神の眞道、清らにせんと。」
燒鎌の、鋭鎌もて、
苅りつ拂ひつ、百ぶみ千ぶみ。」
ふみ開きたる、功績は、
今の世とても、後とても、
いかで盡めや、垣穂なす、
他は彼に是く、
評論らふとも。』

早春

桑田春風 作歌
納所辨次郎 作曲

一
吹く風は、まだ、寒けれど、
庭の梅が香、はや薫り、
深山に雪は、殘れども、
野の新草は、もえいでぬ、
春は來ぬ、春は來にけり。」

二
冬ごもりする、夢路より、
春の野面は、さめけりな、
小川の氷、とけそめて、
初鶯の、聲ぞする、
春は來ぬ、春は來にけり。』

『教科統合少年唱歌』五編

田村虎藏・納所辨次郎編

刊行：1904年5月16日　発行：十字屋
縦227ミリ×横150ミリ 表紙＋扉＋26頁
底本：1909年6月20日 3版

緒　言

本書は、現今の小學校に於ける、唱歌科の流弊を一洗せんと欲して、さきに編輯したりし「幼年唱歌」と、同主義を以て編纂したるものなり。要は、教育的教授に、適切なる教材の供給に外ならず。教材は、高等第一學年より同第四學年に至る、各學年各學期に配當したれば、編を逐ひて順次兒童教科用書に充て得べし。編纂の用意下の如し。

一、題目、事實は、專ら修身・國語・地理・歴史・理科等の諸教科にて教授すべき事項、及び季節に因みて之を取り、以て各教科の統一を完からしめんことに力めたり。

一、歌詞、多年小學教育に經驗を有する識者の作に成りて、兒童の心情に訴へ、其嗜好に鑑み、初は國語科の程度を追ひて、而も兒童の詩的興味を發揮せんことに注意し、漸く古今名家の作に及ぼして、以て國民感情の養成に資せんとしたり。

一、曲節、編者多年の研究の結果になるものと、和聲を附し得る歐洲曲の、我國兒童に適切なるものとにして、其音程、音域の如何を審査し、兒童が心身發達の程度を精察し、快活流暢なるものより、優雅諄美なるものに進め、以て審美的感情を育成せんことを期せり。

以上の外、用意の詳細、及び音樂上併に教授上の注意に至りては、每巻の初に之を記述せり。

明治三十七年三月三日　　編者 識す

凡例

一、本編は、高等小學第三學年第一學期間と、第二學期の前半とに教授すべき材料を配當せるものなり。而して歌曲の數十個は、每週二時間宛教授するものとしての最多限なり。故に教授時間の事情により、これが取捨撰擇は教師の任意たるべし。

一、本編の歌詞は、一般兒童にもよく了解せしめんが爲め、此學年國語科の程度に鑑みて之を記載したり。曲節は、凡て兒童の唱歌し得べき音域内に記譜したるが故に、記譜の各調子にて直ちに教授するを得べし。

一、本編歌曲の強弱は、左の諸記號にて之を表はせり。即ち「*p*」は弱く、「*f*」は強く、「*mp*」は中弱に、「*mf*」は中弱より稍や強く、「∧」又は「*Cresc.*」は次第に強く、「∨」又は「*Decresc.*」は次第に弱く、其數部分を謠ふべきことにして、一音符の上部に「>」又は「∧」の記號あるは、特に其音だけを強く、而して、或る音符より他の音符に、かけたる弧線は、連結と稱し、圓滑に謠ふべきものとす。強弱は、これによりて歌曲の趣味を發揮するものなれば、殊に注意せん事を要す。而して強弱記號を附せざる本編中の歌曲は、教授者任意の發想によりて教授せられんことを望む。

教授上一般の注意

一、本編歌曲の順序は、他教科との連絡上、我が東京高等師範學校附属小學校に採用せるものなれば、他の小學校に採用せらるるときは、必ずしも此順序を墨守するに及ばず、任意にこれが取捨選擇をなして、以て各教科との統一を圖られんことを望む。

二、教授の順序は、此學年より略譜教授を本體とし、本譜教授を副として教授することを可とするが故に、音階練習・發音練習及び、新たに教授すべき曲節中の、幾部分を抽象して、構成せる音程練習等は、漸く本譜を用ふべし。次に題目指示併に曲節の提示（略譜又は本譜）をなし、教師は之を一、二回謠ひ聞かしたる後、更に幾部分宛の範唱を與へて、これに摸唱せしめつつ全體に及ぼすべし。玆に始めて樂器を使用し、能く唱え得るに至りて歌詞を附し、最後に強弱を附するものとす。音階・發音・音程練習は、成るべく之を機敏に取扱い、教授時間の凡そ四分の一を超過せざる様注意すべし。

三、本編よりは、漸く西洋曲を多く加へたれば、教授者は、豫め其樂趣を吟味して、歌曲の趣味を十分に發揮せられんことを望む。而して本編収むる所の歌曲は、總て男女共通の材料なれども、「軍艦旗」「墳墓の國」の二個歌曲は、男兒に適し、「桃園」「讀書の秋」の二個歌曲は、女兒に適せり。猶本編の歌曲は、何れも修身・國語・地理・歷史科の諸教科と、連絡を保たんことに力めたれば、教授者はここに注意して、編者の微衷を領せられたし。

桃園

桑田春風 作歌
納所辨次郎 作曲

一
春日、のどかに、かすみ、
園生には、桃さきて、
鴛鴦眠る、池の面に、
くれなゐの、影ひたす。」

二
遊ぶ、をとめら、二人、
花手折る、何のため、
けふはこれ、彌生三日、
まゐらすか、雛の君に。」

三
愛しき、姉妹、ふたり、
けふこそと、雛祭、
桃の花、折りそへて、
かしづくよ、やさしくも。」

四
花と、少女と、いづれ、
艶なりや、繪の如く、
晝靜か、桃の園、
太平の、世の姿。』

軍艦旗

旗野士良 作歌
HENRY C WORK 作曲

一
高檣に閃めく、旗こそは、
いとども畏き、天皇の、
たまひし賜物、疎略に、
ゆめな汚し、
そよ。
我君の、御威載せ、
我國の、保護負ふ、

軍の艦たる、章なれ、
ゆめな、けがし、
そよ。」

二
高檣に閃めく、旗影は、
さすがに輝く、日の本の、
軍艦と見る者、先ずおそる、
ああ勇まし、
やな。
青海の、つづく、はて、
白波の、かよふ、くに、
何處も射照す、しるしなり、
ああいさまし、
やな。』

＊「大きな古時計」の作曲者で知られるワーク Henry C.Work（アメリカ、1832-1884）の《Marching through Georgia》。目次は「シー、ウォーク氏」。

ジェンナー（Jenner）

石原和三郎 作歌
田村虎藏 作曲

一
疱瘡といふ、病ほど、
世に、おそろしき、物あらじ、
顔に、あとつけ、目をつぶし、
命をさへに、奪ひゆく。

二
さても種痘と、いふことが、
發明せられぬ、その頃の、
世のありさまは、いかなりし、
聞くも身の毛の、たつばかり。

三
その發明者は、イギリスの、
ジェンナー氏なり、ジェンナーは、
牛痘よりぞ、思ひつき、
苦心研究、二十年。

四
或はわが子に、これをうゑ、
或は理論を、世に示し、
ののしり、あざけり、物とせず、
所信は、かたき、鐵石心。

五
事實は理論を、證據だて、
今はうたがふ、人もなく、
種痘のために、命をば、
たすかる人の、幾千万。

六
ああジェンナー氏、ジェンナー氏、
生きては悪魔と、よばれしも、
死にては命の、まもり神、
思へば盡きぬ、いさをかな。』

森の小鳥

大和田建樹 作歌
作曲者不明（西洋曲）

一
松吹く風の、音も絶えて、
のどかに霞む、春の山。
山路は長し、麓は遠し、
ねぐらに歸る、森の小鳥、
いそがぬ歌は、まだあれに。」

二
夕日の影は、峯にかくれ、
しづかに暮るる、谷の空。
我屋はいづこ、故郷はいづこ、
うらやましきは、森の小鳥、
わかれぬ友と、うちつれて。』

瀧

石原和三郎 作歌
納所辨次郎 作曲

一
鳥も聲なき、山かげの、
谷間にひびきて、さらさらと、
練りたる帛を、晒すが如く、
玉の簾を、かけたる如く、
おちくる瀧の、涼しさよ、
瀧よ、瀧よ、たきつせよ。」

二
峨峨たる斷崖、絶壁より、
天地を、ふるひて、どうどうと、
天の川瀬の、みなぎる如く、
みそらの雲の、降るが如く、
おちくる瀑布の、ををしさよ、
瀑布よ、瀑布、大瀑布。』

常磐木

旗野士良 作歌
VOLKSWEISE

一
夕立の宿に、名譽あらはし、
凩に笑ひ、霜雪を凌ぐ
松こそは、げにや、木木の公なれ。」

二
旅路ゆく人に、梢知らせて、
おほ空に高く、雲霧を拂ふ、

樅こそは、げにや、木木の長なれ。」
三
さても斯く、己が、群に抜け出で、
千歳經る操、五百枝 さす姿、
嗚呼松や樅や、世にぞ、たふとき。』

注意　一、史記曰。秦始皇上泰山風雨暴至、不休於松下、因封其松。二、菅公記曰。梢かすかに見ゆるに、君が住む宿の梢の行く〱も、かくるゝまでにかへり見しはや。

＊ドイツ民謡「樅の木」。

讀書の秋

大和田建樹 作歌
田村虎藏 作曲

一
夕風すずしく、雲を拂ひ、
山邊の、けしきは、今こそ秋、
待たれし時節ぞ、いざいざ友よ、
机を、ならべて、讀書せん。」
二
遠くに聞ゆる、野邊の虫は、
我等をもてなす、唱歌の聲、
心も勇みて、樂しき今宵、
たゆまず勉めん、十時まで。』

學の友

大和田建樹 作歌
VOLKSWEISE

一
同じ窓の内に、
机ならべ据ゑて、
學びし友よ。
鳥は枝に鳴き、
蝶は花に舞ふ、
われも慕ふ心、
はなれじ
君を。」
二
朝に我を勸め、
暮に我を助け、
睦びし友よ。
月は空を行き、
影は土にあり、
わかれて後ながく、
はなれじ、
夢は。』

＊目次では「作曲者不明（獨逸國國風歌）」。

小さき星

桑田春風 作歌
田村虎藏 作曲

一
晴れたる、夜半の空を、
こころ、とめて、ながめよ、
遠く、小さき、星の、
見るほどに、數も、よまれず。
かがやき、いづる、そのさまは、
空の園、とこしへ匂ふ、
花とさく、黄金、白銀、
その花か、小さき星よ。」
二
大空、晴れし夜半を、
ひとり、立ちて、ながめよ、
名なき、小さき、星の、
見るほどに、かぎり知られず。
かすかに、ひかる、そのさまは、
空の海、底に、ひそめる、
美はしき、眞球、白玉、
その玉か、小さき星よ。』

墳墓の國

旗野士良 作歌
KARL WILHELM 作曲

一
大洋隔てて、名譽は立つとも、
精神は變らぬ、日本の人草。
墳墓の國ぞや、
墳墓の國ぞや、
いかで、それを忘れん、
いかで、それを忘れん。」
二
萬里の遠方に、戰ひ死すとも、
靈魂歸りて、あくまで守らん。
墳墓の國ぞや、
墳墓の國ぞや、
いかで、それを忘れん、
いかで、それを忘れん。」
三
天地開闢し、ときより繼繼、
承來し親ども、吾等も人民なり。
墳墓の國ぞや、
墳墓の國ぞや、
いかで、それを忘れん、
いかで、それを忘れん。』

＊『中等唱歌集』「火砲の雷」は異名同曲（↓六八六頁）。目次は「ウィルヘルム氏」。カール・ウィルヘルム Karl Wilhelm。

『教科統合少年唱歌』六編

田村虎藏・納所辨次郎編

刊行：1904年8月4日　発行：十字屋　東京　縦227ミリ×横150ミリ 表紙＋扉＋26頁
底本：1908年7月15日 4版

緒　言

本書は、現今の小學校に於ける、唱歌科の流弊を一洗せんと欲して、さきに編輯したりし「幼年唱歌」と、同主義を以て編纂したるものなり。要は教育的教授に適切なる教材の供給に外ならず。教材は、高等第一學年より同第四學年に至る、各學年各學期に配當したれば、編を逐ひて順次兒童教科用書に充て得べし。編纂の用意下の如し。

一、題目、事實は、專ら修身・國語・地理・歴史・理科等の諸教科にて教授すべき事項、及び季節に因みて之を取り、以て各教科の統一を完からしめんことに力めたり。

一、歌詞、多年小學教育に經驗を有する識者の作に成りて、兒童の心情に訴へ、其嗜好に鑑み、初は國語科の程度を追ひて、而も兒童の詩的興味を發揮せんことに注意し、漸く古今名家の作に及ぼして、以て國民感情の養成に資せんとしたり。

一、曲節、編者多年の研究の結果になるものと、和聲（ハーモニー）を附し得る歐洲曲の、我國兒童に適切なるものとにして、其音程、音域の如何を審査し、兒童が心身發達の程度を精察し、快活流暢なるものより、優雅諄美なるものに進め、以て審美的感情を育成せんことを期せり。

以上の外、用意の詳細、及び音樂上併に教授上の注意に至りては、毎巻の初に之を記述せり。

明治三十七年五月廿八日

編者　識す

凡例

一、本編は、高等小學第三學年第二學期の後半と、第三學期間とに教授すべき材料を配當せるものなり。而して歌曲の數十個は、毎週二時間宛教授するものとしての最多限なり。故に教授時間の事情により、これが取捨撰擇は教師の任意たるべし。

一、本編の歌詞は、一般兒童にもよく了解せしめんが爲め、此學年國語科の程度に鑑みて之を記載したり。曲節は、凡て兒童の唱歌し得べき音域内に記譜したるが故に、記譜の各調子にて直ちに教授するを得べし。

一、本編歌曲の強弱は、左の諸記號にて之を表はせり。即ち「*p*」は弱く、「*f*」は強く、「*mp*」は中弱に、「*mf*」は中弱より稍や強く、「＜」又は「*Cresc.*」は次第に強く、「＞」又は「*Decresc.*」は次第に弱く、「＜＞」又は「＞＜」の記號あるは、特に其音だけを強く、其數部分を謠ふべきことにして、一音符の上部に而して、或る音符より他の音符に、かけたる弧線は、連線（スラー）と稱し、圓滑（ナメラカ）に謠ふべきものとす。強弱は、これによりて歌曲の趣味を發揮のするものなれば、殊に注意せん事を要す。而して強弱記號を附せざる本編中の歌曲は、教授者の任意の發想によりて教授せられんことを望む。

教授上一般の注意

一、本編歌曲の順序は、他教科との連絡上、我が東京高等師範學校附屬小學校に採用せるものなれば、他の小學校に採用せらるるときは、必ずしも此順序を墨守するに及ばず、任意にこれが取捨選擇をなして、以て各教科との統一を圖られんことを望む。

二、教授の順序は、此學年より略譜教授を本體とし、本譜教授を副として教授することを可とするが故に、音階練習・發音練習及び、新たに教授すべき曲節中の幾部分を抽象して、構成せる音程練習等は、漸く本譜を用ふべし。次に題目指示併に曲節の提示(略譜又は本譜)をなし、教師は之を一、二回謠ひ聞かしたる後、更に幾部分宛の範唱を與へて、これに摸唱せしめつつ全體に及ぼすべし。茲に始めて樂器を使用し、能く唱え得るに至りて歌詞を附し、最後に強弱を附するものとす。音階・發音・音程練習は、成るべく之を機敏に取扱い、教授時間の凡そ四分の一を超過せざる樣注意すべし。

三、本學年より、次第に西洋曲を多く加へたれば、教授者は、豫め其樂趣を善く吟味して、歌曲の趣味を十分に發揮せられんことを望む。而して本編収むる所の歌曲十個は、總て男女共通の材料なれども、「祝捷歌」「護國の歌」の二個歌曲は、男兒に適し、「希望」「海原」の二個歌曲は、女兒に適せり。猶本編の歌曲は、何れも修身・國語・地理・歴史科の諸教科と、連絡を保たんことに力めたれば、教授者はここに注意して、編者の微衷を領せられたし。

林子平

石原和三郎 作歌
田村虎蔵 作曲

一、
我が日の本は、海の國、
國の、まもりぞ、第一なると、
筆を、そめたる、三國通覽、
心を、こめたる、海國兵談、
あゝたかし、先見の明。」
二、
時を得ざるぞ、ぜひもなき、
ひとまの、うちに、おしこめられて、
おきては破らぬ、忠肝義膽、
心は、くまなし、月日地天、
あゝきよし、國士の鑑。』

＊林子平は江戸後期の経世論家。『海國兵談』などの自著で海防を説き、幕府に迫った。

希望

武島又次郎 作歌
Karl groos 作曲

一、
み空に聳えし、
かの富士の山も、
數しれぬ、ちりひぢの、
重なりて、あつまりて、
かくは、なれるぞよ。」
二、
世界のすぐれし、
古今の英雄偉人も、
たえまなき、勤勞の、
重なりて、あつまりて、
かくは、なれるぞよ。」
三、
ひとびと勉めよ、
富士のごとく名高き、
手がらをば、たてよかし、
大いなる、けがれなき、
希望を、いだきて。』

＊カール・グロース Karl Groos（ドイツ、1789-1861）。

祝捷歌

旗野士良 作歌
Richard Wagner 作曲
（運動會、ボート競爭等ニ用フ。）

一
見わたす、方方、
いづれ猛き、ともの男。
さてこそ、あらそふ、
伎倆も、まこと、はえあれ。」
いなづまの、かがやき、
いかづちの、とどろき。
あれあれ、かちたり、
みごと、みごと、勝ちたり。』
二
かなたも、こなたも、
いづれ人に、ますら男。
さてこそ、くらぶる、
ちから、まこと、みえあれ。」
とらにのる、いきほひ、
はやぶさの、とがへり。
あれあれ、かちたり、
万歳 万歳、万万歳。』

＊リヒャルト・ワーグナー Richard Wagner（ドイツ、1813-1883）の『ローエングリン』第三幕「婚礼の合唱」。『明治唱歌』第五集「春の夜」（→六七三頁）、「騎兵」（→三二七頁）も異名同曲。

釣遊

旗野士良 作歌
納所辨次郎 作曲

一
柳の岸に、糸たれて、
水に浮世の、さまを見る、
深き智謀の、底しらで、
嘲み笑ふぞ、愚人。
太公望が、釣り得たる、
八百年も、このあそび。」
二
小舟の竿を、さす汐に、
ゆくも、歸るも、海の原、
廣き心の、樂みを、
知らず訾るは、鈍人。
浦島太郎が、龍宮の、
三百年も、このあそび。』

・論語 智者樂水・
・周ノ世八百年
・鈍人ハ万葉浦島子ノ歌ノ譜
・雄略天皇ヨリ天長二年マデ三百四十七年

「釣遊」

急流

大和田建樹 作歌
作曲者不明（西洋曲）

一

泡立てて行く、水の流れ、
千軍の叫か、萬馬の蹄か、
雪の如く、空に飛び、
雷の響は、巌を打つ。
愉快に躍り、
愉快に舞踏して、
いつまでも飽かず、
遊べや遊べ。」

二

矢を射るに似て、早き流れ、
鋒を揃へて、落ちくる瀧つ瀬、
膽も冷えて、夏さむく、
まろび散る白玉、鼓の聲。
嬉しく歌ひ、
樂しく唱歌して、
足ぶみも高く、
遊べや遊べ。』

籠の小鳥

旗野士良 作歌
J. GERBACH 作曲

一

巣だちにし、森も、
求食たる野も、
いつかはや、忘れ、
籠をわが屋と、
住み馴れし狀、
飛ぶ羽根に見せ、
樂げの小鳥。」

二

許多年、すめば、
渡木に馴れ、
心地よき樣子を、
主人にもアア、
知れ顔に、汝が、
いま高音擧ぐ、
嬉げの小鳥」

三

樂げの、さまも、
心なる影、
嬉げのこゑも、
心なる色、
小鳥さへ如斯、
世の恩惠知る、
顧よ吾等。』

＊ヨーゼフ・ゲルバッハ Joseph Gerbach (1787-1830)。

護國の歌

大和田建樹 作歌
田村虎藏 作曲

一

わが國は四方海、
守るには要塞あり、
敵の船もし寄せば、
粉碎して漏すまじ、
心づよや我國。」

二

わが國は海の國、
戰ふに海軍あり、
打ち向ふ者あらば、
轟沈して殘すまじ、
心づよや我國。」

三

わが兵は、すべて膽、
突き入るに水雷あり、
彈丸も飛ばば飛べ、
命捨てて進むべし、
心づよや我國。』

雪の朝

大和田建樹 作歌
C. M. von WEBER 作曲

一

一度に花さく、枯野の草葉
いづこも春めく、冬木の櫻。
うつくし、雪ふるけしき、
おもしろ、朝のながめ。」

二

綠も隱るる、園生の松葉、
姿も埋るる、垣根の笹葉。
暮まで、降れ降れ雪よ、
明日まで、積め積め雪よ。』

＊ウェーバーのオペラ『魔弾の射手』第三幕「花嫁の花冠を編みましょう」。『明治唱歌』第一集「朝雲雀」（→六五二頁）は異名同曲。

海原

大和田建樹 作歌
A. LWOFF 作曲

一

空につづく、海の上、
是ぞわが家里、

波の音樂、うしほの舞、
つきせぬ樂しみ。」
二
陸も見えず、島もなく
ひろき此海原、
月も日影も、波より出で、
波にぞかくるる。」
三
かかる遠き、波路にも、
アメリカを探り得て、
見よや朽ちせぬ、千年の名を、
のこしし大丈夫。』

＊リヴォフ Aleksei F. L'vov（ロシア、1798-1870）作曲。
目次は「ルボッフ」。譜面の曲名下に「露國、國歌」。

ワシントン

武島又次郎 作歌
納所辨次郎 作曲

一
國と民との 自由のために、
身をば挺んで、敵に向かひ
アメリカ國の、独立の、
もとゐ固めし、ワシントン。」
二
千代に輝く、無類のいさを、
國の親」ぞと、ほめそやされて、
ロッキー山の嶺よりも、
その名は高し、ワシントン。』

＊ジョージ・ワシントン（George Washington 1732-1799）。アメリカ初代大統領。

『戰争唱歌』第壹篇

文部省編纂

刊行：1904年11月13日　発行：日本書籍株式会社　東京　横127ミリ×縦188ミリ　表紙＋扉＋48頁
底本：1904年12月6日発行12版

緒言

一、本書ハ日露戰争ニ關スル唱歌ヲ編輯シタルモノニシテ高等小學校教科用ニ充ツルヲ目的トス
二、歌詞中第四回旅順口攻撃ノ歌、九連城占領ノ歌、閉塞隊ノ歌、南山占領ノ歌、旅順港外海戰ノ歌ハ佐佐木信綱ノ作ニ係リ其他ハ本省吏員ノ作ニ係ル又樂譜ハ上眞行、小山作之助、楠美恩三郎ノ作ニ係リ上眞行ヲシテ整理セシメタルモノナリ
三、樂譜ニ附記セザル歌詞ニシテ其一字ガ二音符又ハ數音符ニ渉ルモノハ其字傍ニ直線ヲ附シ其二字ガ一音符ニ属スルモノハ其字傍ニ弧線ヲ附シテ唱謡ニ便ス

明治三十七年九月　文部省

ロシヤ征討の歌

一
討てや討て討てロシヤを討てや
わが東洋の平和を亂す
敵ロシヤを討て討て討てや
わが帝國の國利を侵す
敵ロシヤを討て討て討てや
二
清國事變ありしに乗じ
満洲三省占めたるロシヤ
引くべき時は疾く過ぎぬるに
いよいよますます地歩をば固む
蓋しその地を併せん心
三
あー満洲がその有たらば
韓の保全たちまち崩れ
東洋平和期すとも成らず
わづらひ、つひにわれにも及び
國利はあはれ空しくならん
四
交渉重ぬる半歳ばかり
枉げず譲らぬそれのみならず
韓の境をはやくも侵し
軍備いや増す陸に海に
あーこれ平和を愛する所爲か
五
明治三十七年二月
霹靂一聲勅は下りぬ
ロシヤ討てとの勅は下りぬ
勅は下りてわが國民の
意氣は天をも衝きなんばかり
六
討てや討て討てロシヤを討てや
わが東洋の平和を亂す
敵ロシヤを討て討て討てや

わが帝國の國利を侵す
敵ロシヤを討て討て討てや

「ロシヤ征討の歌」

第一回旅順口攻撃及び仁川沖海戰の歌

一
北よりわたる黒雲に アジヤの空は日も暗し
いざ拂はんとたつ疾風 疾風の如くわが艦隊
波を蹴たてて進み行く

二
二月八日の眞夜中を 旅順に迫る驅逐隊
夜目にかなたを見渡せば 港の外に敵の艦
山と連なる影黒し

三
狙ひて放つ水雷は 波つんざきて命中し
かのレトウィザン、チェザレウィチ
外一二隻したたかに
痛手負ひたり氣味よくも

四
あくる日われの艦隊は 海を蔽ひてあらはれつ
逃げおくれたる敵艦に 彈丸の雨をば注ぎかけ
悠悠として引き上げぬ

五
時は同じ日海戰の 所はかはる仁川沖
ロシヤの二艦ワリヤーク コレーツ號を撃ちに撃つ
わが一隊の勇ましや

六
敵はたまらず逃げひそむ ひそむ間もなく天地の
崩るる如き響して コレーツ號は沈んだり
ワリヤーク號も沈んだり

七
さいさきめでたきいくさかな あはれ榮ある勝利かな
日本海軍萬萬歳 日本帝國萬萬歳
萬歳萬歳萬萬歳

第四回旅順口攻撃の歌

第一章

一
旅順の空に星飛びて ほのぼの明くる夜の海
老鐵山の沖遠く たなびき渡る黒煙

二
敵の驅逐の六隻と 見るより甲の驅逐隊
朝潮、霞、曉は 荒波蹴立て進み行く

三
萬雷一時に落つる如 互に彈丸を浴せつつ
あなたこなたに入り亂れ 舷舷相摩す艦と艦

四
をりしもあれや曉の 汽鑵を破りし敵の彈丸
渦巻く煙見るよりも 六隻ともに突き來る

五
怒猪なせる曉は 蹴破る波の音凄く
敵の間に突き進み 縦横無盡に荒れまはる

六
わが勢に敵し得ず 汽鑵を損じ火を起し
悲鳴を揚げてみにくくも 遁れ去りたり敵の艦

第二章

一
機械水雷沈めつつ 歸るや乙の驅逐隊
港の外に出であひし 敵の二隻の驅逐艦

二
吹雪はげしき大空に 幾羽の鷹の搏つが如
砲火互に入り亂れ 海は炎の波ぞ湧く

三
虎口遁れし一隻は 濃煙立てて逃げ去りぬ
あとに殘れる一隻よ いかで遁さん遁すべき

四
白日敵の要塞の 砲火の下に戰ひて
捕獲なしつる敵艦に さっと立てたる日章旗

五
綱曳き延へて曳き來れば 恰も蜂の巣の如き
彈丸の痕より水漏りて 見る間に艦は沈み行く

六
艦諸共に沈めじと わが日の御旗とりをさめ
朝の海を勇ましく 歸り合しぬ本隊に

第三章

一
春まだあさき黄海の 海原寒き朝風に
日の大御旗ひるがへし 旅順を撃つやわが艦隊

二
砲煙天を蔽いつつ 間接射撃凄まじく
渤海灣も黄海も 砲の響に波ぞ立つ

三
健氣に出で來しノーウィック バーヤン從へ逃げ入りつ

四
老鐵、威遠、黄金山 敵の砲戰かひもなし

威遠蠻子の砲臺は見る見るいたくきずつきぬ
煙焔天に漲りて 旅順の街あはれなり
五
開戰このかたうちつづき 旅順を攻むること四度
敵は健氣にたたかへど わが攻擊に敵し得ず
六
攻むるに難き旅順口 守るに易き要害と
敵の恃みもあだなれや 見よわが軍の勝いくさ

参考：ふり仮名に、さらに付された補助記号

十二、敵の防禦もいや增して
探海燈は煌煌と

『戰争唱歌』第一篇および第二篇の縦書歌詞の四番以降（譜面には付されていない四番以降）については、ふり仮名（ルビ）に、さらに右に示したような補助記号が付いている。緒言で「楽譜ニ附記セザル歌詞ニシテ其一字ガ二音符又ハ數音符ニ渉ルモノハ其字傍ラニ直線ヲ符シ其二字ガ一音附ニ属スルモノハ其字傍ラニ弧線ヲ附シ」たと解説している実例である。

明治二〇以降、ルビ付活字の普及により、漢字とそのふり仮名が新聞で使われる。歌詞の縦書きにもこれが応用されたわけである。しかし例にあげた「防禦」のように二つのルビ（ふり仮名）にさらに補助記号をつけるという特殊な活字は一般化されていない。印刷に際し、この「記号のついたふり仮名」を使っているが、この後の唱歌集にはまったく使われていない。本『唱歌大事典』ではこの表記は割愛している。

第七回旅順口攻擊の歌
一
祖國は今や野に山に 櫻の雲やたなびかん
時は四月の十二日 春雨けぶる旅順口
サーチライトの電も おぼろに波を照すなり
二
よきをりなりとわが軍の 第四第五の驅逐隊
蛟龍丸と第十四 水雷艇隊港口に
迫りて機械水雷を 沈めたるこそ不敵なれ
三
ほのぼの明る十三日 われの第二の驅逐隊
敵の二艦に砲火をば 浴びせかくればたちまちに
一艦沈み一艦は 港内指して逃げ入りぬ
四
やがてバーヤン、ノーウィック
ヂヤナ、ポベータ、アスコリド
ポルタワ、ペテロパウロウスク 勢猛く攻め來る
おーあっぱれと第三の 戰隊やをら應戰し
五
東西およそ十五浬の 遠き沖邊に誘ふや
とざす濛氣をかき分けて むら山なせる第一の
戰隊どっと顯はれぬ 敵叶はじと逃げ走る
六
それ逃がすなとわが艦隊 進みに進み追ひかくる
その時敵のまっ先に たちたるペテロパウロウスク
前夜にわれの沈めたる 水雷にこそかかったれ
七
爆發一聲黒煙 黄なる煙のむらむらと
黄金山よりなほ高く のぼると見るまにかの艦は
砕けて波に沈んだり 提督マカロフ乘せしまま
八
あわてふためく敵艦は 港内深くみだれ入り
前古稀なるいさをしに 光そへたる日の旗は
煙吹きとく黄海の 春風にこそなびきけれ

「第七回旅順口攻擊の歌」

九連城占領の歌
一
彈丸雨飛のその中に 敵前架橋工成りて
王師十萬堂堂と 鴨緑江をうち渡る
二
明け渡り行く夏の空 星影消えて日は出でて
たなびくもやの絶間より 見ゆるや虎山九連城
三

この天険の地に據りて 地の利占めたる敵兵を
いで一撃に破らむと 待ちに待ちつる時は今
四
深き靉河を徒渡る 将士の意氣は天を衝き
み空にあがる土煙 重砲彈の凄まじさ
五
春の潮の寄する如 敵壘近く攻め寄れば
秋の木の葉の散るが如 散り亂れたり敵軍は
六
九連城の城頭に 高く掲ぐる日章旗
萬歳の聲一齊に 天を動かし地をゆする
七
逃げ來る敵を待ちうけて 逃げ行く敵を追ひ撃ちて
いとも激しき戰は 又始まりぬ蛤蟆塘
八
砲火銃火は入り亂れ 天地も爲に色くらく
劍と劍とは相觸れて 山岳爲に裂けんとす
九
退路斷たれし敵兵が 死力を盡しし抵抗も
三面かこむわが軍の この勢に敵し得ず

「九連城占領の歌」

十
嵐になやむ鷺の如 木の間に靡く白き旗
たそがれ近き谷あひを 猿猴の如く逃ぐる敵
十一
記せよ五月の一日を わが忠勇のますらをが
流しし血汐ひかりある 皇國の歴史飾るべし
十二
記せよ五月の一日を いとも榮あり譽ある
この戰の勝鬨は 世界のはてまで響たり

閉塞隊の歌

一
八日の月の影きえて 黒闇闇の海原を
死地に乗り入る船五隻 あはれ七十七勇士
二
船の進みに碎かれて 夜目にもしるき波の花
花と散るべきますらをが 死地に進むやほほゑみて
三
つとめは重し身はかろし 旅順の港塞がんと
武装もなさぬ汽船もて 死地に進むや勇みつつ
四
探海燈は闇を射て 千筋の稲妻ひらめきつ
弾丸は霰と降りそそぎ 音ある星ぞ飛びちがふ
五
萬死の中に生を得て わが船沈め歸りしは
二月二十四日の朝 空ほのぼのと明くる頃
六
思のままに閉塞を 爲し遂げざりし口惜しさ
こたびこそはと奮ひたつ 決死六十五名の士
七
三月二十七日の 午前三時も程近し
天は忠義の士をすてず 一天月なく雲くらし
八
砲火は雨と降る中を わが船四隻進み入る
稲妻なせるはたらきよ 鳴神なせる勢よ
九
四隻おのおの壮烈を きはめし中に三度まで
部下の一人をもとむとて 斃れし廣瀬中佐あり
十
爲すべき任務遂げたれど 殘れる水路塞がんと
一回更に又一回 加はる意氣は天を衝く
十一
五月三日の朝三時 東南の風強くして
山なす波濤わが船を 木の葉の如くもてあそぶ
十二
敵の防禦もいや増して 防材行方をさへぎりつ
探海燈は煌煌と 砲火の響き轟轟と
十三
狂瀾怒濤何ならず 水雷砲火何ならず
いかで水火に屈すべき 閉塞のわざ爲し得たり
十四
一回二回三回に ここに全く功成りぬ
されど四隻のますらをは 船諸共に影もなし

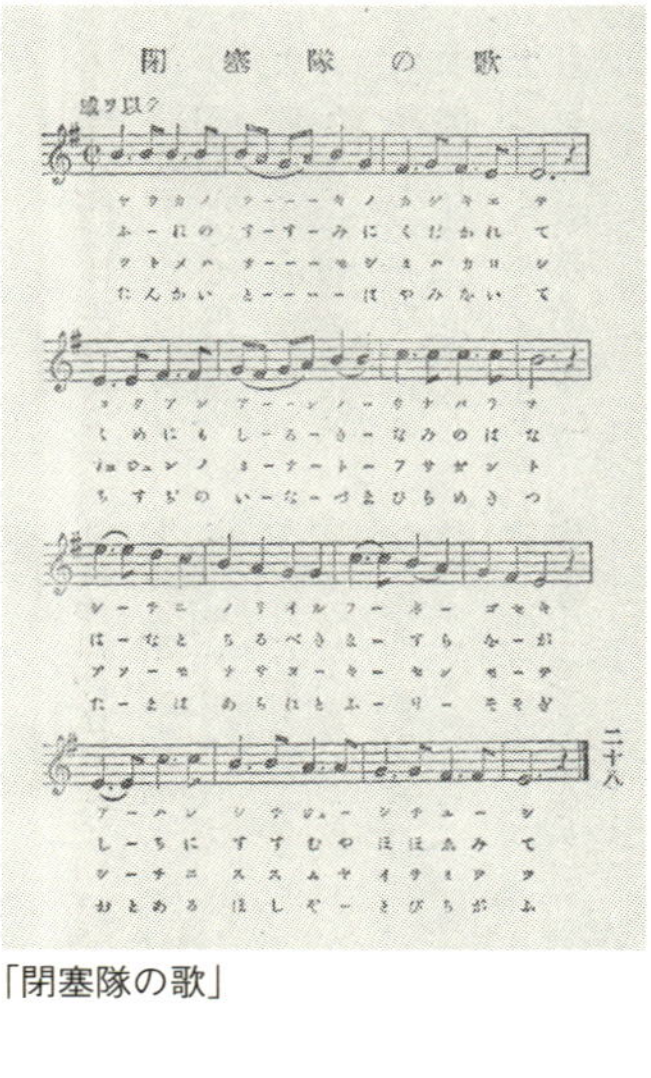

「閉塞隊の歌」

十五
わがますらをの心には　君と國との外あらず
死生の境に入りながら　生を思はず死をも又
十六
あー三回のこの壯擧　忠勇義烈の振舞は
赫赫として千載の　後も青史を照すべし

南山占領の歌

一
天地を洗ふ大雷雨　稲妻きらめく闇の夜に
あらしの中を突き進み　金州城は攻め取りつ
二
よはの雨風あともなく　綠に晴れし朝ぼらけ
雲霞の如きわが軍は　仰ぎぞ攻むる南山を
三
天険無比の地を占めて　麓をかこむ鐵條網
塹濠地雷とりどりに　攻むるに難きそのかため
四
國土をひたす大潮の　勢なしてすすめども
敵の砲火のしげくして　面をむけん術もなし
五
鐵條網を破らむと　突撃したるわが勇士
またたくひまに射斃され　むなしく流す忠義の血
六
敵兵いかに強くとも　敵壘いかに固くとも
天皇陛下のつはものが　などて少しもひるむべき
七
かかる時こそ日の本の　兵士の腕の見せどころ
數度の突撃効なくば　効あるまで行はん
八
劍も彈丸も何かある　地雷塹濠何かある
進めものども君のため　死ねやものども國のため
九
わが艦隊の援撃に　ふるひたちたる　右翼隊
意氣衝天の勢に　面も振らず攻めのぼる
十
中央左翼の兩隊も　最後の突撃すさまじく
銃劍夕日にきらめきて　潮の如く突いて入る
十一
あー南山は陥りぬ　高く立てたる日章旗
天にとどろく鬨の聲　萬歳　萬歳　萬萬歳
十二
屍を越えて血を蹈みて　息をもつがずためらはず
激戰十有六時間　これ人間の業なるか
十三
をりからのぼる月の影　見よ要害の形勝を
かなたの空や遼陽城　こなたの路や旅順口

「南山占領の歌」

得利寺附近戰争の歌

一
宣戰大詔ありしより　四月は過ぎてやうやうに
日影烈しく風蒸して　家にゐるだに堪へがたき
頃となれども忠勇の　わが軍いかでたゆむべき
二
時は六月十五日　夜のほのぼのと明方に
得利寺近く攻めかかる　たちまち撃ちだす敵味方
響は山をうごかしつ　煙は空をたちこむる
三
われの中央縦隊は　傍目もふらず突き入りて
あとよりつづく一隊の　砲兵歩兵ともろともに
勢猛き敵軍を　うち拂へるぞここちよき

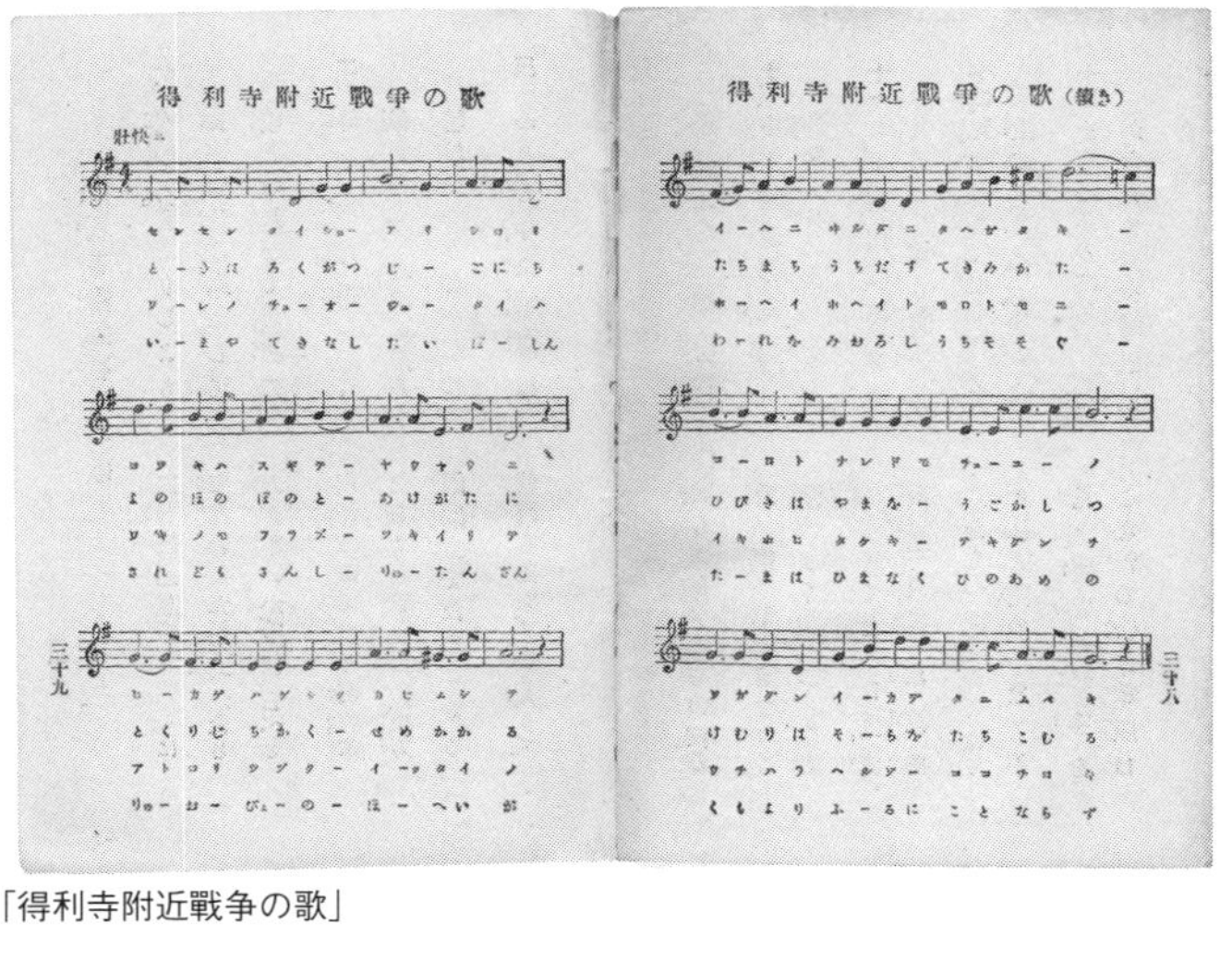

「得利寺附近戰争の歌」

四
今や敵なし大房身　されども山嘴、龍潭山
龍王廟の砲兵が　われをみおろし撃ち注ぐ

彈丸は隙なく火の雨の 雲より降るに異ならず

五

彈丸を浴びつつわが二隊 險しき崖を攀ぢ登る
敵も屈せずわが軍の 右縱隊をば衝かんとす
危し救へと豫備隊の 歩兵がこれへ馳せ向ふ

六

騎兵部隊もまっしくら 馬に白沫かませつつ
右翼に添ひて飛んで行く この時敵の軍勢は
いよいよ多く雲霞 たなびく如く寄せ來る

七

人馬の叫び砲の音 響きわたりて囂囂囂
彈丸四方に飛び散りて 樹裂け草燃え岩碎け
土くれなゐにそまりつつ 血汐の泉溢れたり

八

敵軍いかに多くとも 敵軍いかに強くとも
いかでかわれに敵すべき 午後三時頃やうやうに
列を亂して退くを なほ追ひかけて擊ちにけり

九

さきよりわれの隊列の 左側護りし左縱隊
兵を分ちて敵兵の 逃ぐるを途に待伏し
擊ち洩らさじとつるべうち うちにうちたるかしこさよ

十

敵の死傷は數千人 捕虜は三百三十人
あーわが兵が身をすてて 得たる名譽の大勝利
廣く世界に響きつつ 譽めぬものこそなかりけれ

旅順港外海戰の歌

一

港塞がれ艦沈み 陸の圍の解け難く
運命日日に迫り來る 敵の要害旅順口

二

囊の鼠活きながら うたれんことの苦しさに
最後の活路求めんと 苦心慘憺いく日夜

三

いたみし艦を修復しつ 閉塞船をうち碎き
わづかの通路開き得て 出て來し敵艦十餘隻

四

夜も眠らでわが將士 封鎖の任務おごそかに
守り守れる海原ぞ いかでか容れん敵の艦

五

敵艦出づとの信號を 受くるや否や束の間に
媒煙天を掩ひつつ 主力艦隊あらはれぬ

六

南下の策を破られて しどろもどろに敵艦は
砲臺掩護の下に逃げ 港に入らんひまもなし

七

老鐵山影暮れはてて 十日の月の影清く
み空をひたす黄海に 金波銀波ぞたち騒ぐ

八

探海燈に照り合ひて 晝より明かき月の夜を
わが驅逐隊艇隊は 疾風なして突進す

九

艦のめぐりにむれ落つる 敵彈雨より猶しげく
波は柱と立ちあがり 砲聲殷殷耳を裂く

十

いこへる鷲をはし鷹の 群がり搏つが如くにて
さっと退き又進み 放つ水雷數いくつ

十一

天地を擘く音すごく うづまきのぼる水煙
わが八回の攻擊に 數隻の敵艦きずつきぬ

十二

戰やみて夏の夜の 早明けそむる海原に
朝日の光うるはしく 光加はる日章旗

◆資料【一九〇四（明治三七）年認可済歌曲】

北海道（一月二二日）(小)：「東海丸」
大阪府（三月三一日）(小)：「修身適用 公德唱歌」
三重県（七月一九日）(小)：「勇士の譽」「橿原の宮」「大和男兒」「歩兵」「尊王愛國」「公益」「力は山」「學の海」「夏休み」「競漕の歌」「凱旋の歌」「平壤の歌」「體育の歌」「舟遊」「櫻狩」「學びの歌」「紙鳶」「時計の針」「春の野」「三府五港」「光陰」「初み雪」「軍艦」「御代の秋」「降りつむ雪」「おのが身」「摘草」「遊歩の庭」「曰植歌」「花火」「新高山」「言家」「才女」「秋近し」「秋草」「四季の朝」「黄金の花」「歳暮」
東京府（七月三〇日）(小)：「桃太郎」「夕立」「鳩ぽっぽ」「ひばりはうたひ」「軍ごっこ」「雀と鳥」「さくら」「日本男兒」「櫻」「日本船」「太平洋」「日本三景」
和歌山県（九月三〇日）(小)：「人の爲」「猿と蟹」「先生」「梅」「虫の遊」「貯金」「虫の樂隊」「航海」「修學習業」
富山県（十月一四日）(小)：「米の乾燥奬勵歌」

◆資料【一九〇四（明治三七）年検定済曲集】

『育兒唱歌春の巻』(教)一月二三日検定（一月一八日修正再版）
『國民唱歌日本海軍』＊(教)(高)二月二九日検定（一月三〇日）
『世界一週唱歌』(高)五月十二日検定（四月二〇日訂正二百五版）
『征露軍歌 梶村文夫』(教)(高)五月一三日検定（五月三日訂正再版）
『戰捷軍歌』高 五月二六日検定（五月一七日訂正再版）
『征露軍歌 山中少佐』(教)(高)大和田健樹、六月一〇日検定（六月八日訂正再版）
『征露軍歌 山中少佐』(教)(高)鈴木米次郎、六月一八日検定（六月八日訂正再版）
『赤十字従軍の歌 出兵家族掩護の歌 征露の歌』(尋)(教)(高)七月二二日検定（七月二三日修正再版）
『國定 小學讀本唱歌』(教)七月二三日検定（七月一一日訂正

再版）
『**戦捷軍歌 軍神廣瀬中佐**』（教）（高）七月二五日検定（七月一六日訂正再版）
『**日本軍艦唱歌**』（高）八月二日検定（七月二〇日訂正再版）
『**國乃光**』（高）八月二〇日検定（八月二〇日訂正再版）
『**國定小學讀本唱歌集**』（教）八月二六日検定（八月二三日訂正再版）
『**國民唱歌 日本陸軍**』（教）（高）九月五日 検定（八月二六日訂正再版）
『**尋常小學讀本唱歌 上**』（教）九月二九日検定（九月三日再版）
『**尋常小學讀本唱歌 下**』（教）九月二九日検定（九月三日九版）
『**日本戰捷軍歌**』（教）（高）九月二九日検定（九月二七日訂正再版）
『**國乃光**』（高）九月十九日検定（九月一二日訂正三版）
『**國定小學 讀本唱歌**』（教）九月二六日検定（九月二三日訂正再版）
『**戰捷軍歌**』（教）十月七日検定（十月四日訂正三版）
『**軍國唱歌 敵は幾萬**』（教）（高）十一月二一日 検定（十一月十四日訂正再版）
『**國母陛下の御瑞夢 附大和魂**』（教）（高）十一月二六日検定（同月二六日再版発行）
『**征露軍歌 義勇奉公 橘中佐**』（高）十二月九日検定（十二月六日訂正再版）
『**征露軍歌 神州男子 水兵の血書**』（高）十二月一三日検定（十二月六日訂正再版）
『**征露軍歌 戰捷 我が國民**』（高）十二月一三日検定（十二月六日訂正再版）
『**野外 散歩唱歌 秋之部**』（教）（高）十二月五日検定（十二月五日訂正再版）
『**日本 風景唱歌**』（教）（高）（女）十二月二七日検定（十二月二二日訂正再版）
＊（教）（高）は尋常小学校唱歌科教員用及高等小学校児童用を表す。尋常小学校では教師用教科書のみで児童は唱歌用教科書は法規上ない。高等小学校の児童は教科書を持ち得る。なお、かねて国定教科書制度への移行が進められていたが、明治三七年に国語読本、書き方手本、修身、日本歴史、地理の国定教科書の使用が始まった。明治三八年には、算術、図画が、同四三年には理科も国定教科書となる。唱歌科に変化はない。【江﨑公子】

◆資料 一九〇四（明治三七）年に刊行された唱歌集から

『**重音唱歌**』一集 小山作之助編（刊行：四月 発行：共益商社）
『**重音唱歌**』二集三版 小山作之助編（刊行：四月 発行：共益商社）
『**國定小學讀本唱歌集**』尋常科の部上・中・下 内田粂太郎・楠美恩三郎・岡野貞一編（刊行：五月 発行：元元堂書房）
『**國定小學讀本唱歌**』高等科の部 四冊 内田粂太郎・楠美恩三郎・岡野貞一編（刊行：六月 発行：元元堂書房）
『**育兒唱歌**』**秋** 渡辺森蔵編（刊行：八月 発行：同文館樂具店）
『**尋常小學讀本唱歌**』**上・下** 山田源一郎校閲（刊行：四、五月 発行：啓文館）
『**日露戰争 大捷軍歌**』**海戦の巻** 納所辨次郎（刊行：四月 発行：金港堂）

資料：日露戦争直後の流行（はやり）うた

「母ちゃんごらんよ」

母ちゃん御覧よ　向うから
サーベル提げて　帽子着て
父ちゃんによう似た　小父さんが
沢山たくさん　やってくる
もしや坊やの　父ちゃんが
帰還って来たのじゃ　あるまいか

昨夜も言うて　聞かせたに
はや　お忘れか　父ちゃんは
あんなところに　居やしない
あのお座敷の　仏壇に
お祀りしてある　あの位牌
あれが　坊やの父ちゃんさ

だって　お座敷のお位牌は
何も物を言わないし
坊やを抱いてもくれないの
ほんとに　おうちの父ちゃんを
連れて帰って　頂だいな
よってばよってば　母ちゃんよ

また母ちゃんを　泣かすのか
坊やのだいじな　父ちゃんは
泣いても待っても　帰らない
過ぎし日露の　戦いで
お戦死なされた　父ちゃんさ…

＊日露戦争後に歌われた戦没兵士の遺族の姿を歌った歌謡の一部（社会思想社刊『日本流行歌史』所収）。

一九〇五（明治三八）年

『戰争唱歌』第二篇

文部省編纂

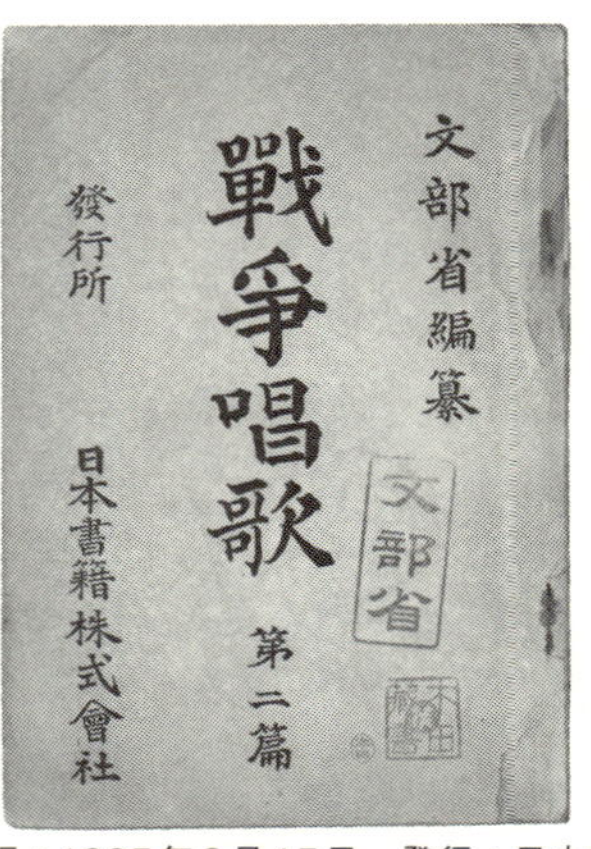

刊行：1905年3月15日　発行：日本書籍株式会社　東京　横125ミリ×縦182ミリ 表紙＋本文46頁 底本：1905年3月19日発行 5版（写真：中扉）

緒　言

一、本書ハ日露戰争ニ關スル唱歌ヲ編輯シタルモノニシテ高等小學校教科用ニ充ツルヲ目的トス

二、巻頭ニ特ニ御製「兒らはみな」ヲ奉掲シ兒童ヲシテ之ヲ敬唱シテ御盛德ノ一端ヲ感佩シ益忠勇ノ志氣ヲ發セシメンコトヲ期セリ其他ノ歌詞中兵士の門出、常陸丸、輜重輸卒、蔚山沖の海戰、露營の夢ハ佐佐木信綱ノ作ニ係リ餘ハ本省吏員ノ作ニ係ル又樂譜ハ數名ノ專門家ニ委囑シテ作ラシメ上眞行ヲシテ整理セシメタルモノナリ

三、樂譜ニ附記セザル歌詞ニシテ其一字ガ二音符又ハ數音符ニ渉ルモノハ其字傍ニ直線ヲ附シ其二字ガ一音符ニ屬スルモノハ其字傍ニ弧線ヲ附シテ唱謡ニ便ス

明治三十八年二月　文部省

御製

兒らはみな軍のにはに いではてて
翁やひとり 山田もるらん

兵士の門出

一
行けや早く行け行けわが子
老いたる父の望は一つ
義勇のつとめ國家に盡し
孝子のほまれ わが家にあげよ

二
さらば行くか、やよ待てわが子
老いたる母の願は一つ
軍に行かば からだをいとへ
彈丸に死すとも病に死すな

三
嬉し嬉し勇まし嬉し
出征兵士の弟ぞ われは
兄君われもあとより行かん
兄弟ともに敵をば討たん

四
親につかへ弟をたすけ
家ををさめん妹われは
家の事をば心にかけず
み國のために行きませいざや

五
さらばさらば父母さらば
弟さらば妹さらば
命ささげてかへりみせずて
み國の敵を討ちなん われは

六
勇み奮ひ出で行く兵士
勵ましつつも見送る一家
勇氣はかれに、なさけはこれに
勇まし、やさし雄雄しの別

常陸丸

一
見よや見よや玄界灘に
對馬の瀬戸に仇波さわぐ
あらはれ來る敵艦數隻
常陸丸をば圍みて襲ふ

二
くやしくやし敵の彈丸に
見る見る船は沈みて行けど
武裝をなさぬ運送船の
手出もならぬ恨ぞ深き

三
あはれあはれ忠勇無比の
わがつはものが諸手をつかね
敵に向はんてだてもあらず
船をこぞりて死するかこの日

四
屍手負見まはしながら
最期は今と心を定め
尊き軍旗おし戴きて
燒くや士官の心よいかに

五
君に國に捧げし命
捨つるはすでに期したる身にも
軍の場を一度も踏まず
みすみす死する恨やいかに

六
狂へ騒げ大波小波
幾百人のわがつはものは
對馬の海の水底深く
恨を呑みて一日に失せぬ
七
記せよ記せよ玄界灘の
水より深き恨を記せよ
ウラヂオ艦隊永くはおかじ
日本男兒の手並を見せん

輜重輸卒

一
おせどもおせども車は行かず
進まぬ荷馬いたはりて
けはしき坂路深き谷
道なき道を進み行く
二
梅雨時の沼なす道も
日影もえたつ砂原も
吹雪はげしき山かげも
車をおしつ馬ひきつ
三
靴は破れつ草鞋はきれつ
足は傷つき血は流る
雨の夕暮風の朝
十里、十二里、十三里
四
暗きうちより夜ふくるまでも
苦しきつとめ續けつつ
疲れに疲れ疲れても
安く眠らんひまもなし
五
ひとしく兵と召されし輸卒
砲の響に血は湧けど
わき目もふらす一筋に
糧食彈藥運び行く
六
人にまされる苦ありて
花やかならぬそのつとめ
軍は休む時あれど
かれらは休む時あらず
七
み國の安危にかかはる軍
み國のための一言に
その一言に身をささげ
あらゆる辛苦堪へ忍ぶ
八
輜重輸卒の隠れし功
隠れし力人知らず
國にささぐるつとめには
まさりおとりのあるべしや
九
輜重輸卒の苦思へ
隠れし辛苦思へ人
隠れし功思へ人
涙ある人血ある人

「輜重輸卒」

八月十日の海戰

一
日は三竿の影たけて
波の文織るわたの原
はるかかなたに一抹の
あはき煙は見えそめぬ
二
旅順の港脱け出でし
敵艦およそ二十隻
單縦陣を作りつつ
北の方より走せ來る
三
逸る心をしづめつつ
をりを窺ふわが艦隊
敵のま近に寄せ來るや
いざと進みて攻めかかる
四
戰ここに始まりて
我彼撃ちかはす砲と砲
大空震ひ波騒ぎ
硝煙こめて日も暗し
五
ねらひたがはぬわが彈丸に
いかで敵せん敵艦隊
東南へ轉じつつ
唯一散に逃げて行く

六
逃さじものと追ひかくる
わが勢は獅子奮迅
敵の前路にはだかりて
微塵になれと撃ちやぶる

七
檣折られ腹撃たれ
汽罐わられし敵の艦
提督さへも失ひて
しどろもどろに散り亂る

八
日は西山に入り果てて
引きわたしたる夜の幕
幕にかくれておのがじし
敵の數隻は遁れたり

九
あとに殘れる敵艦は
へさき反してもとの路
わが驅逐艦水雷艇
あとをつけつつ突撃す

一〇
星影消えて夜は明けて
さりげもあらぬわたの原
はるかの北へ行く艦の
煙は細し糸よりも

蔚山沖の海戰

一
蔚山沖の沖遠く
たなびきわたる黒煙
南をさして進み來る
かの三隻を見よや見よ

二
わが商船の數あまた
不法の彈丸の的となし
沈めし敵の艦隊ぞ
待ちに待ちたる敵艦ぞ

三
金州丸よ常陸丸
うち沈めたるそのをりの
敵が無道の振舞は
神人共にいきどほる

四
三度濃霧にさへられて
取り逃がしたる敵の艦
わが艦隊のますらをが
恨呑みつつ待ちし艦

五
豐榮のぼる朝日影
光まばゆき海原を
轟き渡る砲の音
天地をこむる砲煙

六
雨よりしげくうち出す
われの砲火を蒙りて
敵艦いかでむかひ得ん
敵艦いかでささへ得ん

七
重き痛手を負ひつつも
逃ぐるやロシヤ、グロンボイ
ひとり後方に殘されて
沈み果てたりリューリック

八
幾百人の敵兵は
渦巻く波に漂ひて
沈みつ浮きつ呼び叫ぶ
浮きつ沈みつ呼び叫ぶ

九
刃向ふ敵に向ひては
鬼神の如く戰へど
力なきをば憐みて
救ひぞあぐる敵兵を

一〇
かれが無道に報ゆるに
われ人道を以てして
溺れ溺るる敵兵を
救ひし數は六百餘

露營の夢

一
夜風つめたくかがり火ゆれて
月は照せり露營のふしど
血しほにまみれし靴をもぬがず
静かに眠れり數千の勇士

二
海原越えて故郷の家に
父母ともに夢にや語る
シベリヤ千里逃ぐるを追うて
敵の都を夢にや圍む

三
昨日の戰友今宵はあらず
ありし昨日を夢にや忍ぶ
金鵄のしるし妻子に見せて
喜ぶ見つつ夢にや笑ふ

四
夜露つめたく虫の音細く

月は照せり露營のふしど
荒野の上にきびがら敷きて
静かに眠れり數千の勇士

遼陽占領

一
敵の要害遼陽城や
固き堡壘八重にも築き
二十萬餘の兵をば集め
蟻の通はんすきまもあらず

二
城も固かれ、多かれ兵も
やがて落さんうちつくさんと
勇み勇める益荒雄武夫
三手に別れて北へと進む

三
中に右翼は弓張嶺の
月に銃劍そろへて迫る
敵は彈丸射おろすのみか
岩を落して手強く防ぐ

四
されど遂には湯河の谷に
入りて蠢く嚢の鼠
かくて兩斷すれども敵の
左右の翼はなほ張る力

五
盡せ盡せと苛てどかれの
砲火夜を日に繼ぎても絶えず
かつや篠突く大夕立に
山は煙りて攻むるに迷ふ

六
されどひるまぬわがつはものは
やがて紅沙の嶺をば奪ひ
さらに大西溝邊占めて
いよよ破竹の勢猛し

七
中央左翼もあひ連なりて
夜も眠らず攻めつつ進む
孟家房より首山堡かけて
こむる硝煙飛び散る火花

八
軍半ばに下りし勅語
泣いて拝する士卒の心
君のみためと疲れも忘れ
息のある間は進めと奮ふ

九
つひにこらへず退く敵を
太子河岸に追ひつめ撃てば
人の浪湧く遼陽城や
停車場邊さかまく炎

一〇
今や敵軍死物狂ひ
われも務を果さでおかず
おのが手創を縛りもあへず
友のかばねを踏み越え進む

十一
十日繼續戰線十里
史にも見えざる大激戰の
果は九月の四日のあした
落ちぬ、遼陽、遼陽落ちぬ

十二
落ちぬ、遼陽、遼陽落ちぬ
呼べや萬歳、萬歳呼べや
國をこぞりて歡び歌ひ
祝ふともしび地上の星か

野戰病院

一
いくさの場に傷つきし
勇士を舁きて擔架卒
風腥き滿洲の
荒野の果を急ぎ行く
後方に高きつつの音
行手に見ゆる院の旗

二
褥の上に運ばれて
夢路をたどるかの勇士
飲み干す水の一杯に
凛たる眼うち開く
右に立てる軍醫官
左にみとる看護卒

三
血しほを洗ひ巻く布に
痛みもなげのかの勇士
擔架に又も載せられて
▼兵站區域に入らんとす
西に沈む夕日影
東にあはき月の色

▼負傷者は戰場より野戰病院に送りここにて應急治療をなし更に兵站區域内なる兵站病院に送るなり

戰死者葬送

一
日影さびしく雲愁へ
木木の梢に風むせぶ
み空高くも澄みのぼる

▼「吹きなす笛」の樂の音や
あはれあはれあーあはれや

二

生きて帝の楯となり
死して歴史の花となる
大和心をあざやかに
輝かしつるますらをや
あはれあはれあーあはれ

三

彈丸を冒して戰ひし
君が現身今あらず
天翔りつつ遠永く
み國護らん亡き靈や
あはれあはれあーあはれや

▼「吹きなす笛」は葬禮の途上に用ふる歌曲なり
歌詞左の如し

吹きなす笛のその音も
捧ぐる旗のその色も
ものの哀を知顔に
けふはものこそ悲しけれ
千百萬の敵軍も
とりて來ぬべきますらをと
思へるわれ等が袖までも
涙の雨にぬれにけり

資料：日露戦争と恤兵音楽会など

「恤兵音楽會」という言葉が日露戦争の勃発（一九〇四年二月）と同時に当時の音楽界で頻繁に使われた。この聞きなれない「恤兵」の「恤」は、「心配する」「憂うる」という意で、軍隊や軍人への献金や寄付、慰問品またそれらを送ることを意味した。「雪の進軍」（永井建子作詞・作曲）に詠われた「恤兵眞綿」（綿入れの防寒具）が日露戦争当時の代表的な慰問品と言われた。一九〇四年から翌年二月にかけて、この名を冠した音楽会が当時のメディアに残っている。

▽**「明治音樂會の恤兵音樂會」**
明治音樂會は十日午後二時より高等商業學校講堂に於て恤兵音樂會を催す。出演者中には宮内省御雇ドブラウキッチ氏もあり。（『國民新聞』明治三七年四月一七日）

▽**「恤兵慈善音樂會」**
五月二十一日午後二時半より奏樂堂。（『音樂新報』明治三七年五月第四号）

▽**「恤兵野外音樂會」**
五月二十一日午後五時半　小石川植物園。『音樂新報』（明治三七年五月第四号）には、來会員による「君が代」「英国国歌」合唱に始まり、陸軍軍楽隊、海軍軍楽隊による吹奏楽とともに、唱歌「廣瀬中佐」「征露の歌」「征露軍歌」「征夷歌」、小学校生徒による唱歌遊戯が演じられた、と記録。

▽**「時事新報懸賞當選」**（広告）
作曲の大家小山作之助氏作譜
征露歌　全一冊　正価拾銭　郵税三冊迄二銭
特別割引　二十冊以上正価の一割引　四十冊以上一割半引
（前金に限る）
偉麗豪宏の伺雄北快潤の曲以て征露の情を發揮するに足る今や、旅順の陥落遼陽の占領目前に迫り而も祝捷歌なきは山豆遺憾ならずや此征露歌以て其欠溺を充すを得ん。

▽**「東京音樂學校學友會恤兵音樂會」**
明治三七年十月二九日、三十日午後一時　東京音樂學校奏樂堂で催される。幸田幸子らが出演。

▽**「慶應義塾恤兵音樂會」**
慶應義塾ワグネル・ソサエテー恤兵音樂會は予告の如く一昨日午後六時より同塾演説館に於て催せり會場正面の壁側にはワグネル氏の像を掲げ同會の旗を交叉し、左右両側の外側には紅白の幕をたれ黄菊、白菊、青曼もて之を縁取るなど満々たる装飾見るべきものあり、同會會員の他、多忠基氏等の歐州管弦樂もある。（『時事新報』明治三七年一一月二一日）

▽**「慈善大音樂會」**
市内各基督教青年会連合して同青年會同盟本部の實行しつつある出征軍人慰労事業資金を補佐せんため来る十一日（紀元節）午後二時上野音樂學校に於て一大音樂會を催す。（『都新聞』明治三八年二月九日）

▽**「祝捷音樂會」**
・一八日午後六時より神田美土代町青年會館に開戦一周年祝捷音樂會（二月一五日『東京日日新聞』）
・二月二五日　學友會（三月『音樂新報』）

▽**「祝捷音樂會漫評」**（二月二八日『朝日新聞』）
二月二五日に開かれた東京音楽学校学友会による祝捷音楽会の演奏会評を掲載。
（参考文献：秋山龍英編『日本の洋楽百年史』）

『教科統合少年唱歌』第七編

田村虎藏・納所辨次郎編

刊行：1905年3月25日 発行：十字屋東京 縦217ミリ×横150ミリ 表紙＋扉＋28頁
底本：1909年7月発行 再版

教科適用少年唱歌 第七編

緒　言

本書は、現今の小學校における唱歌科の、流弊を一洗せんと欲して、さきに編輯したりし「幼年唱歌」と、同主義を以て編纂したるものなり。要は教育的教授に適切なる教材の供給に外ならず。教材は、高等第一學年より同第四學年に至る、各學年各學期に配當したれば、編を逐ひて順次兒童教科用書に充て得べし。編纂の用意下の如し。

一、題目、事實は、專ら修身・國語・地理・歴史・理科等の諸教科にて教授すべき事項、及び季節に因みて之を取り、以て各教科の統一を完からしめんことに力めたり。

一、歌詞、多年小學教育に經験を有する識者の作に成りて、兒童の心情に訴へ、其嗜好に鑑み、初は國語科の程度を追ひて、而も兒童の詩的興味を發揮せんことに注意し、漸く古今名家の作に及ぼして、以て國民感情の養成に資せんとしたり。

一、曲節、編者多年の研究の結果になるものと、和聲(ハーモニー)を附し得る歐洲曲の、我國兒童に適切なるものとにして、其音程、音域の如何を審査し、兒童が心身發達の程度を精察し、快活流暢なるものより、優雅諄美なるものに進め、以て審美的感情を育成せんことを期せり。

以上の外用意の詳細、及び音樂上併に教授上の注意に至りては、毎巻の初に之を記述せり。

明治三十八年二月十一日　　編者　識す

凡例

一、本編は高等小學第四學年第一學期と、第二學期の前半とに教授すべき材料を配當せるものなり。而して歌曲の數十個は、毎週二時間宛教授するものとしての最多限なり。故に教授時間の事情により、これが取捨撰擇は教師の任意たるべし。

一、本編の歌詞は、一般兒童にもよく了解せしめんが爲め、此學年國語科の程度に鑑みて之を記載したり。曲節は凡て兒童の唱歌し得べき音域内に記譜したるが故に、記譜の各調子にて直ちに教授するを得べし。

一、本編歌曲の強弱は、左の諸記號にて之を表はせり。即ち「*p*」は弱く、「*f*」は強く、「*mp*」は中弱に、「*mf*」は中弱より稍や強く、「∧」又「*Cresc.*」は次第に強く、「∨」又は「*Decresc.*」は次第に弱く、其數部分を謡ふべきことにして、一音譜の上部に「∨」又は「∧」の記號あるは、特に其音だけを強く、而して、或る音符より他の音符に、かけたる弧線は、連線(スラー)と稱し、圓滑に謡ふべきものとす。強弱は、これによりて歌曲の趣味を發揮するものなれば、殊に注意せん事を要す。而して強弱記號を附せざる本編中の歌曲は、教授者の任意の發想によりて教授せられんことを望む。

教授上一般の注意

一、本編歌曲の順序は、他教科との連絡上、我が東京高等師範學校附屬小學校に採用せるものなれば、他の小學校に採用せらるるときは、必ずしも此順序を墨守するに及ばず、任意にこれが取捨選擇をなして、以て各教科との統一を圖られんことを望む。

二、教授の順序は、此學年より本譜教授を本體とし、略譜教授を副として教授するを可とするが故に、新たに教授すべき曲節中の幾部分を案じて、構成せる音程練習、及び音階練習・發音練習等は、悉く本譜を用ふべし。次に題目指示、併に曲節の提示（本譜）をなし、教師は之を一、二回謡ひ聞かしたる後、更に幾部分宛の範唱を興へて、これに摸唱せしめつつ全體に及ぼすべし。玆に始めて樂器を使用し、能く唱え得るに至りて歌詞を附し、最後に強弱を附するものとす。音階・發音・音程練習は、成るべく之を機敏に取扱い、教授時間の凡そ四分の一を超過せざる様注意すべし。

三、本學年の曲節は、概ね西洋曲にして、此學年兒童に適切なるものを選擇し、よく歌曲の調和を圖りたれば、教授者は、豫め其樂趣を吟味して、歌曲の趣味を十分に發揮せられんことを望む。而して本編収むる所の歌曲十個は、總て男女共通の材料なれども「進撃」「銃獵」の二個歌曲は、男兒に適し、「愛らしき花」「靜けき夜」の二個歌曲は、女兒に適せり。猶本編の歌詞は、何れも修身・國語・地理・歴史科等の諸教科と、連絡を保たんことに力め、或は、季節に因みて排列したれば、教授者は玆に注意せられんことを望む。

春の遊

大和田建樹 作歌
Walter Scott 作曲

遠く滿ち滿ちたる、
春の景色おもしろや、
いざや友よ今日も出でて、
菫摘みつゝ遊ばん、
いざや友よ明日も行きて、
櫻をりてかざさん、
四方の山邊霞みわたり、
かよふ風ものどけし、
空に滿つる雲雀の歌、
野邊に滿つる蝶の舞、
樂し嬉し天地すべて、
若やぎ喜ぶ此時。」

＊ジェイムズ・サンダーソン James Sanderson（イギリス、c1769-c1841）作曲《Hail to the Chief》が原曲。原詩がすでに日本人に親しまれていたウォルター・スコット Walter Scott（スコットランド、1771-1832）のためか、目次・譜面ともにスコットを作曲者として表記。

吉田松陰

佐々木信綱 作歌
納所辨次郎 作曲

一
鎭西に將、東北に、
歷史のあとを、探り見て、
すぐれし人に、交りて、
活きたる智識を、旅行に得つ。」

二
黑船とまれる、下田沖、
萬里波濤を、渡らんの、
その企謀は、破れても
その雄心は、いや燃えつ。」

三
松下村の、村塾に、
敎へし年月、短きも、
狹き校舍の、爐邊より、
革命の火は、もえたちて。」

四
三十年の、生涯は、
長き月日に、あらねども、
その熱誠の、こゝろざし、
歷史に活きん、長久へに。』

愛らしき花

大和田建樹 作歌
Joh. Brahms 作曲

一
草の上に、玉なす露、
心地よのあけぼのや、
笑顏ぬれて、立つ姫百合、
誰に似たる、その面影。」

二
露の上に、殘れる月、
おもしろの、有明や。
眠さめて、立つ撫子、
花の中の、その乙女子。』

＊ヨハネス・ブラームス Johannes Brahms（ドイツ、1833-1897）。

進擊

旗野士良 作歌
Rouget de Lisle 作曲

第一章
朝日照る、わが御旗、進めよ、進めよ。
黑雲の、渦巻く、荒山の、壘砦。
颱風、逆吹く、千尋の、谷の、要害。
いかに、いかに。
彼れは、守るとも、彼れらは、防ぐとも、
かざす、將の、太刀の、下の、
ゆけ、ゆけ、號令に。
敵は、あらじ。」

第二章
哄の聲、波起てて、破れよ、破れよ。
鋼鐵の、網張る、空壕の、固構。
劍鉾、逆立つ、八尺の、穴の、防禦。
いかに、いかに、
彼れは、築くとも、かれらは、工造むとも、
むかふ、兵の、銃の、先の、
うて、うて、猛烈に、
敵は、あらじ。』

＊クロード・ジョセフ・ルージェ・ド・リール Claude Joseph Rouget de Lisle（フランス、1760-1836）作曲の「ラ・マルセイエーズ」。目次は「ルーヂ、デゥ、リス」。

靜けき夜

坂（ママ）正臣 作歌
Franz Gruber 作曲

一
こさめ、やみて、庭は暗し、
月は、など、おそきぞ、
はし居して、待つ間に、

ほととぎす、ただ、高く、ひと聲。」
二
かすみ、はれて、星は照れり、
を簾のひま、もりきて、
たちばなぞ、薫れる、
くひなさへ、いま、遠く、ひと聲。」
三
を田の、さなへ、緑涼し、
螢おふ、子は去り、
風もなく、ふくるよ、
耳もとに、かの、ほそく、ひと聲。』

＊フランツ・グルーバー Franz Gruber（オーストリア、1787-1863）。「きよしこの夜」。目次は「グルーベル」。
作歌者「坂正臣」は「阪正臣」。

夕日

旗野士良 作歌
田村虎藏 作曲

一
森のこずゑ、青黒く、
遠の山の端、さかひだち、
濃紅ぼかして、空に薄らぎ、
一村二村、のこる雲に、
けふの、なごりの、影うつして、
さしいる、夕日。」
二
かへる鴉、にぎやかに、
明日の好晴を、空に呼び、
を川の汀に、小鍬洗ひて、
仰ぎ見、仰ぎ見、歌ふ農夫、
おなじいさみの、聲かけつつ、
牛おふ、童子。』

勸學

大和田建樹 作歌
Ph. J. Düringer 作曲

一
今日の時を、むだに暮らし、
明日になりて、悔むなかれ。
あはれ、春見し花、
「青葉となり、紅葉となり、
立つ年は、夢の間ぞ。」復唱
二
蜂は花に、蜜を尋ね、
おのが食を、貯へ置く。
あはれ、靈ある人、
「學ばずして、日を送らば、
虫鳥に、劣るべし。』復唱

＊P・J・ドウリンゲル Philipp Jacob Düringer。

同窓會

旗野士良 作歌
Mozart 作曲

一
窓の戸の、あけぼのに、
同じ花、まもりし友、
其花の、露だにも、
そむきたる、心はなく、
和かなる、風のむた、
おたがひに、薫合こし、
年ごろの、
親交状、
重ぬる、
會合なれ、今日こそは。」
二
學校の傍の、ゆふぐれに、
おなじ月、ながめし友、
その月の、影だにも、
たがひたる、念はなく、
清らなる、ひかり着て、
ともどもに、照合こし、
年ごろの、
したしさ、
重ぬる、
まとゐなれ、けふこそは。』

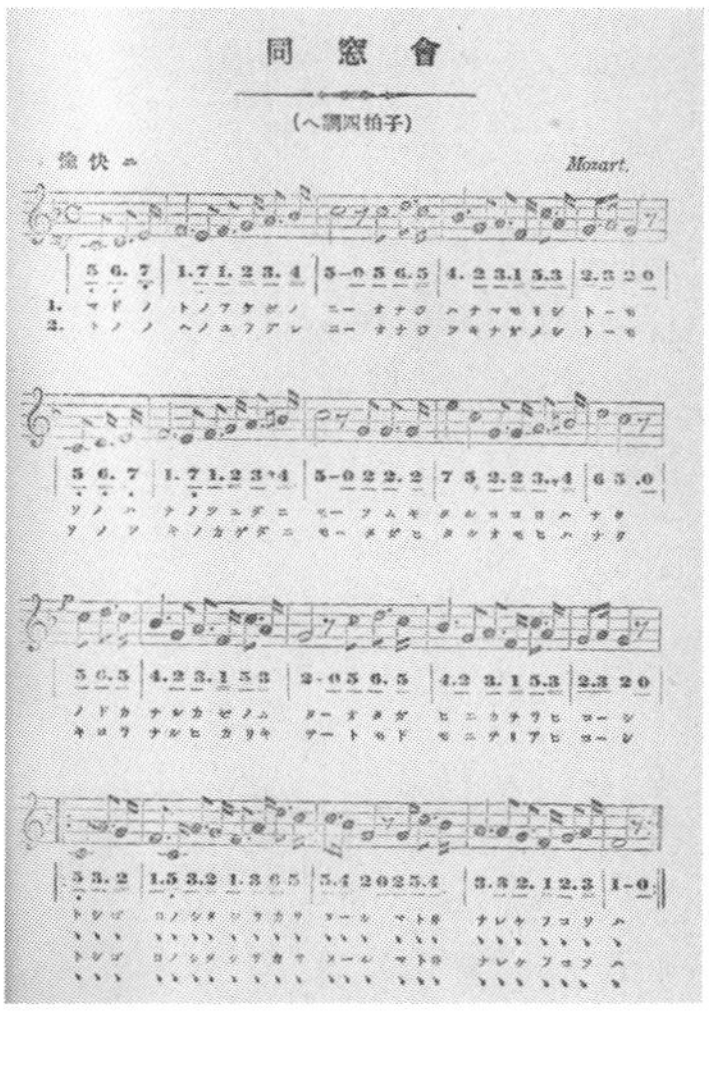

兵士の夢

大和田建樹 作歌
C. G. Reißiger 作曲

一
父母ともなひ、はらから打ち連れ、
樂しく遊びし、櫻の下かげ、
「思へば夢かや、今までありしは。」復唱
二
友達あつまり、火鉢を圍みて、
嬉しく語りし、故郷の夕暮、

「さむれば夢かや、たしかに見えしは。」復唱

三

野營（やえい）のかがり火、をぐらく照らして、
枕におく霜、寒けき曉、
「故郷のおとづれ、誰にか問はまし。」復唱

＊カール・ゴットリーブ・ライシガー Carl Gottlieb Reißiger（ドイツ、1798-1859）作曲。

銃獵

石原和三郎 作歌
納所辨次郎 作曲

一

鳥うち帽子に、みがるな洋服、
小銃かついで、獵犬つれて、
あさ寒（さむ）おかして、田舍の小道を、
いそ〱いそいで、中ばは、かけあし。」

二

枯野のあなたに、一むら白く、
のぼるけむりに、聞ゆるつゝおと、
驚く小鳥の、ちり〱ばらばら、
しとめし、えものは、三羽か七羽か。」

三

家にかへって、ほこるは何なに、
つぐみの三羽に、雀の五六羽、
鳩にかけすに、鶉にごゐさぎ、
まだある大きな、きれいな雉雉。』

『教科統合少年唱歌』第八編

田村虎藏・納所辨次郎編

刊行：1905年10月11日　発行：十字屋　東京　縦227ミリ×横150ミリ　表紙＋扉＋26頁

教科統合少年唱歌 第八編

緒言

本書は、現今の小學校に於ける、唱歌科の、流弊を一洗せんと欲して、さきに編輯したりし「幼年唱歌」と、同主義を以て編纂したるものなり。要は教育的教授に適切なる教材の供給に外ならず。教材は、高等第一學年より同第四學年に至る、各學年各學期に配當したれば、編を逐ひて順次兒童教科用書に充て得べし。編纂の用意下の如し。

一、題目、事實は、專ら修身・國語・地理・歴史・理科等の諸教科にて教授すべき事項、及び季節に因みて之を取り、以て各教科の統一を完からしめんことに力めたり。

一、歌詞、多年小學教育に經驗を有する識者の作に成りて、兒童の心情に訴へ、其嗜好に鑑み、初は國語科の程度を追ひて、而も兒童の詩的興味を發揮せんことに注意し、漸く古今名家の作に及ぼして、以て國民感情の養成に資せんとしたり。

一、曲節、編者多年の研究の結果になるものと、和聲（ハーモニー）を附し得る歐洲曲の、我國兒童に適切なるものとにして、其音程、音域の如何を審査し、兒童が心身發達の程度を精察し、快活流暢なるものより、優雅諄美なるものに進め、以て審美的感情を育成せんことを期せり。

以上の外、用意の詳細、及び音樂上併に教授上の注意に至りては、毎巻の初に之を記述せり。

明治三十八年五月廿八日　編者 識す

凡例

一、本編は高等小學第四學年第二學期の後半と第三學期間とに教授すべき材料を配當せるものなり。而して歌曲の數十個は、毎週二時間宛教授するものとしての最多限なり。故に教授時間の事情により、これが取捨撰擇は教師の任意たるべし。

一、本編の歌詞は、一般兒童にもよく了解せしめんが爲め、概ね此學年國語科の程度に鑑みて之を記載したり。曲節は凡て兒童の唱歌し得べき音域内に記譜したるが故に、記譜の各調子にて直ちに教授するを得べし。

一、本編歌曲の強弱は、左の諸記號にて之を表はせり。即ち「*p*」は弱く、「*f*」は強く、「*mp*」は中弱に、「*mf*」は中弱より稍や強く、「∨」又は「*Decresc.*」は次第に弱く、「∧」又「*Cresc.*」は次第に強く、一音譜の上部に其數部分を謡ふべきことにして、「＞」又は「∧」の記號あるは、特に其音だけを強く、而して、或る音符より他の音符に、かけたる弧線は、連線（スラー）と稱し、圓滑に謡ふべきものとす。強弱は、これによりて歌曲の趣味を發揮するものなれば、

殊に注意せん事を要す。而して強弱記號を附せざる本編中の歌曲は、教授者の任意の發想によりて教授せられんことを望む。

教授上一般の注意

一、本編歌曲の順序は、他教科との連絡上、我が東京高等師範學校附属小學校に採用せるものなれば、他の小學校に採用せらるるときは、必ずしも此順序を墨守するに及ばず、任意にこれが取捨選擇をなして、以て各教科との統一を圖られんことを望む。

二、教授の順序は、此學年も本譜教授を本體とし、略譜教授を副として教授するを可とするが故に、新たに教授すべき曲節中の幾部分を案じて、構成せる音程練習、及び音階練習・發音練習等は、悉く本譜を用ふべし。次に題目指示、并に曲節の提示（本譜）をなし、教師は之を一、二回謡ひ聞かしたる後、更に幾部分宛の範唱を與へて、これに模唱せしめつつ全體に及ぼすべし。玆に始めて樂器を使用し、能く唱え得るに至りて歌詞を附し、最後に強弱を附するものとす。音階・發音・音程練習は、成るべく之を機敏に取扱い、教授時間の凡そ四分の一を超過せざる様注意すべし。

三、本學年の曲節は、概ね西洋曲にして、此學年兒童に適切なるものを選擇し、力めて歌曲の調和を圖りたれば、教授者は、豫め其樂趣を吟味して、歌曲の趣味を十分に發揮せられんことを望む。而して本編収むる所の歌曲十個は、總て男女共通の材料なれども「茸刈」「皇祖」の二個歌曲は、男兒に適し、「漁船」「春の歌」の二個歌曲は、女兒に適せり。猶本編の歌詞は、何れも修身・國語・地理・歴史科等の諸教科と、連絡を保たんことに力め、或は季節に因みて排列したれば、教授者は茲に注意せられんことを望む。

茸狩

佐々木信綱 作歌
A. Methfessel 作曲

一
空は澄みて、風しづか、
さ霧はれし、野邊山邊。
紅葉あかく、百舌（もず）うたひ、
たどり登る、道たのし。
あはれ、おもしろや、
おもしろや、今日の遊び、
早もつきぬ、松林。」

二
あなたこなた、呼びかはす、
聲もたのし、松のかげ。
こゝに一つ、かしこにも、
こゝにも又、また一つ。
あはれ、おもしろや、
おもしろや、今日のあそび、
籠にみちぬ、茸あまた。』

コロンブス

石原和三郎 作歌
納所氏 作曲

一
わが人類の、すまゐする、
地球はまろき、ものなるか、
はた平らなる、ものなるか、
この疑ひの、はれん日を、
神はいつより、まちつらん。」

二
コロンブス氏、クリストファー、
新大陸を、見いだして、
その疑ひを、ときてより、
北と南の、アメリカに、
日々文明の、進みゆく。」

三
あゝ、クリストファー、コロンブス、
君、世にいでて、新舊の、
世界は一つと、なりにけり、
地球はまろく、なりにけり、
いさをは朽ちじ、世のかぎり。』

愉快

大和田建樹 作歌
Altes Lied

一
晴れたる朝（あした）も、雨ふる暮も、
休まず眠らず、歌ふは水よ、
花さく春べも、紅葉の秋も、
疲れず倦まずに、躍るは水よ。」

二
淋しき森にも、友うちつれて、
嬉しき調（しら）べに、歌ふは鳥よ、
花なき野邊にも、塒（ねぐら）をしめて、
樂しき心に、遊ぶは鳥よ。』

＊目次は「作曲者不明（歐洲の古歌）」。

陣營の月

佐々木信綱 作歌
Mary S. B. DANA 作曲

一
戰かちたり、敵軍にげつ、

轟く砲音、凱歌の響、
潮の如くに、満ちくる我軍、
林の下かげ、あなたに此方に、
ひらめく、日の旗。」

二、

全軍眠りて、ふけゆく夜半を、
大空仰ぎて、銃とり立てば、
月影寂しく、思ひぞわきくる、
遥けき故郷、うせにし戰友、
うかぶは、面かげ。』

＊『朙治唱歌』第五集「月みれば」（追憶）と同曲（↓六七二頁）。譜面には作曲者 MARY S.B.Dana と表記。マリー・S・B・ダナ Mary S. B. Dana（アメリカ、1810-1883）。

漁船

大和田建樹 作歌
Mozart 作曲

一

朝なぎひろき、海の上に、
三つ四つ浮ぶ、海士の小舟、
釣れたる魚は、何と何ぞ、
鰹か鯛か、鯵か鯖か」

二

夕風さむき、波の上を、
こぎくる舟に、親子二人、
艪の音、高し、得物いかに、
入日の雲は、明日も日和。』

＊モーツァルトの歌曲「春への憧れ」。『朙治唱歌』第二集「上野の岡」（↓六五五頁）は異名同曲。

亡友

佐々木信綱 作歌
Volksweise

一

樂しき春の日、花さくかげに、
静けき秋の夜、月照るもとに、
幾年おなじき、學の窓に、
睦びぞかはしゝ、懐しの友、
共にぞ學びし、したはしの友、
その友いまなし。」

二

咲く花みるごと、思ひぞいづる、
月にし向へば、忍びぞいづる、
書をし開けば、面影うかぶ、
み空を仰げば、雲ただ深く、
奥つき處は、露のみ繁し、
なき友いづこぞ。』

＊『朙治唱歌』第三集「今宵の心」（↓六六三頁）は異名同曲。目次には「作曲者不明（獨逸國國風歌）」と表記。

皇祖

大和田建樹 作歌
J. H. Stanz 作曲

一

日向の國より、
波路を凌ぎ、
御船を難波の、
浦邊につけて、
仇なす賊徒を、
大和に攘ひ、
萬世不易の、
偉業を創め、
都し給ひし、
神武の帝、
仰げ仰げ、天と、共に、
高きみいづを。」

二

海外萬里に、
御船を出だし、
傲慢不遜の、
三韓うちて、
國威を示し、
朝貢誓はせ、
降服させて、
凱旋ましたる、
神功皇后、
仰げ仰げ、海と、共に、
廣きいさをを。』

＊ジョセフ・ハートマン・スタンツ Josef Hartmann Stanz（スイス、1793-1830）。

枯野

大和田建樹 作歌
Volkslied

一

枯野の原に、夕日おちて、
そよ吹く風の、寒けさ、
春つみし、花すみれ、
秋めでし、女郎花、
今はいずくぞ、色も香も。」

二

小笹の上に、霰ふりて、
暮れゆく空の、寒けさ、

春きゝし、朝雲雀、
秋きゝし、夜の虫、
今はいづくぞ、その歌も。』

＊目次には「作曲者不明（獨逸國國民歌）」と表記。

別れの歌

石原和三郎 作歌
田村氏 作曲

一
いつくしみ深き、親鳥の、
はぐくみ受けて、つばさ伸びし小鳥。
巣立ちし後も、親鳥の、
深き恵を、忘るまじきぞ、
もとの古巣を、みすつまじきぞ。」

二
いつくしみ深き、師の君の、
教を受けて、わざを終へしわれら。
いま別るとも、師の君の、
深き御恩を、いかで忘れん、
この學校を、などて忘れん。

三
いつくしみ深き、師のもとに、
朝ゆふ睦み、したしみし友よ。
別れて後も、睦みてし、
古のことを、いつか忘れん、
その樂しさを、などか忘れん。」

四
ああわが友どち、師の君よ、
志す道、さまざまなりとも。
學に業に、いそしみて、
一つこころを、國に盡さん、
同じこころを、君に盡くさん。』

＊目次には作曲者・田村虎藏と表記。

春の歌

佐々木信綱 作歌
Old Carol. Air

一
「春は來れり、樂しき春、
鶯うたひ、櫻にほふ。』
畑にはれんげ、野には菫、
霞たなびき、胡蝶遊ぶ。

二
「いざや遊ばん、友よ友よ、
霞こめたる、野邊にいでて。』
いざや謠はん、友よ友よ、
鶯うたふ、花のかげに。

●注意　一章二章共に、「　』内の部分は、終りより始に反して復唱し、』にて終わるものとす。

＊目次には「作曲者不明（讃美用古代曲）」と表記。

「春の歌」

『東京地理教育 電車唱歌』

田村虎藏作曲・いしはらばんがく作歌

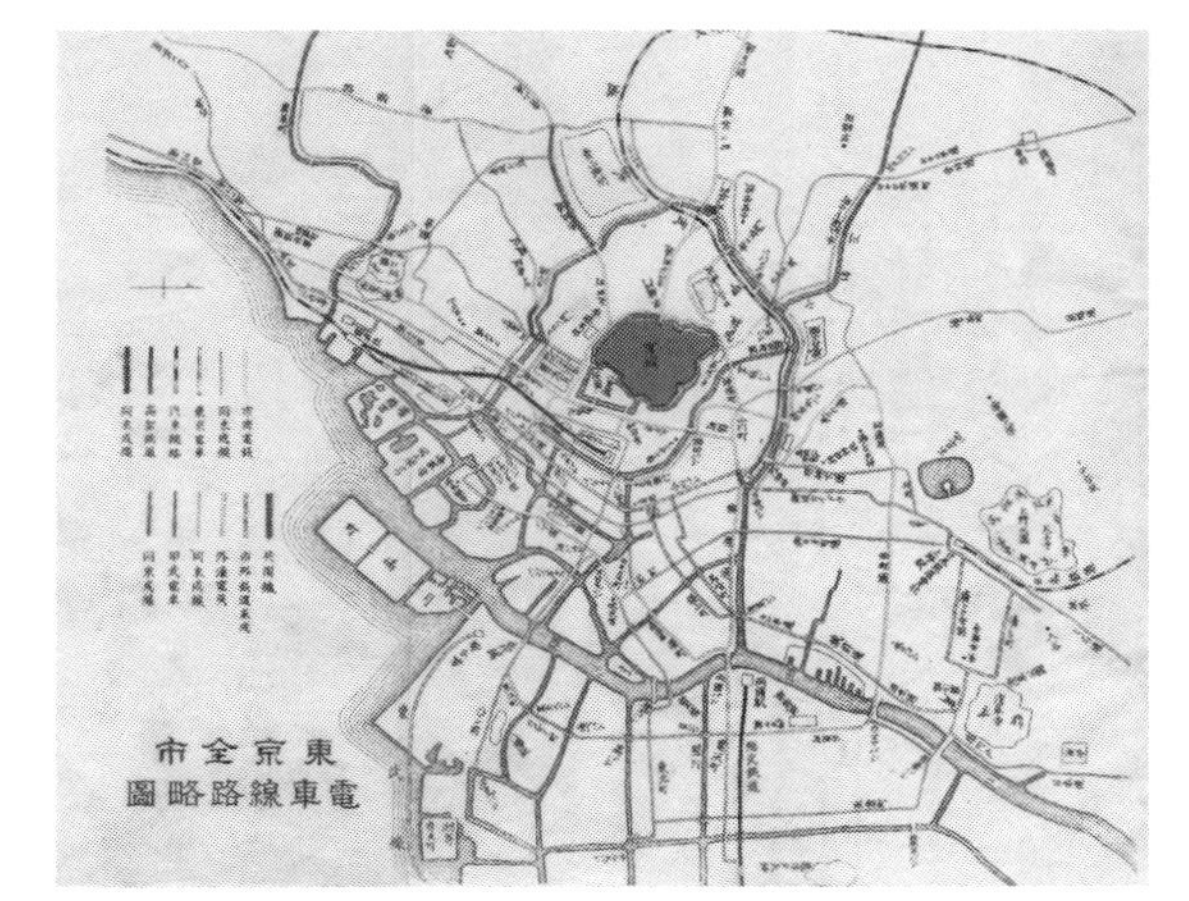

刊行：1905年10月1日 発行：文錦堂　東京
縦200ミリ×横110ミリ 16頁 地図はさみ込み（上図）
底本：1906年5月5日 第6刷

一
玉の宮居は丸の内、
近き日比谷に集まれる、
電車の道は十文字、
まづ上野へと遊ばんか。

二
左に宮城、をがみつつ、
東京府廰を右に見て、
馬場先門や和田倉門、
大手町には内務省。

三

渡るも早し、神田橋、
錦町より小川町、
乗りかえしげき須田町や、
昌平橋をわたりゆく。

四

神田神社の廣前を、
すぎて本郷大通り、
右にまがりて切通し、
仰ぐ湯島の天満宮。

五

いつしか上野廣小路、
さて公園に見るものは、
西郷翁の銅像よ、
東照宮のみたまやよ。

六

博物館に動物園、
パノラマ、美術展覧會、
忍ばず池畔の辨財天、
四季の眺めもあかぬかな。

七

淺草行に乗り行かば、
左に上野ステーション、
走るもはやし車坂、
清島町をうちすぎて。

八

はや目の前に十二階、
雷門より下りたてば、
ここ淺草の觀世音、
詣づる人は肩を摩る。

九

五重の塔よ仁王門、
水族館よ花やしき、
をどり玉のり、珍世界、
奥山あたりのにぎやかさ。

一〇

さて淺草より上野へと、
還る電車の道すがら、
甍の空に聳ゆるは、
名だかき東本願寺。

十一

電車は三橋のたもとより、
行くては昔の御成道、
萬世橋をうちわたり、
内神田へと入りぬれば、

十二

須田町、鍛冶町うち通り、
今川橋よ、本石町、
室町すぎて日本橋、
さしも都の大通り。

十三

商家は櫛の歯を並べ、
ガス燈、電燈、夜をてらし、
通り三丁、四丁目や、
つづく中橋廣小路。

十四

京橋すぐれば更に又、
光まばゆき銀座街、
路には煉瓦をしきならべ、
なみ木の柳風すずし。

十五

銀行、會社、商館の、
ならべる大厦高樓は、
いづれも石造、煉瓦造、
目を驚かすばかりなり。

十六

新橋わたりて左には、
同じ名のあるステーション、
線路はおなじ大通り、
芝の町町走り行く。

十七

大門町の左には、
電車鐵道會社あり。
ほどなく高輪泉岳寺、
四十七士のあともとへ。

十八

さて品川につきぬれば、
横濱、川崎、羽根田へと、
通ふ電車も開けたり、
げにも便利のよき事や。

十九

なお電鐵には、日本橋、
本銀町を右に折れ、
淺草橋をうち渡り、
蔵前すぎて雷門。

二〇

もとの線路を引きかへし、
淺草橋より道かえて
横山町をとほりすぎ、
本町さして還るあり。

二十一

街鐵線は三田よりぞ、
芝園橋をうちわたり、
左に見て行く公園は、
徳川氏の廟所にて、

二十二

松風すずしく園きよく、

東宮殿下御慶事の、
記念燈あり、丸山に、
伊能忠敬の碑も建てり。
　二十三
愛宕の塔を見あげつつ、
幸橋をわたるまに、
いつか日比谷につきにけり。
いで公園を見てゆかん。
　二十四
さても日比谷の公園は、
池あり、丘あり、廣場あり。
四季の草木を植ゑこみて、
市民上下の遊歩場。
　二十五
新宿行に乘るやすぐ、
櫻田門より下りたたば、
二重橋より宮城を、
ほのかに拜みまつるべし。
　二十六
櫻田門をすぐる頃、
左に見ゆる建物は、
大審院よ司法省、
なおもつづける海軍省。
　二十七
はやも参謀本部前、
たてる馬上の銅像は、
ながれも清き有栖川、
熾仁殿下の俤ぞ。
　二十八
電車はいつか三宅坂、
陸軍省のそば近く、
右の御濠に宮城の、
みどりの松の影深し。
　二十九
青山行は乘りかへて、
赤坂見附、一つ木を、
すぎて東宮御所の前、
電車はゆくなり四丁目へ。
　三〇
青山墓地へは三丁目、
澁谷、氷川の病院を、
訪はんとならば、四丁目に、
おりてゆくべし左へと。
　三十一
新宿行は更になほ、
衛戍病院前をすぎ、
半蔵門の前よりぞ、
左に折れて麹町。
　三十二
十町過ぎて四ッ谷門、
見附を出でて大横町、
傳馬町より鹽町よ、
新宿さしていそぎゆく。
　三十三
新宿驛より甲武線、
四ッ谷、市ヶ谷、牛込や、
飯田町をばうち過ぎて、
その名も清きお茶の水。
　三十四
その道すがら右左、
目に入るものは青山の、
練兵場や、學習院、
士官學校、八幡宮。
　三十五
外濠線は四ッ谷より、
市ヶ谷見附、神樂坂、
砲兵工廠前をすぎ、
お茶の水橋、駿河臺。
　三十六
小川町より錦町、
鎌倉河岸より常盤橋、
左に高き建物は、
日本、三井の両銀行。
　三十七
呉服橋より鍛冶橋と、
すぎ行く道は八重洲河岸、
帝國ホテルを對岸に、
見つつ土橋の停留所。
　三十八
右に曲がりて程もなく、
内幸町とほりつつ、
なほゆく先は虎の門、
議事堂近く建てるなり。
　三十九
赤坂區へと入りぬれば、
溜池、田町、たちまちに、
辨慶橋もうちすぎて、
四ッ谷見附に至るなり。
　四〇
また日比谷より街鐵は、
數寄屋橋より尾張町、
三原橋をば渡りすぎ、
木挽町には歌舞伎座よ。
　四十一
新富町には新富座、
芝居見物するもよし。

こゝは築地よ、名も高き、
西本願寺のあるところ。

四十二

北島町や坂本町、
茅場町より乗りかへて、
深川行は霊岸町、
すぐればやがて永代よ。

四十三

橋を渡りて深川區、
龜住町にいたるなり、
ここに名高き富が岡、
八幡宮を拜むべし。

四十四

茅場町より蠣殼町、
水天宮の前をすぎ、
人形町よ、住吉町、
濱町河岸の景色よさ。

四十五

はや兩國の停留所、
橋を渡れば本所區。
左に折れて總武線、
高架鐵道十文字。

四十六

又も左に折れ曲がり、
厩橋をばわたりすぎ、
黒船町よ、小島町、
ゆくや上野の廣小路。

四十七

兩國よりは更になほ、
柳原河岸とほりすぎ、
また須田町に來て見れば、
實にや八達四通の地。

四十八

小川町より九段ゆき、
靖國神社に詣でんと、
東明館の前をすぎ、
俎橋にいたるなり。

四十九

坂をのぼれば左には、
西南役の記念碑や、
右陸軍の偕行社、
見わたし廣し景色よし。

五十

靖國神社の廣前に、
大村、川上両雄の、
いさをも高き銅像は、
千代も朽ちせぬ世の鑑。

五十一

遊就館に入り見れば、
古今の武器や戰利品、
國につくししますらをの、
肖像高く掲げらる。

五十二

靖國神社に詣づれば、
大君のため國のため、
身をつくしたる武夫の
御霊ぞ代代を護るなる。

（をはり）

＊『東京地理教育 電車唱歌』は、五年前（一九〇〇年九月）に発表された『地理教育 東京唱歌』が東京市の名所を中心に辿っているのに対して、比較的当時の市電の路線に沿って地名と名所の特色を描いている。「いしはらばんがく」は石原和三郎。

『凱旋』附　旅順開城　奉天附近會戰　日本海海戰

文部省編纂

刊行：1905年10月24日　発行：日本書籍株式會社　東京　縦188ミリ×横127ミリ 表紙＋18頁
底本：1905年11月5日 再版

緒言

本書ハ高等小學校教科用ニ充ツルヲ目的トシ曩ニ本省ニ於テ編纂シタル戰爭唱歌ノ第二篇ニ接續セシム

本書ノ爲ニ委囑シタル作歌作曲者左ノ如シ

凱旋　大和田建樹作歌　楠美恩三郎作曲
旅順開城　尾上八郎作歌　小山作之助作曲
奉天附近會戰　尾上八郎作歌　岡野貞一作曲
日本海海戰　阪正臣作歌　上眞行作曲

明治三十八年十月　文部省

凱旋

一

雲霞の如く日にあまる
敵軍遠く打ち拂ひ
向ふところに日の御旗
立てぬ方なきわが陸軍
祝へ歌へ歌へ祝へ

二
鯨鯢波に横たへて
寄せこし敵の艦隊を
見るより早く一撃に
全滅せしめしわが海軍
祝へ歌へ歌へ祝へ

三
命を捨てて大君の
御威を四方にかがやかし
勝どきあげて歸りこし
忠義武勇の陸海軍
祝へ歌へ歌へ祝へ

附錄

旅順開城

一、
爾靈山頂わが手に落ちて
眼下になりたる要港内や
日々飛ひ行く大砲彈に
軍艦々々見る〱沈む

二、
二龍松樹の各砲臺に
未曾有の爆發成功すれば
忽ち望臺附近の地まで
早くも日の旗ひらめきわたる

三、
十月を越えた大攻擊の
効果は今しもあらはれいでて
結びも果てざる露營の夢に
見たりし陥落明日はた明後日

四、
さはいへみだりに屠るは不仁
來たれる軍師を犒ひながら
開城せんとの願を許し
ひとしく唱ふる萬々歳や

五、
あらゆる戰術あらゆる技術
盡しに盡して落つる期なしと
世界にほこりし旅順の塞
勇氣の前にはかくして落ちぬ

六、
晝夜を分かたず苦心に苦心
勇氣に勇氣を加へて行かば
何とて成らざる事あるべきぞ
旅順の塞はかくして落ちぬ

奉天附近會戰

一、
三十五萬四十萬
沙河を中なる我れと彼れ
築き立てたる堡壘は
蜿蜒たりや五十餘里

二、
百二十日とく過ぎて
戰機は今や熟したり
一擧長蛇を屠るべく
包圍の策は決したり

三、
風が寄せ來る大吹雪
咫尺もわかぬ春二月
まづ動きしは最右翼
忽ち奪ふ清河城

四、
驚く敵は大軍の
此處に向ふと思ひけん
豫備の部隊を増加して
固く守るや撫順城

五、
わが計成ると最左翼
早くも沙河をうち渡り
行軍日々に十數里
奉天近う出でにけり

六、
包圍の形整ひぬ
時こそ今と中央軍
左右兩翼おもむろに
渾河わたりて迫り行く

七、
敵は逆襲大夜襲
わが一方を破らんと
焦りたてども進み行く
わが大軍は潮のごと

八、
死戰や苦戰亂戰の
數を盡して爭へど
わが突擊の烈しさに
亂れ亂るゝ敵の陣

九、
三道等しく破られて
退路危き敵將は
三月七日退却の
令をもろくも發したり

十、
あとを慕ひて　わが軍は
包圍の線をちぢめつつ

退路をさへに絶ち切りて
四面一度に追ひたつる

十一、
三月十日よく記せよ
われ奉天に入りにけり
十有六日よく記せよ
敵鐵嶺を棄てにけり

十二、
損害凡そ十五萬
敵の半は盡したり
日東男兒眉揚げて
無比の勝利を世に誇れ

日本海海戰

一、
對馬の沖の朝霧がくれ
見えそめたりや敵の軍艦
縦列つくる三十八隻
威風は堂々あたりをはらふ

二、
日本海と名にさへ負へる
我ふところの浪おし分けて
大手振り〳〵臆せず行くか
かれ提督よあっぱれ勇士

三、
かくとはかねて物見の艦の
偵察つゆの遺漏もあらず
無線の電信主力の方へ
響けば忽ち戰鬪準備

四、
あがるや信號皇國の興廢
是此一擧努めよ各員
將卒共に肉こそ躍れ
艦内更に一語を聞かず

五、
見よ〳〵敵は壓迫せらる
北西よりも眞南よりも
わが計画の包圍は成りて
敵の狼狽手に取る如し

六、
萬歳萬歳戰艦燒けつ
愉快愉快旗艦も沈む
萬歳愉快の叫びの中に
東郷大將眉こそ揚れ

七、
浦鹽さして遁げんとすれば
忽ち我にせきとどめらる
もと來し方へかへれば我は
彼より早く待伏したり

八、
まして夜襲の水雷諸艇
探燈砲火事ともなさず
突撃猛進暫もやまず
敵艦今は嵐の木の葉

九、
あくれば二十有八日の
空も緑の竹島あたり
筒に玉せず手に入りたるは
少將こめて大艦四隻

十、
かれ提督も終にはとりこ
昨日の威風は今日の幻
わが海軍のいさをの高さ
誰か忘れん萬代までも

◆資料【一九〇五（明治三八）年認可済歌曲】

静岡県（二月二五日）(小)：「静岡市歌」
福井県（三月三〇日）(小)：「祝捷歌」
滋賀県（九月九日）(小)：「堅田町の秋」
群馬県（九月二三日）(小)：「花くらべ」「富士山」「落花」
奈良県（九月二八日）(小)：「橿原神宮唱歌」
東京市（十月一二日）(小)：「水車と風車」「ガッコー」「ウサギ」
福井県（十二月二〇日）(小)：「歓迎歌」

◆資料【一九〇五（明治三八）年検定済曲集】

『露國征討捷軍歌』(高)田村虎藏、一月九日検定（明治三七年十一月二〇日訂正発行）
『日本建國唱歌』(高)一月一二日検定（明治三七年十一月三〇日訂正再版）
『國民唱歌 世界萬國』(教)(高)一月二一日検定（明治三七年十二月一二日訂正再版）
『旅順陥落 祝捷軍歌』(高)大和田建樹、一月二四日検定（一月八日訂正再版）
『旅順陥落 祝捷軍歌』(高)田村虎藏、一月二七日検定（一月八日訂正再版）
『戰死者葬送の歌』(教)(高)一月三一日検定（一月二四日訂正再版）
『軍神橘中佐』(高)二月二三日検定（二月一八日再版）
『聯隊旗』(教)(高)三月六日検定（二月二五日修正版）
『世界に冠たる日本國』(教)(高)三月二五日検定（三月二五日訂正再版）
『征露軍歌 旅順口陥落』四月一四日検定（四月五日訂正版）
『家庭教育 運動唱歌』(教)(高)三月六日検定（三月一日訂正）
『重音唱歌集』(女)三月一七日検定（三月三日四版）
『輪唱歌集』(高)三月一七日検定（三月三日三版）
『國定小學 讀本唱歌集』(高)四月一四日検定（三月二九日訂正再版）

『征露軍歌 金城鐵壁 旅順口陥落』(高)四月一四日検定（四月五日訂正再版）
『日露戰争 國民唱歌』(高)五月二日検定（一月二一日再版）
『實業教育 よーざん唱歌』(教)(高)七月一七日検定（七月一〇日修正再版）
『野外 散歩唱歌』(教)(高)五月五日検定（五月一日訂正再版）
『國民教育 日本軍人』(高)六月一九日検定（六月九日訂正再版）
『農業唱歌』八月一日検定（六月二三日訂正三版）
『奉天占領軍歌』(高)七月一〇日検定（六月二四日訂正再版）
『軍國唱歌 日本海大海戰』(教)(高)八月一七日検定（八月四日訂正再版）
『旅順陥落唱歌集』(教)(高)八月二二日検定（八月一四日訂正再版）
『高等小學讀本唱歌』(高)八月二八日検定（八月一五日訂正再版）
『日本海大海戰 大捷軍歌』(高)十月一〇日検定（十月五日訂正版）
『東郷大將』(高)九月二八日検定（九月二八日訂正）
『日本海大海戰』(高)九月二八日検定（九月二八日訂正）
『日本海の大海戰』(教)(高)十月九日検定（十月一日再版）
『凱旋』(高)十月一八日検定（十月三日訂正再版）
『日本海大海戰　大捷軍歌』(高)十月一〇日検定（十月五日訂正再版）
『國定 高等小學讀本唱歌』(高)十一月二〇日検定（十一月一二日訂正再版）
『國定 尋常小學讀本唱歌』(教)十一月二〇日検定（十一月一二日訂正再版）
『征露 凱旋の歌』(高)十一月二四日検定（十一月一三日訂正再版）
『征露軍歌 凱旋』(高)十二月一日検定（十一月四日訂正再版）
『我國の赤十字』(教)(高)十二月一八日検定（十二月一五日訂正版）
『郵便貯金唱歌』(教)(高)十二月二五日検定（十二月一七日訂正再版）
『東京地理教育 電車唱歌』(高)十二月二六日検定（十二月八日訂正再版）
『日本海の大海戰 紀念軍歌』(高)十一月二日検定（十月二〇日訂正再版）
『皆兵軍歌』(教)(高)十二月一二日検定（十二月五日再版）

◆資料　一九〇五（明治三八）年に刊行された唱歌集から

『尋常小學唱歌』佐々木吉三郎・納所辨次郎・田村虎藏（発行：国定教科書共同販売所）
『國定 尋常小學讀本唱歌』上、下　吉田信太編（刊行：六月　発行：郁文舍）
『學校及家庭用 言文一致叙事唱歌』第三編「戰友」（刊行：九月 発行：五車楼書店）。

戰友

眞下飛泉 作歌
三善和氣 作曲

一
ここはお國を何百里
離れてとほき滿洲の
赤い夕日にてらされて
友は野末の石の下

二
思へばかなし昨日まで
眞先かけて突進し
敵を散々懲らしたる
勇士はここに眠れるか

三
あゝ戰ひの最中に
鄰にをった此友の
俄かにハタと倒れしを
我はおもはず驅け寄って

四
軍律きびしい中なれど
これが見捨てて置かれうか
「しっかりせよ」と抱き起し
假繃帯も彈丸の中

五
折から起る吶喊に
友はやう〳〵顔上げて
「お國のためだかまはずにおくれてくれな」と目に涙

六
あとに心は殘れども
殘しちゃならぬ此からだ
「それぢゃ行くよ」と別れたが
ながの別れとなつたのか

七
戰濟んで日が暮れて
さがしにもどる心では
どうぞ生きってゐてくれよ〳〵
物なと言へと願ふたに

八
空しく冷えて魂は
故郷へ歸ったポケットに
時計許りがコチ〳〵と
動いてゐるもなさけなや

九
思へば去年船出して
お國が見えずなった時
玄界灘で手を握り
名をなのったが始にて

十
それより後は一本の
煙草も二人わけてのみ

ついた手紙も見せ合ふて
身の上ばなしくりかへし

十一

肩をだいては口ぐせに
どうせ命は無ものよ
死んだら骨を頼むぞと
言ひ交かはしたる二人仲

十二

思ひもよらず我一人
不思議に命ながらへて
赤い夕日陽の滿洲に
友の塚穴掘らうとは

十三

くまなくはれた月今宵
心しみじみ筆とって
友の最期をこま〴〵と
親御へ送る此手紙

十四

筆の運びはつたないが
行燈のかげで親達の
讀まるゝ心おもひやり
思はずおとす一雫

＊眞下飛泉（一八七八 - 一九二六）、三善和氣（一八八一 - 一九六三）。昭和に入ると、四番の「軍律嚴しき中なれど」は「硝煙渦巻く中なれど」とうたわれた。本シリーズの第一篇は「出征」、第二篇は「露營」、全十二篇によって構成されていた。

一九〇六（明治三九）年

開成館版『新編教育唱歌集』（合本版）

教育音樂講習會編

刊行：1906年1月28日（改訂6版）　発行：東京・開成館　縦224ミリ×横150ミリ
底本：開成館版『新編教育唱歌集』（合本）1906年4月10日合本7版（中扉も同じ）

東書文庫（東京）に所蔵されている開成館版『新編教育唱歌集』全八集の改訂六版（一九〇六年一月発行）奥付によると、その第一集の初版日付は、一八九六年一月と記されている。また、本事典が底本とした開成館版『新編教育唱歌集』（合本版）にも同じく一八九六年一月と記されている。

しかし、一九〇〇年六月に世に出た「夏は來ぬ」が、一八九六年刊とする開成館版『新編教育唱歌集』初版に掲載されることは時系列的にありえない。開成館版『新編教育唱歌集』の初版発行は少なくとも一九〇〇年以降でなくてはならない。

この奥付表記の疑問への正解はみつからない。東書文庫所蔵の第六版発行日である一九〇六年一月と、底本にした開成館版『新編教育唱歌集』（合本）第七版の発行日である同年四月をよりどころに、本事典では一九〇六年一月には、確実にこのシリーズが世に出ていたことを確認したうえで、一九〇六年当時の唱歌教育情報として掲載する。

なお先に刊行されていた三木楽器店版『新編教育唱歌集』全二集では楽譜は数字譜だけで紹介されていたが、開成館版からは五線譜が使用されている。

開成館版『新編教育唱歌集』第一集

ほたる

ホー、ホー、螢こい。
あっちの水は にがいぞ。
こっちの水は あまいぞ。
ホー、ホー、
ほたる來い。」

＊國定讀本歌詞（目次記載）。

からす

カー、カー、からす、
からすが ないていく。
どこへ ないていく。
おみやの もりへ。
おてらの やねへ。
カー、カー、からす、
からすが ないていく。」

＊國定讀本歌詞（目次記載）。

お月さま

一
おとうさん。おかあさん。
早く出て、ご覧よ。
お月さまが でました。」

二
圓く、まるく、まんまるく、
まりのよーに まんまるく、
森のうへに でました。」

＊國定讀本歌詞（目次記載）。

小猫

一
ねこ。ねこ。小猫。こち來て遊べ。
ころがる鞠の
あと追へ。小猫。」

二
疲れたときは、眠れや、膝に。
夜には起きて、
鼠をとれや。」

小川

一
家のまへをば
流れるこがは。
小川。流れて、どこへいく。」

二
めだか浮かせて
田のそばとほり、
なかまあつめて、大川へ。」

＊國定讀本歌詞（目次記載）。

まへ鼠

一
風にまはる車のよーに、
くる〳〵と 舞へ。ねずみ。」

二
花にあそぶ ちょーちょのよーに、
かるがると 舞へ。ねずみ。」

三
あんまり舞うて、目がまうたらば、
またのちに 舞へ。ねずみ。」

しゃぼんだま

一
しゃぼんの水を管にて吹けば、
ふくれて圓く、五色に光る。」

二
あちらにふわり、こちらにふわり、
あがればさがり、さがればあがる。」

三
五色にひかり、あがれる球を
まねけば、遠く逃げてぞ、消ゆる。」

金魚

一
池の金魚。金魚。
おほきな金魚。ちひさな金魚。
こゝへ來いや、こゝへ。」

二
赤い金魚。金魚。
手のなる方へ、尾鰭を振って、
はやく來いや、はやく。」

三
白い金魚。金魚
そちらへいくな。麩の浮く方へ、
こゝへ、こゝへ、それよ。」

野あそび

一
春がきた。春がきた。どこにきた。
山にきた。野にきた。さとにきた。」

二
花がさく。花がさく。どこにさく。
山にさく。野にさく。さとにさく。」

三
鳥がなく。鳥がなく。どこでなく。
山でなく。野でなく。さとでなく。」

＊國定讀本歌詞（目次記載）。参考「のあそび」（吉田信太作曲）、「のあそび」（山田源一郎校閲）（→三四四頁）。

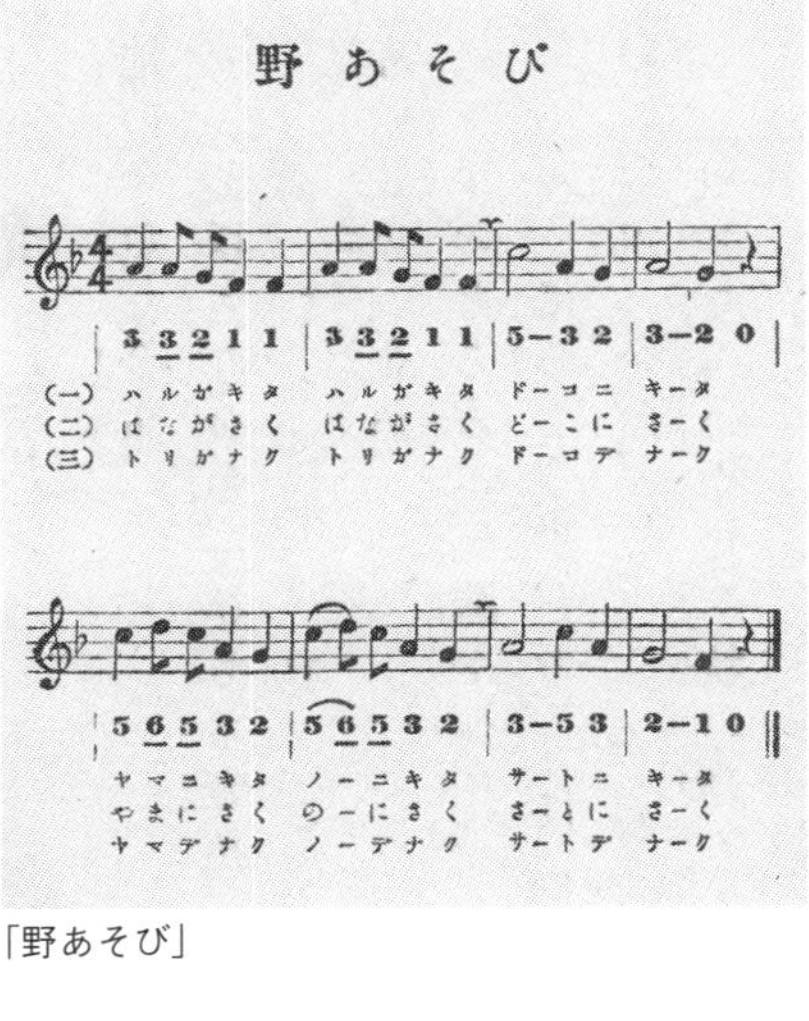

「野あそび」

ひな祭

一

毛氈敷きて、雛壇かざり、
まつるも嬉し、わが人形を。」

二

桃をば折りて、花びんにさして、
かざるも嬉し、内裏の雛を。」

三

今日こそ雛の祭のあそび。
母様お客、われらはあるじ。」

時計

一

時計がなった。おきよ、こどもら。
もう夜があけた。きものきかへよ。
御飯もできた。」

二

とけいがなった。急げ、こどもら。
學校へいそげ。つゝみかゝへて、
おくれんよーに。」

三

時計がなった。習へ、こどもら。
よくせいだして、本をひらいて、
わきみをするな。」

四

とけいがなった。遊べ、こどもら。
學校がひけた。早くかへって、
まりこまもって。

＊國定讀本歌詞（目次記載）。

風車

一

かざぐるま。
風のまに〳〵めぐるなり。
やまずめぐるも。やまずめぐるも。」

二

水ぐるま。
水のまに〳〵めぐるなり。
やまずめぐるも。やまずめぐるも。」

＊音樂學校許可（目次記載）。『幼稚園唱歌集』全（↓六八頁）

うづ

一

渦まけ。渦まけ、友だちそろひて。
潮の如くに渦まけ。こども。」

二

渦まきかへせや、くる〳〵廻りて。
車の如くに廻れや。こども。」

三

渦まけ。渦まけ、友だちそろひて。
たえせず渦まけ。潮のごとく。」

四

渦まきかへせや。いざ、いざ、わが友。
くる〳〵廻りて、車のごとく。」

お馬

一

君の馬は、茶色のお馬。
僕の馬は、白毛のお馬。
進めや。すゝめ、あの森かげに。
いそげ。いそげ、おくれぬよーに。」

二

君も騎兵。僕も騎兵。
共にゆかん、荒野をこえて。
いざ、いざ、進め。茶色のお馬。
すゝめ、すゝめ、白毛のお馬。」

かたつぶり

一

わが家一つ負ひゆく蟲よ。
どこまで行きて、どちらへかへる。
うしろの薮か、となりの垣か。」

二

だせ、だせ、角を。だせ、だせ、槍を。
こゝろのまゝにはひ行く蟲よ。
目はそのさきにつけるも、をかし」。

＊『幼稚園唱歌集』全「うづまく水」（↓六七頁）は異名同曲。

かたつぶり

「かたつぶり」

たこ

揚れ、たこ。たこ。字凧に繪凧。
つけたうなりをブン〳〵させて、
下げた紙の尾ヒラ〳〵させて、
空に飛んで居るあの鳶よりも、

あがれ、たこ、凧、もっと〳〵高く。」
＊國定讀本歌詞（目次記載）。

氷がはった
一
氷がはった。氷がはった。
顔手を洗ふ盥の水は、鏡となって。」
二
氷がはった。氷がはった。
金魚の池は硝子の板の よーに なって。」
三
氷がはった。氷がはった。
夏まで解けず、このまゝあれや。解けずにあれや。」

鬼あそび
一
あの兒を取らうか。この兒を取らうか。
あの兒もよい兒。この兒もよい兒。」
二
鬼來い。鬼來い。こゝまで來い。來い。
來い。來い。鬼よ。あの鬼おそや。」
三
それ、それ、今いく。あれ、あれ、今來る。
逃がしはせんぞ。取られはせんぞ。」

あさがほ
一
かきねに蔓をまきつけて、
さいたあさがほ、赤や白。
しぼりの花もうつくしや。」
二
あか、しろ、しぼり、どの花も。
今日は、ひるまでさいてゐて。
あしたまた咲け。あさがほや。」
＊國定讀本歌詞（目次記載）。

春の遊
一
お庭に桃がさいてゐる。
お庭のさきで、
女の兒どもがまりつきあそび。
まりをつく音、ぽん、ぽん、ぽん、ぽん。
かずをよむ聲、ひー、ふー、みー。」
二
小山に櫻がさいてゐる。
小山の上で、
男の兒どもがへいたいあそび。
らっぱふく音、とて、ちて、たー。
かけるごーれい、一、二、三。」
三
野原にすみれがさいてゐる。
野原の中で、
みんなが、いっしょにおにごとあそび。
おにをきめるよ。じゃん、けん、ぽん。
せなかたゝくよ。とん、とん、とん。」
＊國定讀本歌詞（目次記載）。

進め進め
一
すゝめ、すゝめ。あしとくすゝめ。とまれ、とまれ。
いちどにとまれ。とまるも、ゆくも、をしへのまゝに。
たつも、ゐるも、をしへのまゝに。
さくはなも、なくとりも、面白き はなぞのや。
すゝめ、すゝめ。あしとくすゝめ。」
二
まなべ、まなべ、つとめてまなべ。ならへ、ならへ。
たゆまずならへ。まなびのみちを、たえせずならへ。
よむも、かくも、をしへのまゝに、
よむふみも、かくもじも、おもしろき うひまなび
まなべ、まなべ、つとめてまなべ。」
＊音樂學校許可（目次記載）。フランスの子どもの歌。『幼稚園唱歌集』全（→六五頁）。戦後『一ねんせいのおんがく』「すずめのおやど」（→六二〇頁）。

「進めすゝめ」

金太郎
一
足柄山の山奥に、ひととなりたる金太郎。
力すぐれて、膽ふとく、うちふる斧の 音たかし。」
二
幼遊の たはむれも、猿を家來に 従へて、
熊にまたがり、分けのぼる 山に、靡かぬものもなし。」
三
山路にまろぶ石を投げ、谷間にはゆる木をぬきて、
橋かけわたし、道なほす をさな心も人のため。」

四
明暮ふるふ斧の音、いつしか漏れて、頼光に
めしいだされし殿の内、その名は高く聞えたり。」
五
鬼の住むとて、世の人の ふるひ恐れし大江山、
こもれる賊を退治せし 一人は君ぞ。その功。」
六
斧のひびきは絶えたれど、絶えぬ武勇のものがた
り。
足柄山の峰高く 響くは、熊のなく聲か。」

「金太郎」

餅つき
一
ポン、ポン、ポン、ポン。
あたりに餅つく杵の音、ポン、ポン、ポン、ポン。
正月きたれり、近くまで。よろこびむかへよ、諸
共に。」
二
ポン、ポン、ポン、ポン。
となりに餅つく杵の音、ポン、ポン、ポン、ポン。
正月きたれり、垣根まで。むかへてうたへや、諸
共に。」
三
ポン、ポン、ポン、ポン。
こゝにも餅つく杵の音、ポン、ポン、ポン、ポン。
正月きたれり、わが家まで。たのしく祝へや、諸
共に。」

蝶々
一
ちょーちょ。ちょーちょ。菜の葉にとまれ。
菜の葉にあいたら、櫻にとまれ。
さくらの花の さかゆる御代に、
とまれよ。あそべ。あそべよ。とまれ。」
二
おきよ。おきよ。ねぐらの雀。
朝日の光の さしこぬさきに、
ねぐらをいでて、梢にとまり、
遊べよ。すずめ。うたへよ。すずめ。」
三
とんぼ。とんぼ。こちきて。とまれ。
垣根の秋草、いまこそ盛り。
さかりの萩に、はねうち休め、
止れや。とまれ。休めや。やすめ。」
四
つばめ。つばめ。飛びこよ。つばめ。
古巣を忘れず、今年もこゝに
かへりし心、なつかし。嬉し。
とびこよ。つばめ。かへれや。燕。」

＊音樂學校許可（目次記載）。初出『小學唱歌集』初編（↓
四九頁）。

花さく春
花さく春の あけぼのを、はやとくおきて、
みよかしと、なくうぐひすもこゝろして、
人のゆめをぞ、さましける。
ホーホケキョ、ホーホケキョ、
ケキョ、ケキョ、ケキョ、ケキョ、ケキョ、ホーホケキョ。
ホーホケキョ、ホーホケキョ、
ケキョ、ケキョ、ケキョ、ケキョ、ホーホケキョ。」

＊音樂學校許可（目次記載）。初出『幼稚園唱歌集』全（↓
六六頁）。

友よ友よ

「友よ友よ」

一
友よ。友よ。わがよき友よ。
吹く風さむく、雪さへ降れど、ゆかずや、共にわが
學校に。
まて、まて、しばし。今われゆかん。」
二
友よ。友よ。わがよき友よ。

復習をせんに、道遠けれど、ゆかずや、共にわが住む家に。
まて、まて、しばし。今われゆかん。」

三
友よ。友よ。わがよき友よ。
散歩をせんに、日は暖かし。ゆかずや、共に鳥なく野べに。
まて、まて、しばし。今われゆかん。」

霞か雲か

一
かすみか、雲か、はた雪か、
とばかり匂ふ その花ざかり。
もゝどりさえも うたふなり。」

二
霞は花を へだつれど、
へだてぬ友と 來て見るばかり、
うれしきことは よにもなし。」

三
かすみて、それと 見えねども、
鳴くうぐひすに さそはれつゝも、
いつしか來ぬる 花の陰。」

＊音樂學校許可（目次記載）。初出『小學唱歌集』第二編（↓五三頁）。

見よみよ兒ども

一
見よ。見よ、兒ども、垣根の花を。朝とく咲きて、
晝間にしぼむ そのいさぎよき、朝顔のはなを。」

二
みよ。みよ、兒ども、小川の水を。あつさに涸れず、
寒さにこほらず、絶えずながれて、休まぬさまを。」

三
見よ。見よ、兒ども、堤の蟻を。土をもとかす
眞夏の日中、冬のそなへに、糧をば積むを。」

四
みよ、みよ兒ども、お庭のからす。色黒けれど、
やしなひ親に 恩をばかへす そのありさまを。」

とんぼ

一
とんぼ。とんぼ。庭のとんぼ。
とまれ。休め、垣根の上に。
輕きからだ。うすき衣。
やどはいづこ。花か草か。」

二
あれ、あれ、とんぼ。にげて行くか、
池をこえて、土手をすぎて。
遠くゆくな。またも來れ、
こゝの垣に、花のうへに。」

動物園

一
まだ見ぬ國の動物を 集めてみする園のうち、
インドの獅も、朝鮮の 虎も、畫にみし形して、
牙かみいだし、口をはり、一聲吼ゆるものすごさ。」

二
孔雀はつばさうちひろげ、ほこるか、人にわがみえを。
赤きいただき、白き衣。鶴とはあれよ、水飲むは。
み山の奥の荒鷲も 里にかはるゝ世のめぐみ。」

三
くらき石段くだりゆく 水族館の室のうち、
ひれふる鯛の隣には、よこはふ蟹もおもしろや。
ガラスのなくば、手をのべて、つかみて見たや、あの魚を。」

龜と兎

一
龜と兎と、ある時に走りくらべをしたりしが、
兎は龜に語るよー、その足おそが、いかなれば、
我にかたんと、侮りて、耻ぢしめしこそおろかなれ。」

二
足こそ龜は遲けれど、たゆむひまなく行きしかば、
早くも先につきにけり。兎は、あまりの慢心に、
一跳とびては休みつゝ、おこたりがちに進みゆく。」

三
到りて見れば、こはいかに、かの足遲とあなどりし
龜は、とくより行きつきて、巖のうへにまちゐたり。
兎はこゝに心折れ、油斷せし身を悔いしとぞ。」

「龜と兎」

たまき

一
めぐれど、端なし。環のごとくに、

圓にめぐれよ。やよ、こども。
よき歌うたひ、めぐれよ、たれも。
めぐれど、端なし。環のごとくに、
圓にめぐれよ、やよ、こども。」

二

足なみ正しく、うたさへ妙なり、
われらが環は よくめぐる。
うたへど、つきず、われらが歌は。
足なみ正しく、うたさへ妙なり、
われらが環は よくめぐる。」

＊音樂學校許可（目次記載）。初出『幼稚園唱歌集』全「環」（→六八頁）。

紙風船

一

まりよ。まりよ。ふくらめ。まりよ。
まるく、まるく、顔よりまるく、
まるき顔の かくるゝまでに、
まりよ、まりよ、ふくらめ。まりよ。」

二

ふけや。ふけや。ふけ。ふけ。こども。
まるく、まるく、月よりまるく、
まりの皺の なくなるまでに、
ふけや。ふけや。ふけ。ふけ。こども。」

四千餘萬

一

四千餘萬、あにおとどもよ。
まもりにまもれ、君が代を。」

二

剣にかはる ほづつのひびき。
むかへる敵をうちはらへ。」

三

鑑とするは、おほくの書物。
古今にわたり、てらしみよ。」

四

玉にもまさる 心のひかり
みがきにみがけ、たゆみなく。」

五

四千餘萬 ちからをあはせ、
まもりにまもれ、きみがよを。」

＊音樂學校許可（目次記載）。初出『新編教育唱歌集』第一集（→一一六頁）。

「四千餘萬」

魚と水

一

ひれふる魚は、水こそ友よ。
ながるゝ水は、魚こそ友よ。
こどもも友と 中よく遊べ。」

二

さゝ波たてて、水ゆく魚は、
金魚か。鯉か。めだかか。鮒か。
こどもも共に 樂しく遊べ。」

軍隊あそび

一

進めや。進めや、太鼓を腰に。
進撃いまぞ。ならせや。うてや。
ドン〱、ドン〱、ドン、ドン、ドン〱。」

二

進めや。進めや、喇叭を口に。
戰闘いまぞ。ならせや。ふけや。
テット、テット、テット、テット、テット。」

三

進めや。進めや、鐵砲をかたに。
來るは敵ぞ。狙へや。うてや。
ポン〱、ポン〱、ポン、ポン、ポン〱。」

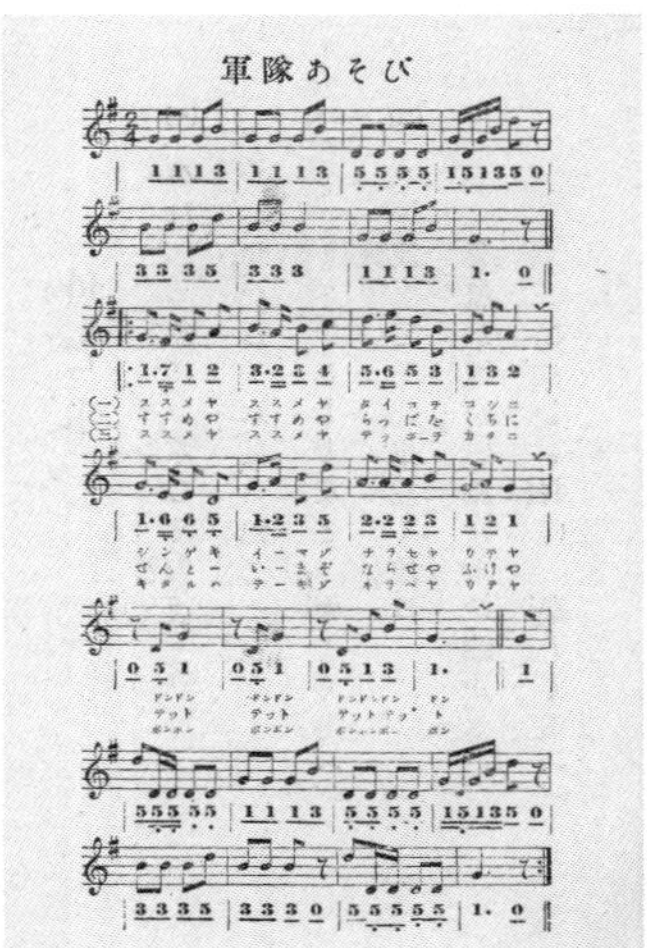

「軍隊あそび」

開成館版『新編教育唱歌集』第二集

汽車汽船

一
鐵の道 はしる車の その早さ。
みるまに千里、けむり殘して。」

二
海の上 かよふ汽船の その早さ。
みるまに千里、波をやぶりて。」

としのくれ

一
花がさいたと、いふうちに、いつしか野山が 青くなり、
暑い、暑いと、いふうちに、いつか木の葉があかくなる。」

二
葉散り、霜ふり、雪ふりて、白くなりたり、山のみね。
あー、今月は 十二月。あー、もう今日は 二十日すぎ。」

三
十日たゝぬに としもとり、花がまたさく 四月には、
四年生にも僕はなる。なまけることが出來はせん。」

四
ことしはすこし休んだが、もう來年は休まんぞ。
雨が降っても、寒くても、休みはせんぞ。せい出すぞ。」

＊國定讀本歌詞（目次記載）。

豐年まつり

一
ことしは、お米が たくさん とれた。
それをいはって、ほーねんまつり。」

二
村のわかいもの、としより、こども、
みんな そろって お宮に まゐる。」

三
お宮のこちらで、どん〳〵どゝん
お宮のあちらで、わい〳〵、わーい。」

四
こちらはおかぐら、あちらはすまふ。
はやくいかうと、いそいでまゐる。」

＊國定讀本歌詞（目次記載）。

夕立

一
見るまにくもる 青い空。
ぴか〳〵光る いなびかり。なりだす雷、ごろ〳〵〳〵。」

二
また鳴る光る そのうちに、
木のはをうって、屋根うって、降り出す大雨、ぱら〳〵〳〵。」

三
續いて光る。鳴る。光る。
雨はだん〳〵 ひどくなる。のきばの 雨垂、ぽち〳〵〳〵。」

四
やがて雨やみ、空はれて、
いつか日が出て、にじが出て、草木に、雫が、きら〳〵〳〵。」

＊國定讀本歌詞（目次記載）。

虹

一
夕立霽れて 涼しき空に
渡せる橋のその面白さ。
いでて見よや、渡せる橋。
あれ、あれ、見よや、虹のはし。」

二
濃く又淡く七つの色に
色どる橋の その美しさ。
かたれ。父よ。をしへよ母。
虹のはしの そのわけを。」

三
ふりくる雨と、さす日の影と、
み空に出合ひて、懸れる物ぞ。
いでて見よや、虹の橋。
あれ、あれ、見よや、消えぬまに。」

綱ひき

一
曳け。ひけ、綱を。曳け。ひけ、綱を。
心をあはせ、力のかぎり、
この太綱の ちぎるゝまでは、
かけ聲そろへて、曳け。ひけ。一、二。」

二
曳け。ひけ、綱を。曳け。ひけ、綱を。
見よ。みよ。敵の 腰浮きたてり。
みかたは勝よ。たわまず、倦まず、
かけ聲そろへて、曳け。ひけ。一、二。」

雪あそび

一
ちら〳〵と御空より 降る雪のうつくしさ。

散る花か。飛ぶ蝶か。白鷺の羽の毛か。
いざ、友よ。もろともに、
きづき見ん、雪の山。」

二

組わけて、いどみあふ 雪なげのおもしろさ。
ねらふ丸あやまたず、敵ははや破れたり。
いざ、あげよ、勝どきを、
雪の山 動ぐまで。」

名所

一

花の名所は嵐山、みよしの。
雲か、霞か、その色。」

二

雪は富士の嶺。白み行く明ぼの、
空に旭もをどりて。」

三

梅に名を得し月の瀬の春の夜。
匂いならざる風なし。」

四

近江八景面白くながめて、
琵琶湖渡るか、海士舟。」

五

天の橋立。たちつづく松原
かすむ景色もおもしろ。」

六

安藝の宮島。潮みつる夕べは、
海に鳥居も立ちたり。」

七

いつもながめに富みたるは松島、
あはれ、月にも雪にも。」

八

伊勢の二見に夏の夜を明して、
朝日拝むぞ嬉しき。」

九

螢見んとて、人の行く宇治川。
茶摘み歌聞く楽しさ。」

一〇

京の名所は東山、西山。
花も、紅葉も、わか葉も。」

一一

奈良の春日にむれ遊ぶ鹿の子
見るも、旅路のなぐさみ。」

一二

墨田、あすかの櫻咲く春べは、
御代の恵ぞあぶるゝ。」

「名所」

戰闘歌

陸軍

一

寄せ來るは、すはや、敵よ。
喇叭高くなりわたる。
みだれちる丸のあられ。
野邊を走るいなびかり。
見よや。歩兵は 突き入りぬ。
敵の備はくづれたり。」

二

崩るゝは、あはれ、敵よ。
天にひびく鬨の聲。
われははや勝なるぞ。
追へや。追へや。追いつめて、
蹄にかけよ、敵兵を。
とりこになせや、敵兵を。」

「戰闘歌」

海軍

一

黒烟空に吐きて、
すゝみ來る敵の艦。
待ちしかひありて、うれし。
海の底にうち沈め、
國のあたをばたひらげん。
あふげ、輝く軍艦旗。」

二

わが丸はねらひ それず。

もゆる艦に沈む艦。
叶はじと、殘る敵は
力かぎり逃げてゆく。
救へ、おぼるゝ敵兵を。
追へや、逃げゆく敵艦を。」

＊初出『小學唱歌集』初編「見わたせば」（↓四七頁）。「戰闘歌」として鳥居忱が詞を付け、軍歌集『大東軍歌』（一八九五年）に発表（↓一一一頁）。

師の恩

一
西東まだ知らざりし
いとけなきわれらを敎へし
君をば忘れじ、
朝に、夕に。」

二
人の道、讀書のわざ
ねんごろに授けし君は、
ながく忘れじ、
父母のごとく。」

三
世の姿、物のことわり
まなびたる今のうれしさ。
皆師のめぐみ。
わが師のめぐみ。」

四
この惠などか忘れん。
高き恩いつか報いん、
わが身を立てて、
わが名を揚げて。」

田植

一
いまはいそがし、田植どき。
こゝでは馬に田をすかせ、
そこでは苗を田にうゑる。
すかせる。うゑる。いそがしや。」

二
これからたび〳〵田草とり、
しだいに手かずがふえていく。
どうぞ、あきまで、都合よく、
天氣もつづけ。雨もふれ。」

＊國定讀本歌詞（目次記載）。

なけなけ雀

一
なけ。なけ。雀。朝日のかげに、
檐端をめぐり、たのしく歌へ。」

二
なけ。なけ。雀。一日長く、
梢をつたひ、なかよく遊べ。」

三
なけ。なけ。雀。夕になれば、
友よびかはし、ねぐらにかへれ。」

四
かはゆき雀。朝とくおきて、
われらをはげます敎の友よ。」

鳩烏

一
木にとまる鳩の子も、
三枝の禮は知るぞかし。
親に事へて、禮なきは、
人の人たる道ならず。」

二
心なき烏だに、
反哺の孝は知るぞかし。
人の子として孝なきは、
鳥けものにも劣るべし。」

磁石

一
どこにありても、眞北の方を
常に指ざす磁石の針よ。
海を行くにも、方角敎へ、
山を行くにも、方角示す。」

二
いつも正しく眞北をさして、
人を導く磁石の針よ。
あはれ、この物なき世とならば、
廣き世界は狭くてあらん。」

蟻

一
一文字かきて、つぎ〳〵に
すゝみ行く蟻の群。
あへば互いに道をさけて、
禮儀をも失はず。」

二
いたる處いづこなる。
たゆみなきそのあゆみ。
おのが造りし城を出でて、
城にまた歸るらん。」

三
米を運び來るあり、

麥をひきかへるあり。
力あはせて、冬の食を
たくはふるかしこさよ。」

蕨とり

一
山はかすみて、うら〱と
はれたる空に風もなし。
思ひたちたるわらびとり。
よき日は今日ぞ。いざ行かん。」

二
里をはなれて、わけのぼる
道も、菫の はなざかり。
見おろす、谷に一筋の
布をさらすは、瀧つ瀬か。」

三
焼野のあとに、みつふたつ、
いでし蕨のあいらしさ。
いざや、手籠にみつるまで、
つみて入れなん。わが友よ。」

四
つかるゝ時は、腰かけて、
岩にやすむも、いと樂し。
わらびそろへて、いざ、友よ、
長さ短さくらべみん。」

雞の聲

一
ねぐらにひびく雞の聲。
コッケコー、コッケコー。
いざ、起き出でて 親に事へ、
家の業 たすけまし。」

二
三たびも告ぐる 雞の聲。
コッケコー、コッケコー。
朝戸をひらき、庭をきよめ、
おのが業 はじめまし。」

春の彌生

一
春の彌生のあけぼのに、
四方の山邊を見渡せば、
花ざかりかも。白雲の
かゝらぬ峯こそなかりけれ。」

二
花橘もにほふなり。
檐の菖蒲もかをるなり。
ゆふぐれさまのさみだれに、
山ほとゝぎすなのるなり。」

三
秋のはじめになりぬれば、
今年も半はすぎにけり。
わがよふけゆく月影の
かたぶく見るこそ、あはれなれ。」

四
冬のよさむのあさぼらけ、
ちぎりし山路は雪深し。
心のあとはつかねども、
思ひやるこそあはれなれ。」

＊音樂學校許可（目次記載）。初出『小學唱歌集』初編（↓四八頁）。

鶯

一
なけや、鶯、ホーケキョケキョと。
さかりに匂ふわが家の庭の
梅が枝つたひて鳴く鶯の
やさしき聲よ。ホーホケキョ。」

二
うたへ、鶯、ホーケキョケキョと。
のどかに照す朝日のかげに、
羽うちひろげて鳴く鶯の
うれしき歌よ。ホーホケキョ。」

野邊

一
來れ。わが友よ。
春の野に出でて、菫つまん、
霞める小田の畦道に、
雲雀の歌も聞きながら。」

二
いざや、わが友よ。
夏の野に出でて、覆盆子つまん、
ふし面白きをとめ子の
田植の歌もきゝながら。」

三
來れ。わが友よ。
秋の野に出でて露を踏まん
小松のかげに、三つ二つ、
ひらける傘を目當にて。」

四
いざや、わが友よ。
冬の野に出でて、雪を踏まん。
北風いかにつよくとも、
寒さに身をばきたへまし。」

「野邊」

父母のをしへ

一

父のをしへの貴さよ。
君に忠義を盡すべし。
友にまことをつくしべし。
これをまもらば、よき人ぞ。

二

母のをしへのかしこさよ。
學ををさめて、怠るな
心みがきて、くもらすな。
これをまもらば、よき人ぞ。」

蜘蛛

一

髪より細き いとくりいでて、
一足づつに編みもてゆけば、
見る〳〵安き すまひは成れり。
檐端の蜘蛛の 巧のわざよ。」

二

風にも裂けず、雨にも切れぬ
ふしぎの網の 砦のかたさ。
寄せ來る敵は みな〳〵捕虜。
軒端の蜘蛛の さかしき智慧よ。」

月日のあゆみ

一

月日のあゆみいとはやく、
昨日は今日の昔なり。
をさなき時に學ばずば、
老いてくゆともかひあらじ。」

二

坂に車をおすごとく、
油斷は人の敵なり。
習ひし事は忘れじと、
つとめはげみて、怠るな。」

小き兵士

一

銃をになひて、行列たてて、
をゝしく進む わが歩兵、
一たび國にことあるときは、
敵をやぶりて、しりぞけん。
いざ、いざ、われら小き兵士。
すゝめや、紙の旗たてて。」

二

肥えたる馬にうち跨りて、
をゝしくすゝむわが騎兵。
いかほどかたき敵陣とても、
つくにやぶれぬことやある。
いざ、いざ、われら小き兵士。
進めや、紙のはたたてて。」

三

砦も城もただ一撃に、
うちて乘りとる砲兵は、
いさみてすゝむ歩兵をたすけ、
敵を千里にはらふらん。
いざ、いざ、われら小き兵士。
進めや、紙の旗たてて。」

四

夜さへねむらず、砦をきづき、
あたにそなふる工兵は、
地中に道を掘りつゝ進み、
敵の砲臺こぼつらん。
いざ、いざ、われら小き兵士。
進めや、紙の旗たてて。」

五

彈丸はこび、兵糧おくり、
戰地にむかふ輜重兵。
わが戰捷のいさををわかち、
ともに凱歌をうたふらん。
いざ、いざ、われら小き兵士。
進めや、紙の旗たてて。」

海水浴

一

波と戲れ 遊びつゝ、
樂しく磯に暮らしけり。
嬉しや。今日も、わがほかに
來れる人を友として。」

二

波とあそびて、疲れなば、
しばしは休め、砂の上に。
海水浴を怠らず、
からだをきたへ、國のため。」

さつき鯉

一

かをれる風にをゝしく
のぼれる鯉のりゝしさ。
われらは男兒。日本男兒。
到らん、雲のうへまで。」

二

かざれる床にをゝしく
立ちたる武者のりゝしさ
われらも男兒。日本男兒。
護らん、國を、しづかに。」

三

端午の節句きたれり。
をゝしく鯉はのぼれり。
をゝしく武者は床に立てり。
祝へや。男兒。いはへや

時計

一

カッタ、カッタ、カッタ、カッタ。
夜晝やすまぬ時計のひびき。
カッタ、カッタ、カッタ、カッタ。
あしたより夕まで。
ゆふべより朝まで。」

二

カッタ、カッタ、カッタ、カッタ。
しばしも弛まぬ時計のひびき。
カッタ、カッタ、カッタ、カッタ。
ねるまも遊ぶまも
ただひとり進みつゝ。」

三

カッタ、カッタ、カッタ、カッタ。
時計のひびきの隙なきごとく、
カッタ、カッタ、カッタ、カッタ。
つとめよや、人の道。
はげめよや、學ぶ業。」

日本海

一

日本海に浪風を
たゝせはせじな。うら〱と、
霞むそなたに、あゝ、うれし、
をゝしく見ゆる敷島艦。

二

四方の國邊に名も高く
聞えわたりし富士艦は、
やまと島根の固めなり。
あふげ、民草、よろづ代に。」

三

さかゆく御代の春風に
なびく御旗の朝日艦。
かがやき渡る大君の
みいつは、海のはてまでも。」

菊

一

あけくれつちかひそだてたる
菊は、つぼみになりにけり。
國の光ともろともに
にほはん明日こそ樂しけれ。」

二

秋野の八千草うらがれて、
霜ただむき庭のおも、
にほひいでたる白菊の
花こそ、御國の色香なれ。」

「菊」

小き砂

一

小き砂の一粒も、
つもれば富士の山となる。
われらもたゆまずつとめなば、
つひには登らん、
あの山に、あの峯に。」

二

小き水のしたゝりも、
つもれば末は川となる。
われらも日毎に進みつゝ、
大きく育たん、
富士川のその如く。」

三

細谷川をゆく水も、
いでては廣き海となる。
われらが望も學問も、
つひにはたゝはん、
駿河なるあの海と。」

元寇

一

「今から昔六百年、
頃は弘安四年の夏、
元の國からわが國に
寄せたる敵は、十餘萬。」

二

「我が日本の武士はみな、
おのれ、にっくき元軍め、
日本男子のうで見よと、
進んで敵を破りたり。」

三

「このとき大風ふきあれて、
波は山よりまだ高く、
てっかん四千くつがへり、
こはれて、海に沈みたり。」

四

「あー、元軍の十餘萬、
逃げたるものはわづかにて、
あとは殘らずわが國の
海にしづみてしまひたり。」

＊國定讀本歌詞（目次記載）。納所辨次郎作曲。

樂しき教場

一

「机をともに揃えてならべ、
日に〱受くるわが師のをしへ。
樂しき窓にいつも來よや。
樂しきまどにいつも來よや。」

二

「親しき友と手をとり、通ひ、
日に〱まなぶわが師のをしへ。
たのしき園にたえず居らん。
たのしき園にたえず居らん。」

三

「うたへや、共に鳴く鶯と。
今こそ好む唱歌の時間。
忘れし歌もさらひてうたへ。
忘れし歌もさらひてうたへ。」

四

「わが師を共にいただき、仰ぎ、
一つの組をつくれるわれら。
思へばうれし、樂しき場よ。
思へばうれし、樂しき場よ。」

象

一

「海なる鯨まだ知らねども、
今見る象のその大きさは、
聞きしにまして、驚くばかり。
似つかぬものは、ちひさき眼。」

二

「うしろへ、前へ、ひだりへ、右へ、
心のまゝにうち振る鼻の
はたらく狀のあのふしぎさよ。
水をも吸へば、針をも拾ふ。」

三

「やさしく生れつきたる上に、
力も強く、ちゑさへあれば、
飼はれて、人の しごとを助く。
かはゆき象よ、おー、よき象よ。」

日本の景色

一

「日本の國は、海の國。
大島、小島、その中を
通ふ白帆のおもしろや。
岬、入海、そのふちに
ならぶ松の木おもしろや。」

二

「日本の國は、山の國。
大瀧、小川、谷あひに
おちて、流れて、おもしろや。
お寺、お社木のあひに
見えて、かくれて、おもしろや。」

＊國定讀本歌詞（目次記載）。

織りなす錦

一

「おりなす錦。櫻にすみれ、
いばらに牡丹。春こそよけれ。
鶯、雲雀、こよ、來よ、こよと、
友よびかはし、さそへるものを、
われらが友も、柳のかげに
遊びて、うたへ。うたひて、遊べ。」

二

「春風ふけば、みやまはわらひ、
みぞれや雪は、ゆめ野のかすみ。
百鳥、千鳥、来よ、こよ、来よと、
昏るゝもしらで、囀るものを、
われらが友も、柳のかげに
あそびて、うたへ。うたひて、遊べ。」

＊音樂學校許可（目次記載）。初出『中等唱歌集』（→六八五頁）。一九四七年刊行『四年生の音楽』「春」（大和田建樹作詞）は異名同曲（→六一九頁）。

「織りなす錦」

開成館版『新編教育唱歌集』第三集

燈臺

一

「空に月なく、星さへなくて、
一寸さきすら見えざる夜に、
沖の汽船や軍艦などは、
なにをめあてに航路をきむる。」

二

「岸に、岬に、燈臺ありて、
遠く沖まで光りてあれば、
沖の汽船や軍艦などは、
それをめあてに航路をきむる。」

三

「きめし航路を進みて行けば、
淺瀬、暗礁、數ある海も、
さはることなく渡るをうべし。
あゝ、燈臺の貴きことよ。」

＊國定讀本歌詞（目次記載）。

「燈臺」

人の道

一

「常に父母たふとみて、
仰せをかたく守るべし。
兄と姉とをうやまひて、
弟妹をいつくしめ。」

二

「友に信をつくすべし。
おのれは身をば愼みて、
博く物をばあはれみて、
心やさしき人となれ。」

三

「知識をひらき、能をつけ、
功をたてよ、世のために。
國のおきてにしたがひて、
身をばさゝげよ、君のため。」

わが帝國

「世界にまたなきわが國柄よ。
ためしもあらぬ明治の御代よ。
雲間にそびゆる山のごとくに、
動かずかはらぬわが國柄よ。
野原を流るゝ川のごとくに、
進みてやまぬ明治の御代よ。
あゝ、わが國はよき國柄よ。
明治の御代はさかゆる御代よ。」

＊國定讀本唱歌（目次記載）。

皇御國
一
すめらみくにの もの丶ふは、
いかなる事をか つとむべき。
ただ身に持てる まごころを
君とおやとに つくすまで。」
二
すめらみくにの をのこらは
たわまずをれぬ こゝろもて、
世のなりはひを つとめなし、
國と民とを とますべし。」

＊音樂學校許可（目次記載）。初出『小學唱歌集』第二編（↓五五頁）。

坂に車
一
車をひきてのぼりゆく
坂はあぶなし。油斷せば、
車はあとにもどるべし。
すこしのひまも氣をつけよ。」
二
學の道もそのごとく、
心ゆるめて、怠らば、
覺えし事も忘るべし。
勤めよ。はげめ、朝夕に。」
三
車はあとにもどりても、
引かばふたゝび上るべし。
學びし月日あだにせば、
もゝとせまたと還りこず。」

嵐山
一
嵐の山の 山櫻
雲と散りくる春の日は、
さをさす舟の しづくまで、
花の香ならぬ ものもなし。」
二
嵐の山の もみぢばの、
雨と降りくる 秋の日は、
橋行く人の たもとまで、
錦かざらぬ かたもなし。」

松島
一
こげや。こげや。いざ、舟子。
鏡なせる 波の上、
波に浮かぶ八百の
島のかげもおもしろや。」
二
見るがまゝに 變りゆく
松のすがた、岩のさま。
前に立ちし島は、はや
あとに遠く霞みたり。」
三
雪のあした、月のよは、
あそぶ人はいかならん。
みれど、みれど、果もなき
二子島の夕げしき。」
四
五大堂を右にして、
瑞巌寺の森ちかき
磯に船は著きにけり、
暫しといふ程もなく。」

隅田川
一
隅田がはらの あさぼらけ、
雲もかすみて、かをるなり。
水のまに〳〵 ふねうけて、
花にあそばん、ちらぬまに。」
二
隅田川原の あきのよは、
みづもみそらも すみわたる。
風のまに〳〵 ふねうけて、
月にあそばん、よもすがら。」
三
隅田がはらの 冬のそら、
よはしろたへに うづもれて、
木々のことごと 花さきぬ。
雪にあそばん、消えぬまに。」

＊音樂學校許可（目次記載）。初出『小學唱歌集』初編（↓五一頁）。

遠州灘
一
七十五里の 浪の上、
鷗も飛ばず、島もなき
ながめのするに、さかづきを
ふする姿や。富士の山。」
二
海よりいでて、海に入る
月日のみかげ あふぎつゝ、
遠州灘を 分けゆけば、
波よりほかに 音もなし。」

學の庭

一
學の庭に今日も來て、
心あひたる友だちと、
いつもやさしき先生の
教をうくるうれしさよ。」

二
烈しく雨の降る日にも、
強く嵐の吹く日にも、
たえず來ませる先生の
思は、世にもありがたや。」

三
起居ふるまひ、すべてみな
教をかしこみ守りつゝ、
人とならばや、善き人に。
人とならばや、善き人に。」

大和撫子

一
やまとなでしこ、さまざまに、
おのがむき〳〵さきぬとも、
おほしたてゝしちゝはゝの
にはのをしへにたがふなよ。」

二
野邊のちぐさの いろ〳〵に、
おのがさまざま さきぬとも、
おほしたてゝし あめつちの
つゆのめぐみを わするなよ。」

＊音樂學校許可（目次記載）。一番を稲垣千穎、二番は里見義が作歌。芝葛鎮作曲。（遠藤宏『明治音楽史考』）。初出『小學唱歌集』初編（↓五二頁）。

商船

一
港をさして入りくるは、
砲をそなへぬ軍艦か。
いなとよ。あれは、外國に
ゆきかふ御國の商船よ。」

二
朝日かがやく國の旗、
ほばしら高くかゝげつゝ、
汽笛のひびきいさましく
はとばにかゝる見事さよ。」

三
遠く海原こえゆきて、
貿易さかんにおこすなる
わが商船のちからにて、
み國の富は進むなり。」

四
旗のしるしの天つ日の
照らさぬ國もなきごとく、
日本男子のゆくてには、
青海原に波もなし。」

港

一
空も港も夜ははれて、
月に數ます船のかげ。
端艇のかよひにぎやかに、
寄せくる波も黄金なり。」

二
林なしたる檣に
花と見まがふ船旗章。
積荷の歌のにぎはひて、
港はいつも春なれや。」

＊初出は共益商社樂器店版『新選國民唱歌』壹「湊」（↓一三七頁）。

「港」

天津日嗣

一
あまつひつぎの みさかえは、
あめつちのむた、きはみなし。
わがひのもとの みひかりは、
月日とともに かがやかん。」

二
葦原の ちいほあき
みづほのくには、日のみこの
きみとますべき ところぞと、
神のみよより さだまれり。」

＊音樂學校許可（目次記載）。初出『小學唱歌集』第二編（↓五六頁）。

須磨の浦

一

濱の千鳥の通ふなる
淡路島山ほのぼのと
かすめる中を、眞帆、片帆
長閑かりけり、須磨の浦。」
二
松吹く風に小鹿なく
摩耶のいただき、月清く、
寄せ來る波の遠鼓
静けかりけり、須磨の浦。」

民の務
一
わが日本の臣民は
國に對する務あり。
肩に鐵砲、腰に劒、
いざ、起て、男兒よ、君のため。」
二
わが東洋に事あらば、
見よや、海内みな兵ぞ。
陸に砲臺、海に艦、
まもれや、男兒よ、身をすてて。」

高津の宮
一
高津の宮より見給へば、
ながめはてなき國原に
立てる烟のすくなきは、
貧しき人や多からん。」
二
大宮やぶれて、檐端より
月は漏れども、葺きもせず。
民のなげきを身一つに、
聖主は憂ひたまひけり。」
三
三年の貢をゆるせとの、
惠あまねきみことのり。
雨とうるほひ、露とおき、
青人草にかゝるらん。」
四
ふたたびのぼりて見給へば、
民のかまどの朝けむり
今ぞゆたかに立ちのぼる、
富みたる國の色みせて。」
五
あゝ、われ富めりと、のたまひし
深きなさけの御言葉は、
千代につたへて、たぐひなき
ひじりの御代と仰ぐなり。」

傳書鳩
一
千里の外に遊びては、
なれし古巣のわがやどに、
忘れぬ道をかへりくる
鳩のかしこさよ。」
二
昔は雁に書つけし
話はあれど、今の世は
いくさの中のつかひする
鳩のかしこさよ。」
三
四面を敵に圍まれし
わが陣中の音づれを、
身方に傳へ知らせたる
鳩のかしこさよ。」

＊元歌「リパブリック讃歌」《The Battle Hymn of the Republic》は、アメリカの愛国歌であり、南北戦争では北軍の行軍曲。

傳書鳩

「傳書鳩」

四季の歌
一月
あけゆく空の初霞、
うす紫にたなびきて、
のぼる朝日ののどけさは、
春の光になりにけり。」
二月
窓の日影のあたゝかに、
梅のつぼみのふくらみて、
鶯なくをりしもぞ、
野山もなべてかをるなり。」
三月
垣根ににほふ桃の花、
南はあかく北白し。
折りておくらん、一枝を、

初雛まつりする家に。」

四月
汐干にいでて、貝ほれば、
あさり、蛤、かずおほし。
きのふも籠に満ちにけり。
けふまたゆかん、父上と。」

五月
茶摘の歌のはなやかに、
はやくも夏は來りけり。
いちごとりつゝ遊びたる
故郷の山ぞおもはるゝ。」

六月
門田のおもに賤の女が
うゑし早苗の葉末より、
夜はみだれて飛ぶ螢
あつめてゆかん、わが袖に。」

七月
蓮の浮葉に玉見えて、
すずしく霽るゝ夕立の
そらを色どる虹の色。
神のかけたる反橋か。」

八月
きよき渚に汐あびて、
夏の盛もわすれけり。
磯の松風、波の音、
よるひる盡きぬ友として。」

九月
雲はあらしに拂はれて、
くまなくすめる秋の月。
おもへば、今日は 十五夜の
祭やすらん、家ごとに。」

一〇月
野分の風の音すごく、
散りしもみぢ葉ふみわけて、
秋の山路を朝くれば、
里の板橋、霜しろし。」

一一月
月かげ寒く、風さえて、
半こほれる池の面に、
なにもとむらん一むれの、
雁なきて、下りにけり。」

一二月
ひら〱おつる白雪に
庭のかれ木も花をつけ、
賤がわら屋もうづもれて、
玉のうてなとなりにけり。」

＊最終行「玉のうてな」は「御殿」の意。

螢

一
いざ、こよ、螢。こゝに來て、
照らせ、書よむわが窓を。
三つ、四つ、二つ、露とちり、
玉とぞ輝く。面白の蟲よ。」

二
いざ、こよ、螢。こゝに來て、
しばしは休め、わが庭に。
昔の人のいそしみを
思ひぞやらるゝ。なつかしの蟲よ。」

三
螢よ。ほたる。ぬばたまの
やみを照して、飛べ。ほたる。
木の間を縫ひて、上に下に、
緒をぬき亂しし 玉の光。あはれ。」

四
螢よ。ほたる。唐人の
まなびの窓を照しける
優しきなさけ、今もなほ
しるけくありけり。汝が光。あはれ。」

＊三番一行目「ぬばたま」は黒や夜の枕詞。

犬

一
月白く、風さむき 冬の夜も、外にゐて、
何とて、小犬は門守る。
主のために、家のために。」

二
雪ふりて、風寒き 冬の日も、野にいでて、
獲物をたづぬる獵人に、
ありかを告ぐる犬の功。」

三
ただ三日飼はれたる 主人にも、義を知りて、
恩をも思ひ、忠をなす。
かはゆきものは、犬よ、犬よ。」

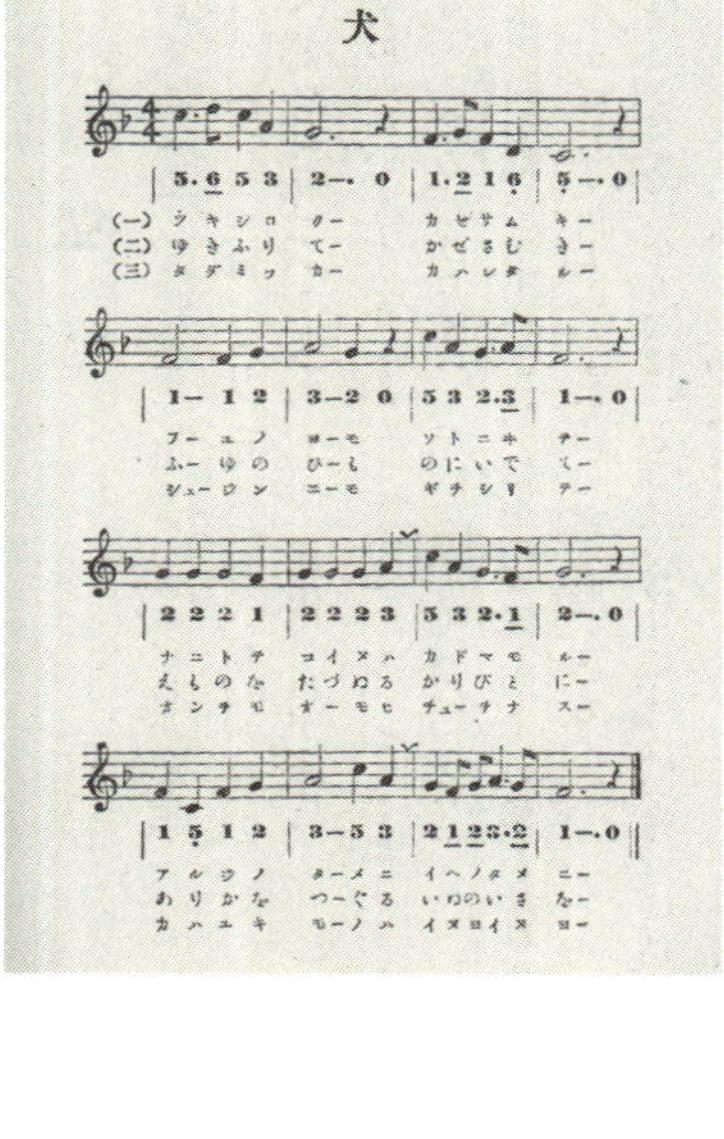

「犬」

勸學の歌

一
あだにすごすな、今日の日を。
今日は再び歸り來ず。
むだにくらすな、この年を。
ことしはまたと回り來ず。
學の庭につどふ子よ。
たゆまずつめや、をしへ草。」

二
ただに送るな、今日の日を。
少き月日は またと來ず。
ありと思ふな、明日の日を。
老いて悔ゆとも、及ぶまじ。
教の園に學ぶ子よ。
おくれず拾へ、花も實も。」

＊初出『明治唱歌』第一集（→六四八頁）。

靖國神社

一
わが大君のおんために、
命さゝげしますらをの
み魂をいつく靖國の
み神のみいつの、あらたかに
護らせたまふわが國は、
靖けく、しづけし、とこしへに。」

二
千代田の宮の北にして、
國の都のただ中に、
しづまりませる靖國の
み神の宮居のたふとさよ。
威徳をあふぐ國民の
誠はかはらじ、千代、八千代。」

蟬

一
松ふく風か、しぐるゝ雨か、
梢に蟬の なくなる聲は。
ぬけがらおきて、いづくへ行きし。
あたりの枝に、姿も見えず。」

二
聲聞きつけて、かけ來る兒ども、
蟬網もちて、うかがひよるを、
知りてか、蟬は飛ぶよと見しに、
かなたに時雨、また一しきり。」

運動會

一
のどかに霞む春の野の こなたかなたに、思ふどち
袖をつらねて、菫つみ、柳さくらをかざしつゝ、
鳥と翔りて、飛び狂ひ、蝶と睦れて、舞ひ遊ぶ。
あな、面白の今日の日や。あな、面白のあそびやな。」

二
木の葉色づく 秋の山、
思ふ友どち組分けて、
みねとふもとに立ち別れ、假によそほふ敵味方。
西は尾の上の松林、東は谷の柞原
このま分けいり、戰へば、ちしほ漲る、夕あらし。」

＊初出『新編教育唱歌集』第一集（→一一四頁）。

遊戯

一
めぐみあまねき 春風は、
野邊の草葉に 今ぞ吹く。
いでて、あそべや。やよ、子ども。
小鳥も花にうたふなり。」

二
手を引きつれて、友だちは、
ひとつの庭にあつまりぬ。
遊戯はじめよ。いざ子ども。
胡蝶も空にあそぶなり。」

三
胡蝶となりて、やよ、あそべ。
小鳥となりて、いざ、あそべ。
遊戯はじめて、もろともに
御代の恵をうたひつゝ。」

「遊戯」

君が代

君が代は、
千代に、八千代に、
さざれいしの
いはほとなりて、
こけのむすまで。」

勅語奉答

あな、たふとしな、大勅語。
みことの 趣旨を 心に刻りて、
露も そむかじ 朝夕に。
あな、たふとしな、大勅語。

＊中村秋香作詞・小山作之助作曲

一月一日

一
年のはじめのためしとて、
終りなきよの めでたさを、
松竹たてて、かどごとに
祝ふけふこそ、たのしけれ。」

二
初日のひかりあきらけく、
治る御代の けさの空、
君がみかげに たぐへつゝ、
いはふ今日こそたふとけれ。」

＊千家尊福作詞・上眞行作曲。一九一三年には二番の歌詞が改定される。読み込まれていた「あき（明）らけく」と「治まる御代」の時代が終わったため。『小學唱歌』壹の「一月一日」（↓七二頁）は同名異曲。

紀元節

一
雲に聳ゆる高千穂の
高嶺おろしに、草も木も
なびきふしけん大御代を
仰ぐけふこそ、たのしけれ。」

二
海原なせる埴安の
池の面よりなおひろき
惠の波にあみしよを
仰ぐけふこそ、たのしけれ。」

三
天津日嗣のたかみくら
千代萬世に動きなき、
もとゐさだめしその上を
あふぐ今日こそ、たのしけれ。」

四
空にかがやく日のもとの、
よろづの國に類なき
國のみはしらたてしよを
仰ぐけふこそ、たのしけれ。」

＊高崎正風作詞・伊澤修二作曲。初出『中等唱歌集』（↓六八三頁）。

天長節

今日のよき日は、大君の
うまれたまひしよき日なり。
今日のよき日は、み光の
さしでたまひしよき日なり。」
光あまねき君が代を
いはえ、もろ人、もろともに。
惠みあまねき 君が代を
いはへ、もろ人、もろともに。」

＊黒川眞頼作詞・奥好義作曲。『小學唱歌』壹「天長節」（↓七三頁）は同名異曲。

地久節

一
晝はかがやく大空の
日に、萬代の春長く、
夜はすみわたる山の端の
月に、八千代の秋久し。」

二
遠く久しき行末の
榮いはふか。ほととぎす
かくれぬ聲をふりたてて、
今宵は空に名のるなり。」

三
野邊の姫百合、女郎花、
花咲くをりをたがへぬも、
たもとに滋き露の恩。
わするな、今日のよき時を。」

四
山田に草取る賤の子も、
海に網引く海士の子も、
いざ、聲あはせて、唱ふべし、
きさいの宮の萬歳を。」

＊「地久節」は皇后の誕生祝日。

【参考文献】

遠藤宏『明治音楽史考』（一九四八年 有朋堂）
東京芸術大学百年史編集委員会編『東京芸術大学百年史 東京音楽学校篇』第一巻（音楽之友社）

開成館版『新編教育唱歌集』第四集

自轉車

一
二つの車音をも立てず、
人をも馬もあとに見て、
たちまち來ぬる一里の道。
顔ふく風のこゝちよや。」

二
つかれも知らぬ瞬くひまに、
里をも野をも、早過ぎて、
翼のあるとかはらねば、
空とぶ鳥をうらやまじ。」

三
心のまゝに、遅くも、疾くも
走る車、おもしろや。
春のあした、秋の夕、
野外の友はこの車。」

「自轉車」

曾我兄弟

一
富士の裾野の狩の庭、
關八州のつはものを
あつめて、こゝに狩りくらす
威勢かがやく右大將。」

二
目ざすかたきの祐經が
陣屋は、何處。こよひこそ、
討ちて、恨をはらさんと、
待てば、夕の暮れがたき。」

三
晴間も見えぬ五月雨に、
燃えんとしてはまたしめる
松明の光をたのみにて、
忍び入りこむ敵の小屋。」

四
いかに、祐經。とくさめよ。
曾我の五郎ぞ。十郎ぞ。
忘れもすまじ。父の仇、
討ちに來ると知らざるか。」

五
刀とるより立ちあがる
敵めがけて、兄弟が
岩もとほれと斬りつくる、
みよや、孝子の一念を。」

六
見事あたをば報いたり。
心にかゝる雲もなし。
縛らば、しばれ。斬らば、きれ。
命生きても、何かせん。」

七
五月雨はれて、千秋の
雪なほ白し、富士の峯。
清くけだかき姿こそ
わが國民の鏡なれ。」

師を送る

一
まなびの庭の父母と
仰ぎまつりし師の君に
わかるゝけふのかなしさよ、
思へば、さめぬ夢に似て。」

二
わかれて後も、みをしへは
かたく守りて、勵まし、
千々のめぐみの一つだに
むくゆる道となるまでに。」

君のため

一
君のためには身を忘れ、
命をすてて、かへりみず。
これぞ世界に類なき
日出づる國の臣の道。」

二
國のためには家をすて、
産をやぶりて、顧みず。
これぞ地球にすぐれたる
日出づる國の民の性。」

三
ます〳〵盡せ、君のため。
いよ〳〵はげめ、國のため。
これぞ日出づる國の名の

宇宙にかがやく基なる。」
四
天津日嗣の御位は
世界に臨む名ならずや。
日いづといへる國の名は
地球をてらす名ならずや。」

金剛石

一
金剛石も、みがかずば、
たまの光は そはざらん。
ひとも、學びて 後にこそ、
まことの德は あらはるれ。
時計のはりの たえまなく
めぐるがごとく、ときのまも、
光陰惜みて はげみなば、
いかなる業か ならざらん。」
二
水はうつはに したがひて、
そのさまざまに なりぬなり。
人は交る 友により、
よきにあしきに なりぬなり。
おのれに優る よき友を
えらびもとめて、もろともに、
こゝろのこまに むちうちて、
學びの道に すゝむべし。」

＊昭憲皇太后詠。初出『新編教育唱歌集』第一集（↓一一五頁）。

玉の宮居

一
玉の宮居は あれはてて、
雨さへ露さへ いとしげけれど、
民のかまどの にぎはひは
たつ烟にぞ あらはれにける。」
二
冬のよさむの 月さえて、
ひまもる風さへ 身をきるばかり。
民をおもほす みこゝろに、
大御衣や ぬがせたまひし。」

＊音樂學校許可（目次記載）。初出『小學唱歌集』初編（↓五二頁）。

矢玉は霰

一
矢玉は霰と降る中を
進めよ。益荒男。おくるなよ。
たとひ命はすつとても、
御國の民のをゝしさを
見せよ。示せや、そのをゝしさを。」
二
暴風はさわぎて、海くらし。
おそへる敵は 鬼なりと、
ほふり盡して、外つ國に
御國の民のをゝしさを
見せよ。示せや、そのをゝしさを。」
三
數萬のつはものぬきつれて、
閃めくいなづま、鬨の聲。
人のおどろくいくさして、
御國の民のをゝしさを
見せよ。示せや、そのをゝしさを。」

＊音樂學校許可（目次記載）。初出『中等唱歌集』（↓六八五頁）。

富士山

一
麓に雲ぞ かゝりける。
高嶺に雪ぞ 積もりたる。
肌は雪、衣は雲。
その雪雲をよそひたる
富士てふ山のみわたしに、
しくものもなし。似るもなし。」
二
外つ國人も仰ぐなり。
わが國人も誇るなり。
照る日のかげ、空行く月。
月日と共に輝きて、
富士てふ山の見わたしに、
しくものもなし。似るもなし。」

＊音樂學校許可（目次記載）。原曲はハイドンの交響曲五三番『帝国』。初出『小學唱歌集』初編（↓五一頁）。

四季の富士

一
霞める空に消えのこる
富士の高嶺の春の雪。
ゆきかふ汽車の窓のうち、
旅する人のながむらん。」
（合唱）
「あな、おもしろの山の景色。
あな、なつかし、春のながめ。」
二
涼しき波に影うつす
富士の高嶺の夏の雪。
田子の浦曲にこぎいでて、
釣りする海士もながむらん。」

（合唱）
「あな、おもしろの山の景色。
あな、なつかし、夏のながめ。」

三
夕日の空にはえまさる
富士の高嶺の秋の雪。
吉野龍田の花もみぢ、
ながめもいかでおよぶべき。」
（合唱）
「あな、おもしろの山の景色。
あな、なつかし、秋のながめ。」

四
つもるが上に積りそふ
富士の高嶺の冬の雪。
清くけだかき姿よと、
四方の國人 あふぎ見ん。」
（合唱）
「あな、おもしろの山の景色。
あな、なつかし、冬のながめ。」

四季の月

一
さきにほふ 山の櫻の 花のうへに、
霞みていでし 春の夜の月。」

二
雨すぎし 庭の草葉の つゆのうへに
しばしはやどる 夏の夜の月。」

三
みる人の こゝろごころに まかせおきて、
高嶺にすめる 秋の夜の月。」

四
水鳥の こゑも身にしむ 池のおもに、
さながらこほる 冬の夜の月。」

＊音樂學校許可（目次記載）。初出『小學唱歌集』三編（↓五九頁）。

太平洋

一
見渡すかぎり、空うちかすみ、
雲烟萬里、きはもなし。
波立ち暴れず、風静にて、
鏡に似たる太平洋。」

二
かぎり知られぬ青海原に、
出でては沈む月の影。
澄みたる瑠璃のみ空のあなた、
立ちては消ゆる雲の峯。」

三
渡る千船をいと安らけく
千秋守る富士の山。
神とたふときその姿をば、
仰がぬ人ぞなかりける。」

黄海の戰

一
硝煙看る〳〵山をなし、
砲彈恰も電に似たり。
浪は激して天を衝き、
日光暗黒風咽ぶ。
あな、怖しや。凄じや。
これぞ眞の修羅の海。」

二
縱横自在に驅け回る、
神變不測の松島艦。
虬は躍り、鰐怒る、
波を蹴破る西京丸。
奮闘激戰、雷を驅り、
電を突ん裂く赤城艦。」

三
轟裂の響 天を撃ち、
或は沈み、または焼け、
または逃げ散る敵の艦。
をりしも起る萬々歳。
凱歌の聲も高千穂の
檣頭さして下る鷹。」

若紫

一
わかむらさきの めもはるかなる 武蔵野の
霞のおく、わけつゝ摘む 初若菜。」

二
わかなはなにぞ。すずしろ、すずな、ほとけのざ。
はこべら、せり、なづなに ごぎょー、七つなり。」

三
なゝつの寶、それよりことに 得がたきは、
雪消のひま たづねてつむ 若菜なり。」

＊音樂學校許可（目次記載）。初出『小學唱歌集』初編（↓五〇頁）。

薫りにしらるゝ

一
かをりに知らるゝ 花さくみその。
霞にかくるゝ 鳥なくはやし。
君がよいはひて、いく春までも、
かをれや。かをれや。うたへや。うたへ。」

二

月かげてりそふ 野中のしみづ。
もみぢばにほへる とやまのふもと。
きみがよ、たえせず、いくあきまでも、
てらせや。てらせや。にほへや。にほへ。」

＊音樂學校許可（目次記載）。初出『小學唱歌集』初編（↓五一頁）。

豊太閤

一
その身は布衣に起れども、
位は人の上に立ち、
六十餘州をおのが手に
握りし人は、誰なるぞ。」

二
思ひてならぬ事もなく、
攻めて取らざる城もなく、
國の威名を海外に
あげたる人は、誰れなるぞ。」

三
殘る功は今もなほ
鑑となりて、世を照す
豊臣太閤秀吉は、
あゝ、人なるか。神なるか。」

四
人は一代、名は千歳。
英雄死せず、骨朽ちず。
大阪城の松青し。
あゝ。豊太閤 秀吉公。」

海國男兒

一
進めや。進めや。海國男兒。
山なす荒波 立ちくる中を
蹴やぶり、進むは、われらが任ぞ。
何かは恐れん、海神の城。」

二
守れや。守れや。海國男兒、
一系不易のわが帝國を。
四海にめぐらす青海原は、
皇祖の與へし砦の濠ぞ。」

三
進めや。進めや。海國男兒、
氷に道なき北海までも、
旭の御旗のひらめく影を
見んこそ、われらが未來の望。」

四
守れや。守れや。海國男兒、
祖先の墳墓のこのわが土地を。
蒙古の敵艦しづめし海は、
奉公義勇の千古の鑑。」

＊二番二行目「一系不易」は「一血統不変」つまり日本民族の純血性をうたった。

白蓮白菊

一
泥のうちより ぬけいでて、
にごりにしまぬ はなはちす。
月の光か ひるすごく、
霜とさゆれば、夏さむし。
亂るゝ露は たまとみえ、
かをれる風は 身にぞしむ。
氷のすがた、雪の色、
つゆなけがしそ、世のちりに。」

二
草木もかれし 園のうち、
雪にも色は まさりぐさ。
いただく霜は 身をよそひ、
さえゆく月は 香ににほふ。
露はくすりと きくのみづ。
梅はみさをの おのがとも。
暗の夜さへ 照すなり。
東籬のもとに 書や見ん。書や見ん。」

＊音樂學校許可（目次記載）。初出『小學唱歌集』三編（↓五九頁）。

陸戰

一
森にたなびくうす霞、
間をぬひて、うごめくは、
紛れもあらぬ敵兵ぞ。
戰闘今にはじまらん。
手なみ見するはこの時ぞ。
おくれは取らじ。いざ、進め。」

二
撃ての號令。よし、さらば、
一齊射撃こゝちよや。
頭かすめて 鳴りすぐる
丸の音はや耳なれぬ。
聞くもたのもし、勇み立ち、
いなゝきかはす駒の聲。」

三
小山の上に砲列を
身方は布きて、火の雨を
敵陣めがけて、あびせたり。
響は天地をうごかして、
ぱっと立ちたる砂けむり。

はれたるあとは敵もなし。」

四
雙眼鏡を手にとりて
立てる身方の司令官、
時は到るとさしまねく。
傳令命をかしこみて、
飛鳥のごとく驅けてゆく。
馬上の様のいさましや。」

五
進撃喇叭鳴りわたる。
すはや、待ちたる突撃ぞ。
銃劍構へて押しよする
勇敢無雙のわが歩兵。
敵はいかでか支ふべき。
あれ、見よ、身方の聯隊旗。」

「陸戰」

修學旅行

一
朝風きよく、足かろく、
わが校あとに立ちいづる
修學旅行のおもしろさ。
うれしや、庭の小鳥まで、
をゝしく進む旅だちの
歩調あはせて、歌ふなり。」

二
野邊に花あり。いざ、摘まん。
山に石あり。いざ、採らん。
習ひし學科の實驗も、
いざ、この時ぞ。おこたるな。
畫にして見たき風景は、
磯邊にたてる松ひと木。」

三
日記につけて忘れぬは
よしある塚のものがたり。
額の汗は玉に似て、
しのぎかねたるあつさをも
はらふ小笹の夕あらし。
旅路はつらきものならず。」

四
過ぎゆく里の地理歴史
心とどめて見て、聞きて、
知識すゝむるこの旅行。
勇むわらぢに朝露を
ふめば、ゆらめき、おきかへる
撫子おほし、この野邊は。」

螢の光

一
螢の光、まどの雪。
ふみよむ月日かさねつゝ、
いつしか年もすぎの戸を
あけてぞ、けさは別れゆく。」

二
とまるも、ゆくも、かぎりとて、
かたみにおもふ千萬の
心のはしを、一言に
さきくとばかり歌ふなり。」

三
つくしのきはみ、陸の奥。
うみやま遠く へだつとも、
その眞心は へだてなく、
ひとつにつくせ、國のため。」

四
臺灣の果も樺太も、
やしまのうちのまもりなり。
いたらん國にいさをしく、
つとめよ、わがせ、恙なく。」

＊音樂學校許可（目次記載）。初出『小學唱歌集』初編「螢」（→四九頁）。音樂學校許可。

汽船

一
汽笛一聲、うらひびき、
船は港を離れたり。
とどろく車、たなびく煙。
望を胸に あつめつゝ、
はや横濱をはなれたり。」

二
觀音崎の 燈臺は
見る〳〵 あれに 近づきぬ。
飛びたつ鷗、出で入る帆かげ。
墨繪に似たる 海原を
はしる船路の こゝちよさ。」

三
東京灣も はやすぎて、

針路は右に 轉じたり。
はてなき波路、つらなる雲路。
この海こそは 忘るなよ。
日本男兒の 故郷ぞ。」

「汽船」

川すずみ

一
石をもとかす夏の日も、
はや西山に沈みけり。
いざや、小川に舟うけて、
晝のあつさをわすれてん。」

二
友とたがひに櫂とりて、
心のまゝに舟やれば、
とびかふ螢みだれつゝ、
吹き來る風のいと涼し。」

三
をりしもいづる月かげの
水にうつりていと清く、
み空こぎゆくこゝちして、
ふけゆく夜ぞ惜まるゝ。」

＊目次は「河すずみ」。

植物園

一
花ある春ののどけき時節、
植物園にゆけ。わが友よ。
一時にひらく、櫻の花は、
霞か雲か、とばかりにほふ。
美し。うれし。すみれも盛。
ながめて、遊べ。あそびて、歌へ。」

二
すずしき夏の わかばの時節、
植物園にゆけ。わが友よ。
卯つ木は白き垣根の月夜、
かへではあかき梢の朝日、
美し。うれし。菖蒲も咲きぬ。
ながめて、遊べ。あそびて、歌へ。」

三
千草に秋の 花さく時節、
植物園にゆけ。わが友よ。
朝露しげき 白菊黄菊、
夕風わたる 萩をみなへし、
美し。うれし。眞葛に尾花、
ながめて、遊べ。あそびて、歌へ。」

四
雪ふる冬のさびしき時節、
植物園にゆけ。わが友よ。
おく霜しろき籬のうちに
殘りて、さける水仙あはれ。
美し。うれし。山茶花つばき
ながめて、遊べ。あそびて、歌へ。」

漁業の歌

一
見渡すかぎり遥々と
海原うづむ漁業船。
獲物を祝ふ聲々は
天を搖りて、空かきくもり、
海を動し、波ひるがへる。
あな、ここちよや。勇しや。」

二
見渡すかぎりはてもなく、
濱邊に築く魚の山。
この山こそはわが國の
富國の礎、利民の基。
茂木立木の何たぐいぞは。
あな、とうとしや。めでたしや。」

＊初出は、三木楽器店版『新撰國民唱歌』第三集（→一六四頁）。

勤勉正直

一
人とうまれししるしには、
家を富ませよ。身をたてよ。
家業勵まば、家は富み、
まなび勵まば、身はたゝん。」

二
見よや、みなしご金次郎。
ありとあらゆるうきめみて、
人にすぐれし人となり、
後の世までも仰がるゝ。」

三
人とうまれししるしには、
直く正しき心もて。

うそはそのばをつくろへど、
永くわが身のきずとなる。」
四
知るや、をさなごワシントン。
父に僞いはざりし
直き心は、アメリカの
人のかしらと 仰がるゝ。」
＊国定修身書（目次記載）。

勅語奉答
一
あやに畏き天皇の。
あやに尊き天皇の。
あやに尊く畏くも。
下し賜へり大勅語。
是ぞめでたき日の本の。
國の教のもとゐなる。」
二
是ぞめでたき日の本の。
人の教のかがみなる。
あやに畏き天皇の。
勅語のままに勤みて。
あやに尊き天皇の。
大御心にこたへまつらむ。」

學校紀念日
一
わがなつかしき まなびやの
たちたる月日 めぐりきぬ。
いざ、もろともにうたひつゝ、
千代のさかえを いはゝまし。」
二
大和撫子 おひいでん
をしへのにはぞ たのもしき。
ひらきし時は、かへりきつ。
いざや、いはゝん、みなひとも。」

始業式
一
今日より開くこの場の
學の窓のあけくれに、
勤め勵みて、もろともに、
いざ、ふみわけん、人の道。」
二
今朝讀みまつる天皇の
勅語のむねを畏みて、
人たる道を修めつゝ、
いざ、盡してん、國のため。」

終業式
一
まなびの窓に今日明日と
送り迎へて、一年は
はやも過ぎたり、いつしかに。
わが師の君よ。いざ、さらば。」
二
まなびのにはよ。わが友よ。
しばし別れん、いざ、さらば。
また來ん年も 幸あれと、
心ひとつに祈りつゝ。」

卒業式
一
朝な夕なに怠らず
分けし山路のかひありて、
今日ぞ折りつる、嬉しくも、
外山のかつら 一枝を。」
二
この一枝を栞にて、
なほ山深くたどりつゝ、
折らでは、止まじ、白雲の
たなびく嶺のそのほづゑ。」
＊「學校記念日」～「卒業式」までの初出『新編教育唱歌集』第一集（↓一一四頁）。作曲はすべて多梅稚。

日の丸の旗
一
萬の國のしるしの旗に
すぐれて見ゆるわが日の御旗。
祝の日にも、祭の日にも、
御國の光と仰ぎてたつる、
あー、めでたしや、日の丸の旗。」
二
隔たる國の港の船に
めだちて見ゆるわが日の御旗。
いづくにゆくも、わが國人は、
御國の榮を祝ひてたつる、
あー、なつかしや、日の丸の旗。」
三
學のにはに業なしとげて、
東に、西に、世界のうちに、
わが日の御旗輝くごとく、
御國の譽をはげみてあげん。
あー、いさましや、日の丸の旗。」
＊国定修身書（目次記載）。

開成館版『新編教育唱歌集』第五集

須磨明石

一
松は緑に、砂白く、
風景すぐるゝ須磨の浦。
磯邊に出でて、貝拾ふ
子どももながめの一つなり。」

二
帆かけて出づる舟多く。
朝海にぎはふ明石潟。
明石の城も、人麻呂の
社も、木の間に見ゆるなり。」

三
海のあなたにいと近く
見ゆる陸地は、淡路島。
通ふ汽船の笛の音も
涼しく波にひびくなり。」

＊國定讀本歌詞（目次記載）。

春の景色

一
すみれつみつゝ、歸り行く
春のゆふべの 村の道。
ともなひ來る 蝶二つ。
あるひは先に、また後に。」

二
手に持つ花を したひ來る
蝶の心の 愛らしさ。
いざ、來て遊べ、もろともに、
櫻ざかりの わが庭に。」

＊國定讀本歌詞（目次記載）。

富士山

一
汽車の窓よりあふぎ見る
富士のすがたのけだかさよ。
雲より上にぬけ出でて、
いつもたかねの雪白し。」

二
船のへさきにながめやる
富士のけしきのおもしろや。
さかさにうつるうなばらの
影は畫よりもたくみにて。」

三
山は世界に多けれど、
形のよきはこの山ぞ。
春のかすみのたつあした、
秋の入日のさすゆふべ。」

＊國定讀本歌詞（目次記載）。

「富士山」

夏やすみ

一
ことしの夏の休には、
山に遊びて、歸り來ん。
松の木陰に休みては、
瀧見ることも樂よ。」

二
ことしの夏の休には、
海水浴もこゝろみん。
よせては雪とちる波を
ただあけくれの友として。」

三
からだきたふは山の道、
空氣のよきは海のそば。
花つみあつめ、貝を取り、
知識ひろむる益多し。」

四
いざ、いざ行かん、この夏も、
父もろともに、母ともに。
かはれる里のならはしを
見聞くもうれし、旅をして。」

＊國定讀本歌詞（目次記載）。

水の變態

霧。を山田の霧の中道踏み分けて
人來と見しは、かゝしなりけり。」
雲。あけわたる高嶺の雲にたなびかれ、
光消えゆく弓はりの月。」
雨。けふの雨に、萩も尾花もうなだれて、

憂へがほなる秋の夕暮。」
雪。ふくる夜の檐の滴のたへゆくは、
雨もや雪に降り變るらん。」
霰。むら雲のたえまに星は見えながら、
夜行く袖に散る霰かな。」
露。白玉の秋の木の葉に宿れりと、
見ゆるは、露の計るなりけり。」
霜。朝日さすかたへは消えて、檐高き
家かげに殘る霜の寒けさ。」
＊國定讀本歌詞（目次記載）。

水の變態

「水の變態」

海國男子
一
わがすむ日本帝國の
四面は海にかこまれて、
いづこに行くにも、棹楫を
借らで、進まん道あらず。」
二
この海國に生れたる
日本男子は、國のため、
波路をおのが家として、
住まん覺悟を定むべし。」
三
山なす沖の大波も
恐れず進む勇氣こそ、
をさなき時の練習に
よりて、えらるゝ身の寶。」
四
泳のわざも怠るな。
ぼーとの遊もこゝろみよ。
日本は海の國なるぞ。
海はわれらの家なるぞ。」
＊國定讀本歌詞（目次記載）。

奈良
一
花のごとくに榮えたる
奈良の都の面影を、
千歳の後になほ殘す
名所舊跡數多き
中にも名高き東大寺。」
二
寺にまつれる大佛の
その建立は、聖武帝。
五丈三尺五寸ある
像をすゑたる佛殿の
いらか、雲ゐにそびえたり。」
＊國定讀本歌詞（目次記載）。

聯隊旗
わが天皇の御手づから
さづけたまへる聯隊旗。
旗のてがらは國のほまれ。
旗のけがれは國のはぢ。
竿のかしらの菊花こそ、
わが皇室の御紋なれ。
旗のしるしの朝日こそ、
わが帝國の威光なれ。
長き月日のその間、
風にさらされ、雨にぬれ、
軍馬の間を往來し、
黑きを旗のひかりとし、
さけしを旗のほまれとし、
ひとたびえては、千代までも、
萬代までも、つたへゆく
聯隊旗こそたふとけれ。」
＊國定讀本歌詞（目次記載）。

菅公
一
學者の家に身は出でて、
たちまち上る、雲のうへ。
よし、禍にかゝるとも、
いかでか君を忘るべき。」
二
おほはばおほへ。雲霧よ。
心の月はくもりなし。
ただ一片の誠忠を
知るは、天地の鬼神のみ。」
三

詩歌のわざも世にすぐれ、
文字のかく道は萬世の
法をつたへて、その徳を
したはぬ人は、よもあらじ。」

四
生きては、君につかへたり。
死しては國の文學の
まもりの神とまつらるゝ
御いつは高し仰げ。人。」

五
あふげ、人々、この神の
つきぬ御いつともろともに、
さかり久しき梅の花
ひらくる御代のめでたさを。」

千里の道

「千里の道」

一
千里の道も、足もとよりぞ始まれる。
葉末のつゆも、積れば淵となるぞかし。」

二
雲ゐる山も、塵泥よりぞなれりける。
書よむ道も、ことわりのみはひとつなり。」

＊音樂學校許可（目次記載）。初出『小學唱歌集』三編。（↓六〇頁）。

めぐれる車

一
めぐれる車、ながるゝ水、
われらはいこへど、やむまなし。」

二
いはねをつたふしづくの水、
つもればつひに海となる。」

＊音樂學校許可（目次記載）。初出『小學唱歌集』三編（↓五八頁）。

送別

一
かがやく國の名を負ひて、
いさをを外に立てんとて、
故郷あとに、出でてゆく
君が前途の、幸あれや。」

二
海山遠くへだつれど、
心はかよふ、君がうへ。
待たれて、樂し、わが友よ、
錦かざりて歸らん日。」

日光

一
二荒の山の山もとに、
巍然とたてる東照宮。
金碧燦爛、これぞこの
わが帝國の美術の光。」

二
大谷の川の川上に、
その名も響く華厳の瀧。
懸崖千丈、これぞこの
わが東洋の造化のめぐみ。」

三
華厳の瀧の水上に、
夏なほ寒き中禪寺の湖
煙水渺茫、これぞこの
わが日本の名所の一つ。」

朧月夜

一
おぼろににほふ夕月夜、
さかりににほふ桃櫻、のどかにて、
のどけき御代のたのしみは、
花咲くかげのこのまとゐ。このうたげ。」

二
千ぐさにすだく蟲の聲、
をぎの葉そよぐ風の音、身にしみて、
見るものも、聞くものも、
あはれをそふる秋の夜や。月の夜や。」

＊音樂學校許可（目次記載）。初出『小學唱歌集』初編「おぼろ」（↓五二頁）。

湖上の花

一
鏡の如く、たひらかに
すむや、琵琶湖の水の上、
うつるは雪か。白雲か。
動かぬ影もおもしろや。」

二

むかしの都あともなく
たえてさびしき志賀の里、
にほふ櫻の色ばかり
變らぬ春のくるごとに。」

三
さゝなみたててふく風も
けさは靜けき水の上、
にごさぬ程に、二つ、三つ、
こぼれし花もなつかしや。」

＊山田源一郎作曲

五常の歌

一
野邉の草木も、あめつゆの
惠にそだつさまみれば、
仁てふものは、世の中の
ひとのこゝろの命なり。」

二
飛驒の工がうつすみに、
曲もなほるさまみれば、
義といふものは、世の中の
ひとのこゝろの條理なり。」

三
威儀ほかにあらはれて、
愼みてるさまみれば、
禮てふものは、世の中の
ひとの心のおきてなり。」

四
神のかくせる秘事も、
さとりえらるゝさまみれば、
智といふものは、世の中の
ひとのこゝろの寶なり。」

五
月日とともに、天地の
めぐりたがはぬさまみれば、
信てふものは、世の中の
ひとのこゝろの守なり。」

＊音樂學校許可（目次記載）。初出『小學唱歌集』初編（↓五二頁）。

吉野山

一
空にすみゆく琴の音に
ひかれてあそぶ少女子が
袖を五たびかへしつゝ、
舞ひしは、こゝよ。この山よ。
たちかへり、またも來ん、
み吉野の花のかげ。」

二
亂れゆく世のかなしさは、
皇居をしばし山かげに
遷したまひて、まつりごと、
きかせまししも、こゝなれや。
塔の尾のみさゝぎは
松ふるく、風かなし。」

夏は來ぬ

一
うの花のにほふ垣根に、時鳥
早もきなきて忍音もらす 夏は來ぬ。」

二
さみだれのそゝぐ山田に、賤の女が
裳裾ぬらして、玉苗うゝる 夏は來ぬ。」

三
橘のかをるのきばの窓近く
螢とびかひ、おこたり諫むる 夏は來ぬ。」

四
楝ちる川べの宿の 門遠く、
水鷄聲して、夕月すずしき 夏は來ぬ。」

五
さつきやみ、螢とびかひ、水鷄なき、
卯の花さきて、早苗うゑわたす 夏は來ぬ。」

＊初出は三木楽器店版『新撰國民唱歌』二集（↓一四四頁）。

水およぎ

一
夏の休は來りたり。
あつきさかりは迎へたり。
いざ、師の君に随ひて、
およぎならはん、諸共に。」

二
空までつづく海原の
水を敎のにはとして、
打てよや。波の大鼓。
蹈めよや。波の足拍子。」

三
樂しき聲を友として、
今日は暑さを忘れたり。
よせ來る汐の早き瀬に、
明日も身體を鍛へまし。」

四
からだは黑く、肉こえて、
病いりこん隙もなし。
およぎの功たゝへつゝ、
うたへや、波と諸共に。」

五

海を愛して、恐れぬも、
泳覺えし身の德ぞ。
今は泳も覺えたり。
いかでか水に溺るべき。

六

大海原にかこまる〻
わが日の本の國の民。
廣き四海を家として、
國の名あげよ、君のため。」

舊友

一

ふた〻び君と手を取りかはし、
昔を語るうれしさよ、
思へば夢か、唱歌をともに
うたひし松の下蔭に。」

二

涙ながらに東と西に
別れしことは、昨日、今日。
數へて見れば、早くも四年。
月日のあゆみ、水に似て。」

三

蕨をとりに入りたる山邊、
小鮒をつりにいでし川、
今も事なきわが友だちを
迎へて、かたれ、すぎし日を。」

四

窓なる松は、昔の綠。
手をとる友は、もとの友。
今宵はやどれ、わがすむ家に。
をさなき頃の話せん。」

＊原曲はスコットランド民謡《Warrens address》。初出『明治唱歌』第四集「涙の聲」（→六七〇頁）。

「舊友」

西郷隆盛

一

心もふかき薩摩の海に、
御國を憂ひて沈みし人の、
一人は死にて、一人は生きぬ。
曇らぬ月は千古に高し。」

二

はなれ小島に身ははふられて、
なほもくじけぬ氣力の練磨。
あくれば、出でて、野山に獵し、
くるれば、入りて、讀書に耽る。」

三

時勢とともに、ひそめる龍の、
雲居にをどる時こそ來つれ。
王政維新のその大業も
なかばは君が建てたる功。」

四

心をこめし征韓論も、
時いたらぬか、世にいれられず。
都をあとに見すてて歸る
故郷に田あり、兎は山に。」

五

すき鍬とりて鍛へるこの身、
學校たてて、養ふ子弟。
一日も國を忘れぬものを、
とらせし反旗は、そも誰が業ぞ。」

六

あゝ、君たてり、子弟のために。
あゝ、君死せり、子弟のために。
城山ゆきて、あととむらへば、
何をか語る、松風の聲。」

雪中の梅松

一

降りつもる 雪を淩ぎて 咲く梅は、
松の操に おとらざりけり。」

二

ときはなる 松にならひて、ふる雪の
うちにもたもて、清き操を。」

君が代の初春

一

君が代の初春の
さかりに匂ふ梅の花、
いつしか色にあらはれて、
かをれるものを。世の人よ。」

二

君が代の春くれば、
梢にうつる 鶯も、
いつしか聲にうちいでて、
さへづるものを。よの人よ。」

＊音樂學校許可（目次記載）。里見義作詞・アメリカ曲《Wake, wake the morning》。初出『中等唱歌集』（↓六八五頁）。

「君が代の初春」

朝景色

一
嬉しや。霞みて 明けゆくみ空。
日影は花の 梢ににほふ。」

二
うれしや。すずしく 雨ふる朝。
玉なす露は 若葉をつたふ。」

三
嬉しや。秋空 雲なく晴れて、
のこれる月は 影ただ白し。」

四
うれしや。よべより ふりたり雪に、
野山の草木は みな花ざかり。」

柳と蛙

一
春雨そゝぐ川端の
柳の下にゐる蛙。
垂れたる枝に跳びつかんとて、
立ててはかへぬ 志。」

二
かの枝高し。いかにせん。
わがたけ低し。いかにせん。
跳びては落ちて、落ちては跳びて、
あー、幾たびか試みし。」

三
その忍耐のかひありて、
蛙は枝に跳びつきぬ。
思へや。思へ。わが精神の
とどかば、ならぬ事はなし。」

旅の思

一
海のあなたとこなたにて、
變る木の様、草の色。
なれぬ花見て、旅人は
遠く來れる身を思ふ。」

二
カリフォルニヤのマンモス樹、
熱帯地方の椰子の森。
世界は廣し。わが國に
まだ見ぬものもあるぞかし。」

三
千里の外の旅路にて
櫻を見れば、日の本の
故郷の春にたちかへる
心地するこそうれしけれ。」

四條畷

一
吉野を出でて、うち向ふ
飯盛山のまつかぜに、
なびくは雲か。白旗か。
ひびくは、敵の鬨の聲。」

二
あな、物々し、八萬騎。
大將師直いづくにか。
かれの首を取らずんば、
ふたゝび生きて還るまじ。」

三
決死の勇にあたりかね、
もろくも敵は崩れたち、
一陣、二陣、おちいりて、
本陣危く見えにけり。」

四
めざすかたきの師直と、
思ひて討ちしその首は、
敵のはかれるいつはりか。
欺かれしぞくちをしき。」

五
なほも屈せず追うてゆく。
されど、身方は小勢なり。
あらての敵は遠巻に、
雨のごとくに矢を注ぐ。

六
今はやみなん。この野邊に
すつる命は君のため。
なき數に入る名をとめて、
いでや、譽を世にのこせ。

七

枕ならべて、もろともに、
一族郎黨ことごとく、
消えし草葉の露の玉、
光は千代をてらすなり。

八

今も雲居に聲するは、
四條畷のほとゝぎす。
わか木の楠のかぐはしき、
ほまれや人に語るらん。

川中島

一

西條山は霧深し。筑摩の河は浪あらし。
遥に聞こゆる物の音は、
逆巻く水か。つわものか。
昇る朝日に、旗の手の
きらめく暇に、くる〳〵。」

二

車がかりの陣ぞなへ。めぐるあひずの鬨の聲
あわせるかひも、あらし吹く
敵を木の葉と かきみだす
川中島の戰は、
かたるも、聞くも、勇ましや。」

＊初出は三木楽器店版『新撰國民唱歌』第三集（↓一六四頁）。

衛生隊

一

電光ひらめき、雷ひびき、
今や戰たけなわに、
勝敗いづれぞ。野に山に
倒るゝ将士は數知れず。」

二

この時、名譽の死傷者を、
敵にわたさじ、死なせじと、
彈雨の中をつれてのく、
あゝ、勇敢の衛生隊。」

三

死者は 安けく眠るべく
傷者は多く救はれん。
あつきなさけは敵軍の
上にも及ぶありがたさ。」

四

テントの内に夜はふけて、
いくさの夢のさむるとき、
かたへに立ちていたはるは、
あゝ、仁愛の 衛生隊。」

「衛生隊」

わが陸軍

一

輝く朝日の旗おしたてて、
くりだす隊伍の喇叭の響。
さすがに整ふわが陸軍の
光は、たちまち海外までも
いや照り渡りて、譽はこゝに
新高山とぞ世に仰がるゝ。
一朝國家に事ある時は、
命を捧げて、進めや。兵士。」

二

武勇もすぐれて、情も厚き
日本男兒の潔き名を、
假にも汚さん振舞あらば、
櫻の花よと、誰れ歌ふべき。
忠孝仁義はしばしの程も
身を放たじと、いざ、心して、
一朝國家に事ある時は、
命を捧げて、進めや。兵士。」

三

硝煙彈雨のみだるゝ中も、
鐵條網さへ張りたる野邊も、
激しく突き込め、指圖の儘に。
決死は素よりかねての覺悟。
これこそわが國勇士の鑑、
譽れは萬代、その名は八千代。
一朝國家に事ある時は、
命を捧げて、進めや。兵士。」

四

築きに築きしその城塁も、
備へに備へしその大砲も、
何かは頼まん。頼むは一つ、
わが國愛するわが軍人の
義を見て引かざる雄々しき心、
これこそ東洋平和の守。
一朝國家に事ある時は、
命を捧げて、進めや。兵士。」

開成館版『新編教育唱歌集』第六集

紅葉

一
さだめなく しぐれて渡る 秋の雨に、
色づきにけり、木々のもみぢ葉。」

二
少女子が いでて鯉よぶ 池の上に、
うつりてにほふ 庭のもみぢ葉。」

三
神さびて 見ゆる社の 垣のうちに、
ひと本てらす 森のもみぢ葉。」

琵琶湖

一
近江には、琵琶湖とて、
その名高き湖水あり。
清らかなるは水の色、
見れどあかぬは、八つの景。」

二
夕日さす勢田の川、
わたる汽車もこゝちよく、
粟津の松の色はえて、
晴れたる空ののどけさよ。」

三
石山の秋の月、
雲をさまりて、影清し。
冬の來りて、さく花は、
比良のたかねの暮の雪。」

四
唐崎の一つ松、
夜の雨に名をえたり。
堅田の浦の浮御堂、
落ち來る雁のながめあり。」

五
三つ五つうちつれて、
波の上を歸り行く、
矢走の沖の舟人は、
聞きしか、三井の晩鐘を。」

＊國定讀本歌詞（目次記載）。

五條の橋

一
鞍馬の寺の稚兒櫻、
咲けや、四海にかをるまで。
晝は讀經を勤むれど、
暮るれば習ふ、太刀つるぎ。」

二
思ふ源氏の再興を
天満宮に祈らんと、
夜毎にわたる五條橋。
笛の音高く、夜はしづか。」

三
おもひもよらず、傍より
出でてさへぎる大法師。
太刀を給へと呼ばはれば、
太刀が欲しくば、寄りて取れ。」

四
さらば取らんと、うち振ふ
薙刀つひに落されて、
今ぞひたすら降参の
まことあらはす武藏坊。」

五
さては汝は辨慶か。
牛若君にましますか。
主従の契深かりし
かがみは清し、賀茂の水。」

月見

一
くまなくてらす秋の月、
みちたる影は今日一夜。
波なき水に舟うけて。
空までつづく海原に さをさゝん。」

二
鏡のごとき今日の月、
くもらぬ影もめづらしや。
わがすむ里を下にして、
海をも望む岡山に 登り見ん。」

風の歌

一
のどかに吹きくる 春風うれし。
梅が香さそひて、柳の枝に
そよ〳〵 わたる あしたのけしき。」

二
靜に吹きくる 秋風さびし。
雁なく空より、萩さく野邊に
そよ〳〵 わたる ゆふべのけしき。」

三
琴の音しらぶる 松風やさし。
亂るゝ雲おふ 風こゝろよく、
天うつ浪まく 風おもしろし。」

この辭書

一
まなびの窓の 朝夕に、
机のかたはら、膝のうへ、
はなれぬ友こそこの辭書よ。
馴れ親みしも、幾年か。」

二
背革の金文字なつかしく、
ページに殘れる指のあと。
わが師はこれよ。この辭書よ。
教を受けしはいくたびか。」

三
友の情よ。師の恩よ。
誓ひて名を成し、身を立てて、
思へばたふときこの辭書の
深きめぐみをあだにせじ。」

婦人従軍歌

一
火筒の響遠ざかる
跡には蟲も聲たてず。
吹きたつ風はなまぐさく、
くれなゐ染めし草の色。」

二
わきてすごきは敵味方、
帽子飛び去り、袖ちぎれ、
斃れし人のかほ色は
野邊の草葉にさも似たり。」

三
やがて十字の旗を立て、
天幕をさして荷ひ行く。
てんとに待つは、日の本の
仁と愛とに富む婦人。」

四
眞白に細き手をのべて、
流るゝ血しほ洗ひ去り、
まくや、繃帯、白妙の
衣の袖はあけにそみ。」

五
味方の兵の上のみか、
言も通わぬあたまでも、
いとねんごろに看護する
こゝろの色は赤十字。」

六
あな、いさましや。文明の
母という名を負ひ持ちて、
いとねんごろに看護する
こゝろの色は赤十字。」

＊加藤義晴作詞・奥好義作曲。

「婦人従軍歌」

白虎隊

一
霰のごとくみだれ來る
敵の彈丸ひきうけて。
命を塵と戰ひし
三十七の勇少年。
これぞ會津の落城に
その名聞こえし白虎隊。」

二
味方少く、敵多く、
日は暮れはてて、雨暗し。
にやる勇氣はたわまねど、
疲れし身をばいかにせん。
倒るゝ屍、流るゝ血。
たのむ矢玉もつきはてぬ。」

三
殘るはわづかに十六士、
一たびあとに立ち歸り、
主君の最後にあはばやと、
飯盛山によぢのぼり、
見れば、早くも城落ちて、
焔は天をこがしたり。」

四
臣子の務はこれまでぞ、
いで、いさぎよく死すべしと、
枕ならべて、こゝろよく
刃に伏しし物語、
傳へて今に美談とす。
散りたる花のかんばしさ。」

＊國定讀本歌詞(目次記載)。

故郷

一
わが故郷のゆかしき木陰。
むかしを今は誰と語らむ。

妹と友に腰うちかけて、
田植を見しも、その木の陰よ。」
二
わが故郷のゆかしき垣ね。
莟やもちし、手植のつゝじ。
心をこめてつちかひ立てし
やよひの春の錦は、それよ。」
三
わが故郷のゆかしき畑。
今年も麥は丈にやのびし。
青麥ぬきて、笛をもつくり、
雲雀の歌をきゝしは、そこよ。」
四
わが故郷のゆかしき岡邊。
友だちつれて、あけくれのぼり、
沖ゆく舟の白帆をみては
鳥かといひし處は、そこよ。」

思ひいづれば
一
おもひ出づれば、三年の昔。
わかれしその日、わが父母の、
頭なでつゝ、眞幸くあれと、
いひしおもわの 慕はしきかな。」
二
明日になれば、門おし開き、
日數よみつゝ、父まちまさん。
わがおもひ子は ことなしはてて、
はやいつしかも 歸り來なんと。」
三
夕になれば 床うちはらひ、
およびをりつゝ、母まちまさん。
わがおもひ子は ことなしはてて、
はやいつしかも かへりこなんと。」
四
あしたになれば、かどおしひらき、
ゆふべになれば、床うちはらひ、
父まちまさん。母まちまさん。
早く歸らん もとの國べに。」

＊音樂學校許可（目次記載）。初出『小學唱歌集』初編（↓五〇頁）。

遠洋漁業
一
日本男子と生れては、
富國の道をはかるべし。
海に無盡の富ありて、
波路に行かれぬ所なし。」
二
怒れる波は高くとも、
吹きまく風はあらくとも、
北に南に漕ぎ出でて、
すなどるわざも國のため。」
三
危き道をおかさずば、
勝れし功は立てられじ。
島かげ見えぬ所まで、
漕げや、家なるわが舟を。」
四
種々の寶は海にあり。
取れど、拾へどつきもせじ。
思へや、獲物うち積みて、
歸る波路の愉快さを。」

＊國定讀本歌詞（目次記載）。

まとゐ
一
たのしき春の 花間のまとゐ。
かたみにかたる ゆくての望。」
二
たのしき夏の 樹蔭のまとゐ。
かたみにちぎる かはらぬ誼。」
三
たのしき秋の 月下のまとゐ。
たがひにしのぶ 過ぎつる昔。」
四
たのしき冬の 爐邊のまとゐ。
たがひにはげむ 世に立つ勤。」

「まとゐ」

箱根山
一
相模駿河と伊豆の國に
またがりたてる箱根の山。
八里の坂と世にきこえし
處はこゝぞ。このみ山ぞ。」
二

關所をおきて、山こす人
しらべしことも、今は昔。
夕ぐれさむく、嵐ふきて、
杉の下道、馬も行かず。」

三

この山中に鏡のごと、
清くたゝへる蘆の湖水。
霞のまより影をひたす
さかさの富士の、あな面白。」

四

旅ゆく人も、いとまあらば、
箱根の七湯あみめぐりて、
ふく風きよき窓のもとに、
むすべ、都の外の夢を。」

山げしき

一

梢に蟬の聲たえて、
早やさきいづる野邊の花、
秋萩、桔梗、をみなへし。」

二

初茸山に分け入れば、
色づきそめし林には、
目白の聲もきこえけり。」

三

稲かる人は田にいでて、
はたらく様のいそがしさ。
夕日の影の消ゆるまで。」

四

たちまち檐に音するは、
嵐に雨か。もみぢばか。
拾へや、庭のおち栗を。」

*初出、開成館版『新撰國民唱歌』第二集（↓一七九頁）。

軍港

一

山なす軍艦波間にならび、
ひらめく國旗は嵐になびく。
見よ。見よ、雄々しきわが軍港を。」

二

いづれも名譽の歴史に富みて、
出で入る船渠の備も足れり。
これこそみ國の守のみなと。」

三

世界にきこゆるわが海軍の
光は朝日とかがやきわたる。
國民祝ひて、頼めや。たのめ。」

冬の歌

一

枯野に立てる一つ松、
垣根に殘る菊の花、
みさををくらぶ、色と香と。
みさををくらぶ、色と香と。」

二

こずゑを見れば色深し。
下枝を見れば色淺し。
時雨も紅葉染め分けぬ。
時雨も紅葉染め分けぬ。」

三

降りしき積もる今朝の雪。
咲きそめにほふ冬の梅、
香にこそ花としられけれ。
香にこそ花と知られけれ。」

*初出、開成館版『新撰國民唱歌』「冬」（↓一八三頁）。

「冬の歌」

歳暮

一

雪こぼれて、嵐さむく、
ことしもはや暮れにけり。
春のさくら、秋のもみぢ、
ただ夢のこゝちして。」

二

かへり見れば、今年の内、
すゝみし業いくばくぞ。
望おほき春は、前に
まねきつゝたてるなり。」

春の歌

一

池に氷のあと消えて、
魚の鰭ふりゆたかなり。
なぎさの蘆もつのぐみて、
なづさふ鴛鴦の夢ごころ
今は長閑になりぬらし。」

二

匂う朝日のかげ受けて、
庭には殘る雪もなく、
羽うち伸ばし飛ぶ鳶の
聲もかすめる大ぞらは、
春のみどりを包むかな。」

＊初出、共益商社版『新選國民唱歌』壹「春」(↓一三七頁)。

櫻

一
吉野の山を見渡せば、
櫻ならざるかたもなし。
やまと心の花ざかり、
仰げや、異鄕の人々も。」

二
吹けども風は靜なる
わが日の本の春の空。
花か。霞か。白雪か。
朝日の光は千里まで。」

三
散るべき時に散りてこそ、
武士は譽の花も咲け。
大和心をあらはして、
にほふか、吉野の山櫻。」

鶯

一
さかりに匂ふわがすむ宿の
檐端の梅の色香をしたひ、
なく鶯のその聲のよさ、
けさも朝日のさしいでしより。」

二
雲かと見ゆるわがやの門の
櫻の枝に飛び移り來て、
なく鶯のその愛らしさ、
けふも夕日のさし入りしまで。」

三
絲よりながきあの川端の
柳の枝の簾のうちに、
なく鶯のその美しさ、
春の日長く、いと樂しげに。」

造化のわざ

一
深山のおくの山彦の
こたへか、谷に聞ゆるは。
雲間に見ゆる虹のはし、
わたせる人やたれならん。」

二
ついでを守る春と秋、
かたみに廻る夜と晝、
滿ちては缺くる月影も、
皆がら神のおきてなり。」

三
泉も、河も、海原も、
蒸せば昇りて雲となり、
雲またひえて雨となり、
雨また泉やしなひつ。」

四
昔もいまも天地の
樣は百千と變れども、
造化の神の大御手に
あやつる絲は亂れずも。」

＊フォスター作曲「スワニー河」。初出『明治唱歌』第二集「あはれの少女」(↓六五七頁)。

草木のむれ

一
見渡す野邊のこゝかしこ、
茂る草木の森林、
花美しく、葉は青く、
小鳥は歌ひ、蝶は舞ふ。」

二
くさむら林、心なき
群とよそ目に見ゆれども、
蔭も日向もすきずきに、
選む棲處に外ならず。」

三
嫁菜にまじる土筆、
松にまつわる蔦かづら、
わづかのひまを求めつゝ、
わが身を置くぞ面白き。」

四
同じ種類の集も
作る、杉山薄原。
互に風を防ぎあふ
力は強し、獨より。」

五
野、山、海、川、それぞれに、
定まるおのが宿しめて、
地球の上に榮え行く、
わが植物の一世界。」

六
水に水草、岩に苔、
蟲には種を運ばせて、
わたくしならぬ天然の
腕のたくみの豊さよ。」

ぴらみっど

一
えじぷと太古の文明の
面影殘るぴらみっど、
ないるの岸のをちこちに、
山かとばかり聳えたり。」

二
山と見ゆれど、ぴらみっど、
石もて畳み築きたる
方錐形の塔にして、
大小およそ七十基。」

三
大なる一基築くには、
十萬人のたゆみなく
三十年もかゝりてぞ、
成しとぐべきと世にはいふ。」

四
そも、この塔はえじぷとの
國王一家の墓にして、
その墓ごとに石柩を
地下のむろにぞをさめたる。」

五
石柩中のなきがらは、
三千年後の今もなほ
くづれ、くされず、そのまゝに、
みーらとなりて、殘るとぞ。」

＊國定讀本歌詞（目次記載）。

紫式部

一
世に芳しく美しき
紫式部の筆のあと、
讀みてたれかは愛でざらん。
知りてたれかはほめざらん。」

二
わが文學の花ざくら、
外つ國までもにほひつゝ、
清き操ともろともに
その名は永くかをるらん。」

三
あー、石山の秋の月、
光は千代に曇るまじ。
仰げや、君の學問を。
慕えや、君の德行を。」

華厳の瀧

一
紀州の那智と もろともに、
その名知られし 日光の
華厳の瀧は、その高さ、
三十餘丈ありといふ。」

二
落ち來る水は、白布を
空にかけたるこゝちして、
雷ひびき、雪くだけ、
飛び散る泡は、谷にみつ。」

＊國定讀本歌詞（目次記載）。

戰場の月

一
わがふる鄕に見し月の、
今宵ばかりはただならで、
敵や來ると待つほどに、
耳をつらぬく喇叭の音。」

二
進め、すゝめの號令に、
野こえ、山こえ、谷こえて、
入りつ、亂れつ、戰へば、
月はやうやくかたぶきぬ。」

三
三合四合も戰ひて、
夜はほのぼのとしらむ頃、
敵はこらへず退けば、
かちどき湧くや、み方の陣。」

四
野もせにちりしく物の具を
照す殘月淡くして、
遠くいなゝく駒の聲、
送る朝風こゝちよし。」

わがこの身

一
親の賜ひし わがこの身、
髪一筋もなほ惜しかり。
ただいたづらに失はば、
不孝の罪は逃れ得じ。
こゝろせよ。人々よ。」

二
君に捧げしわがこの身、
血の一滴げに貴し。
その道ならで流しなば、
不忠の責はまぬかれじ。
つゝしめや。人々よ。」

凱旋

一

敵國伏して正義は勝てり。
東亞の天地に雲霧はれて、
ふたゝび御旗の朝日影、
平和の色にぞ輝きわたる。」
二
上には君の御旨にかなひ、
下には民の望を遂げて、
國内歡呼の聲のうちに、
忠實勇武のわが軍かへる。」
三
陸にも、海にも、戰ふごとに、
堅甲利兵の強きも挫き、
世界の嘆美の聲のうちに、
常勝無敵のわが軍かへる。」
四
國民無限の感謝を荷ひ、
人間至上の名誉を負ひて、
今日しもわが軍かへり來る。
めでたき凱旋祝ひて、歌へ。」

鏡なす
一
鏡なす 水も、綠のかげうつる。
柳の絲の枝をたれ、
氣霽れては、風新柳の髪を梳り、
氷消えては、浪舊苔の 髭を洗ふ、
とかや。げに面白の景色やな。
げに面白の景色やな。」
二
降る雪に、樵夫の道も埋れけり。
み山の奥の夕まぐれ、
かざせる笠には、影もなき月を宿し、
になへる柴には、香らざる花を手折る、
とかや。げに面白の景色やな。
げに面白の景色やな。」

＊音樂學校許可（目次記載）。初出『小學唱歌集』二編（↓五四頁）。

強者強國
一
強者存して、弱者滅び、
強國榮えて、弱國衰ふ。
天地開けしその時、このかた、
たれか、いづこか この理にはづれし。」
二
身體強くて、わづらひ知らず、
意志また強くて、目的しおほす。
これぞ強者ぞ。強者ははだの
白きと黄なるにかゝはるものかは。」
三
國民あひ和し、實業榮え、
兵備たらひて、國威かがやく。
これぞ強國。強國は位置の
西と東にかゝはるものかは。」
四
強者存して、弱者滅び、
強國榮えて、弱國衰ふ。
いでや、人々。強者となれや。
なりて、この國 強からしめよや。」

＊國定讀本歌詞（目次記載）。

開成館版『新編教育唱歌集』第七集

霜の朝
一
青葉も枯葉も 白く見えて、
霜こそおきたれ、草の上に。」
二
氷を照して、のこる朝の
月かと見えたる 影は、霜よ。」
三
昇れる日影に なかば解けて、
したゝる雫は 玉と光る。」

白梅
一
降る雪の中に 咲きにほふ白梅。
なつかしの心や。かをれ、世に高く。」
二
暗の夜の星と 見えまがふその色。
いさぎよき姿や。かをれ、世に遠く。」
三
さきがけて開く 花の中のこのかみ。
たぐひなき色香や。かをれ、世に廣く。」

新年
一
めでたき御代の年の始
むかへて、祝はぬ里もなし。
きけや。森にも、野山にも、
君が代うたふ聲すなり。」
二

たがひに述ぶる 年の祝。
かはらぬ御代こそうれしけれ。
はげめ、人々、一年の
めでたき今日を門出にて。」

福壽草

一
床にかざれる 福壽草
けふ咲きそめぬ。
やさし。うれし。」

二
その名めでたき 福壽草、
黄金のいろも
ゆかし。うれし。」

雲雀

一
朝日はみそらに、光は野邊に、
今こそのどけき 春日のあした、
雲雀は草葉の 床よりいでて、
うたごゑ高くぞ 雲ゐにあそぶ。」

二
たのしき歌ごゑ。嬉しき調。
すみれの朝露 つばさにちらし、
のぼるよ、雲雀は 富士より上に。
ひびくよ、唱歌は かすめる空に。」

花の都

一
花の都のおもしろの春べや。
四方に心ぞうかるゝ。」

二
墨田上野に船車つらねて、
花にくらすか、人々。」

三
蓮の花さく不忍の池には、
夕日すずしくのこれり。」

四
月はいづこぞ。隅田川、芝浦。
たれとながめん、船にて。」

五
花の上野も、月かげの墨田も、
あはれ、霜のみ白くて。」

六
芝の愛宕に登りつゝ、見やれば、
今朝は都もしづけし。」

七
四季のながめを玩ぶひまにも、
御代の恵を忘るな。」

＊初出、開成館版『新撰國民唱歌』第一集（↓一七六頁）。

雨中の花

一
ちら〱〱〱、草葉の上に、
音なく落つるは、霰か。雪か。
春雨しづけき夕の庭を、
芝さへ石さへ眞白にそめて。」

二
はら〱〱〱、雫と共に、
こぼるゝ霙は櫻の花か。
雲雀も聲せぬ夕の空に、
くれゆく春日の靜けさ見せて。」

山里

一
櫻もちりて、春くれかゝる
奥山さびし、とふ人たえて。
里のたよりを まれに告ぐるは、
草かる男、蕨とる兒ら。」

二
千草もかれて、秋くれかゝる
山里さびし、雨さへふりて。
おち葉の上に 音なふものは
筧のしづく、猿のさけび。」

牡丹

一
夕日のこる花園に
さきてにほへる紅の
ぼたんの花、うつくしや。
蝶の羽風。こゝろせよ。」

二
露のおける草むらに
ちりてにほへる白妙の
ぼたんの花、美しや。
ふむな、少女、氣をつけて。」

きらめく星

一
みそらに花の咲くかと見えて、
光をちらす百千の星は、
旅ゆく人の 夜道のたより、
海ゆく人の 船路のしるべ。」

二
しづかに秋の 夜もはやふけて、

見わたすかぎり、星のみ白く
玉かとばかり きらめく雲ゐ、
仰げば廣し、望めば遠し。」

「きらめく星」

花火
一
あれ、あれ、あがる花火。
あれ、開けて、あれ、花か。星か。
空を照らす。
あれ、あれ、あれ、あれ、水を照らす。」
二
あれ、あれ、見よや、花火。
あれ、美し。あれ、樂し。うれし。
空に燃えぬ。
あれ、あれ、あれ、あれ、空に消えぬ。」

昇る旭
一
東のみそらに かがやきのぼる
朝日の旗こそ、世界を照す
わが日のもとの はてなき光。」
二
櫻の梢に かがやきわたる
朝日の旗こそ、地球に示す
わが大君の みいつのしるし。」
三
水天萬里の 海原てらす
朝日の旗こそ、四海に高き
わが國民の ほまれの榮。」

岩もる水
いはもる水も、
まつふく風も、
しらべをそふる つま琴の音や。
あな、面白の 今宵の月や。
心にかゝる 雲霧もなし。」
＊音樂學校許可（目次記載）。初出『小學唱歌集』第二編（↓五四頁）。

牽牛花
一
わが庭のあさがほや。
露をおびて咲ける
その花のうつくしさ。
赤き、青き、しろき、
しぼりなるもありて。」
二
わが庭のあさがほや。
朝な〳〵絶えず、
あたらしく咲きかへて、
さかりいとも久し。
あはれ、やさし。うれし。」

「牽牛花」

雲
一
瞬く間には山をおほひ、
うちみるひまには海をわたる
雲てふものこそ、くすしくありけれ。雲よ。雲よ。
雨とも霧とも、見るまに變りて、
あやしく奇しきは、雲よ。雲よ。」
二
夕日にいろどる橋をわたし、
みそらに聲せぬ浪を起す
雲てふものこそ、くすしくありけれ。雲よ。雲よ。
なきかとおもへば、大空おほひて、
あやしく奇しきは雲よ。雲よ。」
＊音樂學校許可（目次記載）。初出『小學唱歌集』第三編（↓五七頁）。

騎兵
一
見よや勇まし、蹄のとどろき こだまにひびきて、
隊伍をただし、足並そろへ、かけ來る騎兵。
あれよ。あれよ。國を守る武夫。」

二
見よや。たくまし、栗毛のあらごま。いなゝく聲は、
矢玉の中をも おそれぬ響。いと勇ましく、
あれよ、あれよ、野をも山も駈けゆく。」

＊ワーグナーのオペラ『ローエングリン』「婚礼の合唱」。

威海衛

一
敵の艦隊うちやぶり、
旅順金州手に入れて、
鋒さき鋭きわが軍は、
海陸かこむ、威海衛。」

二
されども敵将丁汝昌、
四面重圍の中にたち、
よく艦隊を指揮しつゝ、
防戰怠る隙もなし。」

三
二月四日の宵月は
かくれて、暗き港内に、
防材のりこえ、突き進む
わが十隻の水雷挺。」

四
轟然かれに聲ありて、
渦まきのぼる、水烟。
わが水雷は中りたり。
定遠艦は沈みたり。」

五
これを始に、敵の艦
大かた撃たれ、沈められ、
堅固の陸上砲臺も
砕かれ、焼かれ、用なさず。」

六
さしもに猛き丁汝昌、
百計今は盡きはてぬ、
無益の殺生何せんと、
わが軍門に降りけり。」

七
さても、わが罪深しとて、
自殺しはてし丁汝昌。
忠勇義烈、わが軍の
名譽と永くつたはらん。」

＊スコットランド民謡。初出『明治唱歌』第一集「故郷の空」（→六五〇頁）。

「威海衛」

五日の風

一
いつかの風も、十日の雨も、
時に順ふ わが君が代や。
西の國より、高麗百済より
よりくる人も、御代祝ふなり。」

二
豊葦原の 瑞穂の國は
千世萬世も 動きなき國。
わが君が代は
ちよ萬世も 動きなき御代。
いはへ。もろ人。」

＊音樂學校許可（目次記載）。スコットランド伝承曲。初出『小學唱歌集』二編（→五五頁）。

稲

一
五月雨そぼふる田にたちて、
うゑたる苗は穂に出でぬ。
昨日のくるしみ、今日のよろこび。
きけや、稲苅る人のうたを。」

二
夏の日かがやく田にたちて、
つくりし稲はかりはてぬ。
倉にもみちたり、あふるゝまでに。
おもへ、農夫の秋のこゝろ。」

卒業のわかれ

一
同じ窓に 今日は語り、
遠き空に 明日は離る。
思ひ出でよ、花に、月に、
歌ひあひし春と秋を。」

二
共に學び、共に遊び、
共に業を今日は卒へつ。
なほも心研き鍛ひ、
共に人の道をゆかん。」

＊原曲はウェーバーのオペラ『魔弾の射手』「序曲」。異名同曲「別れの鳥」「秋の夜半」「誠の道」「雁」など。

「卒業のわかれ」

才女

一
かきながせる筆のあやに
そめしむらさき、世々あせず。
ゆかりのいろ、ことばの花。
たぐひもあらじ、その功。」

二
まきあげたる小簾のひまに、
君のこゝろもしら雪や。
廬山の峯、遺愛の鐘。
めにみるごとき その風情。」

＊音樂學校許可（目次記載）。レディ・ジョン・スコット作曲「アニー・ローリー」。初出『小學唱歌集』三編（↓五七頁）。

遊猟

一
さながら山もくづるばかりに、
をのへにとよむ 矢玉のひびき。
神てふ虎も 手どりにしつゝ、
いさみにいさむ ますらをの徒。」

二
葦毛の馬に しづ鞍おきて、
あづさの眞弓 手にとりしばり、
みかりたゝすは、益荒雄なれや。
みかりたゝせる その勇ましさ。」

＊音樂學校許可（目次記載）。初出『小學唱歌集』二編（↓五五頁）。

「遊猟」

太平の曲

一
ゆはづのさわぎ、飛ぶ火の烟、
いつしか絶えて、治る御世は、
天地さへも 轟くばかり、
萬代までと、君が代いはへ。」

二
たひらの都、百敷の宮
みあとになして、武蔵の國に
しづまりましぬ。年は三千歳、
代は百二十。御功績あふげ。」

＊音樂學校許可（目次記載）。マティアス・ケラー作曲。初出『小學唱歌集』二編（↓五六頁）。

千代田の宮

一
千代田の宮の宮柱
うごかぬ御代は、天地のむた。
御庭の松のえだ高く
なれすむ鶴も、もろともに
千代よびつれてぞ、舞ひ歌う。」

二
千代田の御城の礎の
動かぬ御代は富士の嶺のごと。
御池の龜もうかみでて、
おの〳〵君に萬代の
齢をさゝげて、舞ひあそぶ。」

三
わが大君のみめぐみは
山とし高く、海とし深し。
よろこびうたへ、國の民、
千代田の御城の雲ゐまで
とどろく唱歌の聲たてて。」

近江八景

一
三井寺のかねの音 すみ渡る夕ぐれ、
はつ雁も、堅田に 聲たてて、落ち來ぬ。
ひとり立てる 唐崎の老松。
雨か。波か、淋しげに響くは。」

二
今なお身にしむ 粟津野のあき風。
いづかたぞ、昔の 兼平のいしぶみ。
瀬田の夕日 とこしえにさびしく、
比良の暮雪 いつみても美し。」

三

月のかげさやかに すみのぼる石山。
千代かけてしのぶは、紫のその筆。
やまだ、矢走、みえ渡る名どころ。
さしてかへる 舟の帆も二つ四つ。」

御國の民

一
御國の民よ。わが同胞よ。
國のため盡せ。君のため盡せ
家のため、身のため、盡せよ。盡せ。
矢玉ふる中も怖れず、進め。
太刀うつ下もひるまず進め。
旭の旗のひるがへる處は、
これわが國ぞ。皆わが國ぞ。」

二
御國の民よ。わが同胞よ。
つゝの音ひびき、鬨の聲きこゆ。
君のため心を盡せよ。つくせ。
屍積む山も蹈み越え、進め。
ちしおの川も、躍りて進め
旭の旗のひるがえる處は、
これわが國ぞ。皆わが國ぞ。」

三
御國の民よ。わが同胞よ。
暴風ふきまきて、敵の旗靡く。
國のため、わが身を盡せよ。盡せ。
氷りたる海もいきまき渡り、
沙漠の中もいとはず進め。
旭の旗のひるがへる處は、
これわが國ぞ。皆わが國ぞ。」

＊音樂學校許可（目次記載）。米国民歌《Hail Columbia》。
初出『中等唱歌集』（→一六八五頁）。

「御國の民」

都の雪

一
岡邊の松にさわぎし風の
音しづまりて、明けゆくみそら、
鵞鳥の羽のそれより輕く
ちりくるものは、櫻か。綿か。
見る〳〵天地しろたへに
うもれて、清きあしたの眺、
いざ、わが昔の跡をも尋ねん、
この雪ふみて。」

二
ふりくる雪を拂ひもあへず、
つもる恨みの仇うちとりて、
かちどきあげし赤穂の義士の
雪にもまさるその名の清さ。
松風さびしき泉岳寺、
あととふ人の涙は、いかに。
見よ、見よ、竝べる石碑のおもてに
うもれぬ文字を。」

三
白銀しきて晴れゆく雪の
ちまたは、塵のけがれも見えず。
あした靜けき都の空に
かがやく朝日うつくし。清し。
武蔵の入海波立たで、
治る御代のそのゆたけさを、
天さへ地さへ示して、降らせる
この雪あはれ。」

四
雪よりすごき劒の光。
花より赤き丈夫の血しほ。
心にかゝる浮雲はれて、
思は遂げたり、君家のために。
ゆききもにぎはふ櫻田の
門にて、昔を語るは、たれぞ。
わすれぬ歴史の形見をのこせる。
松が枝あはれ。」

開成館版『新編教育唱歌集』第八集

富士登山

一
神代ながらの富士の高嶺、
雲に聳えて、夏もさむし。
雲に聳えて、夏もさむし。
青空を色どる白妙のその肌。
さかさにえがく扇のおもて、
ひらけてにほふ蓮の花か。
登れよ、友よ、日の本の
み柱となるこの山に。
いざ、いざ、友よ、雲路をわけて。」

二
きのふみそらに見たる高嶺、
今は踏みつゝ登る山路。
今は踏みつゝ登る山路。
足下をなでつゝ行く雲の愉快さよ。
相模の山も駿河の海も、
ただわが庭に見おろす心地。
きけや、あれに、わが歌を
遠く近く答ふるは、
十三州のこだまのひびき。」

いくさの跡

一
やぶれて殘る鐵條網。
みだれて散れる銃つるぎ。
いくさの跡を來て見れば、
日ははや落ちて、月白し。」

二
つゝ音遠く消えゆきて、
靜かに夜はふけてゆく。
二すぢ、三すぢ、細き火の
あがるは何か、山かげに。」

四季の雨

一
花の上にこぼれかゝる春雨、
ふれや。ふれや、あしたまでも。
はら〱、ほろ〱。」

二
池の面にけむり渡る五月雨、
田植せよと降るも、うれし。
はら〱、ほろ〱。」

三
紅葉そめし森にそゝぐ秋雨、
もの思ふを窓をうちて、
はら〱、ほろ〱。」

四
枯野さむく降るは、冬の村雨。
池のをしのゆめも覺めて、
はら〱、ほろ〱。」

瀧

一
とどろき渡る瀧つせみれば、
かけたる布か。亂せる絲か。
とび散る霧は霰の如く
氷りて、夏も身にしむばかり。」

二
千尋の谷に雷おちて、
一度にかへすこだまの響。
あれ、見よ。瀧のしぶきのうちに、
夕日は圓き虹をぞえがく。」

春の野

一
菜種の花に飛ぶ胡蝶、
青空高く啼く雲雀、
いづれ變らぬ樂しさを
歌ふか、春の野に出でて。」

二
わか草もゆる岡の上、
長閑けき日影あみながら、
やすらひ居れば、そよ〱と、
袖ふく風の心よさ。」

三
蒲公英、嫁菜、土筆
手籠に入れて、持ち歸る
野邊の畔道、面白や。
明日もまた來ん、打ちつれて。」

花の美

一
人跡たえし野山にも、
時を忘れず咲き匂ふ
花の色香の美しさ、
おのづからなる姿にて。」

二
うつして庭に培へば、
更に大きく美しく
そだちて、人の心まで
慰めくるゝ物多し。」

三

牡丹、芍薬、菊、あやめ、
いづれ劣らぬ花ながら、
自然の儘に咲きいでし
野邊の色香も忘るなよ。」

月の瀬

一
よしのは春の櫻がり。
龍田は秋のもみぢがり。
紅葉も花もまだしらぬ
世にさきがけの名も高き
梅は、月の瀬。月雪の
外にひとつの見どころぞ。」

二
雪げの水もきのふけふ
歌ごゑたつる名張川、
かなたこなたに枝かはす
千本の梅の花みれば、
星の林か、白雲か。
かをりぞ空に満ちわたる。」

三
村より村にさきつづく
梅より梅の夕月夜。
おもいぞいずる春毎に、
心かなたにゆきかひて、
かすむか。今も麗しく
伊賀と大和の山かげに。」

漁船

一
笹の葉木の葉を 浮ぶるごとく、
あまたの釣舟 波間にならぶ。
竿はあがる、かしこに、こゝに。
海原かすみて、春風のどか。」

二
獲物を満して、沖より歸る
舟歌いさまし。櫓の音たかし。
磯にいでて、待つ人あまた。
帆影を殘して、日ははや暮れぬ。」

春の夜

かすみにきゆるかりがねも、
かすかにひゞく笛の音も、
治る御代のしらべにて、
樂しき春の夕暮や
ともしびとりて、昔の人の
あそびし夜もかゝりけん。
世はさまざまと思ひしを、
昔も今も、かく咲きにほふ
花にはそむく人ぞなき。」

＊音樂學校許可（目次記載）。アニー・フォーテスキュー・ハリソンによる歌謡。初出『小學唱歌集』三編（↓五六頁）。

一人旅

一
落葉ふみて、ひとりたどる
秋の暮の山道。
鹿の聲は谷にひびき、
雨の雲は峰より。」

二
されど、望胸にみてり、
いさを立てん望は、
明き光われを招く。
いざや、いざや、いそがん。」

＊ドイツ民謡。異名同曲に『明治唱歌』第三集「菫つみ」（↓六六一頁）。

一人旅

「一人旅」

旅の歌

一
窓打つ霰に 夢はたえて、
千里を行きかふ 旅のこゝろ。
あるじに別れし、窓の月は、
今宵も畫がくか、竹の影を。」

二
秋風ふきしく 庭のすゝき
面影まねくも、今は夢路。
枕に落ち來る 鐘のこゑも
かぞへて、おもへば はやも三年。」

＊初出、開成館版『新撰國民唱歌』第四集（↓一八三頁）。

海國の大丈夫

一
さかまく波を蹴破りて、

怒れる波を突き切りて、
車輪を萬里に進むべし。
新に世界も開くべし。
わが海國の大丈夫よ。
事業は多し。いざ、行けや。」

二
波も颶風も黒潮も、
慣るれば友よ。よき友よ。
男児生れて、海國の
民となるこそ愉快なれ。
行けや。開けや、人のあと
まだ見ぬ國のはてまでも。」

三
星は照らして空にあり。
羅針は示して船にあり。
氷の海の波とても、
破るに、何か難からん。
わが海國の大丈夫よ。
名譽は遠し。いざ、進め。」

四
底にはかがやく珊瑚あり。
波には浮かべる鯨あり。
一たび網をおろしなば、
數萬の富も得らるべし。
寶つきせぬ海原に、
版圖をひろめや。いざ、民よ。」

＊初出、三木楽器店版『新撰國民唱歌』第三集（↓一六四頁）。

騎馬旅行

一
肥えたるわが馬、手なれしわが鞭。
千里の旅行もおもへばやすし。
いざ、いざ、すゝまん、山こえて。
いざ、いざ、進まん、河を渡りて。
花あり月ある孤村の夕、
いづこに繋がん、栗毛のわが駒。」

二
けはしき山路も、はてなき野原も
蹄にかけ行くわが旅たのし。
いざ、いざ、すゝまん、里すぎて。
いざ、いざ、進まん、橋を渡りて。
わが馬立てつゝ見かへるあなた、
白雲ゆうべの宿をぞへだつる。」

豊年

一
樂しや。八束の稲の穂波。
あからみ満ちたり、四方の小田に。
乳兒も少女も聲たてて、
ゆたけき年や祝ふらん。」

二
うれしや。今年の秋のみのり
はや苅りをさめぬ、民の家に。
媼も翁もうちむれて、
めでたき御代やうたふらん。」

祝へ吾君を

一
祝へ、わが君を。惠の重波、八洲にあふれ、
普き春風 草木もなびく。
いはへ。いはへ、國のため、わが君を。」

二
いはへ、わが國を。瑞穂のおしねは野もせにみちて、
しろ金、黄金、花咲き榮ゆ。
いはへ。いはへ、君のため、わが國を。」

＊音樂學校許可（目次記載）。初出『小學唱歌集』三編（↓六三頁）。

秋草

一
さき殘りたるあさがほや。
命とたのむ露も淺茅のあさがほや。」

二
綾錦織る萩が花。
玉藻色なる霜ぞこぼるゝはぎがはな。」
三
誰れ招くらん花すゝき。
風も吹かぬに、露ぞみだるゝ花すゝき。」
＊音樂學校許可(目次記載)。C・H・ホーマン作曲。初出『小學唱歌集』三編「秋艸」(→五九頁)。

雁

一
友だちつれて、渡る雁の
聲こそひびけ、堅田の浦に。
いざ、わが友も舟こぎいでて、
歌ごゑたてよ、今宵の月に。」
二
あとなる雁は空にぞみゆる。
さきなる雁は浦にぞおるゝ。
おくれず來れ。やよ、わが友よ。
のぼれる月は、はやあの空に。」

「雁」

枯野

一
ながめは枯れぬ大野原。
冬のけしきのおもしろや。
置く霜八重に花さきて、
けさは寒さの盛かな。」
二
百草千草冬枯れて、
霜の花野となりにけり。
見わたし遠くうち晴れて、
知らぬ小鳥の群れて飛ぶ。」
＊初出、開成館版『新撰國民唱歌』第四集(→一八三頁)。

母の思

一
母の思は空にみち、
行方もしらず、はてもなし。
月の桂を手折りてぞ、
家の風をば吹かせつる。
仰げ。あふげ、母のみいさを。」
二
はゝのなさけの撫子よ。
つゆな忘れそ、惠をば。
家を遷すも、育ぐさ。
機をきるさへ、敎ぐさ。
慕へ。したへ、母の情を。」
＊音樂學校許可(目次記載)。初出『小學唱歌集』第三編(→五八頁)。

埴生の宿

一
埴生の宿もわが宿。
玉のよそひ羨まじ。
のどかなりや、春の空。
花はあるじ、鳥は友。
オー、わが宿よ。
たのしとも、たのもしや。」
二
書讀む窓もわが窓。
瑠璃の床も羨まじ。
きよらなりや、秋の夜。
月はあるじ、蟲は友。
オー、わが窓よ。
たのしとも、たのもしや」
＊音樂學校許可(目次記載)。初出『中等唱歌集』(→六八七頁)。

奈良の都

一
ならの都のそのむかし、みやび盡して、
宮人の遊びましけん龍田川原のもみぢ葉、
龍田川原のもみぢ葉、今もにほふ、千入の色に。
のこるかたみは千代もくちせず、
今か今かと君を待つらん、その紅葉。」
二
ふるき都のそのむかし、櫻かざして、
大君の遊びましけんしがの花園花さき、
しがの花園花さき、今もにほふ、色香をそへて。
ゑめるすがたは千代もかはらず、
今や今やと行幸まつらん、その花は。」
＊音樂學校許可(目次記載)。初出『小學唱歌集』第三編(→五七頁)。

仰げば尊し

一

仰げば尊し、わが師の恩。
教の庭にも、はや幾年。
おもへば、いと疾し、この歳月。
今こそわかれめ、いざ、さらば。」

二

互に睦びし日頃の恩。
わかるゝ後にも、やよ、忘るな。
身をたて、名をあげ、やよ、勵めよ。
今こそわかれめ、いざ、さらば。」

三

朝夕なれにし學の窓、
螢のともしび、積む白雪、
わするゝまぞなき、ゆく歳月。
今こそわかれめ、いざ、さらば。」

＊音樂學校許可（目次記載）。T・H・ブロズナン作詞、H・N・D作曲の《Song For the Close of School》。初出『小學唱歌集』三編（→五七頁）。

薔薇の花

一

雨の雫にうちぬれて、
にほひ出でたるばらの花。
あな、美し。あな、なつかし。
折りて、友にや贈らまし。」

二

昇る朝日にかがやきて、
莟ひらけしばらの花。
あな、美し。あな、なつかし。
瓶に一枝さして見ん。」

＊原曲は、アイルランド伝承曲の改作。初出『小學唱歌集』三編「菊」（→六一頁）。

亡友

一

いづこ行きし、わが友、おもかげを残して。
共に學び勵みて、睦びしは、ただ夢。
知らずや、いかにわが
月見るたびに、哀しむ思。」

二

あはれ、かなし。亡き友。さびしやな、この春。
鳥はまたも來鳴けど、きゝし人今なし。
明日より、誰れとまた、
書よむ窓の花をもめでん。」

「亡友」

七草

一

姿やさしき秋萩、すゝき。
色香なつかし、撫子、桔梗。
庭もせにみちて、おきたる露も
錦にかがやくそのうつくしさ。」

二

たがぬぎおきしその藤袴。
露まで黄色にさく女郎花。
ひろがる葉かげにさく葛の花。
かぞへあぐれば、これぞ七草。」

「七草」

鏡が浦驟雨

一

雲よせきたる。雲よせきたる。
伊豫がだけより雲よせきたる。
窓にむき立つあの城山も、
沖合ちかき二つの島も、
あれ、あれ、あれ、あれ、たちまちに
奈落の底にしづめるごとく、
かげかきけされて、
鳴神はげしく、夕立きたれり。」

二

雲はれゆきぬ。雲はれゆきぬ。
天城のみねに雲はれゆきぬ。
大空出でたるあの月かげは、
山また岡の木立の繁みを、
あれ、あれ、あれ、あれ、あらはして、
水天わかちて、波間に玉ちる

けしきを見せつゝ、
鏡が浦にもうつりて、すずし。」
＊初出、三木楽器店版『新撰國民唱歌』（↓一四五頁）。

参考：改訂六版と合本『新編教育唱歌集』のちがい

本事典が、開成館版『新編教育唱歌集』全八集の底本に使用した合本『新編教育唱歌集』は、開成館版『新編教育唱歌集』改訂六版を忠実に再現していた。蔵書先の東書文庫で確認した限り、一曲の狂いも無く配列されていた。ただし第六集の「婦人従軍行」が合本では「婦人従軍歌」となっている。数か月遅れで刊行されたこの合本に掲載された「婦人従軍歌」のほうが正しいのだろう。目次も同じような違いを見せていることからも、単なる誤植ではなく、一時的に改題したとも解釈できる。その後の出版物にも「婦人従軍行」という曲名は見かけない。

◆資料【一九〇六（明治三九）年認可済歌曲】

沖縄県（四月二七日）(小)：「卒業の歌」
滋賀県（五月五日）(小)：「滋賀郡ノ歌」
福井県（十月一三日）(小)：「足羽山」
大阪府南河内郡小學校＊（十二月一九日）(小)：「大楠公」「小楠公」
＊認可申請はこれまで府県単位であった。単一の小学校からの申請が認可されるようになると、申請した学校のみの使用となる。

◆資料【一九〇六（明治三九）年検定済曲集】

『皆兵軍歌』(教)(高)四月五日検定（三月二八日再版）
『新編教育唱歌集』(教)(高)(師)二月二〇日検定（一月二八日訂正六版）
『伊勢参拝』(高)五月二日検定（五月二日訂正三版）
『新日本』(教)(高)五月七日検定（四月二九日訂正）
『大觀兵式の歌』(高)四月一三日検定（四月一〇日訂正再版）
『行進唱歌　春之曲』(高)四月十一日検定（四月一〇日訂正再版）
『明治三十七、八年戰役　陸軍記念日之軍歌』(高)六月一日検定（四月二五日訂正再版）
『修身教育　十二ヶ月唱歌』(高)□検定（五月二日再版）
『陸軍戰捷紀念日祝歌』(高)五月二一日検定（五月一七日訂正再版）
『南部中尉』四月五日検定（六月一日修正四版）
『戰捷國女子の歌』(高)六月二六日検定（六月一三日訂正）
『四季の花』七月二七日検定（六月二五日三版）
『行進唱歌　秋之曲』(高)八月二七日検定（八月二五日訂正版）
『衞生唱歌』九月七日検定（八月三一日再版）
『農業唱歌』九月一日検定（八月十五日訂正再版）
『再訂　勤儉歌』九月一日検定（八月一五日訂正一六版）
『陸海凱旋　紀念唱歌』八月二七日検定（八月二〇日修正再版）
『ほまれの歌　東郷大將』九月八日検定（八月二八日再版）
『名譽之日本』九月四日検定（八月二八日再版）
『教育軍歌』九月七日検定（九月五日訂正再版）
『山田唱歌集』十月二〇日検定（十月四日訂正再版）
『皆兵軍歌』十一月二四日 検定（九月一四日再版）
『日本唱歌　我が陸軍』(高)十二月四日検定（十一月一日訂正再版）
『滿韓鐵道唱歌』十二月四日検定（十二月二日訂正再版）
『最近改訂軍艦唱歌』十二月六日検定（十一月一日訂正再版）
『地理歴史教育　東京名所唱歌』十二月二一日検定（十二月十九日訂正再版）

一九〇七（明治四〇）年

一九〇七（明治四〇）年、義務教育年限が六年に延長される。就学率が九六パーセントに達し、尋常小学校に併設された高等小学校の普及を背景に小学校令が改正される。小学校は高等科を含む六年が、義務教育となった。これ以降、本資料において、検定で重要であった尋常・高等の別は明記せず、特に記された検定曲集のみ付記する。認可済歌曲も同様。

◆資料【一九〇七（明治四〇）年認可済歌曲】

神奈川県（七月一〇日）：「ペスト豫防の唱歌」
福島県（十月二三日）：「新設連隊歓迎唱歌」

◆資料【一九〇七（明治四〇）年検定済曲集】

『地理唱歌　物産唱歌』一月八日検定（明治三九年十二月二三日修正再版）
『鼠疫豫防衛生教育　ねづみ唱歌』二月二〇日検定（二月五日訂正三版）
『地理教育　海國少年』三月一日検定（二月二八日訂正）
『博物教育　動物園唱歌』二月二五日検定（二月二三日訂正）
『東京勧業博覧會唱歌』四月三〇日検定（四月二五日訂正再版）
『害蟲唱歌』七月三日検定（六月二〇日訂正再版）
『日本唱歌集』四月十一日検定（四月一三日再版）
『實業教育　東京勧業博覧會唱歌』四月三〇日検定（四月二五日訂正再版）
『地理教育大日本帝國　航海唱歌』五月三一日検定（五月二九日訂正四版）
『動物園唱歌』六月二七日検定（六月二四日訂正再版）
『韓國鐵道唱歌』七月一日検定（六月二四日訂正再版）
『四季の歌』六月二九日検定（六月二八日訂正再版）
『滿州鐵道唱歌』七月一日検定（六月二四日訂正再版）
『内地旅行唱歌（關東）』八月三日検定（七月三一日訂正再版）
『内地旅行唱歌（奥羽）』八月三日検定（七月三一日訂正再版）
『唱歌　いへやすとどーかん』九月三日検定（七月二三日訂正再版）
『新撰唱歌　花の都』検定日不明（七月一五日訂正再版）

『日本地理教育 日本一週船旅行唱歌』九月九日検定（八月四日再版）
『電車めぐり 公園唱歌』十月二日検定（九月三〇日訂正再版）
『水族館唱歌』十月二日検定（九月三〇日訂正再版）
『内地旅行唱歌（本州中部南の巻）』十月二日検定（九月三〇日訂正再版）
『内地旅行唱歌（本州中部北の巻）』十月二日検定（九月三〇日訂正再版）
『日本名勝唱歌』十月四日検定（九月二八日訂正再版）
『國民歌 平和之旗風』検定日不明（九月二五日訂正再版）
『校外教授 野外唱歌』十月十二日検定（十月一〇日訂正再版）
『北海道唱歌北の巻』十月一八日検定（九月二九日訂正再版）
『國定教材 日本地理唱歌』十月二三日検定（九月三〇日修正再版）
『しんしょーか』十一月一八日検定（十一月三日訂正再版）
『大阪巡航唱歌』十一月二五日検定（十一月一五日訂正）
『發明唱歌』十一月二八日検定（十一月二四日訂正再版）
『東京市撰定 東京唱歌』十二月十二日検定（十一月二八日）
『汽車汽船 日本一週唱歌』十二月十三日検定（十二月一〇日）

◆資料　一九〇七（明治四〇）年に刊行された唱歌集から
『東京市撰定 東京唱歌』東京市教育會編（刊行：十一月 発行：東京市教育會）
『中等教科 英語唱歌集』青地橘編（刊行：四月 発行：修文館）

一九〇八（明治四一）年

◆資料【一九〇八（明治四一）年認可済歌曲】
山口県（四月九日）：「奉迎歌」

◆資料【一九〇八（明治四一）年検定済曲集】
『教育勅語唱歌』三月二七日検定（三月二五日修正再版）
『國定教材 二宮尊徳先生唱歌』四月一四日検定（四月十二日修正再版）
『地理教育 東洋一週唱歌』四月一六日検定（四月一日修正再版）
『修身唱歌 二宮金次郎』四月十日検定（四月二日訂正再版）
『軍艦唱歌 海軍の光』四月九日検定（四月四日訂正再版）
『新曲 舌切雀』五月二日検定（四月二八日訂正再版）
『春秋 運動會唱歌』六月一五日検定（六月七日訂正再版）
『開國五十年唱歌』六月二四日検定（六月二五日（ママ）訂正版）
『高等小學唱歌』八月五日検定（七月三〇日訂正再版）
『報徳唱歌 二宮尊徳』九月一四日検定（七月二日訂正再版）
『小學 算術唱歌』九月十日検定（九月三日修正再版）

◆資料　一九〇八（明治四一）年に刊行された唱歌集から
『修身唱歌二宮金次郎』永井孝次編（刊行：四月 発行：三木楽器店）
『最新 中等唱歌集』天谷秀編（刊行：八月 発行：十字屋）
『日英唱歌集』第一集　福井直秋著（発行：学海指針社）
『工業唱歌』大和田建樹詞・田村虎藏曲（発行：東京音楽書院）

一九〇九（明治四二）年

◆資料【一九〇九（明治四二）年認済可歌曲】
熊本県（一月二三日）：「加藤清正」
神奈川県（七月二日）：「横濱市歌」

◆資料【一九〇九（明治四二）年検定済曲集】
『衛生唱歌』一月二一日検定（一月一五日再訂三版）
『世界一週唱歌』二月九日検定（二月一日訂正五百一版）
『教育唱歌 大みこと』二月二五日検定（二月二二日訂正再版）
『大阪市街 電車唱歌』三月一日検定（一月五日訂正三版）
『學校唱歌』三月二日検定（二月一六日修正再版）
『帝國唱歌 神武天皇』三月一三日検定（三月一〇日訂正再版）
『我等が愛する北海道』検定日不明（二月二〇日訂正再版）
『教育勅語 唱歌』三月二四日　検定（三月二日訂正再版）
『戊申 聖詔唱歌』三月二五日検定（三月一五日訂正）
『東海道唱歌 汽車』四月八日検定（三月二五日訂正再版）
『唱歌教材 我國兵士』四月二〇日検定（三月二五日訂正再版）
『學校案内 學生唱歌』四月一六日検定（四月八日訂正三版）
『遠足唱歌』五月一三日検定（四月二五日訂正再版）
『工業唱歌』五月二五日検定（五月二四日訂正三版）
『戊申大詔 勧倹唱歌』六月一一日検定（六月三日訂正三版）
『京の名所』六月二四日検定（明治四一年十二月七日訂正再版）
『なにはの花』六月二四日検定（明治四一年十二月七日訂正再版）
『奈良の公園』六月二四日検定（明治四一年十二月七日訂正再版）
『東京名勝日曜遊び 公園唱歌』六月二四日検定（六月二一日訂正再版）
『戊申大詔 奉體歌』七月十三日検定（七月八日訂正三版）
『國民奉讀 戊申詔書唱歌』九月一四日検定（八月三〇日訂正再版）
『二宮尊徳 報徳唱歌』九月二九日検定（九月一〇日訂正再版）
『戊申詔書 奉體歌』十月十二日検定（十月八日訂正五版）
『大國民之歌』十月三〇日検定（十月三〇日）

◆資料　一九〇九（明治四二）年に刊行された唱歌集から
『遠足唱歌』巌谷小波著（発行：丸屋書店）
『東海道唱歌　汽車』大和田建樹詞・田村虎蔵曲（発行：浅見文林堂）
『日本學校唱歌大全』付國定讀本唱歌集　美聲会編（岡村書店）
『日本唱歌大全』日本唱歌会編（発行：独立閣）
『小學復音唱歌集』奥原福市著（発行：前川書店）

資料：一八九六年版『新編教育唱歌集』と開成館版『新編教育唱歌集』全八集

一八九六年版『新編教育唱歌集』第一集・第二集と開成館版『新編教育唱歌集』の関係は、発行人がいずれも三木佐助であり、編纂者が教育音楽講習会である。開成館版の『新編教育唱歌集』全八集（発行：開成館）には、本事典で底本にしている合本版もある。

開成館版『新編教育唱歌集』には、一八九六年版の全二集から継続して掲載された唱歌も含まれていた。その曲を洗い出す。曲名に続き『　』内に記した唱歌集名は該当曲のそれぞれの初出唱歌集である。◎印は一八九六年版を初出とする唱歌である。

開成館版『新編教育唱歌集』第一集

風車『幼稚園唱歌集』
かたつぶり『幼稚園唱歌集』
進め進め『幼稚園唱歌集』
蝶々『小學唱歌集』初編
花さく春『幼稚園唱歌集』
霞か雲か『小學唱歌集』第二編
たまき『幼稚園唱歌集』
四千餘萬◎

開成館版『新編教育唱歌集』第二集

春の彌生『小學唱歌集』初編
織りなす錦　初出『中等唱歌集』

開成館版『新編教育唱歌集』第三集

皇御國『小學唱歌集』第二編
隅田川『小學唱歌集』初編
大和撫子『小學唱歌集』初編
天津日嗣『小學唱歌集』第二編
運動會◎
君が代『小学唱歌』第一集
勅語奉答『祝日大祭日唱歌集』
一月一日『祝日大祭日唱歌集』
紀元節『中等唱歌集』
天長節『祝日大祭日唱歌集』

開成館版『新編教育唱歌集』第四集

金剛石◎
玉の宮居『小學唱歌集』初編
矢玉は霰『中等唱歌集』
富士山『小學唱歌集』初編
四季の月『小學唱歌集』三編
若紫『小學唱歌集』初編
薫りにしらるゝ『小學唱歌集』初編
白蓮白菊『小學唱歌集』三編
螢の光『小學唱歌集』初編
學校紀念日◎
始業式◎
終業式◎
卒業式◎

開成館版『新編教育唱歌集』第五集

千里の道『小學唱歌集』三編
めぐれる車『小學唱歌集』三編
五常の歌『小學唱歌集』初編
君が代の初春　『中等唱歌集』

開成館版『新編教育唱歌集』第六集

思ひいづれば『小學唱歌集』初編
鏡なす『小學唱歌集』二編

開成館版『新編教育唱歌集』第七集

岩もる水『小學唱歌集』第二編
雲『小學唱歌集』第三編
五日の風『小學唱歌集』二編
才女『小學唱歌集』三編
遊猟　初出『小學唱歌集』第二編
太平の曲『小學唱歌集』第二編
御國の民『中等唱歌集』

開成館版『新編教育唱歌集』第八集

春の夜『小學唱歌集』三編
祝へ吾君を『小學唱歌集』第三編
秋草『小學唱歌集』第三編
母のおもひ『小學唱歌集』第三編
埴生の宿『中等唱歌集』
寧楽の都『小學唱歌集』第三編

以上のように、開成館刊行の『新編教育唱歌集』全八集に収められた二四七曲の中には、一八九六年版に掲載された五二曲が採用されていた。評判になった唱歌集『新撰國民唱歌』を初出とする「湊」や「夏は來ぬ」も収められている。このように開成館版は、㈠圧倒的に掲載曲が増えた。そして、㈡当代の広く歌われた唱歌の旋律を数字譜から五線譜に切り替え収録した点が、大きな特色である。ここに『鉄道唱歌』『新撰國民唱歌』など次々とヒット商品を生み出した三木楽器・開成館の実力者三木佐助の出版プロデュース力が見え隠れする。

しかし、この二つのシリーズの関係性ははっきりしない。つまり一八九六年版から時間を経て生まれたこの開成館版は、改訂増補版だったのか、それとも新版であったのか。版型は異なるが、表紙はいずれも朱色で文字配りもそっくり、作り変えも可能な和綴じ製本がポイント。奥付や表紙の情報を調整した痕跡が窺える。

第二章

「文部省唱歌」の登場と変遷

一節「文部省唱歌」の誕生

「文部省唱歌」とは

「文部省唱歌」とは、一般に、文部省が刊行した唱歌教科書（あるいは音楽教科書）に載った歌のことをさすと言えようが、文部省刊行の唱歌集は明治以来多数ある。それらの歌集全ての楽曲を、文部省唱歌というには多くの抵抗を感ずるであろう。文部省が率先して作成した唱歌集ではあっても、五線譜つきの最初の唱歌集である『小學唱歌集』（音楽取調掛編、全三冊）には、旋律を外国のものを借用した楽曲が多く見られ、それまで含めるのには、作曲者からも異論が出されるであろう。例えば、長い間「文部省唱歌」と言われてきて、卒業の式歌として歌われてきた「仰げば尊し」は、櫻井雅人氏の調査によりアメリカでは既に「卒業の歌」（作曲者H.N.D.）として出版されていた楽曲であった。

また、儀式歌として明治政府が一八九三（明治二六）年（「官報第三〇三七号付録 明治二六年八月一二日」）に制定した「君が代」をはじめとする「祝祭日儀式唱歌」も、全て「文部省唱歌」とするには意見が出るところであろう。そのようなことから人によっては、色々な解釈がなされている。

木村信之は、「文部省唱歌」について次のように述べている。

「昭和二二年に刊行された音楽教科書は、文部省の著作であっても、そこに収められている曲の多くは、作詞、作曲者が明記されており、これらは、いわゆる『文部省唱歌』ではない。（この教科書中、『文部省唱歌』にあたるものは、作詞・作曲とも不明と書かれている。そうしてみると、『文部省唱歌』とは、国民学校音楽教科書以前の、文部省編纂・著作の教科書にはいっている曲ということになる。これらには作詞・作曲者は明記されていない（しかしこの中の数曲は、戦後、作詞あるいは作曲者が明らかになり、著作権が個人に帰属しているようである）。しかし、それも音楽取調掛編纂の『小學唱歌集』までさかのぼると、外国曲が多数入っていたりして、純粋に文部省著作の曲とはいえないものが多い。」（注1）

として、「真に文部省唱歌として誕生した」唱歌集は、『尋常小學讀本唱歌』と『尋常小學唱歌』であるとしている。木村は、「文部省唱歌」の誕生を『尋常小學讀本唱歌』として、続いて刊行された『尋常小學唱歌』『高等小學唱歌』『新訂尋常小學唱歌』『新訂高等小學唱歌』〈国民学校音楽教科書〉などに収められた曲で、現在著作権が文部省に帰属している曲を「文部省唱歌」であるとしている（ただし、わらべうたに徳育歌詞をつけた「かぞへ歌」などは含まれていない）。

しかし、文部省は、一九一〇年七月一四日発行の『尋常小學讀本唱歌』以前に、作詞・作曲とも全て邦人の手による唱歌教科書を発行している。それは、『戰爭唱歌』と『凱旋』である。

この唱歌教科書は、どちらも高等小学校用として編纂され、『戰爭唱歌』は、一九〇四年十一月一三日に第壱篇、翌一九〇五年三月一五日に第弐篇、『凱旋』は、同十月二四日に発行された、日露戦争を題材とした唱歌教科書であった。これらは文部省唱歌教科書であり、国民を鼓舞させる軍歌集であった。

（注1）
木村信之「文部省唱歌の誕生とその道すじ」
（『音楽教育研究』一九七二年四月号）

『諸教科統合 尋常小學唱歌』を編纂した田村虎蔵と納所辨次郎

『教科適用幼年唱歌』を著した、田村虎蔵・納所辨次郎、それに佐々木吉三郎が加わり『諸一方、一八七二年八月に〈学制〉が発布され、翌月には、教授法、教科書、教科内容などを示した「小学教則」が制定された。以来、一八七九年までは、教科書は自由発行・自由採択であったが、一八八六年四月の「小学校令」によって検定制が敷かれた。さらに翌年「教科書図書検定規則」の制定により、教科書の検定制が確立していた。

また、この検定制度期は、次期の国定教科書制度確立へ向けての準備とも言えるものであった。一八九〇年に「教育ニ関スル勅語」が発布され、日清戦争（一八九四〜九五年）を経るなかで、国家主導の教育観が急速に高まり、教科書国定化への主張が育ってゆく。一九〇三年四月、小学校令は改正され「小學校ノ教科用圖書ハ文部省ニ於テ著作権ヲ有スルモノタルヘシ」と規定された。ここに小学校教科書の国定制度は確立したのである。国定教科書の使用は、翌一九〇四年の四月から始まり、まず、国語読本、書き方手本、修身、日本歴史、地理が使用された。続いて一九〇五年四月からは、算術、図画の教科書が使用され、一九一〇年四月からは理科が加わった。しかし、唱歌は国定教科書にはならなかった。

このような状況において、唱歌の教科書は検定を受けた唱歌集を使用していた。この検定済唱歌集には、国定制度以前に出版されたものと、以後に出版された両方のものがあった。文部省は、これら一連の唱歌集に対して国としての標準的な教科書編纂を考えた。それは、一九〇七年の小学校令改正で、尋常小学校が六年の義務制となり、〈唱歌科〉がほとんど必須科目に近い形で扱われるようになったこと、さらに当時、唱歌教科書の一般的形となっていた他教科との関連をもった唱歌集の模範を作ることでもあった。このような考えに立って、まず手始めに一九一〇七月一四日に『尋常小學讀本』の韻文に旋律をつけた『尋常小學讀本唱歌』を発行した。続いて翌一九一一年五月から一九一四年六月にかけて、各学年毎の『尋常小學唱歌』を完成していった。

その後、昭和五（一九三〇）年五月六日に、『高等小學唱歌』を発行、一九三二（昭和七）年三月三〇日〜十二月一〇日にかけて発行した『新訂尋常小學唱歌』、一九三五年三月三一日〜八月五日にかけて発行した『新訂高等尋常小學唱歌』、一九四一年二月二七日〜一九四一年十二月三一日に発行された『ウタノホン』上〜『初等科音樂』四、一九四四年四月三〇日に発行された『高等科音樂』等々がある。これら一連の文部省著作の教科書に載った歌を「文部省唱歌」とよぶことができよう。

さらに、第二次世界大戦後に文部省の手によって編纂された『一ねんせいのおんがく』〜『六年生の音樂』には、外国曲や大正時代に作られた童謡も載っており、これも「文部省唱歌」とは言い難いものである。

このように「文部省唱歌」については、いろいろな解釈がなされている。「文部省唱歌」を敢えて定義するならば「文部省によって編纂・企画された学校用唱歌教科書で、作詞、作曲とも邦人の著作によった唱歌で、その教科書に初出した歌」とするのがよいと言えよう。

『戰争唱歌』と『凱旋』の登場

「文部省唱歌」を、全て日本人の作詞・作曲によって、文部省が編纂した教育目的の唱歌教科書の楽曲と定義するならば、その最初といえるものは、前章に掲載した一九〇四（明治三七）年十一月、一九〇五年三月発行『戰争唱歌』（第壹篇・第弐篇→二五九頁、二六六頁）と、一九〇五年一〇月発行『凱旋』（→二八〇頁）の三冊と言えよう。

この唱歌集の『戰争唱歌』第壹篇・第弐篇の緒言には「本書は日露戦争に關する唱歌を編輯したるものにして高等小學校教科用に充つる目的とす」と、『凱旋』の緒言には「本書は高等小學校教科用に充つる目的とし曩に本省に

教科統合 尋常小學唱歌』が発行されたのは、小学校令が改正される直前の一九〇五（明治三八）年十月から翌一九〇六年四月にかけてのことであった。更に『諸教科統合 高等小學唱歌』（田村虎蔵・納所辧次郎・大橋銅造著）は一九〇六年十一月から翌年十二月に刊行された。これらは、三五七頁でも紹介するが、文部省唱歌が誕生する直前に民間の手によって作られた文部省検定済唱歌集である。

緒言では、「現今尋常小學校の唱歌教授に適切なる教材を供給せんとして編纂したるものなり。而して、其教材は、尋常科第一學年、同第四學年に至るまで、各學年各學期に配當したれば、順次編を遂ひて、教科用書に充て得べきものとす」とし、編纂の際には、特に「修身・國語の國定教科書に關係を有する事項兒童の實際生活に親しき事項等に取り、以て、各教科の統一を圖り、兒童の心理的要求に適應」することに力を注いだこと、歌詞は「平易にして」「理解し易く、而も詩的興味を失わざるものを選」んだとしている。

於て編纂したる戰争唱歌の第二篇に接続セシム」と記している通り、三冊をもって日露戦争に関する文部省編纂の学校用軍歌集と言えるものであった。

この三冊の楽曲数は全二三曲で、各曲の曲名と作詞・作曲者は、緒言に以下のように記されており、その当時の第一線の作詞家・作曲家が手掛けたものであった。

『戰争唱歌』第壱篇には、「歌詞中第四回旅順口攻撃の歌、九連城占領の歌、閉塞隊の歌、南山占領の歌、旅順港外海戰の歌は佐佐木信綱の作に係る又樂譜は上眞行、小山作之助、楠美恩三郎の作に係り上眞行をして整理せしめたるものなり」と記されている。同第弐篇は、「巻頭に特に御製『児らはみな』を奉掲し児童をして之を敬唱して御盛徳の一端を感佩し益忠勇の志氣を發揮せしめんことを期せり其他の歌詞中兵士の門出、常陸丸、輜重輸卒、蔚山沖の海戰、露営の夢は佐佐木信綱の作に係り餘は本省吏員の作らしめ上眞行をして整理せしめたるものなり」と記されている。一方、『凱旋』には、以下に示すように、各曲の作詞者と作曲者がまとめて記されている。

このように、第壱篇では、「夏は来ぬ」や「水師營の會見」等の作詩をしている佐佐木信綱が九曲中五曲の作詞を担当し、作曲は、「一月一日」の作曲者の上眞行、「夏は来ぬ」、「敵は幾萬」の作曲者の小山作之助、「お星様」の作曲者の楠美恩三郎等が担当している。第弐篇では、佐佐木信綱を中心に、詩歌に秀でた文部省の吏員が当たっている。『凱旋』は四曲ではあるが、作詞作曲者が明記されており、作詞は『地理教育鐵道唱歌』、『春夏秋冬散歩唱歌』の作詞者の大和田建樹、国文学者で詩人の尾上八郎、華族女学校の教師であった阪正臣等が当たり、作曲は上記三名に「春の小川」、「紅葉」、「朧月夜」、「故郷」の作曲者である岡野貞一が担当している。上眞行は、全体の調整役に当たっていたようである。

『戰争唱歌』【第壱篇】
・ロシア征討の歌
・第一回旅順口攻撃及び仁川沖海戰の歌
・第四回旅順口攻撃の歌（佐佐木信綱作詞）
・第七回旅順口攻撃の歌
・九連城占領の歌（佐佐木信綱作詞）
・閉塞隊の歌（佐佐木信綱作詞）
・南山占領の歌（佐佐木信綱作詞）
・得利寺附近戰争の歌
・旅順港外海戰の歌（佐佐木信綱作詞）

『戰争唱歌』【第弐篇】
・御　製
・兵士の門出（佐佐木信綱作詞）
・常陸丸（佐佐木信綱作詞）
・輜重輸卒（佐佐木信綱作詞）
・八月十日の海戦
・蔚山沖の海戰（佐佐木信綱作詞）
・露営の夢（佐佐木信綱作詞）
・遼陽占領
・野戰病院
・戰死者葬送

『凱旋』
・凱旋（大和田建樹作歌　楠美恩三郎作曲）
・旅順開城（尾上八郎作歌　小山作之助作曲）
・奉天附近會戰（尾上八郎作歌　岡野貞一作曲）
・日本海海戰（坂（ママ）正臣作歌　上眞行作曲）

明治三〇年代に入り、愛唱歌が誕生する一方で、時の政府は、日清・日露戦争を経るなかで、富国強兵のため、戦意の鼓舞の為に編纂したのが高等小学校用の唱歌教科書『戰争唱歌』と『凱旋』であった。最初の、邦人のみによる文部省編纂唱歌集が、軍歌集であったとは皮肉なこ

戦争と唱歌

一九〇四年十一月二六日に日本軍は、旅順総攻撃を開始し、同十二月五日には二〇三高地を占拠する。「日露戦争」の戦況は、これを境に翌年九月五日の日露講和条約調印へとむかった。

『戰争唱歌』第一篇は、この一九〇四年の十一月一三日に初版を刊行している。続く『戰争唱歌』第二篇は、一九〇五年三月一五日に発行されている。日露戦争の戦況報告が児童に「唱歌」という手段でリアルタイムになされたのである。続く『凱旋』は講和条約が調印された直後の一九〇五年十月二四日に、準備されていたかのように発行された。

『戰争唱歌』第壱篇は、初版の発行からわずか二四日後には、第十二版を記録した。同じく第二篇は発行から四日後には五版を、また『凱旋』は十一日後には再版を果たしていた。

とであった。

『尋常小學讀本唱歌』

　教科書、あるいはそれに書かれている内容は、児童にとっては真理であると思い、信じる対象であると言えよう。そのことは、今も昔も変わらないものである。そのことは、為政者にとって国民を教育するに当たって最も重視する点であろうし、教科書内容を為政者が握ることは、国を治める上の格好の手段とも言えるものである。まさに洗脳の手段とも言える方法である。明治政府は、かねてから教科書を国定化したいと願っており、それを唱歌でも実行に移したものが『尋常小學讀本唱歌』であり、唱歌内容の統制の始まりでもあったのである。

　『尋常小學讀本唱歌』は、一九〇四（明治三七）年から実施された教科書国定制度の産物として登場したもので、国定化後六年が経過した一九一〇年七月に刊行された初の尋常小学校用「文部省唱歌」教科書である。一九〇七年の小学校令の改正で、尋常小学校が六年制となり、「唱歌科」がほとんどの学校で設けられ、国としても教科書の模範を示す必要に迫られていた。この手始めとして編纂されたのがこの唱歌集である。

　この教科書は、書名が示すように、『尋常小學讀本』に載った詩から作曲が比較的可能ないくつかを選び、それに旋律を付けたもので、上眞行、小山作之助、島崎赤太郎、楠美恩三郎、岡野貞一、南能衛の六名の作曲家が音楽専門委員として編纂に当っている。この教科書の出現により、軍歌集ではない、いわゆる文部省の唱歌教科書が誕生したのであった。

　『尋常小學讀本唱歌』は、全二七曲から成っており、全曲が『尋常小學唱歌』に受け継がれている。作曲委員の一人であった南能衛は、編集方針として次の八項目をあげている。（注2）

一、音域：初學年初學期は、
　a圖の如く小字一点・ト音、又は・ヘ音より同二点：ニ音間の音域より初め漸次發音せしめ、末學年に至りて
　b圖の如く、小字二点：ホ音間の音域に及ぶ。（注3）
二、言葉と樂曲の高低強弱の並行：之を行ふには出来得る程度に於てせり、猶發音は東京語を標準とせり。
三、歌曲の速度：メトロノーム記号を以って此れが標準を示したり。
四、呼吸すべき個所：樂曲の性質、並びに其速度の關係を参酌して、其必要の個所に相當の記号を附して、之れを表示せり。
五、發想：特に其必要を認めたる歌曲にのみ附し置きたり。
六、樂曲の形式：本書は其作曲の形式、出来得る限り規則正しきものを採用せり。
七、樂曲の程度：近来行はるゝ五聲唱歌（即ち半音なし）に比すれば聊か硬的材料たるの感あらん。
八、程度の順序：左表（下欄）の如く、各學年の材料僅かに、數曲に過ぎざる故、各材料の用らるゝ時期に於て、各其間に相當の日月を経過するものなれば、其間の進歩を聯想したる故、間々其程度の順序に於て、多少急激なる配列なるが如き觀あらん、又反対に、前述の如く、唯其記号を便にしたる材料あれば、其程度に於て、容易に過ぐる配列あるべし。（注4）

　このような編集方針に基づいて作られたこの唱歌集は、一冊で六年生までを対象としていたためか、各学年の配

（注2）
南能衛「文部省編纂尋常小學讀本唱歌の取扱上につきて」『音樂』明治四三年十一月号、一一～一三頁〈第三、編纂方針並に本書一般に対する取扱上の注意〉東京音楽学校学友会編

（注3）

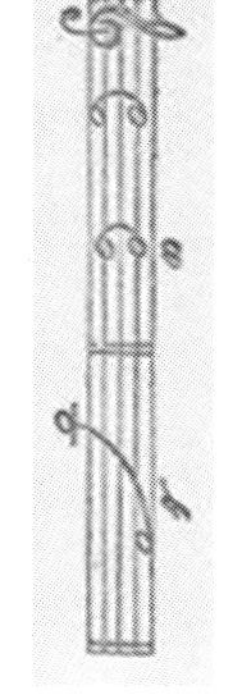

（注4）

各学年配当一覧表

第一学年　からす　あさがほ　つき　たこのうた
第二学年　こうま　かへるとくも　ふじの山　とけいのうた　母の心
第三学年　春が来た　虫のこゑ　日本の國　かそへうた
第四学年　ゐなかの四季　家の紋　何事も精神　たけがり　近江八景
第五学年　舞へや歌へや　三才女　水師營の會見
第六学年　我は海の子　出征兵士　同胞玆に　五千萬　鎌倉　國産のうた　卒業

当曲は三〜五曲という僅かなものであった。そのため編纂当初から各学年一冊の教科書が考えられており、（注5）十か月後には『尋常小學唱歌』が発行されたという息の短い教科書であった。なお、『尋常小學讀本』と『尋常小學讀本唱歌』との関連は三四九頁〜三五六頁の各曲題に続き示した通りである。また、『尋常小學讀本唱歌』の「春が来た」は、『尋常小學讀本』（第五巻第二課 第三学年）では次のように載っている。（注6）

だい二　のあそび

かぜが、だんだん、あたたかくなってきて、木もめをだしました。

草もみどりになってきました。

野原には、たんぽぽやすみれなどが、いちめんに、さきそろってゐます。空では、ひば　りがさへづってゐますし、林では、うぐひすがないてゐます。ちょーちょは、花から花へ、まってゐます。

おはなとおちよとがつみくさをしてゐますと、太郎も、文吉も、あそびに、きました。　いま、みんなが、おもしろさうに、しょーかをうたってゐます。

春がきた。春がきた。　どこに、きた。
山に、来た。野に、来た。さとに、来た。」
花がさく。花がさく。　どこに、さく。
山に、さく。野に、さく。さとに、さく。」
鳥がなく。鳥がなく。　どこで、なく。
山で、なく。野で、なく。さとで、なく。」

すなわち、「春が来た」の歌は、「のあそび」という『尋常小學讀本』の教材の中の詩をもとに、メロディーを創作したものであった。またこの当時既に、この詩にいくつものメロディーが付けられ歌われてもいた。それは、一九〇四（明治三七）年発行、山田源一郎校閲の『尋常小學讀本唱歌』下の「のあそび」、吉田信太編纂の『國定尋常小學讀本唱歌』下の「のあそび」（吉田信太作曲 一九〇五年十一月一二日再版発行　弘道館発行）（注7）などである。（→三五七頁）

『尋常小學讀本唱歌』は、邦人の手による小学校の教育用に作られた官製の唱歌であった。「文部省唱歌」は、国の普及活動によって、それ以後、時代々々の流れとと

山田源一郎校閲版「のあそび」

吉田信太曲「のあそび」

（注5）注2、一三頁、「種々の編纂難を生じたる結果、出来得る限りの範囲に其方針を準拠して編纂したるものなれば、其欠くる点少なしとせず。然れども、之れ等の点は、不日出版せらるゝ、小學全科に通ずる。　尋常小學唱歌教科書　により、系統的材料を、供給せられ、尚同時に総べての方針をも示さるゝ筈なれば、兎に角其供給を受くる迄は、其各教材間に、前後の関係を参酌して相當の材料を挿入して、其順序の聯絡を計られ其欠くる点を補はれたし。」

（注6）文部省著作『尋常小學讀本』巻五、明治三六年九月九日発行、三-五頁

（注7）
①山田源一郎校閲の『尋常小學讀本唱歌』下（作曲者　不詳　明治三七年五月一八日刊行、明治三七年十月七日一〇版 発行：啓文館発行）。
②吉田信太編纂の『國定尋常小學讀本唱歌』下（高野辰之作詞　吉田信太作曲　明治三八年十一月一二日再版 発行：弘道館発）にも同名異曲がある。

もに新しい教材が生み出され、児童・生徒にうたわれてきた。それはまた、その時代に育った人々の歌の故郷をも形成していったとも言える。

『尋常小學唱歌』

明治中期から後期にかけてのわが国の教育は、教育勅語にみられる国家主義的色彩と、日清・日露戦役を契機とする絶対主義・軍国主義的色彩が濃くなってくる。しかし一方では、全国教育者大集会が開催されるなどして、民主教育を叫ぶ声も出、政府の教育行政をするどく批判する動きがあらわれてきた。この期の教育は、国家主義の教育を押し進める面と、教育の民主化の萌芽という二面を持っている。

日清・日露戦役により国民の経済面、生活面、文化面にも大きな変化が生じてきた。それは音楽においてもあらわれ、軍歌と学校唱歌が歌われるようになってきた。しかしその学校唱歌が、非常に教訓的であったため、児童への定着は難しかった。

家庭・学校で盛んにうたわれた「戦友」表紙

一方軍歌は、時の社会状況を反映し、歌詞内容も闘争的であったため民衆の興味をそそり、広く市井で歌われた。そのためか、小・中学校ではいわゆる唱歌集を用いる教育と共に、軍歌も教えられていた。また当時の軍歌は、「軍歌調」という特色を持っていて、音階は通称「ヨナ抜き音階」（楽譜1）、リズムは「ピョンコ節」（→一四二頁）と呼ばれたスキップのリズムが多用されていた。これが相俟って大衆に受け「軍歌調」が広まっていった。

明治三〇年代になると、軍歌調のリズムを用いた『鐵道唱歌』、『散歩唱歌』などの唱歌が作られ、軍歌調の軽快さも手伝い軍歌調の歌が流行し、学校唱歌にも「ヨナ抜き音階」「ピョンコ節」が用いられた。

『尋常小學唱歌』の編纂

文部省は、『尋常小學唱歌』の編纂にあたり、芳賀矢一、高野辰之、岡野貞一等からなる『尋常小學唱歌』編纂委員会を設け、編纂委員には、芳賀矢一をはじめ、湯原元一、上田万年、高野辰之、小山作之助、岡野貞一等が当った。そのなかに更に、作詞委員会（委員長芳賀矢一）と作曲委員会（委員長湯原元一）の二つの専門委員会を立

楽譜1　ヨナ抜き音階

「凱旋」（→280頁）

ち上げて、編纂作業の推進をはかった(『小學唱歌教科書編纂日誌』一九〇九年六月〜)。小学校各学年一冊の『尋常小學唱歌』児童用と教師用は、翌一九一一(明治四四)年五月から一九一四年六月にかけて全六冊が発行されていったのである。

『尋常小學唱歌』は、各学年二〇曲で構成され、歌詞内容は、他教科との関連を濃くしたもので、「読本」をはじめ、「修身」、「国史」、「地理」などの教科内容を基にして歌が作られた。特に「読本」からの題材が多く用いられている。「かたつむり」は、「読本」での「キノエダニタカツムリガイマス　デンデンムシムシ　ツノダセヤリダセ」の文から作詞された歌であり、「桃太郎」も「浦島太郎」も同様に「読本」の教材から作詞された歌である。また、「雁(雁がわたる)」は「読本」の「ガン」、「村の鍛冶屋」は、「かぢ屋」から作られた。このように、児童の生活や心を考えて新たに誕生した歌とは言えない歌であった。

このころ、小学校の唱歌教科書を編纂するに当たって、東京音楽学校(現東京藝術大学音楽学部)は、明治四三年二月に、文部省を通して全国の師範学校に「小學唱歌に対する師範學校の意見」を求めている。それは以下の五項目であった。さらに質問五での「其他総て唱歌教授に関して意見あらば承知したし」では、さまざまな意見が「小學唱歌に対する師範學校の意見」としてまとめられている。(東京音楽学校が文部省を経て明治四三年二月に調査。『音樂』明治四三年十一月号)所載)

一、聴唱法は凡そ第何学年迄継続せるを適当とするか。
二、略譜に依る教授は凡そ第何学年より始め第何学年に終わるを適当とするか。
三、本譜に依る教授は凡そ第何学年より始むるを適当とするか。
四、重音唱歌は凡そ第何学年より始むべきか又何重音まで課するを適当とするか。
五、以上の外、略譜の廃止、又は存置に関し、其他総て唱歌教授に関して意見あらば承知したし。

この五項目の解答結果を整理すると次頁の『尋常小學唱歌』編纂の為の事前調査回答表」のようであった。

さらに、質問五での「其他総て唱歌教授に関して意見あらば承知したし」では、さまざまな意見が寄せられている。そこに寄せられていた希望意見(回答三〇件弱、三七件ほど)で、複数校から出されていたものの主な意見は、以下の通りであった。

(1)、各学年相当に系統的に基本教練の教材を加へられたし(千葉、栃木、秋田、愛媛、島根、鳥取、静岡、青森、岡山等)
(2)、教師用には平易なる伴奏譜を添へられたし(新潟、千葉、奈良女高、青森、秋田、富山)
(3)、教科書・生徒用、とに別かち教師用には唱奏上及び教授上の注意を付せられたし(石川、新潟、福岡、千葉、高田)
(4)、略譜階名唱法も原語にすること(東京高師女、青森、福島其他数校)
(5)、単音より重音に移る段階として輪唱を加へられたし(山口、徳島、滋賀其他数校)
(6)、国民的趣好に適するものを加ふること(東京高師女、福島、千葉)

以下二校以上の希望意見としては、
・「初年級用には絵画を添へられたし」
・「掛図譜制作せられたし」
・「俗楽にまぎらはしき短旋法は避けられたし」

『尋常小學唱歌』収載曲

★印は『尋常小學讀本唱歌』より継続
( )内は、『尋常小學讀本唱歌』掲載時の曲名。

一年
日の丸の旗
鳩
おきあがりこぼし
人形
ひよこ
かたつむり
牛若丸
夕立
桃太郎
★朝顔(アサガホ)
池の鯉
親の恩
★烏
菊の花
★月
木の葉
兎
★紙鳶の歌
犬
花咲爺

二年
桜
二宮金次郎
よく学びよく遊べ
雀
★小馬(こうま)
田植
雨
蟬
★蛙と蜘蛛
浦島太郎
案山子
富士山(★ふじの山)
仁田四郎
紅葉
天皇陛下
★時計の歌
雪
梅に鶯
★母の心
那須與一

三年
★春が来た
かがやく光
茶摘
青葉
友だち
汽車
虹
★蟲のこゑ
村祭
鵯越
★日本の國
雁
取入れ
豊臣秀吉
皇后陛下
冬の夜
川中島
おもいやり
★港
★かぞへうた

表1　尋常小學唱歌編纂の爲の事前調査回答表

(1) の回答	%	(2) の回答	%	(3) の回答	%	(4) の回答	%	(5) の回答	%
凡尋2迄継続	18.8	凡尋3より尋4迄	8.9	凡尋5より尋6迄	11.4	尋4より(3重音迄)	1.4	設置説	62.6
尋3迄	45	尋3より尋5迄	5.4	尋5より高1迄	4.5				
尋4迄	32.5	尋3より尋6迄	25	尋3より	1.1	尋6より(3重音迄2重音迄各2)	5.5	疑問	10.7
尋5迄	2.5	凡尋4より尋5迄	5.4	尋4より	4.5				
尋6迄	1.2	尋4より尋6迄	48.1	尋5より	13.7	高1より(3重音迄2、他は2重音)	32.9	全廃	26.7
回答総数80校		尋4より高1迄	5.4	尋6より	12.5				
		尋4より高2迄	1.8	高1より	50	高2より(3重音迄6、他は2重音迄)	60.2	回答総数75校	
		回答総数56校		高2より	2.3				
				回答総数88校		回答総数73校			

・「学芸会、学級会、集会、開会、閉会、教師送迎、朝礼等の唱歌を撰ばるゝこと」、
・「歌章は四章迄のこと」、
・「従来行はるゝ中にて高尚優美なるものは併用せられたし」、
・「男女両性に別ちて夫々適当なる材料を配当せられたし」、
・「祝祭日曜歌を平易に改作し全国一定せられたし」等という意見であった。

希望意見の中で、一校しか提出されていないが、歌詞については、上記以外に、
・「国家的精神を発揮するに適するものを加ふること」
・「児童の士気を鼓舞するもの、軍歌採用のこと」、
・「労働、子守用のものを加ふること」、
・「徳育的意味を存する歌詞は表面より道徳として説きしのもより暗々裡に精神に深き印象を与ふるものをよしとす例へば同じく孝の道を説くにも『父母には孝を尽くすべし』云うよりも父母の子を愛育する苦心の有様を写し出したるものが余韻あるかと存ず」

等々の意見。

楽典的な内容としては、
・「速度、発想記号を本邦名にて附せられたし」
・「楽典上の説明を挿入せられたし」
・「弱声部起りの曲を避けられたし」の意見。

指導法に関しては、
・「生徒用には略譜程度には略譜、本譜程度には本譜にて出版せられたし」
・「教科書の初頁に発声口形図を掲げられたし」の意見。唱法については、
・「略譜階名唱法も原語にすること」
・「階名唱法を一定すること」

四年
春の小川
櫻井のわかれ
★ゐなかの四季
靖國神社
蠶
藤の花
曾我兄弟
★家の紋
雲
漁船
★何事も精神
広瀬中佐
★たけがり
霜
八幡太郎
村の鍛冶屋
雪合戦
★近江八景
つとめてやまず
橘中佐

五年
みがかずば
金剛石・水は器
八岐の大蛇
★舞へや歌へや
鯉のぼり
運動会の歌
加藤清正
海
納涼
忍耐
鳥と花
菅公
★三才女
日光山
冬景色
入營を送る
★水師營の會見
齊藤實盛
朝の歌
大塔宮
卒業生を送る歌

六年
明治天皇御製
児島高徳
朧月夜
★われは海の子
故郷
★出征兵士
蓮池
燈臺
秋
開校記念日
★同胞すべて六千萬（同胞こゝに五千萬）
四季の雨
日本海海戦
★鎌倉
★鎌倉
新年
★國産の歌
夜の梅
天照大神
★卒業の歌（卒業）

・「階名唱法を和名にすること」
・「階名唱法は洋名和名共欠く欠点なり新たに制定すること」

などの意見が出されている。

これらの希望意見は、その当時の音楽教師の教材に関する考え方から提出されたのであり、その時代の教育思想をも反映したものと言えよう。

しかし、この調査の回答表内容についてはその後に刊行された『尋常小學唱歌』を見ると、そのほとんどが生かされておらず、編纂作業の参考程度にしか扱われなかったと思われる。

「かがやく光」(『尋常小學唱歌』第３學年用)

『尋常小學唱歌』の内容

『尋常小學唱歌』の内容について唐沢富太郎は、『教科書の歴史〜教科書と日本人の形成』(創文社 一九五六)の中で、第三学年から第六学年の八〇曲について五項目に分類している。

(1)ナショナリズム、ミリタリズム的色彩の強いもの。

①国体・皇室を讃え、忠君愛国を強調しているもの。「かがやく光」(三年)、「靖国神社」(四年)、「大塔宮」(五年)、「児島高徳」(六年)

②武勇を讃え戦争を美化する軍国調のもの「鴨越」(三年)、「広瀬中佐」(四年)、「入営を送る」(五年)、「出征兵士」(六年)

(2)自然の風物、季節を謳ったもの「青葉」、「村祭」(三年)、「春の小川」(四年)、「冬景色」、「朧月夜」(五年)

(3)勤労をうたい、殖産を讃えるもの「茶摘」(三年)、「ゐなかの四季」(四年)、「朝の歌」(五年)、「国産の歌」(六年)

(4)教訓的色彩の強いもの「おもひやり」(三年)、「何事も精神」(四年)、「忍耐」(五年)、「卒業の歌」(六年)

(5)その他。「故郷」(六年)

その分類を見ると、当時の国家主義、帝国主義思想、道徳教育の思想が、唱歌教材を通して教えようとしていることが強く打ち出されている。唱歌の歌詞は、国の政策の代弁者と言われるものであったことが指摘できよう。この唱歌教育の歴史の流れは、軍国主義の加速を強め、やがて、『新訂尋常小學唱歌』の編纂へと進む。

【澤崎眞彦】

「入營を送る」

一九一〇(明治四三)年

『尋常小學讀本唱歌』

文部省編

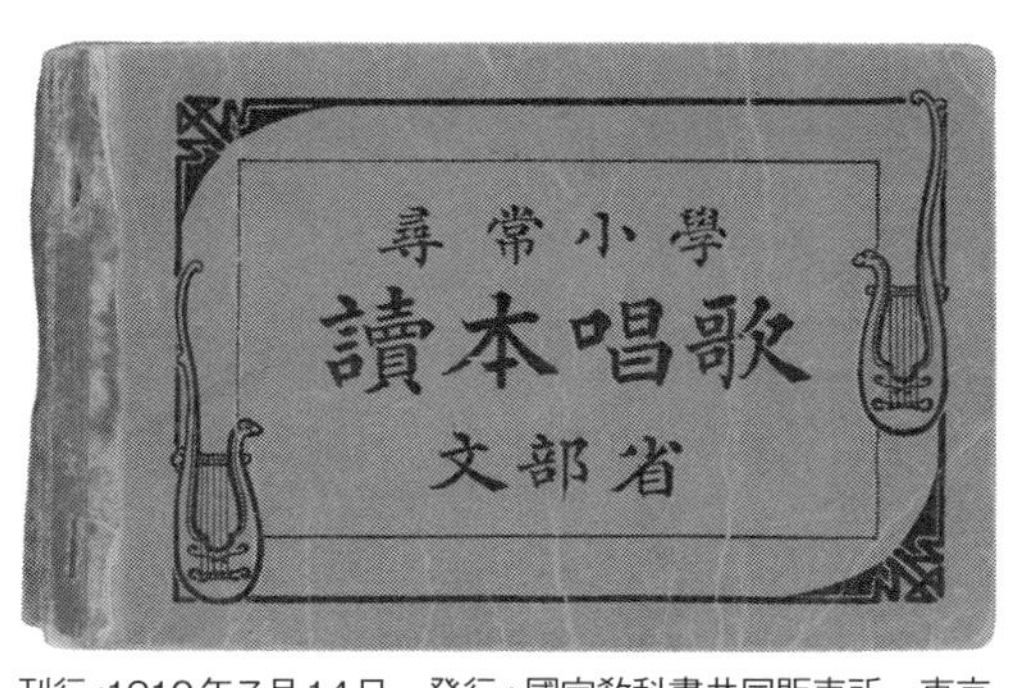

刊行：1910年7月14日　発行：國定教科書共同販売所　東京
縦146ミリ×横220ミリ　表紙別紙＋92頁(扉共紙)

緒　言

一、本書ハ本省編纂ノ尋常小學讀本中ノ歌詞ニ就キ本省ニ設置セル小學校唱歌教科書編纂委員ヲシテ作曲セシメタルモノナリ

二、「かぞへ歌」ノ曲ハ明治二十年十二月本省出版ノ幼稚園唱歌集ニ載セタルモノヲ其ノ儘採録セリ又「水師營の會見」「鎌倉」「國産の歌」ノ三篇ハ學年ノ程度ニ比シテ其ノ曲稍々簡易ニ過グレドモ主トシテ兒童ノ記誦ヲ助ケンガ爲ニ特ニ作曲セリ

三、讀本ノ歌詞中「うめぼし」(巻五)、「人のなさけ」(巻六)、「花ごよみ」(巻八)、「かぶりもの」(巻九)、「家」(巻十)、「松の下露」(巻十)ノ六篇ハ其ノ結構學年相當ノ作曲ヲナスニ適セザルガ故ニ之ヲ省ケリ

明治四十三年五月　　文部省

カラス(巻一、最終)

カアカア
カラス ガ ナイテ イク。
カラス カラス ドコ ヘ イク。
オミヤ ノ モリ ヘ
オテラ ノ ヤネ ヘ
カア カア
カラス ガ ナイテ イク。

＊国民学校時代を除き、戦後一九四七年刊行の『三年生の音樂』に至るまで文部省著作の音楽教科書に継続して掲載された教材。曲名につづく(巻一、最終)は、『尋常小學讀本』巻一の最終課教材と関連していることを示す(以下同)。開成館版『新編教育唱歌集』第一集「からす」(→一二八四)は同名異曲。

ツキ(巻二、第五課)

一
デタ デタ ツキガ。
マルイマルイ マンマルイ
ボン ノ ヤウナ ツキガ。

二
カクレタ クモ ニ。
クロイクロイ マックロイ
スミ ノ ヤウナ クモニ。

三
マタデタ 月(ツキ)ガ。
マルイマルイ マンマルイ
ボン ノ ヤウナ 月(ツキ)ガ。

＊文部省著作のすべての小学校向け国定教科書に、歌詞が変更されることなく掲載された唯一の曲。

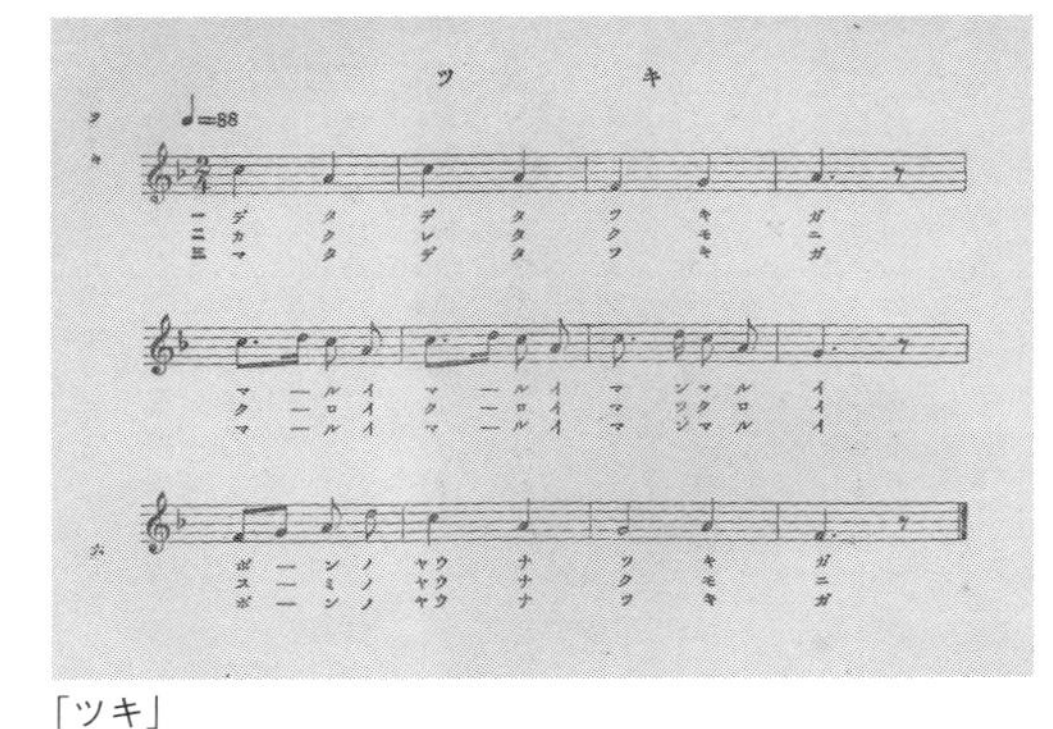

「ツキ」

タコノウタ(巻二、第十三課)

一
タコ タコ アガレ。
カゼ ヨク ウケテ
クモ マデ アガレ。
天(テン) マデ アガレ。

二
エダ コニ ジダコ
ドチラモ マケズ
クモ マデ アガレ。
天(テン) マデ アガレ。

三
アレアレ サガル。
ヒケヒケ イトヲ。
アレアレ アガル。
ハナスナ イトヲ。

こうま（巻三、第九課）

一
はいしいはいしい あゆめよ小馬。
山でもさかでも ずんずんあゆめ。
おまへがすすめば わたしもすすむ。
あゆめよあゆめよ 足おとたかく。

二
ぱかぱかぱかぱか 走れよ小馬。
けれどもいそいで つまづくまいぞ。
おまへがころべば わたしもころぶ。
走れよ走れよ ころばぬやうに。

かへるとくも（巻三、第十九課）

一
しだれやなぎに とびつくかへる
とんではおち おちてはとび
おちてもおちても またとぶほどに
とうとうやなぎに とびついた。

二
かぜふく小えだに すをはる小ぐも
はつてはきれ きれてははり
きれてもきれても またはるほどに
とうとう小えだに すをはつた。

ふじの山（巻四、第五課）

一
あたまを雲の上に出し
四方の山を見おろして
かみなりさまを下にきく
ふじは日本一の山。

二
青ぞら高くそびえたち
からだに雪のきものきて
かすみのすそをとほくひく
ふじは日本一の山。

とけいのうた（巻四、第十五課）

一
とけいはあさから かつちんかつちん。
おんなじひびきで うごいて居れども
ちつともおんなじ 所をささずに
ばんまでかうして かつちんかつちん。

二
とけいはばんでも かつちんかつちん。
われらがねどこで やすんで居るまも
ちつとも休まず いきをもつがずに
あさまでかうして かつちんかつちん。

母の心（巻四、第二十二課）

一
朝早くから ゐどばたで
母はせい出す あらひ物。
たらひの中に あるは何。
これは太郎の こくらのはかま。
太郎きのふは うんどうくわいで
どろによごした このはかま。

二
夜おそくまで おくのまに
母はせい出す はりしごと。
ひざの上には 何がある。
これはおはるの はれぎのはおり。
おはるあしたは ひなさままつり。
きせてやりたい このはれぎ。

春が來た（巻五、第二課）

一
春が來た 春が來た どこに來た。
山に來た 里に來た
のにも來た。

二
花がさく 花がさく どこにさく。
山にさく、里にさく、
野にもさく。

三
鳥がなく、鳥がなく、どこでなく。
山で鳴く 里で鳴く
野でも鳴く。

*日本音楽著作権協会は、高野辰之（一八七六－一九四七）作詞・岡野貞一（一八七八－一九四一）作曲としているが、文部省は唱歌の編纂にあたり編纂委員会の合議によって決定しており、すべての文部省唱歌に実作者名は明示されていない。（以下同）

蟲のこゑ（巻五、第二十課）

一
あれ松蟲が鳴いてゐる。
ちんちろ〱 ちんちろりん。
あれ鈴蟲も鳴き出した。
りん〱〱〱 りいんりん。
あきの夜長を鳴き通す

あゝおもしろい蟲のこゑ。

二

きり〳〵〳〵〳〵きりぎりす。
がちや〳〵〳〵〳〵くつわ蟲。
あとから馬おひおひついて
ちよん〳〵〳〵〳〵すいつちよん。
秋の夜長を鳴き通す
あゝおもしろい蟲のこゑ。

「蟲のこゑ」

日本の國（巻六、第一課）

一

日本の國は松の國。
見上げる峯の一つ松
はまべはつゞく松原の
枝ぶりすべておもしろや。
わけて名におふ松島の
大島小島その中を
通ふ白ほの美しや。

二

日本の國は花の國。
うめもゝさくらふぢあやめ
白つゆむすぶ秋の野の
ちぐさの花もおもしろや。
わけてさくらの吉野山
一目千本咲きみちて
かすみか雲か美しや。

かぞへ歌（巻六、第二十五課）

一つとや人々忠義を第一に
あふげや高き君の恩國の恩。
二つとや二人のおや御を大切に
思へやふかき父の愛母の愛。
三つとやみきは一つの枝と枝
仲よく暮せよ兄弟姉妹。
四つとや善き事たがひにすゝめあひ
悪しきをいさめよ友と友人と人。
五つとやいつはりいはぬが子供らの
學びのはじめぞつゝしめよいましめよ。
六つとや昔を考へ今を知り
學びの光を身にそへよ身につけよ。
七つとやなんぎをする人見るときは
力のかぎりいたはれよあはれめよ。
八つとや病は口より入るといふ
飲物食物氣を附けよ心せよ。
九つとや心はかならず高くもて
たとひ身分はひくゝとも 輕くとも。
十とや遠き祖先のをしへをも
守りてつくせ家のため 國のため。

ゐなかの四季（巻七、第三課）

一

道をはさんで畠一面に
麥はほが出る菜は花盛り。
眠る蝶々とび立つひばり
吹くや春風たもとも輕く
あちらこちらに桑つむをとめ
日まし〳〵にはるごも太る。

二

ならぶすげがさ涼しいこゑで
歌ひながらにうゑ行くさなへ。
ながい夏の日いつしか暮れて
うゑる手先に月かげ動く。
かへる道々あと見かへれば
葉末々々に夜つゆが光る。

三

二百十日も事なくすんで
村の祭のたいこがひゞく。
稲は實がいる日よりはつゞく
刈つてひろげて日にかわかして
米にこなして俵につめて
家内そろつてゑ顔にゑ顔。

四

松を火にたくゐろりのそばで
夜はよもやま話がはずむ。
母がてぎはの大こんなます
これがゐなかの年こしざかな。
たなのもちひくねずみの音も
ふけてのきばに雪降積る。

家の紋（巻七、第十三課）

おほよそ家の紋どころ
いふもかしこし菊と桐。
楠木父子の菊水は
忠義のかをりなほ高し。

いほりもかうは孝行の
曾我兄弟に知られたり。
二つどもゑに三つどもゑ
三つ星四つ目九曜星。

梅ばち櫻たちばなや
三がい松にさゝの雪
上り下りの藤の紋
さてはたかの羽つるの丸。

家の氏の名多ければ
紋の數々かぎりなし。

何事も精神（巻七、第二十三課）

一

のきよりおつる雨だれの
たえず休まず打つ時は
石にも穴をうがつなり。
我等は人と生まれきて
一たん心定めては
事に動かずさそはれず
はげみ進むに何事の
など成らざらん鐵石の
かたきもつひにとほすべし。

二

小さきありもいそしめば
塔をもきづきつばめさへ
千里の波を渡るなり。
ましてや人と生れ來て
一たんめあて定めては
わき目もふらず怠らず
ふるひ進むに何事か
など成らざらんばんじゃくの
重きもつひにうつすべし。

たけがり（巻八、第三課）

秋の日の空すみわたり
風暖にさてもよき日や。
山遊するによき日や。

友よ來よ手かごを持ちて
いざ裏山にきのこたづねん。
山深く行きてたづねん。

たどり行く細路づたひ
はやかうばしくきのこにほへり。
山風にきのこかをれり。

うれしこの松の根もとに
まづ見つけつと高く呼ぶ聲。
やまびこにひゞく呼聲。

いでやあの岩の小かげに
皆うちよりてえもの數へん。
たけがりのいさをくらべん。

近江八景（巻八、第十七課）

一

琵琶の形に 似たりとて
其の名をおへる 湖の
鏡の如き 水の面
あかぬながめは八つの景。

二

まづ渡り見ん 瀬田の橋
かゞやく入日美しや。
粟津の松の 色はえて
かすまぬ空ののどけさよ。

三

石山寺の 秋の月
雲をさまりてかげ清し。
春より先に咲く花は
比良の高ねの 暮の雪。

四

滋賀唐崎の 一つまつ
夜の雨にぞ名を得たる。
堅田の浦の浮御堂
落來るかりもふぜいあり。

五

三つ四つ五つうち連れて
矢走をさして歸り行く
白帆を送る夕風に
聲程近し三井のかね。

舞へや歌へや（巻九、第四課）

一

花に宿れる蝶は今 眠さめたり。
舞へや舞へや すがたやさしく舞へや。
舞へや舞へや たもと輕く舞へや。

春風渡る廣野は 汝がたのしき庭ぞ。
舞へや舞へや 花に草に。
蝶の遊ぶ時は今なり。
舞へや舞へや すがたやさしく舞へや。
舞へや舞へや たもと輕く舞へや。

二
葉かげにいねし鳥ははや ゆめも見あきつ。
歌へ歌へ 心ゆたかに歌へ。
歌へ歌へ しらべ高く歌へ。
綠色そふ林は 汝が樂しき庭ぞ。
歌へ歌へ 枝にこずゑに。
鳥の遊ぶ時は今なり。
歌へ歌へ 心ゆたかに歌へ。
歌へ歌へ しらべ高く歌へ。

三才女（巻九、第二十六課）

一
色香も深き、紅梅の
枝にむすびて 勅なれば
いともかしこし うぐひすの
問はば如何にと 雲ゐまで
聞え上げたる 言の葉は
幾代の春か かをるらん。

二
みすのうちより 宮人の
袖引止めて 大江山
いく野の道の 遠ければ
ふみ見ずといひし 言の葉は
天の橋立 末かけて
後の世永くくちざらん。

三
きさいの宮の仰言
御聲のもとに 古の
奈良の都の 八重櫻
今日九重ににほひぬと
つかうまつりし 言の葉の
花は千歳も 散らざらん。

水師營の會見（巻十、第十二課）

一
旅順開城約成りて
敵の將軍ステッセル
乃木大將と會見の
所はいづこ 水師營。

二
庭に一本棗の木
彈丸あともいちじるく
くづれ殘れる民屋に
今ぞ相見る 二將軍。

三
乃木大將は おごそかに
御めぐみ深き大君の
大みことのり 傳ふれば
かれかしこみて 謝しまつる。

四
昨日の敵は 今日の友
語る言葉も うちとけて
我はたゝへつ かの防備。
かれは稱へつ 我が武勇。

五
かたち正して 言ひ出でぬ
『此の方面の戰闘に
二子を失ひ給ひつる
閣下の心如何にぞ』と。

六
『二人の我が子それ〴〵に
死所を得たるを喜べり。
これぞ武門の面目』と
大將答 力あり。

七
兩將晝食共にして
なほも盡きせぬ物語。
『我に愛する良馬あり。
今日の記念に獻ずべし。』

八
『厚意謝するに餘りあり。
軍のおきてにしたがひて
他日我が手に受領せば
ながくいたはり養はん。』

九
『さらば』と握手ねんごろに
別れて行くや右左。
砲音絶えし砲臺に
ひらめき立てり日の御旗。

＊佐佐木信綱作詞・岡野貞一作曲。

我は海の子（巻十一、第六課）

一
我は海の子白浪の
さわぐいそべの松原に
煙たなびくとまやこそ
我がなつかしき住家なれ。

二
生れてしほに浴して
浪を子守の歌と聞き
千里寄せくる海の氣を

吸ひてわらべとなりにけり。

三

高く鼻つくいその香に
不斷の花のかをりあり。
なぎさの松に吹く風を
いみじき樂と我は聞く。

四

丈餘のろかい操りて
行手定めぬ浪まくら
百尋千尋海の底
遊びなれたる庭廣し。

五

幾年こゝにきたへたる
鐵より堅きかひなあり。
吹く鹽風に黒みたる
はだは赤銅さながらに。

六

浪にたゞよふ氷山も
來らば來れ 恐れんや。
海まき上ぐるたつまきも
起らば起れ 驚かじ。

七

いで大船を乘出して
我は拾はん海の富。
いで軍艦に乘組みて
我は護らん海の國。

出征兵士（巻十一、第十四課）

一

行けや行けやとく行け我が子。
老いたる父の望は一つ。
義勇の務御國に盡し
孝子の譽我が家にあげよ。

二

さらば行くかやよ待て我が子。
老いたる母の願は一つ。
軍に行かばからだをいとへ。
彈丸に死すとも病に死すな。

三

うれしうれし勇ましうれし。
出征兵士の弟ぞ 我は。
兄君我も後より行かん。
兄弟共に敵をば討たん。

四

親に事へ弟を助け
家を治めん妹我は。
家の事をば心にかけず
御國の爲に行きませいざや。

五

さらばさらば父母さらば。
弟さらば妹さらば。
武勇のはたらき 命さゝげて
御國の敵を討ちなん我は。

六

勇み勇みて出で行く兵士。
はげましつゝも見送る一家。
勇氣は彼に情は是に
勇ましやさしをゝしの別。

同胞こゝに五千萬（巻十一、第二十八課）

一

北は樺太千島より
南臺灣澎湖島。
大洋の波に洗はるゝ
大小四千の島々に
朝日の御旗ひるがへす
同胞こゝに五千萬。

二

神代はるけき昔より
君臣分は定まりて
萬世一系動きなき
我が皇室の大みいつ。
あまねき光仰ぎ見る
同胞こゝに五千萬。

三

武勇のほまれ細戈
千足の國の名に負ひて
禮儀は早く唐人も
稱へし其の名君子國。
祖先の遺風つぎ〱て
同胞こゝに五千萬。

四

瑞穗の國と農業は
開けぬ地なし野も山も。
商工業の發達に
皇國の富を起さんと
勤勉努力たゆみなき
同胞こゝに五千萬。

五

智は東西の長を採り
文明古今の粹を拔く。
建國以來三千年
歷史の跡にかんがみて
日進月歩ゆるみなき
同胞こゝに五千萬。

六

東洋平和の天職は
かゝる我等の肩の上。
東方文明先進の
任務は重き日本國。
上下心を一にして
同胞こゝに五千萬。

七
修身の徳是なりと
教育勅語のり給ひ
戰後經營かくこそと
戊申の詔書かしこしや。
大みことのりたふとびて
同胞こゝに五千萬。

＊『尋常小學唱歌』六學年用では曲名・歌詞ともに「同胞すべて六千萬」に改訂（→三九四頁）。

鎌倉（巻十二、第六課）

一
七里が濱のいそ傳ひ
稻村が崎名將の
劍投ぜし古戰場。

二
極樂寺坂越え行けば
長谷觀音の堂近く
露坐の大佛おはします。

三
由比の濱べを右に見て
雪の下村過行けば
八幡宮の御社。

四
上るや石のきざはしの
左に高き大銀杏
問はばや遠き世々の跡。

五
若宮堂の舞の袖
しづのをだまきくりかへし
かへしゝ人をしのびつゝ。

六
鎌倉宮にまうでては
盡きせぬ親王のみうらみに
悲憤の涙わきぬべし。

七
歷史は長き七百年
興亡すべてゆめに似て
英雄墓はこけ蒸しぬ。

八
建長圓覺古寺の
山門高き松風に
昔の音やこもるらん。

國產の歌（巻十二、第十三課）

一
我が大日本帝國の
古き六十八國に
沖繩諸島合せてぞ
府は三つ縣は四十三。
北海道の一廳と
外に南北新領土。
溫熱二帶にまたがりて
天產多きうまし國。

二
四方の海の底廣く
魚介さま〴〵海草の
無限の富を藏したり。
又森林は全國の
山野おほはぬ處なく
殊に名高き木曽吉野
樺太臺灣太古より
きこりの入らぬ林あり。

三
三池夕張大の浦
掘れど炭礦限りなく
東に小坂西別子
足尾併せて三山は
銅の產額おびたゞし。
古く知らるゝ佐渡生野
其の他無數の礦坑は
山をうがちて山を鑄る。

四
米と麥とは全國に
製茶は靜岡三重京都。
農產收入何あれど
小さき蟲の吐出す
生絲は無二の輸出品。
養蠶業の盛大は
長野埼玉さて群馬
海なき縣に著し。

五
絹織物の產地には
京都西陣始とし
群馬の桐生伊勢崎も
古くその名を知られたり。
近年とみに產額の
增大せしは北陸の
福井石川富山なる
羽二重織の輸出品。

六
焼物類は瀬戸九谷
有田清水薩摩焼。
漆器は静岡輪島塗
黒江高岡會津塗。
世界無比なる七寶の
名は海外にとゞろけり。
とぎ出し蒔繪の精巧も
我が工業のほこりにて。

七
中國筋の花筵
紡績絲とまつちとは
輸出年々増すばかり。
千里比隣の今の世は
有無互に相通じ
世界各國皆市場。
いよいよ産業勵みつゝ
國の富をばふやせかし。

卒業（巻十二、第二十八課）

一
うれしうれしや うれしやな。
人の子どもの おしなべて
ふむを御國の おきてなる
學びの道の 六年をば
卒へし今日こそ うれしけれ。
柳櫻の 春にほふ
錦をそへて 野も山も。

二
うれしうれしや うれしやな。
いろはのいをも わきまへぬ
身のいつしかに 積み得たる
西も東も 知らざりし
身のいつしかに 分けえたる
世の人並の 文字の數。
世の人並の 道の筋。

三
うれしうれしや うれしやな。
六年の月日 手を取りて
教へ給ひし 師の君の
導きなくば いかで我が
心に開く 智は徳は。
思へばうれし 師の情。
思へばうれし 師の惠。

四
うれしうれしや うれしやな。
師の賜物の 智を徳を
かぢに しをりに 世の海を
わたりて行かん 尚高き
學の高嶺 よぢて見ん。 
師の君さらば 健かに。
我が友さらば 健かに。

アサガホ（秋季始業 巻二）

一
マイアサ マイアサ
サクアサガホ ハ
ヲトトヒ キノフト
ダン ダン フエテ
ケサ ハ シロ 四ツ
ムラサキ 五ツ。

二
オホキナ ツボミ ハ
アスサク ハナ カ。
チヒサナ ツボミ ハ
アサツテ サクカ。
ハヤク サケ サケ
シボリ ヤ アカモ。

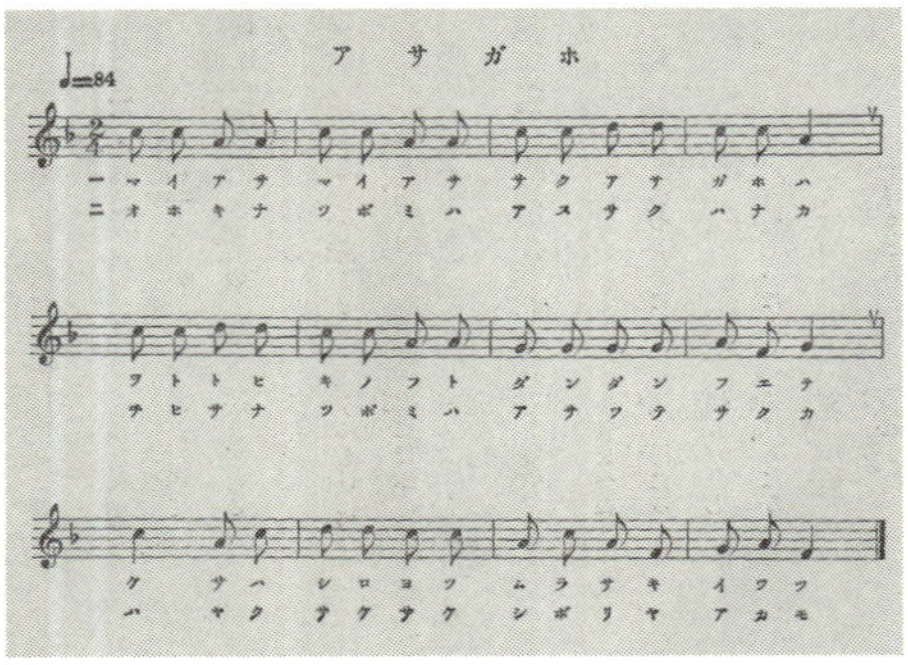

◆資料【一九一〇（明治四三）年認可済歌曲】

愛知県（四月二〇日）：「名古屋市歌」

熊本県（四月二三日）：「細川幽齋公三百年祭記念唱歌」

佐賀県黒崎尋常高等小學校（五月六日）：「戊申詔書奉答ノ歌」、「貯蓄奨励ノ歌」

愛媛県喜多郡内小學校（十月三日）：「藤樹先生」

群馬県師範學校附属小學校（十月一五日）：「新田義貞」、「高山彦九郎」、「二宮尊徳」、「菅原道眞」

◆資料【一九一〇（明治四三）年検定済曲集】

『小學教育　學校唱歌』一月一日検定（一月一五日訂正版）

『山陽線唱歌　汽車』二月二日検定（一月二五日訂正版）

『九州線唱歌　汽車』二月二日検定（一月二五日訂正版）

『よき日本人』二月一〇日検定（二月一日訂正版）

『帝國唱歌　和氣清麻呂』三月一九日検定（三月十三日修正版）

『藤公唱歌』四月十二日検定（四月二日訂正版）

『頌徳唱歌　伊藤公』五月一九日検定（五月一五日訂正再版）

『堺市水道唱歌』六月一五日検定（六月十日訂正版）

『名古屋唱歌』六月二一日検定（六月一五日訂正版）

『佐久間艇長』六月二九日検定（六月二六日修正版）

『赤穂義士』八月二六日検定（八月一日訂正五版）

『唱歌　倶利加羅峠』十一月七日検定（十月二〇日修正版）

『忠勇唱歌』十一月二四日検定（十一月一五日訂正三版）

◆資料　一九一〇（明治四三）年に刊行された唱歌集から

『家庭運動唱歌　摘草』田村虎藏・大和田建樹編（刊行：四月二五日　発行：玉樹安造・藤谷長吾）

一九一一（明治四四）年

参考：「文部省唱歌」誕生前夜

「文部省唱歌」が誕生に至るまでの五年間を見ると、主だった作曲家が関わった唱歌集が四シリーズある。いずれも「文部省検定済」であり、教室で利用された可能性が高いことは、奥付に示された重版回数の多さから知ることができる。山田源一郎校閲『尋常小學讀本唱歌』上は、半年の間に三回版を重ねている。同じく下は五か月間に一〇回版を重ねている。

一九〇四年四月　中田書店編集所編・山田源一郎校閲『尋常小學讀本唱歌』上・下

一九〇四年五月　内田彌一・楠見恩三郎・岡野貞一編『國定小學讀本唱歌集』上・中・下

一九〇五年六月　吉田信太作曲『國定尋常小學讀本唱歌』上

一九〇五年七月　吉田信太作曲『國定高等小學讀本唱歌』下

一九〇五年十月　佐々木吉三郎・納所辨次郎・田村虎蔵編『尋常小學唱歌』（→三四一頁）

一九〇九年六月　文部省『尋常小學讀本唱歌』第一回編纂会議

一九一〇年七月　文部省『尋常小學讀本唱歌』

一九一一年五月　文部省『尋常小學唱歌』

一連の民間唱歌集の編纂者のうち、楠見恩一郎と岡野貞一は、文部省『尋常小學讀本唱歌』の編纂委員にも名を連ねている。

各唱歌集のタイトルは、いずれも一九〇四年に発行された『尋常小學讀本』を意識している。それはタイトルだけではない。吉田は『國定尋常小學讀本唱歌』上「はしがき」で次のように記している。「本書は國定小學讀本中の韻文に曲節を附したるものなりされど其韻文中には唱歌的なるあり朗読的なるありゆえに本書は朗讀的のものは省き唱歌的のもののみに曲節を附しぬ」つまり『尋常小學讀本』の中の教材を使うという手法を、『尋常小學讀本唱歌』の発行に先駆けて採用しているのである。しかも『尋常小學讀本唱歌』の「緒言」（→三四九頁）には、この吉田信太の「はしがき」とほぼ同じ主旨が掲載されている。また教材の韻文出典を教材曲名の下に提示する方法までもが同じである。このことからも、ここに紹介した唱歌集の刊行は、「文部省唱歌」の歴史の露払いを担ったと言える。

『尋常小學唱歌』第一學年用

文部省編
刊行：一九一一年五月八日　発行：國定教科書共同販売所　東京
縦一四八ミリ×横二二〇ミリ　表紙＋四四頁（扉共紙）

緒言

一、本書ハ本省内ニ設置セル小學校唱歌教科書編纂委員ヲシテ編纂セシメタルモノナリ。
二、本書ノ歌詞中、尋常小學讀本所載以外ノモノニ就キテハ、修身・國語・歴史・地理・理科・實業等諸種ノ方面ニ渉リテ適當ナル題材ヲ求メ、文體用語等ハ成ルベク讀本ト歩調ヲ一ニセンコトヲ期セリ。
三、本書ノ曲譜ハ排列上其ノ程度ニ就キテ多少難易ノ順ヲ追ハザルモノナキニアラズ。是其ノ歌詞ノ性質上已ムヲ得ザルニ出デタルナリ。

明治四十四年二月　文部省

一、日の丸の旗

一
白地に赤く
日の丸染めて、
あゝうつくしや、
日本の旗は。

二
朝日の昇る
勢見せて、
あゝ勇ましや、
日本の旗は。

＊関連教材：『尋常小學讀本』巻一「ハタ」。

二、鳩

一
ぽつぽつぽ、
鳩ぽつぽ、
豆がほしいか、
そらやるぞ。
みんなで仲善く
食べに來い。

二
ぽつぽつぽ、
鳩ぽつぽ、
豆はうまいか、
食べたなら、
一度にそろつて
飛んで行け。

＊関連教材：『尋常小學讀本』巻一「ハト、マメ」。

三、おきやがりこぼし

一
投り出されて ころ〳〵轉び、
體ゆすつて むつくと起きて、
あちらを向いて 默つてすわる。
おきやがりこぼしは おもしろい。

二
幾度投げても 何時でもおきる、
體ゆすつて むつくと起きて、
こちらを向いて 人をばにらむ。
おきやがりこぼしは をかしいな。

＊「おきやがりこぼし」は「起き上り小法師」の意。

四、人形

一
わたしの人形は よい人形。
目はぱつちりと いろじろで、
小さい口もと 愛らしい。
わたしの人形は よい人形。

二
わたしの人形は よい人形。
うたをうたへば ねんねして、
ひとりでおいても 泣きません。
わたしの人形は よい人形。

五、ひよこ

一
ひよ〳〵ひよこ、ちひさなひよこ、
兄弟なかよく 一しよに歩け。
あしの強く ならぬうちに
とほくへ行くな ひとりで行くな。

二
ひよ〳〵ひよこ、かはいいひよこ、
いつでも親に だかれて眠れ。
はねの長く ならぬうちに
離れて寐るな ひとりで寐るな。

＊関連教材：『尋常小學讀本』巻一。

六、かたつむり

一
でん〳〵虫々 かたつむり、
お前のあたまは どこにある。
角だせ槍だせ あたまだせ。

二
でん〳〵虫々 かたつむり、
お前のめだまは どこにある。
角だせ槍だせ めだま出せ。

＊関連教材：『尋常小學讀本』巻一。

七、牛若丸

一
京の五條の橋の上、
大のをとこの辨慶は
長い薙刀ふりあげて
牛若めがけて切りかゝる。

二
牛若丸は飛び退いて、
持った扇を投げつけて、
來い〱と欄干の
上へあがつて手を叩く。

三
前やうしろや右左、
ここと思へば又あちら、
燕のやうな早業に、
鬼の辨慶あやまった。

＊関連教材：『尋常小學讀本』巻一。

「牛若丸」

八、夕立

一
降る〱夕立。
鳴る〱雷。
小川にめだかを
取つてゐた子供は、
笊を被つて
急いで歸る。

二
照る〱お日様。
飛ぶ〱白雲。
學校にはれまを
待つてゐた子供は、
本をかゝへて
靜かに歸る。

九、桃太郎

一
桃太郎さん〱、
お腰につけた黍團子、
一つわたしに下さいな。

二
やりませう〱、
これから鬼の征伐に、
ついて行くならやりませう。

三
行きませう〱、
あなたについて 何處までも、
家來になつて行きませう。

四
そりや進め〱、
一度に攻めて攻めやぶり、
つぶしてしまへ鬼が島。

五
おもしろい〱、
のこらず鬼を攻めふせて、
分捕物をえんやらや。

六
萬々歳 萬々歳、
お伴の犬や猿雉子は、
勇んで車をえんやらや。

＊関連教材：『尋常小學讀本』巻一。

一〇、朝顔

一
毎朝 毎朝
咲くあさがほは、
をとひきのふと
だん〱ふえて、
今朝はしろ四つ
むらさき五つ。

二
大きな蕾は
あす咲く花か。
ちひさなつぼみは
あさつて咲く花か。
早く咲け咲け、
絞りや赤も。

＊関連教材：『秋季始業 尋常小學讀本』巻二。

一一、池の鯉

一

出て來い出て來い池の鯉。
底の松藻のしげつた中で、
手のなる音を聞いたら來い。

二

出て來い出て來い池の鯉。
岸の柳のしだれた蔭へ、
投げた燒麩が見えたら來い。

「池の鯉」

一二、親の恩

一

軒に巣をくふ 燕を見たか。
雨の降る日も 風吹く日にも、
親は空をば あつちこつち飛んで、
虫をとつて來て 子に食べさせる。

二

ひよこ育てる 牝鶏見たか。
こここここ と子供を呼んで、
庭の隅やら はたけの中で、
餌をば探して 子に拾はせる。

＊関連教材：『尋常小學修身書』第十二課。

一三、烏

かあ〳〵烏が
啼いていく。
からす〳〵
何處へ行く。
お宮の森へ、
お寺の屋根へ、
かあ〳〵烏が
啼いて行く。

＊関連教材：『尋常小學讀本』巻一。

一四、菊の花

一

見事に咲いた
かきねの小菊。
一つ取りたい、
黄色な花を、
兵隊遊びの
動章に。

二

見事に咲いた
垣根の小菊。
一つ取りたい、
眞白な花を、
飯事遊びの
御馳走に。

＊関連教材：『尋常小學讀本』巻二第三課「キクノハナ」。

一五、月

一

出た〳〵月が、
圓い〳〵まんまるい
盆のやうな 月が。

二

隱れた雲に、
黒い〳〵まつくろい
墨のやうな 雲に。

三

また出た月が、
圓い〳〵まんまるい
盆のやうな 月が。

＊関連教材：『尋常小學讀本』巻二第五課。「ツキ」。

一六、木の葉

一

何處から來たのか
飛んで來た木の葉、
くる〳〵まはつて
蜘蛛の巣にかかり、
風に吹かれて
ひら〳〵すれば、
蜘蛛は蟲かと
寄つて來る。

二

何處から來たのか
飛んで來た木の葉、
ひら〳〵 舞つて來て

池の上におちて、
波にゆられて
ゆら〱すれば、
鯉は餌かと
浮いて來る。

＊関連教材：『尋常小學讀本』巻二第八課「キノハ」。

一七、兎

一
私は兎と申すもの、
顔や體の小さい割に、
耳の長いのが何より自慢。
皆さんよく見て下さいな。

二
藝はこれとて無いけれど、
前脚短く後脚長く、
飛んで跳ねるのが誰より上手。
皆さん囃して下さいな。

一八、紙鳶の歌

一
紙鳶紙鳶揚れ。
風よくうけて、
雲まで揚れ。
天まで揚れ。

二
繪紙鳶に字紙鳶。
どちらも負けず、
雲まで揚れ。
天まで揚れ。

三
あれ〱下る。
ひけひけ絲を。
あれ〱揚る。
放すな絲を。

＊関連教材：『尋常小學讀本』巻二第十三課「タコノウタ」。

一九、犬

一
外へ出る時とんで來て、
追つても〱附いて來る。
ぽちはほんとに可愛いな。

二
内へ歸ると尾を振つて、
袂に縋つて嬉しがる。
ぽちはほんとに可愛いな。

二〇、花咲爺

一
正直爺が 灰まけば
野原も山も 花ざかり。
殿様大層 よろこんで
ぢゞいに褒美を 下される。

二
意地悪爺が 灰まけば
目鼻も口も 灰だらけ。
殿様大層 はらを立て
ぢゞいに繩を かけられる。

＊関連教材：『尋常小學讀本』巻二第十九、二十、二十一課「ハナサカヂヂイ」。

『尋常小學唱歌』第二學年用

文部省編

刊行：一九一一年六月二八日　発行：國定教科書共同販売所　東京

縦一四三ミリ×横二一五ミリ 表紙＋四八頁（扉共紙）

緒　言

一、本書ハ本省内ニ設置セル小學校唱歌教科書編纂委員ヲシテ編纂セシメタルモノナリ。

二、本書ノ歌詞中、尋常小學讀本所載以外ノモノニ就キテハ、修身・國語・歴史・地理・理科・實業等諸種ノ方面ニ渉リテ適當ナル題材ヲ求メ、文體用語等ハ成ルベク讀本ト歩調ヲ一ニセンコトヲ期セリ。

三、本書ノ曲譜ハ排列上其ノ程度ニ就キテ多少難易ノ順ヲ追ハザルモノナキニアラズ。是其ノ歌詞ノ性質上已ムヲ得ザルニ出デタルナリ。

明治四十四年六月

文部省

一、櫻

一
霞につづくは花の雲、
野山につもるは花の雪、
春の四月はうつくしや、
どちら向いても花ばかり。

二
向ふの山のは山櫻、
こちらの岡のは八重櫻、
八重も一重もうつくしや、
花はこの花櫻花。

＊関連教材：『尋常小學讀本』巻三第一課「サクラ」。

二、二宮金次郎

一

柴刈り繩なひ草鞋をつくり、
親の手を助け弟を世話し、
兄弟仲よく孝行つくす、
手本は二宮金次郎。

二

骨身を惜まず仕事をはげみ、
夜なべ濟まして手習讀書、
せはしい中にも撓まず學ぶ、
手本は二宮金次郎。

三

家業大事に費をはぶき、
少しの物をも粗末にせずに、
遂には身を立て人をもすくふ、
手本は二宮金次郎。

＊関連教材：『尋常小學修身書』第二、三、四、六、七課。

三、よく學びよく遊べ

一

机の前では一心に
何も思はずよく學べ。
遊びながらの勉強は
時間を無駄にするばかり。
學べ學べ一心に。
學べ學べ一心に。

二

課業が済んだら一心に
何も忘れてよく遊べ。
ただ面白く遊ぶのが
元氣をつけるよい薬。
遊べ遊べ一心に。
遊べ遊べ一心に。

＊関連教材：『尋常小學讀本』巻三第二課「コレガスンデカラ」。

四、雲雀

一

ぴい〱〱とさへづる雲雀、
囀りながら何處まであがる、
高い高い雲の上か、
聲は聞えて見えない雲雀。

二

ぴい〱〱とさへづる雲雀、
囀りやんで何處らへ落ちた、
青い青い麥の中か、
姿かくれて見えない雲雀。

＊関連教材：『尋常小學讀本』巻三第六課「ヒバリ」。

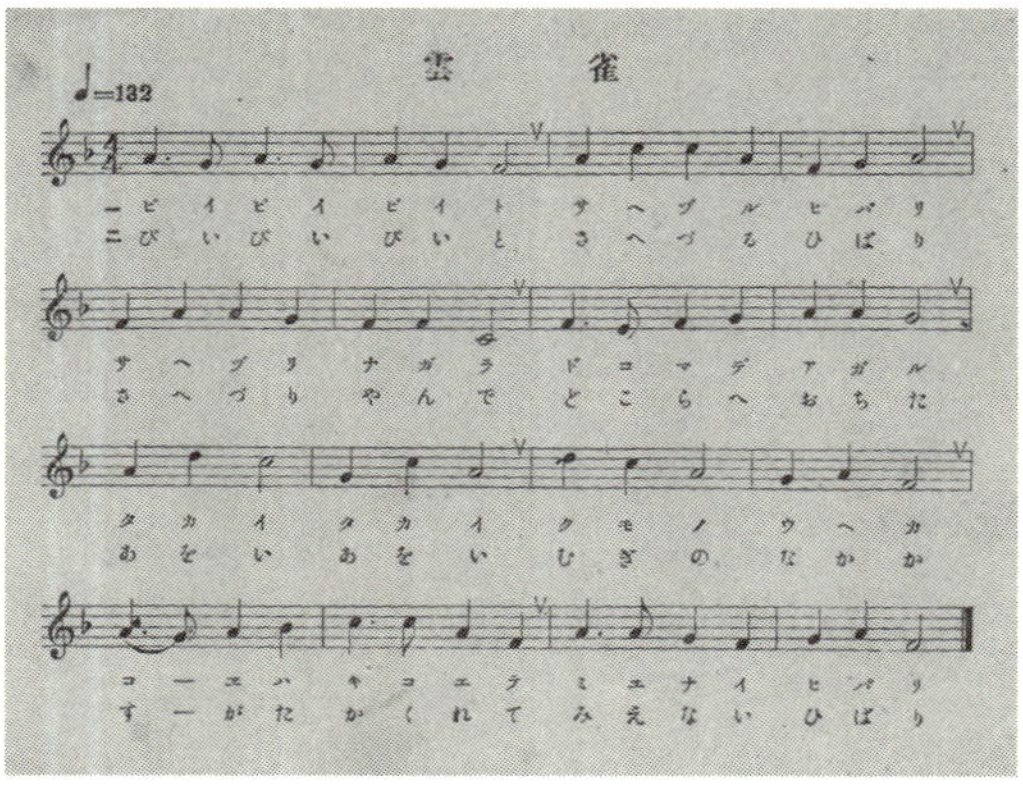

「雲雀」

五、小馬

一

はいしいはいしい あゆめよ小馬。
山でも坂でも ずん〱歩め。
お前が進めば わたしも進む。
歩めよ歩めよ、足音たかく。

二

ぱか〱〱 走れよ小馬。
けれども急いで つまづくまいぞ。
お前が轉べば わたしも轉ぶ。
走れよ走れよ、轉ばぬ様に。

＊関連教材『尋常小學讀本』巻三第九課「こうま」。

六、田植

一

白い菅笠赤だすき、
揃ひ姿の早少女が
歌ふ田植の歌きけば、
揃うた揃たよ早少女が揃た、
稲の出穂よりなほ揃た。

二

うゑる手先も足取も
節も揃へて早少女が
歌ふ田植の歌きけば、
今年は豊年穂に穂がさいて、
路の小草も米がなる。

＊関連教材：『尋常小學讀本』巻三第十一課「タウエ」。

七、雨

一

降れ〱雨よ、都の雨よ。
馬や車の往來絶えぬ

町の埃のしづまる程に、
雨よ降れ 降れ 程よく降れ。

二

降れ〳〵 雨よ 田舎の雨よ。
茄子や胡瓜の花咲き揃ふ
畠の土のうるほふ程に、
雨よ降れ 降れ 程よく降れ。

八、蟬

一

かみなりが遠く鳴る。
吹くともなしに風が吹く。
木といふ木には蟬が鳴く。

二

夕立がひとしきり。
みどりの葉から露がちる。
涼しい聲で蟬が鳴く。

九、蛙と蜘蛛

一

しだれ柳に 飛びつく蛙、
飛んでは落ち 落ちては飛び、
落ちても落ちても また飛ぶ程に、
とう〳〵 柳に 飛び着いた。

二

風吹く小枝に 巣を張る小蜘蛛。
張つてはきれ きれては張り、
きれてもきれても また張る程に、
とう〳〵 小枝に 巣を張つた。

＊関連教材：『尋常小學讀本』巻三第十九課「かへるとくも」。

一〇、浦島太郎

一

昔々浦島は
助けた龜に連れられて
龍宮城へ來て見れば、
繪にもかけない美しさ。

二

乙姫様の御馳走に、
鯛や比目魚の舞踊、
たゞ珍しく面白く、
月日のたつも夢の中。

三

遊びにあきて氣がついて、
お暇乞もそこ〳〵に
歸る途中の樂は、
土産に貰った玉手箱。

四

歸つて見ればこは如何に、
元居た家も村も無く、
路に行きあふ人々は
顔も知らない者ばかり。

五

心細さに蓋とれば、
あけて悔しき玉手箱、
中からぱつと白烟、
たちまち太郎はお爺さん。

＊関連教材：『尋常小學讀本』巻三第二十四、二十五課「ウラシマノハナシ」。

一一、案山子

一

山田の中の一本足の案山子、
天氣のよいのに蓑笠着けて、
朝から晩までたゞ立ちどほし。
歩けないのか山田の案山子。

二

山田の中の一本足の案山子、
弓矢で威して力んで居れど、
山では烏がかあかと笑ふ。
耳が無いのか山田の案山子。

＊関連教材：『尋常小學讀本』巻四第四課「カキトクリ」。

一二、富士山

一

あたまを雲の上に出し、
四方の山を見おろして、
かみなりさまを下に聞く、
富士は日本一の山。

二

青空高くそびえ立ち、
からだに雪の着物着て、
霞のすそを遠く曳く、
富士は日本一の山。

＊関連教材：『尋常小學讀本』巻四第五課「ふじの山」。

一三、仁田四郎

一

手負の猪 牙くひそらし、
地を蹴り木を折り 草靡かせて、
此方をめざして 山駈け下る。

二

大將頼朝 あれ為留めよと
いふ聲待たずに 仁田の四郎、
猪めがけて 馬駈け寄せる。

三
馬からひらりと 身を躍らせて、
背中へ飛乗り 脇差抜いて、
拳もとほれと 五さし六さし。
四
裾野にひかへた 幾千人が、
一度にやんやと 四郎を譽めた、
富士の山さへ 崩れるほどに。

＊関連教材：『尋常小學讀本』巻四第六課「ふじのまきがり」。

一四、紅葉
一
秋の夕日に照る山紅葉、
濃いも薄いも數ある中に、
松をいろどる楓や蔦は
山のふもとの裾模様。
二
渓の流に散り浮く紅葉、
波にゆられて離れて寄つて、
赤や黄色の色様々に、
水の上にも織る錦。

＊高野辰之作詞・岡野貞一作曲。

一五、天皇陛下
神と仰ぎ奉り、
親とも仰ぎ奉る、
天皇陛下の御爲ならば、
わが身も家も忘れて。

一六、時計の歌
一
時計は朝から かつちんかつちん。
おんなじ響で 動いて居れども、
ちつともおんなじ 所を指さずに、
晩までかうして かつちんかつちん。
二
時計は晩でも かつちんかつちん。
我等が寝床で 休んで居る間も、
ちつとも休まず 息をもつがずに、
朝までかうして かつちんかつちん。

＊関連教材：『尋常小學讀本』巻四第十五課「とけいのうた」。

「時計の歌」

一七、雪
一
雪やこんこ霰やこんこ。
降つては降つてはずん〳〵積る。
山も野原も綿帽子かぶり、
枯木殘らず花が咲く。
二
雪やこんこ霰やこんこ。
降つても降つてもまだ降りやまぬ。
犬は喜び庭駈けまはり、
猫は火燵で丸くなる。

＊関連教材：『尋常小學讀本』巻四第十九課「雪のあさ」。

「雪」

一八、梅に鶯
一
日のよくあたる庭前の
垣根の梅が咲いてから、
毎朝來ては鶯が
かはいい聲でホウホケキヨウ。
二
鳴くのを聞いて縁側の
籠の中でも鶯が

垣根の方を眺めては、
調子を合せてホウホケキヨウ。

＊関連教材：『尋常小學讀本』巻四第二十課「うぐひす」。

一九、母の心

一
朝早くから 井戸ばたで、
母はせい出す 洗ひ物。
たらひの中に あるは何。
これは太郎の 小倉の袴。
太郎昨日は 運動會で、
泥によごした この袴。

二
夜遲くまで 奥の間に、
母はせい出す 針仕事。
ひざの上には 何がある。
これはお春の 晴着の羽織。
お春明日は 雛様祭。
着せてやりたい この晴着。

＊関連教材：『尋常小學讀本』巻四第二十二課「母の心」。

二〇、那須與一

一
源平勝負の晴の場所、
武運はこの矢に定まると、
那須の與一は一心不亂、
ねらひ定めてひようと射る。

二
扇は夕日にきらめきて
ひら／＼落ちゆく波の上、
那須の與一の譽は今も、
屋島の浦に鳴りひびく。

＊『新訂尋常小學唱歌』第二學年用では曲名が「那須餘一」（→四四七頁）、関連教材『尋常小學讀本』巻四 第二十四、二十五課「なすのよ一」。

◆資料【一九一一（明治四四）年認可済歌曲】

北海道（七月二一日）：「奉迎歌」

◆資料【一九一一（明治四四）年検定済曲集】

『紀念唱歌 陸海軍』三月八日検定（三月十二日訂正三版）
『唱歌韓國併合』三月九日検定（二月二一日訂正三版）
『年中行事唱歌』四月二七日検定（四月二二日訂正再版）
『實業教育 蠶業唱歌』四月二七日検定（四月八日訂正再版）
『國民教育 日本唱歌』六月六日検定（六月一日修正）
『立志唱歌 十郎五郎』六月七日検定（五月二〇日訂正三版）
『立志唱歌 大石良雄』六月七日検定（五月七日訂正三版）
『愛知縣唱歌』六月一九日検定（六月十一日訂正再版）
『史談唱歌 平忠度』六月二三日検定（六月八日訂正再版）
『史談唱歌 村上義光』六月二三日検定（六月八日訂正再版）
『史談唱歌 屋島合戰』六月二三日検定（六月八日訂正再版）
『唱歌 錢屋五兵衛』八月三日検定（六月二一日訂正再版）
『唱歌 前田利家公』十一月二八日検定（十一月二五日訂正四版）
『地理唱歌 朝鮮唱歌』十二月五日検定（十一月一五日訂正）

◆資料 一九一一（明治四四）年に刊行された唱歌集から

『忠君憂國 歴史唱歌』鳥居忱編（刊行：七月二五日発行：天香閣）
『新選學校唱歌集』日本唱歌会編（発行：國華堂）
『国民教育日本唱歌』芳賀矢一、田村虎蔵、松岡保編（発行：廣文堂書店）

一九一二（明治四五―大正元）年

『尋常小學唱歌』第三學年用

文部省編
刊行：一九一二年三月三〇日 発行：國定教科書共同販売所 東京
縦一四八ミリ×横二一三ミリ 表紙＋四八頁（扉共紙）

緒言

一、本書ハ本省内ニ設置セル小學校唱歌教科書編纂委員ヲシテ編纂セシメタルモノナリ。
二、本書ノ歌詞中、尋常小學讀本所載以外ノモノニ就キテハ、修身・國語・歴史・地理・理科・實業等諸種ノ方面ニ渉リテ適當ナル題材ヲ求メ、文體用語等ハ成ルベク讀本ト歩調ヲ一ニセンコトヲ期セリ。
三、本書ノ曲譜ハ排列上其ノ程度ニ就キテ多少難易ノ順ヲ追ハザルモノナキニアラズ。是其ノ歌詞ノ性質上已ムヲ得ザルニ出デタルナリ。

明治四十五年三月 文部省

一、春が來た

一
春が來た、春が來た、どこに來た。
山に來た、里に來た、
野にも來た。

二
花が咲く、花が咲く、どこに咲く。
山に咲く、里に咲く、

野にも咲く。

三

鳥が鳴く、鳥が鳴く、どこで鳴く。
山で鳴く、里で鳴く、
野でも鳴く。

＊関連教材：『尋常小學讀本』巻五第二課「春が來た」。

二、かがやく光

一

御弓の弭に
金色の鵄、
かがやく光
きら〳〵ぴか〳〵。
眼くらんで
逃行くわるもの。

二

昔の光
今もそのまま、
むねの勲章
きら〳〵ぴか〳〵。
譽かがやく
日本軍人。

＊関連教材：『尋常小學讀本』巻五第三課「神武天皇」。

三、茶摘

一

夏も近づく 八十八夜、
野にも山にも 若葉が茂る。
「あれに見えるは茶摘ぢゃないか。
あかねだすきに菅の笠。」

二

日和つゞきの 今日此頃を
心のどかに摘みつゝ歌ふ。
「摘めよ摘め摘め摘まねばならぬ。
摘まにや日本の茶にならぬ。」

＊関連教材：『尋常小學讀本』巻五第十一課「茶」。

「茶摘」

四、青葉

一

雨が歇む、雲が散る。
雲のあとにうね〳〵と、
青葉若葉の山々が
遠く近く殘る。

二

風が吹く、木が搖れる。
木々の影はゆら〳〵と、
水の面に地の上に、
青く黒く映る。

五、友だち

一

このてがしはの裏表
かはらぬ人を友とせよ。
これぞよき人よき友と
教へし昔のことのはを
忘るなよ〳〵。

二

色も香も知る君ならで
誰にか見せん梅の花、
心の友はかくこそと
教へし昔のことのはを
忘るなよ〳〵。

＊関連教材：『尋常小學修身書』巻三第八課「友だち」。

六、汽車

一

今は山中、今は濱、
今は鐵橋渡るぞと
思ふ間も無く、トンネルの
闇を通って廣野原。

二

遠くに見える村の屋根、
近くに見える町の軒。
森や林や田や畑、
後へ〳〵と飛んで行く。

三

廻り燈籠の畫の樣に
變る景色のおもしろさ。
見とれてそれと知らぬ間に、
早くも過ぎる幾十里。

＊大和田愛羅（一八八六－一九六二）作曲。関連教材：『尋

常小學讀本』巻五第十五課「汽車ノタビ」。

七、虹

一

虹が出た。
虹が出た。
空を衣裳に見立てたら、
七つの色に染分けた
だんだら模様はで模様。

二
虹が出た。
虹が出た。
空を一面水と見て、
珊瑚や瑠璃をちりばめた
天女の橋よ玉の橋。

八、蟲のこゑ

一

あれ松蟲が鳴いてゐる。
ちんちろ〳〵ちんちろりん。
あれ鈴蟲も鳴き出した。
りん〳〵〳〵りいんりん。
あきの夜長を鳴き通す
あゝおもしろい蟲のこゑ。

二

きり〳〵〳〵きりぎりす。
がちや〳〵〳〵〳〵くつわ蟲。
あとから馬おひおひついて
ちよん〳〵〳〵〳〵すいつちよん。
秋の夜長を鳴き通す
あゝおもしろい蟲のこゑ。

＊関連教材：『尋常小學讀本』巻五第二十課「蟲のこゑ」。

九、村祭

一

村の鎭守の神様の
今日はめでたい御祭日。
どん〳〵ひやらら、どんひやらら、
朝から聞える笛太鼓。

二

年も豐年滿作で、
村は總出の大祭。
どん〳〵ひやらら、どんひやらら、
夜まで賑ふ宮の森。

三

治まる御代に神様の
めぐみ仰ぐや村祭。
どん〳〵ひやらら、どんひやらら、
聞いても心が勇み立つ。

＊関連教材：『尋常小學讀本』巻五第二十二課「マツリ」。

一〇、鵯越

一

鹿も四足、馬も四つ足、
鹿の越えゆくこの坂路、
馬の越せない 道理はないと、
大將義經 眞先に。

二

つゞく勇士も 一騎當千。
鵯越に 着いて見れば、
平家の陣家は 眞下に見えて、
戰今や 眞最中。

三

油斷大敵、 裏の山より
三千餘騎の さか落しに、
平家の一門 驚きあわて、
屋島をさして 落ちてゆく。

＊関連教材：『尋常小學讀本』巻五第二十五課「ひよどりごえのさかおとし」。

一一、日本の國

一

日本の國は松の國。
見上げる峯の一つ松、
はまべはつゞく松原の
枝ぶりすべておもしろや。
わけて名におふ松島の
大島小島、その中を
通ふ白帆の美しや。

二

日本の國は花の國。
梅桃 櫻 藤、 菖蒲、
白つゆむすぶ秋の野の
ちぐさの花もおもしろや、
わけてさくらの吉野山、
一目千本咲きみちて、
かすみか雲か美しや。

＊関連教材：『尋常小學讀本』巻六第一課「日本」。

一二、雁

一

雁がわたる。
鳴いてわたる。
鳴くはなげきか喜か。
月のさやかな秋の夜に、
棹になりかぎになり
わたる雁、おもしろや。

二
雁がおりる。
連れておりる。
連は親子か友だちか。
霜の眞白な秋の田に、
睦まじく連れだちて
おりる雁、おもしろや。

＊『新訂尋常小學唱歌』では、三學年用として「雁がわたる」（→四五一頁）と改題。同二學年生用には新曲「がん」（→四四六頁）が登場。関連教材：『尋常小學讀本』巻六第四課「ガン」。

一三、取入れ

一
春のたがやし鋤きならし、
夏の植付 田草取、
骨身惜しまぬ働に
穂に穂がさいた稲の出來。
豐年ぢや滿作ぢや。

二
日和つづきの昨日今日、
揃うた親子兄弟。
刈つて束ねる干して扱く。
見る間に積る籾の山。
豐年ぢや滿作ぢや。

三
畦の小路の一休、
咄の種は俵數。
やがてめでたく積上げる
取入れ時の樂しさよ。
豐年ぢや滿作ぢや。

＊関連教材：『尋常小學讀本』巻六第五課「取入れ」。

一四、豊臣秀吉

一
百年このかた亂れし天下も、
千なり瓢簞一たび出づれば、
四海の波風 忽ち治り、
六十餘州は 草木も靡く、
あゝ太閤 豐太閤。

二
餘力を用ひて 朝鮮攻むれば、
八道見る間に 我が手に破られ、
國光かがやき 國威あがりて、
四百餘州も 戰き震ふ。
あゝ太閤 豐太閤。

＊関連教材：『尋常小學讀本』巻六第十四課「豊臣秀吉」。

一五、皇后陛下

一
天に日月 ある如く
並びています 御光を
仰ぐもたかき 大宮居。

二
國土あまねくうるほす
雨にも似たり、御惠の
露のかゝらぬ 草もなく。

三
寒さおほはん 袖も無き
貧しの民も おん母と、
畏けれども 仰ぎ見る。

四
時計の針の 絶間なく
業をはげめの 御さとしを、
學びの子等も 忘れめや。

一六、冬の夜

一
燈火ちかく衣縫ふ母は
春の遊の樂しさ語る。
居並ぶ子どもは指を折りつゝ
日數かぞへて喜び勇む。
圍爐裏火はとろ〱
外は吹雪。

二
圍爐裏のはたに繩なふ父は
過ぎしいくさの手柄を語る。
居並ぶ子どもはねむさ忘れて
耳を傾けこぶしを握る。
圍爐裏火はとろ〱
外は吹雪。

＊歌詞は下村莢（一八七〇－一九二二）。『唱歌教科書編纂日誌』記載。

「冬の夜」

一七、川中島

一
千曲犀川二川の間、
甲越二軍の戰場ここか。
海津の城跡僅に殘り
見渡す限り桑畑しげる。

二
川の瀬音は人馬の聲か。
亂るるすすきは旗指物か。
昔の英雄今はた在らず、
記念は野べに苔むす墓石。

＊関連教材：『尋常小學讀本』巻六第十七課「上杉謙信」。

一八、おもひやり

一
よその悲しみ苦しみを
わが身の上にひき較べ
あはれと思ふ心こそ、
人の尊き故と知れ。

二
わが身ばかりを思はずに、
人の身の上思ひやれ。
氣儘にひとり振舞はば、
情しらずと謗られん。

＊関連教材：『尋常小學讀本』巻六第十八課「人のなさけ」。

一九、港

一
ここは港か波止場のあたり、
大船小船其の數いくつ。
列ぶ檣林をなして
集へる樣の賑しや。

二
輕げに浮ぶ此方の商船、
ゆるぐ樣なき彼方の軍艦。
つゞく間を縫ひつゝ走る
小蒸氣艀忙しや。

三
聞けや入船汽笛をならす。
何れの國よりこゝへは着きし。
見よや出船は烟を吐いて
萬里もゆくか勇ましや。

四
船の出入のいよいよ繁く、
日々に榮ゆる港の樣よ。
國の富強の増しゆくしるし、
思へばげにも頼もしや。

＊関連教材：『尋常小學讀本』巻六第二十三課「港」。

二〇、かぞへうた

一つとや、人々忠義を第一に
あふげや高き君の恩　國の恩。
二つとや、二人のおや御を大切に
思へやふかき父の愛　母の愛。
三つとや、みきは一つの枝と枝
仲よく暮せよ兄弟姉妹。
四つとや、善き事たがひにすゝめあひ
惡しきをいさめよ友と友　人と人。
五つとや、いつはりいはぬが子供らの
學びのはじめぞ愼めよ　いましめよ。
六つとや、昔を考へ今を知り
學びの光を身にそへよ　身につけよ。
七つとや、難儀をする人見るときは
力のかぎりいたはれよ　あはれめよ。
八つとや、病は口より入るといふ
飲物食物氣を附けよ　心せよ。
九つとや、心はかならず高くもて
たとひ身分はひくゝとも　輕くとも。
十とや、遠き祖先のをしへをも
守りてつくせ家のため　國のため。

＊関連教材：『尋常小學讀本』巻六第二十五課「かぞへうた」。

「かぞへ歌」

『幼年唱歌』第一集

吉丸一昌著

刊行：1912年7月30日　発行：敬文館　東京　縦275ミリ×横190ミリ　表紙＋16頁　底本：1918年2月20日7版（→371頁参照）（東京学芸大学附属図書館蔵）

例言

一、本書は兒童の音樂遊戲の資料にもとて余が感興の湧くに從って作歌したるものに、諸友人が作曲したるものなり。

二、本書の樂曲は、學兄島崎赤太郎君の厚意によりて、嚴密なる校閲を經たるものなり。

三、本書樂曲の順序は、必ずしも難易の順を追はず、多くは歌材の季節によりて定め、雜歌は適宜其間に挿入したり。

四、本書は、初集にして、追次二ヶ月或は三ヶ月に一度づゝ分刊する豫定なり。

明治四十五年五月　　編著者識す

＊吉丸一昌（一八七三－一九一六）。

手毬と紙鳶

楠見恩三郎 作曲

一

トン〳〵手毬の音の數。
一い二に三つ四つ五つ
六つと數へて七つになると
わたしは尋常一年生。
あらうれしいな、
うれしいな。

二

ブン〳〵唸るは紙鳶の聲。
天上高く見おろして
畫紙鳶の達磨は力ん居れど
小さくなっては後しざり。
あらをかしいな、
をかしいな

めくら鬼

大和田愛羅 作曲

めくら鬼

一

青鬼さん 青鬼さん 何處へ行く。
うろ〳〵たづねて 何處へ行く。
此方においで 此方にお出で。
其方に歩けば 犬が居る。

二

赤鬼さん 赤鬼さん なにをする。
まご〳〵歩いて なにをする。
手の鳴る方へ 手の鳴る方へ。
手の鳴る方へは 人が居る。

お玉じやくし

梁田 貞 作曲

一

お玉じやくしは眞黒で
あたまが圓く尾が長く
手足は無くてもちょろ〳〵と
池の中をば はねまはる。
お玉じやくしは 可愛いな。

二

お玉じやくしの尾がとれて
蛙となって目が出來て
手足が出來ては ぴょん〳〵と
草の中をば 飛びまはる。
蛙の子供は可愛いな

（十月三日作）

＊梁田貞（一八八五－一九五九）。

荷車

大和田愛羅 作曲

一

雨に崩れた坂道を

山のやうな荷車が
えんやらやっと登り行く。

二

道が悪くて氣の毒だ
待てよ小父さん僕が今
えんさか ほいと押してやろ。

＊大和田愛羅。

螢狩

中田章 作曲

一

ほたる來い來い水をやろ。
お前の水は苦いぞ。
わたしの水は甘いぞ。
螢來い來い水をやろ。

二

螢來い來い此處に來い。
あちらの土手は 風が吹く。
むかふの山は鬼が出る。
螢來い來い此處に來い。

＊中田章（一八八六－一九三一）。

「螢狩」

駈つこ

梁田貞 作曲

一

一二三、走れ 走れ
どちらも負ずに 元氣を振へ。
元氣のよいのは 一の勝。

二

一二三、走れ 走れ
中途で落ちては 意氣地がないぞ
意氣地がないのは 下の下の下。

冬の夜のひゞき

澤崎定之 作曲

一

寒い霜夜の月影に
からりころりと急ぎ行く
人の下駄音なくなると
夜啼うどんの鈴のおと。

二

鈴の響きにつゞいては
うどんそばやの寒い聲
それも遠になくなると
あとは雨戸に風のおと。

＊澤崎定之（一八八九－一九四九）。

『幼年唱歌』第一集は七版を底本としている。そのため、曲集名は『新作唱歌』第壱集に改題されている。第二集、第七集は『合輯新作唱歌』を底本としたため、同書の中扉を紹介した。

『幼年唱歌』第二集

吉丸一昌編

合輯
新作唱歌
吉丸一昌著
東京
京文社出版

刊行：1912年11月7日　発行：敬文館 東京　縦275ミリ×横190ミリ 表紙＋16頁　底本：『合輯新作唱歌』1928年9月10日（京文社）＊写真は扉（東京学芸大学附属図書館蔵）

例言

一、本書は余が感興の湧くに従って作歌したるものに諸友人が作曲したるものなり。
二、本書の樂譜は學兄島崎赤太郎の厚意に依りて綿密なる校閲を經たるものなり。
三、本書は、隔月一回づゝ續刊する豫定にして、本書はその第二集なり。

大正元年九月　吉丸一昌識す

燕

北村季晴 作曲

一

軒に巣をくふ親つばめ
朝から晩まで餌とりに
雨の降る日も風吹く日にも
子ゆゑに迷ふ西東。

二
つばさ休むる暇もなく
一心不亂に飛びまはる
親の心を子供は知らず
なぜに遲いと泣きさわぐ。

（大正、元、九、九、作）

＊北村季晴（一八七二－一九三二）。

達磨さん

本居長世 作曲

一
何處の山から出て來た達磨
毛布にくるまり、けろりくわん。
膽をつぶした顏の前を
赤いうきよの風が吹く。

二
投りだされて起きては見たが
どちが西やら東やら。
そんな座禪は役に立たぬ
いつそそのまゝ寢てしまへ。

（大正、元、九、二、作）

＊本居長世（一八八五－一九四五）。

兎の餅舂

與田甚三郎 作曲

一
昨夜の夢はおもしろい
月の世界に行つたれば
ねぢはちまきの白兎
餅をぺつたんこ舂いて居た。

二
大福餅の舂きたてを
あとはお宅のお土産と
くれた什箱 えんやらと
擔ぐ拍子に目が覺めた。

（明治四十五、七、四、作）

飛行機の夢

大和田愛羅 作曲

一
僕が作つた飛行機の
ハンドル執つて舞ひあがり
日本國中飛んで見た。
これは昨夜の夢で候。

二
讀書、算術、躰操と
何でも甲を貰つたら
この兒は良い兒と褒められた。
これはほんとの事で候。

（大正元、九、二、作）

木の葉

梁田 貞 作曲

一
散るよ。散るよ。木の葉が散るよ。
風も吹かぬに 木の葉が散るよ。
ちら ちら ちら ちら ちいらちら。

二
飛ぶよ。飛ぶよ。落葉が飛ぶよ。
風に吹かれて 落葉が飛ぶよ。
ひら ひら ひら ひら ひいらひら。

（明治四十四、九、二十六、作）

學校ごつこ

北村初子 作曲

一
かぎになり 棹になり 飛びゆくかりがね。
さきのは慥十三羽
今は六羽のつれが行く。
合せて幾つ、手を擧げて。

二
庭の上 屋根の上 友呼ぶ小雀
數へて見れば十三羽
やがて六羽は逃げて行た。
のこりは幾つ、手を擧げて。

（大正元、九、八、作）

＊北村初子は、北村季晴の妻。

春の草 秋の草

中島かね子 作曲

一
心ゆかしや春の草。
雲雀の歌を聽きながら
花に胡蝶を遊ばせて
ひとりほゝゑむゆかしさや。

二
心ゆかしや秋の草。
みそらの月を葉に宿し
虫のいろ〳〵つどはせて
ひとり興ずるゆかしさや。

（大正元、九、九、作）

＊中島かね子（一八九二－一九八四）は柳兼子の旧姓。

『尋常小學唱歌』第四學年用

文部省編

刊行：一九一二年十二月十五日　発行：國定教科書共同販賣所

東京　縦一四八ミリ×横一〇九ミリ　表紙＋六六頁（扉共紙）

緒言

一、本書ハ本省内ニ設置セル小學校唱歌教科書編纂委員ヲシテ編纂セシメタルモノナリ。

二、本書ノ歌詞中、尋常小學讀本所載以外ノモノニ就キテハ、修身・國語・歴史・地理・理科・實業等諸種ノ方面ニ渉リテ適當ナル題材ヲ求メ、文體用語等ハ成ルベク讀本ト歩調ヲ一ニセンコトヲ期セリ。

三、本書ノ曲譜ハ排列上其ノ程度ニ就キテ多少難易ノ順ヲ追ハザルモノナキニアラズ。是其ノ歌詞ノ性質上已ムヲ得ザルニ出デタルナリ。

大正元年十月

文部省

一、春の小川

一

春の小川は さら〳〵流る。
岸のすみれや れんげの花に、
にほひめでたく 色うつくしく
咲けよ咲けよと さゝやく如く。

二

春の小川は さら〳〵流る。
蝦やめだかや 小鮒の群に、
今日も一日 ひなたに出でて
遊べ遊べと さゝやく如く。

三

春の小川は さら〳〵流る。
歌の上手よ、いとしき子ども、
聲をそろへて 小川の歌を
うたへうたへと、さゝやく如く。

＊高野辰之作詞・岡野貞一作曲。

「春の小川」

二、櫻井のわかれ

一

必死を期する 軍の門出、
亡きあと迄も みかどの衛
殘しおかんと 還すわが子に、
教を垂るゝ 櫻井の驛。

二

この度こそは 大事の軍、
生きては家に 還らぬ覺悟。
父が詞を 耳にとゞめて、
臣子の道を 踏みな違へそ。

三

世の中如何に なりゆくとても、
父が日頃の 心をつぎて、
殘る家の子 一つにあつめ、
再び擧げよ、菊水の旗。

四

山崎大路 かたみとたちし
子わかれ松は 枯れはてぬれど、
人の心に ふかくねざして、
かゝる世知らず、楠の二本。

＊関連教材：『尋常小學讀本』巻七第一、第二課「楠木正行」。

三、ゐなかの四季

一

道をはさんで 畠一面に
麥は穂が出る 菜は花盛り。
眠る蝶々とび立つひばり、

吹くや春風たもとも輕く
あちらこちらに桑つむ少女、
日ましくにはるごも太る。

二

ならぶ菅笠涼しいこゑで
歌ひながらに植行く早苗。
ながい夏の日いつしか暮れて
うゑる手先に月かげ動く。
かへる道々あと見かへれば
葉末々々に夜つゆが光る。

三

二百十日も事なくすんで
村の祭の太鼓がひゞく。
稲は實がいる日和はつゞく、
刈つてひろげて日に乾かして、
米にこなして俵につめて、
家内そろつて笑顔に笑顔。

四

松を火にたくゐろりの側で、
夜はよもやま話がはづむ。
母がてぎはの大根膾、
これがゐなかの年こしざかな。
棚の餅ひく鼠の音も
更けて軒端に雪降積る。

＊関連教材：『尋常小學讀本』巻七第三課「ゐなかの四季」。

四、靖國神社

一

花は櫻木人は武士。
その櫻木に圍まるゝ
世を靖國の御社よ。
御國の爲にいさぎよく
花と散りにし人々の
魂はこゝにぞ鎭まれる。

二

命は輕く義は重し。
その義を踐みて大君に
命さゝげし大丈夫よ。
銅の鳥居の奥ふかく
神垣高くまつられて、
譽は世々に殘るなり。

＊関連教材：『修身教科書』巻四第四課。

五、蠶

一

風暖き五月のはじめ、
里の少女が執るや羽箒、
掃きおろしたる春のかひこ、
さながら黒き塵の如く。

「蠶」

二

四度の眠いつしか過ぎて、
箸の太さは小指となりぬ。
きそひきそひて桑はむ音、
木の葉に雨のそゝぐ如く。

三

髪も結ばず夜さへ寝ねず、
心つくして一月あまり
努めしかひの見えたる今日、
うれしや繭は山の如く。

＊関連教材：『尋常小學讀本』巻七第九課「蠶」。

六、藤の花

一

野山もかすむ春雨の
霽れて、なごりの
「水嵩に車はげしや藤の花。」
しぶきに濡れて日に映ゆる。

二

雲雀の聲は夕空に
消えて、此方の
「薮畠や穂麥にとゞく藤の花。」
しづかに搖れて日は暮るゝ。

七、曾我兄弟

一

富士の裾野の 夜はふけて、
うたげのどよみ 静まりぬ。
屋形々々の 灯は消えて、
あやめも分かぬ さつきやみ。

二

「來れ 時致、今宵こそ、

十八年の うらみをば。」
「いでや兄上、今宵こそ、
たゞ一撃に 敵をば。」

三
共に松明ふりかざし、
目ざす屋形に うち入れば、
かたき工藤は 酔ひ臥して、
前後も知らぬ 高鼾。

四
「起よ、祐經、父の仇、
十郎五郎、見參。」と、
枕を蹴つて おどろかし、
起きんとするを はたと斬る。

五
仇は報いぬ、今はとて、
「出合へ出合へ」と 呼はれば、
折しも小雨 降りいでて、
空にも名のる ほとゝぎす。

＊関連教材：『尋常小學讀本』巻七第十三課「家の紋」。

八、家の紋

一
おほよそ家の紋どころ、
いふもかしこし菊と桐、
楠木父子の菊水は、
忠義のかほりなほ高し。

二
いほり木瓜は孝行の
曾我兄弟に知られたり。
二つどもゑに三つどもゑ、
三つ星四つ目九曜星。

三
梅ばち櫻たちばなや、
三がい松にさゝの雪。
上り下りの藤の紋、
さては鷹の羽つるの丸。

四
家の氏の名多ければ、
紋の數々かぎりなし。

＊関連教材：『尋常小學讀本』巻七第十三課「家の紋」。

九、雲

一
朝日に燃ゆればもみの絹、
夕日に映ゆれば錦にて、
晴れたる空の白無垢は、
雨降る前に墨染と、
かはるぞ不思議、雲のいろ。

二
時には連る峰となり、
時にはかさなる波と見え、
あるひは獸、鳥のはね、
魚のうろこと種々に、
變るぞ不思議、雲のさま。

三
遙けき山の端、遠き沖、
しづかに休むと見るうちに、
大空わたり海を越え、
あらしを起し雨をよび、
變るぞ不思議、雲のわざ。

一〇、漁船

一
えんやらえんやら 艪拍子そろへて
朝日の港を 漕出すれふ船。
見よ見よあの雲。今日こそ大れふ。
それ漕げそれ漕げ、おも舵とり舵。

二
ゆらりやゆらりと 浪間に搖られて、
磯には網船 沖には釣船。
見よ見よあれ見よ。かゝるわ、捕れるわ、
網にも絲にも 魚のかず〲。

三
えんやらえんやら 獲物に勇んで
入日の沖をば 急いで漕ぐ船。
見よ見よ、濱邊に 妻子が迎へる。
それ漕げ漕げよ、艪拍子早めて。

＊関連教材：『尋常小學讀本』巻七第二十一課「海ノ生物」。

「漁船」

一一、何事も精神

一
軒よりおつる雨だれの

たえず休まず打つ時は、
石にも穴をうがつなり。
我等は人と生れきて、
一たん心定めては、
事に動かずさそはれず、
はげみ進むに何事の
など成らざらん、鐵石の
堅きもつひにとほすべし。

二

小さき蟻もいそしめば
塔をもきづき、燕さへ
千里の波を渡るなり。
ましてや人と生れ來て、
一たんめあて定めては、
わき目もふらず怠らず、
ふるひ進むに何事か
など成らざらん、盤石の
重きもつひにうつすべし。

＊関連教材：『尋常小學讀本』巻七第二十三課「何事も精神」。

一二、廣瀬中佐

一

轟く砲音 飛來る彈丸。
荒波洗ふ デツキの上に、
闇を貫く 中佐の叫。
「杉野は何處、杉野は居ずや。」

二

船内隈なく 尋ぬる三度、
呼べど答へず さがせど見えず。
船は次第に 波間に沈み、
敵彈いよ〳〵 あたりに繁し。

三

今はとボートにうつれる中佐、
飛來る彈丸に 忽ち失せて、
旅順港外 恨ぞ深き、
軍神廣瀬と 其の名殘れど。

＊関連教材：『尋常小學讀本』巻七第二十七課「廣瀬中佐」。

一三、たけがり

秋の日の空すみわたり
風暖にさてもよき日や。
山遊するによき日や。
友よ來よ、手かごを持ちて
いざ裏山にきのこたづねん。
山深く行きてたづねん。

たどり行く細路づたひ、
はやかうばしくきのこにほへり。
山風にきのこかをれり。
うれし、この松の根もとに
まづ見つけつ と高く呼ぶ聲。
やまびこにひゞく呼聲。

いでや、あの岩の小かげに
皆うちよりてえもの數へん。
茸狩のいさをくらべん。

＊関連教材：『尋常小學讀本』巻八第三課「たけがり」。

一四、霜

一

笹の葉の白きは霜の
ひかりにて、まだ夜は深し
野邊の道、野邊の道。

二

有明の消えにし影を
松の葉に、しばし殘せる
霜の色、霜の色。

一五、八幡太郎

一

駒のひづめも匂ふまで
『道もせに散る 山櫻かな。』
しばしながめて「吹く風を
勿來の關と 思へども、」
かひなき名やと ほゝ笑みて
ゆるく打たせし やさしさよ。

二

落ちゆく敵を よびとめて
『衣のたては 綻にけり』
敵は見かへり『年を經し
絲のみだれの 苦しさに、』
つけたることの めでたきに
めでてゆるせし やさしさよ。

＊関連教材：『尋常小學修身書』巻四第十四課。

一六、村の鍛冶屋

一

暫時もやまずに 槌うつ響。
飛び散る火の花 はしる湯玉。
鞴の風さへ 息をもつがず、
仕事に精出す 村の鍛冶屋。

二

あるじは名高き いつこく老爺、
早起早寝の 病知らず。
鐵より堅しと ほこれる腕に

勝りて堅きは　彼がこゝろ。

三

刀はうたねど　大鎌小鎌
馬鍬に作鍬　鋤よ鉈よ。
平和のうち物　休まずうちて、
日毎に戰ふ　懶惰の敵と。

四

かせぐにおひつく　貧乏なくて、
名物鍛冶屋は　日々に繁昌。
あたりに類なき　仕事のほまれ、
槌うつ響に　まして高し。

＊関連教材：『尋常小學讀本』巻八第十課「かぢ屋」。

一七、雪合戰

一

晴れたる朝の雪の原、
東と西に立ちわかれ、
用意はじめの聲の下、
手に〱とばす雪礫。

二

あたりてひるむ卑怯もの、
恐れず進む剛のもの、
雪を蹴ちらし雪をあび、
互に寄する敵味方。

三

劇戰今と見るうちに、
後にひゞく休戰の
喇叭と共に、西東
一度にどつと鬨のこゑ。

一八、近江八景

一

琵琶の形に似たりとて
其の名をおへる湖の
鏡の如き水の面、
あかぬながめは八つの景。

二

まづ渡り見ん瀬田の橋、
かゞやく入日美しや。
粟津の松の色はえて
かすまぬ空ののどけさよ。

三

石山寺の秋の月、
雲をさまりてかげ清し。
春より先に咲く花は
比良の高ねの暮の雪。

四

滋賀唐崎の一つまつ、
夜の雨にぞ名を得たる。
堅田の浦の浮御堂、
おち來るかりもふぜいあり。

五

三つ四つ五つうち連れて、
矢走をさして歸り行く
白帆を送る夕風に、
聲程近し、三井のかね。

＊関連教材：『尋常小學讀本』巻八第十七課「近江八景」。

一九、つとめてやまず

一

額に汗してはたらくも、
心を碎きていそしむも、
同じく御國の爲にして、
人の道なり、務なり。

二

榮ゆく御國の御民われ、
あだには一日も過さめや。
急がずやすまず撓みなく、
心たのしく勵みなん。

三

荒むな國民怠るな、
みづから彊めて息まざれと、
諭させ給ひしみことのり、
肝にきざみて忘れめや。

「つとめてやまず」

二〇、橘中佐

一

かばねは積りて山を築き、
血汐は流れて川をなす、
修羅の巷か、向陽寺。
雲間をもるゝ月青し。

二

「みかたは大方うたれたり、

しばらく此處を。」と諫むれど、
「恥を思へや、つはものよ。
死すべき時は今なるぞ。

三
御國の爲なり、陸軍の
名譽の爲ぞ。」と喩したる
ことば半ばに散りはてし
花橘ぞかぐはしき。

＊関連教材：『尋常小學讀本』巻八第二十四、二十五課「橘中佐」。

◆資料【一九一二（明治四五・大正元）年認可済歌曲】

福島県（六月一一日）：「澤村勝爲ノ唱歌」
宮崎県（十月一日）(高)：「鄕土唱歌」

◆資料【一九一二（明治四五・大正元）年検定済曲集】

『地理教育 飛行機唱歌』二月一二日検定（一月二二日訂正再版）
『福島縣地理歴史唱歌』二月一六日検定（一月二七日訂正再版）
『婦女唱歌 楠公婦人』三月四日検定（二月二六日訂正再版）
『國民唱歌』五月三日検定（四月三〇日訂正再版）
『陸軍紀念日／海軍紀念日 唱歌』五月一四日検定（四月二七日改訂再版）
『新撰唱歌 此一戰』五月二三日検定（五月二一日訂正）
『廣島市歌』七月二三日検定（七月一〇日訂正二版）
『やまとたましい』七月二七日検定（一月五日訂正改版）
『乃木大將の歌』十月二一日検定（十月一九日六版）
『剣士道唱歌 嗚呼乃木大將』十一月四日検定（十月二〇日訂正再版）
『少年唱歌 若木の楠』十二月二日検定（十一月二五日訂正再版）
『唱歌 乃木大將』十二月三日検定（十二月一日訂正再版）
『唱歌 明治聖帝』十二月三日検定（十二月一日訂正再版）

一九一三（大正二）年

『新作唱歌』第三集

吉丸一昌作

刊行：1913年2月5日　発行：敬文館
東京　縦259ミリ×横187ミリ 表紙＋18頁
底本：1920年1月30日発行7版

緒言

一、本書は『幼年唱歌』の改題にて、この第三集以下は『新作唱歌』の名の下に、幼稚園、尋常小學校、高等小學校、中學校、高等女學校程度の歌曲を網羅することゝしたり。

二、本書所載の創作曲は從前の通り、諸友人の新作にして、學兄東京音樂學校教授島崎赤太郎君の綿密なる校閲を經たるものなり謹んで島崎君及び諸友人の厚意を鳴謝す。

三、本書所載の外國曲は、極めて邦人の趣味に合へる名曲のみを取り、歌詞も出來得る限り原歌曲の意を酌んで、しかも我國語の音調を損ぜざらんことに力めたり。

四、ニーナは伊國の幼女の名。その死を悲める親心の切なさを歌へるもの。『春のたそがれ』と共に、我上野樂園の愛唱曲なり。

大正元年十一月下旬
萬古刀庵　吉丸一昌しるす

かみなりさま

永井幸次氏 作曲

一
大空一面かき曇り、
そろ〱吹きだす南風、
夕立來るぞ、雷鳴るぞ、
干物入れよと大騒。

二
太郎は裸で腹鼓、
こはくはないぞと云ふうちに、
ごろ〱ぴかり、ぴか〱ごろり、
お臍を抑へて逃げ込んだ。

ふんだっけ!?

大槻貞一氏 作曲

一
背戸の藪から、のそ〱と
とのさま蛙が罷りでゝ、
兩手をついたが、や、考へて
わたしの用事は、ふんだっけ!?

二
太郎使ひに出て行つて
みちくさ喰つて暇取れて
行つたは行つたが、や、考へて
わたしの用事は、ふんだっけ!?

＊大槻貞一（生年不詳－一九六六）。

犬と猫

澤崎定之氏 作曲

一
僕等は犬が大すきだ、
口笛鳴らして名を呼ぶと
遠くに居つても飛んで來て
袖にすがつてワン〳〵。

二
わたしは猫が可愛いゝ、
おいでよ玉やと名を呼ぶと
あたまをかしげて、すり寄つて
膝に上つてニヤン〳〵。

（明治四五、二、九、作）

水の心

船橋榮吉氏 作曲

一
岩間の雫森の露
寄せて集めて山水は
しばし木の葉の下くゞる。
忍ぶは水の心かな。

二
野川となりて流れては
塵や芥のきらひなく
來るがまに〳〵乘せて行く。
寛きは水の心かな。

三
山より落ちて野を出で、
つひのゆくへは青波の
底ひもあらぬわだの原。
深きは水の心かな。

（大正元年十一、一四、作）

＊船橋榮吉（一八八九－一九三二）。

早春賦

中田 章氏 作曲

一
春は名のみの風の寒さや。
谷の鶯歌は思へど
時にあらずと聲も立てず。

二
氷解け去り葦は角ぐむ。
さては時ぞと思ふあやにく
今日もきのふも雪の空。

三
春と聞かねば知らでありしを。
聞けば急かる、胸の思を
いかにせよとのこの頃か。

（大正元、十一、二、作）

＊『六年生の音樂』「早春の歌」（→六四一頁）。

ニナ

伊國ペルゴレーゼ氏 作曲

二日經れども
ニナは目覺めず。
日影眉を照れど覺めず。
わが笛に覺めずや。
目覺めずやニナ。
目覺めずやニナ。
覺めて再び笑まずやニナ。
覺めなば如何に嬉しからまし。
覺めよやニナ。
目覺めよやニナ。

（大正元、一二、一〇、作）

＊緒言では「ニーナ」、楽譜および縦書歌詞では「ニナ」と表記されている。

春のたそがれ

佛國マラン氏 作曲

一
入相の鐘の音、尾の上より響きて
山本の櫻は風なきに散り散る。
寂しやな黄昏語らふに人なく
悲しやな行春 留むるに術なし。

二
里村の燈火、夕闇を洩れ來て
小山田の蛙は遠近に 鳴き鳴く
わびしやな黄昏 尋ぬるに友なく
うれはしや行春 惜めどもかひなし。

「春のたそがれ」

『新作唱歌』第四集

吉丸一昌 作

刊行：1913年5月18日　発行：敬文館　東京　縦259ミリ×横187ミリ 表紙＋18頁　＊国立国会図書館蔵

緒言

一、本書は『幼年唱歌』改題『新作唱歌』の第四集にして、日本趣味を帯びたる外國曲の、しかも未だ我邦に紹介せられたる事なきもののみを集めたり。時に此の如き編輯方法を執る事あるべし。

一、本書より毎集、學兄楠美教授の注意によりて、ヴァイオリン、ピアノ、オルガン曲の簡易なるものを添ふる事とせり。殊に本書所載のものは、同教授の選曲によれるなり。茲にこれを記して謹んで好誼を鳴謝す。

一、第五集は例の學友の新作曲及び外國曲と、右に述べたるが如き簡易にして、佳麗なる器楽曲を載せて五月下旬に出版すべし。

大正二年四月十二日 空曇り風そよめく日

萬古刀庵

吉丸一昌識す

蜜蜂

独逸國民歌

一

ブンブンブン 蜂が鳴く。
花咲くこの頃、
時これ金ぞと、
ブンブンブン 蜂が鳴く。

二

ブンブンブン 蜂が鳴く。
むだには 暮すな、
一日も惜しやと、
ブンブンブン 蜂が鳴く。

三

ブンブンブン 蜂が鳴く。
働け 子供よ、
見習へわれをと、
ブンブンブン 蜂が鳴く。

（大正二、三、二十一、作）

＊『一ねんせいのおんがく』「ぶんぶんぶん」（→六一八頁）。

落椿

ウェーバー氏 作曲

一

ポタリ 地の上に、
小さな音が、
ころがり落ちた。
ハテナ 何が落ちた。

二

ポタリ また聞える。
雨戸を開けて、
よく〱 見れば、
アハハ 椿の花。

（大正二、三、二十一、作）

＊『五年生の音樂』「おちつばき」（→六三七頁）。

「落椿」

蝶鳥

ツームステーグ氏 作曲

一

櫻は 微笑
若草は萌ゆる 樂しき春日を、
他處には 過すな、
啼け啼け 木々の小鳥。
啼け啼け 木々の小鳥。

二

菜の花 かすみて
桃の花匂ふ長閑き春日を、
夢には過すな、
舞へ舞へ 園の小蝶。
舞へ舞へ 園の小蝶。

＊ヨハン・ルードルフ・ツムシュテーク Johann Rudolf Zumsteeg（ドイツ、1760-1802）。

朝の歌

佛國民曲

一
東のみ空は あからみ初めて
たなびく横雲 紫立ちぬ。
かぐろに隈どる 野山の上を
啼きゆく烏の 聲々高し。

二
一日の疲れは一夜に消えて
村里今しも 夢より覺めぬ。
人聲　物音　とどろき渡り
樂しき朝は　ふたゝび來る。

（大正二、四、九、作）

海邊に立ちて

シューベルト氏 作曲

雲 漂ふ空や 水の中空、
浮ぶ白帆の影も
黄昏初めたり。
汐風吹き立ち
水鳥屢鳴き
悲しみを添へて たゞ涙散る。
故郷を離れて、 嗚呼幾年ぞ。
たゞ夢に見るか、 親の面影。
徒に流離の年を重ねて
われ幾十度ぞ 此の岸に立ちし。

（大正二、四、十二、脱稿）

＊フランツ・シューベルト Franz Schubert（オーストリア、1797-1828）。

巻末楽譜：牧謡調（オルガン曲、伊人プッチャリ氏作。）、ラッパ調（ヴァイオリン及ピアノ曲、英人パーセル氏作。）

『新作唱歌』第五集

吉丸一昌 作

刊行：1913年7月22日　発行：敬文館　東京　縦259ミリ×横187ミリ 表紙＋20頁 底本：1925年4月25日発行8版

緒言

一、本書は『幼年唱歌』改題『新作唱歌』の第五集なり。
一、集中収むる處の獨逸民曲の合唱曲二篇は、共に、東京音樂學校樂友會音樂演奏會の爲めに作歌したるものなり。
一、ピアノ曲、オルガン曲は、同曲なれば合奏するに適せり。此選曲は、楠美教授の厚意によれるなり。謹んで謝す。

大正二年七月十七日
青葉朝日に輝く處にて 萬古刀庵主人
吉丸一昌識す

雲雀

本居長世氏 作曲

一
欠伸のやうな風が吹く。
夢路のやうな 野が見える。
眠い〳〵 春の日を。
さて 氣短の雲雀かな。

二
雲雀の聲がするやうだ。
やうだが 何うも目に見えぬ。
何處の空に隠れんぼ。
もう 戯れまいぞ揚雲雀。

（大正二、五、十二、作歌、同六、十七日夜修正）

光

梁田 貞氏 作曲

一
大空とわたる日の光に
物皆いのちをながらふ也
正義の輝世にあればぞ
人の世安けく過ごさるゝ。

二
月影星影ひかりありて
海山たどるにしるべあり
良心光にかゞやきてぞ
人たる道をばあやまたぬ。

三
正義の光を高くかゝげ
かゞやく良心いよゝ磨け
若しこの光の消も失せば
即ち人の世終るべし。

（大正元、十二月一八日作）

木がくれの歌

船橋榮吉氏 作曲

一
青葉若葉の木の下道を、
影は見えねど節おもしろく、

話交りに聲うちあげて、
三人ばかりの、聞け、謠が行く。
『蛙が鳴くから かーへろッ』

二

風は騒ぎて實に雨蛙
かなた此方に鳴く聲聞え、
心寂しく日も暮れ行けば、
一人一人の、聞け、謠が行く、
『蛙が鳴くから かーへろッ』

（大正二、四、十三、正午脱稿）

烏

樋口信平氏 作曲

一

裏の畑に烏が下りて、
さわぎ、のゝしる忌々しさや。
ほうと追へども、尻目に見やり、
へへと笑ふや、腹の底。

二

物を投るの勢すれば、
それは、礫の眞似にて候と、
つひと飛びては、小枝にとまり、
ハハと他處向く笑聲。

（大正二、五、二三、作）

＊樋口信平（生年不詳－一九二〇）。

故郷を離るゝ歌

獨逸民曲

「故郷を離るゝ歌」

一

園の小百合、撫子、垣根の千草。
今日は汝をながむる 最終の日なり。
おもへば涙、膝をひたす。
さらば故郷、さらば故郷、故郷さらば。

二

つくし摘みし岡邊よ、社の森よ。
小鮒釣りし小川よ、柳の土手よ。
別るゝ我を憐と見よ。
さらば故郷、さらば故郷、故郷さらば。

三

此處に立ちて、さらばと、別を告げん。
山の陰の故郷、静に眠れ。
夕日は落ちて、たそがれたり。
さらば故郷、さらば故郷、故郷さらば。

（大正二、六、十九、土曜演奏會の為めに）

＊元歌はドイツ民謡《Der letzte Abend》。

僧院の庭

啼く鳥は遠き
寺の庭の眞晝、
枝を葉を漏れてさす
班日の影に、
不圖見るや、
陽炎の
縺れゆく亂れ。

（明治四十五年五月 東京音樂學校學友會の爲めに作る）

巻末楽譜：ピアノ オルガン連彈曲《DER ROTE SARAFAN》
露國民曲。

『尋常小學唱歌』第五學年用

文部省編

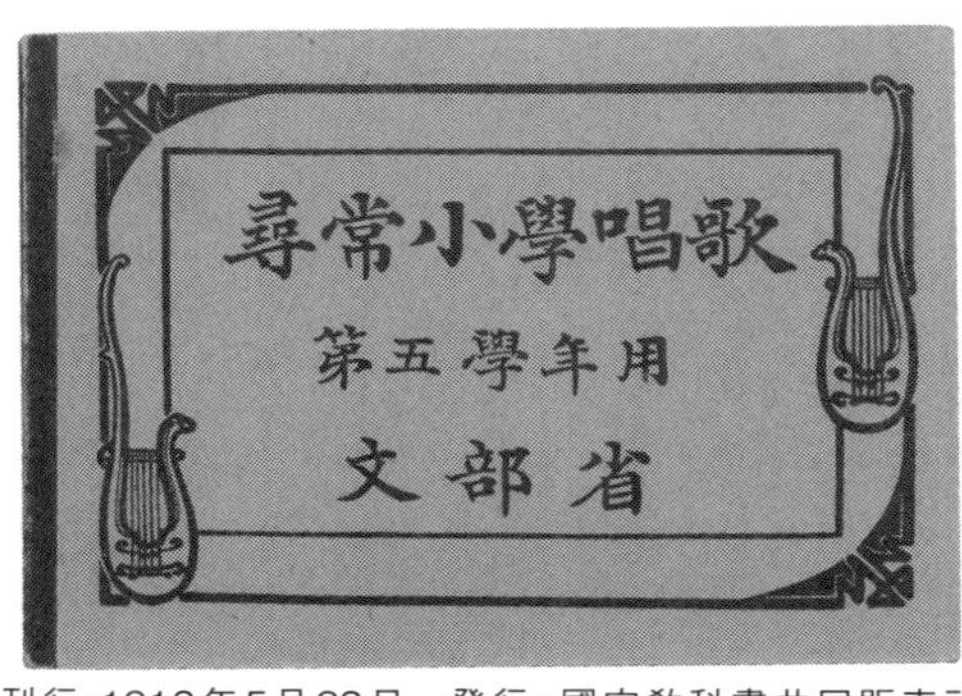

刊行：1913年5月28日　発行：國定教科書共同販売所
東京
縦148ミリ×横209ミリ 表紙＋64頁（扉共紙）

緒　言

一、本書ハ本省内ニ設置セル小學校唱歌教科書編纂委員ヲシテ編纂セシメタルモノナリ。

二、本書ノ歌詞中尋常小學讀本所載以外ノモノニ就キテハ、修身・國語・歴史・地理・理科・實業等諸種ノ方面ニ渉リテ適當ナル題材ヲ求メ、文體用語等ハ成ルベク讀本ト歩調ヲ一ニセンコトヲ期セリ。

三、本書ノ曲譜ハ排列上其ノ程度ニ就キテ多少難易ノ順ヲ追ハザルモノナキニアラズ。是其ノ歌詞ノ性質上已ムヲ得ザルニ出デタルナリ。

四、巻頭ノ「みがかずば」「金剛石」「水は器」ノ三首ハ何レモ皇太后陛下ノ御歌ニシテ尋常小學修身書巻五ニ奉掲シタルモノナリ。「みがかずば」ノ曲ハ今回特ニ撰定シタルモノ、「金剛石」及ビ「水は器」ノ曲ハ學習院撰定ノモノニ係ル。

大正二年二月

文部省

みがかずば

みがかずば
玉もかがみも
なにかせん。
まなびの道も
かくこそありけれ。

＊関連教材：『尋常小學修身書』巻五第二課。

金剛石

金剛石もみがかずば、
珠のひかりはそはざらむ。
人もまなびて後にこそ、
まことの徳はあらはるれ。
時計の針のたえまなく
めぐるが如く、ときのまの
日かげをしみて励みなば、
如何なる業かならざらむ。

水は器

水はうつはにしたがひて、
そのさまざまになりぬなり。
人はまじはる友により、
よきにあしきにうつるなり。
おのれにまさるよき友を
えらびもとめて、もろ共に
こころの駒にむちうちて、
まなびの道にすすめかし。

＊関連教材：『尋常小學修身書』巻五第二課。

一、八岐の大蛇

一
めぐらす垣根、門八つ造り、
その門毎に棧敷しつらへ、
棧敷一つに酒槽一つ、
その槽々に酒をぞ滿てたる。

二
八岐の大蛇近づき來り、
その門毎に頭さし入れ、
頭一つに酒槽一つ、
酒飲み飲みて醉ひてぞ臥したる。

三
尊は立ちて、今こそ時と、
その御佩の劒引拔き、
一つ一つに、尾頭八つを
切棄てませば、流るゝ血の川。

四
年毎人を、來て取喫ひし、
その醜大蛇こゝに滅びて、
尾より出でたる御劒一つ、
我がすめろぎの寶とたふとし。

＊関連教材：『尋常小學讀本』巻九第一、二課「草薙の劔」。

二、舞へや歌へや

一

花に宿れる蝶は今
眠さめたり。
舞へや舞へや 姿やさしく舞へや。
舞へや舞へや たもと輕く舞へや。
春風渡る廣野は
汝が樂しきにはぞ。
舞へや舞へや花に草に。
蝶の遊ぶ時は今なり。
舞へや舞へや 姿やさしく舞へや。
舞へや舞へや たもと輕く舞へや。

二

葉蔭に寢ねし鳥は早
ゆめも見あきつ。
歌へ歌へ 心ゆたかに歌へ。
歌へ歌へ しらべ高く歌へ。
綠色そふ林は
汝が樂しきにはぞ。
歌へ歌へ枝に梢に。
鳥の遊ぶ時は今なり。
歌へ歌へ 心ゆたかに歌へ。
歌へ歌へ しらべ高く歌へ。

＊関連教材：『尋常小學讀本』巻九第四課「舞へや歌へや」。

三、鯉のぼり

一

甍の波と雲の波、
重なる波の中空を、
橘かをる朝風に、
高く泳ぐや、鯉のぼり。

二

開ける廣き其の口に、
舟をも呑まん樣見えて、
ゆたかに振ふ尾鰭には、
物に動ぜぬ姿あり。

三

百瀬の瀧を登りなば、
忽ち龍になりぬべき、
わが身に似よや男子と、
空に躍るや鯉のぼり。

「鯉のぼり」

四、運動會の歌

一

強く體を馴さんと、
堅くこゝろを鍛へんと、
日頃つとめし練習の
出來ばへ見するは今日なるぞ。
振へ、振へ、わが友。

二

からだあくまで健かに、
心ます〱爽かに、
われら子どもの盛なる
元氣を見するは今日なるぞ。
振へ、振へ、わが友。

五、加藤清正

一

勝ちほこりたる敵兵を
一擧に破る賤が嶽、
七本槍の随一と
譽は高き虎之助。
蛇の目の紋の陣羽織、
十字の槍の武者振は
後の世までの語りぐさ。

二

友危しと、身をすてゝ、
赴き救ふ蔚山や、
百萬餘騎の明軍の
荒膽ひしぐ鬼上官。
黒地に白き七文字の
妙法蓮華の旗風に、
異國までも靡きけり。

＊関連教材：『尋常小學修身書』巻五、六、七課。

六、海

一

松原遠く消ゆるところ、
白帆の影は浮かぶ。
干網濱に高くして、
鷗は低く波に飛ぶ。
見よ晝の海。
見よ晝の海。

二
島山闇に著きあたり、
漁火光淡し。
寄る波岸に緩くして、
浦風輕く沙吹く、
見よ夜の海。
見よ夜の海。

＊関連教材：『尋常小學讀本』巻九第十課「汽船汽車の發明」。

七、納涼

一
一日の汗を湯浴に流し、
夕顔棚の下蔭占めて、
親子同胞一つむしろに
心をおかぬむつび語り。
むつび語り樂しや。

二
蚊遣のけむり軒端をこめて、
綠の葉ごし月影すゞし。
裏の細路、節もをかしく
聞ゆる歌の主は誰ぞ。
主は誰ぞ、ゆかしや。

三
見わたし遠き青田の上を
細波たてて吹來る夜風。
風に流るゝ螢火いくつ、
月影うけて消えつ見えつ。
消えつ見えつ、涼しや。

八、忍耐

一
野を流れての末遂に
海となるべき山水も、
しばし木の葉の下くぐるなり。
見よ、忍ぶなり、山水も。

二
身にふりかゝる憂き事の、
なほこの上に積れかし。
限ある身の力ためさん、
いざ試みん、身の力。

＊関連教材：『尋常小學讀本』巻十第七課「張良と韓信」。

九、鳥と花

一
鳥にならばや、み空の鳥に。
霞をわけては雲雀とあがり、
霧をわけては雁とかけり、
春と秋とをかざらばや。

二
花にならばや、園生の花に。
櫻と咲きては朝日に匂ひ、
菊と咲きては露にかをり、
春と秋とを飾らばや。

一〇、菅公

一
日かげ遮るむら雲に、
干すよしも無き濡衣を
身には著つれど、眞心の
あらはれずして止まめやと、
神のまもりを憑みつゝ、
配所に行きし君あはれ。

二
のちを契りし梅が枝に、
東風吹く春はかへれども、
菊の節會の後朝の
宴に侍りし秋は來ず、
御衣を日毎に拝しつゝ、
配所に果てし君あはれ。

＊関連教材：『尋常小學讀本』巻九第二十三課「菅原道眞」。

一一、三才女

一
色香も深き紅梅の
枝にむすびて、勅なれば
いともかしこし、うぐひすの
問はば如何にと、雲ゐまで
聞え上げたる言の葉は
幾代の春か薫るらん。

二
みすのうちより、宮人の
袖引止めて、大江山
いく野の道の遠ければ
ふみ見ずといひし言の葉は
天の橋立末かけて
後の世永く朽ちざらん。

三
きさいの宮の仰言、
御聲のもとに、古の
奈良の都の八重櫻
今日九重に匂ひぬと
つかうまつりし言の葉の
花は千歳も散らざらん。

＊関連教材：『尋常小學讀本』巻九第二十六課「三才女」。

一二、日光山

一
二荒の山下 木深き所、
大谷の奔流 岩打つ邊、
金銀珠玉を 鏤めなして、
終日見れども 厭かざる宮居。

二
浮彫毛彫の 柱に桁に、
振ひし鑿の技 巧をきはめ、
丹青まばゆき 格天井に、
心をこめたる 繪筆ぞ匂ふ。

三
美術の光の 輝く此の地、
山皆緑に 水また清く、
樂園日本の 妙なる花と、
外國人さへめづるも宜ぞ。

＊関連教材：『尋常小學讀本』巻九第二十七課「日光山」。

一三、冬景色

一
さ霧消ゆる湊江の
舟に白し、朝の霜。
ただ水鳥の聲はして
いまだ覺めず、岸の家。

二
烏啼きて木に高く、
人は畑に麥を踏む。
げに小春日ののどけしや。
かへり咲の花も見ゆ。

三
嵐吹きて雲は落ち、
時雨降りて日は暮れぬ。
若し燈火の漏れ來ずば、
それと分かじ、野邊の里。

＊関連教材：『尋常小學讀本』巻十第九課「冬景色」。

一四、入營を送る

一
ますらたけをと 生ひ立ちて、
國のまもりに 召されたる
君が身の上 うらやまし。
望めどかなはぬ 人もあるに、
召さるゝ君こそ 譽なれ。
さらば 行け、國の爲。

二
征矢を額に 立たすとも、
背には負はじと 誓ひたる
遠き祖先の 心もて、
みかどの御楯と つかへまつり、
榮あるつとめを 盡せかし。
さらば ゆけ、國の爲。

＊関連教材：『尋常小學讀本』巻十第八課「入營する友におくる」。

一五、水師營の會見

一
旅順開城約成りて、
敵の將軍ステッセル
乃木大將と會見の
所はいづこ、水師營。

二
庭に一本棗の木、
彈丸あともいちじるく
くづれ殘れる民屋に
今ぞ相見る二將軍。

三
乃木大將は、おごそかに、
御めぐみ深き大君の
大みことのり傳ふれば、
彼かしこみて謝しまつる。

四
昨日の敵は今日の友、
語る言葉もうちとけて、
我はたゝへつ、かの防備。
彼は稱へつ、我が武勇。

五
かたち正して言ひ出でぬ、
『此の方面の戰闘に
二子を失ひ給ひつる
閣下の心如何にぞ。』と。

六
『二人の我が子それ〴〵に
死所を得たるを喜べり。
これぞ武門の面目。』と、
大將答力あり。

七
兩將晝食共にして、
なほも盡きせぬ物語。
『我に愛する良馬あり。
今日の記念に獻ずべし。』

八
『厚意謝するに餘りあり。
軍のおきてにしたがひて
他日我が手に受領せば、
ながくいたはり養はん。』

九

『さらば』と握手ねんごろに
別れて行くや右左。
砲音絶えし砲臺に
ひらめき立てり、日の御旗。

＊関連教材：『尋常小學讀本』巻十第十二課「水師營の會見」。佐佐木信綱作詞・岡野貞一作曲。

一六、齋藤實盛

一
年は老ゆとも、しかすがに
弓矢の名をばくださじと、
白き鬢鬚墨にそめ、
若殿原と競ひつゝ、
武勇の譽を末代まで
殘しゝ君の雄々しさよ。

二
錦かざりて歸るとの
昔の例ひき出でて、
望の如く乞ひ得つる
赤地錦の直垂を
故郷のいくさに輝しゝ
君が心のやさしさよ。

＊関連教材：『尋常小學讀本』巻十第十五課「齋藤實盛」。

一七、朝の歌

一
朝日は昇りぬ、日は出でぬ。
海には、帆綱をたぐり上げ、
追手に帆あげて船出する
海士人今や勇むらん。

二
朝日は昇りぬ、日は出でぬ。
山には、小牛を追ひながら、
朝露踏分け登りゆく
少女の歌や高からん。

三
朝日は昇りぬ、日は出でぬ。
町には、工場の笛鳴りて、
今しも薄らぐ朝靄に、
機械の音や響くらん。

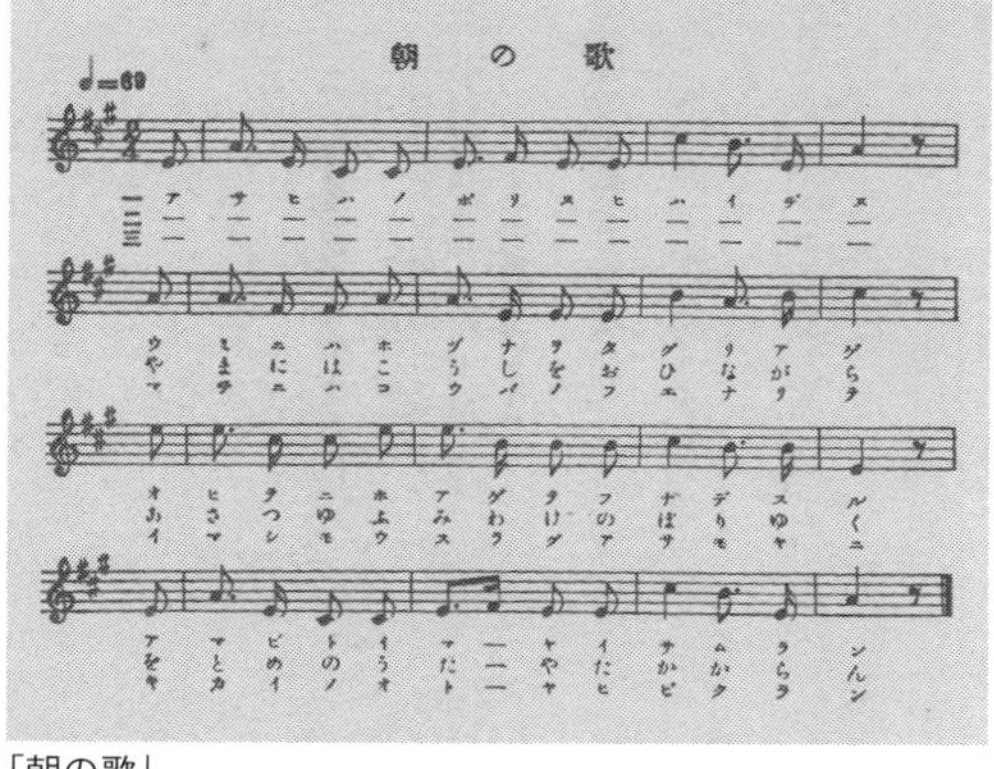

「朝の歌」

＊この「朝の歌」は、『新訂尋常小學唱歌』五學年用では、曲名が「朝日は昇りぬ」と変わり、別新曲「朝の歌」（またたく星影…）が加わる。

一八、大塔宮

一
氷の刃御腹に當てて、
經巻かづき、堅睡をのみて、
忍びおはせし 般若寺あはれ。

二
山伏姿、嶮しき道を、
破るゝ御足 紅染めて、
落行きましゝ 熊野路あはれ。

三
鎧の上に 立てる矢七つ、
流るゝ血しほ 拭ひもあへず、
酒酌みましゝ 三芳野あはれ。

四
恨盡きせぬ 建武の昔、
日影も闇き 鎌倉山の
御最期あはれ、語るもゆゝし。

一九、卒業生を送る歌

一
許多の年月兄とし睦び、
姉とし慕ひし上級生よ。
日頃のつとめ 效見えて
榮ある今日のよろこびや。

二
我等に先だち學を卒へて、
今日しも出立つ卒業生よ。
君等の面にあふれたる
希望の色のたのもしや。

三
吾等もやがては學を卒へて、
君等が行く道 後より追はん。
ゆくての道のしるべして
正しきかたに導けや。

『新作唱歌』第六集

吉丸一昌作

刊行：1913年12月1日　発行：敬文館　東京　縦259ミリ×横187ミリ 表紙＋18頁
底本：1920年2月15日発行 6版

緒言

一、本書は『幼年唱歌』改題『新作唱歌』の第六集にして、器樂曲を除く外、悉く滑稽歌曲のみなり。
一、本書所載の創作曲は、從前の通り島崎學兄の選定に依り、器樂曲は楠美學兄の綿密なる校閲を經たるなり。謹んで兩學兄の高誼を鳴謝す。
一、次集には外人の滑稽曲を選び、當第六集及び第七集を以て日英獨の滑稽歌曲集たらしめんとの豫定なり。

大正二年天長節祝日前日
夕陽冷かに窓を射る處にて

吉丸一昌しるす。

船の眞似

稲岡美賀雄氏 作曲

一

昔 或人 お客に呼ばれて、
はさむお菓子を呉れると思ひ、
両手を重ねて出したが笑止、
隣の人でありました。

二

出した其手を引くにも引けねば、
顔を赤めて隣の人に、
『アノモシ 見給へ此手は何んと、
船に能く似て居ませぬか』。

（大正二、八月作）

蟹と海鼠

大和田愛羅氏 作曲

一

蟹が海鼠に云ふことは、
『どちらが御前のお尻か口か、
神武以來、不思議の體、
お化の兒ではあるまいの!?』

二

海鼠フフンと嘲笑ひ、
『お前の走るは 還るか往くか、
アダム以來、不可解至極、
當人様もわかるまい！』

（大正二、六月二九、作）

近眼のしくじり

梁田 貞氏 作曲

一

追分の 石の上、
烏が一羽 止まってる。
近眼が人と見違へて、
『もし〱 村へは何う参る、
お尋ねします』と聞いたれど、
烏はついと飛んで行く。
近眼は急に手を擧げて、
『もしもし 帽子が飛びました』。

二

或人が 鶏を
抱えて町に賣りに行く。
近眼が、それを打ちながめ、
『さて〱 綺麗なお召物、
見せて』と尻尾を引いたれば
鶏、糞をペッとした。
近眼は顔を拭きながら、
『唾を かけずと 可さそうに』。

（大正二年八月十、作）

餅賣

船橋榮吉氏 作曲

一

餅屋が餅を賣りあるく。
賣聲途切れて聲が出ぬ。
何うしてそうだと聞いたれば、
『腹が空いて聲が出ぬ』。

二

『それほど腹が空いたなら、
何故その餅食べないか』。
餅屋は悧巧な顔をして
『饐えたものは食べられぬ』。

（大正二年八月作）

角力

澤崎定之氏 作曲

聾始めて角力を見、
二人の取組 喧嘩と見、
帽子を被つて 逃仕度、

そのうち一人が投げられて、
行司が團扇を擧げたれば、
見物ヤンヤと褒めました。
聾ケゲンな顔をして、
『はて さて 早い仲直り』。
（大正二、六、十三、作）

盲と聾

弘田龍太郎氏 作曲

一
めくらが 提灯 借りに來た。
『めくらに 提灯 要るものか』
『わたしに 要はないけれど、
めあきが わたしに つき當る』。

二
聾が春季 縁に居て、
コケコと鷄鳴くを見て、
『いかさま永い日で御座る、
鷄さへ欠伸の出しつゞけ』。
（大正二、八、二四夜作）

＊弘田龍太郎（一八九二―一九五二）。
巻末楽譜：ピアノ曲「子守唄」。

◆資料【一九一三（大正二）年認可済歌曲】
神奈川県（四月二八日）：「二宮先生唱歌」

◆資料【一九一三（大正二）年検定済曲集】
『**嗚呼忠臣 乃木大將**』一月一四日検定（前月二一日訂正）
『**明治のみかど**』八月一三日検定（七月二三日訂正再版）
『**福岡市地理唱歌**』八月二八日検定（八月二五日訂正再版）
『**歴史唱歌**』八月二八日検定（八月二五日訂正再版）
『**小學唱歌 明治の御代**』九月六日検定（七月二四日）

一九一四（大正三）年

『新作唱歌』第七集

吉丸一昌作

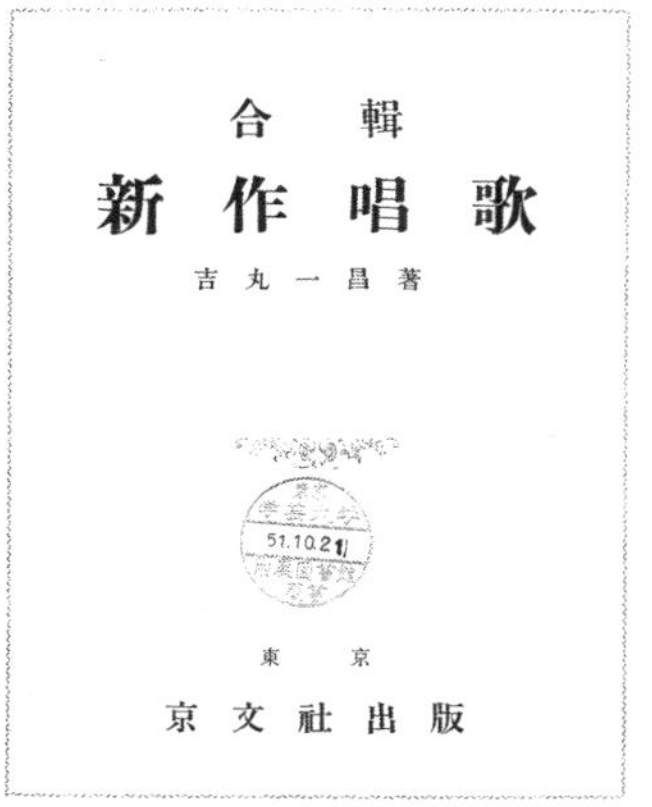

刊行：1914年5月5日 発行：敬文館 東京 縦259ミリ×横187ミリ 底本：『合輯新作唱歌』1928年9月10日（京文社）
＊写真は扉（東京学芸大学附属図書館蔵）

狐の嫁入

英國民曲

一
日影はきら〳〵、甍を照して、
日和のよいのに、軒端は雨滴、
庭木は、しづくの白露こぼして、
小雨は降るなり。狐の嫁入。

二
不思議や、かしこの山雲傳ひて、
山より山へと、多くの行列、
嫁御寮乗せたる御駕籠をとりまき、
しづ〳〵 練りゆく。狐の嫁入。
（大正三、三、十四、作）

盆の十六日

英國民曲

一
額に手を當て、
『さて忘れた』。
『大事な物でも置いて來たか』。
『いや、なに去年の盆の十六日は、
月夜か闇夜か、さて忘れた』。

二
『私も、なるほど、能く覺えぬ、
月夜か、闇夜か、とんと忘れた』。
小首傾け、思案の果て、
小膝叩いて、『思ひ出した。
去年の暦を廣げて見よ』。
（大正三、三、十四、夜作）

ころげて曰く

英國民曲

或人途にて
思はず轉けて、
周章てゝ起きたが、
またころり轉けた。
口惜みて曰く、
愚なる事や。
ころぶと知るなら、
寢て居ればよかった
（大正三、四、十二、夜作）

花すみれ

英吉利民曲

わたしは花よ、菫の花よ。
春の野原に、小首傾け、
寂しや、ひとり たゞ すみれぐさ。
いざ來よ、されど 静かに歩め。
摘むをねがひの わが身なれども。
足に踏まれて 泣くのは厭よ。

（大正三、四、五、作）

あざけり

本居長世 作曲

一

わが聽く外に聲を聽かぬ
女は耳しひ、聾の兒。
わが見る外に人を知らぬ
女は盲か、盲の兒。

二

戀とは何ぞ。生くるために
男に諂ふ笑まひなり。
操も先方の人に依るを、
淸しと神にも傲るとよ。

（大正元、一〇、二三、作）

「あざけり」

枯木立

松島彝 作曲

一

吹くや木枯らし 降るや時雨
さらばしばしの 冬にこもれと
野山も里わも 枯木立

二

積むや白雪 降るや霙
されどさだめは 時を待てとて
のどかに眠るや 枯木立

（大正二、一二、三〇、作）

＊松島彝（一八九〇－一九八五）。

巻末楽譜：グスタフ・ランゲ Gustav Lange ドイツ 1830-1889）作曲「思ひ出」（ヴァイオリン曲）。

『新作唱歌』第八集

吉丸一昌作

刊行：1914年6月5日　発行：敬文館
東京　縦259ミリ×横187ミリ 表紙＋16頁
底本：1920年2月15日発行 5版

緒言

一、本書にては滑稽歌曲四篇を集めたり。弔花吟は原曲名を Es hat die Rose sich beklagt と云ひ薔薇の悲を慰藉する歌にて、我校にては既出第三集の『ニーナ』と共に聲樂科の人々の愛吟曲なれども、高等女學校などにては恰好のものなるを以て、これを掲げたり。爾來かくの如き稍々高尚のものをも毎集掲ぐる事とすべし。『夜の道』は中學生などの散歩曲の積りにて作歌したるなり。

一、例により島崎、楠美兩學兄及び諸友人の厚意を忝うせり。謹で鳴謝す。

五月十三日學校の窓にて

吉丸一昌しるす

浅黄の着物（滑稽歌曲）初等程度

英人アーネスト・アルフィエリ氏 作曲

一

夜中宿屋の戸を叩き、

『此處に今夜の日暮方、
淺黄の着物着た男、
泊めはせぬか』と尋ね行く。

二

尋ねゆく中、或る宿屋、
『御泊りなれど 用足しに
出たまゝ今に歸りませぬ。』
『それは私ぢゃ。ヤツトコサ。』

（大正三、四、二九、作）

兄か弟か（滑稽歌曲）初等程度

獨人アンシュッツ氏 作曲

一

『ひとりの兄ありたれど、
今早やわれ兄となる。』

二

聞くもの皆あざわらひ、
『さる理あるべきや。』

三

『五歳にして兄逝きぬ。
われ今十五、故に兄。』

＊エルンスト・アンシュッツ。

（大正三、四、三〇、作）

東京の馬（滑稽歌曲）初、中等程度

英國民曲

『ホウ。さすがは東京
馬でも豪いもんだ。
厩挽いて走る』
『イエ。あれは馬車です。』

（大正三、五、二、作）

「東京の馬」

二人性急（滑稽歌曲）初、中程度

英國民曲

一

急ぎの用事で 車に乗り、
せきたて行く内 ころがり落ち、
腰骨折れたが、なほ聲懸け、
『わたしに構はず 疾く疾く行け。』

二

車夫あはてゝ また駈けだし、
駈けゆく途にて 仲間のもの、
どちらへ行くかと聲懸くれば、
『どちらへ行くのか まだ分らぬ。』

（大正三、五、十二、作）

弔花吟（獨唱曲）中程度

獨人ロバート・フランツ氏 作曲

梢の櫻は、
夕嵐に散りて、
はかなの世を嘆く。
わが慰の歌、
とこしなへに生きて、
汝が悲しみを解け。

＊ロバート・フランツ Robert Franz（ドイツ、1815-1892）作曲《Es hat die Rose sich beklagt》。

（大正三、五、十二、作）

夜の道 初、中程度

梁田 貞 作曲

一

カラツ カラツ カラツ。
足駄三寸 霜踏んで、
歸る夜學やふところ手。

二

カラツ カラツ カラツ。
急ぐ裏町 月冴えて、
耳はつめたし 向風

（大正二年大晦日作歌、同三年三月一日作曲）

「夜の道」

巻末楽譜：ピアノ・ヴァイオリン合奏曲「初愁」（獨人ロバート、シューマン氏作曲）。

『尋常小學唱歌』第六學年用

文部省編

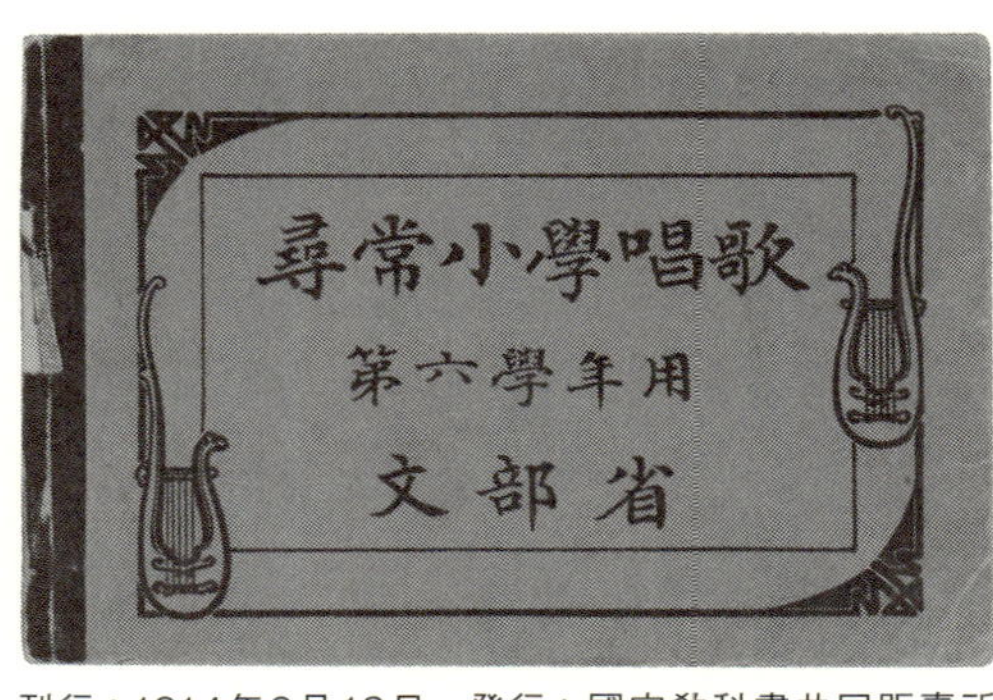

刊行：1914年6月18日　発行：國定教科書共同販賣所東京
縦148ミリ×横220ミリ 表紙＋60頁（扉共紙）

緒言

一、本書ハ本省内ニ設置セル小學校唱歌教科書編纂委員ヲシテ編纂セシメタルモノナリ。

二、本書ノ歌詞中、尋常小學讀本所載以外ノモノニ就キテハ、修身・國語・歴史・地理・理科・實業等諸種ノ方面ニ渉リテ適當ナル題材ヲ求メ、文體用語等ハ成ルベク讀本ト歩調ヲ一ニセンコトヲ期セリ。

三、本書ノ曲譜ハ排列上其ノ程度ニ就キテ多少難易ノ順ヲ追ハザルモノナキニアラズ。是其ノ歌詞ノ性質上已ムヲ得ザルニ出デタルナリ。

大正三年四月　文部省

一、明治天皇御製

一

物學ぶ道に立つ子よ、おこたりに
まされる仇はなしと知らなむ。

二

あやまちを諫めかはして親しむが、
まことの友のこゝろなるらむ。

三

おのが身はかへり見ずして人のため、
つくすや人のつとめなるらむ。

＊関連教材：『尋常小學讀本』巻十二「天皇陛下の御製」。

二、兒島高德

一

船坂山や杉坂と
御あと慕ひて院の庄、
微衷をいかで聞えんと、
櫻の幹に十字の詩。
『天勾踐を空しうする莫れ。
時范蠡無きにしも非ず。』

二

御心ならぬいでましの
御袖露けき朝戸出に、
誦じて笑ますかしこさよ、
櫻の幹に十字の詩。
『天勾踐を空しうする莫れ。
時范蠡無きにしも非ず。』

＊関連教材：『尋常小學讀本』巻十一第四課「兒島高德」。
兒島高德は南北朝時代に後醍醐天皇に仕え、南朝の中心人物として国民的英雄に位置づけられていた。

三、朧月夜

一

菜の花畠に 入日薄れ、
見わたす山の端 霞ふかし。
春風そよふく 空を見れば、
夕月かゝりて にほひ淡し。

二

里わの火影も、森の色も、
田中の小路を たどる人も、
蛙のなくねも、かねの音も、
さながら霞める 朧月夜。

＊高野辰之作詞・岡野貞一作曲。

四、我は海の子

一

我は海の子白浪の
さわぐいそべの松原に、
煙たなびくとまやこそ
我がなつかしき住家なれ。

二

生まれてしほに浴して
浪を子守の歌と聞き、
千里寄せくる海の氣を
吸ひてわらべとなりにけり。

三

高く鼻つくいその香に
不斷の花のかをりあり。
なぎさの松に吹く風を
いみじき樂と我は聞く。

四

丈餘のろかい操りて
行手定めぬ浪まくら、

百尋千尋海の底
遊びなれたる庭廣し。

五
幾年こゝにきたへたる
鐵より堅きかひなあり。
吹く鹽風に黒みたる
はだは赤銅さながらに。

六
浪にたゞよふ氷山も
來らば來れ 恐れんや。
海まき上ぐるたつまきも
起らば起れ 驚かじ。

七
いで大船を乘出して
我は拾はん海の富。
いで軍艦に乘組みて
我は護らん海の國。

＊関連教材：『尋常小學讀本』巻十一第六課「我は海の子」。

五、故郷

一
兎追ひしかの山、
小鮒釣りしかの川、
夢は今もめぐりて、
忘れがたき故郷。

二
如何にいます父母、
恙なしや友がき、
雨に風につけても、
思ひいづる故郷。

三
こゝろざしをはたして、
いつの日にか歸らん、
山はあをき故郷。
水は清き故郷。

＊高野辰之作詞・岡野貞一作曲。

「故郷」

六、出征兵士

一
行けや行けや、とく行け、我が子。
老いたる父の望は一つ。
義勇の務 御國に盡し、
孝子の譽 我が家にあげよ。

二
さらば行くか、やよ待て、我が子。
老いたる母の願は一つ。
軍に行かば からだをいとへ。
彈丸に死すとも病に死すな。

三
うれしうれし、勇まし、うれし。
出征兵士の弟ぞ我は。
兄君 我も後より行かん。
兄弟共に敵をば討たん。

四
親に事へ弟を助け、
家を治めん、妹我は。
家の事をば心にかけず、
御國の爲に行きませ いざや。

五
さらばさらば、父母、さらば。
弟さらば、妹さらば。
武勇のはたらき 命さゝげて
御國の敵を討ちなん 我は。

六
勇み勇みて、出で行く兵士。
はげましつゝも見送る一家。
勇氣は彼に情は是に。
勇まし、やさし、をゝしの別。

＊関連教材：『尋常小學讀本』巻十一第十四課「出征兵士」。

七、蓮池

一
丸葉巻葉をそよがせて、
朝風わたる池のおも。
立つやさゞなみ、浮葉を越えて、
まろびまろぶ露の玉。
あゝ涼し涼し、
あけぼの。

二
池のほとりにたゝずめば、
花の香おそふ袖袂。

空は月しろ、ほのかに見えて、
水に白し花蓮。
あゝ涼し涼し、
ゆふぐれ。

八、燈臺

一
空には月なく 星さへ見えぬ
雨の夜雪の夜 嵐の夜半に、
さかまく荒波 分けゆく船は、
何をかしるべに 舵柄取れる。

二
知らずや、闇夜に 海原とほく
船路を示せる 光のあるを。
知らずや、夜すがら 嵐に消えで、
ゆくてを教ふる あかしのあるを。

三
かしこの岬の 巖の上に
聳ゆる燈臺 頂高く、
夜々輝く ともし火こそは、
行きかふ船には 尊きまもり。

九、秋

一
蜻蛉とびかふのどけき日和、
わらぢ脚絆に輕くいでたち、
野べに山べにさゞめき遊ぶ。
あゝこの秋、心地よや。

二
林わけゆき、落栗ひろひ、
谷をわたりて蕈かりゆき、
きそふえものに心は勇む。
あゝこの秋、面白や。

一〇、開校記念日

一
日毎に通ふ學校の
ひらけし年の今日の日を、
來る年ごとにかへりみて、
祝ふまとゐの樂しさよ。

二
記念のその日祝ふとて、
年々こゝに集ひ來る
同じき窓の友だちの、
いよゝ數ますうれしさよ。

三
めでたき今日の記念日の
百度千度かへるまで、
礎かたくゆるぎなく、
とはにさかゆけ、學校よ。

一一、同胞すべて六千萬

一
北は樺太千島より 南臺灣澎湖島。
朝鮮八道おしなべて 我が大君の食す國と
朝日の御旗ひるがへす 同胞すべて六千萬。

二
神代はるけき昔より 君臣分は定りて
萬世一系 動きなき 我が皇室の大みいつ。
あまねき光仰ぎ見る 同胞すべて六千萬。

三
武勇のほまれ細戈 千足の國の名に負ひて
禮儀は早く唐人も 稱へし其の名君子國。
祖先の遺風 つぎ〳〵て 同胞すべて六千萬。

四
瑞穗の國と農業は 開けぬ地なし野も山も。
商工業の發達に 皇國の富を起さんと
勤勉努力たゆみなき 同胞すべて六千萬。

五
智は東西の長を採り、文明古今の粹を拔く。
建國以來三千年 歷史の跡にかんがみて
日進月步ゆるみなき 同胞すべて六千萬。

六
東洋平和の天職はかゝる、我等の肩の上。
東方文明先進の 任務は重き日本國、
上下心を一にして 同胞すべて六千萬。

七
修身の德 是なりと 教育勅語のり給ひ、
戰後經營かくこそと 戊申の詔書かしこしや。
大みことのりたふとびて 同胞すべて六千萬。

＊関連教材：『尋常小學讀本』巻十一第二十八課「同胞こゝに五千萬」。一九一四（大正三）年の日本の全国人口は五二〇〇万人余（総務省統計局）。

一二、四季の雨

一
降るとも見えじ春の雨、
水に輪をかく波なくば、
けぶるとばかり思はせて。
降るとも見えじ春の雨。

二
俄に過ぐる夏の雨、
物ほし竿に白露を
なごりとしばし走らせて。
俄に過ぐる夏の雨。

三

をり〱そゝぐ秋の雨、
木の葉木の實を野に山に
色様々にそめなして。
をり〱そゝぐ秋の雨。

四

聞くだに寒き冬の雨、
窓の小笹にさや〱と
更行く夜半をおとづれて。
聞くだに寒き冬の雨。

「四季の雨」

一三、日本海海戰

一

『敵艦見えたり、近づきたり。
皇國の興廢たゞ此の一擧。
各員奮勵努力せよ。』と
旗艦のほばしら信號揚る。
みそらは晴るれど風立ちて、
對馬の沖に浪高し。

二

主力艦隊前を抑へ、
巡洋艦隊後に迫り、
嚢の鼠と圍み撃てば、
見る〱敵艦亂れ散るを、
水雷艇隊　驅逐隊
逃しはせじと追ひて撃つ。

三

東天赤らみ夜霧霽れて、
旭日かゞやく日本海上、
いまはや遁るゝすべもなくて、
撃たれて沈むも降るもあり、
敵國艦隊全滅す。
帝國萬歳　萬々歳。

＊関連教材：『尋常小學讀本』巻十二第二課「日本海海戰」。

一四、鎌倉

一

七里が濱のいそ傳ひ、
稲村が崎名将の
劒投ぜし古戰場。

二

極樂寺坂越え行けば、
長谷觀音の堂近く
露坐の大佛おはします。

三

由比の濱べを右に見て
雪の下村過行けば、
八幡宮の御社。

四

上るや石のきざはしの
左に高き大銀杏、
問はばや遠き世々の跡。

五

若宮堂の舞の袖、
しづのをだまきくりかへし、
かへせし人をしのびつゝ。

六

鎌倉宮にまうでては、
盡きせぬ親王のみうらみに、
悲憤の涙わきぬべし。

七

歴史は長き七百年、
興亡すべてゆめに似て、
英雄墓はこけ蒸しぬ。

八

建長圓覺古寺の
山門高き松風に、
昔の音やこもるらん。

＊関連教材：『尋常小學讀本』巻十二第六課「鎌倉」。

一五、新年

一

鷄の八聲に夜はあけて、
神代ながらの今朝の空。
綠色こき二本松に
はゆる旭の旗の影。

二

昆布伊勢えび鏡餅、
嘉例めでたき床かざり。
窓をもれくる晨の風に
かをりたゞよふ鉢の梅。

三

手鞠追羽子いかのぼり、
思ひ〳〵の遊して
わらひ興ずる童の聲も、
まだき春めく庭の面。

新年

「新年」

一六、國産の歌

一
我が大日本帝國の 古き六十八國に、
沖繩諸島合せてぞ、府は三つ縣は四十三。
北海道の一廳と 外に南北新領土。
朝鮮新たに加はりて、天産多きうまし國。

二
四方の海の底廣く、魚介さま〴〵海草の
無限の富を藏したり。また森林は全國の
山野おほはぬ處なく、殊に名高き木曾吉野、
樺太臺灣太古より きこりの入らぬ林あり。

三
三池夕張大の浦 掘れど炭礦限りなく、
東に小坂西別子 足尾併わせて三山は
銅の産額おびたゞし。古く知らるゝ佐渡生野、
其の他無數の礦坑は 山をうがちて山を鑄る。

四
米と麥とは全國に 製茶は静岡三重京都。
農産収入何あれど、小さき蟲の吐出す
生絲は無二の輸出品。養蠶業の盛大は、
長野埼玉さて群馬、海なき縣に著し。

五
絹織物の産地には 京都西陣始とし、
群馬の桐生伊勢崎も 古く其の名を知られたり
近年とみに産額の 増大せしは北陸の
福井石川富山なる 羽二重織の輸出品。

六
燒物類は瀬戸九谷 有田清水薩摩燒。
漆器は静岡輪島塗 黒江高岡會津塗。
世界無比なる七寶の 名は海外にとゞろけり、
とぎ出し蒔繪の精巧も 我が工業のほこりにて。

七
中國筋の花筵 紡績絲とまつちとは
輸出年々増すばかり。千里比隣の今の世は、
有無互に相通じ 世界各國皆市場。
いよ〳〵産業勵みつゝ 國の富をば増やせかし。

＊関連教材：『尋常小學讀本』巻十二第十三課「國産の歌」。

一七、夜の梅

一
梢まばらに咲初めし
花はさやかに見えねども、
夜もかくれぬ香にめでて、
窓はとざさぬ闇の梅。

二
花も小枝もその儘に
うつる墨畫の紙障子。
かをりゆかしく思へども、
窓は開かぬ月の梅。

一八、天照大神

一
『豐葦原の中つ國
皇孫行きて知ろしめせ。
天つ日嗣は天地と
窮りなし。』と國の基
定め給ひし天照す
神の御言ぞ動なき。

二
天の營田に御田作り、
齋服殿に御衣織らせ、
尊き御身のさきだちて
蒼生のなりはひに
いそしみましゝ天照す
神の惠ぞ限なき。

三
蒙古の敵の寄せし日も
神風こそは起りしか。
こと國までもことむけて
かゞやく御稜威まのあたり。
今もむかしも天照す
神の護ぞいちじるき。

一九、卒業の歌

一
うれし、うれしや、うれしやな。

人の子どもの おしなべて
ふむを御國の おきてなる、
學びの道の 六年をば
卒へし今日こそ うれしけれ。
柳櫻の 春にほふ
錦をそへて 野も山も。

二

うれし、うれしや、うれしやな。
いろはのいをも わきまへぬ
身のいつしかに 積み得たる、
西も東も 知らざりし
身のいつしかに 分けえたる、
世の人並の 文字の數、
世の人並の 道の筋。

三

うれし、うれしや、うれしやな。
六年の月日 手を取りて
教へ給ひし 師の君の
導なくば、いかで我が
心に開く、智は德は。
思へばうれし 師の情、
思へばうれし 師の惠。

四

うれし、うれしや、うれしやな。
師の賜物の 智を德を
かぢに しをりに 世の海を
わたりて行かん、尚高き
學の高嶺 よぢて見ん。
師の君さらば 健かに、
我が友さらば 健かに。

＊関連教材：『尋常小學讀本』巻十二第二十八課「卒業」。（↓三五六頁）

『新作唱歌』第九集

吉丸一昌作

刊行：1914年9月20日 発行：敬文館
東京 縦259ミリ×横187ミリ 表紙＋16頁
底本：1920年2月15日発行 4版

緒言

一、曲の校閲は島崎、楠美兩學兄の厚意によること從前の如し。謹みて鳴謝す。

二、本書に収めたる弘田氏の專門的藝能を要すべき滑稽唱歌の歌曲は我日本に於いて實に最初の創作たるの名譽を有するものなりと信ず。されども專門的とは云へ、中等學校の上級生及び稍々修養ある素人の獨唱にも決して難唱のものにあらざるなり。

九月二日 初校の時 著者しるす

雷雨行

英國民曲

見るまに黒雲 み空に涌きたち、
見るまに黒雲 野山に吹き落ち、
夕立來れり。
とゞろとゞろと鳴神、
きらめくいなびかり、
山も碎くか、地も裂くむか、
荒れだちぬ。
今しも世は果かと、思ひし時、
俄に雲消え、風止み、雨行き、
空さりげなく霽るゝ夕立。

（大正三、六、二〇作）

蛇の目の傘

作曲者不明

「蛇の目の傘」

散るよ、散るよ、
ちら〳〵ちらり〳〵と、
散るよ、散るよ、
ちら〳〵ちらり〳〵と、
雪が散り來る、粉雪が散り來る。
蛇の目の傘 蝙蝠 半蛇の目。

強者の理由

英國民曲

一

『小さな體で弱い癖に、
楯を突くとはさても笑止。
唯一口に息の根止めん。』
猫はクルクルと喉を鳴らし、
ニャオ ニャオ ニャオ さて云ふやう。

二

『それは近頃迷惑千萬、
君がわたしを威すゆゑに、
怖くて爪も磨ぎましたが、
決して楯突く心でなし。
ニャオ ニャオ ニャオ 赦して呉れ。』

三

『理由と理屈は其方のもの、
腕と力は此方のもの。
猫撫聲は聞きたくない、
それが 抑癪に障る。
ワン ワン ワン 容赦は出來ぬ。』

（大正三、八、六、作）

「強者の理由」

笛の聲

弘田龍太郎氏 作曲

梅が香薫る朧夜の
枝折戸出づる笛の聲。
如何なる殿の公達か、
優にやさしきすさびやと、
窺ひよれば、アハハ
杖を突いたる按摩かな。

小猫と雛罌粟

松島彝子氏 作曲

一

生まれしまゝの子猫さへ、
梁走る鼠には、
聽耳立てゝ忍び寄る。
負けじと争ふ魂の
こゝにも見ゆるぞゆかしき。

二

芥子粒ほどと笑われし
小さき種の雛罌粟も、
眞夏の空に咲きみだる。
負けじと争ふ魂の
こゝにも見ゆるぞゆかしき。

巻末楽譜：初等ヴァイオリン曲「小唱調」（ヘンリー・パーセル氏作曲）。

◆資料【一九一四（大正三）年認可済歌曲】

秋田県（五月六日）：「雪國歌」
愛知県（七月二〇日）：「足助次郎重範公の歌」
香川県（九月一六日）：「行啓公念日の歌」

◆資料【一九一四（大正三）年検定済曲集】

『**結核征伐の歌**』七月一日検定（六月三〇日修正）
『**東照宮遺訓唱歌**』八月一二日検定（八月一五日訂正再版）
『**歐洲戰亂 日獨開戦唱歌**』十一月一二日検定（十一月七日訂正）
『**府懸唱歌**』十二月八日検定（十一月二二日訂正再版）
『**かちどき**』十二月九日検定（十一月二七日訂正再版）

◆資料 一九一四（大正三）年に刊行された唱歌集から

『**青島占領祝捷歌**』葛原𦱳・山田源一郎編（刊行：十一月発行：日本音楽協会 発売：共益商社）
『**抜萃 高等小學唱歌**』大橋銅造・納所辨次郎・田村虎藏共編（刊行：五月 発行：佐藤勝太郎）

一九一五（大正四）年

『新作唱歌』第十集

吉丸一昌作
刊行：一九一五（大正四）年十月三日
発行：敬文館　東京
縦二五九ミリ×横一八七ミリ
底本：一九二五年六月一五日発行八版

緒　言

一、本書『新作唱歌集』は、本篇第十集を以て一先づ完結とすべし。始め『幼年唱歌』を題して第一集を出したるは、明治四十五年七月にして、後ち『新作唱歌』と改め讀者諸君の愛顧により孰れも重版數度、實に著者望外の事なり。いま終結とするに當りて多少の感慨なき事能はず。されど遠からず更に題を新にし筆を改めて諸君に見ゆる期ありと信ず。願くば『新作唱歌』と共に愛唱の榮を賜へ。

一、本書の初集以來、今日に至るまで、始終作曲校閲の勞を執られたる島崎赤太郎君、編纂上につい て讃助を與へられたる楠美恩三郎君及び作曲を寄せられたる北村季晴君、永井幸次君、大槻貞一君、與田甚三郎君、本居長世君、中田章君、工藤富次郎君、大和田愛羅君、梁田貞君、澤崎定之君、船橋榮吉君、弘田龍太郎君、樋口信平君及び北村初子夫人、柳かね子夫人、松島彜子孃、その他幾多友人諸君の厚誼は永くして忘れざる處なり。『新作唱歌』の完結に際し特に記して感謝の意を表す。

大正四年六月二十七日

緑葉風に揺めく處に於いて　　吉丸一昌識す

かくれんぼ

工藤富次郎 作曲

一
顔に兩手を當てながら、
縁にうつぶし、『もう可いか』。
笑忍んで抜足 差足、
そつと隠れて、『もう可いよ』。

二
聲のあたりへ走り行き、
此處か其處かと探せども、
何處へ居るのか、在處知れねば、
あたり見廻し、『もう可いか』。

（大正三、八、八、脱稿）

＊工藤富次郎（一八八二－一九五三）。

お祖父さんお祖母さん

梁田 貞 作曲

一
『お祖父さん お祖母さん
あなたは何んでも食べられる、
固いものでも食べられる』
『いや〳〵 わたしは齒が抜けて、
固いものなど食べられぬ。』
『そんなら使に行く間、
この菓子あなたへ預けましょう。』

二
お祖父さん　お祖母さん
あなたの眼鏡で見まする と、
物が大きく見えますか。』
『老人眼鏡で物見ると、
物が大きく見えますよ。』
『そんならカステラ切る時は、
必ず外して下さいな。』

（大正三、十、二七、作）

森の鳥

弘田龍太郎 作曲

一
鳴音妙なる森の鳥、
据籠に入りて歌はずや。
眞紅の紐のふさ〳〵と、
風にゆらめく美しさ。

二
歌を命のわれなれば、
ねがひは外にあらねども、
君若しわれに歌あらば、
愛づと一ふし賜びたまへ。

（大正三、八、十六、作）

庭の雀

松島彜子 作曲

一
御飯が済んで
前掛を、
御縁でパタパタ、
叩いたら、
ぱらりと三つ四つ
御飯粒、
お庭へこぼれて
散らばった。

二

雀がいつか
食べて居る、
周章てゝ食べては
笑はれる、
静かにお食べと
云ったれば、
雀は魂消て
逃げました。

停車場の鈴

Jane. S. Morris 作曲

一
カラン、カラン、カラン。
どなたも急げと、
カラン、カラン、カラン。
鈴が鳴るよ。

二
カラン、カラン、カラン。
心を急かせて、
カラン、カラン、カラン。
響き渡る。

三
カラン、カラン、カラン。
けれども周章てゝ、
カラン、カラン、カラン。
怪我をするな

＊モーリスJ. S. Morris。

秋の風

露國民曲

一
柿の木の枝の先。
赤い木の葉が一つ。
風になぶられて、
ひら〳〵と危い。

二
風の吹く枝の先、
三日月さまが見える。
危ない處だ。
散されはしないか。

（大正四、六、二七、作）

夕の鐘

獨逸民曲

一
見よ日は傾く。聴け鐘は鳴る。
鳴りわたる鐘の聲の清爽しさ。
わが心また清爽し。
わが駒よ靜に來よ。

二
今日の一日果てゝ、今日のわれ終り、
心に殘れる物思ひなし。
樂しくも暮ゆくよ。
靜に急げ　我曳く駒。

（大正四、六、二六、作）

鐵道開通

獨逸民曲

一
汽車ちふものが彼れか。
素敵に足が早い。
おや、ぽ、ぽ、ぽ、ぽ、………おや。
はてな、はてな、………
おや、おや。はてな。ぽ、ぽ、ぽ、………おや。
これは、は、魂消た聲だ。
ぽ、ぴ、ぽ、ぴ、ぽ、ぽ、ぽ、ぽ。

二
汽車ちふものが彼れか。
煙草をぽっぽと吹くよ。
ぽ、ぽ、ぽ、ぽ、ぽ………おや。
はてな、はてな。………
おや、おや。はてな。ぽ、ぽ、ぽ、………おや。
生意氣至極の虫だ。
ぽ、ぴ、ぽ、ぴ、ぽ、ぽ、ぽ、ぽ。

母の心

獨人マックス・ブルッフ作曲

待ち侘びぬ。吾兒よ。
何日歸り來る。
吾兒よ。吾兒よ。
門に立てば
我涙風に散る。
汝が影は見えで、
今日も亦暮れたり。
吾兒よ、吾兒よ

何日まで　他處に、
吾兒、嘆かする。吾兒よ。
＊マックス・ブルッフ Max Bruch（ドイツ、1838-1920）《Die Mutter Klage》。

若松懐古
獨人シューベルト作曲

一
千年契る若松の
小枝折れて、あかつきの
風は白し、飯盛山。
鳥も鳴音を立てもせず。

二
昔偲ぶ我涙
そでにひとり包めども
落ちて散るか、つはもの、
夢の跡なる草の露。

「若松懐古」

秋
和蘭古曲

一
見よや雲居を
飛ぶや白雲。
噫空は高し。
噫風は寒し。
外山の紅葉は、
はら〱こぼれて、
噫空は高し。
噫風は寒し

二
聞けや虫の音
啼くや夜すがら。
噫月は清し。
噫露は白し。
空には雁が音
友呼ぶ聲々
噫月は清し。
噫露は白し。

「秋」

春よ來れ
メンデルゾーン（ママ）作曲

春よ來れ、
霞よ立て、霞よ立て、
野に山に。
降れや春雨。降れや春雨。
嗚呼 待ち侘びぬ。
春よ來れ、春よ來れ、
霞よ立て、野に山に。
嗚呼待ち侘びぬ。
春よ來れ、春よ來れ。
小草萌ゆる春よ來れ。

◆資料【一九一五（大正四）年認可済歌曲】
宮城県（六月二二日）：「伊達安藝公」
山梨県南都留郡船津尋常小学校（一一月六日：「船津の四季」

◆資料【一九一五（大正四）年検定済曲集】
『青島占領祝捷歌』二月三日検定（二月一日訂正再版）
『日本國民の歌』三月三一日検定（二月二五日）
『東京 散歩唱歌』五月六日検定（四月三〇日訂正）
『海國唱歌 寶の島』五月六日検定（五月五日修正三版）
『わが札幌』十月一八日検定（九月一五日訂正再版）
『蜜蜂唱歌』十一月二六日検定（十月三日訂正）
『御詠唱歌集』十一月二六日検定（十月二日訂正三版）
『東京十五區新名所唱歌』十二月一日検定（十一月一〇日訂正再版）

一九一六(大正五)年

◆資料【一九一六(大正五)年認可済歌曲】

大阪府(三月二七日):「御垣の注連」
京都市小學校(五月二六日):「京都市歌」
千葉県夷隅老川尋常高等小學校(七月一七日):「郷土唱歌養源歌」
愛知県碧海郡六ツ美村小學校(九月九日):「田植歌」
静岡県(十月一六日):「納税の歌」

◆資料【一九一六(大正五)年検定済曲集】

『一畑軽便鐵道 鐵道唱歌』五月一三日検定(四月二九日増訂三版)
『新作 子供唱歌』六月五日検定(五月三一日訂正再版)
『小學歴史唱歌』六月九日検定(五月三〇日訂正再版)
『立太子禮奉祝歌』十月九日検定(十月九日)

一九一七(大正六)年

◆資料【一九一七(大正六)年認可済歌曲】

大阪府(四月二七日):「衛生唱歌」
新潟県西蒲原郡四ツ合村四ツ合尋常小學校(六月二一日):「師を送る」、「師を迎ふ」
兵庫県有馬郡大澤尋常高等小學校(十一月三〇日):「青年歌」、「兒童歌」

◆資料【一九一七(大正六)年検定済曲集】

『海外雄飛』五月八日検定(四月一日訂正再版)
『新作小學唱歌』七月五日検定(五月一〇日訂正再版)
『大日本國民唱歌』十月三一日検定(十月一〇日訂正再版)

資料:田村虎蔵談「我國の音樂教育」

▽音樂に關する趣味は近来余程普及したやうであるし且向上の氣運にも向はうとして居るがまだ〳〵混沌たる状態を脱しえない▽何よりも第一に欠陥を訴へて居るのは音樂者養成機関の乏しいことである、現在我國で音樂學校といへば只東京に一つあるばかり夫さへも本科及び甲乙両師範科合せて在校生が百七八十名(他學校の生徒等の兼修せる専科生は除く)年々の卒業者は僅々五六十名に過ぎぬが上に其過半数は卒業後多くは専門に斯道に従事することの出来難い女子なのである

▽これまで音樂學校を卒業したものは通計二百五六十名に過ぎぬ而して此中には死亡者もあれば他の業務に転じた者もある、恐く此卒業生で直接音樂教育に従事して居る者は三分の二以上に上るまい、夫で以て日本の音樂教育を発達せしめやうの音樂趣味を向上せしめようのとした所で容易でないことはいふまでもない

▽現に一昨年全國中學校長會議に於て文部省の諮問に對し中學校に於る音樂を必修科目とすることの決議をした、然るに茲に困難なことは其教員及び教科書を何うするかといふことである、實際今日に於て一々専任の教員を配置することはいふべくして行はれない相談である、又中等以上の男子に歌はしむべき適當の歌曲といふものも殆ど見當たらないのである故に詮方なく一時の間に合せに今日の「中等唱歌」と名づくるやうなものが出来た訳である

▽中學校はマア宜いとして師範學校だけは是非とも一名宛て専任の教員を配置し今日の如く一人の教師で二方三方へ懸持をせぬようしなければ課外時間の練習など到底行はれるものでない、イクラ規則の表面に配當があっても實體の振はないのは當然である

▽然らば仮に音樂學校を拡張して多数の生徒を養成するとしても眼前に横はる問題は音樂の學生は手指の堅まらぬ前に専門の練習が必要であるから音樂學校では高等小學を卒業するかせぬか位の年頃に入学せしめやうとするがそれでは他日卒業しても一方教師たるに適する素養が足らぬなどゝいふ非難も起る

▽是に於て近来我々の仲間では之に對する補充期間として高等師範學校でこれを養成することにしやうかといふ説も起って居るが要するに差當つての重要問題は如何にして教師を養成するかといふことに帰着する、ところがイザとなると音樂は贅沢なもの不生産的なものだといふ俗論がまだ勢力を占めて居るのだから困ったものだ

▽吾輩は是等の人に對し只一言聞て貰ひたいと思ふには、例へば貧しい家庭で今日の米塩薪炭の科を何うしやうかと煩ふて居る時や或は失望悲歡に陥らうとする場合でも其処に無邪気な子供が居て愛らしい唱歌の一つでも歌へば非常な慰籍の力を与へるではないか単に此消極的の見地から見ても國民皆生活の不安を訴へつゝある今日音樂普及の必要なことが分かるではないか

▽尤も専門家の側にも罪がないではない例へば演奏會等の場合に動もすれば肝腎の自分にさへ意味の分らぬ曲を奏するやうなことが毎度あるこんなことのために折角趣味を感じかけて居るものを挫折せしめるやうなことは決して少くない此点は深く専門家の猛省を促したい

▽更に大問題は将来如何なる節が我日本國民に適するかといふことである、之に就いて歌詞だけは一昨年文部省で全國から俗謡の類を蒐集しているが今後の國民に適した節を見出すことについてはまだ手を着けて居ない、之は結局獨逸に於るが如く充分實際的の研究を重ねることにしなくてはなるまい　(『音樂界』明治四十二年十月第二巻十号所載)

◆二節　大正文化と「うた」

大正時代は、違いと矛盾が目につく二重構造の時代であり、変転を迎えた複雑な時代であった。そして北原白秋が創設した雑誌『ARS』はラテン語で藝術を意味する誌名である。そこでは「藝術性」と「子どもの感性」が標榜される。名実ともに新しい文化の第一歩が始った時代であろう。ここでは、一．口語自由詩の模索、二．唱歌教育の実情について述べる。

一．口語自由詩の模索

言文一致運動も童謡運動も明治期の文芸の苦悩の延長にある。保育唱歌にみられた長歌は五七調の音数律改良や言葉の拡張を試みたが、長歌を近代詩とすることはできなかった。短歌の改革は与謝野鉄幹によってもたらされた。観念的美の表現を否定し、実際の感情に即した表現の肯定である。しかし、口語詩つまり日常語で書かれた詩は、荘重高雅な文語詩に比べ一種浅薄なものに映ると詩人たちは感じていた。

「ことば」を模索する詩人達の考えは大正期に二つの際立った形を創る。口語自由詩型の確立と民衆詩派の運動である。ここでは新民謡（創作民謡）と童謡をめぐる論争から考える。

白秋民謡と名付けた『思い出』の増補版の中で、白秋は詩でありながら歌う作品として童謡と新民謡は同根であるとの理解を見せている。

> この『思い出』こそは今日の私の本源を成したものだと云ひ得る。（—略—）必ずしも童謡としての歌謡体ではないが、その幼児を追憶したものには、そのまま翻せばそのままに童謡となるべき題材である。（—略—）読者はまた、小唄若しくは民謡の諸体をも、この集の中に散見されるであろう。

狭く限定された感性、例えばある地域でしか歌われていない民謡や、ある個人の幼児の追憶も、作品として個人の内面を代表し民謡や童謡として一般化することができる。すなわち私や私たちの感情は、「私」的感性で作品とし、一般化し共有できるという理念は民衆詩派のものであった。一方で白秋は「真に民謡として、民衆を酔わし魅惑しうる」には歌謡体として、これまで唄いなれた小唄、盆踊り、都々逸などの音使いに沿う姿勢を述べている。つまり白秋が作る民謡詩は伝統的な民謡の延長として七五、五七などの定型を含む新民謡であった。

この主張に対して福田正夫らを代表とする民衆詩派は、白秋の民謡は「昔の清元か浄瑠璃に似た価値」であって詩として価値を持たない一段低いものとみなしていた。そして「凡俗の性質を意味をもって叙する」自由詩を基に新しい「民謡」で詩と歌の関係を作るべきだと主張した。

川路柳虹は、唱歌や「鉄道唱歌」を定型のみが形骸化した詩や音楽であると否定し、韻文を持ち詩的内容を持つ詩を提唱する。

> 童謡が「詩」としての価値は少なくともその素質の中に「詩」を含むか否かによって定まる。現今の多くの童謡と称するものがその形に於いて韻文であることは示されてゐるが、それが「詩」をもたない韻文に過ぎないことを時々思はせる。吾吾が過去に於いて習ひ覚えた小学校の唱歌の如きは大部分「詩」を持たない韻文であった。「鉄道唱歌」や「蛍の光」等はたゞご

とを七五調に盛ったに過ぎない。現今の所謂童謡はその素質に於いて少なくともこの程度の唱歌よりは多少進歩してゐよう。けれどもそれがどの程度に良き「詩」を含有してゐるかはよほどの考察を要する。

確かに、一つの旋律で数節あるいは六〇節にも対応してしまう「蛍の光」や「鉄道唱歌」は各節の言葉に内在する韻を踏まえては作られていない。一つの旋律の繰り返しの上に、柳紅が「たゞごと」と呼ぶ状況説明が展開している。対して「詩」は、韻文を持ち詩的内容を持つと柳虹は主張する。

以上の論争からは、共通認識として日常語で書かれる詩は、私や私たちの「ことば」で「私」的感性によって作品とするとまとめられる。しかし、整理されることのなかった課題が残る。㈠詩的内容とは何か、㈡言葉の韻とは何か、定型と何が違うのか、㈢うたや音声で表現するための語彙とは何かである。

㈠詩的内容について　民衆詩派は社会と芸術を結び付けることを理想とし、「今日の思想感情」を吾吾の言葉で表現することが「詩」であり、「詩」は民族性の発露であるという。一方、北原白秋と三木露風は感情の発露が「歌はずにはゐられなくなるような調子や共鳴」を目指すことである。その表現は、ある空間における連想の飛躍、複雑微妙な心情の起伏を特徴とし、これまでの詩のように状況説明をせず、どのような空間なのかを対象を明示することで象徴的イメージを創り出したり、舞台設定とストーリー性を重視した。

㈡言葉の韻とは何か、定型や律と何が違うのか　身に沁みついた七五調の超克は「ことば」の音の本質的な問題である。上田敏は大正三年雑誌『太陽』誌上で日本語のもつ拘束力を指摘している。

> 内心律の動くまま、形式を作っていけば可いと言ふのが自由詩家の繰り返すところだが、実はそれでも真の自由はない。苟も精神が形式に現れる時は、言語といふ記号の拘束を受ける。―略―既に複雑なる習慣上歴史上の因縁が絡合ってゐる一国語の約束に少しでも従う以上、純乎たる内心律の発現だけでは、他人をして直に新形式に新しい律を覚知せしめ、之に共鳴せしめることは出来ない。之に成功しようとには、是非とも、やはり言語其物に潜む律を発見して、此途を便に感情を通わせねばなるまい。

と、ことばのリズム(律)を引き出そうとするなら「私」の主観(内心)からだけでは無理で、日本語という言語上の制約が必ずある。他人にも共感してもらえる「言語其物に潜む律」を探り当て「感情を通わせる」ことばが求められる。日本語のリズムと口語自由詩の内容が一致するために上田は「節奏（リュトモス）」さらに「はるもにあ」に言及している。言い換えれば音楽性をもつ口語自由詩である。しかしその具体相までは踏み込まれてはいない。現在に至るまで解決が難しい課題である。

㈢うたや音声で表現するための語彙については童謡に限って国語学のデータからまとめてみる(注1)。

> 形容詞の使用が多く、童謡作品のみに使われている擬音語・擬態語、掛け声や挨拶言葉が多い。高頻度語として、「お、さん、さま、ちゃん」などの接頭語や接尾語、「みんな、僕、かあさん」等の人を表す語彙が上位に来ている。

思い当たることの多い指摘である。北原白秋「からたちの花」では〈しろいしろい花〉また〈まろいまろい金の玉〉とリフレインされて、「僕」の追憶に繋がる。山田耕筰は短いサイクルで拍子を変え詞のリズムに対応していた。野口雨情・中山晋平の「證誠寺の狸囃子」では狸が〈みなでてこい〉と〈ポンポコリンのポン〉と腹鼓を打つ音があった。西條八十・中山晋平のコンビは「東京音頭」〈ヤート

(注1)
中野洋・鶴岡昭雄「童謡の語彙」(雑誌『日本語学』第一巻

ナソレヨイヨイヨイ〉に代表される新民謡でたくさんの囃子言葉を創り出した。

さまざまな擬音語が使われ、殊に動物の鳴き声が全ての詩人に共通して圧倒的に多い。そして擬音を多彩に表現する。文部省唱歌では雲雀は「ぴいぴいぴい」と一種類の表記であるが、白秋は「ぴいちく、ちいちく、ちいちくちいちく」と音に拘っている。八十はさらに表記にもこだわりを見せ「ピイチク、ピーチク、ピイチクピ、ピイチクピイチク、ピー、チー、チクチク」と表されている。

そして、野口雨情の童謡が同じ語を繰り返し使用する傾向があるのに対して、白秋の童謡では語の種類が豊富で童謡集ごとに語彙を選び、意図的に中世近世の語で文語調に全体を整えていたという指摘(注2)がある。それは小唄やわらべ歌との繋がりを意味する。西條八十の童謡ではそういった童謡に特徴的と言える性質よりも、流行歌の使用語彙に近い特徴を示していた。

中山晋平は「無意味なる言葉の連続」にチャームを感じていた。「ことば」の音の面白味は童謡ことばや民謡ことばの中にあった。

二、唱歌教育の実情

唱歌授業の実情と問題点を雑誌『京都教育』から紹介する。『京都教育』は明治一七年創刊から昭和七年まで続いた息の長い教育界雑誌である。発刊時から唱歌についての言及が多く、大正三年一月の二六〇号は一二の論説のうち七つが唱歌である。立場の違う執筆者が、教育の場で「ことば」と「うた」の問題点を指摘する。

①まさにストレートに論じているのは、寺町六郎「小学校の唱歌科における国語の発音について」である。

寺町は「近来劇的唱歌者」つまりオペラやリートの歌い方が京都の学校に侵入し「ドイツの発声法をそのまま日本の唱歌に適応し、日本語らしく聞こえない歌いかたが京都の小学校迄入ってきた。否巻き込まれている」と始める。西洋の言語はアクセントがはっきりしているが、日本語は母音的で悠長緩慢であるという発音の基礎が違うものを同一に扱っているからで、それはならない。そのため「小学校の唱歌も国語の上に立たないものは意味をなさない」と主張する。そして「発音の不明瞭と思想云々」とまでいかずともせめて発音が的確であり訛音を矯正し「完全に国語を以て感情の発表ができる」よう「生活と交渉をもった」日本語が必要であると述べる。

②詩人からの論は二つある。

上田敏は明治四一年欧州留学後、京都帝大の教授となり、盛んに訳詩をしていた。基本は「藝術として音楽を考えると、日本の状況は未だ発展途上にあると考える。国民の性情から自然と発達してゆくためには、家庭で音楽の趣味を作る必要がある。であるから、日本音楽を排斥したり、西洋音楽を排斥したり、妙な折衷案を出すなどは、将来の日本の音楽のためには甚だ賛成できない」とする。自然と発達してゆくためには、家庭で「やさしい誰にでもうたえる」うたを提唱していた。

もう一人の詩人眞下滝吉（飛泉）は「ここはお国の何百里…」と愛唱された「戦友」の作詞者で、当時は京都市修道尋常小学校の校長をしていた。わらべ唄保存論者とも自認している。眞下は日清戦争後の戦勝ムードの中で流行っていたわらべ唄を、即興で無邪気でおもしろいと評価する。

リ、リ、李鴻章の鼻べちゃ、チャ、チャ、ちゃん〱
坊主のいけどりや、ヤ、ヤ山形大将剣抜いて、
テ、テ、帝国万歳大勝利　リ、リ、（＊差別用語を含む）

と元へ戻り循環しながら囃す。語呂や押韻を踏みながら連鎖し、「ポカリ〱と変化して奇想天外の趣」が

（注2）加藤妙子『近代童謡の語彙論的研究』開発文化叢書38

あるとし、童謡（わらべうた）には思想の一貫したところがない、子どもの想像は頗る空想に富む詩人であると述べる。これに比べ唱歌の歌詞は「理知の目が光っていて、子どもに押し付けようとするので平汎で「頗る口調が悪い」とバッサリ否定した。その上で学校教師には「折角正確に教えたのに、自分でむちゃくちゃにするので、唱歌の時間以外に歌わせたくない」あるいは「流行の唱歌が学校唱歌を蹂躙して困る」という小言を聞くが、なんのために唱歌であろうかと問い、もっと自由に遊びの中で「こどもらしく」童謡の世界ができたらと憧憬で結んでいる。

③師範学校の教師二人の論には歌詞・詩の意識がほとんどないことが指摘できる。

女子師範の志水教諭は「歌曲の配列は、可なり趣味の異なったものを取り混ぜ而も易から難に及ぶ順序」が大事であり、教材の選択は「児童の性別、年齢、知識の程度、季節、音程、拍子、音域、節調（口調）、旋法、曲の長短、速度、歌詞と歌曲の関係等の要件を顧慮し、児童の発達の程度に適応するように選択せねばなりません」という発言に終始する。男子師範の吉田恒三教諭は、日本では二千年このかた耳の教育はしてこなかったが「元来耳夙く発達するもので、ここ二十年の僅かな教育期間でこれまで治すことができたと」と近年児童の耳が発達した教育成果を強調する。そして主張の眼目は、よく見られる授業方法への批判である。二人の師範教諭からは詩への無関心さが見える。

④知識人の立場から、香湾というペンネームで学校唱歌への不信と新たに襟を正して歌う漢学教養的歌詞を求めた意見「唱歌教授の革新」が載せられる。前述の師範学校教諭の主張にみられるような唱歌理解を真っ向から否定し、「徒に厳密な器械的順序や方法に拘束」され、子どもが唱歌嫌いを引き起こしている、しかし子どもは本来音楽が嫌いではない。そこで唱歌を教える教師は猛反省せよと展開する。その上で、わが国民性を満足させる高潔な趣味と純正な品性陶冶を育む剛健、雄大、高潔、典雅等の詩は未だ無いと主張する。

『京都教育』二六〇号に載せられた七つの唱歌論のうち③師範学校教師の論が他の論に比べ特異なものに映る。「ことば」に対して唱歌教師の無関心さが見られ、一般の人が考える「うた」と学校で教えられている唱歌との隔たりが深い。優秀な唱歌教師は、音の順序性による耳の陶冶について誇りを持って主張していた。しかし、一般の人からは「ことば」と「うた」への思いが述べられていた。唱歌と「うた」との乖離である。

まとめ

身に沁みついた七五調の超克を、翻訳文学を手掛りに美学や芸術を目指す文芸の営みの中で、口語自由詩は苦闘を重ねてきた。日常を切り取る方法とそれを表現する日本語の語彙の模索である。子どもの感性は奇想天外でみずみずしかった。連想の飛躍、心情の起伏を特徴とした童謡は、定着してきた唱歌の問題点を浮き彫りにした。唱歌は明治以降、唱歌礼節という観点から大人の関心事であった。大正期には「国語の上に立った唱歌」理解となってゆく。

【江﨑公子】

一九一八（大正七）年

『赤い鳥』の標榜語（モットー）

鈴木三重吉

刊行：1918年7月1日『赤い鳥』第1巻第1号 発行：赤い鳥社

○現在世間に流行してゐる子供の讀物の多くは、その俗悪な表紙が多面的に象徴してゐる如く、種々の意味に於て、いかにも下劣極まるものである。こんなものが子供の眞純を侵害しつゝあるといふことは、單に思考するだけでも怖ろしい。

○西洋人と違つて、われ〳〵日本人は、哀れにも殆未だ嘗て、子供のために純麗な讀み物を授ける、眞の藝術家の存在を誇り得た例がない。

○「赤い鳥」は世俗的な下卑た子供の讀みものを排除して、子供の純性を保全開發するために、現代第一流の藝術家の眞摯なる努力を集め、兼て、若き子供のための創作家の出現を迎ふる、一大區劃的運動の先驅である。

○「赤い鳥」は、只單に、話材の純清を誇らんとするのみならず、全誌面の表現そのものに於て、子供の文章の手本を授けんとする。

○今の子どもの作文を見よ。少くとも子供の作文選擇さるゝ標準を見よ。子供も大人も、甚だしく、現今の下等なる新聞雑誌記事の表現に毒されてゐる。「赤い鳥」誌上鈴木三重吉選出の「募集作文」は、すべての子供と、子供の教養を引受けてゐる人々と、その他のすべての國民とに向つて、眞個の作文の活例を教へる機關である。

○「赤い鳥」の運動に賛同せる作家は、泉鏡花、小山内薫、徳田秋聲、高濱虚子、野上豐一郎、野上彌生子、小宮豐隆、有島生馬、芥川龍之介、北原白秋、島崎藤村、森森太郎、森田草平、鈴木三重吉、他十數名、現代の名作家の全部を網羅してゐる。

＊「森森太郎」は森林太郎（鴎外）の誤植。

◆資料【一九一八（大正七）年認可済歌曲】

山梨県（三月八日）：「恩賜記念日唱歌」

新潟県中蒲原郡鷺ノ木尋常小學校（三月一五日）：「郷土歌」

山形県（七月一三日）：「山形縣青年團々歌」

群馬県碓氷郡磯部尋常高等小學校（七月一七日）：「磯部郷土歌」

◆資料【一九一八（大正七）年検定済曲集】

『ほゝ笑め〳〵！』二月二一日検定（十一月四日）

『幼年　教育唱歌』三月三〇日検定（三月一六日）

『宇野線鐵道唱歌　附下津井線』十一月二一日検定（九月八日訂正再版）

一九一九（大正八）年

『「赤い鳥」童謡』第壱集 序

鈴木三重吉

刊行：1919年10月18日
発行：赤い鳥社
底本：1923年5月5日発行16版（人形劇の図書館蔵）

序

われ〳〵は哀れにも、お互に殆ど謡ふべき謡を持つてゐない。子供たちでさへも、たゞ機械的に取扱はれてゐる或種の低級なもの以外に何ものを誇り得るであらう。第壹われ〳〵は、根本に於て、これまで殆、子供たちのための特別なる眞箇の藝術家を擁し得た例もない。これに對して、たゞひとり「赤い鳥」は、われわれの第一流の作家詩人、作曲家たちを抜いて、子供のために眞實なる創作を寄興する最初の一大運動を導いてゐる。

この集にをさめた五つの謠と作曲とは、いづれも一度「赤い鳥」に於て少年少女諸子に捧げたものである。謠そのものは、いづれも最近のわれ〳〵の詩壇に一境地を切り開いた區劃的の傑作で、その或ものゝ如きは、直ちに、すぐれたる古曲として永久の生命に輝くべき絶唱とさへ言はれてゐる。又作曲家成田君については、最早かなり多くの人が、すでに巨星としての早い光を認めてゐる。この集の曲のごとき悉く氏の眞價を語る代表的作品といふを憚らない。

子供の謠は實さいに於て家庭そのもの〻謠である。私たちは窃かに、これ等の謠が多くの家庭に於て、これまでの多くの歌曲に對比して、いかなる評價を受取るかを想像しつ〻、次の第二集の上梓を急いでゐる。

鈴木三重吉

＊第壹集収載曲：「雨」「犬のお芝居」「かなりや」「栗鼠栗鼠小栗鼠」「山のあなたを」。

◆資料【一九一九（大正八）年認可済歌曲】

兵庫県赤穂郡坂越尋常高等小學校（二月一八日）：「兒島高德卿之歌」、「義士を弔う」

滋賀県高島郡小學校（五月九日）：「藤樹先生頌德歌」「高島唱歌其一」「高島唱歌其二」

秋田県南秋田郡旭川尋常高等小學校（五月九日）：「石川理紀之助」

愛媛県喜多郡五十崎尋常高等小學校（六月九日）：「樹栽唱歌」「五十崎村地理唱歌」

大阪府泉北郡濱寺尋常高等小學校（六月一二日）：「東宮殿下行啓記念唱歌」

島根県飯石郡内小學校（一一月二〇日）：「宇佐輔景」

福岡県（一二月二四日）：「農業の歌」

◆資料【一九一九（大正八）年検定済曲集】

『**靜岡市歌 第一種**』四月四日検定（大正七年十月二五日）

『**靜岡市歌 第二種**』四月四日検定（大正七年十月二五日）

『**空中旅行 飛行唱歌**』七月二五日検定（大正七年八月一一日訂正再版）

『**平和記念世界一周唱歌**』八月二六日検定（八月二二日）

『**野外散歩 自然唱歌**』九月一〇日検定（九月五日再版）

『**平和**』一一月二〇日検定（一〇月三一日訂正再版）

一九二〇（大正九）年

◆資料【一九二〇（大正九）年認可済歌曲】

長崎県（七月二三日）：「國勢調査の歌」

和歌山県（八月一一日）：「帝國陸海軍 大戰参加記念の歌」

東京府南足立郡東淵江尋常小學校（一一月二日）：「眞珠島」「鴨越」「鈴が鳴る」「お人形焼く家」「探梅」「乃木大將」

佐賀県東松浦郡唐津尋常高等小學校（一一月二日）：「太田道灌、鉢木、貯金のす〻め」

◆資料【一九二〇（大正九）年検定済曲集】

『**聖德太子讃仰唱歌**』五月一一日検定（四月一五日）

『**兒童教育 愛國いろは唱歌**』六月七日検定（五月一一日）

『**飛行唱歌**』一二月一七日検定（一一月二八日修正）

◆資料 一九二〇（大正九）年に刊行された唱歌集から

『**尋常小學唱歌**』**全六集** 山本壽編（刊行：六月〜大正一二年七月 発行：目黒書店）

一九二一（大正一〇）年

『かはいい唱歌』一冊目

青木存義著

刊行：1921年10月4日：共益商社書店
縦220ミリ×横150ミリ 表紙＋扉＋32頁（扉共紙）
底本：1921年12月5日発行 再版

集いの初に

一、此の「かはいい唱歌」は、私のこれまでの研究に基いて、幼稚園又は小學校初年級程度のお子さん方の、愛らしい口に歌つていただきたい希望で作歌したものです。幸に學校や家庭で試みて下されば、誠に著者の本懐です。

一、此の「かはいい唱歌」は、子供の世界のものを子供の心で、品よく歌つたつもりです。従つて子供らしい觀察と、無邪氣な叙述と、輕いユーモアとが、縦横のあやをなして居ります。子供の喜がそこに湧き、子供の共鳴がそこに起こるかと思ひます。

一、此の「かはいい唱歌」の歌詞は、力めて方言や俚語の使用を避けて、なるべく正しい言葉と正しい表現方法とによりました。近頃流行の童謡の類に對して感ずる所があるので、特に此の事を申し添へて置きます。

一、此の「かはいい唱歌」は、暇さへ許せば、數冊に亘って發表する考です。各冊季節々々の歌に、無季のものを加へてありますが、素よりその順序に拘泥して下さる必要はありません。又歌詞や歌曲の間にも、別に難易の順序などはつけてありません。

一、此の「かはいい唱歌」の曲は、何れも斯道に經驗深い方々が、一曲毎に多年の研究と蘊蓄とを傾けて、歌詞の心持と子供の程度とに適切なやうに作曲して下さつた、清新なものです。こんな小著の爲に、特に此の努力を惜まれなかつた御厚意に對して、茲に深く感謝の意を表します。

大正十年七月　青木存義しるす

＊青木存義（一八七九－一九三五）。

先生

中田 章 作曲

「先生」

一
私の先生、やさしい先生、
いつの朝でも「お早う」すると、
「お行儀よいね」とほめて下さる。
私は先生大好きよ。

二
私の先生、やさしい先生、
いつの歸りも「左樣なら」すると、
にこ〱笑っておじぎをなさる。
私は先生大好きよ。

さくら

島崎赤太郎 作曲

一
咲いた〱、きれいに咲いた。
朝日がさすと一面に
紅い幕でも張ったやう。
野にも山にも櫻が咲いた。

二
散るよ〱、みごとに散るよ。
春風吹くとはら〱と、
紅い雪でも降るやうに、
野にも山にも櫻が散るよ。

＊島崎赤太郎（一八七四－一九三三）。

こねこ

中田 章 作曲

一
昨日もらったかはいい子猫、
私のおもちゃの箱あけて、
お前のねどこにして上げよう。

二
昨日もらったかはいい子猫、
私のリボンに鈴つけて、
お前の首輪にして上げよう。

ゴム風船

福井直秋 作曲

一
圓い頭にしつぽを下げて、
ふら〱昇るゴム風船、
はふつて置いたら何所迄上る。
しつぽつかんでちよい〱引けば、
いやだ〱と頭振る。

二
瓦斯がぬけたか小さくやせて、
うろ〱してるゴム風船、
捨てゝ置いても何所へも行かぬ。
上れ〱と下から打てば、
いやだ〱と落ちて來る。

＊福井直秋（一八七七－一九六三）。

リン

齋藤仙司 作曲

チリリン チリリン あれ、鈴が鳴る。
さあ〱、遊戯のはじまりだ。
列をつくって、輪になって、
みんなで仲よく遊びませう。
チリリン チリリン 鈴が鳴る。

お池のひごひ

福井直秋 作曲

一
浮藻のかげから頭を出して、
投げた麩を食ふお池の緋鯉。
一つ二つ三つ。
三つのお口でぱく〱〱。

二
大きなお口に 追掛けられて、
波のまに〱 焼麩が逃げる。
ゆらり ゆらり ゆらり。
ゆらめく後から ぱく〱〱。

縄飛 岡野貞一 作曲

一
さあ〱、 誰でもおとびなさい。
縄はくる〱 廻ります。
あんまり早けりゃ ゆるめませう。
これでも飛べなきゃ お下手です。

二
こんどは私の番ですよ。
縄は早くもかまひません。
早けりゃいそいで とぶばかり。
やつぱり私は 上手でせう。

「縄飛」の数字譜（巻末）

なんだらう 島崎赤太郎 作曲

「ちゆう〱いふのは何だらう。」
「太郎さん、あれを知らないの？
お屋根の雀の鳴聲よ。」
「いゝえ〱、鼠でございます！」

あさがほ 齋藤仙司 作曲

一
垣の朝顔開いたっ
昨日は五つ今日は六つ。
盆より大きく開いた。
紫、絞、瑠璃に紅、
揃ってきれいに開いた。

二
花と毎朝起きくらべ、
昨日は私負けたから、
今朝は勝たうと起きたのに、
やっぱり花が咲いてゐた、
「嬢ちゃん、お早う」といふやうに。

波のいたづら 中田 章 作曲

一
波のいたづらおもしろい。
遠く運んだ大貝・小貝
磯に投げては また取りに來る。
波の悪戯をかしいな。

二
波のいたづらをかしいな。
僕が歩けば後から寄せて、
つけた足跡 すぐ消して行く。
波の悪戯おもしろい。

「小學唱歌々詞批判」

北原白秋著

刊行：1921年11月1日
発行：アルス社
雑誌『藝術自由教育』11月号
「童謡童話号」

私は確信する。

今日、日本の小學唱歌はその根本に於て一大革新を要する。で無ければ日本の兒童はその詩若しくはその音樂の方面に於て眞に救はれる道が無いのだ。

詩、繪畫、音樂。此の三つの藝術が兒童の美的情操を薫養する上に於て、無論何よりも必須なる可きであるが、小學時代に於ける□□（印刷不鮮明）此の美育と云ふものは決して智育徳育と離して考へらる可きものでは無いのであつて、此の根本の藝術教育があらゆる眞と善との涵養をもたゞ一つに包含して、初めてその眞の使命を果すのである。全體である。

先づ、兒童を眞のいゝ兒童として眞に生かし切る事である。藝術教育の提唱がこゝでその光輝を放つ。

兒童の言葉と聲、乃ち兒童の詩と音樂、これらも亦眞に兒童の言葉と聲、兒童の詩と音樂であらしめねばならぬ。本來兒童自身のものをして兒童を生かすと云ふ事が何より大切であるならば、その感情思想の表現に於ても眞に兒童の言葉と聲とを以て爲せしめねばならぬ。さうして兒童自身のものをして兒童自身の生命を愛護せしめ、慰安せしめ、鼓舞し、丹練せしめる。この智情意をひっ括めた自己の美的陶冶は自由にその兒童自身をして行はすればいゝのである。私たち大人はたゞその自由な自然の發育を、その自由の精神を傷けない上の、愛と保護と注意と激勵と、さうして彼等によき暗示とよき批判と、それからよき選擇をした彼等の生命の滋養物とを提供すればいゝのである。さうして機會ある毎に深く潜んだ彼等のよき叡智を外へ外へと引き出してやる事である。

兒童の自然の叫びは尊い。凡て詩であり音樂である。

「はだかのもうもう(牛)がゐるよ。」これはまだ四歳になるかならぬ或る男の子の片言(かたこと)である。然しこれはその子の立派な詩であって、その他の何でも無い。この詩の中にはすぐれた驚異と愛と哀憐とがある。表現も自由で、眞率そのものである。詩としての韻律も自然に整ってゐる。これは一例であるが、凡て兒童はその三つ兒の時代より常住座臥詩を歌つてゐるのだ。これは彼等そのものが詩そのものだからである。兒童の無心に嘻戯する傍にゐて、仔細に誰でもが靜かに耳傾けてゐたならばそれこそどんなに傑れた詩謠が彼等の口を突いて出て來るか、思半ばに過ぎるであらう。

此の兒童の詩を尊重しなければならない。私が現在兒童自由詩の宣傳及その開拓に全力を注いでゐるのは全く意識する事なくして歌ってゐる彼等自身の詩を確實に詩として意識させると同時にその詩情を彌が上に向上せしめ、而して彼等自身をして愈々兒童として眞純に生かし輝かす、さうして彼等に依って當然顯現せらるべき次の時代に於ける新日本の幸福と光榮とを祈念するからに外ならぬのである。

私の此の運動は此の新日本創造の黎明期に於ける一大事の事業として、かの繪畫音樂等に於ける他の藝術運動と、その使命を齋くし、その精神を齋くしてゐる。そこで、私も詩人とし、詩としての見地より全力を盡して破邪顯正の道に立ったのである。

而して此の小學唱歌歌詞の批判は破邪の第一である。

極端に云へば、現在の國定唱歌若くば文部省認定の唱歌は曲の上は知らず、その歌詞の價値批判の上から見て、殆ど全廢す可きである。一には美無く生命無く童心無き、かくの如き歌詞に現れたる兒童敎育に於ける精神、態度方法の誤謬、二にはその歌詞の不純蕪雜拙劣である。何を以て此か云ふか。これを云はむが爲めにこそ私は此の批判の筆を執つたのである。私は一々に巨細にその邪を破る。

而して顯正の道とは何であるか。

一、新童謠(兒童に與ふべきもの、詩も含む)の提供。

二、兒童詩(兒童自身の作)の創造。

この新童謠(若くば詩)、兒童詩の二つを以て、在來の小學唱歌に代ふ可き事は眞の藝術的兒童敎育の見地よりみて當然の理法である。

この事に就ては既に詳論も爲、解説も為しつゝあるので、改めて玆に再説しない。

たゞ性急な私をして、此の序論と結論とを直ちに一緒にして貰へるならば、兒童に謠はしむべき小學校の歌謠は右の一の場合よりも寧ろ二の兒童自身の創造詩(歌謠を含む)そのものより選擇して、兒童自身に作曲させた上、それらをその儘兒童等に歌はしむべきである。かうなれば眞に理想的と云へやう。

私達の創作に成る童謠は此等の幸福を促進する爲めに、此の混亂した黎明の過渡期に於ては是非とも無くてはならぬものである。その後と雖、眞の詩人として眞の童心に富む藝術家の眞に傑れた童謠の提供は、兒童の生命にとって、四時の日光であり、月光であり、乳であり、果物であり、藥物である。だからそれも必要とする。然し此頃の如く正邪相亂れたその惡盛況の時代には、その選擇に極めて最新の注意を拂はないと非常の過誤を持ち來す。

さて、この批判の材料として、私は先づ私の居住する小田原の小學校に於て使用する大正十年版の「改訂増補新案小學唱歌帖」八冊を選んだ。尋常科第一學年より高等科第二學年迄、つまり小學全科の唱歌がこれに網羅されてゐる。此の唱歌帖は小學唱歌敎授研究會編で、八師範學校音樂科敎諭の校訂を經たものであるから、無論、國定若くば認定の唱歌で無いものはこの中に一篇も無からうと思ふ。

私の批判はそれらの内容と技巧の一々に就いて、一篇もあまさずに俎上にのぼせて、意の盡くす丈根力の續く限りを盡したいと思ふ。

私の筆は可なり手酷いか知れぬ。

尋常科第一学年(その一)

學校

ワタシノガクカウヨイガクコウヨ、
ケウジヤウヒロイ、ニハヒロイ、
カケヅヤ、ゴホンヤ、イロイロナ
メーヅラシイモノタクサンアッテ。

ワタシノセンセイヨイセンセイヨ、
ワタシタチヲカハユガリ、
ヨミカキサンジュツ、イロイロナ
ヨイコトオシヘテクダサイマシテ。

ワタシノトモダチヨイトモダチヨ、

マイニチナカヨク、ゲンキヨク、
イウギヤナニカト、イロイロナ
オーモシロイコトイツシヨニヤツテ。

これが、小供が學校に入つて、初めて教はる唱歌である。驚かざるを得ない。學校とは果してかういふ形式的な、而して非藝術的な、動きのとれない凝固體であらうか。私はこの唱歌を讀むと何の表情も無い紙製の先生や、生徒やが糊付けになつてボール紙の上に並ばされた雅味も何にも無い玩具の家が浮かんで來る。皆な死物である。血が、通つてゐない。息が、彈んでゐない。命が躍つてゐない。潑溂として自由で眞純で素朴な兒童の世界が無い。蒼穹が上に高く懸つてゐない。大地の香が深く濕つてゐない。日光が耀いてゐない。樹木がそよいでゐない。そして一匹の生物すら飛び跳ねてゐない。それから不可思議な智識の庫、幻想の窓、さうした未知の世界への兒童の憧憬心をそゝる何等の美的魅惑が無い、新鮮さが無い。驚異と創造の喜悦、德と力と發育の酵母たる何物も無い。更に根本たるべき日本の、日本民族の傳統とその特殊の風習に對する保持と愛護と薫染が無い。更にまた神佛の慈悲、肉親の溫愛、乳と果物と花卉、藥料、香味、さうした何物も無い。たゞこゝには造りつけの糊附細工の人形の學校があるばかりである。

かうした學校に、寧ろ強ひられ追ひ立てられて引きずり押しこまれた大自然の人間の子供達が、その旺勢なる生活力と豊滿なる感覺感情、日々に膨大する智識慾のそれらを以てして、果して、觀て、比較して、何等の矛盾と怪訝をもその自然と學校との間に見出し得ないものであらうか。かうした成人監守の下に建てられた兒童の牢獄に於て、その成人の規定した頑固一點張な教育法に依つて絶えずその強壓と掣肘と束縛とを受けねばならぬ精神的幼年囚の現在はまた、彼等自身既に何等の悲哀も失望も憤激も反感も倦厭をも感じなかつたであらうか。また感じ無いものであらうか。

少くとも私自身の幼時を回顧してあらゆるそれらを意識若くば無意識の間に感得しずにはゐられなかつた、と断言し得る。（—中略—）…私の此の批評の目的は本来唱歌そのものゝ巨細なる研鑽であり、時にそれを通じてその教育方針に迄も論及しようと云ふのであるから、兎に角唱歌の上に現はれたものより再三考察する外に、私のとる可き態度はなかつたのである。前置きはこれ丈にして唱歌唱歌の内容外形に就いて一言せうと思ふ。（—後略—）

＊以降、例にあげた教材（詞）を「此歌詞は實に拙劣を極めてゐる。第一に文章を成してゐない。子供の片言よりも甚だしい」とし、その各聯ごとに具体的な批判を展開した上で「學校で教へる唱歌が拙くて、教はる兒童の方がズット詩を解し文字の驅使法を知つてゐるのはどうした事であらう。子供を決して侮るものではない」「あゝ、日本の兒童は入學の當初から呪はれてゐる」と論を結んでいる。

◆資料【一九二一（大正一〇）年認可済歌曲】

長崎県（三月一日）：「交通宣傳の歌」
横須賀市八幡山高等小學校（三月二三日）：「三浦大介」
大阪府（六月一五日）：「大阪市歌」、「大阪市青年聯合團々歌」
新潟県（十月一九日）：「教育勅語渙發三十周年記念青年團歌」

◆資料【一九二一（大正一〇）年検定済曲集】

『戰後の世界一周歌』六月一一日検定（六月九日訂正再版）
『朝鮮の歌と滿洲の歌』六月一四日検定（六月三日）
『東宮殿下 御渡歐唱歌』十一月七日検定（十月二〇日訂正再版）

一九二二（大正一一）年

『かはいい唱歌』二冊目

青木存義著

刊行：1922年5月4日　発行：共益商社書店　縦221ミリ×横150ミリ　表紙＋32頁（扉共紙）

集いの初に

一、此の「かはいい唱歌」は、私のこれまでの研究に基いて、幼稚園又は小學校初年級程度のお子さん方の、愛らしい口に歌つていただきたい希望で作歌したものです。幸に學校や家庭で試みて下されば、誠に著者の本懐です。

一、此の「かはいい唱歌」は、子供の世界のものを子供の心で、品よく歌つたつもりです。従つて子供らしい觀察と、無邪氣な叙述と、輕いユーモアとが、縦横のあやをなして居ります。子供の喜がそこに湧き、子供の共鳴がそこに起こるかと思ひます。

一、此の「かはいい唱歌」の歌詞は、力めて方言や俚語の使用を避けて、なるべく正しい言葉と正しい表現方法とによりました。近頃流行の童謡の類に對して感ずる所があるので、特に此の事を申し添えて置きます。

一、此の「かはいい唱歌」は、暇さへ許せば、數冊に亘つて発表する考です。各冊季節々々の歌に、無季のものを加へてありますが、素よりその順序に拘泥して下さる必要はありません。又歌詞や歌曲の間にも、別に難易の順序などはつけてありません。

一、此の「かはいい唱歌」の曲は、何れも斯道に經驗深い方々が、一曲毎に多年の研究と蘊蓄とを傾けて、歌詞の心持と子供の程度とに適切なやうに作曲して下さつた、清新なものです。こんな小著の為に、特に此の努力を惜まれなかつた御厚意に對して、茲に深く感謝の意を表します。

大正十年十一月　　青木存義しるす

父様母様　　宮崎琴月 作曲

一

いつでもお膝につかまつて、
お話ねだれば「おゝ、よし〱、
昔々」とおもしろく、
話して下さるお父様、
やさしい〱お父様。

二

怖い夢から目が覺めて、
お胸にすがれば、「おゝ、よし〱、
私がそばにゐますよ。」と、
抱いて下さるお母様、
やさしい〱お母様。

＊宮崎琴月（一八九一－一九七七）。

せみ　　大和田愛羅 作曲

一

みん〱みん助なまけ蟬、
何がいやさにそのやうに、
昨日も今日も杉の木の
枝にかくれて、みん〱〱
なんにもみんと鳴いてゐる。

二

つく〱ぼふし つくほふし、
何がのぞみでそのやうに、
朝から晩まで松の木の
上にとまって、つくほふし、
つく〲ほしいと鳴いてゐる。

箱庭　　中田 章 作曲

一

ここはお山、
ここは川。
トンネルくゞつて、
橋を渡つて、
おもちやの汽車が
ピーゴーゴー。

二

これはお家、
これは門。
荷物をかついで、
坂を登つて、
小さい人が
えつさつさ。

お月様　　草川宣雄 作曲

一

いつ見てもおもしろいお月様。
やせたお顔がだん〲太り、
今夜は満月、まんまるだ。

二

いつ見てもおもしろいお月様。
圓いお顔が夜毎にやせて、
今夜は三日月、弓のやう。

＊草川宣雄（一八八〇－一九六三）。

はと　　中田 章 作曲

一

お屋根の上の二羽の鳩、
白い鳩がククーと鳴けば、
黒い鳩もクククー。
豆がほしいか、さあおいで。
お腹にいつぱい御馳走たべて、
いつものやうに鳴いておくれ。

二

お屋根にもどつた二羽の鳩、
黒い鳩がポッポと鳴けば、
白い鳩もポッポッポー。
豆の御馳走もうよいの。
お腹がそれでいつぱいならば、
も一度元氣に鳴いておくれ。

兎と狸　　梁田 貞 作曲

一

ペツタラコ、ペツタラコ、
月の兎のつく餅を、
森の狸はたべたいと、

毎晩空をながめてる。

二

ポンポコポン、ポンポコポン、
森の狸の腹つづみ、
月の兎はききたいと、
いつでも空からのぞいてる。

團栗ころ〱

梁田 貞 作曲

一

團栗ころ〱どんぶりこ、
お池にはまつて、さア大變。
泥鰌が出てきて、「今日は！
坊ちやん一緒に 遊びませう。」

二

團栗ころ〱 喜んで、
暫く一緒に 遊んだが、
やつぱりお山が 戀しいと、
泣いては泥鰌を 困らせた。

「團栗ころ〱」

山雀太夫

弘田龍太郎 作曲

一

ちよん〱からり、 宙返り。
藝が自慢の山雀太夫、
小枝傳ひに ちよんからり。

二

木の實拾はうと出て來たが、
山の小春につひだまされて、
今日も一日ちよんからり。

三

沈む日影におどろいて、
空いたお腹で塒へもどる
途もやつぱり ちよんからり。

電話

草川 信 作曲

チリリン チリリン、
チリリンリン、
ベルが鳴る〱
チリリンリン。
「もし〱、
あなたはどなたです。
返事がないのは
どうしたの。
耳がないのか、口なしか。
つんぼの電話は をかしいな。」

＊草川 信（一八九三－一九四八）。

落葉舟

澤崎定之 作曲

一

風が吹くたびひら〱と、
落ちて流れる木の葉舟。
蜻蛉や蝶が來てとまりや、
くるりくる〱 瀬から瀬へ。

二

一は銀杏の金の舟、
つづく柳の銀の舟、
楓の紅も黄櫨の黄も、
くるりくる〱 瀬から瀬へ。

三

蜻蛉負けるな、蝶よ勝て。
紅も黄色も金銀も、
向ふの橋に着くまでは、
どこの岸にもとまらすに。

◆資料【一九二二（大正一一）年認可済歌曲】

滋賀県甲賀郡教育會（一月九日）：「道路愛護の歌」
佐賀県東松浦郡唐津（十月二日）：「梅に鶯」「棒倒し」「螢狩」「自動車、餅搗」

◆資料【一九二二（大正一一）年検定済曲集】

『名古屋市 郷土唱歌』八月五日検定（七月二五日修正三版）

◆資料 一九二二（大正一一）年に刊行された唱歌集から

少女小曲集『夜の貝』弘田龍太郎編（刊行：五月 発行：小学新報社。「靴が鳴る」「雀の学校」等が収められている）
少女小曲集『濱千鳥』弘田龍太郎編（刊行：十一月 発行：小学新報社）

一九二三（大正一二）年

◆資料【一九二三（大正一二）年認可済歌曲】

滋賀県蒲生郡八幡尋常高等小學校（五月五日）：「緑綬褒章受領者 戸島いまの歌」
東京府（□月□日）：「日本の少年赤十字 其一」、「日本の少年赤十字 其二」
岐阜県県内小學校（十二月一〇日）：「日本の少年赤十字 其一」「日本の少年赤十字 其二」
千葉県県内小學校（十二月一〇日）：「日本の少年赤十字 其一」「日本の少年赤十字 其二」
大阪府管内小學校（十二月一〇日）：「日本の少年赤十字 其一」「日本の少年赤十字 其二」
群馬県内小學校（十二月一〇日）：「日本の少年赤十字 其一」「日本の少年赤十字 其二」
滋賀県内小學校（十二月一〇日）：「日本の少年赤十字 其一」「日本の少年赤十字 其二」

◆資料【一九二三（大正一二）年検定済曲集】

『教育尊重の歌』一月二九日検定（一月十日）
『御歴代尊號唱歌』十一月一四日検定（十一月六日三版）

◆資料 一九二三（大正一二）年に刊行された唱歌集から

『小學生の歌』1 山田耕作・三木露風編（刊行：八月一〇日発行：大阪開成館）各巻の収載曲は、以下の通り。
（一巻）「お正月」「子猫」「雨」「夕方」「綱引」「菟」「親牛子牛』「栗拾ひ」、（二巻）「梟」「鯉幟」「十五夜」「菟と鰐鮫」「蛙」「雲雀」、（三巻）「神風」「郵便函」「芽」「水車」「千早城」「五月雨」「冬の朝」「曽我兄弟」、（四巻）「世界」「れんげ草」「航海」「潮干狩」「山の空き」「牧場の羊」

一九二四（大正一三）年

参考：『滿洲唱歌集』の刊行

日露戦争以降、「滿洲」の南西部を実質支配していた日本は、一九二二（大正一一）年に、それまで教育事業を担っていた南滿洲鉄道（滿鉄）と、関東庁が共同出資し、南滿洲教育会教科書編集部を設置し、教科書発行事業に着手した。この南滿洲教育会教科書編集部によって、在滿日本人の子ども向けの音楽教育を、滿洲の地域性を盛り込んだ教材で進めようという教育方針の下に編まれたのが『滿洲唱歌集』であった。

一九二四年に刊行された『滿洲唱歌集』尋常小學 第一・二學年用の「緒言」には「滿豪の景物を背景として兒童の日常目撃するもの丶中から趣味の教養、感情の陶冶に適切なもの」を教材化するとの主旨が謳われていた。

『滿洲唱歌集』の姿

唱歌集『滿洲唱歌集』尋常小學 第一・二學年用は、一九二四年八月三一日に発行された。その第四版（一九二八年十二月発行）に示された「緒言」と目次は、次のようなものであった。

（緒言）

一、本書は滿洲に於ける尋常小學校第一、二學年兒童に歌はしめるために編纂したものである。
二、本書の歌詞は主として滿豪の景物を背景として兒童の日常目撃するもの丶中から趣味の教養、感情の陶冶に適切なものを選んだ。
三、本書の歌曲は學年の程度に応じて教授者の方で随意配當せられる事を望む。特に困難なものは高學年に課しても差支ない。
四、本書の歌曲中記名してあるものは特に當編輯部から委託したものである。

（目次）

ウサギウマ
メガデタ（野口雨情作詞・大和田愛羅作曲）
ナシノハナ
やなぎのわた
ぶたの子
アメンバウ
まちなみき
あかいおうち
ヒマハリ
たかあしをどり
ことり
ユフヤケ
アキ
かれは（山田耕作作曲）
ガン
まちぼうけ（北原白秋作詞・山田耕作作曲）
フユ
バクチク
ペチカ（北原白秋作詞・山田耕作作曲）
ねこやなぎ

続いて一九二六年には『滿洲唱歌集』尋常小學 第三・四學年用（三月二七日）と、一九二七年には『滿洲唱歌集』尋常小學第五・六學年用（三月二五日）が発行された。

『滿洲唱歌集』尋常小學 第三・四學年用 目次

花時計（大和田愛羅作曲）
やなぎの春（北原白秋作詞・山田耕作作曲）
おきな草
牛
木ささげ
ばふんころがし
一りんしゃ
凧
子羊
はたけ
夜汽車
赤い夕日
うさぎうま
栗賣
荷車
石炭くべませう（大和田愛羅作曲）
こな雪
蒙古の沙漠
銀頭公
大連

（昭和七年八月　八版）

『滿洲唱歌集』尋常小學 第五・六學年用　目次

居庸關の早春
春のゆくころ（楠見恩三郎作曲）
土まんぢゅう
鴨緑江
木陰の夢
海こえて
鈴の音
かご車
千山
月
爾靈山の秋
愛
白塔
二勇士
冬の夜
奉天
伊藤公
望小山
日の出の歌（島崎赤太郎作曲）

（昭和七年八月　七版）

以上、この『滿洲唱歌集』には、編集部自らが委嘱した北原白秋・野口雨情、島崎赤太郎・山田耕作・楠見恩三郎、大和田愛羅らの作品が登場している。

ネコヤナギ

一
ネンネコ　ヤナギ　ノ　ネコ　ノ　コ　ハ、
ナゼ　ナゼ　アソビ　ニ
イカナイ　ノ
オエダ　ノコバシ　ガ　コハイ　カラ、
ミンナ　デ　カアサン　マツテル　ノ。

二
ネンネコ　ヤナギ　ノ　ネコ　ノ　コ　ガ、
ムツクリ　オツム　ヲ　アゲテ　ミタ。
アゲテ　ミタ。
ユフヒ　ガ　ハタケ　ヘ　オチル　ノニ、
オヤネコ　カアサン　マダ　コナイ。

（『滿洲唱歌集』尋常科 第一・二學年用）

滿洲の春のある日の光景を読み込んだこの教材の誕生した時期は、『尋常小學唱歌』と『新訂尋常小學唱歌』誕生の間に位置されるが、それらに掲載された教材よりはるかに奔放で、息苦しさを感じさせない。高学年に至るまで、「君が代」をはじめ、儀式唱歌や軍国主義につつまれた歌がほとんど登場しないことも大きな特徴であった。

一九三二年の改訂

一九三一年九月に関東軍が引き起こした柳条溝事件以降、滿洲の軍事情勢は一変する。一九三二年三月一日、「滿洲國」の建国宣言が発表され、日本の東アジアでの本格的な軍事拠点になっていく。しかし、このような「滿洲國」をとりまく環境ではあったが、内地のような皇民化教育の色合いは比較的薄かった。

同年四月二三日に『滿洲唱歌集』尋常小學第一・二學年用が、『滿洲唱歌集』尋常小學一學年用（四月二三日発行）と『滿洲唱歌集』尋常小學二學年用（三月二五日発行）に分冊化され、それぞれ改訂発行された。

同じく『滿洲唱歌集』尋常小學第三・四學年用も、『滿洲唱歌集』尋常小學三學年用（一九三三年三月三一日発行）と同尋常小學四學年用（一九三四年六月八日発行）に、『滿洲唱歌集』尋常小學第五・六學年用が、『滿洲唱歌集』尋常小學五學年用（一九三五年七月二五日発行）と、同尋常小學六學年用に分冊・改訂発行された。

この改訂では、各学年を通して、「ロシヤパン」「リンク」「バクチク」（一学年用）、「馬車」（マーチョ）「たかあしおどり」（二学年用）、「娘々祭」「こな雪」（三学年用）、「スケーチングの歌」「駱駝の鈴」「やなぎの春」「南満本線」（五學年用）、「黒龍江の解氷」（六学年用）など、満洲の景物を背景にした唱歌が、これまで以上に教科書を賑わせた。その一方で「水兵さん」「守備兵さん」（三学年用）、「たたへよ満洲國」（第四学年）、「軍旗へ」「ああ百七六騎」（五學年用）、「われらの陸軍」「殉國の女性」（六学年用）といった唱歌も登場する。しかしながら、この段階でも「君が代」をはじめとした儀式唱歌はいっさい登場しない。なお「ペチカ」は削除されている。

転機〜一九四〇年の大改訂

一九三七（昭和一二）年、南満洲鉄道は統治していた地域の権益を、一九三二年に建国宣言されていた「満洲国」へ移譲した。これに伴い南満洲鉄道附属地域の日本の子どもたちへの教育も、「満洲国」日本大使館教務部が担うこととなり、それまで行われていた半官半民的な、ゆるやかな教育事業は終わりを告げた。それまでの南満洲教育会教科書編集部は、日本大使館教務部と、満洲国内の日本の、いわば出先機関であった関東局が合同で運営することになり、「在満日本教育会教科書編集部」と改称され、そこから発行された教科書の発行元は「関東局在満教務部教育会教科書編集部」になった。

この新体制の下、一九四〇（昭和一五）年に唱歌集も大改訂が行われている。従来の『満洲唱歌集』から『満洲小學唱歌集』と改められたとされるが、原典を検証できていない。

国民学校時代の満洲の唱歌教育

一九四二（昭和一七）年になると、満洲でも『ウタノホン』上と、『うたのほん』下が発行される。表紙デザインは、一九四一年に内地で発行された『ウタノホン』上と『うたのほん』下と瓜二つであった。表紙には「かゎんとうきょく」と記され、教科書名から「滿洲」の二文字が消えた。収載教材も文部省唱歌が圧倒的に増えていく。「君が代」が巻頭曲として掲載されたことも大きな変化であった。

この滿洲版『ウタノホン』上では、全三十一曲のうち、約半数（「キミガヨ」「ヒノマル」「カラス」「ハトポッポ」「オウマ」「エンソク」「ユフヤケコヤケ」「ボクノヒカウキ」「カクレンボ」「オ人ギャウ」「オ月サマ」「モモタラウ」「コモリウタ」「デンシャゴッコ」「兵タイゴッコ」）が、内地の『ウタノホン』上と共通していた。ここにおいて満州国の教育の「内地化」が実現したと言ってよいであろう。「ペチカ」や「まちぼうけ」が生まれた滿洲の文化的な風土は、あっという間に消えていったのである。

「滿洲國國歌」も日本人によって何曲か作られている。実はそのなかの一曲が、日本の国民学校用教科書の教師用指導書に何気なく掲載されていた事実（↓五五四頁）も、戦後教育史の中では完全に見逃されてきた。

【参考資料】
磯田一雄・槻木瑞生・竹中憲一・金美花編『在満日本人用教科書集成』第七巻『滿洲唱歌集』（二〇〇〇年　柏書房刊）。

【水島昭男】

◆資料【一九二四（大正一三）年認可済歌曲】

大阪府管内小學校（三月四日）：「民力涵養の歌」

岐阜県山縣郡小學校（四月一日）：「山縣郡歌」

東京市本郷區市立小學校（八月六日）：「本郷區兒童唱歌」

一九二五（大正一四）年

◆資料【一九二五（大正一四）年認可済歌曲】

新潟県管内小學校（三月一八日）：「國民精神作興の歌 我等は太陽民族」

滋賀県野洲郡篠原尋常高等小學校（九月一一日）：「記念日の歌」

福井県管内小學校（十月八日）：「御國の民は」

高知県師範學校附属小學校（十月二八日）：「創立五十年記念式歌」

静岡県田方修善寺尋常高等小學校（十二月二六日）：「修善寺町々歌」

◆資料　一九二五（大正一四）年に刊行された唱歌集から

『大正小學唱歌』一、二巻 福井直秋編（刊行：七月 発行：共益商社）

『児童唱歌劇』 山本正夫他編（コスモス書院刊）

一九二六（大正一五、昭和元）年

◆資料【一九二六（大正一五）年認可済歌曲】

山形県山形市第五尋常高等小學校（四月一〇日）：「記念式の歌」

秋田県北秋田郡木戸石尋常高等小學校（四月一〇日）：「修學の歌」

岡山県県内小學校（五月四日）：「皇太子殿下奉迎歌」

島根県松江市母衣尋常高等小學校（十一月一九日）：「秋の聲」「尼子經久」「鶯」「あら」「遠足の歌」「おきのしま」「開墾」「ぐんかん」「汽車」「郊外散歩」「笹舟」「雀のおしゃべり」「富田城址」「とんぼ」「蓮の花の露」「ほたる」「松江」「三瓶山」「山中幸盛」「山彦」

一九二七(昭和二)年

◆**資料【一九二七(昭和二年)認可済歌曲】**

宮城県桃生郡北村尋常高等小學校(三月一四日)「伊達正宗」「支倉六右衛門」

奈良県下各小學校(三月二五日)＊：「お祭り」「靴が鳴る」「こほろぎ」「こがくれの唄」「さゝ舟」「舌切雀」「進軍」「すゞめ」「雀の學校」「だるま」「蝶々」「たんぽゝ」「那須與一」「夏の朝」「眠り人形」「春の唄」「ピアノ」「飛行機」「噴水」「山家の秋」

東京府東京市本郷區市立小學校(四月八日)：「孔子頌徳の歌」

山口県(六月二〇日)：「雀踊り」

愛媛県県内小學校(八月一日)：「祈年祭」

東京府東京高等師範學校附属小學校、島根県松江市立各小學校(十一月三〇日)＊：「赤い鳥小鳥」「雨」「牛の晝寝」「うちの燕」「海の朝」「おさる」「お正月」「お山のお猿」「霰と霙」「あわて床屋」「厳島」「お池のひごい」「お菓子の汽車」「落葉舟」「お月様」「お月さんと遊ぼう」「おはやう」「風車と水車」「凧」「加藤清正」「がん」「金魚の晝寝」「蜘蛛の王子」「月下舟遊」「吾一ぢいさん」「航路難」「黄金むし」「故郷の家」「子守歌」(ブラームス)「子守歌」(シューベルト)「子守歌」(山本壽)「十五夜」「舌切り雀」「砂のトンネル」「大砲」「寶の箱」「樂しいお家」「千鳥」「燕のおぢさん」「電車」「鳥の巣」「團栗ころころ」「とんぼ」「鶏」「箱庭」、「羽衣」「蜂」「花瓶の花」「花咲爺」「花と春風」「春風」「日があたる」「ピカピカ星」「飛行機」「ひばり」「雲雀」「向日葵」「風鈴」「冬」「兵士」「亡友」「ボンボン時計」「水車」「水の旅」「虫の樂隊」「虫の聲」「村祭」「柳のぶらんこ」「山雀太夫」「山の馬車」「夕やけ」「ゆきうさぎ」「雪だるま」「雪の朝」「夜あけの海」「落花」「駱駝と人」「リンゴと子供」「私の妹」「わらび」

＊大正期に作られた童謡の多くは、作詞者や作曲者が検定や認可許可といった手続きに、まったく無関心であったため、小学校で教材として使用することができなかった。東京府東京高等師範學校附属小學校、島根県松江市立各小學校、奈良県下各小學校が「試しに認可を申請」したところ、認可されたとの記録がある。これ以降かなり多くの童謡が授業の教材として使われ得ることになった。【江崎公子】

◆**資料【一九二七(昭和二)年検定済曲集】**

『大正小學唱歌』七月二七日検定(七月五日訂正再版)

『新選唱歌教材』十二月二七日検定(十二月二七日)

◆**資料 一九二七(昭和二)年に刊行された唱歌集から**

『大正小學唱歌』二冊 福井直秋著(発売：共益商社書店)

『新選唱歌教材』共益商社書店編輯部編(刊行：九月 発行：共益商社書店)東京

一九二八(昭和三)年

◆**資料【一九二八(昭和三年)認可済歌曲】**

滋賀県内小學校(三月一九日)：「中江藤樹先生頌徳歌」

秋田県河邊郡豊岩尋常高等小學校(三月二三日)：「豊岩村歌」

奈良県管内小學校(十月一一日)：「御大禮奉祝行進唱歌」

新潟県新潟市小學校(十一月二日)：「新潟市歌」

◆**資料【一九二八(昭和三)年検定済曲集】**

『昭和の大御代』一月一八日検定(昭和二年十二月一〇日訂正再版)

『少女の歌』三月一四日検定(昭和二年十二月一五日)

『空の守り』三月一四日検定(一月一八日)

『海の彼方へ』三月一四日検定(一月二八日)

一九二九(昭和四)年

◆**資料【一九二九(昭和四)年認可済歌曲】**

広島県呉市二河尋常小學校(四月一五日)：「鐘が鳴る」「木の葉舟」

埼玉県下各小學校(四月二二日)：「海」「お玉じゃくし」「落葉の踊」「お月夜」「茅苅」「雉射ち爺さん」「三輪車」「鈴蘭」「背くらべ」「つばめ」「どこかで春が」「縄の電車」「風鈴」「待春」「水鉄砲」「夕焼小焼」「雪」「揺籠のうた」「良夜」

山口県(六月二〇日)「雀踊り」

千葉県下各小學校(九月二六日)：「梅に鶯」「遠足」「お砂場遊び」「お花のボート」「かへる」「かたつむり」「活動寫眞」「元日」「木の葉」「コスモスと蝶々」「こねこ」「ゴム風船」「さくら」(島崎赤太郎)「さくら」(小松耕輔)「雀の御宿」「蝉」(大和田建樹)「せみ」(梁田貞)「大漁船」「田植えうた」「たそがれの曲」「タンク」「つばめ」「鶏の聲」「波のいたづら」「縄飛」「なんだらう」「花まつり」「春の草秋の草」「飛行」「機の夢」「冬」「ほたる」(小松耕輔)「螢」(岡野貞一)「麥打うた」「百舌鳥」「夕立」「輪舞」

東京市内各小學校(九月二五日)：「桃の咲く日」

佐賀県佐賀郡西川副尋常高等小學校(九月一一日)：「少年團歌」

埼玉県秩父郡各尋常高等小學校(四月九日)：「秩父郡の歌」

◆**資料【一九二九(昭和四)年検定済曲集】**

『森林の歌』五月六日検定(四月三日)

『新鐵道唱歌東海道線』七月一一日検定(七月三日修正再版)

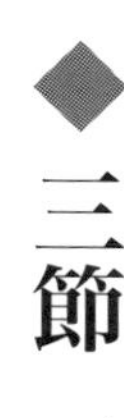

三節 一 軍靴の響きと唱歌教育

日清・日露戦争時の軍歌と子ども

一九四四（昭和一九）年四月に、堀内敬三は日本音楽雑誌株式会社から『日本の軍歌』を出版した。すでに本事典の一章三節「富国強兵と唱歌」（→一〇二頁）の解説で述べたことであるが、堀内は日清戦争まで軍歌は主として学校児童のもので、唱歌と新体詩の融合したものを軍歌と言っていたと指摘する。そして日清戦争を機に軍歌の質が変化したという。

それまでの軍歌は「抜刀隊の歌」や「熊谷直實」のように史実に基づいたもので、描写が具体的ではなく観念的であった。「ところが日清戦争の時は、新聞紙上の戦況が相継ぎ、実感のこもった文章があらわれ、それが歌詞になったのである。『喇叭の響き』が第一号で『勇敢なる水兵』はその典型である。これまでの詠史的な軍歌は史実を美化し、美文で感想を述べているのに対して、日清戦争の軍歌は報道性と記録性を要点としているため、文章もしまったものが多い。さらに詠ずるのではなく行進しながらうたえる歌であるために、リズム的である」と記している。実際の戦争に直面したときに、歌詞についてはこれまでの漢詩的感覚ではなく、「報道」と「記録」という新しさを持ったという。

過去を詠じていては現実の切迫感がない。しみじみとした追憶ではなく「軍歌は歌詞の先行描写において新機軸をなした」と堀内が表現するようにメディア性をもつ媒体で、かつ戦況に一喜一憂する国民の生の感情の発露の媒体となった。戦場が自国でないだけに、現在多々あるスポーツの国際試合に見られるような興奮の様相をも垣間見ることができる。まして、相手は歴史的に長い間文化の師として対応してきた清朝である。さらに座して詠ずるのではなく行進しながらうたえる歌であるために、リズムがある。そしてこのリズムを媒介に身体ごと興奮でき、その興奮を人と共有できる。単純なリズムの繰り返しほど興奮は募る。軍歌は唱歌を払拭させる力をみせた。逆に言えば、これまでかたくなに唱歌に纏わっていた礼楽思想の一角を崩したとも言える。漢学教養的な唱歌理解への風穴である。

子どもたちの日常の変化は、まず兵士の送迎、戦勝の祝賀、軍事施設および軍事演習の見学に現れる。その時必ず軍歌がうたわれた。その興奮ぶりが記された記事を以下紹介する。

「第一師団の充員と後尾軍との徴発せらるゝや、各地方に於いては、其召集に応ずべき日石を、其学校に招請し、生徒をして其行を送らしめ…」

（『教育時論』第三三九号　明治二七年九月）

「静岡県豊田郡小川尋常小学校にては、学事奨励志気振起の目的を以て、去月二十八、二十九両日展覧会を開きしが、殊に本日校下父兄の注意を引きしは、日清戦争の石版画十数枚を掲けしこと、日清戦争に関する新聞雑誌を縦覧せしめしこと、生徒一同膺てや懲らせやの軍歌を歌って村社に参拝せしこと等にして、頗る感動を惹起せしものの如くなりしと。」

（『教育時論』第三四二号　明治二七年十月）

「軍歌一度各学校に伝播するや其活発なると唱歌し易きと調節の面白きとの故を以て学童は好んで之を喜び唱え漸々伝えて遂に牧童子守等至るまでこれを口に

し—中略—卑猥の流行唄は之がために自ら聞かざるを得て欣喜何に譬へん」

（『音楽雑誌』第四六号　明治二七年七月）

「近頃坊児童の遊戯其小学生徒たると否とを問わず隊伍を組んで征清軍隊に擬して遊ぶ其挙動頗る勇壮盆踊りの猥歌に代へて軍歌を聞く敵愾心の萌芽受すへし」

（『音楽雑誌』第四七号　明治二七年九月）

「日清戦争このかたは軍歌の流行日に月に盛んになりて、敵愾を養ふ愛国の義心は歌に表れて乳臭き児さえ口にせり、近頃唱歌の本として出版さるゝは皆軍歌の本の外はなし」

（『音楽雑誌』第五三号　明治二八年九月）

以上のように軍歌が荒れ狂ったように席巻している様子を見ることができる。しかし前述した最初の事例の発端は地域コミュニティを担う学校が児童に召集兵士の見送りをさせている。つぎの例は学校の展示会で日清戦争の情報を提供する役割を積極的に行い、これに父兄が共感していた。見送りに歌われた軍歌は歌いやすくリズムがおもしろかったので、口伝えであっという間に牧童・子守・乳臭い幼子にまで広がり、盆踊りの猥歌は消え去って愛国心を呼び起こしたようである。そのため、軍歌の本が大変多く出版されたということであろう。発端は学校であった。さらに『音楽雑誌』には出版される軍歌の宣伝が掲載されているが、作曲者に師範学校の音楽教師の名がみえる。

「征清の軍歌　新潟県師範学校の音楽教師石原重雄氏の著　同市興文堂より発行　その歌曲は簡単にして活発生徒に適すべし

征清之歌　宮城県師範学校音楽教師四竃仁邇氏に成り、山口少将勝間田知事の題字岡宮校長の序文あり、編者曰く軍歌の要は士気を鼓舞し敵愾の心情を興気せしむるに在りと　仙台市高藤書店より発行せり」

各地の師範学校で作曲の覚えあるものが楽曲を提供している。さらに、校長が序文を書き、県知事が題字を寄稿している。歌詞が雑で粗製濫造という声も一方であるが、学校を拠点として地域ぐるみで時流にのり、応援歌を創り出している。

日露戦争でも同様な状態となるが、各地でみられる行き過ぎに教育行政の対応が少し変わってくる。『三重県教育史』によると、「例えば津市養正高等学校では日露戦争のわずか一年半の間に、「出征軍人を津駅に送る」こと約三〇回を数えた」とある。軍人を送るだけでなく、戦病死軍人の葬儀にも加った例を『藤沢教育史』に見ることができる。明治三七年十月六日付で高座郡役所は御所見小学校長宛に、殉国者に対し弔意を表すのは当然で児童の忠君愛国の思想養成を深くするかもしれないが、授業時間に参加させせぬようにまず通達を出した。次に十月八日付で同校訓導と校長宛に二度目の通達を出す。

「近来学童児童ニシテ一定ノ服装ヲ為シ楽器ヲ提テ楽隊ニ模擬シ軍人ノ送迎若クハ楽隊ニ模擬シテ公道ヲ往還ス」ることがあったようである。「一定ノ服装」とは看護婦に類似した服であるとも書かれている。郡役所は教育上あるいは衛生上よろしくないので、今後このような事態は取り締まるという通達が三回にわたって出される。行き過ぎを咎められた。しかし、多少の差はあれ、日本全国同じような風景があったと思われる。

『福師創立六十年』によると明治三七年、福島県師範学校は出征軍人並びに遺骨の送迎に多忙を極めた。「生徒は順番に停車場に送迎し、次の本校作詞作曲の唱歌を奏して送った。深夜といえども生徒は奮って歓送迎し、国民挙国一致の赤誠を披歴した。歌詞は教諭河島雅弟、曲は教諭渡邊貞雄の作で、附属小学校の生徒、町立小学校該学校生徒にもうたわれた」と記され、その時うたわれた軍歌「出征軍歌」の表紙が広告として載せられている。

この事例に見られるように、自分たちの軍歌をつくり、自分たちで歌うこともあった。戦争時は表現内容が具体的で過激なものも多い。過激なほど刺激的で面白い。ましてや自分たちの軍歌も生まれている。

『秋田県教育史』と『佐賀県教育史』に同じ明治三七年十一月付の通牒が載せられている。

近来露西亜帝国ニ対シ不穏ノ語句ヲ用イタル軍歌俚謡ヲ作リテ之ヲ頒布スル者往々ニ有リ之趣相聞エ処右等ノ歌謡ヲ学校ノ唱歌ニ使用スルカ如無之トハ存知候ヘトモ此ノ際一層御注意相成

不都合無之様可致依命此段及通牒候也

内務部長

各郡市長

各県立学校　宛

時流の中で過激な軍歌がうたわれる場面が多くなり、教材として使われていたのであろう。本来的にはいけないという暗黙の禁止である。

この頃、唱歌教材を検定許可する立場にあった東京高等師範学校附属小学校の訓導である田村虎藏は、

「到底朗読的に過ぎないものもあるし、又その曲節に於いても、どうにも謡はれえないものもある。されば、無暗にこれらを採用すると、遂に有害無実の骨折り損となるのである」と流行りものを教材と認めがたいと述べている。

田村虎藏は、「鐵道唱歌」でも、軍歌でも、童謡でも検定制度や許可制度を盾にとり、頑強に立ちはだかっていた。流行りに流されるのは「文部省訓令を無視した行爲であり、教育家自身の不注意である」と繰り返した。

軍歌の流行は唱歌に確実に変化をもたらした。うたいやすくリズミカルであれば子どもたちは教えなくてもうたう。「やさしくて誰にでも歌えるうた」「口調のよいうた」は大正期の童謡へ踏み石を作ったとも言える。軍歌の出現は、徳性を涵養し道徳の一助となす唱歌礼節を危うくした。唱歌理解の根底にあった徳性や礼節という規範の変革ないし転換が次に抬頭してくる。

第二次世界大戦、戦時体制下の子ども

第二次大戦戦時体制下への移行と文教行政を、『文部時報』一一四五号掲載の元文部事務次官有光次郎の言葉から、時系列的にまとめてみる。

昭和七年の上海事変から、だんだん満州帝国が出来上がる。あるいは「日独防共協定」あるいは盧溝橋事件。南京占領。やがて国家総動員法が一三年にでき、一四年九月に第二次世界大戦が始まり、一五年七月には大東亜新秩序国防国家の建設方針が閣議で決定される。更に時局が緊迫してくる。

一五年九月に「日独伊三国同盟」が調印され、やがて「中ソ中立条約」南部仏印進駐とだんだんと緊迫の度を加え、独ソ戦争が始まる。

一六年十月に東條内閣が成立し、十二月一日の御前会議において対米英蘭開戦を決定。十二月八日ハワイ侵攻となり大東亜戦争に突入する。

その間の教育行政は内容的にも制度的にも大きく変更され、本土防衛を目指すころには殆ど教育の実態はなくなる。自国が戦場となるのである。有光の言を続ける。

昭和一二年には教学局の設置。一三年、兵役法が

改正され学校教練を履修したものの在営期間短縮の特典が廃止される。(「富国強兵と唱歌」→一〇二頁)

同一四年には集団的勤労作業運動を実施し、大学でも軍事教練を必須として課した。同じ年に青年学校が義務制になり、満一二歳以上一九歳以下の男子は青年学校に就学ということになる。そして〝青年学徒ニ賜リタル勅語〟が下賜され、青年学徒に国家の危機に臨んでの心構えを十分に持つことが要望された。その間各文部大臣は、軍医の不足を見越し臨時医学専門部を増設したり、国体の本義の発揚と科学技術振興を両立させようとした。

そして、小学校が国民学校へと変わる(「国民学校と唱歌」→五一四頁)。植民地、占領地への大量の教員派遣を文部省の統括の下で行うことを閣議決定した。(フィールド調査「大正期、昭和期の外地にみる唱歌教育」→二四頁)

教学局では〈臣民の道〉を編纂し、各学校に全校組織の「学校報国隊(団)」編成の訓令が出された。大学学部に軍事教練担当の現役将校が配属される。大学・専門学校・実業専門学校の修業年限、さらには予科・高等学校の修業年限を短縮して繰り上げ卒業が昭和一六年からなされた。また技術者の不足に対応するため、東京帝国大学に第二工学部が設けられた。修業年限の短縮はその後も中学校・高等女学校と続いた。

学生生徒の戦争への動員は、様々な法令の改正の繰り返しで法的根拠を措置して、動員強化が繰り返されていく。師範学校はこれまで各県の教育事項であったが、昭和一八年に師範学校令を改正して、全部国立すなわち国の管轄下に置き、一方で専門学校と同程度に昇格させた。そして学徒の戦時動員体制確立要項を決定し、本土防衛の軍事訓練と勤労動員を徹底させた。

一九年になると、芸能科の各科目を廃止して、工作を課する。やがて青年師範学校ができる。軍人官吏等を無試験で国民学校、青年学校、中等学校の教員とする道を開いて、徴兵による教員の不足に対処した。

また同じ一九年六月には国民学校初等科児童の集団疎開を行うこと、国民学校高等科と中学校低学年の生徒を動員して深夜業の強化も七月に決定した。

二〇年三月に「決戦教育措置要項」が閣議決定され、国民学校初等科以外の授業を四月から一年間停止する。だから終戦の年は、国民学校初等科以外は授業停止となった。

戦争による時局の苛烈に伴って措置されてきた教育行政の数々である。為すすべもなく動員された。

では文部省の事務官と軍人との関係はどうであったであろうか。『文部時報』一一四五号掲載の座談会にみる元文部省調査局長関口隆克の発言に注目してみる。関口は当時普通学務局の教科の編成や教育の仕方を担当していた。

学校はゆっくり学年進行に応じて変化してゆくので、新たな要望に対してにわかにこたえることは非常に困難であるのに、非常に性急な改革の要求が出てきた。いわゆる督学官や教科書の編纂官と教学官との間に(教学局の出した「国体の本義」と次の「臣民の道」を巡って)(筆者注)立場上むずかしい緊張関係が生まれてきた。そのころ軍からは視学員委員としては、大佐、中佐クラスの人、海軍は少将までよこしたが、そちらの側の人は即刻、新体制に切り替えろといわれるので食い違いがありました。

と文部省・教学局・軍と三つ巴の状況であったと説明している。すでに認可されているものとの整合性に欠ける場合は、説得をするのではなく圧迫するような性急な言動があったとも述べている。「学校はゆっくり学年進行に応じて変化してゆく」という文部省の基本的立場は、性急に絶対音感教育を是認したかった軍と音楽教育の実践者たちとのせめぎあいの中で、時局の花形として芸能科音楽の目玉となっていったと推測される。（→五一四頁「国民学校と唱歌」）

教育も中立で透明なものではありえず、広義の意味で政治的であって、権力の分布やバランスと無縁ではなかった。さまざまな法令の改正の繰り返しにより法的根拠を措置し、動員強化が行われた。そして、青年たちが、為すすべもなく戦場に動員されていった。

子どもたちが体験した戦時体制

戦時色が濃い四例を挙げる。

学者の家庭で育ったH・Yさん（昭和七年生まれ）は、小学校一年生はアメリカのガーディナー小学校であった。二年生から京都市右京区嵯峨小学校に通う。当時先生の服装は女の先生は洋服か着物・袴であったが、戦争でモンペに替わった。男の先生は背広か着物・袴だったのが、国民服に戦闘帽でゲートルを巻いていた。生徒はモンペに防空頭巾に下駄だったが、のちに草履に替わった。唱歌の授業は「ハニホヘトイロハ」で音符をうたい、そして音階をうたった。次に歌詞をつけてうたい、斉唱または合唱にする。そして順番に独唱させるというものであった。合奏のようなものはなく、歌をうたうだけで、唱歌、国歌、校歌、紀元節の歌、軍歌などで、戦時中はほとんど軍歌だった。しかし、飛行機の音の聞き別けなどはしなかった、と述べていた。

この京都市H・Yさんの体験で大変興味深いのが、一点目は音符を「ハニホヘトイロハ」という音名唱をしていたこと、二点目は「斉唱または合唱」とすでに合唱をしていたことである。二二頁ですでに紹介したが同学年である東京三鷹市のM・Sさん（昭和七年生まれ）は「国民学校では担任の先生がオルガンを弾きながら一緒にうたってくれたけど、でも伴奏はいつもドミソ式」だったと回想していた。クラス担任の先生は「唱歌のオルガン伴奏はいつもドミソ式」であった。

一方京都市の嵯峨小学校では音楽の先生がすでに音感教育をしていたと思われる。音名で楽曲をうたい、和音唱（ハホト、ハヘイ、ロニト）をし、合唱ができたのではないかと推測される。文部省唱歌の合唱はこの方法で可能かもしれないが、軍歌を合唱していたかどうかたいへん興味あるところだが、定かではない。「ハニホ」という音名唱は昭和一六年国民学校で採用されるが、初めは四年生以上は従来の移動ド唱法も併用できることになっていた。かなり早い時点で「ハニホ」音名唱法が実際に行われていた例である。

京都の事例が続く。

京都府庁の前に、ドイツ形式を取り入れたモデルスクールの滋野尋常小学校があった。T・Tさん（昭和三年生まれ男性）は昭和一〇年にこの学校に入学し、昭和一五年まで通った。後にT・Tさんは、終戦直前の昭和二〇年の七月から九月まで京都の山間にある八瀬国民学校で代用教員をした。当時の授業状況を鮮明に覚えていた。T・Tさんは「特に好きな教科というわけではなかったが、他の行儀作法が厳しい授業が多かったなかで、唱歌の時間は開放感があった。」「四〇歳位の女の先生のソプラノの声がきれいだったので、よく覚えている。」と唱歌授業を振り返り、授業の方法を次のようにまとめて下さった。

① 先生が黒板に楽譜とその下に歌詞を書く（低学年はカタカナで高学年はひらがな）
② 先生がオルガンかピアノを使って全体を通して弾き歌いする。
③ 今度は、一小節ずつに区切り、先生がうたった後生徒がうたう。先生→生徒→先生→生徒の順に一小節ずつ覚えてゆく。
④ 生徒のなかから二〜三人あるいは四〜五人指名し③のようにうたい、誤りを訂正してゆく。
⑤ ②〜④を繰り返して、一曲を覚える。

一時間の授業のなかで一曲のペースで進み、もし歌詞が三番まであるのなら、三回の授業だった。テンポやリズムに関する注意はあまりなかったが、歌詞や音程を間違えると怒られたそうである。T・Tさんは「五年間で百曲以上は覚えた」と述べていて、方法としては大正期の典型の授業方法のようにみえるが、音程の正確さを徹底し身につけさせた点が大正期とは違う。先生の音程感の確かさがあったからできた授業であろう。T・Tさんが録音に際して選んだのは「広瀬中佐」と「ムシデン」（さらば、さらば故郷しばしの…「故郷を離るゝうた」）であった。「ムシデン」つまりドイツの学生歌である。

ドイツ形式のモデルスクールで「ムシデン」が教えられていた。T・Tさんはその後一七歳で代用教員となる。昭和二〇年の七月である。国民学校初等科の子どもに、同じ方法で「ムシデン」を教えた。

戦時下の国民学校高等科男子の例をあげる。

一九三五（昭和一〇）年広島県に生まれたI・Jさんは、江田島の小学校に通った。島の男児は健男児として鍛えられた。当時この島の男子は、将来必ず兵隊に入り、ある年がくれば特攻隊として島を飛び立たなければならないと教えられていた。高等科になると、午前に授業が終わり、午後の休みに入る三〇分の間に行軍があった。その行軍では「戦友」（ここはお国を…）が使われ、校庭を歩き回らされた。予科練の兵隊が江田島を飛び立つたびに、「若鷲の歌」（若い血潮の予科練の…）を一生懸命うたって送った。I・Jさんは戦場に一番近い高等科男児であった。戦時下という時代と江田島という地域性が鮮明に感じられる。

さらに戦場に近かった満州の事例をあげる。

昭和一三年に満鉄小学校で一年生を二年間教えたH・Sさん（明治四三年生まれ）の経験を次に紹介する。

この昭和一三年とは、前述した文部省が植民地、占領地への大量の教員派遣をする以前の状況である。H・Sさんはもともと音楽の専任ではないのだが、音楽ができない先生の代わりに音楽の授業をしていた。昭和五年から一二年まで佐賀県内の三校で授業経験を持つベテランである。佐賀で教えていた時と違って「満鉄は贅沢だった」というのがH・Sさんの思いである。オルガンの数が多く、そのオルガンは「大きくていいものであった」と言い、二年後に日本の分教場で教えるようになると「メトロノームもほかの楽器もないし、小さなオルガンで全部、ラジオ体操から運動会、お遊戯まで校庭にオルガンを運んでやった」と違いを述べている。満鉄小学校での経験がメトロノームや楽器のなさに逆に不便を感じたと思われる。

同じ満州の新京で小学校と女学校を経験したS・Fさんの例は二五頁ですでに紹介した。S・Fさんも満州の豊かさを体験していた。「ピアノを持っている人もクラスに大体二〜四人くらいいた。学校では講堂と音楽室に一台ずつピアノがあった。と言ってもこれは都会の話で、田舎の方には村に一台しかオルガンがないというのも当たり前の話だった。」学校での楽器はオルガンではなくピアノで、それも音楽室で授業があった。さらに歌唱の参考になるレコードがあったようで「当時の子どもは川田正子や河村順子のような、つまり童謡歌手独特のピーピーした高い声で歌うことが子どもらしいとみられていたので、皆そのまねをしていた」と教師の模倣からだけでなく、レコードが歌い方の基準であったと指摘していた。さらに「熱心な先生はいろいろな音楽を聞かせてくれた」とレコードで豊かな音楽鑑賞をしていた。

唱歌はフォスターの歌も、ロシア民謡も、「青葉の笛」、「楠正成」も教わったが、難しい歌詞の意味や内容がわからないので、「そのまま、まるのまま」うたっていた。だから「箱根八里」は〈ハコネノヤマハテンカラケン〉だと思っていた。あと替え歌が多く、〈松原とおちゃん……〉〈我は海の子シラミの子〉と喜んでいた。でも天皇誕生日には「天長節の歌」、皇后誕生日には「地久節」、明治天皇の誕生日には「明治節」のうたはもちろんうたった。

S・Fさんのお話に板書とか階名・音名ということばは出てこない。教師あるいはレコードの範唱を「そのまま、まるのまま」覚えたようである。正確に覚えるということもなく、子どもらしい勘違いや遊びも許されていたようである。おおらかな唱歌授業体験と言えよう。それが戦争で一変する。

小学校四年の頃（昭和一六年）音楽専科の教師が来たが、「音楽をやるものなぞ非国民だ」と言われ、音楽の授業そのものがなくなったという。芸能科音楽が始まったばかりである。芸能科の授業停止は昭和一九年である。危機意識の高まりであろう。

独ソ戦争が始まる。一九四一（昭和一六）年六月二二日ドイツ軍の侵攻によりソビエト軍が大敗した。バルト海と黒海にいたる地域が戦場の主力であった。同年十月にソビエト軍は満州やシベリア駐在の軍を南方に移動させる。火の粉がすぐそばにあった。学校教育を超えた日本人としての危機意識である。「音楽の授業そのものが廃止され、教えてもらうことはできなかった」という言葉になる。「もちろん敵国の歌、フォスターの歌などは絶対うたってはならず、歌っていいのは、同盟国のドイツ・イタリアの歌だった。ヒトラー賛歌もあったし、軍歌も（天皇）御製も習った」。「レコードなどは座布団をかぶって聴いた」。非常時のいびつな状況が克明に述べられていた。

まとめ

戦時体制下に見る唱歌教育を、軍歌という視点、教育行政の視点、子どもの視点から見てきた。日清・日露戦争の軍歌に見えたのは、唱歌理解の根底にあった徳性や礼節という大人の規範意識のゆらぎであった。第二次世界大戦時の教育行政からみえてきたことは、明治以降の学校中心の教育は、中立なものではありえず広義の意味で政治的で権力と無縁ではなかった。さまざまな法的根拠を措置し、動員強化が行われ、学校という枠で避けることは困難だった。もし学校教育以外の教育の在り方があったならば、別な状況もあったかもしれない。

一方、子どもの目線からは、どこにいても、どんな時も唱歌や音楽を伝えてくれる先生が記憶されている。代用教員のつまらなさを、子どもは本能的に感じ取っていた。魅力ある教員の育成はやはり教育にとって重要な課題である。

近代の学校が抱えた行政や政治との連動性は、戦時下に教育の歪みとなって顕在化した。軍歌の響きのもと、唱歌教育が変容した事実を忘れてはならない。

【江﨑公子】

三節　二　国民学校への思想的準備

『新訂尋常小学唱歌』

『新訂尋常小學唱歌』の成立は、『尋常小學唱歌』の〈増補改訂版〉の唱歌教科書とも言われている。「尋常小學唱歌」の一二〇曲の八七パーセント余りの一〇五曲が『新訂尋常小學唱歌』へ引き継がれている。それは、『新訂尋常小學唱歌』一六二曲の六五パーセントほどに相当する。

『尋常小學唱歌』が、明治末から一九三二（昭和七）年三月までの二〇年余り使用され、大正期、昭和初期の学校用歌唱教材を占めてきた。続いて登場した『新訂尋常小學唱歌』の実施は、一九三一年の「満州事変」を契機として我が国が歩んだ「暗黒の一五年間」のうちの八年間であった。

『新訂尋常小學唱歌』による教育は、昭和前期の最も問題とされる国民学校への思想的準備が、ここで徐々になされていった。『新訂尋常小學唱歌』が国策の一環として重要な地位と任務が与えられ、国民学校教育へ貢献した教科書の一つであった。

1　『尋常小學唱歌』の改訂へむけて
大正期から昭和初期の唱歌教材改善論

一九一一（明治四四）年五月～一九一四（大正三）年六月に発刊された『尋常小學唱歌』に対して、発刊当時から当時の音楽教師たちは、不満を持っていた。一九一四年七月の『學校教育』に広島高等師範学校で教鞭をとっていた山本壽は、「唱歌教授の根本的欠陥」の論文で、唱歌教材のあり方に鋭い批判をし、「教材上の欠陥」として、次のように述べている。(注1)

「現在に於て題目、歌詞、歌曲のよく調和、融合したるものは極めて少ない。題目は頗る其の學年兒童に適合しても歌詞か曲節が高尚であったり、曲節がよく出来てあっても題目は兒童の感興を惹き起すに足らなかったりして真によく兒童の心に合致し、共鳴するやうな歌曲は誠に乏しい。」

すなわち、山本は、子どもの心に合致した理想的な唱歌集とは言えないとしている。

山本のこのような不満は、他の教師からも述べられ、改善点まで上げていた。昭和期に入ると新しい歌唱教材を求める声は、文部省の中からも出るようになってきた。

一九二八（昭和三）年五月に開かれた「第三〇回全國訓導（音樂）協議会」に対して文部省は、「小学校に於ける唱歌教授の教材選択標準を、如何にするか」との諮問を行っている。(注2)

この諮問に対し、協議会では

〈一般的標準として〉
・「歌曲は児童の能力に適切し、その音楽性を充し得るもの」、
・「歌曲は児童の音楽趣味を啓培し、唱謡能力を高め得るもの」などの四項目。

〈曲譜の標準として〉
・「曲譜はリズムの整然たるもの」、
・「尋常小学校に平易なる重音を入れること」などの五項目。

〈歌詞の標準として〉、

（注1）
『学校教育』一九一四年七月号

（注2）
文部省督学官森岡常藏「諮問案説明」東京高等師範学校附属小学校初等教育研究会編輯「教育研究」臨時増刊『音楽教育の研究』「第三〇回全国訓導（音楽）協議会記録」（昭和三年五月一九日～二三日開催、昭和三年七月一三日発行）

・「歌詞の内容は児童の生活に即したもの」、
・「歌詞の内容は露骨に教訓的又は功利的ならざるもの」

などの五項目。

等々の答申を行っている。

このように、『尋常小學唱歌』改訂の動きは、大正中期からの童謡を経るなかで、いっそう鮮明に現われてきたと言える。さらに、『音樂鑑賞教育』を著した津田昌業は、一九三〇年三月に、「小學校唱歌編纂について」との論文を『教育音樂』に寄稿し、八項目にわたる新しい歌唱教材選択の基本的考えを展開している。(注3)

そのなかで特に「唱歌の本質」では、「唱歌教材の本質はその美にあって従ってその教育的価値もそれが美であるかないかによって定るので、決して別に教育的価値といふものがあるのではない」との考えを述べている。

また、「詩について」では、「詩はその題材をなるべく兒童の生活経験から採ったものでないと兒童に訴へる力が弱いから不適である。」と述べ、「曲の美について」は、児童の発達程度に鑑み、旋律の持味を考慮した幅広い曲種の採用を提言している。

「曲数について」では、各学年それぞれ四〇曲を選んでいるが、『尋常小學唱歌』から選んだ曲は、二四〇曲中五五曲(二三パーセント)であった。他には『検定唱歌集』、『大正少年唱歌』、『大正幼年唱歌』、『新作唱歌』など約四五種もの唱歌集・曲集から選曲したものであり、田村虎藏、石原和三郎らをはじめとする言文一致唱歌や童謡など、子どもたちに愛唱されてきた歌を取り上げている。

津田は、特に、大正から昭和にかけての変化、〈大正デモクラシー〉に見られた芸術、教育、子供文化等の変化と、それらの洗練を受けた子どもたちの新しい感覚に対しての行政と教師側の発想の転換を求めている。このような彼の提言は、新時代へ向けての〈子供の歌〉という立場からの発言と言えるものであった。(注4)

『教育音樂』誌上にみられる改訂への声

日本教育音楽協会は、『教育音樂』の昭和五年四月号に「音楽教育家から音楽教育家へ」とのアンケート結果を発表している。(注5)

その質問項目は、

一、音楽教育の最大欠陥は何でしょうか。
二、今の音楽教師に何を求めますか。
三、現行唱歌教材に不満はありませんか。

というもので、田中銀之助、北村久雄、井上武士、津田昌業、山本壽、工藤富次郎、松島彝、福井直秋の八名の音楽教育家からの意見を集めた。

「三」については、八氏は次のように述べている。

田中銀之助「教材について多少の不満はあるが一、二項の重大問題に比しては特筆する程でもない。」

北村久雄「もつと児童の音楽性切実感を与へることの出来る様な教材がほしいと思ひます。斯うした歌曲の少ないのが不満です。」

井上武士「よいものもあります。不満なものもあります。不満なもの(教育的といふことをねらひすぎて芸術的でないもの、芸術的といふことをねらひすぎて教育的でないもの)」

津田昌業「民謡風の作曲の不足、伴奏のついてゐない曲が未だ往々あること、平易な複音曲が不足。」

山本壽「恐らく不満のない人はありますまい。」

工藤富次郎「欧米の借物、若しくは全く之に模倣せる如き歌曲も全然無用ならざるべきも、より必要なるは眞に我国民の血となり肉となるが如き国風的甚だ少きを遺憾とす。斯くては何時までも音楽教育と国民生活と交渉を密接ならしむること能はざるべし。」

松島彝「将来の日本音楽を考へながら現代の学生を導く

(注3)
津田昌業「小学校唱歌編纂について」日本教育音楽協会『教育音樂』八巻三号、昭和五年三月一日発行

(注4)
同前書

(注5)
「音楽教育家から音楽教育家へ」日本教育音楽協会『教育音樂』昭和五年四月二二日発行、二八〜二九頁

『大正幼年唱歌』表紙

に適当な唱歌教材は余りに僅少です。」
福井直秋「小学校と言はず、中学校と言はず、共に国民教育である。然るに之に参与する唱歌教材に国民精神を涵養すべきものなきが不満である。」

このように、各氏は何らかの不満を抱いていた。また特に、山本壽は「一」の質問に「法規も方法も材料も時勢の進運に伴はざること」と回答し、当時の教材がすでに時代に遅れ、児童の嗜好にも適さなくなってきていることを指摘している。

このように、その当時の音楽教育界のリーダの面々から改訂への声が上がっていたのである。

2『新訂尋常小學唱歌』の編纂の目的と内容

編纂の目的

『尋常小學唱歌』改訂の動機は、当時の文部省図書監修官・各務虎雄によると、

「『新訂尋常小學唱歌』は音樂教育の進歩と時代の趨勢に伴ふ要求とに順応するため」

（一九三三年、文部省開催『第八回全国道府県視学講習会講演抄録』より）（注6）

ということであった。

また、改訂に至った経緯は、

「文部省著作の旧版『尋常小學唱歌』が世に出たのは、明治末期のことで、今日では既に二十余年の歳月を閲してゐる。その間、時代の推移につれ、内容や形式に於て幾分実際教育に適しない部分を生ずるに至ったことは、自然の情勢で止むを得ぬことであった。しかし、そのために、文部省著作以外の非教育的なる歌曲が、或地方での一時的の現象であったが、教授されて、純真な小学児童に唱和されたといふことは、誠に遺憾なことである。全国府県学務当局は固より、一般音楽教育界からも、将来の児童情操教育上由々しき問題として論議され、文部省著作の旧版唱歌改訂要望の声が熾烈と成ったのも亦当然のことである。文部省に於ても、夙に其改訂実施の必要を痛感し、旧版に対する永年の調査、研究に基づき、規範となり且つ最も時代に適した新訂本の編纂準備中であったが、『新訂尋常小學唱歌』は完成発行される運びとなつた」（注7）

と、記されている。

ここには、一教科書が二〇年余りも改訂されずに使用されて来た間に、種々の面で時代に適さなくなってきたことを上げつつも、その間に新しい歌、特に〈童謡〉が登場したことへの文部当局の動揺とそれへの一つの批判と焦りを読み取ることができよう。

特に、童謡については、教育上あまり好ましくない教材であるという判断をし、その判断は、音楽教育界からも出された意見としてとりあげ、それ故に文部当局の判断が正当であるとしている。しかし、当時の音楽教育界では、童謡を含んだ新しい歌への評価は、賛否両論があり、一概に一方のみの意見が主流となっていたとは言える状況ではなかった。前述の津田昌業のような、童謡への理解と賛意を示す論が見られたり、文部省の童謡検定認可の遅さに業を煮やし、一刻でも早く認可を下ろすように迫る意見が述べられていた。

改訂への真の理由は、まさに『尋常小學唱歌』発行後の進歩・変化に教材内容が適さなくなってきたことと言えよう。

それは、大正デモクラシーに見られた童心にスポットを当てた歌詞や、新進気鋭の若手作曲家たちによる新しい曲作り、子どもの心情を重視した創作作品等による時代的要求がそうさせたとも言えよう。

また一方、国にとっては、国定教科書の改訂が進めら

（注6）各務虎雄文部省図書監修官　昭和八年「第八回全国道府県視学講習会講演抄録」
（注7）同前書

れており、それに伴っての改訂をはからなければならない等の考えもあった。さらに、『尋常小學唱歌』の改訂は、これらのことを含みつつも、次の時代を睨んでの国の教育政策に則った教科書作りでもあったと推察されるのである。

『新訂尋常小學唱歌』の内容

各務虎雄図書監修官は、編纂の方針について「歌詞」、「楽曲」について次のように述べている。

A.『歌詞編纂の方針』については、(注8)

「本書の歌詞は、

(一)『尋常小學唱歌』の歌詞中適切と思はるゝもの。

(二)尋常小學國語讀本、尋常小學讀本及び第二種尋常小學讀本中の韻文の一部。

(三)文部省の新作にかゝるもの。　から

(一)の歌詞は唱歌教授の実際の情況を調査して、比較的多く行はれてゐるものを保存採用するを第一眼目とした。併し歌詞の内容、楽曲の性質其他の点に鑑み、譬へ多く行はれないものでも教育上必要なものは省略せず併せ採用した。

(二)の国定『小學讀本』所載の韻文は唱歌するに足るべき形式と内容を有するものたることを重んじて採用した。

以上の外は何れも文部省の新作である。」

すなわち、歌詞については、〈読本〉や他教科との関連を重視したものであり、『尋常小學唱歌』歌詞の批判の的となった「徳性ノ涵養」に重きを置いた歌詞からの脱皮はほとんどなされていなかったと言えよう。

B.『作曲の方針』については、(注9)

「児童の学習能力を考慮して歌詞と旋律とによって児童の情操の表現・発揚をなし得るやうに努力したもので、新曲・旧曲の相違はない。」

特に新曲については、「まだ耳馴れていないので難しく感ずるであろう」との感想を述べている。

一方、五七曲の新曲については、子どもの生き生きとした心が表現できることを主眼にした、「電車ごっこ」（信時潔作曲）「ポプラ」「蛍」「赤とんぼ」「牧場の朝」「滝」「スキーの歌」など、戦後でも歌われるいくつかの傑作も誕生したが、その数は僅かであった。

『新訂尋常小學唱歌』成立へ向けての動向と編纂の流れを辿ってみる時、そこには、音楽教育独自の立場からの新しい教科書作りがいかに難しかったか、ということが指摘できよう。編纂には、常に国の教育政策、しかも「徳性ノ涵養」を柱とした当時の教育観が支配し、教育界もそれに賛同した形でしか事が進められなかったことが明らかになってくる。

『尋常小學唱歌』の誕生によって、新鮮な歌として歌われた『尋常小學唱歌』も大正期の「童謡」の登場によってその歌われる環境は一変した。多くの子どもの興味と関心は、学校の唱歌より童心を第一とした童謡へと動いて行った。『新訂尋常小學唱歌』は、このような状況を経て成立していった。多くの音楽教育関係者は、改訂へ向けて子どもの心や生活、発達等を考え、かつ〈唱歌〉の社会への広がりを願って大幅な展開を望んでいた。しかし、これらの期待は、ほとんどかなえられなかったと言えよう。かえって、唱歌は、《徳性の涵養》の最大の教科であることを改めて確認するようになった。

『新訂尋常小學唱歌』によって、いくつかの唱歌の傑作は誕生した。しかし、総体的には純粋に音楽のための教科書とは言い難い、国の「徳性ノ涵養」をめざした歌詞に主眼を置いた唱歌教科書と言われるものであった。

【澤崎眞彦】

(注8)同前書
(注9)同前書

『新訂尋常小學唱歌』6學年用「スキーの歌」

一九三〇（昭和五）年

『高等小學唱歌』

文部省編

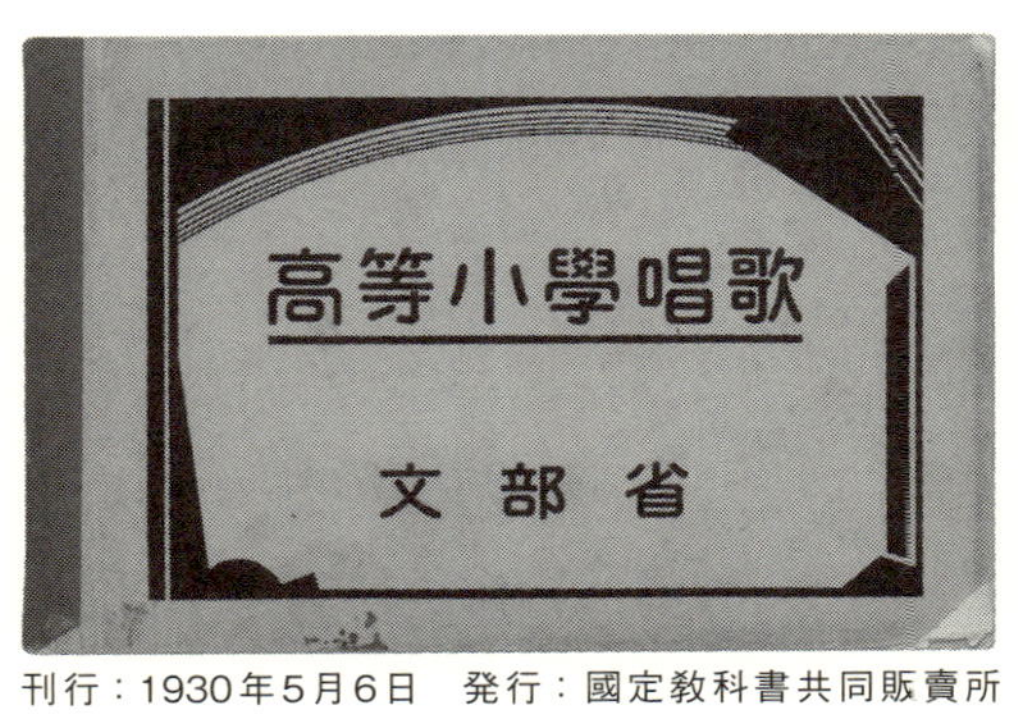

刊行：1930年5月6日　発行：國定教科書共同販賣所
東京
縦145ミリ×横220ミリ 表紙＋90頁（扉共紙）

一八八六（明治一九）年、小学校令（第一次）の公布により尋常小学校（尋常科）と高等小学校（高等科）が設置された。しかし『高等小學唱歌』は、『尋常小學讀本唱歌』に遅れること二〇年後の一九三〇（昭和五）年五月に、文部省によって編纂された。『尋常小學唱歌』にはなかった二部合唱曲が四曲収録されたことが大きな特徴の一つであった。

一九三〇年、尋常科の就学児童総数はおよそ八七八万人ほどに対し、高等科の就学児童総数は一三三万人ほどであった。

緒言

一、本書ハ本省内ニ設置セル高等小學唱歌編纂委員ヲシテ編纂セシメタルモノナリ。

二、本書ハ高等小學三學年ヲ通シテ使用セシメントス。隨ツテ順序ノ如キモ歌詞樂曲ノ難易ニヨリテ定メタルモノニアラザレバ、教授ノ際ハ其ノ學年ニ應ジ、適宜ニ前後取捨シテ授クベシ。

三、本書ニ二部合唱四ヲ収ム、目次ロ〇ヲ附セルモノ即チコレナリ。＊

四、本書ニ對シ近ク伴奏其ノ他ヲ載セタル教師用書ヲ編纂セントス。

文部省

昭和四年十二月

＊本書では、合唱曲は曲名の下にその旨を表記。

一、日本帝國

一

國を肇めし 神の御裔の
神代ながらに國を知らして、
萬世一系おきてはさだか。
君これ國なる日本帝國。

二

天つ御門は國の大家、
御民我等は君の御家つ子。
義は君臣たり、情は父子。
國これ家なる 日本帝國。

三

君に忠なる 祖の心を
祖に孝なる 子等は傳へて、
忠孝一致は 國の敎。
忠これ孝なる日本帝國。

二、進取

一

人生の行路 平坦ならず、
波浪逆巻き、風雪荒し。
百折たわまぬ 意氣だに持たば、
光明常に 彼岸にあらん。

二

正義の路を 踏行く身には、
恐るべきもの 世にまたあらず。
困苦は我を 如何にともせず、
艱難汝を 玉にすと知れ。

三

百里の路を 旅ゆくものは、
九十里を以て 半ばとすべし。
九仭の山を 築かんとして、
功を一簣に 虧くこと勿れ。

四

人を羨み ねたむは愚、
彼も人なり 我も人なり。
一念こつては 何成らざらん、
成らぬは努力の 足らざる故ぞ。

五

運拙しと かこつを休めよ。
自ら助けて 天亦助く。
唯人力の 及ばん限り、
盡くし〱て 斃れてやまん。

三、力

一

荷車ひきて 坂を行く
彼の逞しき 脚を見よ。
一足毎に、踏みしむる

力のこもる脚を見よ。

二

車は辷り、ともすれば
後方に 彼を引かんずる
積荷の重みこたへつゝ、
静かに坂を登り行く。

三

用心深き 脚を見よ。
踏出す指の先にさへ
油断を見せず登り行く
力の動く 脚を見よ。

四、ボートの歌

漕げや〳〵、オールも折れよ。
漕げや〳〵、クラッチも摧けよ。
漕げや〳〵、腕は火となれ。
漕げや〳〵、血しほは燃えよ。

千里吹來る海風の
潮を雨としぶく中に、
崩るゝ山か荒波の
疊みて巻きて躍る上を、
乗越え〳〵、海國男兒の
高き誇の勝鬨揚げん。

いざ漕げ、いざ漕げ、いざや漕げや。
いざや漕げ〳〵、漕げやいざ。

五、弟橘姫

一

走水海のわたりに
風さわぎ、御船たゞよふ。
海神の 怒はげしく、
皇子の身のいとも危ふし。

二

君に今わが代らんと、
八重畳 敷きて下ります
もゆる火のあつき誠に、
天津日の光ぞ見えし。

三

碑のほとりに立てば、
松の風 昔や語る。
さし櫛の浮きし海の上、
心なく千鳥飛交ふ。

六、鏡

一

涙にぬれし衣手を
かたみにしぼる夜半の月、
めぐりあふ日もしら雲の
かさなるをちに「わかるとも、
かげだにとまるものならば、
鏡をみてもなぐさめてまし。」

二

あしたゆふべの烟だに
とだえがちなる草の庵、
むかししのぶの 露ばかり
のこすかたみも「けふまでと、
見るに涙のますかゞみ、
なれにし影を人にかたるな。」

七、海の朝

一

潮の音遠し、明行く海。
なほ夜の名殘にさ霧はこめて、
はひよる浦波砂を洗ふ。
船歌かすか、夢に似たり。

二

紫にほふ 東の空、
横雲忽ち 眞紅に燃えて、
見る〳〵太陽波を離る。
神代のまゝの 光たふと。

三

金龍をどり、きらめく沖。
早くも島々夢よりさめて、
群立つかもめは風に白し。
命は溢る海の朝。

八、漁歌（合唱曲）

一

ふくや眞南、夜明けの濱に、
鳴るは磯松、大波小波。
鷗來い〳〵、草葉の沖へ。
けふの鰯の 寄りのよさ。
矢聲そろへて 漕行けや。

二

湍ちうづまき 鳴りこむ潮は、
花か吹雪か 泡立つ酒か。
波の下にも 日の影ゆれて、
鯛やたなごが 群れあそぶ。
矢聲そろへて 漕ぎゆけや。

三

焼けろ夕雲 吹きちれ水沫。
舵の力は 鰹の尾鰭、
船は迅風に乗行く鳥か。

せとの荒波 一伸しに、
矢聲そろへて 漕ぎ行けや。

四

山を目あての 沖釣くれて、
闇の海原 風ふく音よ。
波に一つ火 あげゆく船は、
親が待ってか、子らもあろ。
矢聲そろへて 漕ぎゆけや。

九、初夏の公園

一

めぐる木立の繁ければ、
大路の塵は流れ來ず。
廣き芝生をてらす日の
光さながら煙るごと。

二

池より上る噴水の
靡くしぶきにうちしめり、
デジー・アネモネ・チューリップ、
競へる色の濃さうすさ。

三

つゝじにほへる築山に、
濃きかげおとす若楓。
花房長く咲きたれて、
棚にあまれる藤かづら。

四

たつをならひの午後の風
雌松林に音すれば、
あけもみどりも紫も、
ゆらめきわたる夏の園。

一〇、新緑

一

尾上も麓も若葉して、
夏たつ山の姿やさし。
折々白くかへる葉裏に、
過行く風の通路さやか。

二

雲もる日ざしに浮出でて、
めざむる色の裾野幾里。
村々包む綠の中に、
一筋光る小川の流。

一一、航空機

一

鳥ならざるに 空を行き、
龍ならざるに 雲に入る
人のしわざの 不可思議を
見よと叫ぶか、プロペラの
音勇ましく 聞ゆなり。

二

吹く朝風を 突破して、
かなたの森の 梢より
こなたを目指す 航空機、
つばさ見る〱 廣がりて、
間近く迫る めざましさ。

三

鶴の背にのる 神仙の
けだかき姿 さながらに
ハンドル執れる 人の影、
おどろきまもる ひまもなく、
はや我が上を 過ぎて飛ぶ。

四

重力に勝ち 風に勝ち、
新しき路 開きつゝ、
進むか、雄々し、航空士、
はてし知られぬ 大空を
見る目はるかに 翔り行く。

一二、水泳

一

溶々滔々水の流れ、
照る日に光りてうねりうねる。
汗の香しみたる衣を捨てて、
自由に泳がん、此の身輕く。
樂し、樂し、水の上。

二

平伸・横伸あるひは背伸、
一度煽れば 征矢の如し。
水底くゞりて波にうかび、
息づく時こそ鵜には似たれ。
樂し、樂し、水の上

三

飛込む機の蹴出つよく、
逆飛・槍逆、曲をつくす。
たとへば翡翠風を切りて、
すばやく小魚をさらふ姿。
樂し、樂し、水の上。

四

肩越す瀬波は瀧と流れ、
抜手の雫は 玉と走る。
連立つ雁行聲をあげて、
赤旗・白旗 競ひ奪ふ。
樂し、樂し、水の上。

一三、峻嶺

一
天をつんざく槍ケ岳、
その鉾先より我が見下せば、
雲海漫々きはみなく、
連なる山の頂は
群がる島に異ならず。

二
北に輝く白馬山、
かんじき踏締め登りて行けば、
下界に知られぬ深山草、
紫・紅目もあやに、
御花畠の美しさ。

三
或はみ空澄渡り、
雪渓燦爛日にきらめきて、
石楠花の花咲乱れ、
或は偃松風に鳴り、
雷鳥霧を突いて飛ぶ。

四
壯なるかな神の業。
天下の峻嶺たゞこゝもとに、
押したゝまれて崢嶸と、
越後・越中・飛騨・信濃、
四州の間に競ひ立つ。

一四、登山

一
玉なす汗をば拭ひもあへず、
胸つく坂路あへぎて登る。
一足々々 麓はさかり、
次第に開くる 眼下のながめ。

二
遥かに見上げし 高嶺に立てば、
天より吹く風 膚に寒し。
下界をへだつる さ霧の海に、
續くはみ空か、大海原か。

三
白雪蹴立てゝきほひて下る
勢さながら 奔馬の如し。
いつしか麓の 廣野に出でゝ、
仰げば頂 雲間に高し。

一五、元寇の歌

一
東部歐州・中央亞細亞、
支那の全土も高麗國も
悉と併せて蒙古の軍勢、
野を焼き山焼く炎と凄まじ。

二
隅に小さき島國日本、
命を奉ぜず刃向ふのみか、
牒書の使を斬ること二度。
その罪たゞせとのゝしる忽必烈。

三
あゝ新院、御國に代えて
この身召させと祈らせ給ひ、
幕府は石もて築地を築かせ、
鎭西將士に一致を令せり。

四
海を蔽ひて 元軍來る。
記せよ、この年弘安四年。
寄せたる兵船四千に餘りて、
毒矢は雨なし、鐵砲地を揺る。

五
汝知らずや、神國日本。
民は皆がら帝の御楯、
今こそ死なめと九國武者ばら
攀りて進めり、北濱目ざして。

六
僅か二艘の船漕出でて
敵を焼討つ大矢野あれば、
大船目がけて倒しゝ帆柱
攀ぢつゝ切入る河野の黨あり。

七
さても七月三十日の夜より
神の怒の烈しき嵐、
二日にわたりて吹荒れ〳〵、
碎けて跡なし、敵國船隊。

八
難を遁れし賊等を攻めて、
肥前鷹島七日の軍、
敵は盡きたり、勝鬨揚れり。
元兵亡ぶる十萬七千。

九
語り繼ぎ行け、言繼ぎ行けや、
神の御陵威を、祖先の功を。
いつの代如何なる國難ありとも、
祖先に劣らず血をもて攘へや。

一六、凱旋

一
萬歳、萬歳、萬歳。
帝國軍隊凱旋す。
祝砲轟く、花火揚る。
湧立つ音樂、打振る小旗、
天地にどよむ群集の歡呼。

二

萬歳、萬歳、萬歳。
旭旗の前には敵あらず、
忽ち平和の光充てり。
勅命果せる將士の心、
迎ふる父兄、妻子の心。

三

萬歳、萬歳、萬歳。
驕らず亂れず堂々と
凱旋門をば今ぞ通る。
國家の干城、稱へよ、祝へ。
祝へ、祝へ、日本の前途。
（萬歳、萬歳、萬々歳。）

一七、舟行

一

ゆるき流をのぼりて行けば、
舳の小波岸へ傳ひて、
繋れる眞菰かすかに戰ぎ、
水打つ竿の音に恐れて、
逃散る魚影底に黑し。

二

うねる田川を棹さし行けば、
眞白き藻の花波にゆらぎて、
葉につく鮒の物音とだえ、
舩近き葦の陰より
水の面掠めて鳰はかける。

三

里のほとりを漕ぎつゝ行けば、
あさりし鴦は首をもたげて、
鳴聲高く淺瀬に急ぎ、
笹舟浮けて橋に遊べる
子守は手うちてわれをはやす。

一八、薄原（合唱曲）

一

雲かゝる高嶺より
吹き下す秋風に
果てもなくなびきわたりて、
波なせるはなすゝき。

二

一筋の中みちを
稀に行く人と馬、
沖へ漕ぐ小舟の如く
見る中にかくろひつ。

三

霧たてば風絶えて、
日はかげり、山見えず。
ほのじろく、たゞほのじろく
海なせるすゝき原。

一九、旅

一

人里遠き花のかげよ、
謠に似たる旅寢をかし。
これや、謠に似たる旅寢をかし。
袂におもたき花の塵、
拂ひて立てば月はおぼろ、
月はおぼろ。

二

夏草茂る館の跡か、
兵共の夢も空し。
あはれ、兵共の夢も空し。
川波咽ぶか日は落ちて、
さ霧に迷ふ 一羽烏、
一羽烏。

三

秋風すぐる草の音よ、
行く人なしに道は暮れぬ。
あはれ、行く人なしに道は暮れぬ。
白露さびしき味を
心にしめてひとり行かん、
ひとり行かん。

四

旅ゆく我は浮かぶ雲か、
枯野をかけり、山をめぐる。
あはれ、枯野をかけり、山をめぐる。
はなたず身にする檜木笠、
叩くもうれし 降れや、あられ、
降れや、あられ。

二〇、明治天皇

一

憂内外に ならび起りて
國の歩みの なやみしかの日、
この大君の おはせざりせば。

二

國の譽を 世界にあげて、
民の幸 すゝめまさんと、
この大君ぞ 世に出でまし。

三

五百年かけて 仕遂げん業を
五十年ならで 成し終へまして、
この大君は 神去りましぬ。

四

貴き神業 語れどつきず、

國民忘るゝ 時しあらんや、
明治天皇 聖の御代を。

五
御陵の光 四方を照らして、
外國人も 史に稱へぬ、
明治大帝 聖の君と。

二一、昭憲皇太后

一
高光る日の大君に
たぐひよくたぐひいまして、
てる月のみてるが如く
天の下てらしたまひし
大みかげ、たれかあふがぬ。

二
やすみなき 時計の針に、
光ある玉に鏡に、
國民の學びの道を
ことよせてしめしたまひし
大御歌、たれかあふがぬ。

三
大君のしづまりいます
桃山の陵近く、
かしこくもかくろひまして
國民をとはに守らす
大御靈、たれかあふがぬ。

二二、足柄山

一
足柄山の よはの月、
空すみ渡る 笙の音に、
草木も耳を そばだてゝ、
谷の眞清水 響き合ふ。

二
新羅三郎 義光は
今ぞ祕曲を 吹了へて、
取出したる 一巻を
時秋が手に 渡しつゝ、

三
「汝が父より 傳はりし
祕曲は之に をさめたり。
今の調を 耳にしめ、
都路さして 歸れ、とく。」

四
さすが名殘の 惜しまれて、
時秋尚も「御後に
從ふべし。」と ためらへど、
義光頭を うちふりて、

五
「我戰場に 向ふ身の
野末の露と 消えん時、
汝にあらでは 此の曲を
誰かは後に 傳ふべき。

六
我は武の爲、家の爲、
汝は世の爲、道の爲、
まさきくあれ。」と 西東
露けき袖を 分ちけり。

二三、鎭守に詣でて（合唱曲）

一
荒野拓きて村を起しゝ、
祖先の遺業多かる中に、
先づこそ仰げ 村の鎭めと
いつきまつれる鎭守の宮居。

二
鳥居くゞりて登る石段、
一足毎に心さわやぎ、
鈴を鳴らしてかしはでうてば、
神々しくもこだまに響く。

三
神の御鉾と社頭に高き
杉の大木を仰ぎて立てば、
此の木植ゑけん昔の人の
心さながら心に通ふ。

四
代々を重ねて榮行く村の
鎭めといます神の御前に、
いでや、誠の心捧げて、
祖先に恥ぢぬ勳たてん。

二四、農民の歌

一
山は草山 流は小川、
自慢するよな景色も無いが、
喧嘩口論一度もきかず、
家業大事に皆精出して、
村は年々賑ひまさる。

二
つかふ作鍬、一鍬ごとに、
國の富をば掘出すつとめ。
我は名も無き農民なれど、
やはり陛下の御民の一人、
どこの誰にもひけをば取らぬ。

二五、平家の没落

一

入る日をかへす勢の
なごり空しき富士川や、
「瀬々の岩こす水よりも」
落足早き京勢に、
平家の武運傾きぬ。

二

都の春の夢さめて、
「なほすみあかぬ宮の内」
涙ながらに立ち出でし
壽永の秋を限にて、
平家の榮華うつろひぬ。

三

「末も煙の波」の上、
よるべ定めぬかぢまくら、
一門終に西海の
底の藻屑と沈みにし
平家の果ぞあはれなる。

二六、落日（合唱曲）

一

野は里は たそがれ初めて、
連なれる 山のいたゞき、
かゞやかに 光にほへり。

二

あや雲の 波漂ひて、
大いなる くれなゐ色の
燃ゆる日は 今し落行く。

三

言葉なく 眺めてあれば、
我が胸の 奥にぞ通る、
落つる日の 尊き光。

二七、働け

一

手をふところに利を思ひ、
ひぢをまくらに福を待つ
おろかものよ、働け。
まかぬ種のいつかは生えん。
うたぬ網になにか入らん。
山の富、海の寶、
居ながらに誰か得ん。

二

世のなりはひのつらしとて、
つとめをよそに身をかこつ
おろかものよ、働け。
汗をながす仕事のうちに、
骨身くだく業ののちに、
今日の幸、明日ののぞみ、
おのづから汝は得ん。

二八、同窓會

一

優しく胸によみがへる
記憶うれしき日となりて、
同窓會にいそぎ行く
母校に目立つ石の門。

二

曾ては門に背を寄せて
友を待ちたる日もありき。
觸りて見なば今もなほ
殘るぬくみのありやせん。

三

箒目清き 運動場、
逢ふ顔毎にめづらしく、
かはす言葉に賑ひて、
恩師もまじる笑の群。

四

見よ、教場の窓際に
わが記念樹は丈伸びぬ。
花壇の花も小使の
白きかしらもなつかしや。

五

開會告ぐる鐘の音も
昔のまゝの響なり。
名士の講話、かず／＼の
餘興に興は盡きずして。

二九、國民の歌

一

日本の命の こもれる言葉を
襁褓のうちより まなびし我等、
をゝしく優しき 言葉の靈を
いひつぎ傳へん、我がはらからよ。

二

天より下しし 御劍とらして
山川靡けし 苦痛と歡喜。
打ちてしやまんと のらしし歌の
威力をおもへや、我がはらからよ。

三

世界をつらぬる 八重潮よせては
高浪疾風に さかまく時も、
我等の力は 一つになりて、
ゆるがぬみ國ぞ、我がはらからよ。

四

ゆく雲はゞまぬ 空なす心に
とけ入るすべての 文化の光。
人種のけぢめを 滅する慈悲に
國々やはさん、我がはらからよ。

五
小草をそよがす 風だにあつめて、
國家の力に 統ぶべき時ぞ。
科学に基づく 大文明を
我が手に建てなん、我がはらからよ。

六
天つ日直さす 國々島々、
日本の言葉の 通ずるところ、
日つぎの大君 知らさん國と
祝ぎまつらん、我がはらからよ。

◆資料【一九三〇（昭和五）年認可済歌曲】

佐賀県松浦郡玉島尋常高等小學校（八月二一日）：「神前朝會の歌」
東京府管内小學校（六月二日）：「産業組合歌」
岡山県管内小學校（十月二〇日）：「奉迎歌」
三重県管内小學校（十月二二日）：「教育勅語奉頌歌」
新潟県佐渡郡賀茂尋常高等小學校（十月八日）：「朝禮」
秋田県河邊郡四ツ小屋小學校（十二月一三日）：「四ツ小屋村歌」

◆資料 一九三〇（昭和五）年に刊行された唱歌集から

『新日本小學校唱歌』全六巻 小松耕輔・成田為三共編（刊行：十月 発行：宝文館）東京

一九三一（昭和六）年

参考：『新尋常小學唱歌』と唱歌コンクール

一九三一年六月から翌年五月にかけて刊行された、日本教育音樂協會編纂の『新尋常小學唱歌』全六冊は、各巻一五曲。翌年三月に刊行された『新訂尋常小學唱歌』（文部省）に比べると、曲数はそれぞれ一二曲少ない。この唱歌集の教材は翌一九三二年から日本教育音樂協會が開催した「児童唱歌コンクール」の課題曲に、男女ともに各一曲が使われた。第六回までの課題曲は次の通り。

第一回（一九三二年）
・男子「冬景色」（『尋常小學唱歌』五学年用）
「スキーの歌」（『新尋常小學唱歌』五学年用）
・女子「海」（『尋常小學唱歌』五学年用）
「田舎の冬」（『新尋常小學唱歌』五学年用）

第二回（一九三三年）
・男子「進水式」（『新訂尋常小學唱歌』五学年用）
「太平洋」（『新尋常小學唱歌』五学年用）
・女子「旭は昇りぬ」（『新訂尋常小學唱歌』五学年用）
「夕の星」（『新尋常小學唱歌』五学年用）

第三回（一九三四年）
・男子「いてふ」（『新訂尋常小學唱歌』五学年用）
「軍艦」（『新尋常小學唱歌』五学年用）
・女子「秋の山」（『新訂尋常小學唱歌』五学年用）
「水兵の母」（『新尋常小學唱歌』五学年用）

第四回（一九三五年）
・男子「剛健」（『児童唱歌』五）
「忍耐」（『新訂尋常小學唱歌』五学年用）
・女子「萩」（『児童唱歌』五）
「山に登りて」（『新訂尋常小學唱歌』五学年用）

第五回（一九三六年）
・男子「入営を送る」（『新訂尋常小學唱歌』五学年用）
・女子「富士の山」（『児童唱歌』五）

第六回（一九三七年）
・男子「沖の白帆」『児童唱歌』（五）
・女子「菅公」『新訂尋常小學唱歌』（五学年用）

「児童唱歌コンクール」は、現在のNHK全国学校音楽コンクールの前身で、第九回からはNHKとの共催であった。共催関係は、日本教育音楽協会が二〇一三年をもって解散するまで継続した学校音楽コンクールの先駆けであった。第四回より課題曲に選ばれた『児童唱歌』も日本教育音樂協會により編纂された唱歌集であった。

◆資料【一九三一（昭和六）年認可済歌曲】

秋田県管内小學校（五月一九日）：「秋田縣民歌」
岩手県盛岡市杜陵尋常小學校（六月九日）：「開校記念式歌」
福岡県八幡市小學校（六月五日）：「八幡市歌」
宮城県仙台市荒町小學校（十二月一日）：「齋藤中將」
佐賀県佐賀郡大詑尋常高等小學校（十二月一日）：「少年團歌」
熊本県管内小學校（九月九日）：「奉迎歌」
熊本県熊本市硯台尋常高等小學校（十月三〇日）：「落成式歌」

◆資料【一九三一（昭和六）年検定済曲集】

『祖國愛唱歌』四月八日検定（三月一八修正再版）
『農會歌』六月一六日検定（四月二四日）

◆資料 一九三一（昭和六）年に刊行された唱歌集から

『エホンシヤウカ』ハルノマキ 日本教育音樂協會編（刊行：十二月二五日 発行：音樂教育書出版協會）

一九三二（昭和七）年

『新訂尋常小學唱歌』第一學年用

文部省編

刊行：1932年3月30日　発行：大日本圖書株式會社　東京
縦147ミリ×横210ミリ 表紙＋58頁（扉共紙）

緒　言

一、本書ハ音樂教育ノ進歩ト時代ノ要求トニ鑑ミ、從來本省著作ニ係ル「尋常小學唱歌」ニ改訂ヲ加ヘタルモノナリ。

二、本書ハ毎巻約二十七章トシ、取扱者ニ選擇ノ餘地ヲ與ヘタリ。

三、本書ノ歌詞ハ、舊歌詞中ノ適切ナルモノ、新作ニ係ルモノ、及ビ尋常小學國語讀本・尋常小學讀本中ノ韻文ノ一部ヨリ成ル。

四、本書ノ歌詞ハ努メテ材料ヲ各方面ニ採リ、文體・用語等ハ成ルベク讀本ト歩調ヲ一ニセンコトヲ期セリ。

五、本書ノ教材排列ハ強ヒテ程度ノ難易ノミニヨラズ、一面季節ニツキテモ考慮セリ。

六、本書ハ取扱者ノ便宜ノタメ、唱歌曲ノミノ樂譜ヲ掲ゲタルモノト、伴奏附ノ樂譜ヲ掲ゲタルモノト、二種類ヲ作製セリ。教授ニ際シテハ其ノ何レヲ採用スルモ可ナリ。

＊『新訂尋常小学唱歌』伴奏附第一学年用の緒言には、次の一項が加えられている。

七、伴奏附ノ樂譜ヲ使用スル場合ハ、前奏・後奏ノ如キハ時トシテ省略スルモ可ナリ。

昭和七年三月　　文部省

一、日の丸の旗

一
白地（しろぢ）に赤（あか）く
日（ひ）の丸（まる）染（そ）めて、
ああうつくしや、
日本（にほん）の旗（はた）は。

二
朝日（あさひ）の昇（のぼ）る
勢（いきほ）ひ見せて、
ああ勇（いさ）ましや、
日本（にほん）の旗（はた）は。

＊初出『尋常小學唱歌』第一學年用（→三五八頁）。

二、鳩

一
ぽつぽつぽ、
鳩（はと）ぽつぽ、
豆（まめ）がほしいか、
そらやるぞ。
みんなで仲善（なかよ）く
食（た）べに來（こ）い。

二
ぽつぽつぽ、
鳩（はと）ぽつぽ、
豆（まめ）はうまいか、
食（た）べたなら、
一度（いちど）にそろつて
飛（と）んで行（い）け。

＊初出『尋常小學唱歌』第一學年用（→三五八頁）。

三、兵隊さん

一
鐵砲（てつぱう）かついだ
兵隊（へいたい）さん、
足並（あしなみ）そろへて
歩（ある）いてる。
とつとことつとこ
歩（ある）いてる。
兵隊（へいたい）さんは
きれいだな。
兵隊（へいたい）さんは
大（だい）すきだ。

二
お馬（うま）に乘（の）つた
兵隊（へいたい）さん、
砂（すな）を蹴立（けた）てて
かけて來（く）る。
ぱつぱかぱつぱか
かけて來（く）る。

兵隊さんは
勇ましい。
兵隊さんは
大すきだ。

四、おきやがりこぼし

一
投り出されてころころ轉び、
體ゆすつてむつくと起きて、
あちらを向いて默つてすわる。
おきやがりこぼしはおもしろい。

二
幾度投げても何時でも起きる。
體ゆすつてむつくと起きて、
こちらを向いて人をばにらむ。
おきやがりこぼしはをかしいな。

＊初出『尋常小學唱歌』第一學年用（→三五八頁）。

「おきやがりこぼし」

五、電車ごつこ

一
運轉手は君だ、
車掌は僕だ、
あとの四人が電車のお客。
お乘りはお早く。
動きます、ちんちん。

二
運轉手は上手、
電車は早い。
つぎは上野の公園前だ。
お降りはお早く。
動きます、ちんちん。

＊井上赳（一八八九－一九六五）作詞・信時潔（一八八七－一九六五）作曲。『ウタノホン』上「デンシャゴッコ」（下總皖一作曲）の歌詞も井上赳（→五二四頁）。

六、人形

「人形」

一
わたしの人形はよい人形。
目はぱつちりといろじろで、
小さい口もと愛らしい。
わたしの人形はよい人形。

二
わたしの人形はよい人形。
うたをうたへばねんねして、
ひとりでおいても泣きません。
わたしの人形はよい人形。

＊初出『尋常小學唱歌』第一學年用（→三五八頁）。

七、ひよこ

一
ひよひよひよこ、
ちひさなひよこ、
兄弟なかよく一しよに歩け。
あしの強くならぬうちに、
とほくへ行くな、
ひとりで行くな。

二
ひよひよひよこ、
かはいいひよこ、
いつでも親にだかれて眠れ。
はねの長くならぬうちに、
離れて寝るな、
ひとりで寝るな。

＊初出『尋常小學唱歌』第一學年用（→三五八頁）。

八、砂遊び

一
積んでも積んでもくづれるお山、

砂のお山はむづかしい。
お山が出來たら、トンネル掘つて、
汽車を通さう、ぴいぽつぽ。

二

掘つても掘つてもうづまるお池、
砂のお池はむづかしい。
お池が出來たら、うかさう、お船。
船はささ舟、木の葉舟。

九、かたつむり

一

でんでん蟲蟲
かたつむり、
お前のあたまは
どこにある。
角だせ、槍だせ、
あたま出せ。

二

でんでん蟲蟲
かたつむり、
お前のめだまは
どこにある。
角だせ、槍だせ、
めだま出せ。

＊初出『尋常小學唱歌』第一學年用（↓三五八頁）。

一〇、牛若丸

一

京の五條の橋の上、
大のをとこの辨慶は
長い長刀ふりあげて、
牛若めがけて切りかかる。

二

牛若丸は飛び退いて、
持つた扇を投げつけて、
來い來い來いと欄干の
上へあがつて手を叩く。

三

前やうしろや右左、
ここと思へば又あちら、
燕のやうな早業に、
鬼の辨慶あやまつた。

＊初出『尋常小學唱歌』第一學年用（↓三五九頁）。

一一、朝顔

一

毎朝、毎朝
咲くあさがほは、
をとひきのふと
だんだんふえて、
今朝はしろ四つ
むらさき五つ。

二

大きなつぼみは
あす咲くはなか。
ちひさなつぼみは
あさつて咲くか。
早く咲け咲け、
絞や赤も。

＊初出『尋常小學讀本唱歌』「アサガホ」（↓三五六頁）。『尋常小學唱歌』第一學年用（↓三五九頁）。

一二、夕立

一

降る降る夕立、
鳴る鳴る雷。
小川にめだかを
取つてゐた子供は、
笊をかぶつて
急いで歸る。

二

照る照るお日様、
飛ぶ飛ぶ白雲。
學校にはれまを
待つてゐた子供は、
本をかかへて
靜かに歸る。

＊初出『尋常小學唱歌』第一學年用（↓三五九頁）。

一三、桃太郎

一

桃太郎さん、桃太郎さん、
お腰につけた黍團子、
一つわたしに下さいな。

二

やりませう、やりませう、
これから鬼の征伐に
ついて行くならやりませう。

三

行きませう、行きませう、
あなたについて何處までも
家來になつて行きませう。

四

そりや進め、そりや進め、
一度に攻めて攻めやぶり、
つぶしてしまへ、鬼が島。

五
おもしろい、おもしろい、
のこらず鬼を攻めふせて、
分捕物をえんやらや。
六
萬萬歳、萬萬歳、
お伴の犬や猿雉子は、
勇んで車をえんやらや。

＊初出『尋常小學唱歌』第一學年用（→三五九頁）。

一四、僕の弟

一
僕のおとうと五郎ちやん、
汽車のおもちやがだいすきで、
おうちの中でぴいぽつぽ、
朝から晩までぴいぽつぽ。
二
僕のおとうと五郎ちやん、
御本をよむのがお上手で、
どの本見ても鳩ぽつぽ、
書いてもないのに鳩ぽつぽ。

一五、池の鯉

一
出て來い、出て來い、池の鯉。
底の松藻のしげつた中で、
手のなる音を聞いたら來い。
二
出て來い、出て來い、池の鯉。
岸の柳のしだれた陰へ、
投げた焼麩が見えたら來い。

＊初出『尋常小學唱歌』第一學年用（→三六〇頁）。

一六、親の恩

一
軒に巣をくふ燕を見たか。
雨の降る日も風吹く日にも、
親は空をばあつちこつち飛んで、
蟲をとつて來て子に食べさせる。
二
ひよこ育てる牝鷄見たか。
ここここここと子供を呼んで、
庭の隅やらはたけの中で、
餌をば探して子に拾はせる。

＊初出『尋常小學唱歌』第一學年用（→三六〇頁）。

一七、一番星みつけた

一
一番星みつけた。
あれあの森の
杉の木の上に。
二
二番星みつけた。
あれあのどての
柳の木の上に。
三
三番星みつけた。
あれあの山の
松の木の上に。

「一番星みつけた」

一八、烏

かあかあ、
烏がないて行く。
烏、烏、何處へ行く。
お宮の森へ、お寺の屋根へ、
かあかあ、
烏がないて行く。

＊初出『尋常小學讀本唱歌』（→三四九頁）。

一九、菊の花

一
見事に咲いた
かきねの小菊、
一つ取りたい、
黄色な花を、
兵隊遊の勲章に。
二
見事に咲いた
垣根の小菊、
一つ取りたい、
眞白な花を、

飯事遊の御馳走に。

＊初出『尋常小學唱歌』第一學年用（↓三六〇頁）。

二〇、月

一
出た、出た、月が。
圓い圓いまんまるい
盆のやうな月が。

二
隠れた、雲に、
黒い黒いまつくろい
墨のやうな雲に。

三
また出た、月が。
圓い圓いまんまるい
盆のやうな月が。

＊初出『尋常小學讀本唱歌』（↓三四九頁）。

二一、木の葉

一
何處から來たのか、飛んで來た木の葉、
くるくるまはつて、蜘蛛の巣にかかり、
風に吹かれて、ひらひらすれば、
蜘蛛は蟲かと寄つて來る。

二
何處から來たのか、飛んで來た木の葉、
ひらひら舞つて來て、池の上におちて、
波にゆられて、ゆらゆらすれば、
鯉は餌かと浮いて來る。

＊初出『尋常小學唱歌』第一學年用（↓三六〇頁）。

二二、つみ木

一
つみ木つみましよ、
三角、四角、
四角、三角、
つみ木つんだら、
かはいい人形の
おうちが出來た。

二
つみ木つみましよ、
青、赤、綠、
綠、赤、青、
つみ木つんだら、
西洋人形の
おうちが出來た。

二三、兎

一
私は兎と申すもの、
顔や體の小さい割に、
耳の長いのが何より自慢。
皆さんよく見て下さいな。

二
藝はこれとて無いけれど、
前脚短く後脚長く、
飛んで跳ねるのが誰より上手。
皆さん囃して下さいな。

＊初出『尋常小學唱歌』第一學年用（↓三六一頁）。

二四、雪達磨

一
達磨、達磨、雪達磨、
御門の前の雪達磨、
大きな炭團の目玉をむいて、
こはい顔して立つてるね。

二
達磨、達磨、雪達磨、
通の角の雪達磨、
長い松葉のおひげをはやし、
ゐばつてあたりを見てゐるね。

二五、紙鳶の歌

一
紙鳶紙鳶揚れ。
風よくうけて、
雲まで揚れ、
天まで揚れ。

二
繪紙鳶に字紙鳶、
どちらも負けず、
雲まで揚れ、
天まで揚れ。

三
あれあれ、下る。
ひけひけ、絲を。
あれあれ、揚る。
放すな、絲を。

＊初出『尋常小學讀本唱歌』「タコノウタ」（↓三四九頁）。

二六、犬

一
外へ出る時とんで來て、
追つても追つても附いて來る。
ぽちはほんとにかはいいな。

二
内へ歸ると尾を振つて、
袂に縋つて嬉しがる。
ぽちはほんとにかはいいな。

＊初出『尋常小學唱歌』一學年用（→三六一頁）。

二七、花咲爺

一、
正直爺が灰まけば
野原も山も花ざかり。
殿様大層よろこんで
ぢぢいに褒美を下される。

二、
意地悪爺が灰まけば
目鼻も口も灰だらけ。
殿様大層はらを立て
ぢぢいに繩をかけられる。

＊初出『尋常小學唱歌』第一學年用（→三六一頁）。

『新訂尋常小學唱歌』第二學年用

文部省編

刊行：1932年4月6日 発行：大日本圖書株式會社　東京
縦147ミリ×横210ミリ 表紙＋64頁（扉共紙）

緒言

一、本書ハ音樂教育ノ進歩ト時代ノ要求トニ鑑ミ、從來本省著作ニ係ル「尋常小學唱歌」ニ改訂ヲ加ヘタルモノナリ。

二、本書ハ毎巻二十七章トシ、取扱者ニ選擇ノ餘地ヲ與ヘタリ。

三、本書ノ歌詞ハ、舊歌詞中ノ適切ナルモノ、新作ニ係ルモノ、及ビ尋常小學國語讀本・尋常小學讀本中ノ韻文ノ一部ヨリ成ル。

四、本書ノ歌詞ハ努メテ材料ヲ各方面ニ採リ、文體・用語等ハ成ルベク讀本ト歩調ヲ一ニセンコトヲ期セリ。

五、本書ノ教材排列ハ強ヒテ程度ノ難易ノミニヨラズ、一面季節ニツキテモ考慮セリ。

六、本書ハ取扱者ノ便宜ノタメ、唱歌曲ノミノ樂譜ヲ掲ゲタルモノト、伴奏附ノ樂譜ヲ掲ゲタルモノト、二種類ヲ作製セリ。教授ニ際シテハ其ノ何レヲ採用スルモ可ナリ。

＊『新訂尋常小学唱歌』伴奏附第一学年用の緒言には、次の一項が加えられている。

七、伴奏附ノ樂譜ヲ使用スル場合ハ、前奏・後奏ノ如キハ時トシテ省略スルモ可ナリ。

昭和七年三月　文部省

一、櫻

一
霞につづくは花の雲、
野山につもるは花の雪、
春の四月はうつくしや、
どちら向いても花ばかり。

二
向かふの山のは山櫻、
こちらの岡のは八重櫻、
八重も一重もうつくしや、
花はこの花、櫻花。

＊初出『尋常小學唱歌』第二學年用（→三六一頁）。

二、ラヂオ

一
朝のラヂオが申します、
「皆さんお早うございます。」
さあ始つた、ラヂオの體操。
みんなでやりませう、
元氣にやりませう。

二

晩のラヂオが申します、
「皆さんお待ちどほでした。」
さあ始つた、子どもの時間。
みんなで聞きませう、
樂しく聞きませう。

三、二宮金次郎

一
柴刈り、繩なひ、草鞋をつくり、
親の手を助け、弟を世話し、
兄弟仲よく孝行つくす
手本は二宮金次郎。

二
骨身を惜しまず仕事をはげみ、
夜なべ濟まして手習讀書、
せはしい中にも撓まず學ぶ
手本は二宮金次郎。

三
家業大事に、費をはぶき、
少しの物をも粗末にせずに、
遂には身を立て、人をもすくふ
手本は二宮金次郎。

＊初出『尋常小學唱歌』第二學年用（↓三六二頁）。

四、雲雀

一
ぴいぴいぴいと囀る雲雀、
囀りながら何處まであがる、
高い高い雲の上か、
聲は聞えて見えない雲雀。

二
ぴいぴいぴいと囀る雲雀、
囀りやんで何處らへ落ちた、
青い青い麥の中か、
姿かくれて見えない雲雀。

＊初出『尋常小學唱歌』第二學年用（↓三六二頁）。

五、折紙

一
白い紙で何折らう、
私の好きな鶴折らう。
そよそよ春風吹いたなら、
高く大きく羽ばたいて、
つうつと空まで飛んで行け。

二
赤い紙で何折らう、
私の好きな船折らう。
ゆらゆら大波寄せたなら、
高く眞赤な帆を張つて、
すいすい島まで走り出せ。

六、小馬

一
はいしい、はいしい、
あゆめよ、小馬。
山でも、坂でも、
ずんずん歩め。
お前が進めば
わたしも進む。
歩めよ、歩めよ、
足音たかく。

二
ぱかぱか、ぱかぱか、
走れよ、小馬。
けれども急いで
つまづくまいぞ。
お前が轉べば
わたしも轉ぶ。
走れよ、走れよ、
轉ばぬやうに。

＊初出『尋常小學讀本唱歌』「こうま」（↓三五〇頁）。

七、田植

一
白い菅笠、赤だすき、
揃ひ姿の早少女が
歌ふ田植の歌きけば、
揃うた、揃たよ、早少女が揃た、
稲の出穂よりなほ揃た。

二
植ゑる手先も、足取も
節も揃へて早少女が
歌ふ田植の歌きけば、
今年は豐年、穂に穂がさいて、
路の小草も米がなる。

＊初出『尋常小學唱歌』第二學年用（↓三六二頁）。

八、竹の子

一
くらいおうちの戸をあけて、
こつそりおもてを見るやうに、
むつくりこ、むつくりこと
土おしあげて、
竹の子一本頭を出した。

二
廣いこの世がうれしいか、

やつぱり日影がこひしいか、
むつくりこ、むつくりこと
土おしあげて、
竹の子ぐんぐん大きくなつた。

九、雨

一
降れ降れ雨よ、都の雨よ。
馬や車の往來絶えぬ
町の埃のしづまる程に
雨よ降れ降れ、程よく降れ。

二
降れ降れ雨よ、田舍の雨よ。
茄子や胡瓜の花咲き揃ふ
畠の土のうるほふ程に、
雨よ降れ降れ、程よく降れ。

＊初出『尋常小學唱歌』第二學年用（→三六二頁）。

一〇、金魚

一
赤い大きな鰭ゆらゆらと
金魚は泳ぐ、靜かに泳ぐ、
水とりかへて
きれいになつたガラスの中で、
たのしさうに、うれしさうに。

二
長い見事な尾を振りながら
金魚は浮かぶ、つづいて浮かぶ、
皆元氣よく
私のやつた麩をたべようと、
うれしさうに、たのしさうに。

一一、蟬

一
かみなりが遠く鳴る。
吹くともなしに風が吹く。
木といふ木には蟬が鳴く。

二
夕立がひとしきり。
みどりの葉から露がちる。
涼しい聲で蟬が鳴く。

＊初出『尋常小學唱歌』第二學年用（→三六三頁）。

一二、蛙と蜘蛛

一
しだれ柳に
飛びつく蛙、
飛んでは落ち、
落ちては飛び、
落ちても、落ちても、
また飛ぶほどに、
とうとう柳に
飛びついた。

二
風吹く小枝に
巣を張る小蜘蛛、
張つてはきれ、
きれては張り、
きれても、きれても、
また張るほどに、
とうとう小枝に
巣を張つた。

＊初出『尋常小學讀本唱歌』「かへるとくも」（→三五〇頁）。

一三、こだま

一
おういと呼べばおういと答へ、
誰だといへば誰だと返す。
むかふの森にすむものは
人か、狐か、木の精か。

二
やあいと呼べばやあいと返し、
何だといへば何だとまねる。
むかふの山にすむものは
魔法つかひか、仙人か。

一四、浦島太郎

一
昔昔、浦島は
助けた龜に連れられて、
龍宮城へ來て見れば、
繪にもかけない美しさ。

二
乙姫様の御馳走に、
鯛や比目魚の舞踊、
ただ珍しくおもしろく、
月日のたつも夢の中。

三
遊にあきて氣がついて、
お暇乞もそこそこに、
歸る途中の樂しみは、
土産に貰つた玉手箱。

四
歸つて見れば、こは如何に、
元居た家も村も無く、
路に行きあふ人人は、

顔も知らない者ばかり。

五

心細さに蓋とれば、
あけて悔しき玉手箱、
中からぱつと白煙、
たちまち太郎はお爺さん。

＊初出『尋常小學唱歌』第二學年用（→三六三頁）。

一五、ポプラ

一

高い空につつ立つポプラ、
夕日にもえて、枝枝の
金の木の葉がきらきらと、
嬉しさうにふるへてる。

二

暗い夜につつ立つポプラ、
天までとどく黒い影、
黒い梢が ひそひそと、
お星さまと話してる。

一六、かけつこ

一

あつまれ、あつまれ、かけつこだ。
目あては向ふの松の木だ。
用意がよければ、一、二、三、
まけるな、まけるな、
赤勝て、白勝て。

二

今度はかへりのかけつこだ。
今出たとこまで戻るのだ。
用意がよければ、一、二、三、
まけるな、まけるな、
白勝て、赤勝て。

一七、案山子

一

山田の中の一本足の案山子、
天氣のよいのに蓑笠着けて、
朝から晩までただ立ちどほし。
歩けないのか、山田の案山子。

二

山田の中の一本足の案山子、
弓矢で威して力んで居れど、
山では烏がかあかと笑ふ。
耳が無いのか、山田の案山子。

＊初出『尋常小學唱歌』第二學年用（→三六三頁）。

一八、がん

一

雁が來る、雁が來る、飛んで來る。
大きな雁はさきに、小さな雁はあとに。
雁が來る、雁が來る、飛んで來る。

二

空を飛ぶ、雲を飛ぶ、鳴いて飛ぶ。
さきの雁も鳴いた、あとの雁も鳴いた。
空を飛ぶ、雲を飛ぶ、鳴いて飛ぶ。

三

雁が行く、雁が行く、飛んで行く。
小さな雁はさきに、大きな雁はあとに。
雁が行く、雁が行く、飛んで行く。

一九、富士山

一

あたまを雲の上に出し、
四方の山を見おろして、
かみなりさまを下に聞く、
富士は日本一の山。

二

青空高くそびえ立ち、
からだに雪の着物着て、
霞のすそを遠く曳く、
富士は日本一の山。

＊初出『尋常小學讀本唱歌』「ふじの山」（→三五〇頁）。

二〇、影法師

一

ピヤノの音に足並そろへ、
みんなで仲よく遊戯をすれば、
まつくろくろのかげぼふし、
やつぱり揃つてをどつてる。

二

仲よし同志手と手をひいて、
夕日のこみちを歸ろとすれば、
ながいながいかげぼふし、
やつぱり並んでついてくる。

二一、紅葉

一

秋の夕日に照る山紅葉、
濃いも薄いも數ある中に、
松をいろどる楓や蔦は、
山のふもとの裾模樣。

二

溪の流に散り浮く紅葉、
波にゆられて離れて寄つて、
赤や黄色の色さまざまに、

水の上にも織る錦。

＊初出『尋常小学唱歌』第二學年用（→三六四頁）。

二二、時計の歌

一

時計は朝から、かつちん、かつちん、
おんなじ響で動いて居れども、
ちつともおんなじ所を指さずに、
晩までかうして、かつちん、かつちん。

二

時計は晩でも、かつちん、かつちん、
我等が寢床で休んで居る間も、
ちつとも休まず、息をもつがずに、
朝までかうして、かつちん、かつちん。

＊初出『尋常小學讀本唱歌』「とけいのうた」（→三五〇頁）。

二三、うちの子ねこ

一

うちの子ねこは
かはいい子ねこ、
くびのこすずを
ちりちりならし、
すそにからまり、
たもとにすがる。

二

うちの子ねこは
かはいい子ねこ、
くびのこすずを
ちりちりならし、
まりとじやれては
えんからおちる。

二四、雪

一

雪やこんこ、霰やこんこ。
降つては降つては、ずんずん積る。
山も野原も綿帽子かぶり、
枯木殘らず花が咲く。

二

雪やこんこ、霰やこんこ。
降つても降つても、まだ降りやまぬ。
犬は喜び庭駆けまはり、
猫は火燵でまるくなる。

＊初出『尋常小學唱歌』第二學年用（→三六四頁）。

二五、梅に鶯

一

日のよくあたる庭前の
垣根の梅が咲いてから、
毎朝來ては鶯が
かはいい聲でほうほけきよう。

二

鳴くのを聞いて、縁側の
籠の中でも鶯が
垣根の方を眺めては、
調子を合はせてほうほけきよう。

＊初出『尋常小學唱歌』第二學年用（→三六四頁）。

二六、母の心

一

朝早くから井戸ばたで、
母はせいだす洗物。
たらひの中にあるは何。
これは太郎の小倉の袴。
太郎昨日は運動會で、
泥によごしたこの袴。

二

夜遲くまで奥の間に、
母はせい出す針仕事。
ひざの上には何がある。
これはお春の晴着の羽織。
お春明日は雛樣祭。
着せてやりたいこの晴着。

＊初出『尋常小學讀本唱歌』（→三五〇頁）。

二七、那須餘一

一

源平勝負の晴の場所、
武運はこの矢に定まると、
那須餘一は一心不亂、
ねらひ定めてひようと射る。

二

扇は夕日にきらめきて
ひらひら落ちゆく波の上、
那須餘一の譽は今も、
屋島の浦に鳴りひびく。

＊初出『尋常小學唱歌』第二學年用（→三六五頁）。

『新訂尋常小學唱歌』第三學年用

文部省編

刊行：1932年4月6日　発行：大日本圖書株式會社　東京
縦147ミリ×横210ミリ 表紙＋64頁（扉共紙）

緒　言

一、本書ハ音樂教育ノ進歩ト時代ノ要求トニ鑑ミ、從來本省著作ニ係ル「尋常小學唱歌」ニ改訂ヲ加ヘタルモノナリ。

二、本書ハ毎巻二十七章トシ、取扱者ニ選擇ノ餘地ヲ與ヘタリ。

三、本書ノ歌詞ハ、舊歌詞中ノ適切ナルモノ、新作ニ係ルモノ、及ビ尋常小學國語讀本・尋常小學讀本中ノ韻文ノ一部ヨリ成ル。

四、本書ノ歌詞ハ努メテ材料ヲ各方面ニ採リ、文體・用語等ハ成ルベク讀本ト歩調ヲ一ニセンコトヲ期セリ。

五、本書ノ教材排列ハ強ヒテ程度ノ難易ノミニヨラズ、一面季節ニツキテモ考慮セリ。

六、本書ハ取扱者ノ便宜ノタメ、唱歌曲ノミノ樂譜ヲ掲ゲタルモノト、伴奏附ノ樂譜ヲ掲ゲタルモノト、二種類ヲ作製セリ。教授ニ際シテハ其ノ何レヲ採用スルモ可ナリ。

＊『新訂尋常小学唱歌』伴奏附第一学年用の緒言には、次の一項が加えられている。

七、伴奏附ノ楽譜ヲ使用スル場合ハ、前奏・後奏ノ如キハ時トシテ省略スルモ可ナリ。

昭和七年三月　　文部省

一、春が來た

一

春が來た、春が來た、
どこに來た。
山に來た、里に來た、
野にも來た。

二

花が咲く、花が咲く、
どこに咲く。
山に咲く、里に咲く、
野にも咲く。

三

鳥が鳴く、鳥が鳴く、
どこで鳴く。
山で鳴く、里で鳴く、
野でも鳴く。

＊初出『尋常小學讀本唱歌』（↓三五〇頁）。

二、かがやく光

一

御弓の弭に
金色の鵄、
かがやく光、
きらきら、ぴかぴか。
眼くらんで
逃行くわるもの。

二

昔の光
今もそのまま、
むねの勲章
きらきら、ぴかぴか。
譽かがやく
日本軍人。

＊初出『尋常小學唱歌』第三學年用（↓二六六頁）。

三、摘草

一

野邊は春風、
そよそよ吹いて、
土筆ついつい
よめなもまじる。
一つ見つけた
すみれを摘めば、
籠にむらさき、
春の色。

二

空は水色、
うらうら晴れて、
たどる田圃に
根芹も青む。
袂ぬらして
三つ四つ摘めば、
春の香がする、
指の先。

四、木の芽

一
昨夜の雨で生まれたか、
今朝の光で育つたか、
赤や緑やさまざまの
色美しい木の新芽、

二
日に日に延びる木の新芽、
春の力を身に受けて、
赤も緑もいつしかに
皆美しい葉となるよ。

五、茶摘

一
夏も近づく八十八夜、
野にも山にも若葉が茂る。
あれに見えるは茶摘ぢやないか。
あかねだすきに菅の笠。

二
日和つづきの今日此の頃を、
心のどかに摘みつつ歌ふ。
摘めよ、摘め摘め、摘まねばならぬ、
摘まにや日本の茶にならぬ。

＊初出『尋常小學唱歌』第三學年用（→三六六頁）。

六、青葉

一
雨がやむ、
雲が散る。
雲のあとにうねうねと、
青葉若葉の山山が
遠く近く殘る。

二
風が吹く、
木が揺れる。
木木の影はゆらゆらと、
水の面に地の上に、
青く黒く映る。

＊初出『尋常小學唱歌』第三學年用（→三六六頁）。

七、螢

一
螢のやどは川ばた楊、
楊おぼろに夕やみ寄せて、
川の目高が夢見る頃は、
ほ、ほ、ほたるが灯をともす。

二
川風そよぐ、楊もそよぐ、
そよぐ楊に螢がゆれて、
山の三日月隠れる頃は、
ほ、ほ、ほたるが飛んで出る。

三
川原のおもは五月の闇夜、
かなたこなたに友よび集ひ、
むれて螢の大まり小まり、
ほ、ほ、ほたるが飛んで行く。

＊井上赳作詞・下総皖一（一八九八–一九六二）作曲。

八、汽車

一
今は山中、今は濱、
今は鐵橋渡るぞと、
思ふ間も無く、トンネルの
闇を通つて廣野原。

二
遠くに見える村の屋根、
近くに見える町の軒。
森や林や田や畠、
後へ後へと飛んで行く。

三
廻り燈籠の畫のやうに
變る景色のおもしろさ。
見とれてそれと知らぬ間に
早くも過ぎる幾十里。

＊大和田愛羅作曲。初出『尋常小學唱歌』第三學年用（→三六六頁）。

九、燕

一
町のはづれの電線に
友まちがほの つばくらめ、
潮路はるばる越えて來た
旅の仲間は何處にゐる。
山は夕日が赤く照る。

二
右に左に身をかはし、
餌をさがしゆく つばくらめ、
家にのこした子つばめは、
母のかへりを待つてゐよう。
山で夕の鐘が鳴る。

一〇、虹

一
虹が出た、
虹が出た。
空を衣裳に見立てたら、

七つの色に染分けた
だんだら模様、はで模様。

二

虹が出た、
虹が出た。
空を一面水と見て、
珊瑚や瑠璃をちりばめた
天女の橋よ、玉の橋。

＊初出『尋常小學唱歌』第三學年用（→三六七頁）。

一一、夏休

一

明日から嬉しい夏やすみ、
まぶしく晴れた大空に
眞白い雲が浮いてゐる。

二

明日から嬉しい夏やすみ、
山邊に野邊に白百合が
夢見るやうに咲いてゐる。

三

明日から嬉しい夏やすみ、
牧場の駒が朝風に
嘶きながら呼んでゐる。

四

明日から嬉しい夏やすみ、
大波小波打寄せて、
わたしを海が待つてゐる。

一二、波

一

青いうねり、
波のうねり、
生きてるやうに寄つて來て、
平らな濱に
眞白な布をしく。
かもめがとんで、
海はのどか。

二

をどる、をどる、
波がをどる、
生きてるやうに寄せて來て、
きりたつ岩に
散る波は瀧のやう。
かもめが鳴いて、
海は叫ぶ。

一三、噴水

一

金や銀に輝いて、
空をめがけてふき上げる
噴水の水。
ぱつと大きくひろがれば、
池の緋鯉が ちよつとはねた。

二

金や銀に輝いて、
しぶきとなつて降つて來る
噴水の水。
さつとくづれて吹散れば、
池の睡蓮 ちよつとゆれた。

一四、蟲のこゑ

一

あれ、松蟲が鳴いてゐる。
ちんちろちんちろ、ちんちろりん。
あれ、鈴蟲も鳴き出した。
りんりんりんりん、りいんりん。
秋の夜長を鳴き通す、
ああ、おもしろい蟲のこゑ。

二

きりきりきりきり、こほろぎや、
がちやがちやがちやがちや、くつわ蟲、
あとから馬おひおひついて、
ちよんちよんちよんちよん、すいつちよん。
秋の夜長を鳴き通す、
ああ、おもしろい蟲のこゑ。

＊初出『尋常小學讀本唱歌』（→三五〇頁）。

一五、村祭

一

村の鎭守の神様の
今日はめでたい御祭日
どんどんひやらら、どんひやらら、
朝から聞える笛太鼓。

二

年も豐年滿作で、
村は總出の大祭。
どんどんひやらら、どんひやらら、
夜まで賑ふ宮の森。

三

治まる御代に神様の
めぐみ仰ぐや村祭。
どんどんひやらら、どんひやらら、
聞いても心が勇み立つ。

＊初出『尋常小學唱歌』第三學年用（→三六七頁）。

一六、鴨越

一

鹿も四つ足、馬も四つ足、
鹿の越えゆくこの坂路、
馬の越せない道理はないと、
大將義經眞先に。

二

つづく勇士も一騎當千。
鵯越に着いて見れば、
平家の陣家は眞下に見えて、
戰今や眞最中。

三

油斷大敵、裏の山より
三千餘騎のさか落しに、
平家の一門驚きあわて、
屋島をさして落ちてゆく。

＊初出『尋常小學唱歌』第三學年用（→三六七頁）。

一七、雁がわたる

一

雁がわたる、
鳴いてわたる。
鳴くはなげきか喜か。
月のさやかな秋の夜に、
棹になり、かぎになり、
わたる雁、おもしろや。

二

雁がおりる、
連れておりる。
連は親子か友だちか。
霜の眞白な秋の田に、
睦ましく連れだちて
おりる雁、おもしろや。

＊初出『尋常小學唱歌』第三學年用「雁」（→三六七頁）。

一八、赤とんぼ

「赤とんぼ」

一

秋の水、
すみきつた
流の上を赤とんぼ、
何百何千、
揃つて上へ、ただ上へ、
上つて行くよ、上つて行くよ。

二

秋の空、
金色の
夕日に浮かぶ赤とんぼ、
何百何千、
並んで西へ、ただ西へ、
流れて行くよ、流れて行くよ。

一九、取入れ

一

春のたがやし・鋤ならし、
夏の植附・田草取、
骨身惜しまぬ働に
穗に穗がさいた稻の出來。
豐年ぢや、滿作ぢや。

二

日和つづきの昨日今日、
揃うた親子兄弟。
刈つて束ねる、干して扱く。
見る間に積る籾の山。
豐年ぢや、滿作ぢや。

三

畦の小路の一休、
話の種は俵數。
やがてめでたく積上げる
取入れ時の樂しさよ。
豐年ぢや、滿作ぢや。

＊初出『尋常小學唱歌』第三學年用（→三六八頁）。

二〇、麥まき

一

ならやくぬぎの葉は黄にそまり、
廣いたんぼに北風あれる。
風に吹かれて、なま土ふんで、
今日も朝からせい出すおや子。

二

おやは返して、子はくれうつて、

廣いたんぼの麥まきすます。
「やつとすんだ。」と見上げる空に、
あすも天氣か、夕日が赤い。

二一、日本の國

一

日本の國は松の國。
見上げる峯の一つ松、
はまべはつづく松原の
枝ぶりすべておもしろや。
わけて名におふ松島の
大島小島、その中を
通ふ白帆の美しや。

二

日本の國は花の國。
梅・桃・櫻・藤・菖蒲、
白つゆむすぶ秋の野の
ちぐさの花もおもしろや。
わけてさくらの吉野山、
一目千本咲きみちて、
かすみか雲か美しや。

＊初出『尋常小學讀本唱歌』（→三五一頁）。

二二、飛行機

一

とんぼのやうに輕くうかんで、
高い青空ま一文字に
かける飛行機、
見よ、あのすがた。

二

鳶のやうにつばさをはつて、
廣い大空我が物顔に
うなる飛行機、
聞け、あのひびき。

三

町・村見下し、山・谷越えて、
雲をぬひつつまたたく中に
かすむ飛行機、
あれ、あの早さ。

「飛行機」

二三、豊臣秀吉

一

百年このかた亂れし天下も、
千なり瓢簞一たび出づれば、
四海の波風忽ち治り、
六十餘州は草木も靡く。
ああ太閤、豊太閤。

二

餘力を用ひて朝鮮攻むれば、
八道見る間に我が手に破られ
國光かがやき國威あがりて、
四百餘州も戰き震ふ。
ああ太閤、豊太閤。

＊初出『尋常小学唱歌』第三學年用（→三六八頁）。

二四、冬の夜

一

燈火ちかく衣縫ふ母は
春の遊の樂しさ語る。
居並ぶ子どもは指を折りつつ、
日數かぞへて喜び勇む。
圍爐裏火はとろとろ、
外は吹雪。

二

圍爐裏のはたに繩なふ父は
過ぎしいくさの手柄を語る。
居並ぶ子どもはねむさ忘れて、
耳を傾け、こぶしを握る。
圍爐裏火はとろとろ、
外は吹雪。

＊初出『尋常小學唱歌』第三學年用（→三六八頁）。

二五、川中島

一

千曲・犀川二川の間、
甲越二軍の戰場ここか。
海津の城跡僅かに殘り、
見渡す限り桑畑しげる。

二

川の瀬音は人馬の聲か。
亂るるすすきは旗指物か。

昔の英雄今はた在らず、
記念は野べに苔むす墓石。

＊初出『尋常小學唱歌』第三學年用（↓三六九頁）。

二六、私のうち

一

もえる木のめに春風吹けば、
うちのまはりの梅・桃・櫻、
かはるがはるに花咲きみだれ、
人も來て見る、小鳥もうたふ。

二

うちの前には小川が流れ、
舟もうかべば、あひるもうかぶ。
つりも出來るし、およぎも出來て、
あつい夏でもすずしくくらす。

三

つゆや時雨が色よくそめた
うらの小山に秋風吹けば、
木木の雫もきのことなつて、
ばんの御飯のおかずにまじる。

四

松をのこして木の葉がちれば、
庭は一日日がよくあたる。
本のおさらひすました後は、
枝につるしたぶらんこ遊。

二七、かぞへ歌

一つとや、人人忠義を第一に、
　あふげや、高き君の恩、國の恩。
二つとや、二人のおや御を大切に、
　思へや、ふかき父の愛、母の愛。
三つとや、みきは一つの枝と枝、
　仲よく暮せよ、兄弟姉妹。
四つとや、善き事たがひにすすめあひ、
　惡しきをいさめよ、友と友、人と人。
五つとや、いつはりいはぬが子供らの
　學びのはじめぞ、愼めよ、いましめよ。
六つとや、昔を考へ、今を知り、
　學びの光を身にそへよ、身につけよ。
七つとや、難儀をする人見るときは、
　力のかぎりいたはれよ、あはれめよ。
八つとや、病は口より入るといふ、
　飲物・食物氣を附けよ、心せよ。
九つとや、心はかならず高くもて、
　たとひ身分はひくくとも、輕くとも。
十とや、遠き祖先のをしへをも
　守りてつくせ、家のため、國のため。

「かぞへ歌」

＊初出『尋常小學讀本唱歌』（↓三五一頁）。『尋常小學唱歌』第三學年用（↓三六九頁）。

『新訂尋常小學唱歌』第四學年用

文部省編

刊行：1932年12月10日　發行：大日本圖書株式會社　東京
縦147ミリ×横210ミリ 表紙＋74頁（扉共紙）

緒言

一、本書ハ音樂教育ノ進歩ト時代ノ要求トニ鑑ミ、從來本省著作ニ係ル「尋常小學唱歌」ニ改訂ヲ加ヘタルモノナリ。

二、本書ハ毎巻二十七章トシ、取扱者ニ選擇ノ餘地ヲ與ヘタリ。

三、本書ノ歌詞ハ、舊歌詞中ノ適切ナルモノ、新作ニ係ルモノ、及ビ尋常小學國語讀本・尋常小學讀本中ノ韻文ノ一部ヨリ成ル。

四、本書ノ歌詞ハ努メテ材料ヲ各方面ニ採リ、文體・用語等ハ成ルベク讀本ト歩調ヲ一ニセンコトヲ期セリ。

五、本書ノ教材排列ハ強ヒテ程度ノ難易ノミニヨラズ、一面季節ニツキテモ考慮セリ。

六、本書ハ取扱者ノ便宜ノタメ、唱歌曲ノミノ樂譜ヲ掲ゲタルモノト、伴奏附ノ樂譜ヲ掲ゲタルモノト、二種類ヲ作製セリ。教授ニ際シテハ其ノ何レヲ採用スルモ可ナリ。

＊『新訂尋常小学唱歌』伴奏附第一学年用の緒言には、次の一項が加えられている。

七、伴奏附ノ楽譜ヲ使用スル場合ハ、前奏・後奏ノ如キハ時トシテ省略スルモ可ナリ。

昭和七年十月　　文部省

一、春の小川

一

春の小川はさらさら流る。
岸のすみれやれんげの花に、
にほひめでたく、色うつくしく
咲けよ咲けよと、ささやく如く。

二

春の小川はさらさら流る。
蝦やめだかや小鮒の群に、
今日も一日ひなたに出でて
遊べ遊べと、ささやく如く。

三

春の小川はさらさら流る。
歌の上手よ、いとしき子ども、
聲をそろへて小川の歌を
うたへうたへと、ささやく如く。

＊初出『尋常小學唱歌』第四學年用（→三七三頁）。

二、かげろふ

一

ゆら ゆら ゆら
きら きら きら
春の日の光を受けて、
石のほとりに、橋の上に
燃ゆるかげろふ。
道行く人の袂にもつれ、
飛びかふ蝶の羽風にゆれて。

二

ゆら ゆら ゆら
きら きら きら
春の日ののどけさ見せて、
草の葉末に、花の上に
燃ゆるかげろふ。
くづれて立ちて、亂れてゆれて、
あるかと見れば、はや影もなく。

三、ゐなかの四季

一

道をはさんで畑一面に、
麥は穗が出る、菜は花盛。
眠る蝶蝶、とび立つひばり、
吹くや春風、たもとも輕く、
あちらこちらに桑つむ少女、
日まし日ましにはるごも太る。

二

ならぶ菅笠、涼しいこゑで
歌ひながらに植行く早苗、
ながい夏の日いつしか暮れて、
植ゑる手先に月かげ動く。
かへる道道あと見かへれば、
葉末葉末に夜つゆが光る。

三

二百十日も事なくすんで、
村の祭の太鼓がひびく。
稲は實がいる、日和はつづく、
刈つて、ひろげて、日に乾かして、
もみに仕上げて、俵につめて、
家内そろつて、笑顔に笑顔。

四

そだを折りたくゐろりの側で、
夜はよもやま話がはずむ。
母がてぎはの大根膾、
これもゐなかの年こしざかな。
棚の餅ひく鼠の音も
更けて、軒端に雪降積る。

＊初出『尋常小學讀本唱歌』（→三五一頁）。

四、靖國神社

一

花は櫻木、人は武士。
その櫻木に圍まるる
世を靖國の御社よ。
御國の爲に、いさぎよく
花と散りにし人人の
魂は、ここにぞ鎭まれる。

二

命は輕く、義は重し。
その義を踐みて大君に
命ささげし大丈夫よ。
銅の鳥居の奥ふかく
神垣高くまつられて、
譽は世世に殘るなり。

＊初出『尋常小學唱歌』第四學年用（→三七四頁）。

五、蠶

一

風暖き五月のはじめ、
里の少女が取るや羽箒。
掃きおろしたる春のかひこ、
さながら黒き塵の如く。

二
四度の眠いつしか過ぎて、
箸の太さは小指となりぬ。
きそひきそひて桑はむ音、
木の葉に雨のそそぐ如く。

三
髪も結ばず、夜さへ寝ねず、
心つくして一月あまり
努めしかひの見えたる今日、
うれしや、繭は山の如く。

＊初出『尋常小學唱歌』第四學年用（↓三七四頁）。

六、五月

一
風わたる
五月の山を見上ぐれば、
山をおほへる椎の木の、
若葉・青葉の陽に映えて、
さわさわゆらぐいさぎよさ。
さながら生きてあるやうに。

二
風かをる
五月の濱に來て見れば、
濱に咲いたるはまなすの、
砂にはひつつ陽に照りて、
ゆらゆらゆらぐ美しさ。
さながらものをいふやうに。

七、藤の花

一
野山もかすむ春雨の
晴れて、なごりの
「水嵩に車はげしや藤の花。」
しぶきに濡れて、日に映ゆる。

二
雲雀の聲は夕空に
消えて、此方の
「藪畑や穂麥にとどく藤の花。」
しづかに搖れて、日は暮るる。

＊初出『尋常小學唱歌』第四學年用（↓三七四頁）。

八、動物園

一
動物園ののどかな午後は、
孔雀がすつかり得意になつて、
うち中一ぱいひろげて見せる、
金ぴか模様の晴着の衣裳。

二
ライオンも、虎も、眠つてゐるが、
駱駝は、のんきなとぼけた顔で、
煎餅たべては、けろりとしてる、
故郷の沙漠も忘れたやうに。

三
木のぼり上手、ぶらんこ上手、
お猿はいつでも愛敬者よ。
鵞鳥のかなでるオーケストラに、
よちよちダンスを、あひるが踊る。

九、お手玉

一
一・二・三・四、五つのあつかひ、
手先のはたらき、
一つに受けて、
さらりと投げれば、
みだれて落ちては
花もやう、花もやう。

二
白・黒・赤・青、紫加へて、
五つのお手玉、
あやに飛んだり、
ちどりにぬけたり、
飛びかひ行きかふ
蝶のまひ、蝶のまひ。

三、
上・下・縦・横、兩手の早わざ、
みごとに受止め、
五つ五色
殘らず揃へて、
まづまづ一貫
かしました、かしました。

一〇、曾我兄弟

一
富士の裾野の夜はふけて、
うたげのとよみ靜まりぬ。
屋形屋形の灯は消えて、
あやめも分かぬさつきやみ。

二
「來れ、時致、今宵こそ、
十八年のうらみをば。」
「いでや、兄上、今宵こそ、
ただ一撃に敵をば。」

三
共に松明ふりかざし、
目ざす屋形にうち入れば、
かたき工藤は醉臥して、
前後も知らぬ高鼾。

四
「起きよ、祐經、父の仇、
十郎・五郎、見參。」と、
枕を蹴つておどろかし、
起きんとするを、はたと斬る。

五
仇は報いぬ、今はとて、
「出合へ、出合へ。」と呼ばはれば、
折しも小雨降りいでて、
空にも名のるほととぎす。

＊初出『尋常小學唱歌』第四學年用（↓三七四頁）。

一一、夢

一
金の自動車に飛乘ると、
走るよ走るよ、何處までも、
大きな道をまつしくら、
とうとう崖からさかさまに、
落ちたと思へば、夢だつた。

二
銀の飛行機に飛乘ると、
上るよ上るよ、何處までも、
重なる雲を突抜けて、
とうとう火星の世界へと、
ついたと思へば、夢だつた。

一二、雲

一
朝日に燃ゆればもみの絹、
夕日に映ゆれば錦にて、
晴れたる空の白無垢は、
雨降る前に墨染と、
變るぞ不思議、雲のいろ。

二
時には連なる峯となり、
時にはかさなる波と見え、
あるひは獸、鳥のはね、
魚のうろこと種種に、
變るぞ不思議、雲のさま。

三
遙けき山の端、遠き沖、
しづかに休むと見る中に、
大空わたり、海を越え、
あらしを起し、雨をよび、
變るぞ不思議、雲のわざ。

＊初出『尋常小學唱歌』第四學年用（↓三七五頁）。

一三、漁船

一
えんやら、えんやら、艪拍子そろへて
朝日の港を漕出すれふ船。
見よ、見よ、あの雲、今日こそ大れふ。
それ、漕げ、それ、漕げ、おも舵とり舵。

二
ゆらりや、ゆらりと、浪間に搖られて、
磯には網船・沖には釣船。
見よ、見よ、あれ、見よ。かかるは、捕れるは。
網にも、絲にも、魚のかずかず。

三
えんやら、えんやら、獲物に勇んで
入日の沖をば急いで漕ぐ船。
見よ、見よ、濱邊に妻子が迎へる。
それ、漕げ、漕げよや、艪拍子早めて。

＊初出『尋常小學唱歌』第四學年用（↓三七五頁）。

一四、夏の月

一
涼しい風に、ゆらゆらと
波うつ廣い稲田の上に、
いつの間に浮出たか、
まんまるい夏の月。
きれいな顔して、にこにこと、
空から私をながめてる。

二
涼しい風に、ゆらゆらと
ゆられる蚊帳の中から見れば、
いつに間に出て來たか、
また此所へ夏の月。
嬉しい顔して、にこにこと、
窓から私をのぞいてる。

一五、牧場の朝

一
ただ一面に立ちこめた
牧場の朝の霧の海。
ポプラ並木のうつすりと
黒い底から、勇ましく
鐘が鳴る鳴る、かんかんと。

二
もう起出した小舍小舍の
あたりに高い人の聲。

霧に包まれ、あちこちに、
動く羊の幾群の
鈴が鳴る鳴る、りんりんと。

三

今さし昇る日の影に
夢からさめた森や山。
あかい光に染められた
遠い野末に、牧童の
笛が鳴る鳴る、ぴいぴいと。

＊船橋栄吉作曲。

一六、水車

一

桃の花散る小川の水に、
一つかかつた水車。
のどかに照らす春の日浴びて、
こつとん、こつとん、車は廻る。
こつとん、こつとん、こつとん、車は廻る。

二

月の流れる小川の水に、
一つかかつた水車。
汀の蟲の 鳴く音につれて、
こつとん、こつとん、車は廻る。
こつとん、こつとん、こつとん、車は廻る。

一七、廣瀬中佐

一

轟く砲音、飛來る彈丸。
荒波洗ふデツキの上に、
闇を貫く中佐の叫。
「杉野は何處、杉野は居ずや。」

二

船内隈なく尋ぬる三度。
呼べど答へず、さがせど見えず。
船は次第に波間に沈み、
敵彈いよいよあたりに繁し。

三

今はとボートにうつれる中佐、
飛來る彈丸に忽ち失せて、
旅順港外、恨ぞ深き、
軍神廣瀬と其の名殘れど。

＊初出『尋常小學唱歌』第四學年用（↓三七六頁）。

一八、たけがり

秋の日の空すみわたり、
風暖に、さてもよき日や。
山遊するによき日や。
友よ、來よ、手かごを持ちて。
いざ、裏山にきのこたづねん、
山深く行きてたづねん。

たどり行く細路づたひ、
はや、かうばしくきのこ匂へり。
山風にきのこかをれり。
「うれし、この松の根もとに、
まづ見つけつ。」と高く呼ぶ聲、
やまびこにひびく呼聲。

いでや、あの岩の小かげに、
皆うちよりてえもの數へん、
茸狩のいさをくらべん。

＊初出『尋常小學讀本唱歌』（↓三五二頁）。

一九、山雀

一

くるくる廻る、目が廻る、
とんばう返り、宙返り、
川瀬にかかる水車。
ぴいぴい山雀、ぴい山雀。

二

よいこら引いた、綱引いた、
もいちど引いた、綱引いた。
釣瓶の水をこぼすまい。
ぴいぴい山雀、ぴい山雀。

三

つけつけ鐘を、一・二・三。
お寺の鐘が鳴る時は、
お前も山がこひしかろ。
ぴいぴい山雀、ぴい山雀。

二〇、霜

一

笹の葉の 白きは霜の光にて、
まだ夜は深し、
野邊の道、野邊の道。

二

有明の消えにし影を、松の葉に
しばし殘せる
霜の色、霜の色。

＊初出『尋常小學唱歌』第四學年用（↓三七六頁）。

二一、八幡太郎

一

駒のひづめも匂ふまで、
「道もせに散る山櫻かな。」

しばしながめて、「吹く風を
勿來の關と思へども、」
かひなき名やとほほ笑みて、
ゆるく打たせしやさしさよ。

二

落ちゆく敵をよびとめて、
「衣のたては綻びにけり。」
敵は見かへり、「年を經し
絲のみだれの苦しさに、」
つけたることのめでたきに、
めでてゆるししやさしさよ。

＊初出『尋常小學唱歌』第四學年用（→三七六頁）。

二二、村の鍛冶屋

一

しばしも止まずに槌うつ響。
飛散る火の花、はしる湯玉。
ふいごの風さへ息をもつがず、
仕事に精出す村の鍛冶屋。

二

あるじは名高きいつこく老爺、
早起・早寢の、病知らず。
鐵より堅しとほこれる腕に
勝りて堅きは、彼がこころ。

三

刀はうたねど、大鎌・小鎌、
馬鍬に作鍬、鋤よ、鉈よ。
平和のうち物休まずうちて、
日毎に戰ふ、懶惰の敵と。

四

かせぐにおひつく貧乏なくて、
名物鍛冶屋は日日に繁昌。
あたりに類なき仕事のほまれ、
槌うつ響にまして高し。

＊初出『尋常小學唱歌』第四學年用（→三七六頁）。

二三、餅つき

一

今日はうちでは餅つきぢや。
ぺつたんこ、ぺつたんこ。
お父さんがついて、
お母さんが手がへし、
ねえさん手つだひ、
うち中ぐるぐる、
てんてこまひぢや。
師走は短い、
それつけ、それつけ。

二

今日は隣の餅つきぢや。
ぺつたんこ、ぺつたんこ。
お爺さんがのして、
お婆さんも手つだひ、
をぢさん・をばさん、
鉢巻・たすきで、
てんてこまひぢや。
お正月はめでたい、
それつけ、それつけ。

二四、雪合戰

一

晴れたる朝の雪の原、
東と西に立ちわかれ、
用意、はじめの聲の下、
手に手にとばす雪つぶて。

二

あたりてひるむ卑怯もの、
恐れず進む剛のもの、
雪を蹴ちらし、雪をあび、
互に寄する敵味方。

三

劇戰今と見るうちに、
後にひびく休戰の
ラッパと共に、西東、
一度にどつと鬨のこゑ。

＊初出『尋常小學唱歌』第四學年用（→三七七頁）。

二五、近江八景

一

琵琶の形に似たりとて
其の名をおへる湖の、
鏡の如き水の面、
あかぬながめは八つの景。

二

まづ渡り見ん、瀬田の橋、
かがやく入日美しや。
粟津の松の色はえて、
かすまぬ空ののどけさよ。

三

石山寺の秋の月、
雲をさまりてかげ清し。
春より先に咲く花は、
比良の高ねの暮の雪。

四

滋賀唐崎の一つ松、
夜の雨にぞ名を得たる。
堅田の浦の浮御堂、

落來るかりもふぜいあり。

五

三つ四つ五つうち連れて、
矢橋をさして歸り行く
白帆を送る夕風に、
聲程近し、三井のかね。

＊初出『尋常小學讀本唱歌』（→三五二頁）。

二六、何事も精神

一

軒よりおつる雨だれの、
たえず、休まず打つ時は、
石にも穴をうがつなり、
我等は人と生まれ來て、
一たん心定めては、
事に動かず、さそはれず、
はげみ進むに、何事の
など成らざらん、鐵石の
堅きもつひにとほすべし。

二

小さき蟻も、いそしめば、
塔をもきづき、燕さへ、
千里の波を渡るなり。
ましてや人と生まれ來て、
一たんめあて定めては、
わき目もふらず、怠らず、
ふるひ進むに、何事か
など成らざらん、盤石の
重きもつひにうつすべし。

＊初出『尋常小學讀本唱歌』（→三五二頁）。

二七、橘中佐

一

かばねは積りて山を築き、
血汐は流れて川をなす、
修羅の巷か、向陽寺。
雲間をもるる月青し。

二

「みかたは大方うたれたり、
暫く此處を。」と諫むれど、
「恥を思へや、つはものよ。
死すべき時は今なるぞ。

三

御國の為なり、陸軍の
名譽の爲ぞ。」と諭したる
ことば半ばに散りはてし
花橘ぞ、かぐはしき。

「橘中佐」

＊初出『尋常小學唱歌』第四學年用（→三七七頁）。

『新訂尋常小學唱歌』第五學年用

文部省編

刊行：1932年12月10日　発行：大日本圖書株式會社　東京
縦147ミリ×横210ミリ 表紙＋80頁（扉共紙）

緒言

一、本書ハ音樂教育ノ進歩ト時代ノ要求トニ鑑ミ、從來本省著作ニ係ル「尋常小學唱歌」ニ改訂ヲ加ヘタルモノナリ。
二、本書ハ毎巻二十七章トシ、取扱者ニ選擇ノ餘地ヲ與ヘタリ。
三、本書ノ歌詞ハ、舊歌詞中ノ適切ナルモノ、新作ニ係ルモノ、及ビ尋常小學國語讀本・尋常小學讀本中ノ韻文ノ一部ヨリ成ル。
四、本書ノ歌詞ハ努メテ材料ヲ各方面ニ採リ、文體・用語等ハ成ルベク讀本ト歩調ヲ一ニセンコトヲ期セリ。
五、本書ノ教材排列ハ強ヒテ程度ノ難易ノミニヨラズ、一面季節ニツキテモ考慮セリ。

六、巻頭ノ「みがかずば」「金剛石」「水は器」ノ三首ハ、何レモ昭憲皇太后ノ御歌ニシテ、嘗テ尋常小学修身書巻五ニ奉掲シタルモノナリ。「みがかずば」ノ曲ハ本省ニ於テ特ニ撰定シタルモノ、「金剛石」及ビ「水は器」ノ曲ハ女子學習院撰定ノモノニ係ル。

七、本書ハ取扱者ノ便宜ノタメ、唱歌曲ノミノ樂譜ヲ掲ゲタルモノト、伴奏附ノ樂譜ヲ掲ゲタルモノト、二種類ヲ作製セリ。教授ニ際シテハ其ノ何レヲ採用スルモ可ナリ。

＊『新訂尋常小学唱歌』伴奏附第一学年用の緒言には、次の一項が加えられている。

七、伴奏附ノ楽譜ヲ使用スル場合ハ、前奏・後奏ノ如キハ時トシテ省略スルモ可ナリ。

昭和七年十一月　文部省

一、みがかずば

みがかずば
玉もかがみも
なにかせん。
まなびの道も
かくこそありけれ。

＊初出『尋常小學唱歌』第五學年用（→三八三頁）。

二、金剛石・水は器

金剛石

金剛石もみがかずば、
珠のひかりはそはざらむ。
人もまなびて後にこそ、
まことの德はあらはるれ。
時計の針のたえまなく
めぐるが如く、ときのまの
日かげをしみて勵みなば、
如何なる業かならざらむ。

水は器

水はうつはにしたがひて、
そのさまざまになりぬなり。
人はまじはる友により、
よきにあしきにうつるなり。
おのれにまさるよき友を
えらびもとめて、もろ共に
こころの駒にむちうちて、
まなびの道にすすめかし。

＊初出、開成館版『新編教育唱歌集』第四集（→三〇六頁）。

三、八岐の大蛇

一

めぐらす垣根、門八つ造り、
その門毎に棧敷しつらへ、
棧敷一つに酒槽一つ、
その槽槽に酒をぞ滿てたる。

二

八岐の大蛇近づき來り、
その門毎に頭さし入れ、
頭一つに酒槽一つ、
酒飲み飲みて醉ひてぞ臥したる。

三

尊は立ちて、今こそ時と、
その御佩の劒引抜き、
一つ一つに、尾頭八つを
切捨てませば、流るる血の川。

四

年毎、人を、來て取食ひし、
その醜大蛇ここに滅びて、
尾より出でたる御劍一つ、
我がすめろぎの寶とたふとし。

＊初出『尋常小學唱歌』第五學年用（→三八三頁）。

四、舞へや歌へや

一

花に宿れる蝶は、今眠さめたり。
舞へや、舞へや、姿やさしく舞へや。
舞へや、舞へや。たもと輕く舞へや。
春風渡る廣野は、汝が樂しき庭ぞ。
舞へや、舞へや、花に、草に。
蝶の遊ぶ時は今なり。
舞へや、舞へや、姿やさしく舞へや。
舞へや、舞へや、たもと輕く舞へや。

二

葉陰に寢ねし鳥は、早ゆめも見あきつ。
歌へ、歌へ、心ゆたかに歌へ。
歌へ、歌へ、しらべ高く歌へ。
綠色そふ林は、汝が樂しき庭ぞ。
歌へ、歌へ、枝に、こずゑに。
鳥の遊ぶ時は今なり。
歌へ、歌へ、心ゆたかに歌へ。
歌へ、歌へ、しらべ高く歌へ。

＊初出『尋常小學讀本唱歌』（→三五二頁）。

五、鯉のぼり

一

甍の波と雲の波、
重なる波の中空を、
橘かをる朝風に、

高く泳ぐや、鯉のぼり。

二

開ける廣き其の口に、
舟をも呑まんさま見えて、
ゆたかに振るふ尾鰭には、
物に動ぜぬ姿あり。

三

百瀬の瀧を登りなば、
忽ち龍になりぬべき、
わが身に似よや男子と、
空に躍るや、鯉のぼり。

＊初出『尋常小學唱歌』第五學年用（↓三八四頁）。

六、菅公

一

日かげさへぎるむら雲に、
干すよしもなき濡衣を
身には著つれど、眞心の
あらはれずして止まめやと、
神のまもりを頼みつつ、
配所に行きし君あはれ。

二

のちを契りし梅が枝に、
東風吹く春はかへれども、
菊の節會の後朝の
宴に侍りし秋は來ず、
御衣を日毎に拜しつつ、
配所にはてし君あはれ。

＊初出『尋常小學唱歌』第五學年用（↓三八五頁）。

七、忍耐

一

野を流れての末遂に
海となるべき山水も、
しばし木の葉の下くぐるなり。
見よ、忍ぶなり、山水も。

二

身にふりかかる憂き事の、
なほこの上に積れかし。
限ある身の力ためさん。
いざ試みん、身の力。

＊初出『尋常小學唱歌』第五學年用（↓三八五頁）。

八、朝日は昇りぬ

一

朝日は昇りぬ、日は出でぬ。
海には、帆綱をたぐり上げ、
追手に帆あげて船出する
海士人今や勇むらん。

二

朝日は昇りぬ、日は出でぬ。
山には、小牛を追ひながら、
朝露踏分け登りゆく
少女の歌や高からん。

三

朝日は昇りぬ、日は出でぬ。
町には、工場の笛鳴りて、
今しも薄らぐ朝靄に、
機械の音や響くらん。

＊初出『尋常小學唱歌』第五學年用「朝の歌」（↓三八七頁）。

九、朝の歌

一

またたく星影次第に消えて、
ほのかに匂ふよ、東の空は。
いざいざ歌へ、いざ聲高く。
朝は來ぬ、朝は來ぬ、
おごそかに。

二

紫いろどるみ山の上に、
澄みたる大空紅さやか。
いざいざ歌へ、いざ聲高く。
朝は來ぬ、朝は來ぬ、
ほがらかに。

三

よろこび溢れぬ、草木も、鳥も。
今こそ昇るよ、朝日の影は。
いざいざ歌へ、いざ聲高く。
朝は來ぬ、朝は來ぬ、
はなやかに。

一〇、日光山

一

二荒の山下、木深き所、
大谷の奔流岩打つほとり、
金銀・珠玉をちりばめなして、
終日見れども厭かざる宮居。

二

浮彫・毛彫の柱に、桁に
振るひし鑿の技、巧をきはめ、
丹青まばゆき格天井に、
心をこめたる繪筆ぞ匂ふ。

三

美術の光の輝く此の地、
山皆緑に、水また清く、
樂園日本の妙なる花と、

外國人さへめづるも宜ぞ。

＊初出『尋常小學唱歌』第五學年用（↓三八六頁）。

一一、山に登りて

一

のぼりつきたる巓の
巖の上に我立てば、
山の風、
心地よく、
すがすがし、
我が心。

二

並ぶ山山見下しつ、
雲をば踏みて我立てば、
鳥の音も、
聞え來ず、
遙かなり、
人の世は。

一二、海

一

松原遠く消ゆるところ、
白帆の影は浮かぶ。
干網濱に高くして、
かもめは低く波に飛ぶ。
見よ、晝の海。
見よ、晝の海。

二

島山闇に著きあたり、
漁火、光淡し。
寄る波岸に緩くして、
浦風輕く沙吹く。
見よ、夜の海。
見よ、夜の海。

＊初出『尋常小學唱歌』第五學年用（↓三八四頁）。

一三、納涼

一

一日の汗を湯浴に流し、
夕顔棚に下陰占めて、
親子同胞、一つむしろに
心をおかぬむつび語。
むつび語、たのしや。

二

蚊遣のけむり軒端をこめて、
綠の葉ごし月影涼し。
裏の細道、節もをかしく
聞ゆる歌の主は誰ぞ。
主は誰ぞ、ゆかしや。

三

見わたし遠き青田の上を、
小波たてて吹來る夜風。
風に流るる螢火いくつ、
月影うけて消えつ、見えつ、
消えつ、見えつ、涼しや。

＊初出『尋常小學唱歌』第五學年用（↓三八五頁）。

一四、風鈴

一

軒の風鈴、夕風に
ちりんりん、ちりんりん。
風鈴の音の涼しさよ。
晝の間のほてり消えうせ、
夏の日は今ぞ暮行く。

二

軒の風鈴、夕風に
ちりんりん、ちりんりん。
打水の跡心地よや。
大空に月は浮かびて、
夏の夜は今ぞ更行く。

一五、加藤清正

一

勝ちほこりたる敵兵を
一擧に破る賤嶽、
七本槍の隨一と
譽は高き虎之助。
蛇の目の紋の陣羽織、
十字の槍の武者振は、
後の世までの語りぐさ。

二

友危しと、身をすてて
赴き救ふ蔚山や、
百萬餘騎の明軍の
荒膽ひしぐ鬼上官。
黑地に白き七文字の
妙法蓮華の旗風に、
異國までも靡きけり。

＊初出『尋常小學唱歌』第五學年用（↓三八四頁）。

一六、鳥と花

一

鳥にならばや、み空の鳥に。
霞をわけては雲雀とあがり、
霧をわけては雁とかけり、
春と秋とをかざらばや。

二
花にならばや、園生の花に。
櫻と咲きては朝日に匂ひ、
菊と咲きては露にかをり、
春と秋とを飾らばや。

＊初出『尋常小學唱歌』第五學年用（↓三八五頁）。

一七、大塔宮

一
氷の刃御腹に當てて、
經巻かづき、かたづをのみて、
忍びおはし般若寺あはれ。

二
山伏姿、嶮しき道を、
破るる御足、紅染めて、
落行きまし熊野路あはれ。

三
鎧の上に立てる矢七つ、
流るる血しほ拭ひもあへず、
酒酌みまし三芳野あはれ。

四
恨盡きせぬ建武の昔、
日影も闇き鎌倉山の
御最後あはれ、語るもゆゆし。

＊初出『尋常小學唱歌』第五學年用（↓三八七頁）。

一八、秋の山

一
風清く、日はうららかに、
黄櫨の葉の紅にほふ
うつくしき秋の山。
花すすき分けて登れば、
かたはらの森の中に、
けたたまし、百舌の聲。

二
打續く峯また峯も、
赤と黄の織りなす錦
かがやける秋の山。
眺めつつしばしいこへば、
足もとの草の陰に、
ほそぼそと蟲の聲。

＊「黄櫨」はハゼノキ。

一九、いてふ

一
五月の朝の丘の上、
日の照りそへば、新緑の
梢さやけく、いさぎよく
青天を摩す、大いてふ。
王者に似たる姿あり。

二
暮行く秋の丘の上、
風そよ吹けば、金色の
小鳥群れつつ飛ぶごとく、
落日に散る大いてふ。
四海を照らす光あり。

二〇、入營を送る

一
ますらたけをと生ひ立ちて、
國のまもりに召されたる
君が身の上、うらやまし。
望めどかなはぬ人もあるに、
召さるる君こそ譽なれ。
さらば行け、國の爲。

二
征矢を額に立たすとも、
背には負はじと誓ひたる
遠き祖先の心もて、
みかどの御楯とつかへまつり、
榮あるつとめを盡くせかし。
さらば行け、國の爲。

＊初出『尋常小學唱歌』第五學年用（↓三八六頁）。

二一、冬景色

一
さ霧消ゆる湊江の
舟に白し、朝の霜。
ただ水鳥の聲はして、
いまだ覺めず、岸の家。

二
烏啼きて木に高く、
人は畑に麥を踏む。
げに小春日ののどけしや。
かへり咲の花も見ゆ。

三
嵐吹きて雲は落ち、
時雨降りて日は暮れぬ。
若し燈のもれ來ずば、
それと分かじ、野邊の里。

＊初出『尋常小學唱歌』第五學年用（↓三八六頁）。

二二、水師營の會見

一
旅順開城約成りて、
敵の將軍ステツセル

乃木大將と會見の
所はいづこ、水師營。
二
庭に一本なつめの木、
彈丸あともいちじるく、
くづれ殘れる民屋に、
いまぞ相見る二將軍。
三
乃木大將はおごそかに、
御めぐみ深き大君の
大みことのりつたふれば、
彼かしこみて謝しまつる。
四
昨日の敵は今日の友、
語る言葉もうちとけて、
我はたたへつ、彼の防備、
彼はたたへつ、我が武勇。
五
かたち正していひ出でぬ、
『此の方面の戰闘に
二子を失ひ給ひつる
閣下の心如何にぞ。』と。
六
『二人の我が子それぞれに、
死所を得たるを喜べり。
これぞ武門の面目。』と、
大將答力あり。
七、
両將晝食共にして、
なほも盡きせぬ物語。
『我に愛する良馬あり。
今日の記念に献ずべし。』

八、
『厚意謝するに餘りあり。
軍のおきてにしたがひて、
他日我が手に受領せば、
長くいたはり養はん。』
九、
『さらば。』と、握手ねんごろに、
別れて行くや右左。
砲音絶えし砲臺に
ひらめき立てり、日の御旗。

＊初出『尋常小學讀本唱歌』（→三五三頁）。

二三、兒島高德
一
船坂山や杉坂と、
御あと慕ひて院の庄、
微衷をいかで聞えんと、
櫻の幹に十字の詩。
『天勾踐を空しうする莫れ、
時范蠡無きにしも非ず。』
二
御心ならぬいでましの
御袖露けき朝戸出に、
誦じて笑ますかしこさよ、
櫻の幹の十字の詩。
『天勾踐を空しうする莫れ、
時范蠡無きにしも非ず。』

＊初出『尋常小學唱歌』第六學年用（→三九二頁）。

二四、三才女
一
色香も深き紅梅の
枝にむすびて、
勅なればいともかしこし、
鶯の問はば如何にと、
雲ゐまで
聞え上げたる言の葉は、
幾代の春かかをるらん。
二
みすのうちより、宮人の
袖引止めて、
大江山いく野の道の
遠ければ文見ずといひし
言の葉は、
天の橋立末かけて、
後の世永く朽ちざらん。
三
きさいの宮の仰言、
御聲のもとに、
古の奈良の都の
八重櫻今日九重に
にほひぬと、
つかうまつりし言の葉の
花は千歳も散らざらん。

＊初出『尋常小學讀本唱歌』（→三五三頁）。

二五、進水式
一
金色の槌高くをどれば、
山なす大船音なく滑り、
艦首に花降り、白鳩舞ひ舞ふ。
今、今、今ぞ生まるる
海の勇士。
二

萬歳の聲、天地をとよもし、
あらゆるもの皆さけびをあげて、
めでたき門出を喜び壽ぐ。
今、今、今ぞ生まるる
海の勇士。

三

征矢よりも疾く大海目がけて、
「我、今生まる。」とをどりて入れば、
海にもわき立つ歡呼の白波。
今、今、今ぞ生まるる
海の勇士。

二六、雛祭

一

お行儀正しい内裏さま、
赤い袴の官女たち、
五人ばやしが次次と、
きれいに並ぶ壇の上。
雪洞つけて、坐つて見れば、
金の屏風がきらきらと、
夢のお國の御殿のやうに。

二

赤い毛氈美しく、
菱のお餅にお白酒、
お菓子・豆いり、いろいろと、
きれいに並ぶ壇の上、
花瓶にさした緋桃の花も、
半ば開いて、にこにこと、
お伽噺のお家のやうに。

二七、卒業生を送る歌

一

あまたの年月、兄としむつび、
姉とし慕ひし上級生よ。
日頃のつとめ、かひ見えて
榮ある今日のよろこびや。

二

我等に先だち學を卒へて、
今日しも出立つ卒業生よ。
君等の面にあふれたる
希望の色のたのもしや。

三

我等もやがては學を卒へて、
君等が行く道後より追はん。
ゆくての道のしるべして
正しきかたに導けや。

＊初出『尋常小學唱歌』第五學年用（↓三八七頁）。

「卒業生を送る歌」

『新訂尋常小學唱歌』第六學年用

文部省編

刊行：1932年12月10日　発行：大日本圖書株式會社　東京
縦147ミリ×横210ミリ 表紙＋92頁（扉共紙）

緒言

一、本書ハ音樂教育ノ進歩ト時代ノ要求トニ鑑ミ、從來本省著作ニ係ル「尋常小學唱歌」ニ改訂ヲ加ヘタルモノナリ。
二、本書ハ毎巻二十七章トシ、取扱者ニ選擇ノ餘地ヲ與ヘタリ。
三、本書ノ歌詞ハ、舊歌詞中ノ適切ナルモノ、新作ニ係ルモノ、及ビ尋常小學國語讀本・尋常小學讀本中ノ韻文ノ一部ヨリ成ル。
四、本書ノ歌詞ハ努メテ材料ヲ各方面ニ採リ、文體・用語等ハ成ルベク讀本ト歩調ヲ一ニセンコトヲ期セリ。
五、本書ノ教材排列ハ強ヒテ程度ノ難易ノミニヨラズ、一面季節ニツキテモ考慮セリ。
六、本書ハ取扱者ノ便宜ノタメ、唱歌曲ノミノ楽譜ヲ掲ゲタルモノト、伴奏附ノ樂譜ヲ掲ゲタルモノト、二種類ヲ作製セリ。教授ニ際シテハ其ノ何レヲ採用スルモ可ナリ。

＊『新訂尋常小学唱歌』伴奏附第一学年用の緒言には、次の一項が加えられている。

七、伴奏附ノ楽譜ヲ使用スル場合ハ、前奏・後奏ノ如キハ時トシテ省略スルモ可ナリ。

昭和七年十一月　　文部省

一、明治天皇御製

一

物學ぶ道にたつ子よ、
おこたりに、まされる仇は
なしとしらなむ。

二

さし昇る朝日の如く、
さわやかにもたまほしきは
心なりけり。

三

おのが身はかへりみずして
人のため、盡すぞ人の
務なりける。

＊初出『尋常小學唱歌』第六學年用（↓三九二頁）。

二、朧月夜

一

菜の花畠に、入日薄れ、
見わたす山の端、霞ふかし。
春風そよふく、空を見れば、
夕月かかりて、にほひ淡し。

二

里わの火影も、森の色も、
田中の小路をたどる人も、
蛙のなくねも、かねの音も、
さながら霞める朧月夜。

＊初出『尋常小學唱歌』第六學年用（↓三九二頁）。

三、遠足

一

鳴くやひばりの聲うららかに、
かげろふもえて野は晴れわたる。
いざや、我が友うち連れ行かん。
今日はうれしき遠足の日よ。

二

右に見ゆるは名高き御寺、
左に遠くかすむは古城、
春は繪のごと我等をめぐる。
今日はたのしき遠足の日よ。

三

たどりつきたる峠の上に、
菜の花にほふ里見下して、
笑ひさざめくひるげのむしろ。
今日はうれしき遠足の日よ。

四

風は音なくやなぎをわたり、
船は静かに我等をのせて、
行くは何處ぞ、桃さく村へ。
今日はたのしき遠足の日よ。

四、我等の村

一

霞む山べは紫にほひ、
野べは黄金の菜の花盛。
春の光はくまなく滿ちて、
鳴くや鷄聲さへのどか。

二

出でて耕すをとこのために、
空のひばりはひねもす歌ひ、
うちに働くをとめのために、
花はまがきの邊を飾る。

三

富める貧しき樣樣なれど、
村を愛する心は一つ。
老いも若きも互に助け、
村はさながら一家のむつび。

四

ここぞ我等の生まれし處。
ここぞ我等の育ちし處。
やがて我等の力によりて、
國のほまれとなすべき處。

五、瀬戸内海

一

のどけき春の朝ぼらけ、
デッキに立ちて眺むれば、
朝日きらめく波の上、
おぼろにかすむ島山の
影おもむろに移りゆく。

二

前より來る白帆かげ、
忽ち後に消え去りて、
遠くかすかに見えたりし
島影やがて近づけば、
又あらはる島いくつ。

三
静けき波に影うつす
緑にまじる花ざくら、
にほふ山邊もいつしかに、
眺は變るおもしろさ、
瀬戸内海の船の旅。

六、四季の雨

一
降るとも見えじ、春の雨、
水に輪をかく波なくば、
けぶるとばかり思はせて。
降るとも見えじ、春の雨。

二
俄に過ぐる夏の雨、
物ほし竿に、白露を
なごりとしばし走らせて。
俄に過ぐる夏の雨。

三
をりをりそそぐ秋の雨、
木の葉・木の實を野に、山に、
色さまざまにそめなして。
をりをりそそぐ秋の雨。

四
聞くだに寒き冬の雨、
窓の小笹にさやさやと、
更行く夜半をおとづれて。
聞くだに寒き冬の雨。

＊初出『尋常小學唱歌』第六學年用（↓三九四頁）。

七、日本海海戰

一
『敵艦見えたり、近づきたり、
皇國の興廢、ただ此の一擧、
各員奮勵努力せよ。』と、
旗艦のほばしら信號揚る。
みそらは晴るれど風立ちて、
對馬の沖に浪高し。

二
主力艦隊、前を抑へ、
巡洋艦隊、後に迫り、
袋の鼠と圍み撃てば、
見る見る敵艦亂れ散るを、
水雷艇隊・驅逐隊、
逃しはせじと追ひて撃つ。

三
東天赤らみ、夜霧はれて、
旭日かがやく日本海上。
今はや遁るるすべもなくて、
撃たれて沈むも、降るもあり、
敵國艦隊全滅す。
帝國萬歳、萬萬歳。

＊初出『尋常小學唱歌』第六學年用（↓三九五頁）。

八、我は海の子

一
我は海の子、白浪の
さわぐいそべの松原に、
煙たなびくとまやこそ、
我がなつかしき住家なれ。

二
生まれてしほに浴して、
浪を子守の歌と聞き、
千里寄せくる海の氣を
吸ひてわらべとなりにけり。

三
高く鼻つくいその香に、
不斷の花のかをりあり。
なぎさの松に吹く風を、
いみじき樂と我は聞く。

四
丈餘のろ・かい操りて、
行手定めぬ浪まくら、
百尋・千尋海の底、
遊びなれたる庭廣し。

五
幾年ここにきたへたる
鐵より堅きかひなあり。
吹く塩風に黒みたる
はだは赤銅さながらに。

六
浪にただよふ氷山も、
來らば來れ、恐れんや。
海まき上ぐるたつまきも、
起らば起れ、驚かじ。

七
いで、大船を乘出して、
我は拾はん、海の富。
いで、軍艦に乘組みて、
我は護らん、海の國。

＊初出『尋常小學讀本唱歌』（↓三五三頁）。

九、日本三景

一
緑したたる山を後に、
波にただよふ朱の廻廊、

たつのみやゐのすがたはこれか。
みぎはの燈籠、皆火をともして、
夜の宮島、さらに美し。

二

與謝の浦波遠く續ける
中をかぎりて浮かぶ松原、
天の通路絶えしは何時か。
かがやく日影に神の代おぼえて、
朝の橋立、殊にめでたし。

三

松のあらしはささやきあひて、
海にちりぼふ千島・五百島、
如何なる神のなしし巧ぞ。
くすしきながめ見る間に變りて、
雨の松島、いよよ珍し。

一〇、風

一

風よ風、
そもいづちよりいづち吹く。
草の上、やぶの中、
岡を過ぎ、谷を過ぎ、
鹿も通はぬ
奥山こえて。

二

風よ風、
そもいづちよりいづち吹く。
池の上、森の中、
村を過ぎ、里を過ぎ、
鳥も通はぬ
荒海こえて。

三

夜はふけぬ。
燈消してねに行けば、
泣くがごと、むせぶごと、
戸をたたき、まどをうつ。
風やうらやむ、
我が此のふしど。

四

夜は明けぬ。
とく起出でて園見れば、
草はふし、木はたふれ、
花は散り、實は落ちぬ。
風や荒れけん、
夜すがら此處に。

一一、蓮池

一

丸葉・巻葉をそよがせて、
朝風わたる池のおも。
立つやさざなみ、浮葉を越えて、
まろびまろぶ露の玉。
ああ、涼し涼し、
あけぼの。

二

池のほとりにたたずめば、
花の香おそふ袖袂。
空は月しろ、ほのかに見えて、
水に白し花蓮。
ああ、涼し涼し、
ゆふぐれ。

＊初出『尋常小學唱歌』第六學年用（↓三九三頁）。

一二、森の歌

一

森の老木は、こずゑに幹に、
神代ながらの神祕をこめて、
いとおごそかに靜まり立てり。
ふしぎや、木靈は木靈を呼びて、
森のひめごと語ると聞けば、
あらず、木傳ふ鳥の聲。

二

森の下道たどりて行けば、
しばし木の間の暗さは晴れて、
ふと見るかなた、泉はほがら。
ふしぎや、山姫ほほゑみ立ちて
水に姿をうつすと見れば、
あらず、一もと百合の花。

一三、瀧

一

あへぎ登る山の懸路に、
はや聞ゆるは、瀧の音、
あたりにひびく瀧の音。
木の下闇を抜け出でて、
見上ぐれば、
目の前に、
荒野の吹雪さながらに、
落つるよ落つるよ、眞白き流。

二、

霧を含む風の冷たく
さと吹來れば、夏の日の
暑さも知らぬ岩の上、
木の下陰にいこひつつ、
見下せば、
足もとには、

幾百千の白龍の、
をどるよをどるよ、碧の淵に。

一四、出征兵士

一
行けや、行けや、とく行け、我が子。
老いたる父の望は一つ。
義勇の務、御國に盡くし、
孝子の譽、我が家にあげよ。

二
さらば行くか、やよ待て、我が子。
老いたる母の願は一つ。
軍に行かば、からだをいとへ。
彈丸に死すとも、病に死すな。

三
うれし、うれし、勇まし、うれし。
出征兵士の弟ぞ、我は。
兄君、我も後より行かん、
兄弟共に敵をば討たん。

四
親に事へ、弟を助け、
家の事を治めん、妹我は。
家の事をば心にかけず、
御國の爲に行きませ、いざや。

五、
さらば、さらば、父母、さらば。
弟さらば、妹さらば。
武勇のはたらき、命ささげて
御國の敵を討ちなん、我は。

六
勇み勇みて出行く兵士。
はげましつつも見送る一家。
勇氣は彼に、情は是に、
勇まし、やさし、ををしの別。

＊初出『尋常小學讀本唱歌』（→三五四頁）。

一五、故郷

一
兎追ひしかの山、
小鮒釣りしかの川、
夢は今もめぐりて、
忘れがたき故郷。

二
如何にいます、父母、
恙なしや、友がき、
雨に風につけても、
思ひいづる故郷。

三
こころざしをはたして、
いつの日にか歸らん、
山はあをき故郷、
水は清き故郷。

＊初出『尋常小學唱歌』第六學年用（→三九三頁）。

一六、秋

一
蜻蛉とびかふのどけき日和、
わらぢ・脚絆に輕くいでたち、
野べに、山べに、さざめき遊ぶ。
ああ、この秋、心地よや。

二
林わけゆき、落栗ひろひ、
谷をわたりて茸かりゆき、
きそふえものに心は勇む。
ああ、この秋、面白や。

＊初出『尋常小學唱歌』第六學年用（→三九四頁）。

一七、燈臺

一
空には月なく、星さへ見えぬ
雨の夜、雪の夜、嵐の夜半に、
さかまく荒波分けゆく船は、
何をかしるべに舵柄取れる。

二
知らずや、闇夜に海原とほく
船路を示せる光のあるを。
知らずや、夜すがら嵐に消えで、
ゆくてを敎ふるあかしのあるを。

三
かしこの岬の巖の上に
聳ゆる燈臺、頂高く、
夜夜輝くともし火こそは、
行きかふ船には尊きまもり。

＊初出『尋常小學唱歌』第六學年用（→三九四頁）。

一八、天照大神

一
『豐葦原の中つ國、
皇孫行きて知ろしめせ。
天つ日嗣は天地と
窮りなし。』と、國の基
定め給ひし天照らす
神の御言ぞ動なき。

二
天の營田に御田作り、
齋服殿に御衣織らせ、

尊き御身の、さきだちて、
蒼生のなりはひに
いそしみまして天照らす
神の惠ぞ限なき。

三

蒙古の敵の寄せし日も、
神風こそは起りしか。
こと國までもことむけて、
かがやく御稜威まのあたり、
今も、むかしも天照らす
神の護ぞいちじるき。

*初出『尋常小學唱歌』第六學年用（↓三九六頁）。

一九、鷲

一

雲を凌げる老木の
梢の上の荒鷲は、
廣き宇宙を睥睨す、
み空の君主さながらに。
氣高く、雄雄し、
鳥の王、鷲の姿。

二

怒濤逆巻く絶海の
孤島に巣くふ荒鷲は、
暴風雨をついて天翔り、
育む雛に餌を運ぶ。
やさしく、つよし、
鳥の王、鷲の心。

二〇、鎌倉

一

七里が濱のいそ傳ひ、
稲村崎、名將の
劒投ぜし古戰場。

二

極樂寺坂越え行けば、
長谷觀音の堂近く、
露坐の大佛おはします。

三

由比の濱邊を右に見て、
雪の下道過行けば、
八幡宮の御社。

四

上るや石のきざはしの
左に高き大いてふ、
問はばや、遠き世世の跡。

五

若宮堂の舞の袖、
しづのをだまきくりかへし
かへしし人をしのびつつ。

六

鎌倉宮にまうでては、
盡きせぬ親王のみうらみに、
悲憤の涙わきぬべし。

七

歴史は長し七百年、
興亡すべてゆめに似て、
英雄墓はこけむしぬ。

八

建長・圓覺古寺の
山門高き松風に、
昔の音やこもるらん。

*初出『尋常小學讀本唱歌』（↓三五五頁）。

二一、霧

一

しらじらと、
朝霧野山をこめて、
月のごと、日輪ほのかに浮かぶ。
野路を行く人影ただちにきえて、
けたたまし、もずの音、
こずゑはいづこ。
谷間よりはひ出で、木の幹ぬらし、
しらじらと、
おぼろに朝霧流る。

二

しめやかに、
夜の霧ちまたをつつみ、
立ち並ぶ家家、ともしびうるむ。
影のごと、人去り人來る大路、
ほろほろと聞ゆる笛の音いづこ。
窓ぎはにはひ寄り、
ガラス戸ぬらし、
しめやかに、
ひそかに夜の霧流る。

二二、鳴門

一

阿波と淡路のはざまの海は、
此處ぞ名に負ふ鳴門の潮路。
八重の高潮かちどき揚げて、
海の誇のあるところ。

二

山もとどろに引潮たぎり、
たぎる引潮あら渦を巻き、
巻いて流れて、流れて巻いて、

空にとびたつ、潮けむり。

三

裸島より渦潮見れば、
胸も波だち眼もくらむ。
船頭勇まし、此の潮筋を、
落し漕ぎゆく、木の葉舟。

二三、雪

一

鮮かに雪こそ積れ、
明方の目ぬきの通。
街路樹も銀なして、
天そそる高き建物、
油繪の景色に似たり。
かかる時、朝の汽笛の
巷より巷をこめて
高鳴れば、人は目覺めぬ。
往來はざわめき立ちて、
雪かきの音もまじれり。

二

ひそひそとささやくけはひ、
降る雪の夜の靜けさ。
程近き鎮守の森の
いてふの木ひとりそびえて、
浮彫の巨像の如し。
薄れ行く窓の燈、
人は皆ねやにこもりて、
村里は深く眠りぬ。
雪折れの竹の響も、
圓かなる夢を亂さず。

二四、スキーの歌

一

輝く日の影、はゆる野山。
輝く日の影、はゆる野山。
麓を目がけてスタートきれば、
粉雪は舞立ち、風は叫ぶ、
風は叫ぶ。

二

飛ぶ飛ぶ大空、走る大地。
飛ぶ飛ぶ大空、走る大地。
一白影なき天地の中を
ストツクかざして我は翔る、
我は翔る。

三

山越え、丘越え、下る斜面。
山越え、丘越え、下る斜面。
忽ちさへぎる谷をば目がけ、
躍ればさながら飛鳥の心地、
飛鳥の心地。

＊林柳波（一八九二‐一九七四）作詞・橋本國彦（一九〇四‐一九四九）作曲。

二五、夜の梅

一

梢まばらに咲初めし
花は、さやかに見えねども、
夜もかくれぬ香にめでて、
窓はとざさぬ闇の梅。

二

花も、小枝もそのままに
うつる墨畫の紙障子。
かをりゆかしく思へども、
窓は開かぬ月の梅。

＊初出『尋常小學唱歌』第六學年用（→三九六頁）。

二六、齋藤實盛

一

年は老ゆとも、しかすがに
弓矢の名をばくたさじと、
白き鬢鬚墨にそめ、
若殿原と競ひつつ、
武勇の譽を末代まで
殘しし君の雄雄しさよ。

二

錦かざりて歸るとの
昔の例ひき出でて、
望の如く乞ひ得つる
赤地錦の直垂を、
故郷のいくさに輝かしし
君が心のやさしさよ。

＊初出『尋常小學唱歌』第五學年用（→三八七頁）。

二七、卒業の歌

一

うれし、うれしや、うれしやな。
人の子どもの、おしなべて
ふむを御國のおきてなる、
學の道の六年をば
卒へし今日こそうれしけれ。
柳櫻の春にほふ、
錦をそへて野も、山も。

二

うれし、うれしや、うれしやな。
いろはのいをもわきまへぬ

身のいつしかに積得たる、
西も、東も知らざりし
身のいつしかに分得たる、
世の人並の文字の數、
世の人並の道の筋。

三

うれし、うれしや、うれしやな。
六年の月日、手を取りて
教へ給ひし師の君の
導なくば、いかで我が
心に開く、智は、德は。
思へばうれし、師の情、
思へばうれし、師の惠。

四

うれし、うれしや、うれしやな。
師の賜の智を、德を、
かぢに、しをりに、世の海を
わたりて行かん、なほ高き
學の高嶺よぢて見ん。
師の君さらば、健かに、
我が友さらば、健かに。

＊初出『尋常小學讀本唱歌』（三五六頁）。

◆資料【一九三二（昭和七）年認可済歌曲】

東京府東京市小學校（一月一八日）：「東京市歌」、「東京市童謡」
福岡県管内小學校（四月一五日）：「宇都宮正顕翁」、「洞の海」、「帆柱山の杉木立」
山口県県下小學校（四月一五日）：「防長青年歌」（四月一五日）
愛知県名古屋市小學校（四月一五日）「名古屋市行進曲」
滋賀県蒲生郡島尋常高等小學校（六月二〇日）：「島村十景ノ歌」
福岡県（六月二〇日）：「福岡市歌」
鹿児島県（九月二七日）：「健兒團歌」

◆資料【一九三二（昭和七）年検定済曲集】

『新尋常小學唱歌』一月一四日検定（前年十二月二一日訂正）
『オリンピック派遣選手應援歌』五月一八日検定（五月二〇日）
『爆彈三勇士の歌』七月八日検定（六月二九日訂正）
『神社参拝唱歌』七月一三日検定（一月三〇日）
『大東京市歌』九月二六日検定（九月二五日）
『日本國民歌』十月二七日検定（十月二〇日）
『榮養の歌』十一月八日検定（十月一日）

◆資料　一九三二（昭和七）年に刊行された唱歌集から

『新作 昭和少年唱歌』一、二　小松耕輔・梁田貞・葛原滋編（発行：目黒書店）
『新高等小學唱歌』上　日本教育音楽協会編（発行：音楽教育出版）

一九三三（昭和八）年

◆資料【一九三三（昭和八）年認可済歌曲】

高知市昭和尋常小學校（五月二五日）：「創造の歌」
兵庫県大芋尋常高等小學校（七月一八日）：「郷土歌」

◆資料【一九三三（昭和八）年検定済曲集】

『新高等小學唱歌』一月一二日検定（昭和七年十二月二三日訂正）
『尋常樂典と讀譜練習』八月九日検定（七月一四日修正再版）
『奉迎歌』八月九日検定（九月九日）
『小學新唱歌』九月二七日検定（八月二五日訂正再版）
『道路の歌』十月三〇日検定（十月二八日訂正）

一九三四（昭和九）年

◆資料【一九三四（昭和九）年認可済歌曲】

愛知県北設樂郡黒川尋常小學校（二月一二日）：「黒川の少女」
東京市西巣鴨第六尋常小學校（二月一二日）：「朝禮の歌」
佐賀県佐賀郡中川副尋常高等小學校（七月一六日）：「佐野伯の歌」
長崎県壹岐郡蘆邊尋常小學校（七月一七日）：「眞邊訓導の歌」
神戸市川中尋常小學校（九月一二日）：「校訓の歌」

◆資料【一九三四（昭和九）年検定済曲集】

『日の丸の旗』三月一三日検定（三月一〇日訂正）
『健康兒の歌』五月三日検定（四月二八日）
『健康兒の歌（伴奏付）』五月二四日検定（四月二八日）
『最新 昭和小學唱歌』七月一〇日検定（五月三〇日訂正再版）
『大阪府郷土唱歌』七月一七日検定（六月二〇日訂正再版）
『日本産業歌』九月一〇日検定（九月三日修正再版）
『發明の歌』十月一日検定（九月三〇日）
『奉迎歌』十月一五日検定（十月一四日修正再版）
『躍進日本』十一月二九日検定（十一月二四日訂正）

◆資料　一九三四（昭和九）年に刊行された唱歌集

『最新昭和小學唱歌』全六冊　日本教育唱歌研究會編（刊行：二月 発行：日本唱歌出版社）東京

一九三五（昭和一〇）年

『新訂高等小學唱歌』第一學年 男子用

文部省編

刊行：1935年3月31日 発行：大日本圖書株式會社 東京
縦148ミリ×横210ミリ 表紙＋70頁

緒言

一、本書ハ、音樂教育ノ進歩ト時代ノ要求トニ鑑ミ、高等小學校唱歌科ノ教科用トシテ新ニ編纂セルモノナリ。

二、本書ハ、各學年ソレゾレ男子用ト女子用トニ分チテ編纂シ、何レモ毎巻二十二章トセリ。内、各十五章ハ男子用・女子用共通ノ教材、他ノ各七章ハ、男子用・女子用ノ別ニ從ヒテ、歌詞・樂曲トモニ相異ナルモノヲ以テ充テタリ。

三、本書ノ歌詞及ビ樂曲ハ、歌詞ニ高等小學讀本・農村用高等小學讀本所載ノ韻文ノ一部（第一學年用「昭憲皇太后御歌」・第二學年用「夏ノ暁」・第三學年用「稲刈」）ヲ採用セル以外、總ベテ本省ノ新作ニ係ル。

四、本書ノ教材排列ハ、程度ノ難易ノミニヨラズ、一面、歌詞ニ示サレル季節・行事ニ就キテモ考慮セリ。

五、本書ハ、取扱者ノ便宜ノタメ、唱歌曲ノミノ樂譜ヲ掲ゲタルモノト、伴奏附ノ樂譜ヲ掲ゲタルモノト、二種類作製セリ。但シ、後者ハ、男子用・女子用共通ノモノ、男子用・女子用各別ノモノヲ併セ掲ゲタルヲ以テ、各巻二十九章ヨリ成ル。

六、本書ノ樂曲ハ、事情ニヨリ、伴奏ヲ附セズシテ授クルモ差支ナシ。然レドモ、伴奏ヲ附スルコトニヨリテ、タダニ歌唱ニ便スルノミナラズ、ナホ歌曲ノ興趣ヲ増進セシムルコトヲ得ベシ。

七、唱歌曲ノミヲ掲ゲタルモノニ於テハ、伴奏ノ前奏・間奏・後奏ノ部分ニ對シテ、必要ナル休止符ヲ附シ、又ハ休止符ト併セテ當該箇所ノ伴奏ノ主要旋律ヲ記シ、以テ歌唱ニ便ナラシメタリ。

八、本書ノ唱歌曲中、重音ノ箇所ハ、事情ニヨリ、上部主要旋律ノミヲ採リ、單音唱歌トシテ課スルモ妨ゲナシ。其ノ際ニハ、正規ノ場合ト同一ノ伴奏ヲ附スルコトヲ得。

九、本書ノ樂譜ニ配當セル歌詞ノ記法ハ、概シテ新訂尋常小學唱歌ニ準ゼルモ、其ノ間、ナルベク發音上ノ實際ニ適切ナラシメンタメ、更ニ新ナル考慮ヲ加ヘタリ。

一〇、本書ノ樂曲ハ、概ネ中等諸學校ノ初年級並ビニ青年學校等ニ於テモ使用スルコトヲ得ベシ。

昭和十年三月　文部省

一、昭憲皇太后御歌

一
人知れず思ふ心のよしあしも
照らし分くらん天地の神

二
日の本のさかひ離れてゆく船に
國の光も載せてやらまし

三
神風の伊勢の内外の宮柱
ゆるぎなき世をなほ祈るかな

四
朝毎にむかふ鏡のくもりなく
あらまほしきは 心なりけり

二、鯉幟

一
五月の空は晴れわたり、
風の薫れば、矢車の
音もほがらに、陽を浴びて
雄雄しく泳ぐ鯉幟。
日本男兒の意氣見せて。

二
地上の影のをどるにも
力溢れて、ひもすがら、
口に、眼に、尾に、鰭に、
命のこもる鯉幟。
日本男兒の姿にて。

三
都に、鄙に、匂はしく
青葉・若葉のもゆる時、
男の子ここにも生まれぬと、
ほこるに似たる鯉幟。

日本男兒の數增して。

四

緋鯉はあかく、まごころを、
眞鯉まくろく、健げさを
我にしめして、この年も
望みにいさむ鯉幟。
日本男兒はかくあれと。

三、風薫る

一

鳥の音しげき山あひの
青葉・若葉に、日の光り、
丘の麥畑 飛ぶ蝶の
白き翅に、風薫る。

二

牧場の昼の靜けきに、
群をはなれし若駒は、
雲雀きくとや、眼をとぢて、
立ちて動かず、風薫る。

三

桑の葉滿てて、篭せおひ、
急ぎ 野路を 歸り行く、
歌もほがらの はらからの
頬に吹來て、風薫る。

四、野球の歌

一

陽光みなぎるみ空の下に、
鎬をけづるよ、攻守の二軍。
觀衆ひとしく固唾をのみて、
集むる瞳は、投手に、打者に。

二

陣營靜けき眞中に立ちて、
深謀めぐらす、投手の胸は。
青嵐梢をさやかに吹けど、
滿場聲なく風雨を待てり。

三

白線ゑがきて熱球飛べば、
力を集めし鐵棍一打、
音あり、虛空をかすむる球の
勲も高しや、手練の腕。

四

勝者は誇らず、敗者も悔いず、
堂堂あらそふ男兒の意氣に、
喝采はわきたち、號笛鳴れば、
はなやぐ夕日に、戰士は歸る。

五、希望

一

見よや、
野路の草に 見よや。
枯れはてたりと見えながら、
昨日も、今日も、 新しく
芽は 萌出でぬ、
望に燃えて。
芽は 萌出でぬ、
望に燃えて。

二

見よや、
靜かに、枝を 見よや。
さびしく立ちし木木に、みな、
かくれし強き力もて
葉は 伸出でぬ、
望に燃えて。
葉は 伸出でぬ、
望に燃えて。

三

見よや、
我等の明日を 見よや。
をさなくあれど 若き日に
生まれて來にし人として、
名を あげでやは、
望に燃えて。
名を あげでやは、
望に燃えて。

四

見よや、
來ん日の日本 見よや。
正しく、高く、日の御旗
かざして、永久に 外つ國と
手を とりゆかん、
望に燃えて。
手を とりゆかん、
望に燃えて。

六、梅雨晴

一

屋根に、
雀の 幾日ぶりに
朝日を待ちて高らになけば、
庭の青葉を 吹來る風の
清きをほめて、
窓 あけはなち、
青き空見る、清清しさよ。

二

よくも

つゞきし 梅雨今朝はれて、
しめりも清き 夜明の庭に、
こぼれこぼれし柘榴の花を
掃きすてかねて、
手に とりあげて、
一つ二つは、土拂ひ見る。

七、太平洋

一
波濤 千里、洋洋と
東にうねり、西に寄せ、
日出づる國の 曉に、
雄雄しく歌ふ、海の歌。
黒潮越えて いざ行かん、
我等の海よ、太平洋。

二
怒濤 萬里、渺渺と
南に走り、北に去り、
日出づる國の 島陰に、
ほがらに歌ふ 海の歌。
波乘り越えて いざ行かん、
我等の海よ、太平洋。

八、登山

一
眞夏なれども、眞冬の裝、
曉寒き 小屋を出でて、
金剛杖も しばしは 肩に、
幾年くはだて、幾年願ぎし
これなる峡谷、今年われよづ。

二
朝日はまだ出ず、小鳥も目ざめず、
氷の如き 渓の流れ、
こごしき岩根、けはしき坂路
おのれの手足の力のままに、
渉れば、登れば、武者ぶるひする。

三
たよる かんじき・アルペンストック、
一足毎の 歩高し。
滑るな、深きクレバス近し。
早くも起出で、やさしき聲に、
親子の雷鳥 巖角にあり。

四
お花畠の、目ざむるばかりに、
いろどり はしく きそひ咲くを、
かたみに愛でて 見上ぐる尾根に、
白きは キャンプか、白衣の人か。

五
低くなりゆく 下界の山山、
頂ばかり 霧の海に
島かと見えて、目路いと廣し。
思ひもよらざる方より 出でし
朝日に向かひて、鬨の聲あぐ。

九、海國男子

一
ああ、我等は 海國男子。
幸多き 島國に、
心も清く 生い立ちて、
渚の砂に 仰ぎ見る
朝焼たふとき 富士の 雪。

二
ああ、我等は 海國男子。
岩根を洗ふ 潮の音も、
夢路にひびく 子守歌。
幼き日より 舵とりて、
海行く業を 學びけり。

三
ああ、我等は、海國男子。
望は翔る 海遠く。
心に抱く あこがれは、
波乘越ゆる 大艦に
輝きなびく 軍艦旗。

四
ああ、我等は 海國男子。
アジヤにつづく 大海は、
譽も高き 日本海。
かの武夫の 血をくみし
我等の血潮 高鳴りぬ。

五
ああ、我等は海國男子。
浦邊の住家 睦ましく、
富は盡きせじ、太平洋。
朝日の海に 帆を張れば、
波はほがらに 招くなり。

一〇、秋近し

一
庭の垣根に咲きのこる
花の向日葵 いろさめて、
思ひ入るがに うつむきぬ。
はや秋近し、秋近し。

二
道のほとりの草むらに、
蟲のはたおり 羽のべて、

機やおるらん、鳴きいでぬ。
はや秋近し、秋近し。

三

やがて暮れゆく夕空の
星のまたたき 見あぐれば、
光さやかに ゆらぐなり。
はや秋近し、秋近し。

一一、灯

一

高いみ空に
灯が一つ。
星かと思へば、
窓あかり。

二

遠いみ空に
灯が一つ。
窓かと思へば、
お星さま。

三

海の向かふに
灯が一つ。
船かと思へば、
島の灯だ。

一二、舟にのりて

一

舟にのりて 川を下る。
ゆるき流、清き淵瀬、
小魚くぐり、
岸の草に、崖の枝に、
花も咲きて、小鳥飛びて、
峯にわくは、雲か、霧か。
心樂しく、ただ ひたすらに
川を下る、川を下る、
舟に のりて。

二

舟にのりて 海を渡る。
舵は 誠ただ一つ。
遠き行手、
波を蹴たて 汽船ゆけど、
風に 白帆 高くあげて、
廣き波路、目あて かへず。
心正しく、ただ ましぐらに
海を渡る、海を渡る、
舟に のりて。

一三、高嶺の月

一

分けゆく山の 登口、
幾つかあれど、やがて見る
月は一つと うたはれし、
高嶺の月の けだかさよ。

二

濁に滿てる 人の世に、
わが身を清く ふるまひし
代代の聖も おもはるる、
高嶺の月のたふとさよ。

三

浮世の塵に まじるとも、
われらも共に つとめつつ、
磨け、心を、うつくしく、
高嶺の月を 鏡にて。

一四、村時雨

一

木の葉に、草に、
さらさらと
過ぎゆく雨や、村時雨。
野原に、山に、村里に、
日は照りながら、束の間に、
ただ さらさらと そそぎゆく。

二

過ぎゆくあとを
眺むれば、
心も、いつか 洗はれつ。
野原も、山も、村里も、
目ざむるばかり、束の間に、
ただ すがすがと なりにけり。

一五、滿洲の野

一

わが幾萬のますらをが、
正義のために 戰ひし
戰のあとぞ、滿洲は、
陽も 赤赤と沈みゆく。
見渡すかなた、曠漠と
天に連なる 地平線。
思へば、過ぎし
日ぞかなしき。

二

わが幾萬のますらをが、
正義の名をぞ とどめたる
戰のあとの 滿洲は、

陽も ほのぼのと明けてゆく。
見渡す野邊の はてまでも、
實にや、平和の 理想郷。
思へば、今日の
日ぞうれしき。

一六、御代の榮（二部合唱）

一
國はひろく、土地はひらけ、
人は多く、物はゆたか。
かかる時に生まれあひて、
ほめよ、たたへよ、
御代の榮。

二
陸に、海に、そなへ成りて、
さらに進む、空の護。
我等ここに安く住めり。
ほめよ、たたへよ、
御代の榮。

三
傳統遠き誇もちて、
しかも若き國は日本。
伸ぶる力、内に充てり。
ほめよ、たたへよ、
御代の榮。

一七、冬來る

一
里の小川の板橋に、
此の頃、朝毎、
霜しげくして、
流も細く なりまさり、
冬來る、冬來る。

二
雜木林の鳥の音も、
雲間をもれ來る
日の光さへ、
さすがに寒き心地して、
冬來る、冬來る。

三
夕、遙けき 北山の
頂白きは、
我が知らぬ間に
雪こそはや降りにしか。
冬來る、冬來る。

一八、御裳濯川

一
朝清め 御裳濯川に、
神路山 影を映して、
行く水の 流かはらず、
末かけて 澄みぞまされる。

二
深みどり 木立がくれに、
いや高く、千木に鰹木、
神垣の ひろき大前、
おのづから 伏して額づく。

三
大八洲 國つはじめの
大神齋きまつれる、
神風の 伊勢の御社、
ふり仰ぎ 見るもたふとし。

一九、薩摩守

一
榮華の春も移ろへば、
雲北嶺にむらがりて、
六波羅の夢破れよと
荒ぶは 木曽の青嵐。

二
雲井の空と別れては、
末八重潮の浪枕。
さだめの果を行くわれと
悟れどかなし、歌の道。

三
野山に屍さらす身の、
師の御情を蒙りて
一首を集にとどめんと、
たたくもあはれ、夜半の門。

四
かたみを遺す武士の
名は、千載の言の葉に、
昔ながらの香を留めて、
譽もゆかし、山ざくら。

二〇、雪の行軍

一
暁の空はひろく、
末煙る 雪の野原。
一面に 銀展べて
朝鳥の 翔る見えず。
行けや、いざ、らららら、
人の跡なき道を分け、
歩も輕く。

二
暁の 空を仰ぎ、

勇ましや、雪の行軍。
朝戸出の 力は滿ちて、
冬の威も 頬に涼し。
歌へ、いざ、らららららら、
若き われらのこころをば、
調も 輕く。

三

暁の 空の下に、
うつくしや、雪の野山。
にほひ立つ 山脈染めて、
朝日子の 光流る。
友よ、いざ、らららららら、
急げ、われらの兎追ふ
麓も近し。

二一、春の訪れ

一

春の來ると いち早く
咲くや、野中の梅の花。
そよ吹く風も、花の香の
匂ゆかし。

二

すがたやさしき 鶯の、
裏の小藪に 音も高く、
野山の鳥に さきがけて、
春を告げぬ。

三

ほのも芽ぐみし 若草の、
色もさやけく青みつつ、
野原も、山も、うらうらと、
霞みそめぬ。

二二、送別の歌（獨唱及び二部合唱）

一

行くか、わが友、學舎あとに。
さらば翔れよ、小鳥の如く。

独唱

野はみどりに萌え、
花咲き、風にほふ この春に、
霞を越えて 光へ、光へ、希望の光へ。

二

行くか、わが友、學舎あとに。
さらば漕出よ、努力の船を。

独唱

世の嵐は吼え、
霧巻き、波荒ぶ その海を、
雄雄しく越えて 港へ、港へ、理想の港へ。

三

行けや、わが友、まさきくあれや。
されど思へよ 泉の如く

独唱

その心に湧く、
盡きせぬ思出の この窓ぞ、
夢にも通ふ 故里、故里、こころの故里。

『新訂高等小學唱歌』第一學年 女子用

文部省編

刊行：1935年3月31日　発行：大日本圖書株式會社　東京
縦147ミリ×横201ミリ 表紙＋62頁

緒言

一、本書ハ、音樂教育ノ進歩ト時代ノ要求トニ鑑ミ、高等小學校唱歌科ノ教科用トシテ新ニ編纂セルモノナリ。

二、本書ハ、各學年ソレゾレ男子用ト女子用トニ分チテ編纂シ、何レモ毎巻二十二章トセリ。内、各十五章ハ男子用・女子用共通ノ教材、他ノ各七章ハ、男子用・女子用ノ別ニ從ヒテ、歌詞・樂曲トモニ相異ナルモノヲ以テ充テタリ。

三、本書ノ歌詞及ビ樂曲ハ、歌詞ニ高等小學讀本・農村用高等小學讀本所載ノ韻文ノ一部（第一學年用「昭憲皇太后御歌」・第二學年用「夏ノ暁」・第三學年用「稲刈」ヲ採用セル以外、総ベテ本省ノ新作ニ係ル。
四、本書ノ教材排列ハ、程度ノ難易ノミニヨラズ、一面、歌詞ニ示サレル季節・行事ニ就キテモ考慮セリ。
五、本書ハ、取扱者ノ便宜ノタメ、唱歌曲ノミノ樂譜ヲ掲ゲタルモノト、伴奏附ノ樂譜ヲ掲ゲタルモノト、二種類作製セリ。但シ、後者ハ、男子用・女子用共通ノモノ、男子用・女子用各別ノモノヲ併セ掲ゲタルヲ以テ、各巻二十九章ヨリ成ル。
六、本書ノ樂曲ハ、事情ニヨリ、伴奏ヲ附セズシテ授クルモ差支ナシ。然レドモ、伴奏ヲ附スルコトニヨリテ、タダニ歌唱ニ便スルノミナラズ、ナホ歌曲ノ興趣ヲ増進セシムルコトヲ得ベシ。
七、唱歌曲ノミヲ掲ゲタルモノニ於テハ、伴奏ノ前奏・間奏・後奏ノ部分ニ對シテ、必要ナル休止符ヲ附シ、又ハ休止符ト併セテ當該箇所ノ伴奏ノ主要旋律ヲ記シ、以テ歌唱ニ便ナラシメタリ。
八、本書ノ唱歌曲中、重音ノ箇所ハ、事情ニヨリ、上部主要旋律ノミヲ採リ、單音唱歌トシテ課スルモ妨ゲナシ。其ノ際ニハ、正規ノ場合ト同一ノ伴奏ヲ附スルコトヲ得。
九、本書ノ樂譜ニ配當セル歌詞ノ記法ハ、概シテ新訂尋常小學唱歌ニ準ゼルモ、其ノ間、ナルベク發音上ノ實際ニ適切ナラシメンタメ、更ニ新ナル考慮ヲ加ヘタリ。
一〇、本書ノ樂曲ハ、概ネ中等諸學校ノ初年級並ビニ青年學校等ニ於テモ使用スルコトヲ得ベシ。

昭和十年三月　文部省

一、昭憲皇太后御歌

一
人知れず思ふ心のよしあしも
照らし分くらん天地の神

二
日の本のさかひ離れてゆく船に
國の光も載せてやらまし

三
神風の伊勢の内外の宮柱
ゆるぎなき世をなほ祈るかな

四
朝毎にむかふ鏡のくもりなく
あらまほしきは 心なりけり

二、春の曲

一
空に流るる ひとひらの
雲にも 見ゆる あたたかさ。
きびしき冬は 過ぎさりて、
春は來にけり。いざ友よ、
春の曲を うたはん。

二
ほのに霞める 山ふもと、
小川の水の せせらぎは、
たのしき歌を さそはずや。
若き みどりの 野に出でて、
春の曲を うたはん。

三
木木のこずゑに 花ひらき、
ほのぼの にほふ 草の色。
あかるく歌ふ 諸鳥の
聲に あはせて、いざ友よ、
春の曲を うたはん。

三、鷗

一
夢や見るらん、けふもまた
汀にねむる 鷗鳥。
水の流の、音もなく。
靜かに暮るる 春の日や。

二
夢なさましそ、川舟の
舟うたしげく 聞えねば、
水にまどろむ 水鳥の、
靜かにむすぶ けふの夢。

三
夢路たどりて 汀邊の
水に、姿もうつしつつ。
夢は、鷗に 幸多く、
ひねもす、水も靜かなれ。

四、風薫る

一
鳥の音しげき山あひの
青葉・若葉に、日の光り、
丘の麥畑 飛ぶ蝶の
白き翅に、風薫る。

二
牧場の晝の靜けきに、
群をはなれし若駒は、
雲雀きくとや、眼をとぢて、
立ちて動かず、風薫る。

三
桑の葉滿てて、籠せおひ、

急ぎ 野路を 歸り行く、
歌もほがらの はらからの
頬に吹來て、風薫る。

五、藤（二部合唱）

一

砂の白きに、紫の
花のこぼれし 美しさ、美しさ、
しばし 讃へて、をさな兒は、
紙 わかちては、包みては、
笑みかはしたる
藤日和、藤日和。

二

少女 幾人、次次に、
日傘たたみて、下駄ぬぎて、下駄ぬぎて、
藤の花房 くぐりては、
先 爭ひて 登りゆく
聲ぞ賑ふ
太鼓橋、太鼓橋。

六、希望

一

見よや、
野路の草に 見よや。
枯れはてたりと見えながら、
昨日も、今日も、新しく
芽は 萌出でぬ、
望に燃えて。
芽は 萌出でぬ、
望に燃えて。

二

見よや、
静かに、枝を 見よや。
さびしく立ちし木木に、みな、
かくれし強き力もて
葉は 伸出でぬ、
望に燃えて。
葉は 伸出でぬ、
望に燃えて。

三

見よや、
我等の明日を 見よや。
をさなくあれど 若き日に
生まれて來にし人として、
名を あげでやは、
望に燃えて。
名を あげでやは、
望に燃えて。

四

見よや、
來ん日の日本 見よや。
正しく、高く、日の御旗
かざして、永久に 外つ國と
手を とりゆかん、
望に燃えて。
手を とりゆかん、
望に燃えて。

七、梅雨晴

一

屋根に、
雀の 幾日ぶりに
朝日を待ちて高らになけば、
庭の青葉を 吹來る風の
清きをほめて、
窓 あけはなち、
青き空見る、清清しさよ。

二

よくも
つづきし 梅雨今朝はれて、
しめりも清き 夜明の庭に、
こぼれこぼれし 柘榴の花を
掃きすてかねて、
手に とりあげて、
一つ二つは、土拂ひ見る。

八、秋近し

一

庭の垣根に咲きのこる
花の向日葵 いろさめて、
思ひ入るがに うつむきぬ。
はや秋近し、秋近し。

二

道のほとりの草むらに、
蟲のはたおり 羽のべて、
機やおるらん、鳴きいでぬ。
はや秋近し、秋近し。

三

やがて暮れゆく夕空の
星のまたたき 見あぐれば、
光さやかに ゆらぐなり。
はや秋近し、秋近し。

九、灯

一

高いみ空に

灯が一つ。
星かと思へば、
窓あかり。

二
遠いみ空に
灯が一つ。
窓かと思へば、
お星さま。

三
海の向かふに
灯が一つ。
船かと思へば、
島の灯だ。

一〇、舟にのりて

一
舟にのりて 川を下る。
ゆるき流、清き淵瀬、
小魚くぐり、
岸の草に、崖の枝に、
花も咲きて、小鳥飛びて、
峯にわくは、雲か、霧か。
心樂しく、ただ ひたすらに
川を下る、川を下る、
舟に のりて。

二
舟にのりて 海を渡る。
舵は 誠ただ一つ。
遠き行手、
波を蹴たて 汽船ゆけど、
風に 白帆 高くあげて、
廣き波路、目あて かへず。
心正しく、ただ ましぐらに
海を渡る、海を渡る、
舟に のりて。

一一、紫式部

一
學の道の 深さをも、
才のすぐれし 力をも、
ゆかしくつつむ 徳高く、
ちとせ盡きざる 文のわざ、
今も かがやく
紫式部。

二
平安朝の 美しさ、
繪にもひとしき ありさまを、
ゆかしくうつす 筆のあや、
光源氏の ものがたり、
今も かがやく、
紫式部。

三
もの書くをみな 昔より
あまたあれども、男さへ
およばぬほどの 高き名を、
とほき異國に 知らせつつ、
今も かがやく
紫式部。

一二、高嶺の月

一
分けゆく山の 登口、
幾つかあれど、やがて見る
月は一つとうたはれし、
高嶺の月の けだかさよ。

二
濁に滿てる 人の世に、
わが身を清く ふるまひし
代代の聖も おもはるる、
高嶺の月の たふとさよ。

三
浮世の塵に まじるとも、
われらも共に つとめつつ、
磨け、心を、うつくしく、
高嶺の月を 鏡にて。

一三、村時雨

一
木の葉に、草に、
さらさらと
過ぎゆく雨や、村時雨。
野原に、山に、村里に、
日は照りながら、束の間に、
ただ さらさらと そそぎゆく。

二
過ぎゆくあとを
眺むれば、
心も、いつか 洗はれつ。
野原も、山も、村里も、
目ざむるばかり、束の間に、
ただ すがすがと なりにけり。

一四、子守歌

一

ねむれよ、ねむれ、
風もうららに、
花散る 木陰。
ねむれよ、母と。
揺籠は 揺れぬ。
やよ、ねむれ、ねむれ、幼兒。

二

ねむれよ、ねむれ、
波は 日暮れて、
鷗も ねむる。
ねむれよ、母の
歌聲をききて。
やよ、ねむれ、ねむれ、いとし兒。

一五、御代の榮（二部合唱）

一

國はひろく、土地はひらけ、
人は多く、物はゆたか。
かかる時に 生まれあひて、
ほめよ、たたへよ、
御代の榮。

二

陸に、海に、そなへ成りて、
さらに進む、空の護。
我等 ここに 安く住めり。
ほめよ、たたへよ、
御代の榮。

三

傳統遠き誇もちて、
しかも若き國は日本。
伸ぶる力、内に充てり。
ほめよ、たたへよ、
御代の榮。

一六、冬來る

一

里の小川の板橋に、
此の頃、朝毎、
霜しげくして、
流も細く なりまさり、
冬來る、冬來る。

二

雑木林の鳥の音も、
雲間をもれ來る
日の光さへ、
さすがに寒き心地して、
冬來る、冬來る。

三

夕、遥けき 北山の
頂白きは、
我が知らぬ間に
雪こそはやも降りにしか。
冬來る、冬來る。

一七、御裳濯川

一

朝清め 御裳濯川に、
神路山 影を映して、
行く水の 流かはらず、
末かけて 澄みぞまされる。

二

深みどり 木立がくれに、
いや高く、千木に鰹木、
神垣の ひろき大前、
おのづから 伏して額づく。

三

大八洲 國つはじめの
大神 齋きまつれる、
神風の 伊勢の御社、
ふり仰ぎ 見るもたふとし。

一八、薩摩守

一

榮華の春も移ろへば、
雲北嶺にむらがりて、
六波羅の夢破れよと
荒ぶは 木曾の青嵐。

二

雲井の空と別れては、
末八重潮の浪枕。
さだめの果を行くわれと
悟れどかなし、歌の道。

三

野山に屍さらす身の、
師の御情を蒙りて
一首を集にとどめんと、
たたくもあはれ、夜半の門。

四

かたみを遺す武士の
名は、千載の言の葉に、
昔ながらの香を留めて、
譽もゆかし、山ざくら。

一九、幼き頃の思出

一

去にし秋、姉妹、

茸狩り 遊びし
かの松山。
幼き頃の 思出は、
ああ、美しき 夢と殘る。

二
月の夜、友追ひて
影ふみ 遊びし
かの砂山。
幼き頃の 思出は、
ああ、懐かしや、胸に還る。

三
母の聲、子守歌、
とはにぞ 忘れじ
かの揺籠。
幼き頃の 思出は、
ああ、ふる里に 心運ぶ。

二〇、春の訪れ

一
春が來ると いち早く
咲くや、野中の梅の花。
そよ吹く風も、花の香の
匂ゆかし。

二
すがたやさしき 鶯の、
裏の小薮に音も高く、
野山の鳥に さきがけて、
春を告げぬ。

三
ほのも芽ぐみし 若草の、
色もさやけく青みつつ、
野原も、山も、うらうらと、
霞みそめぬ。

「春の訪れ」

二一、雛祭の宵

一
ぼんぼりに灯を入るるとて、
電燈 殊更 消すもよし。
瓔珞ゆれて、きらめきて、
物語めく
雛祭の宵。

二
十二一重の姫君の
冠少しく曲れるを、
直すとのべし 手の觸れて
桃の花散る
雛祭の宵。

三
官女 三人のまねすとて、
妹 まじめの振舞に、
加りたまふ 母上の
ゑまひ うれしき
雛祭の宵。

二二、送別の歌（獨唱及び二部合唱）

一
行くか、わが友、學舍あとに。
さらば翔れよ、小鳥の如く。
独唱
野はみどりに萌え、
花咲き、風にほふ この春に、
霞を越えて 光へ、光へ、希望の光へ。

二
行くか、わが友、學舍あとに。
さらば漕出よ、努力の船を。
独唱
世の嵐は吼え、
霧巻き、波荒ぶ その海を、
雄雄しく越えて 港へ、港へ、理想の港へ。

三
行けや、わが友、まさきくあれや。
されど思へよ 泉の如く
独唱
その心に湧く、
盡きせぬ思出の この窓ぞ、
夢にも通ふ 故里、故里、こころの故里。

『新訂高等小學唱歌』第二學年　男子用

文部省編

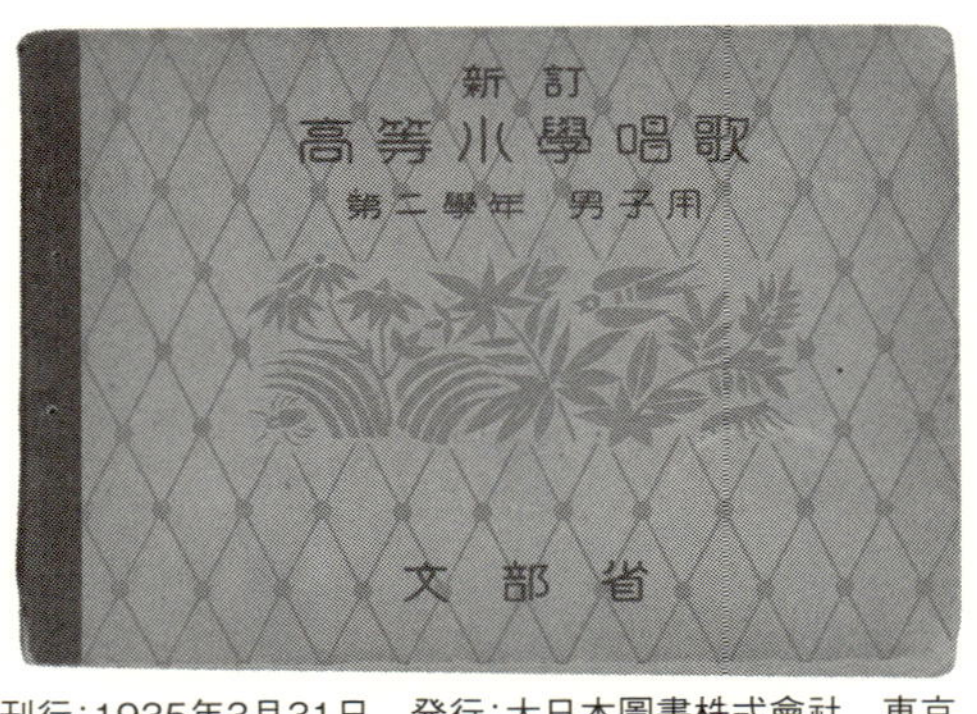

刊行：1935年3月31日　発行：大日本圖書株式會社　東京
縦147ミリ×横201ミリ　表紙＋72頁

緒　言

一、本書ハ、音樂教育ノ進歩ト時代ノ要求トニ鑑ミ、高等小學校唱歌科ノ教科用トシテ新ニ編纂セルモノナリ。

二、本書ハ、各學年ソレゾレ男子用ト女子用トニ分チテ編纂シ、何レモ毎巻二十二章トセリ。内、各十五章ハ男子用・女子用共通ノ教材、他ノ各七章ハ、男子用・女子用ノ別ニ従ヒテ、歌詞・樂曲トモニ相異ナルモノヲ以テ充テタリ。

三、本書ノ歌詞及ビ樂曲ハ、歌詞ニ高等小學讀本・農村用高等小學讀本所載ノ韻文ノ一部（第一學年用「昭憲皇太后御歌」・第二學年用「夏ノ暁」・第三學年用「稲刈」）ヲ採用セル以外、総ベテ本省ノ新作ニ係ル。

四、本書ノ教材排列ハ、程度ノ難易ノミニヨラズ、一面、歌詞ニ示サレル季節・行事ニ就キテモ考慮セリ。

五、本書ハ、取扱者ノ便宜ノタメ、唱歌曲ノミノ樂譜ヲ掲ゲタルモノト、伴奏附ノ樂譜ヲ掲ゲタルモノト、二種類作製セリ。但シ、後者ハ、男子用・女子用共通ノモノ、男子用・女子用各別ノモノヲ併セ掲ゲタルヲ以テ、各巻二十九章ヨリ成ル。

六、本書ノ樂曲ハ、事情ニヨリ、伴奏ヲ附セズシテ授クルモ差支ナシ。然レドモ、伴奏ヲ附スルコトニヨリテ、タダニ歌唱ニ便スルノミナラズ、ナホ歌曲ノ興趣ヲ増進セシムルコトヲ得ベシ。

七、唱歌曲ノミヲ掲ゲタルモノニ於テハ、伴奏ノ前奏・間奏・後奏ノ部分ニ對シテ、必要ナル休止符ヲ附シ、又ハ休止符ト併セテ當該箇所ノ伴奏ノ主要旋律ヲ記シ、以テ歌唱ニ便ナラシメタリ。

八、本書ノ唱歌曲中、重音ノ箇所ハ、事情ニヨリ、上部主要旋律ノミヲ採リ、單音唱歌トシテ課スルモ妨ゲナシ。其ノ際ニハ、正規ノ場合ト同一ノ伴奏ヲ附スルコトヲ得。

九、本書ノ樂譜ニ配當セル歌詞ノ記法ハ、概シテ新訂尋常小學唱歌ニ準ゼルモ、其ノ間、ナルベク發音上ノ實際ニ適切ナラシメンタメ、更ニ新ナル考慮ヲ加ヘタリ。

一〇、本書ノ樂曲ハ、概ネ中等諸學校ノ初年級並ビニ青年學校等ニ於テモ使用スルコトヲ得ベシ。

昭和十年三月　　文部省

一、若草

一

若草の　野邊のかなたは、
磯もなく、
砂原もなく、
果てしなき　海にてありき。
潮鳴を　野邊にて聞きぬ。
風の如くに、
渚吹く
海原の　朝にゆふべに、

二

若草は　春のしとねか、
草の香を
かぎつつすわり、
ゆくりなく　海をば思ふ。
海原も　春の日なれば、
若草は
波に萌えずも、
かげろふは　海より立たん。

二、千里の春

一

野も、丘も　緑に萌えて、
草のいろ　煙るが如し。
大空も　かすみわたりて、
はて知らぬ　春は來れり。

二

わが祖國・郷土の誇、
山と水　畫がくが如し。
蝶・鳥も　花を求めて

行くところ、春は薫れり。

三

海越えて 遥かのかなた、
高粱は 背高く伸びて、
滿洲の 土もやはらぎ、
ひろびろと 春は渡れり。

三、小鳥よ

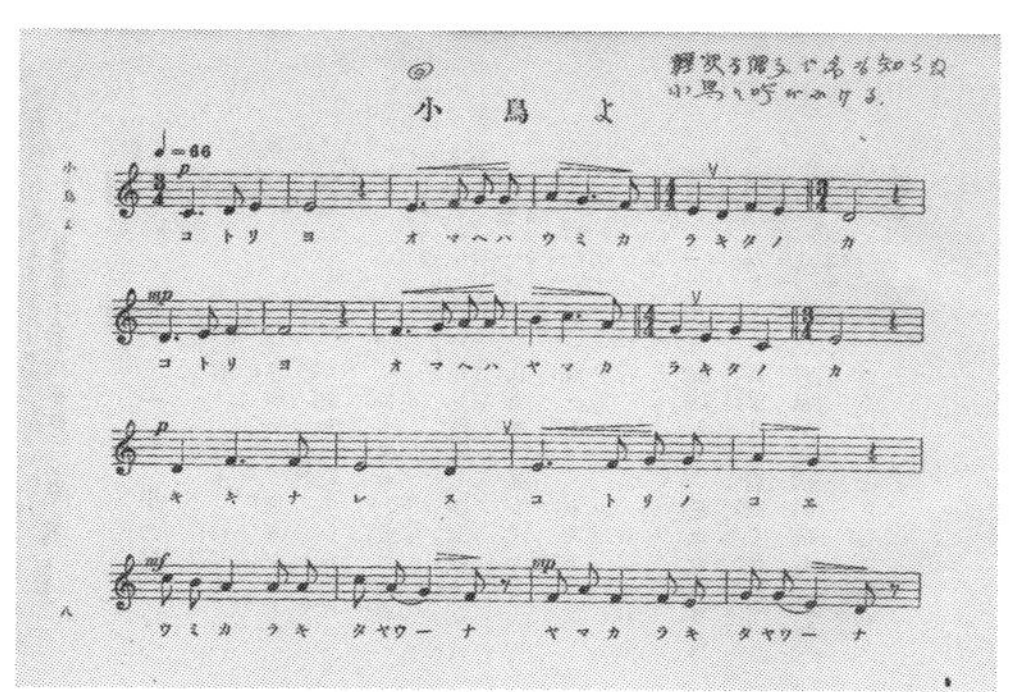

「小鳥よ」

小鳥よ、
お前は海から來たのか。
小鳥よ、
お前は山から來たのか。
聞きなれぬ小鳥のこゑ。
海から來たやうな、
山から來たやうな、
珍しい小鳥のこゑ。

磯馴松の林に、
はればれとした小鳥のこゑ。

四、潮

一、

春の日なれや、
ひとりして
砂山の陰にたたずみ、
今日はしも 海の音聞く。
海の音聞きつつをれば、
立つ波は、いとも はげしく、
荒磯に白く砕けて、
磯陰に、牡蠣も生まれん。

二、

春の日なれや、
ゆくりなく
砂山の上にのぼりて、
今日はしも 沖を眺めつ。
海の音聞きつつをれど、
立つ波は、いとも しづけく、
荒磯に白く打たずも、
礁陰に、牡蠣や生まれん。

五、初夏

一

五月の風は、さわやかに
色ある如く流れ來て、
都會の空は、ただかなた。
見ゆるかぎりは青きかな。

二

草の香かをる野の胸に、
日はひろびろとさし渡り、
光と土の喜に
生物の舞ふ影も見ゆ。

三

新墾道の兩側に
つらなる並木、若葉して、
瑞枝の影も伸びやかに、
もゆる綠の色増しぬ。

四

欅の幹の、地に高く、
自然の強さ思はしむ。
林はさすが 舊りたれど、
夏は來れり、新しく。

六、小袖曾我

一

曾我十郎祐成は、
弟五郎を伴なひて
今を最期の暇乞、
母の許をぞたづねける。

二

母はかねての誓ゆゑ、
弟五郎を遠ざけて
かたく否むを、祐成が
兄の情にとりなしぬ。

三

「さらばゆるす。」と一言葉
聞くより、五郎は、嬉しさに
落つる涙をふり拂ひ、
ともに首途の物語。

四

母の惠に、同胞は、
形見の小袖を戴きて、
いざや狩場の五月晴、
富士の裾野に立ち向かふ。

七、蓑蟲（二聲輪唱）

一

みのむし、みのむし、
蓑は手のもの、笠がない。
笠はなけれど、蓑さへあれば、
雨が降つても、濡れないだらう。

二

みのむし、みのむし、
蓑を乾すなら 朝がよい。
露は落ちても、小枝の蓑は、
宙にぶらりと、落ちないだらう。

三

みのむし、みのむし、
そとへ出るにも、出られない。
綠もえたつ若葉のなかで、
蓑は、いかにも、脱げないだらう。

四

みのむし、みのむし、
どこにゐるのか、聲がない。
蓑を着たまま、顔さへ出さぬ。
秋が來ないと、鳴かないだらう。

八、夏の曉

一

殘れる月の 影踏みて、
歌ふ唱歌も さわやかに、
小川のほとり 牛飼へる
村の男の子が 胸の邊を、
吹くや朝風 そよそよと、
働く身には 憂なし。

二

またたく星を 戴きて、
露の白玉 踏みしだき、
向かひの岡に まぐさ刈る
里の少女が 前髪を、
吹くや朝風 そよそよと、
働く身には 憂なし。

三

朝食の煙 うちなびき、
仰ぐ日の出の 麗かに、
小牛追ひつつ 歸る子が、
吹くや口笛 勇ましく、
生氣溢るる 朝ぼらけ、
働く身には 望あり。

四

家路を急ぐ 少女子が、
籠に添へたる 白百合の、
にほへるまみの にこやかに、
足の運も いそいそと、
生氣溢るる 朝ぼらけ、
働く身には 望あり。

九、街路樹

一

暑き日ざし 受けて、
影を人にあたふ
街路樹、街路樹、 しげれ、
青く、廣く、 しげれ。
空暮れて 月のぼり、
星滿ちて 露ふかし。
ねむれ、街路樹、 葉を垂れて。
したたる露は よき露ぞ。

二

白き埃 負ひて、
野邊の鳥をしたふ
街路樹、街路樹、 のびよ、
高く、長く、 のびよ。
雲いでて 風走り、
來るらし、夜の雨。
振れや、街路樹、 枝枝を、
おちくる雨は よき雨ぞ。

一〇、夕立そそぐ（二部合唱）

一

雷一しきり、風一わたり、
黒雲くづれ、空をおほひ、
斜に飛びて 夕立そそぐ。
八つ手の陰を 出來し太き蟇、（太き蟇）
よろこびて、両手をつきて、
動かざる背をたたき、たたき、
夕立そそぐ、そそぐ。

二

木木ざわめきて、蟬なきやみて、
黒蟻ぬれて 路を迷ひ、
池の面たたき、夕立そそぐ。
いずこにゐたる、小さき鯉の群、（鯉の群）
よろこびて、左へ、右へ、
泳ぎ行く背をたたき、たたき、
夕立そそぐ、そそぐ。

一一、山

一

ああ、東の大空に
天そそり立つ、春の山。
ねぐらを出でし 荒鷲か、
峯の巖を 飛び立ちて、
雲のかなたに 翔り行く。
諸人あふげ、しののめの
希望に映ゆる 春の山。

二

ああ、落日の 色うけて
雄雄しく聳ゆ、秋の山。
幼き日より あふぎ見る
峯の巖は、若人に
高き理想を 授けたり。
諸人あふげ、夕焼の
平和に映ゆる 秋の山。

一二、野分

一

吹け、吹け、野わけ、
丘のすすきを 押しなびけ、
木木のこずゑを ゆすぶつて。
吹け、吹け、野わけ、
おもひたつては やめられぬ
男のやうな いきほひで。

二

吹け、吹け、野わけ、
あまい眠の 夢さめぬ
窓のとびらを ゆりたたき。
吹け、吹け、野わけ、
人のこころに 天然の
力のほどを 見せてやれ。

三

吹け、吹け、野わけ、
ゆくてさへぎる ものは、みな、
強い力に うちなびけ。
吹け、吹け、野わけ、
空飛ぶ鳥の つばささへ、
たわますほどに 吹きまくれ。

一三、實のりの秋

一

實のりの秋は
來りぬ、ゆたけくも。
門田のあたり、
よろこびの聲
うづまき、うづまく。

二

垂穂の稲は、
黄金に 波うてり。
見わたす田の面、
かちどきは 高く
とどろき、とどろく。

一四、聖恩

一

天つ日の照らさんきはみ、
ふり仰げ、千代田の宮居。
大君は神の御裔ぞ、
畏しや、敬ひまつれ。

二

遠き夜の傳なれども、
香に残る恩賜の御衣。
臣として君に捧ぐる
まごころのためしとなれり。

三

高き恩、深き惠を
朝夕にかうむる我等、
萬代に、すめらみかどの
御榮をことほぎまつれ。

一五、明治神宮

一

朝日の如く 正しく、強く、
一すぢ 直く 開け進む
日出づる御國の光を夙に
放ちたまひし大帝、
しづまりまします代代木の宮、
床し、畏し、代代木の宮。

二

月ごと深く、年ごと廣く、
よろこび 四方に 溢れ滿ちて、
海國日本の雄飛の基
固めたまひし大帝、
しづまりまします代代木の宮、
床し、畏し、代代木の宮。

三

貴き、高き、賤しき、低き
國民なべて 一つ愛兒、
あはれみ、はぐくみ、導きたまひ、
力賜る大帝、
しづまりまします代代木の宮、
床し、畏し、代代木の宮。

一六、菊の香（二部合唱）

一

空清らかに澄みわたる
秋の終に咲きいでて、
心しづかに、人の世の
塵さへ据ゑぬ菊の花。

二

後にはつづく花もなく、
ひとり久しく匂ひつつ、
置くは、露霜かはれども、
かはらぬ色の菊の花。

三

わが敷島の國がらも、
清き薫にふくまれて、
千代に、八千代に限りなき
齢を延ぶる菊の花。

一七、我が家

一

我が家は、貧しくも、
足らはぬ事なく、
むつましく
たのしき家なり。
朝には 星かげあふぎ
畠に 出でて、
安らけく 日毎すごせり。

二

我が家は、何事も
心をあはせて
業はげむ
たのしき家なり。
夕には、月かげふみて
家居にかへり、
一日の 疲やすめつ。

三

我が家は、夏・冬も
日も、夜も、おだしく、
すこやかに、
たのしき家なり。
父母の 言葉を守り、
力をあはせ、
親しみて 共にはたらく。

一八、校庭にて

一

ゆたけき春の朝日を浴びて、
今ぞ躍る、若き命。
赤よ、赤よ、負くるな、勝てや。
突けや、防げ、それ白、白よ。
清き血潮は頬にもえて、
球うけ、球蹴る 教の庭に、
歡聲あがれば梢にひびき、
滿庭見る見る、花吹雪。

二

さやけき秋の夕日の影に、
友と語る こころ靜か。
見よや、今日も暮れゆく空を。
夢と過ぎぬ、われらの八年。
幼き思出胸にわきて、
窓閉ぢ、人なき 校舎のほとり、
歌聲放てば梢にひびき、
金扇ひらひら、銀杏散る。

一九、吉野の宮居

一

めぐる春秋 五十七、
萬乗の君 かしこくも
なやませ給ふ、吉野山。
花の色 ほこれども、
はれやらぬ 大御歌。
ああ、はれやらぬ 大御歌。

二

つもる星霜 五十七、
忠節の臣 つぎつぎに、
身まかり失せぬ、吉野山。
月の顔 さゆれども、
かきくもる 天の下。
ああ、かきくもる 天の下。

二〇、霰三題

一

廂をたたく音高く
命あるごと 争ひて
はねて、跳りて、
鉢植の
萬年青の葉と葉に
はさまりて、
ただ一粒が、紅の實に
ふと並びたる
霰かな。

二

大空くらく、風うなり、

雲の上なる 國原に、
おぞや、戰の
始まりて、
たけなはなりとや、
それ彈丸の
飛來る如く、散る如く、
今、降りしきる
霰かな。

三
村より村へ、ひねもすを
手ぶり、足ぶり おもしろく
猿をまはして、
をどらせて、
疲れて歸る
猿曳の
背に寒寒と 眠りをる
猿驚かす
霰かな。

二一、兄弟（二部合唱）

弟「かへりみる
狹霧の門に、
かすみつつ
立つ影は母よ、
我等を送る。」
兄「片岡の
狹霧の畑に、
かすみつつ
鍬振るは父よ、
朝より励む。」

この愛と力に生きて、
垂乳根の大き幹より
枝分けしはらからなれや。
「その枝に花の咲かずば。」
「その花のあだに散りなば。」

さきはひも、涙も、ともに、
ひとしなみ生ひし我等の、
伸び伸びつ秀枝となりて、
「その枝に花をかざらん。」
「その花に實をば結ばん。」

二二、告別の歌（二部合唱）

一
花は咲けど、鳥は歌へど、
業卒へし喜びあれど、
今ぞ知る、わかれの心。
師の君の厚き御教、
限りなき愛よ、光よ。
我等みな、いかで忘れん、
この窓に學びし日をば。

二
庭の草木も、あたりのながめも、
なつかしの思出滿ちて、
今よりぞ心に繫る。
よき友よ、さらば別ぞ、
信もて永遠に思へや。
我等とて、いかで忘れん、
この園に睦びし日をば。

『新訂高等小學唱歌』第二學年 女子用

文部省編

刊行:1935年3月31日 発行:大日本圖書株式會社 東京
縦147ミリ×横201ミリ 表紙＋84頁

緒言

一、本書ハ、音樂教育ノ進歩ト時代ノ要求トニ鑑ミ、高等小學校唱歌科ノ教科用トシテ新ニ編纂セルモノナリ。

二、本書ハ、各學年ソレゾレ男子用ト女子用トニ分チテ編纂シ、何レモ毎巻二十二章トセリ。内、各十五章ハ男子用・女子用共通ノ教材、他ノ各七章ハ、男子用・女子用ノ別ニ從ヒテ、歌詞・樂曲トモニ相異ナルモノヲ以テ充テタリ。

三、本書ノ歌詞及ビ樂曲ハ、歌詞ニ高等小學讀本・農村用高等小學讀本所載ノ韻文ノ一部（第一學年用「昭憲皇太后御歌」・第二學年用「夏ノ暁」・第三學年用「稲刈」）ヲ採用セル以外、総ベテ本省ノ新作ニ係ル。

四、本書ノ教材排列ハ、程度ノ難易ノミニヨラズ、一面、歌詞ニ示サレル季節・行事ニ就キテモ考慮セリ。

五、本書ハ、取扱者ノ便宜ノタメ、唱歌曲ノミノ樂譜ヲ掲ゲタルモノト、伴奏附ノ樂譜ヲ掲ゲタルモノト、二種類作製セリ。但シ、後者ハ、男子用・女子用共通ノモノ、男子用・女子用各別ノモノヲ併セ掲ゲタルヲ以テ、各巻二十九章ヨリ成ル。

六、本書ノ樂曲ハ、事情ニヨリ、伴奏ヲ附セズシテ授クルモ差支ナシ。然レドモ、伴奏ヲ附スルコトニヨリテ、タダニ歌唱ニ便スルノミナラズ、ナホ歌曲ノ興趣ヲ増進セシムルコトヲ得ベシ。

七、唱歌曲ノミヲ掲ゲタルモノニ於テハ、伴奏ノ前奏・間奏・後奏ノ部分ニ對シテ、必要ナル休止符ヲ附シ、又ハ休止符ト併セテ當該箇所ノ伴奏ノ主要旋律ヲ記シ、以テ歌唱ニ便ナラシメタリ。

八、本書ノ唱歌曲中、重音ノ箇所ハ、事情ニヨリ、上部主要旋律ノミヲ採リ、單音唱歌トシテ課スルモ妨ゲナシ。其ノ際ニハ、正規ノ場合ト同一ノ伴奏ヲ附スルコトヲ得。

九、本書ノ樂譜ニ配當セル歌詞ノ記法ハ、概シテ新訂尋常小學唱歌ニ準ゼルモ、其ノ間、ナルベク發音上ノ實際ニ適切ナラシメンタメ、更ニ新ナル考慮ヲ加ヘタリ。

一〇、本書ノ樂曲ハ、概ネ中等諸學校ノ初年級並ビニ青年學校等ニ於テモ使用スルコトヲ得ベシ。

昭和十年三月

文部省

一、若草

一

若草の 野邊のかなたは、
磯もなく、
砂原もなく、
果てしなき 海にてありき。
海原の 朝にゆふべに、
渚吹く
風の如くに、
潮鳴を 野邊にて聞きぬ。

二

若草は 春のしとねか、
草の香を
かぎつつすわり、
ゆくりなく 海をば思ふ。
海原も 春の日なれば、
若草は
波に萌えずも、
かげろふは 海よりも立たん。

二、羽衣（獨唱及び二部合唱）

合唱
三保の松原、うらうらと
日は晴れ渡る空の上。
天津乙女の舞の袖、
あざやかにこそ見えにけれ。

天女
あら、かなしや、
松の枝の羽衣失せて、歸るすべなき雲の通路。

合唱
得たりと拾ふ、濱の漁師、
持ち歸りて寶にせんと。

天女
衣なくては、如何にして
雲居のはてに歸るべき。
疾く疾く返せ、人間に
着る用もなき羽衣を。

漁師
返せとや、さて返せとや。
いと惜しけれど、さらば返さん。
天人も、心しあらば、
更に一さし舞ひても見せよ。

合唱
舞ふや、霓裳羽衣の曲。
見る見る、影は遠ざかり、
あとに殘れる富士の山、
うららかにこそ浮かびけれ。

三、小鳥よ

小鳥よ、
お前は海から來たのか。
小鳥よ、
お前は山から來たのか。
聞きなれぬ小鳥のこゑ。
海から來たやうな、
山から來たやうな、
珍しい小鳥のこゑ。
磯馴松の林に、
はればれとした小鳥のこゑ。

四、初夏

一
五月の風は、さわやかに
色ある如く流れ來て、
都會の空は、ただかなた。
見ゆるかぎりは青きかな。

二
草の香かをる野の胸に、
日はひろびろとさし渡り、
光と土の喜に
生物の舞ふ影も見ゆ。

三
新墾道の兩側に
つらなる並木、若葉して、
瑞枝の影も伸びやかに、
もゆる綠の色增しぬ。

四、
欅の幹の、地に高く、
自然の強さ思はしむ。
林はさすが舊りたれど、
夏は來れり、新しく。

五、蓑蟲（二部輪唱）

一
みのむし、みのむし、
蓑は手のもの、笠がない。
笠はなけれど、蓑さへあれば、
雨が降つても、濡れないだらう。

二
みのむし、みのむし、
蓑を乾すなら 朝がよい。
露は落ちても、小枝の蓑は、
宙にぶらりと、落ちないだらう。

三
みのむし、みのむし、
そとへ出るにも、出られない。
綠もえたつ若葉のなかで、
蓑は、いかにも、脱げないだらう。

四
みのむし、みのむし、
どこにゐるのか、聲がない。
蓑を着たまま、顏さへ出さぬ。
秋が來ないと、鳴かないだらう。

六、夏の曉

一
殘れる月の 影踏みて、
歌ふ唱歌も さわやかに、
小川のほとり 牛飼へる
村の男の子が 胸の邊を、
吹くや朝風そよそよと、
働く身には 憂なし。

二
またたく星を 戴きて、
露の白玉 踏みしだき、
向かひの岡に まぐさ刈る
里の少女が 前髪を、
吹くや朝風 そよそよと、
働く身には 憂なし。

三
朝食の煙 うちなびき、
仰ぐ日の出の 麗かに、
小牛追ひつつ 歸る子が、
吹くや口笛 勇ましく、
生氣溢るる 朝ぼらけ、
働く身には 望あり。

四
家路を急ぐ 少女子が、
籠に添へたる 白百合の、
にほへるまみの にこやかに、
足の運も いそいそと、
生氣溢るる 朝ぼらけ、
働く身には 望あり。

七、月見草

一
夕霧こめし 草山に、
ほのかに 咲きぬ、黄なる花。
都の友と、去年の夏
手折り暮しし 思出の
花よ、花よ、
その名も ゆかし、月見草。

二
月影白く、風ゆらぎ、
ほのかに 咲きぬ 黄なる花。
都にいます 思出の
友に贈らん、匂こめ。
花よ、花よ、
その名も いとし、月見草。

三
風清く、袂かろし。
友よ、友よ、來れ、丘に。
靜けくも、月見草 花咲きぬ。

八、街路樹

一

暑き日ざし 受けて、
影を人にあたふ
街路樹、街路樹、しげれ、
青く、廣く、しげれ。
空暮れて 月のぼり、
星滿ちて 露ふかし。
ねむれ、街路樹、葉を垂れて。
したたる露は よき露ぞ。

二

白き埃 負ひて、
野邊の鳥をしたふ
街路樹、街路樹、のびよ、
高く、長く、のびよ、
雲いでて 風走り、
來るらし、夜の雨。
振れや、街路樹、枝枝を、
おちくる雨は よき雨ぞ。

九、夕立そそぐ（二部合唱）

一

雷一しきり、風一わたり、
黒雲くづれ、空をおほひ、
斜に飛びて 夕立そそぐ。
八つ手の陰を 出來し太き蟇、（太き蟇）
よろこびて、両手をつきて、
動かざる背をたたき、たたき、
夕立そそぎ、そそぐ。

二

木木 ざわめきて、蟬 なきやみて、
黒蟻ぬれて 路を迷ひ、
池の面たたき、夕立そそぐ。
いずこにゐたる、小さき鯉の群、（鯉の群）
よろこびて、左へ、右へ、
泳ぎ行く背をたたき、たたき、
夕立そそぎ、そそぐ。

一〇、秋草

一

流るる雲の 色にさへ、
秋は來にけり、野に、山に。
桔梗・いとはぎ・ふぢばかま、
風にそよぎて 咲きそめぬ。

二

山路をゆけば、をみなへし
秋の光を 照りかへす。
姿をかしき われもかう、
小さき野菊の めでたさよ。

三

河原につづく 一面の
薄もやがて 穗に出でん。
蝶の舞ひゆく かなたには、
あかきなでしこ、群咲けり。

四

思へばふかき 天然の
こころなりけり、秋來れば、
姿やさしき 花草の
色も靜けき 風情あり。

一一、清少納言

一

香爐峯の
雪はいかにと のたまはす
きさきの宮の み言葉に、
御簾をかかげて、才學の
高きほまれを のこしたり。

二

枕草子
をりにふれつつ 書きつけし、
詩興の筆の 新しく、
いろもにほひも ならびなき、
高きほまれを 傳へたり。

三

歌に名ある
元輔の子と 生まれ來て、
歌こそ詠まね 俊才の
中にまじりて、いやさらに
高きほまれは 輝きぬ。

一二、實のりの秋

一

實のりの秋は 來りぬ、ゆたけくも。
門田のあたり、よろこびの聲の
うづまき、うづまく。

二

垂穗の稲は、黄金に 波うてり。
見わたす田の面、かちどきは 高く
とどろき、とどろく。

一三、聖恩

一

天つ日の照らさんきはみ、
ふり仰げ、千代田の宮居。
大君は神の御裔ぞ、
畏しや、敬ひまつれ。

二
遠き夜の傳なれども、
香に殘る恩賜の御衣。
臣として君に捧ぐる
まごころのためしとなれり。

三
高き恩、深き惠を
朝夕にかうむる我等、
萬代に、すめらみかどの
御榮をことほぎまつれ。

一四、明治神宮

一
朝日の如く正しく、強く、
一すぢ直く開け進む
日出づる御國の光を夙に
放ちたまひし大帝、
しづまりまします代代木の宮、
床し、畏し、代代木の宮。

二
月ごと深く、年ごと廣く、
よろこび四方に溢れ滿ちて、
海國日本の雄飛の基
固めたまひし大帝、
しづまりまします代代木の宮、
床し、畏し、代代木の宮。

三
貴き、高き、賤しき、低き
國民なべて一つの愛兒、
あはれみ、はぐくみ、導きたまひ、
力賜る大帝、
しづまりまします代代木の宮、
床し、畏し、代代木の宮。

一五、菊の香（二部合唱）

一
空清らかに澄みわたる
秋の終に咲きいでて、
心しづかに、人の世の
塵さへ据ゑぬ菊の花。

二
後にはつづく花もなく、
ひとり久しく匂ひつつ、
置くは、露霜かはれども、
かはらぬ色の菊の花。

三
わが敷島の國がらも、
清き薫にふくまれて、
千代に、八千代に限りなき
齡を延ぶる菊の花。

一六、我が家

一
我が家は、貧しくも、
足らはぬ事なく、
むつましくたのしき家なり。
朝には星かげあふぎ
畠に出でて、
安らけく日毎すごせり。

二
我が家は、何事も
心をあわせて
業はげむたのしき家なり。
夕には、月かげふみて
家居にかへり、
一日の疲やすめつ。

三
我が家は、夏・冬も
日も、夜も、おだしく、
すこやかに、たのしき家なり。
父母の言葉を守り、
力をあはせ、
親しみて共にはたらく。

一七、渡り鳥

一
夜を日につぎて渡り來る、
冬のはじめの渡り鳥、
小さき翼もすこやかに、
幾山川や過ぎてけん。

二
今、大空を渡り來て、
しばしやすらふひまもなく、
小さき翼をかへりみて、
幾日の旅や思ふらん。

三
なほゆくさきは遥かなり。
遠く飛來し空の旅、
小さき翼もつかれにき、
幾友がらとはぐれつつ。

四
夜を日につぎて、寒空を、
冬のはじめの渡り鳥、
小さき翼もかろやかに、
渦まきながら渡りゆく。

一八、吉野の宮居

一

めぐる春秋 五十七、
萬乗の君 かしこくも
なやませ給ふ、吉野山。
花の色 ほこれども、はれやらぬ 大御歌。
ああ、はれやらぬ 大御歌。

二

つもる星霜 五十七、
忠節の臣 つぎつぎに、
身まかり失せぬ、吉野山。
月の顔 さゆれども、かきくもる 天の下。
ああ、かきくもる 天の下。

一九、霰三題

一

廂をたたく音高く
命あるごと 争ひて
はねて、跳りて、鉢植の
萬年青の葉と葉にはさまりて、
ただ一粒が、紅の實に
ふと並びたる霰かな。

二

大空くらく、風うなり、
雲の上なる 國原に、
おぞや、戰の始まりて、
たけなはなりとや、それ彈丸の
飛來る如く、散る如く、
今、降りしきる霰かな。

三

村より村へ、ひねもすを
手ぶり、足ぶりおもしろく
猿をまはして、をどらせて、
疲れて歸る 猿曳の
背に寒寒と 眠りをる
猿驚かす霰かな。

二〇、少女のまとゐ(二部合唱)

一

おなじ少女と 生まれ來て、
心のあへる 友だちと、
靜かに語り 遊び得る、
今日のまとゐの うれしさよ。

二

胸にあふるる 花の夢、
望に滿てる 行末の
かなたの空をおもふにも、
若きいのちは 樂しきに。

三

行手はるけき 世の中に、
互の道は けはしくも、
手に手をつなぎ 助けんと、
語るまことの たのもしさ。

四

同じおもひに 歌ひつつ
仰げば浮かぶ 青雲も、
ひかりを添へて、親しげに
今日のまとゐを いはふらし。

二一、姉妹

一

桃の花咲く 雛祭、
春三月の窓近く、
姉と呼び、妹と呼びて、睦しく、
めでつつ雛を飾りけり。
ああ、心やさし、姉妹。
幾たび春はめぐるとも、
変らぬ姉のほほゑみよ、
いとしき妹のほほゑみよ。

二

よめな摘合ふ草堤、
はや夕霧のこめたれば、
姉と呼び、妹と呼びて、語りつつ、
手を取合ひて歸りけり。
ああ、心やさし、姉妹。
幾たび春はめぐるとも、
変らぬ姉のほほゑみよ、
いとしき妹のほほゑみよ。

二二、告別の歌(二部合唱)

一

花は咲けど、鳥は歌へど、
業卒へし喜びあれど、
今ぞ知る、わかれの心。
師の君の厚き御教、
限りなき愛よ、光よ。
我等みな、いかで忘れん、
この窓に學びし日をば。

二

庭の草木も、あたりのながめも、
なつかしの思出滿ちて、
今よりぞ心に繋る。
よき友よ、さらば別ぞ、
信もて永遠に思へや。
我等とて、いかで忘れん、
この園に睦びし日をば。

『新訂高等小學唱歌』第三學年　男子用

文部省編

刊行：1935年8月5日　発行：大日本圖書株式會社　東京
縦149ミリ×横210ミリ 表紙＋110頁

緒　言

一、本書ハ、音樂教育ノ進歩ト時代ノ要求トニ鑑ミ、高等小學校唱歌科ノ教科用トシテ、新ニ編纂セルモノナリ。

二、本書ハ、各學年ソレゾレ男子用ト女子用トニ分チテ編纂シ、第一・第二學年用ハ各二十二章、第三ト學年用ハ二十四章トセリ。而シテ、第一・第二學年用中ノ各十五章及ビ第三學年用中ノ十九章ハ、男子用・女子用共通ノ教材、他ハ、男子用・女子用ノ別ニ従ヒテ、歌詞・樂曲トモニ相異ナルモノヲ以テ充テタリ。

三、本書ノ歌詞及ビ樂曲ハ、歌詞ニ高等小學讀本・農村用高等小學讀本中ノ韻文ノ一部ヲ採用セル以外、総ベテ本省ノ新作ニ係ル。

四、本書ノ教材排列ハ、程度ノ難易ノミニヨラズ、一面、歌詞ニ示サレタル季節・行事ニ就キテモ考慮セリ。

五、本書ハ、取扱者ノ便宜ノタメ、唱歌曲ノミノ樂譜ヲ掲ゲタルモノト、伴奏附ノ樂譜ヲ掲ゲタルモノト、二種類作製セリ。但シ、後者ハ、男子用・女子用共通ノモノ、男子用・女子用各別ノモノヲ併セ掲ゲタルヲ以テ、各巻二十九章ヨリ成ル。

六、本書ノ樂曲ハ、事情ニヨリ、伴奏ヲ附セズシテ授クルモ差支ナシ。然レドモ、伴奏ヲ附スルコトニヨリテ、タダニ歌唱ニ便スルノミナラズ、ナホ歌曲ノ興趣ヲ増進セシムルコトヲ得ベシ。

七、唱歌曲ノミヲ掲ゲタルモノニ於テハ、伴奏ノ前奏・間奏・後奏ノ部分ニ對シテ、必要ナル休止符ヲ附シ、又ハ休止符ト併セテ當該箇所ノ伴奏ノ主要旋律ヲ記シ、以テ歌唱ニ便ナラシメタリ。

八、本書ノ唱歌曲中、重音ノ箇所ハ、事情ニヨリ、上部主要旋律ノミヲ採リ、単音唱歌トシテ課スルモ妨ゲナシ。其ノ際ニハ、正規ノ場合ト同一ノ伴奏ヲ附スルコトヲ得。

九、本書ノ樂譜ニ配當セル歌詞ノ記法ハ、概シテ新訂尋常小學唱歌ニ準ゼルモ、其ノ間、ナルベク發音上ノ實際ニ適切ナラシメンタメ、更ニ新ナル考慮ヲ加ヘタリ。

一〇、本書ノ樂曲ハ、概ネ中等諸學校ノ初年級並ビニ青年學校等ニ於テモ使用スルコトヲ得ベシ。

一一、第三學年用ノ楽曲ハ、第一・第二學年用ニ比シテ稍、特色ヲ有スルモノ多シ。事情ニヨリ、コレヲ第一・第二學年ノ補助・參考又ハ鑑賞教材トシテ運用スルモ妨ゲナシ。

昭和十年七月　文部省

一、皇國（三部合唱）

一

皇國の 大君は、
三つの御たから うけつぎて
をさめたまへり、大八洲、
御稜威たふとく、あきらけく。

二

皇國の 民草は、
君の御たてと、かしこみて
盡くしはげめり、ひとすぢに、
赤き眞心 かたむけて。

三

皇國の いしずゑは、
かたき巌根に、太柱
建てて榮えて、ひろごりて、
千代に八千代に ゆるぎなし。

二、花見

一

いざゆかん、花見に。
のどけき春の日を
爛漫と 咲く櫻の 花かげに、
たのしく あそび 暮らさん。
たのしく あそび 暮らさん

二

あなたのし、花見は。
若きも、老いたるも
うち連れて、咲く櫻の 花かげに、
したしく あそび 喜ぶ。
したしく あそび 喜ぶ。

三

ああうれし、花見る

こころは、何おもふ
こともなく、咲く櫻に 鳥のごと
たのしく あそび 戯る。
たのしく あそび 戯る。

三、歡喜（二部合唱）

一
野に、山に、小鳥なく日、
霞の奥にきそひ咲きて、
紅に、黄に、紫に、
花こそ ほほゑめ、
春の歡喜。
大八洲
日本の國に生まれし歡喜。
我等の歡喜。

二
海廣く 四方にめぐり、
湖・流 到るところ、
永き日も、暮知らず、
泳を きそふや、
夏の歡喜。
大八洲
日本の國に生まれし歡喜。
我等の歡喜。

三
地の惠、天の惠、
山邊に、野邊に、村に、里に、
草に、木にあまねくて、
實のりも 豐けき
秋の歡喜。
大八洲
日本の國に生まれし歡喜。
我等の歡喜。

四
陽は、空に 高く昇り、
早くも起きて 業に勵む
子らを褒め、溫き
光に かがやく、
冬の歡喜。
大八洲
日本の國に生まれし歡喜。
我等の歡喜。

四、若き我等

一
青葉・若葉にかをる風、
山路に、野路に、萌ゆる草。
清きを誇る若人の
あかき血汐の高鳴りて、
きけ、何處にて 誰がすさぶ、
たへなる節の 樂の音を。

二
永久にかはらず 大空を、
輝きわたる 日かげ 見よ。
恐れず、おぢず、疑はず、
直く、正しく、一すぢに、
ただ進みゆく 行手には、
望の高嶺 笑みてあり。

三
朝・夕の雲のいろ、
かをるや、笑むや、四時の花。
來鳴くは小鳥、まふは蝶、
たえず涌出る森の水。
ああ、おもしろの天地に、
若きを幸の 我等かな。

五、園藝

一
春咲く種は秋にまき、
秋咲く種は春にまく。
花の咲く日を待ちのぞみ、
培ふ身こそ樂しけれ。

二
小さき莟、もえ出る葉、
枝にも、根にも命あり。
育てがひある草や木に、
ものこそいはね、親しみて。

三
朝には朝の光さし、
夜には夜の露ぞ置く。
時の惠と力とに、
添へよや、人のまごころも。

六、煙

一
煙は上る、
朝の空。
野邊はいまだ日影ささねど、
紫にほふ山の峽に、
浮世を離れ、名利を捨てて、
たふとく住みなすゆかしき人の
こころをさながら靡くよ、空へ。
靜かに溶けゆく
その白煙。

二
煙は流る、

夕の空。
家家すでに霧に沈めど、
巨人の如く鎔爐は立ちて、
たぎる眞鐵のうめきの中に、
紅蓮の焔と戰ふ人の
雄雄しき意氣をはくなり、空へ。
わき立ち、渦巻く
その黒煙。

七、曉の調（三部合唱）

一
三部　風はそよぎ、東雲の
色はさえたり、水平線。
一部　輝滿ちたり、大空に。
諸人目覺めよ、目覺よ、とく。
二部　ああ、うるはしき 曙よ。
三部　茜もゆる かの空に
驅けりゆくか、わが心。ああ。
驅けりゆくか、わが心。ああ、ああ、ああ。

二
三部　光躍る 朝燒の
波に群飛ぶ かもめ鳥。
一部　輝滿ちたり、海原に。
諸人目覺めよ、目覺よ、とく。
二部　ああ、幸の 曉よ。
三部　朝榮ゆる かの空に
驅けりゆくか、わが望。ああ。
驅けりゆくか、わが望。ああ、ああ、
ああ、ああ。

八、北條時宗

一
日本國をあなどれる
元の使者 杜世忠、
鎌倉に 斬らしめし
相模太郎 時宗よ。
ああ、その斷行、その勇氣。

二
幾百萬の 敵の兵、
何せんや、おそれんや。
多多良濱 かためたる
相模太郎 時宗よ。
ああ、その決心、その剛氣。

三
執權職の 名を揚げて、
わが君と 國のため、
まごころを 盡くしたる
相模太郎 時宗よ。
ああ、その勳功、その名譽。

九、朝の海

朝は來れり。
淨められたる 海面には、
何ものも見えねど、
海に棲める無數の生物、
尾ふり、鰭ふり、
海草のかげより、
岩礁の根より、
各ゝやからを伴なひ、
朝の光を慕ひつつ、
海面近く泳ぎ來り、
泳ぎ去り、
歡の潮は聲あげて
うねり、うねり、
朝の海は 輝きわたる。

十、人は信ず

一
人は信ず、
漠漠たる暗雲
一天に覆ひかぶさるも、
必ず 靄消え、雲散じて
晴れわたる日のあることを。

二
人は信ず、
赫赫たる太陽
西山に沈み隠るるも、
必ず 夜は去り、朝ひらけて
東天に日出づることを。

三
人は信ず、
轉轉たる地球は
廻轉し、絶えず、止まざるも、
必ず 春行き、夏來りて、
軌道より外れざることを。

一一　舟歌

一
舟歌は、聞えぬ、
水の面を 渡りて、
靜けく、淸く。
この日ごろ 朝な 朝なに。

二
舟人は 見えねど、
水の面に、歌聲、

殘りて 長し。
朝まだき いづち ゆくらん。

三

遠かたの 舟歌、
ほのぼのと 渡るを
聞きつつ、我は、
朝毎に 心 さやけし。

一二　古沼の藻の花

一

山の古沼に、
月かげの
雲間を洩れし その刹那、
水あびゐたる 妖女らの
姿は消えて、
靄 はれて、
藻の花の 白きが、 あまた
小さく咲きぬ。

二

城の姫君、
うすぎぬに、
曉早き 沼沿の
草露ふみて、よろこびの
歌聲消えて、
靄 はれて、
藻の花の 紅きが、 一つ
大きく咲きぬ。

一三　秋の調（三部合唱）

一

秋の調の ゆかしくも、
手にくむ水の
中にすら、
月のかげさへ 宿るなり。

二

雲は、み空の あちこちに
ゆきてはかへり、
かへりては、
盡きぬさまこそ 見するなれ。

三

朝に、夕に、白露は、
いとまろらかに
清らけく、
草の葉末に 宿りつつ

四

赤く熟れにし 草の實に、
野の鳥さへも
集ひ來て、
鳴く聲高く 友を呼ぶ。

一四、長柄堤の訣別

一

片桐の はからひもちて
ささげたる まごころなれど、
是非もなし、時のめぐりは。
盤石の 城もかたむく。

二

寢もやらぬ なやみの幾夜、
身をけづる 憂にやせて、
今ぞ過ぐ、長柄堤よ。
あかつきの 風の寒けさ。

三

折からに 馳來る武者の
おもざしは、若くも雄雄し。
その人や 木村重成、
馬おりて なげき語らふ。

四

惜しまるる 別れの涙。
亡きあとを 託し賴みて、
いざさらば、行くや且元。
有明の 月も薄れて。

一五、福原遷都

一

風も身にしむ福原の
都あらたに さだまりて、
草にすだくや、蟲の聲。
秋の眺も深まりぬ。

二

月の鏡は、中空に
光まどかに 懸れども、
人は所をうつろひて、
かなた故鄕戀ひしたふ。

三

のこる門邊に咲く黃菊、
朽つる籬にはふかづら、
ふるき都を來てみれば、
淺茅が原となり果てつ。

四

夢か、うつつか、世の樣は。
語りかはして、夜もすがら、
鐘の音さむき曉に、
あはれ別れし宮人よ。

一六、月夜の田園

いつしかに 月はのぼりて、
しづかなる 田の面に さしぬ。
遥かなる森も、 林も、
薄墨に 描ける如し。

今はしも 月の夜空を
何鳥か、 鳴きつつ飛びし、
渡りゆく鳥にあるらん、
月の夜に この村里を。

ゆく水の 音はかすかに、
しづかにも 田の面は更けて、
遥かなる森も、 林も、
さえわたる 月夜となりぬ。

一七、 稲刈

日は大空に輝き渡り、
田園十里
稲穂の波は、 さやさやさやと喜び躍る。
(繰返)躍れ、 我が胸、 うしほの如く。
　日こそ 多きに
　今日しも今日ぞ、 刈らん、 我が田の稲をし刈らん。

三春行樂そは誰がことぞ。
我は大地に
鍬打振りて、 自然の胸に種蒔き、 植ゑぬ。
陰雨六月泥にまみれつ、
炎天の下、
いかづちの空、 我が戰は勇ましかりき。

焼鎌・利鎌を 右手に取りもち、
八束穂・垂穂を
左手に握り、 ざくざくざくと刈るは誰が身ぞ。
豊葦原の田ごと田ごとに、
おしなべて
今瑞穂刈るらんおほみたからの一人は我ぞ。

一八、 山茶花三題

一
朝寒の 生垣に、
はやも來て、
ちちと鳴く小鳥あり。
藪の中 眞冬さびしく、
此の日頃
咲き初めし 山茶花を、
ひそかに愛でてか、
下枝がくれに つたひ來て
ちちと鳴く 小鳥あり。

二
うららかに 陽は照れど、
風冷ゆる
飛石に人の立つ。
山寺の眞晝靜けき
裏庭に、
眞盛りの 山茶花を
手折りもかねてか、
鋏手にして、 背を見せて、
飛石に 人の立つ。

三
夕日かげ うするるに、
ただ一人
母上の障子張。
床の間の懸繪小暗き
前にして、
花瓶なる 山茶花の
音なくこぼれて
散るをふと見て、 ほほゑみて、
母上の 障子張。

一九、 煤掃(二聲輪唱)

一
今日はすすはき、
一年中の
埃や煤を 掃ききよめ、
やがて來らん 新年を、
心たのしく 迎へやなん。

二
今日はすすはき、
家中そろひ、
被る手拭、 とる箒、
笹の青葉を うち振りて、
笑ひながらの 掃ききよめ。

三
今日はすすはき、
掃ききよむるは
家やかまどに 壁のみか。
はらひきよめん、 いざともに、
心の隅の 埃をも。(埃をも。)

二〇、 日の御旗

一
のぼる日の 光たふとく、
のぼる日の 光かゞはし。

日の御旗、ああ、日の御旗
かがやく所、
伏拜み
あを人草は、皆なびく。

二

のぼる日の 光あまねく、
のぼる日の 光あかるし。
日の御旗、ああ、日の御旗
ひらめく所、
打仰ぎ、
とつ國びとも、皆したふ。

三

のぼる日の 光照りはえ、
のぼる日の 光うららか。
日の御旗、ああ、日の御旗
かかげよ、高く、
いや高く。
たたへよ、共に、もろともに。

二一、新島守

一

隠岐の小島よ、八潮路よ。
深きはからひ 樹つれども、
時いたらねば 詮なしと、
うつらせ給ふ、後鳥羽院。
おそれ多しや、かしこしや。

二

千鳥鳴くらん 荒磯べ、
立たせ給ひて 詠ませけん、
新島守よ、われこそは。
こころして吹け、波風よ。
おそれ多しや、かしこしや。

三

春は十九度 めぐる世の
花や咲きけん、散りにけん、
わびしき假の 御所にして
過させ給ふ 後鳥羽院。
おそれ多しや、かしこしや。

二二、冬の輿

一

朝戸出を、眞冬の庭の生垣に、
ふとしもよれば、老梅の
南に垂れし一枝に、
莟の はやも ふとりたり。
高きに、低きに、
枝ごとに、
太りゆく
莟の數の殖え殖えて。

二

山畑は、靜けく暮れて、崖下の
流も凍る 夕風に
ふるへてあれど、青青と、
目立ちて 麦は伸びいでぬ。
日毎の 寒さも
知らぬげに、
地殼をば
破りて、麦の伸び伸びて。

二三、興國の民（二部合唱）

一

起てよ、若人、
我等が友。
今、曉の鐘はなる。
霧はれてゆく山に、野に、
我が手、我が足、我が力、
呼ぶもののあり、國の爲。（國の爲。）
ああ、興國の民、
われ起たん。

二

起てよ、若人、
我等が友。
見よ、東のあかね雲、
世は さめてゆく、明けてゆく。
我が目、我が耳、我が心、
皆 ささげなん、國の爲。（國の爲。）
ああ、興國の民、
われ起たん。

三

見ずや、我が友、
我等の國。
今日起たずして、いつか また
起つ日のありや、時ありや。
この日、この時、再びは
來ることなきを思はずや。（思はずや。）
ああ、興國の民、
われ起たん。

四

起てよ、若人、
我等が友。
いざ、ましぐらに、ひたすらに、
時をしみては、おのがじし
我が家、我が村、我が里の
榮 禱りつつ いそしまん。（いそしまん。）
ああ、興國の民、
われ起たん。

二四、大原御幸

春のさかりも 過ぎさり、
さくらも散れる 北山に、
やまほととぎす 鳴くころ、
大原の奥に 分けいりて、
寂光院に 御幸ありし
大御心の やさしさを、
しのびまつるも尊しや。

朗讀

人跡たえし山奥に、
ひきむすばれし御庵室の、
軒には蔦・あさがほはひかかり、
しのぶまじりの忘草の生ひたるもかなしきに、
杉のふきめまばらにして、
風露のしのぎさへかたきところに、
來迎の三尊を飾り、
先帝の御影をかけ奉りて、
行ひすまし給ふさへあるに、
御みづから岩のかけぢを傳ひつつ、
御佛に奉る花をも折集め給ふを御覧じて、
法皇も、しばし御涙にむせび給へり。
夢の如き御再會
いかばかりか嬉しくも
またかなしく覺し給ひけん。
時の流のうつろひ、
人の榮華も、朝露の
消ゆるに似るを 歎きて、
佛のみちに 入りませる
御身ながらも、いかばかり
つきぬ名殘を をしませて、
女院も 立ちつくし 給ひけん。

『新訂高等小學唱歌』第三學年 女子用

文部省編

刊行：一九三五年八月五日　発行：大日本圖書株式會社　東京
縦一四九ミリ×横二一〇ミリ 表紙＋一二八頁

緒　言

一、本書ハ、音樂教育ノ進歩ト時代ノ要求トニ鑑ミ、高等小學校唱歌科ノ教科用トシテ新ニ編纂セルモノナリ。

二、本書ハ、各學年ソレゾレ男子用ト女子用トニ分チテ編纂シ、第一・第二學年用ハ各二十二章、第三ト學年用ハ二十四章トセリ。而シテ、第一・第二學年用中ノ各十五章及ビ第三學年用中ノ十九章ハ、男子用・女子用共通ノ教材、他ハ、男子用・女子用ノ別ニ從ヒテ、歌詞・樂曲トモニ相異ナルモノヲ以テ充テタリ。

三、本書ノ歌詞及ビ樂曲ハ、歌詞ニ高等小學讀本・農村用高等小學讀本中ノ韻文ノ一部ヲ採用セル以外、総ベテ本省ノ新作ニ係ル。

四、本書ノ教材排列ハ、程度ノ難易ノミニヨラズ、一面、歌詞ニ示サレタル季節・行事ニ就キテモ考慮セリ。

五、本書ハ、取扱者ノ便宜ノタメ、唱歌曲ノミノ樂譜ヲ掲ゲタルモノト、伴奏附ノ樂譜ヲ掲ゲタルモノト、二種類作製セリ。但シ、後者ハ、男子用・女子用共通ノモノ、男子用・女子用各別ノモノヲ併セ掲ゲタルヲ以テ、各巻二十九章ヨリ成ル。

六、本書ノ樂曲ハ、事情ニヨリ、伴奏ヲ附セズシテ授クルモ差支ナシ。然レドモ、伴奏ヲ附スルコトニヨリテ、タダニ歌唱ニ便スルノミナラズ、ナホ歌曲ノ興趣ヲ増進セシムルコトヲ得ベシ。

七、唱歌曲ノミヲ掲ゲタルモノニ於テハ、伴奏ノ前奏・間奏・後奏ノ部分ニ對シテ、必要ナル休止符ヲ附シ、又ハ休止符ト併セテ當該箇所ノ伴奏ノ主要旋律ヲ記シ、以テ歌唱ニ便ナラシメタリ。

八、本書ノ唱歌曲中、重音ノ箇所ハ、事情ニヨリ、上部主要旋律ノミヲ採リ、單音唱歌トシテ課スルモ妨ゲナシ。其ノ際ニハ、正規ノ場合ト同一ノ伴奏ヲ附スルコトヲ得。

九、本書ノ樂譜ニ配當セル歌詞ノ記法ハ、概シテ新訂尋常小學唱歌ニ準ゼルモ、其ノ間、ナルベク發音上ノ實際ニ適切ナラシメンタメ、更ニ新ナル考慮ヲ加ヘタリ。

一〇、本書ノ樂曲ハ、概ネ中等諸學校ノ初年級並ビニ青年學校等ニ於テモ使用スルコトヲ得ベシ。

一一、第三學年用ノ楽曲ハ、第一・第二學年用ニ比シテ稍、特色ヲ有スルモノ多シ。事情ニヨリ、コレヲ第一・第二學年ノ補助・參考又ハ鑑賞教材トシテ運用スルモ妨ゲナシ。

昭和十年七月　文部省

一、皇國（三部合唱）

一
皇國の 大君は、
三つの御たから うけつぎて
をさめたまへり、大八洲、
御稜威たふとく、あきらけく。

二
皇國の 民草は、
君の御たてと、かしこみて
盡くしはげめり、ひとすぢに、
赤き眞心 かたむけて。

三
皇國の いしずゑは、
かたき巖根に、太柱
建てて榮えて、ひろごりて、
千代に八千代に ゆるぎなし。

二、花見

一
いざゆかん、花見に。
のどけき 春の日を
爛漫と 咲く櫻の 花かげに、
たのしく あそび 暮らさん。
たのしく あそび 暮らさん

二
あなたのし、花見は。
若きも、老いたるも
うち連れて、咲く櫻の 花かげに、
したしく あそび 喜ぶ。
したしく あそび 喜ぶ。

三
ああうれし、花見る
こころは、何おもふ
こともなく、咲く櫻に 鳥のごと
たのしく あそび 戯る。
たのしく あそび 戯る。

三、歡喜（二部合唱）

一
野に、山に、小鳥なく日、
霞の奥にきそひ咲きて、
紅に、黄に、紫に、
花こそ ほほゑめ、
春の歡喜。
大八洲
日本の國に生まれし歡喜。
我等の歡喜。

二
海廣く 四方にめぐり、
湖・流 到るところ、
永き日も、暮知らず、
泳を きそふや、
夏の歡喜。
大八洲
日本の國に生まれし歡喜。
我等の歡喜。

三
地の惠、天の惠、
山邊に、野邊に村に、里に、
草に、木にあまねくて、
實のりも 豐けき
秋の歡喜。
大八洲
日本の國に生まれし歡喜。
我等の歡喜。

四
陽は、空に 高く昇り、
早くも起きて 業に勵む
子らを褒め、温き
光に かがやく、
冬の歡喜。
大八洲
日本の國に生まれし歡喜。
我等の歡喜。

四、若き我等

一
青葉・若葉にかをる風、
山路に、野路に、萌ゆる草。
清きを誇る若人の
あかき血汐の高鳴りて、
きけ、何處にて 誰がすさぶ、
たへなる節の 樂の音を。

二
永久にかはらず 大空を、
輝きわたる 日かげ 見よ。
恐れず、おぢず、疑はず、
直く、正しく、一すぢに、
ただ進みゆく 行手には、
望の高嶺 笑みてあり。

三
朝・夕の雲のいろ、
かをるや、笑むや、四時の花。
來鳴くは小鳥、まふは蝶、
たえず涌出る森の水。
ああ、おもしろの天地に、
若きを幸の 我等かな。

五、園藝

一
春咲く種は秋にまき、
秋咲く種は春にまく。
花の咲く日を待ちのぞみ、
培ふ身こそ樂しけれ。

二
小さき莟、もえ出る葉、
枝にも、根にも命あり。

育てがひある草や木に、
ものこそいはね、親しみて。
　三
朝には朝の光さし、
夜には夜の露ぞ置く。
時の恵と力とに、
添へよや、人のまごころも。

六、煙
　一
煙は上る、
朝の空。
野邊はいまだ日影ささねど、
紫にほふ山の峡に、
浮世を離れ、名利を捨てて、
たふとく住みなすゆかしき人の
こころをさながら靡くよ、空へ。
静かに溶けゆく
その白煙。
　二
煙は流る、
夕の空。
家家すでに霧に沈めど、
巨人の如く鎔爐は立ちて、
たぎる眞鐵のうめきの中に、
紅蓮の焰と戰ふ人の
雄雄しき意氣をはくなり、空へ。
わき立ち、渦巻く
その黒煙。

七、曉の調（三部合唱）
　一
三部 風はそよぎ、東雲の
　色はさえたり、水平線。
一部 輝滿ちたり、大空に。
　諸人目覚めよ、目覺よ、とく。
二部 ああ、うるはしき 曙よ。
三部 茜もゆる かの空に
　駆けりゆくか、わが心。ああ。
　駆けりゆくか、わが心。ああ、ああ、ああ。
　二
三部 光躍る 朝焼の
　波に群飛ぶ かもめ鳥。
一部 輝滿ちたり、海原に。
　諸人目覚めよ、目覺よ、とく。
二部 ああ、幸の 曉よ。
三部 朝榮ゆる かの空に
　駆けりゆくか、わが望。ああ。
　駆けりゆくか、わが望。ああ、ああ、ああ、ああ、ああ。

八、朝の海
朝は來れり。
浄められたる 海面には、
何ものも見えねど、
海に棲める無數の生物、
尾ふり、鰭ふり、
海草のかげより、
岩礁の根より、
各ゝやからを伴なひ
朝の光を慕ひつつ、
海面近く泳ぎ來り、
泳ぎ去り、
歡の潮は聲あげて
うねり、うねり、
朝の海は 輝きわたる。

九、古沼の藻の花
　一
山の古沼に、
月かげの
雲間を洩れし その刹那、
水あびゐたる 妖女らの
姿は消えて、
靄 はれて、
藻の花の 白きが、あまた
小さく咲きぬ。
　二
城の姫君、
うすぎぬに、
曉早き 沼沿の
草露ふみて、よろこびの
歌聲消えて、
靄 はれて、
藻の花の 紅きが、一つ
大きく咲きぬ。

十、秋の調（三部合唱）
　一
秋の調の ゆかしくも、
手にくむ水の
中にすら、
月のかげさへ 宿るなり。
　二
雲は、み空の あちこちに
ゆきてはかへり、

かへりては、
盡きぬさまこそ 見するなれ。

三

朝に、夕に、白露は、
いとまろらかに
清らけく、
草の葉末に 宿りつつ

四

赤く熟れにし 草の實に、
野の鳥さへも
集ひ來て、
鳴く聲高く 友を呼ぶ。

一一、靜夜曲

一

窓を開きて 仰ぎ見る、
遠くかかれる 天の川。
曇らぬ月は、さえざえと、
我が庭の面に照り はえぬ。
歌はん友よ、語らん友よ。
ああ、靜かなり、夜の窓。

二

窓を開きて 仰ぎ見る、
遠く鳴きゆく かりがねよ。
雲なきみ空、はるばると
我も行きたし、ふる里へ。
歌はん友よ、語らん友よ。
ああ、靜かなり、夜の窓。

一二、月光

ねむれ、ねむれ、幼兒よ。
山の月 窓より入りて、
汝が顔 靜かにまもる。
ねむれ、ねむれ、幼兒よ
打てや、はやせ、腹鼓。
ぽんぽこぽん、ぽんぽこぽん。
月は今出た 秋は夜長だ、狸の世界だ、
打て、打て、打て。
打てや、はやせ、腹鼓。
ぽんぽこぽん、ぽんぽこぽん。
大海原の 底もとどろに、寄せては返す
浪、浪、浪。
狂瀾怒濤、眞如の月。
涌く浪に 月影をどり、散る浪に 月影くだく。
海原の 底もとどろに、寄せては返す
浪、浪、浪。

一三、福原遷都

一

風も身にしむ福原の
都あらたに さだまりて、
草にすだくや、蟲の聲。
秋の眺も深まりぬ。

二

月の鏡は、中空に
光まどかに 懸れども、
人は所をうつろひて、
かなた故鄕戀ひしたふ。

三

のこる門邊に咲く黄菊、
朽つる籬にはふかづら、
ふるき都を來てみれば、
淺茅が原となり果てつ。

四

夢か、うつつか、世の樣は。
語りかはして、夜もすがら、
鐘の音さむき曉に、
あはれ別れし宮人よ。

一四、月夜の田園

いつしかに月はのぼりて、
しづかなる 田の面に さしぬ。
遙かなる森も、林も、
薄墨に 描ける如し。
今はしも 月の夜空を
何鳥か、鳴きつつ飛びし、
渡りゆく鳥にあるらん、
月の夜に この村里を。
ゆく水の 音はかすかに、
しづかにも 田の面は更けて、
遙かなる森も、林も、
さえわたる 月夜となりぬ。

一五、稻刈

日は大空に輝き渡り、田園十里
稻穂の波は、さやさやさやと喜び躍る。
(繰返)躍れ、我が胸、うしほの如く。
日こそ 多きに
今日しも今日ぞ、刈らん、我が田の稻をし刈
らん。

三春行樂そは誰がことぞ。
我は大地に
鍬打振りて、自然の胸に種蒔き、植ゑぬ。
陰雨六月泥にまみれつ、
炎天の下、
いかづちの空、我が戰は勇ましかりき。
焼鎌・利鎌を 右手に取りもち、
八束穂・垂穂を
左手に握り、ざくざくざくと刈るは誰が身ぞ。
豊葦原の田ごと田ごとに、
おしなべて
今瑞穂刈るらん おほみたからの一人は我ぞ。

一六、甲冑堂

一
義經の 家來となりて、
上方に のぼり行きけん、
奥州の 兄弟二人、
繼信よ 忠信よ。

二
年若き 兄と弟、
ををしくも 敵とたたかひ、
主のために 命おとしぬ。
梅かとよ 櫻とよ。

三
まのあたり 主は歸れども、
かへらざる 子等の形見よ、
今し見て 母は嘆きぬ、
ことわりよ、母と子よ。

四
なぐさめん、いざいざ母を、
いでたちし 嫁御の二人、
太刀とりて かぶりぬ、甲。
けなげさよ、やさしさよ。

五
その姿 刻みとどめし
甲冑堂の 木像二つ。
火に焼け 消失せたれど、
などかは失せん、そのこころざし。

一七、山茶花三題

一
朝寒の 生垣に、
はやも來て、
ちちと鳴く
小鳥あり。
藪の中 眞冬さびしく、
此の日頃
咲き初めし 山茶花を、
ひそかに愛でてか、
下枝がくれに つたひ來て
ちちと鳴く 小鳥あり。

二
うららかに 陽は照れど、
風冷ゆる
飛石に
人の立つ。
山寺の眞晝靜けき
裏庭に、
眞盛りの 山茶花を
手折りもかねてか、
鋏手にして、背を見せて、
飛石に 人の立つ。

三
夕日かげ うするるに、
ただ一人
母上の
障子張。
床の間の懸繪小暗き
前にして、
花瓶なる 山茶花の
音なくこぼれて
散るをふと見て、ほほゑみて、
母上の 障子張。

一八、煤掃（二聲輪唱）

一
今日はすすはき、
一年中の
埃や煤を 掃ききよめ、
やがて來らん 新年を、
心たのしく 迎へやなん。

二
今日はすすはき、
家中そろひ、
被る手拭、とる箒、
笹の青葉を うち振りて、
笑ひながらの 掃ききよめ。

三
今日はすすはき、
掃ききよむるは
家やかまどに 壁のみか。
はらひきよめん、いざともに、

心の隅の 埃をも。（埃をも。）

一九、日の御旗

一

のぼる日の 光たふとく、
のぼる日の 光かぐはし。
日の御旗、ああ、日の御旗
かがやく所、
伏拜み
あを人草は、皆なびく。

二

のぼる日の 光あまねく、
のぼる日の 光あかるし。
日の御旗、ああ、日の御旗
ひらめく所、
打仰ぎ、
とつ國びとも、皆したふ。

三

のぼる日の 光照りはえ、
のぼる日の 光うららか。
日の御旗、ああ、日の御旗
かかげよ、高く、
いや高く。
たたへよ、共に、もろともに。

二〇、千鳥

一

千鳥鳴く、ちち、ちちと 千鳥鳴く。
背戸につづける 川の洲の
枯れし蘆間に、友千鳥、
友を呼びつつ 鳴きかはす。

二

千鳥鳴く、ちち、ちちと 千鳥鳴く。
こほる月夜の 霜のうへ、
夕はぐれし 友呼びて、
聲もあはれに、さびしげに。

三

千鳥鳴く、ちち、ちちと 千鳥鳴く。
友を呼びかひ むつましく、
つばさならべて、ちちと鳴く。
寒き朝も、たのしげに。

二一、新島守

一

隠岐の小島よ、八潮路よ。
深きはからひ 樹つれども、
時いたらねば 詮なしと、
うつらせ給ふ、後鳥羽院。
おそれ多しや、
かしこしや。

二

千鳥鳴くらん 荒磯べ、
立たせ給ひて 詠ませけん、
新島守よ、われこそは。
こころして吹け、波風よ。
おそれ多しや
かしこしや。

三

春は十九度 めぐる世の
花や咲きけん、散りにけん、
わびしき假の 御所にして
過させ給ふ 後鳥羽院。
おそれ多しや、
かしこしや。

二二、興國の民（二部合唱）

一

起てよ、若人、我等が友。
今、曉の鐘はなる。
霧はれてゆく山に、野に、
我が手、我が足、我が力、
呼ぶもののあり、國の爲。（國の爲。）
ああ、興國の民、われ 起たん。

二

起てよ、若人、我等が友。
見よ、東のあかね雲、
世は さめてゆく、明けてゆく。
我が目、我が耳、我が心、
皆 ささげなん、國の爲。（國の爲。）
ああ、興國の民、われ 起たん。

三

見ずや、我が友、我等の國。
今日起たずして、いつか また
起つ日のありや、時ありや。
この日、この時、再びは
來ることなきを思はずや。（思はずや。）
ああ、興國の民、われ 起たん。

四

起てよ、若人、我等が友。
いざ、ましぐらに、ひたすらに、
時をしみては、おのがじし
我が家、我が村、我が里の
榮 禱りつつ いそしまん。（いそしまん。）
ああ、興國の民、われ 起たん。

二三、胡蝶の舞（獨唱及び二部合唱）

合唱

あなおもしろし、胡蝶の舞、
見れば、我等も 縹渺と、
かるきつばさに 身も浮きて、
莊子の夢に あらねども、
胡蝶となれる ここちかな。

胡蝶の歌
廣き自然の ふところに
我は胡蝶と生まれ來て、
春はたんぽぽ・つぼすみれ、
櫻・山吹・牡丹の花、
千紫萬紅の 姿をめで、
あしたの露に ぬれじとて
翅かへせば、やはらかく
匂ひの波の ひらめきて、
夢うつつなる こころかな。

合唱
あなおもしろし、胡蝶の舞、
見れば、我等も 縹渺と、
かるきつばさに 身も浮きて、
莊子の夢に あらねども、
胡蝶となれる ここちかな。

胡蝶の歌
青葉・わか葉の 森の影、
夏草しげき 廣き野に、
舞ひつかれては 岩清水
せせらぐ水を むすびつつ、
花に憩ひ、苔に伏して、
強き自然の 力にふるれば、
かよわき胡蝶の 身にもまた、
命あふれて、空高く
飛びもこそゆけ。

合唱
あなおもしろし、胡蝶の舞、
見れば、我等も 縹渺と、
かるきつばさに 身も浮きて、
莊子の夢に あらねども、
胡蝶となれる ここちかな。

胡蝶の歌
秋風あらく、冷たけれど、
なほ咲ききそふ 七草の
花をしとねと するときは、
大天地の 奥ふかき
こころおのづと さとられて、
たち舞ふ翅も やすらけし。

合唱
あなおもしろし、胡蝶の舞、
見れば、我等も、縹渺と、
かるきつばさに 身も浮きて、
莊子の夢に あらねども、
胡蝶となれる ここちかな。

二四、大原御幸

春のさかりも 過ぎさり、
さくらも散れる 北山に、
やまほととぎす 鳴くころ、
大原の奥に 分けいりて、
寂光院に 御幸ありし
大御心の やさしさを、
しのびまつるも 尊しや。

朗讀
人跡たえし山奥に、
ひきむすばれし御庵室の、
軒には蔦・あさがほはひかかり、
しのぶまじりの忘草の生ひたるもかなしきに、
杉のふきめまばらにして、
風露のしのぎさへかたきところに、
來迎の三尊を飾り、
先帝の御影をかけ奉りて、
行ひすまし給ふさへあるに、
御みづから岩のかけぢを傳ひつつ、
御佛に奉る花をも折集め給ふを御覧じて、
法皇も、しばし御涙にむせび給へり。
夢の如き御再會
いかばかりか嬉しくも
またかなしく覚し給ひけん。
時の流のうつろひ、
人の榮華も、朝露の
消ゆるに似るを 歎きて、
佛のみちに 入りませる
御身ながらも、いかばかり
つきぬ名殘を をしませて、
女院も 立ちつくし 給ひけん。

◆資料【一九三五（昭和一〇）年認可済歌曲】
滋賀県犬上郡龜山尋常高等小學校（一月一〇日）：「龜山村々歌」
佐賀県佐賀郡中川副尋常高等小學校（一月一二日）：「少年団歌」
佐賀県佐賀郡中川副尋常高等小學校（一月一四日）：「奉安殿の歌」
秋田県由利郡亀田尋常高等小學校（二月六日）＊：「龜田町民歌」
北海道虻田郡狩太村内小學校（七月一〇日）：「狩太村々歌」
和歌山県有田郡城山西尋常高等小學校（九月六日）：「城山西部少年團歌」

佐賀県三養基郡鳥栖尋常小學校(七月二〇日):「大楠公の歌」

*郷土教育の一貫として「××町民歌」「××村々歌」あるいは郷土の著名人の顕彰歌が認可されてくる。

◆資料【一九三五(昭和一〇)年検定済曲集】

『**元帥東郷**』一月三〇日検定(昭和九年十二月二八日)
『**満州國皇帝陛下奉迎歌**』三月二〇日検定(三月一五日)
『**日本精神作興歌**』五月二九日検定(三月二〇日)
『**山梨郷土唱歌**』七月二九日検定(七月五日訂正再版)
『**兒童唱歌**』八月二六日検定(八月五日訂正再版)
『**大日本消防歌**』九月四日検定(五月二〇日)
『**大阪市公園復興起工祭唱歌**』九月一六日検定(九月一五日修正再版)
『**奉迎歌**』十月二日検定(九月二三日)
『**御親閲奉迎歌**』十月二九日検定(十月二八日修正再版)
『**選挙粛正の歌選ばうよみんな**』十二月二四日検定(十二月二四日)

◆資料 一九三五(昭和一〇)年に刊行された唱歌集から

『**新日本唱歌**』尋常科、高等科　初等音樂研究會編(刊行:四月一〇日 発行:日本音樂社)大阪
『**児童唱歌**』一、二　日本教育音楽協会編(刊行:四月　発行:音楽教育書出版)

一九三六(昭和一一)年

◆資料【一九三六(昭和一一)年認可済歌曲】

岡山県都窪郡山手尋常高等小學校(二月十三日):「福山合戦六百年記念記念會歌」
京都府京都市伏見第三尋常小學校(三月九日):「創立記念日式歌」
愛媛県北宇和郡岩松尋常高等小學校(三月一一日):「勤王祭の歌」
青森県青森市新町尋常小學校(九月二五日):「兒童歌」
京都府天田郡遷喬尋常高等小學校(十月五日):「行進歌」
静岡県磐田郡池田尋常高等小學校(十月五日):「國旗掲揚の歌」「國旗降納の歌」
香川県三豊郡豊濱尋常高等小學校(十一月二六日):「豊濱町歌」
愛媛県宇和島郡和霊尋常小學校(十一月一八日):「體育運動歌」
熊本県玉名郡荒尾北尋常小學校(六月三日):「行進歌」

◆資料【一九三六(昭和一一)年検定済曲集】

『**新日本唱歌**』一月二九日検定(昭和十年十二月二〇日訂正再版)
『**静岡縣郷土唱歌**』二月五日検定(一月一六日訂正再版)
『**新日本唱歌**』二月七日検定(一月二〇日訂正再版)
『**選擧粛正の歌**』二月一七日検定(一月一五日)
『**蠶絲の歌**』三月二四日検定(三月二三日修正)
『**高等小學新唱歌　男子用**』三月二五日検定(三月一五日訂正再版)
『**高等小學新唱歌　女子用**』三月二五日検定(三月一五日訂正再版)
『**桃陵師團凱旋歡迎歌**』四月七日検定(三月二九日修正)
『**オリンピック應援歌　あげよ日の丸**』四月一〇日検定(四月二二日修正)
『**群馬縣の歌**』四月一三日検定(四月一一日)
『**満洲出動　皇軍歡迎歌**』五月四日検定(五月五日)
『**オリンピック應援歌　起てよ若人**』五月二六日検定(五月一九日修正)
『**虫歯は大敵**』六月一日検定(五月二七日修正)
『**すらりと並んで**』六月一日検定(五月二七日修正)
『**長崎市歌**』(七月九日検定(六月一六日訂正)
『**大江磐代君**』八月八日検定(四月一三日訂正再版)
『**松尾大佐の歌**』八月一八日検定(八月一三日修正)
『**奉迎歌**』八月二四日検定(八月一九日)
『**群馬縣の子守歌**』八月二四日検定(八月一九日修正再版)
『**福井市歌**』八月三一日検定(八月二三日修正)
『**生きよ國民 結核豫防の歌**』十月二〇日検定(十月一九日)
『**國旗掲揚の歌**』十二月八日検定(一二月一日訂正)
『**札幌市少年少女の歌**』十二月一二日検定(九月二五日修正)

一九三七（昭和一二）年

◆資料【一九三七（昭和一二）年認可済歌曲】

北海道札幌中央創成尋常小學校（四月五日）：「兒童歌」
福岡県嘉穂郡楽市女子尋常高等小學校（七月二〇日）：「行進歌」
兵庫県武庫郡鳴尾東尋常小學校（九月二七日）：「運動歌」

◆資料【一九三七（昭和一二）年検定済曲集】

『**新撰尋常小學唱歌**』一月八日検定（昭和十一年十二月二〇日訂正再版）
『**伸び行く日本**』一月二八日検定（一月一日訂正）
『**亞歐記録大飛行聲援歌**』三月二三日検定（三月二〇日修正）
『**日本の少年赤十字**』四月二八日検定（三月二八日修正）
『**航空愛國の歌**』六月一九日検定（六月一五日修正）
『**奉迎記念日奉唱歌**』八月二三日検定（八月一九日）
『**進軍の歌**』十月四日検定（十月二日修正）
『**標準　高等小學唱歌教科書（男子用）**』十月一三日検定（九月二四日修正再版）
『**木のおかげ**』十月二六日検定（十月五日修正）
『**愛國軍歌　海軍将校の母**』十月二八日検定（十月一六日修正再版）
『**愛國軍歌　長城高し日の御旗**』十月二八日検（十月一六日修正再版）
『**賀茂神社式年正遷宮奉祝歌**』十一月九日検定（十一月八日修正再版）
『**愛國行進曲**』十二月二〇日検定（十二月二〇日）

一九三八（昭和一三）年

◆資料【一九三八（昭和一三）年認可済歌曲】

三重県津市各小學校（二月二二日）：「津市郷土唱歌」
鹿児島県肝屬郡池原尋高・柏原尋高（十二月一七日）：「噫須田先生」
新潟県佐渡郡小木尋常小學校（五月一三日）：「兒童通學團歌」

◆資料【一九三八（昭和一三）年検定済曲集】

『**静岡市歌**』一月一八日検定（昭和十二年十二月二一日）
『**少國民愛國歌**』一月二六日検定（一月二五日修正）
『**みくにの子供**』一月二六日検定（一月二五日修正）
『**改訂新高等小學唱歌**』二月二日検定（一月一八日改訂再版）
『**世界再建の歌**』二月一五日検定（二月一三日訂正再版）
『**皇軍大捷の歌**』二月一八日検定（二月一七日修正）
『**標準　高等小學唱歌教科書（女子用）**』三月二日検定（二月二二日修正再版）
『**皇后宮御歌 やすらかに**』四月七日検定（四月五日修正）
『**さくらのお使ひ**』四月八日検定（三月二〇日）
『**紀元二千六百年記念　日本萬國博覧會行進曲**』四月十一日検定（四月八日）
『**日本體操大會歌**』四月二一日検定（四月一八日）
『**さくらの歌**』四月二二日検定（四月一四日）
『**紀元二千六百年記念頌歌**』五月三日検定（四月一〇日）
『**道民奉公歌**』五月三日検定（四月一七日）
『**日の丸行進曲**』五月一八日検定（五月五日修正）
『**四季の高崎**』五月二〇日検定（五月一七日修正再版）
『**秀島大佐**』五月二四日検定（五月一七日修正再版）
『**健康兒童十訓の歌**』六月二日検定（五月二八日修正）
『**國民精神総動員 軍國唱歌集**』七月一三日検定（六月二五日修正再版）
『**大日本の歌**』七月二七日検定（七月二一日修正再版）
『**婦人愛國の歌**』八月五日検定（七月二三日訂正）
『**空の荒鷲**』九月一四日検定（九月四日訂正）
『**勤倹貯蓄の歌 みのり**』九月二一日検定（九月一五日）
『**建國奉仕隊の歌**』十月六日検定（九月二〇日修正）
『**朝は明けたぞ**』十月六日検定（九月二〇日修正）
『**傷痍の勇士**』十月六日検定（十月五日）
『**をぢさんありがたう**』十月八日検定（十月五日）
『**健生歌**』十月一八日検定（十月一四日修正）
『**外宮奉頌**』十一月一八日検定（十一月一五日修正）
『**大陸行進曲**』十二月一三日検定（十二月一三日修正）
『**第三師團進軍歌**』十二月二〇日検定（十二月一二日訂正）

参考：押し寄せる軍国主義の波

第一次近衛文麿内閣が一九三七（昭和一二）年九月から進めた戦時政策の一つであった「国民精神総動員」運動は、「国家のために自己を犠牲にして尽す国民の精神（滅私奉公）」の涵養にあった。音楽の世界にもこの軍国主義の波は容赦なく押し寄せた。唱歌集『少國民愛國歌』、『國民精神総動員 軍國唱歌集』、『建國奉仕隊の歌』などが発行され、それに応える動きが唱歌教育の世界にも少なからず見えはじめた。国民学校令が公布され、「芸能科音楽」が登場するのは、この二年半後のことであった。

一九三七年、信時潔は日本放送協会の依頼を受け、『國民精神総動員』強調週間のラジオ番組のテーマソングとして「海ゆかば」を作曲している。同曲は、やがて一九四四年に刊行される『高等科音楽』一男子用および女子用（↓五五五頁、五六〇頁）にも採用されることになる。

一九三九（昭和一四）年

◆資料【一九三九（昭和一四）年検定済曲集】

『愛馬進軍歌』一月九日検定（昭和十三年十二月二八日）

『乃木神社社歌 忘るなよ』一月二七日検定（昭和十三年十二月一九日）

『大日本傷痍軍人歌』二月六日検定（二月四日）

『父よあなたは強かった』二月八日検定（一月二六日修正再版）

「父よあなたは強かった」

福田節 作詞・明本京静 作曲

父よあなたは 強かった
兜も焦がす 炎熱を
敵の屍と ともに寝て
泥水すすり 草を噛み
荒れた山河を 幾千里
よくこそ撃って 下さった

＊朝日新聞社が一九三八年（昭和一三）年十月に募集した「皇軍将士に感謝の歌」の一等に選ばれた詩が、この「父よあなたは強かった」で、佳作一席に選ばれたのは「兵隊さんよありがとう」。いずれもコロムビア・レコードより発売。

『兵隊さんよありがとう』（橋本善三郎作詞・佐々木すぐる作曲）二月一〇日検定（一月二六日修正再版）

『輝く軍艦旗』二月二四日検定（二月一〇日修正）

『物言はぬ戰士』二月二七日検定（二月一〇日修正）

『明治天皇御製馬』三月二七日検定（三月一六日）

『横濱行進曲』三月二八日検定（三月一日修正）

『軍馬祭・傷痍軍馬』四月一三日検定（四月四日修正再版）

『ぼくらのお馬』四月一九日検定（四月一七日）

『太平洋行進曲』五月五日検定（五月一日）

『國民歌』五月十日検定（五月三日修正）

『唱歌いろは歌』五月二三日検定（三月一八日）

『愛國歌 戰時市民の歌／銃は執らねど』五月二六日検定（四月二九日修正）

『母を讃える歌』五月三〇日検定（五月一五日）

『私の母さま』六月三日検定（五月三一日修正再版）

『愛國勤労歌』六月六日検定（五月二五日修正再版）

『皇祝二千六百年奉祝歌』六月二二日検定（六月一六日）

『日本の秋』七月六日検定（六月二六日）

『山縣神社奉讃歌』八月八日検定（八月一日訂正再版）

『長崎縣自彊歌』八月二四日検定（六月二〇日）

『體育行進曲 くろがねの力』八月二四日検定（八月二四日）

『和歌山縣勢歌』九月七日検定（八月三一日修正再版）

『世界一周大飛行の歌』九月一六日検定（八月一九日）

『建國祭の歌 梅の節供』九月一六日検定（九月一四日）

『宮城縣民歌』十月一二日検定（五月一五日修正）

『官幣大社 近江社宮奉讃歌』十月一六日検定（九月二五日）

『明治神宮體育大會の歌』十月一九日検定（十月一八日）

『令旨奉體結核豫防の歌 太陽の愛子』十月一九日検定（十月一九日）

『御神火行進曲』十月二五日検定（八月一九日修正再版）

『九州建兒の歌』十月二五日検定（九月一九日修正再版）

『空の勇士』十一月四日検定（十月三〇日）

『新穀感謝祭の歌』十一月二二日検定（十一月一五日）

『東京電車唱歌』十二月四日検定（十一月二九日）

『奉祝國民歌 紀元二千六百年』十二月一九日検定（十二月七日）

『軍人援護に関する 皇后宮御歌』十二月一九日検定（十二月一六日）

『皇軍に捧ぐる感謝の歌』十二月二〇日検定（十一月三〇日修正再版）

一九四〇（昭和一五）年

◆資料【一九四〇（昭和一五）年検定済曲集】

『英霊讃歌』一月一六日検定（一月一五日）

『紀元二千六百年奉祝小國民唱歌』二月二〇日検定（二月一〇日）

『象山佐久間先生』二月二一日検定（一四年十二月一三日）

『山口縣民歌』二月二八日検定（一月一九日）

『肇國聖地の歌』三月一六日検定（三月七日）

参考：「紀元二千六百年」（昭和一五年、内閣奉祝會撰定）

増田好生 作詞・森 義八郎 作曲

金鵄輝く日本の 榮ある光身にうけて
いまこそ祝へこの朝 紀元は二千六百年
あゝ一億の胸はなる

歡喜あふるるこの土を しつかと我等ふみしめて
はるかに仰ぐ大御言 紀元は二千六百年
あゝ肇國の雲青し

荒ぶ世界に唯一つ ゆるがぬ御代に生立ちし
感謝は清き火と燃えて 紀元は二千六百年
あゝ報國の血は勇む

潮ゆたけき海原に 櫻と富士の影織りて
世紀の文化また新た 紀元は二千六百年
あゝ燦爛のこの國威

正義凜たる旗の下 明朗アジヤうち建てん
力と意氣を示せ今 紀元は二千六百年
あゝ彌榮の日は上る

資料：藝能科音樂教科書編纂ニ關スル建議

本建議は全国の音楽教師によって構成されていた全国訓導協議会の第五四回協議会（一九四〇年五月一七日～二一日）の決議に基づいた、国民学校の芸能科音楽教科書編纂に関する建議書が、社団法人・初等教育研究会会長・佐々木秀一名で文部省図書局長・松尾長造宛に提出された（昭和一五年六月一九日付）。

三章に掲載した『ウタノホン上』～『初等科音楽』四、『高等科音楽』の編纂に対する教育現場からの希望や意見を集約したものであった。『教育研究』臨時増刊号所収（初等教育研究会編集。一九四〇年七月発行）

一、序

㈠教材ノ配當ハ學年ノ學習能力ニ適應セラレタシ

㈡左ノ諸點ニ留意シテ編纂セラレタシ

(イ)三年以下ハ聽唱法ニヨリ、視唱法ノ準備的訓練ヲ行フ

(ロ)四年ヨリ視唱法ニヨル

(ハ)階名唱法ヲ用フ

(ニ)音名ハ「イロハニホヘト」ヲ用フ

二、教材

1　歌唱教材ニ就テ

(イ)必須教材の分量ハ曲ノ内容ニ依リ一定セラレザルモ大體一ヶ月一曲ノ割ニテ配當サレタシ

(ロ)補充教材ハ教師用書ニ示シ自由ニ選擇採用シ得ルヨウサレタシ

(ハ)高等科ニ於テハ歌唱教材ヲ男女性別ニ編纂サレタシ

(ニ)音域ハ一般ニ上ニ廣スギザルヨウ留意サレタシ

(ホ)低學年（一、二年）ニ於テハ、二拍子ヲ主トナシ、四拍子、三拍子ヲ適當ニ入レ速度ノ遅キ四拍子等ノ用セザルヨウ留意サレタシ

(ヘ)必須教材ニ於ケル調子ハ調子記號♯・♭共ニ三個マデヲ限度トサレタシ

(ト)教材取材ノ範圍ハ、現行文部省著作中ノモノ、及一般検定濟ノ中ヨリ行ヒ、尚新作ヲモ加ヘラレタシ

(チ)題材ハ各方面ヨリ取材シ一方ニ偏セザルヨウ留意サレタシ

(リ)教材ノ配列ハ系統的（心理的・科學的）ニナシ、他教科、諸行事、並ニ季節トノ聯關ニ留意セレタシ

2　鑑賞教材ニ就テ

(イ)國定鑑賞レコードヲ製作サレタシ

(ロ)洋ノ東西ヲ問ハズ廣ク教材ヲ求メラレタシ

(ハ)鑑賞教育體系ヲ樹立サレタシ

三、基礎練習

1．基礎練習ハ、歌唱ニ即シテ行ヒ得ルヨウ、系統的ニ配列サレタシ

2．低學年ヨリ目的、教材、方法ヲ具体的ニ示サレタシ

四、儀式唱歌

儀式唱歌ヲ徹底セシムル意味ニ於テ左記ノ諸點ニツキ考慮サレタシ

1．明治節唱歌並ニ勅語奉答歌ノ改訂

2．兒童用書巻頭ニ掲載

(イ)國歌ハ各學年兒童用書巻頭ニ掲載

(ロ)勅語奉答歌・一月一日唱歌ハ二年以上ノ巻頭ニ掲載

(ハ)天長節、明治節、紀元節唱歌ハ三年以上ノ巻頭ニ掲載

3．國家ニ對スル禮儀作法及ビ各種ノ場合ノ演奏・唱歌ノ統一

4．卒業式歌ノ撰定

五、教科書

1．教師用書（略）

2．兒童用書

(イ)兒童用書ノ體裁ハ現行文部省著作ノ唱歌集ヨリ大キク洋式綴リトナサレタシ

(ロ)表紙ノ圖案・色彩等ハ兒童ノ心情ニ合致スルヨウニセラレタシ

(ハ)低學年（一・二年）用書ハ繪入リ色刷リトナサレタシ

一年ノ初期ニ於テハ曲譜ヲ入レズ歌詞ノミヲ入レラレタシ

歌詞ノ文字ハ國語讀本ニ準據セラレタシ

(ニ)樂譜ノ大キサハ現行文部省唱歌集ヨリモ大キクサレタシ

附帯建議

1．一・二年ニ於ケル音樂教授時數ハ體練科ト合セテ五時間・及六時間ナルモ、一般地方ノ情況ヨリ見ルニ事實上分離シテ實施サレル場合多シ、カカル際、音樂科ハ兩學年共各々二時間ヲ配當サレタシ

2．當局ニ於テ音樂教室設備並ニ備品ノ標準規格ヲ第一種ヨリ第三種迄作製サレ、各市町村國民學校ニハ文部省標準規格ノ最低設備ハ有スルヨウニナシ指導者ノ便ヲ圖リ、一層音樂教育ノ實績ヲ擧ゲ得ルヨウ積極的指導ヲサレタシ

3．器樂指導ハ音樂教育上頗ル有効ナルヲ以テ簡易樂器其ノ他樂器ノ設備ニツキテ大イニ之ヲ助長サレンコトヲ望ム

参考：「君が代二回唱」問題

雑誌『小學校教材研究』に解疑というコーナーがあり、おもに教員の読者からの質問に文部省図書局員が回答している。一九四〇（昭和一五）年この解疑コーナーに頻繁に儀式に関して朝鮮、京城からの質問が相次ぐ。例えば、「国旗掲揚式の際の国歌合唱は一回が正式ですか、二回が正式ですか」（京城恩露公立尋常小学校―清原辰男）「儀式等において宮城遙拝と伊勢神宮の遙拝を続いてなす場合はどちらを先になすべきでしょうか」（朝鮮―中尾吉次）などである。

これらの問い合わせについて文部省図書局は法規と先例を基に回答する。

『君が代』は二回繰り返して歌ふ」のはなぜかという問いは、内地ですでに文部省の問い合わせが二回ほどあり、その文書が国立公文書館に残されている。一つは昭和七年五月二六日付で大阪府女子専門学校長から、もう一つは昭和八年十月四日付けで高知県高岡郡新居尋常高等小学校長から文部省普通学務局に問い合わせたものである。前者の大阪府女子専門学校には、「師範学校 中学校 作法教授要項調査報告書」作成の委員長である田所美治が、上記の報告書第六章を基準として返答をした。

「師範学校 中学校 作法教授要項」（文部省調査明治四四年八月）第六章祝祭日ノ心得

・祝祭日ニ於ケル学校ノ儀式ハ左ノ順序方法ニ依ルヘシ

・職員生徒入場 一同起立

・御影履物ヲ撤ス 此ノ時職員生徒 一同立禮

・「君カ代」ノ歌 合唱二回

一般の儀式音楽会等に於ては一回奏するのが普通であります。学校の儀式の際には二回歌ふことに定められております。二回歌ふという理由はよくわかりませんが「君カ代」は歌詞が短いので約五〇秒位しかかかりません。

昭和七年八月二九日付文書「学専三百六十七号」でこう回答している。

また後者の高知県高岡郡新居尋常高等小学校長の問い合わせは、「御真影の御前では二回うたい、その他の場合は一回」という説と「国歌合唱はいつでも二回」という二通りの説があるが、どちらが正しいのかと問い合わせであった。これに対し文部省は「学普一七八号」文書の備考欄には「法令、例規、通牒等に国歌二回合唱の根拠見当たらず」と記しており、典拠を探した様子がうかがえる。しかし結局のところ「明治四十四年八月、作法教授事項調査委員長田所美治より小松原文部大臣に対する答申中に国歌は二回合唱すべき旨記載有り」と理由をつけ、「国歌ハ二回合唱スルヲ慣例トス」と高知県へ通報されることになる。なお、ここで合唱と言う言葉は、皆で同じ旋律を一緒にうたういわゆる斉唱である。

以上が内地での問合せに対する過去の返答である。朝鮮からの質問に戻ろう。外地つまり植民地、占領地へ教員派遣が文部省の統括下で行われると、朝鮮では特に儀式に関して先鋭化した質問が『小學校教材研究』の解疑コーナーに投稿される。満州でみられた前線と近いという危機意識とも違い、極限された小さな国意識で、根拠あるいは権威付を求めて指示を仰ぎ実施したのであろう。一方文部省図書局の回答は、これまでの内地での答申を踏まえた返答となる。

以上「君が代」をめぐる文部省普通学務局の返答を通じて明らかになることは、国歌のうたいかたのスタイルが決まってくるのは、昭和八年前後であり、法的根拠をまず優先するが、その法的根拠がない場合には、文部省が関わる典拠を求め、その上で慣例という言い方で返答が返されていたことであろう。慣例はその後、一人歩きをし、確固たるスタイルとなって立ちはだかってしまったようである。

【江﨑公子】

第三章 「藝能科音樂」の五年間と戦後

『初等科音楽』二（1942 年 3 月刊）「無言のがいせん」挿絵（542 頁）

 一節　国民学校と唱歌

一九四一（昭和一六）年三月一日公布の国民学校令・同施行規則によって、唱歌科は「芸能科音楽」へと転換した。ここでは、国民学校令が目指した綜合性の観点から唱歌の変容の経緯を三期にわたり明らかにする。

第一期　昭和一三年「教育審議会」から「国民学校教則案説明要領」にみる芸能科音楽転換の経緯

一九三八（昭和一三）年七月「教育審議会」で教科の「綜合性」と芸能科音楽が初めて論議された。「教育審議会諮問第一号特別委員会　整理委員會會議録」によると、従来の学校知が生活の資として活きて使われていないという反省があり、そのため「教育と生活との分離を避け」、「各教科の分離を避けて知識の統合を図る」ことをめざす。そして「教科は縦に統合」し、かつ「身心一體の訓練を重視」し「統合の精神に徹する」ため、従来横並びであった教科（学科）は教育の論理に基づいた教科設定をし、その中で教材あるいは科目が位置付くことになった。

第五回初等教育整理委員会（昭和一三年七月一日）に提出された幹事試案は以前の特別委員会や総会で議論されたものを取り込み、叩き台としてだされたものである。

この試案では「デキルダケ大掴ミニシテソウシテ皇民科、自然科、訓練科、體育科トイウ大キナ科目ヲ変設（マヽ）シテ行ッテ（—中略—）ソフシテ統一シタ成ルベク少ナイ科目テ教エテユク」、「殊ニ礼法、行事、遊戯、或イハ習字、作文トイフヨウナモノモ人間ガ道ヲ修メルトイフ訓練的価値トイフモノヲ考エテ」ゆくと述べられる。唱歌科は訓練科に含まれることになった。

この訓練科には、さらにこれまで課外と考えられていた特別な行事（学芸会、運動会、修学旅行、映画鑑賞、勤労奉仕）等も含まれ、生活や活動に必要な知識の統合をめざす方針でまとめられていた。この訓練科の方針では、トレーニングの意味での「行」が主体となる。

訓練科について伊東幹事長は「是ハ所謂知識ト云フ方面カラ入リマセズシテ」、「唱歌、図画、手工皆サウデアラウト思ヒマスケレドモ、主トナッテ居ルモノハ本當ニ行的方面デアリマス。禮法ニシマシテモ行デナケレバ意味ヲナサナイシ、體錬、教練皆ソウデアリマス、ソレカラ習字、図画、手工ニ至リマスト、本當ニ書クト云フコトデアリマスカラ、ヤハリ行的方面ガ強イ、併シナガラ其ノ根底ニハヤハリ知的ノ方面ヲ含ミ、能ク理解シテ其ノ道ヲ知ルト云フコトガ入ッテ居ル」と述べ訓練科における行の意味を説明し、その上で「皆ソレゾレ特色ヲ持チツツ全體ガ一ツノ人間ヲ造ルト云フ働キヲスルヤウナモノニナル」と人間を総合化して育むために必要な概念であるとしている。そのために、自然科や国語の授業時間数は削減され、唱歌や体錬は授業時間数が増加した。

第五回の幹事試案では、訓練科に含まれる教育内容は、国民学校の低学年の訓練科は礼法、行事、體錬、教練、遊戯、衛生、習字、作文、唱歌、図画、手工であり、高学年になると音楽（唱歌から変化）、作業、家事裁縫を新たに加えることになる。また国民実修学校になると訓練科の教育内容は礼法、行事、習字、作文、音楽、図画、家事裁縫であった。

唱歌における訓練はどのように理解されていたかという点と高学年で唱歌から音楽に名称が変化した二つの点

についてさらに検討する。

ここでの唱歌科でいう訓練とは「耳と声」つまり聴覚と発音のトレーニングであり、基本練習と称する発音、呼吸、口形、発声練習等を機械的に「もう一度、もう一度」と繰り返しやることである。聴覚と発音、「耳と歌唱」とは重大な関係があり、「耳はあらゆる声や音の入口である。それを聞き別け鑑賞し、又作り出そうとする声（音）を指導し、作り出された声（音）を批判」しなければならないから、訓練が必要とされる。

二点目の唱歌と音楽の関係については、明治五年の学制の公布以降、初等教育では唱歌科であったが、教育審議会の幹事案では、これまで中等教育の科目である音楽が初等科高学年におかれ、教科目は聴くことの内容が拡大し、鑑賞教育がとりこまれた。しかし、この時点では、模範演奏としてのレコード等による鑑賞教育が主に考えられ、幅広い演奏の聴取とまではいかなかった。即ち、訓練科唱歌及び訓練科音楽は聴覚陶冶の強調であった。

さて、この訓練科という名称に再考を促したのは第九回初等教育整理委員会における委員長（林博太郎）提案である。「ソレカラ訓練科ハ一ツオ考エニナッテ貰イタイト思イマス。訓練科ヲ技能科或イハ猶廣イ言葉ガアレバヨイト思イマスガ（―後略―）」と教科名を表す言葉の選択が必要と提案した。

それに対して修練科、情操科という案もでるが、訓練科に沢山の科目（礼法、行事、體錬、教練、遊戯、衛生、習字、作文、唱歌、図画、手工）を雑然と含めているため、統合と言う論理からみると混乱しているという指摘が出る。訓練という方法論でまとめるのではなく、教育内容や領域からみた統合が適当ではないかという指摘であった。議論を経て、訓練科は芸能科にかわり、沢山の科目が別の教科へ移動する。體錬、教練、遊戯、衛生は体育科へ、礼法、行事、作文は皇民科（国民科）へ移り、そして習字、唱歌、図画、手工（作業）が芸能科となった。この芸能科に家事・裁縫が加わることになる。家事・裁縫が加わったことで、芸能科ではなく実業科とか職業科という教科名がふさわしいのではないかという提案もされるが、情操の陶冶という意味でこれらが教えられると最終的に認められる。つまり情操の陶冶という教育目的による統合の名前が芸能科である。唱歌は情操の陶冶を担うという再確認がなされた。

第二期　「國民學校教則案説明要領」から「國民學校教則案」まで

一九三八（昭和一三）年十二月八日に「國民學校教則案説明要領」が発表されると、芸能科音楽をめぐって質問や提案がなされた。この時期を第二期として検討する。

第一期で藝能科の統合の原理が情操陶冶であるという結論になったことに対し、音楽教育に携わるもののなかから二つの異議が出た。「科目相互の統合というのであるなら、藝能科は雑然としすぎていて、互いに緊密に連絡をしない」と芸能科に含まれる科目の領域の内容的統合は考えられないとまず否定する。そして、「之（藝能科）を綜合的に取り扱って行くだろうと考えている人があるが、是はできません。手工と音樂を一緒にといっても出来っこない。そういう風にお考えにならないで、やはり音樂は音樂としてはっきりした立場でいってよいだろう」と、実際生活に即して体験的に綜合あるいは統合してゆくことも不可能であると否定する。

当時、音楽雑誌に掲載された座談会などでは、情操陶冶という教育目的であるならむしろ音楽は国民科に含まれるべきだという意見となる。「音樂を藝能の一つの藝事というような、ある習慣的な氣分で片づけてしまったのは寧ろ昔より進んだとは思われない。よろしく國民科のなかに入れて寧ろ修身に代用すべきものだと考えている。この事変（ママ）なんかで御覧の通り、音樂は殆ど修身以上に國民精神を統一する道具にされている」つまり音楽を通じての精神的修養という考えがないことを嘆いている。殊に「儀式唱歌は國民的訓練」と理解されているにもかかわらず、実際の小学校の現場では「君が代・明治節すら充分に指導出來ない教師が沢山いる」という現状である。この嘆かわしい状態に対して「規則を作られる高位高官方が音樂というものを昔の礼樂といったような考え方を持ってくれない」と反発し、却って「昔のは徳性の涵養が一番上になっている」ので、今よりましであると発言する者までいた。(注1)

これらをまとめてみると、第一期では、生活や活動に必要な知識の統合をめざした訓練科では聴力の陶冶の訓練と礼法や行事という生活や活動に必要な唱歌が提案されていた。しかし、第二期になると、情操陶冶という教育目的から芸能科音楽が提案され、とくに昭和一四年以降すなわち事変後、国民精神を統一する道具となる可能性も出てきた。唱歌から芸能科音楽への変化にともない目的が変化し、儀礼によって国民として「ふさわしく社会化」をするための儀式唱歌を重視する姿勢は、教育の現場にいた多くの教師にはそれほど違和感なく受け止められていったようである。現場教師の要求は別の所にあった。

「國民學校の案は極めて抽象的で細目的なものがでてこない」というのがむしろ本音であり、教科の論理より方法論の提示を期待していたと思われる。雑誌『國民學校』の編集後記に、「理想家と実際家との間に相當トラブルがあった科目」が芸能科であると記され、なかでも系統的取扱についてはトーンダウンしてゆく。実施にむけた昭和一五年七月の文部省普通学務局長通達「國民學校制度實施の際に於ける教科及教授時數等の取扱方」は、各地方長官及び各師範学校長宛て出されたものである。そのなかで、体錬科及芸能科については「是等の教科及び科目は必ずしも厳密なる系統的取扱を要せざるが故に、経過期間に於ひては教授時間数に応じ適當なる教材を案配」してよいとされた。理念と実際の間のズレを埋められないまま芸能科はスタートをしたようである。

次に科目名を唱歌ではなく音楽とした点について、第一期に関わった者の報告を座談会の発言から拾うと、「是は深い議論は別にありませんようでしたが、単なる唱歌と言うことだけでなしに、もっと事実今日やって居られることでも、この科目でやる事柄としても大いにあろうし、そういう観点から音楽としておいた方がこの精神が出るのじゃないか」あるいは「それは皆さんの主張が通って、唱歌が音楽になったのだと解釈なさったほうが適当ではないかと思う」と述べられ、議論はほとんど出なかったと推測できる。今後「時代の音樂文化状況に合わせることが適當」であり、さらに音楽の内容に関しては「専門家によって良くご研究をなさって」下さいという提案になる。

では、この提言を受けて内容に関していかなる具体的な提案が、音楽教育に携わるものから出されただろうか。

雑誌の座談会や投稿に述べられていることは、明治三三年から続いた唱歌科への訂正要求であった。唱歌だけでなく器楽や鑑賞や合唱がしたい、あるいは生徒用教科書を作って欲しい、検定制度を考えて欲しいというもので、そのためには授業時間が少ない、少なくとも週二時間は確保したい、あるいは専門学校を出た教員の待遇を師範学校出と同じにしてほしいという改善案などが噴出している。つまり、音楽教育の実践家は、新しい理論構築にはあまり興味を示さず、むしろこれまでの法規の是正を希望している。教育の実践の場では理念よりむしろ方法論の提示が求められていた。

（注1）
以下、雑誌『學校音樂』に掲載された座談会の記録と、雑誌『國民學校』を用いる。
・「第一八回學校音樂座談会」昭和一四年五月
・「國民學校の音樂に関する座談会」昭和一四年六月
・「座談会　國民學校に於ける音樂教育」昭和一五年三月
出席者を順不同に記す。
上田友亀、井上武士、小出浩平、松島彜、堀七蔵 等

第三期　昭和一五年三月から「国民学校令・同施行規則」まで

　第二期に提案されていた「時代の音樂文化状況に合わせ」て音楽教育を考えるとはどのようなことなのだろうか。昭和一三年、一四年になるとレコードやラジオの普及によって、「聴く」スタイルつまり音楽文化状況が急激に変化してきた。これを受けて学校では鑑賞教育というかたちを取り込みはじめていた。また学芸会、唱歌会等の定着や、鼓笛等の新しい音楽演奏スタイルも始まっていた。ところが昭和一五年になると、小松耕輔は雑誌『小學校教材研究』一五年十一月号誌上で、音楽に対する社会状況の変化を下欄（注2）のように述べる。

　昭和一三年頃の教育審議会が検討されていた音楽文化状況と、実際に「藝能科音樂」が実施される昭和一五年頃の音楽文化状況は、日中事変を契機に大いに変化してきたことがこの小松の文章から見てとれる。「出征兵士達を送るにも先ず音樂を以てする。また銃後國民の精神作興にも、青年團體訓練にも、又國民の厚生運動にも、音樂は今や國民生活の上に大なる存在」となったので、新使命つまり国防と音楽、産業と音楽という役割が芸能科音楽で果たされるようになるということであろう。

　国防と音楽教育の関係は昭和一五年一月一八日付『讀賣新聞』にまず大きく取り上げられる。「音感教育　軍事に産業に耳からの訓練、音樂授業の大刷新」という見出しで、絶対音感を基調にした音感教育を施して、絶対音を聞き分ける必要を強調し、準備委員会を設けるために文部省普通学務局で陸軍・海軍・音楽学校の教授（澤崎定之）が打ち合わせをするという趣旨である。これまでは初めから唱歌をいきなり教えるので、日本人は一般にメロディーはわかっても絶対音を聞き分けることは不得手であった。しかし科学の発達と共に軍事、産業においてそれぞれ複雑、微妙な機械や兵器の種類の識別、破損状況の点検等に絶対音を聞き分ける必要があるというものであった。世論や音楽教育の実践者たちは、この絶対音感教育をめぐって紛糾した。

　この「音感教育」の提案に対し、東京の音楽教育関係者の座談会の発言では音感教育に対する反発は可成り強かった。「絶對音感でなければ耳の訓練が出来ないと言う結論が何時できたのか」、「絶對音感なんかに共鳴して、呆氣にとられるのはハーモニーに対して無茶な人ではありませんか、私も音感教育に関する論文を讀みましたが、之を御覧になったらこの野心家奴と怒らずにいられません。こうゆうことで子供を引縛ってしまうということは實に罪悪です」、「兎に角そんな事を文部省が決めたら迷惑するのは數萬の教員と日本の子供である」と猛反発をしている。しかし実際に、「藝能科音樂の指導上の注意」聴くことの訓練について次のように記されている。（注3）師範学校が行った国民学校教員のための講習会録から引用する。

　「耳と声　幼兒は耳に入った音を反射的に模倣しようとする本能を持っている。そして母親の口から聴いた言葉を模倣して何時とはなしに國語を覚えた。かやうにして言語の音韻は耳を通して時代から時代へと伝わってきた。是は勿論聴覚だけの作用ではない。聴覚と発音、従って又『耳と歌唱』との重大な関係がここにある。即ち『耳はあらゆる聲や音の入口である。それを聞き別け鑑賞し、又作り出そうとする聲（音）を指導し、作り出された聲（音）を批判する。』音樂教育の実際指導はその基礎をここに置き、ここから出発しなければならない。基礎練習として發音と聴音とを特に示した理由も了解できることと考へる。

　聴音　音聲や音の高低や強弱、又その音色や律動或いは和音等耳に訴へたものを判別し、批判し、意識し、再現（樂器で又は歌って）し、又は記憶させるまでに体験

（注2）
「然るに此處十數年間の間に音樂に対する社會状況が非常に変わって参りました。一般教育者も國民も教育に於ける音樂の地位をその本然の姿に於いて正常に眺めるようになって参りました。特に今次の日支事変以来、出征兵士達を送るにも先ず音樂を以てする。また銃後國民の清神作興にも、青年團體訓練にも、又國民の厚生運動にも、音樂は今や國民生活の上に大なる存在として姿を現すようになったのであります。
　然るに音樂に対して今一つ重大使命が課せられました。それは國防と音樂の関係であります（中略—筆者）。猶一つは産業と音樂の関係であります（中略—筆者）。斯くの如く音樂は今や本来の使命の外に更に國防、産業、日常生活の各方面に重大なる役割を持つにいたったのであります。然るに幸いにも恰度斯ういう時期に於いて國民學校藝能科はそれらの使命を果すべく新にその誕生を見るにいたったのであります。」（『小學校教材研究』

（注3）
「國民學校関係資料集成」（講習会編）昭和一五年六月

させることが望ましい。例へばラヂオは毎朝、晝、晩に時報がなる。大體四十秒前に『カチ、カチ、カチ』と鳴りだし、やがてその音色と違った音が『ボーン、ボーン』と三つ二つ一つ鳴りまた違った音が『プーン』と鳴る。鳴り始めの『カチ、カチ、カチ』の一秒おきに打つから一分間六十の速度で進む律動を感じる。又音色、高低については『ボーン』と鳴るのは低い『イ音』であり、之は兒童によっては歌ふのに低すぎるかもしれない。最後の時報の『プーン』は前の音よりオクターヴ高い『イ音』で、今度は大抵の兒童は美しい聲で歌ふことができる。そしてこの音は『君が代』の『チヨニ』の『ニ』、『ヤチヨ』の『ヨ』、サザレ』の『レ』の高さと同じである。」

この「藝能科音樂の指導上の注意」で述べられていることは、日常の環境において常に体験していることのなかから、聴くことの訓練が可能であり、このような方法の提示がむしろ耳をかたむけるという訓練によいという理解が示されている。ところが、この講習会後に持たれた質疑応答では、絶対音感教育について質問が再三なされた。「絶対音感教育を取り入れるか」という質問に対しては、「其の儘では取り入れない」と答え、「絶対音感教育については、当局は賛成か反対か、取り入れる考えか、もし長所を取り入れるとすれば、如何なる程度に取り入れるか」という質問に対しては、「具体的な話しは聞いていない」と答えている。つまり日常環境において常に体験していることのなかから、聴くことの訓練を提案したものに対して、音楽教育の実践者のなかからは、「絶対音感教育を取り入れるか否か」という詰問しか出てきていないのである。しかしながら、前述のラジオの例にみられるような日常環境において常に体験している音とは、実は絶対音にほかならないのである。

ドレミ（相対音名）かハニホ（絶対音名）かという選択は、昭和一六年四月一六日の通達「國民學校藝能科音樂に於ける音名唱法に関する件」(注4)により明確になる。三年までは音名つまり絶対音によるもので、四年以上は移動ド唱法つまり相対音の指導を併用してよいということになった。前述の「藝能科音樂の指導上の注意」にみられる姿勢つまり日常環境において常に体験していることのなかから、聴くことの訓練が可能であるという姿勢が一貫された結果であると思われる。綜合的観点からも、また当時の時勢からも妥当だと判断されたと思われる。

一方、筆者が閲覧した昭和一六年二月の陸軍の要望書には絶対音感教育に言及した部分はない。そこでは、芸能科音楽に対して注意事項を三点あげている。歌詞の内容が皇国の道に帰一すること、実践力を誘発するものであること、団体訓練に適合するために合唱を通じ集団実践の資となることであり、絶対音感には触れていない。むしろ合唱を通じ集団訓練が準備されることを要請していた。日常環境において常に体験していることのなかから、聴くことの訓練をめざし、音名唱法を奨めた文部省の立場と、国民学校芸能科の新使命つまり国防と音楽、産業と音楽という理解から音名唱法をとらえた立場と、音楽の理解を支えるためは移動ド唱法つまり相対音の指導（ドレミ）が教えられるべきだと主張した音楽教育の実践家たちの立場とが未整理のまま、国民学校芸能科はスタートした。

聴くことの訓練の必要性をみとめながらも、論争点となったのは唱法であり、なかでも絶対音感教育を受け入れるか否かという部分が大きくクローズアップされ、その違いが明かになったのが第三期の特色である。

芸能科音楽への方向転換は、唱歌からの脱却である。そして理念のうえでは「時代の音樂文化状況に合わせ」て唱歌は音楽に変換したと言ってもよいであろう。

【江﨑公子】

（注4）

「従来小學校ノ唱歌教授ニ於イテハ移動ド唱法、固定ド唱法、其ノ他音名唱法ヲ併用セラレシ居リタル處、今般國民學校藝能科音樂ニ於イテハ日本音名唱法（ハニホヘト）ヲ採用シ、第四學年ヨリハ移動ド唱法ヲ併用シ得ルコトニ決定シタルニ付、貴管下國民學校ニコノ旨徹底セシメラレ度此段通牒ニ及ブ」

参考：挿絵に見る「藝能科音樂」

一九四一（昭和一六）年三月一日に「國民學校ハ皇國ノ道ニ則リテ初等普通教育ヲ施シ國民ノ基礎的錬成ヲ成スヲ以テ目的トス」とした国民学校令が公布された。教科名も「藝能科音樂」と改称される。その二週間後に発令された同施行規則によれば、芸能科音楽の指導目標は、「國民的情操ヲ醇化スル」「歌詞及楽譜ハ國民的ニシテ兒童ノ心情ヲ快活純美ナラシメ徳性ノ涵養ニ資スル」「祭日祝日等ニオケル唱歌ニ付テハ周到ナル指導ヲ為シ敬虔ノ念ヲ養ヒ愛國ノ精神ヲ昂揚スル」（第一章第二節一四条）とされた。

これに基づき発行された『ウタノホン』上～『初等科音樂』四の『教師用教科書』にも、㈠「國民的情操ヲ醇化」、㈡「徳性ノ涵養」、㈢「愛國ノ精神ヲ昂揚」のために用意された教材の指導のねらいが説かれていた。それは「スキー」にまで「士気を鼓舞し」といった解説が記されていたほどである（→五五二頁）。

そして、この教科書には、もう一つ大きな特徴があった。『ウタノホン』上～『初等科音樂』二までの教材には、指導のねらいを補う挿絵が付されたことである。しかも二学年まではカラー印刷であった。これまで民間から刊行された唱歌集には挿絵が使われていたケースは少なくないが、文部省著作の唱歌集では初めてのことであった。

一「國民的情操ヲ醇化」

㈠日本人のアイデンティティの理解・意識化を目指した挿絵

「ヒノマル」（『ウタノホン』上）
「日本」「富士の山」（『うたのほん』下）、
「天の岩屋」（『初等科音樂』一）
「靖國神社」（『初等科音樂』二）

㈡「郷土」「風習」の理解を目指した挿絵

「オ正月」（『ウタノホン』上）
「ひな祭」（『うたのほん』下）
「田植」「村祭」（『初等科音樂』一）

「オ正月」
「田植」
「ヒノマル」
「靖國神社」
「富士の山」
「ひな祭」
「日本」
「天の岩屋」

二、「徳性ノ涵養」

(一) 親子の愛情、礼節を尊ぶことを目指した挿絵

「オウマ」(『ウタノホン』上)
「朝の歌」(『うたのほん』下)
「鯉のぼり」(『初等科音樂』一)

(二) 自己犠牲、勤勉を学ぶ挿絵

「田島間守」(『うたのほん』下)
「子ども八百屋」(『初等科音樂』一)
「野口英世」「村の鍛冶屋」「作業の歌」「かぞへ歌」(『初等科音樂』二)

「村の鍛冶屋」
「かぞへ歌」
「子ども八百屋」
「オウマ」
「作業の歌」
「朝の歌」
「鯉のぼり」

三、「愛國ノ精神ヲ昂揚」

㈠愛国精神・軍国主義を昂揚させることを目指した挿絵

「兵タイゴッコ」「ヒカウキ」（『ウタノホン』上）
「軍かん」「おもちゃの戰車」「兵たいさん」（『うたのほん』下）
「軍旗」「軍犬利根」「少年戰車兵」「千早城」「潛水艦」「廣瀬中佐」「三勇士」（『初等科音樂』一）
「入營」「無言のがいせん」（『初等科音樂』二）

㈡海外進出を学ぶことを目指した挿絵

「國引き」（『うたのほん』下）
「船は帆船よ」（『初等科音樂』二）

以上のように、「ことば」と「おと」に加え、「挿絵」によって、唱歌は大きく、皇民化教育を補完することになる。

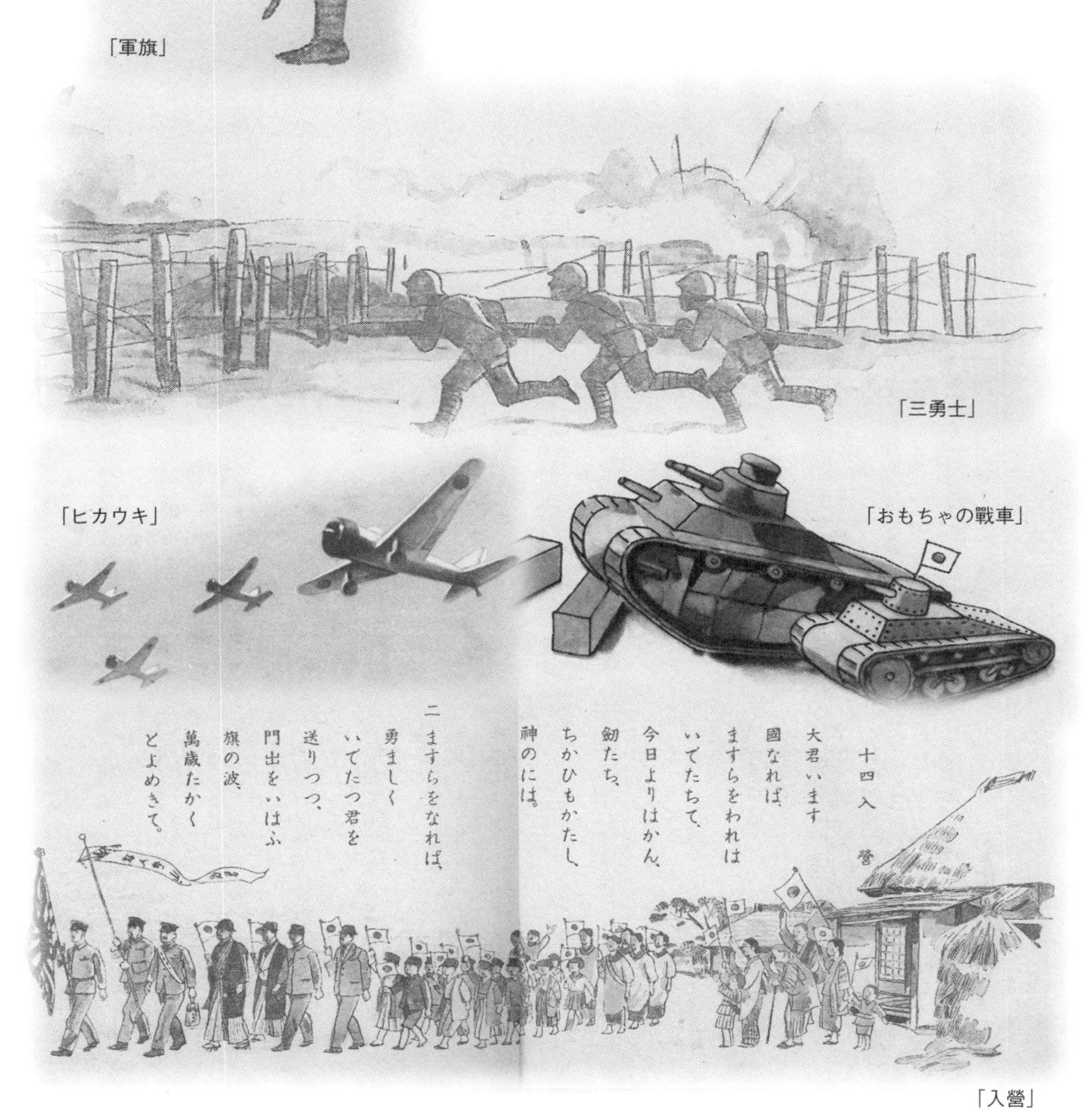

十四　入營
大君います
國なれば、
ますらをわれは
いでたちて、
今日よりはかん、
劔たち、
ちかひもかたし、
神のには。
二　ますらをなれば、
勇ましく
いでたつ君を
送りつつ、
門出をいはふ
旗の波、
萬歳たかく
とよめきて。

「軍旗」

「三勇士」

「ヒカウキ」

「おもちゃの戰車」

「入營」

一九四一(昭和一六)年

『ウタノホン』上

文部省編

刊行：1941年2月27日　発行：文部省
縦149ミリ×横209ミリ 表紙＋52頁

キミガヨ

キミガヨハ、
チヨニ ヤチヨニ、
サザレイシノ
イハホトナリテ、
コケノ ムスマデ。

一、ガクカウ

一

ミンナデ
ベンキャウ
ウレシイナ、
コクミン〃
ガクカウ
イチネンセイ。

二

ゲンキデ
タイサウ
イチ、ニツ、サン、
コクミン〃
ガクカウ
イチネンセイ。

二、ヒノマル

一

アヲゾラ タカク
ヒノマル アゲテ、
アア、ウツクシイ、
ニホンノ ハタハ。

二

アサヒノ ノボル
イキホヒ ミセテ、
アア、イサマシイ、
ニホンノ ハタハ。

＊初出『尋常小學唱歌』「日の丸の旗」（→三五八頁）。一番が「白地に赤く日の丸染めて」から「アヲゾラ タカク ヒノマル アゲテ」に改作。

三、ユフヤケ コヤケ

一

カアカア カラス、
オヤマヘ カエル、
アノ ソラ アカイ。
ユフヤケ コヤケ、
アシタ テンキニ
ナアレ。

二

モウ スグ ゴハン、
オウチヘ カヘラウ、
サヨナラシマセウ。
ユフヤケ コヤケ、
アシタ テンキニ
ナアレ。

四、エンソク

一

ソラハ アヲゾラ、
ヨイテンキ、
ミンナ ゲンキニ
アルキマセウ、
ケフハ エンソク
ウレシイナ。

二

カゼハ ソヨカゼ、
ヨイキモチ、
ミンナ ゲンキニ
ウタイマセウ、
ケフハ エンソク
タノシイナ。

五、カクレンボ

カクレンボスル モノ
ヨットイデ。

ジャン ケン ポン ヨ、
アヒコデ ショ。
モウ イイ カイ。
マアダ ダ ヨ。
モウ イイ カイ。
マアダ ダ ヨ。
モウ イイ ヨ。
＊林柳波作詞・下総皖一作曲。

「カクレンボ」

六、ホタル コイ
ホウ ホウ
ホタル コイ。
小サナ チャウチン
サゲテ コイ。
ホシノ カズホド
トンデ コイ。
ホウ ホウ
ホタル コイ。

七、ウミ
一
ウミハ ヒロイナ、
大キイナ、
ツキガ ノボルシ、
日ガ シヅム。
二
ウミハ 大ナミ、
アヲイ ナミ、
ユレテ ドコマデ、
ツヅク ヤラ。
三
ウミニ オフネヲ
ウカバシテ、
イッテ ミタイナ、
ヨソノ クニ。

八、オウマ
一
オウマノ オヤコハ、
ナカヨシ コヨシ。
イツデモ イッショニ、
ポックリ ポックリ
アルク。
二
オウマノ カアサン、
ヤサシイ カアサン。
コウマヲ 見ナガラ、
ポックリ ポックリ
アルク。
＊林柳波作詞・松島彝作曲。

九、オ月サマ
一
出タ、出タ、月ガ。
マルイ マルイ マンマルイ
ボンノ ヤウナ 月ガ。
二
カクレタ、クモニ。
クロイ クロイ マックロイ
スミノ ヤウナ クモニ。
三
マタ 出タ、月ガ。
マルイ マルイ マンマルイ
ボンノ ヤウナ 月ガ。
＊初出『尋常小學讀本唱歌』「ツキ」（→三四九頁）。

十、モモタラウ
一
ハタハ 日ノマル
青イ 海、
小サナ フネガ
ホヲ アゲタ。
二
フネニ ヰルノハ
モモタラウ、
オトモハ サルト
犬ト キジ。
三
ハマデ 見オクル

オヂイサン、
ナランデ 手ヲ フル
オバアサン。

＊『尋常小學唱歌』第一學年用（↓三五九頁）、『新訂尋常小學唱歌』第一學年用の「桃太郎」（「桃太郎さん、桃太郎さん…」）は同名異曲。

十一、タネマキ

一

パラパラ パラパラ、
タネマキシマセウ。
マイタラ 日ガ テレ、
雨ガ フレ。

二

パラパラ パラパラ、
タネマキスレバ、
メガ 出テ、ハ ガ 出テ、
花ガ サク。

十二、ハト ポッポ

一

ポッポポッポ、
ハト ポッポ、
マメガ ホシイカ、
ソラ ヤルゾ。
ミンナデ イッショニ
タベニ 來イ。

二

ポッポポッポ、
ハト ポッポ、
マメハ ウマイカ、
タベタナラ、
ミンナデ ナカヨク
アソバウヨ。

＊初出『尋常小學唱歌』第一學年用「鳩」（↓三五八頁）。『新訂尋常小學唱歌』第一學年用（↓四三八頁）。

十三、コモリウタ

一

ネンネン コロリヨ、
オコロリヨ。
バウヤハ ヨイ子ダ、
ネンネシナ。

二

バウヤノ オモリハ、
ドコヘ 行ツタ。
アノ 山 コエテ、
里ヘ 行ツタ。

三

里ノ ミヤゲニ、
ナニ モラツタ。
デンデン ダイコニ、
シャウノ フエ。

十四、オ人ギャウ

一

イツモ ツカイニ イク トキハ、
オ人ギャウサンヲ ツレテ イク。
雨ガ フッタラ カサ サシテ、
カサ サシテ。

二

空ニ マンマル 月ガ 出テ、
オ人ギャウサンハ ユメヲ 見ル。
ネンネン コロリヨ、ネンコロリ。
ネンコロリ。

十五、オ正月

一

早ク 來イ 來イ、
オ正月、
山ノ ウラジロ
持ッテ 來イ。

二

早ク 來イ 來イ、
オ正月、
タニノ ワカ水
クンデ 來イ。

十六、デンシャゴッコ

一

ウンテンシュ ハ
キミダ。
シャシャウ ハ ボクダ。
アトノ 四人ガ、
デンシャノ オ客。
「オノリハ オ早ク、
ウゴキマス。」

二

ウンテンシュ ハ
ジャウズ。
デンシャハ 早イ。
ツギハ ボクラノ
學校前ダ。
「オオリハ オ早ク、
ウゴキマス。」

＊井上赳作詞・下総皖一作曲。歌詞の初出『新訂尋常小學

唱歌』第一學年用、信時潔作曲（↓四三九頁）。二番三行目「ツギハボクラノ學校前ダ」は「つぎは上野公園前だ」からの改作。歌の終わりの「ちんちん」は削除された。

「デンシャゴッコ」

十七、カラス

カラス カラス
カンザブラウ。
アノ山 クヮジダ。
トビグチ フッテ、
ハシレ。
生マレタ 山ヲ
ワスレルナ。

＊『尋常小學讀本唱歌』「カラス」（↓三四九頁）および『尋常小學唱歌』第一學年用（↓三六〇頁）、『新訂尋常小學唱歌』一學年用の「烏」（↓四四一頁）は同名異曲。

十八、兵タイゴッコ

一

カタカタ カタカタ
パンポン パンポン。
兵タイゴッコ。
カタカタ カタカタ、
パンポン パンポン。
ボクラハ ツヨイ。

二

カタカタ カタカタ、
パンポン パンポン。
ススメヨ、ススメ。
カタカタ カタカタ、
パンポン パンポン。
テキ兵ハ ニゲル。

＊関連教材：『初等科國語』。

「兵タイゴッコ」

十九、ヒカウキ

ヒカウキ、
ヒカウキ、
早イナ。
青イ 空ニ
ギンノ ツバサ。
ヒカウキ、
ヒカウキ、
早イナ。

二十、ウグヒス

一

ウメノ 小枝デ、
ウグヒスハ、
春ガ 來タヨト
ウタヒマス。
ホウ ホウ
ホケキョ、
ホウ ホケキョ。

二

雪ノ オ山ヲ
キノウ 出テ、
里ヘ 來タヨト
ウタヒマス。
ホウ ホウ
ホケキョ、
ホウ ホケキョ。

【参考資料】

文部省『ウタノホン』上 教師用教科書（一九四一年刊）

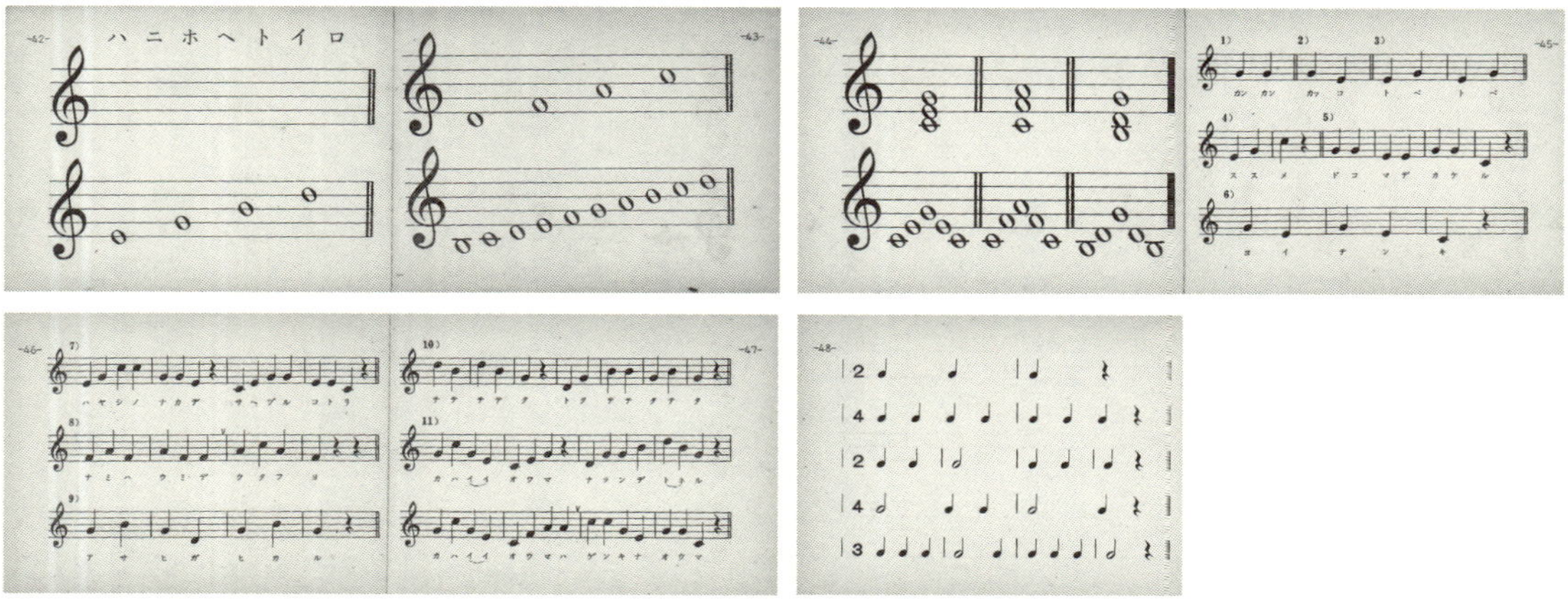

「ウタノホン」上　巻末楽典資料

『うたのほん』下

文部省編

刊行：1941年3月7日　発行：文部省
縦147ミリ×横209ミリ 表紙＋56頁

君が代

君が代は、
ちよに やちよに、
さざれいしの、
いはほと なりて、
こけの むすまで。

きげん節

一

雲に そびゆる 高ちほの
高根おろしに、草も、木も、
なびき ふしけん 大みよを
あふぐ 今日こそ たのしけれ。

二

うな原 なせる はにやすの
池の おもより なほ 廣き
めぐみの 波に あみし よを
あふぐ 今日こそ たのしけれ。

三

あまつひつぎの 高みくら、
ちよ よろづよに 動きなき
もとゐ 定めし その かみを
あふぐ 今日こそ たのしけれ。

四

空に かがやく 日のもとの
よろづの 國に たぐひなき、
國の みはしら たてし よを
あふぐ 今日こそ たのしけれ。

一、春が 來た

一

春が 來た、
春が 來た、
どこに 來た。
山に 來た、
里に 來た、
野にも 來た。

二

花が 咲く、
花が 咲く、
どこに 咲く。
山に 咲く、
里に 咲く、
野にも 咲く。

＊初出『尋常小學讀本唱歌』（↓三五〇頁）。

二、さくら さくら

さくら さくら、
野山も、里も、
見わたす かぎり、
かすみか、雲か、
朝日に にほふ。
さくら さくら、
花ざかり。

三、國引き

一
國來い、
國來い、
えんやらや。
神さま
つな引き、
お國引き。

二
しま來い、
しま來い、
えんやらや。
はっぱう
のこらず
よって來い。

四、軍かん

一
行け 行け、軍かん、
日本の
國の まはりは、
みんな 海。
海の 大なみ
こえて 行け。

二
行け 行け、軍かん、
日本の
國の 光を
何千り、
海の はてまで
かがやかせ。

五、雨ふり

一
雨雨、ふる ふる、
田に、はたに。
子どもは せっせと
苗はこび。
小犬も かけます、
たんぼみち。

二
雨雨、ふる ふる、
野に、山に。
おとなは そろって
田うゑする。
つばめは とびます、
かさの上。

六、花火

一
どんと なった。
花火だ、
きれい だな。
空いっぱいに
ひろがった、
しだれやなぎが
ひろがった。

二
どんと なった。
何百、
赤い星、
一どに かはって、
青い星、
も一どかはって
金の星。

＊井上赳作詞・下総皖一作曲。

七、たなばたさま

一
ささの 葉 さらさら、
のきばに ゆれる。
お星さま きらきら、
きん ぎん 砂子。

二
五しきの たんざく
わたしが かいた。
お星さま きらきら、
空から 見てる。

＊権藤花代（一八九九－一九六一）作詞（林柳波補詞）・下総皖一作曲。

八、うさぎ

うさぎ、

うさぎ、
なに 見て
はねる。
十五夜
お月さま、
見て はねる。

九、長い道

一
どこまで 行っても、
長い 道。
夕日が 赤い、
森の 上。

二
どこまで 行っても、
長い 道。
ごうんと お寺の
かねが なる。

＊林柳波作詞・下総皖一作曲。

十、朝の 歌

一
すずめが ちゅんちゅん、
朝の 歌 歌ふ。
みなさん お早う、
ごきげん いかが、
きれいな お水で
お顔を あらひませう。

二
吹く 風 そよそよ、
朝の 歌 歌ふ。
みなさん お早う、
ごきげん いかが、
なかよく そろって
學校へ まゐりませう。

十一、富士の 山

一
大昔から 雲の 上、
雪を いただく
富士の 山。
いく千まんの 國みんの
心 きよめた 神の 山。

二
今、日本に たづね來る
よその 國人 あふぐ 山。
いくまん年の のちまでも、
世界 だい一、神の 山。

＊『新訂尋常小學唱歌』二學年用「富士山」（→四四六頁）は同名異曲。

十二、菊の 花

一
きれいな 花よ、菊の 花、
白や 黄色の 菊の 花。

二
けだかい 花よ、菊の 花、
あふぐ ごもんの 菊の 花。

三
日本の 秋を かざる 花、
きよい かをりの 菊の 花。

＊『尋常小學唱歌』第一學年用「菊の花」（→三六〇頁）は同名異曲。小林愛雄（一八八一－一九四五）作詞・井上武士（一八九四－一九七四）作曲。

十三、かけっこ

一
かけっこ かけっこ、
とべ とべ、走れ。
赤かて、赤かて、
（白かて、白かて、）
ひといきだ。

二
あとから つづくぞ、
とべ とべ、早く。
赤かて、赤かて、
（白かて、白かて、）
けっしょうだ。

十四、たきぎひろひ

一
あったよ、あったよ、
枯枝 あったよ。
松だよ、すぎだよ、
ここにも あったよ、
たくさん あったよ。

二
せっせと、せっせと、
枯木を ひろはう。
松だよ、すぎだよ、
うんとこ どっこい、
かついで かへらう。

十五、おもちゃの 戰車

一
おもちゃの 戰車、
すすめよ、すすめ。

つみ木の ざんがう、
ずんずん こえて、
ごうごう がらがら、
すすめよ、すすめ。

二
おもちゃの 戰車、
走れよ、走れ。
しきゐの クリーク。
へいきで こえて、
ごうごう がらがら、
走れよ、走れ。

十六、羽根つき

一
追羽根 小羽根、
小鳥に なって、
空まで あがれ。
ひい、ふ、みい、よ、
いつつで 渡そ、
花子さんに 渡そ。

二
追羽根 小羽根
てふてふに なって、
ひらひら まへよ。
ひい、ふ、みい、よ、
いつつで 渡せ、
春枝さんに 渡せ。

十七、兵たいさん

一
てっぽう かついだ
兵たいさん、
足並 そろへて
あるいてる。
とっとこ とっとこ
あるいてる。
兵たいさんは
勇ましい。

二
お馬に 乘った
兵たいさん、
砂を けたてて
かけて 來る。
ぱっぱか ぱっぱか
かけて 來る。
兵たいさんは
勇ましい。

十八、ひな祭

一
赤い まうせん しきつめて、
おだいり様は 上の だん、
金の びゃうぶに ぎんの だい。

二
五人ばやしや 官女たち、
そろって 並ぶ、下の だん、
どれも きれいな おひな様。

三
あられ・ひし餅・お白ざけ、
ぼんぼり かざる おもしろさ、
今日は 三月 ひな祭。

＊林柳波作詞・平井康三郎（一九一〇－二〇〇二）作曲。

十九、日本

一
日本 よい 國、
きよい 國。
世界に 一つの
神の 國。

二
日本 よい 國、
強い 國。
世界に かがやく
えらい 國。

二十、羽衣

一
白い はまべの
松原に、
波が よせたり、
かへしたり。

二
あまの 羽衣
ひらひらと、
天にょの まひの
美しさ。

三
いつか かすみに
つつまれて、
空に ほんのり
富士の 山。

＊林柳波作詞・橋本國彦作曲。

「うたのほん」下　巻末楽典資料

資料：國民學校令（抄）

朕枢密顧問ノ諮詢ヲ経テ小學校令改正ノ件ヲ裁可シ玆ニ之ヲ公布セシム

第一章　目的

第一條　國民學校ハ皇國ノ道ニ則リテ初等普通教育ヲ施シ國民ノ基礎的錬成ヲ爲スヲ以テ目的トス

第二章　課程及編制

第二條　國民學校ニ初等科及高等科ヲ置ク但シ土地ノ情況ニ依リ初等科又ハ高等科ノミヲ置クコトヲ得

第三條　初等科ノ修業年限ハ六年トシ高等科ノ修業年限ハ二年トス

第四條　國民學校ノ教科ハ初等科及高等科ヲ通ジ國民科、理数科、體錬科及藝能科トシ高等科ニ在リテハ實業科ヲ加フ

國民科ハ之ヲ分チテ修身、國語、國史及地理ノ科目トス

理数科ハ之ヲ分チテ算數及理科ノ科目トス

體錬科ハ之ヲ分チテ體操及武道ノ科目トス但シ女児ニ附テハ武道ヲ欠クコトヲ得

藝能科ハ之ヲ分チテ音樂、習字、圖畫及工作ノ科目トシ初等科ノ女児ニ附テハ裁縫ノ科目ヲ、高等科ノ女児ニ附テハ家事及裁縫ノ科目ヲ加フ

實業科ハ之ヲ分チテ農業、工業、商業又ハ水産ノ科目トス

前五項ニ掲グル科目ノ外高等科ニ於テハ外國語其ノ他必要ナル科目ヲ設クルコトヲ得

（第五條略）

第六條　國民學校ノ教科用圖書ハ文部省ニ於テ著作權ヲ有スルモノタルベシ但シ郷土ニ關スル圖書、歌詞、樂譜等ニ關シ文部大臣ニ於テ別段ノ規定ヲ設ケタル場合ハ此ノ限ニ在ラズ

（後條略）

（昭和十六年三月一日　勅令第百四八号）

資料：國民學校令施行規則（抄）

第一章　教則及編制

第一節総則

第一條　國民學校ニ於テハ國民學校令第一條ノ旨趣ニ基キ左記事項ニ留意シテ兒童ヲ教育スベシ

一　教育ニ關スル勅語ノ旨趣ヲ奉體シテ教育ノ全般ニ亙リ皇國ノ道ヲ修練セシメ特ニ國體ニ對スル信念ヲ深カラシムベシ

二　國民生活ニ必須ナル普通ノ知識技能ヲ體得セシメ情操ヲ醇化シ健全ナル心身ノ育成ニ力ムベシ

三　我ガ國文化ノ特質ヲ明ナラシムルト共ニ東亞及世界ノ大勢ニ付テ知ラシメ皇國ノ地位ト使命トノ自覚ニ基キ大國民タルノ資質ヲ啓培スルニ力ムベシ

四　心身ヲ一體トシテ教育シ教授、訓練、養護ノ分離ヲ避クベシ

五　各教科並ニ科目ハ其ノ特色ヲ發揮セシムルト共ニ相互ノ關連ヲ緊密ナラシメ之ヲ國民錬成ノ一途ニ歸セシムベシ

六　儀式、學校行事等ヲ重ンジ之ヲ教科ト併セ一體トシテ教育ノ實ヲ挙グルニ力ムベシ

七　家庭及社會トノ聯絡ヲ緊密ニシ兒童ノ教育ヲ全カラシムルニ力ムベシ

八　教育ヲ國民ノ生活ニ即シテ具體的實際的ナラシムベシ高等科ニ於テハ尚將來ノ職業生活ニ對シ適切ナル指導ヲ行フベシ

九　兒童心身ノ發達ニ留意シ男女ノ特性、個性、環境等ヲ顧慮シテ適切ナル教育ヲ施スベシ

十　兒童ノ興味ヲ喚起シ自修ノ習慣ヲ養フニ力ムベシ

第二節　教科及科目

第十三條　藝能科ハ國民ニ須要ナル藝術技能ヲ修練セシメ情操ヲ醇化シ國民生活ノ充實ニ資スセムルヲ以テ要旨トス技巧ニ流レズ精神ヲ訓練スルコトヲ重ンジ眞摯ナル態度ヲ養ウベシ

我ガ國藝術技能ノ特質ヲ知ラシメ工夫創造ノ力ヲ養フニ力ムベシ

教材ハ成ルベク土地ノ情況ニ應ジ生活ノ實際ニ則シ且國民的情操ノ陶冶ニ資スルモノタルベシ

日常生活ニ於ケル應用ヲ指導シ個性ノ伸長ニ留意スルト共ニ適宜共同作業ヲ課スベシ

躾ヲ重ンジ姿勢ニ留意シ用具、材料ニ附テ適切ナル指導ヲ爲スベシ

第十四條　藝能科音樂ハ歌曲ヲ正シク歌唱シ音樂ヲ鑑賞スルノ能力ヲ養ヒ國民的情操ヲ醇化スルモノトス

初等科ニ於テハ平易ナル單音唱歌ヲ課シ適宜輪唱歌及重音唱歌ヲ加ヘ且音樂ヲ鑑賞セシムベシ又器樂ノ指導ヲ爲スコトヲ得

歌唱ニ即シテ適宜樂典ノ初歩ヲ授クベシ

高等科ニ於テハ其ノ程度ヲ進メテ之ヲ課スベシ

歌詞及樂譜ハ國民的ニシテ兒童ノ心情ヲ快活純美ナラシメ徳性ノ涵養ニ資スルモノタルベシ

兒童ノ音樂的資質ヲ啓発シテ高雅ナル趣味ヲ涵養シ國民音樂創造ノ素地タラシムベシ

發音及聴音ノ練習ヲ重ンジ自然ノ發聲ニ依ル正シキ發音ヲ爲サシメ且音ノ高低、強弱、音色、律動、和音等ニ對シ鋭敏ナル聴覚ノ育成ニ力ムベシ

祝祭日等ニ於ケル唱歌ニ附テハ周到ナル指導ヲ為シ敬虔ノ念ヲ養ヒ愛國ノ精神ヲ昂揚スルニ力ムベシ　（以下略）

（昭和一六年三月一四日　文部省令第四号）

資料：「藝能科指導の精神」（抜粋）

『ウタノホン』上 総論「藝能科指導の精神」より

一 皇國の道の修練

藝能科教育の要旨は、先づ第一に皇國の道に則って初等普通教育を施し國民の基礎的錬成をなすにある。此れは言ふまでもなく國民學校教育の一般の原則であるが、特に藝能科の教育に當るものの銘記しておく必要がある。

吾々は、悠久の昔から吾々の祖先が修練し創造してきた歴史的國民的な藝能文化の中に養はれ育てられてゐる。そこには、祖先が吾々に遺した傳統的な物の見方、感じ方、考へ方があり、道がある。さうして、それ等のものの歸結するところは、藝能文化の面を通しての皇運扶翼といふことにある。それが皇國の道である。吾々は、この皇國の道に於て現に生かされてゐると共に、將来、益々之を發揚して行かねばならぬのである。即ち藝術技能を修練することを通してこの皇國の道に參じ、自分に於て皇國の道を自證し、皇國の道に於て自分を自覺し、皇國の道の使徒として之を紹述し、之を顯彰し、以て國運の發展に貢献して行かねばならぬのである。

それは第一に修練である。故に行と行得とを忘れた觀念や觀想のみであってはならないのである。又、それは道の修練である。故に單なる技能や知識の傳習のみに留らず、道を求め、道を修める心がなくてはならないのである。又、それは皇國の道の修練である。故に吾が國の傳統を忘れた外國の藝能への心酔や、國家を超えた藝術至上主義とか、美の爲の美とかいふやうなものであってはならないのである。あくまでも、吾が國藝術技能の實修を通して皇國の道を體得せしめることでなければならない。

次に藝能科は、國民錬成の爲の教科である。故に抽象的な個人の人格の完成とか、自我の實現の爲の教育ではなく、具體的に忠良な皇國臣民を錬成する爲の教育藝能であり、又、國境を越えた單なる人間性の教育ではなく、歴史的な日本國民性の錬成の爲の藝能教育であらねばならないのである。

更にそれは基礎的錬成の爲の教科である。故に兒童將来の多様なる發展の由って出づるその基礎に培へばよいのであって、專門的な純粋藝術の教育とか、小藝術家を育てるかのやうな教育に流れてはならないのである。

二 國民生活の充實

抽象的な個人といふやうなものは、現實には存在しない。吾々は根本的に歴史的社會的な存在である。故に現實の吾々の生活は、凡て當然に歴史的社會的な國民生活であるのである。さうして、本來吾々は、かかる國民生活によって形成せられ、又、國民生活を形成して行くべき存在である。從って、かやうな生活を營む吾々には、内にある國民的・情操的なものを、具體的な、客觀的なものにまで表現し形成してゆくことによって、どこまでも自分を見て行き自覺してゆかうとする藝能的表現の要求がある。さうして、之を果たすことによって、深い底からの滿足と歡びがあり、又それによって吾々の國民生活は豐醇にされ潤澤にされ、生きがひのある華も實もある生活をなし得るのである。藝能科はかような意味に於て、國民生活の充實を目的とするのである。

＊国民学校児童にむけた教科書『ウタノホン』上〜『初等科音樂』四には、それぞれ教師用教科書（A4版・一五六頁〜一九二頁）があり、巻頭には「藝能科」の基本的な方向性が以上のように述べられている（各巻共通）。ここに紹介したのはその冒頭部分。芸能科教育に対し、皇民教育の徹底を求めていた。

一九四二（昭和一七）年

『初等科音樂』一

文部省編

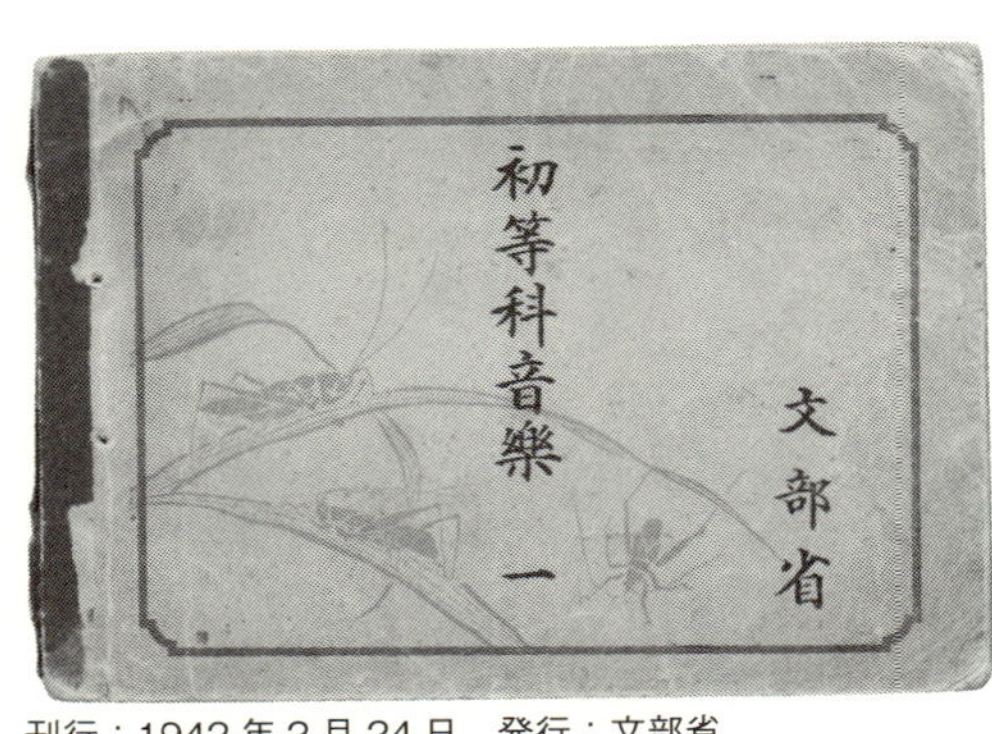

刊行：1942年2月24日　発行：文部省
縦147ミリ×横209ミリ 表紙＋72頁

君が代

君が代は、
ちよにやちよに、
さざれ石の、
いはほとなりて、
こけの むすまで。

勅語奉答

あやにかしこき すめらぎの、
あやにたふとき すめらぎの、
あやにたふとく、かしこくも、
下したまへり、大みこと。
これぞめでたき 日の本の
國の教の もとゐなる。
これぞめでたき 日の本の
人の教の かがみなる。
あやにかしこき すめらぎの
みことのままに いそしみて、
あやにたふとき すめらぎの
大御心に 答へまつらん。

＊勝安芳（海舟）作詞・小山作之助作曲（↓九九頁）。

天長節

今日のよき日は、大君の
うまれたまひし よき日なり。
今日のよき日は、みひかりの
さし出たまひし よき日なり。
ひかりあまねき 君が代を
いはへ、もろ人 もろともに。
めぐみあまねき 君が代を
いはへ、もろ人 もろともに。

＊黒川眞頼作詞・奥好義作曲（↓一〇一頁）。

明治節

一
アジヤの東日出づるところ、
ひじりの君のあらはれまして、
古きあめつちとざせるきりを、
大御光にくまなくはらひ、
教あまねく、道明らけく、
治めたまへる御代たふと。

二
めぐみの波はやしまにあまり、
みいつの風はうな原こえて、
神のよさせるみわざをひろめ、
民のさかゆく力をのばし、
とつ國國のふみにも、しるく
とどめたまへる御名かしこ。

三
秋の空すみ、菊の香高き、
今日のよき日を皆ことほぎて、
定めましけるみのりをあがめ、
さとしましけるみことを守り、
代代木の森の代代とこしへに
仰ぎまつらん、大みかど。

＊堀澤周安（一八六九－一九四一）作詞・杉江秀（一八八一－一九四三）作曲。

一月一日

第一章
年のはじめの
ためしとて、
終なき世の
めでたさを、
松竹たてて、
かどごとに
いはふ今日こそ
たのしけれ。

第二章
初日のひかり
さしいでて、

よもにかがやく
今朝のそら、
君がみかげに
たぐへつつ
仰ぎ見るこそ
たふとけれ。

＊千家尊福作詞・上眞行作曲（↓一〇〇頁）。

紀元節

第一章

雲にそびゆる高千穂の
高根おろしに、草も、木も、
なびきふしけん大御世を
仰ぐ今日こそ樂しけれ。

第二章

うな原なせるはにやすの
池のおもよりなほひろき
めぐみの波にあみし世を
仰ぐ今日こそ樂しけれ。

第三章

あまつひつぎの高みくら、
千代よろづよに動きなき
もとゐ定めしそのかみを
仰ぐ今日こそ樂しけれ。

第四章

空にかがやく日のもとの、
よろづの國にたぐひなき
國のみはしらたてし世を
仰ぐ今日こそ樂しけれ。

＊高﨑正風作詞・伊澤修二作曲。初出『中等唱歌集』（↓六八三頁）。

一　春の小川

一

春の小川は、さらさら行くよ。
岸のすみれや、れんげの花に、
すがたやさしく、色うつくしく
咲いてゐるねと、ささやきながら。

二

春の小川は、さらさら行くよ。
えびやめだかや、小ぶなのむれに、
今日も一日、ひなたでおよぎ、
遊べ遊べと、ささやきながら。

＊初出『尋常小學唱歌』第四學年用（↓三七三頁）。『新訂尋常小學唱歌』第四學年（↓四五四頁）の三番は削除され、各節の歌い出し「春の小川は、さらさら流る」は「さらさら行くよ」に改作。

二　鯉のぼり

一

お日さまのぼる、
もえたつみどり。
まごひがおよぐ、
ひごひがおよぐ。

二

のぼりを立てて、
みんながいはふ。
よい子になあれ、
おほきくなあれ。

三

のぼりを立てて、
をとこの子ども、
おほきくなって、
にっぽんだんじ。

「鯉のぼり」

＊井上武士作曲。「鯉のぼり」をテーマにした唱歌には、他に『尋常小學唱歌』五學年用「鯉のぼり」（甍の波と雲の波…↓三八四頁）、『エホンシヤウカ（ハルノマキ）』に収められた近藤宮子作詞「コヒノボリ」（屋根より高い鯉のぼり…）、瀧廉太郎作曲・東くめ作歌「鯉幟」（『幼稚園唱歌』↓六九八頁）、『新訂高等小學唱歌』一學年用「鯉幟」（五月の空は晴れわたり…↓四七三頁）がある。

三　天の岩屋

一

さか木の枝にかけませう。
鏡と玉をかけませう。
ああ、神の代の岩戸前。

二

長鳴きどりをなかせませう。
かぐらのまひをまひませう。
ああ、おもしろい、おもしろい。

三
岩戸がさっとあきました。
かがやきわたるおすがたは、
ああ、天照大神（あまてらすおほみかみ）。

四　山の歌

一
とぶよ、とぶよ、白雲。
そよぐ、そよぐ、木々の葉、
山の朝だ、夜あけだ。
わらぢしめて、さ、のぼれ。

二
鳴くよ、鳴くよ、こま鳥。
吹くよ、吹くよ、そよ風。
山の朝だ、夜あけだ。
みねをさして、さ、のぼれ。

＊久保田宵二（一八九九－一九四七）作詞・長谷川良夫（一九〇七－一九八一）作曲。

五　田植

一
そろた、出そろた、
さなへがそろた。
植ゑよう、植ゑましょ、
み國のために。
米はたからだ、たからの草を、
植ゑりゃ、こがねの花が咲く。

二
そろた、出そろた、
植ゑ手もそろた。
植ゑよう、植ゑましょ、
み國のために。
ことしゃほう年、穂に穂が咲いて、
みちの小草も　米がなる。

＊井上赳作詞・中山晋平（一八八七－一九五二）作曲。

六　なはとび

一
一つとんで、またとんで、
三つめも　とべたなら、
お次の番に　かはりませう。

二
高くとんで、またとんで、
三つめはうしろむき、
くるりととんで、かはりませう。

三
一とんで、二とんで、
三ととぶ　とび上手、
十までとんで　かはりませう。

七　子ども八百屋（やほや）

一
子どもの車だ、
八百屋の車だ、
子どもの買出し。
押せ押せ、車を、
よいしょ、よいしょ。

二
おとうさんは出征、
おかあさんと四人で、
八百屋だ、毎日。
押せ押せ、車を、
よいしょ、よいしょ。

三
くに子も、ひさ子も、
あと押し頼むぞ。
にいさん、しっかり。
押せ押せ、車を、
よいしょ、よいしょ。

八　軍犬利根（とね）

一
行けとの命令、まっしぐら。
かはいい軍犬、まっしぐら。
カタカタ　カタカタ　カタカタ、
ダン　ダン　ダン、彈の中。

二
あの犬、うてうて、うちまくれ。
のがすな、のがすな、うちまくれ。
カタカタ　カタカタ　カタカタ、
ダン　ダン　ダン、敵の彈。

三
よし來い、よし來い、利根來い來い。
わたしだ、わたしだ、利根來い來い。
カタカタ　カタカタ　カタカタ、
ダン　ダン、ダン、彈の中。

九　秋

一
ちんちろ　松虫、
虫の聲、
庭の畠で
鳴きました。

二
ぎんぎら　葉の露、
草の露、

月の光が
ぬれました。

三

とろとろ もえる火、
ゐろりの火、
栗がはぜます、
にほひます。

十　稲刈

一

がんが渡るぞ、青空を。
さあさ、刈り取れ、
みのりの秋だ。
たれる稲穂（いなぼ）は、こがね色。

二

歌が流れる、そよ風に。
さあさ、刈り取れ、
みのりの秋だ。
はずむ利鎌（とがま）に日が光る。

三

胸がをどるぞ、喜びに。
さあさ、刈り取れ、
稲刈りあげて、
米のたわらを山とつめ。

十一　村祭

一

村のちんじゅの神様の、
今日は、めでたいお祭日。
どんどんひゃらら、
どんひゃらら、
どんどんひゃらら、
どんひゃらら、
朝から聞える笛たいこ。

二

としも豊年満作で、
村はそう出の大祭。
どんどんひゃらら、
どんひゃらら、
どんどんひゃらら、
どんひゃらら、
夜までにぎはう宮の森。

三

治る御代に、神様の
恵みたたへる村祭。
どんどんひゃらら、
どんひゃらら、
どんどんひゃらら、
どんひゃらら、
聞いても心が勇みたつ。

＊初出『尋常小學唱歌』三學年用（→三六七頁）。初出三番二行目「めぐみ仰ぐや村祭り」からの改作。

十二　野菊

一

遠い山から吹いて來る
こ寒い風にゆれながら、
けだかく、きよくにほふ花。
きれいな野菊、
うすむらさきよ。

二

秋の日ざしをあびてとぶ
とんぼをかろく休ませて、
しづかに咲いた野べの花。
やさしい野菊、
うすむらさきよ。

三

しもがおりてもまけないで、
野原や山にむれて咲き、
秋のなごりををしむ花。
あかるい野菊、
うすむらさきよ。

＊石森延男（一八九七－一九八七）作詞・下総皖一作曲。

十三　田道間守（たぢまもり）

一

かをりも高いたちばなを、
積んだお船がいま歸る。
君の仰せをかしこみて、
萬里の海をまっしぐら、
いま歸る、田道間守、田道間守。

二

おはさぬ君のみささぎに、
泣いて歸らぬまごころよ。
遠い國から積んで來た
花たちばなの香とともに、
名はかをる、田道間守、田道間守。

十四　潛水艦（せんすゐ）

一

魚雷かかへて、
しぶきをあげて、
もぐる海底（かいてい）わが天下。

二

立てて見はった
潛望鏡（せんばうきやう）に、

光る黒しほ、敵のふね。

三

海の城だと
いばってゐても、
波の底からねらひうち。

十五　餅つき

一

ぺったん、ぺったん、お餅つき、
つく人、のす人、ふかす人、
みんなではたらくお餅つき、
こな雪さらさら降ってゐて。

二

ぺったん、ぺったん、お餅つき、
きれいなお餅ができました。
みんなでにこにこお餅つき
もうすぐ樂しいお正月。

十六　軍旗（三部合唱）

一

軍旗、軍旗、
天皇陛下の
みてづから、
お授けくださる尊い軍旗、
わが陸軍のしるしの軍旗。

二

軍旗、軍旗、
天皇陛下の
おことばを、
心にきざんでみ國を守る、
わが陸軍のいのちの軍旗。

十七　手まり歌

一

てんてんてん、
天神さまのお祭で、
てんてん手まりを買ひました。
てんてん手まりはどこでつく、
梅のお花の下でつく、
下でつく。

二

てんてんてん、
天神さまの石段は、
だんだんかぞへていくつある。
だんだんかぞへて二十段。
段の數ほどつきませう、
つきませう。

＊竹内俊子作詞・松島つね作曲。

十八　雪合戰

一

勝て勝て、負けるな、雪合戰。
兩手でまるめろ、雪の彈。
あたれば痛いぞ、はじけるぞ。
敵軍めがけて投げつけろ。

二

勝て勝て、負けるな、雪合戰。
敵軍なかなか手ごはいぞ。
一歩もさがるな、攻めたてろ、
最後の勝どきあげるまで。

十九　梅の花

一

學校がへりに、近道を
通って來れば、どこからか、
ほんのりにほふ梅の花。

二

見れば、ちらほら枝さきに、
にほひもきよく咲きそめた
明かるく白い梅の花。

二十　三勇士（三部合唱）

一

大君のため、
國のため、
わらってたった
三勇士。

二

鐵條網も
トーチカも、
なんのものかは、
破壞筒（はくわいとう）。

三

その身は玉と
くだけても、
ほまれは殘る、
廟巷鎭（べうかうちん）。

＊下総皖一作曲。

【参考資料・文献】

文部省『初等科音樂』一　教師用教科書（一九四二年）

『初等科音楽』一　巻末楽典資料

『初等科音樂』二

文部省編

刊行：1942年2月24日　発行：文部省
縦147ミリ×横209ミリ 表紙＋80頁

君が代

君が代は、
ちよにやちよに、
さざれ石の、
いはほとなりて、
こけのむすまで。

勅語奉答

あやにかしこき すめらぎの、
あやにたふとき すめらぎの、
あやにたふとく、かしこくも、
下したまへり、大みこと。
これぞめでたき 日の本の
國の教の もとゐなる。
これぞめでたき 日の本の
人の教の かがみなる。
あやにかしこき すめらぎの
みことのままに いそしみて、
あやにたふとき すめらぎの
大御心に 答へまつらん。

＊勝安芳（海舟）作詞・小山作之助作曲。

天長節

今日のよき日は、大君の
うまれたまひし よき日なり。
今日のよき日は、みひかりの
さし出たまひし よき日なり。
ひかりあまねき 君が代を
いはへ、もろ人 もろともに。
めぐみあまねき 君が代を
いはへ、もろ人 もろともに。

＊黒川眞頼作詞・奥好義作曲。

明治節

一
アジヤの東日出つるところ、
ひじりの君のあらはれまして、
古きあめつちとざせるきりを、
大御光にくまなくはらひ、
教あまねく、道明らけく、
治めたまへる御代たふと。
二
めぐみの波はやしまにあまり、

みいつの風はうな原こえて、
神のよさせるみわざをひろめ、
民のさかゆく力をのばし、
とつ國國のふみにも、しるく
とどめたまへる御名かしこ。

三

秋の空すみ、菊の香高き、
今日のよき日を皆ことほぎて、
定めましけるみのりをあがめ、
さとしましけるみことを守り、
代代木の森の代代とこしへに
仰ぎまつらん、大みかど。

＊堀澤周安作詞・杉江秀作曲。

一月一日

第一章

年のはじめの
ためしとて、
終なき世の
めでたさを、
松竹たてて、
かどごとに
いはふ今日こそ
たのしけれ。

第二章

初日のひかり
さしいでて、
よもにかがやく
今朝のそら、
君がみかげに
たぐへつつ
仰ぎみるこそ
たふとけれ。

＊千家尊福作詞・上眞行作曲。

紀元節

第一章

雲にそびゆる高千穂の
高根おろしに、草も、木も、
なびきふしけん大御世を
仰ぐ今日こそ樂しけれ。

第二章

うな原なせるはにやすの
池のおもよりなほひろき
めぐみの波にあみし世を
仰ぐ今日こそ樂しけれ。

第三章

あまつひつぎの高みくら、
千代よろづよに動きなき
もとゐ定めしそのかみを
仰ぐ今日こそ樂しけれ。

第四章

空にかがやく日のもとの、
よろづの國にたぐひなき
國のみはしらたてし世を
仰ぐ今日こそ樂しけれ。

＊高崎正風作詞・伊澤修二作曲。初出『中等唱歌集』(↓六八三頁)。

一　春の海

一

うすむらさきにほのぼのと、
朝の光は、あたらしい、
のぞみを乗せて來るやうな
明かるい、廣い春の海。

二

のどかに波はささやいて、
空と水とのあをみどり。
心も廣くなるやうに、
ゆたかにゆれる春の海。

二　作業の歌

一

さあさあ、元氣で、働け、働け、
水くみ、草とり、
なんでもやらうぞ。
作業だ、作業だ、ゆくわいに働け。

二

力をあはせて、働け、働け、
寒さも、暑さも、
わすれてしまふぞ。
作業だ、作業だ、いっしょに働け。

三

心をひとつに、働け、働け、
どんどん仕事が、
進むぞ、進むぞ。
作業だ、作業だ、みんなで働け。

＊松永みやお(一九〇二―一九八八)作詞・平岡均之作曲。
教師用教科書には、「勤労作業の歌をうたはせて、明朗快活の精神を養ひ、勤労愛好の心を涵養する」と記される。

三　若葉

一

あざやかなみどりよ、

あかるいみどりよ、
鳥居をつつみ、
わら屋をかくし、
かをる、かをる、
若葉がかをる。

二

さわやかなみどりよ、
ゆたかなみどりよ、
田はたをうづめ、
野山をおほひ、
そよぐ、そよぐ、
若葉がそよぐ。

＊作詞者不詳・平岡均之（一九〇一―一九七六）作曲。

「若葉」

四　機械（二部輪唱）

工場だ、
機械だ、
鐵だよ、音だよ、
どどどん、どどどん。

ピストン、
腕だよ、
あつちへ、こつちへ、
がたとん、がたとん。

車だ、
車輪だ、
ぐるぐる まはるよ、
ぐるぐる、ぐるぐる。

車輪と
車輪に、
皮おび すべるよ、
するする、するする。

歯車、
歯車、
歯と歯とかみあひ、
ぎりぎり、ぎりぎり。

動くよ、
音だよ、
鐵だよ、ぐるぐる、
がたとん、どどどん。

＊井上赳作詞・下総皖一作曲。教師用教科書には「面白い機械の歌を歌はせて、機械工業に対する關心を深め、明朗快活の精神を養ふ」と記される。

五　千早城（三部合唱）

一

そびえる金剛（こんがう）、
とりでは千早、
寄せ來る賊軍、
一百よ萬。

二

忠義のこころは、
鐵より堅く、
まもるは楠木
一千よ人。

三

戰ふたびごと
賊軍やぶれ、
みいつにかがやく
菊水の旗。

＊下総皖一作曲。

六　野口英世（のぐちひでよ）

一

磐梯山（ばんだいさん）の動かない
姿にも似たその心。
苦しいことがおこつても、
つらぬきとげた強い人。

二

やさしく母をいたはつて、
昔の師をばうやまつて、
醫學（いがく）の道をふみきはめ、
世界にその名あげた人。

三

波ぢも遠いアフリカに
日本のほまれかがやかし、

人の命をすくはうと、
じぶんは命すてた人。

七　水泳の歌

一
朝日はのぼる、雲はわく。
みどりみなぎるうな原に
泳ぐはわれら、海の子ら。
二
しぶきはをどる、かもめ飛ぶ。
腕はくろがね、もえる日に
きたへてわれら、海の子ら。
三
あら波ほえる、岩は鳴る。
さかまき寄せる黒潮を
乗り切るわれら、海の子ら。

＊林柳波作詞・小松耕輔（一八八四－一九六六）作曲。

八　山田長政

一
黒潮寄せ來る大うな原も、
わたれば近し、シャムの國。
南へ、南へ、船行く、船行く。
山田長政 日本男子。
二
正義のいくさに力をそへて、
いさをは高し、ナコン王。
南へ、南へ、國威はのび行く。
山田長政 日本男子。

九　青い空

一
青いよ、青いよ、秋の空、
明かるい黄いろな山々の
もみぢにうつつて、なほ青い。
二
廣いよ、廣いよ、秋の空、
とんぼがすいすい飛んでゐる。
わたしもあんなに飛びたいな。
三
晴れたよ、晴れたよ、秋の空、
どこからどこまですんでゐて、
心もかがやく日本晴。

＊下総皖一作曲。

十　船は帆船よ

一
船は帆船よ、
三本マスト、
千里の海も なんのその。
二
萬里の波に
夕日が落ちて、
なほも南へ 氣がはやる。
三
とまり重ねて、
心にかかる
安南シャムは まだはるか。
四
椰子の林に
照る月影を、
昔の人は どう見たか。
五
日本町に
ふけ行く夜の
ゆめは故郷を かけまはる。

＊下総皖一作曲。教師用教科書には、「この歌曲を歌はせて、海外発展の意義を養い、八紘一宇の大精神を昂揚する」と記される。

十一　靖國（やすくに）神社

一
ああ、たふとしや、大君に
命ささげて、國のため
たてしいさをは、とこしへに
光りかがやく 靖國の神。
二
ああ、かしこしや、櫻木の
花と散りても、忠と義の
たけきみたまは、とこしへに
國をまもりの 靖國の神。

＊『尋常小學唱歌』、『新訂尋常小學唱歌』第四學年用「靖國神社」は同名異曲。教師用教科書には、「護國の英霊に對する感謝の心を喚起し、忠君愛國の精神を涵養する」（教師用教科書）と記される。

十二　村の鍛冶屋（かぢや）

一
しばしも休まずつち打つ響き。
飛び散る火花よ、はしる湯玉。
ふいごの風さへ息をもつがず、
仕事に精出す村の鍛冶屋。
二
あるじは名高いいつこく者よ、
早起き早寝の、やまひ知らず。
鐵より堅いとじまんの腕で、

打ちだす刃物に心こもる。

＊初出『尋常小學唱歌』第四學年用（↓三七六頁）。

十三　ひよどり越

一

しかも四つ足、馬も四つ足、
しかの越え行くこの坂みち、
馬の越えざる道理はなしと、
大將義經（よしつね）まつ先に。

二

つづく勇士も、われおくれじと、
ひよどり越にさしかかれば、
平家の陣は眞下に見えて、
たたかひ今やまつ最中。

三

ゆだん大敵、うらの山より、
三千餘騎のさか落しに、
平家の一門おどろきあわて、
屋島をさして落ちて行く。

＊初出『尋常小學唱歌』第三學年用（↓三六七頁）。教師用教科書には、「勇ましいひよどり越えの歌を歌わせて、勇壯活發の精神を養ひ、敢為斷行の氣性」と記される。

十四　入營（三部合唱）

一

大君います
國なれば、
ますらをわれは
いでたちて、
今日よりはかん、
劍たち、
ちかひもかたし、
神のには。

二

ますらをなれば、
勇ましく
いでたつ君を
送りつつ、
門出をいはふ
旗の波、
萬歳たかく
とよめきて。

十五　グライダー

一

のびる引き綱、「はなせ」の合圖、
ぱつとはなれて飛ぶグライダー。
のぼるのぼるよ、朝日をあびて。

二

野越え、をか越え、林の上で、
さつときれいに輪をかきながら、
輕く音なくつばさは光る。

三

行くよ、大空、つばさを張って。
ぐつとあげかぢとるよと見れば、
雲をかすめてはるかにかける。

＊下総皖一作曲。

十六　きたへる足

一

大空晴れて深みどり、
心はひとつ、日はうらら。
足並みそろへ、
ぐんぐん歩け。
みんな元氣で、きたへる足だ。

二

道一筋にしも光り、
心はをどる、氣ははずむ。
足どりかるく、
ぐんぐん歩け。
みんな元氣で、きたへる足だ。

＊片桐顕智（一九〇九－一九七〇）作詞・成田爲三（一八九三－一九四五）作曲。

「きたへる足」

十七　かぞへ歌

一つとや、ひとりで早起き、身を清め、
日の出を拝んで、庭はいて、水まいて。
二つとや、ふだんにからだをよくきたへ、
み國に役立つ人となれ、民となれ。
三つとや、身仕度きちんと整へて、

ことばは正しくはきはきと、ていねいに。
四つとや、よしあしいはずによくかんで、
　御飯をたべましよ、こころよく、行儀よく。
五つとや、急いで行きましよ、左側、
　道草しないで學校に、お使ひに。
六つとや、虫でも、草でも、氣をつけて、
　自然の姿を調べませう、學びませう。
七つとや、仲よくみんなでお當番、
　ふく人、はく人、はたく人、みがく人。
八つとや、休みの時間は、元氣よく、
　まり投げ、なは飛び、鬼ごつこ、かくれんぼ。
九つとや、心は明かるく、身は輕く、
　進んで仕事の手傳ひに、朝夕に。
十とや、東亞のまもりをになふのは、
　正しい日本の子どもたち、わたしたち。

十八　廣瀬中佐

一
とどろくつつ音、
飛び來る彈丸。
荒波あらふ
デツキの上に、
やみを貫ぬく中佐の叫び。
「杉野はいずこ、杉野はゐずや。」
二
船内くまなく
たずぬる三たび。
呼べど答へず、
さがせど見えず。
船はしだいに波間に沈み、
敵彈いよいよあたりにしげし。
三
今はとボートに
移れる中佐、
飛來る彈に
たちまち失せて、
旅順港外うらみぞ深き、
軍神廣瀬とその名殘れど。

＊初出『尋常少學唱歌』第四學年用（→三七六頁）。

十九　少年戰車兵（三部輪唱）

一
來たぞ、少年戰車兵、
鐵の車に、鐵かぶと。
ごうごうごうごう、
ごうごうごう。
二
來たぞ、少年戰車兵、
口はきりりと一文字。
ごうごうごうごう、
ごうごうごう。
三
來たぞ、少年戰車兵、
なんの敵陣ひとけりと、
ごうごうごうごう、
ごうごうごう。

＊教師用教科書には、「軍事思想を鼓吹して國民精神を涵養」と記される。

二十　無言のがいせん

一
雲山萬里をかけめぐり、
敵を破つたをぢさんが、
今日は無言で歸られた。
二
無言の勇士のがいせんに、
梅のかをりが身にしみる。
みんなは無言でおじぎした。
三
み國の使命にぼくたちも、
やがて働く日が來たら、
をぢさんあなたが手本です。

＊教師用教科書には「英霊に感謝の心を捧げ、國民的情操の醇化に資する」と記される。（楽譜→五六四頁）。

【参考資料】

文部省『初等科音樂』二　教師用書（一九四二年刊）

『初等科音樂』三

文部省編

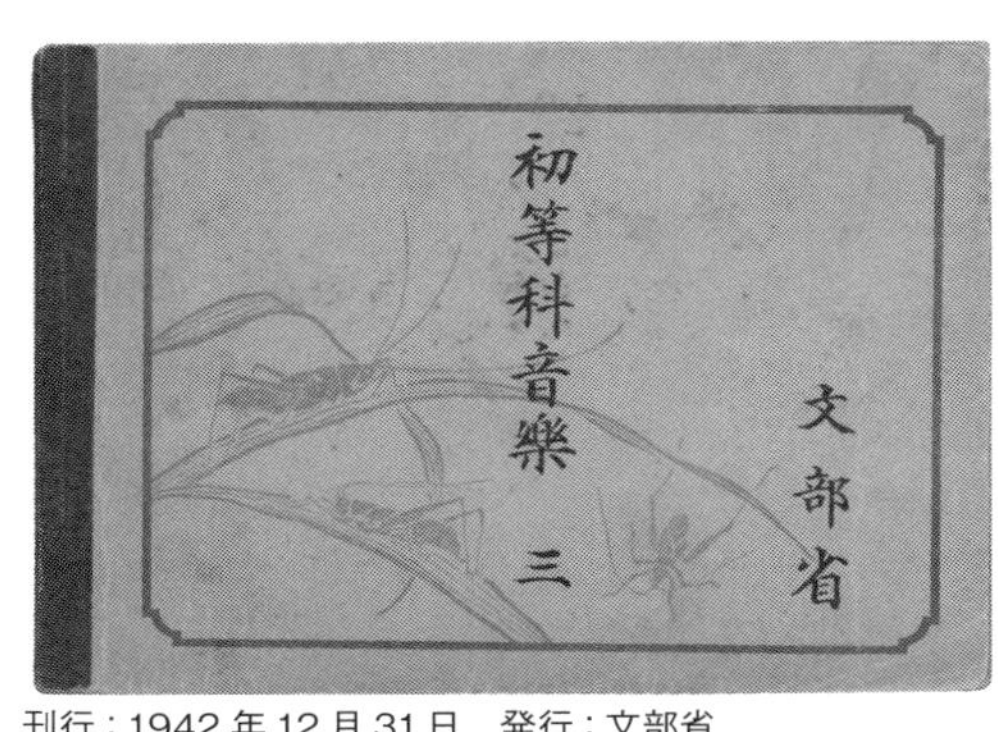

刊行：1942年12月31日　発行：文部省
縦148ミリ×横209ミリ 表紙＋100頁

君が代

君が代は、
ちよにやちよに、
さざれ石の、
いはほとなりて、
こけのむすまで。

勅語奉答

あやにかしこき すめらぎの、
あやにたふとき すめらぎの、
あやにたふとく、かしこくも、
下したまへり、大みこと。
これぞめでたき 日の本の
國の教の もとゐなる。
これぞめでたき 日の本の
人の教の かがみなる。
あやにかしこき すめらぎの
みことのままに いそしみて、
あやにたふとき すめらぎの
大御心に 答へまつらん。

＊勝安芳（海舟）作詞・小山作之助作曲（→九九頁）。

天長節

今日のよき日は、大君の
うまれたまひし よき日なり。
今日のよき日は、みひかりの
さし出たまひし よき日なり。
ひかりあまねき 君が代を
いはへ、もろ人 もろともに。
めぐみあまねき 君が代を
いはへ、もろ人 もろともに。

＊黒川眞頼作詞・奥好義作曲（→一〇一頁）。

明治節

一
アジヤの東日出づるところ、
ひじりの君のあらはれまして、
古きあめつちとざせるきりを、
大御光にくまなくはらひ、
敎あまねく、道明らけく、
治めたまへる御代たふと。
二
惠の波は八洲に餘り
みいつの風は海原越えて、
神のよさせるみわざをひろめ、
民の榮行く力をのばし、
とつ國國のふみにも、しるく
とどめたまへる御名かしこ。
三
秋の空すみ、菊の香高き、
今日のよき日を皆ことほぎて、
定めましけるみのりをあがめ、
さとしましけるみことを守り、
代代木の森の代代とこしへに
仰ぎまつらん 大みかど。

＊堀澤周安作詞・杉江秀作曲（→五三二頁）。

一月一日

第一章
年のはじめの ためしとて、
終なき世の めでたさを、
松竹たてて、かどごとに
いはふ今日こそ たのしけれ。
第二章
初日のひかり さしいでて、
よもにかがやく 今朝のそら、
君がみかげに たぐへつつ
仰ぎみるこそ たふとけれ。

＊千家尊福作詞・上眞行作曲（→一〇〇頁）。

紀元節

第一章
雲にそびゆる高千穂の
高根おろしに、草も、木も、

なびきふしけん大御世を
仰ぐ今日こそ樂しけれ。

第二章

海原なせるはにやすの
池のおもよりなほひろき
めぐみの波にあみし世を
仰ぐ今日こそ樂しけれ。

第三章

あまつひつぎの高みくら、
千代よろづよに動きなき
もとゐ定めしそのかみを
仰ぐ今日こそ樂しけれ。

第四章

空にかがやく日のもとの、
よろづの國にたぐひなき
國のみはしらたてし世を
仰ぐ今日こそ樂しけれ。

＊高﨑正風作詞・伊澤修二作曲（→六八三頁）。

昭憲(せうけん)皇太后御歌

金剛石(こんがうせき)

金剛石もみがかずば
珠(たま)のひかりはそはざらむ
人もまなびてのちにこそ
まことの徳はあらはるれ
時計の針のたえまなく
めぐるがごとくときのまの
日かげをしみて勵(はげ)みなば
いかなるわざかならざらむ

水は器

水はうつはにしたがひて
そのさまざまになりぬなり
人はまじはる友により
よきにあしきにうつるなり
おのれにまさるよき友を
えらびもとめてもろともに
こころの駒(こま)にむちうちて
まなびの道にすすめかし

＊昭憲皇太后（一八四九－一九一四）。

一　朝禮の歌

一

朝なり、大氣澄みわたり、
ものみな清くさやかなり。
あらたなる日本、日々に生まる。
ああ、われらはげまん、今ぞ。

二

朝なり、心さわやかに、
旭日(きょくじつ)天にかがやけり。
大いなる日本、日々にさかゆ。
ああ われらきたへん、今ぞ。

二　大八洲(おほやしま)（三部合唱）

一

神生みませるこの國は、
山川きよき大八洲。
海原(うなばら)遠く行くかぎり、
御稜威(みいつ)あまねし、大東亞(だいとうあ)。

二

神しろしめすこの國は、
豐葦原(とよあしはら)の中つ國。
瑞穂(みづほ)のそよぎ、ゆたかなる
惠み仰がん、大東亞。

三

神まもりますこの國は、
きはみもあらず、浦安(うらやす)の
大船しげきゆきかひも、
とはに安けき大東亞。

＊下総皖一作曲。教師用教科書には、「神國日本の讃歌を歌はせて、國民精神の昂揚に資」すると記される。

三　忠靈塔(ちゅうれいたふ)

一

勇士らは、生命をささげたり。
勇士らは、戰にうち勝てり。
そのみたま、ほほ笑みてここにあり。
いま仰ぐ忠靈の塔高し。

二

勇士らのあとをつぐわれらなり。
勇士らのいさをしをしのびつつ、
ふるひたち、戰ひに戰はん。
いまちかふ、忠靈の塔の前。

＊教師用教科書には、「勇士らのあとをつぐ」と記される。

四　赤道越えて

一

もえる光と青い波、
波にをどるはふかの群。
海路はるかに白銀(しろがね)なして、
雲はむら立つ椰子(やし)の島。

二

來たぞ、スコール瀧(たき)しぶき。
あとは葉末に風鳴って、
海はびろうど、なぎさはさらさ。
日ざしまばゆい島の晝。

三
いかりおろせば、寄りつどふ
笑顔明かるい人の群。
街にはためく日の丸見れば
ここの港も大東亞。

五 麥刈

一
麥はさらさら、黄金の穂波、
さつと刈れ刈れ、じまんの腕に、
といだ利鎌が、きらりと光る。

二
刈って束ねて、山ほど積んで、
ことしや上作、大麥、小麥、
玉の汗から生まれた寶。

三
たすき鉢巻、きりりとしめて、
親子そろつて麥刈りあげりや、
森のかつこ鳥、かつこと鳴いた。

＊白鳥省吾（一八九〇－一九七三）作詞、井上武士（一八九四－一九七四）作曲。

六 海（三部合唱）

一
松原遠く消ゆるところ、
白帆の影は浮かぶ。
干網濱に高くして、
かもめは低く波に飛ぶ。
見よ、晝の海。
見よ、晝の海。

二
島山やみにしるきあたり、
いさり火、光あはし。
寄る波岸にゆるくして、
浦風輕くいさご吹く。
見よ、夜の海。
見よ、夜の海。

＊初出『尋常小學唱歌』第五學年用（→三八四頁）。

七 戰友

一
草むすかばね大君の
しこのみたてと出でたちて、
鐵火のあらし、彈の雨、
くぐりて進むきみとわれ。

二
死なば同じ日、同じ時。
おくれさきだつことあらば、
骨ひつさげて突撃と、
ちかひかはししきみとわれ。

三
御稜威あまねき大東亞、
朝日の御旗行くところ、
あたなす敵のあるかぎり、
撃ちてしやまん、きみとわれ。

八 揚子江（三部輪唱）

水は滿々、流れは洋々、
わたつみか、岸べも見えず。
この流れ、晝夜をすてず、
大陸の沃野うるほし、
水は滿々、流れは洋々。
滔々洋々、滔々洋々。

九 大東亞

一
椰子の葉に鳴る海の風。
峯にきらめく山の雪。
南十字と北斗星、
連ねて廣き大東亞。

二
ここに生まれし十億の
人の心はみな一つ。
盟主日本の旗のもと、
ちかひて守る鐵の陣。

三
空は晴れたりあかつきの
光りあふるる四方の海、
みなはらからとむつみあひ、
こぞりて築け 大東亞。

十 牧場の朝

一
ただ一面に立ちこめた
牧場の朝のきりの海。
ポプラ並木のうつすりと
黒い底から、勇ましく
鐘が鳴る鳴る、かんかんと。

二
もう起き出した小屋小屋の
あたりに高い人の聲。
きりに包まれ、あちこちに、
動くひつじのいく群の
鈴が鳴る鳴る、りんりんと。

三
今さしのぼる日の影に

ゆめからさめた森や山。
あかい光に染められた
遠い野末に、牧童の
笛が鳴る鳴る、ぴいぴいと。

＊船橋栄吉作曲。初出『新訂尋常小學唱歌』第四學年用（↓四五六頁）。

十一　聖德太子

一
みまつりごとを耳さとく
きこしめしつる朝より、
日出づる國は、新しき
光みちけり、野に、山に。

二
この世の春の夢殿は、
雲こそ早くとざしつれ。
富の緒川の法の水、
流れて盡きず、とこしへに。

三
千年八千年、道々の
祖としあがめ、うやまひて、
ひじりの皇子のみめぐみを
たたへ仰がん もろともに。

十二　橘中佐

一
かばねは積りて山を築き、
血潮は流れて川をなす、
修羅のちまたか、向陽寺。
雲間をもるる月青し。

二
「みかたは大方うたれたり、
しばらくここを。」といさむれど、
「恥を思へや、つはものよ。
死すべき時は今なるぞ。

三
御國のためなり、陸軍の
名譽のためぞ。」とさとしたる
ことば半ばに散りはてし
花橘ぞ かぐはしき。

＊初出『尋常小學唱歌』第四學年用（↓三七七頁）。

十三　秋の歌（三部合唱）

一
朝ぎり晴るる遠山の
うすむらさきを仰ぎながら、
車ひきひき行く農夫らの
足もとかざる草もみぢ。

二
かがやく夕日照りはゆる
田は一面にこがね色の
穂波ゆらぎて、飛ぶ鳥さへも、
ゆたけきみのりほめたたふ。

＊下総皖一作曲。

十四　捕鯨船（二部合唱）

一
すはこそえ物、のがすな撃てと、
すつくと立つた砲手の姿。
ねらひははるか、潮吹く鯨。
うねる大波、あふむくへさき。

二
矢よりも速く飛び行くもりが、
はつしと立てば しぶきをあげて、
綱も切れよと逃げ行く鯨。
船はゆれゆれ 白波をどる。

三
怒濤をけつて、おひ撃つ鯨。
高鳴る血潮、とどろく凱歌。
氷山浮かぶ南極海の
風に日の丸はたはたゆれる。

＊下総皖一作曲。

十五　特別攻撃隊

一
一擧にくだけ、敵主力。
待ちしはこの日、この時と、
怒濤の底を矢のごとく、
死地に乗り入る、艇五隻。

二
朝風切りて友軍機、
おそふと見るや、もろともに
巨艦の列へ射て放つ
魚雷に高し、波がしら。

三
爆音天をとよもせば、
潮も湧けり、眞珠灣。
火柱あげて、つぎつぎに
敵の大艦しづみゆく。

四
晝間はひそみ、月の出に
ふたたびほふる敵巨艦。
襲撃まさに成功と
心しずかに打つ無電。

五
ああ、大東亞聖戰に、

みづくかばねと誓ひつつ、
さきがけ散りし若櫻。
仰げ 特別攻撃隊。

＊教師用教科書には、「忠勇義烈に感激させ、忠君愛國の精神を養う」と記される。

十六　母の歌

一
母こそは、命のいづみ。
いとし子を胸にいだきて、
ほほ笑めり、若やかに。
うるはしきかな、母の姿。

二
母こそは、み國の力。
をの子らをいくさの庭に
遠くやり、心勇む。
ををしきかな、母の姿。

三
母こそは、千年の光。
人の世のあらんかぎり、
地にはゆる天つ日なり。
大いなるかな、母の姿。

＊野上弥生子（一八八五－一九八五）作詞・下総皖一作曲。

十七　冬景色（三部合唱）

一
さぎり消ゆる港江の
舟に白し、朝のしも。
ただ水鳥の聲はして、
いまださめず、岸の家。

二
からす鳴きて木に高く、
人は畑に麥をふむ。
げに小春日ののどけしや。
かへり咲きの花も見ゆ。

三
あらし吹きて雲は落ち、
時雨降りて日は暮れぬ。
もしともし火のもれ來ずば、
それとわかじ 野べの里。

＊初出『尋常小學唱歌』第五學年用（→三八六頁）。

十八　小楠公

一
梅雨の晴れ間の櫻井に、
別れし父の面影を、
しのべば悲し、十一の
楠の一本、なほ若し。

二
母のさとしを身にしめて、
かをりも清き楠木や、
河内の里に十餘年、
今はこずゑに風高し。

三
汝を股肱とのたまひし、
王のみ聲の身にしみて、
覺悟は強きあづさ弓、
生きて歸らじ、この門出。

四
いくさ利あらず、矢は盡きて、
四條畷に、ををしくも
花とは散れど 永き世に
光りかがやく、そのいさを。

十九　白衣の勤め

一
白衣の勤め、をとめにあれど、
軍の庭にををしく出でて、
勇士まもらん、御國のために。

二
御楯とたちてたたかふ軍、
痛まし、君が深手をみとり、
巻くは白たへ、眞心こめて。

三
敵にあれど、重手と見れば、
いたはる心に二つはあらず、
見よや、日本の十字の赤さ。

四
病院船は勇士を送り、
故國の山河、近づく日々も、
みとる誠のただ一すぢに。

二十　桃山

一
麻と亂れし戰國の
武將をしづめ、したがへて、
ともにことほぐ御代の春、
聚樂の第の花の宴。

二
起てば、百萬海を越え、
歸れば、文化花と咲く。
ありし昔を今ここに、
國威はあがる大アジヤ。

＊下総皖一作曲。

【参考資料】
文部省『初等科音樂』三 教師用教科書〈一九四三年刊〉

『初等科音樂』四

文部省編

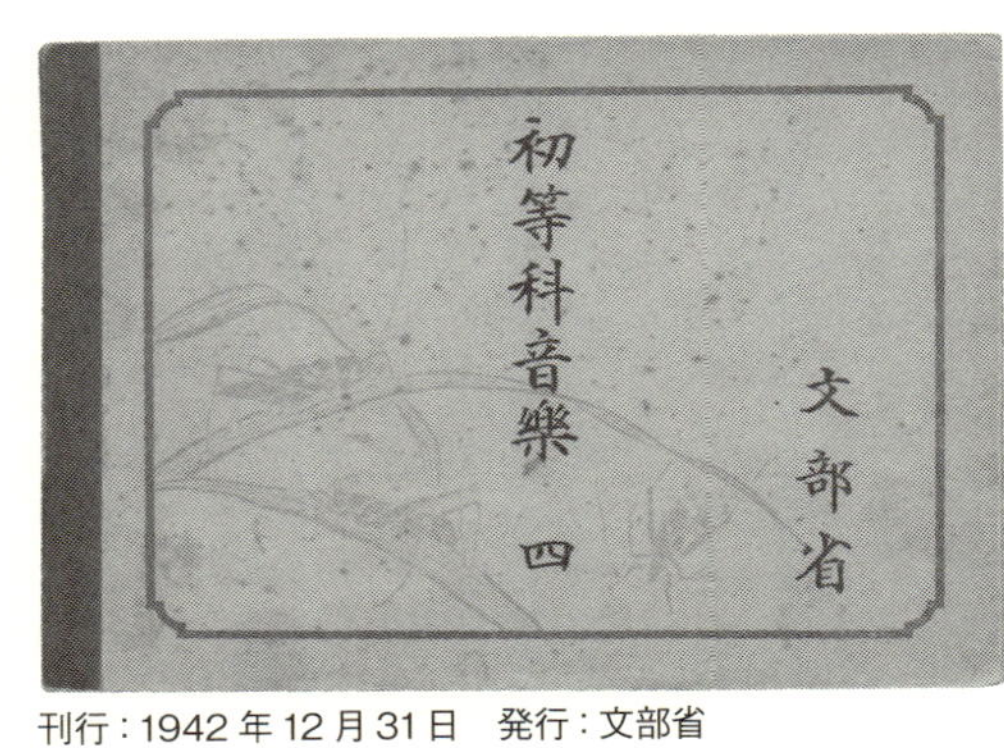

刊行：1942年12月31日　発行：文部省
縦147ミリ×横209ミリ 表紙＋104頁

君が代

君が代は、
ちよにやちよに、
さざれ石の、
いはほとなりて、
こけのむすまで。

勅語奉答

あやにかしこき すめらぎの、
あやにたふとき すめらぎの、
あやにたふとく、かしこくも、
下したまへり、大みこと。

これぞめでたき日の本の
國の教の もとゐなる。
これぞめでたき日の本の
人の教の かがみなる。
あやにかしこき すめらぎの
みことのままに いそしみて、
あやにたふとき すめらぎの
大御心に 答へまつらん。

＊勝安芳（海舟）作詞・小山作之助作曲（↓九九頁）。

天長節

今日のよき日は 大君の
うまれたまひし よき日なり。
今日のよき日は みひかりの
さし出たまひし よき日なり。
ひかりあまねき 君が代を
いはへ もろ人 もろともに。
めぐみあまねき 君が代を
いはへ もろ人 もろともに。

＊黒川眞頼作詞・奥好義作曲（↓一〇一頁）。

明治節

一

アジヤの東日出づるところ、
ひじりの君のあらはれまして、
古きあめつちとざせるきりを、
大御光にくまなくはらひ、
教あまねく、道明らけく、
治めたまへる御代たふと。

二

惠の波は八洲に餘り、
みいつの風は海原越えて、
神のよさせるみわざをひろめ、
民の榮行く力をのばし、
とつ國國のふみにも、しるく
とどめたまへる御名かしこ。

三

秋の空すみ、菊の香高き、
今日のよき日を皆ことほぎて、
定めましけるみのりをあがめ、
さとしましけるみことを守り、
代代木の森の代代とこしへに
仰ぎまつらん、大みかど。

＊堀澤周安作詞・杉江秀作曲（↓五三二頁）。

一月一日

第一章

年のはじめの ためしとて、
終なき世の めでたさを、
松竹たてて、かどごとに
いはふ今日こそ たのしけれ。

第二章

初日のひかり さしいでて、
よもにかがやく 今朝のそら、
君がみかげに たぐへつつ
仰ぎ見るこそ たふとけれ。

＊千家尊福作詞・上眞行作曲（↓一〇〇頁）。

紀元節

第一章

雲にそびゆる高千穂の

高根おろしに、草も、木も、
なびきふしけん大御世を
仰ぐ今日こそ樂しけれ。

第二章
海原なせるはにやすの
池のおもよりなほひろき
めぐみの波にあみし世を
仰ぐ今日こそ樂しけれ。

第三章
あまつひつぎの高みくら、
千代よろづよに動きなき
もとゐ定めしそのかみを
仰ぐ今日こそ樂しけれ。

第四章
空にかがやく日のもとの、
よろづの國にたぐひなき
國のみはしらたてし世を
仰ぐ今日こそ樂しけれ。

＊高﨑正風作詞・伊澤修二作曲。初出『中等唱歌集』（↓六八三頁）。

明治天皇御製

一
さしのぼる朝日のごとく
さわやかにもたまほしきは
心なりけり

二
あさみどり澄みわたりたる
大空の廣きをおのが
心ともがな

＊『尋常小學唱歌』第六學年用（↓三九二頁）および『新訂尋常小學唱歌』第六學年用（↓四六六頁）「明治天皇御製」とは同名異曲。

一　敷島の

敷島の
やまと心を人問はば
朝日ににほふ
山ざくら花

＊本居宣長（一七三〇－一八〇一）の和歌・作曲者不詳。

二　おぼろ月夜（二部合唱）

一
菜の花畠に
入日薄れ。
見わたす山の端
かすみ深し。
春風そよ吹く
空を見れば、
夕月かかりて
にほひあはし。

二
里わの火影も、
森の色も、
田中の小路を
たどる人も、
蛙のなくねも、
鐘の音も、
さながらかすめる
おぼろ月夜。

＊初出『尋常小學唱歌』六學年用「朧月夜」（↓三九二頁）。

三　姉

一
わが家に咲き出し白百合の
やさしき姉の、とつぎ行く
めでたき日なれど、などかくも
さびしさこもるあかね雲。

二
わが家にかをりし白菊の
ゆかしき姉の、とつぎ行く
うれしき日なれど、などかくも
こよひはうるむ空の星。

＊下総皖一作曲。

四　日本海海戰

一
敵艦見えたり、近づきたり。
『皇國の興廢ただこの一擧。
各員奮勵努力せよ。』と、
旗艦のほばしら信號あがる。
みそらは晴るれど風立ちて、
對馬の沖に波高し。

二
主力艦隊前をおさへ、
巡洋艦隊後にせまり、
袋のねずみと圍み撃てば、
見る見る敵艦亂れ散るを、
水雷艇隊・驅逐隊、
のがしはせじと追ひて撃つ。

三
東天赤らみ、夜ぎり晴れて、
旭日かがやく日本海上。
今はやのがるるすべもなくて、

撃たれて沈むも、降るもあり、
敵國艦隊全滅す。
帝國萬歳、萬萬歳。

＊初出『尋常小學唱歌』第六學年用（↓三九五頁）。

五　晴れ間

一

さみだれの晴れ間うれしく、
野に立てば野はかがやきて、
白雲を通す日影に、
はや夏の暑さをおぼゆ。

二

行く水は少しにごれど、
せせらぎの音もまさりて、
よろこびを歌ふがごとく、
行くわれを迎ふるごとし。

三

田園のつづく限りは、
植ゑわたす早苗のみどり。
山遠く心はるばる、
天地の大いなるかな。

四

ふと見れば、道のほとりに、
つつましき姿を見せて
濃きるりの色あざやかに、
咲くものは露草の花。

六　四季の雨

一

降るとも見えじ、春の雨、
水に輪をかく波なくば、
けぶるとばかり思はせて。
降るとも見えじ、春の雨。

二

にはかに過ぐる夏の雨、
物ほし竿に、白露を
なごりとしばし走らせて。
にはかに過ぐる夏の雨。

三

をりをりそそぐ秋の雨、
木の葉、木の實を野に、山に、
色さまざまに染めなして。
をりをりそそぐ秋の雨。

四

聞くだに寒き冬の雨、
窓の小笹にさやさやと、
ふけ行く夜半をおとづれて。
聞くだに寒き冬の雨。

＊初出『尋常小學唱歌』第六學年用（↓三九四頁）。

七　われは海の子（二部合唱）

一

われは海の子、白波の
さわぐいそべの松原に、
煙たなびくとまやこそ、
わがなつかしき住みかなれ。

二

生まれて潮にゆあみして、
波を子守の歌と聞き、
千里寄せくる海の氣を
吸ひて童となりにけり。

三

高く鼻つくいその香に、
不斷の花のかをりあり。
なぎさの松に吹く風を、
いみじき樂とわれは聞く。

四

丈餘のろかいあやつりて、
ゆくて定めぬ波まくら、
ももひろちひろ海の底、
遊びなれたる庭廣し。

五

いくとせここにきたへたる
鐵より堅きかひなあり。
吹く潮風に黒みたる
はだは赤銅さながらに。

六

波にただよふ氷山も、
來たらば來たれ、恐れんや。
海巻きあぐる龍巻も、
起らば起れ　おどろかじ。

七

いで大船を乘り出して、
われは拾はん海の富。
いで軍艦に乘り組みて、
われは護らん海の國。

＊教師用教科書には、「海國男兒の意氣を歌ったこの歌曲を授けて志氣を鼓舞し、忠君愛國の精神を養ふ」と記される。

八　滿洲のひろ野

一

見わたす限り、はてもなき
ここ滿洲のひろ野原。
朝の光にかがやきて、
羊の群も遠く見ゆ。

二
ひろ野をわたる雲のかげ。
見よ、おほらかに雲のかげ。
大豆畠をわたり行く、
風のまにまにわたり行く。

三
空は夕やけ、あかね色、
いま、日は沈む地平線。
やなぎ並木も、あぜ道も、
靜かにあはく暮れて行く。

＊教師用教科書には、「大陸に對する關心を深め、大陸進出の氣宇を養う」と記される。

「滿洲のひろ野」

九　肇國の歌

一
豐葦原の中つ國、
行きてしらせよ、榮えよと、
宣らせ給へり、大神。
げに天壤と窮みなし、
天津日嗣ぞ、神ながら。

二
くしふる峯や高千穂の
雲押し分けて、皇孫は
天降りましけん、その日向。
げに海山とかぎりなき
惠みあまねく代々坐しき。

三
ああ、橿原に宮居して、
一つの宇とおほらかに
御稜威い照らす八紘、
その肇國のいにしへを
今に仰ぎて大東亞。

＊「肇國」は「国をはじめて立てること」の意。

十　體錬の歌

一
はえある日なり、よき日なり。
るりの大空 仰ぎつつ、
健兒の意氣は今あがる。
力、力、若き力。
力、力、若き力。

二
はえある身なり、御民なり。
君のみたてときたへつつ、
健兒の腕は今ぞ鳴る。
力、力、強き力。
力、力、強き力。

三
はえあるみ國、この國を
やがてになふ日望みつつ、
健兒の覺悟いま堅し。
力、力、國の力。
力、力、國の力。

十一　落下傘部隊

一
見よや、眼下は敵地の野原、
ここぞ、ねらひの目的地。
おりよ、一氣に、おくれるな。
心ははやる落下傘部隊。

二
われもわれもと續いて飛べば、
ぱつとひろがる落下傘。
咲くよ、み空に、白い花。
むらがりくだる落下傘部隊。

三
なんの彈幕、ものかは敵機、
どつと地上におり立ちて、
いざや、乘つ取れ、敵の陣。
あくまで進む落下傘部隊。

十二　御民われ

御民われ
生けるしるしあり
天地の
榮ゆる時に
あへらく思へば

＊海犬養岡麿作詞・山本芳樹作曲（一九〇五－没年不詳）。

十三　渡り鳥（三部合唱）

一

北へ 北へ
わたるよ、
群をなして
渡り鳥。
小さき翼、
たよりつつ、
わたる旅路、
はるけし。

二

南南
めざして、
親子ともに
渡り鳥。
あらしよぎり、
助けつつ、
わたる行く手、
はるばる。

＊下総皖一作曲。

十四　船出（三部合唱）

一

船出だ、朝風、輝く波に
乗り出す少年、帆を張れ、今だ。
朝日はいろどる、豊旗雲を。
船出だ、ぼくらの腕はひびく。

二

船出だ、この身を、この魂を
鍛へる少年、乗り切れ 今だ。
萬里の黒潮、はやても何ぞ。
船出だ、僕らの矢聲はあがる。

三

船出だ、希望の南をさして、
海國少年、力だ、今だ。
東亞の海なら皇國の池だ。
船出だ、ぼくらの血潮はたぎる。

＊下総皖一作曲。

十五　鎌倉

一

七里が濱のいそ傳ひ、
稲村が崎、名將の
劍投ぜし古戰場。

二

極樂寺坂越え行けば、
長谷觀音の堂近く、
露坐の大佛おはします。

三

由比の濱べを右に見て、
雪の下道過ぎ行けば、
八幡宮のおんやしろ。

四

のぼるや石のきざはしの
左に高き大いちやう、
問はばや、遠き世々の跡。

五

若宮堂の舞の袖、
しづのをだまきくり返し、
かへしし人をしのびつつ。

六

鎌倉宮にまうでては、
つきせぬ親王のみうらみに、
悲憤の涙わきぬべし。

七

歴史は長し七百年、
興亡すべて夢に似て、
英雄墓はこけむしぬ。

八

建長・圓覺古寺の
山門高き松風に、
昔の音やこもるらん。

＊初出『尋常小學讀本唱歌』（→三五五頁）。

十六　少年産業戰士（三部合唱）

一

朝にいただく殘んの星影、
夕べにふみ來る野道の月影。
生産、増産、われらの勤めと、
鍬とり、鎌とぐ少年戰士。

二

油にまみれて、額に汗して、
飛び散る火花に、輝くひとみよ。
生産、増産、われらの勤めと、
鐵うちきたへる少年戰士。

三

この腕、この技、み國にささげて、
いやましおこさん 東亞の産業。
生産、増産、われらの勤めと、
ほほ笑み働く少年戰士。

＊下総皖一作曲。

十七　スキー

一

山は白銀、朝日を浴びて、

すべるスキーの風切る速さ。
飛ぶは粉雪か、まひたつ霧か。
お、お、お、この身もかけるよ、かける。

二
眞一文字に身ををどらせて、
さつと飛び越す飛鳥(ひてう)の翼。
ぐんとせまるは、ふもとか、谷か。
お、お、お、たのしや、手練の飛躍(ひやく)。

三
風をつんざき、左へ、右へ、
飛べば、をどれば、流れる斜面。
空はみどりよ、大地は白よ
お、お、お、あの岡われらを招く。

＊時雨音羽（一八九九－一九八〇）作詞・平井康三郎作曲。
教師用教科書には「士氣を鼓舞し」と記される。

「スキー」

十八　水師營の會見

一
旅順開城約成りて、
敵の將軍ステッセル
乃木(のぎ)大將と會見の
ところはいづこ、水師營。

二
庭に一本(ひともと)なつめの木、
彈丸あともいちじるく、
くづれ殘れる民屋に、
いまぞ相見る二將軍。

三
乃木大將はおごそかに、
御めぐみ深き大君の
大みことのりつたふれば、
かれかしこみて謝しまつる。

四
きのふの敵は今日の友、
語ることばもうちとけて、
われはたたへつ、かの防備、
かれはたたへつ、わが武勇。

五
かたち正していひ出でぬ、
『この方面の戰闘に
二子を失ひ給ひつる
閣下の心いかにぞ。』と。

六
『二人のわが子それぞれに、
死所を得たるを喜べり。
これぞ武門の面目。』と、
大將答へ力あり。

七
両將晝食(ひるげ)ともにして、
なほもつきせぬ物語。
『われに愛する良馬あり。
今日の記念にけんずべし。』

八
『厚意謝するに餘りあり。
軍のおきてにしたがひて、
他日我が手に受領せば、
長くいたはり養はん。』

九
『さらば。』と、握手(あくしゅ)ねんごろに、
別れて行くや右左。
砲音(つつおと)絶えし砲臺に
ひらめき立てり、日の御旗。

＊佐佐木信綱作詞・岡野貞一作曲。初出『尋常小學讀本唱歌』（→三五三頁）。

十九　早春（三部合唱）

一
襟(えり)ふく風は
寒けれど、
雪消(ゆきげ)の庭に、
白梅の
つぼみやさしく
ふくらみぬ。
春きたるらし、
音もなく。

二
小川の岸の
厚氷、
いつしか解けて、
あしの芽も、

姿ゆかしく
もえ出でぬ。
春きたるらし、
わが村に。

二十　日本刀

一
霜夜にさゆる星影か、
櫻にはゆる朝日子か、
抜き放ちたる日本刀、
にほふ燒刃の美しさ。

二
心をこめて眺むれば、
ああ 百錬のきつ先に、
たふときすめら國民の
精魂をどるおもひあり。

三
劍は斬らんためならず、
心をみがくわざものと、
古賢のことば、今さらに
靜かに胸にひびくかな。

＊関連教材：『初等科修身』四「日本刀」。井上武士作曲。

【参考資料】
文部省『初等科音樂』四　教師用教科書（一九四三年刊）

参考：『滿洲國國歌』

「滿洲國國歌」（滿洲帝國政府一九四二年制定）
おほみひかり あめつちにみち
帝德は たかくたうとし
とよさかの 萬壽ことほぎ
あまつみわざ あふぎみまつらむ

『初等科音楽』三、四の教師用教科書には、何の解説もないまま、突如この「滿洲國國歌」が掲載されている。「滿洲帝國政府」が一九四二年九月に制定した「国歌」だ。だが、日本国内の児童が使った教科書にはその形跡はまったくない。なぜこのような中途半端な扱いがなされたのであろうか。

この歌は、一九四二年九月五日に制定された。一方、本土内の『初等科音楽』三と四は、同年十二月末に発行されている。したがってこの生徒用教科書には期日的に掲載が間に合わなかったことは十分考えられる。しかし翌一九四三年五月に発行され、譜面まで掲載している教師用教科書に、この曲に関する一切の解説がなされていないのはなぜだろう。他の儀式唱歌には丁寧な指導主旨が示されている。

一般に教師用教科書の編集は生徒用よりも進行は遅れる。教科書の内容が最終決定してから作業が急ピッチで行われるためである。教師用教科書には楽曲の解説を掲載する時間的な余裕はあったと推測される。むしろ意図的に掲載を避けたのではないか。

一九四四（昭和一九）年

『高等科音樂』一　男子用

文部省編

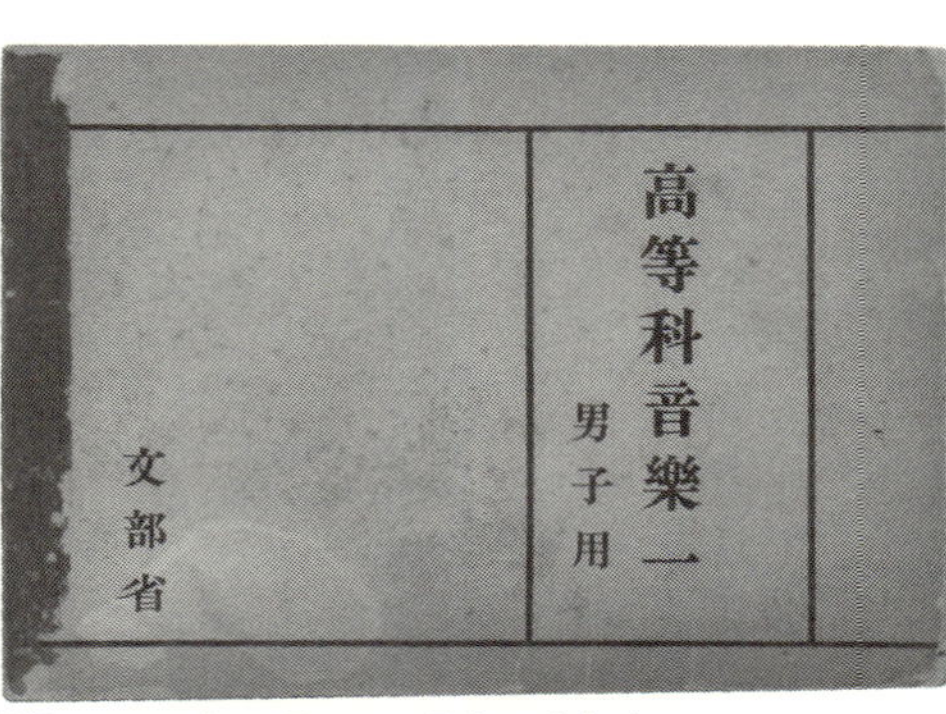

刊行：1944年4月8日　発行：文部省
縦147ミリ横209ミリ 表紙＋72頁

君が代

君が代は、
ちよにやちよに、
さざれ石の、
いはほとなりて、
こけのむすまで。

勅語奉答

あやに畏き すめらぎの、

あやに尊きすめらぎの、
あやに尊く、畏くも、
下したまへり、大みこと。
これぞめでたき日の本の
國の教のもとゐなる。
これぞめでたき日の本の
人の教のかがみなる。
あやに畏きすめらぎの
みことのままにいそしみて、
あやに尊きすめらぎの
大御心に答へまつらん。

＊勝安芳（海舟）作詞・小山作之助作曲（↓九九頁）。

天長節

今日のよき日は、大君の
うまれたまいしよき日なり。
今日のよき日は、みひかりの
さし出たまひしよき日なり。
ひかりあまねき君が代を
いはへ、もろ人もろともに。
めぐみあまねき君が代を
いはへ、もろ人もろともに。

＊黒川真頼作詞・奥好義作曲。祝日大祭日唱歌（↓一〇一頁参照）。

明治節

一
アジヤの東日出づるところ、
ひじりの君の現れまして、
古き天地とざせるきりを、
大御光にくまなくはらひ、
教あまねく、道明らけく、
治めたまへる御代たふと。

二
恵の波は八洲に餘り、
みいつの風は海原越えて、
神のよさせるみわざをひろめ、
民の榮行く力をのばし、
とつ國國のふみにも、しるく
とどめたまへる御名かしこ。

三
秋の空すみ、菊の香高き、
今日のよき日を皆ことほぎて、
定めましけるみのりをあがめ、
さとしましけるみことを守り、
代代木の森の代代とこしへに
仰ぎまつらん、大みかど。

＊堀澤周安作詞・杉江秀作曲（↓五三二頁）。

一月一日

第一章
年のはじめのためしとて、
終なき世のめでたさを、
松竹たてて、かどごとに
いはふ今日こそたのしけれ。

第二章
初日のひかりさしいでて、
よもに輝く今朝のそら、
君がみかげにたぐへつつ
仰ぎ見るこそたふとけれ。

＊千家尊福作詞・上眞行作曲。祝日大祭日唱歌（↓一〇〇頁参照）。

紀元節

第一章
雲にそびゆる高千穂の
高根おろしに、草も、木も、
なびきふしけん大御世を
仰ぐ今日こそ樂しけれ。

第二章
海原なせるはにやすの
池のおもよりなほひろき
めぐみの波にあみし世を
仰ぐ今日こそ樂しけれ。

第三章
あまつひつぎの高みくら、
千代よろづよに動きなき
もとゐ定めしそのかみを
仰ぐ今日こそ樂しけれ。

第四章
空にかがやく日のもとの、
よろづの國にたぐひなき
國のみはしらたてし世を
仰ぐ今日こそ樂しけれ。

＊高崎正風作詞・伊澤修二作曲。初出『中等唱歌集』（↓六八三頁）。

一、海ゆかば

海ゆかば
水（み）づくかばね、
山ゆかば
草むすかばね、
大君の
邊（へ）にこそ死なめ、

かえりみはせじ。

＊大伴家持（七一八？－七八五）詠・信時潔作曲（↓五〇九）。

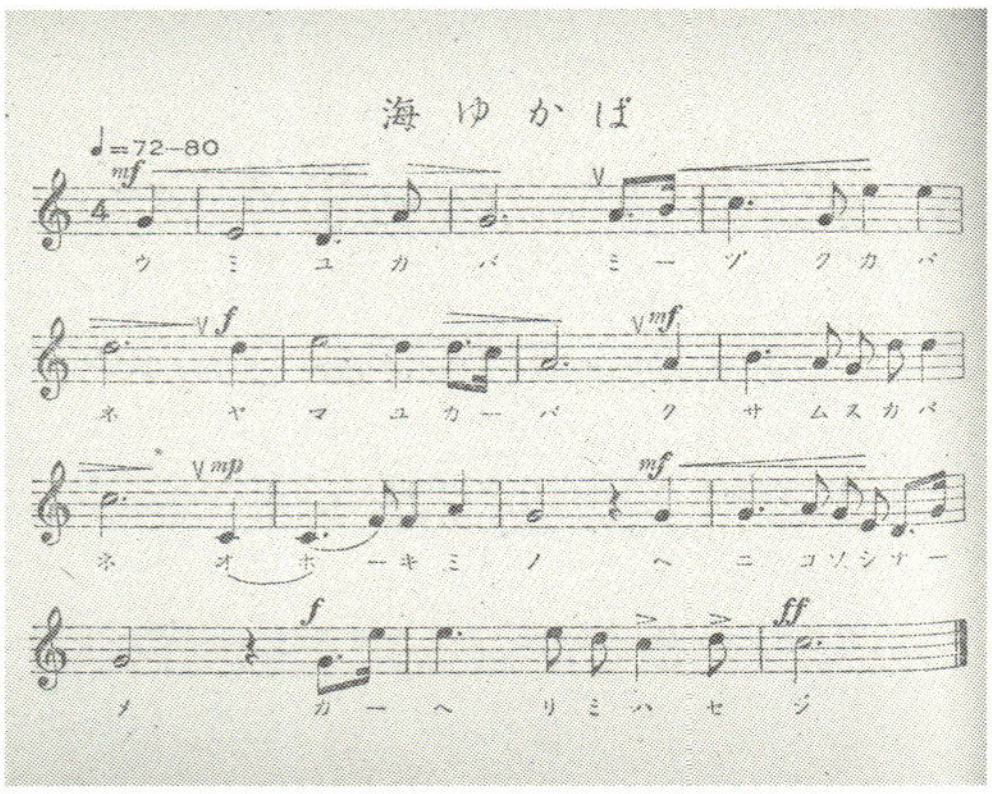

「海ゆかば」

二、青年の歌

一

鐵は熱きに打ちてこそ、
鋭く堅きやいばなれ。
われら若きに錬りてこそ、
み國を守る楯たらめ。
きたへん、この身、この體。

二

玉とくだけて大君の
邊にこそ散らめ、散りてこそ、
すめらみ國の男の子なれ。
朝日に匂ふ山ざくら、
榮あれ、この身、この命。

三

彈のあらしにさらす身も、
いくさの庭に立たぬ身も、
ともにみ國の守りぞと、
誓ひもかたし、いざ起たん、
やまとますらをもろともに。

三、八紘爲宇

一

まつろはぬ者ども、
すでに降り伏し、
橿原の宮を
朝日の照らすとき、
八紘宇とはせんと宣り給ふ。
燦として御陵威輝く大八洲。

二

そのかみのみことのまゝに、
御民起ち、
南、北、陸に、潮路に、
御旗征く。
仇なせる外つ國人をうちはらひ、
御惠みは今ぞあまねき、大東亞。

三

おほみむねかしこみ傳へ、
行くきはみ、
新しく人は、
命によみがへり、
昭らかに治る御代の御光を
仰ぎてぞ共に榮えん、八紘。

四、麥うち歌

一

岩殿山で鳴く鳥は、
聲もよし、音もよし、
岩のひゞきで。

二

大嶽山の黒雲は、
あの雲がかゝれば、
雨か、嵐か。

三

麥うつ音のさやけさに、
空も晴れ、日も照る、
歌が流れて。

五、元寇

一

四百餘洲を擧る
十萬餘騎の敵、
國難こゝに見る、
弘安四年夏の頃。
なんぞ怖れん、われに
鎌倉男子あり、
正義武斷の名、
一喝して世に示す。

二

多々良濱邊のえみし
そはなに元の勢、
傲慢無禮もの
ともに天を戴かず。
いでや、進みて忠義に
鍛へし我が腕、
こゝぞ國のため、
日本刀を試し見ん。

三

こゝろ筑紫(つくし)の海に、
波おし分けて往く
ますら猛夫(たけを)の身、
仇を討ちかへらずば、
死して護國の鬼と、
誓ひし箱崎の
神ぞ知ろしめす、
大和魂いさぎよし。

四
天は怒りて、海は
逆巻く大波に、
國に仇をなす
十餘萬の元の勢は、
底のもくづと消えて、
殘るはたゞ三人。
いつしか雲はれて、
玄海灘(げんかいなだ)月清し。

＊永井建子(けんし)（一八六五―一九四〇）作詞・作曲。

六、大地を耕す

一
利鎌(とがま)と鋤(すき)とこの腕に、
拓(ひら)かん、いざや、野も、山も。
朝の星に、夕月に、
鍛へし力、今こゝに、
耕せ、大地、寸土もあますな、あますな。

二
日の照る時も、雨の日も、
いそしみ勵む、父祖のわざ。
醜草(しこぐさ)のぞき、土をうち、
やさしき母の心もて、
耕せ、大地、寸土もあますな、あますな。

三
ゆたけき秋のとりいれに、
山なす五穀(ごこく)積みあげて、
み國の糧(かて)を盤石の
安きに置かん、わがつとめ。
耕せ、大地、寸土もあますな、あますな。

七、白虎隊

一
「向かふ矢先は、しげくとも、
引きなかへしそものゝふの
道」てふ訓へ身にしめて、
起てり、會津(あひづ)の白虎隊(びやくこたい)。

二
戸ノ口原の初陣(うひぢん)に、
菰槌山(こもづちやま)にたむろして、
すさぶあらしに草結ぶ
夢破られつ夜を明かす。

三
霧に明くれば奮ひたち、
こゝを先途と戰へど、
飛び來る彈は雨霰(あられ)、
あゝつぎ〳〵に傷つけり。

四
城を枕に討死と、
呼びつこたえつ扶(たす)けあひ、
圍みをついて瀧澤(たきざは)の
飯盛山(いひもりやま)にたどりつく。

五
小手をかざして眺むれば、
天にみなぎる黒煙、
焔はつゝむ天守閣、
あはれ、いたはし、鶴が城。

六
さらば最期を飾らんと、
名殘(なごり)の歌をかつ吟(ぎん)じ、
今はとしばし伏し拜む、
殿のおはする城の方。

七
みどり色濃き若松の
をゝしき魂は朽(く)つるなし。
見よ、日の本の若人に、
いや燃えさかるこの心。

八、木枯の朝

一
吹きちぎられて、野面(のづら)に散りし
いちやうの落葉、くぬぎの枯葉。
木枯、木枯、今朝吹く風は、
刈田の水を凍(こほ)らする
冬のしらせの北の風。

二
遠山なみに雪雲かゝり、
うすれて寒き朝づく日影。
木枯、木枯、今朝吹く風は、
枯野の末をかけり來る
冬のつかひの北の風。

九、落日

一
野は、里は、たそがれそめて、
連なれる山のいたゞき、
かゞやかに光にほへり。

二

あや雲の 波たゞよひて、
大いなる くれなゐ色の、
もゆる日は 今し落ち行く。

三

ことばなく 眺めてあれば、
わが胸の 奥にぞとほる、
落つる日の 尊き光。

＊初出『高等小學唱歌』（↓四三六頁）。

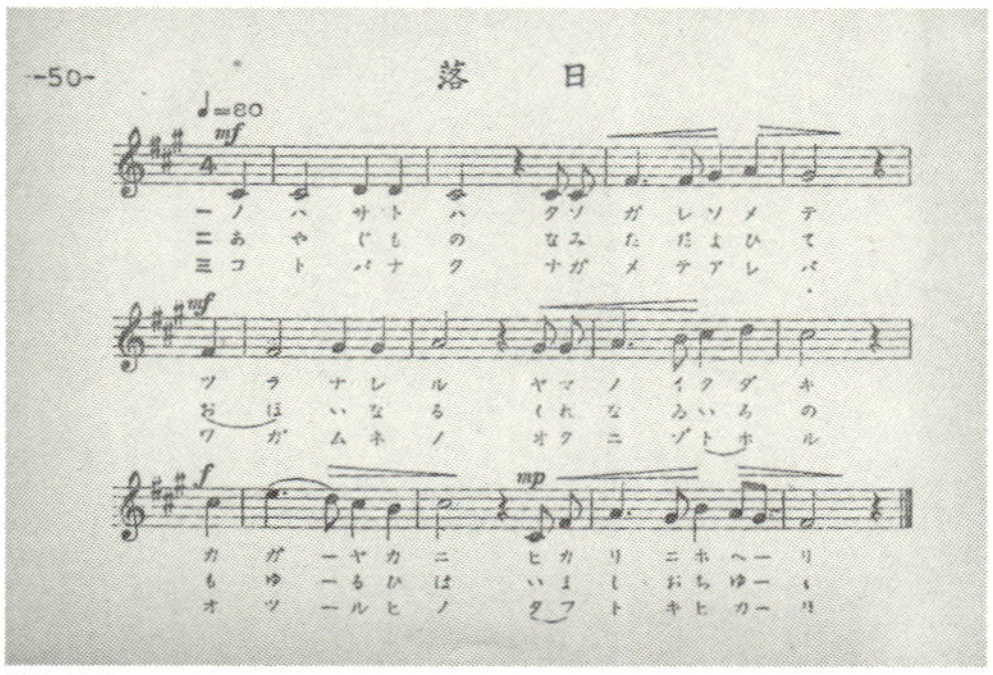

「落日」

十、空を護る

一

敵機幾千ものかはと、
國をこぞりて備へあり。
荒鷲空にむかへ撃ち、
地上火砲は火を吐きて、
ほふりつくさん、つかの間に。

二

見よや、われらが家々に、
錬りて鍛へし隣り組。
空襲かねて覺悟ぞと、
鐵のかぶとに身をかため、
老いも、若きも、ふるひたつ。

三

なんの爆彈、燒夷彈、
あだには死なじ、皇國の
御民のほこりいざ見よと、
燃ゆる焔に身を挺し、
護り通さん、勝ちぬかん。

十一、兒島高德

一

船坂山や杉坂と、
みあと慕ひて院の庄、
微衷をいかで聞えんと、
櫻の幹に十字の詩。
『天勾践を空しうする莫れ、
時范蠡無きにしも非ず。』

二

御心ならぬいでましの
御袖つゆけき朝戸出に、
誦じて笑ますかしこさよ、
櫻の幹の十字の詩。
『天勾践を空しうする莫れ、
時范蠡無きにしも非ず。』

＊関連教材：『尋常小學讀本』巻十一「兒島高德」。

十二、機械に生きる

一

働く機械は、われらが友よ。
日毎にしたしみ、助けあひ、
わきめもふらずに戰へ、今ぞ。
職場、職場、職場は戰場。

二

轟く機械は、われらが心。
彈むよ、うなるよ、高鳴るよ。
精魂うちこみ戰へ、今ぞ。
職場、職場、職場は戰場。

三

いきほふ機械は、われらが命。
飛び散る火ばなに血が燃える。
命のかぎりに戰へ、今ぞ。
職場、職場、職場は戰場。

十三、學びの庭に

一

學びの庭にいそしみて、
今日ぞはえあるわが友よ、
いざ、大いなる天地に、
榮行く國の力たれ。

二

み國の道にいそしみて、
のぞみかゞやくわが友よ、
あゝ、新たなるこの時に、
のび行く國の力たれ。

『高等科音樂』一 女子用

文部省編

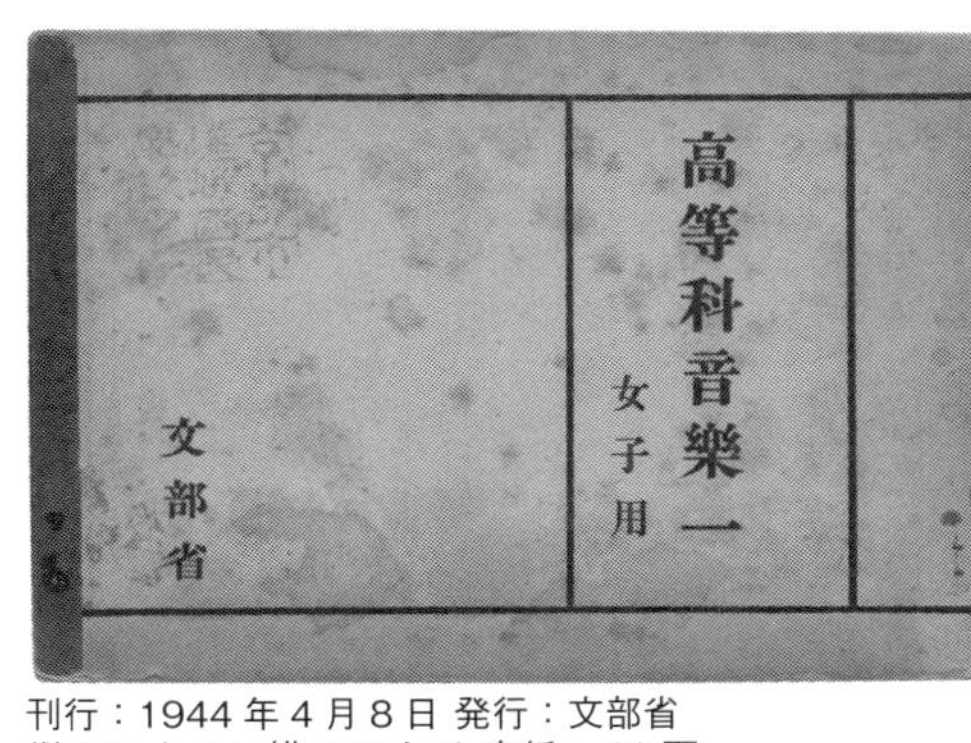

刊行：1944年4月8日 発行：文部省
縦147ミリ×横209ミリ 表紙＋60頁

君が代

君が代は、
ちよにやちよに、
さざれ石の、
いはほとなりて、
こけのむすまで。

勅語奉答

あやに畏き すめらぎの、
あやに尊き すめらぎの、
あやに尊く、 畏くも、
下したまへり、 大みこと。
これぞめでたき 日の本の
國の教の もとゐなる。
これぞめでたき 日の本の
人の教の かがみなる。
あやに畏き すめらぎの
みことのままに いそしみて、
あやに尊き すめらぎの
大御心に 答へまつらん。

＊勝安芳（海舟）作詞・小山作之助作曲。祝日大祭日唱歌（↓九九頁）。

天長節

今日のよき日は、 大君の
うまれたまいし よき日なり。
今日のよき日は、 みひかりの
さし出たまひし よき日なり。
ひかりあまねき 君が代を
いはへ、 もろ人 もろともに。
めぐみあまねき 君が代を
いはへ、 もろ人 もろともに。

＊黒川真頼作詞・奥好義作曲。祝日大祭日唱歌（↓一〇一頁）。

明治節

一

アジヤの東日出づるところ、
ひじりの君の現れまして、
古き天地とざせるきりを、
大御光にくまなくはらひ、
教あまねく、 道明らけく、
治めたまへる御代たふと。

二

惠の波は八洲に餘り、
みいつの風は海原越えて、
神のよさせるみわざをひろめ、
民の榮行く力をのばし、
とつ國國のふみにも、 しるく
とどめたまへる御名かしこ。

三

秋の空すみ、 菊の香高き、
今日のよき日を皆ことほぎて、
定めましけるみのりをあがめ、
さとしましけるみことを守り、
代代木の森の代代とこしへに
仰ぎまつらん、 大みかど。

＊堀澤周安作詞・杉江秀作曲（↓五三二頁）。

一月一日

第一章

年のはじめの ためしとて、
終なき世の めでたさを、
松竹たてて、 かどごとに
いはふ今日こそ たのしけれ。

第二章

初日のひかり さしいでて、
よもに輝く 今朝のそら、
君がみかげに たぐへつつ、
仰ぎ見るこそ たふとけれ。

＊千家尊福作詞・上眞行作曲。祝日大祭日唱歌（↓一〇〇頁）。第二章の歌詞は大正二年に改訂されたもの（↓三〇四頁参照）。

紀元節

第一章

雲にそびゆる高千穂の
高根おろしに、草も、木も、
なびきふしけん大御世を
仰ぐ今日こそ樂しけれ。

第二章

海原なせるはにやすの
池のおもよりなほひろき
めぐみの波にあみし世を
仰ぐ今日こそ樂しけれ。

第三章

あまつひつぎの高みくら、
千代よろづよに動きなき
もとゐ定めしそのかみを
仰ぐ今日こそ樂しけれ。

第四章

空にかがやく日のもとの、
よろづの國にたぐひなき
國のみはしらたてし世を
仰ぐ今日こそ樂しけれ。

＊高崎正風作詞・伊澤修二作曲。初出『中等唱歌集』（↓六八三頁）。

一、海ゆかば

海ゆかば
水（み）づくかばね、
山ゆかば
草むすかばね、
大君の
邊（へ）にこそ死なめ、
かへりみはせじ。

＊大伴家持詠・信時潔作曲（一九三七年発表↓五〇九頁参照）。

二、女子青年の歌

一

すめらみくにに生まれきし
をとめのほまれ、このよろこび。
若きちからのみなぎれば、
胸ひろ〴〵と海山の
新たなる日を仰ぐかな。

二

進む御栖につゞきては
をとめの道も、たゞ一筋。
今ぞこぞれる一億（いちおく）の
そのひとりなるわれなれば、
たれかおくれをとるべきや。

三

のぞみゆたかに勝ちぬかん、
をとめのちから、今このとき。
つくすつとめは國のため、
花かぐはしきまごころに、
かたく誓ひてはげめ、いざ。

三、四季の月

一

咲きにほふ
山のさくらの花のうへに、
かすみていでし春の夜の月。

二

雨すぎし
庭の草葉の露のうへに、
しばしはやどる夏の夜の月。

三

見るひとの
こゝろごころにまかせおきて、
高嶺（たかね）にすめる秋の夜の月。

四

水鳥の
聲も身にしむいけの面に、
さながらこほる冬の夜の月。

＊初出『小學唱歌集』三編（↓五九頁）。

「四季の月」

四、麥うち歌

一

岩殿山で鳴く鳥は、
聲もよし、音もよし、
岩のひゞきで。

二

大嶽山の黒雲は、
あの雲がかゝれば、
雨か、嵐か。

三

麥うつ音のさやけさに、
空も晴れ、日も照る、
歌が流れて。

五、鏡

一

空にかゝれる望月の、
まろくさやけく曇りなき
姿さながらます鏡、
をみなの魂とたがいひし。

二

なごむ心に見る時は、
うつるおもわもほがらにて。
憂ひつゝみてながむれば、
鏡は示す、そのおもひ。

三

朝夕べのたしなみと、
姿うつしてうるはしく、
みがく少女の眞心に、
かゞやきそふるます鏡。

六、大地を耕す

一

利鎌と鋤とこの腕に、
拓かん、いざや、野も、山も。
朝の星に、夕月に、
鍛へし力、今こゝに、
耕せ、大地、寸土もあますな、あますな。

二

日の照る時も、雨の日も、
いそしみ勵む、父祖のわざ。
醜草のぞき、土をうち、
やさしき母の心もて、
耕せ、大地、寸土もあますな、あますな。

三

ゆたけき秋のとりいれに、
山なす五穀積みあげて、
み國の糧を盤石の
安きに置かん、わがつとめ。
耕せ、大地、寸土もあますな、あますな。

七、ますらをの母

一

かへりみなくて、いさぎよく
君のへにこそ死ねかしと、
わが子をさとすことのはの、
をゝし、尊し、ますらをの母。

二

ほまれの戎衣身によそひ、
君の御楯といでたちし
わが子のいさを、神かけて
祈る母あり、曉の杜。

八、しろがねも

しろがねも、
くがねも、
玉も、
何せむに、
まされる寶
子にしかめやも。

*『保育並ニ遊戯唱歌』参照(→三二一頁)。

「しろがねも」

九、落日

一

野は、里は、たそがれそめて、
連なれる山のいたゞき、
かゞやかに光にほへり。

二

あや雲の 波たゞよひて、
大いなる くれなゐ色の、
もゆる日は 今し落ち行く。

三

ことばなく 眺めてあれば、
わが胸の 奥にぞとほる、
落つる日の 尊き光。

*初出『高等小學唱歌』(→四三六頁)。

十、小楠公の母

一
大君のため一族の
血潮に草を染めなして、
楠の大木はたふれしと、
聞きても泣かぬ母なりき。

二
河内の郷のわび住ひ、
櫻もめでず、月も見ず、
たゞ一筋にはぐくみし
若木のかをりいや高し。

三
四條畷のたゝかひに、
捧げしわが子しのびつゝ、
老いて澄み行く母の顔、
照らすは清き秋の月。

十一、兒島高徳

一
船坂山や杉坂と、
みあと慕ひて院の庄、
微衷をいかで聞えんと、
櫻の幹に十字の詩。
『天勾践を空しうする莫れ、
時范蠡無きにしも非ず。』

二
御心ならぬいでましの
御袖つゆけき朝戸出に、
誦じて笑ますかしこさよ、
櫻の幹の十字の詩。
『天勾践を空しうする莫れ、
時范蠡無きにしも非ず。』

＊関連教材：『尋常小學讀本』巻十一「兒島高徳」。

十二、星の光に

一
星の光に朝霜ふみて、
急ぎ行く手は巷の工場。
南の海なるいくさの庭に、
一機も多くを送らん、われら。

二
白衣縫ふ手に夜は更けわたり、
外は吹雪の吹きすさべども、
北門かたむる勇士をしのび、
暁かけてぞいそしむ、われら。

三
ともにみ國にさゝげし命、
敵機の來たらばみな奮ひ起ち、
大空まもらん、備へはかたく、
力をあはせて戰ふ、われら。

十三、學びの庭に

一
學びの庭にいそしみて、
今日ぞはえあるわが友よ、
いざ、大いなる天地に、
榮行く國の力たれ。

二
み國の道にいそしみて、
のぞみかゞやくわが友よ、
あゝ、新たなるこの時に、
のび行く國の力たれ。

参考：「馬資源思想の涵養」の動き

一九三八（昭和一三）年六月、陸軍は軍馬の育成を求め、国民に「馬事知識の普及向上」を計るべく、馬資源思想の涵養を各方面に要請している。直後には馬をテーマに織り込んだ映画や歌謡が立て続けに登場している。

一九三九年　「軍馬資源保護法」成立、**「愛馬進軍歌」**流行。

一九四〇年　東宝映画『馬』挿入歌**「めんこい仔馬」**（サトウハチロー詞・仁木他喜雄曲）。国策で軍馬を生産する農民と、育てた馬との別れを歌った。次の歌詞で終わっている。

五
明日は市場か　お別れか
泣いちゃいけない　泣かないぞ
軍馬になって　行く日には　オーラ
みんなでバンザイ　してやるぞ
ハイド　ハイドウ　してやるぞ

一九四一年　**「オウマ」**（林柳波詞・松島彝曲）。林は軍部の要請に反し、戦時色のない優しい馬の親子の姿を描き、『ウタノホン』上に提供している。

「船頭さん」（武内俊子詞・河村光陽曲）発売：キングレコード。二番の歌詞は次の通り。

二
雨の降る日も　岸から岸へ
ぬれて船こぐお爺さん
今日も渡しで　お馬が通る
あれは戦地へ行くお馬
それギッチラ　ギッチラ　ギッチラコ

資料：「國民學校令施行規則」が示した授業時間配分

1号表

科目	第1学年		第2学年		第3学年		第4学年		第5学年		第6学年	
	時数	内容	時数	内容	時数	内容	時数	内容	時数	内容	時数	内容
体操	5	遊戯 体操 衛生	6	同	6	体操教練 遊戯競技 衛生	6	同	※（6）	同	※（6）	同
音楽		歌唱 鑑賞 基礎練習		同	2	同	2	同	2	同	2	同
総時数	23		25		27		31		33		33	

※武道と合わせて6時間になる（注釈）

2号表

教科	科目	第1学年		第2学年	
		時数	内容	時数	内容
芸能科		1	歌唱　鑑賞　基礎練習	1	同
授業総時数		33～35		33～35	

右の第一号表は、初等科、第二号は高等科用の一週間の授業時間の配分を示した國民學校令施行規則（一九四一年三月一四日）第一章第二節二七条、二八条の付表）の中の芸能科音楽と体錬科体操の二科目に対する時間配分である。

参考：『聴覺訓練用レコード』

東京音樂學校監修

コロムビア教育レコード
レコード番号 33742～33745

「學校教授一般指導参考用」として、東京音楽学校監修による『聴覚訓練用レコード』全四枚組が、国民学校令が施行されたことに合わせて発売された。吹き込みには東京音楽学校と「上野児童音楽学園」があたっている。内容は「公園散歩」「和音聴音の練習」「和聲合唱並びに終止形合唱の練習」「分散和音唱の練習」「單音抽出唱の練習」「和音合唱並び終止形合唱の練習」「行進曲」などを通じて聴覚を研ぎ澄まそうというものであり、解説書では、国民学校の「藝能科音樂」の教授にあたる現場教師に寄与することを謳っている。

ジャケットには、商品価格について「満洲國、關東洲、北支は特別設定価格に寄る」とあり、またそのデザインからもこの企画を広めることによって戦時体制の一翼を担おうとしたレコード会社の意気込みが読み取れる。

解説書の巻頭で東京音楽学校校長・乗杉嘉壽は次のように述べている。

「國民學校制實施に伴ひ藝術科音樂教育の飛躍的改善が企圖せられたことは誠に欣快とする所である。この藝能科音樂の授業に際して、特に留意すべきは聴覚訓練の重視である。音樂修學上鋭敏なる感覺の必要なことは言を俟たぬが、一般産業上、國防上にも亦非常に期待せられて居る所である。従来この問題は決して等閑に附せられて居たのではなかったが、系統立てゝ教えられるのは今回が最初のことで、教授者としても理解し難い點が多いと考へられる。随ってこの練習の普及、徹底を計る爲このレコードを製作し、その利用により實際教授用にも、又一般家庭用にも便ぜしめられたことは誠に結構なことゝ思ふ。誠にこのレコードが廣く普及され斯の教育に貢献さるゝことを希ふ次第である。」（「聴覺訓練用レコード制作に就いて」）＊傍点筆者

この文中の「國防上」とは、飛行機の爆音を聴き分け、やがて敵飛来襲に備えることを大真面目に目指そうとしたことを暗示している。（→七二八頁参照）

一九四一年六月二八日には、このレコードを資料にした「國民學校藝能科音樂講習會」が開催されている。同年三月一四日に公布された『国民学校令施行規則』第一章第二節一四条（→五三一頁）に示された「鋭敏ナル聴覚ノ育成ニ力ムベシ」とする芸能科音楽の目標のひとつを実現するための聴覚訓練の実践指導講習会であった。一九四二年には「聴覚訓練準備調査会」がたびたび開かれ、聴覚訓練のありようが検討されている。しかしながら、このレコードの「國防上」の役割が、まったく機能しなかったことは、やがて全土を襲った大空襲が証明することになる。

二節　近代日本の唱歌教育の終焉

各節で紹介してきた「唱歌集」に収められた「唱歌」を知れば知るほどに、唱歌教育を通して日本の近代国家が子どもたちに何を求めてきたのかが改めて見えてくる。

雲山萬里をかけめぐり、
敵を破ったをぢさんが、
今日は無言で歸られた。

無言の勇士のがいせんに、
梅のかをりが身にしみる。
みんなは無言でおじぎした。

み國の使命にぼくたちも、
やがて働く日が来たら、
をぢさんあなたが手本です。

ここに取り上げた『初等科音樂』（二）所載の「無言のがいせん」は、そうした近代日本の唱歌教育の本質を見事に具現した唱歌ではないだろうか。明治政府が一貫して進めた「皇国民の錬成」を目的とし、お国のために死を恐れず戦うことを児童たちに誓わせるという、実に恐るべき唱歌のひとつであった。

しかし、一五年戦争の末期に編纂された唱歌集に収められたこの歌の背後に横たわっていた重苦しい現実は、「敗戦」という二文字によって、ある日突然その姿を国家自身の手によって打ち消されることになる。本節では、この終戦直後の音楽教育が辿った激動の軌跡を記録しておきたい。

「唱歌教育」は総括されたか？

一九四五年八月二一日、文部省は五月に公布したばかりであった「戦時教育令」の廃止を決定し、早々と翌九月一五日には『新日本建設ノ教育方針』を発表した。終戦からわずか一カ月後のことであった。この新しい教育方針に基づいて、文部省がまず取り組んだのは、戦時教育体制の一掃、つまり軍事色一色であった昨日までの教育の否定であった。

九月二〇日には、『終戦ニ伴フ教科用図書取扱方ニ関スル件』の通牒を発し、戦時色の色濃い教材を墨で塗り消すという応急的な作業を行うよう指示したのである。（↓五六八頁）昨日まで大切に扱うように指導されてきたであろう教科書を墨で塗りつぶすという乱暴な発想もさることながら、そのことによって国家が推進してきたそれまでの教育の痕跡を、十分な検討も加えないまま消し去ろうと呼びかけたこの国の対応は、あまりにも拙速であった印象がぬぐい切れない。

ところで、これら終戦直後の教育施策に決定的な影響を与えたのは、教育政策の管理に関する連合国軍最高司令部からの諸指令であったと語られているが、その実態はどのようなものであったのだろうか。

敗戦から二ヶ月余り経た一九四五年十月二二日に、連合国軍最高司令部から『日本教育制度ニ対スル管理政策』を通して、「軍国主義的及ビ極端ナル国家主義的イデオロギーノ普及ヲ禁止スルコト、軍事教育ノ学科及ビ教練ハ凡テ廃止」せよ、との指令が出ている。

さらに同年十二月には、同じく連合国軍最高司令部か

◆『新日本建設ノ教育方針』

（一九四五年九月一五日　文部省）

一　新教育ノ方針

大詔奉体ト同時ニ従来ノ教育方針ニ検討ヲ加ヘ新事態ニ即応スル教育方針ノ確立ニツキ鋭意努力中デ近ク成案ヲ得ル見込デアルガ今後ノ教育ハ益々国体ノ護持ニ努ムルト共ニ軍国的思想及施策ヲ払拭シ平和国家ノ建設ヲ目途トシテ謙虚反省只管国民ノ教養ヲ深メ科学的思考力ヲ養ヒ平和愛好ノ念ヲ篤クシ智徳ノ一般水準ヲ昂メテ世界ノ進運ニ貢献スルモノタラシメントシテ居ル

三　教科書

教科書ハ新教育方針ニ即応シテ根本的改訂ヲ断行シナケレバナラナイガ差当リ訂正削除スベキ部分ヲ指示シテ教授上遺憾ナキヲ期スルコトトナッタ（↓五九八頁）

無言のがいせん

ら『国家神道・神社神道ニ対スル政府ノ保証、支援、保全、監督並ニ弘布ノ廃止』が通達され、使用中であったいっさいの教科書ならびに教師用参考書から、神道教義に関する事項を削除し、修身・日本歴史および地理の授業に至っては、それを停止をするよう指示された。

これに対し、文部省教科書局は『国民学校後期使用図書中ノ削除修正箇所ノ件』（一九四六年一月）と題した通牒を発し、①一九四七年度には新しい教科書を発行すべく現在編集中であること、②それまでの間は一九四六年六月に発行する予定の「暫定教科書」を使用することを教育現場に伝えている。

こうした日本の教育の新しい動きに対して総括的な方針や指導を与えようとしたのは、一九四六年三月に来日した米国教育使節団による『第一次米国教育使節団報告書』であろう。その中で注目されるのは「日本の教育の建て直しが行はれる前に、民主政体における教育哲学の基礎がぜひとも明らかにされなくてはならぬ。『民主主義』という言葉を絶えず繰り返したところで、それが内容をそなへてゐなければ無意味である」と、教育のドラスティックな再建構想を求めていることである。

これらの要請を受け、文部省が新しい教育にむけた姿勢を国民に示したのが、同年六月三〇日に出された『新教育指針』であった。

この中ではじめて文部省は「さういはれてみれば、われわれがこれまでよいとしてきたことや、気がつかずにやってゐたことが、実は国民を戦争へと導くやうなはたらきをしてゐた」と、戦争中の音楽・芸能文化が軍国主義とむすびついていたことへの反省を述べ、新たな教育・文化の振興を目指すとした方向性を示した。具体的には次のようなきわめて緩やかな提言であった。

『おおきくなったら兵隊に』とか、『日本の国をもっと大きい国に』とかいふやうな理想を子どもたちにもたせないで、むしろ学問をもって、道徳をもって、芸術をもって世の中のためにつくしたいという理想をもたせるのが、文化国家の教育である。」（「これからの教育はどんな人間をつくるべきか」より）

このように国民学校時代の教育は、抜本的な変更を余儀なくされたわけだが、当初、日本の文部省当局は必ずしも、これらの連合国最高司令部の意向をすんなりと受け入れたわけでもない。それは、一九四六年十月八日に出された文部次官からの通達『勅語及勅書の取扱について』の文言からも読み取れる。式日等において「教育勅語」を奉読しないと伝達しておきながら、「勅語及勅書の謄本等は今後も引き続き学校に置いて保管、奉読に当たっては之を神格化するやうな取扱をしないこと」と実に歯切れの悪い一面をのぞかせていたのである。連合国軍側が、日本がポツダム宣言受諾の条件として掲げた「国体ノ護持」には触れることなく、最終的には日本政府に対し民主主義の確立を求めたことをもって、「戦後」処理が進むことになる。音楽教育においても、この曖昧さが付いて廻ることになる。

七〇余年にわたる「唱歌」教育の歴史のなかで、国家は子どもたちに何を教え、何を期待してきたのであろうか。冒頭にあげた「無言のがいせん」のなかに、その回答があると筆者は思うのだが、教育の現場は、「唱歌」教育からの転換を求める矢継ぎ早の「指令」と「通達」に対応、すなわち「戦時」色を打ち消すことで精一杯であり、これまでの「唱歌」教育を総括するまでには至らなかった。

戦後音楽教育の「スタート」

一九四五年九月に処理がはじまった「墨塗教科書」（↓五六八頁）を基にして、翌一九四六年六月には「暫定教科書」が登場する。「暫定教科書」（↓六〇二頁）は、原

◆『日本教育制度ニ対スル管理政策』

（一九四五年十月二二日　連合国軍最高司令部より終戦連絡中央事務局経由日本帝国政府に対する覚書）

A　教育内容ハ左ノ政策ニ基キ批判的ニ検討、改訂、管理セラルベキコト

(1)　軍国主義的及ビ極端ナル国家主義的イデオロギーノ普及ヲ禁止スルコト、軍事教育ノ学科及ビ教練ハ凡テ廃止スルコト

(2)　議会政治、国際平和、個人ノ権威ノ思想及集会、言論、信教ノ自由ノゴトキ基本的人権ノ思想ニ合致スル諸概念ノ教授及実践ノ確立ヲ奨励スルコト　（以下、略）

＊この「覚書」は『国家神道、神社神道に対する政府の保証、支援、保全、監督並びに弘布の配布に関する件』などとともに連合国軍最高司令部からの四大司令といわれる。

◆『新教育指針』【平和的文化国家の建設と教育者の使命】

（一九四六年六月三〇日　文部省）

今日の教育者がつちかひ育てる青少年の心の若芽が、五年、十年、三十年、の年月をへてりっぱにのびてゆくとき、軍国主義や極端な国家主義はあとかたもなくぬぐい去られ、人間性・人格・個性にふくまれるほんとうの力が、科学的な確かさと哲学的な広さと宗教的な深さとをもつて十分にはたらかされ、そこに民主主義の原理はあまねく行はれて、平和と幸福とを楽しむであらう。かうした高く遠い理想を、単なるゆめに終らせないで、毎日の教育活動を通して、一歩一歩確実に実行してゆくところ、そこに教育者の希望があり喜びがあるのである。

則的には使っていた教科書の一部を墨で読めないように消した墨塗教科書をまとめ直したものであるが、ここで注目されるのは、約一年前に墨塗りをまぬがれた戦時色の多少残る曲がおおむね排除されたことだろう。

一九四七年三月、「教育基本法」と「学校教育法」が公布された。「学校教育法」によって、芸術教科は「生活を明るく豊かにする音楽、美術、文芸等について基礎的な理解と技能を養う」教科になった。これを基底に同年六月一三日に公示された『学習指導要領音楽編』（試案）では、音楽教育の目標は「音楽美の理解・感得を行い、これによって高い美的情操と豊かな人間性とを養」い「音楽の知識及び技術を習得」させるとし、内容には戦後の音楽教育の骨格とも言うべき「歌唱」「器楽」、「創作」、「鑑賞」の四つの学習領域が設定された。教科の名称も「芸能科音楽」から「音楽科」に改められた。

文部省が新しい音楽教科書『一ねんせいのおんがく』〜『六年生の音樂』（全六冊）を発行したのは、先の暫定教科書を発行してから一年後の一九四七年五月から七月にかけてであった。これは、最後の国定教科書でもあった。各学年二二曲、計一三二曲の歌唱教材が掲載された。このうち、過去の文部省著作（教科書）に掲載されていた「唱歌」は、全学年を通して、次に示す三八曲（二八パーセント強）であった。なかには歌詞の一部の書き直しが行われたケースもある。（＊カッコ内は初出の唱歌集名。★印は歌詞に修正が加えられた曲）

（一学年）
「かたつむり」（『尋常小學唱歌』一學年）、「おうま」（『ウタノホン』上）、「おつきさま」（『尋常小學讀本唱歌』）、「はとぽっぽ」（『尋常小學唱歌』一學年）、★「ひのまる」（『尋常小學唱歌』一學年）、「たこのうた」（『尋常小學讀本唱歌』）…以上六曲

（二学年）
「花火」（『うたのほん』下）、「小うま」（『尋常小學讀本唱歌』）、「虫の声」（『尋常小學讀本唱歌』）、「かかし」（『尋常小學唱歌』二學年）、「はねつき」（『うたのほん』下）、「雪」（『尋常小學唱歌』二學年）、「春が来た」（『尋常小學讀本唱歌』）…以上七曲

（三学年）
「春の小川」（『尋常小學唱歌』四學年）、「からす」（『尋常小學讀本唱歌』）、「いけのこい」（『尋常小學唱歌』一學年）、★「村まつり」（『尋常小學唱歌』三學年）、「山のうた」（『初等科音樂』一）、「とけいのうた」（『尋常小學讀本唱歌』）、「汽車」（『尋常小學唱歌』三學年）…以上七曲

（四学年）
★「田植」（『初等科音樂』一）「わか葉」（『初等科音樂』一）、「ほたる」（『新訂尋常小學唱歌』三）、「きたえる足」（『初等科音樂』二）、「りょう船」（『尋常小學唱歌』四學年）、★「村のかじや」（『尋常小學唱歌』四學年）、★「かぞえうた」（『初等科音樂』二）、「きかい」（『初等科音樂』二）…以上八曲

（五学年）
★「こいのぼり」（『尋常小學唱歌』五學年）、★「ゆめ」（『新訂尋常小學唱歌』四學年）、「まきばの朝」（『新訂尋常小學唱歌』四學年）、★「冬景色」（『尋常小學唱歌』五學年）、「海」（『尋常小學唱歌』五學年）…以上五曲

（六学年）
「おぼろ月夜」（『尋常小學唱歌』六學年）、★「麦かり」（『初等科音樂』三）、「山の子ども」（『初等科音樂』二）、「ふるさと」（『尋常小學唱歌』六學年）、★「船出」（『初等科音樂』四）…以上五曲

本節で紹介するように、さらに右にあげた文部省著作の唱歌集以外にも、下欄に記したような曲が、歌詞だけ

◆国民に安心感を与えた選曲

一九四七年に刊行された音楽教科書には、左記の戦前の民間教科書等に載っていた唱歌も採用されたため、いわゆる「文部省唱歌」を合わせると、四〇パーセント強の教材が戦前から国民に親しまれてきた唱歌で占められていた。

また、一年生と二年生の教科書には「絵譜」（五六七頁参照）が登場し、三学年以上の教科書には演奏写真も掲載（→一七頁）されるようになった。この音楽教科書スタイルは、その後の検定音楽教科書の原型となった。

（　）内は初出唱歌集。★印の曲は、歌詞が改訂された教材。

（一学年）
「ちょうちょう」
★「むすんでひらいて」
（いずれも『小學唱歌集』初編）

（二学年）
★「さんぽ」（『春夏秋冬 散歩唱歌』）
★「木のは」（『幼年唱歌』第二集）

（三学年）
「夕やけこやけ」（『あたらしい童謡』その一）
★「みなと」（『新編教育唱歌集』第三集）

（四学年）
「なんだっけ!?」（『新作唱歌』三）

（五学年）
★「夏は來ぬ」（三木楽器店版『新撰國民唱歌』二）
★「赤とんぼ」（『山田耕筰童謡百曲集』）
「こきょうの人々」（『明治唱歌』第二集）
★「とうだいもり」『明治唱歌』第三集「旅路」）
★「おちつばき」（『新作唱歌』四「落椿」）

が改作、あるいは一部削除されたりして、戦後の教科書にも歌い継がれるようになった。とくに「戦時色」のなかった、これまで国民に親しまれていた曲や、外国曲を多数教材化することによって、教科書には一定の安定感が漂うことになった。

　こうして蘇った唱歌・童謡も戦後の子どもたちによって歌われることになるのだが、そのことは、一方でそれらの歌が、誕生当時に持っていた教育上の「ねらい」がオブラートで包まれた形で歌われることでもあった。簡単に歌詞を作りかえることにより、結果的にその歌がかつて果たした教育的な「役割」そのものをも、結果的に隠蔽することにつながったのだ。

　例えば「ひのまる」の歌詞が「ああ勇ましい日本の旗は」から「ああ美しい日本の旗は」に改作されたことの意味はけっして些細な話ではないはずだ。それにも拘わらず、多くの場合、こうした側面の指摘はメロディの強烈な存在感の前にきわめて無力であった。

　昔の歌詞を覚えている世代も減り、今日ではこれら改作された歌詞が大手を振って歩いているのも現実だ。この現象は教材だけではない。戦時童謡であった「お山の杉の子」（一九四四年に日本少国民文化協会が募集した「少国民歌」第一席）が、歌詞が大幅に改作され、戦後何事もなかったかのように歌われた。音楽のもつ曖昧さとか危うさ、そして魔力が背中合わせに存在していたとも言えるだろう。

　あえて言えば、その歌を誰が作曲したか、どこの国から渡ってきた歌なのか、原曲や元歌は誰によるのかといった問題もたいへん重要だが、同時にその歌が過去において子どもたちにとってどのような意味があったのかといった問題を、意識的に検討することも、戦後の音楽教育を考える上には大切なことであったと考える。

「音楽による教育」か「音楽の教育」か、の論議

戦後の音楽教育を支えた『学習指導要領音楽編』（試案）は、編纂に中心的に携わった諸井三郎（作曲家、一九四六年より文部省社会教育局視学官）の音楽教育論の影響が大きい。戦中の教育はすべからく「皇国ノ道ニ則リテ」「国民ノ基礎的錬成ヲナス」（一九四一年三月、国民学校令）とされ、「国民的情操ヲ醇化スル」とともに「愛国精神ヲ昂揚スルニカムヘシ」（同施行規則）と位置づけられていたが、諸井は、「音楽教育は、あくまでも手段ではなくて、音楽そのものを教えることが目的なんです。それがひいては人間性を高めることにもなるし、豊かにすることにもなるけれども、音楽教育の目的は、純正な、芸術的な、質のいい音楽を、音楽自体として教えることに尽きる」（『音楽教育研究』一九七一年八月号、諸井三郎インタヴュー「戦後音楽教育の出発点を探る」）と考えたのだった。

　そのために、前述のように『学習指導要領音楽編』（試案）では、これまでの歌唱指導に加え、器楽教育や鑑賞教育、創作教育などの実践化が指示され、付録には「鑑賞用レコード一覧」が付されるほどであった。

　これらのことから、日本近代の唱歌教育が「音楽による教育」であったのに対し、戦後の音楽教育の方向性をデザインした諸井の考え方の根本は「音楽の教育」であったことがわかる。そして、これをもって戦前の唱歌教育からの転換が図られることになる。

　ただし、そのことによって、音楽教育を担う人々の中で、過去の音楽教育の問題点を十分に論議することが疎かになったことも否めない。やがて民間の手によって検定教科書が刊行されるにしたがって、日本近代の唱歌教育の歴史は曖昧さを残したまま、表舞台からフェイドアウトしていくことになる。

【水島昭男】

（六学年）
★「野ばら」（『女聲唱歌』「野中の薔薇」）
★「五月の歌」（『明治唱歌』第二集）
「ひばり」（『中學唱歌』）
★「遠き山川」（『小學唱歌集』初編「うつくしき」）
「秋の田」（『中等音樂教科書』）
★「早春の歌」（『新作唱歌』三「早春賦」）

『一ねんせいのおんがく』の第１曲目　絵譜が登場

一九四五（昭和二〇）年

墨塗教科書の指示

「終戦」から一カ月後の九月一五日に文部省から発表された「新日本建設ノ教育指針」、および同月二〇日に通達された「終戰ニ伴フ教科用図書取扱方ニ關スル件」の主旨に沿って、教育の現場では、それまで教科書に掲載されていた戦時色の強い教材を墨で塗りつぶす指導があわただしくなされた。

芸能科音楽においても、それはけっして例外ではなかった。基本的には、国家神道を礼讃し、国家主義により貫かれた、そして軍国主義を鼓舞した唱歌がその対象になったわけだが、実際に墨塗りの対象から外れた唱歌の中には、明治天皇、昭憲皇太后らが詠んだ歌や、天皇制や軍國主義を想起させるような言葉、あるいは言葉にそうした歴史的な背景をかかえた唱歌も数曲あることに気が付く。それは、戦時体制下における教育の一掃を表明しながらも、国家神道に基づいた国家統治を意味する「国体の護持」の思想がわずかながらも残っていたことを意味する。

戦時中には、初等科の音楽教科書の編纂にあたり、その中心的な役割を果たした井上武士が、

「終戰の聖断を仰ぐ瞬間までは、わが國の教育は、戰爭といふ目的の爲に甚だしくゆがめられた方向に向かって居ました。今こそ教育は平和新日本建設の爲にその本道に歸らなければなりません。音樂教育は音樂藝術本來の使命に立脚すべき」

との前提に立ち、「国民学校音楽教材のあつかひ方」として、削除すべき教材名をあげていたことも、この教育の戦後処理のあり方と無関係ではない（『音樂知識』一九四五年十一月号）。

以下に掲載する墨塗り状態の『ウタノホン』上から『初等科音樂』四、『高等科音楽』一までの教科書は、一九四六年六月に「暫定教科書」が出回るまでの約九か月の間使用された。本項で紹介する教材の中で、歌詞にアミをかけた部分が、その「墨塗り教科書」の実例である。

子供たちは、

①墨で塗るか、

②あるいは白紙を貼るか、

③見開きの場合は両面を貼り合わせるか、

④裏表に掲載されている場合は、頁ごとに切取る、

ように教師によって指示された。その箇所は、縦書歌詞だけでなく、楽譜や挿絵、さらに目録（目次）にまでにも及んでいた（実施についての経緯、問題点は五九八頁を参照）。

この一連の行動の中で際立っていたのは、連合国司令部から改善の催促が出る前に、「墨塗り」という形で自ら、これまでの戦時教育思想に封印を指示した日本政府の素早い動きであった。連綿と継続してきた皇民化教育教材を、このような短期間に、墨塗りという形で洗い流すことが出来たのであろうか。しかも、この黒塗り箇所の具体的な指定は、国語・算数を除いて各地の教育行政機関に任せられていた。

こうした動きに、戦後日本の文化・教育行政に大きな影響を与えた当時のアメリカ教育使節団報告書は、日本の教育者はもう少し本質的な教育思想を持つべきである、と指摘していた。

【水島昭男】

『ウタノホン』上（墨塗版）

文部省編

＊底本：墨塗措置処理された一九四三年十月九日発行版。

キミガヨ

キミガヨハ、
チヨニ ヤチヨニ、
サザレイシノ、
イハホト ナリテ、
コケノ ムスマデ。

一 ガクカウ

一

ミンナデ
ベンキヤウ
ウレシイナ、
コクミン〃
ガクカウ
イチネンセイ。

二

ゲンキデ
タイサウ
イチ、ニツ、サン、
コクミン〃
ガクカウ
イチネンセイ。

二 ヒノマル▼

一

アヲゾラ タカク

ヒノマル アゲテ、
アア、ウツクシイ、
ニホンノ ハタハ。

二

アサヒノ ノボル
イキホヒ ミセテ、
アア、イサマシイ、
ニホンノ ハタハ。

三 ユフヤケ コヤケ

一

カアカア カラス、
オヤマヘ カエル、
アノ ソラ アカイ。
ユフヤケ コヤケ、
アシタ テンキニ
ナアレ。

二

モウ スグ ゴハン、
オウチ ヘ カヘラウ、
サヨナラシマセウ。
ユフヤケ コヤケ、
アシタ テンキニ
ナアレ。

四 エンソク

一

ソラハ アヲゾラ、
ヨイ テンキ、
ミンナ ゲンキニ
アルキマセウ、
ケフハ エンソク
ウレシイナ。

二

カゼハ ソヨカゼ、
ヨイ キモチ、
ミンナ ゲンキニ
ウタイマセウ、
ケフハ エンソク
タノシイナ。

五 カクレンボ

カクレンボスル モノ
ヨットイデ。
ジャン ケン ポン ヨ、
アヒコデ ショ。
モウ イイ カイ。
マアダ ダヨ。
モウ イイ カイ。
マアダ ダヨ。
モウ イイ カイ。
モウ イイ ヨ。

六 ホタル コイ

ホウ ホウ
ホタル コイ
小サナ チャウチン
サゲテ コイ。
ホシノ カズホド
トンデ コイ。
ホウ ホウ
ホタル コイ。

七 ウミ

一

ウミハ ヒロイナ、
大キイナ、
ツキガ ノボルシ、
日ガ シヅム。

二

ウミハ 大ナミ、
アヲイ ナミ、
ユレテ ドコマデ、
ツヅクヤラ。

三

ウミニ オフネヲ
ウカバシテ、
イッテ ミタイナ、
ヨソノ クニ。

八 オウマ

一

オウマノ オヤコハ、
ナカヨシ コヨシ。
イツデモ イッショニ、
ポックリ ポックリ
アルク。

二

オウマノ カアサン、
ヤサシイ カアサン。
コウマヲ 見ナガラ、
ポックリ ポックリ
アルク。

九　オ月サマ

一

出タ、出タ、月ガ。
マルイ マルイ マンマルイ
ボンノ ヤウナ 月ガ。

二

カクレタ、クモニ。
クロイ クロイ マックロイ
スミノ ヤウナ クモニ。

三

マタ 出タ、月ガ。
マルイ マルイ マンマルイ
ボンノ ヤウナ 月ガ。

十　モモタラウ ▼

一

ハタハ 日ノマル
青イ海、
小サナ フネガ
ホヲ アゲタ。

二

フネニ ヰルノハ
モモタラウ、
オトモハ サルト
犬トキジ。

三

ハマデ 見オクル
オヂイサン、
ナランデ 手ヲ フル
オバアサン。

十一　タネマキ

一

パラパラ パラパラ、
タネマキシマセウ。
マイタラ 日モ テレ、
雨モ フレ。

二

パラパラ パラパラ、
タネマキスレバ、
メガ 出テ、ハ ガ 出テ、
花ガ サク。

十二　ハトポッポ

一

ポッポッポッポ、
ハトポッポ、
マメガ ホシイカ、
ソラ ヤルゾ。
ミンナデ イッショニ
タベニ 來イ。

二

ポッポッポッポ、
ハトポッポ、
マメハ ウマイカ、
タベタナラ、
ミンナデ ナカヨク
アソバウヨ。

十三　コモリウタ

一

ネンネン コロリヨ、
オコロリヨ。
バウヤハ ヨイ子ダ、
ネンネシナ。

二

バウヤノ オモリ ハ、
ドコヘ 行ツタ。
アノ山 コエテ、
里ヘ 行ツタ。

三

里ノ ミヤゲニ、
ナニ モラツタ。
デンデンダイコニ、
シヤウノ フエ。

十四　オ人ギャウ

一

イツモ ツカイニ イク トキハ、
オ人ギャウサンヲ ツレテ イク。
雨ガ フッタラ カサ サシテ、
カサ サシテ。

二

空ニ マンマル 月ガ 出テ、
オ人ギャウサンハ ユメヲ 見ル。
ネンネン コロリヨ、ネンコロリ。
ネンコロリ。

十五　オ正月

一

早ク 來イ 來イ、
オ正月、
山ノ ウラジロ
持ッテ 來イ。

二

早ク 來イ 來イ、
オ正月、
タニノ ワカ水
クンデ 來イ。

十六　デンシャゴッコ

一
ウンテンシュ ハ
キミダ。
シャシャウ ハ ボクダ。
アトノ 四人ガ、
デンシャノ オ客。
「オノリハ オ早ク、
ウゴキマス。」

二
ウンテンシュ ハ
ジャウズ。
デンシャハ 早イ。
ツギハ ボクラノ
學校前ダ。
「オオリハ オ早ク、
ウゴキマス。」

十七　カラス

カラス カラス
カンザブラウ。
アノ山 クヮジダ。
トビグチ フッテ、
ハシレ。
生マレタ 山ヲ
ワスレルナ。

十八　兵タイゴッコ▼

一
カタカタ カタカタ
パンポン パンポン。
兵タイゴッコ。
カタカタ カタカタ、
パンポン パンポン。
ボクラハ ツヨイ。

二
カタカタ カタカタ、
パンポン パンポン。
ススメヨ、ススメ。
カタカタ カタカタ、
パンポン パンポン。
テキ兵ハ ニゲル。

十九　ヒカウキ▼

ヒカウキ、
ヒカウキ、
早イナ。
青イ 空ニ
ギンノ ツバサ。
ヒカウキ、
ヒカウキ、
早イナ。

二十　ウグヒス

一
ウメノ 小枝デ、
ウグヒスハ、
春ガ 來タヨト
ウタヒマス。
ホウ ホウ
ホケキョ、
ホウ ホケキョ。

二
雪ノ オ山ヲ
キノウ 出テ、
里ヘ 來タヨト
ウタヒマス。
ホウ ホウ
ホケキョ、
ホウ ホケキョ。

＊楽譜および歌詞に網をかけた教材は、実際に墨で塗られた教材の実例（中村喜久二編『墨ぬり教科書　音楽』芳文閣出版部より）。曲名の下に▼印を付けた教材は、一九四五年十二月二八日付で岩手県が内政部長通牒（「終戰ニ伴フ教科用圖書取扱方ニ関スル件」）として県内の学校長宛に削除を指示した教材である。各曲の作詞・作曲者名は、五二二頁〜五六二頁と同じにつき省略（以下同）。

『うたのほん』下（墨塗版）

文部省編

＊底本：墨塗処理された一九四三年十月九日発行版。

君が代

君が代は、
ちよに やちよに、
さざれいしの、
いはほと なりて、
こけの むすまで。

きげん節

一

雲に そびゆる 高ちほの
高根おろしに、草も、木も、
なびき ふしけん 大みよを
あふぐ 今日こそ たのしけれ。

二

うな原 なせる はにやすの
池の おもより なほ 廣き、
めぐみの 波に あみしよを
あふぐ 今日こそ たのしけれ。

三

あまつひつぎの 高みくら、
ちよ よろづよに 動きなき、
もとゐ 定めし その かみを
あふぐ 今日こそ たのしけれ。

四

空に かがやく 日のもとの
よろづの 國に たぐひなき、
國の みはしら たてし よを
あふぐ 今日こそ たのしけれ。

一、春が 來た

一

春が 來た、
春が 來た、
どこに 來た。
山に 來た、
里に 來た、
野にも 來た。

二

花が 咲く、
花が 咲く、
どこに 咲く。
山に 咲く、
里に 咲く、
野にも 咲く。

二、さくら さくら

さくら さくら、
野山も、里も、
見わたす かぎり、
かすみか、雲か、
朝日に にほふ。
さくら さくら、
花ざかり。

三、國引き▼

一

國來い、
國來い、
えんやらや。
神さま
つな引き、
お國引き。

二

しま 來い、
しま 來い、
えんやらや。
はっぱう
のこらず
よって 來い。

四、軍かん▼

一

行け 行け、軍かん、
日本の
國の まはりは、
みんな 海。
海の 大なみ
こえて 行け。

二

行け 行け、軍かん、
日本の
國の 光を
何千り、
海の はてまで
かがやかせ。

五、雨ふり

一

雨雨、ふる ふる、
田に、はたに。

子どもは せっせと
苗はこび。
小犬も かけます、
たんぼみち。

二
雨雨、ふる ふる、
野に、山に。
おとなは そろって
田うゑする。
つばめは とびます、
かさの上。

六、花火

一
どんと なった。
花火だ、
きれいだな。
空いっぱいに
ひろがった。
しだれやなぎが
ひろがった。

二
どんと なった。
何百、
赤い星、
一どに かはって
青い星、
も一ど かはって
金の星。

七、たなばたさま

一
ささの 葉 さらさら、
のきばに ゆれる。
お星さま きらきら、
きん ぎん 砂子。

二
五しきの たんざく
わたしが かいた。
お星さま きらきら、
空から 見てる。

八、うさぎ

うさぎ、
うさぎ、
なに 見て
はねる。
十五夜
お月さま、
見て はねる。

九、長い道

一
どこまで 行っても、
長い道。
夕日が 赤い、
森の上。

二
どこまで 行っても、
長い道。
ごうんと お寺の
かねが なる。

十、朝の歌

一
すずめが ちゅんちゅん、
朝の 歌 歌ふ。
みなさん お早う、
ごきげん いかが、
きれいな お水で
お顔を あらひませう。

二
吹く 風 そよそよ、
朝の 歌 歌ふ。
みなさん お早う、
ごきげん いかが、
なかよく そろって
學校へ まゐりませう。

十一、富士の山▼

一
大昔から 雲の上、
雪を いただく
富士の山。
いく千まんの 國みんの
心 きよめた 神の山。

二
今、日本に たづね來る
よその 國人 あふぐ 山。
いくまん年の のちまでも、
世界だい一、神の山。

十二、菊の花

一
きれいな 花よ、菊の 花、

白や 黄色の 菊の 花。
二
けだかい 花よ、菊の 花、
あふぐ ごもんの 菊の 花。
三
日本の 秋を かざる 花、
きよい かをりの 菊の 花。

十三、かけっこ

一
かけっこ かけっこ、
とべ とべ、走れ。
赤かて、赤かて、（白かて、白かて、）
ひといきだ。
二
あとから つづくぞ、
とべ とべ、早く。
赤かて、赤かて、（白かて、白かて、）
けっしょうだ。

十四、たきぎひろひ

一
あったよ、あったよ、
枯枝 あったよ。
松だよ、すぎ だよ、
ここにも あったよ、
たくさん あったよ。
二
せっ せと、せっせと、
枯木を ひろはう。
松だよ、すぎ だよ、
うんとこ どっこい、
かついで かへらう。

十五、おもちゃの戰車▼

一
おもちゃの 戰車、
すすめよ、すすめ。
つみ木の ざんがう、
ずんずん こえて、
ごうごう がらがら、
すすめよ、すすめ。
二
おもちゃの 戰車、
走れよ、走れ。
しきゐの クリーク、
へいきで こえて、
ごうごう がらがら、
走れよ、走れ。

十六、はねつき

一
追羽根 小羽根、
小鳥に なつて、
空まで あがれ。
ひい、ふ、みい、よ、
いつつで 渡そ、
花子さんに 渡そ。
二
追羽根 小羽根、
てふてふに なって、
ひらひら まへよ。
ひい、ふ、みい、よ、
いつつで 渡せ、
春枝さんに 渡せ。

十七、兵たいさん▼

一
てっぽう かついだ
兵たいさん、
足並 そろへて
あるいてる。
とっとこ とっとこ
あるいてる。
兵たいさんは
勇ましい。
二
お馬に 乗った
兵たいさん、
砂を けたてて
かけて 來る。
ぱっ ぱか ぱっ ぱか
かけて 來る。
兵たいさんは
勇ましい。

十八、ひな祭

一
赤い まうせん しきつめて、
おだいり様は 上の だん、
金の びゃうぶに ぎんの だい。
二
五人ばやしや 官女たち、
そろって 並ぶ、下の だん、
どれも きれいな おひな様。
三

あられ・ひし餅・お白ざけ、
ぼんぼり かざる おもしろさ、
今日は 三月 ひな祭。

十九、日本▼

一
日本よい 國、
きよい 國。
世界に 一つの
神の 國。

二
日本よい 國、
強い 國。
世界に かがやく
えらい 國。

二十、羽衣

一
白い はまべの
松原に、
波が よせたり、
かへしたり。

二
あまの 羽衣
ひらひらと、
天にょの まひの
美しさ。

三
いつか かすみに
つつまれて、
空に ほんのり
富士の 山。

『初等科音樂』一（墨塗版）

文部省編

＊底本：墨塗処理された一九四二年二月二四日発行版。

君が代

君が代は、
ちよにやちよに、
さざれ石の、
いはほとなりて、
こけの むすまで。

勅語奉答

あやにかしこき すめらぎの、
あやにたふとき すめらぎの、
あやにたふとく、かしこくも、
下したまへり、大みこと。
これぞめでたき 日の本の
國の教の もとゐなる。
これぞめでたき 日の本の
人の教の かがみなる。
あやにかしこき すめらぎの
みことのままに いそしみて、
あやにたふとき すめらぎの
大御心に 答へまつらん。

天長節

今日のよき日は、大君の
うまれたまひし よき日なり。
今日のよき日は、みひかりの
さし出たまひし よき日なり。
ひかりあまねき 君が代を
いはへ、もろ人 もろともに。
めぐみあまねき 君が代を
いはへ、もろ人 もろともに。

明治節

一
アジヤの東 日出づるところ、
ひじりの君の あらはれまして、
古きあめつちとざせるきりを、
大御光に くまなくはらひ、
教あまねく、道明らけく、
治めたまへる 御代たふと。

二
めぐみの波は やしまにあまり、
みいつの風は うな原こえて、
神のよさせる みわざをひろめ、
民のさかゆく 力をのばし、
とつ國國の ふみにも、しるく
とどめたまへる 御名かしこ。

三
秋の空すみ、菊の香高き、
今日のよき日を 皆ことほぎて、
定めましける みのりをあがめ、
さとしましける みことを守り、
代代木の森の 代代とこしへに
仰ぎまつらん、大みかど。

一月一日

第一章
年のはじめの

ためしとて、
終なき世の
めでたさを、
松竹たてて、
かどごとに
いはふ今日こそ
たのしけれ。

第二章

初日のひかり
さしいでて、
よもにかがやく
今朝のそら、
君がみかげに
たぐへつつ
仰ぎ見るこそ
たふとけれ。

紀元節

第一章

雲にそびゆる高千穂の
高根おろしに、草も、木も、
なびきふしけん大御世を
仰ぐ今日こそ樂しけれ。

第二章

うな原なせるはにやすの
池のおもよりなほひろき
めぐみの波にあみし世を
仰ぐ今日こそ樂しけれ。

第三章

あまつひつぎの高みくら、
千代よろづよに動きなき
もとゐ定めしそのかみを
仰ぐ今日こそ樂しけれ。

第四章

空にかがやく日のもとの、
よろづの國にたぐひなき
國のみはしらたてし世を
仰ぐ今日こそ樂しけれ。

一、春の小川

一

春の小川は、さらさら行くよ。
岸のすみれや、れんげの花に、
すがたやさしく、色うつくしく
咲いてゐるねと、ささやきながら。

二

春の小川は、さらさら行くよ。
えびやめだかや、小ぶなのむれに、
今日も一日、ひなたでおよぎ、
遊べ遊べと、ささやきながら。

二、鯉のぼり

一

お日さまのぼる、
もえたつみどり。
まごひがおよぐ、
ひごひがおよぐ。

二

のぼりを立てて、
みんながいはふ。
よい子になあれ、
おほきくなあれ。

三

のぼりを立てて、
をとこの子ども、
おほきくなって、
にっぽんだんじ。

三、天の岩屋▼

一

さか木の枝にかけませう。
鏡と玉をかけませう。
ああ、神の代の岩戸前。

二

長鳴きどりを鳴かせませう。
かぐらのまひをまひませう。
ああ、おもしろい、おもしろい。

三

岩戸がさっとあきました。
かがやきわたるおすがたは、
ああ、天照大神（あまてらすおほみかみ）。

四、山の歌

一

とぶよ、とぶよ、白雲。
そよぐ、そよぐ、木々の葉、
山の朝だ、夜あけだ。
わらぢしめて、さ、のぼれ。

二

鳴くよ、鳴くよ、こま鳥。
吹くよ、吹くよ、そよ風。
山の朝だ、夜あけだ。
みねをさして、さ、のぼれ。

五、田植

一

そろた、出そろた、
さなへが そろた。
植ゑよう、植ゑましょ、
み國のために。
米はたからだ、たからの草を、
植ゑりゃ、こがねの花が咲く。

二
そろた、出そろた、
植ゑ手も そろた。
植ゑよう、植ゑましょ、
み國のために。
ことしゃほう年、穂に穂が咲いて、
みちの小草も 米がなる。

六、なはとび

一
一つとんで、またとんで、
三つめも とべたなら、
お次の番に かはりませう。

二
高くとんで、またとんで、
三つめはうしろむき、
くるりととんで、かはりませう。

三
一ととんで、二ととんで、
三ととぶ とび上手、
十までとんで、かはりませう。

七、子ども八百屋(やほや)▼

一
子どもの車だ、
八百屋の車だ、
子どもの買出し。
押せ押せ、車を、
よいしょ、よいしょ。

二
おとうさんは出征、
おかあさんと四人で、
八百屋だ、毎日。
押せ押せ、車を、
よいしょ、よいしょ。

三
くに子も、ひさ子も、
あと押し頼むぞ。
にいさん、しっかり。
押せ押せ、車を、
よいしょ、よいしょ。

八、軍犬利根(とね)▼

一
行けとの命令、まっしぐら。
かはいい軍犬、まっしぐら。
カタカタ カタカタ カタカタ、
ダン ダン ダン、彈の中。

二
あの犬、うてうて、うちまくれ。
のがすな、のがすな、うちまくれ。
カタカタ カタカタ カタカタ、
ダン ダン ダン、敵の彈。

三
よし來い、よし來い、利根來い來い。
わたしだ、わたしだ、利根來い來い。
カタカタ カタカタ カタカタ カタカタ、
ダン ダン ダン、彈の中。

九、秋

一
ちんちろ 松虫、
虫の聲、
庭の畠で
鳴きました。

二
ぎんぎら 葉の露、
草の露、
月の光が
ぬれました。

三
とろとろ もえる火、
ゐろりの火、
栗がはぜます、
にほひます。

十、稲刈

一
がんが渡るぞ、青空を。
さあさ、刈り取れ、
みのりの秋だ。
たれる稲穂(いなほ)は、こがね色。

二
歌が流れる、そよ風に。
さあさ、刈り取れ、
みのりの秋だ。
はずむ利鎌(とがま)に日が光る。

三
胸がをどるぞ、喜びに。
さあさ、刈り取れ、
稲刈りあげて、

米のたわらを山とつめ。

十一、村祭▼

一
村のちんじゅの神様の、
今日は、めでたいお祭日。
どんどんひゃらら、
どんひゃらら、
どんどんひゃらら、
どんひゃらら、
朝から聞える笛たいこ。

二
としも豊年滿作で、
村はそう出の大祭。
どんどんひゃらら、
どんひゃらら、
どんどんひゃらら、
どんひゃらら、
夜までにぎはう宮の森。

三
治る御代に、神様の
惠みたたへる村祭。
どんどんひゃらら、
どんひゃらら、
どんどんひゃらら、
どんひゃらら、
聞いても心が勇みたつ。

十二、野菊

一
遠い山から吹いて來る
こ寒い風にゆれながら、
けだかく、きよくにほふ花。
きれいな野菊、
うすむらさきよ。

二
秋の日ざしをあびてとぶ
とんぼをかろく休ませて、
しづかに咲いた野べの花。
やさしい野菊、
うすむらさきよ。

三
しもがおりてもまけないで、
野原や山にむれて咲き、
秋のなごりををしむ花。
あかるい野菊、
うすむらさきよ。

十三、田道間守(たぢまもり)▼

一
かをりも高いたちばなを、
積んだお船がいま歸る。
君の仰せをかしこみて、
萬里の海をまっしぐら、
いま歸る、田道間守、田道間守。

二
おはさぬ君のみささぎに、
泣いて歸らぬまごころよ。
遠い國から積んで來た
花たちばなの香とともに、
名はかをる、田道間守、田道間守。

十四、潛水艦(せんすゐ)▼

一
魚雷かかへて、
しぶきをあげて、
もぐる海底(かいてい)わが天下。

二
立てて見はった
潛望鏡(せんばうきやう)に、
光る黒しほ、敵のふね。

三
海の城だと
いばってゐても、
波の底からねらひうち。

十五、餅つき

一
ぺったん、ぺったん、ぺったん、お餅つき、
つく人、のす人、ふかす人、
みんなではたらくお餅つき、
こな雪さらさら降ってゐて。

二
ぺったん、ぺったん、ぺったん、お餅つき、
きれいなお餅ができました。
みんなでにこにこお餅つき、
もうすぐ樂しいお正月。

十六、軍旗▼

一
軍旗、軍旗、
天皇陛下の
みてづから、
お授けくださる尊い軍旗、
わが陸軍のしるしの軍旗。

二

軍旗、軍旗、
天皇陛下の
おことばを、
心にきざんでみ國を守る、
わが陸軍のいのちの軍旗。

十七、手まり歌

一

てんてんてん、
天神さまのお祭で、
てんてん手まりを買ひました。
てんてん手まりはどこでつく、
梅のお花の下でつく、
下でつく。

二

てんてんてん、
天神さまの石段は、
だんだんかぞへていくつある。
だんだんかぞへて二十段。
段の數ほどつきませう、
つきませう。

十八、雪合戰▼

一

勝て勝て、負けるな、雪合戰。
兩手でまるめろ、雪の彈。
あたれば痛いぞ、はじけるぞ。
敵軍めがけて投げつけろ。

二

勝て勝て、負けるな、雪合戰。
敵軍なかなか手ごはいぞ。
一歩もさがるな、攻めたてろ、
最後の勝どきあげるまで。

十九、梅の花

一

學校がへりに、近道を
通って來れば、どこからか、
ほんのりにほふ梅の花。

二

見れば、ちらほら枝さきに、
にほひもきよく咲きそめた
明かるく白い梅の花。

二十、三勇士▼

一

大君のため、
國のため、
わらってたった
三勇士。

二

鐵條網も、
トーチカも、
なんのものかは、
破壞筒（はくわいとう）。

三

その身は玉と
くだけても、
ほまれは殘る、
廟巷鎮（べうかうちん）。

【参考文献】

中村紀久二編『墨ぬり教科書 音楽』芳文閣出版部

『初等科音樂』二（墨塗版）

文部省編

＊底本：墨塗処理された一九四三年八月二日発行版。

君が代

君が代は、
ちよにやちよに、
さざれ石の、
いはほとなりて、
こけのむすまで。

勅語奉答

あやにかしこき すめらぎの、
あやにたふとき すめらぎの、
あやにたふとく、かしこくも、
下したまへり、大みこと。
これぞめでたき 日の本の
國の教の、もとゐなる。
これぞめでたき 日の本の
人の教の かがみなる。
あやにかしこき すめらぎの
みことのままに いそしみて、
あやにたふとき すめらぎの
大御心に 答へまつらん。

天長節

今日のよき日は、大君の
うまれたまひし よき日なり。

今日のよき日は、みひかりの
さし出たまひし よき日なり。
ひかりあまねき 君が代を
いはへ、もろ人 もろともに。
めぐみあまねき 君が代を
いはへ もろ人 もろともに。

明治節

一

アジヤの東日出つるところ、
ひじりの君のあらはれまして、
古きあめつちとざせるきりを、
大御光にくまなくはらひ、
敎あまねく、道明らけく、
治めたまへる御代たふと。

二

めぐみの波はやしまにあまり、
みいつの風はうな原こえて、
神のよさせるみわざをひろめ、
民のさかゆく力をのばし、
とつ國國のふみにも、しるく
とどめたまへる御名かしこ。

三

秋の空すみ、菊の香高き、
今日のよき日を皆ことほぎて、
定めましけるみのりをあがめ、
さとしましけるみことを守り、
代代木の森の代代とこしへに
仰ぎまつらん、大みかど。

一月一日

第一章

年のはじめの
ためしとて、
終なき世の
めでたさを、
松竹たてて、
かどごとに
いはふ今日こそ
たのしけれ。

第二章

初日のひかり
さしいでて、
よもにかがやく
今朝のそら、
君がみかげに
たぐへつつ
仰ぎみるこそ
たふとけれ。

紀元節

第一章

雲にそびゆる高千穂の
高根おろしに、草も、木も、
なびきふしけん大御世を
仰ぐ今日こそ樂しけれ。

第二章

うな原なせるはにやすの
池のおもよりなほひろき
めぐみの波にあみし世を
仰ぐ今日こそ樂しけれ。

第三章

あまつひつぎの高みくら、
千代よろづよに動きなき
もとゐ定めしそのかみを
仰ぐ今日こそ樂しけれ。

第四章

空にかがやく日のもとの、
よろづの國にたぐひなき
國のみはしらたてし世を
仰ぐ今日こそ樂しけれ。

一、春の海

一

うすむらさきにほのぼのと、
朝の光は、あたらしい、
のぞみを乗せて來るやうな
明かるい、廣い春の海。

二

のどかに波はささやいて、
空と水とのあをみどり。
心も廣くなるやうに、
ゆたかにゆれる春の海。

二、作業の歌

一

さあさあ、元氣で、働け、働け、
水くみ、草とり、
なんでもやらうぞ。
作業だ、作業だ、ゆくわいに働け。

二

力をあはせて、働け、働け、
寒さも、暑さも、
わすれてしまふぞ。
作業だ、作業だ、いっしょに働け。

三

心をひとつに、働け、働け、
どんどん仕事が、
進むぞ、進むぞ。
作業だ、作業だ、みんなで働け。

三、若葉

一
あざやかなみどりよ、
あかるいみどりよ、
鳥居をつつみ、
わら屋をかくし、
かをる、かをる、
若葉がかをる。

二
さわやかなみどりよ、
ゆたかなみどりよ、
田はたをうづめ、
野山をおほひ、
そよぐ、そよぐ、
若葉がそよぐ。

四、機械

工場だ、
機械だ、
鐵だよ、音だよ、
どどどん、どどどん。

ピストン、
腕だよ、
あつちへ、こつちへ、
がたとん、がたとん。

車だ、
車輪だ、
ぐるぐる まはるよ、
ぐるぐる、ぐるぐる。

車輪と
車輪に、
皮おび すべるよ、
するする、するする。

齒車、
齒車、
齒と齒とかみあひ、
ぎりぎり、ぎりぎり。

動くよ、
音だよ、
鐵だよ、ぐるぐる、
がたどん、どどどん。

五、千早城▼

一
そびえる金剛(こんがう)、
とりでは千早、
寄せ來る賊軍、
一百よ萬。

二
忠義のこころは、
鐵より堅く、
まもるは楠木
一千よ人。

三
戰ふたびごと
賊軍やぶれ、
みいつにかがやく
菊水の旗。

六、野口英世(のぐちひでよ)

一
磐梯山(ばんだいさん)の動かない
姿にも似たその心。
苦しいことがおこつても、
つらぬきとげた強い人。

二
やさしく母をいたはつて、
昔の師をばうやまつて、
醫學(いがく)の道をふみきはめ、
世界にその名あげた人。

三
波ぢも遠いアフリカに
日本のほまれかがやかし、
人の命をすくはうと、
じぶんは命すてた人。

七、水泳の歌

一
朝日はのぼる、雲はわく。
みどりみなぎるうな原に
泳ぐはわれら、海の子ら。

二
しぶきはをどる、かもめ飛ぶ。
腕はくろがね、もえる日に
きたへてわれら、海の子ら。

三

あら波ほえる、岩は鳴る。
さかまき寄せる黒潮を
乗り切るわれら、海の子ら。

八、山田長政▼

一
黒潮寄せ來る大うな原も、
わたれば近し、シャムの國。
南へ、南へ、船行く、船行く。
山田長政 日本男子。

二
正義のいくさに力をそへて、
いさをは高し、ナコン王。
南へ、南へ、國威はのび行く。
山田長政 日本男子。

九、青い空

一
青いよ、青いよ、秋の空、
明かるい黄いろな山々の
もみぢにうつつて、なほ青い。

二
廣いよ、廣いよ、秋の空、
とんぼがすいすい飛んでゐる。
わたしもあんなに飛びたいな。

三
晴れたよ、晴れたよ、秋の空、
どこからどこまですんでゐて、
心もかがやく日本晴。

十、船は帆船よ▼

一
船は帆船よ、
三本マスト、
千里の海も なんのその。

二
萬里の波に
夕日が落ちて、
なほも南へ 氣がはやる。

三
とまり重ねて、
心にかかる
安南シャムは まだはるか。

四
椰子の林に
照る月影を、
昔の人は どう見たか。

五
日本町に
ふけ行く夜の
ゆめは故郷を かけまはる。

十一、靖國(やすくに)神社▼

一
ああ、たふとしや、大君に
命ささげて、國のため
たてしいさをは、とこしへに
光りかがやく 靖國の神。

二
ああ、かしこしや、櫻木の
花と散りても、忠と義の
たけきみたまは、とこしへに
國をまもりの 靖國の神。

十二、村の鍛冶屋

一
しばしも休まずつち打つ響き。
飛び散る火花よ、はしる湯玉。
ふいごの風さへ息をもつがず、
仕事に精出す村の鍛冶屋。

二
あるじは名高いいつこく者よ、
早起き早寝の、やまひ知らず。
鐵より堅いとじまんの腕で、
打ちだす刃物に心こもる。

十三、ひよどり越▼

一
しかも四つ足、馬も四つ足、
しかの越え行くこの坂みち、
馬の越えざる道理はなしと、
大將義經(よしつね)まつ先に。

二
つづく勇士も、われおくれじと、
ひよどり越にさしかかれば、
平家の陣は眞下に見えて、
たたかひ今やまつ最中。

三
ゆだん大敵、うらの山より、
三千餘騎のさか落しに、
平家の一門おどろきあわて、
屋島をさして落ちて行く。

十四、入營▼

一
大君います
國なれば、
ますらをわれは
いでたちて、
今日よりはかん、
劒たち、
ちかひもかたし、
神のには。

二
ますらをなれば、
勇ましく
いでたつ君を
送りつつ、
門出をいはふ
旗の波、
萬歳たかく
とよめきて。

十五、グライダー▼

一
のびる引き綱、「はなせ」の合圖、
ぱつとはなれて飛ぶグライダー。
のぼるのぼるよ、朝日をあびて。

二
野越え、をか越え、林の上で、
さつときれいに輪をかきながら、
輕く音なくつばさは光る。

三
行くよ、のぼるよ、翼(つばさ)を張って。
銀の大鳥、青空高く、
雲をかすめてはるかに行くよ。

十六、きたへる足

一
大空晴れて深みどり、
心はひとつ、日はうらら。
足並みそろへ、
ぐんぐん歩け。
みんな元氣で、きたへる足だ。

二
道一筋にしも光り、
心はをどる、氣ははずむ。
足どりかるく、
ぐんぐん歩け。
みんな元氣で、きたへる足だ

十七、かぞへ歌▼

一つとや、ひとりで早起き、身を清め、
日の出を拜んで、庭はいて、水まいて。
二つとや、ふだんにからだをよくきたへ、
み國に役立つ人となれ、民となれ。
三つとや、身仕度きちんと整へて、
ことばは正しくはきはきと、ていねいに。
四つとや、よしあしいはずによくかんで、
御飯をたべましょ、こころよく、行儀よく。
五つとや、急いで行きましょ、左側、
道草しないで學校に、お使ひに。
六つとや、虫でも、草でも、氣をつけて、
自然の姿を調べませう、學びませう。
七つとや、仲よくみんなでお當番、
ふく人、はく人、はたく人、みがく人。
八つとや、休みの時間は、元氣よく、
まり投げ、なは飛び、鬼ごつこ、かくれんぼ。
九つとや、心は明かるく、身は輕く、
進んで仕事の手傳ひに、朝夕に。
十とや、東亞(とうあ)のまもりをになふのは、
正しい日本の子どもたち、わたしたち。

十八、廣瀬中佐▼

一
とどろくつつ音、
飛び來る彈丸。
荒波あらふ
デッキの上に、
やみを貫ぬく中佐の叫び。
「杉野はいずこ、杉野はゐずや。」

二
船内くまなく
たずぬる三たび。
呼べど答へず、
さがせど見えず。
船はしだいに波間に沈み、
敵彈いよいよあたりにしげし。

三
今はとボートに
移れる中佐、
飛來る彈に
たちまち失せて、
旅順港外うらみぞ深き、
軍神廣瀬とその名殘れど。

十九、少年戰車兵▼

一

來たぞ、少年戰車兵。
鐵の車に、鐵かぶと。
ごうごうごうごう、
ごうごうごう。

二

來たぞ、少年戰車兵、
口はきりりと一文字。
ごうごうごうごう、
ごうごうごう。

三

來たぞ、少年戰車兵、
なんの敵陣ひとけりと、
ごうごうごうごう、
ごうごうごう。

二十、無言のがいせん（切り取り）▼

一

雲山萬里をかけめぐり、
敵を破つたおぢさんが、
今日は無言で歸られた。

二

無言の勇士のがいせんに、
梅のかをりが身にしみる。
みんなは無言でおじぎした。

三

み國の使命にぼくたちも、
やがて働く日が來たら、
をぢさんあなたが手本です。

【参考文献・資料】
中村紀久二編『墨ぬり教科書 音楽』芳文閣出版部

『初等科音樂』三（墨塗版）

文部省編

＊底本：墨塗処理された一九四二年十二月三一日発行版。

君が代

君が代は、
ちよにやちよに、
さざれ石の、
いはほとなりて、
こけのむすまで。

勅語奉答

あやにかしこきすめらぎの、
あやにたふとく、かしこくも
下したまへり 大みこと。
これぞめでたき 日の本の
國の教のもとゐなる。
これぞめでたき 日の本の
人の教の かがみなる。
あやにかしこきすめらぎの
みことのままに いそしみて
あやにたふときすめらぎの
大御心に 答へまつらん。

天長節

今日のよき日は、大君の
うまれたまひし よき日なり。
今日のよき日は、みひかりの
さし出たまひし よき日なり。
ひかりあまねき 君が代を
いはへ もろ人 もろともに。
めぐみあまねき 君が代を
いはへ もろ人 もろともに。

明治節

一

アジヤの東 日出づるところ、
ひじりの君のあらはれまして、
古きあめつちとざせるきりを、
大御光にくまなくはらひ、
教あまねく、道明らけく、
治めたまへる御代たふと。

二

惠の波は八洲に餘り、
みいつの風は海原越えて、
神のよさせるみわざをひろめ、
民の榮行く力をのばし、
とつ國國のふみにも、しるく
とどめたまへる御名かしこ。

三

秋の空すみ、菊の香高き、
今日のよき日を皆ことほぎて、
定めましけるみのりをあがめ、
さとしましけるみことを守り、
代代木の森の代代とこしへに
仰ぎまつらん、大みかど。

一月一日

第一章

年のはじめの ためしとて、
終なき世の めでたさを
松竹たてて、かどごとに
いはふ今日こそ たのしけれ。
第二章
初日のひかり さしいでて、
よもにかがやく 今朝のそら、
君がみかげに たぐへつつ
仰ぎみるこそ たふとけれ。

紀元節
第一章
雲にそびゆる高千穂の
高根おろしに、草も、木も、
なびきふしけん大御世を
仰ぐ今日こそ樂しけれ。
第二章
海原なせるはにやすの
池のおもよりなほひろき
めぐみの波にあみし世を
仰ぐ今日こそ樂しけれ。
第三章
あまつひつぎの高みくら、
千代よろづよに動きなき
もとゐ定めしそのかみを
仰ぐ今日こそ樂しけれ。
第四章
空にかがやく日のもとの、
よろづの國にたぐひなき
國のみはしらたてし世を
仰ぐ今日こそ樂しけれ。

昭憲皇太后御歌
金剛石
金剛石もみがかずば
珠のひかりはそはざらむ
人もまなびてのちにこそ
まことの徳はあらはるれ
時計の針のたえまなく
めぐるがごとくときのまの
日かげをしみて勵みなば
いかなるわざかならざらむ
水は器
水はうつはにしたがひて
そのさまざまになりぬなり
人はまじはる友により
よきにあしきにうつるなり
おのれにまさるよき友を
えらびもとめてもろともに
こころの駒にむちうちて
まなびの道にすすめかし

一、朝禮の歌
一
朝なり、大氣澄みわたり、
ものみな清くさやかなり。
あらたなる日本、日々に生まる。
ああ、われらはげまん、今ぞ。
二
朝なり、心さわやかに、
旭日天にかがやけり。
大いなる日本、日々にさかゆ。
ああ われらきたへん、今ぞ。

二、大八洲▼
一
神生みませるこの國は、
山川きよき大八洲。
海原遠く行くかぎり、
御稜威あまねし、大東亞。
二
神しろしめすこの國は、
豊葦原の中つ國。
瑞穂のそよぎ、ゆたかなる
恵み仰がん、大東亞。
三
神まもりますこの國は、
きはみもあらず、浦安の
大船しげきゆきかひも
とはに安けき大東亞。

三、忠靈塔▼
一
勇士らは、生命をささげたり。
勇士らは、戰にうち勝てり。
そのみたま、ほほ笑みてここにあり。
いま仰ぐ忠靈の塔高し。
二
勇士らのあとをつぐわれらなり。
勇士らのいさをしをしのびつつ、
ふるひたち、戰ひに戰はん。
いまちかふ 忠靈の塔の前。

四、赤道越えて
一
もえる光と青い波、

波にをどるはふかの群。
海路はるかに白銀なして、
雲はむら立つ椰子の島。

二

來たぞ、スコール瀧しぶき。
あとは葉末に風鳴って
海はびろうど、なぎさはさらさ。
日ざしまばゆい島の晝。

三

いかりおろせば寄りつどふ
笑顔明かるい人の群。
街にはためく日の丸見れば
ここの港も大東亞。

＊「大八洲」から「赤道越えて」までは切り取り指示（岩手県）。

五、麥刈

一

麥はさらさら、黄金の穂波、
さつと刈れ刈れ、じまんの腕に、
といだ利鎌が、きらりと光る。

二

刈って束ねて、山ほど積んで、
ことしや上作、大麥、小麥、
玉の汗から生まれた寶。

三

たすき鉢巻、きりりとしめて、
親子そろつて麥刈りあげりや、
森のかつこ鳥、かつこと鳴いた。

＊一九四七年刊行『六年生の音樂』「麦かり」（↓六三八）では、一番「といだ利鎌が…」は「空は青空、朝日が光る」に改作。

六、海

一

松原遠く消ゆるところ、
白帆の影は浮かぶ。
干網濱に高くして、
かもめは低く波に飛ぶ。
見よ、晝の海。
見よ、晝の海。

二

島山やみにしるきあたり、
いさり火、光あはし。
寄る波岸にゆるくして、
浦風輕くいさご吹く、
見よ、夜の海。
見よ、夜の海。

七、戰友▼

一

草むすかばね大君の
しこのみたてと出でたちて、
鐵火のあらし、彈の雨、
くぐりて進むきみとわれ。

二

死なば同じ日、同じ時、
おくれさきだつことあらば、
骨ひつさげて突撃と、
ちかひかはししきみとわれ。

三

御稜威あまねき大東亞、
朝日の御旗行くところ、
あたなす敵のあるかぎり、
擊ちてしやまん、きみとわれ。

八、揚子江▼

水は滿々、流れは洋々、
わたつみか、岸べも見えず。
この流れ、晝夜をすてず、
大陸の沃野うるほし、
水は滿々、流れは洋々。
滔々洋々、滔々洋々。

九、大東亞▼

一

椰子の葉に鳴る海の風。
峯にきらめく山の雪。
南十字と北斗星、
連ねて廣き大東亞。

二

ここに生まれし十億の
人の心はみな一つ。
盟主日本の旗のもと、
ちかひて守る鐵の陣。

三

空は晴れたりあかつきの
光りあふるる四方の海、
みなはらからとむつみあひ、
こぞりて築け大東亞。

＊「戰友」の縦書歌詞から「大東亜」までは切り取り指示（岩手県）。

十、牧場の朝

一

ただ一面に立ちこめた
牧場の朝のきりの海。

ポプラ並木のうつすりと
黒い底から、勇ましく
鐘が鳴る鳴る、かんかんと。
二
もう起き出した小屋小屋の
あたりに高い人の聲。
きりに包まれ、あちこちに、
動くひつじのいく群の
鈴が鳴る鳴る、りんりんと。
三
今さしのぼる日の影に
ゆめからさめた森や山。
あかい光に染められた
遠い野末に、牧童の
笛が鳴る鳴る ぴいぴいと。

十一、聖徳太子
一
みまつりごとを耳さとく
きこしめしつる朝より、
日出づる國は、新しき
光みちけり、野に、山に。
二
この世の春の夢殿は、
雲こそ早くとざしつれ。
富の緒川の法の水
流れて盡きず、とこしへに。
三
千年八千年、道々の
祖としあがめ、うやまひて、
ひじりの皇子のみめぐみを
たたへ仰がん もろともに。

十二、橘中佐 ▼
一
かばねは積りて山を築き、
血潮は流れて川をなす
修羅のちまたか 向陽寺。
雲間をもるる月靑し。
二
「みかたは大方うたれたり、
しばらくここを」といさむれど、
「恥を思へや、つはものよ。
死すべき時は今なるぞ。
三
御國のためなり、陸軍の
名譽のためぞ。」とさとしたる
ことば半ばに散りはてし、
花橘ぞ かぐはしき。

十三、秋の歌
一
朝ぎり晴るる遠山の
うすむらさきを仰ぎながら、
車ひきひき行く農夫らの
足もとかざる草もみぢ。
二
かがやく夕日照りはゆる
田は一面にこがね色の
穗波ゆらぎて、飛ぶ鳥さへも、
ゆたけきみのりほめたたふ。

十四、捕鯨船 ▼
一
すはこそえ物、のがすな撃てと、
すつくと立つた砲手の姿。
ねらひはあるか、潮吹く鯨。
うねる大波、あふむくへさき。
二
矢よりも速く飛び行くもりが、
はつしと立てば、しぶきをあげて、
綱も切れよと逃げ行く鯨。
船はゆれゆれ、白波をどる。
三
怒濤をけつて、おひ撃つ鯨。
高鳴る血潮、とどろく凱歌
氷山浮かぶ南極海の
風に日の丸はたはたゆれる。

十五、特別攻撃隊 ▼
一
一擧にくだけ、敵主力。
待ちしはこの日、この時と、
怒濤の底を矢のごとく、
死地に乗り入る 艇五隻。
二
朝風切りて友軍機、
おそふと見るや、もろともに
巨艦の列へ射て放つ
魚雷に高し 波がしら。
三
爆音天をとよもせば、
潮も湧けり 眞珠湾。
火柱あげて、つぎつぎに
敵の大艦しづみゆく。
四
晝間はひそみ、月の出に

ふたたびほふる敵巨艦。
襲撃まさに成功と、
心しずかに打つ無電。

五

ああ、大東亞聖戰に、
みづくかばねと誓ひつつ、
さきがけ散りし若櫻。
仰げ 特別攻撃隊。

＊「捕鯨船」の縦書歌詞から「特別攻撃隊」までは切り取り指示（岩手県）。

十六、母の歌

一

母こそは、命のいづみ。
いとし子を胸にいだきて、
ほほ笑めり、若やかに。
うるはしきかな 母の姿。

二

母こそは、み國の力。
をの子らをいくさの庭に
遠くやり 心勇む。
をゝしきかな 母の姿。

三

母こそは、千年の光。
人の世のあらんかぎり、
地にはゆる天つ日なり。
大いなるかな 母の姿。

＊「教師用教科書」には、「やさしく強く崇高な母の愛に対する感謝の心を深め、以って國民的情操の醇化に資する」と記された。野上弥生子作詞・下総皖一作曲。

十七、冬景色

一

さぎり消ゆる港江の
舟に白し、朝のしも。
ただ水鳥の聲はして、
いまださめず、岸の家。

二

からす鳴きて木に高く、
人は畑に麥をふむ。
げに小春日ののどけしや。
かへり咲きの花も見ゆ。

三

あらし吹きて雲は落ち、
時雨降りて日は暮れぬ。
もしともし火のもれ來ずば、
それとわかじ 野べの里。

十八、小楠公▼

一

梅雨の晴れ間の櫻井に、
別れし父の面影を
しのべば悲し十一の
楠の一本、なほ若し。

二

母のさとしを身にしめて、
かをりも清き楠木や、
河内の里に十餘年、
今はこずゑに風高し。

三

汝を股肱とのたまひし、
王のみ聲の身にしみて、
覺悟は強きあづさ弓、
生きて歸らじ、この門出。

四

いくさ利あらず、矢は盡きて、
四條畷に、ををしくも
花とは散れど 永き世に
光りかがやく、そのいさを。

十九、白衣の勤め▼

一

白衣の勤め、をとめにあれど、
軍の庭にををしく出でて、
勇士まもらん、御國のために。

二

御楯とたちてたたかふ軍、
痛まし、君が深手をみとり、
巻くは白たへ、眞心こめて。

三

敵にあれど、重手と見れば、
いたはる心に二つはあらず
見よや、日本の十字の赤さ。

四

病院船は勇士を送り
故國の山河、近づく日々も、
みとる誠のただ一すぢに。

二十、桃山▼

一

麻と亂れし戰國の
武將をしずめ、したがへて、
ともにことほぐ御代の春、
聚樂の第の花の宴。

二

起てば、百萬海を越え、
歸れば、文化花と咲く。
ありし昔を今ここに、
國威はあがる大アジヤ。

＊「小楠公」から「桃山」までは切り取り指示（岩手県）。

【参考文献・資料】
中村紀久二編『墨ぬり教科書 音楽』芳文閣出版部
文部省『初等科音楽』三 教師用教科書

『初等科音樂』四（黒塗版）

文部省編

＊底本：墨塗処理された一九四三年一月六日発行版。

君が代

君が代は、
ちよにやちよに、
さざれ石の、
いはほとなりて、
こけのむすまで。

勅語奉答

あやにかしこき すめらぎの、
あやにたふとき すめらぎの、
あやにたふとく、かしこくも
下したまへり 大みこと。
これぞめでたき 日の本の
國の教の もとゐなる。
これぞめでたき 日の本の
人の教の かがみなる。
あやにかしこき すめらぎの
みことのままに いそしみて
あやにたふとき すめらぎの
大御心に 答へまつらん。

天長節

今日のよき日は、大君の
うまれたまひし よき日なり。
今日のよき日は みひかりの
さし出たまひし よき日なり。
ひかりあまねき 君が代を
いはへ もろ人 もろともに。
めぐみあまねき 君が代を
いはへ もろ人 もろともに。

明治節

一
アジヤの東 日出づるところ、
ひじりの君のあらはれまして、
古きあめつちとざせるきりを、
大御光にくまなくはらひ、
教あまねく、道明らけく、
治めたまへる御代たふと。

二
惠の波は八洲に餘り、
みいつの風は海原越えて、
神のよさせるみわざをひろめ、
民の榮行く力をのばし、
とつ國國のふみにも、しるく
とどめたまへる御名かしこ。

三
秋の空すみ、菊の香高き、
今日のよき日を皆ことほぎて、
定めましけるみのりをあがめ、
さとしましけるみことを守り、
代代木の森の代代とこしへに
仰ぎまつらん、大みかど。

一月一日

第一章

年のはじめのためしとて、
終なき世のめでたさを
松竹たてて、かどごとに
いはふ今日こそたのしけれ。

第二章

初日のひかりさしいでて、
よもにかがやく今朝のそら、
君がみかげにたぐへつつ
仰ぎみるこそたふとけれ。

紀元節

第一章

雲にそびゆる高千穂の
高根おろしに、草も木も、
なびきふしけん大御世を
仰ぐ今日こそ樂しけれ。

第二章

海原なせるはにやすの
池のおもよりなほひろき
めぐみの波にあみし世を
仰ぐ今日こそ樂しけれ。

第三章

あまつひつぎの高みくら、
千代よろづよに動きなき
もとゐ定めしそのかみを
仰ぐ今日こそ樂しけれ。

第四章

空にかがやく日のもとの、
よろづの國にたぐひなき
國のみはしらたてし世を
仰ぐ今日こそ樂しけれ。

明治天皇御製

一

さしのぼる朝日のごとく
さわやかにもたまほしきは
心なりけり

二

あさみどり澄みわたりたる
大空の廣きをおのが
心ともがな

一、敷島の

敷島の
やまと心を人問はば
朝日ににほふ
山ざくら花

＊教師用教科書には「本居宣長の名高い和歌を歌はせて、國民精神の昂揚に資する」と記される。

二、おぼろ月夜

一

菜(な)の花畠に
入日薄れ、
見わたす山の端
かすみ深し。
春風そよ吹く
空を見れば、
夕月かかりて
にほひあはし。

二

里わの火影(ほかげ)も、
森の色も、
田中の小路を
たどる人も、
蛙(かはづ)のなくねも
鐘の音も、
さながらかすめる
おぼろ月夜。

三、姉

一

わが家(や)に咲き出し白百合(しらゆり)の
やさしき姉の、とつぎ行く
めでたき日なれど、などかくも
さびしさこもるあかね雲。

二

わが家(や)にかをりし白菊の
ゆかしき姉の、とつぎ行く
うれしき日なれど、などかくも
こよひはうるむ空の星。

四、日本海海戦▼

一

敵艦見えたり近づきたり。
『皇國(みくに)の興廢(こうはい)ただこの一擧。
各員奮勵(ふんれい)努力せよ。』と、
旗艦のほばしら信號あがる。
み空は晴るれど風立ちて、
對馬(つしま)の沖に波高し。

二

主力艦隊前をおさへ、
巡洋艦隊後にせまり、
袋のねずみと圍み撃てば、
見る見る敵艦亂れ散るを、

水雷艇隊・驅逐隊、
のがしはせじと追ひて撃つ。
三
東天赤らみ、夜ぎり晴れて、
旭日かがやく日本海上。
今はやのがるるすべもなくて、
撃たれて沈むも、降るもあり、
敵國艦隊全滅す。
帝國萬歳、萬萬歳。

五、晴れ間

一
さみだれの晴れ間うれしく、
野に立てば野はかがやきて、
白雲を通す日影に、
はや夏の暑さをおぼゆ。
二
行く水は少しにごれど、
せせらぎの音もまさりて、
よろこびを歌ふがごとく、
行くわれを迎ふるごとし。
三
田園のつづく限りは、
植ゑわたす早苗のみどり。
山遠く心はるばる
天地の大いなるかな。
四
ふと見れば、道のほとりに、
つつましき姿を見せて
濃きるりの色あざやかに、
咲くものは露草の花。

六、四季の雨

一
降るとも見えじ、春の雨、
水に輪をかく波なくば、
けぶるとばかり思はせて。
降るとも見えじ、春の雨。
二
にはかに過ぐる夏の雨、
物ほし竿に、白露を
なごりとしばし走らせて。
にはかに過ぐる夏の雨。
三
をりをりそそぐ秋の雨、
木の葉、木の實を野に山に、
色さまざまに染めなして。
をりをりそそぐ秋の雨。
四
聞くだに寒き冬の雨、
窓の小笹にさやさやと、
ふけ行く夜半をおとづれて。
聞くだに寒き冬の雨。

七、われは海の子

一
われは海の子、白波の
さわぐいそべの松原に、
煙たなびくとまやこそ、
わがなつかしき住みかなれ。
二
生まれて潮にゆあみして、
波を子守の歌と聞き、
千里寄せくる海の氣を
吸ひて童となりにけり。
三
高く鼻つくいその香に、
不斷の花のかをりあり。
なぎさの松に吹く風を、
いみじき樂とわれは聞く。
四
丈餘のろかいあやつりて、
ゆくて定めぬ波まくら
ももひろちひろ海の底、
遊びなれたる庭廣し。
五
いくとせここにきたへたる
鐵より堅きかひなあり。
吹く潮風に黒みたる
はだは赤銅さながらに。
六
波にただよふ氷山も、
來たらば來たれ、恐れんや。
海巻きあぐる龍巻も
起らば起れ おどろかじ。
七
いで大船を乗り出して、
われは拾はん海の富。
いで軍艦に乗り組みて、
われは護らん海の國。

＊七番のみ削除。

八、滿洲のひろ野 ▼

一
見わたす限り、はてもなき
ここ滿洲のひろ野原。

朝の光にかがやきて、
羊(ひつじ)の群も遠く見ゆ。

二

ひろ野をわたる雲のかげ。
見よ、おほらかに雲のかげ。
大豆畠をわたり行く、
風のまにまにわたり行く。

三

空は夕やけ、あかね色、
いま、日は沈む地平線。
やなぎ並木も、あぜ道も、
静かにあはく暮れて行く。

九、肇國(はつくに)の歌▼

一

豐葦原(とよあしはら)の中つ國、
行きてしらせよ 榮えよと、
宣(の)らせ給へり 大神(おほみかみ)。
げに天壤(あめつち)と窮(きは)みなし、
天津日嗣(あまつひつぎ)ぞ、神(かむ)ながら。

二

くしふる峯や高千穂の
雲押し分けて、皇孫(すめみま)は
天降(あも)りましけん、その日向(ひむか)。
げに海山とかぎりなき
惠みあまねく代々坐(ま)しき。

三

ああ、橿原(かしはら)に宮居して、
一つの宇(いへ)とおほらかに
御稜威(みいつ)い照らす八紘(あめのした)、
その肇國のいにしへを
今に仰ぎて 大東亞。

十、體錬(たいれん)の歌

一

はえある日なり、よき日なり。
るりの大空 仰ぎつつ、
健兒(けんじ)の意氣は今あがる。
力、力、若き力。

二

はえある身なり、御民なり。
君のみたてと きたへつつ、
健兒の腕は 今ぞ鳴る。
力、力、強き力。

三

はえあるみ國、この國を
やがてになふ日望みつつ、
健兒の覚悟いま堅し。
力、力、國の力。
力、力、國の力。

＊體錬は戦前の教科名（↓五六三頁）。体を鍛え、「はえあるみ國の力」になろうと歌う。教師使用教科書には「勇ましい體錬の歌を授けて、大いに志氣を鼓舞し、心身錬磨に對する國民的自覺を促す」と記される。

十一、落下傘(らくかさん)部隊▼

一

見よや、眼下は敵地の野原、
ここぞ、ねらひの目的地。
おりよ、一氣に、おくれるな。
心ははやる落下傘部隊。

二

われもわれもと續いて飛べば、
ぱつとひろがる落下傘。
咲くよ、み空に、白い花。
むらがりくだる落下傘部隊。

三

なんの彈幕、ものかは敵機、
どつと地上におり立ちて、
いざや、乗つ取れ、敵の陣。
あくまで進む落下傘部隊。

十二、御民われ▼

御民われ
生けるしるしあり
天地の
榮ゆる時に
あへらく思へば

十三、渡り鳥

一

北へ 北へ
わたるよ、
群をなして
渡り鳥。
小さき翼、
たよりつつ
わたる旅路、
はるけし。

二

南 南
めざして、
親子ともに
渡り鳥。

あらしよぎり、
助けつつ、
わたる行く手、
はるばる。

十四、船出▼

一
船出だ、朝風、輝く波に
乗り出す少年、帆を張れ、今だ。
朝日はいろどる、豊旗雲を。
船出だ、ぼくらの腕はひびく。

二
船出だ、この身を、この魂を
鍛へる少年、乗り切れ 今だ。
萬里の黒潮、はやても何ぞ。
船出だ、僕らの矢聲はあがる。

三
船出だ、希望の南をさして、
海國少年、力だ、今だ。
東亞の海なら皇国の池だ。
船出だ、ぼくらの血潮はたぎる。

十五、鎌倉

一
七里が濱のいそ傳ひ、
稲村が崎、名將の
劍投ぜし古戰場。

二
極樂寺坂越え行けば、
長谷觀音の堂近く、
露坐の大佛おはします。

三
由比の濱べを右に見て、
雪の下道過ぎ行けば、
八幡宮のおんやしろ。

四
のぼるや石のきざはしの
左に高き大いちやう、
問はばや 遠き世々の跡。

五
若宮堂の舞の袖、
しづのをだまきくり返し、
かへしし人をしのびつつ。

六
鎌倉宮にまうでては、
つきせぬ親王のみうらみに、
悲憤の涙わきぬべし。

七
歴史は長し七百年、
興亡すべて夢に似て、
英雄墓はこけむしぬ。

八
建長・圓覺古寺の
山門高き松風に、
昔の音やこもるらん。

＊教師用教科書には「鎌倉の史跡に對する關心を深め、國民精神の涵養に資する」と記される。

十六、少年産業戰士▼

一
朝にいただく殘んの星影、
夕べにふみ來る野道の月影。
生産、増産、われらの勤めと、
鍬とり、鎌とぐ少年戰士。

二
油にまみれて、額に汗して、
飛び散る火花に、輝くひとみよ。
生産、増産、われらの勤めと、
鐵うちきたへる少年戰士。

三
この腕、この技、み國にささげて、
いやましおこさん 東亞の産業
生産、増産、われらの勤めと
ほほ笑み働く少年戰士。

十七、スキー

一
山は白銀、朝日を浴びて、
すべるスキーの風切る速さ。
飛ぶは粉雪か まひたつ霧か。
おおお この身もかけるよ かける。

二
眞一文字に 身ををどらせて、
さつと飛び越す飛鳥の翼。
ぐんとせまるは、ふもとか 谷か。
おおお たのしや 手錬の飛躍。

三
風をつんざき 左へ、右へ、
飛べば をどれば 流れる斜面。
空はみどりよ 大地は白よ。
おおお あの岡われらを招く。

十八、水師營の會見▼

一
旅順開城約成りて、
敵の將軍ステッセル

乃木大將と會見の
ところはいづこ、水師營。

二

庭に一本なつめの木
彈丸あともいちじるく、
くづれ殘れる民屋に、
いまぞ相見る二將軍。

三

乃木大將はおごそかに、
御めぐみ深き大君の
大みことのりつたふれば、
かれかしこみて謝しまつる。

四

きのふの敵は今日の友、
語ることばもうちとけて、
われはたたへつ、かの防備、
かれはたたへつ、わが武勇。

五

かたち正していひ出でぬ、
『この方面の戰鬪に
二子を失ひ給ひつる
閣下の心いかにぞ。』と。

六

『二人のわが子それぞれに
死所を得たるを喜べり。
これぞ武門の面目。』と、
大將答へ力あり。

七

両將晝食ともにして、
なほもつきせぬ物語。
『われに愛する良馬あり。
今日の記念にけんずべし。』

八

『厚意謝するに餘りあり。
軍のおきてにしたがひて、
他日我が手に受領せば、
長くいたはり養はん。』

九

『さらば。』と、握手ねんごろに、
別れて行くや右左。
砲音絶えし砲臺に
ひらめき立てり、日の御旗。

十九、早春

一

襟ふく風は
寒けれど、
雪消の庭に、
白梅の
つぼみやさしく
ふくらみぬ。
春きたるらし、
音もなく。

二

小川の岸の
厚氷、
いつしか解けて、
あしの芽も
姿ゆかしく
もえ出でぬ。
春きたるらし、
わが村に。

二十、日本刀▼

一

霜夜にさゆる星影か、
櫻にはゆる朝日子か、
抜き放ちたる日本刀、
にほふ燒刃の美しさ。

二

心をこめて眺むれば、
ああ百錬のきつ先に、
たふときすめら國民の
精魂をどるおもひあり。

三

劔は斬らんためならず、
心をみがくわざものと、
古賢のことば今さらに
静かに胸にひびくかな。

【参考文献・資料】
中村紀久二編『墨ぬり教科書 音楽』芳文閣出版部
文部省『初等科音樂』四 教師用教科書

『高等科音樂』一　男子用（黒塗版）

文部省編

＊底本：墨塗処理された一九四四年四月八日版。

君が代

君が代は、
ちよにやちよに、
さざれ石の、
いはほとなりて、
こけのむすまで。

勅語奉答

あやに畏き すめらぎの、
あやに尊き すめらぎの、
あやに尊く、畏くも、
下したまへり、大みこと。
これぞめでたき 日の本の
國の教の もとゐなる。
これぞめでたき 日の本の
人の教の かがみなる。
あやに畏き すめらぎの
みことのままに いそしみて、
あやに尊き すめらぎの
大御心に 答へまつらん。

天長節

今日のよき日は、大君の
うまれたまいし よき日なり。
今日のよき日は、みひかりの
さし出たまひし よき日なり。
ひかりあまねき 君が代を
いはへ、もろ人 もろともに。
めぐみあまねき 君が代を
いはへ、もろ人 もろともに。

明治節

一

アジヤの東日出づるところ、
ひじりの君の現れまして、
古き天地とざせるきりを、
大御光にくまなくはらひ、
教あまねく、道明らけく、
治めたまへる御代たふと。

二

恵の波は八洲に餘り、
みいつの風は海原越えて、
神のよさせるみわざをひろめ、
民の榮行く力をのばし、
とつ國國のふみにも、しるく
とどめたまへる御名かしこ。

三

秋の空すみ、菊の香高き、
今日のよき日を皆ことほぎて、
定めましけるみのりをあがめ、
さとしましけるみことを守り、
代代木の森の代代とこしへに
仰ぎまつらん、大みかど。

一月一日

第一章

年のはじめの ためしとて、
終なき世の めでたさを、
松竹たてて、かどごとに
いはふ今日こそ、たのしけれ。

第二章

初日のひかり さしいでて、
よもに輝く 今朝のそら、
君がみかげに たぐへつつ
仰ぎ見るこそ たふとけれ。

紀元節

第一章

雲にそびゆる高千穂の
高根おろしに、草も、木も、
なびきふしけん大御世を
仰ぐ今日こそ樂しけれ。

第二章

海原なせるはにやすの
池のおもよりなほひろき
めぐみの波にあみし世を
仰ぐ今日こそ樂しけれ。

第三章

あまつひつぎの高みくら、
千代よろづよに動きなき
もとゐ定めしそのかみを
仰ぐ今日こそ樂しけれ。

第四章

空にかがやく日のもとの、
よろづの國にたぐひなき
國のみはしらたてし世を
仰ぐ今日こそ樂しけれ。

一、海ゆかば▼

海ゆかば
水づくかばね、
山ゆかば
草むすかばね、
大君の
邊にこそ死なめ、
かえりみはせじ。

二、青年の歌▼

一
鐵は熱きに打ちてこそ、
鋭く堅きやいばなれ。
われら若きに錬りてこそ、
み國を守る楯たらめ。
きたへん、この身、この體。

二
玉とくだけて大君の
邊にこそ散らめ、散りてこそ、
すめらみ國の男の子なれ。
朝日に匂ふ山ざくら、
榮あれ、この身、この命。

三
彈のあらしにさらす身も、
いくさの庭に立たぬ身も、
ともにみ國の守りぞと、
誓ひもかたし、いざ起たん、
やまとますらをもろともに。

三、八紘爲宇▼

一
まつろはぬ者ども、
すでに降り伏し、
橿原の宮を
朝日の照らすとき、
八紘宇とはせんと宣り給ふ。
燦として御陵威輝く大八洲。

二
そのかみのみことのまゝに、
御民起ち、
南、北、陸に、潮路に、
御旗征く。
仇なせる外つ國人をうちはらひ、
御恵みは今ぞあまねき、大東亞。

三
おほみむねかしこみ傳へ、
行くきはみ、
新しく人は、
命によみがへり、
昭らかに治る御代の御光を
仰ぎてぞ共に榮えん、八紘。

四、麥うち歌

一
岩殿山で鳴く鳥は、
聲もよし、音もよし、
岩のひゞきで。

二
大嶽山の黒雲は、
あの雲がかゝれば、
雨か、嵐か。

三
麥うつ音のさやけさに、
空も晴れ、日も照る、
歌が流れて。

五、元寇▼

一
四百餘洲を擧る
十萬餘騎の敵、
國難こゝに見る、
弘安四年夏の頃。
なんぞ怖れん、われに
鎌倉男子あり、
正義武斷の名、
一喝して世に示す。

二
多々良濱邊のえみし
そはなに元の勢、
傲慢無禮もの
ともに天を戴かず。
いでや、進みて忠義に
鍛へし我が腕、
こゝぞ國のため、
日本刀を試し見ん。

三
こゝろ筑紫の海に、
波おし分けて往く
ますら猛夫の身、
仇を討ちかへらずば、
死して護國の鬼と、
誓ひし箱崎の
神ぞ知ろしめす、
大和魂いさぎよし。

四
天は怒りて、海は

逆巻く大波に、
國に仇をなす
十餘萬の元の勢は、
底のもくづと消えて、
殘るはたゞ三人。
いつしか雲はれて、
玄海灘月清し。

六、大地を耕す

一
利鎌と鋤とこの腕に、
拓かん、いざや、野も、山も。
朝の星に、夕月に、
鍛へし力、今こゝに、
耕せ、大地、寸土もあますな、あますな。

二
日の照る時も、雨の日も、
いそしみ勵む、父祖のわざ。
醜草のぞき、土をうち、
やさしき母の心もて、
耕せ、大地、寸土もあますな、あますな。

三
ゆたけき秋のとりいれに、
山なす五穀積みあげて、
み國の糧を盤石の
安きに置かん、わがつとめ。
耕せ、大地、寸土もあますな、あますな。

七、白虎隊▼

一
「向かふ矢先は、しげくとも、
引きなかへしそものゝふの
道」てふ訓へ身にしめて、
起てり、會津の白虎隊。

二
戸ノ口原の初陣に、
菰槌山にたむろして、
すさぶあらしに草結ぶ
夢破られつ夜を明かす。

三
霧に明くれば奮ひたち、
こゝを先途と戰へど、
飛び來る彈は雨霰、
あゝつぎ〳〵に傷つけり。

四
城を枕に討死と、
呼びつこたえつ扶けあひ、
圍みをついて瀧澤の
飯盛山にたどりつく。

五
小手をかざして眺むれば、
天にみなぎる黒煙、
焔はつゝむ天守閣、
あはれ、いたはし、鶴が城。

六
さらば最期を飾らんと、
名殘の歌をかつ吟じ、
今はとしばし伏し拜む、
殿のおはする城の方。

七
みどり色濃き若松の
をゝしき魂は朽つるなし。
見よ、日の本の若人に、
いや燃えさかるこの心。

八、木枯の朝

一
吹きちぎられて、野面に散りし
いちやうの落葉、くぬぎの枯葉。
木枯、木枯、今朝吹く風は、
刈田の水を凍らする
冬のしらせの北の風。

二
遠山なみに雪雲かゝり、
うすれて寒き朝づく日影。
木枯、木枯、今朝吹く風は、
枯野の末をかけり來る
冬のつかひの北の風。

九、落日

一
野は、里は、たそがれそめて、
連なれる 山のいたゞき、
かゞやかに 光にほへり。

二
あや雲の 波たゞよひて、
大いなる くれなゐ色の、
もゆる日は 今し落ち行く。

三
ことばなく 眺めてあれば、
わが胸の 奥にぞとほる、
落つる日の 尊き光。

十、空を護る▼

一
敵機幾千ものかはと、
國をこぞりて備へあり。

荒鷲空にむかへ撃ち、
地上火砲は火を吐きて、
ほふりつくさん、つかの間に。

二

見よや、われらが家々に、
錬りて鍛へし隣り組。
空襲かねて覺悟ぞと、
鐵のかぶとに身をかため、
老いも、若きも、ふるひたつ。

三

なんの爆彈、燒夷彈、
あだには死なじ、皇國の
御民のほこりいざ見よと、
燃ゆる焔に身を挺し、
護り通さん、勝ちぬかん。

十一、兒島高德▼

一

船坂山や杉坂と、
みあと慕ひて院の庄、
微衷をいかで聞えんと、
櫻の幹に十字の詩。
『天勾踐を空しうする莫れ、
時范蠡無きにしも非ず。』

二

御心ならぬいでましの
御袖つゆけき朝戸出に、
誦じて笑ますかしこさよ、
櫻の幹の十字の詩。
『天勾踐を空しうする莫れ、
時范蠡無きにしも非ず。』

十二、機械に生きる▼

一

働く機械は、われらが友よ。
日毎にしたしみ、助けあひ、
わきめもふらず戰へ、今ぞ。
職場、職場、職場は戰場。

二

轟く機械は、われらが心。
彈むよ、うなるよ、高鳴るよ。
精魂うちこみ戰へ、今ぞ。
職場、職場、職場は戰場。

三

いきほふ機械は、われらが命。
飛び散る火ばなに血が燃える。
命のかぎりに戰へ、今ぞ。
職場、職場、職場は戰場。

十三、學びの庭に▼

一

學びの庭にいそしみて、
今日ぞはえあるわが友よ、
いざ、大いなる天地に、
榮行く國の力たれ。

二

み國の道にいそしみて、
のぞみかゞやくわが友よ、
あゝ、新たなるこの時に、
のび行く國の力たれ。

【参考文献】

中村紀久二編『墨ぬり教科書 音楽』芳文閣出版部

参考：「墨塗り教科書」と音楽科

一九四五年九月一五日に、文部省は、次のような戦後教育の基本方針を発表した。終戦からわずか一カ月後のことであった。

「新日本建設ノ教育方針」（抄）

文部省デハ戰争終結ニ關スル大詔ノ御趣旨ヲ奉體シテ世界平和ト人類ノ福祉ニ貢献スベキ新日本ノ建設ニ資スルガ爲メ従來ノ戰争遂行ノ要請ニ基ク教育施策ヲ一掃シテ文化國家、道義國家建設ノ根基ニ培フ文教諸施策ノ實行ニ努メテキル

一　新教育ノ方針

大詔奉體ト同時ニ従來ノ教育方針ニ検討ヲ加ヘ新事態ニ即応スル教育方針ノ確立ニツキ鋭意努力中デ近ク成案ヲ得ル見込デアルガ今後ノ教育ハ益々國体ノ護持ニ努ムルト共ニ軍國的思想及施策ヲ払拭シ平和國家ノ建設ヲ目途トシテ謙虚反省只管國民ノ教養ヲ深メ科學的思考力ヲ養イ平和愛好ノ念ヲ篤クシ智徳ノ一般水準ヲ昻メテ世界ノ進運ニ貢献スルモノタラシメントシテ居ル

二　教育ノ體勢

決戰教育ノ體勢タル學徒隊ノ組織ヲ廢シ戰時的教育訓練ヲ一掃シテ平常ノ教科教授ニ復帰スルト共ニ學校ニ於ケル軍事教育ハ之ヲ全廢シ尚戰争ニ直結シタル科學研究所等モ平和的ナモノニ改変シツツアル

三　教科書

教科書ハ新教育方針ニ即応シテ根本的改訂ヲ斷

行シナケレバナラナイガ差當リ訂正削除スベキ部分ヲ指示シテ教授上遺憾ナキヲ期スルコトトナツタ

（＊四　教職員ニ對スル措置、五　學徒ニ對スル措置、六科學教育、七　社会教育、八　青少年團體　略）

九　宗教

國民ノ宗教的情操ヲ涵養シ敬虔ナル信仰心ヲ啓培シ神仏ヲ崇メ独リヲ慎ムノ精神ヲ體得セシメテ道義新日本ノ建設ニ資ルト共ニ宗教ニ依ル國際的親善ヲ促進シテ世界ノ平和ニ寄与セシメンガ爲メ各教宗派教団ヲシテ夫々其ノ特色ヲ活カシツツ互ニ連絡提携シテ我國宗教ノ眞面目ヲ一段ト發揮セシムルヤウ努メテヰル、尚近ク管長教團統理者協議会及宗務長会議ヲ開催シ其ノ趣旨ノ徹底ヲ圖ルコトトシタ

（＊十、體育、十一、文部省機構ノ改革　略）

「益々國体ノ護持」に努めるとともに「軍國的思想及施策ヲ払拭」するという、矛盾を孕んだ宣言である。さらにこの五日後には、次の文部次官通牒「終戰ニ伴フ教科用圖書取扱方ニ關スル件」が全国の地方長官宛に出された。

「終戰ニ伴フ教科用圖書取扱方ニ關スル件」

（一九四五年九月二〇日付　文部次官通牒）

中等學校、青年學校及國民學校ニ於ケル教科用圖書ニ付キテハ追ツテ何分ノ指示アルマデ現行教科用圖書ヲ継続使用シ差支ナキモ戰争終結ニ關スル詔書ノ御精神ニ鑑ミ適當ナラザル教材ニツキテハ左記ニ依リ全部或ハ部分的ニ削除シ又ハ取扱ニ慎重ヲ期スル等萬全ノ注意ヲ払ハレ度此段及通牒

一　省略削除又ハ取扱上注意スベキ教材ノ基準概ネ左ノ如シ

（イ）國防軍備等ヲ強調セル教材

（ロ）戰意昂揚ニ關スル教材

（ハ）國際ノ和親ヲ妨グル處アル教材

（ニ）戰争終結ニ伴フ現實ノ事態ト著ク遊離シ又ハ今後ニ於ケル兒童生徒ノ生活體験ト甚シク遠ザカリ教材トシテ價値ヲ減損セル教材

（ホ）其ノ他承詔必謹ノ點ニ鑑ミ適當ナラザル教材

二　教材省略ノ補充ノ爲補充ヲ必要トスル場合ニハ國體護持、道義確立ニ關スル教材、文化國家ノ國民タルニフサハシキ教養、躾等ニ關スル教材、農産増強ニ關スル教材、科學的精神啓培竝ニ其ノ具現ニ關スル教材、體育衛生ニ關スル教材、國際平和ニ關スル教材等ヲ夫々ノ教科科目ノ立場ヨリ土地ノ情況、時局ノ現實等ニ稽ヘテ適宜採取補充スルコト

三　削除スベキ教材又ハ取扱上注意ヲ要スル教材（◎印）ノ一例ヲ國民學校後期用國語教科書ニツキ示セバ次ノ如シ（以下略）

つまり「戰争終結ニ關スル詔書ノ御精神ニ鑑ミ適當ナラザル教材」は全部あるいは部分的に「削除」せよという、戦争中に使われてきた教科書の戦後処理に関する文部省の基本姿勢であった。

この通牒を受け翌日、全国の新聞は次のような報道を行っている。

『讀賣報知』　教科書はそのまゝ

～教材の削除、取扱上の注意を例示～

平和國家建設の基礎となる教育は従來の軍國的思想を清算し今後は國體の護持を根本に明るく潑溂と國民の教養を深め平和愛好の念を□（判読不明）することとなつたが、このためさきに文部省は戰争終結とともに中等學校、青年學校及び國民學校の教科書について着々改編に着手、二十日その取扱方に關し次のやうな通牒を地方総監並に長官宛に發した。

これによると從來使用してゐた教科書をいま直ちに根本的改訂を行ふことは非常な困難が伴ふので差し當つて當局から何らかの指示があるまで現行の教科書をそのまゝ使用継続しても差支へないが終戰の大詔の御精神に反するやうな教材については左のやうに全部或は部分的に削除しこの取扱に慎重を期すやう注意が望まれてゐる。

省略削除または注意すべき教材の基準（一）國防軍備等を強調した教材、（二）戰意昂揚に關する教材、（三）國際の和親を妨ぐ處ある教材、（四）終戰に伴ふ現實の事態と遊離してゐたり今後兒童生徒の生活體験と甚しく遠ざかつた教材、（五）その他承詔必謹の點に適當でない教材等である。

教材省略のため補充を必要とする場合　國體護持道義確立に關する教材、文化國家の國民にふさはしい教養、躾等に關する教材、農産増強に關する教材、科学的精神啓培並にそれを生活の面に現す教材、體育衛生に關する教材、國際平和に關する教材等をそれぐ～教科科目の立場から適宜に採取補充する。削除すべき教材、または取扱上注意を要する教材

(◎印)の一例を國民学校後期用國語教科書に依つて左の如く例示した。

▼ヨミカタ(二)ラジオノコトバ、ヘイタイゴッコ、シャシン

▼よみかた(四)海軍のにいさん、◎満洲の冬、にいさんの入營、金しくんしよう、病院の兵たいさん、支那の子ども

▼初等科国語(二)神の劔、潜水艦、南洋、映画、軍旗、ゐもん袋、三勇士

▼同四、船は帆船よ、バナナ、大連から、観艦式、大演習、小さな傳令使、◎廣瀬中佐、大砲のできるまで、防空監視哨

▼同六　水兵の母、姿なき入城、◎朝鮮のゐなか、十二月八日、浮沈艦の最後、敵前上陸、病院船

▼同八　ダバオ、マライを進む、シンガポール陥落の夜、もののふの情、太平洋

▼高等科國語　単獨飛行、鋲を打つ、輸送船、ハワイ海戦

なお歴史、修身、地理等の教科々目の削除などに就ては目下調査審議を進めてをり追って指示される。

『朝日新聞』國語の「水兵の母」も削除

~教科書から不適切な部分を一掃~

現在使用している中等、青年、國民各學校の教科書の中には戰爭終了の今日教材として適切なものがたくさんある。この措置については文部省で全面的改訂を行ふはずであるが、これには長い時間を要するのでとりあへず現行教科用圖書を使用させることゝし、適當でない教材についてはつぎのやうな注意を払つて、全部あるひは部分的に削除または取扱上注意すべき教材の規準はつぎの通りである。

イ　國防軍備等を強調せるもの

ロ　戰意昂揚に關するもの

ハ　國際の和親を妨げる處あるもの

ニ　戰爭終結に伴ふ現實の事態といちじるしく遊離し、または今後における兒童生徒の生活体験とはなはだしく遠ざかり教材としての價値を減損せるもの、

ホ　その他承詔必謹の点に鑑み適當でないもの、

なほかゝる削除、あるひは省略を行ふと必然的に教材の減少となり補充が必要となつてくるが、この場合には、國體護持、道徳確立、文化國家の國民たるにふさはしい教養、躾等に關するもの、農産増強に關するもの、科學的精神啓培ならびにその具現に關するもの、その他体育衛生、國際平和等々をそれ〴〵教科々目の立場から土地の情況、時局の現實などを考へにいれて適宜採取補充することを要請してゐる、削除すべき箇所は國語、修身、歴史、地理などに多く算数、理科などには比較的に少いが、とりあへず文部省では國民學校後期用國語教科書中の削除部分および取扱上注意を要するもの(△印)を指示した。＊以下、削除教材は『讀賣報知』に同じ。

こうした大がかりな報道にもかかわらず、文部省の一九四五年九月二〇日付の通牒の主旨は、各地の教育現場では、必ずしも徹底されてはいなかった。

たとえば、文部省の中でその後音楽教科の中心的な存在となる諸井三郎は、墨塗り教科書について次のように回顧している。

「それは音楽のほうではあんまりやりませんでしたけれども、国語とか、そういうほうではあったんじゃないですか。音楽のほうでは、墨で消したという覚えはありませんけど」(『音楽教育研究』一九七一年八月号)

文部省では音楽教科書の具体的な内容修正は指示していなかったということなのだろう。確かに文部省からは、削除すべき音楽教材に関する具体策は指示されていない。(諸井はこの時、社会教育局に属しており、直接教科書にはかかわっていない。)削除内容の伝達は文部省主催による講習会で基本方針が伝達された後は、各地の教育行政、ラジオ放送、新聞報道に委ねられることになる。

ここまでの一連の動きは、連合国側から矢継ぎ早に指示が出される以前の、日本政府の教育に対する独自の判断であった。肝腎な判断を現場にゆだねるという教育行政の腰の引けた姿が垣間見える。

連合国最高司令部の強い意志

その一カ月後、連合国最高司令部から、覚書「日本教育制度ニ対スル管理政策」(一九四五年十月二二日)が出る。そこでは、すでに触れた通り(↓五六五頁)、戦前の教育政策が全面的に否定されるとともに、「急迫セル現情ニ鑑ミ一時的ニソノ使用ヲ許サレテキル現行ノ教課目、教科書、教授指導書ソノ他ノ教材ハ出來得ル限リ速ヤカニ検討セラルベキデアリ、軍國主義的乃至極端ナル國家主義的イデオロギーヲ助長スル目的ヲ以テ作成セラレタル箇所ハ削除セラルベキ」ことが声高に言い渡される。

そこで改めて文部省は、一九四六年一月二五日付通牒「國民學校後期使用圖書中ノ削除修正箇所ノ件」を教科書局長名で出すことになるが、それは次のような、前回の通牒をなぞるような文面であった。

現行教科書ノ取扱方ニ關シテハ曩ニ通牒ノ次第ニ依リ圖書中終戰ニ伴ヒ不適當トナリ教材ニハ削除修正ヲ施シ使用セシメラレ居ルコトト存候トコロ後期使用國語（初等科第一學年乃至高等科第一年學年用）及算数（初等科第三學年乃至第六學年用）圖書中ノ削除修正箇所ニ付キテハ今般別表ノ通リ聯合國軍最高司令部ノ承認ヲ得決定致シタルヲ以テ削除修正洩レ有之バ別表ニ依リ必ズ削除修正セシメタル上使用セシメラレ度此段通牒ニ及ビ候

追而左記ノ事項予メ御了知相成度参考迄ニ申添候

一、教師用指導書の發行供給ノ件（略）

二、昭和二十一年度使用教科書ノ件

◎別表（一 國語）＊削除教材は増えた。算数は略

ヨミカタ（一）ウサギトカメ、ヘイタイゴツコ、シャシン

よみかた（四）海軍のにいさん、乗合自動車、菊の花、神だな、鏡、にいさんの入營、金しくんしやう、病院の兵たいさん、支那の子ども

初等科國語（一）神の劍、祭に招く、村祭、田道間守、みかん、潜水艦、南洋、映畫、軍旗、ゐもん袋、雪合戰、三勇士、東京

同國語（四）船は帆船よ、バナナ、大連から、観艦式、くりから谷、ひよどり越、萬壽姫、グライダー「日本號」、大演習、小さな傳令使、廣瀬中佐、扇の的、弓流し、大阪、大砲のできるまで、水族館、母の日、防空監視哨、早春の滿洲

同國語（六）明治神宮、水兵の母、姿なき入城、朝鮮のゐなか、十二月八日、初冬二題、浮沈艦の最期、世界一の織機、水師營、元日や、源氏と平家、ばらの芽、敵前上陸、病院船、ひとさしの舞

同國語（八）玉のひびき、ダバオへ、万葉集、鎌倉、菊水の流れ、マライを進む、シンガポール陥落の夜、もののふの情、太平洋

高等科國語 富士の高嶺、單獨飛行、級会で話したこと、姫路城、輸送船、ハワイ海戦

音楽科の実態

音楽科について言えば、文部省からは具体的な削除修正の指示は出ていない。自治体ごとの動きにはかなり差があった。すでに一九四五年十月に出された東京都教育局国民教育課による「国民学校教科書修正箇所一覧表」には、音楽に触れられた箇所がない。これは先の諸井の回顧とも符号する。

今日、残存する音楽の教科書の墨塗り本は極めて少ない。本書で紹介した墨塗り教科書の実例は、中村紀久二編纂の復刻版（芳文閣出版部）と、一九四五年十二月二八日に岩手県内政部長から県内学校長に出された通牒「終戰ニ伴フ教科用圖書取扱方に関する件」（中村紀久二編纂『墨ぬり教科書：解題・削除指示資料集』所収）で明示された削除指示内容に拠るものである。特に、戦後間もない時期の岩手県のこの墨塗り指示の記録は、当時の実態を知るうえで大変貴重な資料である。すべての教科にわたっており、当時の緊張感が伝わってくる。

さらに注目すべきは、この岩手県内政部からの通牒では、各学年ともに、「君が代」「きげん節」「明治節」「一月一日」「勅語奉答」「天長節」など儀式唱歌が、墨塗り対象教材になっていないことである。それは三重県や岐阜県などの資料においても同様であった。地方行政レベルではこれらの教材には墨塗りの指示がなされていなかった。

しかし、現存している黒塗り教科書を見ると、いずれもこれら儀式唱歌は墨で塗りつぶされている。地方行政の公文書ではこれらを「削除」指示するという判断ができなかった。墨塗りを生徒に指示したのは、現場教師の意思ということになる。ここにも戦後の音楽教育界の混乱ぶりが露呈されている。その一連の流れは、その後（一九四六年十月）の、「勅語及勅書の謄本は今後も保管しておく」という指示を出していた文部省の判断（→五六五頁）にも同じことが言えた。

一九四六年六月から使われることになる「暫定教科書」からは、この一連の儀式唱歌は完全に姿を消す。日本の音楽教育の戦後は、この「墨塗り教科書」問題のように、曖昧さを残したままの「戦後処理」からの再出発であったと言えるのである。

【参考文献】
中村紀久二『墨ぬり教科書：解題・削除指示資料集』（芳文閣出版部）
山中恒『ボクラ少国民と戦争応援歌』（音楽之友社）

【水島昭男】

一九四六（昭和二一）年

暫定教科書の刊行

文部省編

六月に刊行された暫定教科書は、一枚の用紙の両面に印刷しただけの、製本前の状態の「刷り物」であった。この刷り物を、教師の指示にしたがって折り、綴じると手作り製本の「暫定教科書」が完成した。ただし、音楽の暫定教科書はホッチキス製本されていた。これは翌一九四七年四月一日に新学制が発足し、五〜七月にかけて刊行された『一ねんせいのおんがく』〜『六年生の音樂』が発行されるまで使われた。

内容的には墨塗りからかろうじて免れた曲（「體錬の歌」など）も姿を消した。製本の都合により、表紙を含めすべての学年が三二ページで構成されたことから、大胆な選曲を強いられたとも言えるが、この段階で、これまで明らかに皇国史観の残影を思わせる曲は大方排除された。それは終戦直後の墨塗り教科書における文部省の多分にあいまいな対応とは明らかに異なっている。やがて、誕生する戦後の教科書の前触れとしてこの教科書を見ると、及び腰ながら、戦後民主主義国家の教育秩序に対応する心構えがみてとれる。巻頭を飾っていた「君が代」はすべて消えた。この時期を表現するなら、教科書から「君が代」が消えた時代、とも言えるだろう。

実は、歌詞を一部差し替えただけで再登場した文部省唱歌（「船出」「かぞへ歌」「村祭」「村の鍛冶屋」）もあるのだが、そのことが音楽教育界で大きな議論になった形跡はない。

『ウタノホン』上（暫定教科書版）

文部省編
刊行：一九四六年六月二六日 発行：文部省
横二〇五ミリ×縦一四二ミリ（表紙共紙）三二頁

一　ガクカウ

一
ミンナデ
ベンキャウ
ウレシイナ、
コクミン＝
ガクカウ
イチネンセイ。

二
ゲンキデ
タイサウ
イチ、ニッ、サン、
コクミン＝
ガクカウ
イチネンセイ。

二　ユフヤケ コヤケ

一
カアカア カラス、
オヤマヘ カエル、
アノ ソラ アカイ。
ユフヤケ コヤケ、
アシタ テンキニ
ナアレ。

二
モウ スグ ゴハン、
オウチヘ カヘラウ。
サヨナラシマセウ。
ユフヤケ コヤケ、
アシタ テンキニ
ナアレ

三　カクレンボ

カクレンボスル モノ
ヨットイデ。
ジャンケン ポンヨ、
アヒコデショ。
モウ イイカイ。
マアダダヨ。
モウ イイカイ。
マアダダヨ。
モウ イイカイ。
モウ イイヨ。

四　ホタル コイ

ホウ ホウ
ホタル コイ
小サナ チャウチン
サゲテ コイ。
ホシノ カズホド
トンデ コイ。
ホウ ホウ
ホタル コイ。

五　ウミ

一

ウミハ ヒロイナ、
大キイナ、
ツキガ ノボルシ、
日ガ シヅム。

二

ウミハ 大ナミ、
アヲイ ナミ、
ユレテ ドコマデ、
ツヅクヤラ。

三

ウミニ オフネヲ
ウカバシテ、
イッテ ミタイナ、
ヨソノ クニ。

六 オウマ

一

オウマノ オヤコハ、
ナカヨシ コヨシ。
イツデモ イッショニ、
ポックリ ポックリ
アルク。

二

オウマノ カアサン、
ヤサシイ カアサン。
コウマヲ 見ナガラ、
ポックリ ポックリ
アルク。

七 オ月サマ

一

出タ、出タ、月ガ。
マルイ マルイ マンマルイ
ボンノ ヤウナ 月ガ。

二

カクレタ、クモニ。
クロイ クロイ マックロイ
スミノ ヤウナ クモニ。

三

マタ 出タ、月ガ。
マルイ マルイ マンマルイ
ボンノ ヤウナ 月ガ。

八 タネマキ

一

パラパラ パラパラ、
タネマキシマセウ。
マイタラ 日ガ テレ、
雨ガ フレ。

二

パラパラ パラパラ、
タネマキスレバ、
メガ 出テ、ハ ガ 出テ、
花ガ サク。

九 ハトポッポ

一

ポッポッポ、
ハト ポッポ、
マメガ ホシイカ、
ソラ ヤルゾ。
ミンナデ イッショニ
タベニ 來イ。

二

ポッポッポ、
ハト ポッポ、
マメハ ウマイカ、
タベタナラ、
ミンナデ ナカヨク
アソバウヨ。

十 コモリウタ

一

ネンネン コロリヨ、
オコロリヨ。
バウヤハ ヨイ子ダ、
ネンネシナ。

二

バウヤノ オモリハ、
ドコヘ 行ッタ。
アノ山コエテ、
里ヘ 行ッタ。

三

里ノ ミヤゲニ、
ナニ モラッタ。
デンデン ダイコニ、
シャウノ フエ。

十一 オ人ギャウ

一

イツモ ツカイニ イク トキハ、
オ人ギャウサンヲ ツレテ イク。
雨ガ フッタラ カサ サシテ、
カサ サシテ。

二

空ニ マンマル 月ガ 出テ、

オ人ギャウサンハ ユメヲ 見ル。
ネンネン コロリヨ、ネンコロリ。
ネンコロリ。

十二　オ正月

一

早ク 來イ 來イ、
オ正月、
山ノ ウラジロ
持ッテ 來イ。

二

早ク 來イ 來イ、
オ正月、
タニノ ワカ水
クンデ 來イ。

十三　デンシャゴッコ

一

ウンテンシュ ハ
キミ ダ。
シャシャウ ハ ボクダ。
アトノ 四人ガ、
デンシャノ オ客。
「オノリハ オ早ク、
ウゴキマス。」

二

ウンテンシュ ハ
ジャウズ、
デンシャハ 早イ。
ツギハ ボクラノ
學校前ダ。
「オオリハ オ早ク、
ウゴキマス。」

十四　ウグヒス

一

ウメノ小枝デ、
ウグヒスハ、
春ガ來タヨト
ウタヒマス。
ホウ ホウ
ホケキョ、
ホウ ホケキョ。

二

雪ノ オ山ヲ
キノウ 出テ、
里ヘ 來タヨト
ウタヒマス。
ホウ ホウ
ホケキョ、
ホウ ホケキョ。

*暫定教科書の教材の作詞・作曲者は、五二二～五六三頁に同じ（以下同じ）。

『うたのほん』下（暫定教科書版）

文部省編
刊行：一九四六年六月二五日 発行：文部省
横二〇五ミリ×縦一四二ミリ（表紙共紙）三二頁

一、春が 來た

一

春が 來た、
春が 來た、
どこに 來た。
山に 來た、
里に 來た、
野にも 來た。

二

花が 咲く、
花が 咲く、
どこに 咲く。
山に 咲く、
里に 咲く、
野にも 咲く。

二、さくら さくら

さくら さくら、
野山も 里も、
見わたす かぎり、
かすみか、雲か、
朝日に にほふ、
さくら さくら、
花ざかり。

三、雨ふり

一

雨雨、ふる ふる、
田に、はたに。
子どもは せっせと
苗はこび。
小犬も かけます、
たんぼみち。

二

雨雨、ふる ふる、
野に、山に。
おとなは そろって
田うゑする。
つばめは とびます、
かさの 上。

四、花火

一

どんと なった。
花火だ、
きれい だな。
空いっぱいに
ひろがった。
しだれやなぎが
ひろがった。

二

どんと なった。
何百、
赤い星、
一どに かはって、
青い星、
も一ど かはって、
金の 星。

五、たなばたさま

一

ささの 葉 さらさら、
のきばに ゆれる。
お星さま きらきら、
きん ぎん 砂子。

二

五しきの たんざく
わたしが かいた。
お星さま きらきら、
空から 見てる。

六、うさぎ

うさぎ、
うさぎ。
なに 見て
はねる。
十五夜
お月さま、
見て はねる。

七、朝の歌

一

すずめが ちゅんちゅん、
朝の 歌 歌ふ。
みなさん お早う、
ごきげん いかが、
きれいな お水で
お顔を あらひませう。

二

吹く風 そよそよ、
朝の 歌 歌ふ。
みなさん お早う、
ごきげん いかが、
なかよく そろって
學校へ まゐりませう。

八、菊の花

一

きれいな 花よ、菊の 花、
白や 黄色の 菊の 花

二

けだかい 花よ、菊の 花、
にほいめでたい 菊の 花。

三

日本の 秋を かざる 花
きよい かをりの 菊の 花。

＊二番「にほいめでたい」は「あふぐ ごもんの」からの改作。

九、かけっこ

一

かけっこ かけっこ、
とべ とべ、走れ。
赤かて、赤かて、
(白かて、白かて、)
ひといきだ。

二

あとから つづくぞ、
とべ とべ、早く。
赤かて、赤かて、

（白かて、白かて、）
けっしょうだ。

十、たきぎひろひ

一

あったよ、あったよ、
枯枝あったよ。
松だよ、すぎだよ、
ここにもあったよ、
たくさんあったよ。

二

せっせと、せっせと、
枯木をひろはう。
松だよ、すぎだよ、
うんとこどっこい、
かついでかへらう。

十一、羽根つき

おひばね小ばね、
小鳥になつて、
空まであがれ。
ひい、ふ、みい、よ、
いつつで渡そ、
花子さんに渡そ。

二

おひばね小ばね
てふてふになって
ひらひらまへよ。
ひい、ふ、みい、よ、
いつつで渡せ、
春枝さんに渡せ。

十二、雪

一

雪やこんこ、あられやこんこ
降つては降つては、
ずんずんつもる。
山も野原（のはら）も綿（わた）ぼうしかぶり、
枯木のこらず花が咲く。

二

雪やこんこ、あられやこんこ
降つても降つても、
まだ降りやまぬ。
犬（いぬ）は喜（よろこ）び庭かけまはり、
ねこはこたつでまるくなる。

＊『尋常小學唱歌』第二學年用（→三六四頁）よりの差し替え曲。

十三、ひな祭

一

赤いまうせんしきつめて、
おだいり様は上のだん、
金のびゃうぶにぎんのだい。

二

五人ばやしや官女たち、
そろって並ぶ、下のだん、
どれもきれいなおひな様。

三

あられ・ひし餅・お白ざけ、
ぼんぼりかざるおもしろさ、
今日は三月ひな祭。

十四、羽衣

一

白いはまべの
松原に、
波がよせたり、
かへしたり。

二

あまの羽衣
ひらひらと、
天にょのまひの
美しさ。

三

いつかかすみに
つつまれて、
空にほんのり
富士の山。

『初等科音樂』一（暫定教科書版）

文部省編

刊行：一九四六年六月三〇日　発行：文部省

横二〇五ミリ×縦一四二ミリ（表紙共紙）三二頁

一、春の小川

一

春の小川は、さらさら行くよ。
岸のすみれや、れんげの花に、
すがたやさしく、色うつくしく
咲いてゐるねと、ささやきながら。

二

春の小川は、さらさら行くよ。
えびやめだかや、小ぶなのむれに、
今日も一日、ひなたでおよぎ、
遊べ遊べと、ささやきながら。

二、鯉のぼり

一

お日さまのぼる、
もえたつみどり。
まごひがおよぐ、
ひごひがおよぐ。

二

のぼりを立てて、
みんながいはふ。
よい子になあれ、
おほきくなあれ。

三

のぼりを立てて、
をとこの子ども、
おほきくなって、
にほんのちから。

三、山の歌

一

とぶよ、とぶよ、白雲。
そよぐ、そよぐ、木々の葉。
山の朝だ、夜あけだ。
わらぢしめて、さ、のぼれ。

二

鳴くよ、鳴くよ、こま鳥。
吹くよ、吹くよ、そよ風。
山の朝だ、夜あけだ。
みねをさして、さ、のぼれ。

四、田植

一

そろた、出そろた、
さなへがそろた。
植ゑよう、植ゑましょ、
お國のために。
米はたからだ、たからの草を、
植ゑりゃ、こがねの花が咲く。

二

そろた、出そろた、
植ゑ手もそろた。
植ゑよう、植ゑましょ、
お國のために。
ことしゃほう年、穂に穂が咲いて、
みちの小草も米がなる。

五、螢

一

螢のやどは川ばたやなぎ、
やなぎおぼろに夕やみよせて、
川の目高が夢見る頃は、
ほ、ほ、ほたるが灯をともす。

二

川風そよぐ、やなぎもそよぐ、
そよぐやなぎに螢がゆれて、
山の三日月かくれる頃は、
ほ、ほ、ほたるが飛んで出る。

三

川原のおもはさつきのやみ夜、
かなたこなたに友よびつどひ、
むれて螢の大まり小まり、
ほ、ほ、ほたるが飛んで行く。

＊『新訂尋常小學唱歌』第三学年よりの差し替え曲。

六、なはとび

一

一つとんで、またとんで、
三つめもとべたなら、
お次の番にかはりませう。

二

高くとんで、またとんで、
三つめはうしろむき、
くるりととんで、かはりませう。

三

一ととんで、二ととんで、
三ととぶとび上手、
十までとんでかはりませう。

七、汽車

一
今は山中、今は濱、
今は鐵橋渡るぞと
思ふ間もなく、トンネルの
やみを通って廣野原。
二
遠くに見える村の屋根、
近くに見える町の軒。
森や林や田や畑、
後へ 後へ と飛んで行く。
三
廻り燈籠(どうろう)の畫のやうに
變る景色のおもしろさ。
見とれてそれと知らぬ間に、
早くも過ぎる幾十里。

＊『新訂尋常小學唱歌』第三学年用よりの差し替え曲。

八、秋
一
ちんちろ 松虫、
虫の聲、
庭の畠で
鳴きました。
二
ぎんぎら 葉の露、
草の露、
月の光が
ぬれました。
三
とろとろ もえる火、
ゐろりの火、
栗がはぜます、
にほひます。

九、稲刈
一
がんが渡るぞ、青空を。
さあさ、刈り取れ、
みのりの秋だ。
たれる稲穂(いなぼ)は、こがね色。
二
歌が流れる、そよ風に。
さあさ、刈り取れ、
みのりの秋だ。
はずむ利鎌(とがま)に日が光る。
三
胸がをどるぞ、喜びに。
さあさ、刈り取れ、
稲刈りあげて、
米のたわらを山とつめ。

十、村祭
一
村のちんじゅの神様の、
今日は、めでたいお祭日。
どんどんひゃらら、どんひゃらら、
どんどんひゃらら、どんひゃらら、
朝から聞える笛たいこ。
二
としも豐年滿作で、
村はそう出の大祭。
どんどんひゃらら、どんひゃらら、
どんどんひゃらら、どんひゃらら、
夜までにぎはふ宮の森。
三
みのりの秋に、神様の
恵みたたへる村祭。
どんどんひゃらら、どんひゃらら、
どんどんひゃらら、どんひゃらら、
聞いても心が勇みたつ。

十一、野菊
一
遠い山から吹いて來る
こ寒い風にゆれながら、
けだかく、きよくにほふ花。
きれいな野菊、
うすむらさきよ。
二
秋の日ざしをあびてとぶ
とんぼをかろく休ませて、
しづかに咲いた野べの花。
やさしい野菊、
うすむらさきよ。
三
しもがおりてもまけないで、
野原や山にむれて咲き、
秋のなごりををしむ花。
あかるい野菊、
うすむらさきよ。

十二、餅つき
一
ぺったん、ぺったん、お餅つき、
つく人、のす人、ふかす人、
みんなではたらくお餅つき、

こな雪さらさら降ってゐて。
二
ぺったん、ぺったん、お餅つき、
きれいなお餅ができました。
みんなでにこにこお餅つき、
もうすぐ樂しいお正月。

十三、手まり歌
一
てんてんてん、
天神さまのお祭で、
てんてん手まりを買ひました。
てんてん手まりはどこでつく。
梅のお花の下でつく、
下でつく。
二
てんてんてん、
天神さまの石段は、
だんだんかぞへていくつある。
だんだんかぞへて二十段。
段の數ほどつきませう、
つきませう。

十四、梅の花
一
學校がへりに、近道を
通って來れば、どこからか、
ほんのりにほふ梅の花。
二
見れば、ちらほら枝さきに、
にほひもきよく咲きそめた
明かるく白い梅の花。

『初等科音樂』二（暫定教科書版）

文部省編
刊行：一九四六年六月二九日　発行：文部省
横二〇五ミリ×縦一四二ミリ（表紙共紙）三二頁

一、春の海
一
うすむらさきにほのぼのと、
朝の光は、あたらしい、
のぞみを乘せて來るやうな
明かるい、廣い春の海。
二
のどかに波はささやいて、
空と水とのあをみどり。
心も廣くなるやうに、
ゆたかにゆれる春の海。

二、作業の歌
一
さあさあ、元氣で、働け、働け、
水くみ、草とり、
なんでもやらうぞ。
作業だ、作業だ、ゆくわいに働け。
二
力をあはせて、働け、働け、
寒さも、暑さも、
わすれてしまふぞ。
作業だ、作業だ、いっしょに働け。
三
心をひとつに、働け、働け、
どんどん仕事が、
進むぞ、進むぞ。
作業だ、作業だ、みんなで働け。

三、若葉
一
あざやかなみどりよ、
あかるいみどりよ、
鳥居をつつみ、
わら屋をかくし、
かをる、かをる、
若葉がかをる。
二
さわやかなみどりよ、
ゆたかなみどりよ、
田はたをうづめ、
野山をおほひ、
そよぐ、そよぐ、
若葉がそよぐ。

四、蠶
一
風あたゝかき五月のはじめ、
里の小女が取るやはばうき。
はきおろしたる春のかひこ、
さながら黒きちりの如く。
二
四度の眠いつしか過ぎて、
はしの太さは小指となりぬ。
きそひきそひて桑はむ音、
木の葉に雨のそそぐ如く。
三

かみも結ばず、夜さへいねず、
心つくして一月あまり
つとめしかひの見えたる今日、
うれしや、まゆは山の如く。

＊初出『新訂尋常小學唱歌』第四學年用（→三七四頁）。

五、機械（二部輪唱）

工場だ、
機械だ、
鐵だよ、音だよ、
どんどん、どどどん。

ピストン、
腕だよ、
あつちへ、こつちへ、
がたとん、がたとん。

車だ、
車輪だ、
ぐるぐる まはるよ、
ぐるぐる、ぐるぐる。

車輪と
車輪に、
皮おび すべるよ、
するする、するする。

歯車、
歯車、
歯と歯とかみあひ、
ぎりぎり、ぎりぎり。

動くよ、
音だよ、
鐵だよ、ぐるぐる、
がたとん どどどん。

六、野口英世（のぐちひでよ）

一
磐梯山（ばんだいさん）の動かない
姿にも似たその心。
苦しいことがおこつても、
つらぬきとげた強い人。

二
やさしく母をいたはつて、
昔の師をばうやまつて、
醫學（いがく）の道をふみきはめ、
世界にその名あげた人。

三
波ぢも遠いアフリカに
日本のほまれかがやかし、
人の命をすくはうと、
じぶんは命すてた人。

七、水泳の歌

一
朝日はのぼる、雲はわく。
みどりみなぎるうな原に
泳ぐはわれら、海の子ら。

二
しぶきはをどる、かもめ飛ぶ、
腕はくろがね、もえる日に
きたへてわれら、海の子ら。

三
あら波ほえる、岩は鳴る。
さかまき寄せる黒潮を
乗り切るわれら、海の子ら。

八、青い空

一
青いよ、青いよ、秋の空、
明かるい黄いろな山々の
もみぢにうつつて、なほ青い。

二
廣いよ、廣いよ、秋の空、
とんぼがすいすい飛んでゐる。
わたしもあんなに飛びたいな。

三
晴れたよ、晴れたよ、秋の空、
どこからどこまですんでゐて、
心もかがやく日本晴れ。

九、村の鍛冶屋（かぢや）

一
しばしも休まずつち打つ響き。
飛び散る火花よ、はしる湯玉。
ふいごの風さへ息をもつがず、
仕事に精出す村の鍛冶屋。

二
あるじは名高いはたらき者よ、
早起き早寝の、やまひ知らず。
鐵より堅いとじまんの腕で、
打ちだす刃物に心こもる。

＊二番一行目「あるじは名高いはたらき者よ」は「あるじは名高いいつこく者よ」からの改作。

十、漁船

一

えんやら、えんやら、艪拍子そろへて、
朝日の港をこぎ 出すれふ船。
見よ、見よ、あの雲、今日こそ大れふ。
それ、こげ、それ、こげ、おもかぢとりかぢ。

二

ゆらりや、ゆらりと、波間にゆられて、
いそにはあみ船、沖にはつり船。
見よ、見よ、あれ見よ。かゝるは、とれるは。
あみにも、糸にも、魚のかずかず。

三

えんやら、えんやら、獲物に勇んで、
入日の沖をば急いでこぐ船。
見よ、見よ、はまべに妻子が迎へる。
それ、こげ、こげよや、ろびやうし早めて。

＊『尋常小學唱歌』第四學年用（→三七五頁）からの差し替え。

十一、きたへる足

一

大空晴れて深みどり、
心はひとつ、日はうらら。
足並みそろへ、
ぐんぐん歩け。
みんな元氣で、きたへる足だ。

二

道一筋にしも光り、
心はをどる、氣ははずむ。
足どりかるく、
ぐんぐん歩け。
みんな元氣で、きたへる足だ。

十二、かぞへ歌

一つとや、ひとりで早起き、身を清め、
日の出を拜んで、庭はいて、水まいて。
二つとや、ふだんにからだをよくきたへ、
お國にやくだつ人となれ、民となれ。
三つとや、身仕度きちんと整へて、
ことばは正しくはきはきと、ていねいに。
四つとや、よしあしいはずによくかんで、
御飯をたべましよ、こころよく、行儀よく。
五つとや、急いで行きましよ、左側、
道草しないで學校に、お使ひに。
六つとや、虫でも、草でも、氣をつけて、
自然の姿を調べませう、學びませう。
七つとや、仲よくみんなでお當番、
ふく人、はく人、はたく人、みがく人。
八つとや、休みの時間は、元氣よく、
まり投げ、なは飛び、鬼ごっこ、かくれんぼ。
九つとや、心は明かるく、身は輕く、
進んで仕事の手傳ひに、朝夕に。
十とや、十を十まではたすのは
正しい日本の子どもたち、わたしたち。

＊「二つとや」と「十とや」の二連は、以下の歌詞からの改作。

「二つとや、ふだんにからだをよくきたへ、み國に役立つ人となれ、民となれ。」「十とや、東亞のまもりをになふのは、正しい日本の子どもたち、わたしたち。」

『初等科音樂』三（暫定教科書版）

文部省編
刊行：一九四六年六月一五日　発行：文部省
横二〇五ミリ×縦一四二ミリ（表紙共紙）三二頁

一、朝禮の歌

一

朝なり 大氣澄みわたり、
ものみな清くさやかなり。
あらたなる日本、日々に生まる。
ああ、われらはげまん、今ぞ。

二

朝なり、心さわやかに、
旭日天にかがやけり。
きよらなる日本、日々にすすむ。
ああ、われらきたへん、今ぞ。

＊二番三行目「きよらなる日本　日々にすすむ」は「大いなる日本　日々にさかゆ」からの改作。

二、麥刈

一

麥はさらさら、黄金の穂波、
さつと刈れ刈れ、じまんの腕に、
といだ利鎌が、きらりと光る。

二

刈って束ねて、山ほど積んで、
ことしや上作、大麥、小麥、
玉の汗から生まれた寶。

三

たすき鉢巻、きりりとしめて、

親子そろつて麥刈りあげりや、
森のかつこ鳥、かつこと鳴いた。

三、海（三部合唱）

一
松原遠く消ゆるところ、
白帆の影は浮かぶ。
干網濱に高くして、
かもめは低く波に飛ぶ。
見よ、晝の海。
見よ、晝の海。

二
島山やみにしるきあたり、
いさり火、光あはし。
寄る波岸にゆるくして、
浦風輕くいさご吹く、
見よ、夜の海。
見よ、夜の海。

四、牧場の朝

一
ただ一面に立ちこめた
牧場の朝のきりの海。
ポプラ並木のうつすりと
黒い底から、勇ましく
鐘が鳴る鳴る、かんかんと。

二
もう起き出した小屋小屋の
あたりに高い人の聲。
きりに包まれ、あちこちに、
動くひつじのいく群の
鈴が鳴る鳴る りんりんと。

三
今さしのぼる日の影に
ゆめからさめた森や山。
あかい光に染められた
遠い野末に、牧童の
笛が鳴る鳴る、ぴいぴいと。

五、秋の歌（三部合唱）

一
朝ぎり晴るる遠山の
うすむらさきを仰ぎながら、
車ひきひき行く農夫らの
足もとかざる草もみぢ。

二
かがやく夕日照りはゆる
田は一面にこがね色の
穂波ゆらぎて、飛ぶ鳥さへも、
ゆたけきみのりほめたたふ。

六、母の歌

一
母こそは、命のいづみ。
いとし子を胸にいだきて、
ほほ笑めり、若やかに。
うるはしきかな 母の姿。

二
母こそは、千年の光。
人の世のあらんかぎり、
地にはゆる天つ日なり。
大いなるかな 母の姿。

＊野上弥生子作詞・下総皖一作曲。
『初等科音楽』三の二番
「母こそは、み國の力。
をの子らをいくさの庭に
遠くやり 心勇む。
をしきかな 母の姿。」
を削除し、三番を二番にくり上げている（→五八四頁）。

七、冬景色（三部合唱）

一
さぎり消ゆる港江の
舟に白し、朝のしも。
ただ水鳥の聲はして、
いまださめず、岸の家。

二
からす鳴きて木に高く、
人は畑に麥をふむ。
げに小春日ののどけしや。
かへり咲きの花も見ゆ。

三
あらし吹きて雲は落ち、
時雨降りて日は暮れぬ。
もしともし火のもれ來ずば、
それとわかじ、野べの里。

八、朝日は昇りぬ

一
朝日は昇りぬ、日は出でぬ。
海には、帆綱をたぐり上げ、
追手に帆あげて船出する
海士人今や勇むらん。

二
朝日は昇りぬ、日は出でぬ。
山には、小牛を追ひながら、

朝露踏分け登りゆく
少女の歌や高からん。

＊『新訂尋常小學唱歌』五學年用「朝日は昇りぬ」（↓四六一頁）の三番を削除して掲載。

暫定教科書「初等科音樂」1～4

『初等科音樂』四（暫定教科書版）

文部省編
刊行：一九四六年六月一五日　発行：文部省
横二〇五ミリ×縦一四二ミリ（表紙共紙）三二頁

一、おぼろ月夜（二部合唱）

一
菜の花畠に
入日薄れ、
見わたす山の端
かすみ深し。
春風そよ吹く
空を見れば、
夕月かかりて
にほひあはし。

二
里わの火影も、
森の色も、
田中の小路を
たどる人も、
蛙のなくねも、
鐘の音も、
さながらかすめる
おぼろ月夜。

二、姉

一
わが家に咲き出し白百合の
やさしき姉の、とつぎ行く
めでたき日なれど、などかくも
さびしさこもるあかね雲。

二
わが家にかをりし白菊の
ゆかしき姉の、とつぎ行く
うれしき日なれど、などかくも
こよひはうるむ空の星。

三、四季の雨

一
降るとも見えじ、春の雨、
水に輪をかく波なくば、
けぶるとばかり思はせて。
降るとも見えじ、春の雨。

二
にはかに過ぐる夏の雨、
物ほし竿に、白露を
なごりとしばし走らせて。
にはかに過ぐる夏の雨。

三
をりをりそそぐ秋の雨、
木の葉 木の實を野に、山に、
色さまざまに染めなして。
をりをりそそぐ秋の雨。

四
聞くだに寒き冬の雨、
窓の小笹にさやさやと
ふけ行く夜半をおとづれて。
聞くだに寒き冬の雨。

四、われは海の子

一
われは海の子、白波の
さわぐいそべの松原に、
煙たなびくとまやこそ、
わがなつかしき住みかなれ。

二
生まれて潮にゆあみして、
波を子守の歌と聞き、
千里寄せくる海の氣を
吸ひて童となりにけり。

三
高く鼻つくいその香に、
不斷の花のかをりあり。
なぎさの松に吹く風を、
いみじき樂とわれは聞く。

四
丈餘のろかいあやつりて、
ゆくて定めぬ波まくら、
ももひろちひろ海の底、
遊びなれたる庭廣し。

五
いくとせここにきたへたる
鐵より堅きかひなあり。
吹く潮風に黒みたる
はだは赤銅さながらに。

六
波にただよふ氷山も、
來たらば來たれ、恐れんや。
海巻きあぐる龍巻も
起らば起れ、おどろかじ。

＊墨塗教科書と同様に七番のみが削除。記載はないが二部合唱。

五、船出（三部合唱）

一
船出だ、朝風、輝く波に
乗り出す少年、帆を張れ、今だ。
朝日はいろどる、豊旗雲を。
船出だ、ぼくらの腕はひびく。

二
船出だ この身を、この魂を
鍛へる少年、乗り切れ、今だ。
萬里の黒潮、はやても何ぞ。
船出だ、僕らの矢聲はあがる。

三
船出だ、希望の海原さして、
海國少年、力だ、今だ。
波立つ海でも静かな池だ。
船出だ、ぼくらの心はをどる。

＊墨塗教科書からの復活曲（→五九三頁）。三番は改作。

六、スキー

一
山は白銀、朝日を浴びて、
すべるスキーの風切る速さ。
飛ぶは粉雪か、まひたつ霧か。
おおおこの身もかけるよ かける。

二
眞一文字に身ををどらせて、
さつと飛び越す飛鳥の翼。
ぐんとせまるは、ふもとか、谷か。
おおおたのしや、手錬の飛躍。

三
風をつんざき、左へ、右へ、
飛べば、をどれば、流れる斜面。
空はみどりよ 大地は白よ。
おおおあの岡われらを招く。

七、夜の梅

一
梢まばらに咲きそめし
花は、さやかに見えねども、
夜もかくれぬ香にめでて、
窓はとざさぬやみの梅。

二
花も、小枝もそのまゝに
うつる墨繪の紙障子。
かをりゆかしく思へども、
窓は開かぬ月の梅。

＊『尋常小學唱歌』第六學年用からの差し替え曲。

八、早春（三部合唱）

一
襟ふく風は寒けれど、
雪消の庭に、白梅の
つぼみやさしくふくらみぬ。
春きたるらし、音もなく。

二
小川の岸の厚氷、
いつしか解けて、あしの芽も
姿ゆかしくもえ出でぬ。
春きたるらし、わが村に。

『高等科音樂』（暫定教科書版）

文部省編
刊行：一九四六年六月二〇日　発行：文部省
横二〇七ミリ×縦一四二ミリ（表紙共紙）三二頁

一、四季の月

一
咲きにほふ
山のさくらの花のうへに、
かすみていでし春の夜の月。

二
雨すぎし
庭の草葉の露のうへに、
しばしはやどる夏の夜の月。

三
見るひとの
心ごころにまかせおきて、
高嶺にすめる秋の夜の月。

四
水鳥の
聲も身にしむ池の面に、
さながら凍る冬の夜の月。

二、麥うち歌

一
岩殿山で鳴く鳥は、
聲もよし、音もよし、
岩のひゞきで。

二
大嶽山の黒雲は、
あの雲がかゝれば、
雨か、嵐か。

三
麥うつ音のさやけさに、
空も晴れ、日も照る、
歌が流れて。

三、大地を耕す

一
利鎌と鋤とこの腕に、
拓かん、いざや、野も、山も。
朝の星に、夕月に、
鍛へし力、今こゝに、
耕せ、大地、寸土もあますな、あますな。

二
日の照る時も、雨の日も、
いそしみ勵む、父祖のわざ。
醜草のぞき、土をうち、
やさしき母の心もて、
耕せ、大地、寸土もあますな、あますな。

三
ゆたけき秋のとりいれに、
山なす五穀積みあげて、
お國の糧を盤石の
安きに置かん、わがつとめ。
耕せ、大地、寸土もあますな、あますな。

＊三番の「お國」は「み國」からの変更。記載はないが二部合唱。

四、鏡

一
空にかゝれる望月の、
まろくさやけく曇りなき
姿さながらます鏡、
をみなの魂とたがいひし。

二
なごむ心に見る時は、
うつるおもわもほがらにて。
憂ひつゝみてながむれば、
鏡は示す、そのおもひ。

三
朝夕べのたしなみと、
姿うつしてうるはしく、
みがく少女の眞心に、
かゞやきそふるます鏡。

五、木枯の朝

一
吹きちぎられて、野面に散りし
いちやうの落葉、くぬぎの枯葉。
木枯、木枯、今朝吹く風は、
刈田の水を 凍らする
冬のしらせの 北の風。

二
遠山なみに 雪雲かゝり、
うすれて寒き 朝づく日影。
木枯、木枯、今朝吹く風は、
枯野の末を かけり來る
冬のつかひ 北の風。

六、落日

一
野は、里は、たそがれそめて、
連なれる 山のいたゞき、

かゞやかに 光にほへり。

二

あや雲の 波たゞよひて、
大いなる くれなゐ色の、
もゆる日は 今し落ち行く。

三

ことばなく 眺めてあれば、
わが胸の 奥にぞとほる、
落つる日の 尊き光。

七、しろがねも

しろがねも、
くがねも、
玉も、
何せむに、
まされる寶
子にしかめやも。

八、螢の光

稲垣千頴 作詞
スコットランド民謡

一

ほたるのひかり、窓のゆき、
書よむ月日 かさねつゝ、
いつしか年も すぎの戸を
明けてぞけさは わかれゆく。

二

とまるも行くも かぎりとて、
かたみに思う ちよろづの
心のはしを ひとことに
さきくとばかり 歌ふなり。

＊三番、四番（『小學唱歌集』初篇→四九頁）は削除。

九、草刈車

一

霧も晴れたよ、麓の牧場。
秣刈にと、露ふみわけて、
野路たどれば、朝風そよぐ。
いこよ、いそ〳〵 草刈車

二

妹後押し 力も出るぞ。
汗を拭き拭き、聞く蟬時雨
丘にかゝれば、はや日も高い。
かへろ、いそ〳〵 草刈車

＊記載はないが二部輪唱。

十、はにふの宿

一

はにふの宿も、わが宿、
玉のよそい うらやまじ
のどかなりや、春の空、
花はあるじ、鳥は友。
おお、わが宿よ、
樂しともたのもしや。

二

ふみよむ窓も、わが窓、
るりの床も うらやまじ。
きよらなりや 秋の夜半、
月はあるじ、虫は友、
おゝ、わが窓よ、樂しともたのもしや。

＊初出『中等唱歌集』（→六八七頁）

十一、花かをる

一

花かをる まなびの庭に、
別れ行く 門出のあした
思い出は 胸にあふれて、
懐かしき、我が師。わが友。

二

風すさぶ ゆく手の道も、
のぞみもち たゆまじ、つねに
あたたかき教へ守りて、
われらいざ 國につくさん。

＊「花かをる」と「草刈車」は、昭和二〇年三月に刊行準備中の『高等科音樂』二に入る予定であった。『高等科音樂』二は戦局の激化により刊行されなかった。

参考：「文部省唱歌」に外国曲？

「暫定教科書」も文部省著作の唱歌集である。しかし、すべての曲が邦人の作詞作曲で構成されていた、という《文部省唱歌》の定義は、この『高等科音楽』に収められた「はにふの宿」と「螢の光」によって崩れたということになる。戦後の教科書に外国曲が多く採用される先駆けであった。

一九四七（昭和二二）年

戦後音楽教科書の刊行

一九四七年六月一三日に発表された『小学校学習指導要領』（試案）では、

①音楽美の理解・感得を行い、これによって高い美的情操と豊かな人間性を養う、
②音楽に関する知識及び技術を習得させる、
③音楽における創造力を養う、
④音楽における表現力を養う、
⑤楽譜を読む力及び書く力を養う、
⑥音楽における鑑賞力を養う、

という六つの「音楽教育」の「目標」（→六四二頁）を掲げている。

さらに続けて、「従来の考え方のうちには音楽教育を情操教育の手段として取り扱う傾きがはなはだ強かった。即ち、情操を教育するために音楽教育を行うという考え方である。しかし、音楽は本来芸術であるから、目的であって手段となり得るものではない。」とその目標を補完している。この教育目標の大枠は、紆余曲折があるものの、その後の日本の音楽教育の骨格を形成することになる。

『学習指導要領』（試案）の作成と並行して、文部省がその①～⑥を具現化すべく編纂されたのが、以下にとりあげる『一ねんせいのおんがく』から『六年生の音楽』である。歌唱教材を見ても、外国曲が多く採用され、その内容は大きく変化した。また音楽教育の「目標」には、「音楽を通して気持ちを開放する」とした方針が新たに打ち出された。

『一ねんせいのおんがく』

文部省編

刊行:1947年5月15日 発行:文部省
縦210ミリ×横148ミリ 表紙+64頁
挿絵:脇田和

一　みんな いいこ

『こくご』一
平井保喜 作曲

一
おはなを かざる、
みんな いいこ。

二
きれいな ことば、
みんな いいこ。

三
なかよし こよし、
みんな いいこ。

＊昭和二二年度から使用された『こくご』一（通称「みんないいこ」読本）の巻頭教材に付曲。平井保喜（一九一〇－二〇〇二）は、平井康三郎の本名。絵譜（→五六七頁、六一八頁）は導入期の読譜指導のツールとして定着していった。

二　はな

勝承夫 作詞
岡本敏明 作曲

一
わたしの まいた はなの たね、
あおい めを だし、くきが のび、
だんだん おおきく なりました。

二
ひに ひに そだつ おもしろさ。
じょろの みずまき、むしたいじ、
なんでも ひとりで やりました。

三
きれいな はなが さいたなら、
みんなに わけて あげましょう。
ことしの なつは たのしいな

＊勝承夫（一九〇二－一九八一）。岡本敏明（一九〇七－一九七七）。

三　ちょうちょう

作詞 不明
ドイツ民謡

ちょうちょう、ちょうちょう、
なの はに とまれ。
なの はに あいたら、
さくらに とまれ。
さくらの はなの
はなから はなへ
とまれよ あそべ、
あそべよ、とまれ。

＊初出『小學唱歌集』初編「蝶々」（→四九頁）。一九四八年一月の修正発行版では「ちょうちょ」に修正。

四　むすんで ひらいて

作詞 不明
外國民謡

むすんで、ひらいて、
てを うって、むすんで、
また ひらいて、
てを うって、
その てを うえに。
(その てを したに。)
むすんで、ひらいて、
てを うって、むすんで。

＊初出『小學唱歌集』初編「見わたせば」(↓四七頁)。異名同曲に開成館版『新編教育唱歌集』第二集「戦闘歌」(鳥居忱作詞)(↓二九二頁)。

五　わたしの ひつじ

勝 承夫 作詞
外國曲

一
わたしの ひつじ、
かわいい ひつじ。
よべば すぐくる
しろい ひつじ。

二
わたしの ひつじ、
どこへ いくも、
すぐついてくる
しろい ひつじ。

＊「メリーさんのひつじ (Mary had a Little Lamb)」。原詩はS・J・ヘイル Sarah Josepha Hale (アメリカ、1788-1879)。

六　ぶん ぶん ぶん

村野四郎 作詞
ボヘミア民謡

一
ぶん ぶん ぶん、はちが とぶ。
おいけの まわりに
のばらが さいたよ。
ぶん ぶん ぶん、はちが とぶ。

二
ぶん ぶん ぶん、はちが とぶ。
あさつゆ きらきら、
のばらが ゆれるよ。
ぶん ぶん ぶん、はちが とぶ。

＊旋律はドイツ民謡 (Summ Summ Summ)。原詞はドイツ国歌の作詞家ホフマン・フォン・ファラースレーヴェン Hoffman von Fallersleben (ドイツ、1798-1874)。村野四郎(一九〇一－一九七五)。

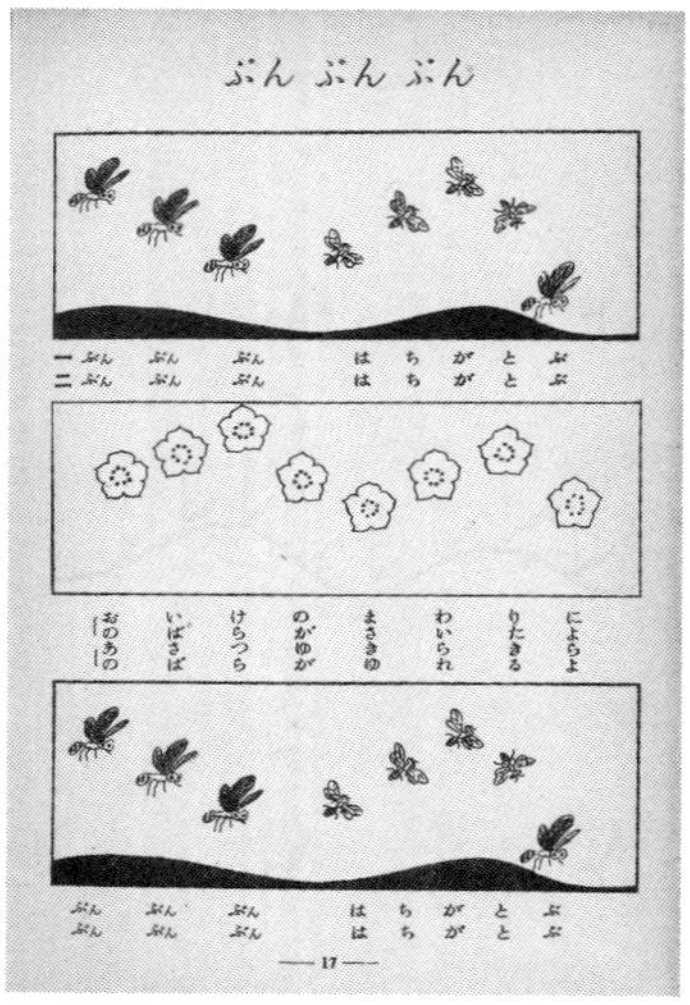

七　きんぎょ

岩佐東一郎 作詞
岡本敏明 作曲

一
ひらひら およぐ
きんぎょ の おどり。
みんな たのしく
ひらひら ひらり、
きらきら きらり。

二
ひらひら あそぶ
きんぎょ の こども。
みんな たのしく
ひらひら ひらり、
きらきら きらり。

＊岩佐東一郎(一九〇五－一九七七)。

八　かたつむり

作詞・作曲 不明

一
でんでん むしむし、かたつむり、
おまえの あたまは どこに ある。
つの だせ、やり だせ、あたま だせ。

二
でんでん むしむし、かたつむり、
おまえの めだまは どこに ある。
つの だせ、やり だせ、めだま だせ。

＊初出『尋常小學唱歌』第一學年用(↓三五八頁)。

九　あさの うみ

勝 承夫 作詞
ドイツ民謡

一
きらきら ひかる
こがねの なみ。

あさひが てる
ひろい ぅみ。
二
きらきら ひかる
こがねの くも。
まっかな ひの
のぼる ぅみ。

十　まりなげ

岩佐東一郎 作詞
外國民謡

一
まあるい まり、
なげましょう。
てんまで、まり
あがります。
二
てんから、まり
おちて くる。
おてて で、まり
うけましょう。

十一　おうま

林 柳波 作詞
松島つね 作曲

一
おうまの おやこは、
なかよし こよし。
いつでも いっしょに、
ぽっくり ぽっくり あるく。
二
おうまの かあさん、
やさしい かあさん。
こうまを みながら、
ぽっくり ぽっくり あるく。

＊初出『ウタノホン』上「オウマ」(↓五二三頁)。

十二　すずめ

岩佐東一郎 作詞
岩波太郎 作曲

一
ひさしの ぅえを、
ことことと
あるいて いるのは
すずめでしょ。
きっと こどもの
すずめでしょ。
二
ちいさな くつで、
ことことと
おどりを おどって
いるのでしょ。
きっと かわいい
すずめでしょ。

十三　おむかえ

勝 承夫 作詞
平井保喜 作曲

一
どこかの とけいが 五じを ぅつ。
もうじき おかえり おとうさま。
じろうも いっしょに おむかえに。
二
どこかの とけいが 六じを ぅつ。
おかばん もちましょ おとうさま。
じろうも うたって ついて くる。

十四　おつきさま

作詞・作曲 不明

一
でた、でた、つきが。
まるい まるい まんまるい
ぼんの よぅな つきが。
二
かくれた くもに。
くろい くろい まっくろい
すみの よぅな くもに。
三
また でた、つきが。
まるい まるい まんまるい
ぼんの よぅな つきが。

＊初出『尋常小學讀本唱歌』「ツキ」(↓三四九頁)。以後、全ての文部省著作の音楽教科書に掲載。

十五　はと ぽっぽ

作詞・作曲 不明

一
ぽっぽっぽ、はと ぽっぽ、
まめが ほしいか、そら やるぞ、
みんなで なかよく たべに こい。
二
ぽっぽっぽ、はと ぽっぽ、
まめは ぅまいか、たべたなら、
一どに そろって とんで いけ。

＊初出『尋常小學唱歌』第一學年用。「鳩」(↓三五八頁)。

十六　にばしゃ

勝 承夫 作詞
外國民謡

一

にばしゃが とおる。
おこめを つんで、
やさいを つんで、
がたがた とおる。

二

おもちゃの にばしや、
おにんぎょ のせて、
ごほんを のせて、
かたかた とおる。

十七　日のまる

作詞・作曲 不明

一

しろじに あかく
日のまる そめて、
ああ、うつくしい、
にほんの はたは。

二

あおぞら たかく
日のまる あげて、
ああ、うつくしい、
にほんの はたは。

＊初出『尋常小學唱歌』第一學年用「日の丸の旗」（↓三五八頁）。

十八　たこの うた

作詞・作曲 不明

一

たこ たこ あがれ。
かぜ よく うけて、
くもまで あがれ。
てんまで あがれ。

二

えだこに じだこ。
どちらも まけず、
くもまで あがれ。
てんまで あがれ。

＊初出『尋常小學讀本唱歌』「タコノウタ」（↓三四九頁）。

一九　ゆき

岩佐東一郎 作詞
外國民謡

一

ゆきが ふる、
ちらちら こゆきが。
ゆきが ふる、
おにわの うえに。

二

ゆきが ふる、
ちらちら そらから。
ゆきが ふる、
おうちの やねに。

二十　すずめの おやど

作詞 不明
フランス民謡

すずめ、すずめ、おやどは どこだ。
ちちち、ちちち、こちらで ござる。
おじいさん よく おいで、
ごちそう いたしましょう。
おちゃ に おかし、おみやげ つづら。
さよなら、かえりましょう。
ごきげん よろしゅう。
らいねんの はるも、
またまた まいりましょう。

＊初出『幼稚園唱歌集』全「進め進め」（↓六五頁）。フランス民謡であるか否かは不明。

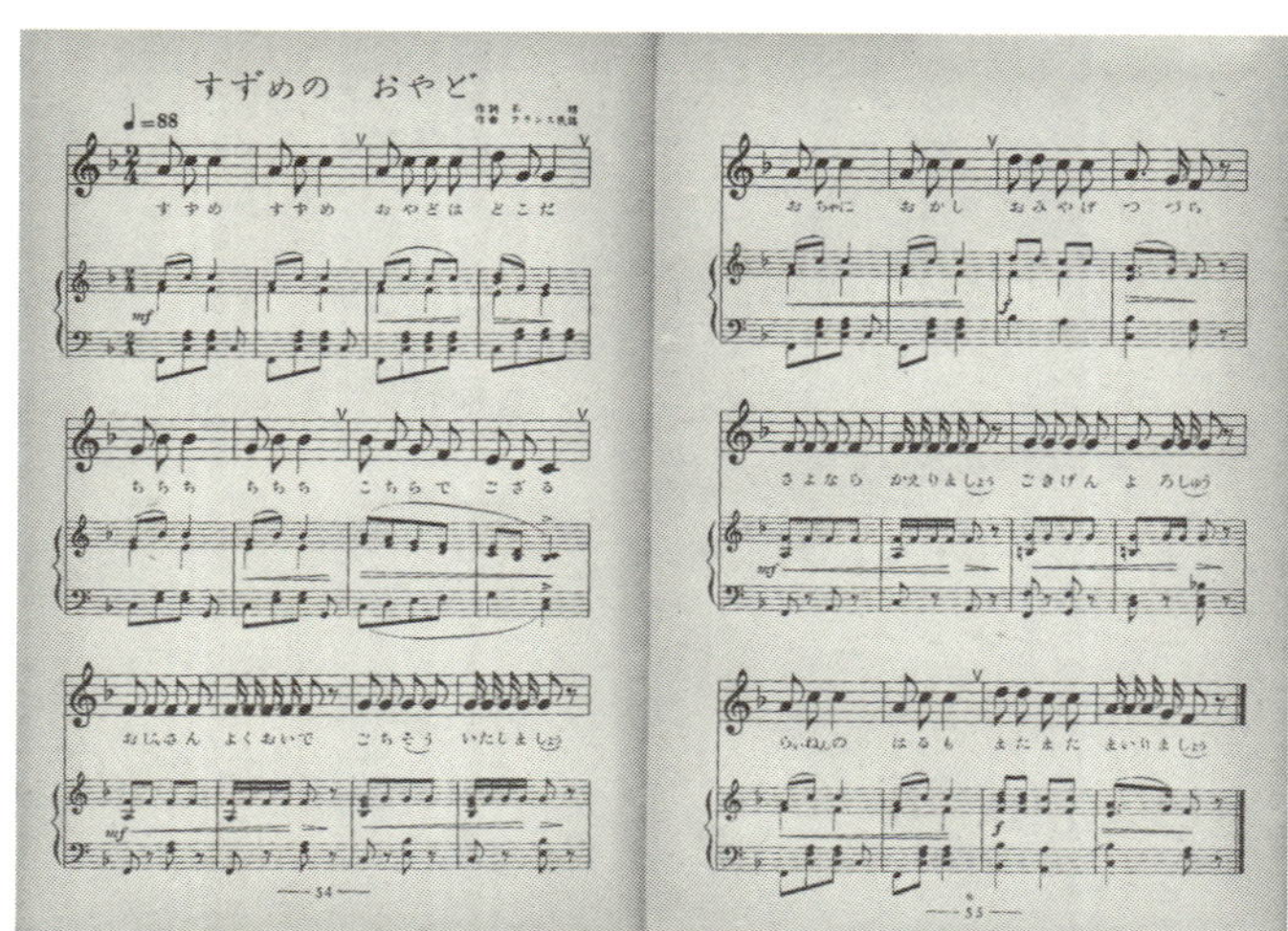

「すずめのおやど」

二十一　こうもりがさ

勝 承夫 作詞
外國民謠

一
こうもりがさ かりましょう。
こうもりがさ くろい かさ。
おひるの あめ ひでりあめ。
こうもりがさ かりましょう。

二
こうもりがさ かりましょう。
こうもりがさ くろい かさ。
あしたは あめ やんで くれ。
こうもりがさ くろい かさ。

二十二　こなひき

勝 承夫 作詞
フランス民謠

一
ごろ ごろ
ひなたで こなひき、
ごろ ごろ
いしうす まわす。

二
ごろ ごろ
おるすを しながら、
ごろ ごろ
はたらく いい こ。

『二年生のおんがく』

文部省編

刊行：1947年5月15日 発行：文部省
縦210ミリ×横148ミリ 表紙+64頁
挿絵：脇田和

一　春

勝 承夫 作詞
外國民謠

ランランラ ランランラ ランランラ うたえ。
ランランラ ランランラ ランランラ、たのし。
ランランラ ランランラ ランランラ、うたえ。
ランランラ ランランラ ランランラ たのし。

のも、山も、花さき、
小鳥も、たのしくうたう。
ランランラ ランランラ ランランラ、春、
ランランラ ランランラ ランランラ、うたえ。

＊譜面では、二連の最終行は「……ランラ ランラ うたえよ」と記されている。
原曲：ロバート・ロウリー作曲、聖歌《Shall We Gather at the River?》。

二　シーソー

勝 承夫 作詞
外國民謠

一
ギッタン バッコ、
あがります。
春の 空
ひろいな。

二
ギッタン バッコ、
さがります。
春の くさ
あおいな。

＊英語圏の童謠《See Saw Marjory Daw》。参考：平野敬一『マザー・グースの唄』。

三　くつがなる

清水かつら 作詞
弘田龍太郎 作曲

一
おてて つないで の道を いけば、
みんな かわいい 小鳥に なって、
うたを うたえば、くつが なる。
はれた お空に くつが なる。

二
花を つんでは おつむに させば、
みんな かわいい うさぎに なって、
はねて おどれば、くつが なる。
はれた お空に くつが なる。

＊清水かつら（一八九八－一九五一）。歌詞（「靴が鳴る」）の初出：少女雑誌『少女号』一九一九年十一月号。

四　さんぽ

勝 承夫 作詞
多 梅稚 作曲

一
わかくさもえる 丘の道、
心も はずみ、 みもはずむ、
小鳥のうたに さそわれて、
わたしもいつか うたいだす。

二
小川の水も、 サラサラと
やさしい音を たてている。
おもしろそうに 小やぎまで、
わたしのうたを きいている。

＊初出『散歩唱歌 春夏秋冬』(→一八六頁)。

五　とけいのうた

作詞 不明
外國民謡

大きい とけいが、
カッチン、 カッチン。
小さい とけいが、
カッチン カッチン
カッチン カッチン。
かいちゅうどけいが、
チチチチ チチチチ、
チチチチ チ。

＊『尋常小學讀本唱歌』「時計の歌」(→三五〇頁) は同名異曲。

六　かぼちゃの花

『こくご』三
岡本敏明 作曲

一
かぼちゃの 花が さきました。
あんな ところに さきました。
夜あけに ぱあと まっき色、
つゆを ふくんで さきました。

二
かぼちゃの 花が さきました。
はかげに 二つ さきました。
かなかなぜみも 目が さめて、
風に ゆれゆれ さきました。

七　花火

井上 赳 作詞
下總皖一 作曲

一
ドンと なった。
花火だ、 きれいだな。
空 いっぱいに ひろがった。
しだれやなぎが ひろがった。

二
ドンと なった。
なん百 赤いほし、
一どに かわって 青い ほし。
も一ど かわって きんの ほし。

＊初出『うたのほん』下 (→五二七頁)。

八　夜あけ

岩佐東一郎 作詞
ドイツ民謡

一
カタリ コトリ 車の 音、
夜あけの とおりを
車が いく。

二
カタリ コトリ とが あく音、
となりの おうちも
おめざめです。

九　小うま

作詞・作曲 不明

一
ハイシイ ハイシイ、 あゆめよ、 小うま。
山でも、 さかでも、 ズンズン あゆめ。
おまえが すすめば、 わたしも すすむ。
あゆめよ、 あゆめよ、 足おと 高く。

二
パカパカ、 パカパカ、 走れよ、 小うま。
けれども、 いそいで つまずくまいぞ。
おまえが ころべば、 わたしも ころぶ。
走れよ、 走れよ、 ころばぬように。

＊初出『尋常小學讀本唱歌』「こうま」(→三五〇頁)。

十　虫の声

作詞・作曲 不明

一
あれ、 まつ虫がないている。
チンチロチンチロ、 チンチロリン。
あれ、 すず虫もなきだした。
リンリンリンリン、 リインリン。
秋の夜長を なきとおす、
ああ、 おもしろい 虫の声。

二
キリキリキリキリ、こおろぎや、
ガチャガチャ ガチャガチャくつわ虫、
あとからうまおい おいついて、
チョンチョン チョン チョン、スイッチョン。
秋の夜長を なきとおす、
ああ、おもしろい 虫の声。

＊初出『尋常小學讀本唱歌』(→三五〇頁)では二番の「キリキリキリキリ、こおろぎや」は、「きりぎりぎりぎりす。」であった。

十一 そうだん

勝 承夫 作詞
平井保喜 作曲

一
みんなで まるくすわりましょ、
あしたの そうだん うれしいな。
やきゅうをしようか、さかなつり、
それとも 山に きのことり。

二
みんなで なかよく かんがえる、
あしたの にちよう うれしいな。
まるくすわる くさはらの
空には、秋の うろこぐも。

十二 かかし

作詞・作曲 不明

一
やまだの 中の 一ぽん足の かかし、
天氣の よいのに みのかさ つけて、
あさから ばんまで ただ 立ちどおし。
あるけないのか、やまだの かかし。

二
やまだの 中の 一ぽん足の かかし、
弓矢で おどして 力んで いるが、
山では からすが カアカと わらう。
耳が ないのか、やまだの かかし。

＊初出『尋常小學唱歌』第二學年用「案山子」(→三六三頁)。

十三 どんぐり コロコロ

青木存義 作詞
梁田 貞 作曲

一
どんぐり ころころ ドンブリコ、
おいけに はまって さあ たいへん。
どじょうが でて きて こんにちは、
ぼっちゃん いっしょに あそびましょう。

二
どんごり コロコロ よろこんで、
しばらく いっしょに あそんだが、
やっぱり お山が こいしいと、
ないては どじょうを こまらせた。

＊初出『かはいい唱歌』二冊目(→四一四頁)。

十四 木のは

吉丸一昌 作詞
梁田 貞 作曲

一
ちるよ、ちるよ、木の はが ちるよ。
風も ふかぬに 木の はが ちるよ。
チラチラ チラチラ、チイラ チラ。

二
とぶよ、とぶよ、おちばが とぶよ。
風に ふかれて おちばが とぶよ。
ヒラヒラ ヒラヒラ、ヒイラ ヒラ。

＊初出『幼年唱歌』第二集(→三七二頁)。

十五 風の日

岩佐東一郎 作詞
ドイツ民謡

一
風に ぼうしが
とばされて、
コロコロ コロコロ
ころげます。

二
あわて ふためき
まて まてと、
コロコロ コロコロ
おいかけた。

十六 まりつき

勝 承夫 作詞
ドイツ民謡

一
ポン ポン ポン、まりを つく。
ねえさん うまいな、
まだまだ つづくよ。
手まりうた、手まりうた。

二
ポン ポン ポン、まりを つく。
わたしは まずいな、
いつ むう ななつで、
手が それた、手が それた。

十七、はねつき

權藤花代 作詞
弘田龍太郎 作曲

一
おいばね こばね、小鳥になって、
空まで あがれ。
ひい、ふ、みい、よ、
いつつで わたそ、
はなこさんに わたそ。

二
おいばね こばね、ちょうちょに なって、
ヒラヒラ まえよ。
ひい、ふ、みい、よ、
いつつで わたせ、
はるえさんに わたせ。

＊初出『うたのほん』下「羽根つき」（→五二九頁）。

十八　雪

作詞・作曲 不明

一
雪や コンコ、あられや コンコ。
ふっては ふっては、
ズンズン つもる。
山も、のはらも、わたぼうし かぶり、
かれ木 のこらず 花が さく。

二
雪や コンコ、あられや コンコ。
ふっても ふっても、
まだふりやまぬ。
いぬは よろこび、にわ かけまわり、
ねこは こたつで まるく なる。

＊初出『尋常小學唱歌』二學年用（→三六四頁）。『新訂尋常小學唱歌』第二學年用にも所載。

十九　石やさん

『こくご』三
平岡均之 作曲

一
カッチン カッチン 石を 切る、
めがねを かけて 石を 切る。
目もとを すえて 石を切る、
あせを ながして 石を切る。

二
カッチン カッチン 日がくれて、
火花が みえる のみの さき、
のみの 手もとは くらくとも、
カッチン カッチン 石を 切る。

二十　春をまつ

岩佐東一郎 作詞
フランス民謡

一
さむい 冬も すぎて、
すぐに ちかづくのは、
ひかり あかるい 春、
はやく こい。

二
雪が いつか とけて、
あおく めを だす くさ、
色も きれいな 花、
はやく さけ。

二十一　水しゃ

勝 承夫 作詞
岡本敏明 作曲

一
水しゃが まわる、カッタリ コットリ まわる。
しずかな まひる、
の川の 水に カッタリ コットリ まわる。

二
水しゃが まわる、カッタリ コットリ まわる。
こなひき ごやの
おじさん おるす。カッタリ コットリ まわる。

三
水しゃが まわる、カッタリ コットリ まわる。
まひるの 空が
いくつも ういて、カッタリ コットリ まわる。

二十二　春が來た

作詞・作曲 不明

一
春が來た、春が來た、どこにきた。
山にきた、さとにきた、のにもきた。

二
花がさく、花がさく、どこにさく。
山にさく、さとにさく、のにもさく。

三
鳥がなく、鳥がなく、どこでなく。
山でなく、さとでなく、のでもなく。

＊初出『尋常小學讀本唱歌』（→三五〇頁）。『尋常小學唱歌』、『新訂尋常小學唱歌』では、それぞれ第三學年用に掲載。

『三年生の音樂』

文部省編

刊行：1947年5月15日　発行：文部省
縦210ミリ×横148ミリ 表紙+64頁

一　春の小川

作詞・作曲 不明

一
春の小川はサラサラいくよ。
きしのすみれやれんげの花に、
すがたやさしく、色うつくしく
さけよさけよと、ささやきながら。

二
春の小川はサラサラいくよ。
えびやめだかや小ぶなのむれに、
きょうも一日ひなたでおよぎ、
あそべあそべと、ささやきながら。

＊初出『尋常小學唱歌』第四學年用（→三七三頁）。歌詞は以下のように三番まであった。（一、二番の傍線部分は改訂箇所。）

一
春の小川は さらさら流る。
岸のすみれや れんげの花に。
にほひめでたく 色うつくしく
咲けよ咲けよと さゝやく如く。

二
春の小川は さらさら流る。
蝦やめだかや小鮒の群に、
今日も一日 ひなたに出でて、
遊べ遊べと さゝやく如く。

三
春の小川は さらさら流る。
歌の上手よ いとしき子ども、
聲をそろえて 小川の歌を
うたへえうたへと さゝやく如く。

二　なかよしこよし

岩佐東一郎 作詞
外國民謡

「なかよしこよし」

一
なかよしこよし、
みんなおいで、
まあるくなって、
あそぼうよ。

二
なかよしこよし、
みんな走れ。
おやまの上へ、
のぼろうよ。

＊遊び歌「ロンドン橋落ちた」。

三　雲と風

岩佐東一郎 作詞
ドイツ民謡

一
ほら ほら ごらんよ。
白雲が ながれるよ、
ほら ほら お空を。

二
ほら ほら ごらんよ。
そよ風がふいてくる、
ほら ほら おいけに。

＊初出『明治唱歌』第五集「水鳥」（→六七九頁）。以降、「かっこう」の曲名で堀内敬三、川路柳虹、小林純一らの詩が登場。

四　いけの雨

勝承夫 作詞
ドイツ民謡

一
しずかに雨がけぶるよ。
どばしの上に、じゃのめのかさに、
うたのようにやさしく。

二

しずかに雨がけぶるよ。
ひごいやまごいどこかにかくれ、
白いあやめねむるよ。

五　からす

作詞・作曲 不明

カア カア、
からすがないていく。
からす、からす、
どこへいく。
おみやの森へ、
おてらのやねへ、
カア カア、
からすがないていく。

＊初出『尋常小學讀本唱歌』「カラス」(→三四九頁)。

六　かい

岩佐東一郎 作詞
岡本敏明 作曲

一
ひろったかいを耳にあて、
じっときいたら、ゴオゴオと、
波のなるよな音がした。

二
いえいえ、それはなつかしい
いなかの山のささやぶに、
よるふく風の音でした。

七　いけのこい

作詞・作曲 不明

一
でてこい、でてこい、いけのこい。
そこのまつものしげった中で、
手のなる音を聞いたらこい。
聞いたらこい。

二
でてこい、でてこい、いけのこい。
きしのやなぎのしだれたかげへ、
なげたやきふが見えたらこい。
見えたらこい。

＊初出『尋常小學唱歌』第一學年用「池の鯉」(→三六〇頁)。

八　ぼんおどり

深尾須磨子 作詞
ドイツ民謡

一
ちきゅうのようにまるくまるく、
みんなでおどれ、おどれよ。
村の人も、町の人も、
なかよくおどれ、おどれよ。

二
たいこの音やふえのはやし、
たのしいよるにおどれよ。
おどれ、おどれ、まるくまるく、
みんなでおどれ、おどれよ。

＊深尾須磨子(一八八八－一九七四)。原曲はドイツ民謡「おどり」。

九　夕やけこやけ

中村雨紅 作詞
草川 信 作曲

一
夕やけこやけで日がくれて、
山のお寺のかねがなる。
お手手つないでみなかえろ、
からすといっしょに帰りましょう。

二
子どもが帰ったあとからは、
丸い大きなお月さま。
小鳥がゆめを見るころは、
そらにはキラキラ金の星。

＊初出『あたらしい童謡 その一』(一九二三年・文化樂社刊)。中村雨紅(一八九七－一九七二)。

十　みなと

旗野十一郎 作詞(一番)
林 柳波 作詞(二番)
吉田信太 作曲

一
空も、みなとも、夜ははれて、
月にかずます船のかげ。
はしけのかよいにぎやかに、
よせくる波もこがねなり。

二
ひびくきてきに、夜はあけて、

いつかきえゆく空の星。
たいりょのうたもいさましく、
あさひをあびて船かえる。

＊初出：共益商社版『新選國民唱歌』第壱集「湊」（↓一三七頁）。旗野十一郎作の二番は以下の通り。

二
林如たる 檣に、
花と見まごふ 船旗章。
積荷の歌の にぎはいて、
湊はいつも 春なれや。

十一 村まつり

作詞・作曲 不明

一
村のちんじゅのかみさまの、
きょうはめでたいおまつり日。
ドンドンヒャララ、ドンヒャララ、
ドンドンヒャララ、ドンヒャララ、
あさからきこえるふえたいこ。

二
年もほうねんまんさくで、
村はそう出の大まつり。
ドンドンヒャララ、ドンヒャララ、
ドンドンヒャララ、ドンヒャララ、
よるまでにぎわうみやのもり。

三
みのりの秋に、かみさまの
めぐみたたえる村まつり。
ドンドンヒャララ、ドンヒャララ、
ドンドンヒャララ、ドンヒャララ、
きいても心がいさみたつ。

＊初出『尋常小學唱歌』第三學年用「村祭」（↓三六七頁）。三番は以下の歌詞であった。

三
治まる御代に神様の、
めぐみ仰ぐや村祭、
どんどんひゃらら、どんひゃらら、
どんどんひゃらら、どんひゃらら、
聞いても心が 勇み立つ。

十二 かねがなる

勝承夫 作詞
外國民謡

一
しずかなかねのね、
町の空に、
ゆめの ように、
たかく ひくく。
ゴンゴンゴン、ゴンゴンゴン。

二
しずかなゆうべに
心すんで
かねが ひびく、
たかく ひくく。
ゴンゴンゴン、ゴンゴンゴン。

＊《Are you Sleeping》《Frère Jacques》のタイトルで親しまれているフランスのあそび歌。

十三 山のうた

久保田宵二 作詞
長谷川良夫 作曲

一
とぶよ、とぶよ、白雲。
そよぐ、そよぐ、木々のは。
山のあさだ、夜あけだ。
みねをさして、さ、のぼれ。

二
なくよ、なくよ、こま鳥。
ふくよ、ふくよ、そよ風。
山のあさだ、夜あけだ。
みねをさして、さ、のぼれ。

＊初出『初等科音樂』一「山の歌」（↓五三四頁）

十四 こだま

岡本敏明 作詞・作曲

一
こだまがひびく、
山から山へと
ひびく。

二
こだまがひびく、
谷から谷へと
ひびく。

十五 いどの中

岩佐東一郎 作詞
岡本敏明 作曲

一
いどの中には、まんまるな
かがみのようなにわがある。

二
こっそりのぞくと、そのにわに、
子どもがひとりあそんでる。

三
いどのおにわはさかさまだ。
じめんがなくて、青い空。

十六　夜中

勝 承夫 作詞
平井保喜 作曲

一
ろばたで、茶がまがブクブクたぎる。
だれも知らない夜中の夜中。
茶がまは手を出し、足を出し、
「火のけがまだある、まだもえる。
やけどだ。やけどだ。來ておくれ。」

二
おせどのこおろぎこの音聞いて、
かけひのちょろ水 木のはにくんで、
ピョン ピョンかけつけ、火けしやく。
「あっつつあつつ、足やいた。
どなたかおくすりくださいな。」

三
おにわのすみからがまさんのそり。
わたしのくすりをつければなおる。
まてまて、くらくてわからない。
「茶がまよ、ブクブクふたならせ。
こおろぎコロコロはねならせ。」

十七　冬の朝

勝 承夫 作詞
平井保喜 作曲

一
さむいとおりを
いくものは、
みんなけむりを
はいてます。

二
子どもも、おとなも、
うままでも、
白いけむりを
はいてます。

十八　小ぎつね

勝 承夫 作詞
外國曲

一
小ぎつねコンコン、山の中、山の中。
草のみつぶして、おけしょうしたり、
もみじのかんざし、つげのくし。

二
小ぎつねコンコン、冬の山、冬の山。
かれはのきものじゃ、ぬうにもぬえず、
きれいなもようの花もなし。

三
小ぎつねコンコン、あなの中、あなの中。
大きなしっぽはじゃまにはなるし、
小くびをかしげてかんがえる。

＊エルンスト・アンシュッツ作曲「キツネよ、お前はガチョウをぬすんだね」。初出『明治唱歌』第二集「楽しみの時」（→六五七頁）。

十九　とけいのうた

作詞・作曲 不明

一
とけいは朝から、カッチン、カッチン。
おんなじひびきで動いておれども、
ちっともおんなじところをささずに、
晩までこうして、カッチン、カッチン。

二
とけいは晩でも、カッチン、カッチン。
われらがね床で休んでおる間も、
ちっとも休まず、いきをもつがずに、
朝までこうして、カッチン、カッチン。

＊初出『尋常小學讀本唱歌』（→三五〇頁）。

二十　手紙

勝 承夫 作詞
平井保喜 作曲

一
かどのポストに、けさ入れた
おねえさまへのお手紙は、
いまごろどこをいくだろう。
長いてっきょう、青い海。
きっとうれしい汽車の旅。

二
黒いカバンに入れられて、
あすはまだ見ぬなつかしい
南の町をとおるだろ。
とどいたならば、おねえさま、
きっとニコニコおよみでしょう。

二十一　汽車

作詞・作曲 不明

一
いまは山中、いまははま、
いまはてっきょうわたるぞと、
思うまもなく、トンネルの、
やみをとおってひろ野原。

二
遠くに見える村のやね、
近くに見える町のき、
もりや林や田やはたけ、

あとへあとへととんでいく。

三

まわりどうろうのえのように、
かわるけしきのおもしろさ、
見とれてそれと知らぬまに、
早くもすぎるいく十り。

＊『尋常小學唱歌』第三學年用（→三六六頁）。

二十二　花や

江間章子 作詞
外國民謡

一

いつもきれい、町の花や。
においいいな あの中。

二

赤やき色、まどがゆれる。
わたしすきよ、あの花。

三

パッチン、パッチン、花をきるよ。
空で鳥が見ている。

＊江間章子（一九一三－二〇〇五）。

「花や」

『四年生の音樂』

文部省編

刊行：1947年７月15日　発行：文部省
縦210ミリ×横146ミリ 表紙+64頁

一　かすみか雲か

勝承夫 作詞
外國曲

一

かすみか、雲か、ほのぼのと、
野山をそめる、その花ざかり。
さくらよ、さくら、春の花。

二

のどかな風に さそわれて、
小鳥もうとう、その花かげに、
いこえばうれし、わか草も。

三

したしい友と きてみれば、
ひとときたのし、その花ざかり、
さくらよ、さくら、春の花。

＊元歌の作詞はハインリヒ・ホフマン Heinrich Hoffmann（ドイツ、1798-1874）の《Alle Vögel sind schon da》。

初出『小學唱歌集』二編「霞か雲か」（→五三頁）。

二　春

大和田建樹 作詞
外國曲

一

うれしやきょうも 空よく晴れて、
やなぎをわたる 春風のどか。
きたれや友よ、うしろの野べに、
たんぽぽ・よめな、つくしにすみれ、
ちょうちょのすきな なの花・れんげ、
つむ人多き たんぼの原に。

二

友だちつれて 休みの日には、
むこうの山へ 花見にゆかん。
春さく花の 名はなになにぞ、
さくらに、ももに、やまぶき・つばき、
雪より白き すももの花よ、
火よりも赤き つつじの花よ。

＊『中等唱歌集』「織りなす錦」（→六八五頁）は異名同曲。

三　すみれ

作詞・作曲 不明

一

山じの春風、そよそよふいて、
わらびのこぶしが ゆらゆらゆれる。
ゆれてもさわるな、すみれの花に、
やさしいやさしい すみれの花に。

二

つつみの春風、しずかにふいて、
つくしの筆から ちるちるこなが、
むらさき色こい すみれの花に、

ちいさなちいさな すみれの花に。

三

お庭の春風、朝からふいて、
しばふのしとねが なびくよ青く。
すわれば、そばには すみれの花が、
かわいいかわいい すみれの花が。

四　なわとび

勝 承夫 作詞
エリオット 作曲

一

とべ、とべ、なわとび、心もおどるよ。
まわせ、まわせ、ラララララ。
むねをはれはれ、ララ、とべよ。

二

とべ、とべ、なわとび、み空も晴れるよ。
まわせ、まわせ、ラララララ。
みんなこいこい、ララ、早く。

五　田植

井上 赳 作詞
中山晋平 作曲

一

そろた、でそろた、
さなえが そろた。
うえよう、うえましょ、みんなのために。
米はたからだ、たからの草を、
うえりゃ、こがねの花がさく。

二

そろた、でそろた、
うえ手も そろた。
うえよう、うえましょ、みんなのために。
ことしゃほう年、ほにほがさいて、
道の小草も 米がなる。

＊一番、二番三行目「みんなのために」は、『初等科音樂』一では「み国のために」（↓五三四頁）。

「田植」

六　わか葉

作詞 不明
平岡均之 作曲

一

あざやかなみどりよ、
あかるいみどりよ、
とりいをつつみ、わらやをかくし、
かおる かおる、
わかばがかおる。

二

さわやかなみどりよ、
ゆたかなみどりよ、
田畑をうずめ、野山をよそい、
そよぐ そよぐ、
わかばがそよぐ。

＊初出『初等科音樂』二「若葉」（↓五三八頁）。

七　ほたる

作詞・作曲 不明

一

ほたるのやどは 川ばたやなぎ、
やなぎおぼろに 夕やみよせて、
川のめだかが ゆめみるころは、
ほ、ほ、ほたるが ひをともす。

二

川風そよぐ、やなぎもそよぐ、
そよぐやなぎに ほたるがゆれて、
山のみか月 かくれるころは、
ほ、ほ、ほたるが とんでる。

＊井上赳作詞・下総皖一作曲。初出『新訂尋常小學唱歌』第三學年「螢」（↓四四九頁）には以下の三番があった。

三

川原のおもは五月の闇夜、
かなたこなたに友よび集ひ、
むれて螢の大まり小まり、
ほ、ほ、ほたるが飛んで行く。

八　かえるの合唱

岡本敏明 作詞
ドイツ曲

かえるのうたが
きこえてくるよ。
クヮ クヮ クヮ クヮ、
ケケケケ、ケケケケ、
クヮクヮクヮ。

＊輪唱教材。

九　歌のおけいこ

岡本敏明 作詞・作曲

ドレミファソ、
ラソラシドソ、
歌のおけいこ いたしましょう。
ドレミファソソ、
ラソラシドソ、
(ファミファレドミ)
声をそろえて 歌いましょう。

十　しょうじょうじのたぬきばやし

野口雨情 作詞
中山晋平 作曲

しょう しょう しょうじょうじ、
しょうじょうじのにわは、
つ、つ、月夜だ、みんなでてこい、こい、こい。
おいらのともだちゃ ポンポコポンのポン。
まけるな、まけるな、おしょうさんに まけるな、
こい、こい、こい、こい、こい、こい、
みんなでてこい、こい、こい。
しょう しょう しょうじょうじ、
しょうじょうじのはぎは、
つ、つ 月夜に、花ざかり、
おいらはうかれて、ポンポコポンの ポン。

＊野口雨情（一八八二－一九四五）。歌詞の初出『金の星』（一九二四年二月号）。同誌一九二五年一月号に中山晋平が曲を発表。

十一　きたえる足

作詞・作曲 不明

一
大空はれて ふかみどり、
心はひとつ、日はうらら。
足なみそろえ ぐんぐんあるけ。
みんな元氣で きたえる足だ。

二
道ひとすじに しも光り、
心はおどる、氣ははずむ。
足どりかるく ぐんぐんあるけ。
みんな元氣で きたえる足だ。

＊初出『初等科音樂』二「きたへる足」（↓五四一頁）。

十二　ひびくよ歌声

岡本敏明 作詞・作曲

一
ひびくよ、歌声、
野べに 山に ひびくよ。

二
ひびけよ、歌声、
森に おかに ひびけよ。

＊二部合唱教材

十三　かき

勝 承夫 作詞
ドイツ民謡

一
夕日をあびてる
まっかなかき。
すずめがみている、
三ば、四わ、五わ。

二
からすもみている、
やねからじっと。
こずえにのこってる
まっかなかき。

十四　りょう船

作詞・作曲 不明

一
えんやら、えんやら、ろびょうしそろえて、
朝日のみなとを こぎだすりょう船。
みよ、みよ、あの雲、きょうこそ大りょう。
それ、こげ、こげよや、おもかじ、とりかじ。

二
ゆらりや、ゆらりと、なみまにゆられて、
いそにはあみ船、おきにはつり船。
みよ、みよ、あれみよ、かかるわ、とれるわ。
あみにも、糸にも、魚のかずかず。

三
えんやら、えんやら、えものにいさんで、
入日のおきをば いそいでこぐ船。
みよ、みよ、はまべに つま子がむかえる。
それ、こげ、こげよや、ろびょうし早めて。

＊初出『尋常小學唱歌』第四學年用「漁船」（↓三七五頁）。

十五　アマリリス

岩佐東一郎 作詞
フランス民謡

一
みんなできこう、
たのしいオルゴールを。
ラリ ラリ ラリラ、
しらべはアマリリス。
二
フランスみやげ、
やさしいそのねいろよ。
ラリ ラリ ラリラ、
しらべはアマリリス。

十六　村のかじや

作詞・作曲 不明

一
しばしもやすまず つちうつひびき。
とびちる火花よ、はしる湯玉。
ふいごの風さえ いきをもつがず、
しごとにせいだす 村のかじや。
二
あるじはなだかい はたらき者よ、
早おき早ねの、やまい知らず。
なが年きたえた じまんのうでで、
うちだすすきくわ 心こもる。

＊初出『尋常小學唱歌』第四學年用「村の鍛冶屋」には、歌詞が四番まである。歌詞も一部改訂（→三七六頁参照）。

十七　かぞえ歌

權藤花代 作詞
日本童謡

一つとや ひとりではやおき、みをきよめ、
　日の出をおがんで、にわはいて、
　水まいて。
二つとや ふだんにからだを よくきたえ、
　いつでもにこにこ、ほがらかに、
　元氣よく。
三つとや みじたくきちんと ととのえて、
　ことばは正しく、はきはきと、
　ていねいに。
四つとや よしあしいわずに よくかんで、
　たのしくごはんを たべましょう、
　ぎょうぎよく。
五つとや いそいでいきましょ、左がわ、
　道くさしないで 学校へ、おつかいに。
六つとや 虫でも、草でも、氣をつけて、
　なんでもくわしく しらべましょう。
　学びましょう。
七つとや なかよくみんなで お当番、
　ふく人、はく人、はたく人、
　みがく人。
八つとや 休みの時間は よくあそび、
　まりなげ、なわとび、鬼ごっこ、
　かくれんぼ。
九つとや 心は明かるく、身はかるく、
　進んでしごとの てつだいに、
　朝夕に。
十とや　年月かさねて、よく学び、
　心も、からだも、のびのびと、
　すこやかに。

＊『初等科音樂』二「かぞへ歌」（→五四一頁）を大幅に改作。

十八　ゆめのお國

小林愛雄 作詞
外國曲

月のひかり
かがやくとき、
こどもはなにを
ゆめにみる。
まきばこえて
さまようゆめ、
手をとりあるく
まひるのゆめ。

＊小林愛雄（一八八一－一九四五）。

十九　きかい

井上 赳 作詞
下總皖一 作曲

一
工場だ、きかいだ、
つちだよ、音だよ、ドドドン、ドドドン。
ピストン、てこだよ。
あっちへ、こっちへ、ガタトン、ガタトン。
二
車だ、車輪だ、
ぐるぐるまわるよ、グルグル、グルグル。
車輪と車輪に、
皮おびすべるよ、スルスル、スルスル。
三
歯車、歯車、
歯と歯とかみあい、ギリギリギリギリ。
動くよ、音だよ、
つちだよ、ぐるぐる、ガタトン、ドドドン。

＊初出『初等科音樂』二「機械」（→五三九頁）を改作。

二十 なんだっけ

吉丸一昌 作詞
大槻貞一 作曲

一
せどのやぶからのそのそと、
とのさまがえるがまかりでて、
りょう手をついたが、ややかんがえて、
私のようじは、なんだっけ。

二
太郎つかいにでていって、
道くさくってひまとれて、
いったはいったが、ややかんがえて、
私のようじは、なんだつけ。

＊初出『新作唱歌』第三集「なんだっけ!?」（→三七八頁）

二十一 夜汽車

勝 承夫 作詞
外國曲

一
いつも、いつも、とおる夜汽車、
しずかなひびききけば、
遠い町を思いだす。

二
やみの中につづくあかり、
夜汽車のまどのあかり、
はるか、はるか、きえてゆく。

＊ドイツ民謡「小鳥ならば《Wenn ich ein Vöglein wär》」

二十二 もう春だ

勝 承夫 作詞
外國曲

一
うれしいな、うれしいな、
鳥がなく、花もさく。
うれしいな、うれしいな、
こおりもとけて、もう春だ。
ラララララ、ひかる日よ、
みどりの原に、てりはえよ。
ラララララ、風ふけよ、
のどかなそらに、ソヨソヨと。

二
うれしいな、うれしいな、
鳥がなく、花もさく。
うれしいな、うれしいな、
ちょうちょもとんで、もう春だ
ラララララ、春がすみ、
山にも野にも、たなびけよ。
ラララララ、みんなこよ、
たのしくあそべ、もう春だ。

＊元歌はジェームス・ピアポント James Pierpont（アメリカ、1822-1893）作曲「ジングルベル」。

『五年生の音樂』

文部省編

刊行：1948年2月20日（修正版）
発行：文部省
縦210ミリ×横148ミリ 表紙＋64頁

一 春

岩佐東一郎 作詞
フォスター 作曲

一
ふくよ、そよ風、山に野べに、
明るくゆたかに光みちて。
心にはよろこびが
あふれてみなぎる、春をよんで。

二
鳴くよ、小鳥は、森に丘に、
たのしくほがらに胸をはって。
心にはしあわせが
きらめきかがやく、春をよんで。

＊フォスター《Oh! Susanna》「おおスザンナ」（一八四六年作曲）。

二　楽しいこきょう

勝 承夫 作詞
オーストリア民謡

一
樂しいこきょう、みどりの波、
ひばりとびたつ麦の村だ。
二
かげろうもえるみどりの丘、
春は花さくももの村だ。
三
樂しいこきょう、みどりの空、
のぞみあふれるゆめの村だ。

三　こいのぼり

作詞・作曲 不明

一
いらかの波と雲の波、
重なる波の中空を、
たちばなかおる朝風に、
高くおよぐや、こいのぼり。
二
百瀬(ももせ)のたきをのぼりなば、
たちまちりゅうになりぬべき、
わが身ににょやおのこ子と、
空におどるや、こいのぼり。

＊初出『尋常小學唱歌』第五學年用「鯉のぼり」（↓三八五頁）。

四　朝の月

勝 承夫 作詞
外國曲

一
あけわたる西の山に
ほのかにかかるよ、朝の月。
小鳥もさえずり、心もうきたつ
かすむ空に ゆめのよう。
二
遠山の雪も消えて
はるかにわたるよ、朝の風。
雨戸をくりつつながめるみ空に
朝の月は ゆめのよう。

五　雨だれ

岩佐東一郎 作詞
メーヤー 作曲

一
雨だれが落ちている、
まどのそとのきばから。
みているときれいだな、
すいしょうの玉だね。
二
雨だれの音がする。
目をばつぶり、耳すまし、
きいてるとたのしいな、
ピアノひく音だね。

六　夏は來ぬ

佐々木信綱 作詞
小山作之助 作曲

一
うの花のにおうかきねに、
ほととぎす早も來鳴きて、
しのび音もらす 夏は來ぬ。
二
さ月やみ、ほたるとびかい、
くいな鳴き、うの花さきて、
さなえうえわたす 夏は來ぬ。

＊初出、三木楽器店版『新撰國民唱歌』第二集（↓一四四頁）。

七　元氣でいこう

岡本敏明 作詞・作曲

一
わか草もえて、春の日うらら。
元氣でいこう、春の小道を。
二
野べはかがやき、風はそよぐよ。
元氣でいこう、夏の小道を。
三
空すみわたり、虫はすだくよ。
元氣でいこう、秋の小道を。
四
夕日はひくく、こがらしふくよ。
元氣でいこう、冬の小道を。

八　ゆめ

作詞不明
片山頴太郎 作曲

一
金の自動車にとびのると、
はしるよ、はしるよ、どこまでも、
大きな道をまっしくら、
とうとうがけからさかさまに
おちたと思えば、ゆめだった。

二
銀のボートにとびのると、
はしるよ、はしるよ、どこまでも、
重なる波をのりこえて、
とうとう絵のようなりゅう宮へ
ついたと思へば、ゆめだった。

＊初出『新訂尋常小學唱歌』第四學年用「夢」（↓四五六頁）。

九　まきばの朝

作詞不明
船橋栄吉 作曲

一
ただ一面に 立ちこめた
まきばの朝の きりの海。
ポプラ並木のうっすりと
黒いそこから勇ましく
かねがなるなる、カンカンと。

二
もう起きだした小屋小屋の
あたりに高い人の声。
きりにつつまれ、あちこちに、
動くひつじのいくむれの
すずがなるなる、リンリンと。

三
今さしのぼる日のかげに
ゆめからさめた森や山。
あかい光にそめられた
遠い野ずえに、ぼくどうの
ふえがなるなる、ピイピイと。

＊初出『新訂尋常小學唱歌』第四學年用（↓四五六頁）。

十　赤とんぼ

三木露風 作詞
山田耕作 作曲

一
夕やけ小やけの 赤とんぼ、
おわれて見たのは いつの日か。

二
山のはたけで くわの実を、
小かごにつんだは まぼろしか。

三
夕やけ小やけの 赤とんぼ、
とまっているよ さおのさき。

＊三木露風（一八八九－一九六四）作詞。山田耕作（一八八六－一九六五）作曲。初出、一九二七年『山田耕作童謡百曲集』。原詩には、二番と三番の間に、以下の一連が挟まれていた。
十五でねえやは 嫁に行き、
お里のたよりも 絶えはてた。

十一　こきょうの人々

勝 承夫 作詞
フォスター 作曲

一
はるかなるスワニー川、その下、

資料：『私たちの作曲』

一九四九年四月に、文部省から『私たちの作曲～全國児童生徒応募作品』（文部省発行・A５判・五四頁）が発行された。

「まえがき」には、「音楽のおけいこで、新しく作曲のべんようをはじめてからもう三年たちました。この間に、みなさんの努力で、作曲する力がおどろくほど進歩しました。そこでためしに、全国の小学校や中学校のみなさんから、作曲をつのってみたところ、三二六五という多数の作曲が集まりました。この中から、特にすぐれたものを二八曲だけ選び、『私たちの作曲』として発表することにしました。―中略―みなさん、この歌曲を調べたり歌ったりして、さらにべんきょうをつづけましょう。この歌曲集が、みなさんたちの作曲のべんきょうに役立つばかりでなく、みなさんたちに作曲することの喜びをしらせてくれるでしょう」と記されている。

本書には、小学校一年生から高等学校三年生までの全国の児童生徒の作品が紹介されている。文部省は「学習指導要領」（試案）で示した「音楽における創造力を養う（旋律や曲を作ること）」という新しい教育目標の成果が報告された。「作曲」という言葉は、やがて「創作」という学習領域に変わる。

なつかしのかなたよ、わがふるさと。
旅空のあこがれはてなく、思いいずふるさと、
父母います。
（合唱）ながき年月 旅にあれば、
おお、つかれしわが胸、父母をしたうよ。

二
あぜ道さすらいしおもいで、
はらからと遊びし樂しき日。
夢あまき歌声、むなしや、おお、ゆきて暮さまし、
母のもとに。
（合唱）（くりかえし）

＊フォスター《Old Folks at Home》「スワニー河」。初出は『朙治唱歌』第二集「あはれの少女」（→六五七頁）。

十二　ほうねん

作詞 不明
スペイン民謡

一
ふかれてなびくよ、見わたすかぎり、
サヤサヤ、ソヨソヨ、秋田の風に。
かりたる稲をば 車の上に、
うれしや、樂しや、ことしのみのり。

二
こぼれていずるよ、からうすひけば、
カラカラ、コロコロ、むしろの上に。
しあげし米をばたわらのうちに、
うれしや、樂しや、ことしのみのり。

三
うとうよ、おどるよ、いずこの人も、
ハハハハ、ホホホホ、うれしき庭に。
おとなも、こどもも、樂しき庭に、
うれしや、樂しや、ことしのみのり。

十三　秋の山

岩佐東一郎 作詞
スコットランド民謡

一
みんなのすきな 秋が來たよ。
歌をうたって 山にのぼる。
もみじいちめん みねも、谷も、
青空のどかに 流れる雲。

二
はるかの枝で 鳥が鳴くよ。
ひびきやさしい 谷の流れ。
林をぬけて、足もかるく、
夕やけ赤い 山をくだる。

＊旋律はロバート・バーンズの詩で知られる《Comin' Thro' The Rye》「ライ麦畑で出逢うとき」。初出『朙治唱歌』第一集「故郷の空」（→六五〇頁）。

十四　ねむれよ

岩佐東一郎 作詞
外國曲

一
ねむれよ、かわいい子。
ひつじがみんな はねてはかける。
とろり ねむれよ。

二
ねむれよ、かわいい子。
ひつじは草に つかれてころり。
とろり ねむれよ。

三
ねむれよ、かわいい子。
ひつじもねんね、朝までねんね。
とろり ねむれよ。

十五　スキー

岩佐東一郎 作詞
イギリス民謡

一
すべるよ、すべる、雪の山を、
スキーははしる、はしる、はしる。
雪けむりあげて、林をぬけて、
スピードだして、すべる、すべる。

二
すべるよ、すべる、雪の丘を、
スキーはとぶよ、とぶよ、とぶよ。
ジヤンプもみごとに ふもとをめがけ、
スピードだして、すべる、すべる。

十六　とうだいもり

勝 承夫 作詞
イギリス曲

一
こおれる月かげ 空にさえて、
ま冬のあら波 よする小島。
思えよ、とうだいまもる人の
とうとき やさしき愛の心。

二
はげしき雨風 北の海に、
山なすあら波 たけりくるう。
その夜も、とうだいまもる人の
とうとき誠よ、海をてらす。

＊初出『朙治唱歌』第三集「旅泊」（→六六二頁）。

十七　冬景色

作詞・作曲 不明

一

さぎり消ゆるみなとえの
船に白し、朝のしも。
ただ水鳥の声はして、
いまださめず、岸の家。

二

からす鳴きて木に高く、
人は畑に麦をふむ。
げに小春日ののどけしや、
かえりざきの花も見ゆ。

＊初出『尋常小學唱歌』第五學年用（↓三八六頁）。

十八　ゆうびん

勝承夫 作詞
ドイツ民謡

一

なみ木のかどの 赤いポスト、
あらしの夜も、雨の日も、
みんなの手紙 おなかにつめて、
だいじに守る 赤いポスト、
わたしの手紙、たのんだよ。

二

なみ木のかどの 赤いポスト、
みぞれの夜も、雪の日も、
時間がくると おなかをあけて、
ゆうびんやさん、はこんでくれる、
ほんとに、ほんとに、ありがとう。

十九　海

作詞・作曲 不明

一

まつ原遠く消ゆるところ、
白ほのかげはうかぶ。
ほしあみはまに高くして、
かもめはひくく波にとぶ。
見よ、昼の海。
見よ、昼の海。

二

島山やみにしるきあたり、
いさり火 光あわし。
よる波岸にゆるくして、
うら風かろくいさごふく。
見よ、夜の海。
見よ、夜の海。

＊初出『尋常小學唱歌』第五學年用（↓三八四頁）。

二十　春まつ心

勝承夫 作詞
フランス民謡

一

いつも樂しい春まつ心、
もものつぼみもいろづくころは、
麦のはたけにおく雪きえて、
あかるい日ざし、村をつつむ。

二

いつも樂しい春まつ心、
丘にのぼれば、青空はるかに、
山もかがやき、小鳥もうたい、
きぼうの光むねをつつむ。

二十一　おちつばき

吉丸一昌 作詞
ウェーバー作曲

一

ポタリ、土の上に、
小さな音が ころがり落ちた。
はてな、何が落ちた。

二

ポタリ、またきこえる。
雨戸をあけてよくよく見れば、
ハッ、ハッハ、つばきの花。

＊初出『新作唱歌』第四集「落椿」（↓三八〇頁）。

二十二　野ばら

勝承夫 作詞
ウェルナー作曲

一

わらべは見たり、野中のばら。
あしたの野べに、きよらにかおる
ゆめの花よ。
くれないもゆる、やさしのばら。

二

わらべはよりぬ、野中のばら。
とわのなげきを とげにひめし
花のあわれ。
くれないにおう、いとしのばら。

三

わらべはおりぬ、野中のばら。
あどけなき子は、花の思いも
知らでつみぬ。
くれないかなし、ちいさきばら。

＊初出『小學唱歌集』三編「花鳥」（↓六三頁）。

『六年生の音樂』

文部省編

刊行：1947年7月15日 発行：文部省
縦210ミリ×横148ミリ 表紙+80頁

一　春のおとずれ

勝承夫 作詞
ポーランド舞曲

一
野みちをかざるよ、たんぽぽ・すみれ、
つくしとならんで、みどりの中に。
さあさ行こう、口ぶえふいて。
さあさ行こう、春野は廣い。

二
小川の流れも、ぬるんでゆるく、
土橋のかげには、小ぶなもおよぐ。
さあさ行こう、小牛もなくよ。
さあさ行こう、春日はながい。

二　おぼろ月夜

作詞・作曲 不明

一
なの花畑に入日うすれ、
見わたす山のはかすみ深し。
春風そよふく空を見れば、
夕月かかりてにおいあわし。

二
里わのほかげも、森の色も、
田中の小路をたどる人も、
かわずのなくねも、かねの音も、
さながらかすめるおぼろ月夜。

＊初出『尋常小學唱歌』第六學年用「朧月夜」（→三九二頁）。

三　五月の歌

青柳善吾 作詞
モーツァルト 作曲

一
樂しや五月、草木はもえ、
小川の岸にすみれにおう。
やさしき花を見つつ行けば、
心もかろし、そぞろあるき。

二
うれしや五月、日影ははえ、
わか葉の森に小鳥歌う。
そよ風わたる木かげ行けば、
心もすずし、そぞろあるき。

＊青柳善吾（一八八四－一九五七）。原曲は《Sehnsucht nach dem Frühling》「春への憧れ」。初出『朙治唱歌』第二集「上野の岡」（→六五五頁）。

四　ひばり

作詞 不明
ドイツ民謡

一
かすみたつや、
空の景色、おもしろ。
あがるひばり、
あがるさまは、
ひら ひら
ひら ひら。

二
すみれつむや、
野べの景色、おもしろ
あがるひばり、
こえはおちて、
チヨ チヨ
チヨ チヨ。

＊「雲雀」としての初出『中學唱歌』（→六九二頁）。

五　麦かり

白鳥省吾 作詞
井上武士 作曲

一
麦はさらさらこがねの波、
さっとかれかれ、じまんのうでで。
空は青空、朝日が光る。

二
かってたばねて、山ほどつんで、
ことしゃ上作、大麦・小麦、
玉のあせから生まれたたから。

三
たすき、はちまき きりりとしめて、
親子そろって麦かりあげりゃ、
森のかっこどり カッコと鳴いた。

＊初出『初等科音樂』三（→五四五頁）。

六　あかつきの景色

吉丸一昌 作詞
ホイトモーア 作曲

一
東の空ほほえみて、
さざめきいずる朝あらし、
そよそよそよふきわたる、
森のあなた、川の岸。

二
里わの森きりはれて、
うつつにかえる朝ぼらけ。
鳥の声ははれやかに、
きょうをつげて高く鳴く。

＊トマス・ホイットモーア Thomas Whittemore。

七　遠き山川

勝 承夫 作詞
スコットランド民謡

一
なつかしきふるさとの空
山の上、はるかな空よ。
そよぐ風におもいはわきて、
母につづる長きたより。

二
きこえくるふるさとの歌、
山川よ、すぎこし月日。
ゆうべ赤く、雲はもえて、
空に母のすがたえがく。

＊初出『小學唱歌集』初編「うつくしき」（→四九頁）（「スコットランドの釣鐘草」）。

八　歌をわすれたカナリヤ

西條八十 作詞
成田爲三 作曲

一
歌をわすれたカナリヤは、
うしろの山にすてましょか。
いえ、いえ、それはかわいそう。

二
歌をわすれたカナリヤは、
せどの小やぶにすてましょか。
いえ、いえ、それもかわいそう。

三
歌をわすれたカナリヤは、
ぞうげの船に銀のかい、
月夜の海にうかべれば、
わすれた歌を思い出す。

＊西條八十（一八九二－一九七〇）。詩の初出は一九一九年『赤い鳥』一巻五号に掲載。詩は以下のようであった。

一
唄を忘れた金絲雀は、
後の山に棄てましょか。
いえ、いえ、それはなりませぬ。

二
唄を忘れた金絲雀は、
背戸の小藪に埋めましょか。
いえ、いえ、それはなりませぬ。

三
唄を忘れた金絲雀は、
柳の鞭でぶちましょか。
いえ、いえ、それはなりませぬ。

四
唄を忘れた金絲雀は、
象牙の船に、銀の櫂、
月夜の海に浮かべれば
忘れた唄をおもひだす。

九　氣のいいがちょう

勝 承夫 作詞
ボヘミア民謡

一
がちょうは川をこそうとしたが、
水はまんまん流れは早い。
ラララララララ、ラララララララ、
ラララララ。

二
わるいからすが教えていうに、
水を飲んでしまいなさいよ。
ラララララララ、ラララララララ、
ラララララ。

三
そこでがちょうはがぶがぶのんだ、
川をほそうといっしょうけんめい。
ラララララララ、ラララララララ、
ラララララ。

四
のんでものんでも流れてくるよ。
氣のいいがちょうはそれでものんだ。
ラララララララ、ラララララララ、
ラララララ。

＊原曲はチェコ民謡《Dobromysla Husicka》。

十　花賣

水町京子 作詞
ベートーベン 作曲

一
水うち清めし朝のちまたに、
白つゆやどせるべに花・黄花、
すすむるおとめのすずしきひとみ、
ものみなえまうよ、おとめの花に。

二
ゆきかいにぎおう夕べのつじに、
秋野のさながらにおえる花や、
花賣るおとめのやさしき心、
思えば、人みな歩みをとむる。

＊水町京子（一八九一－一九七四）。原曲は、ベートーヴェンの歌曲集《Acht Lieder Op. 52》第七曲《Marmotte（モルモット）》（一八〇五）。初出『明治唱歌』第五集「あすの日和」（→六七四頁）。

十一　秋の田

桑田春風 作詞
シューマン 作曲

一
うれしやいなぼたわわに、田のもはこがねの波たつ。
祝えや、みのり豊か、田のもは宝の海とよ。
いざいざ、時は今ぞ。
見わたすはてもしらにみのりぬ。いなぼはみのりぬ。

二
たのしやいなぼたわわに、ことしはこよなき豊年。
歌えや、みのり豊か、ことしはこよなき満作。
いざいざ、時は今ぞ。
うちつれ小がまもちて行かばや。田のもに行かばや。

十二　山の子ども

高橋掬太郎 作詞
平井保喜 作曲

一
山の林で山ばとが、
山の子どもを呼んでいる。
ホーホーホー、
ぐみのこかげで呼んでいる。

二
山の子どもは山がすき、
木の実たべたべよくあそぶ。
ホーホーホー、
ぐみは青いよ、まだ青い。

三
山で呼んでる山ばとは、
山の子どものお友だち。
ホーホーホー、
ぐみのこかげで呼んでいる。

＊一九四二年『初等科音樂』の鑑賞指導用レコードとして紹介された「山の子供」。高橋掬太郎（一九〇一－一九七〇）は、「船頭可愛や」「酒は泪か溜息か」「啼くな小鳩よ」の作詞家。

十三　ふるさと

作詞・作曲 不明

一
うさぎおいしかの山、
小ぶなつりしかの川、
ゆめは今もめぐりて、
わすれがたきふるさと。

二
いかにいます、父母、
つつがなしや、友がき。
雨に風につけても、
思いいずるふるさと。

三
こころざしをはたして、
いつの日にか帰らん。
山は青きふるさと。
水は清きふるさと。

＊初出『尋常小學唱歌』第六學年用「故郷」（→三九三頁）。国民学校時代の教科書からは削除されていた。

十四　ゆうべのかね

吉丸一昌 作詞
フォスター 作曲

一
むかしの人いまはいずこ、
おとずれ来てたたずめば、
たそがれゆく空をたどり、
通い来るかねの声、
いえばとのはばたきに、
みだれて消ゆ、のきのつま。

二
みどりの風岸をそよぐ、
川のほとりさまよえば、
たそがれゆく野路をこえて、
おとない来るかねの声、
牧の子がふえの音に、
消えてはゆく、村はずれ。

＊原曲は、フォスターの《Mass's in De Cold Ground》「主人は冷たい土の中に」。

十五　思い出

古關吉雄 作詞
ベイリー 作曲

一

かきに赤い花さく いつかのあの家、
ゆめに帰るその庭、はるかなむかし、
鳥のうた木々めぐり、そよかぜに花ゆらぐ。
なつかしい思い出よ、はるかなむかし。

二

白い雲うかんでた いつかのあの丘、
かけおりた草のみち、はるかなむかし、
あの日の歌うたえば、思い出す青い空。
なつかしいあの丘よ、はるかなむかし。

＊古關吉雄（一九〇八－一九九五）。原曲はトーマス・ヘインズ・ベイリー Thomas Haynes Bayly（イギリス、1797-1837）の《Long Long Ago》。初出は真鍋定造編『幼稚唱歌集』（一八八七年）「むかし乃昔」、ついで『明治唱歌』第一集（一八八八年）「旅の暮」（↓六五二頁）、さらに近藤朔風訳詞「久しき昔」（一九一六年）の曲名でも知られる。

十六　祝え

勝 承夫 作詞
ベリーニ 作曲

ばんざい、ばんざい、ばんざい、
まつりの朝は空も晴れて、
村々に、町々に、みちわたる歌の声、
はためくはたにもよろこびのいろはえて、
人みな樂しく、希望あふれ、
きょうをたたえ、きょうこそ祝え。
花も鳥も、うたえや、うたえ、
あ、あ、あ、あ、ばんばんざい。

＊ヴィンチェンツォ・ベリーニ Vincenzo Bellini（イタリア、1801-1835）。最終行「あ、あ、あ、あ、ばんばんざい」は一九四八年の修正版では「あ、あ、あ、あ、祝え、祝え、祝え」に改作。

十七　船出

北原白秋 作詞
下總皖一 作曲

一

船出だ、朝風、かがやく波に
乗りだす少年、ほをはれ、今だ。
朝日はいろどる豊旗雲を。
船出だ、ぼくらの心はおどる。

二

船出だ、この身を、このたましいを
きたえる少年、乗りきれ、今だ。
萬里の黒しお、はやてもなにぞ。
船出だ、ぼくらの心はおどる。

三

船出だ、希望の海原さして、
こぎだせ、少年、力だ、今だ。
波たつ海でもしずかな池だ。
船出だ、ぼくらの心はおどる。

＊北原白秋（一八八五－一九四二）。『初等科音樂』四「船出」第三番（↓五五二頁）「東亞の海なら皇國の池だ」が、暫定教科書版（↓六一四頁）では「波たつ海でもしずかな池だ」に変わる。

十八　友情

勝 承夫 作詞
外國曲

一

やさしいほほえみをいつもたたえ、
たがいに信じて、ともにはげみ、
苦しいときにはたすけあう友だち、
暖い春のような友の心。

二

やさしい友情をいつもしめす
心のこもった友のことば、
なんでもふたりはうちあける友だち、
暖い愛にみちた友の心。

十九　雪

作詞 不明
外國曲

一

いたやのきに降りくる音は、
しぐれか、雪か、木の葉か、雨か。
消えずにとまれ、かきねのまつに、
わが待つうめのつぼみのごとく。

二

おざさの上にくだくる玉は、
あられか、雪か、春さく花か。
とけずにのこれ、かれふのしばに、
がちょうの羽の散りくるごとく。

＊原曲はアメリカの唱歌《Little Brother》。

二十　早春の歌

吉丸一昌 作詞
中田 章 作曲

一

春は名のみの風の寒さや、
谷のうぐいす歌は思えど、
ときにあらずと、声もたてず、
ときにあらずと、声もたてず。

二

氷とけさり、あしはつのぐむ。

さてはときぞと思うあやにく、
きょうも、きのうも、雪の空。
きょうも、きのうも、雪の空。

＊初出『新作唱歌』三「早春賦」（→三七九頁）。

二十一　さらば友よ

勝承夫 作詞
ジルハー 作曲

一
さらば友よ、わかれゆかん、
むとせの学びや、親しきこのにわ。
いざ、いざ、
われらいでん。

二
さらば友よ、ともにちかえ、
よき師の教えを心にきざみて。
いざ、いざ、
ともにはげまん。

三
さらば友よ、きょうぞよき日、
かわらぬ友情をわれらはいだきて。
いざ、いざ、
さらにすすまん。

＊ドイツ民謡、フリードリヒ・ジルヒャー編曲《Muß i den》。

二十二　よろこびの歌

岩佐東一郎 作詞
ベートーベン 作曲

一
晴れたる青空、ただよう雲よ、
小鳥は歌えり、林に森に。
こころはほがらか、よろこびみちて、
見かわすわれらの明るきえ顔。

二
花さく丘べにいこえる友よ、
ふく風さわやか、みなぎるひざし。
こころは楽しく、しあわせあふれ、
ひびくは われらのよろこびの歌。

＊ベートーヴェンの交響曲第九番第四楽章「歓喜の歌」。

【参考文献・資料】
安田寛他編『原典による近代唱歌集成』（ビクターエンタテインメント）

資料：『学習指導要領（音楽）』試案（第一章）

第一章　音楽教育の目標

一　音楽美の理解・感得を行い、これによって高い美的情操と豊かな人間性とを養う。
二　音楽に関する知識及び技術を習得させる。
三　音楽における創造力を養う（旋律や曲を作ること）。
四　音楽における表現力を養う（歌うことと楽器をひくこと）。
五　楽譜を読む力及び書く力を養う。
六　音楽における鑑賞力を養う。

音楽教育は情操教育である、という原則は今も昔も少しも変わっていない。しかし、その意味の取り方は従来必ずしも正しい方向にあったとはいえない。音楽教育が情操教育であるという意味は、目標の一に掲げたように、音楽美の理解・感得によって高い美的情操豊かな人間性を養うことである。従来の考え方のうちには音楽教育を情操教育の手段として取り扱う傾きがはなはだ強かった。即ち、情操を教育するために音楽教育を行うという考え方である。しかし、音楽は本来芸術であるから、目的であって手段となり得るものではない。芸術を手段とする考え方は、芸術の本質を解しないものである。そこで音楽教育が情操教育であるという意味は、音楽教育即情操教育ということで、音楽美の理解・感得が直ちに美的情操の養成となる。であるから、われわれは正しいそして高い音楽教育が行うことができれば、それが直ちに正しく高い美的情操の養成となる。従来のように音楽教育を手段として取り扱う時は音楽教育はむしろ低下し粗雑になりがちで、一例をあげれば読譜力すらも完全には作ることができないのである。

以上のような観点から、今後の音楽教育はあくまでも純正な音楽教育あるべきで、児童がよい音楽を十分に表現し、且つ理解するようになることを目標とし、これがそのまま情操教育であるということをしっかり考えておかなければならない。

　このように言ったからとて何も音楽をむずかしく考えたり、むずかしく教えたりするという意味は少しもない。人間が美しいものを好み、美によって限りない喜びを感ずるのは人間性の最も奥深いものから出て来るのであるから、音楽美の理解・感得は人間性の本質に向かって進んで行くことである。それ故、純正な音楽教育を施すことは人間の性向に反することではなくて、それに従うことである。そしてこれを成功させるためには、児童の生理的、心理的能力の発達の段階をよく見極め、これに適合する方法で教育目標を達成することを考えなければならない。言いかえれば子供の興味や意欲をもととし、これを伸ばしつつ目標に近づいて行くのである。この点従来の教育は大人の頭や考えをあまりにも子供に押しつけたきらいがあった。そのために、音楽教育がはなはだ説教的性格を帯び、したがって子供はこれに興味を感じなくなって卑俗な歌に走ったり、または音楽教育の内容が幼稚なものであるために児童の興味を引かなくなったりしたのである。これらの欠点はすべて訂正され、そして音楽の美しさを楽しみつつ正しい教育が行われなければならない。それは教師が十分な理解を持ちさえすれば決してむずかしいことではない。

　さて音楽美の理解や感得を十分行わせるためにはどうしたらよいか。それには適当な教材によって音楽の美しさ、音楽のおもしろさを十分に味わわせるとともに、音楽についての知識及び技術をしっかり習得させることである。年齢とともに、だんだんより高い音楽美を理解して行くことができるようにするためには、どうしても音楽についての知識や技術がしっかりできていなければならない。もちろん義務教育を受ける児童や生徒の大部分は専門の音楽家になるのではなく、一般の社会人になるのであるから、音楽についての知識や技術を習得させるといっても、そこにはおのずから限界があるのは明らかである。しかし、これが次第に高まって行くことは国民の音楽的水準が高まることであるから、われわれの希望としては知識や技術が次第に向上して高いレベルに達することが望ましいのである。しかし、そのような向上は一挙にしてできるものではなく、長い間真剣に努力してはじめて得られるものである。まずその第一歩として、われわれは正しい知識や技術をしっかりと植えつけて行くという方向に進まなければならない。そのためには教師がまず十分な知識や技術を持つことが必要で、教師自身が十分努力をしなければならない。

　音楽の知識や技術を習得して音楽美の理解・感得を十分にするためには、自分自身が「音楽する」ことが何よりも大切である。ただ単に受身な態度で聞いているだけでは、決してほんとうに音楽を理解することはできない。みずから音楽することこそ音楽を知る最も正しい且つ早い道である。そのためには従来の音楽教育のようにただ歌唱だけをやっていたのでは不十分で、ぜひ器楽や更に進んでは作曲もやらなければならない。器楽を全面的に実施するには、楽器や楽譜の問題から解決してかからなければならないので、現在の状態では大きな困難を伴なうのは明らかである。このためには児童の製作にかかる簡易楽器の利用や、教師の工夫にかかる代用楽器の活用等も考えてみる必要がある。このようなさまざまな困難はあるけれども、ぜひこれを打開して器楽教育も全面的に実施できるように努力したいと思う。また作曲教育は新しい試みであるが、しかし作文や自由画を製作している児童が作曲できないということはない。全部の児童ができなくても大部分の児童に創作の体験を味わわせたい。何もりっぱな曲を作るということを目標としないでも、作曲の体験を持つことによって音楽美の理解を深めればよい。これは器楽のように特別な道具を必要としないから、考え方によれば器楽教育よりも実施しやすい点もある。器楽にしても、作曲にしても、強制することはできないけれども、ぜひ実施できるよう努力すべきである。

　鑑賞は、音楽を味わったり理解したり判別する力を養ったりすることであるが、これと同時に音楽を楽しむことも含まれる。鑑賞はただ受身な態度で聞いているだけでなく、それを通して自分が「音楽する」意欲を高めることが大切である。従来の鑑賞教育では、音楽に対し文学的説明を加えることが一般的に行われているが、この方法はよほど注意しないと音楽に対する正しい理解を誤らす場合がある。音楽は本来ことばで説明できるものではなく、音から直接に感じ取るものであるから、あまりいろいろな文学的説明を加えると純粋な音楽的感動を阻害することも起る。そのような点は特に注意する必要がある。また、音楽の鑑賞というとむずかしい顔をしてまじめくさって聴いていなければならないように思われがちであるが、前にも述べように鑑賞は音楽を楽しむことであるから、自由に心から音楽を楽しんで聴くことが大切である。

　音楽美の理解・感得によって美的情操を養成すれば、その人は美と秩序とを愛するようになり、それはとりもなおさず社会活動における一つの徳を養うことになる。これは音楽の社会的効用の一つである。またリズムの体得は人間の活動を能率的にするであろう。その他合唱や合奏における美と秩序とにもとづく訓練は、人間の社会生活や団体生活における秩序の維持の上に大いに役に立つ。合唱や合奏が音楽的に完成するためには、各人の真に自発的な協力がなければならない。だれひとりとしてわがままな行為は許されないのである。わがまま勝手な行為は直ちに音楽の美を破壊する。このような合唱や合奏における訓練は、音楽の持つ社会的効用として高く評価されなければならない。（一九四七年六月一三日）

（出典：国立教育政策研究所データベースインデックス）

参考：「君が代」の「君」は？

「『きみがよ』は、にっぽんの国歌です。にっぽんがいつまでも　へいわでさかえるようにとのねがいがこめられています。ほこりをもって歌いましょう。せかいのひとびとも　自分の国や　地いきのへいわやはってんをねがい、ほこりをもっています。たがいに　そのような　気もちを　そんちょうし合うことが大切です。」（二〇一六年版『音楽のおくりもの』二年生　教育出版より）。

「国旗及び国歌に関する法律」（一九九九年八月一三日公布）の施行によって正式に復権し、「国歌」として制定されるに至った「君が代」だが、今日の音楽教科書が児童に与える右に引用した歌の説明と、この歌の教科書のこれまでの歴史のなかで果たした役割との間にはおおきなギャップがある。

戦後の日本の教科書に深いかかわりを持った家永教科書裁判における、歴史学者家永三郎と真篠将文部省教科調査官（当時）のやりとりは次の通りであった。

家永　君が代の君は何とよみますか。
真篠　クン。
家永　君主とか臣民の君ではないのですか。
真篠　君がですか。
家永　そうです。
真篠　君が代ですか。よく知りませんが、英語の"You"ということもあったと思います。
家永　戦前は？
真篠　戦前は天皇でした。
家永　戦後は天皇ではないのですか。
真篠　かわってきました。
家永　憲法がかわると歌詞の意味も変わるのでしょうか。
真篠　いや。
家永　天皇の性格はかわったが、歌詞の意味までかわるのですか。
真篠　わたしは、そう思う。
家永　君が代は国歌ですか。
真篠　専門的には答えられない。
家永　教育基本法によって、君が代は適切ですか。
真篠　（返答なし）。
家永　天皇が治めるということと、主権在民とは、矛盾しませんか。
真篠　よくわかりません。

（吉田廉士「教科書裁判・真篠将証言傍聴記」『音楽と教育』一九七一年四月号）

同じ時期に『読売新聞』（一九七一年四月二九日付）には、「"君が代"は国歌というのが正解、というのが私たちの認識。同じ学校で教師が勝手に違う教え方をするのは困るが、だからといって国として画一化することはどうか。それぞれの学校なり教師が"社会常識"にしたがって扱うのがのぞましい」という文部省初等教育課の担当者の言葉が掲載されていた。

この「"君が代"は国歌というのが正解」という文部省によって何気なく流された発言は、二五年余の時を経て「国旗及び国歌に関する法律」の成立に結びついたわけである。

しかも、明治初頭から連綿として歌い継がれてきたこの歌の本質をめぐっての論議は、驚くほどなされていない。一九七〇年代には作曲家・林光らによる君が代反対論もあったが、この家永・真篠間における問答にあるようなすれ違いが続いたことも事実である。そして、歌いにくい旋律、間延びしたテンポ、などという西洋音楽を学んだ音楽教師や児童たちによる感想は山ほどあるが、かつての唱歌教育でのこの歌が果たした役割については、歴史のひとコマとしてのみ扱われ、教科書に再登場したのである。

文部省は、その後『指導要領解説』（二〇〇八年）の中で、「君が代」の指導について、次のように解説している。

「児童が、将来国際社会において尊敬され、信頼される日本人として成長するためには、国歌を尊重する態度を養うようにすることが大切である。小学校音楽科においては、「国歌『君が代』は、いずれの学年においても歌えるよう指導すること」とし、国歌『君が代』の指導の趣旨を明確化した。音楽科としては、このような意味から、国歌『君が代』をいずれの学年においても指導し、入学式や卒業式等必要なときには、児童がいつでも歌えるようにしておかなければならない。そのためには、表現学習の目標や内容と関連させ、児童の発達の段階に即していずれの学年においても適切な指導を行うような指導計画を作成する必要がある。指導に当たっては、低学年では上級生が歌うのを聴いたり、楽器の演奏やCD等による演奏を聴いたりしながら親しみをもつようにし、みんなと一緒に歌えるようにすること、中学年では歌詞や楽譜を見て覚えて歌えるようにすること、高学年では国歌の大切さを理解するとともに、歌詞や旋律を正しく歌えるようにすることが大切である。国歌の指導に当たっては国歌『君が代』は、日本国憲法の下において、日本国民の総意に基づき天皇を日本国及び日本国民統合の象徴とする我が国の末永い繁栄と平和を祈念した歌であることを理解できるようにする必要がある。」

【水島昭男】

第四章

初等教育周辺の「唱歌集」

橋本周延画「欧州管絃樂合奏之図」(1889 年)　左上部には、『明治唱歌』第２集「岩間の清水」の楽譜と歌詞

『唱歌』一篇、二篇の刊行

京都府編、出版：村上勘兵衛（京都）
初編出版版権届：一八七八年、二篇出版届：一八八〇年

明治一〇年、京都府女學校の「給費生規則」の中に、『体操遊歩の時間』が組み込まれ、そのうち週に三時間が「絃歌」に当てられている。「絃歌」は「正雅ノ曲ヲエラビ教ヘテ氣血ヲ和シ淑徳ヲ養ウ」ことを目的としていた。京都の地に女子教育の一環として、箏を弾き、歌うことをもって淑徳を養う教科が設置された。近世の子女教育のスタイルを大きくこえるものではなかったが、「唱歌」という言葉が、教育機関において示されたのである。『唱歌』は女学校での教材集として使われた。近世三大版元の一人、京都の村上勘兵衛によって編纂されている。

『唱歌』一篇　目次の一部

『朙治唱歌』の刊行

大和田建樹と奥好義によって選ばれた『朙治唱歌』は、一八八八年五月から一八九二年四月にかけて刊行された。その編集の意図は、「學校と家庭とを問はず、世の唱歌を誘導して、高尚の域にす、めん」（第一集「凡例」より）としている点にあった。音楽取調掛によって『小學唱歌集』が刊行されてから、わずか六年後のことであった。半年前には同掛の編纂による『幼稚園唱歌集』が刊行されている。

このシリーズの大きな特色は、学校教育と家庭の垣根を取り外し、さまざまな歌を世の中に広めようと試みたことである。「徳育ノ涵養」を大きな目的とした唱歌教材を多く収めながらも、一方で後世に残った西洋曲も数多く紹介している（第二集の「序」参照）。今日でも多くの日本人に歌われる「庭の千草」、「ローレライ」、「故郷の空」、「久しき昔」、「スワニー河」、「子ぎつね」、「ヤンキードゥードゥル」、「埴生の宿」「タウベルトの子守唄」、「灯台守」、「追憶」、「菩提樹」、「カッコウ」などの旋律をはじめ、オペラのアリアなどを使った歌が収められている。

本シリーズを出版したのは、宮川保全（一八五二－一九二二）である。東京女子師範学校、東京師範学校で数学の教師をしていた宮川は、明治一九年に鳩山春子らと共立女子学園を創立する一方、中央堂出版、後に大日本図書をスタートさせ、教科書出版を一手に引き受けた人物である。

ここから生まれた唱歌が、その後、日本人の愛唱歌として育っていく。近代日本の歌謡の歴史にとってもたいへん大きな所産の一つであった。

『朙治唱歌』第一集

大和田建樹、奥 好義 同選

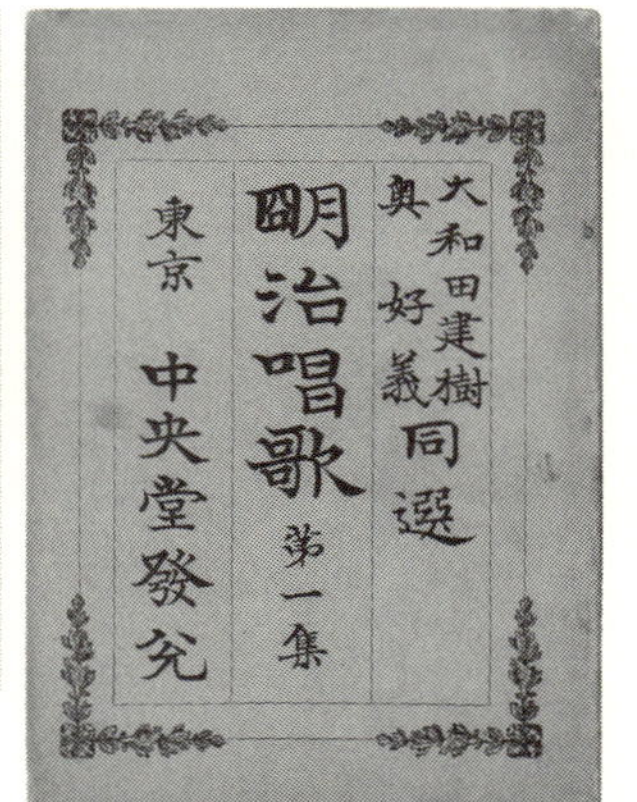

刊行：1888年5月14日　発行：中央堂　東京
縦192ミリ×横134ミリ 表紙＋扉＋口絵＋56頁

右ニ掲グルハ米國音樂博士ルーサル、ホワイチング、メーソン先生の肖影ナリ。先生ハ去ル明治十三年ヨリ明治十五年マデ我文部省ノ聘ニ応ジテ音樂取調掛、東京師範學校、東京女子師範學校、及ビ學習院ニ於テ教授ノ労ヲ執リ實ニ我邦學校唱歌ノ基ヲ闢カレタリ。好義不肖ト雖ドモ嘗テ同僚上眞行、辻則承二氏ト共ニ先生ニ就キテ業ヲ受ケ今尚ホ其教授法ヲ繼ギ唱歌授業ニ従事スルハ全ク先生ノ賜ト謂フベシ。此度明治唱歌ノ選成ルニ當リ聊カ厚恩ヲ謝センガ為メ其肖影ヲ寫シテ世ノ同學諸君ニ示ス。

明治廿一年三月

奥 好義

序に代ふる歌

あさがすみまだ夜をのこす 谷かげのさびしき空にたれかまづ春をいざなふ。うつくしき、たゞ鳥の歌。雲ふかく里へだゝりて 友とほき旅路のくれに憂き心たれなぐさむる。いさましき、たゞ水の歌。鳩車ひきつかれたる をさな兒を夢におくりてたれかそのねむりを守る。愛ふかきたゞ母の歌。人の世のはかなきねがひ 浮き沈み身をおほふ時 胸の火をたれかしづむる。清浄の、たゞ神の歌。おもへ人、耳にわかれて うまれなん世はいかならん。もろともに謡ひて謝せよ。世にあまる、あゝ神の恩。

大和田建樹

凡例

此書は、學校と家庭とを問はず、世の唱歌を誘導して、高尚の域にすゝめんとのぞむ熱心より、不完全の譏をうけんもかへりみず、稿を起したるなり。されば第一集には、なるたけ簡單にて獨習にやすきものよりはじめ、二集三集と順序をおひて、高等のものにおよばさんとす。毎年春秋二期に、一集づゝ出板すべし。巻頭に撰者の曲をおきたるは憚なきに似たれど、これは新年より事を始むるの意によるのみ。不敬の罪はゆるされよ。巻中に、作歌者の名ありて作曲者の名なきものは、西洋大家の歌曲集より撰べるなり。

撰曲校正等のことにつきては、學友上真行、辻則承の二君、もっとも懇篤にその勞を取られたり。

新年

大和田建樹 作歌
奥 好義 作曲

一

さいはひおほきしんねんを
むかへしけふのうれしさよ。
めぐみあまねき君がよを
八千歳かけて共にいはゝん。

二

よろこびふかきしんねんを
むかへしけふのうれしさよ。
慈愛はてなきちゝはゝを
万代かけてともにいはゝん。

三

たのしみながきしんねんを
むかへしけふのうれしさよ。
こゝろへだてぬ友だちと
手を引きつれていざや謡はん。

春の歌

大和田建樹 作歌

一

うたへうたへ春をむかへて。
うたへうたへ鳥とともに。
いざや野も山も歌の聲そへて
合はせその調かへせこだま。
空ものどか花もさかり。
うたへうたへ鳥よともよ。

二

あそべあそべ野邊の芝生に。
あそべあそべ蝶とともに。
裾にちる露もけさは心地よや。
袖にふく風もけふはうれし。
春よ友よこゝろゆたかに
われとあそべあそべうたへ。

鳥の歌

大和田建樹 作歌
芝 葛鎮 作曲

一

朝霧はれてさす日のかげ
むかへて親子そらに翔る。
たのしさいつもかはらぬ聲。
歌へや遊べやなつかし鳥よ。

二

あるひは雲につばさをのべ
あるひは森にねぐらをとひ
こゝろのまゝに憂もなし。
歌へや遊べやむれゆく鳥よ。

春風

大和田建樹 作歌
奥 好義 作曲

一

草葉にふけやはるのかぜ
ひばりの夢をさますまで。
菜種のうへをとぶてふの
つかれし羽ねに觸れぬほど。

二

こずゑにふけやはるのかぜ
花のにほひをさそふまで。
枝さしかはすあをやぎの
糸のもつれを見せぬほど。

三

あゝ愛らしのはるかぜよ
わが身をふきていつまでも
老せぬ空にまひあそべ。
若き野山にゆきかよへ。

暮春

税所あつ子 作歌
上 真行 作曲

かぜのまに〳〵ちりはてゝ
さくらははやく實になりぬ。
ながき春日をいたずらに
くらしゝ身こそはかなけれ。

＊税所あつ子（一八二五－一九〇〇）。

遊歩の庭

大和田建樹 作歌

一
いでよいでよ遊歩の庭に。
休のかねのおときく時は
皆うちつれておくれずいでよ。
樂しく共に遊べ遊べあそべ。
二
あそべあそべ中よく遊べ。
鈴菜の花にとまりしてふも
友だちつれて空にぞあそぶ。
樂しく共に遊べ遊べあそべ。

＊『明治唱歌』第六集「待つらん人」（→六八〇頁）は異名同曲。

學の力

大和田建樹 作歌
上 真行 作曲

一
はてなき海にたれあとつけし。
影見ぬ國にたれみちびきし。
學のちから智識のひかり。
二
目に見ぬ星も手にとるごとく
かくれし數をたれかは告げし。
學のちから智識のひかり。
三
蒸氣車はせて世界をちゞめ
風舩あげてつばさをそへぬ。
學のちから智識のひかり。
四
國をも守るあゝこのちから。
暗をも照らすあゝこのひかり。
たゆまず積めや月日の庫に。
五
勉めば得べきこのわがちから。
研かばいでんわがひかり。
うづめなすてな身にあるものを。

勸學の歌

高﨑正風 作歌
奥 好義 作曲

あだにすぐすなけふの日を
けふはふたゝび歸り來ず。
むだにくらすなこの年を。
ことしはまたと回り來ず。
學のにはにつどふ子よ
たゆまずつめやをしへ草。

共に學びし

矢田部良吉 作歌

一
共に學びしやまとぶみ。
共にしらべしあづま琴。
あゝなつかし、その昔の
けふのわかれに忍ばるゝ。
二
松のみどりのかはらじと
いひし言葉はかた糸の
あゝ友垣そのちぎりは
かけて千年もかはらじな。
三
君は筑紫にわれは越
雲井はるかに立ちわかれ
あゝ年月あひみぬとも
雁はゆきかへ春秋に。
四
霜にやつれぬ白菊の
色をこゝろにそのわざを
あゝ月日にいやみがきて
清きみさをを世にのこせ。

＊矢田部良吉（一八五一－一八九九）。初出『小學唱歌集』第三編「菊」（→六一一頁）。「花がたみ」（→六七六頁）は異名同曲。

二月の海路

鳥居 忱 作歌

一
春のうらゝの海原や
遠の山々かすむなり。
雲か帆影かみづとりの
むれてとぶさへおもしろや。
二
闇の雲間の星のかげ
光かくれてすごき夜や。
やがて嵐かおろしこん

空のけはひもたゞならず。

三

雨にあらしに大海は
怒濤さかまきあるゝなり。
いまやわが舩かくれ岩に
ふれてくだけんおそろしや。

四

いづこなるらん名もしらぬ
はなれ小島に流れつき
あらしふきやみ春の夜は
しほぢかすみてあけそめぬ。

＊フリードリヒ・ジルヒャー「ロオレライ」（↓七一三頁）。

「二月の海路」

故郷の山

大和田建樹 作歌
辻 則承 作曲

一

こゝろも晴れゆく朝日のそらに
ほのかに見えたるふるさとの山。
まぎれぬ面影かはらぬかたち。
あれあれ見えたるふるさとの山。

二

むれたつ鷗のひまなき羽ねに
あらはれかくれてあれ近づくは
慈愛のかほばせ樂土のひたひ。
あれあれ見えたるふるさとの山。

三

戀しきわがやはあの山もとよ。
わかれし木蔭をはや行きて見ん。
妹と植ゑたるかきねのすもゝ
丈にもあまりて身をむすぶらん。

四

書讀む小窓にかかりし薔薇
毬打つ園生をおほひし葡萄
かはらで茂るかむかしのまゝに。
雀は誰が手になれてかあそぶ。

五

こひしき父母あの山もとよ。
とびたつ思をはや告げまほし。
夢路にかよひし十年のこゝろ
くまなくかたるは嬉しや今宵。

六

わが舩むかへてなつかしがほに
あれあれ立てるよふるさとの山。
別路おくりしすがたのまゝに
あれあれ立てるよふるさとの山。

＊辻則承（一八五六－一九二二）。

紀元節

下田うた子 作歌
奥 好義 作曲

扶桑の海にうかみでし
あさひの光さながらに
いまもにほひて日の丸の
御旗かゞやく紀元節。

家にいなん

大和田建樹 作歌

一

いざやわれ家にいなん
いつも樂しきわが家に。
母のひざにねむるちごの
ゐがほいざや見にいなん。

二

いざやわれ家にいなん
いつも春日のわが家に。
窓のすゞめ園のこてふ
いつもわれと遊ぶなり。

三

いざやわれ家にいなん
胸に絶えせぬわが家に。
とほくむかふ森のこずゑ
われをまちてにほふなり。

日本男児

大和田建樹 作歌
上 真行 作曲

一

日本男児のまごゝろは
君が代まもる國の楯。
事あるときには進むべし。
うしろを見せず進むべし。
雪に路なき山までも
波にはてなき海までも。

二

日本男兒のまごゝろは
はらから守る國の城。
忠義の鎧を身にきつゝ
いのちをすてゝむかふべし。
あさゆふみがく真心を
挫くな折るな國のため。

三
日本男兒のまごゝろは
せんぞを守る國の垣。
いさをたてゝ後の世に
くちせぬ譽のこすべし。
せんぞに承けたる魂を
みがきて照らせわが國を。

皇國の守（作者許可）

外山正一 作歌
伊澤修二 作曲

一
きたれやきたれやいざきたれ。
皇國をまもれやもろともに。
よせくる敵はおほくとも
おそるゝなかれおそるゝな。
死すともしりぞく事なかれ。
皇國のためなり君のため。

二
いさめやいさめやみないさめ。
つるぎもたまもなんのその。
皇國をまもるつはものゝ
身は鐵よりもなほかたし。
死すともしりぞく事なかれ。
皇國のためなり君のため。

三
まもれやまもれやみなまもれ。
他國の奴隷となることを
おそるゝものは父母の
墳墓の國をよくまもれ。
死すともしりぞく事なかれ。
皇國のためなり君のため。

四
すゝめやすゝめやみなすゝめ。
皇國の旗をばおし立てゝ
すゝめやすゝめやみなすゝめ。
先祖の國をまもりつゝ
死すともしりぞく事なかれ。
皇國のためなり君のため。

＊初出：伊澤修二編『小學唱歌』第五編「来れや来たれ」（→九二頁）。

母なき吾屋

大和田建樹 作歌

一
はゝなきわがやは暗ゆくこゝち。
のこれる幼兒目も泣きはれぬ。
ちゝうへあねぎみ何とかすべき。
母なきわがやは暗ゆくこゝち。

二
はゝなきわがやは暗ゆくこゝち。
春日の光もこゝには照らず。
鳥啼き花散りなつさへとはず。
母なきわがやは暗ゆくこゝち。

三
はゝなきわがやは暗ゆくこゝち。
朝夕むかひしつくゑのうへに
つもれるその書たれとか讀まん。
母なきわがやは暗ゆくこゝち。

四
母なきわがやはやみゆくこゝち。
なれたる言葉を耳にも聞かず。
われらを遺していづこに行きし。
母なきわがやは暗ゆくこゝち。

＊ジョセフ・フィルブリック・ウェブスター Joseph Philbrick Webster（アメリカ、1819-1875）作曲《Sweet By and By》。

故郷の空

大和田建樹 作歌

一
夕空はれてあきかぜふき
つきかげ落ちて鈴虫なく。
おもへば遠し故郷のそら。
あゝわが父母いかにおはす。

二
すみゆく水に秋萩たれ
玉なす露はすゝきにみつ。
おもへば似たり故郷の野邊。
あゝわが兄弟たれと遊ぶ。

＊スコットランド民謡。ロバート・バーンズの詩《Comin' thro' the Rye》で知られる。

別れの歌

加部嚴夫 作歌
辻 則承 作曲

一
たとひ千里をへだつとも
こゝろへだてぬ友どちは
のぼる朝日におもはまし。

かたぶく月にわするなよ。

二

わかれは逢ふの始ぞと
むかしの人もいひおけり。
袖のなみだを緒に貫きて
またの逢ふ日の數よまん。

千里の友

大和田建樹 作歌
奥 好義 作曲

一

共に見し月は梢にかゝるなり。
千里の外の君ぞこひしき。

二

面影は今もみ空にうつるなり。
雲井のよその君ぞ恋しき。

三

淋しさに庭の木陰を歩めども
君なき春は花もにほはず。

四

面白く君と謡ひし歌のねも
けふは歸らず吾をはなれて。

草刈の歌

大和田建樹 作歌

一

けふもさらば谷の水
しばしともに別れなん。
朝日かげきよく浮ぶとき
こゝにまたも君を見ん。

二

さらばいざや野邊の花
笑顔たれてやすく寐よ。
雲雀そら高くうたひつゝ、
君の夢をさますまで。

三

なごりをしやなれし野の
姿みえずなりにけり。
星よわが家路てらしつゝ、
はゝの膝に身をおくれ。

けふよる友

大和田建樹 作歌

一

けふよる友は國の友。
事ある時はもろともに
いのちをすてゝ進むべし。
曇らぬこゝろ惜しまぬ身。
まもれやわが國を。
ひくな友よいざいざ
つくすべし國の酒を。

二

けふよる友は國の友。
けふのむ酒は國の酒。
酒のむ時はうたふべし。
こゝろをあけて語るべし。
義のため國のため。
ひくな友よいざいざ
つくすべし國の酒を。

＊西洋曲

競漕の歌

上 真行 作歌・作曲

一

いまをさかりの花の時
うらゝの天氣こゝちよや。
いざやゆかん隅田河に。
はれの競漕はれの競漕。
まけてはならぬぞ
みな、みな、みな、みな勵め。

二

わが目はわれの舟にのみ
そゝぎてよそを見るなかれ。
いざやこげよ楫を揃へ
負けず漕げ負けず漕げ。
ちからのかぎりを
こげ、こげ、こげ、こげ小舟。

三

あひての舟はおくれたり。
われらの舟ははや着きぬ。
けふもかれらはまたも負ぞ。
腕のよわさ腕のよわさ。
さんどにいちどは
なぜ、なぜ、なぜ、なぜ勝ぬ。

四

數万の見物てをうちて
喝采くがにみちわたる。
けふの勝はわれらの手柄。
こゝちよやこゝちよや。
勝旗かつぎて
いざ、いざ、いざ、いざいなん。

別れの血しほ

大和田建樹 作歌

一

日本男兒のこゝろのひかり

ます〳〵みがきて世界を照らせ。
いま酌む酒こそわかれの血しほ。
そゝぎてわするな誓の言葉。

二

雨風さかまく萬里のうみに
怒濤ををかしていざゆけ君よ。
見知らぬ海山すぎゆくみちに
迎へてまつなりいざゆけ君よ。

＊フリードリヒ・ジルヒャー 作曲《Abschiedslied》。

若竹 若松

大和田けい子 作歌
芝 葛鎮 作曲

一

まなびのまどのわか竹
しげれや千代のすゑかけて。
露ふきはらふ朝風の
おとも涼しくかよふなり。
草木かれゆく冬のきて
霜はおけどもいろあせず
雪はふれども折れもせず。
かはらぬ姿たぐひなや。
かわらぬ心たぐひなや。
あけくれまなびの友とみん。
すぐなるふしを友とせん。

二

まなびのにはのわか松
さかえよ鶴の巣ぐふまで。
ふきくる風もおのづから
琴のしらべに通ふまで。
木々はもみぢの秋くれど
同じときはの陰ふかく
野山そめゆくしぐれにも
うつらぬ節たのもしや。
かはらぬ節たのもしや。
よるひるこゝろの友とみん。
かはらぬ色を友とせん。

朝雲雀

大和田建樹 作歌

一

霞にあがれりあはれ朝雲雀。
菫のねぐらを早くおきはなれ
むらさき深きそらに
そのうたかをりわたる。

二

雲井になのれりあはれ時鳥。
深山の木の間をあとに立ちいで、
月かげきよきそらに
そのこゑひゞきわたる。

三

門田におちたりあはれ天つ雁。
かさなる海山とほく飛びこえて
うす霧かゝるかたに
そのかげいまぞしづむ。

四

波間に噪げりあはれ小夜千鳥。
ねざめの枕をよそにとひすて、
潮風さむきはまに
その友ゆきゝあそぶ。

＊『教科統合少年唱歌』六編「雪の朝」(→二五八頁)。

旅の暮

大和田建樹 作歌

一

落葉をさそふ森のしぐれ
なみだと散りて顔をうつ。
ふるさと遠き旅のそら。
ゆきがた知らぬ野邊の路。
一夜をたれにやどからん。

二

すゝきにむせぶ谷のあらし
夕ぐれさむく身にぞしむ。
木の間をもるゝ火の光。
山邊にひゞく鐘のこゑ。
うれしやあれにやどからん。

三

夢にも見ゆるこひしわがや。
そなたの空は霧こめて
月影ほそくけむるなり。
なきゆく雁もあときえぬ。
あけなばいそぎ文やらん。

＊トーマス・ヘインズ・ベイリー作曲《Long Long Ago》。
初出『幼稚唱歌集』「むかし乃昔」(一八八七年)。「久しき昔」(近藤朔風訳)として知られる。

「旅の暮」

沖と磯

大和田建樹 作歌
奥 好義 作曲

一
いその山しろく月はいでぬ。
けふもはやなごり釣をやめん。
蘆火たくかげのとほく動く。
戀しわが妻は松のあなた。
得物かず見えてふねに躍る。
これぞわが命いざや家に。

二
おきの色くれて夜風さむし。
あはれまつひとの舟はいづこ。
そらか海原かはても見えず。
こゝろぼそ君が日ゝのゆくへ。
馴れし艫のおとのあれに聞ゆ。
いまぞわが胸の波はよそに。

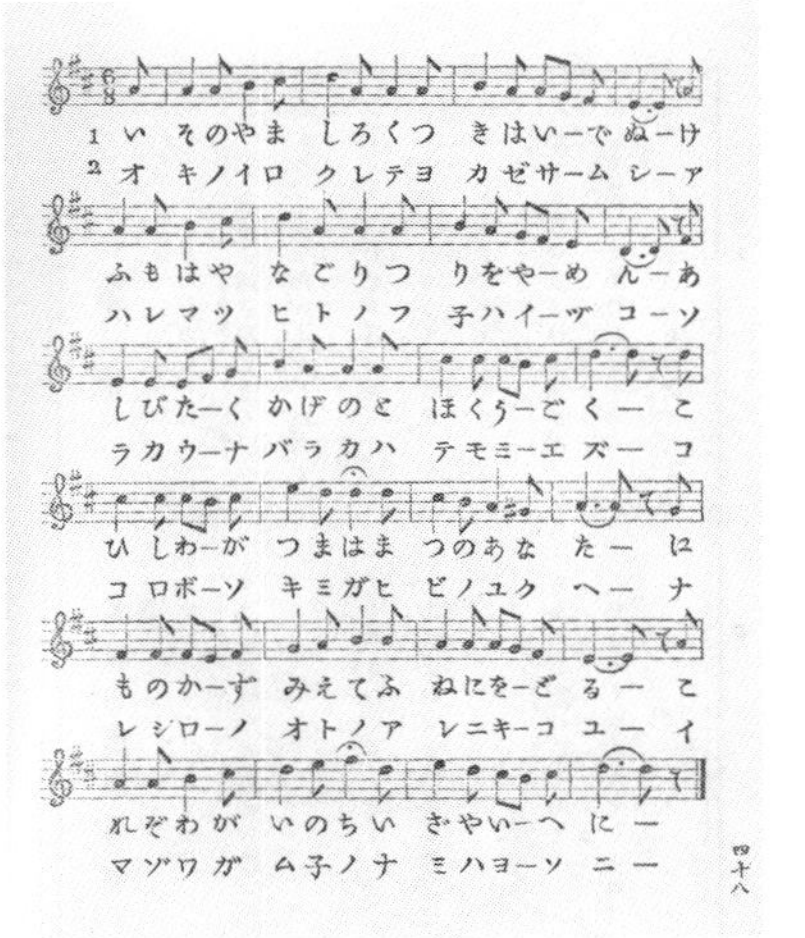

「沖と磯」

天長節

大和田建樹 作歌
上 真行 作曲

一
天長節のあさぞらに
とゞろく祝の歌聲たかし。
きけやひとびとあれこそは
わが日本のまもりのひゞき。

二
天長節のあさかぜに
ひらめく日の出の旗影高し。
みよやひとびとあれこそは
己が大君の御威のひかり。

クリストマスの歌

大和田建樹 作歌

一
天地にみちたる神の恩。
やみにもかくれぬ神の恩。
みそらの星とぞわれらを照す。
うれしや神の恩。

二
こゝろに餘れる友の愛。
霜にも枯れせぬ友の愛。
園生の菊とぞわれらにかをる。
うれしや友の愛。

『朙治唱歌』第二集

大和田建樹、奥 好義 同選
刊行：一八八八年十二月五日 発行：中央堂 東京
縦一九二ミリ×横一三四ミリ 表紙＋扉＋口絵 七〇頁

序

西洋より歸りたるわが友の曰く、かの地の菫をもちきたりて、庭に植ゑてみるに、そだちはすれど花はさけど、もとのいろ香はおほかたなし、薔薇も又しかるなり、これにひきかへわが國の百合は、かの地によくそだちて、すこしのいろ香も失はれぬは、この地にふさふ＊とふさはぬとによるならんと、このことわり唱歌と譜との關係にもわたるべし、外國唱歌のおもしろき譜をとりて、それにわが歌を附けんとするに、うまくはまるもはまらぬもあり、古くは越天樂、近くはAuld lang syneに今様調のはまりたるごとき、これらはよく草の地にふさひたるものなり、されば此集の譜を撰ぶにも、なるべく菫ならぬものをとつとめたれど、歌の成りたる上にて見れば、唱ふるになほ耳遠き句調もまじれるをいかがはせん、そのうへ、西洋の一音とわが國の一音とは、同じ一音ながらも強弱を異にすれば、その譜にくらべてわが歌のものさびしきをおぼゆるは、やむをえざるなり、たゞ朙治唱歌の數をかさぬるにしたがひ、譜に歌を附るかずのおひおひにへりゆきて、つひには歌に譜を附くるのみにならんことを期するは奥君も同意なるべし。

明治二十一年十月の末
落葉の窓うつゆふべしるす
大和田建樹

＊ふさふ（相応う）。

凡例

一、此書は本年五月に出版せし第一集に次ぎたるものにて、なほ歌曲の程度に大差なきを主とす、

一、歌曲とともに、得るにしたがひて編輯したるものなれば、同じ中みの種類にてくだくだしきにあるべく、なほ手ぢかき種類のなきもあるべし、

一、作曲者の名をしるさゞるものは、西洋大家の唱歌集より譜を取りて、それに歌を附けたるもあり、又偶然にあてはまれるを用ひたるもあり、

一、西洋唱歌の原譜に附けたる歌は、すべて作者のあらたに設けたる題にて、原歌を翻譯したるものは一つもなし、

一、第一集には、選者の歌の他に諸先生の歌をひろく輯めたれど、此書はそれまでに及ばず、採らぬにはあらず、得ざりしによるのみ、

柳櫻

大和田建樹 作歌

一

野邊のながれに影を見せて
立てる柳のまゆよあはれ
心すなほにかぜをうけて
見よや少女のなびく姿

二

のぼる朝日に顔をあげて
にほふ櫻の色香あはれ
雲もかすみもはれし空に
みよや少女のよそふ姿

＊フリードリヒ・ジルヒャー作曲「ロオレライ」。『明治唱歌』第一集「二月の海路」（→六四八頁）は異名同曲。

砧の聲

大和田建樹 作歌

一

木の間ふけゆく夜半の嵐
たびねの枕の友か仇か
わすれぬ千里の夢をさらに
おもえへと響かす遠の砧
身を斬る霜夜もたれがために
おきゐていとなむわざやらん

二

弟はあるなりひとの國に
いもとはすむなり母のそばに
またこん月日のけふかあすは
ひとつのむしろに共にあはん
秋風とほさぬ愛のいへに
砧のひゞきもよそにして

時

大和田建樹 作歌

一

ひろへや時をよくひろへ
ひろはゞわれに來る時を
こがねの光ちらして前に
まねくぞ時はわが前に

二

このわが時をのがすなよ
のがさば又と來ぬ時を
するどき羽ねをひろげてよそに
飛ばんとするぞひまをみて

三

すゝめよ時のふる中に
たのしきかげのみゆるまで
はる風わかくふきそふ道に
わがものならぬ花もなし

樵の歌

大和田建樹 作歌

一

峯のあらしもなれし調べ
谷の小川もなれしこゑ
月はしたしきかほをみせて
けふも送るか老が身を

二

烟にもるゝ里の火影
いそぐ山路もはやわづか
いづくなるらん鹿の遠音
なれも戀ふるか妻や子を

＊原曲はローエル・メイソン Lowell Mason（アメリカ、1792-1872）作曲の讃美歌。

春の朝

大和田けい子 作歌

一

おきわたす露のにほひ
をちこちの鳥のうた
春の野にみちておもしろきけしき
おきいでゝみよやけさの空を
われも人もこゝろ野邊に
うきたつ頃は花さくあした

二

朝日かげにほひいでぬ
かすみたつ山のはに
うれひなき春はけふも來てわれを
はれわたる野邊にさそひいづる

雁よ雁よはるをすてゝ
かへるなひとり花なき里に

あすは千里

大和田建樹 作歌
上 真行 作曲

一
けふとりかはす君が手も
あすは千里の旅のそら
くれてもよしやなほうたへ
かたみとならん木の本に
二
こよひは同じまどの月
あすは幾重の雲のよそ
ならぶる影もいましばし
かたれや月の眠るまで

命の雨

大和田建樹 作歌

一
ふれ〳〵雨よふれ〳〵雨よ
垣根の花のいのちの雨よ
青葉をはしる 白玉こがね
くだけて散りて涼しやこゝに
二
落ちくる瀧か逆まく波か
にわかにまさるさけびの響
暑さにかれし小川の水も
息ふきたてゝ躍るぞあれに

自然の友

大和田建樹 作歌
上 真行 作曲

一
さびしさも思はざりけり山里は
自然の友にいつも訪はれて
二
讀む書のまどをたゝくは誰々ぞ
ゆふべの木の葉あさのおち栗
三
彈く琴にしらべ合はすは誰々ぞ
したゆく小川をかのまつ風

浦の夏

大和田建樹 作歌
奥 好義 作曲

一
いざ見に來ませ、友だちよ、
わが浦里のゆふぐれを
夏のよを
さわがぬほどのさゞ波に
躍れる月のかげもよし
風もよし
二
すごすなこよひ友だちよ
ちぎりし里のゆふぐれを
夏のよを
芦間のしほもこゑそへて
うたふか友をほしがほに
まちがほに

すゝめや子供

大和田建樹 作歌

一
愛せよ子供まもれよ子供
先祖の骨のをさまる國を。
二
神武のむかし立ちたるまゝに
うごかぬ國ぞわが日の本は。
三
世界をてらす朝日の御旗
こゝろにたてゝ進めや子供

神は我に

大和田建樹 作歌

一
朝日かゞやく花の上に
鳥も蝶もたはれあそぶ
うたへ幼兒つゆをふみて
たのし此朝を神は我に
二
牛はかへりし野邊の空に
慈愛こぼるゝほしの光
いそげ幼兒母のひざに
うれし此暮を神は我に

上野の岡

大和田建樹 作歌

一
春のさくら秋のもみじ
ながめたえぬ上野の岡
知るやむかしあの木陰に
ふりみだれし矢玉の雨

二
ゆふべ霞む忍ばず池
岸の火影たかくひくし
やなぎを吹く風の外に
いまは聞かぬときの響

＊原曲：モーツァルト「うるわしの五月」。

「上野の岡」

舟あそび

大和田建樹 作歌
奥 好義 作曲

一
風と波とにおくられて
夏ものこらぬ舟の内
ゑがほすゞしき松島は
はやわが前に向ふなり

二
舟には絶えぬ友の歌
海にはかはる島のさま
朝日のいろも興そへて
たのしきなかに匂ふなり

三
友のひたひに照り返す
島のみどりの波の影
あゝけふの日は流れても
消えぬ記憶はいつまでぞ

四
あの島がくれこぎゆくは
友よぶ鳥かつりふねか
かゝるけしきをわが庭に
なれすむあまと身をなさば

＊『明治唱歌』第六集「汽車」（→六八〇頁）は異名同曲。

慈愛の笑顔

大和田建樹 作歌

「慈愛の笑顔」

一
怒れや人々こゝろのままに
鞭うてわが身をこゝろのまゝに
たゞわがかへす恨の太刀は
慈愛の言葉じあいのゑがほ

二
身をきる風にも梅こそかをれ
身をうつ波にも月こそやどれ
うらみもあたも世になき身には
いかりの聲もわらひの唱歌

＊アメリカ民謡《Yankee doodle》。「アルプス一万尺」で知られる。

箱庭

大和田建樹 作歌

一
來てみよ君もわが箱庭を
金魚のひれに波たつ海を

二
帆かけて浮けし附木の舟を
むかひの岸に吹け〳〵風よ

舩路の歌

大和田建樹 作歌

一
夕日きえゆく海の末に
ひとりたゝずむ富士の高嶺
あはれ故郷のかげもなごり

二
今ぞ千里のたびのはじめ
のさん翼を雲路までも
いさむこゝろは波もものか

岩間の清水

大和田建樹 作歌
奥 好義 作曲

一

岩間のしみづ苔の露
つもれば淵となるものを
つとめよ子ども朝夕に
おこなふわざも学問も

二
のぼらば峯の白雲も
たゞ足もとになりぬべし
神よりうけし身の寶
すつるもとるも心から

暮の星

大和田建樹 作歌

一
なつかしき暮の星
森のうへに三つ四つ
峯のそらに六つ五つ
かはらぬかげ夜の友

二
うつくしき暮の星
雲のまへに七つ八つ
くものあとに九十
そらのかざり夜の花

あはれの少女

大和田建樹 作歌

一
吹き捲く風はかほを裂き
みる〳〵雪は地にみちぬ
あはれすあしのをとめ子よ
別れし母をよばふらん。

二
つゞれのきぬのやれまより
身を刺すさむさいかほどぞ
あはれぬれゆくをとめ子よ
世になき家をたづぬらん

三
こがねのはしら玉の床
世界は同じうちなるに
あはれこゞえしをとめ子よ
たゝずむ軒もうづもれぬ

＊フォスター作曲《Old Folks at Home》。「造化のわざ」（→三二三頁）、「こきょうの人々」（→六三五頁）も異名同曲。《Swanee River》「スワニー河」で知られる。

「あはれの少女」

學課の後

大和田建樹 作歌

一
樂しやわがあそび時
學課ははて日は高し
いざや友よあの野邊に
習ひし花あつめ來ん
ながれふく春風に
唱歌の譜もさらはせて

二
小高き森ほそきみち
みよやふるき城の山
写せ君も座をしめて
神のかきしあの手本
筆も紙もこがたなも
うれしやみなわが包み。

夜半の曲

大和田建樹 作歌
奥　好義 作曲

一
ねむれ星よひかりをさめて
神の守る雲の夜床に
しづかしづか天女も夢路に
ねむれ星よひかりをさめて

二
やすめ風ようたをとゞめて
けむりしづむ森の枕に
しづかしづか世界もねむりに
やすめ風ようたをとゞめて

樂しみの時

大和田建樹 作歌

一
谷間にみちてうたふ小鳥
ながれにむれてあそぶ小魚
時よ時よやまもかはも

二
あしたにまさる花の香
ゆふべにあそむ 野べの千草

時よ時よあめもつゆも

＊『教科適用幼年唱歌』二編下巻「まり」（↓一九六頁）《Fuchs, du hast die Gans gestohlen》。「小ぎつね」（↓六二八頁）。

隔てぬ影

大和田建樹 作歌
辻 則承 作曲

一

はじめて君と手を取れば
梅が香そでにかをり來ぬ
ゆく末ながき春をこめて
ふたゝび君と手を取れば
若葉のこずゑ夏ふかく
いまはへだてぬ風の色

二

うれしきものは友の縁
たのしき時もうき時も
なぐさむる君はげます君
父母とほきたびの身に
あきかぜ落ちて月寒し
いまは夢にも君のうへ

＊一番の「ゆく末ながき」は、楽譜では「ゆく末とほき」。

隔てぬ影

「樂しみの時」

暗夜の光

大和田建樹 作歌

一

ほたるよほたるとびこよ螢
雲間の星とあつまりちりて
草葉の露とみだれてちりて
てらせほたるよその玉よ黄金よ
その玉よ黄金よ

二

ほたるよほたる心のまゝに
のぼればおりてちらせよ影を
わがゆくみちの暗夜のひかり
ともせほたるよその花よ錦よ
その花よ錦よ

＊フランツ・ウィルヘルム・アプトFranz Wilhelm Abt（ドイツ、1819-1885）作曲。

花の少女

大和田建樹 作歌

あゝをとめ子夕日のまへに
笑顔ぬれてたてる面影
永き春日のねむりはさめて
いまぞにほへるあはれ君
蝶の羽風にすがたちらすな
わがやどのやようれしき友
そでにかをれやよ花の少女
やよやよいばらの君。

首夏

大和田建樹 作歌

一

夏は立ちぬ岡の森の木々に
月のかげも風のいろも
すゞしやみどりに

二

夏はうかぶ野邊の水の上に
たかくひくゝわたる燕
すゞしやそのかげ

三

夏はさめぬ園の花の床に
いけの菖蒲かきのいばら
ゑがほもしづかに

＊フリードリヒ・ジルヒャー作曲。

汀の夕

大和田建樹 作歌

一

雨の後のゆふひかげ
みづをそめてなほしばし
つゝみがくれとぶ鷺の
色さへぬれておもしろや
風よ露よ吹けやちれや袖に
露よ風よちれや吹けや袖に

二

招きかへす芦間より
かくれみゆるはすの花
ちかき森になくせみの
聲さへにほふこゝちして
風よ露よ吹けやちれや袖に
露よ風よちれや吹けや袖に

別れの鳥

大和田建樹 作歌

一
ひとつの野邊にそだちし雲雀
へだてぬかげも今宵ぞなごり
のこるもゆくも春日のめぐみ
あそべやよもにうたへやそらに

二
朝風ゆるく草葉にそよぎ
夕露しろくすみれに匂ふ
そのをりをりはおもひぞいでん
今宵のまゝにはなれぬ陰を

＊ウェーバーのオペラ『魔弾の射手』序曲より。讃美歌にも編曲されている。

「別れの鳥」

谷かげのさびしき空に
誰かまづ春をいざなふ
うつくしきたゞ鳥の歌

二
雲ふかく里へだゝりて
友とほき旅路の暮に
憂きこゝろたれなぐさむる
いさましきたゞ水の歌

三
鳩車ひきつかれたる
をさなごを夢に送りて
誰かそのねむりを守る
愛ふかきたゞ母の歌

四
人の世のはかなきねがひ
浮き沈み身をおほふ時
胸の火を誰かしづむる
清浄のたゞ神の歌

五
おもへ人耳にわかれて
うまれなん世はいかならん
世にあまるあゝ神の恩

＊『朙治唱歌』第二集からは、縦書き歌詞中の漢字に読み仮名は付されていない。

『朙治唱歌』第三集

大和田建樹、奥好義 同選

刊行：一八八九年六月一四日　発行：中央堂　東京

横一三四ミリ×縦一九二ミリ 六二頁

底本：一八八九年九月二四日 三刷

序

世の唱歌を評するもの、大かたうたのよしあしをのみいひて、譜のよしあしに及ぶものなし、これ、歌はたゞ読みて知らるゝものなればやすく、譜は自らうたひ試むるか、人にうたはせてきくならでは味ひがたければ、そのかたちをすてゝ、まずやすきよりせんとするべし、されど唱歌は譜をもとゝするものなれば、よしや歌はよくとも譜おもしろからざらんには、またとうたはんこともすまじ、西洋諸大家の曲に、さして妙味あるともおぼえぬ歌のおほきをみても、譜にくらべてはその第二たるを知るべきなり、まして歌をつくるよりも譜を作る事のかたちは、いく倍まされるをや、作曲者は常によき譜を作らんとおもふ、西洋の耳ある音楽者の妙とよぶもの必ずしも東洋の耳ある音楽者の妙とよぶものならず、世人を感ぜしめんとすれば俗にながれ、雅をきはむれば高尚なりとて里耳に入らず、これをほしいまゝなる作歌者の業に比すれば、難易いかばかりぞや、此書既に篇をかさぬる事三たび、果して世人の歯牙にかかる曲ありや否やをしらず、しばらくきして世人の好悪を問ふ、世人の好悪は作者が未来の師なればなり、

明治二二年六月

大和田建樹

謠ひて謝せよ

大和田建樹 作歌
上 真行 作曲

一
朝霞まだ夜をのこす

凡例

一、此集に載する歌は、のこらず選者大和田建樹の作なれば、一々その名をしるさず、
一、作曲者を記せるものは、歌ありて後に譜を附けたるなり、その外は西洋大家の唱歌集より選びたるなり、
一、歸郷の前の曲は、偶然選者のうたにあてはまれる譜を見いだしたれば、そのまゝ用ひたるなり、
一、選譜校合等の事は、上真行、辻則承の二君、懇篤に選者の勞を助けて、力を盡されたり、

千代の聲

大和田建樹 作歌

一

水ようたへ聲たかく
風ようたへ聲たかく
春はつねに訪ひ來つゝ
憂ひ知らぬおのが宿
天なほわれに
めぐみそへし子の笑顔

二

松の下に座をしめて
父もうたへ子もうたへ
けふも琴を鳴らしつゝ
風の合はす千代の聲
天わがさちを
守りみたす日のひかり

＊ヘンリー・ビショップのオペラ『ミラノの乙女、クラリ』で歌われる《Home! Sweet Home!》。「埴生の宿」(『中等唱歌集』→六八七頁)として知られる。

少女の望(いさり火より取る)

大和田建樹 作歌
奥 好義 作曲

一

うつくしきその望
花の蕾をあらはして
少女のむねに笑みそめぬ
雨も嵐もけさはたゞ
色香をまもる愛の友。

二

うつくしきその望
眉あたらしき三日月と
かすむ額にかゞやきぬ
夕暮ごとにまさりゆく
影に未來をてらしつゝ。

三

うつくしきその望
雲雀の羽をうちひろげ
むかふよ空の海原に
下りも上りもまだ知らぬ
かなたに星のほの見えて

霞む夕日

大和田建樹 作歌
奥 好義 作曲

一

霞む夕日におくられて
花の雪ふむ岡のみち
たゝずむ影は消えぬとも
なほ奥ふかくわけ入らん

二

菜種につゞく山寺の
森よりひゞく鐘のこゑ
雲雀を床にいそがせて
歌思ふ身にしみわたる

三

野末はうすく暮れそめて
土筆つむ子も歸るなり
あすも又來んあな戀し
花よこてふよ春風よ

初花

大和田建樹 作歌

一

朝露うるほふ初花の
いろかを自然の乳兒の顔
さいはひまもれよ天津神
未來のひかりは目のうちに

二

磨かば照らさん白玉を
しづかにをさむる乳兒の胸
罪なきのぞみを春風よ
いざ吹きのぼせや母の膝

＊『小學唱歌』三「琵琶湖」は異名同曲(→八三頁)。

昔がたり

大和田建樹 作歌

一

ともしびをかきたてゝ
夜ふかき窓の机によれば
過ぎにし代々の姿ぞうつれる
いざいざかたらんその昔

二

洛陽のはなざかり

大宮人の管絃のあそび
ただこれ榮花のまくらの一夢
なごりをしらぶるさよ嵐

三

雷ひゞき山くづれ
都にみつる軍馬のけむり
さめたる眠も見ぬ世の古へ
勝ちしも負けしもたゞ夜風

＊カール・ゴットフリート・ヴィルヘルム・タウベルト Carl Gottfried Wilhelm Taubert（ドイツ、1811-1891）作曲「タウベルトの子守歌」。

亡き友

大和田建樹 作歌

一

雲か霧か雨のあとか
今はいづこそのいろ
空は青くたかくとほし
友よ友よそのかげ

二

風か波かあまつかりか
今はいづこそのこゑ
海は青くふかくひろし
友よ友よそのうた

三

けふは訪はんあすは來んと
ちぎりあひし言の葉
今はきかぬよそのむかし
友よ友よそのゆめ

谷の庵

大和田建樹 作歌

一

あけぼの樂しき谷のいほり
霞にひまより見えゆく花も
こなたかなた

二

夕暮れしずけき谷のいほり
ねぐらに急がぬきゞすの聲も
ひとつふたつ

歴史は我を

大和田建樹 作歌

一

秋風さむけき逢坂山を
夕べにすぐれば琵琶の音すなり
歴史はわれを夢路にさそひて
きこえぬ聲をこひしやそこに

二

月影さやけき足柄山を
夜深くこゆれば笙の音すなり
歴史はわれを昔にかへして
見知らぬ人をうれしやこゝに

三

霞もかをれる吉野の峯を
あしたにのぼれば天女ぞあそぶ
歴史はわれをみそらに迎へて
立ち舞ふ袖を尊とやあれに

菫つみ

大和田建樹 作歌

一

春の風のべにみちて
吹くよ空ものどかに
けふも出でんあすも出でん
すみれ摘みにはな見に

二

すみれ摘み誰におくる
家のちゝに母御に
母は針を止めて待たん
いざや夕日見すてゝ

＊Ｆ・Ｗ・キュッケン作曲《Treue Liebe》。

皆わが眼

大和田建樹 作歌

一

虚空にはねうつ大鳥見ずや
その身の自由は千里も一時
丈夫の望を照らすはかげか
天地の海山みなわがまなこ

二

アルプの雪には古人をたづね
羅馬の月にはむかしをとはん
未來の旅路はうつゝかゆめか
古今の朋友たゞわがまなこ

讀書の窓

大和田建樹 作歌

一

讀書の窓をたゝくは誰ぞ
落花を送るあしたの風

二

散歩の庭にまねくは誰ぞ
たもとも輕く舞ひくる蝶

三

いざ出てながめんなごりの春

みそらに仰がん盡きせぬ愛

旅泊

大和田建樹 作歌

一

磯の火ほそりて更くる夜半に
岩うつ波音ひとりたかし
かゝれる友舟ひとは寝たり
たれにかゝたらん旅の心

二

月影かくれてからす啼きぬ
年なす長夜もあけにちかし
おきよや舟人をちの山に
横雲なびきて今日ものどか

＊日曜学校唱歌《The Golden Rule》。『五年生の音樂』「とうだいもり」（→六三六頁）。

「旅泊」

なごりをし

大和田建樹 作歌

一

花しろくかすみて
暮れわたるやまざと
なごりをし
見捨てゝかへる心
春風ふきおくれ
里までふもとまで

二

かへりみる梢に
月かげものぼりぬ
いざやいざ
春風なれもこゝに
わが歌をはりなば
うちつれ又ゆかん

雲のけしき

大和田建樹 作歌

一

大地をたゝく雨のしづく
虚空にはしる森の木の葉
見る〳〵かはる雲のけしき
たちまちかはる空のけしき
いそげよ舟人みなとをさして
いそげよ舟人みなとをさして

二

いかれる白浪しまをかくし
いくさのさけびは海に陸に
見る見るつよる風のすがた
たちまちまさる雨のちから
たすけよ浦人おきのふねを
たすけよ浦人おきのふねを

＊二番三行目「すがた」は譜面では「ちから」。

少女の死（いさり火より取る）

大和田建樹 作歌
辻 則承 作曲

一

一嵐こずゑにすぎて
初花のいろもとゞめず
宵の雨くもよりおちて
見えそめし月もかくれぬ
あな君は月か花か
春ふかきさかりのこして
のぞみのこして

二

霞たつうみのあなたに
君すむとたのみをかけて
雲のみち鳫のゆくへも
なつかしく眺めしものを
玉章もゆかぬ里に
うつりぬといふは眞か
きくはまことか

三

父母はなどてかきみを
しばしとはひきとめざりし
ひとりゆく旅路もかなし
のこさるゝ此世もさびし
そらに飛ぶ星とみえて
消えしづむはかなの君や
あはれそのかげ

幼き昔

大和田建樹 作歌

一

をさなきむかし父と遊びし

わがやの前の小川のけしき
魚(うを)つる人も木陰に見えて
すゞしやいまもなほ

二

くるれば又も父のたもとに
すがりて渡るかの橋ひとり
螢はそらにかはづはしたに
いまこそその時節

＊F・W・キュッケン作曲。

海のあなた（いさり火より取る）

大和田建樹 作歌
奥 好義 作曲

一

いさり火遠く見えそめて
沖よりよする暮の色
なかば夢路とすぎさりし
たびの月日もいま幾日
あゝ恋し海のあなた

二

親子うちつれ岩かげを
おくれて歸る海士小舟
あすの日和の外にまた
ものおもひなき世の中や
あゝ戀し雲のあなた

三

こゝろ千里の旅びとを
いつまで吹くか春の風
寢られぬ夜の友とては
まくらをたゝく波の聲
あゝ恋し家なるひと

かたみの琴（いさり火より取る）

大和田建樹 作歌
上 真行 作曲

一

わが母はいづくにゆきし
手にふれし琴をみすてゝ
わが母はいづくにゆきし
彈きなれし琴をのこして
塵はらふ人もなければ
こゑ絶えて日は重なりぬ

二

片言にくりかへしたる
わが歌を汝もわすれじ
ほゝゑみし母のおもかげ
汝(な)が面にいまもうつれり
なつかしき指にひかれて
うごきしはあはれこの糸

三

壁に立ちのこれる琴よ
もろともに汝も忘れじ
朝夕にむかひし影を
目にあまる愛のひかりを
花も散れ鳥もよし行け
わが母の歌聲かへせ

四

月白し空おもしろし
わが目には霧こそかゝれ
春も來ぬ山もわらひぬ
わが胸はこほりぞとけぬ
いかにせん母なきやどを
いかにせん聲せぬ琴を

今宵の心

大和田建樹 作歌

誰にかたらんこよひの心
灯火またゝくすきまのあらし
まくらにおちくる遠音の歸鳫
わかれし花をば戀ふるかなれも
たれとか忍ばんきのふの春を
きのふの夢を

愛の歌

大和田建樹 作歌

一

あはれこしかたのをさな遊び
今ものこるらん母の夢に
あはれゆくすゑのをさな心
かゝるらんつねに父の胸に
神よわがうへにめぐみたれて
まもれ父母の愛をしづかに

二

あはれ世に知らぬ愛の歌は
今もひゞくなり己が耳に
母のふところはすぎし世々の
しろがねの大殿玉のうてな
うれし謝せしめよながくとほく
あはれ幸の盡きぬ春日を

＊チャールズ・C・コンバース Charles Crozat Converse（アメリカ、1832-1918）作曲《Forever and Forever》。

早苗

大和田建樹 作歌

一

一藍たゝへし門田の水に

夕日をうかべてさみだれ晴れぬ
いさめや早乙女あすこそ日和
豐けきみのりにたのみをかけて

二

いま植ゑはじむる門田の苗に
生ひたつ子どものすがたぞ見ゆる
はらへや未來のあたなす草を
おへよや生ひたつ身をくふむしを

月の影

大和田建樹 作歌

一

なつかしき月の影
いざ里にわがやどに
（ららら ららら らららら らららららら）

二

あいらしき月の影
いざいこへわが椅子に
（ららら ららら らららら らららららら）

三

おもしろき月の影
いざあそべわが窓に
（ららら ららら らららら らららららら）

四

盈ちてかけかけて盈つ
なが影は世のかゞみ
（ららら ららら らららら らららららら）

あすも來て

大和田建樹 作歌

一

あすも來てまた君ときかん
夕月になく小田のかはづ

二

忘るなよけふ共に折りし
里川のあのしだりやなぎ。

三

いまははやいざ家にゆかん
夕露はこれそでのうへに

＊K・v・ヴィンターフェルト K.von Winterfeld（ドイツ、1784-1852）作曲《Das Lied von Mond》。『明治唱歌』第五集「めぐみ」（→六七六頁）。

雲霧

大和田建樹 作歌

一

くもきり吹き晴れて
かゞやく月
千里のうみまでも
すみゆく秋の空
われもいざ

二

ゆきてはたちかへり
よせくる波
神代もすゑのよも
かはらぬ聲すがた
われもいざ

＊ドイツ民謡。

あられ（いさり火より取る）

大和田建樹 作歌
上 真行 作曲

一

芝生に落ちて走り舞ふ
いきほひたけき玉霰
ふれ〳〵白くつもるまで
あなはやいろは消えうせぬ
過ぎし名譽の花に似て

二

たゞよひうかぶ池水の
落ち葉にをどる玉あられ
しばしとまりてなほ遊べ
あなはや波に消え失せぬ
定めなき世のさまに似て

三

おぼろ月夜にちる花の
すがたを見せてふる霰
ひろひあつめて贈らんと
受くる袂に消え失せぬ
戀しき人のかげに似て

四

空にたゝかひ地にさけび
まろびくだけてふる霰
勝つも負くるも隔てなく
同じ枕に消え失せぬ
わかき心の慾に似て

五

松の末葉をいのちにて
わづかにのこる玉霰
くだけしをりの閧の聲
いづこの胸に眠るらん
童あそびの夢に似て

師の恩

大和田建樹 作歌

一

いつしか過ぎゆく四年五年
うけたるめぐみは海山たかし
かゝる慈愛うみやまたかし

二

教へし師の恩いまぞ知らるゝ
一字を書きえぬその手をとりて
あさにくれにその手をとりて

三

わづかに知りえしものゝ理
これみな我師のたまひしめぐみ
なでゝ教へたまひしめぐみ

＊E・O・ライト作曲《Even Me》。

帰郷の前（いさり火より取る）

大和田建樹 作歌

一

わが屋をおほふ椎一木
ながれに垂れて書さむく
手飼の犬の水飲みに
下りゆく姿はや失せぬ
あゝ戀しそのあたり

二

菫つみてはやすみたる
うしろの岡の兜岩
かはらぬ愛よわが友よ
これぞ心に消えぬ影
いざいなん故郷に

三

しばし小川に沿ひゆけば
松原盡きてまへは海
魚とる舟もながむべし
干潟の貝もひろふべし
あゝ楽しそのけしき

四

父をたすけて夕ごとに
水そゝぎたる顔も
このごろならんその盛
あすの笑顔をけふは夢
あゝ恋しあゝたのし

五

南風吹きいる窓のもと
軒端の鈴をきゝながら
読みてくらさん母上の
このませたまふ小説を
あゝ楽し來ん月日

六

夕やけ雲のそらたかく
かへる鳥の三ついつゝ、
あれと見上げて指さし、
いもとは今年はや七つ
いざきかんその聲を

七

あとふりむけば送り來し
兄の御顔のかくれたる
湊のきしのふる柳
うらみ忘れてあすは見ん
あゝうれしあゝ楽し

八

耳になれたる里謡の
ひゞくあなたぞ叔母の門
そよぐ青田の波間より
はやあらはれよ招く手の
あゝ戀しいざいなん

『明治唱歌』第四集

大和田建樹・奥 好義 同選
刊行：一八八九年十二月二三日　発行：中央堂　東京
横一三四ミリ×縦一九二ミリ 表紙 七〇頁

序

琴板ありとも糸なくば、音をたてがたく、糸ありとも柱なくてはしらべをなさじ、すべてかたはにて其用を全うせんものやあるべき、されど之を全うするものは、なほかたはのあつまれる力ぞかし、この力こそわが明治唱歌の巻をかさねて、ふつゝかながらもまた此集を出版するに至らしめむなれ、然るを無には糸ひとつにて聲をたてよ、柱ひとりしてしらべをなせとのぞむもあるにや、作曲者の旅行中には短冊などもて來て、歌をと乞ふもあり、いなといへば、明治唱歌の作者なればとゆるさるべくもあらじときゝ、また作歌者は、洋琴の新荷あめりかより到着せりともちこまれて、もてあましたる事既に二ケ月ほど前にその例ありき、おもしろき世の中ならずや、両つながり兼ねてたる人かならずあらん、われらがかたはなるをわらひてやあらん、むかし東寺の門に雨やどりせしかたはものは、日野資朝卿にうとまれしためしあるを、よく人はこれらとまがへいはゞいへ、

明治二十二年一一月　大和田建樹

凡例

一　前集の如く、作歌者しらさぬは建樹のうた、作曲者をしらさぬは西洋の曲を取れるなり、
一　海辺のうたの曲は小原君より寄せられしを、撰者一同協議の上、のする事に決したり、同氏に多謝す、

一、上真行君辻則承君の勞を取られしは、前集にゆづらず、

學びの山路

大和田建樹 作歌

一

嶮しき山路にけふも暮れぬ
こひしやふるさと父よ母よ
なぐさめがほなる木の間の月影
ふもとをしらする人家の燈火
いづれか慈愛の光ならぬ
わがゆく學びのみちもしかぞ
いそげや學びの山路を

二

はてなき波路に嵐たかし
かなしや旅人いへはいづこ
ゆくてを教ふる雲間の星影
一筋みせたるみどりの黛
いづくかめぐみのすみかならぬ
わがゆく學びのみちもしかぞ
いそげや學びの波路を

＊ジョッキーノ・アントニオ・ロッシーニ Gioachino. Antonio Rossini(イタリア、1792-1868)作曲、オペラ『湖上の美人《La donna del lago》』第一幕より。

朝ぼらけ

大和田建樹 作歌
上 眞行 作曲

神の慈愛をつたへゆく
天つ使ひのはるかぜは
うれしやいまぞわが園に
しらぬ芝生のくさまでも
はなになりたる朝ぼらけ
ひとりやいでゝ露ふまん

朝ぼらけ

「朝ぼらけ」

未來の旅

大和田建樹 作歌
奥 好義 作曲

一

額ゆたかにたちなみて
おくりむかふる夏の山
かはすなさけのあらたさを
こゑにしらする谷の水
心はいつかはやそこに
君とたびせんこの夏は

二

露もてあます野邊の花
わけゆく末の丸木橋
かなたもこひしこゝもをし
すゝみわづらふ朝の道
ちぎりし君のかげそへて
はやわが夢はもろともに

三

鮎つる川の夕日かげ
色どりかくるわが心
芦間にみゆる山もとの
森はやしろかふるてらか
たびのうれひもよそにせん
未來のたびはたがめぐみ

月ひとり

大和田建樹 作歌

一

松風すごくふけゆく山路
ともなふものはたゞ月ひとり

二

氷をみがく野中の水に
夜床をかるはたゞ月ひとり

三

寝ざめてむかふ詩人のまどを
みすてぬものはたゞ月ひとり

うなゐをとめ

大和田建樹 作歌

一

わか草みじかき野邊の道を
さきだちおくるゝうなゐをとめ
かすみをしるべにいそげ〳〵
見えたりのぞみのそのはつ花
そのはつ花

二

ゆくてをさへぎるいばらあざみ
恐れんものともいまだしらじ

たゞ身はたのしき春の風に
ふかれていでたつ世の初旅
世の初旅

＊ドイツ民謡。

奈良の里

一
奈良のさとの春の風
いく世かけてわたるらん
ゆふべさむきみさゞきの
草葉あをくなびかせて
あはれいづことぶてふの
夢とすぎし宮のあと

二
奈良のさとの春の月
いく世かけてかすむらん
花のほかにふるてらの
かねの聲をとひすてゝ
あはれそれかいと竹の
しらべのこす岡のまつ

＊J・de・ピンナ Pinna, J.de 作曲。

山彦

大和田建樹 作歌

一
野山にこたふる春のしらべ
山彦〳〵その山彦 山彦

二
小川にこたふる愛のひゞき
山彦〳〵その 山彦〳〵

三
たなそこうちてや山もうたふ
山彦〳〵その山彦 山彦

四
足踏みとどろに川もをどる
山彦〳〵その山彦 山彦

＊フリードリヒ・シュナイダー Friedrich Schneider（ポーランド→ドイツ、1786-1853）作曲。「あはれ水」（→六六九頁）は異名同曲。

一葉の舟

大和田建樹 作歌

一
春風しづかに 海をぞわたる
釣舟うかべんうれしやけふも
霞のあみほす島山かげの
花をも見がてらうれしやけふも

二
ふなばたかすめてをどれる鯛を
手網にすくひていざ〳〵やどに
いくさのにはにてうちとる首も
これにはおよばじいざ〳〵やどに

三
ゆくへはさだめじ一葉の舟に
わが世をあづけてたのしやあすも
なれてはかもめも友とぞたのむ
夕月のどけしたのしやあすも

＊B・H・ホール Hall, B.H. 作曲。

海邊の歌

大和田建樹 作歌
小原甲三郎 作曲

一
をどれ波
自然の鼓うちつれて
つかれぬ拍子ふみつれて
いざとびこえよわが上を
うくもしづむもたゞ汝に

二
うてよ波
うちてくだけてまきかへる
ちからは我をはやとほく
すは〳〵くるぞまたひとつ
まけじいはねに身をよせて

三
かへれ波
人影もなき空の海
あらひはてゝは又いそに
おつる雷（いかづち）ちるあられ
波かわが身か神の手か

四
よせよ波
よせくる雲の遠山は
よしらにさけて吠ゆる聲
あなやのまれて一口に
いるか白蛇のはらのうち

五
いつまでも
汝がふところに身をよせん
あすもたのしくまてや波
きのふの悲色けふの愛
そこも一つの汝のこゝろ

そだてし菊

大和田建樹 作歌

一

あくれば枝に水うちかけ
くるれば根にも水うちかけ
そだてし葉はいまぞつぼみ
あすこそ花を園生にいざ

二
白きは月にまがへてみん
赤きは日にもくらべて見ん
たのしき園の露のいろを
たゞまつこよひ一夜も千夜（ちよ）

＊ヨハン・アダム・ヒラー Johann Adam Hiller（ドイツ、1728-1804）作曲《Sängerlied》より。

秋はいま

大和田建樹 作歌
辻 則承 作曲

一
入日さすかた山里に秋はいま
いねこく賤が歌のしらべに

二
かりのこす稲葉の波に秋はいま
さわぐ小鳥のこゑのゆくへに

三
谷川に牛のり入れて秋はいま
かへるわらはの籠の草葉に

四
すゝきちる水にゆられて秋はいま
ゆふ月しろくかゝる梢に

五
木の實うるをとめのそでに秋はいま
待つらん母のさむきたもとに

八千重の錦

大和田けい子 作歌

一
夕日はかくれし向ひの山に
そめなす紅葉の色こそ殘れ
たが手におりたる八千重の錦
なほ奥たづねん風より先に

二
よるひるそめけん時雨よ露よ
ちらすな守りて嵐にあつな
瀧をも見がてらなほとめゆかん
くれても月ある山路の秋を

新嘗

大和田建樹 作歌

君が代の秋は小田にぞみつる
ゆたかなる年は里をぞおほふ
新嘗しいはへうたひまひあそべ
めぐみの穂波をさまる國の
千秋の長秋を

神の工

大和田建樹 作歌

一
花よりわか葉に
うつるそのけしき
たくみなり神は

二
きのふのしぐれは
けふの雪あられ
たくみなり神は

三
みどりの野山を
染めていろ〱に
たくみなり神は

四
夕日もうつくし
月もおもしろし
たくみなり神は

山里

大和田建樹 作歌
芝 葛鎮 作曲

一
みどりしたゝるのきの山
変化つねなきまどの雲
朝日をそらにをどらせて
うたごゑかれぬ谷の水
造化の腕はわがこゝろ
とらへてこゝにはや幾日（いくか）

二
目ざむるちごのまくらには
柳のまはすかざぐるま
やねに友よぶやまばとも
なれてはことばかはすらん
をさな心にもえそむる
造化の愛ははや幾重

三
すゝきの波のほがくれに
うきしづみする女郎花
たゞうちまねく夕風の
そでさま〲ののべの秋
かきねづたひにうかれきて

あと見かへれば妻も子も

我も人

大和田建樹 作歌

一
太刀をれ矢つきぬわが事はてつ
七度うまれてみかどのために
いしぶみ高らに照らすはその名
かれも又人ぞ我も又人ぞ

二
命はをしまじ名をこそをしめ
いざ〱枕に鎧のそでを
よしのゝ扉にかをるはその名
かれも又人ぞ我も又人ぞ

＊フランツ・メイル Franz Mair（1821-1893）作曲《Der Held von Alpen》。

夜中の空

大和田建樹 作歌

一
月星さやけき夜中のそらに
すみゆくひゞきはいぶきの嵐か
神代のまゝに

二
下界をはなれてつみなき國に
わが魂(たま)むかふる天女のしらべか
夜中の空に

けふこそあらた

大和田建樹 作歌

一
朝やけうつる小川のはたに
さまよふ心たれかはしらん
こぐさの花は顔うちあげて
あはれその笑みを我に我に
（トララ ララ ラララ ラララ ラララ
トラララ ララ ラララ ラララララ ラララ）

二
きのふはくれてけふこそあらた
時なり霧のはれゆくさまも
みかへる森のこずゑにたかく
あはれ月のかげは我を我を
（トララ ララ ラララ ラララ ラララ
トラララ ララ ラララ ラララララ ラララ）

＊フランツ・アントン・アダム・シュトックハウゼン Franz Anton Adam Stockhausen（ドイツ、1789-1868）作曲《Der müntere Alpenhirt》。（ ）内は譜面のみ。

秋も半

大和田建樹 作歌

一
雁がねおちて夜風さむし
あはれことしの秋も半
母やまつらん父も兄も

二
すぎにし夏をひとり窓に
おくりし事も今はむかし
夢よ恋しき母のそばに

三
あゝわすれながらおろか〱
鞭をこゝろの駒にあてゝ
いそぎかゝらんあすの下見

四
おもへば父にわかれつる日
うれし言葉はいまも耳に
こゝろひとつに勤め励め

＊フリードリヒ・グルック Friedrich Glück（1793-1840）作曲「壊れたる指輪」。

あはれ水

大和田建樹 作歌

一
うまれし昔は木の葉の露
おひたつゆくへは千里の海
あはれ水

二
勝鬨あげては谷間にほえ
なごめば小川に琴をぞひく
あはれ水よ

三
のぼれば不思議や空ゆく雲
くだれば田畑のいのちの雨
あはれ水よ

四
しづかに氷りて寝る夜の夢
おどろく枕によせ來る春
あはれ水よ

＊「山彦」（→六六七頁）は異名同曲。

かはらぬ春

大和田建樹 作歌

一
すぎにし月日は五年六年
軒端の櫻はぬし待ちかねて
くる春ごとに蒼や見する
むかしのまゝに

二
かはらぬ姿を旅寝のそらに
今なほ見せつゝ霞める月夜
ふるさと人の面影そへて
やなぎのえだに

ゆふべは

大和田建樹 作歌

一
おもしろのけしきや
くれそむるやまのは
うす月夜にほひて
いま來なく初かり
みるものもきく音も
秋ぞあはれゆふべは
しかの音むしの音
峰にも野邊にも

二
うつくしのけしきや
なたねさくやまはた
家ひとつのこして
うすがすむそのいろ
何ならぬこゑまで
春もあはれゆふべは
雲雀よかはづよ
たのしきその聲

三
しづかなるけしきや
露ふかき谷川
ひめゆりの葉末に
ほたるさへ三つ四つ
風にちる波まで
夏よなほもゆふべは
魚つるわらはの
すがたもかくれて

＊ジョン・ロジャーズ・トーマス John Rogers Thomas 作曲《Old Friends and Old Times》。

墳墓の土地

大和田建樹 作歌
奥 好義 作曲

一
心をやすめよむぎかるおきな
つるぎと命の身にそふかぎり
たれにかふません墳墓の土地を
あゝわが先祖の墳墓の土地を

二
心をやすめよいとくるおうな
三種の神器のかゞやくかぎり
敵にやふません王土のつちを
天照る御神の御末の國を

三
あら波けやぶりから國うちて
かへりし后の宮さへますを
たふれてやむべき丈夫の心
氷雪風雨のくげんはものか

涙の聲

大和田建樹 作歌

一
夕日をかくす旗手の靡き
雲までひゞく鬨の聲
その世のうらみ殘るか今も
あらしにさわぐ枯薄

二
馬上に得たる先祖の功
つたふる世々はいつまでぞ
うちかへさるゝはたけの土に
まじるもなごり太刀の折れ

三
千年をかけてつきたる城の
けむりとなりし野邊はこゝ
勇士の墓のゆくへをとへば
うづらの聲もかれ〴〵に

＊スコットランド民謡。

小春のうた

大和田建樹 作歌

一
はつ霜かわきしわらやの軒に
むれぬる雀の聲さへのどか
かへりざきする谷間の花を
ひとむらしぐれのとひこぬさきに
いざ〳〵さそはん散歩の友を

二
おち葉をふみわけうしろの山に
さゝぐりひろひし道なほさだか
くるまのおとするながれを折れて
いた橋わたればわがさす御寺
いざ〳〵さそはん散歩の友を

招け來る春を

大和田建樹 作歌
奥 好義 作曲

一
水よこゐたてゝ

谷のかげまでも
まねけ來る春を
われもいざやまに野邊に

二

鳥はまだしらぬ
そらの初春を
告げようたひつゝ
われもいざ崗に谷に

冬と春

大和田建樹 作歌

一

あさの氷よるの霜
うらみとけて春の風

二

若菜ぬらす露のいろ
過ぎしうらみ今の愛

三

さくらすもゝ知るや人
冬のかれ木はるの花。

＊南ドイツ民謡。

和歌の浦

大和田建樹 作歌

一

名もうれしわかの浦
いづれ恋しきあとならぬ
たづをあしべにいそがせし
むかしのしほもわが舟に
みゆきの道をきよめけん
むかしの風もわが袖に

二

なごりをしうらの波
なれては共にむつびしを
まろばされてはまくらする
たはれ遊びもけふ一日(ひとひ)
あすは雲井のあなたにて
まねく姿をゆめにみん

三

なごりなりゆふあらし
いつのたもとにまた落ちん
うきよの夏をふきすてゝ
松にしらべしことの聲
わすれじ雲のをちにても
わするなみのこちにても

旅の後

大和田建樹 作歌
上 真行 作曲

一

さくらの宮の夕風に
たもとつらねてすゞみつる
友はたれとかかたるらん
友はたれとかうたふらん
たそがれ殘るいこま山
かざしに星をいたゞきて
けふはたれにか向ふらん
今はたれにか向ふらん

二

か茂川づゝみ秋ふけて
いり日さびしき柳かげ
なほもこゝろぞあくがるゝ
今もこゝろぞあくがるゝ
比叡の嶺おろしたが袖に
かよふかなれし高殿の
簾しづかにうごかして
軒に柳をふきよせて

三

なほいかならん花の朝
なほいかならん雲の峯
ふるき都のあはれさは
ふるき都のたのしさは
さめての後の夢路にも
またたちかへりいくたびか
むすぶ四条のたび枕
月のかつらの波まくら

古きあと

大和田建樹 作歌
芝 葛鎮 作曲

松風にのこるひゞきや
糸竹のしらべのなごり
青柳にみゆる姿や
そのかみの舞のおもかげ
きのふこそ甍つらねて
たちなみし大殿小殿
いつのまに春はすぎけん
時のまに秋かへりけん
いしずゑのあともしられず
おち散りし瓦もみえず
ふみわけてとはんとすれば
いかにせん丈にあまりて
しげるよもぎを

『朙治唱歌』第五集

大和田建樹、奥 好義 同選

刊行：一八九〇年八月一三日　発行：中央堂　東京

横一三四ミリ×縦一九二ミリ 表紙　七〇頁

われ猿楽の謡をこのみて常にうたふ、ある日も例の口ずさみ爲たるに客ありて曰く、謡うたうて何の利かあると、われ答へずしてなほうたふ、また曰く、君よく学校の唱歌を作る、などてこれをうたひ洋琴をひかずして、古人の作をのみ樂しむぞと、われいふ、御身はかの衣冠唐衣の内裏雛を見ずや、之に熒すればいかにも高尚優美の姿にわれを忘れて、身はそのかみの大宮人に立ちまじり、子の日の野べに小松ひくこゝちやせまし、謡このむはこのゆえばかし、さりとて今の少年少女にかゝる装束せさて、むり立たしめんとするものやはある、謡作らずして唱歌つくるは此のゆえぞかし、さはいへどこの唱歌を明治の歌謡とし、千年の後その之を愛する、わが謡におけるごとくならしめんは、いまだし〱、われたゞ古を好みまた今を好む、利のありなしは人にあつく物にあらざるべしと、客また問はずして去りぬ、この篇ひとり序なからんはとて、かゝることをもしるしおくなり、

明治二三年五月の末

しづかくもりがちなるまどのもとにて

建樹

凡例

一　西洋のを取れるにも作曲者の名なく、建樹のうたにも作歌者をしるさぬ事 前集の如し、

一　上真行、辻則承の二君の勞を取られしもいつものごとし、

愛の聲

大和田建樹 作歌

一

夕霜こほる山のそばを
負ひこし柴のおもさいかに
孫うちかこむ榾のかげに
今こそひゞけ愛の聲は 愛のうたは

二

ともし火あをくすごき暗に
まよひし旅路たれかしらん
むかふる妻のかげは門に
いまこそひゞけ愛の聲は 愛のうたは

三

命を棹にまかせはてゝ
世わたる海路あはれけふも
むすめは櫂を妻はあみを
いまこそひゞけ愛の聲は あのうたは

＊カール・ドライスト Karl Dreist 作曲《Gebulde》。

若葉の陰

大和田建樹 作歌

一

友だちつどへていざけふは
わか葉の木かげに遊ばまし
なれつる昔のうたをともに
うたひていざ〱暮るまでも
恋しやへだてぬ窓のうちに
まなびし月日ははや四年

二

讀みつる草紙のしなさだめ
くづしてかたらんもろともに
桂の花ちるかぜもうれし
のこれる櫻のえだもうれし
むかしのかたみのけふの圓居（まどゐ）
たすけてうたふかうぐひすも

月みれば

大和田建樹 作歌

一

霞にしづめる月かげみれば
うきよをはなれて心は空に
海原しづかに波もなき夜を
松原ねむりて風もなき夜半を
あゝめでゝやそらに

二

布ひく雲間にかゝれるみれば
この世のにごりも忘れて空に
萩ちる野末にしかのなく夜を
花咲く芦邊にかりのくる夜半を
あゝめでゝやそらに

＊マリー・S・B・ダナ作詞《Free as a bird to your Mountain》。古関吉雄（一九〇八－一九九五）訳詞「追憶」。

雀の子

大和田建樹 作歌

一

芝生のうへに小笹の葉に
うつくしや來てあそぶ雀
きのうかけふか巣だちてまだ
かよわき翼馴らしてやよ
そらによもに

二

母の手はなれ飛びゆく子よ
まだ知らじ世の風も波も

とほくなゆきそばらさく野に
近くなおりそみなぎる瀬に
あはれ雛よ

＊シューベルト作曲。歌曲集『冬の旅』第五曲。『女聲唱歌』「菩提樹」（→七一一頁）。

父の墓

大和田建樹 作歌
上 眞行 作曲

一
われを教ふる言の葉も
きこえぬ野邊に霜白し
われをみちびく言の葉も
ひゞかぬ松に風たかし
同じ火影にきのふまで
かたりし父は今こゝに

二
ゆふ日いろなくさえくれて
あられをふせぐ軒もなし
たゞ夜な〳〵にしたしむは
とほやまでらの鐘の聲
あはれふたゝびわが父の
眠をやぶるものならば

別れしあと

大和田建樹 作歌
小原甲三郎 作曲

一
春風は吹きすぎぬ
ながれにのこる波の花
うぐひすは飛び去りぬ
こゝろにつゞく歌の聲
わかれし君よわが胸を
はなれぬ影はなほあれに

二
水鏡してもろともに
わたりしはあの小川
語るともなくうちつれて
やすみしはあの木陰
君がひたひにかゞやきし
夕日の雲はなほあれに

春の夜

大和田建樹 作歌

一
今宵ものどかに霞める天つ空
桜のこのまにふけゆく月の影
かみはたゞこの夜を
ものおもひなき身に

二
夢路もゆたかに小蝶や眠るらん
枕もしづかに雲雀や休むらん
かみはたゞこの夜を
のぞみあるその身に

＊ワーグナーのオペラ『ローエングリン』「婚礼の合唱」。「祝捷歌」（→二五七頁）、「騎兵」（→三二七頁）。

隠岐の院

大和田建樹 作歌

一
舟かげきえて嵐さむく
ゆふ日のいろは波の上に
きのふは玉をみがく雲井
こよひはかはる海人の苫屋
水無瀬の秋のとほきゆめを
しのぶかひとり月はいまも

二
舞人めして御遊ありし
雲井のことのこゑはむかし
歌人めして御會ありし
御階の花のかげはむかし
わが世の春の御幸ならば
のどけさいかに海人のわざも

＊アウグスト・ハインリヒ・フォン・ヴァイラウフ August Heinrich von Weyrauch（ドイツ、1788-1865）作曲《Adieu》。第六集「拾ひし柴」は異名同曲（→六八一頁）。

この一時

大和田建樹 作歌

一
はしる水のあゆみ
いまこそ夏よ
かろき蝶の羽風
いまこそ夏よ
こゝちよしあなすゞし
得がたきはこの一時
水ともあそべ
蝶ともあそべ。

二
つばめ〳〵われも
うちつれゆかん
野ばらしろくにほふ
むかひのきしに
芝ふみて花ふみて
笛ふかん書よまん
なつこそわれを

自由のさとに。

去年の友

大和田建樹 作歌
奥 好義 作曲

一
すもゝの花ちる里の小川
夕日のひかりは波のうへに
うちつれあそびし去年の友を
いづこにさそはん春はいまも

二
いそがぬ野寺のかねのひゞき
牛おふわらはの歌のしらべ
ひとりやきかまし友はさりぬ
ともなひのぼりし岡はあれよ

おく山

大和田建樹 作歌

一
玉をまろばす梢の露
こがね糸よる谷間の水
今宵の月夜に似るものもなし
あゝわが友なりおく山の秋

二
瀧のひゞきも浮世の外
木々のあらしも静けき夜半
たれをかしのばんこの月をみて
みやこは遥けし白雲のをち

山陵

大和田建樹 作歌
上 眞行 作曲

一
花開きはなおつる
いく春風ぞ
かさぎ山雨にしをれし
大御そでふきしもなれか
椎さけびまつむせぶ
いくあきかぜぞ
おきの海なみにやつれし
大御そでふきしも汝か。

二
天津日を舩上山に
てりかへす御はたの光
北山のくものうへにと
ねがひしもあはれ五百年
みよしのゝ高き御いつを
あふぎ來て花になきけん
ますらをもあつめてしのぶ
塔の尾のやま

あすの日和

大和田建樹 作歌

一
夕山しづかに雲をおくりて
あらしのなごりは窓の小笹(をざさ)に
たのもしたのもしあすの日よりを
知らせてかゞやく星も三つ四つ

二
ふづくゑ友にてけふもくらしつ
あすをば樂しく野邊におくらん
ふもとの御寺に紅葉たづねて
歸りは河邊の萩もみがてら

＊ベートーヴェンの歌曲集『八つの歌曲』「マルモット」《Marmotte》。『六年生の音樂』「花賣」（→六三九頁）。

夢の外

大和田建樹 作歌

「夢の外」

一
むかしの我宿かはらぬ故郷
夢の外にけふぞあへる
日ぐらし秋よぶ榎の木の木蔭に
おやのゑがほ見んがためよ

二
木のまにみそめし昨日の故郷
いまはさめぬ夢のすみか
富貴もおもはじ名譽もねがはじ
神のめぐみ ながくとほく

三
雲路にながめし昨日の我宿
月も風もなれてそでを
うれしさあまりてねられぬ枕に
ひゞくみづの聲もむかし

＊元歌：J・インガルス Jeremiah Ingalls（アメリカ、1764-1828）作曲の讃美歌《Love Divine》。「七里ヶ浜

の哀歌」（歌詞は三角錫子）。

いざわれも

大和田建樹 作歌

一
汐干に貝ほる海人の子よ
まじりて暮らさんいざわれも
めぐみもあまねき春風に
袂を吹かせていざわれも

二
岩間に海老とる海人の子は
ともとや聞くらん波の聲
かすみもたひらの沖とほく
小舟をうかべていざわれも

三
波うちいからせ吹くはやて
かすみの水脈には跡もなし
いまこそ春べよ磯づたひ
うちとけ遊ばんいざわれも

瀧

大和田建樹 作歌

一
なるはいかづちか散るは吹雪か
おちて幾尋の天の川波
さらせその布を神のその手に
うてやその皷神のその手に

二
虎や谷に吼え龍やたゝかふ
なつもなほ寒き瀧の響は
くだけその岩を神の力に
抜くかその山を神の力に

＊讃美歌三五一番「友という友はなきにあらねど」。『小學唱歌』三「豊年」は異名同曲（↓八二頁）。

雪ふまん

大和田建樹 作歌
辻 則承 作曲

一
かすむ夜の月もよし
いざたちいでゝ雪ふまん
木陰に匂ふゆきふまん
なさけある春風は
遠音に琴をつたへきて
まだ見ぬ花をめぐるなり

二
おもしろの夜のさまや
はなれぬ影を友として
ひとりや謡ひ更かさまし
花か雪 ゆきかはな
をちかた人も をしむらん
得がたき夜半の一ときを

三
二年もわすれつる
笛とりいでゝこゝろみん
拍子を靴にとらせつゝ
やまびこよ心して
ともし火かすむ遠里の
かなたの空にこの曲を

夏の風

大和田建樹 作歌

一
野邊の木かげはしりすぎて
今ぞあそぶ川の瀬に
花よをどれ水ようたへ
こゝちよくもろともに
いまぞわが遊ぶ日

二
魚をとへば波もをどる
蝶をとへばてふもまう
波とたはれ草にうたひ
川をわたり山をこえ
うれひなきおのが旅
自由なるおのが世

＊ヴェルディ Giuseppe Verdi（イタリア、1813-1901）のオペラ『リゴレット』第三幕「女心の歌」。「海樓眺望」（六七五頁）は異名同曲。

故郷の文

大和田建樹 作歌
上 眞行 作曲

夢もかずそふ旅寝の床に
あき風ふけて雁がね寒し
こよひうれしき故郷のふみを
見るにもおつる千條の涙
恋し父母わかれしまゝに
そのこゑそのかげ

夜網

大和田けい子 作歌

一
くみあげし夕汐に
うつる星の影もよし

いさりのかげ三つ五つ
夜網ひきにいざさらば
二
波すごく風さむし
今は夜中つまも子も
待つらんはやわが磯に
かぢを歸しいざさらば

花がたみ

大和田建樹 作歌

一
すみれさく野の朝露を
けさはわけても力なし
いでわかれんわがたもとに
なれしきのふの花がたみ
二
雪をさそひて玉すだれ
ふきしなごりは草になほ
やよかすみのあの山眉
はるはいずこの道こえて

＊アイルランド民謡。初出『小學唱歌集』第三編「菊」（↓六一一頁）、『明治唱歌』第一集「共に學びし」（↓六四八頁）は異名同曲。

めぐみ

大和田建樹 作歌

一
つねに忘れぬ神のめぐみ
月きよきよも雨ふる夜も
二
いつかむくいん君のめぐみ
をさまれる世に事ある日に
三
たれか忘れん御代のめぐみ
花さく春もみぢの秋
四
おもひたえせぬ親のめぐみ
露さむき朝あらしの暮

＊K・v・ヴィンターフェルト作曲。『明治唱歌』第三集「あすも來て」（↓六六四頁）は異名同曲。

露の玉

大和田建樹 作歌

一
露の玉のこして
はれわたるむらさめ
うつくしや草葉に
姫百合のつぼみにちごの笑顔
そのまゝの面影
よしや取らで
よそながらながめん
二
たえつゞく雲間に
ほととぎすいざなけ
何となくむかしの
おもはるゝ夕ぐれ人はいづこ
若葉さす宿には
あづまごとも
なつかしくきこえて

＊J・P・ウェブスター作曲《Sweet By-And-By》。

さびしき夜

大和田建樹 作歌

一
ふくる夜の窓に時雨か落葉か
あはれこの葉かあられか
きのふわかれし友はいづこ
きのふわかれし友はいづこ
あなさびし
二
さえまさる軒の山風松風
あはれこがらし夜あらし
こよひたれとか友はかたる
こよひたれとか友はかたる
あなさびし

＊フリードリヒ・クーラウ Friedrich Kuhlau（ドイツ→デンマーク、1786-1832）作曲《Wanderers Nachtlied》。

山を裂く響

大和田建樹 作歌

一
山を裂くひゞき漲る黒煙
いくさいまなかば味方はいかならん
われも國の民ひくべきものか
あゝこの手をまもる心は鐵石
二
あれを見よ敵の軍旗のそのみだれ
あれを見よ敵の逃げゆくそのすがた
天もかちどきをこだまに返す
あゝ御祖の神の御霊はわが軍に

＊アイルランド民謡。

少年の春

大和田建樹 作歌

一
今ぞうれしきわが世の春

あそべや子ども山にも野にも
うたへ〱みなうちつれて
手をひきつれて
たゞその歌をからすな
千代に。

二

見ゆる高嶺は霞のおく
ほのかに花もすきてぞにほふ
あれに雲も立ちてぞ招く
朝日にそめて
たゞその道のしるべは
神に。

＊『中學唱歌』（東京音楽学校編纂、一九〇一年）「松下清水」（→六九四頁）は異名同曲。

真柴めせ

大和田建樹 作歌

月影もろともいたゞきつれて
朝露眞柴にいたゞきそへて
いざ〱いそがんなれつる道を
きのふは蕾と見えつる梢
ゑがほをひらきてわれをぞ送る
くるしき世の中くるしき山路
いなわが爲にはたのしき世界
市路は日かげに霞もはれて
はるかぜのどけくはやわが袖に
きのふの市人真柴めせや
わが柴めせやけふもあすも
たかねの花さへ手折りそへて
もてこし谷間のわらびめせや

＊ルイス・ディール Louis Diehl（1838-1910）作曲。

なごりの花

大和田建樹 作歌
小原甲三郎 作曲

一

黄ばみゆく草をちからに
なほたのむ朝顔あはれ
色うすく身も痩せがれて
さきのこる一花あはれ

二

のぼる日は花にむかへど
まばゆしと顔もそむけず
老いはてし秋のかきねを
いまもなほ杖とぞたのむ

三

咲きそめし汝が世の始
かゝらんと誰かおもひし
はらからも友としぼみて
たすけなき一花あはれ

四

有明の月のしづくを
身にかゝる玉とよそほひ
つくろはぬ笑顔さゝげて
世に立ちし朝もありしを

五

ふき荒るゝ夜半の嵐に
その夢はよしやぶれても
やぶられぬ花笠みせて
ほこりつる影もありしを

六

たよりつる藩はたふれ
したしみし小蝶は失せぬ
時々に落つる木の葉も
身をうちてよそにぞ過ぐる

七

敵と見し日のひかりさへ
けふはその命となるに
親と見しきのふの露を
身をころす露とかはれり

八

あはれその花のみなし兒
あわれその栄花のなごり
さきだつものこるもしばし
いざねむれ神のたまへる土のまくらに

「なごりの花」

農夫の吟

大和田建樹 作歌
奥好義 作曲

一

蛙なく門田の水に
けむりゆく雨のどかなり
今ぞ時生ひたつ苗も
今ぞ時なはしろ水も

山吹の花さへ浮けて
靜かなるわが世富ませり
知るや人山田の里の
春のこゝろを

二

夜はあけぬ雲雀は空に
日ははれぬ雉子(きぎす)は谷に
いざ子ども殘りし麦を
刈りてこん背板わするな
孫も來ていちごある野に
木の葉笛ふきても遊べ
知るや人山田のさとの
朝のこゝろを

農夫の吟

六十六

「農夫の吟」

『明治唱歌』第六集

大和田建樹 奥 好義 同選

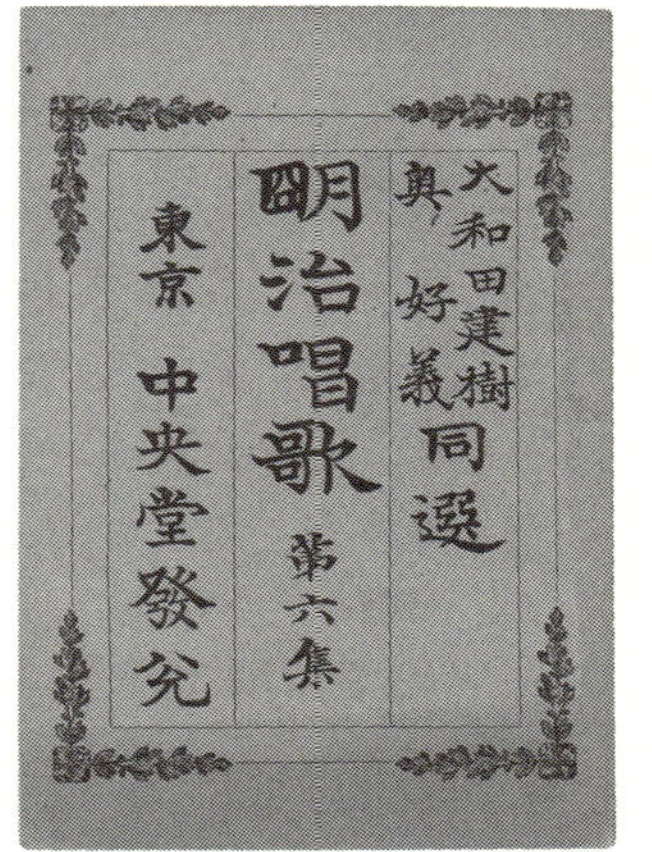

刊行：1892年4月22日　発行：中央堂　東京
縦188ミリ×横127ミリ＋表紙　58頁

序

明治唱歌の第一集出でし時。世に未だ官板の唱歌集ならではあらざりき。さても第一集が時好に投ぜしにや。時好が第一集を生ぜしにや。其後唱歌書類の世に出づる事日に月におびたたしく。専門ならぬ人までもその出板に奔走するほどなりしは。わづか二三年の昔にあり。今は榮枯その勢を異にし。ふたゝび第一集のうまれざりし以前に復らんとす。天か人か。人ならば原因あらん。爲にする處ありて起り。爲にする處ありて退くにやあらん。むかしは王朝時代に神樂催馬樂。幕政時代には猿樂の能。いづれも當時に盛りしのみならず。千百年の後までも伝へて我國古代の音樂唱歌として其あたひを落さゞるは。人心の然らしめしにぞあるべき。人心とは何ぞ。他の誘導を待つて左右せらるる人心にあらで。みづからの嗜好より出でたる人心を謂ふなり。此嗜好心の集まる處は火も焼く能はじ。水も溺らす能はじ。況んや他人の之を奪はんとすとも得んや。明治唱歌第六集は冬枯の野中に立つて寒月を友と嘯かんのみ。

明治二十五年一月霜ふかき里山にて
大和田建樹しるす

ただ望

大和田建樹 作歌
奥 好義 作曲

一

かさなる落葉ふみわけて
のぼる山路のつゞらをり
木の根にすがり蔦をよぢ
息づきやすむ幾度ぞ
仰げば峯はなほ雲井
たゞ望みたゞ勇氣

二

野ぎくの花は顔あげて
水のながれは聲たてゝ
招くよ道のゆくてより
涼しき風も手をそへて
見えたり峯ははやこゝに
たゞ望たゞ勇氣

三

わけこしあとを見おろせば
はや苦しみの影もなし
もみぢの色と鳥の音に
包まれわたる秋の山
のぼれや人もうちつれて
たゞ望たゞ勇氣

春の月

大和田建樹 作歌

一
誰とか遊ぶあの月は
とりまく星と手をとりて
二
誰とか歌ふあの月は
ふく春風ともろともに
三
いづこに映るあの月は
かすみの夜につゝまれて
四
うたへやともに春ふかき
のぞみをこめてあの月も

梅松

大和田建樹 作歌

一
降る雪をしのぎ〳〵て
のどけき春日の時にあふ
梅こそありけれ松こそありけれ
いざわが友いまぞ世に
二
葉陰をくぐりくぐりて
果なき波路にそゝぎいる
露こそありけれ水こそありけれ
いざわが友いまぞ世に

＊ドイツの学生歌

わが笛

大和田建樹 作歌

一
ふきても見よや七夕竹の
あまりを切りて作りし笛を
二
橋影さむき五条の月に
澄みけん笛のしらべも是か
三
寄手の陣に暁かけて
きこえし笛のあるじはいづこ
四
此わが笛は歌口ほそし
なほくりあけん小指のほどに

雲雀の歌

大和田建樹 作歌

一
いざうちつれ空に遊ばん
寺のやねのほそくなるまで
二
いざうちつれたかく歌はん
富士の峯をしたに見るまで
三
いざたのしくうたひ遊ばん
長き日影くれになるまで

＊ドイツ民謡《Der Trauernde》。

水鳥

大和田建樹 作歌

一
立て立て水鳥
夕日てる雲居に
その鴨その鳫
二
おりこよ水鳥
木の葉ちる汀まで
その鳫その鴨
三
むれゐよ水とり
夜もすがらあしたまで
その鴨その鴛

＊オーストリア民謡。『三年生の音樂』「雲と風」（→六二五頁）。次曲「乳兒のさま」も異名同曲。

「水鳥」

乳兒のさま

大和田建樹 作歌

一
萌えよ〳〵春の草
庭に野辺に田に畑に
きのふ蒔きし種ははや
垣のもとに生ひいでぬ
朝の雨にぬれながら
岩の苔も色そひて
あな美しあな樂し
これや乳兒のそだつさま
二

吹けや〳〵春の風
高く低く木に草に
かすむ月の前ゆけば
月も母と馴れぬらん
けむる水の上ゆけば
水も友とあそぶらん
ものみな愛たゞわが世
これや乳兒のあそぶさま

三

咲けや〳〵春の花
さくらすもゝ藤つゝじ
待つか友を顔をあげて
ものもいはぬ口あげて
蝶と共にゑむかげは
みどりうごく池水に
あれ罪なの世の中や
これぞ乳兒のわらふさま

＊オーストリア民謡。

星かと見えて

大和田建樹 作歌
奥 好義 作曲

一

星かと見えてとびゆく螢
あれにも五つこゝにも二つ
くれゆく宿のながれを尋ねて
はやけふも

二

螢と見えてうごかぬ光
ひくきは露よ高きは星よ
月なき頃の草葉をてらして
はやけふも

門の響

大和田建樹 作歌

一

わが待つ友いまか〳〵
さびしき夕日かれ木の梢に
いまぞ門の明きしひゞき

二

わが待つ友いまぞ〳〵
たのしき春はかゞやく日影に
いまぞ同じ窓のまとゐ

舟はいづこ

大和田建樹 作歌

一

秋風さむく鳫はそらに
わが待つ人の舟はいづこ

二

入日のあとの色も消えぬ
わが待つ舟の影はいづこ

三

波路はとほし星はうすし
わが待つ影はいつかこゝに

＊ドイツ民謡《Es taget in dem Often》。

待つらん人

大和田建樹 作歌

一

雲か山か波間のかげは
わがさすかたの故郷の空か
常よりいさむ舟子の歌も
響くか出でゝ待つらん人に

二

雪かかすみ木の間のいろは
わが指すかたの花さく森か
風こそしるべ故郷の春を
いざ〳〵共に待つらん人と

汽車（舟遊のくりかへし）

大和田建樹 作歌
奥 好義 作曲

一

岩切りとほし山を抜き
敷くや千里の鐵の道
富も知識も全國に
たゞ是よりぞ運ばまし

二

言問ひかはすひまもなく
送り迎ふる山とやま
迷ふ旅路のくるしみも
今はむかしのゆめがたり

三

烟は空をよこぎりて
ゆくへや雲のをちならん
けさ松島をわかれ來て
暮れは墨田の月を友

＊『明治唱歌』第二集「舟あそび」は異名同曲（→六五六頁）。

霞の沖

大和田建樹 作歌

一

日影もながき霞の沖に
鯛つりかへる猟師よわれも

二

學びの海に漕ぎでし舟も

得物をのせてすはく磯に
三
波風たちて荒れゆく日にも
楫こそしるべ迷はじわれは
＊J・G・ヴィットハウアー J.G. Witthauer（ドイツ、1751-1802）作曲。

亞細亞の海

大和田建樹 作歌
上眞行 作曲

一
亞細亞の海の東の空に
まがはぬ雪は駿河の高嶺
こはたが物ぞ
こはたが國ぞ
皇が御代のくもらぬ春を
朝日も見せて東の空に
二
吹く風枝を鳴らさぬ御代の
樂しき國を守るはたれぞ
國民われぞ
國民われぞ
事ある日には眞先にかけて
穢れぬ名をばあの富士の嶺に
三
吉野の花にあそぶもめぐみ
明石の月にあそぶもめぐみ
君こそわれに
國こそわれに
世界にほこる此よき土地を
まもるは誰ぞ智識の力

拾ひし柴

大和田建樹 作歌

一
山風さむく小夜ふけて
木の葉の雨ぞ窓をうつ
拾ひし柴ははやつきぬ
火ははや灰となりはてぬ
病の床にたゞひとり
老いふす親をいかにせん
二
雪ふるゆふべ霜のあさ
なりはひ細き世の中に
いでいりするも親のため
妻子のうゑを防ぐため
有りても氷る冬の夜に
乏しき衣をいかにせん
＊アウグスト・ハインリヒ・フォン・ヴァイラウフ作曲。
『明治唱歌』第五集「隠岐の院」は異名同曲（→六七三頁）。

あすのそら

大和田建樹 作歌
奥 好義 作曲

一
今日までも諸共に
ながめし窓の夕日影
たゞ面影になりはてん
あすの空こそ悲しけれ
わがかく文も誰讀まん
わが彈く琴も誰聽かん
二
圓居して今宵まで
しらべなれたる歌の曲
たゞ松風に殘るらん
明日の空こそかなしけれ
あれみよ北へゆく雁も
友の數には離れぬを

やれし壁

大和田建樹 作歌

一
やれし壁わらの床
すべて世は愛のやど
二
軒端もる月の影
すべて世は愛の友
三
窓をうつ松の風
すべて世は愛の聲

うしろの谷

大和田建樹 作歌

一
うしろの谷に蕨を折り
前なる岡にすみれを摘み
けふもしづけく暮れける身を
訪ひ來ぬものは榮花の夢
二
わが讀む書を照らすも月
わが書く文字を照らすも月
あはれ夜毎にさびしき身を
訪ひ來る友は自然の愛
三
ねぐらを鳥のはなるゝ頃
まず起きいでゝ露をぞ踏む

こゝろ樂しく病もなし
自然のうたよ小川の水

＊フリードリッヒ・ルードビッヒ・サイデ（Friedlich Ludwig Seidel 1765-1831）作曲。

三つの時

大和田建樹 作歌

一
若きひかげは花のうへに
さそふか我を笑顔見せて
いまこそ春の時はわれを

二
霞むあしたの空にうすく
しづみ殘りし星はいづこ
わらは遊びの夢もあれよ

三
落葉さびしき野辺の道を
わたるゆふべの風やいづこ
身に來んあきの老もあれよ

むれゆく鳫

大和田建樹 作歌

一
竿になりて群れゆく鳫よ
鍵に折れて猶あそべ

二
鍵に折れて空とぶ雁よ
竿になりて猶あそべ

三
あとになりて後るゝ雁も
先の友になほつゞけ

四
おりよく〱空ゆく雁よ
前の小田にけふも又

＊J.J. Bäbler 作曲《Auf dem Spielplatz》。

熊と虎

大和田建樹 作歌

一
あはれ熊よその熊
誰（たれ）かこゝに繋ぎし
今も雪の谷間に
遊ぶゆめや見るらん

二
あはれ虎よその虎
誰かこゝに捕へし
月に吼ゆる氣力は
今はいづこやよ啼

三
父と住みしふるさと
母と住みしふるさと
さめし夢のなごりに
殘るものは松あらし

＊旋律はウェーバーの「子守唄」。

寢にゆく鳥

大和田建樹 作歌

一
山際さして寢に行く鳥も
親をば先に子はそのあとに

二
眠れよ森にねぐらをしめて
あらしも雪もとゞかぬ枝に

三
朝日しろく明け行く頃は
まず起きいでゝ我夢さませ

水

大和田建樹 作歌

一
春の水は岸に満ちて
歌聲たかくぞ谷を出づる
草摘む少女の影と共に

二
夏の水は遠く近く
足ぶみ立てゝぞ野辺をめぐる
草刈る童の歌と共に

三
秋の水は小田に肥えて
笑顔もゆたかに世をぞ富ます
君が代となふる都の内に

四
冬の水は氷しろく
しづけき夢路に今ぞ眠る
春待つ雪の影のうちに

＊シレジア地方民謡。シレジア地方はポーランドの南西部からチェコ北東部地域の歴史的な呼び名。

花に吹け

大和田建樹 作歌

一
花にふけ春風
草にふけ春風

二
朧夜のそらにも
梅が香をおくれよ

三
明方のまどにも
花の香をつたへよ
四
はる風よはるかぜ
いつまでも遊べよ

「花に吹け」

わが教師

大和田建樹 作歌
上 眞行 作曲

木高き松の影しめて
たてる藁屋は誰が軒ぞ
讀書の聲の絶えぬまに
こだまにかへす歌の曲
たのもしのわが教師
わが村に來てまだ十年
かゝるなさけは孫子まで
なほ吹きめぐれ春の風
このたのもしき松かげを

朝日は峯をはなれたり
待ちやわぶらんおくるなよ
わが師の影ははや窓に
わが師の聲ははやあれに
たのもしのわが教師
何のめぐみぞこの村は
なにのめぐみぞわが父は
けふもおぼゆる文字の數
知識と共にまさりゆく

入相とほくおとづれて
生徒のなごり物淋し
殘る手本もかきをへつ
文のなほしもしておきぬ
たのもしわが生徒
神の慈愛はこのやどに
あすのひかりやまちぬらん
うしろの岡の松しろく
月になりゆく夜もたのし

かきねにはえし朝皃は
わが師にえつる種ぞかし
いざ水やらん何ものも
大事にせよとおほせしを
愛ふかき師のことば
父上ははやねたまへり
習ひし本のさらへせん
ともし火くらく夜は更けぬ
長おきすなとおほせしを

【参考文献】
桜井雅人『「旅泊」その他 ― 外国曲からの唱歌四曲』(一橋論叢)。

『中等唱歌集』

東京音樂學校編纂

出板：1889年12月22日　発行：東京音樂學校　東京
横187ミリ×縦260ミリ　扉＋52頁

第一　君が代

君が代は、
ちよにやちよに、さゞれいしの、
いはほとなりて、
苔のむすまで。

＊一八九三年、「祝日大祭日唱歌」の第一曲として選定。

第二　紀元節

一
雲に聳ゆる 高千穂の、
高根おろしに、草も木も、
なびきふしけん 大御世を、
あほぐけふこそ、たのしけれ。
二
海原なせる 埴安の、
池のおもより 猶ひろき、

めぐみの波に 浴みし世を、
あふぐけふこそ、たのしけれ。

三

天つひつぎの 高みくら、
千代よろづよに 動きなき、
もとゐ定めし そのかみを、
仰ぐけふこそ、樂しけれ。

四

空にかゞやく 日のもとの、
よろづの國に たぐひなき、
國のみはしら たてし世を、
仰ぐけふこそ、樂しけれ。

＊本集が初出。高崎正風作詞・伊澤修二作曲。『祝日大祭日唱歌』の第五曲。

第三　天長節

一

天津日影は かはらねど、
世のうき雲の ゆきかひに、
晴みくもりみ 定まらで、
七もゝとせに なりぬるを、
いまはとおこる 時津風、
よものむら雲 吹拂ひ、
豊榮のぼる 御光を、
仰ぐみよこそ 樂しけれ。
君は、千代ませ、八千代ませ。
君は、千代ませ、八千代ませ。

二

やまとにしきの うるはしき、
色もいよ〱 匂ふべく、
やまとだましひ たぐひなき、
光ます〱 そひぬべく、
ひらき給へるもろ〱の、
學びの道も なすわざも、
ならびすゝみて 月に日に、
さかゆく御代こそ 樂しけれ。
君は、千代ませ、八千代ませ。
君は、千代ませ、八千代ませ。

三

よろづの國もへだてじと、
みなとのとざし ひらきたる、
八洲の海の 限りなく、
ひろきみこゝろ したひつゝ、
大船小舟國つもの、
つみてはこべば、とし〲に、
民の煙（けぶり）も 立ちそひて、
にぎはふ御代こそ たのしけれ。
君は、千代ませ、八千代ませ。
君は、千代ませ、八千代ませ。

四

惠の露の かゝらずば、
民草いかで さかゆべき。
此大御世に うまれずば、
このさち、いかで えらるべき。
玉の臺も、柴の戸も、
わが大君の萬代を、
祝ふさかづき とり〲に、
うたふけふこそ たのしけれ。
君は、千代ませ、八千代ませ。
君は、千代ませ、八千代ませ。

＊高崎正風作詞・伊澤修二作曲（遠藤宏『明治音樂史考』による）。『祝日大祭日唱歌』の第七曲「天長節」は、黒川眞頼作詞・奥好義作曲。

第四　旭のはた

一

旭のはたを、旭ぞてらす。
いさみにいさみ、とくすゝめ。
旭のはたを、旭ぞてらす。
いさみにいさみ、とくすゝめ。
トラララ ラララララ、
トラララ ラララ。

二

やだまのあめや、つるぎのひばな、
おかしてゆくも、おもしろや。
矢玉のあめや、剣のひばな、
おかしてゆくも、おもしろや。
トラララ ラララララ、
トラララ ラララ。

三

やまをもわしり、なみをもけたて、
敵あるきはみ、せめつくせ。
山をもわしり、波をもけたて、
てきあるきはみ、せめつくせ。
トラララ ラララララ、
トラララ ラララ。

四

けはしき山路、うづまくなみぢ、
斃るゝところ、わがふんぼ。
険しきやまぢ、うづまくなみぢ、
たふるゝところ、わが墳墓。
トラララ ラララララ、
トラララ ラララ。

五

あなどりうけぬ わが國なるぞ。
けがすな國を、わが國を。

あなどりうけぬ わが國なるぞ。
けがすな國を、わが國を。
トラララ ラララ、
トラララ ララ。

＊ドイツ民謡。

第五　三千餘萬

一
三千餘萬、あにおとどもよ、
まもりにまもれ、君が代を。

二
劒にかはる、ほづゝのひゞき、
むかへるてきを、うちはらへ。

三
鏡とするは、おほくのしょもつ、
古今にわたり、てらしみよ。

四
玉にもまさる、こゝろのひかり。
みがきにみがけ、たゆみなく。

五
三千餘萬、ちからをあはせ、
まもりにまもれ、君が代を。

＊芝葛鎮作曲。堀内敬三『音楽五十年史』（一九四二年、鱒書房刊）による。

第六　矢玉は霰

一
矢玉は、あられと、ふるなかを、
すゝめよ、ますらを、おくるなよ。
たとひいのちは、すつとても
御國の民の をゝしさを、
見せよ、しめせや、そのをゝしさを。

二
暴風はさわぎて、海くらし。
おそへる敵は、おになりと、
ほふりつくして、とつくにゝ、
御國のたみの をゝしさを、
みせよ、しめせや、そのをゝしさを。

三
數萬のつはもの、抜きつれて、
きらめく稲妻、ときの聲、
人のおどろく いくさして、
御國の民の をゝしさを、
みせよ、しめせや、そのをゝしさを。

＊里見義作詞・伊澤修二作曲。

第七　君が代の初春

一
君が代の 初春の、
さかりに匂ふ 梅のはな、
いつしか色に あらはれて、
かをれるものを、世の人よ。

二
君がよの 春くれば、
梢にうつる うぐひすも、
いつしか聲に うちいでゝ、
さへづるものを、世の人よ。

＊里見義作詞（遠藤宏『明治音樂史考』による）。旋律は《Wake wake the morning》。

第八　織り成す錦

一
織り成すにしき、さくらにすみれ、
いばらにぼたん、春こそよけれ。
鶯ひばり、こよこよこよと、
ともよびかはし、さそへるものを、
われらがともゝ、やなぎのかげに、
あそびてうたへ、うたひてあそべ。

二
春風ふけば、みやまはわらひ、
みぞれやゆきは、ゆめのゝかすみ。
もゝとりちどり、來よ 來よ 來よと、
くるゝもしらで、さへづるものを、
我等がともゝ、やなぎのかげに、
あそびてうたへ、うたひてあそべ。

＊『新編教育唱歌集』第一集（↓一一九頁）。

第九　御稜威の光

あゝ明治の御世や、あゝひかりの世や、
いかにかくこそ、かゞやきぬらめ。
みくさのたから、世々につたはりきて、
あめつちひろく、
みいつのひかりを、はなちますらん。

＊モーツァルトのオペラ『魔笛』第二幕、三人の童子の三重唱「やがて夜があければ」から。

第十　御國の民

一
御國の民よ、わがはらからよ、
國の爲つくせ、君のためつくせ、
家のため身の爲、つくせよつくせ。
矢玉ふるなかも、おそれずすゝめ、
太刀うつ下も、ひるまずすゝめ。
旭のはたのひるがへるところは、
これ我國ぞ、みなわが國ぞ。

二

御國の民よ、わが同胞よ、
つゝのおとひゞき、ときの聲きこゆ、
君の爲こゝろを、つくせよつくせ。
かばねつむ山も、ふみこえすゝめ、
ちしほの川も、をどりてすゝめ。
旭の旗の ひるがへるところは、
これ我國ぞ、みなわが國ぞ。

三

御國の民よ、わがはらからよ、
暴風ふきまきて、敵の旗なびく、
國の爲わが身を、つくせよつくせ。
こほりたる海も、いきまきわたり、
沙漠のなかも、いとはずすゝめ。
旭のはたの ひるがへるところは、
これわが國ぞ、みなわが國ぞ。

＊原曲は一八九〇年代ごろまでのアメリカ国歌。フィリップ・ファイル作曲《Hail Columbia》。

第十一　保昌

尾花かれふす 冬の野邊、
ララ ララ ラララ ラララ ラララ、
保昌、笛をふきすまし、
ララ ララ ラララ ラララ ラララ、
月かげすごく、よるもなか、
つるぎもこしに かまへたれど、
うちかちがたき、笛の音のみに、
胆をうばはれつゝ、つけゆく賊も、
めぐみのきぬに、ふたゝびあせをながしけるぞ。
尾花かれふす 冬の野邊、
ララ ララ ラララ ラララ ラララ、
やすまさ、ふえをふきすまし、
ララ ララ ラララ ラララ ラララ。

＊原曲は モーツァルトのオペラ『魔笛』第一幕第八曲、パパゲーノの鈴に合わせて歌う「きれいな音だ」。保昌（やすまさ）は、平安朝中期の貴族、藤原道長に仕えた「道長四天王」の一人・藤原保昌。歌詞は京都の大路を独り笛を吹きながら行く藤原保昌を大盗賊袴垂がねらうも動ずるところなく、袴垂を諭したとされる『今昔物語』の一篇が下敷き。

第十二　凱旋

一

わが將軍きたる、白馬にまたがりて、
いさをは、はたのひかりにかゞやきて、
凱歌に天地とゞろきわたる。

二

我勇士きたる、かたなを手にとりて、
兜のほしには、勇氣の光りを放ちつゝ、
我勇士きたる、見よ我勇士を。

三

嗚呼わが三軍、隊伍堂々かへりくる、
大砲こづゝに、國のちからをしめしつゝ、
わが兵士きたる、見よ我兵士を。

＊ゲオルグ・フリードリヒ・ヘンデル Georg Friedrich Händel（ドイツ→イギリス、1685-1759）のオラトリオ『ユダス・マカベウス《Judas Maccabaeus》』より「凱旋の歌」。

第十三　國旗

一

御國の旗こそ、旭のかげ、
かゞやきわたらぬ 國やはある。
軍の場にも、大昭代にも、
いやましひかれり、旭のはた。
あはれ、日のはた、わが日の旗、
六大洲中、てらせ日のはた。

二

御國を守れる つはものども、
朝日にまばゆき さくらの花、
ちりてもかをりは、いやますらを。
ゆめ〳〵けがすな 朝日のはた。
あはれ、日のはた、我日のはた、
六大洲中、照らせ日のはた。

三

日出る國なる、わが日の本、
稜威は、あめつち さかゆく國。
あふげや、のぞめや、あさひのはた。
ちかひてまもれや、朝日のはた。
あはれ、日のはた、我日の旗、
六大洲中、照らせ日のはた。

＊アダム・ゲイベル Adam Geibel（1855-1933）作曲《Freedom's Flag》。

第十四　火砲の雷

一

火砲の雷なり、矢玉の雨ふる、
筑紫の海辺を、たれかはまもれる。
おそるな國民、おそるな國民、
日本男兒まもれり、日本男兒まもれり。

二

我兵十萬、忠勇無比なり、
心を一つに、せとぐちまもれり。
おそるな國民、おそるな國民、
日本男兒まもれり、日本男兒まもれり。

三

矢玉はつくとも、刀はをるとも、
生血のあるまは、敵をばとほさじ。
おそるな國民、おそるな國民、
日本男兒まもれり、日本男兒まもれり。

四

雲霧をさまり、日の旗かゞやく、
かためよまもれよ、ながとのせとぐち。
おそるな國民、おそるな國民、
日本男兒守れり、日本男兒まもれり。

*里見義作詞（遠藤宏『明治音樂史考』）。かつてドイツの準國歌として歌われた「ラインの守り」。填墓の国（↓二五五頁）は異名同曲。

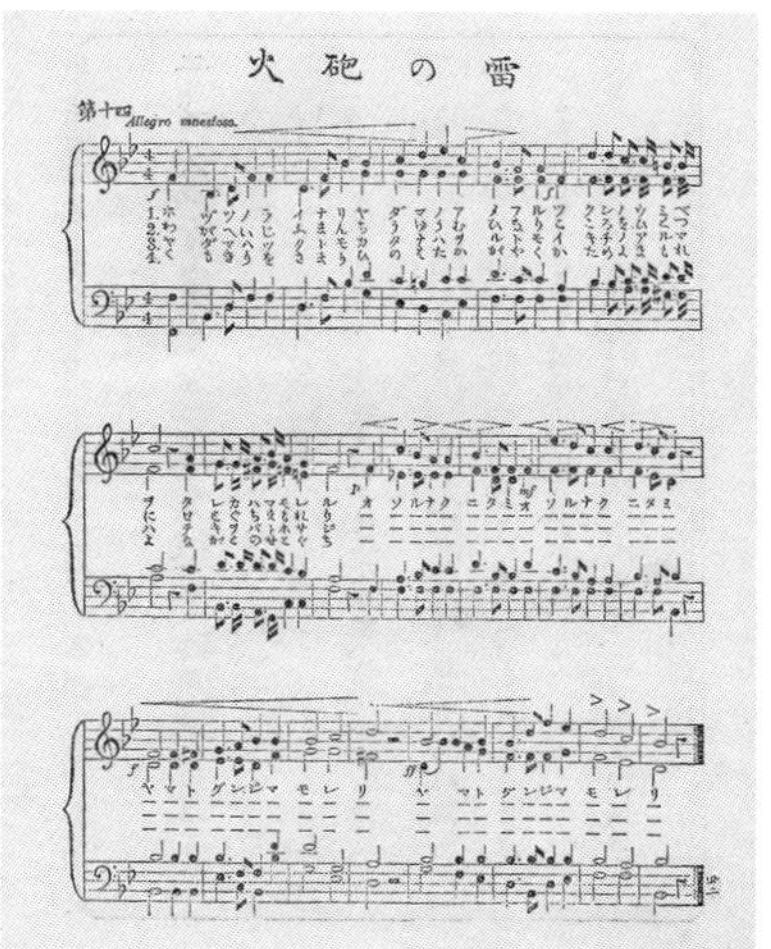

「火砲の雷」

第十五　埴生の宿

一

埴生の宿も、わが宿、
玉のよそひ、うらやまじ。
のどかなりや、春のそら、
花はあるじ、鳥は友。
オーわがやどよ、たのしとも、たのもしや。

二

ふみよむ窓も、わがまど、
瑠璃の床も、うらやまじ。
きよらなりや、秋の夜半、
月はあるじ、むしは友。
オーわが窓よ、たのしとも、たのもしや。

「埴生の宿」

*原曲ヘンリー・ビショップ作曲《Home Sweet Home「楽しき我が家」》。『明治唱歌』第三集「千代の聲」（↓六六〇頁）は異名同曲。

第十六　身も世も忘れ

一

身も世も忘れ、よるひるつとめ、
よるひるはげめ、
年月つめば、心のつきは、
わが身にそひて、國をもてらす。
つとめよ、はげめ。

二

流るゝごとく、うき世はかはり、
にごれる水も、つひにはすめる。
空なるほしも、くもらばくもれ、
はるればひかる。
のぞめや、あふげ。

三

くるしむなかに、樂しみきたる、
しんくをしのび、樂しくくらせ。
世界にしるゝこと、成しはてゝ、
名をなせ、をのこ。
いさめよ、すゝめ。

「身も世も忘れ」

第十七　君は神

一

きみは神、あらひと神、
あめつちしろしめす、
大君が御稜威、
あふぎたふとめ、みなひと。
つきひも、君が光りとなる、
実に〱いとかしこや。
海のごとく、陸のごとく、
千代ませ我君、八千代もいませや。

二

八隅しゝ、我君こそ、
あまてる神のすゑ、
みしるしの、八咫のかゞみ、
をろがめ もろびと。
剱の光り、かゞやく玉、
げに〱、いとかしこや。
みてる月、照る日のかげ、
いやましかゞやけ、かはらずかゞやけ。

＊ベートーヴェン『ゲレルトの詩による六つの歌曲』より《Die Ehre Gottes aus》。里見義作詞。

第十八　憲法發布の頌

大和の御民よ、我國民よ、
いはへやいはへや、この大御代を。
めぐみの春風 しずかにわたり、
かゞやくみいつは、あさひのごとく、
八洲の内外を、くまなくてらす。
丑どし二月の十一日に、
しきたまはせたる 大憲法こそ、
ためし しられぬ たまものなれや、
われらが孫子のみたからなれや。
来れや つどへや、我はらからよ、
つどひて 祝へや、いざもろともに、
明治の帝の、千代よろづよを、
ほぎたてまつれや、あめつちさへも、
とゞろくばかりに、ほぎたてまつれ。

＊遠藤宏『明治音樂史考』によれば、作曲者はルドルフ・ディットリッヒ Rudolf Dittrich（ドイツ、1861-1919）。ディットリッヒは東京音楽学校で教鞭をとり、安藤幸、東くめらを指導している。

【参考文献】

『東京芸術大学百年史 東京音楽学校篇』第一巻（藝術教育振興財団、音楽之友社）
遠藤宏『明治音樂史考』（有朋堂）
櫻井雅人『「旅泊」その他：外国曲からの唱歌四曲』（一橋論叢）
堀内敬三『音楽五十年史』（鱒書房刊）

参考：幼年全書 第二編『繪入幼年唱歌』

佐々木信綱 編著

刊行：1893（明治26）年3月2日 発行：博文館 縦150ミリ×横110ミリ 口絵＋220頁 ＊表紙（国立国会図書館蔵）

東京・博文館から出版された「幼年全書」シリーズは、巻末広告文によれば「普通小學科目を網羅し、當代専攻の各名家に囑託し」た総合的な学習参考書であり、「居ながらにして愉快の間に小學全科目を卒業するの學力を養ひ得」ることができると宣伝している。『繪入幼年唱歌』は、この全二〇編の中の第二編として登場した。

本唱歌集には、「新年」からはじまり「殖産興業伊呂波唱歌」に至る一五二曲の唱歌が収められている。しかし「繪入」を謳っているが、巻頭口絵に美しい挿画が一葉差し込まれているくらいで、特段目立つ点数の挿画が含まれているわけでもなく、なにより楽譜の掲載がない。宣伝文が語るようにこれをもって小學校の音楽科目を修得する學力を養い得るとするのは、いささか誇大広告とも受け取れる。

次に示す緒言ではわずかに佐々木信綱の当時の童謡・唱歌観、および採用した唱歌の選定方針が述べられているが、それ以外は若干の編集手続きの説明におわっている。

緒　言

近き頃、都に鄙にあまねく行はるゝ童謡唱歌少なからず。そが中には、社會のため、世俗の上に益あるもあるべけれど、多くは過激にわたり、野鄙に流るゝが如し。さるを幼き人たちの何の心なく傳誦して、學校のかへるさ、打つれだちてうたひかはしつゝ、我門べをすぎゆくを聞きし事、あまたたびなりき。そも〳〵童謡唱歌は、人心を感化せしむる事もとも深く、あるは精神を奮ひ起さしめ、あるは精神を鄙俗にせしむるなど、其力おどろくに堪へたり。されば此書は、幼年子女に忠君愛國の思想をやしなはしめ、優美高尚の観念を起さしめんとて、我舊作に人々の作をつどへ、撰び出つるなり。

この書に載せんとて、去年の春幼年雑誌の誌上にて唱歌を募集せしに、その募に應ぜられし人のいと多かりしは、いたくよろこぶ所なり。されど紙數に限ありて、みながら載せん事難ければ、こたびもれたる人々の歌は、二篇にかならず撰び加ぶべし。

第二篇わか竹の巻、第三篇やちくさの巻は、つぎつぎ世に出すべければ、歌に志ある人々、高雅清潔なる作を、我方に投寄せられよ。

唱歌の句數の長短は、これをかぎらず。四句の今様にても、又は數十句、數百句つらねたる長篇にても、唱歌の題はこれを定めず。忠君愛国、軍歌の類、さては佺古の人物四季雑に關せるもの、景物にても、あるは幼年の教訓となり、あるは幼年の嗜好に適すべきものをよしとす。

明治二十六年三月一日　　佐々木信綱

組歌『四季』

瀧廉太郎 作曲

刊行：1900年11月1日　発行：共益商社書店　縦305ミリ×横227ミリ 表紙＋14頁
底本：1919年2月23日発行　再版

緒　言

近來音樂は、著しき進歩、發達をなし、歌曲の作世に顯はれたるもの少しとせず。然れども、是等多くは通常音樂の普及傳播を旨とせる學校唱歌にして、之より程度の高きものは極めて少し、其稍高尚なるものに至りては、皆西洋の歌曲を採り、之が歌詞に代ふるに我歌詞を以てし、單に字句の數を割當るに止まるが故に、多くは原曲の妙味を害ふに至る。中には頗る其原曲の聲調に合へるものなきにしもあらずと雖も、素より變則の仕方なれば、これを以て完美したりと稱し難き事は何人も承知する所なり。余や敢て其缺を補ふの任に當るに足らずと雖も、常に此事を遺憾とするが故に、これ迄研究せし結果、即我歌詞に基きて作曲したるものゝ内、二三を公にし、此道に資する所あらんとす。幸に先輩識者の是正を賜はるあらば、余の幸榮之に過ぎざるなり。

明治三十三年八月　　瀧　廉太郎

花

武島又次郎 作歌
瀧　廉太郎 作曲

一
春のうらゝの隅田川
のぼりくだりの船人が
櫂(かひ)のしづくも花と散る
ながめを何にたとふべき

二
見ずやあけぼの露(つゆ)浴(あ)びて
われにもの言ふ櫻(さくら)木(ぎ)を
見ずや夕ぐれ手をのべて
われさしまねく青柳を

三
錦おりなす長堤(ちょうてい)に
くるればのぼるおぼろ月
げに一刻(いっこく)も千金の
ながめを何にたとふべき

納涼

東　久米子 作歌
瀧　廉太郎 作曲

一
ひるまのあつさの
なごり見せて
ほのほぞもえたつ
ゆふべの雲に
くれなゐそめなす
入日(いるひ)のかげ
波間に落つるや
沖もくれぬ
やけたるまさご路

いつかひえて
しほかぜ涼しく
渡る磯を

二

ものすそかゝげて
ひとり行けば
よせ來るしらなみ
足をおそふ
すゞみに來しかひ
ありそ海の
波にも戯れ
月にうたひ
更け行く夜さへ
わすれはてゝ
遊ぶもたのしや
夏のうみべ

＊東久米子（一八七七－一九六九）。

月

瀧 廉太郎 作歌・作曲

ひかりはいつも
かはらぬものを
ことさらあきの
月のかげは
などか人に
ものを思はする
などかひとに
ものを思はする
あゝなく蟲も
おなじこゝろか
あゝなく蟲も
おなじこゝろか
こゑのかなしき

雪

中村秋香 作歌
瀧 廉太郎 作曲

一夜のほどに 野も山も
宮も藁屋も おしなべて
白金もてこそ 包まれにけれ
白珠もてこそ 飾られにけれ
まばゆき光や 麗しき景色や
あはれ神の仕業ぞ
神の仕業ぞ あやしき

＊瀧廉太郎（一八七九－一九〇三）。この組歌を上梓した翌年ドイツに留学。ライプツィヒ王立音楽院で学ぶ。

「月」

『中學唱歌』

東京音樂學校編纂

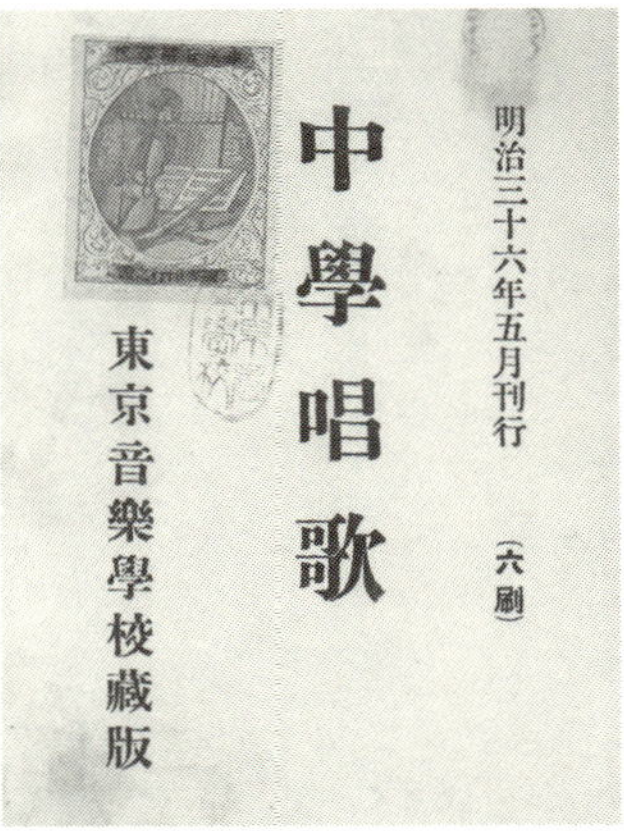

刊行：1901年3月30日　発行：東京音樂學校　東京　縦150ミリ×横105ミリ　106頁　底本：1903年5月25日6刷
＊写真は扉頁

例言

一、本編は中學校用に充つる目的を以て編纂せる唱歌集とす
一、本校曩に是種の唱歌集編纂の必要を認むるや廣く世の文學家教育家並に音樂家に委囑して作歌作曲せしめ歳月を經て一百有余種を得たりしが尚その足らざるを補はむが爲に更に同一の方法により洽く材料を内外に求め新に又一百有余種を集め得たり茲に於て選定委員を設け前後合せて得たるものゝ中現今中學校生徒の實狀に參照して最も適切なるべきもの三十八種を精選せしめたるが則ち本編なり
一、本編に用ゐたる曲譜の多數は邦人の製作に係り其他は泰西作曲家の手に成れるものとす
一、本編は歌曲の程度題目の種類杯に排列の順序等に關して教科書として未だ完全ならざる點なきを保せずと雖も之に依りて漸次歩武を進めなば庶幾くは音樂の効果を實現せしむることを得む
明治三十四年三月　東京音樂學校長　渡邊龍聖

雪中の行軍
第一章
靴先かろく 雪を蹴て
進む吹雪の 野中道
矢玉を犯す 下習し
あな面白や こゝちよや
第二章
敵陣今は 近づきぬ
短兵急に 攻め寄せて
此雪の如 踏み躙れ
あないさましや こゝちよや

富士山
第一章
直立一千二百丈
足もとよりぞ 起りける
夏猶寒き白雪は
空の眞中に つもりけり
仰げや高き 富士の山
富士は御國の 鎭なり。
第二章
富士の麓に 湧く雲は
足柄山に かゝるなり
富士の裾野に 降る雨は
箱根の峰に そゝぐなり
仰げや高き 富士の山
富士は御國の鎭なり。
第三章
三保の松原 田子の浦
古き名所 歌多し
道行く人の こゝに來て
富士仰がぬも なかりけり
仰げや高き 富士の山
富士は御國の 鎭なり

運動會
第一章
勇む 意志の 種々を
風に 表す 旗章
並列が 岡に 屯集して
各々の 技倆 競争べむ
第二章
赤は 旭日に 比成し
青は 若葉と 映出なり
靡かす 旗に 氣も勇み
白黒 分かつ 時を待つ
第三章
待ちに まち得し 運動會
いでや 今日こそ 誰が名譽
一二三の よび聲に
五色の 旗は わかれたり

明日は日曜
第一章
明日は日曜 樂しき日
勇む心に うちみれば
常には暗き 此ランプ
今宵ばかりは 光るなり
第二章
明日は日曜 樂しき日
一週間の うさはらし
山に遊ばゞ 兎かり
川に遊ばゞ ボート漕
第三章
明日は日曜 樂しき日
野邉の遊は オーそれよ
ベースボールに 玉投に
目暗探に 旗取に
第四章
明日は日曜 樂しき日
勇む心に うちみれば
今宵の空は 雲晴れて
あすはたしかに 日和よし

＊野球が日本に紹介されたのは一八七一（明治四）年。

朝起の鐘（俗語體）
第一章
起ろ鳴る鐘入らぬか耳に
鐘を待たずに鳥さへ起る
鳥は何する只餌をあさる
人は何する智徳を研く
早く起れば其の日の徳よ
早く起れば一生の徳よ
第二章
起ろ鳴る鐘聽いたら直に
日々の習慣正くすれば
寝るも起るも心のまゝと
腹に決めたら動くな男
早く起れば其日の徳よ
早く起れば一生の徳よ
第三章
起ろ鳴る鐘待たずに起ろ
人に牽るゝ牛馬たるな
鐘の響で 起るは恥よ
意地がなければ人ではないぞ
早く起れば其日の徳よ

早く起れば一生の德よ

駒の蹄

第一章

行け〳〵 男兒 日本男兒
學のおくかは いづこかかぎり
奮發勉勵 必得成功
駒の蹄の むかふがまゝに

第二章

行け〳〵 男兒 日本男兒
義勇のほまれを いづこにあげむ
東西南北 報國盡忠
駒の蹄の いたるがまゝに

第三章

行け〳〵 男兒 日本男兒
墳墓の土地を いづこといはむ
六大洲中 縱横無盡
駒の蹄の とゞまるところ

＊初出二番「義勇のすみかは いづこかきはみ」は三刷以降この「義勇のほまれを いづこにあげむ」となった。小山作之助作曲。

牛おふ童

第一章

夕日山にかくれたり
野邊の花よいざさらば
なれし小道けふもまた
牛と共にいそがまし

第二章

星は空にみえそめぬ
いそげ牛よわが友よ
森のこかげ暮れはてゝ
松のあらし身にぞしむ

＊安藤幸（一八七八－一九六三）作曲。

旅路の愉快

第一章

露もつ草葉を 鞋にふめば
顔ふく風は 汗をぞ拭ふ
たびぢの愉快は 野邊ゆく曙

第二章

追手に帆かけて 海原ゆけば
わがため波は 歌をぞうたふ
疲れぬ旅にも 船路の樂しさ

雲雀

第一章

霞立つや 空の景色 おもしろ
あがる雲雀 あがるさまは
ヒラ ヒラ ヒラ ヒラ

第二章

紫菫摘むや 野邊の景色 おもしろ
あがる雲雀 こゑはおちて
チヨ チヨ チヨ チヨ

我等は中學一年生

第一章

學の海にこぎいでゝ 我等は中學一年生
うれしうれし 何となく
ゆくては何處 いづこかゆくて
水天一碧 彼岸はとほし
いでやためさむ 腕の力
日本男兒の氣性にて なに至られぬ事かある
風は いかにつよくとも
波は いかにあらくとも

第二章

學の山をわけそめて 我等は中學一年生
たのし たのし 何となく
ゆくては何處 いづこかゆくて
嶮山萬疊 白雲ふかし
いでやためさむ 脚の力
日本男兒の氣性にて なに登られぬ事かある
峰は いかに たかくとも
谷は いかに ふかくとも

＊小山作之助作曲。

前途萬里

第一章

前途萬里の 雲を隔てゝ
望をよする 男子の門出
千山萬壑 いざ踏破り
やがて本望 達して見せむ

第二章

凝ては貫く 巖の面
鐵より堅き 男子の決心
高嶺の花を 手折らぬほどは
いかでたゆまむ 萬里の旅路

＊瀧廉太郎作曲。

占守島

第一章

長鯨息吹く北の海
五百重の浪を蹴破りて
日本男兒の勇名を
岩と固むる占守島

第二章

嵐はさわげますらをの
胸の誠はなごめてむ
氷はとじよもの丶ふの
心の大刀は碎きてむ

第三章
鰐の怒れるわだの原
北の關門を守りつ丶
わが日の本の英名を
海と廣むる古守島

＊安藤幸作曲。

太平洋

第一章
北は眞北の限りまで
南は南盡くるまで
西半球を堺して
太平洋は ひろがれり

第二章
波たひらかにはても無く
空につらなる深緑
鏡の如き海の上に
櫻花咲く大八洲

＊永井幸次作曲。

夏やすみ

第一章
夏のやすみ今ぞ あそべ鎌倉に
なみは磯によせて 君が唱歌
きくを待たむ いざゆけ瀛車にて

第二章
瀛車の進みはやく 海は見えそめぬ
いでや波のよする 岩を友と
むつびなれて 鍛はん此身を

來れ秋

第一章
きたれ秋よ 軒端の鈴に
すゞしき風をさそひつれて

第二章
夏もなごり 露おく野邉に
さきたる百合の花はちりて

四季の朝

第一章
あさげは ひとひの イザ イザ イザ
たのしき はじめよ イザ イザ イザ
霞につゝめるさくらが岡のべはやもゆかむ
イザ イザ イザ

第二章
あさげは ひとひの イザ イザ イザ
たのしき はじめよ イザ イザ イザ
蓮のつぼみの ひらかむみぎはにはやもゆかむ
イザ イザ イザ

第三章
あさげは ひとひの イザ イザ イザ
たのしき はじめよ イザ イザ イザ
さぎりに色ます紅葉のやまもとはやもゆかむ
イザ イザ イザ

第四章
朝氣は ひとひの イザ イザ イザ
たのしき はじめよ イザ イザ イザ
初霜おきたるかや野のなかみちはやもゆかむ
イザ イザ イザ

寄宿舍の古釣瓶

第一章
繩こそ朽ちたれ この古つるべ
桶こそいためれ この古つるべ
學期試驗の準備につとめし
幾千の學生が苦む腦
冷して癒さん氷となりぬ
彼等が事業を助けん爲に
雨の日雪の日つるべのなはの
休まる時なく汲まれしつるべ
屋根もる月こそ昔を知らめ

「寄宿舎の古釣瓶」

第二章
箍こそはねたれ この古つるべ
苔こそむしたれ この古つるべ
運動會の競技にきほひし
幾その侠兒が脊中の汗を
洗ひて落さん浴湯となりぬ
彼等が元氣を回さん爲に
夏の日冬の日轆轤の音の
絶えにしひまなく汲まれしつるべ
軒ふく風こそ昔を知らめ

＊小池友七作詞・小山作之助作曲。

告別

第一章
家をおこす 今朝の門出
身をば立る 今朝の門出
我が身を愼み學びに學ばむ
いざさらば 父母

第二章
をしき名殘 しばし忍び
恙なくて 待たせたまへ
我が身の譽は吾家の譽か
いざさらば 父母

＊原曲：フリードリヒ・ジルヒャーによるドイツ・シュワーベン地方民謡「愛の喜び」。滝田和夫詞。一九〇〇年刊行『女學唱歌』第一集「旅の暮」は異名同曲。

老將軍

第一章
出でゝは御國の 城となり
入りては御門の 柱となる
和めば幼童も 馴れ睦み
怒れば鬼神も 怖ぢ怖く

第二章
戊辰の軍 西南の役
日清戰争 また臺灣
君が功績 いくばくぞ
君が力し いくほどぞ

＊深澤登代吉作曲。

武藏野

第一章
見渡す限りはる〲と
空も一つの草の原
野末の露にまがふ星
尾花の袖にかゝる雲

第二章
草より出でゝ又草に
入りし昔や問ひてまし
人口百萬咲き匂ふ
花の都の月影に

＊瀧廉太郎作曲。

松下清水

夏は餘所なる深山の
奥苔は滑か谷の岨路
岩のはざま 激り落ちて走る清水
山松影の巖にふれて
聲ある珠と千々にぞ摧く

＊『明治唱歌』第五集「少年の春」（→六七六頁）異名同曲。

入船出船

第一章
錨のつなの 絶えまなく
小艀短艇は ゆきかへり
波止場にひゞく こあげ歌
日に〱 にぎはふ 港口
アゝ聞きて知れ 國のとみ
いりふねでふねの 楫の音

第二章
檣はせとに 林如し
水夫に舵手 はせちがひ
棧橋場はひとの なみよせて
日に〱 さかゆる みなとぐち
アゝ見ても知れ 國の富
入船出船の 眞帆の影

＊田村虎藏作曲。

遠別離

第一章
程遠からぬ 旅だにも
袂分かつはうきものを
千重の波路を 隔つべき
今日の別をいかにせむ

第二章
我も益荒男いたづらに
袖はぬらさじさは言へど
いざ勇ましく行けや君
行きて勉めよ國のため

＊杉浦チカ（一八七六－一九五〇）作曲。

馬上の少年

第一章
栗毛の馬に鞭をあげて
乘つれ來る二人の友

見よやあれに雄々し健し
涼き並木の 道をすぎて
忽かくれぬ霞のをち

第二章
轡のひゞき蹄のおと
嵐か波かいなゝく聲
きくもたのし みるもをゝし
馬上の少年 行邊いづこ
萬里の旅路も これぞはじめ

歳暮

第一章
きのふといひ
今日とすぎ今年もいつしか暮れぬ
月日の流れは夜と日を分たず
つゆもよどみなくながれながれつゝ
今年もいつしかくれぬ
ことしもいつしか暮れぬ

第二章
いつしかと
またれつるむつきもあすとはなりぬ
門には松立てしめ引きわたして
あはれいつしかとまたれまたれつる
睦月も明日とはなりぬ
むつきもあすとはなりぬ

壷の碑

第一章
海は田となり田は海と
變かはりし世の中を
ひとり静かにみちのくの
つぼの碑苔深し。

第二章
苔を穿ちて文字讀めば
千歳隔たる寧樂人と
言とひかはす心地して
立さり難き草の原

我家

第一章
たのしきは父と共に
すみなれしわが家
うれしきは母と共に
すみなれしわが家
山のそば川のほとり
枝たる、さくら
よろこびのうたをうたふ
やり水のひゞき

第二章
あにおとゝうちつれて
おりのぼる山路
あねいもとたづさへて
ゆきあそぶ川邊
春風よあたゝかに
吹きめぐれなほも
たのしみの千代にやどる
わがいへのそらを

祖先の靈

そせんのみたま 幽冥界に
そせんのみたま 子孫を守る
家業をつとめ 家風を興し
そのみめぐみに こたへまつらん

初旅

一
知らぬ所も見まほしく
さりとて家もなつかしく
籠飼の鳥の籠いでゝ
又飛びかへる心かな

二
花さく野べのおもしろさ
波たつ海のおそろしさ
思ひやりつゝたちいでつ
見おくる母をみかへりて

＊橋本正作作曲。

箱根八里

第一章　昔の箱根
箱根の山は　天下の険
函谷關も物ならず
萬丈の山　千仭の谷
前に聳え後にさゝふ
雲は山をめぐり
霧は谷をとざす
晝猶闇き杉の並木
羊腸の小徑は苔滑か
一夫關に當るや萬夫も開くなし
天下に旅する剛毅の武士
大刀腰に足駄がけ
八里の岩ね踏み鳴す
斯くこそありしか往時の武士

第二章　今の箱根
箱根の山は　天下の岨
蜀の棧道數ならず

萬丈の山 千仞の谷
前に聳え後にさゝふ
雲は山をめぐり
霧は谷をとざす
晝猶闇き杉の並木
羊腸の小徑は苔滑か
一夫關に當るや萬夫も開くなし
山野に狩する剛毅の健兒
獵銃肩に草鞋がけ
八里の岩ね踏み破る
斯くこそあるなれ當時の健兒

＊鳥居忱作歌・瀧廉太郎作曲。

荒城月

第一章
春高樓の花の宴
めぐる盃かげさして
千代の松が枝わけいでし
むかしの光いまいづこ

第二章
秋陣營の霜の色
鳴きゆく雁の數見せて
植うるつるぎに照りそひし
むかしの光いまいづこ

第三章
今荒城のよはの月
替らぬ光たがためぞ
垣に殘るはたゞかつら
松に歌ふはたゞあらし

第四章
天上影は替らねど
榮枯は移る世の姿
寫さんとてか今もなほ
嗚呼荒城のよはの月

＊土井晩翠（一八七一－一九五二）作歌。瀧廉太郎作曲。

小川の流

第一章
走れ走れ 岩間によどめる
小川の流よ とくゆけ大海に

第二章
ゆけや海に 汝の友だち
汝を待つらむ いざ〱走りゆけ

第三章
さはり多き 境をはなれて
はてなき海べに とく〱流れゆけ

甲鐵艦

第一章
しづかに立るありさまは
浮べる城に異ならず
はげしく進む いきほひは
怒れる獅子にさも似たり
海つ御神も恐るべき
國の守護の 此の御船
いかで中らん敵の砲丸
いかで徹らん敵のたま

第二章
御國を思ふ精神は
金鐵よりもなほ堅く
忠義にいさむ眞ごゝろは
水火の中も何ならず
四方の國にも たぐひなき
國の守りの此の御民
いかで當らん敵の軍
いかで敵せんてきの軍

＊山田源一郎作曲。

歸雁

第一章
月かげおぼろに霞む空を
なきつれかへるはあはれ雁よ
父母こひしき旅の夜半に
きこゆるそのこゑわびしかなし

第二章
雲雀はみそらに雉子は野べに
山彦かへしてうたふ春を
うしろになきゆく雁のこゝろ
おもへば故郷は雲のあなた

去年今夜

第一章
御世ながつきのこゝぬかは
開くを常の菊の宴
重き遠流の此身にも
去年の今日こそ戀しけれ

第二章
愁にしづむ此の心
しるかしらぬか白菊の
配所の庭のそでがきに
露も重げに咲きにけり

第三章
去年の今宵は清涼殿
菊の御宴に侍べりて
御前間近に跪き

愁思の詩こそ作りしか
　第四章
恩賜の御衣は此にあり
今も朝夕捧げては
都の方にうち向ひ
君が餘香を拜しつゝ
＊岡野貞一作曲。

豐太閤
　第一章
戰へば勝ち攻むれば取る
僅に數年天下を一統
布衣より起りて四海を治む
御門の震襟初めて安し
國家の隆盛是より興る
類無き知恵比類なき武勇
嗚呼人なるか 嗚呼神なるか
嗚呼太閤 豐太閤
　第二章
萬里を隔つる外國なるも
傲慢無禮の振舞あらば
討ちて懲らして降參せしむ
何より重きは國家の名譽
振ひに振ひし日本の國威
輝き揚りし皇國の國旗
嗚呼人なるか 嗚呼神なるか
嗚呼太閤 豐太閤
　第三章
太閤出づれば日本は狹し
世界に示せる無類の功
萬里の果まで聞ゆる譽れ
皇國の名聲彼れ故高し
日本男兒の誠の鑑
日本魂斯くこそあれよ
嗚呼人なるか 嗚呼神なるか
嗚呼太閤 豐太閤
　＊瀧廉太郎作曲。

樂しき教場
　第一章
奏でよや 歌をもうたへ
世にまたあらめや かほどのたのしみ
級低き うきよのすさび
數こそ多かれ 何かはねがはむ
峙つ高峰に 調や似たらん
さやけき流に 響や通はむ
　第二章
天地の 神もや聞かむ
草木も耳をや 傾け愛づらん
世の塵は いたらぬ室に
奏でつ歌ひつ 娯む調子
磯うつ浪にや 響は通はん
松吹く風にや 調は似たらん

今は學校後に見て
　一章
こゝらの月日たゆみなく
螢に雪に身を委ね
花咲く春も日ねもすに
月見る秋も夜もすがら
學の道にいそしみて
あかしくらしゝかひありて
はえあるけふのこのむしろ
うけていたゞくしるしぶみ
今は學校あとに見て
いづる今日こそうれしけれ
　二章
學の窓のあけくれに
心をみがき身をきたひ
燒くるがごとくあつき日も
身を切るばかりさむきよも
たゞ一すじにはげみつゝ
永き年月たゆみなく
つとめまなびし勞苦は
やがてもけふのしるしぶみ
今は學校あとに見て
いづる今日こそうれしけれ
　三章
今より後のゆくさきは
いづこの空もいやましに
浪風あらき和田の原
嶮岨き山の九屈折
みがきあげたるこの心
きたひあげたるこの腕
ためし見るべき時は來ぬ
いざや進まんとばかりに
今は學校後に見て
いづる今日こそうれしけれ
　＊幸田延（一八七〇－一九四六）作曲。

【參考文献】

『東京芸術大学百年史　東京音楽学校篇』第一巻（音楽之友社）

『幼稚園唱歌』

共益商社編

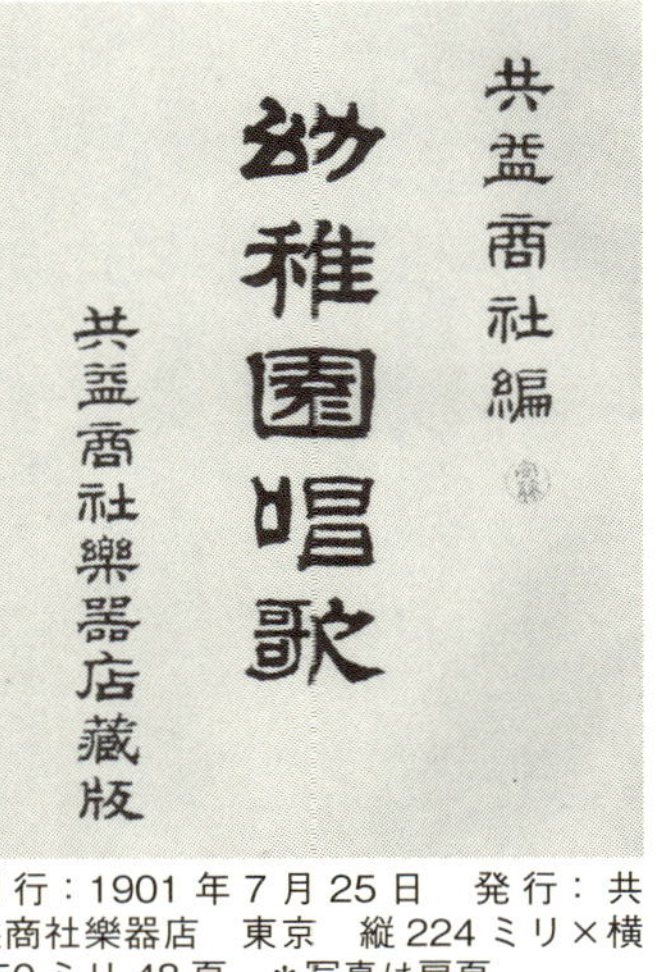

刊行：1901年7月25日　発行：共益商社樂器店　東京　縦224ミリ×横150ミリ 48頁　＊写真は扉頁

緒言

近時音樂唱歌の普及上進、日を追ふて著るしく、之に關する著書編纂、亦日に盛なり、然かもこれらの書は、多く小學校生徒を目的とせるものにして、其家庭又は幼稚園等に於ける學齢未滿の兒女のために編まれたるものに至りては、殆ど無きが如し、こゝに本社其缺を補はん事を思ひ、即ち作歌を、女子高等師範學校の附屬幼稚園に於て批評掛りを擔當せらるゝ東基吉氏、及び漣山人巖谷氏に、作曲を瀧廉太郎氏、鈴木毅一氏及び東クメ氏に乞ひ、歌曲の品題、歌詞の程度、曲節の趣味、音域等、凡て以上の諸先生が多年の經驗を基として製作せられたるものを集め、こゝに新に此の書を編したり、購客之に由りて以て幼童の心情を啓發せられなば、庶幾くは斯道教育の一助たらん。

明治三十四年七月　編者識

＊東基吉と巖谷小波は作歌をせず、また東クメも作曲をしていない。

凡例

一、本書載する所の歌曲の品題は、兒童が日常見聞する風物童話等に取り、主として四季の順序に排列したれば教師は其期節の折々に應じて適當なるものを撰み、先づ談話問答等に由りて、兒童の興味を喚起せしめ、然る後一句づゝ口授するを宜しとす。

一、歌曲の速度は、決して緩漫に流るべからず、寧ろ急速なるべし、なほ本編収むる所の歌由は、凡て遊戯に添ひ得べきものなれば、或は適當の動作等を加へて、以て一層の興味を添ふるをよしとす。

一、唱歌の方法は活發なるべし、然かもよく兒童の發音に注意し、決して粗暴なる叫聲を發せしむべからず、又兒童の歡心を買はんとて、徒らに多數の曲を教ふるはよろしからず、甲の歌曲充分熟練して後、はしめて乙の歌曲に移るべし。

一、本書の歌曲は、其興味を助けん爲め、凡て伴奏を附したり、然れども、こは先づ口授法を以て、兒童の大抵熟達したる後、樂器を添へて歌はしむる際に用ゐんが爲めにして、初めより教授に伴はしめんが爲めにはあらず。

一、本書歌詞の假名遣ひは、凡て文部省新定の方法に由りたり。

ほーほけきょ。

(問)小さい子、小さい子、
　　お前はなにをして居ます。
(答)私は梅をかいでます。
(問)梅をかいで夫から。
(答)夫から歌をうたひます。
(問)何の歌をうたひます。
(答)黄色い青い着物着て。
(合唱)けきょけきょ〱〱ほーほけきょ。

＊瀧廉太郎作歌・作曲。

ひばりは歌ひ。

ひばりはうたひ、蝶々はおどる。
春の野山に、遊ぶはうれし。
こゝにはよめな、そこにはつくし。
たんぽゝすみれ、れんげばな。
花をばとりて、草をばつみて。
うちのかぁさんへ、おみやにしましょー。

＊東クメ作歌・瀧廉太郎作曲。

猫の子。

猫の子こねこ、名はお鈴、
お鈴やお鈴、首環の鈴が、
ちりりんりん。
猫の子こねこ、名はお静、
お静やお静、しづかにいって、
ねずみとれ。

＊鈴木毅一（一八七八－一九二五）作歌・作曲。

鯉幟。

大きな黒い親鯉に、
小さな赤い鯉の子が、
いくつもついて昇って行く、
海の様な大空に。

＊東クメ作歌・瀧廉太郎作曲。

「鯉幟。」

海のうへ。

はしる汽船か、軍艦か。
とまるは漁師の、つり船か。
黒い烟や、白い帆や。
汽笛の音や、艫の音や。
あゝ面白い、海のうへ。

＊東クメ作歌・瀧廉太郎作曲。

桃太郎

桃太郎さんの、お供には。
犬猿雉子の、三匹よ。
お供の褒美は、何やらう。
日本一の、黍團子。

＊瀧廉太郎作歌・作曲。

白よこひ〱。

白よこひ〱、お菓子をやらう。
黒よこひ〱、御飯をやらう。
そこでいっしょに、そろうておまはり。
おまはり〱、三べん。

＊鈴木毅一作歌・作曲。

お池の蛙。

お池の蛙は、
くわっ、〱〱〱〱。
何というて鳴く、
くわっ、〱〱〱〱。
雨ふれふれとて、
くわっ、〱〱〱〱。
ふるまで鳴くのよ、
くわっ、〱〱〱〱。

＊東クメ作歌・瀧廉太郎（編曲）。

夕立。

ごろ〱、なるのは、雷よ。
ぴか〱、ひかるは、いなびかり。
ざー〱、ふるのは、夕立よ。
ざー〱、ぴか〱、ごろ〱〱。

＊東クメ作歌・瀧廉太郎作曲。

かち〱山。

かち〱なるのは、何の音。
かち〱山だよ、この山は。
たぬきはしらずに、さきへゆく。
兎はうしろで、かち〱〱。
ぼー〱いふのは、何の音。
ぼー〱山だよ、この山は。
たぬきのせなかで、火がぼー〱。
あついと走れば、なほぼー〱。
たぬきのお船は、土ぶねで。
うさきのお船は、木のふねで。
一所にこぎでる、川の中。
たぬきは溺れて、ざぶ〱〱。

＊東クメ作歌・瀧廉太郎作曲。

水遊び。

水を澤山、くんで來て。
水鉄砲で、遊びましょー。
一二三四、ちゅっ〱〱。

＊瀧廉太郎作歌・作曲。

「水遊び。」

鳩ぽっぽ。

鳩ぽっぽ、鳩ぽっぽ。

ぽっぽ〱と、飛んで來い。
お寺の屋根から、下りて來い。
豆をやるから、みなたべよ。
たべてもすぐに、かへらずに。
ぽっぽ〱と、鳴いて遊べ。
＊東クメ作歌・瀧廉太郎作曲。

菊。

お庭の垣根の、菊の花。
色は何色、數へて見れば。
赤も黄色も、また白も。
皆美くしく、咲きそろうた。
＊東クメ作歌・瀧廉太郎作曲。

雁。

月のあかりに、黒いがん。
一所にならんで、五つ六つ。
親がさきへゆき、子はあとに。
何處から來たのか、つれだって。
＊瀧廉太郎作歌・作曲。

軍ごっこ。

喇叭を吹いて、進め進め。
鐵砲かたに、進め進め。
一番えらい、日本男兒。
どんな敵でも、こわくはないぞ。
旗をたてて、進め進め。
劍をぬいて、進め進め。
一番強い、日本男兒。
どんな敵でも、まかしてやるぞ。
＊東クメ作歌・瀧廉太郎作曲。

雀。

すゞめ雀、今日もまた。
くらいみちを、只ひとり。
林の奥の、竹藪の。
さびしいおうちへ、歸るのか。
いゝえ皆さん、あすこには。
父様母様、まって居て。
樂しいおうちが。ありまする。
さよなら皆さん、ちゅう〱〱。
＊佐佐木信綱作歌・瀧廉太郎作曲。

風車。

まはる〱、風車。
風よふけ〱、車がまはる。
あまりまはると、めがまはる。
あがる〱、奴凧。
風よふけ〱、奴があがる。
あまりあがると、めがまはる。
＊鈴木毅一作歌・作曲。

雪やこん〱。

雪やこん〱、あられやこん〱。
もっとふれ〱、とけずにつもれ。
つもった雪で、だるまや燈籠。
こしらへましょー、お姉様。
＊東クメ作歌・瀧廉太郎作曲。

お正月。

もーいくつねると、お正月。
お正月には、凧あげて。
こまをまはして、遊びましょー。
はやく來い來い、お正月。
もーいくつねると、お正月。
お正月には、まりついて。
おいばねついて、遊びましょー。
はやく來い來い、お正月。
＊東クメ作歌・瀧廉太郎作曲。

さよなら。

今日のけいこも、すみました。
みなつれだって、歸りましょー。
あしたもまた〱、こゝに來て。
けいこやあそびを、いたしましょー。
先生御機嫌よー、さよーなら。
＊東クメ作歌・瀧廉太郎作曲。

【参考文献】

松本正著・大分県立先哲資料館編『大分県先哲叢書 瀧廉太郎』（大分県教育委員会）
小長久子『瀧廉太郎』（吉川弘文館）

『中等唱歌』

東京音樂學校編纂

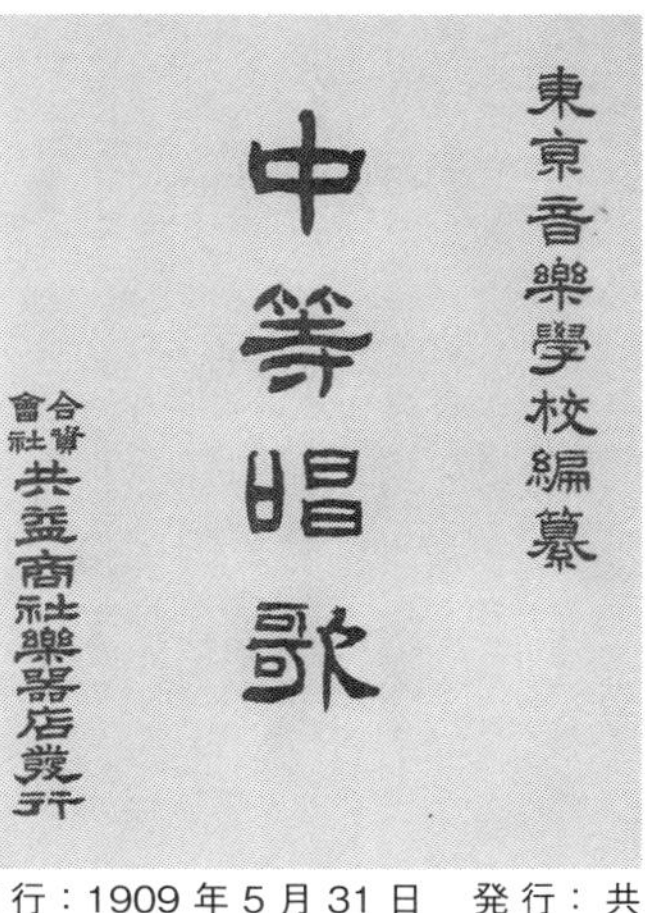

東京音樂學校編纂
中等唱歌
合資會社
共益商社樂器店發行

刊行：1909年5月31日　発行：共益商社楽器店　東京　縦262ミリ×横190ミリ　80頁　＊写真は扉頁

例　言

本書は、師範學校中學校高等女學校の教科書に充てんが爲に編纂せるものなり。

本書の曲譜に、歐洲のも多くして邦人の手なれるもの少なきは聊か主客轉倒の嫌あれども、今日の時勢上止むを得ざるところなり。

本書は重音唱歌を缺き數量も亦十分ならざれども、目下整理中に屬するもの少なからざれば遠からず增補すべし。歌詞と曲譜との調和は、唱歌の第一義なるが故に、この點には頗る注意を加へたれども、なほ至らざるところ多からん事を恐る。識者幸に示教を吝むこと勿れ。

本書歌曲の製作は當代知名の諸家に委囑し、本校雇外國教師アウグスト・ユンケル、ハインリッヒ・ウェルクマイステル二氏の助力を得、本校教授鳥居忱、武島又次郎、富尾木知佳、島崎赤太郎、吉丸一昌、乙骨三郎、助教授楠見恩三郎、田村虎藏、岡野貞一、南能衛立に嘱託講師文部省視學官吉岡郷甫の諸氏を委員として選定したるものなり。

明治四十二年五月　東京音樂學校

天皇の御稜威

木村正辭 作歌
納所辨次郎 作曲

一
仰げば高き 高御座
なびく御旗の 御光は
外つ國かけて 輝きぬ
君が稜威ぞ 畏かる

二
世界を照す日の御旗
あふがぬ 國はなかるらん
強大國をしろしめす
君が御稜威ぞたふとかる

海樓眺望

小野竹三 作歌
Verdi 作曲

一
朝日のぼる 海の面に
光帯びて 飛ぶや鷗
人はつどふ 濱の網曳
獲物祝ふ 其のこゑ

二
眼路の限り 一つ色を
水と空と わかつ白帆
浪は躍る 巖のあたり
眞玉みだれ 雪ちる

三
浦回かけて 注ぐ雨に
急ぎ歸る 海人の小舟
沖の風に 雲は晴れて
くまもなしや 月影

＊ヴェルディのオペラ『リゴレット』第三幕「女心の歌」。『明治唱歌』第五集「夏の風」（→六七五頁）は異名同曲。

夕暮

土井林吉 作歌
Naegeli 作曲

一
壯嚴餘所に 比もあらず
天地を彩り 落ち行く夕日

二
程なく色は 空しく褪めて
雲水鐘の音 おもひぞ遠き

三
斯くてぞ夜は 歩も緩く
かぐろき帷を 曳きつゝ來たる

四
悲み悩み みな其の蔭に
いつしか隱れて 眠に入りぬ

＊ハンス・ゲオルク・ネーゲリ。土井林吉（一八七一－一九五二）は土井晩翠の本名。

吉野山

吉岡郷甫 作歌
小山作之助 作曲

一
麓も峯も 咲きうづむ
花の白雲 立ちなびく
吉野の山の 曙を

唯うるはしと 見る勿れ
「こゝにても 雲井のさくら咲きにけり
唯かりそめの 宿とおもふに」
御階のさくら 徒に
昔に歸る 春待ちし
涙のいにしへ 思ひ酌めよ

二
千本の花を 掃き捨てゝ
白き嵐の 吹きさわぐ
吉野の山の 夕暮を
唯くちをしと 見る勿れ
「かへらじと かねて思へば あづさゆみ
なき數に入る 名をぞ止むる」
縄手の風の はげしくて
若木の楠の 折れたりし
涙のいにしへ 思ひ酌めよ

＊吉岡郷甫（一八七六－一九三七）。

今日も暮れぬ

尾上八郎 作歌
Spontini 作曲

一
雲の色うすれて 山の端は消えゆき
鳥の聲しづまる
樂しく樂しく 今日の日も暮れぬ
更にや待たまし 書によき夜を

二
星の影ほのめき 草の葉に露みち
寺の鐘鳴りやむ
静かに静かに 今日の夜は來たる
更にや待たまし 望ある明日を

＊ガスパレ・スポンティーニ Gaspare Spontini（イタリア、1774-1851）。尾上八郎（一八七六－一九五七）。

醍醐の花見

池邊義象 作歌
田村虎藏 作曲

一
笠取山に 春闌けて
醍醐は花の 眞盛
豐臣太閤秀吉公
武勇は輝く 海の内外
慶長三年 春やよひ
今日のこの日を 千金と
きらを盡せる 櫻狩
人目を奪ふ 花の宴
あなおもしろや こゝちよや

二
三寶院を 本として
見わたす限 花屏風
錦を飾る 武將の袖
光を争ふ 國の稜威
鳴るや鼓の 鼕々と
峯の松風 音添へて
雪を廻らす 舞の袖
酔へるか天も 花の宴
あなおもしろや こゝちよや

三
嵐を餘所の 下蔭に
むつるゝ花の 軍君
榮華をみたす み池の水
豪奢を較ぶる 山の梢
倭心に 照りあへる
比稀なる この莚
高き薫は外國の
果まで匂ふ 花の宴
あなおもしろや こゝちよや

＊池邊義象（一八六一－一九二三）。

夕の鐘

小野竹三 作歌
Mendelssohn 作曲

一
故郷いそぐ 雲居の雁
花より出づる 夕の鐘

二
村雨霽れて 白帆の影
磯馴の松に 夕の鐘

三
尾上の鹿の 友呼ぶ聲
もみぢ葉誘ふ 夕の鐘

四
木の葉の時雨 降りしく庵
雪げのそらに 夕の鐘

＊メンデルスゾーン「あいさつ《Grüß》」。

手函の繪

幸田成行 作歌
目賀田萬世吉 作曲

一
山岡の蕨は
萌え出でぬ今年も
萌え出でゝ 摘みて採られし
去年の憂さ 忘れて

二
山陰の雉子は

鳴き立ちぬ今年も
鳴き立ちて 人に撃たれし
去年の憂さ 忘れて

三
早蕨もきゞすも
去年の憂さ忘れて
わが世 經るすがたのどけき
うらゝかの 春の日

四
春山の蕨よ
山陰のきゞすよ
汝たちの 姿ゆかしみ
畫かうよ 手函に

＊幸田成行は幸田露伴（一八六七－一九四七）の本名。

胡蝶

鳥居 忱 作歌
Volkslied

一
春日影うらうらと のどけき日和
菜の花の色はえて 咲きたるあたり
あれよ胡蝶 ひらひら
あれよ胡蝶 飛ぶよ
ひらひらひらひら 飛ぶよ

二
花筐 手に持ちて連れだつ童
香に匂ふつぼ菫 摘み居るところ
あれよ胡蝶 ひらひら
あれよ胡蝶 飛ぶよ
ひらひらひらひら 飛ぶよ

＊ドイツ民謡。

「胡蝶」

田植

池邊義象 作歌
Righini 作曲

一
其の牛牽けよや其の畚卸せ
父母あにおと 早苗や採らん
玉なへ採らん

二
瑞穂のみ國の さかゆる種と
み親の賜ひし たふとき早苗
今はや採らん

三
雨風たひらに 千町田なべて
實れよ此の苗八束のしなひ
今より待たん

四
めでたき是の日よ 謠へや祝へ
父母あにおと いざいざ共に
謠ひて植ゑん

＊ヴィンチェンツォ・リギーニ Vincenzo Righini（イタリア、1756-1812）。

ヲーターロー

土井林吉 作歌
山田源一郎 作曲

一
渦巻く硝煙
飛び散る彈雨
萬兵齊しく大地を蹴って
ヲーターローは屍の小山
運命いかにあゝ佛蘭西

二
閃めく劍光
とゞろく馬蹄
大軍忽ちなだれを打って
ヲーターローは血汐の流
運命非なりあゝ佛蘭西

三
追ひ來る敵兵
倒るゝ勇士

全歐靡けし昔に替へて
ヲーターローのいまはの敗れ
運命盡きぬ あゝ佛蘭西

夏休

吉丸一昌 作歌
Volkslied

一
指折るほどにぞ 休はなりて
そゞろに心の あこがれ行くや
風 そよ そよ そよ そよろ吹き來る山に
水 さら さら さら さらり流るゝ川に

二
朝山辿りて 我が越え來れば
見さくる山々 夢より淡く
露 はら はら はら はらり袂をぬらす
雲 ゆら ゆら ゆら ゆらり谷間を廻る

三
釣籠片手に 岸邊に立てば
さとわの燈火 木の間にあをく
月 きら きら きら きらり川瀬に碎け
魚 ひら ひら ひら ひらり竿にぞ上る

四
間近になりたるこの夏休
斯くてぞ暮さん 樂しの休
疾く來よ 來よ 來よ 來よや この夏休
疾く來よ 來よ 來よ 來よや この夏休

虹

小林愛雄 作歌
Nägeli 作曲

一
雨霽れたる 夕空に
いつしか浮べる虹よ

二
雲のうへに 浮橋の
巧を凝らせる虹よ

三
目もあやなる 七色の
奇しくもたふとき光

四
打ち見る間に 夢の如
志づかに消え行く光

＊ハンス・ゲオルク・ネーゲリ作曲。

孔明

土井林吉 作歌
内田粂太郎 作曲

一
三顧のめぐみに 捧げし命
神算鬼謀の 數はたいかに
渭水の流 かるゝとも
百世永く 跡をぞ慕ふ

二
三代此の方 君たゞひとり
王佐の經綸 あふぐぞ高き
臥龍の岡は 崩るとも
千載遠く 譽をつたふ

三
三國擧りて 比を見ざる
綸巾羽扇の すがたぞ淸き
祁山の陣は 夢なれど
萬古に高く 名は猶匂ふ

深林逍遥

乙骨三郎 作歌
Marschner 作曲

一
晝なほ小闇き 木々の下蔭
散りしく落葉に 道もわかぬ
深き林を ひとりたどれば
鳥だに來鳴かぬ あたりの靜けさ
遠き谷間 落つる水の
たぎつ音か 響かすか
さら さら さら
さら さら さら

二
幾年舊りにし 太き老木の
梢ははるかに 雲にそびえ
根にはむす苔色ぞさびたる
此処こそ浮世の 外ぞとおもふに
打つや何處 森の彼方
杣が業か 斧のひゞき
ちやう ちやう ちやう
ちやう ちやう ちやう

＊ハインリヒ・アウグスト・マルシュナーHeinrich August Marschner（ドイツ、1795-1861）作曲。乙骨三郎（一八八一－一九三四）。

綠蔭

三宅龍子 作歌
Becker 作曲

一
綠葉しげる 岸邊
草の褥しきたり
小川低くさゝやく

いざやこゝに 來たれと
二
鶺鴒岩間飛びて
水は堰かれて しぶきす
みどり空に 連なり
木々に唄ふ ひぐらし
三
日は早や 山に入りて
雲は黄金ながしぬ
勤務終へし 此の身よ
げにや此處に 休まん

＊ウィルヘルム・ベッカー Wilhelm Gottlieb Becker。
三宅龍子（一八六八－一九四三）。

「綠蔭」

笠置山

池邊義象 作歌
南 能衛 作曲

一
吹き捲く炎に 雨風加はり
ふせげどふせげど いまはやすべなし
木の丸殿は 見る見る燒けぬ
頼みし木戸は みなみなやれぬ
敵はなにもの かまくら賊徒
嗚呼 笠置山 大君おはす
てだてもつきぬ この殿や
二
立蓋ふさぎりに 道さへ見わかず
かしこき大君 みゆめのこゝちに
手に手を取りて 落ち行き給ふ
ゆくへもくらき 谷かげ木かげ
たのむあたりは 千早のあたり
あゝ 笠置山 いまはやおちぬ
おほぎみいづこ かしこしや
三
頼みにたのみし 赤阪金剛
はかると知らずて おちつきたまへば
思ひもたがふ 六波羅館
時雨も漏るや 板屋のおまし
ぬるゝ御袖は ひる時あらず
あゝ 牢の御所 軒うつ雨に
涙もそひぬ あゝかなし
四
波さへさかだつ 潮路の八潮路
かぜをもいとはず 雨をもきらはず
みふねはいそぐ こじまの隠岐に
おましはなりぬ 板屋のみとの
元弘二年 くれゆくはるべ
あゝ 蜑衣の 重なるうらみ
かこつもあはれ 世のさまや
五
山かぜ波かぜ あらびにあらびて
ゆくへもわかたず はてしもあらせず
みそらはくもり 日かげも見えず
上らむ月の かげだに知らず
笠置破れて 二年三年
あゝ かりごもの みだるゝみ世や
おもへばうたて あゝかなし

＊南能衛（一八八一－一九五二）。

湖上の月

吉岡郷甫 作歌
Rossini 作曲

一
月影さやけく 風も吹かぬ 秋の夜半
眞澄の鏡か 塵もおかぬ湖
いざ吾が友 小舟出せ
いざ吾が友 纜とけや
二
小波 あや織り 魚もおどる 水のおも
桂のさ枝か 棹にかゝる 水草
いざ吾が友 高く歌へ
いざ吾が友 舷うてや

＊ロッシーニのオペラ『ウィリアム・テル』第三幕、お祭の合唱「鳥はお前について行かない」。

亡友の寫眞

吉岡郷甫 作歌
Zelter 作曲

一
靈魂こもる このうつしゑ
知れるか君が またなき友
二
友情やどる このまなざし
消ゆるかとはに光らぬ星

三
才藻うかぶ このくちつき
とづるかとはに 開かぬ花
四
朝夕あふぐ このうつしゑ
まもれや君が 友なき友

＊カール・フリードリヒ・ツェルター Carl Friedrich Zelter（ドイツ、1758-1832）。

護良親王

杉谷虎藏 作歌
Silcher 作曲

一
鎌倉山の 雲を掃ひ
天つ日あふぐ 時は今と
思をくだく 座主の宮の
衣にさむし 深山おろし
深山おろし
二
十津川吉野 奈良や熊野
いくさの數は いくそ度ぞ
一日も安き 空はなくて
あらしに雨に 身をば任す
身をば任す
三
晴るゝと見えし 山の雲は
再び湧きて 日かげくらく
あやめも分かぬ 御世となりて
恨も深き 土のむろや
土のむろや

＊フリードリヒ・ジルヒャー作曲。杉谷虎藏（一八七四－一九一五）。

月下懐郷

下村 莢 作歌
Deutsches Volkslied

一
照らすか月影 三國一の
富士より落ち來る 清水のながれ
清水に米とぐ わがふるさとを
二
戀しや故郷 思へば今も
かすかにひゞくよ やさしき母の
御膝に眠りし むかしの歌の
三
針の手休めて 同じき月に
この身やおぼさむ 老いたる母は
みそばに侍りて 絲くる姉と
四
照らすか月影 父ます墳を
おもへば身にしむ 幼き汝が
行末いかにの 今はの御言
五
打連れ鳴連れ 雁こそ渡れ
いずこの山越え 里越え來しか
はや影幽に 月たゞ更けぬ

＊ドイツ民謡。下村莢（一八七〇－一九二一）。

樺太

福井久藏 作歌
益山鎌吾 作曲

一
潮もはやき 千嶋潟
すさぶ嵐の 絶えずして
櫻木うゑし 嶋山は
蓬が杣と 荒にけり
境を讓らば 國威は落ちん
劒に血塗らば 民草病まん
かたみに換ふる 盟にて
浪風しばし なごみけり
二
黒雲とざす 北の海
荒るゝ八汐路 かきわけて
みいくさ艦の よせつれば
あだ浪きえて あともなし
眞岡の山上 月影きよく
千歳の浦波 いく春かへり
榮ゆく御代の みひかりは
野澤の民も 仰ぐなり
三
あされど絶えぬ 海の幸
とれどつきせぬ 陸の富
をさめて國を ひらかずば
北の固を いかにせん
海豹あそべる 小嶋の磯も
馴鹿むれゐる 荒野の末も
朝日の御旗 おしたてゝ
わが日の本と 守るべし

＊福井久藏（一八六七－一九五一）。

演習

吉丸一昌 作歌
Volkslied

一
かなたの山邊 松林
かしこの岡邊 杉木立
ちらちら見ゆる もの影は

こなたに寄する 敵の軍勢
すゝめすゝめ いざすゝめ
來たらば敵はみなごろし

二
火筒の響 鳴り渡り
山岡こむる 黒けむり
此の敵破れ 退かば
我が手に歸せん 今日の譽
すゝめすゝめ いざすゝめ
來たらば敵はみなごろし

三
たがひにきほふ 眞盛に
ラッパの音高く 鳴り響く
火筒の音も をさまれば
みなぎる煙 あともとめず
空は高く 氣は澄みて
木ずゑを渡る かぜきよし

吉田松陰

土井林吉作歌
小山作之助 作曲

一
四海の鼎と 沸き立つなかに
尊皇攘夷の 雄叫たかく
霊火を點ぜし 不朽の功
霹靂碎けし 跡こそしのべ
嗚呼 松陰 高き其の名や

二
家國に許しゝ 五尺のむくろ
死生にかへざる 心の操
誠に動かぬ 何かはあると
奮ひし雄々しの跡こそ忍べ
嗚呼 松陰 永き其の名や

里祭

旗野十一郎 作歌
Schwaebisches Volkslied

一
森のこかげ 幟見えて
今日は里の 祭日
ちりやたらり 鳴るや笛太鼓
ちりやたらり ひゞくよ

二
今日こそ晴れと 衣を飾り
つどひ來るや をとめご
ぞめきぞめき 里の田中道
ぞめきぞめき 行き交ふ

三
晴れの庭の 力競
腕を見よと 若者
えいやえいや すまふ力聲
えいやえいや きそふよ

四
今日の祭 既にはてゝ
暮るゝ空の 靜けさ
きらりきらり 星の二つ三つ
きらり きらり 見え初む

＊ドイツ・シュバーベン地方の民謡。

墓詣

小金井君子 作歌
Altdeutsches Volkslied

一
奥津城近く 一人立てば
身に志み渡る 秋のあらし

二
三年の月日 夢と過ぎて
苔むし經りぬ 父の御墓

三
年毎めでゝ 作りましゝ
白菊一枝 手向けまつる

四
色香の清き 是の花を
學べとのりし むかし忍ぶ

＊ドイツ古民謡。小金井君子（一八七〇－一九五九）は森鷗外の妹。

「墓詣」

駈足

渡邊盛衛 作歌
Dessauer Marsch

一
寒さをいとはず 駈足すれば
血は湧き身は溫か
北風強く 吹雪はすれど

花散る春の こゝちして

二

暑さをこらへて 駈足すれば
涼しさ 腋より起る
流るゝ汗は 泉と湧けど
清水を浴みし 心地して

＊原曲はプロイセンの将軍レオポルト一世デッサウ侯Déssaüer（1676 -1747）にちなんで作られた「デッサウ行進曲」。

氷滑

乙骨三郎 作歌
Volkslied

一

うれし 膚さむき 北の風の
夜すがら吹きて 今朝は川の面
見よやこほりとぢぬ

二

うれし 空は晴れて 朝日高く
川の鏡の おもはかゞやき
待つかあそぶ子等を

三

うれし 冬を愛る わかき友よ
今日はひねもす 川のほとりに
なれとあそび暮さん

四

うれし心かろく 足もかろく
走る我等は 空を飛び交ふ
とりの羽や得たる

五

うれし骨は鳴りて 肉は躍り
わかき力の 湧くを覺えて
たのしこほりすべり

＊ドイツ民謡《The Skating Song》。

「氷滑」

世の態

小野竹三 作歌
Boehmisches Volkslied

一

遊ぶ魚の數見え
夕日映ゆる水の面
絲を垂るゝ青柳
姿うつす靜けさ
嵐おこり波たち
變るけしき凄しや
欺くぞとはに移りて
きはみなしや 世の態

二

鳥の聲も長閑に
搖籃かをる花かげ
夢やうまき幼兒
憂を知らぬ其の幸
父は逝きて母病み
變るさだめ哀れや
欺くぞとはに移りて
きはみなしや 世の態

＊ボヘミア民謡。

千代田の宮

阪 正臣 作歌
上 眞行 作曲

一

掛けまくも かしこき君の 大宮どころ
千代田とおへる めでたき名にも 榮えぞしるき
まへうしろ 靜かなる水 みどりにたゝへ
めぐりには 年經たる松繁りて 立ち聳ゆ
こゝのへに つらなり渡る 二重の御橋
仰ぐなり 參りまかづる 百のつかさは

二

はるばると ひがしにひろき 松原芝生
中なるみちに 敷きたる眞砂子 ちりだに見えず
吾が君の うつくしき子と おもほす民は
なりはひの 暇ある時 都に出で來たり
袖つらね 裳すそ曳きて 茲にぞつどふ
みよそひを胸に 畫きて をがむ為にと

三

此の宮居 み空をつかず 光らず照らず
吾が君いたくおごりをにくみ かざりをとゞめ
國民を わづらはさじと つくらせましゝ
御心ぞ 黄金より照り 玉よりなほひかる
御惠みに 添ひたる稜威 雲居を衝きて
外國のはてのはてまで 仰ぎたふとむ

四

九重の おくには竹の 御園生ひろく
ますみのかゞみ 掛けたるごとく みこゝろあかき
照るつきの 秋のみ山を もなかになして
うら若く 榮え生ひ立ち 廣がり滿ち給ふ
御民我 いかなる幸ぞ 此世にあへる
嗚呼嬉し 我等御民よ 御民我よ

千代田の宮　上眞行作曲

【参考文献】
『東京芸術大学百年史 東京音楽学校篇』第一巻（音楽之友社）

『女聲唱歌』

天谷秀・近藤逸五郎 共著

刊行：1909年11月27日　発行：水野書店　東京　縦222ミリ×横147ミリ　表紙＋64頁

緒　言

一、本書は主として女子師範學校、高等女學校、其他是と同一程度の女學校教科用に充てんが爲に編纂したるものなり、

一、本種に収むる所の歌詞は總て本邦諸大家の作に成り作曲は泰西名家の傑作を集めたり、

一、本書中の樂譜は總て女聲三部合唱のみを集めたり而して書中最高部のみを採りて單音式に唱謡するも亦情趣を缺くることなし、

一、本書の編纂に就き諸大家の特に執筆せられたる勞を多謝す、

明治四十二年十月　　著者　識

汝がとも

近藤朔風
匈牙利民謡

一

夢になづみて、眠る愛兒、
てる日に風に、鳥ぞなが侶。

二

光明かくろひ、風吹きさりて、
鳥は野ずゑの、森へかへりぬ。

三

風よいづこに、たゞよひゆける、
星澄む郷か、はた海の面か。

四

星をもとめず、波をも追はで、
搖籃ゆりゆり、稚兒をまもりぬ。

＊ハンガリー民謡。近藤朔風（一八八〇－一九一五）作詞。著者の一人、近藤逸五郎は朔風の本名。（三部合唱）。

夜愁

内藤濯
FRIEDRICH SILCHER

一

憂愁に濡つつ、瞳あげて、
つくづく瞻る、闇は二十重、
なづさふ影か、なびく靄の、
ふかみに淡く、浮ぶともし。
浮ぶともし。

二

搖めく火影、遠み近み、
縺れて匂ふ、樂のしらべ、
うつゝかあらぬ、思ひ過ぎり、
花こそひらけ、ひとつほのに。
ひとつほのに。

＊フリードリヒ・ジルヒャー作曲。（三部合唱）。内藤濯（一八八三－一九七七）。

望鄉

武島羽衣
JOSEPH HAYDN

一
鳥の歌、ほがらに、朝日かげ、のぼりて、
岸ぞひに、花菫、にほふ時は、
あはれ、君ぞしのばるゝ。

二
うれしさに、悲しさに、めぐりあふ、をりふし、
抑へ得ぬ、わが思、とはにとはに、
君が、上にかゝるかな。

*ハイドン作曲。武島羽衣（一八七二―一九六七）（三部合唱）。

野中の薔薇

近藤朔風
HEINRICH WERNER

一
童は見でぬ、野なかの薔薇。
若やかに咲く、その色愛でつ、
飽かずながむ。紅にほふ、
野なかの薔薇。

二
手折りて往かん、野なかの薔薇。
手折らば手折れ、思出ぐさに、
君を刺さん。紅にほふ、
野なかの薔薇。

三
童は折りぬ、野なかの薔薇。
折られてあはれ、清らの色香、
永久にあせぬ。紅にほふ、
野なかの薔薇。

*ウェルナー作曲。初出『小學唱歌集』第三集「花鳥」（↓六三頁）。（三部合唱）。

胸のたゞなか

近藤朔風
FRIEDRICH SILCHER

一
あはれ侘し 喇叭の音、
あはれ悲し わがとも。
死期の歩調力なく、
淋しき野路 ひかれゆく。
あゝ、わが胸さかるゝ。

二
ふたりなき わがとも、
撃てよとは 恨めしや。
奏樂はひゞき 兵士は、
銃をとりてぞ 居並びぬ。
指揮待つ間の くるしさ。

三
輝ける 朝日かげ、
臨終に たゞ瞥見。
ああ儚し わがともの、
今は眼も 塞がれぬ。
あゝゆけよ 天國へ。

四
ならぶ兵士 九人、
はやはなつ 彈丸八發。
撃つ手ひるみ 徒に飛び、
只わが彈丸 當りぬ。
あゝ 胸のたゞなか。

*フリードリッヒ・ジルヒャー作曲。（三部合唱）。

風のおとづれ

尾上柴舟
R. SCHUMANN

一
海より來りて、風ぞうたふ。
『つねあらきなみの、よべはなぎぬ。
かへらむ 汝が子、えものもて濱をば
みたさむ。』

二
やみをばやぶりて、よべをはじめ。
出でにしわが子に、さちありとか。
ゆきなむ いざや、帆のかげを山より
のぞまむ。

*ロベルト・シューマン作曲『少年のための歌のアルバム』「春の訪れ」（三部合唱）。尾上柴舟（一八七六―一九五七）。

黄昏

近藤朔風
FRIEDRICH KUHLAU

巓暮れゆき、
梢わたる 風も和ぎて、
鳥も 鳴き止みぬ。
待てよ しばし、やがて息まん、
待てよ しばし、やがて息まん、
われも また。

*フリードリヒ・クーラウ作曲（三部合唱）。

こほろぎ

與謝野鐵幹
BEETHOVEN

一
鳴ける、鳴ける、こほろぎは。
鳴ける、鳴ける、入日のなかに。
藁のふしどに、月のあかりに、
さかぐらの、さけの香に、
二
鳴ける、鳴ける、こほろぎは。
鳴ける、鳴ける、われはた獨り。
思出かなし、靜かにかなし。
あはれなる、こほろぎよ。

＊ベートーヴェン作曲。與謝野鐵幹（一八七三－一九三五）。（三部合唱）。

花の少女

近藤朔風
FELIX MENDELSSOHN-BARTHOLDY

一
音なく暮るゝ、春のゆふべ、
仄にきよらに、浮ぶけはひ、
花びらの、ゆらぎか。
二
眠ればそゞろ、夢の鄕に、
笑みぞ滴る、ものゝけはひ、
まぼろしか、あらじよ。
三
淡くもさむる、朝の夢と、
まぎるべしやは、花の少女、
おぼろめく、さをとめ。

＊メンデルスゾーン作曲。

皐月

内藤濯
ROBERT SCHUMANN

一
若葉にかよふ、風かをりて、
偲ぶはすぎし、花のゆくへ、
ながむる里の、綠さえて、
さめはてけりな、春野の夢。
二
橘薫り、菖蒲さきて、
ものなづかしや、皐月の空、
さめにし夢の、名殘みせて、
ひらゝになびく、雲のちぎれ。
三
山川とほく、影なごみて、
夕の靄に、うすれゆけば、
綠の匂ひ、簫ぎつゝ、
泌みこそわたれ、胸のうちに。
四
心うれしや、門によれば、
月に啼きゆく、山郭公、
あはれ。

＊シューマン作曲。

淺綠

近藤朔風
ROBERT SCHUMANN

一
春風吹きそめ、梢も萌みて、
野邊に山邊に、わびしき冬は、
かげもとゞめず。
二
かびろき野面を、めでたく彩る、
うら若草は、あなたこなたに、
花さき そめぬ。
三
春日はうらゝに、淺綠さえゆき。
胸のむすぼれ、いつしか解けて、
いとゞ のどけし。

＊シューマン作曲。（三部合唱）。

牧童

瑞典民謠

一
遙かに距だる、面影偲びつ、
つの笛 吹き鳴らして、森かげに嘆かふ。
響けよ 心こめて、
吹き鳴らす 角笛。
二
溟涬り響かふ、角笛聽かずや。
いとどし心もだゑ、面影よ尋めよこ。
華やぐ 思知らず、
死なましの 我身か。

＊スウェーデン民謠。

菩提樹

近藤朔風
FRANZ SHUBERT

一
泉にそひて、繁る菩提樹、
慕ひ往きては、美し夢みつ、
幹には彫りぬ、ゆかし言葉、
嬉悲に、訪ひしそのかげ。
二

今日も過りぬ、暗き小夜なか、
眞闇に立ちて、眼とづれば、
枝は戰ぎて、語るごとし、
來よいとし侶、こゝに幸あり。

三

面をかすめて、吹く風寒く、
笠は飛べども、棄てゝ急ぎぬ、
遙離りて、佇まへば、
なほも聽ゆる、こゝに幸あり。

＊シューベルトの連作歌曲集『冬の旅』第五曲《Der Lindenbaum》。原詞はヴィルヘルム・ミュラー。（三部合唱）。『明治唱歌』第五集「雀の子」（→六七二頁）。

舞姫

内藤 濯
W. A. MOZART

一

百千の燭火、
闌けゆく のどけさ。
衣の香 花の香、
ときめくまなかに、
たちまふ 舞姫、
縒れては ひらく。

二

小袖の紫、
靡びかふのどけさ、
思ひも手ぶりも、
霞める火影に、
渦まく 樂の音、
笑みては 嘆く。

＊モーツァルト作曲。（三部合唱）。

別離

FRANZ ABT

一

南はるかに 燕はかへり、
獨おくれし、薔薇さへ枯れて、
心はそゞろ うらぶれ嘆く。
『あふせも知らぬ、
噫、今日の別離を、
思へば 悲しや。』

二

西に入日は やをらに沈み、
黄ばみし森の、影さへ消えて、
心はそゞろ うらぶれ嘆く。
『あふせも知らぬ、
噫、今日の別離を、
思へば 悲しや。』

三

風に散らばふ 落葉とばかり、
かくてのはては、朽ちゆくものを、
なじかは嘆く 寂びゆく心。
『別離のこの日、
噫、またのあふせを、
思へば 悲しや。』

＊フランツ・ヴィルヘルム・アプト作曲。（三部合唱）。

川舟

三宅花圃
C.M.V. WEBER

一

しらみそむる、朝川の、
風にまかせ、浪にのり、
ゆらぎゆらぎ、岸ぞひに、
小舟ながす、おもしろさ。

二

空は晴れて、水はすみ、
森の小鳥、まひうたふ、
小草そよぎ、風わたり、
ゑめる花の、かぐはしさ。

三

水の面けぶる、夕まぐれ、
ゆめをのせて、ゆく舟も、
うつらうつら、揖の音の、
しらべあへる、こゝちよさ。

＊ウェーバー作曲。三宅花圃（一八六八―一九四三）。（三部合唱）。

美し夢

近藤朔風
FRANZ SCHUBERT

一

眠れ眠れ、可愛し綠子、
母君に 抱かれつ、
こゝちよき、歌聲に、
むすばずや、美し夢。

二

眠れ眠れ、慈愛あつき、
母君の 袖のうち、
夜もすがら、月さえて、
汝が夢を、護りなん。

三

眠れ眠れ、疾く眠りて、
朝まだき、覺て見よ、
麗しき、百合の花、
微笑まん、枕もと。

＊「シューベルトの子守歌」。（三部合唱）。

神殿

CHARLES LÉON FRANÇOIS KREUTZER

一
宵星遠の空に、ほのめく黄昏時、
淋しく煌めきつ、山巓に建てる姿、
壯嚴に靜なり、あれこそは神殿。
さまよへる ひとのむれ、殿堂へ、
集ひ來て、身をこめて禱りする。

二
黒き帳おりて、薫ぐ夜半に、
山巓ゆ妙にかよふ、崇高き歌の調、
美しく靜なり、あれこそは讃頌歌。
たふとしの歌聲に、ひと心、
澄みわたり、天上界へ昇りゆく。

三
遠近狹霧霽れて、ほのぼの明る旦、
そよふく風に揺り、たゞよふ深き響、
朗に靜なり、あれこそは鐘の音。
朝まだき後世の、幸願ふ、
ひとのむれ、呼び覺す 鐘の音。

＊チャーレス・レオン・フランシス・クロイツェル Charles Léon Frauçis Kreutzer 1817-1868)。

ロオレライ

近藤朔風
FRIEDRICH CHSILCHER

一
なじかは知らねど 心わびて、
昔の傳説は そゞろ身にしむ。
寥しく暮れゆく ラインの流、
入日に山々 あかく榮ゆる。

二
美し少女の 巖頭に立ちて、
黄金の櫛とり 髪のみだれを、
梳きつゝ 口吟ぶ 歌の聲の、
神怪き魔力に 魂もまよふ。

三
こぎゆく舟びと 歌に憧れ、
岩根も見爲らず 仰げばやがて、
浪間に沈むる ひとも舟も、
神怪き魔歌 謠ふロオレライ。

＊フリードリヒ・ジルヒャー作曲。「ロオレライ」の曲名では初出。『明治唱歌』第一集「二月の海路」（→六四八頁）。（三部合唱）。

星

大塚楠緒子
独逸民謠

一
ばらも こてふも、ねぶる のべを、
さらに かざり、ほゝゑみ そむる、
みそらの はな。

二
くるゝ はてに、まよふ かはの、
ゆくてを しへ、かゞやき そむる、
みそらの またま。

三
よごと しづけき、ひとの くにの、
やみを まもり、ひとり めざむる、
みそらの ほし。

＊大塚楠緒子（一八七九―一九一〇）は明治後期の歌人。（三部合唱）。

夜

與謝野晶子
C.M.v. WEBER

一
木の間の泉の、夜となる哀しさ。
靜けき若葉の、
身ぶるひ夜霧の、白き息。

二
木の間の泉の、夜となる哀しさ。
そよ風なげけば、
花の香ぬれつゝ、身もだえぬ。

三
木の間の泉の、夜となる哀しさ。
こがねの挿櫛、
月姫うるみて、さまよへり。

四
木の間の泉の、夜となる哀しさ。
たゆたふなげかひ、
われらは堪へざり、笛を吹く。

＊ウェーバーの歌劇『魔彈の射手』より。與謝野晶子（一八七八―一九四二）。（三部合唱）。

稜威

近藤朔風
BEETHOVEN

壯嚴の 神の稜威、
蒼空に とゞろき、
海も陸も 讃へ唱ふ、
聽け衆生 その聲。
たぞ置きし 百千の星、
たぞ掲げし あまつ日、

たぞ降す 涯知れぬ、
蒼空のあなたゆ、
とこひかる光明。

＊ベートーヴェン作曲『六つの歌』より「自然における神の栄光」。（三部合唱）。

落葉

長谷川時雨
F.MENDELSSOHN-BARTHOLDY

一
秋雨 ふりきぬ、
公孫樹の こずゑぬらして、
また はらはらと、 簷端をかすめて、
ふりゆくなべに。

二
いのちは 儚なき、
吾世の 夢ぞといふや。
かくして草葉も、 蛼も消ゆくか、
ゆふべの露と。

三
あふげば あなやと、
落葉の ふたひらみひら、
小笠にとまりぬ、 日はいま沈みて、
霧こそまよへ。

四
野ずゑに 散りしけ、
銀杏の こがね葉、
雨ふるさまにも。 朽ちゆくなきがら、
おほへよ。

＊メンデルスゾーン作曲。長谷川時雨（一八七九－一九四一）。（三部合唱）。

森の小鳥

近藤千穂子
F.MENDELSSOHN-BARTHOLDY

一
綠の森の、 小徑ゆけば、
夢みるけはひ、 けはひそゞろ。
爽ぐ陰を、 涼しき奥を、
めぐりうたふ、 妙なるその聲、
めぐりうたふ、 妙なるその聲、
細流のうたと、 ともなひ響く。

二
心のまゝに、 峰を谷を、
飛びかふものに、 幸はあれな。
憂世をよその、 綠の鄕に、
日ごと日ごと、 妙なる調を、
日ごと日ごと、 妙なる調を、
樂しくうたへ、 森の小鳥よ。

＊メンデルスゾーン作曲。（三部合唱）。近藤千穂子（一八八四－没年不詳）は朔風の妻。

つむぎうた

近藤朔風
RICHIARD WAGNER

一
くるくる廻るは 糸くる車、
心地よの 廻る響。
とくとく廻りて 紡げや糸を、
音たてゝ 廻る車。
明けゆく旦ゆ、 くるくる廻りて、
暮れゆく夕ぐれ、 業なし果てゝは、
息ふ車よ。
くるくる、 くるくる 糸 繰る車。
とくとく、 とくとく 糸 繰る車、
めぐれ くるま、 めぐれ くるま、
めぐれ くるま、 いとぐるま。

二
樂しく謠ふは、 糸 繰る少女。
面白の 歌の調べ。
愛でたく謠ひつ、 紡げや糸を、
聲 妙に謠ふ、 少女。
朝とく起いで、 糸 繰り初めては、
黄昏巧妙に、 業なし終りて、
息ふ少女よ。
つむげや、 つむげや、 糸 繰る少女、
うたへや、 うたへや、 糸 繰る少女、
つむげ をとめ、 うたへ をとめ、
つむげ うたへ、 いざ をとめ。

＊ワーグナー作曲、オペラ『さまよえるオランダ人』より「つむぎ歌」。

『女聲唱歌』最終頁の挿絵

附章

周辺文化に見る「唱歌」

「唱歌」と「うた」の語義

唱歌とは何だったのだろうか。唱歌の語義を辞書・辞典等から明らかにする。日本では唱歌という言葉自体は漢詩の流入とともに、古くからあったが、一般には流通していた言葉ではなかった。そして江戸末期以降に外国語の辞書類が整備されていく段階で再び登場した言葉である。

唱歌の語義

唱歌の語源を諸橋轍次著『大漢和辞典』にみると、『楽府雑録』の中に「後立唱歌」とあり、胡楽つまり西域天竺系の外来音楽の紹介部分に「後立唱歌」は登場する。筆者は音楽取調掛の蔵書中の『楽府雑録』[注1]の写し二部[注2]と国会図書館古典籍の蔵書[注3]を元とする。

中純子の研究[注4]によると、『楽府雑録』の著者である段安節は晩唐の下級官吏であったが、当時の楽の実情を『楽府雑録』に記したという。

胡楽は、当時宮殿の宴で大流行していたが、いわゆる俗楽（燕楽）である。該当部分は「種々の楽器が座して合曲された後、立って唱歌した」となる。さらに胡楽の次の「歌」にも「一身能唱歌」と記されている。楽つまり楽器の声をなぞることが歌で、『楽府雑録』の唱歌は雅楽の唱歌に近いものと思われる。

また前述の『大漢和辞典』では唱歌の類義語としては唱曲をあげている。唱歌と唱曲の使用例を辿ってみると、日本で大変もてはやされた白居易の巻三四律詩には「不辞便送東山去、臨老何人余唱歌」[注5]（東山を去るあなた、さよならはいわないよ、年をとったときに歌でもうたおうじゃないか）とあり、やはりうたをうたうことを指していた。唱曲という用例は漢文ではないが『常陸国風土記』[注6]の行方郡の条に「建借間命大起権議、―中略―天之鳥琴、天之鳥笛、随波逐潮、杵嶋唱曲七日七夜遊樂歌舞。干時賊党、聞盛音楽―後略―」（たけかしまの命、大きに権議を起こし、―中略―天の鳥琴、天の鳥笛は、波に随ひ、潮を逐ひて、きしまの唱曲を七日七夜遊び樂しみ歌ひ舞ひき。時に賊の党、盛んなる音楽を聞きて―後略―）とあって、唱曲に（うたぶり）と読ませ、歌をうたうことである。

次に、『日本国語大辞典』[注7]の唱歌の項目は四つ挙げられている。「i（―する）笛・琴・琵琶などの旋律を口で歌うこと。そうが。ii（―する）楽にあわせて歌をうたうこと。また、その歌。iii歌の文句。歌詞。iv明治以後昭和十六年までの学校教育での音楽授業の教科名。またその教科でうたわれた歌曲や、それをうたうこと。日本の音楽教育が最初は歌唱指導を主としていたことに基づく用語。」となっている。この四つの語義を確認して行こう。

iの「（―する）笛・琴・琵琶などの旋律を口で歌うこと。そうが。」はいわゆる伝統音楽、例えば雅楽（笙、篳篥、竜笛、高麗笛、能管）や尺八や箏の学習のさい、旋律と奏法を覚えるために口で唱える「口しょうが」のことである。この文献例は割と多く『竹取』[注8]、『宇津保―国譲下』[注9]、『平家』[注10]、『源平盛衰記』[注11]『体源鈔』があげられている。例えば『体源鈔』の一〇の上、唱哥事では「禅定殿下の仰せに云く、唱哥は笛の囀りのままに、唱（となふる）はききにくき事也」とあり、笛が出す音の旋律を口で唱えることを「囀りのままに、となふる」が、それは聞きづらいことであると述べている。また『竹取』のなかで「或は歌をふたひ、或はしゃうかをし」と記され、歌をうたうこととしゃうかをすることは別で並列して記述している。つまり、「唱哥」や「しゃうか」はソルミゼーション（シラブルをつけ旋律を記憶しやすくするもの）として理解していたと言える。唱歌とはシラブルをつけ節をうたうことであって、歌の文句をさしてはいないのが『日本国語大辞典』のiであった。

iiの「（―する）楽にあわせて歌をうたうこと。また、その歌」つまり歌詞のついた旋律をうたっている文献例である。用例は中世の例として『源氏物語―宿木』、『吾妻鏡―元暦元年十一月六日』、『古今著聞集』で、近代のものは『経国美談』（矢野龍渓著、明治十七年刊）『浮雲』（双葉亭四迷、明治二十二年刊行）『落梅集』（島崎藤村、明治三四年刊行）である。

中世の例『源氏物語』の宿木にみられる「殿上人のなかにも、しゃふかにつきなからむともは、召し出、おもしろく遊ぶ」とあり、遊興の場で楽にあわせて歌をうたうことを示している。しかし、雅楽での唱歌ではないかとおもわれるのは『古今著聞集』[注12]で、「樂所には笙四人篳篥一人唱哥の物数人など有ける。」とある。雅楽を学ぶ樂所でのことなので、「i（―する）笛・琴・琵琶などの旋律を口で歌うこと。」に分類されるべき文献と思われる。つまり、ソルミゼーションとしての唱歌と歌詞をうたうことの違いを明確に示すとは言いきれない文献例である。一方、近代の文献では、『経国美談』「諸遊芸にも堪能にて音曲唱歌は最もその長技なり」、『浮雲』「誰彼の見さかひなく戯れかかって詩吟するやら唱歌するやら」、『落梅集』「おほかたの樂芸に思ひ合わするに、唱歌は演奏会のうちの花ともいふべきなり」があげられており、明らかにうたうことを指し示している。

iiiの「唄の文句、歌詞」はむしろわかりやすい。『伽羅先代萩』(注13)では「サアせがまずば今の哥。聲張上て唄ふて見やと。地ハル言れて涙の聲張上。哥ほろり〳〵とお泣ゃるが〳〵。〜中略〜地上哥の唱歌も身に當る。涙はお乳がフシ胸の内ノル子故の。闇ぞやるせなき。」となっていて校注では「ここは歌の文句、歌詞。その文句が身につまされる意。」と説明がある。また清元の『春夜障子梅(夕霧)』(注14)では「合奥の様子を伊左衛門合腹立ちまぎれ床の間の、三味線引きよせ調子さえ、合はば合何して恁うしてと、合胸は合二上り三下り、唄の唱歌に合いの手や」と、近世の語り物のなかでは唱歌は「唄の文句」と理解されていた。しかし同時にこの唱歌のよみかたが「せうが」や「しやうが」になっていることにも注目したい。堀内敬三著の『音楽五十年史』に「しかし室町時代終わりごろから此の文字を坊間では短い歌曲の歌詞の意味に用ひた。江戸時代の稗史にも随筆にも小曲の歌詞のことを唱歌と書いてある例があるが、これは雅楽家のいいかたとも現代のいいかたとも違う」(注15)と記されている。まさに『日本国語大辞典』のiii唄の文句、歌詞としての意義を指し、それは短い歌曲や小曲であったという特徴を指摘している。

ivは「明治以後昭和十六年までの学校教育での音楽授業の教科名。またその教科でうたわれた歌曲や、それをうたうこと」と記されていて、本書が多く掲載している「教科としての唱歌」を対象としているわけであるが、教科名であり、その授業内でうたわれた歌曲であり、歌曲をうたうことでありと概念としてはじつに混在状態が示されている。教科名の例としては、『破戒』(注16)「時間表によるとその日の最終の課業が唱歌だった」があげられ、教科でうたわれた歌曲の例は、二つ『河霧』(注17)「豊吉はお花が土蔵の前の階段に腰掛けて唱ふ唱歌をききながら」と『道草』(注18)「子供は日に何度となく『もういくつ寝ると御正月』といふ唄をうたった。彼等の心は彼らの口にする唱歌の通りであった」があげられていた。「歌曲」を指し示しながらも「うたうこと」ともとれなくない微妙なニュアンスである。

音の教育がいつのまにか歌詞の意味の教育へとすり替わって行くのである。これらはより検討されることがらである。さて中間形態であるiiとiv「うたわれた歌曲や、それをうたうこと」ではむしろ近代の用例のほうがが「楽にあわせて歌をうたうこと。また、その歌」を指し示していた。近代学校教育の場で「教科目」名として唱歌が登場して以降の使用例のほうが「楽にあわせて歌をうたうこと。また、その歌」に近かった。中世・近世において唱歌が「楽にあわせて歌をうたうこと。また、その歌」という理解はあまり明確ではないし、唱歌という言葉はそれほど頻繁に一般的に使われていた形跡はない(注19)。やはり一般化した言葉ではなかったようである。

(注)

1楽府雑録総目　唐　段安節撰(東京芸術大学所蔵)
　雅楽部　雲韶樂　清樂部　鼓吹部　驅儺
　熊羆部　鼓架部　亀茲部　胡部
　歌　舞　俳優
　琵琶　箏　管篌　笙　笛　＊篥
　五絃　方響　琴　阮咸　鞨鼓
　鼓　拍板　(後略)

2石渓山人が元文三年六月九日に写した昌平坂塾印のものと、写者不明だが來名文庫の印字があるもの。

3　胡部
樂有琵琶五絃箏、管篌觱篥笛、方響拍板合曲、時亦撃小鼓鈸子合曲、後立唱歌、涼府所進、本右正宮調、大遍小者、至貞元初康崑崙翻入、琵琶　玉辰殿、故有此各合諸樂、即黄鐘宮調也、奉聖楽曲、是韋南康鎮蜀時、南詔所進在宮調、舞伎六十四人、遇内宴即於殿前立奏樂、更番替換若宮中宴、即生奏楽、俗楽六坐部立部也

4中 純子「段安節『楽府雑録』訳注稿」㈠、㈡、㈢『中国文化研究』天理大学国際文化学部中国学科研究室

5『白氏文集』和訳新註　下巻　白楽天原著　支那哲学研究会　菊地屋書店　明治四五年四月　三四巻律詩六九八頁、『白氏文集』新釈漢文体系　岡村繁　明治書院　平成二年十一月

6原形は和銅六年(七一四)から養老二年(七一八)の間に成立したが、その後文飾が加えられているという。

7『日本国語大辞典』第十巻　四六七頁　日本大辞典刊行会編集　小学館　昭和四九年七月

8『竹取』「日暮るほど、例のあつまりぬ。人々、或は笛をふき、あるひは歌をうたひ、或はしやうがをし、あるひはうそをふき、扇をならしなどするに、おきな出ていはく〜後略」『國文學註釋叢書』五　一二四頁　折口信夫編纂　東京　名著刊行会　昭和四年三月

9『宇津保—国譲下』「またそれらが中にひちりきふく物とふきあはせて、ことひとびとはしゃうかし、うたうたい、よひとよあそびたまふ」京都大学附属図書館所蔵　古典籍(古典体系)

10『平家』七青山之沙汰「「優にけだかき声にてしゃうがをめでたう仕る」

11『源平盛衰記』一の八文覚高雄勧進事「法皇も御感の余り、時々は唱歌させ御座ける」

12『古今著聞集』巻三、一〇〇−一〇一頁　京都大学附属図書館所蔵　古典籍(古典体系)　建長六(一二五四)年に成立した説話集。

13『伽羅先代萩』、結城座　上總屋利兵衛版、日本古典文学大系五二　浄瑠璃集下　鶴見誠校注、岩波書店、昭和四二年十月第六刷　三四七頁

14『日本音曲全集　第三巻　清元全集』中内蝶二・田村西男編

纂、日本音曲全集刊行会　昭和三年一月、四四頁
15『音楽五十年史』堀内敬三著　鱒書房、昭和二三年、七五頁
16『破戒』島崎藤村全集　現代文学大系十三巻
17『河霧』国木田独歩集　日本近代文学大系10
18『道草』漱石全集第十巻
19明治になって、近世までの書から用例を列記した著作に小中村清矩著『歌舞音曲略史』と『古箏類苑』がある。いわば明治までのデータベース集といってもよい。『歌舞音曲略史』で唱歌は四例である。『続日本紀』、『続世継』、『足利家年中行事恒例記』、『人倫訓蒙圖彙』にみられる。ことに『続世継』では「唱歌しすまして、これは樂の譜うたひし事なるべければ…」と記し、唱歌をソルミゼーションととらえている。
一方、『古箏類苑』は、ことばの類を部立として、グルーピングしている。唱歌は圧倒的に歳時部の事例である。「元日節会下淵酔口附」や正月二日の「二宮大饗」や「臨時客院宮臨時客併入」といった宮中の年始や、寺社の孟蘭盆の記録にあらわれる。しかしこれらは、一般人とはまったく無縁な宮中のできごとであり、やはり唱歌は一般化したものではなかった。

よみかた

唱歌は「しょうが」「そうが」「うた」「しょうか」と読まれたりルビがふられることがあった。明治以降に限り考察する。

「しょうが」は伝統音楽、例えば雅楽（笙、篳篥、竜笛、高麗笛、能管）や尺八や箏の学習のさい、旋律と奏法を覚えるために口で唱える「口しょうが」のことである。

山住正巳は、『国史大辞典』(注1)の唱歌の項目で、「明治以前は『しょうが』あるいは『そうが』と発音することが多く、証歌、章歌、正歌とも書いた」と述べているが、証歌は和歌のもとうたを探すという本来の意味があり、章歌、正歌はその解説を探すことが出来なかった。「そうが」は雅楽で「唱歌（しょうが）」することに使われ『河海抄』で天暦二（九四八）年三月九日の文献にあるが、明治以前は雅楽を除いて一般に使われていた言葉ではなかったようである。

「ウタ」とルビがふられた場合は、寄席などにおける技芸科目として人前で演奏するものとしてとらえている。明治十三（一八八〇）年三月二七日付けの朝野新聞に寄席の興行演目（科目）が決定したことを知らせる記事がある。「一昨日警視第二課へ寄席年行事を呼び出され左の通り口達ありと。自今寄席に於いて興行すべき技芸科目左の通り当分相定め候条、この旨組合中へ漏れなく相達すべき事　軍談講釈。落語。浄瑠璃及び唱歌（ウタ）。写し絵。手品。音曲。操人形」「ウタ」とルビがふられているのは、この例だけであるが、同様な使い方が明治九年四月六日付け東京日々新聞の「能の天覧」にも見られる。文学振興をよびかける福地桜痴の文である。「詞は志をいい、歌は言を永うす。之に附するに節曲を持ってし、之を和するに絲竹をもってするに非ざれば、何ぞ詞賦の名称を下すべけんや　請ふ今日に行われし節曲絲竹に附和する唱歌なるを見よ 一、三の古詞を除かば概ね猥雑の鄭音のみに日本詞賦と称すに愧じざるものありや否や」。これらの二例からは「ウタ」は明治初期に楽器演奏と共にうたわれる技芸であった姿がみえてくる。この理解が世間では一般であったのではないだろうか。しかし、逆に「うた」に漢字をあてる時は「歌」「謡」があてられる。この場合、「歌」は詞を暗誦するもので、一方、「謡」は節まわしがあるものである。以上唱歌のよみかたをあげたが、本事典で扱う用語、唱歌は「しょうか」と読む。

（注）
1『国史大辞典』国史大辞典編纂委員会編　吉川弘文館　昭和六一年十一月

近代の翻訳語としての唱歌

近代になって改めて「唱歌」という語の意義付けが新たになされ、「唱歌という言葉は漢語経由の訳語で、もとの言葉はChant、Singingであろう」と推測し、外国語の辞典類の検討を行なう。明治四（一八七一）年正月に刊行された『官許佛和辞典』(注1)のChantに「唱歌、雑唱、鶏唱」と訳があてられている。またSingingの訳語として唱歌をあてているのは明治五年一月刊行の『英和字典』(注2)である。明治五年八月に出される「学制」の第二七条で、下等小学校の一四番目の教科目として「唱歌 当分之を欠く」と登場することはよく知られているが、一般に言葉として辞典類のなかで定着してくるのは明治一八年ごろ(注3)である。

明治中期ごろまで、日本語の不統一から簡便な辞書によっては動詞と名詞とが混在した訳も多々みうけられ、唱歌が「うたうこと Singing」であるのと同時に「歌 Song」と理解されていたことも多い。大まかには英語系の辞典ではSingingに「謡」の字があてられる傾向がある。

一方、仏語系辞典ではどの辞典でも唱歌が訳語として定着していた。独語系辞典の出版は英語や仏語に比べ出遅れむしろ明治中期になるので、唱歌という訳語が定着する過程で検証の対象としない。その他、主要ではないが私家版の英語辞典とヨーロッパでの生活経験がある者の示す唱歌とは「祈りのうた」であり「合唱」であったことを紹介する。

(注)
1『官許　佛和辭典』一八七一　明治四年辛未　正月新鐫　好樹堂 Nouveau dictionaire français-japonais changhai,Mission presbytérienne M.Nugent の仏英辞書の翻訳
2『英和字典』知新館社友同訳 明治五年、P.A.Nuttall の辞書及び Webster 大辞典及び英漢対訳の辞典を基にしている。
3和英辞書類で項目として唱歌が定着している。

英語系辞典

英語系辞典から確認を始める。万延二(一八六一)年の『英語箋』(注1)は、米語箋とも呼ばれる英語辞書であるがオランダ語を媒介としていると言われる(注2)。名詞の形が多く、ここには singing-master(シンギング　マストル):歌師(ウタノシショウ)、songbook(ソングブック):唱曲冊(ウタボン)ウタノショウ、ウタボンとルビがふられていた。唱歌の類義語である唱曲が使われていることに注目したい。不定詞を伴った　to sing は歌(ウタ)フと書かれ、後の英和辞書に見られる謡の字は充てられていない。そして、一八六六年W・ロプシャイト編纂の『英華字典』(注3)は、蕃書調所や日本の英学者によく使われたものだと言われている。英語に中国語訳がついているが、語彙の豊富さと文法上の訳しわけの綿密さは当時の日本の辞書とは比べものにならない。Sing の項目に「唱」「唱歌」「歌」が発音記号とともにあり、訳語として「唱音、謳詠、咏唱、羅貢、唱詩、唱聖詩」があてられている。一方 Song の項目の訳語は「歌、詞、曲、詞、調」があてられており、用法として to sing a song　に唱歌、唱詩、歌詩があてられている。媒介となった言語がオランダ語か中国語であったかの違いによって、訳語の選択と動詞の表記のしかたに差異があるようである。

一八六七(慶応三)年の『改訂増補　英和対訳袖珍辞書』(注4)は、幕府の洋学調所で教官であった堀達之助らが編集した。通称開成所辞書とよばれ、三五〇〇〇語におよぶ本格的な辞書　H.Picard 著 A New pocket Dictionary of the English-Dutch and Duch-English Languages(注5)を種本としている。官による辞書の基準となり、その後の英和辞書に大きな影響力を与えた。ここで Singing は「謡歌スルコト」である。『英語箋』にすでにあった Singing-master は歌師匠、songbook は Singing book となって訳も楽譜と変更され、ルビはふられていない。また名詞形の Song は、歌、詩であり、Songster は、「歌フ人囀ル鳥」となっている。Singing と同義語として Chant-ed-ing「謡フ誦読スル頌スル」、その名詞形として Chant と Ballad とは歌、応用として Balladsinger「小歌ヲ謡フ人」、と著される。袖珍辞書すなわちポケット版辞書と記されているものの、名詞と動詞の訳しわけと類語についてあげている本格的辞書である。

ところが和訳となると、理解できている内容については当時の和の言葉を附しているが、内容が理解できていないものについてはまとめた訳をしてしまっている。例えば、楽器も相当数あるが、日本にある楽器名におきかえられるものはフルート「笛」(注6)、チター「鼓弓」、ドラム「太鼓」などを除くとすべて「楽器の名」という訳で表記(注7)される。

歌に関わってあげてみると、歌は名詞を指し、アンセム(注8)バラード(注9)やディティランボス(注10)やヒム(注11)オーデ(注12)シャント(注13)など、うたのジャンルを示す言葉が辞書にはのせられているが、それぞれのニュアンスの違いはなく「歌」と表記されているのみである。

中世の多声音楽における技法の一つである Descant ディスカント(注14)は厳格な対位法の規則のもとに、定旋律と上声部の音一音対一音が組み立てられるのだが、この『英和対訳袖珍辞書』では Descant「道理ノ述立　歌議論」、Descant-ed-ing「歌フ　議論スル」と訳している。各旋律が独立しながら、ぶつかりあいその調和を保つという状態を「歌の議論」と訳をあてたのは見事であるが、道理の根拠は不明である。一方「うたう」という動詞 sing は「謡フ」があてられ、この「謡フ」は carol-ed-ling キャロリング「謡フ、賛美スル」や chant-ed-ing「謡フ、誦読スル、頌スル」にもあてられている。『改訂増補　英和対訳袖珍辞書』では、sing は謡、すなわち「節をともなってうたうこと」をさしていたと思われる。

この sing の応用編ともいうべき sing part of sing は合唱や多声音楽の一部分のパートをうたう用例として記載されているものの、訳はなく空欄になっていた。名詞形のディスカントと共に、複音楽つまり多声部の音楽に関しては全く理解できなかったであろうことが推測される。動詞として sing は「謡フ」、Singing は「謡歌スルコト」、そして名詞 Song は歌(注15)、詩と併記されいた。

この『英和対訳袖珍辞書』はいわば英和辞書の上では多くの関連用語があっても、日本で概念的に理解できる部分は和訳されるが、ないものはおおざっぱなくくりでまとめられていた。初期の英語辞書はオランダ語を基礎に和訳がなされており、『英語箋』と『改訂増補　英和対訳袖珍辞書』も共にオランダ語が媒介言語であった。ここには唱歌の語はなく、「歌」が訳の基本となって、名詞形や動詞「歌フ」が初期につくられていたが、その後、動詞形には「謡フ」があてられていた。一方『英華字典』のように中

国語を媒介にしているものは動詞形の訳に唱歌があてられていた。

英語系辞典でsingに唱歌の訳を加えたのは明治五年の『英和字典』(注16)でsing v「謡フ　唱　唱歌　謳歌」となっている。さらにsingの訳で唱歌が筆頭となるのは明治一八年の『英和雙解字典』(注17)のころからであろう。『英和雙解字典』では、sing「唱歌する、歌う、囀る、鳴る」となっていた。これまでは英和であったが逆に、和英辞典でsingと唱歌の関係を確認してみよう。明治一八年四月出版の『Japanese-English Dictionary』(注18)では「唱歌　song singing」となっていて名詞形で唱歌とsingingが理解されている。同義語としての「歌謡」はA song a ballad a poem to sing a song to make a poety to compose a poem であり to sing a songという用例も名詞形として理解していたようである。英語の中で動詞形と名詞形の書き分けが定着し始めても、日本語を出発点と考えると名詞形が主体になってしまうようである。

さらにもう一点付け加えるならば、この和英辞典で歌とはsongもpoemも一緒であり、旋律をもってうたわれるsongと書かれた詩poemの弁別はされていない。以上のことから英語系字典での唱歌をまとめてみると、singingと唱歌が結びついて定着してくるのはおよそ明治一八年前後の頃であろうと推測される。しかし、和英辞典にみられるように、日本語を出発点と考えるとsingingは「うたうこと」というより名詞形「歌」としての理解が強かったとも考えられる。

(注)

1『英語箋』上下二冊　石橋政方著　自球斉蔵版四七、辛酉歳刻　二二葉

2『日本英学資料改題』六九頁　大阪女子大学付属図書館　昭和三七年三月

3『英華字典』An English and Chinese Dictionary with the PUNTI AND MANDARIN PRONUNCIATION by THE REV.W.LOBSCHEID 1866,1869 英華字典 子曰辭達爾已矣 Honkong Printed at Published at the "Daily Press" Office Wyndham Street

4『改正増補　英和対訳袖珍辞書』堀達之助　堀越亀之助補　慶応三(一八六七)年　江戸　四九九丁

5『日本英学資料改題』一六八頁　大阪女子大学　昭和三七年三月

6明治一七年頃になるとフルートは銀笛、明治一八年クラリネットは竪笛・大笛、ブロックフレーテは昭和にはいってから木笛・竹笛と呼ばれ、リコーダーという名称で呼ばれるのは昭和二三年以降。軍楽隊の楽器から言葉が決まってゆく。

7バスーン、クラリネット、ハープシコード、ハーディーガーディー、リュート、リラ、ピアノーフォルテ等が「楽器ノ名」と表記されていた。

8アンセム(祝歌)

9バラード(長編叙事詩)

10ディティランボス(酒神讃歌、ディオニソス讃歌)

11ヒム(讃歌、国歌)

12オーデ(頌、合唱歌)

13シャント(典礼聖歌)

14ディスカントとは、通常の聖歌集に収められた聖歌の旋律に、訓練された歌手が即興的に対旋律をうたう事である。レスポリウム、アンティフォナ、入祭唱、プローザなどは特にこの唱法の対象となった。

15歌は楽器伴奏をともなうもので、詩は読むうたである。「史記などにより漢代における『歌』『謡』『詠』についての歴史的研究」滝　遼一、『岩井博士古希記念　典籍論集』昭和一八年八月　三三六頁

16『英和字典』知新館社友同訳　明治五年

17『英和雙解字典』P.Austin Nuttall.l.l. 棚橋一郎訳　Walker's Pronounding Dictionary Editor of Tokyo 丸善商社

18 Japanese-Englisch Dictionary ヘ・市川著　Seishi Bunsha製紙分社

仏語系辞典

フランス語の辞典では『官許佛和辞典』にあって前述のようにchantに「唱歌、雑唱、鶏唱」と訳があてられる。Chansonは「歌」、Musiqueは「音楽・楽隊」と訳されている。その後出版されるフランス語辞典『改訂佛語啓蒙』(注1)、『佛和新書』(注2)、『佛和辭林』(注3)のchantの訳も「唱歌、鶏唱」(注4)が当てられフランス語辞典のなかでは一貫して唱歌を訳の第一番目にあげている。『佛和辭林』でChantは名詞形であり、単数は「唱歌、唱音、囀、鳴呼、和音、音調、聖歌」と声や音をだすことの訳になっているが、複数では「詩体の文章、詩の一節」と詩を指し示す意味を与えているのが興味深い。

もう少し遡るならば、元治元(一八六四)年に出版された葵文庫所蔵の『佛語明要』(注5)にも、chantもやはり「稱歌、鶏鳴」と書かれ、稱歌を訳の第一にあげている。

このchant唱歌の内容を今少し紹介する。"chanter former avec la voix des sons varies et apprciable"(注6)"inflexion module de la voix sur differnts tone"(注7)声をさまざまな音調で変化させることである。書かれることより声音で表現されるものと理解される。また英語のSingingに対応する仏語はaction de chante(注8)と記され、行動を伴うことがわかる。

以上、仏和辞典ではchantは一貫して「唱歌」と訳され、記されたものではなく声音で表現され行動をともなうことを示していた。さらに年代の推移とともに訳語が変化することはあまりなかったが、日本語に訳される際、動詞と名詞形がそれほど明確に記述されていなかったことも指摘できる。

（注）

1『改訂佛語啓蒙』佛国アリヴユー、今村有隣　明治一五年一〇月、Premiéres Notions de Langue Francaise,p44

2『佛和新書』中村秀穂纂譯　同盟出版　一九年十二月,Nouveau Dictionaire Français-Japoais 1886 Tokio,p68

3『佛和辭林』中村馬介　明治一九年七月八日、Dictionarie Universal Français-Japoais

4ここで「鶏唱」についてふれておくと、内閣文庫所蔵の同時期の『英仏－仏英辞典』、『英蘭辞典』『英仏辞典』『蘭仏辞典』をみるとほとんどどれもがTo sing,Singing……To-like a lark,To sing as birds と書かれており、雲雀または鳥が、鶏に変わったものと思われる。

5『佛語明要』は村上英俊（一八一一－一八九〇）が編纂した我が国最初の本格的な仏和辞典。全四巻で総語彙数は三万五千余といわれる。アルファベット順に語彙を配列し、品詞の区別、動詞の活用などの面で卓越したものがある。村上英俊は開成所を退いて達理堂というフランス語塾を開き、『佛語明要』を元治元（一八六四）年に出版した。

6 Nedelandsch-Frasch　Woordenboek の Zingen の 項目 Gouda　G.B.van　Goor.Kramers.Jz　1862

7 Dictionaire classique Universel　の chant の 項 目 Paris 1870 Libraure classique D'eugene　Belun　大阪英語学校蔵

8 Royal Dictionary English and French　and　French and English　の Singing の項目 Compliled from the dictionary Johnson,Todd,Ash,Webster and Grabf from the last edition of Chambaud, Garner and J.descarroeres Academy　6版　パリ　1852

中華系辞典

唱歌は内容概念がわかっていない語である。この場合、該当する漢語を手掛かりとし訳されたと考えられる。そこで中国訳漢字を、仏漢辞典及び英華辞典から検討する。

一八八四年『法漢常談』（注1）の用例は「Son chant estagréagle 他唱的腔調好聽」、Piéce en vers qui se chante 歌、Vers d'un chant 歌的詩、Chanter un Chant　唱歌兒」であり、うたを歌うことが唱歌とある。動詞としてはEn parlanr de l'homme 唱 L'oiseau 鳥叫喚があげられ、人がうたうほうに唱があてられていた。

一八九四年の『法漢合壁字典』（注2）には名詞としてまず「Chanson　歌兒　曲　歌曲　歌謡」とあってChanten des Chansons 唱歌、Chanter des Air 唱歌となっている。すなわち、うたをうたうことが唱歌となっていると言ってもよいであろう。

数の少ない仏漢辞典に比べ英漢辞典のほうが多いが、比較的早いと思われる庚戌十月の『英漢辞典』は名詞形がほとんどであるため、song「歌」はあるが、singはない。初版年度不明であるが、一九一〇年三版の『Standard Dictionary』（注3）ではSing「唱」であり、「To accompany with　singing「唱歌以送之　唱歌陪之」、to sing home to the bride「唱歌送新人回家　唱歌以迎新人」と文例のなかで「唱歌」が使われているのが目につく。

この時期の他の英漢辞典でもto sing　a song「唱歌・唱詩」と訳されているのが定番である。名詞Songは「歌曲・詞・詩調・歌詞・小唄・聖詩・唱歌」とあって唱歌の字もふくまれるが名詞形にあてられるのは少なかった。文例a little poem to be singに「楽府短歌」と訳されていて、語源でみた楽府が「声を出してうたう」と言う意味で未だに使われていたことには驚ろかされる。辞典の発行年度が必ずしも一八六〇年代ではないのであるが、翻訳の手順の過程を考え、やはり漢語が基本におかれたと仮定するなら、英語辞典でも仏語辞典でも「唱歌」は歌をうたうことであった。

（注）

1『法漢常談』点華崇實敢衿大珠小落玉盤一七八頁 Dictionaire Français-Chinois de la Langue Mandarine Psr le P.Sérahin Couberur S.J.,Missionnaire au Tcheu Li.S.E.HO KIEN FOU Imprimerise de la Mission Catholique 1884

2『法漢合壁字典　茹古涵今』 Dictionaire Français-Chinois per A.Billequin Professeur de chimie et d'Histoire Naturelle au College Imperial de Peking Peking Thpographie du Pei-Tang 1891

3 English and Chinese Standard Dictionary Comprising 120,000Words and Phrases,with　Translations,　Pronauciations ,Definitions,Illustrations ETC.,Third Edition Shanchai:The Commericial Press,Ltd.1910

私家版辞書及びその他

明治初期に多くの訳語を創出した西周は、一八七四（明治七）年『明六雑誌』二五号で「知説　五」（注1）においてsongを讃歌・神明の復を稱するもの（和讃の類）と紹介している。「知説　五」は詩のさまざまな用語を紹介しているが、言葉上でなく詩の表す内容の実態が日本のどの概念に一番近いかという観点から考えると、ソングとは西には祈りの歌と思われたのかもしれない。

実態からSingingをより的確なニュアンスであらわしているのが、瀧廉太郎がライプツィヒ音楽院に留学したときの手紙である。ここに「Chor ＝ Gesang はとてもおもしろし」(注2)という一文がある。Gesangが実際には合唱であり、四パートで歌うことについて自らの体験を報告しているのだが、「唱歌」Gesangの中身はChorであることを意味する。そこでChorという言葉がこれまで述べてきた辞書のなかで、singと関わって訳されているかどうかを確認しておきたい。

早い例として、安政四年の『増補改訂訳鍵』のなかでChorusは「ツレブシノ歌」と訳されている。また佛漢辞書『Standard Dictionary』にChorusは①A company of person sing in concert「唱歌隊・斉唱隊」、②A piece performd by a company concert「合唱曲・遊唱曲・和唱曲」と書かれ、用例がさらに幾つもあるが、仲間や大勢でsingingすることが唱歌であった。

GesangやSingingはむしろChor「合唱」(注3)やアカペラのほうがより近いイメージのものであったと思われる。後年、唱歌の定番スタイルとなる斉唱の字をここでみることができる。

(注)

1「知説　五」西周『明六雑誌』二五号　明治七年十二月刊行（前略）而テ詩學ハ特ニ情ヲ興起シ想像力ヲ発達スル者トス。中別チテ数種トナス、皆エルス(句)ヨリシテ成ルライム(韻法)アリ　メートル(句法)アリ　スタンザ(章法)アリ　ストローフゥ(轉法)アリ。エピック(賦體)ハ古人ノ勇烈ヲ賦スル者(平家ノ類ナルヘシ)ナリ　リリック(興體)ハ自己ノ情感ヲ詠スル者(琴歌ノ類ナルヘシ)ナリ　バルラッド(俚曲)ハ田畯女ノ情ヲ吟スル者(端唄ノ類ナルヘシ)ナリ　ソング(讃歌)ハ神明ノ復ヲ稱スル者(和讃ノ類ナルヘシ)ナリダラマ(套語)ハ事ヲ叙セス直ニ交互ノ言語ニ因テ其情実ヲ知ラシムル者(浄瑠璃ノ類ナルベシ)ナリ、(以下略)

2『瀧 廉太郎』　小長久子著　吉川弘文館　昭和四三年九月　二一〇頁、明治三四年十月二十八日付けの滝から渡辺壽郎宛の近況を知らせる手紙

「～前略～小生音楽院へ入学以来　別に変わりたる事もなし。日々勉学罷在候。学校にてChor ＝ Gesang の時間は中々面白し。日本にて上先生に我々が習ふた時の事等思ひ出し候。小生はBassを唱ひ居り候。Bassは一番唱ひ易く御座候故なり。AltとTenorが人数も少なく且つ多く先生からいじめられ申候。いつも大抵此組は六・七十人に御座候。全く出席すれば八・九十名になり申し候。只今Weberの Messie　稽古致居候。～後略～」

3唱歌教員に一人で歌える音楽的な能力を要求したのはクレッチュマルの改革一九一〇年以降である。クレッチュマルは教員の演奏テクニックを完全にすること、そして合唱者ではなくソリストを養成するような質の高い体験、たとえばシューベルトのリートが歌える位の能力を期待し試験による唱歌教員の底上げをはかった。クレッチュマル Musikalische Zeitfragen 著によると、一八〇〇年代のGesangはおおむね合唱であったといってよい。実状は四パートとはなかなかゆかず、二パートすなわち重音がせいぜいであったようである。瀧の手紙にもあったように、音楽院の学生でもアルトとテナーは惨めなものだと指摘されていた。

Music の訳語「音楽」

一方、Musicはすでに安政年間の『和蘭字彙典』のなかでも「音楽」(注1)の訳語が定着している。読み方(wonghiocu と発音しているものも(注2)ある)もほぼ一定しており、意味内容としては楽器演奏(雅楽、管絃(絲竹管絃の類)、楽隊、奏楽、音響学)に変遷はあるものの言葉としては共通の認知があったようである(注3)。

(注)

1音楽という言葉自体の使用例はかなり早くからある。養老二(七一八)年年制定の『養老令』神祇令第六には「凡散斎之内、—中略—不作音楽」(凡そ散斎の内では、—中略—音楽を作(おこさ)ず)、あるいは、僧尼令第七には「凡僧尼作音楽、及博戯者、百日苦使、碁琴不在制限」(凡そ僧尼は音楽を作したり、博戯ばくちをしてたら、百日の苦使となる、ただし碁や琴に制限はない)とここでの音楽は博打と同様に扱われ、嗜みとしての六藝には入っていない。むしろ俗楽を指すものと思われる。

2 Dictionnaire français-anglais-japonais　Premiere Livraison　Cachon,Mermet de Le Gras ,M.A., Leon Paris 1866

3帝国図書館旧蔵の洋書件名目録(明治五年～昭和一九年)で、Music の項目には以下の様な下位項目がたてられている。Acoustics（音響学）Baudelaire（ボードレール）Conducting（指揮）Counter-point（対位法）Fine arts（芸術論）Fugue（フーガ）Harmony（和声）Indian music（インド音楽）Military music（軍楽）Modernism（モダニズム）Music drama（演劇・楽劇・オペラ）Musical Instruments（楽器）Musicians（音楽家）Organ（オルガン）Pianoforte（ピアノ）School music（学校音楽）Singing（唱歌・歌唱）Vocal music（声楽曲）。これらの項目のうち、教科唱歌と関わるのはSchool music（学校音楽）Singing（唱歌・歌唱）のみであり、School music にふくまれるものは、明治八～一〇年に文部省が受け入れたアメリカの学校音楽のものであり、明治一九～二一年には集中してドイツ・イギリスの学校歌曲集が入れられている。Singing はフランス・ソルフェージュを中心に明治一九～二一年受け入れであ

る。ちなみに、Acoustics（音響学）として受け入れられている本は、Taylor,S Sound and Music London 1873　二版、Blaserna,P. Theory of sound in its relation to music NY.1876 等である。

まとめ

以上のことから、語義としての唱歌をまとめてみよう。これまで唱歌の概念整理をしないままに、それぞれの概念で研究がなされてきている。唱歌は音楽と区別される歌をうたうことに関わるジャンルであり、唱歌という言葉自体は漢詩の流入や雅楽と共に古くからあった。雅楽と共にあった唱歌とはシラブルをつけ節をうたうことであって、伝来の技法取得から始まっていた。その後、雅楽等をおこなう階層ではそのまま技法として理解していたが、近世の庶民階層で使われている用例からは、音より言葉の意味に重点を移した理解に変わっていた。唄の文句や歌詞が唱歌であった。音よりも意味を重視する姿勢、音の教育がいつのまにか歌詞の意味の教育へとすり替わって行く傾向を指摘した。その中間形態とも言えるのが、「楽にあわせて歌をうたうこと。また、その歌」という唱歌理解である。しかし中世の用例では明確には区別しづらく「しょうが」と読まれる例が多い。近代学校教育で「教科目」名として唱歌が登場した以降、「楽にあわせて歌をうたうこと。また、その歌」として使用された例のほうが多かった。ここでの読み方は「しょうか」である。

次に翻訳語としての「唱歌」理解を検討した。その結果、「唱歌」とは近代になって改めて、一八六〇年代前後に漢語を媒介として生まれてきた訳語で、もとの言葉はChant,Singingであったろうと思われる。

英語系字典での唱歌をまとめてみると、singingと唱歌が結びついて定着してくるのは、およそ明治一八年前後の頃であろうと推測される。しかし和英辞典にみられるように、日本語を出発点と考えるとsingingは「うたうこと」というより名詞形「歌」としての理解が強かったとも考えられる。さらに、明治中期ごろまで、日本語の不統一から簡便な辞書によっては、唱歌が「うたうことSinging」であるのと同時に「歌Song」と混在した訳も多々見受けられた。

また翻訳する際に、オランダ語を媒介にした場合と中国語を媒介にした場合に訳語に違いが生じる傾向を指摘した。オランダ語を媒介にした場合「うたう」という動詞singは「謡フ」であったが、一方『英華字典』のように中国語を媒介にしているものは動詞形の訳に「唱歌」があてられていた。中国語を媒介にした訳語が主流であるフランス語系の辞典ではさらに顕著で、仏和辞典ではchantは一貫して唱歌と訳され、書かれることより、声音で表現され行動をともなうことを示していた。

次に、中国で発行された辞典類では、英語辞典と仏語辞典で訳の違いがあるかどうか調べると、歌をうたうこと、ことに人間がうたうことが唱歌であった。このことは英語でも仏語辞典でも訳の違いはなかった。日本語訳のありかたで、新しい概念や事物を受け入れるさいに、まったく概念のないものに関しては、「楽器の名」のように大きい類のくくりで示す方法と、もう一つは翻訳即ち該当する漢語が基本となっていると思われる訳である。唱歌は内容概念がわかっていない語である。この場合、該当する漢語が基本となり訳されたと類推できる。

ところが、すでにヨーロッパでの実体験を持つ者にとっては、Songは讃歌・神明の復を称するもの（和讃の類）で祈りの歌であり、Gesangは Chor 合唱であった。そして仲間や大勢でsingingすることが唱歌であるという理解は、辞典上からはかなり早い段階から登場しているが、Chorはツレブシあるいは唱歌・斉唱・合唱・和唱と定まらない訳になっている。多声音楽や複音楽に対する理解がほとんどなかったときである、このなかで比較的理解しやすい「ツレブシ」あるいは斉唱が残り、後年、唱歌の定番スタイルとなってゆくと推測される。ごく一部の理解であったが、唱歌は祈りのうたであり、合唱と理解されていた。

「唱歌」の理解は伝統的には、雅楽ではシラブルをつけ節をうたうことであり、近世から理解は唄の文句や歌詞であった。近代になって翻訳語singingのなかでは「うたうこと」であるが、日本語を出発点と考えると名詞形「歌」としての理解が強かった。しかし、ヨーロッパでの実体験を持つ者にとっては、「祈りの歌」であり「合唱」であった。

【江﨑公子】

教育のなかの「樂 music」

明治初期の日本では、根強い漢学教養が土台にあった。「学制」発布前の日本では、漢学教養として樂《Musicus》は礼節と名文を重んじる政治理想の立場から調和理論として述べられ、学ばれていた。藩校（金沢藩等）では、うたうことは文学の中で考えられている。一方で成人男子の嗜みとして謡や小謡があり、これらは生活習慣とも結びついたものであった。「樂」や「謡」は個人の教養であり、個がそれぞれに身につけるものが樂であった。学制によって教科目として〈唱歌〉が登場するまで、子どもたちの学びの中に、〈唱歌〉という科目はなかった。漢学教養としての樂も、謡も、藩校での六芸も寺子屋の小謡も生活習慣とむすびついた形で成人男子となるための必要教養と捉えられ、裾野の広い学びがあった。「樂 music」は以下のようにまとめられる。

（1）漢学教養として樂をとらえると、言葉は同じでも「音楽」の理解にも三ランクあり、上位にある「律を持つ雅楽」が基礎となって〈教科目・唱歌〉が成立し、下位の詞賦が改良されてゆくと考えていた。

（2）学制発布前の日本では漢学教養としての樂も、謡も、藩校での六芸も寺子屋の小謡も基本的にはプライヴェートプラクシスとしてあり、本来中・高等教育の男子の教育課題であった。階層的ステータスとしてあったのは漢学教養としての樂の部分であったが、実技面では衰退が激しく風前の灯火であったと言ってもよかろう。階層的教育が否定されてくる近代学校制度にあって、プライヴェートプラクシスが先ず否定され初等教育がスタートするわけであるが、〈教科目・唱歌〉が先ず克服したのは、幼児や女子が教育対象として前面に出てきたことであった。本来、中・高等教育の男子の教育課題であった樂が初等段階においても可能であるという驚きであり、〈教科目・唱歌〉を媒介に〈漢学教養としての樂〉がどのように組み込まれるかの模索が始まった。

（3）〈漢学教養としての樂〉を理論的に支えていたのは儒学者であり、音楽実技では京都で三管（笙・篳篥・横笛）等を学んだ藩士らであった。地方によっては氏子らによって雅楽が伝習されていた例もある。謡に関しては、能役者が家中へ教育活動として入り込み、能役者に教えを受けた藩士らが寺子屋師匠となっていったケースもある。つまり謡や小謡の教育と教授に携わる人々の育成は組織的には行われていなかった。

（4）〈漢学教養としての樂〉の教育目的は「和」「適」「節」で、むしろ政治論理としての調和のあり方を解くものである。これが「唱歌音楽ノ教化ニ功アル」という儒学的理解を生む。ここには人間の個々の感覚陶冶としての「聴くことの陶冶」という考え方はない。しかしもう一つの観点、欧米では共同体としての感情陶冶が合唱を通じ集団の中から生み出されてくるという点については、〈漢学教養としての樂〉の理論的な教育目的は「和」「適」「節」であるという立場から同根と理解したと思われる。しかし欧米にあっては合唱という実際に音をハーモニーさせる体験を通してであった。皆で同一の旋律を歌うことへの慣習の違い、つまり江戸時代の「謡い」の発想から斉唱そして重音唱歌（合唱）へと変わるに至るまでには実際の音の体験が全く違っていたと言える。音の実体験の上からはほど遠いものであった。

【江﨑公子】

初期唱歌集の印刷技術

日本の「印刷」技術は江戸時代の浮世絵に代表する木版印刷による美術品で知られている。『小學唱歌集』『幼稚園唱歌集』全は、この木版印刷によって造本されたものである。それぞれの頁を版木に刻し、それを和紙に刷り、袋とじ和製本に仕上げる。左に紹介するのは『小學唱歌集』二編の版木、次頁は「蝶々」の楽譜と縦書歌詞である。

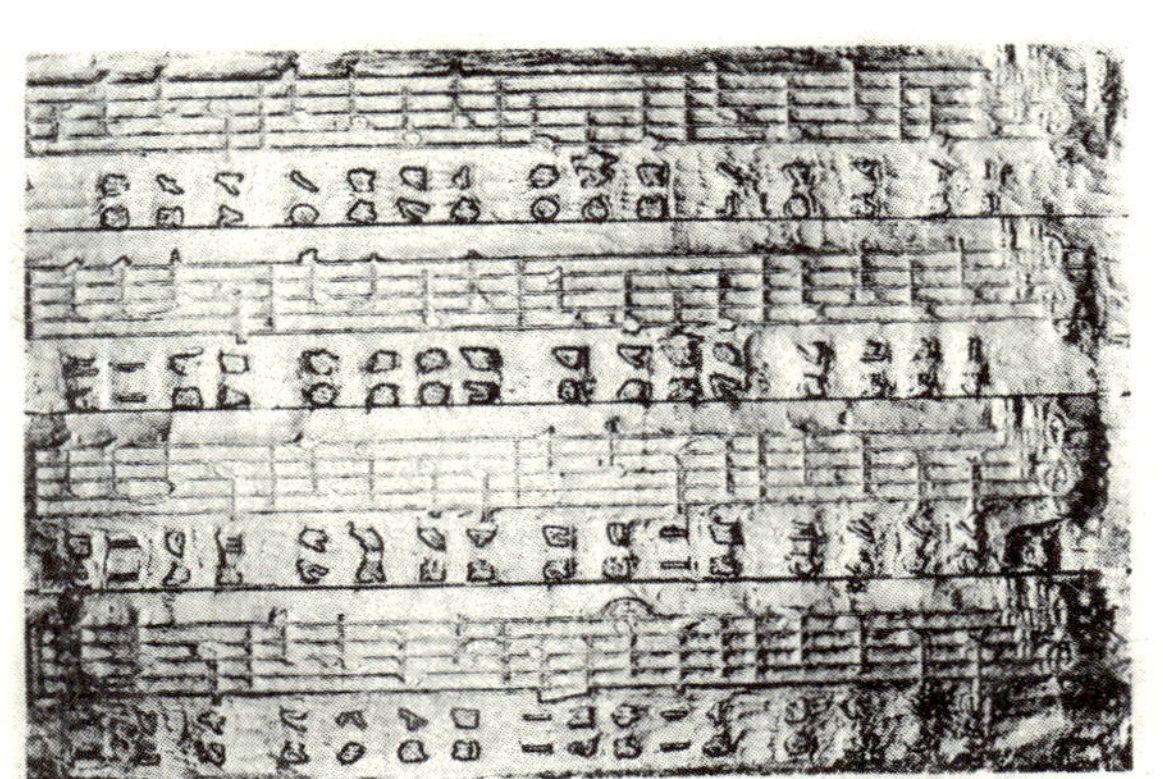

『小學唱歌集』二編「五日の風」の楽譜頁版木
東京藝術大学附属図書館蔵

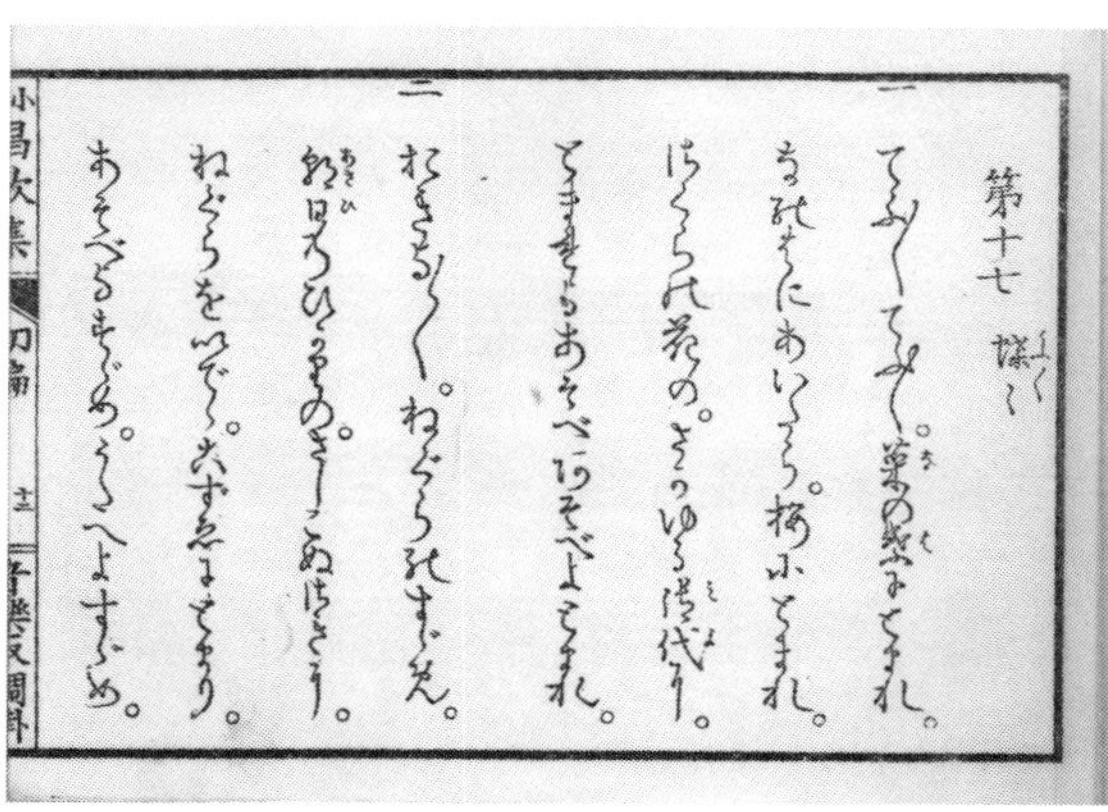
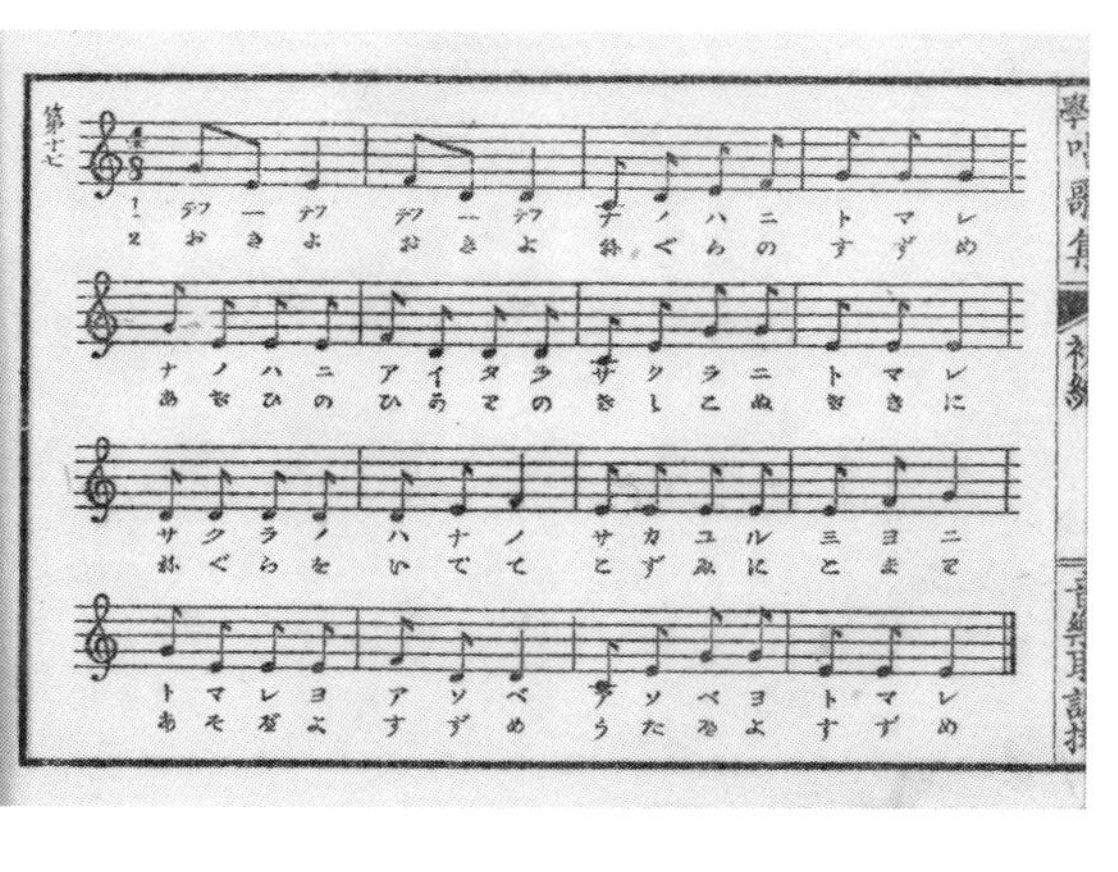

『小學唱歌集』初編　第17「蝶々」

一方、近代日本の印刷技術は、一八七〇（明治三）年には長崎に活版製造所が出来、やがて活字印刷による新聞が誕生する。行政分野での文書も、それまでの手書きから印刷に変わる。情報の伝達は一挙に効率化が進む。こうした流れは教育界にも波及し、本書でいえば、一八九三（明治二六）年刊行の『祝祭日唱歌集』（共益商社書店刊）では、歌詞の活字は現代と何一つ変わることのない字体を使用することになる。

【水島昭男】

変体仮名と「唱歌集」

前項のように明治初期の唱歌集は、手書きの文字を使って版木に彫っていたため、変体仮名とくずし字が縦横無尽に使われていた（一八八九年刊『中等唱歌集』「織り成す錦」参照）。しかし活版印刷の一般化とともに、これら変体仮名は徐々に使われなくなっていく。その背景には次のような事情もあった。

教育界では一九〇〇年に、帝国教育会が「同音ノ仮名ニ数種アルヲ各一様ニ限ルコト（即チ変体仮名ヲ廃スルコト）」を提案し、これを受けた文部省が「小学校施行規則」において、小学校で教える仮名の字体を、一字に対して一字体に統一することを示した。わ行の「ゐゑ」の使用が廃止され、あ行の「いえ」だけが残されるなど、思いきった方針が示され、以降は、一つの音韻に対し一つの字のみが教えられることとなった。この年、全国的なベストセラーになった『鐵道唱歌　東海道』には変体仮名は使われていない（→一三八頁）。翌一九〇一年発行の『教科適用幼年唱歌』初編上巻の表紙絵（→二七頁）に描かれた黒板の「きみがよ」の歌詞にも、変体仮名は使われていない。

一九〇八（明治四一）年、文部省は、訓令第一〇号「小学校令施行規則中教授用仮名及ビ字体、字音仮名遣並ニ漢字ニ関スル規定削除ノ趣旨」を発令し、一九〇〇年の規則をいったん撤回した。これにより二六の変体仮名が一時復活したものの、一九二二年には最終的にすべて廃止され、教科書に使われなくなる。

これが、変体仮名が学校教育から消えていく経緯である。一九二二年以降、変体仮名による表記が完全に消えることにより、唱歌教育の現場にどのような混乱が生じたかは定かではないが、多様な変体仮名を読み込む教育は消えた。

よって印刷業界でも一部使っていた変体仮名活字を備える必要がなくなった。「あ」一字をとってみても「安」「阿」「愛」「亜」「悪」などを源とする変体仮名は、今日でも人々の名前にその痕跡を残している。

【水島昭男】

『中等唱歌集』15頁

双六に描かれた唱歌

『鐵道唱歌壽語六』

国立音楽大学附属図書館蔵

一九〇〇（明治三三）年十二月一〇日印刷、同十二日発行。画作兼印刷社：畠山菊次郎、発行者：畠山亀野。発行所：眞正堂書房。

新橋を振りだしに、神戸までの三一駅と支線の鎌倉・横須賀の三三駅を旅する双六。ゲーム的には静岡と名古屋に進むと「泊り」つまり「一回休み」になる。

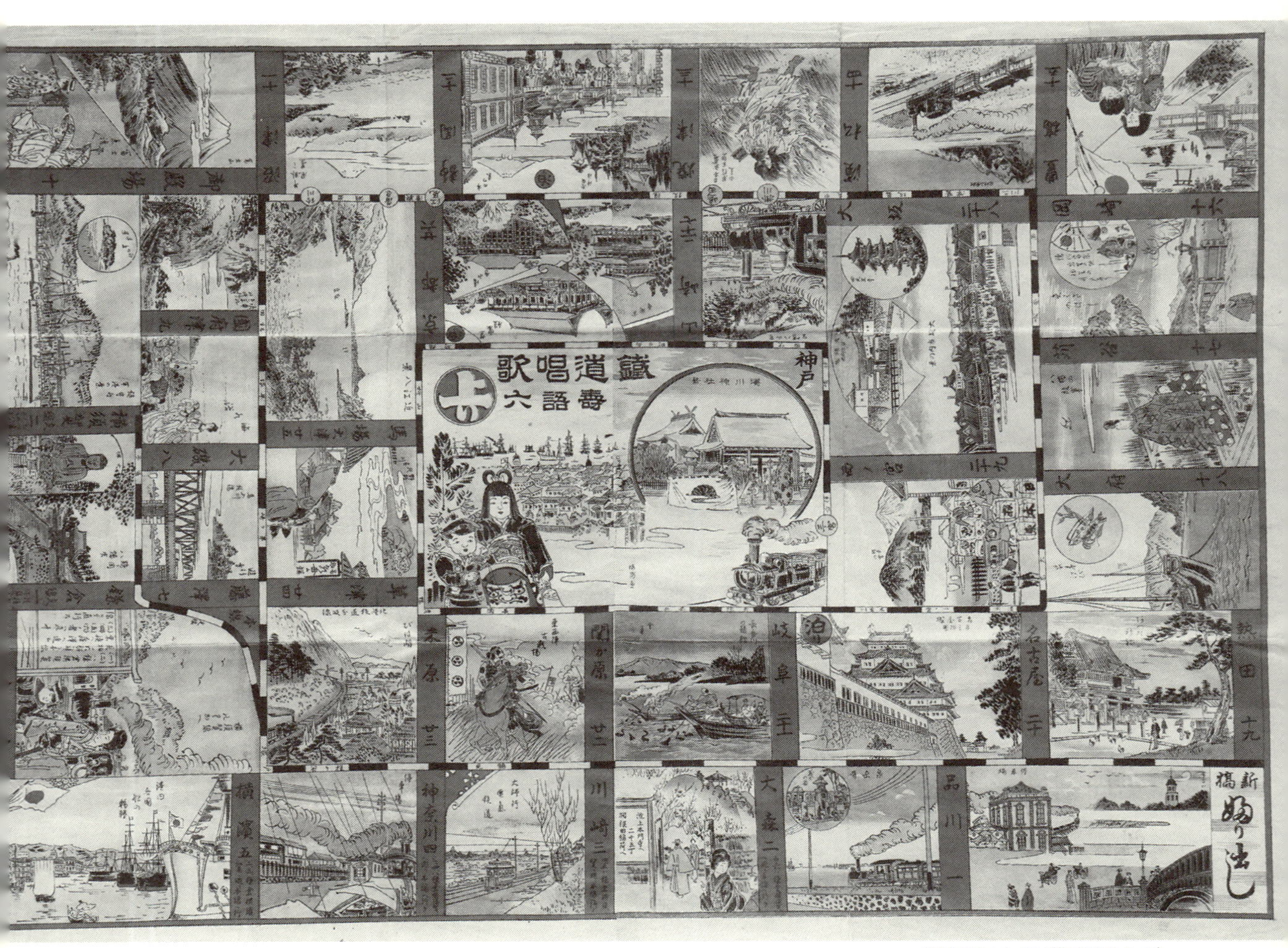

（縦 60.5 センチ×横 83.2 センチ）

駅名は、新橋「振りだし」・品川・大森・川崎・神奈川・横浜・大船・藤沢・（支線：鎌倉＋横須賀）大磯・国府津・御殿場・沼津・静岡（泊り）・焼津・浜松・豊橋・岡崎・苅谷・大府・熱田・名古屋（泊）・岐阜・関ヶ原・米原・草津・馬場（大津）・京都・山崎・大阪・西ノ宮と続き、神戸が「上り」。

『小學唱歌雙六』

一八八八（明治二一）年六月に浮世絵師三代目歌川廣重（一八四二 - 一八九四）によって描かれた開化絵。印刷は一八八八年十二月。「学校唱歌校門を出ず」という言葉が生まれるが、家庭の中に、こうした遊びを通して唱歌を広げようとした形跡もあった。『小學唱歌集』初編の全三三曲が描かれている。

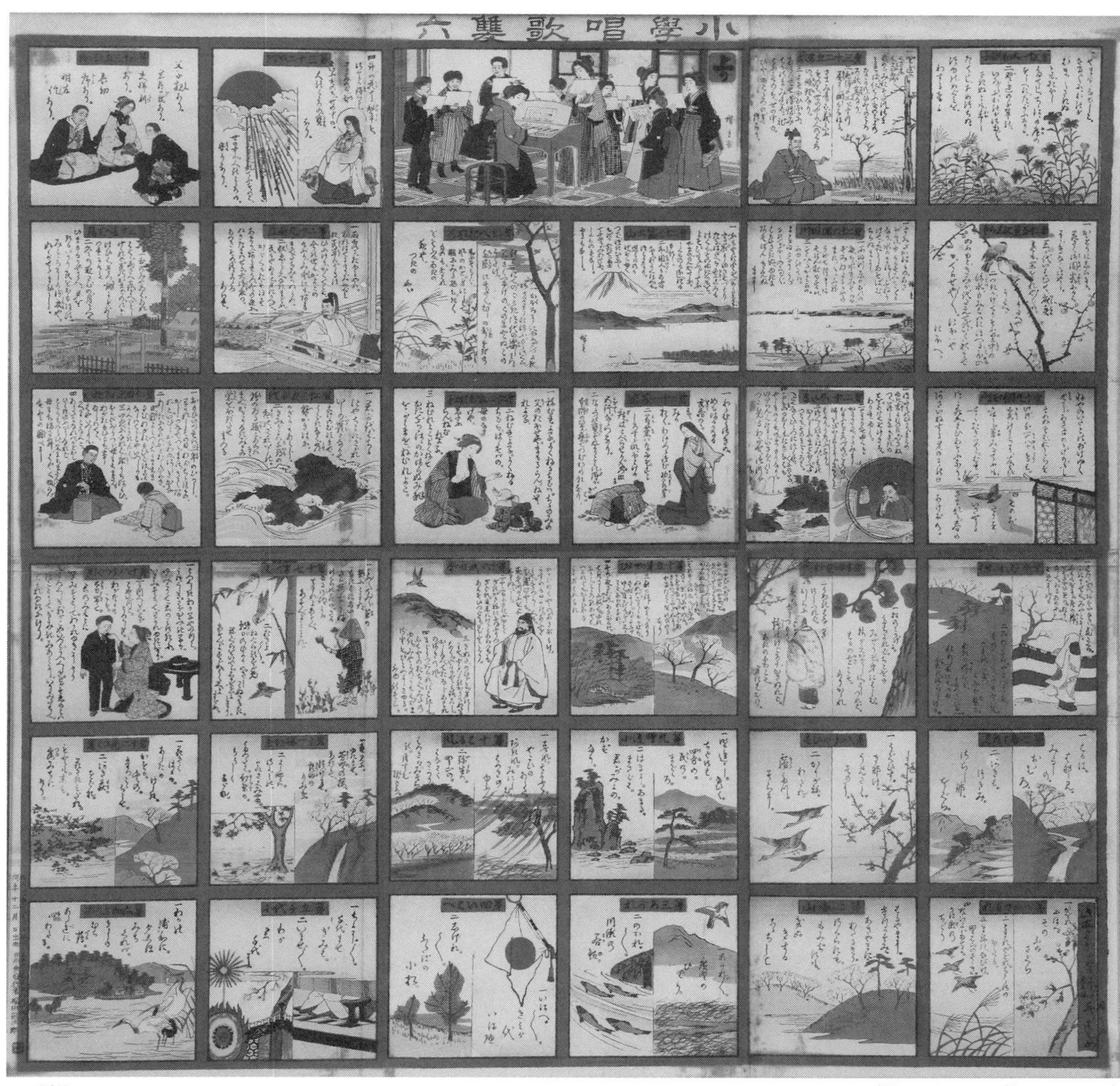

（縦 73.2センチ×横 73.5 センチ）

『點字尋常小學唱歌』

一九二二年（大正十一）年に『點字大阪毎日』を創刊した大阪毎日新聞社（現・毎日新聞大阪本社）が、點字教科書『點字尋常小學唱歌』を刊行したのは、昭和十二年三月五日（点字印刷発行）であった。

もくろく（目次）は、次の通りであったが、これは昭和七年十二月発行の『新訂尋常小學唱歌』第五學年用の目次と、教材曲の内容及び配列は全く同じである。異なる点は、①すべて点字により歌詞が刻されていることと、②楽譜がついていないこと、③歌詞が横組みであること、そして④点字の表現方法に従い＊歌詞が刻されていることであった。

唱歌による皇民化教育は、視覚に障がいを持つ児童にも徹底されていたのである。（　）内は晴眼者用の『新訂尋常小學唱歌』第五學年用の目次表記である。

もくろく

一　みがかずば（みがかずば）
二　こんごーせき・みずわうつわ（金剛石・水は器）
三　やまたのおろち（八岐の大蛇）
四　まえやうたえや（舞へや歌へや）
五　こいのぼり（鯉のぼり）
六　かんこー（菅公）
七　にんたい（忍耐）
八　あさひわのぼりぬ（朝日は昇りぬ）
九　あさのうた（朝の歌）
一〇　にっこーさん（日光山）
一一　やまにのぼりて（山に登りて）
一二　うみ（海）
一三　のうりょー（納涼）
一四　ふーりん（風鈴）
一五　とりとはな（鳥と花）
一六　かとーきよまさ（加藤清正）
一七　だいとうのみや（大塔宮）
一八　あきのやま（秋の山）
一九　いちょー（いてう）
二〇　にゅーえいをおくる（入營を送る）
二一　ふゆげしき（冬景色）
二二　すいしえいのかいけん（水師營の會見）
二三　こじまたかのり（兒島高德）
二四　さんさいじょ（三才女）
二五　しんすいしき（進水式）
二六　ひなまつり（雛祭）
二七　そつぎょーせいをおくるうた（卒業生を送る歌）

＊①言葉のあとにつける「を」はそのまま使う。（にゅーえいを送る）②「は」「へ」は、発音どおりに「わ」「え」と書く（みずわうつわ）、③のばす「う」は、音引きを使う（かんこー、のうりょー、いちょー）。

【澤崎眞彦】

『オトトコドモ』

タラウサンガ　マドヲ　アケテ
「アッ　バクゲキキガ　キタ」
ト　イヒマシタヨ
タラウサンハ　オトヲ　キイタダケデ
ドンナ　ヒカウキダカ　ワカリマス

これは、一九四四（昭和一九）年五月二五日に刊行された櫻井稟子文・林義雄画による絵本『オトトコドモ』（発行：榎本書店）の巻頭のお話である。櫻井は「お母様方のために」として、裏表紙に「この繪本は現在國民學校でなされてゐる音感教育に對する準備として、就学前児童に与えるために作ったものであります」と出版の目的を書き残している。

唱歌から歌が切り離され、「オト」が露骨に幼児を襲った。第二次世界大戦が〝音の戦争〟と言われていたことを如実にあらわしている書物である。

【澤崎眞彦】

ム
ムーア，トーマス　Moore，Thomas（アイルランド ,1779 － 1825）…*61*

メ
メイソン，ルーサー・ホワイティング　Mason，Luther Whiting（アメリカ ,1818 － 1896）…*53*
メイソン，ローエル　Mason，Lowell（アメリカ ,1792 － 1872）…*654*
メイル，フランツ　Mair，Franz（1821 － 1893）…*669*
メスフェッセル，アルベルト・ゴットリーブ　Methfessel，Albert Gottlieb（ドイツ ,1785 － 1869）…*84　93　241　275*
メーヤー　…*634*
メーリング，ジュリアス　Merling，Julius（ドイツ）…*54*
メンデルスゾーン，フェーリクス　Mendelssohn（-Bartholdy），Jakob Ludwig Felix（ドイツ ,1809 － 1847）…*89　96　98　401　702　714*
メーン　…*96*

モ
モーツァルト，ウォルフガング・アマデウス　Mozart，Wolfgang Amadeus（オーストリア ,1756 － 1791）…*60　273　276　656　685　686　712*
モッス　…*95*
モリス，ジョージ・ポープ　Morris，George Pope（アメリカ ,1802 － 1864）…*83　93*
モーリス　Jane S.　Morris，Jane S.…*400*

ラ
ライシガー，カール・ゴットリーブ　Reißiger，Carl Gottlieb（ドイツ ,1798 － 1859）…*273*
ライト，E.O.　Ryte，Eliphalet Oram（アメリカ ,1842 － 1913）…*60　665*
ライトン，W.T.　Wrighton，W.T.（イギリス ,1816 － 1880）…*86*
ライヒャルト，ヨハン・フリードリッヒ　Reichart，Johann Friedrich（ドイツ ,1752 － 1814）…*50*
ランゲ，グスタフ　Lange，Gustav（ドイツ ,1830 － 1889）…*390*
ランビヨット，ルイ　Lambillotte，Louis（ベルギー ,1796 － 1855）…*63*

リ
リヴォフ，アレクセイ・F.　L'vov，Aleksei F.（ロシア ,1798 － 1870）…*259*
リギーニ，ヴィンチェンツォ　Righini，Vincenzo（イタリア ,1756 － 1812）…*703*

ル
ルージェ・ド・リール，クロード・ジョセフ　Rouget de Lisle，Claude Joseph（フランス ,1760 － 1836）…*272*
ルソー，ジャン＝ジャック　Rousseau，Jean-Jacques（スイス → フランス ,1712 － 1778）…*48*
ルート，ジョージ・フレデリック　Root，George Frederick（アメリカ ,1820 － 1895）…*248　250*

ロ
ロウリー，ロバート　Lowry，Robert（アメリカ ,1826 － 1899）…*57　621*
ロッシーニ，ジョッキーノ・アントニオ　Rossini，Gioacchino Antonio（イタリア ,1792 － 1868）…*666　705*
ローバー，サムエル　Lover，Samuel（アイルランド ,1797 － 1868）…*58*

ワ
ワーク，ヘンリー・C.　Work，Henry C.（アメリカ ,1832 － 1884）…*253*
ワーグナー → ヴァーグナー

ハリソン，アニー・フォーテスキュー　Harrison，Annie Fortescue（イギリス ,1850 − 1944）…*57　332*
バーンズ，ロバート　Burns，Robert（スコットランド ,1759 − 1796）…*49　51　62*
バンディー…*85　95*

ヒ

ピアポント，ジェームズ　Pierpont，James（アメリカ ,1822―1893）…*633*
ビショップ，ヘンリー・R.　Bishop，Henry Rowley（イギリス ,1786 − 1855）…*124　660　687*
ヒューウィット，ジョン・ヒル　Hewitt，John Hill（アメリカ ,1801 − 1890）…*54*
ヒムメル　…*88　98*
ヒラー，ヨハン・アダム　Hiller，Johann Adam（ドイツ ,1728―1804）…*668*
ヒルトン，ジョン　Hilton，John（イギリス ,1599 − 1657）…*89*
ピンナ , J. de　Pinna, J. de　…*667*

フ

ファイル，フィリップ　Phile，Philip（ドイツ → アメリカ ,c1734 − 1793）…*125　247　686*
ファラースレーヴェン，ホフマン・フォン　Fallesleben，Hoffmann von（ドイツ ,1798 − 1874）…*618*
フィッシャー，ゲオルク・ウィルヘルム　Fischer，Georg Wilhelm（1770 − 1827）…*58*
プッチャリ（イタリア）…*381*
フォスター，スティーブン・コリンズ　Foster，Stephen Collins（アメリカ ,1826 − 1864）…*236　323　633　635　640　657*
フラー，ジョン　Hullah，John（イギリス ,1812 − 1884）…*60*
ブラッドベリー，ウィリアム　Bradbury，William（アメリカ ,1816 − 1843）…*63*
ブラームス，ヨハネス　Brahms，Johannes（ドイツ ,1833―1897）…*272*
フランツ，ロバート　Franz，Robert（ドイツ ,1815 − 1892）…*391*
ブリス，フィリップ・ポール　Bliss，Philip Paul（アメリカ ,1838 − 1876）…*76*
ブルッフ，マックス　Bruch，Max（ドイツ ,1838 − 1920）…*400*
ブロズナン，T.H.　Brosnan，T.H.（アメリカ ,1838 − 1886）…*57　335*
フロトー，フリードリヒ・フォン　Flotow，Friedrich von（ドイツ ,1812 − 1883）…*57*

ヘ

ベイリー，トーマス・ヘインズ　Bayly，Thomas Haynes（イギリス ,1797 − 1837）…*640　652*
ヘイル，S.J.　Hale，Sarah Josepha（アメリカ ,1788 − 1879）…*618*
ベッカー，ウィルヘルム　Becker, Wilhelm Gottlieb（1753 − 1813）…*704*
ベートーヴェン，ルートヴィヒ・ヴァン　Beethoven，Ludwig van（ドイツ ,1770 − 1827）…*58　639　642　674　688　710　713*
ベラ，フレデリック　Bérat，Frédéric（フランス ,1800 − 1855）…*55*
ベリーニ，ヴィンチェンツォ　Bellini，Vincenzo（イタリア ,1801 − 1835）…*641*
ベルチニー　…*98*
ペルゴレーゼ　…*379*
ヘンデル，ゲオルク・フリードリヒ　Händel，Georg Friedrich（ドイツ → イギリス ,1685 − 1759）…*686*

ホ

ホィットモーア，トーマス　Whittemore,Thomas　…*639*
ホプキンソン，ジョセフ　Hopkinson，Joseph（アメリカ ,1770 − 1842）…*247*
ホフマン，ハインリヒ　Hoffmann，Heinrich（ドイツ ,1798 − 1874）…*629*
ホーマン，C.H.　Hohmann，Christian Heinrich（ドイツ ,1811 − 1861）…*47　48　59　334*
ホール , B.H.　Hall, B.H.…*667*
ホールデン，オリバー　Holden，Oliver（イギリス ,1765 − 1844）…*85*
ホーン，チャールズ・エドワード　Horn，Charles Edward（イギリス ,1786―1849）…*83*

マ

マクノートン，ジョン・H.　McNaughton，John H.（アメリカ ,1829 − 1901）…*84　94*
マッケイ，マーガレット　Mackay，Margaret（スコットランド ,1802 − 1887）…*63*
マラン，アンリ・アブラハム・セザール　Malan，Henri Abraham César（スイス ,1787 − 1864）…*63　379*
マルシュナー，ハインリヒ・アウグスト　Marschner, Heinrich August（ドイツ ,1795-1861）…*704*

ミ

ミュラー，ウィルヘルム　…*712*

コ

コンバース，チャールズ・C.　Converse，Charles Crozat（アメリカ ,1832 － 1918）…*663*

サ

サイデ，フリードリッヒ・ルードビッヒ　Seidel，Friedrich Ludwig (1765 － 1831）…*682*
サバチニー　…*87*
サンダーソン，ジェイムズ　Sanderson，James（イギリス ,c1769-c1841）…*272*

シ

シェルウォン　…*87*　*97*
シーベルト，ヨハネス　Siebert，Johannes　…*60*
シャーデ，ヨハン・ゴットフリート　Scahde，Johann Gottfried（ドイツ ,1756—1828）…*54*
シュトックハウゼン，フランツ・アントン・アダム　Stockhausen，Franz Anton Adam（ドイツ ,1789 － 1868）…*669*
シュナイダー，フリードリヒ　Schneider，Friedrich（ポーランド→ドイツ ,1786 － 1853）…*667*
シューベルト，フランツ　Schubert，Franz（オーストリア ,1797 － 1828）…*381*　*401*　*673*　*711*　*712*
シューマン，ロベルト　Schumann，Robert（ドイツ ,1810 － 1856）…*391*　*640*　*710*　*711*
ジルヒャー，フリードリヒ　Silcher，Friedrich（ドイツ ,1789 － 1860）…*52*　*62*　*64*　*77*　*642*　*649*　*652*　*654*　*658*　*694*　*706*　*709*　*710*　*713*

ス

スコット，ウォルター　Scott，Walter（スコットランド ,1771 － 1832）…*272*
スコット，レディ・ジョン　Scott，Lady John（スコットランド ,1810 － 1900）…*58*　*123*　*329*
スタンツ，ジョセフ・ハートマン　Stanz，Josef Hartmann（スイス ,1793 － 1830）…*276*
スポンティーニ，ガスパレ　Spontini，Gaspare（イタリア ,1774 － 1851）…*702*
スミス　…*86*　*96*

タ

ダイクス，ジョン・バッカス　Dykes，John Bacchus（イギリス ,1823 － 1876）…*52*　*82*　*92*
タウベルト，カール・ゴットフリート・ウィルヘルム　Taubert，Carl Gottfried Wilhelm（ドイツ ,1811 － 1891）…*661*
ダナ，マリー・S.B.　Dana，Mary S.B.（アメリカ ,1810 － 1883）…*275*　*672*

ツ

ツェルター，カール・フリードリヒ　Zelter，Carl Friedrich（ドイツ ,1758 － 1832）…*706*
ツムシュテーク，ヨハン・ルードルフ　Zumsteeg，Johann Rudolf（ドイツ ,1760 － 1802）…*380*

テ

ディットリッヒ，ルドルフ　Dittrich，Rudolf（ドイツ ,1861 － 1919）…*688*
ディール，ルイス　Dieehl，Louis (1838 － 1910）…*677*

ト

ドゥリンゲル，Ph.J.　Düringer, Philipp Jacob　…*273*
トーマス，ジョン・ロジャーズ　Thomas，John Rogers　…*670*
ドライスト，カール　Dreist，Karl　…*672*

ナ

ナイトハルト , A.　Neithardt, August（1793-1861）…*251*

ネ

ネーゲリ，ハンス・ゲオルク　Nägeli，Hans Georg（スイス ,1773 － 1836）…*50*　*54*　*701*　*704*

ノ

ノートン , C.E.S.　Norton，Caroline Elizabeth Sarah（イギリス ,1808—1877）…*61*

ハ

ハイドン，フランツ・ヨーゼフ　Haydn，Franz Joseph（オーストリア ,1732 － 1809）…*51*　*252*　*306*　*710*
バーセレモン，F.H.　Barthélémon，François H.（フランス ,1741 － 1808）…*92*

【国外作詞・作曲家 50 音別索引】

1．国外作詞・作曲家を 50 音別に配列した。
2．人名は、姓、名の順に邦文読み表記、欧文表記に続き、(　　)内に生地[→没地]、生年－没年を表示した。
　例：インガルス , ジェレマイア Ingalls, Jeremiah（アメリカ ,1764 － 1828）
3．邦文読み表記は、原典の縦書き歌詞・譜面・目次の表記、さらには研究資料を参考にした。
4．原典に表記のない場合は、各曲歌詞に続く（＊）に記した情報（本文の初出のみ掲載）を反映させた。
5．掲載頁はイタリック数字で示した。

ア
アプト，フランツ・ウィルヘルム　Abt, Franz Wilhelm（ドイツ ,1819 － 1885）…*658　712*
アルフィエリ，アーネスト　…*390*
アンシュッツ，エルンスト　Anschütz, Ernst（ドイツ ,1780 － 1861）…*196　391　628*

イ
インガルス，ジェレマイア　Ingalls, Jeremiah（アメリカ ,1764 － 1828）…*674*

ウ
ヴァイラウフ，アウグスト・ハインリヒ・フォン　Weyrauch, August Heinrich von（ドイツ ,1788 － 1865）…*673　681*
ヴァーグナー，リヒャルト　Wagner, Richard（ドイツ ,1813 － 1883）…*257　328　673　714*
ヴィーゼンタール，トーマス・ヴァン　Wiesenthal, Thomas Van（アメリカ ,1790 － 1833）…*63*
ヴィットハウアー，ヨーハン・ゲオルグ　Witthauer, Johann Georg（ドイツ ,1750 － 1802）…*681*
ウィルヘルム，カール　Wilhelm, Karl　…*255*
ヴィンターフェルト ,K.v　Winterfeld, K.von（ドイツ ,1784 － 1852）…*664　676*
ウェーバー，カール・マリーア・フォン　Weber, Carl Maria von（ドイツ ,1786 － 1826）…*88　98　258　328　380　637　659　682　712　713*
ウエッブ，サムエル　Webbe, Samuel（イギリス ,1740 － 1816）…*50*
ウェブスター，ジョセフ・フィルブリック　Webster, Joseph Philbrick（アメリカ ,1819 － 1875）…*650　676*
ヴェルディ，ジュゼッペ　Verdi, Giuseppe（イタリア ,1813 － 1901）…*675　701*
ウェルナー，ハインリヒ　Werner, Heinrich（ドイツ ,1800 － 1833）…*63　637　710*

エ
エリオット　…*630*

カ
カルコット，ジョン・ウォール　Callcott, John Wall（イギリス ,1776 － 1821）…*57*
カレー，ヘンリー　Carey, Henry（イギリス ,1687 － 1743）…*239*

キ
キュッケン，フリードリヒ・ヴィルヘルム　Kücken, Friedrich Wilhelm（ドイツ ,1810 － 1882）…*237　661　663*

ク
クーラウ，フリードリヒ　Kuhlau, Friedrich（ドイツ → デンマーク ,1786 － 1832）…*676　710*
クラマー，ヨハン・バプティスト　Cramer, Johann Baptist（ドイツ→イギリス ,1771 － 1858）…*48*
グルック，フリードリヒ　Glück, Friedrich　(1793 － 1840）…*669*
グルーバー，フランツ　Gruber, Franz（オーストリア ,1787 － 1863）…*272*
クロイツェル，チャーレス・レオン・フランシス　Kreutzer, Charles Léon Françis（1817 － 1868）…*713*
グロース，カール　Groos, Karl（ドイツ ,1789 － 1861）…*257*

ケ
ゲイベル，アダム　Geibel, Adam（1855 － 1933）…*686*
ケラー，マティアス　Keller, Matthias（アメリカ ,1813 － 1875）…*56　329*
ゲルバッハ，ヨーゼフ　Gerbach, Joseph（1787 － 1830）…*258*

ほ
堀澤周安（1869 － 1941）…*532　538　543　548　555　559*
本元子（小山作之助）（1863 － 1927）…*127　132　133　144　176　178　179　180　181　182　183　184　185　186　189　223*

ま
眞下飛泉（1878 － 1926）…*142　283*
増田好生…*510*
益山鎌吾…*177　706*
松島つね（松島彝、松島彝子）（1890 － 1985）…*619*
松島彝（松島つね、松島彝子）（1890 － 1985）…*390　523　562*
松島彝子（松島つね、松島彝）（1890 － 1985）…*398　399*
松平定信（1759 － 1829）…*133*
松永みやお（1902 － 1988）…*538*
松本長（1877 － 1935）…*90*

み
三木露風（1889 － 1964）…*635*
水町京子（1891 － 1974）…*639*
南能衛（1881 － 1952）…*705*
三宅花圃（三宅龍子）（1868 － 1943）…*712*
三宅龍子（三宅花圃）（1868 － 1943）…*704*
宮崎琴月（1891 － 1977）…*413*
宮崎八百吉（湖処子）（1864 － 1922）…*129*
三善和氣（1881 － 1963）…*142　283*

む
村野四郎（1901 － 1975）…*618*

め
目賀田万世吉（1867 － 1930）…*82　83　87　91　92　94　130　144　169　178　224　702*

も
物集高見（1847 － 1928）…*186*
本居長世（1885 － 1945）…*372　381　390*
本居宣長（1730 － 1801）…*549*
本居春庭（1763 － 1828）…*133*
元橋義敦…*131*
森義八郎（1900 － 1965）…*510*

や
矢田部良吉（1851 － 1899）…*648*
梁田貞（1885 － 1959）…*370　371　372　381　388　391　399　413　414　623*
山田源一郎（1869 － 1927）…*80　82　83　88　91　93　97　107　109　129　144　179　315　344　696　703*
山田耕作（1886 － 1965）…*635*
山田美妙（山田美妙齊）（1868 － 1910）…*86　87　88　96　98*
山田美妙齊（山田美妙）（1868 － 1910）…*73　80*
山井基萬（1853 － 1908）…*78*
山本芳樹（1905 －　没年不詳）…*551*

ゆ
湯本武比古（1857 － 1925）…*127*

よ
與謝野晶子（1878 － 1942）…*713*
與謝野鐵幹（1873 － 1935）…*710*
吉岡郷甫（1876 － 1937）…*701　705*
吉田信太（1870 － 1954）…*131　137　159　177　194　344　626*
吉田恒三（1872 － 1957）…*184*
吉丸一昌（1873 － 1916）…*370　371　378　380　381　388　389　390　397　399　623　633　637　639　640　641　704　706*
與田甚二郎…*372*
依田辨之助…*83　93*

ら
樂石居士（→伊澤修二）（1851 － 1917）…*84*

わ
渡邊盛衛…*707*
渡邊文雄…*137　145　177　179*

696　697　698　699　700
武田林風…172
武内俊子（1905 − 1945）…562
武島羽衣（武島又次郎）（1872 − 1967）…710
武島又次郎（武島羽衣）（1872 − 1967）…183　257　259　689
竹屋雅子（1866 − 1917）…96
田邊友三郎（1864 − 1933）…147　148　149　150　151　171　172　173　174　175　193　194　195　196　197　200　201　240
谷　勤（1835 − 1895）…76　79　80　82　87　88　89　90　94　96　97　98
田村虎蔵（1873 − 1943）…143　144　147　148　149　150　155　171　172　173　174　175　179　193　194　195　197　200　201　223　224　225　227　228　230　231　232　236　237　238　239　240　241　246　247　248　250　251　252　254　255　257　258　273　277　694　702

ち
近森出來治…137　177

つ
辻高節…101
辻則承（1856 − 1922）…649　650　658　662　668　675
坪内雄蔵（1859 − 1935）…236

と
土井晩翠（土井林吉）（1871 − 1952）…696
土井林吉（土井晩翠）（1871 − 1952）…701　703　704　707
東儀李熙（1832 − 1914）…86
東儀季芳（1838 − 1904）…78
東宮鐵麿（鐵眞呂）（1863 − 1917）…79　128　130　223
戸野周次郎（1867 − 1955）…79
富永岩太郎（1867 − 1906）…201　225
外山正一（1848 − 1900）…92　650
鳥居忱（1853 − 1917）…109　111　143　648　696　703
鳥山啓（1837 − 1914）…95　96　97　107　109
鳥山譲…84

な
内藤濯（1883 − 1977）…709　711　712
永井建子（1865 − 1940）…557
永井幸次（1874 − 1965）…231　378　693
中島かね子（1892 − 1984）…372
中島長吉（1871 − 1895）…130
中田章（1886 − 1931）…371　379　409　410　413　641
中村秋香（1841 − 1910）…107　113　114　120　128　129　131　132　164　181　184　304　690
中村雨紅（1897 − 1972）…626
中山晋平（1887 − 1952）…534　630　631
成田爲三（1893 − 1945）…541　639

に
仁木他喜雄（1901 − 1958）…562
西升子（1841 − 1921）…83　92
西山實和…137　177

の
納所辨次郎（1865 − 1936）…75　86　88　93　97　106　108　124　129　143　147　148　149　151　159　171　172　174　175　192　193　194　196　197　200　201　202　223　225　227　228　231　232　236　237　239　240　247　248　250　251　252　253　254　257　259　272　274　275　297　701
野上彌生子（1885 − 1985）…547　588　612
野口雨情（1882 − 1945）…631
信時潔（1887 − 1965）…439　556　560
野村秋足（1819 − 1902）…49
野村成仁（1874 − 1947）…240

は
橋本國彦（1904 − 1949）…471
橋本正作…179　695
橋本光秋（生年不詳 − 1909）…113　121　123
長谷川時雨（1879 − 1941）…714
長谷川良夫（1907 − 1981）…534　627
旗野十一郎（旗野士良）（1851 − 1908）…127　130　134　137　164　177　181　626　707
旗野士良（旗野十一郎）（1851 − 1908）…227　228　230　232　236　237　240　241　247　248　250　252　253　254　255　257　258　272　273
服部元彦（1863 − 1933）…75　76　82　92　97
林廣繼（1845 − 1917）…77
林廣守（1831 − 1896）…72　80　90　99　112
林甕臣（1845 − 1922）…84　85　93　95　132
林柳波（1892 − 1974）…471　523　527　528　529　540　562　619　626
阪正臣（1855 − 1931）…74　75　76　77　82　83　84　86　91　94　95　107　133　272　280　708

ひ
東久世通祝（1834 − 1912）…76
東クメ（東久米子）（1877 − 1969）…698　699　700
東久米子（東クメ）（1877 − 1969）…689　690
樋口信平（生年不詳 − 1920）…382
左中將基綱（1049 − 1117）…127
平井康三郎（平井保喜）（1910 − 2002）…529　553
平井保喜（平井康三郎）（1910 − 2002）…617　619　623　628　640
平岡均之（1901 − 1976）…538　539　624　630
平野秀吉（1873 − 1947）…128　129　130　134
弘田龍太郎（1892 − 1952）…389　398　399　414　621　624

ふ
楓鹿山人…180
深尾須磨子（1888 − 1974）…626
深澤登代吉（生年不詳 − 1901）…128　694
福井久蔵（1867 − 1951）…706
福井直秋（1887 − 1963）…409
福田節…510
福羽美靜（鶯花園主人）（1831 − 1907）…81
船橋栄吉（1889 − 1932）…379　381　388　457　545　635
芙蓉…78　97

加藤義晴（菊間義晴）（1864 − 1941）…236　239　320
加藤司書（1830 − 1865）…55　74
加部巌夫（1849 − 1922）…52　55　74　77　78　82　83　85　88　91　92　93　95　97　650
河村光陽（1897 − 1946）…562

き

菊間義晴（加藤義晴）（1864 − 1941）…131
北原白秋（1885 − 1942）…410　641
北村季晴（1872 − 1931）…371
北村初子…372
木村正辞（1827 − 1913）…101　701

く

草川信（1893 − 1948）…414　626
草川宣雄（1880 − 1963）…413
楠見恩三郎（1868 − 1927）…132　145　280　370
工藤富次郎（1882 − 1953）…399
久保田宵二（1899 − 1947）…534　627
黒川眞頼（1829 − 1906）…101　304　532　537　543　548　555　559
桑田春風（1877 − 1935）…223　224　227　228　230　231　237　239　247　250　252　253　255　640

こ

小池友七…694
小出雷吉（1867 − 1947）…127　131　200
小出粲（1833 − 1908）…85　86　87　89　90　92　96
晃山樵夫…96　99
幸田成行（1867 − 1947）…702
幸田延（1870 − 1946）…697
小金井君子（1870 − 1956）…707
古關吉雄（1908 − 1995）…640　672
小中村清矩（1821 − 1895）…101
小中村義象（池邊義象）（1861 − 1923）…106
小林愛雄（1881 − 1945）…528　632　704
小松耕輔（1884 − 1966）…540
小山作之助（本元子）（1863 − 1927）…72　73　75　76　79　99　127　128　130　131　132　133　134　136　145　164　184　186　280　304　532　537　543　548　555　559　634　692　694　701　707
權大納言光國（1628 − 1700）…130
近藤朔風（1880 − 1915）…709　710　711　712　713　714
近藤千穂子（1884 −没年不詳）…714
権藤花代（1899 − 1961）…527　624　632
近藤芳樹（1801 − 1880）…83　93

さ

税所あつ子（税所敦子）（1825 − 1900）…648
税所敦子（税所あつ子）（1825 − 1900）…80　86　87　90
西條八十（1892 − 1970）…639
齊藤仙司…409　410
酒井良忠…79　82　91
佐々木吉三郎（1872 − 1924）…231
佐佐木信綱（佐々木信綱）（1872 − 1963）…81　82　91　93　108　109　129　142　143　144　200　236　266　272　275　276　277　353　387　553　634　688　689　700
佐々木弘綱（1828 − 1891）…83　93
佐々木光子（1850 − 1894）…89
サトウハチロー（1903 − 1973）…562
里見義（1824 − 1886）…51　52　54　55　58　60　61　63　118　300　317　685　687　688
澤崎定之（1889 − 1949）…371　379　388　414

し

時雨音羽（1899 − 1980）…553
柴田清熙…48
芝葛鎮（1849 − 1918）…52　53　54　77　84　94　100　300　647　652　668　671　685
島崎赤太郎（1874 − 1933）…25　409　410
清水かつら（1898 − 1951）…621
下田うた子（下田歌子）（1854 − 1936）…649
下田歌子（下田うた子）（1854 − 1936）…131　136
下総皖一（1898 − 1962）…449　523　524　527　528　535　536　539　540　541　544　546　547　549　552　588　612　622　630　632　641
下村莢（1870 − 1921）…368　706
昭憲皇太后（1849 − 1914）…544　585
白石千別（1817 − 1887）…144　179
白鳥省吾（1890 − 1973）…545　638

す

杉浦チカ（高木千歌）（1876 − 1950）…694
杉江秀（1881 − 1943）…532　538　543　548　555　559
杉谷代水（杉谷虎藏）（1874 − 1915）…228
杉谷虎蔵（杉谷代水）（1874 − 1915）…706
鈴木毅一（1878 − 1925）…698　699　700
鈴木重嶺（1812 − 1863）…85　95　100
鈴木弘恭（1844 − 1897）…82　88　98
鈴木三重吉（1882 − 1936）…407
鈴木米次郎（1868 − 1940）…107　110　130　201

せ

千家尊福（1845 − 1918）…100　130　132　133　304　533　538　543　548　555　559

そ

素性法師…48　131
尊攘堂主人…73

た

平春海（1746 − 1811）…127
高木千歌（杉浦チカ）（1876 − 1950）…137　177
高木和足…227
髙﨑正風（1836 − 1912）…72　74　81　91　100　113　304　533　538　544　549　555　560　648　684
高橋穣…144　178
高橋掬太郎（1901 − 1970）…640
高野茂（1847 − 1929）…89
高野辰之（1876 − 1947）…344　350　364
滝田和夫…694
滝廉太郎（1879 − 1903）…137　143　689　690　692　694

【国内作詞・作曲家 50 音別索引】

1．国内作詞・作曲家を 50 音別に配列した。
2．人名は、姓、名、生没年の順で表記し、生没年不詳の場合は省いた。
3．作詞・作曲者名は、①原典の縦書き歌詞に付された表記、②譜面に付されたた表記、③目次の表記に拠った。
4．別姓名で作品が作られている場合および別表記の場合は、（　）で表記し、項を改め掲載した。　例）小山作之助（本元子）
5．掲載頁はイタリック数字で示した。

あ
會田安昌（1832 － 1892）…*80　90*
青木存義（1879 － 1935）…*409　412　623*
青柳善吾（1884 － 1957）…*638*
明本京静（1905 － 1972）…*510*
足代弘訓（1785 － 1856）…*78　89*
阿保暫庵…*75　77　81　87　90　97*
雨犬養岡麿…*551*
安藤幸（1878 － 1963）…*692　693*

い
家平（1282 － 1324）…*127*
池邊義象（小中村義象）（1861 － 1923）…*702　703　705*
伊澤修二（樂石居士）（1851 － 1917）…*55　66　71　72　73　74　76　77　78　79　81　91　92　93　100　113　130　132　304　533　538　543　549　555　560　650　684　685*
石原重雄…*128　129　130　134*
いしはらばんがく（石原和三郎）（1865 － 1922）…*277*
石原和三郎（いしはらばんがく）（1865 － 1922）…*143　147　149　150　171　172　174　175　192　193　196　197　200　201　202　223　224　225　227　228　231　232　236　238　239　240　246　247　248　251　254　257　274　275*
石森延男（1897 － 1987）…*535*
稲岡美賀雄…*388*
稲垣千頴（1845 － 1913）…*46　47　49　50　51　52　53　72　79　87　89　91　133　300　616*
井上武士（1894 － 1974）…*528　533　545　554　638*
井上赳（1889 － 1965）…*439　449　524　527　534　539　622　630　632*
今井慶松（1871 － 1947）…*136*
今泉定介（1863 － 1944）…*177*
岩佐東一郎（1905 － 1977）…*618　619　620　622　623　624　625　626　627　632　633　634　636　642*
岩波太郎…*619*

う
上眞行（1851 － 1937）…*100　127　138　151　280　304　533　538　543　548　555　559　648　649　651　653　655　659　663　664　666　671　673　674　675　681　683　708*
内田粂太郎（1861 － 1941）…*79　81　90　129　227　247　704*

え
江間章子（1913 － 2005）…*629*

お
鶯花園主人（福羽美静）（1831 － 1907）…*73*
大塚南緒子（1875 － 1910）…*713*
大槻貞一（生年不詳－ 1966）…*378　633*
大伴家持（718 頃－ 785）…*556　560*
多梅稚（1869 － 1920）…*113　114　120　121　123　133　138　143　151　155　165　175　186　622*
多忠廉（1843 － 1916）…*78*
大橋銅造…*230　237　241　246*
大橋樂浪…*251*
大和田愛羅（1886 － 1962）…*366　370　372　388　413　449*
大和田けい子…*652　654　668　675*
大和田建樹（1857 － 1910）…*124　134　136　138　143　144　151　155　159　164　165　176　178　179　181　182　184　185　186　189　254　255　258　272　273　275　276　280　345　629　647　648　649　650　651　652　653　654　655　656　657　658　659　660　661　662　663　664　665　666　667　668　669　670　671　672　673　674　675　676　677　678　679　680　681　682　683*
岡野貞一（1878 － 1941）…*280　350　353　364　387　410　553　697*
岡部虎子…*86*
岡本敏明（1907 － 1977）…*617　618　622　624　626　627　631　634*
奥好義（1857 － 1933）…*101　107　109　129　143　159　183　197　304　532　537　543　548　555　559　647　648　649　651　653　655　656　657　660　663　666　670　674　677　678　680　681*
小田深藏…*75　95　131*
小田みよし…*183*
落合直文（1861 － 1903）…*110　144　179*
乙骨三郎（1881 － 1934）…*704　708*
尾上柴舟（尾上八郎）（1876 － 1957）…*710*
尾上八郎（尾上柴舟）（1876 － 1957）…*280　702*
小野竹三…*701　702　708*
小原甲三郎…*667　673　677*

か
笠原白雲…*225*
片桐顕智（1909 － 1970）…*541*
勝安芳（海舟）（1823 － 1899）…*99　532　537　543　548　555　559*
勝承夫（1902 － 1981）…*617　618　619　620　621　622　623　624　625　627　628　629　630　631　633　634　635　636　637　638　639　641　642*

を

み

む

め

へ

ほ

ま

ひ

ふ

の

は

て

と

な

ち

つ

せ

そ

た

し

す

さ

き

か

え

お

い

う

【掲載曲50音別索引（歌い出し付）】

1．掲載曲名を50音順に、曲名・歌い出し・掲載頁の順に配列した。
2．同一曲であっても曲名の表記が異なる場合は［　］で併記した。
　　例）寧樂の都［ならの都］［奈良の都］
3．異名同曲は項を改めて表記した。
　　例）朝の歌（朝日は昇りぬ　日は出でぬ）…*387*
　　　　朝日は昇りぬ（朝日は昇りぬ　日は出でぬ）…*461*
4．曲名の平仮名・片仮名表記は原典に準拠し、漢字表記は現代読みで配列した。
5．紛らわしい読みは「→」で平仮名読みを表記し、該当曲目にはルビを付けた。
　　例）愛たの花 → めでたのはな

あ

あとがき

国家は、唱歌教育によって、子どもたちをどのような人間に育てあげようとしたのか。一方、唱歌を含め、子どもたちはどのような「うた」を好んでうたっていたのであろうか？　本書は、その実態をとらえる資料を編んだ事典である。

　企画を編むにあたっては、江﨑公子氏が、長年にわたって勤務大学において指導してきたフィールド調査の存在があった。そこには、一言で言えば音楽教育史研究が見過ごしがちであった、唱歌教育を体験した人々の生々しい声が残されていた。学生がお年寄りたちから聞き出した「心に残っている」うたのなかには、唱歌教育が目指したことと大きく乖離していたものも少なからずあることも浮びあがっていた。それは教室で繰り広げられた唱歌指導の実態のなかにもあったのである。

　この唱歌の歴史的な流れをまとめたらどういう世界が見えてくるだろうか？

　そこで私たちは、まず明治以降の唱歌集と、戦前最後の国定教科書である国民学校時代の唱歌集に加え、戦後文部省が実施した「墨塗り教科書」、「暫定教科書」、さらには一九四七年五月から七月にかけて発行した最後の国定教科書までの実態を明らかにすることにした。

　また、民間から刊行された多数の唱歌集に収められた唱歌の総ざらいを試みた。

　今回のこの試みは唱歌教育の歴史を検める意味で、避けては通れない作業であったと考える。あえて墨塗り教科書や戦後の最後の国定教科書までを掲載したのは、それらが近代日本の唱歌教育を日本人がどのような視点で見つめ直したかを改めて見極める貴重な資料でもあると考えたからである。

　そのため、日本の「近代」を、明治維新以降、第二次世界大戦終結までと設定し、その間に編まれた小学校教育、およびその周辺で使われた唱歌集の原本にあたった。世に存在する初版本（初版本が入手できない場合は修正再版以降の刊本、それも入手できない場合は、国会図書館、大学や各研究機関等が公開している各種デジタル資料）を収集することに努めたわけは、刊行当時の編纂者たちの意図や、当時の実態を可能な限り再録しておきたかったからである。したがって歌詞だけでなく、「緒言」や「序」「例言」なども余すところなく記録することにした。

　一方、文部省によって、明治二七年から昭和一五年まで実施された検定制度（「文部省検定済曲集、及び認可済歌曲」）の年度別実態をたどることを試みた（→一〇八～五一〇頁）。これによって、日本の近代国家の教育観の輪郭、さらには音楽教育者の唱歌に対する考えがよりはっきり見えてくるのではないかと考えたからである。童謡や軍歌、地域の英雄をたたえる歌なども教室で歌うには検定というお墨付きを必要とした時代であった。ここからも、教室での子どもたちの唱歌体験の多様化が裏付けできたのである。この検定・許可済の歌曲群に眼を通すと、検定制度のなかで児童も教師も国家の教育理念にふりまわされたことが浮かび上がってきた。

唱歌・童謡・軍歌をふくめ子どもたちが学んだ歌を再録する作業は、大変気が重い仕事でもあった。なぜかと言えば、『尋常小學讀本唱歌』から『ウタノホン』〜『初等科音樂』四に至る文部省唱歌を中心にしたこれらの歌の中には、やがて勇敢なる少年兵士を育てる肥やしになった唱歌があまりにも沢山あったからである。

それは文部省唱歌だけでない。検定制度のなかで誕生した多くの唱歌にも同じような作品がたくさん残っている。勇ましい歌ばかりではない。たとえば、次のような、母親の本心が行間に垣間見える唱歌もあったからである。

さらば行くかやよ待てわが子
老いたる母の願は一つ。
軍に行かばからだをいとへ、
弾丸に死すとも病に死すな。

「出征兵士」（『尋常小學讀本唱歌』）

さて原本を探索する過程でわかったことがある。その一つは、原資料の復刻版そのものが、中心的な公共図書館や大学の図書館でさえすでに「館外持ち出し禁止本」に指定されているケースがあったことである。

国民の共通の財産であるべき資料、つまり本事典が求めるような資料が、貴重本として利用者の目の届かないところに納まっている現実を目の当たりにしたのである。研究者や大学関係者でもないとなかなかその資料に辿りつかないのではないかと老婆心ながら感じた次第である。国民が街の図書館でいつでも自由に閲覧できるような気安さはそこにはまったくなかったのである。

二つ目は、そうした問題を解決すべく、国立国会図書館ほか、大学図書館、各研究組織では、貴重図書のデジタル化とその情報提供を進めているが、こと唱歌集に関して言うと、音楽著作権の保護・調査という高いハードルが加わり、他教科に比べて完全公開はさほど進んでいるとは言えないことであった。

しかし、本書を編纂するにあたって、国立国会図書館をはじめ基幹図書館、研究機関が公開しているデジタル情報が大変役に立ったことは事実である。このことからも、今回私たちが必要としたような文化的な情報（財産）が、広く国民に対して、いつでもどこでも平等に提供される体制がとられることが望ましいとも感じた次第である。

本書は、こうした文化的な状況の改革の実現の日まで、唱歌教育の歴史の大きなうねりを検証する手立てとして、ここに基礎的な資料を提供した。今回の情報が過去の唱歌教育を検証するだけでなく、今日の教育の在り方を論議する上においても、役に立つことができれば幸いである。

「あとがき」にふさわしいとも思えないが、次の微笑ましい図版を紹介して、本書を締め括りたいと思う。これは、一九四七年七月に発行された『六年生の音樂』の表紙の書名左下に貼り付けられた「押し絵」と児童のいたずら書きである。

「ホームラン」という言葉がなんと生き生きとしていることか！　戦後の教科書で学んだ子どもたちの心は、このホームランをかっ飛ばした児童のように晴れやかであったのだろうか。

二〇一七年　秋

澤崎　眞彦

執筆者紹介

江﨑公子（一九五〇年生まれ）

国立音楽大学大学院音楽研究科修了。早稲田大学教育学部基礎専攻博士課程、総合研究大学院大学日本文学専攻博士課程満期退学。国立音楽大学修士論文、Herman Kretzschmar の著作を翻訳。その他論文に「唱歌科と教科書㈠」、「唱歌科と教科書」「成田為三とその音楽」他。著作『音楽基礎研究文献集十九巻』編集・解説。『野ばら八十八曲集』。『音楽教育大綱 Grundriss der Musikpadagogik』最終章「音楽教育学」の翻訳。『森鷗外と美術』共著「『審美綱領』にみる音と語り」。日本音楽教育学会編『日本音楽教育事典』音楽教育史の項の編集・執筆責任者。元国立音楽大学准教授。

澤崎眞彦（一九四四年生まれ）

東京学芸大学大学院教育学研究科（音楽教育専攻）修士課程修了。同大学教育学部教授として研究と教育に従事。二〇一〇年四月より東京学芸大学名誉教授。論文に「明治初期の日本音楽による唱歌教育計画〜《唱歌編成書類》による」「日本人の洋楽の摂取に関する音楽文化史的研究〜江戸末期から明治中期にかけて」ほか。幕末から明治期にかけての錦絵に造詣が深く、「絵師たちの見た洋楽」をテーマに近代日本の音楽史研究を進める。日本教材学会常任理事。古賀政男音楽振興財団評議員、福山平成大学特任教授、日本大学講師。二〇〇九年ブラジル、パラー州政府より日伯文化功労章受章。

水島昭男（一九四四年生まれ）

一九六二年、早稲田大学文学部史学科卒。月刊『音楽教育研究』（音楽之友社）元編集長。出版部時代に『音楽教育成立への軌跡』（東京藝術大学音楽取調掛研究班）、『下手でもいい音楽の好きな子どもを』（園部三郎）、『日本の音楽を考える』『歌をなくした日本人』『日本童謡集』（小島美子）、『小学校音楽教育講座』、日本音楽教育学会編『日本音楽教育事典』等を出版プロデュースの傍ら、長らく《十五年戦争と音楽教育》をテーマに取材。二〇〇二年に独立後、『日本童謡音楽史』（小島美子）、『仰げば尊し』（安田寛他）他を編集プロデュース。

図版・資料提供

国立国会図書館　*198　202　241　380*
国文学研究資料館　*198*
東京藝術大学附属図書館　*12　46　724*
東京学芸大学附属図書館　*370　371　389*
国立音楽大学附属図書館　*138　202　206　213　218　726*
大阪府立中央図書館 国際児童文学館　*16*
人形劇の図書館（大津市）*407*
イルフ童画館（岡谷市）*16*
株式会社 金の星社　*16*
芝 祐靖　*29　30*

＊所蔵先不記載の図版は、すべて編著者所蔵の原典を使用

調査協力

東書文庫
櫻井雅人

唱歌大事典

二〇一七年一一月一五日 印刷
二〇一七年一一月二五日 発行

編者 江﨑公子
　　 澤崎眞彦

発行者 大橋信夫
発行所 株式会社 東京堂出版
〒一〇一-〇〇五一
東京都千代田区神田神保町一-一七
電話 〇三-三二三三-三七四一
http://www.tokyodoshuppan.com/

装丁・本文デザイン 佐藤壮太
編集 ㈲オフィス・ユウ ゆうゆう編集室
撮影 香川健介
楽譜浄書 鈴木典子
印刷・製本 中央精版印刷株式会社

ISBN：978-4-490-10897-2 C0573

＊掲載楽曲中、作者の生没年・ご連絡先が不明な作品があります、ご存知の方は編集部までお知らせください。